中华人民共和国地方志丛书

济南市天桥区

桑梓店镇志

济南市天桥区桑梓店镇镇志编纂委员会　编

方志出版社
Publishing House of Local Records

图书在版编目（CIP）数据

桑梓店镇志/济南市天桥区桑梓店镇镇志编纂委员会编. -- 北京：方志出版社，2016.12

ISBN 978-7-5144-2261-0

Ⅰ.①桑… Ⅱ.①济… Ⅲ.①乡镇-地方志-济南 Ⅳ.①K295.25

中国版本图书馆CIP数据核字（2016）第302357号

桑梓店镇志

编　　者：济南市天桥区桑梓店镇镇志编纂委员会
责任编辑：陈　菁　王笃银

出 版 人：冀祥德
出 版 者：方志出版社
地址　北京市朝阳区潘家园东里9号（国家方志馆4层）
邮编　100021
网址　http://www.fzph.org
发　　行：方志出版社发行中心
电话（010）67110500
经　　销：各地新华书店
印　　刷：济南黄氏印务有限公司

开　　本：889×1194　　1/16
印　　张：61.5
字　　数：1856千字
版　　次：2016年12月第1版　2016年12月第1次印刷
印　　数：0001～1500册
ISBN　978-7-5144-2261-0　　定价：680.00元

济南市天桥区《桑梓店镇志》编纂委员会

名誉主任 刘程华

名誉副主任 窦　虎　王　睿

主　　任 董学山

副 主 任 杨　鹏　李　慧　解承静　王封军

委　　员 张崇元　李　晓　焦长起　赵　军　聂　岭

张心海　朱德新　房安清　杨　帆　张传路

张克敏　王春素　魏圣全　芦　辛　郭　金

周　立　李　哲　宗兆忠　王　顺　张　庆

济南市天桥区《桑梓店镇志》编审人员

主　　审 董学山　杨　鹏　王封军

副 主 审 李　慧　解承静　李延庆　李旭亮　何其臻

主　　编 张崇元

副 主 编 宗兆忠

编　　辑 王　顺　张　庆

编　　务 杨金旺　夏丰远　杨桂华　顾玉强　张瑞英　欧胜男

曹天然

图片摄影 张崇元　宗兆忠　王　顺　张　庆　李星逸　聂　莉

刘姝辰　赵　川

天桥区《桑梓店镇志》编纂工作领导小组

组　　长　董学山

常务副组长　杨　鹏

副 组 长　李　慧　解承静　李　晓　焦长起　赵　军　聂　岭　张心海　朱德新　房安清　杨　帆　张传路　张克敏　王春素

《桑梓店镇志》编纂工作办公室

办公室主任　解承静

常务副主任　张崇元

副 主 任　宗兆忠

成　　员　杨金旺　王　顺　张　庆

序一

习近平总书记指出，不忘历史才能开辟未来，善于继承才能善于创新。地方志是传承中华文明、发掘历史智慧的重要载体，可以留史存真、资政育人、开启未来。天桥区委、区政府历来重视地方志特别是基层修志工作，鼓励街道、村居等基层单位编纂特色街巷志，取得了丰硕成果，在为党立言、为国存史、为民修志，增强文化自信等方面发挥了重要作用。

致敬惟桑梓，今朝又添辉。自古以来，“桑梓”就被人们比喻为故乡，表达了不忘家乡青山绿水，记得住乡愁的美好情感。天桥区桑梓店的得名，就缘于“桑梓”二字的深厚蕴意。今天，在全区上下加快转型发展、建设现代天桥之际，经过各方面的辛勤工作和努力，《桑梓店镇志》与读者见面了。该书客观真实地反映了桑梓店的自然、政治、经济、文化等各方面的历史和改革发展的成果，科学严谨、资料丰富，具有鲜明的时代特点和地方特色，既是人们了解桑梓店、宣传桑梓店的工具书，也是全区地方志编纂工作的又一重要成果。

秉笔执书，记录桑梓。桑梓店位于天桥区西北部，黄河携带、沃野丰饶，物华天宝、人杰地灵。在历史的长河中，勤劳质朴的桑梓店人民艰苦奋斗、勇于开拓，创造了丰富的物质和文化财富。特别是2000年划归天桥区以来，桑梓店人民在区委、区政府的坚强领导下，依靠党的富民好政策，团结一心、干事创业，综合实力显著增强，空间优势持续释放，社会事业协调发展，人民群众安居乐业，各项社会事业均取得新的成绩。

鉴往谋今，造福桑梓。地方志工作贵在史识，重在致用。2016年10月26日，桑梓店正式撤镇设办，桑梓店街道的改革发展站在新的历史起点上。回首往事，桑梓店有着光荣的历史；展望未来，桑梓店有着灿烂的前程。随着济南市加快携河发展战略的实施，桑梓店街道的发展前景将更加清晰和美好。作为济南市携河发展的重要承载区域，桑梓店街道要勇立潮头、乘势而上，在加快转型发展，建设现代天桥，勇作携河发展排头兵中找定位、打头阵、当先锋，在新起点上实现新发展。

希望全区广大干部群众认真读一读《桑梓店镇志》，不忘初心，继续前进，为加快转型发展，建设现代天桥作出新的贡献。希望这部《桑梓店镇志》能够成为社会各界朋友认识天桥区、了解桑梓店的一扇窗户，吸引更多的有识之士支持并投身到天桥的改革发展中来，在现代化建设征程中，携手创造更加灿烂辉煌的未来。

桑梓店街道的明天一定会更加美好！

中共天桥区委书记 刘程付

2017年1月

序二

观古宜鉴今，无古不成今。在区委、区政府的领导下，在各级领导的关心指导下，经镇志编纂办公室几位同志的辛勤笔耕，历经一年又半，桑梓店镇历史上首部志书——《桑梓店镇志》逢盛世付梓。这是桑梓店镇精神文明建设的又一重要成果，也是携手跨入新时代的桑梓店人民殷切的期盼。该志书的出版恰逢桑梓店镇撤镇建办的关键转折期，可谓前无古人，后无来者，成为全面详实记载桑梓店镇历史的绝唱之作。

桑梓店镇位于黄河北岸，世世代代桑梓店人民生活在这片古老而文明的土地上，创造了悠久的历史和灿烂的文化。自建国以来，党的各项政策春风源源不断地吹向这里，全镇各项事业沐浴春风不断发展，勤劳智慧的桑梓店人民在母亲河畔辛勤耕耘，造就了今天的阡陌锦绣，花果飘香，五谷丰登，百业兴旺。区划天桥区后，尤其是近年来，在天桥区委、区政府的坚强领导下，桑梓店镇党委、政府以造福桑梓的奉献精神和舍我其谁的担当意识，确立了“园区发展、桑梓振兴、造福人民、勇于担当”的奋斗目标、“讲政治、树正气、善服务、重落实”的核心抓手以及“定位、创新、担当、跨越”的总体思路，全面服务于济南新材料产业园区和鹊山龙湖两大平台建设，坚持把助力重点项目建设作为全镇工作的重中之重，积极探索“互联网＋党建”工作模式，拓宽发展壮大村集体经济思路，大力开展“尚善桑梓”建设，扎实推进“乡村连片治理”、美丽乡村等惠民项目，全镇政治、经济、文化、社会繁荣发展，取得了空前的成就。桑梓店镇先后荣获“省级文明镇”“省级最具经济活力与生态和谐乡镇”“全省农村经管系统先进单位”“全市民族团结进步模范集体”“平安济南建设先进单位”“济南市新农村建设‘十大行动’先进乡镇”“济南市畜牧生产先进单位”“济南市人口和计划生育优质服务先进乡镇”等荣誉，人民安居乐业，社会富庶祥和。

盛世修志，自古亦然。在物质文明建设阔步跃进，全镇各项事业蒸蒸日上的今天，桑梓店人民开始迈开追求精神文明建设的步伐，逐渐意识到“留住乡愁”、守住文化的重要意义。桑梓店镇党委、政府高瞻远瞩、审时度势、果敢决策、积极作为，势在桑梓店镇人民政府退出历史舞台之前，撰写《桑梓店镇志》，弥补桑梓店历史上志书编纂方面的空白，将千百年来桑梓店人民勤劳智慧的形象和祖辈留存的灿烂历史刻画于书，代代相传。

存史资政，益今惠来。《桑梓店镇志》是一项浩繁的文化工程，是由桑梓店镇漫长历史轨迹交织而成的逼真图鉴。一部志书，百万余字，寄托着镇党委、政府的厚望，凝聚着桑梓店人民的期盼，也倾注着镇志编纂工作者的辛勤付出。路漫漫其修远，镇志办的编纂人员克服时间紧、任务重的重重困难，呕心沥血，励精图治，始终以对历史、对人民负责的态度，潜心钻研，上下求索，终成此书。该志书的付梓问世，必将彪炳千秋，经世致用，既有益当代，又惠及后世。

地方之有志，犹国之有史。《桑梓店镇志》既有凭高总览的宏阔，又有见微知著的精密，以其丰富的内容，从不同角度，客观记述了桑梓店镇的历史和现状，充分展现了桑梓店人民敢为人先、砥砺前行的精神风貌。通篇透视着中国共产党的英明领导、各级领导的支持关怀以及祖辈和当代创业者孜孜不倦追求发展的坚实足迹。该志书不仅是桑梓店镇历史的缩影，更是激励全镇干部群众更加团结和谐、奋发进取的不竭动力。

维桑与梓，必恭敬止。“桑梓”二字，自古至今寄托太多思念和不舍，多少文人志士衣锦还乡、造福桑梓。值此《桑梓店镇志》问世之际，谨代表桑梓店镇党委、政府及全镇人民，向在志书编纂过程中给予关怀和支持的各级领导、社会各界人士、全体参编人员，表示最诚挚的感谢。忆往昔，峥嵘岁月；看今朝，锦绣绵延。从济南市“北跨”战略的制定，到跨河发展变为携河发展，再到撤镇建办，桑梓店人民前进的步伐铿锵有力、落地有痕。如今，我们又一次站在了新的历史起点上，桑梓店街道办事处即将肩负光荣使命扬帆起航，继续在这片土地上书写有为答卷。希望全镇广大干部群众及关心支持桑梓店建设发展的社会各界人士，同心同德干事业，群策群力谋发展，用勤劳和智慧创造桑梓店更加美好的未来。

中共天桥区桑梓店镇委员会书记

天桥区桑梓店镇人民政府镇长

2017 年 1 月

济南市全景

（摄影　张崇元　2005 年 6 月）

“母亲河”——黄河

（摄影　张崇元　2005 年 6 月）

廉洁人品磨砺出
壮丽人生干中来
大力弘扬廉政文化
携手共建和谐桑梓
勤以为民 廉以养德
淡以明志 俭以修身
一身正气敢碰硬
两袖清风不染尘
清廉做官方
公正办事

桑梓店镇政府前大街

（摄影　张崇元　2016 年 5 月）

济南市新材料产业园

(摄影　张崇元　2016年5月)

领导关怀

2014 年 9 月 2 日，中共山东省委书记姜异康（中）到桑梓店镇小寨村参加村党支部专题组织生活会及民主测评会

2014 年 9 月 2 日，中共山东省委书记姜异康（前排右四）到桑梓店镇小寨村参加村党支部专题组织生活会及民主测评会会后合影

2015年7月13日，中共山东省委副书记、省长郭树清（前排左二）实地调研中弘·新奇世界国际度假村项目建设情况

2014年6月6日，中共中央组织部副部长陈向群（前排右三）到桑梓店镇小寨村调研

2016 年 8 月 24 日，中共山东省委副书记龚正（左四）到济南新材料产业园调研

2015 年 7 月 11 日，中共山东省委常委、济南市委书记王文涛（左三）到桑梓店镇小寨村调研

2013 年 4 月 18 日，山东省政协副主席张传林（右二）调研桑梓店镇小寨村

2014 年 11 月 14 日，中共济南市委副书记雷杰（左三）到桑梓店镇调研美丽乡村建设和乡村连片治理

2014 年 4 月 30 日，中共天桥区委书记毕筱奇（右二）到桑梓店镇调研

2017 年 1 月 19 日，中共天桥区委书记刘程华（左二），区委副书记、区长窦虎（左三）到小寨村调研村级发展和民族事务工作

2017年1月19日，中共天桥区委书记刘程华（左四），区委副书记、区长窦虎（左二）到老寨村调研村级发展和民族事务工作

2017年1月18日，中共天桥区委副书记、区长窦虎（右一）到小寨村走访慰问老党员

2015 年 4 月 1 日，天桥区人大常委会主任张培友（左二）调研桑梓店镇中心幼儿园

2015 年 11 月 5 日，天桥区政协主席刘建忠（前排右二）到桑梓店镇实地调研西秦村土地流转项目

2012 年 1 月 5 日，济南新材料产业园区管委会主任赵新生（左二）走访慰问敬老院

2015 年 9 月 22 日，中共天桥区委副书记朱玉明（左三）到桑梓店镇北王堂村调研农村改革推进情况

天桥区桑梓店镇党委、政府、人大、政协领导班子成员合影
前排左起：解承静、李慧、董学山、杨鹏、焦长起
后排左起：王春素、房安清、聂岭、李晓、赵军、张心海、杨帆

镇志办全体人员合影（从左至右依次为：王顺、宗兆忠、解承静、张崇元、张庆）

桑梓店镇荣誉榜

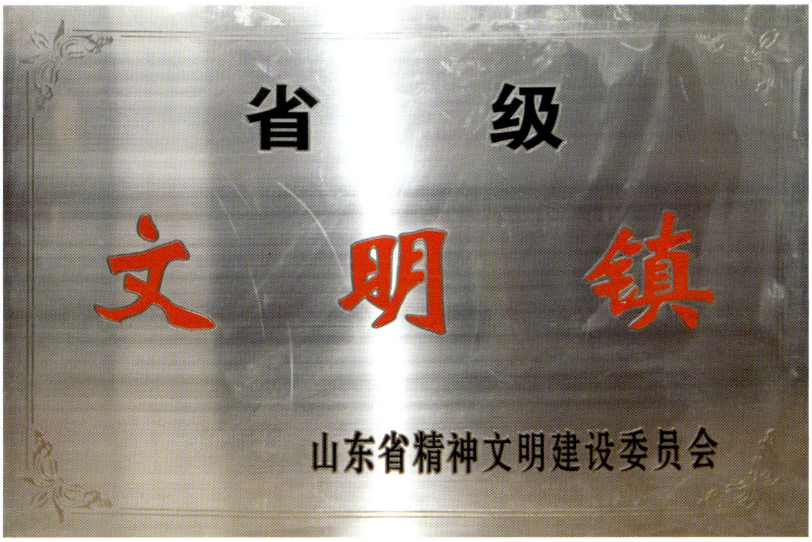
省级
文明镇
山东省精神文明建设委员会

中国梦
授予：济南市天桥区桑梓店镇
最具经济活力与生态和谐的乡镇
山东县域经济研究会 山东省影视文化学会
山东现代节庆咨询中心 山东金土地文化艺术中心
山东省社会科学院省情研究中心 山东财经大学农业与农村经济研究中心
山东工人报社 山东广播电视报社
二〇一五年十一月

全市民族团结进步模范集体
济南市人民政府
二〇一五年十一月

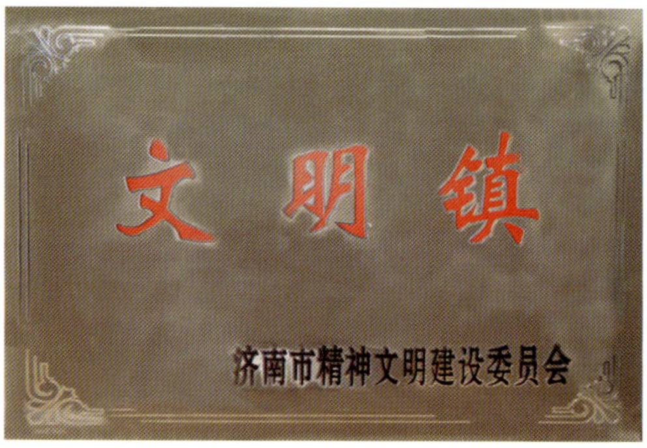
文明镇
济南市精神文明建设委员会

新农村建设“十大行动”
先进乡镇
中共济南市委 济南市人民政府
二〇一一年二月

2013年度
关心国防建设先进单位
中共天桥区委
天桥区人民政府
天桥区人民武装部
二〇一四年四月

2013年度科学发展
二等奖
中共天桥区委 天桥区人民政府
二〇一四年二月

2014年度科学发展
一等奖
中共天桥区委 天桥区人民政府
二〇一五年三月

2015年度科学发展
一等奖
中共天桥区委 天桥区人民政府
二〇一六年二月

全区老干部工作
先进集体
中共天桥区委 天桥区人民政府
二〇一六年六月

全区离退休干部
优秀党支部
中共天桥区委 天桥区人民政府
二〇一六年六月

全区文明交通行动
先进单位
天桥区精神文明建设委员会
二〇一六年三月

党建与廉政

举办“三严三实”专题教育暨党委书记讲党课活动

组织开展处级以下党员干部德廉和党风党纪知识学习测试

党的群众路线教育实践活动分片动员大会召开前，镇党委书记董学山与怀保河老人亲切握手

48个村“两委”干部共同参观党风廉政基地

召开党政班子成员述廉会议

举办党的群众路线教育实践活动暨党委书记讲党课活动

党的群众路线教育实践活动分片动员大会

民　族

天桥区领导与老寨村文艺队伍合影

热闹的民族摔跤

老寨、小寨村开斋节

桑梓店镇回族群众欢度开斋节

回民村居欢庆开斋节

小寨村全体穆斯林集聚在广场上，等待神圣时刻的到来

女穆斯林从清真寺出来，人手一根香，准备即将开始的开斋节仪式

乡村连片治理

省委农工办调研2014年乡村连片治理工作

连片治理后的南郑村

连片治理后的南郑村村民在家门口健身

连片治理后的左庄村公共厕所

连片治理后的刘庙子村健身广场

连片治理后的邱岸村

连片治理后的刘庙子村健身广场

乡村连片治理

记者采访2014年连片治理情况

连片治理后南郑村扫街工具更加现代化

连片治理后的小寨村

连片治理后的小寨村民族广场

连片治理后的左庄村

镇党委书记董学山、镇长杨鹏现场指导连片治理工作

连片治理后的南郑村

服务园区

中共山东省委副书记、省长郭树清（前排右二）调研济南市北跨规划展示中心

中共山东省委常委、市委书记王文涛（中）到鑫茂·齐鲁科技城调研国家级孵化器项目

山东省台办副主任曹晓武（左）与济南新材料产业园区管委会主任赵新生（右）交流工作

镇机关干部到济南新材料产业园参观学习

济南新材料产业科技园

济南新材料交易中心

举行鑫茂·齐鲁科技城首批入园企业签约仪式

在建中的鑫茂·齐鲁科技城项目二期

服务园区

中共山东省委常委、市委书记王文涛（前排左五）调研新奇世界国际度假区·济南鹊山项目

中共天桥区委书记毕筱奇（左五）调研新奇世界国际度假区·济南鹊山项目施工情况

召开服务鹊山龙湖项目建设动员会

北展区党组书记任庆生（左二）在为上级领导介绍鹊山龙湖项目规划和项目进展情况

美丽的鹊山龙湖

正在修建中的新奇世界·鹊山龙湖住房

北展区管委会主任李敏杰（右一）指挥丁口砖厂烟囱实施爆破

新奇世界国际度假区一瞥

农　业

中共天桥区委书记毕筱奇（中）调研西秦村土地流转及山东福港庄园生态农业采摘园项目

国翠蔬菜大棚的西红柿长势喜人

田庄村黄金梨硕果累累

西秦村南瓜大棚

袁贯村有机水稻成熟

收割小麦

社会事业

镇机关“慈心一日捐”，党委书记董学山带头捐款

镇党委副书记、镇长杨鹏看望幸福院中的老人

开展“最美桑梓让爱飞翔”慈善捐赠活动——对爱心企业进行颁奖

妇联表彰大会

爱民奖学金发放仪式

敬老院老人在快乐地打牌

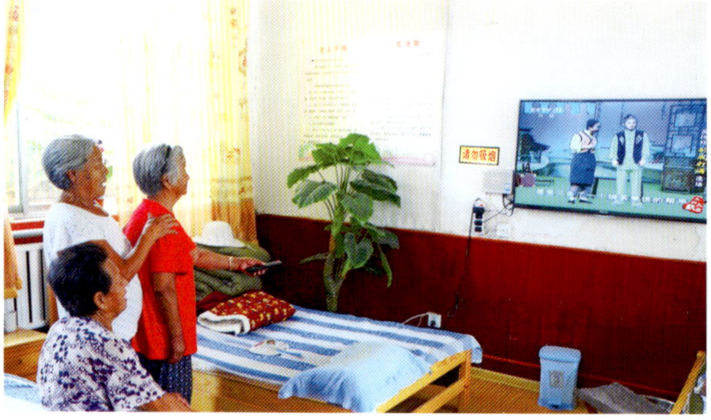

幸福院老人观看电视节目

招聘会现场

书法绘画

姜怀明

孟立东

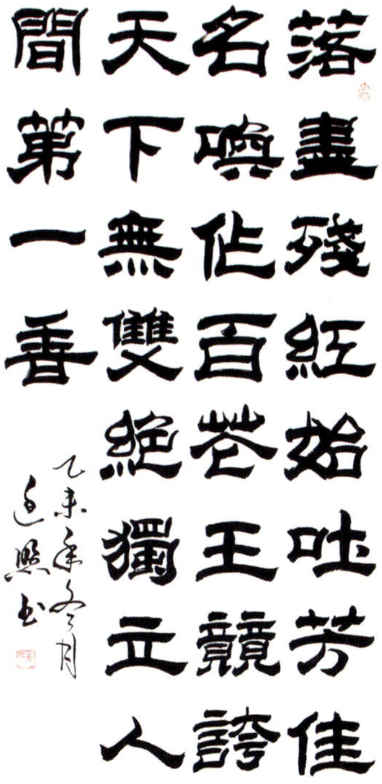

管廷照

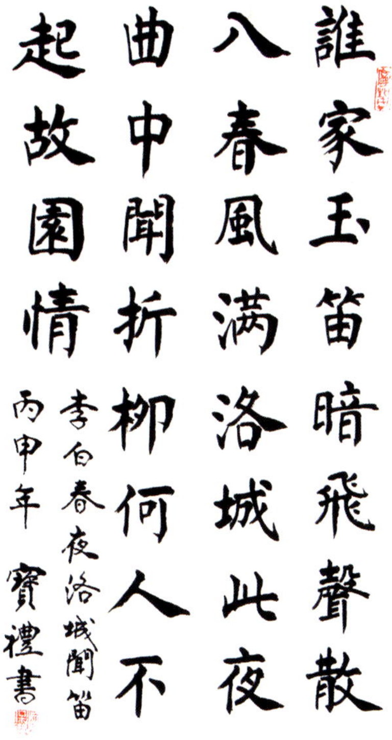

怀宝礼

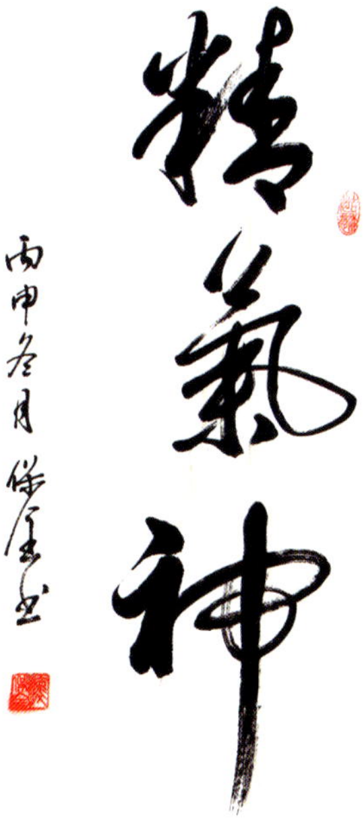

怀宝全

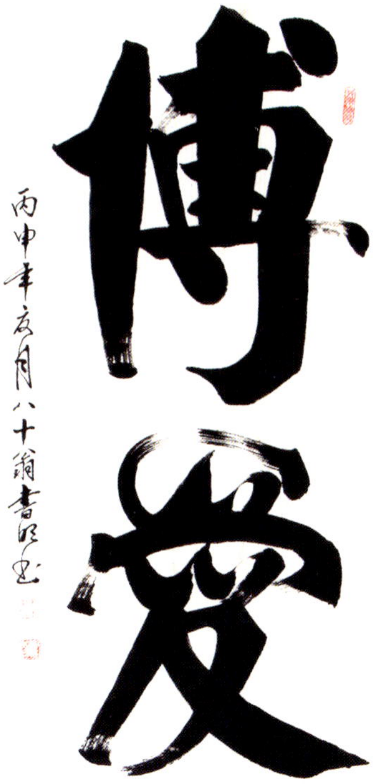

陈树明

《桑梓店镇志》专家评审会

2016年12月21日，《桑梓店镇志》志稿专家评审会与会领导、专家及编纂人员合影
第一排左起：欧胜男、高长海、庞新华、丁爱军、杜加臣、董学山、郭建群、王封军、张瑞英、张崇元
第二排左起：宗兆忠、夏丰远、李延庆、曹天然、杨桂华、何其臻、亓远程、顾玉强、王顺、张庆

目 录

第三编 人口与计划生育

第四编 农 业

第五编 林 业

第六编　水　利

第七编　工　业

第八编　交通　邮电

第九编　商贸 金融

第十编　经济管理

第十一编 镇村建设

第十二编 政党 群团

第十三编 政权 政协

第十四编 公安 司法 军事

第十五编　民　政

第十六编　劳动　人事

第十七编　教育　科技

第十八编　文化 卫生 体育

第十九编　社会生活

第二十编　村　庄

第二十一编　济南新材料产业园区

第二十二编　鹊山龙湖

人　物

附　录

概　述

概 述

一

济南市天桥区桑梓店镇位于济南市天桥区西北部，黄河北岸。东邻天桥区大桥镇，西接齐河县晏城镇，北与齐河县表白寺镇接壤，南与槐荫区吴家堡镇隔黄河相望。镇域面积72.6平方公里。截至2016年，全镇下设5个办事处，辖48个行政村，52个自然村，有人口38171人。境内有汉、回、满等九个民族。

镇域属暖温带半湿润季风气候，冬冷夏热，四季分明。春季气温回暖快，变化强烈，降水少，风速大，气候干燥；夏季气温湿热，降水集中；秋季气温下降，雨量减少，天高气爽；冬季雨雪稀少，寒冷干燥。年平均气温13.4摄氏度，降水量622毫米，风速2.9米/秒，日照2678.9小时，光照充足，热量资源丰富，无霜期200天。

桑梓店镇域在西周时期隶属齐国，春秋时期隶属齐国祝柯。秦朝时期置祝柯县。西汉汉高祖十一年祝柯县改称祝阿县。元朝时期，起初隶属燕南河北道德州齐河县，1330年，改属直隶中书省德州齐河县。明朝初期，朝廷多次从河北枣强和山西洪洞县向桑梓店镇境域内迁徙人口，加之明朝军队在桑梓店镇开荒屯田，逐渐形成村落。清光绪三十二年（1906年），改旧乡里制为乡区制，桑梓店镇域范围集中于齐河勇乡地区，下辖八区，分别为勇一区、勇二区、勇三区、勇四区、勇五区、勇六区、勇七区、勇八区。1931年，废除乡区制，实行区村制，齐河县划为8区，桑梓店镇域范围集中于第六区。1949年新中国成立后，仍称齐河县第六区，辖14个乡镇82个村庄。1955年，撤区建乡，改称桑梓店乡。1958年，撤乡建社，改称桑梓店人民公社。1965年，又划分成桑梓店、焦斌两个公社。1984年5月，撤社建镇；1990年1月，由齐河县划归济南市历城区，仍称桑梓店镇。2001年1月16日，桑梓店镇由历城区划归天桥区。

桑梓店镇是沿黄乡镇，过境河段为5.8公里。明清时期，镇域就有王窑、朱河圈、丁口等多个渡口通达济南市区。1911年，津浦铁路建成，境域内设桑梓站。新中国成立后，国家先后投资建设济邯路、晏吴路等多条公路。2000年，济南市黄河河务局修建黄河西外环浮桥，连接桑梓店镇与济南市区。2008年，青银高速公路北绕城线斜穿桑梓店镇北部，东与济青高速、西与京福高速公路相连。济南建邦黄河大桥于2010年12月通车。京沪高铁纵贯桑梓店镇西部。石家庄至济南铁路客运专线在桑梓店镇北部穿过。镇域内村村通柏油路，出行方便。

二

桑梓店镇的经济发展，在历史上主要以农业为主。新中国成立前，由于封建统治和历次战乱，工农业基础非常薄弱，全镇的经济发展十分缓慢。新中国成立后，镇域内的形势开始好转，工商企业开始慢慢复苏。有手艺的社员搞一些零星制作，或按行业将手工业者集中起来搞集体副业，公社化时期的副业主要有南郑村和邓营村种植苹果，左庄村和小寨村种植杏树，老寨村和小寨村养殖牛羊等。

1984年，为增加财政收入，镇党委、政府制定引进人才、项目、技术、资金的优惠政策，还制定发展个体私营经济的若干规定，成立发展经济同乡联谊会，鼓励发展工业企业。新上村办企业13处，个体工商户160户，新增产值600万元。规模较大的有朱河圈村的户办石粉厂、南郑村的粉条加工厂、丁庄村的联户焊接厂、刘庙子村的联户建筑队、朱河圈村的联户横渡运输船等。截至1993年9月底，全镇工农业总产值1.3亿元，财政收入72万元。

桑梓店镇树立“工业立镇”思想，以环境创新为突破口，以创“三优”（优良环境、优惠政策、优质服务）为重点，加大招商工作力度。依托济南新材料产业园区，引进裕兴化工、明湖热电、韩国皇冠油墨、舜立科技园、多利亚实业有限公司、女儿红酒业等多个项目。马来西亚顺洲木业有限公司顺利落户，实现桑梓店镇外资企业零的突破，为全镇经济发展带来强劲发展势头。16家企业入驻，其中5家企业建成投产。2013年8月29日，经山东省政府批复，济南化工产业园正式更名为济南新材料产业园区，成为全市唯一一家专业的新材料产业园区。

桑梓店镇还坚持产业发展、注重整合各村资源，逐步探索创新现代农业发展、旅游园区建设，实现“一村一品、一村一业”，发展壮大村级集体经济。通过土地流转、租赁联营、合作社等有效方式，整合资金，盘活资源，在东片区借助鹊山龙湖旅游度假区的优势，重点在老屯村发展农家乐、在小寨村及清真寺发展民俗文化旅游等休闲旅游项目，注重旅游的交互性与体验性。在西片区借助母亲河——黄河的水资源优势，重点在袁贾村、姚吕村发展黄河有机水稻种植，在仓上村发展苗木盆景种植、垂钓中心等特色产业，带动全镇农业产业化的集群发展。积极帮助刘庙子村江荷泉莲藕种植专业合作社争取上级财政资金支持，拉长生产链条，增加藕产品附加值，助推传统产业向集休闲、娱乐、采摘、餐饮于一体的现代农业园区发展。以黄河——鹊山龙湖沿线两侧景观为依托，集中连片发展集观光旅游、风味美食、垂钓采摘、休闲度假于一体的河湖旅游农业，使旅游经济成为桑梓店镇经济发展新的增长点。

三

桑梓店镇自古以来属于典型的农业乡镇，农业以种粮为主。新中国成立前，由于受封建土地所有制束缚，黄河多次决口，农业生产力水平普遍低下，粮食亩产不足50公斤，遇到旱涝等自然灾害，农作物经常颗粒无收。

新中国成立后，彻底结束长期延续的封建土地所有制，实现了“耕者有其田”，群众的生产积极性被激发。中国共产党引导农民逐步走上合作化道路，生产力得到一定程度的提高。1958年，成立桑梓店人民公社初期，实行公社一级核算。土地、劳力、牲畜、农具等均归公社所有，由公社统一计划、统一调度、统一核算、统一分配。公社大办公共食堂、敬老院、幼儿园。实行吃饭不要钱制度。生产搞高指标、“浮夸风”，严重脱离农村生产力发展水平，给生产带来严重损害。1959年，开始纠正公社化初期出现的“左”的倾向，将土地和主要生产资料的使用权和生产管理权下放到生产大队，以生产大队为基本核算单位。这一方针的实施，对稳定农民情绪，发展农业生产发挥了一定作用。

中共十一届三中全会后，农村普遍推行家庭联产承包责任制，调整种植业结构，解放生产力，群众的生产积极性得到充分发挥，生产力得到进一步解放，农业生产的各个环节都广泛应用先进科学技术，粮食产量成倍增加。1998年，中央重申家庭联产承包责任制三十年不变，给农民吃了定心丸，先进的生产关系有力促进生产力的发展，农民生活水平进一步提高。粮食亩产量由1978年的300余公斤提增到1991

年的800余公斤。棉花由1978年的亩产皮棉10余公斤增加到50余公斤。群众年均收入由1978年前的七八十元钱增加到1991年的六七百元钱。1978年，全镇的农业总收入（含副业收入）为335.6万元，人均七八十元。2009年，全镇粮食总产量2966万吨，增长3.5%，农民人均纯收入5698元，增长10%。

随着国民经济的高速发展，农业生产大型机械的普及，农业高新科技得到了广泛的应用，农业生产所用人工越来越少。这就促进劳动力向城市转移，向二、三产业转移。截至2015年年年底，西秦、冯家堂、东秦、怀庄等村共实现土地流转2796亩。土地流转减少了耕地的荒废，为建立专业大户和家庭农场提供了条件。

四

桑梓店镇扼黄河渡口之咽，为济南市的西北门户。南有黄河舟楫之利，距千年泺口渡口较近，河运便利，商业较为发达。

明清时期，随着山西、河北等地民众大量迁入，私营经济更是大力发展。从大黄、宜章到泺口的官道（也称盐道，运盐都经过此路）途径镇域，沿途不乏客栈、饭馆、酒家以及工匠艺人等。咸丰、同治年间，国势日颓，河水泛滥成灾，农业遭厄，富贾基本绝迹，市场日渐凋零。1908年，商业开始复苏，至民国时，镇内百姓在当地或到济南城里经商者越来越多。

新中国成立初期，镇域邱岸村集市繁华，商业发达。主要交易粮食、副食、布匹、牲口、水果、蔬菜等，形成了粮食市、牲口市、菜市等。众人挑“八股绳”从该处买水果向济南市区贩。西边齐河县的焦斌、西北的安头及徒骇河南岸一带很多人赶着大车来卖西瓜、花生，黄河南边药山安乐镇也有不少人来贩水果、花生。集市上还有杂耍、变戏法（魔术的俗称）、皮影戏、拉洋片等文娱活动。又如安庄村，新中国成立前地处交通要道，从大黄、宜章到泺口的官道经过这里，挑八股绳的、推木轮车的、拉货的大马车等络绎不绝，店铺林立，摊位密集，繁华热闹，有猪市、牛市、布匹市、鞭炮市，有说书场，有拉洋片的，等等。村里还有一座盐屋，是当时的地方当局设定的盐点，方圆二三十里地都来此购盐。镇域有桑梓店火车站及货场，占地2007平方米，交通运输十分方便。

在发展个体经济问题上，镇党委、政府为个体私营经济的发展创造良好环境，提出放开胆子“放水养鱼”、让个体私营经济“登台唱戏”的口号，制定了发展个体私营经济的措施意见，给予个体私营大户与集体企业同样优惠政策。

1988年，镇域商品流通在治理经济环境、整顿经济秩序中进一步的开放搞活，多层次、多渠道、少环节的商品流通网络基本形成。1998年，全镇多种行业的个体私营户达367家，新发展的占65%，从业人员897人，分别是1990年的8倍和9倍。个体私营经济注册资本达到623万元，比较突出的有振达实业公司、鑫源酒厂、鸿鹏通风配件厂、年丰面粉厂、康达宾馆、通达汽车修理厂、黄海供水设备厂、老寨实业公司、群星包装箱厂等。至2015年年底，全镇共有个体商业户825户，经营范围包括食品、烟酒、布匹、服装、水果、蔬菜、药品、化肥、农药、油料、电器、五金、煤炭、建材等，年商品零售总额达2000万元以上。

五

桑梓店镇历届党委、政府都非常重视镇村环境面貌建设，特别是2014年以来，为加强村镇规划建设，改善人民居住、生产、生活环境，合理利用土地，加快小城镇建设步伐，促进镇村经济发展，桑梓店镇党委、政府在小城镇建设中做到美丽乡村建设规划三步走。

一走精品路线。对设计单位严格招投标，

确保高起点、高标准建设理念融合到美丽乡村规划中。在保留好乡村记忆的基础上全面改善全镇农村生产生活条件，实现美丽乡村建设规划与土地利用规划、城镇建设规划、济北新城核心区规划相配套衔接。二走群众路线。多次深入各村调研了解村庄建设现状，筛选确定符合条件村庄，召开党政联席会议、村民代表会议对规划设计方案进行反复论证，确保施工方案受群众认可，施工全程便民不扰民。三走“党政”引导路线。坚持村民自愿、量力而行，民主决策、村民受益，因地制宜、分类指导、加强管理、规范操作的原则，构建群众自愿与党政主导的良性互动。在全镇机关干部与全体党员群众共同参与的农村人居环境集中清洁行动中，先后9次组织1000余人次参加集中统一行动，范围覆盖全镇48个行政村，共出动机械60余台次，拆除旱厕110个，清除村内“四大堆”156个，清理垃圾死角527个，清理道路17000余米，拆除横幅和破损广告牌193处，清除垃圾119处，镇村保洁员增至170人，垃圾桶增至1800个，新建新型公厕36座。

在抓好小城镇建设中，桑梓店镇积极抓好省、市级“乡村连片治理”项目，助推新农村小城镇建设。乡村连片治理涉及刘庙子村、南郑村、东秦村、邱岸村、街后村、姚吕村、袁贾村、左庄村、小吕村、仓上村、小屯村、铁匠村、老屯村、小寨村14个村。省、市级项目实施内容包括村庄道路硬化、胡同硬化及户户通下水道建设，以及村容村貌综合治理工程等。省、市两级项目总投资2365.45万元。其中省级投资1581万元，市级投资784.45万元，镇村总投资365万元。桑梓店镇党委、政府在省、市级“乡村连片治理”项目推进过程中，珍视机遇，严密组织管理，强化监管指导，尊重民意，以“阳光治理”理念创新项目运行机制，赢得广大干部群众衷心拥护。

至2015年年底，14个村的“乡村连片治理”项目已保质保量完成。其中市级五个村“乡村连片治理”工程共完成胡同硬化16830平方米，道路硬化15422平方米，健身广场12480平方米，休闲绿地6800平方米，修建公厕20个，安装节能路灯130盏，沿路粉刷墙体10050平方米，前街挡土墙1170米。省级“乡村连片治理”项目的完成，惠及9个村6617人。通过省、市级“乡村连片治理”项目的实施，项目区内各村环境面貌显著改善，基础设施建设水平大幅提高，改变了农村公益事业发展落后的局面。

随着全镇小城镇建设快速发展，人民生活水平不断提高，为进一步提升村民环境生活质量，2013年，桑梓店镇主动对接履行服务北跨发展和济北新城建设主体责任，积极顺应人民群众对于改善农村人居环境、享受城市现代化保洁待遇美好期待，以开展农村环境综合整治为突破口，以全面推进城乡环卫治理体制，完善政策引导、资金投入和考核监督，实现农村垃圾统一收集、统一运输、统一处理，有效解决了全镇农村环卫事业发展滞后、垃圾围村、环境脏乱差的问题。

为巩固环卫一体化工作成果，桑梓店镇投资近百万元对各村、各单位垃圾死角特别是国道308线两侧环境进行集中整治，并对国道308线两侧进行统一绿化，绿化率达到90%。全镇道路保洁率和制度化管理率均达到100%。桑梓店镇城乡环卫一体化工作顺利通过市级验收。

六

桑梓店镇在精神文明建设中高度重视党风廉政建设工作，把落实党风廉政建设责任制纳入全镇精神文明建设发展总体规划，统一部署，统一实施。

开展“做党的忠诚卫士，当群众贴心人”主题实践活动，要求党员干部始终做到行动早于一般干部，标准高于一般干部，觉悟严于一般干部。完善廉政档案、廉政鉴定、廉政谈话制度。坚持每年对全镇部门以上负责人开展廉政谈话，聘请48名党风廉政建设监督员，48个行政村建立村务监督委员会。拓宽监督渠道，每年组织村干部向村民述职述廉，接受群众评议，从而促进党员干部廉洁勤政。强化各行政村党员干部廉洁自律工作，坚持每年开展一次反腐倡廉主题教育活动，将廉政教育列入干部培训计划，强化对党员干部的宗旨教育、示范教育和岗位廉政教育。创新教育方式和手段，广泛开展警示教育活动，召开领导干部警示教育大会，定期组织机关干部观看警示教育图片展、录像片，每年组织村干部进行培训，到监狱、警示教育基地接受警示教育。深入推进廉政文化进机关、进学校、进农村、进家庭活动。继续深入开展“执政为民，廉洁高效”集中教育活动。活动开展后全体机关人员思想境界得到提升、工作作风得到转变，有效地解决了行政机关“门难进、脸难看、话难听”和办事效率低下等问题。开展“为企业服务年”活动。配齐配强村“两委”会班子，提高班子驾驭能力，进一步协调好化工产业园和鹊山龙湖周边村民的工作，为企业发展营造良好环境。

桑梓店镇党委、政府还坚持将“乡风文明好起来、钱包鼓起来”与“家园美起来”同步推进，实现农民物质精神“双富裕”的美好梦想。一方面坚持思想先行，深化“乡村文明行动”。在美化、亮化村容村貌过程中，同步深入各村开展以学习践行社会主义核心价值观、“讲文明树新风”“四德工程”等为主要内容的精神文明宣传，倡树文明乡风，弘扬孝德文化，增进邻里和谐，在思想上扮靓美丽乡村。加强文体设施建设，打造文化大院、道德讲堂、农家书屋、健身广场并以此为依托开展文体活动，挖掘民间文化，引领科学、文明、健康的生活方式，在精神上满足农民需求。挖掘乡村文化，实施文化惠民。因地制宜，合理配置乡土绿化、乡俗场所，注重延续乡土文化，保持传统村落自然和地域特色，让美丽乡村留住自己的特色，充分利用村级文化广场等文化资源，向乡村传递更多正能量。

桑梓店镇还以开展“三严三实”专题教育活动促进全镇精神文明建设。组织召开“三严三实”专题教育启动大会暨党委书记讲党课活动，以《践行“三严三实”，争做有为表率》为题，分别深入查摆在党政领导、机关中层干部、机关党员、村级负责人四个层面党员干部存在的5种“不严不实”错误状态。结合落实好全镇2015年“十件民生实事”，强调践行“三严三实”具体要求；要求全镇上下坚持高标准高质量、坚持深研究细谋划、坚持有结合有氛围，确保专题教育扎实开展、取得实效，引导广大党员干部书写基层干部有为答卷。

在“学党章党规、学系列讲话、做合格党员”（简称“两学一做”）学习教育活动中，按照上级部署要求，桑梓店镇制定并下发《关于在全体党员中开展“两学一做”学习教育实施方案》，召开桑梓店镇“两学一做”学习教育座谈会，对全镇基层党组织书记及选派到村指导教育实践的党建指导员进行系统培训。利用微信平台等方式，分享《习近平总书记系列重要讲话读本（2016版）》，全镇各行政村结合“一、二、一”项目化管理，组织党员集中在线学习。

为进一步规范和完善农村基层党务、村务、财务“三公开”工作，增强农村各项事务、工作透明度，促进农村稳定，维护集体资产和群众利益，密切党群、干群关系，拓宽民主监督渠道，扎实推进全镇农村党风廉政建设工作深入开展，桑梓店镇特制定党务、村务、财务“三公开”机制，以党务公开为龙头，统筹推进村务公开和财务公开，规范权力运行。在全镇各行政村中推行“一报四议两公开”工作法。制定并印发《关于进一步加强农村党支部书记和党员队伍建设的实施意见》，对农村党支部书记实行“一、二、一”

项目化管理，实现交流、述评、考核三个常态化，对农村党员队伍实行“一、一、一、二”项目化管理，实现组织生活常态化。

积极开展“四德”工程建设活动，深入开展“我们的节日”主题活动。在清明节期间，开展“文明祭扫”活动，倡导人们用鲜花、文章等文明方式祭奠亲人，移风易俗，树立文明风尚，爱护环境。在国庆节期间，开展国情、镇情教育，观看新中国成立周年大庆专题片，参观改革开放成就展，进一步继承和发扬以爱国主义为核心的民族精神和以改革创新为核心的时代精神，团结凝聚各级广大干部群众力量，积极投身全镇经济社会建设。在春节元宵节期间，开展中华传统文化教育活动，引导广大干部职工群众感恩党、感恩父母、感恩师长、感恩社会、感恩大自然，增强民族凝聚力，密切人与人、人与社会、人与自然的关系，积极促进社会和谐进步。开展城乡志愿者服务活动，组织广大志愿者广泛参与普及文明礼仪、维护社会秩序等活动。深入开展“慈善一日捐”“春蕾行动”“助残行动”“法律援助计划”“爱心助成长”等活动，号召大家人人关爱他人、情注公益、奉献社会。组织镇域广大青年积极参加“文明倡导青年志愿者”队伍，宣传普及文明礼仪知识，倡导文明行为，劝导不文明行为，做文明火种，促进社会主义精神文明发展。在各行政村积极组织开展道德评议活动，对不道德、不文明的事和人进行批评和教育劝导。大力弘扬中华民族传统美德，破除封建迷信和各种陈规陋习，引导居民群众养成文明、健康、科学的生活方式。广泛开展《山东省公民基本道德行为40则》普及行动，与机关文化、企业文化、校园文化、街道文化等文化建设结合起来进行。深入开展“实施农村文明信用工程”“文明信用企业”等诚信建设活动，培养人们的诚信意识，引导人们以正确态度对待工作、对待职业。利用母亲节、父亲节、老人节等节日，号召积极为父母办实事、尽孝心，改善父母衣食住行，给父母更多关爱，在全社会形成爱老敬老浓厚风气。

镇党委宣传科按照全镇精神文明总体规划要求，积极做好舆论导向工作，2015年共发布政务信息386篇，在中央、省、市级新闻媒体及生活类媒体发稿共计80篇，提前并超额完成全年新闻媒体发稿工作任务，桑梓店镇被评为全区新闻宣传报道工作先进单位。所上报舆情信息及舆情分析，被省级采用11篇，市级采用17篇，区级采用29篇，桑梓店镇被评为“全区舆情信息工作先进单位”。

2014年，《桑梓》内刊出版，以“园区发展、桑梓振兴、造福人民、勇于担当”为办刊宗旨，以实事求是为办刊原则，大力宣传济南新材料产业园区与桑梓店镇政治、文化、经济、生态环境建设，宣传发展中取得的成绩，吸取先进经验。《桑梓》成为镇党委、政府各部门交流学习的平台，是党员群众增强党性觉悟、提高自身修养的课堂。《桑梓》内刊共发行30多期，印刷9600册，对于提高全镇舆论宣传工作水平、丰富干部群众文化生活起到重要推动作用，成为服务园区建设、推动跨越发展的有力抓手。

进一步加强青少年思想政治教育工作。坚持用邓小平理论、“三个代表”重要思想和科学发展观武装团员，教育青年，构筑青年一代的精神支柱，为共青团事业发展奠定坚实的思想理论基础。注重号召青年认清形势，在北跨的征程和挑战中肩负起历史赋予的重任，把团员青年团结到服务“北跨”发展中心工作上来。注重培养青年团员以实践促学习，让大家从实践中受教育。以重大节庆为契机，团镇委多次举办“我们的节日”系列经典诵读活动、“喜迎十八大志愿我先行”主题活动、“情暖夕阳红”志愿服务活动、“扬五四精神争做北跨先锋”演讲比赛等，集中体现新一代青年奋发有为的精神风貌。

进一步发挥青少年在经济建设中的生力军

和突击队作用。引领广大团员青年积极投身经济建设主战场，围绕农业和乡村经济发展，大力施行乡村青年科技致富活动，开展“青春建功新农村”“金融知识连农村”“农村青年创业技能培训班”等活动。举办“春风行动”农民工招聘会，实现企业用工需求与青年就业需求成功对接。

进一步加大服务青年力度。团镇委以开展“创先争优，争做桑梓先锋”活动为抓手，在全镇范围内大力开展优秀青年农民评选表彰活动，挖掘先进、树立典型，以他们的事迹鼓舞广大青年拼搏奉献，发奋成才。

回首往事，桑梓店镇有悠久灿烂的文化和光荣的历史；展望未来，桑梓店镇有着光明的前程。在改革开放大潮中，桑梓店镇人民必定在天桥区委、区政府正确领导下，发挥优势，艰苦奋斗，勇于拼搏，为建设更加繁荣昌盛的社会主义新桑梓店镇谱写出更加美好的新篇章。

大事记

大事记

元

1346 年（至正六年）

地震，历 7 天。

1347 年（至正七年）

地震，有声如雷。

明

1390 年（洪武二十三年）

正月 地震。

夏 旱。

1457 年（天顺一年）

大雨，禾稼尽被淹没。

七月 蝗虫成灾。民众大饥，掘茔墓，砍光树木。同年无雪。

1471 年（成化七年）

庄稼丰收，粮价跌至斗米七文钱。

1472 年（成化八年）

三月四日 昼如夜。

八月始 相继发生旱、蝗、涝灾，民众大饥。

1502 年（弘治十二年）

九月 地震，民舍被震坏。

1615 年（万历四十三年）

春夏 大旱如焚。

七月 遭蝗灾，民众大饥，人相食。

清

1616 年（明万历四十四年，清天命元年）

四月 复遭蝗灾，民众饥饿达极点，人相食。

1842 年（道光二十二年）

桑梓店三官庙人韦逢甲，任浙江乍浦同知。为抵抗英国侵略军登陆，在战斗中殉国。道光帝亲书“守土为法”匾额，赐归葬于故土。

1869 年（同治八年）

春 大旱。

1876 年（光绪二年）

春 大旱，自正月至闰五月无雨。

1877 年（光绪三年）

春 旱。

同年 黄河于王窑决口，浸淤徒骇河。

1880 年（光绪六年）

正月 黄河冰聚如山，冲毁近河村、林，赵庄漫溢决口。

八月 黄河堤身决口。

1883 年（光绪九年）

筑遥堤，上接长清县下至桃园村。底铺 12 丈，顶宽6丈。

1884年（光绪十年）

黄河于李家岸决口，自赫家洼以下绵亘数十里尽被水淹，房舍冲倒无数。

1885年（光绪十一年）

五月 黄河于赵家庄决口，李家岸龙门口又一次决口。

六月 黄河于官庄决口，镇域被淹。

1886年（光绪十二年）

黄河于油坊赵庄决口，合龙后，将河堤增高并加厚一丈。

1887年（光绪十三年）

六月 黄河于朱河圈决口。

1888年（光绪十四年）

二月 郑州合龙，黄水复由大清河道入海。

五月 地震。

夏 黄河涨水，丁口村正南决口，淹没村西大部分良田，形成天然湖泊，当地人称之为“大溜”。

秋 秋蝗蔽日，出现瘟疫，死者颇多，生者成群结队流落他乡。

1891年（光绪十七年）

山东巡抚张曜在油坊赵村黄河岸督修石闸，并挖南北河，下连徒骇河。

1892年（光绪十八年）

夏 蝗灾。

1906年（光绪三十二年）

改旧乡里制为乡区制。桑梓店镇域范围大部分集中于齐河勇乡地区，下辖八区，分别为勇一区、勇二区、勇三区、勇四区、勇五区、勇六区、勇七区、勇八区。

1907年（光绪三十三年）

为实行地方自治，改划旧里为5乡76区，桑梓店境域集中于勇乡地区。

1908年（光绪三十四年）

英、德帝国主义开始动工修建津浦铁路。

1911年（宣统三年）

津浦铁路建成通车，途径镇域姚吕、袁贾、左庄、小吕、仓上、桑梓店、小屯、铁匠、老屯等村。

中华民国

1918年（民国七年）

匪首顾德林等率众千余人占据桑梓店车站，津浦铁路交通堵塞半月余。

1927年（民国十六年）

秋 大旱，蝗虫严重，庄稼无收。

1931年（民国二十年）

实行区村制度，齐河县划分为八区，桑梓店境域属于第六区，设区公所。

秋 境内大雨成灾。

1945年（民国三十四年）

9月 伪军聂宜增率部到左庄村搜捕六区（桑梓店）共产党党政军工作人员，将村干部、抗日家属等18名群众铡死，史称“左家惨案”。

1946年（民国三十五年）

1月 齐河县六区（桑梓店）建立区委，张志远任区委书记。

春 国民党收编的伪军、地主“还乡团”，仍盘踞着桑梓店铁路沿线地区。桑梓店区委书记张志远任队长，工作队驻老聂庄以南桑梓店一带。

4月12日 被国民党收编的聂宜庆部袭击六区（桑梓店）区委，将后房村区委工作队包围，区委书记张志远负伤后突围脱险。

4月24日 国民党三十六师一〇八团向桑梓店西北草庙王村进攻。齐河县县长李聚五率领县大队奋勇反击，经激战一〇八团被击退。次日，国民党从济南调600余人，卷土重来。李聚五再次率县大队反击，激战4小时，打退敌军数次冲锋，毙伤敌10余人。李聚五在战斗中不幸中弹，光荣牺牲。

5月 共产党军民开展反“围攻”斗争，桑梓店镇域作为津浦铁路沿线主战场之一开展斗争。

9月 桑梓店的国民党军时常骚扰群众，残杀百姓，无恶不作。齐河县大队及各区队、民兵在桑梓店、晏城、齐河的三角地带进行联合攻打，毙敌数10人，俘敌150余人，缴获大量步枪、子弹。

10月 国民党军在桑梓店境内到处抓捕壮丁。

1947年（民国三十六年）

5月25日 华东野战军强攻桑梓店。次日，桑梓店守敌在6架飞机、4辆坦克掩护下逃入齐河城，桑梓店解放。

6月20日 为断绝国民党南北交通，群众主动破坏桑梓店前后一段铁路。

6月 由于国民党军队进攻解放区，环境恶化，齐河县委决定将桑梓店区党政机关同谭家区党政机关合并称谭家区，张立民任区委书记，孙一民任区长。

冬 齐河县大队在桑梓店邱岸村一带将土顽聂宜庆部100余人全部歼灭，聂宜庆当场被击毙。

1948年（民国三十七年）

6月 重新组建桑梓店区委、区公所，齐发玉任区委书记，刘醒民任区长。

同年 沙李村建立党支部，成为镇域内第一个党支部。

1949年（民国三十八年）

1月 齐河县选出大二秋、小二秋等优良谷种数万斤，由晏城、桑梓店车站送往苏联西伯利亚、中亚细亚地区。

8月 黄河水量大增，境内群众护堤。

9月 黄河水量猛涨，泺口水位32.33米，境内群众护堤。

中华人民共和国

1949年

10月1日 中华人民共和国宣告成立，境内群众载歌载舞，热烈欢庆。

1950年

在桑梓店村建立桑梓店区政府。

1951年

春 齐河县政府对镇域农户下发“土地证”，废除封建土地所有制，实现耕者有其田。

4月 境内群众捐献粮食、衣物及钱款用于支持抗美援朝。

同年 镇域土地改革工作基本完成，向农户颁发颁布《土地证》。

1952年

5月20日 泺北专署改为德州专署，镇域随齐河县归德州专署管辖。

12月 开始成立农业生产互助组。

1953 年

7 月 9 日 连续降雨 50 天，受灾面积 5 万余亩，房屋倒塌数千间。

11 月 15 日至 22 日 区委及各村干部参加县三级干部会议，贯彻党在过渡时期的总路线、总任务，实行粮食统购统销。

冬 部分生产互助组向初级农业生产合作社过渡。

冬 县在桑梓店区左家乡建设第一个农村信用合作社。

同年 成立五金厂，占地面积 1.8 公顷，厂房面积 2300 平方米，主要产品为铁皮制品。

1954 年

高王村 10 余户贫困农民自愿结成农业互助社，名为“鸿兴社”，是镇域内第一个初级社。

1955 年

9 月 6 日至 12 日 召开干部会议，传达毛泽东关于合作化问题的指示，据此镇域掀起合作化运动高潮。

11 月 国家发行首批建设国债，境内群众踊跃认购。

冬 在社会主义改造新高潮中，按照中共中央提出的“发展一批，巩固一批，再发展一批，逐级试办高级社”的指示，镇域农业合作社化运动由初级社逐步进入高级社阶段。

1956 年

同年 怀庄村剧团参加齐河县文艺演出比赛，获“文艺先锋”称号，得锦旗一面。

1957 年

2 月 初级社升并高级社基本完成。

12 月 10 日 境内所有小学教师集中县城整风。

1958 年

2 月 16 日 根据中共齐河县一届二次党代会决定，撤销桑梓区，设立桑梓店乡。

9 月 6 日至 9 日 根据中共中央《关于在农村建立人民公社的决议》，撤销桑梓店乡，成立桑梓店人民公社，社址桑梓店村。

同年 王窑引黄虹吸工程建成。

同年 小张村建立养猪场，规模在全公社首屈一指，是齐河县百面红旗之一。

同年 桑梓店村南修建铁路复线及货运编组站。

1960 年

1 月 8 日 桑梓店人民公社取消旧制度量衡，推行市制 10 两秤。

5 月 公社召开生产小队长以上干部会议，批评社队干部队伍中的共产风、浮夸风、命令风以及贪污、浪费、官僚主义等现象，会议的基调是“反右倾，鼓干劲”。

6 月 在农村开展反对贪污、反对铺张浪费、反对官僚主义“三反运动”。

7 月 “共产主义大食堂”相继断炊，不少群众外出讨饭谋生。

10 月 齐河县委宣布暂停公共食堂，受到境域群众拥护。

11 月 旱灾、虫灾、雹灾严重。

12 月 进一步纠正“共产风”错误，确定人民公社“三级所有，队为基础”的体制。

同年 左庄村党支部书记刘更宝代表高级社出席山东省农业社会主义建设代表大会，聆听省委书记舒同的报告。

同年 修筑黄河大坝，将大坝筑高六七米。镇域群众挑筐推车，妇女多打夯。

1961 年

春 日人均口粮不足 0.25 千克，贫者先食野菜，后食树叶、树皮等充饥。

6月 纠正“一平二调”（“平”指在公社范围内搞彻底平均主义，“调”指对粮食、生产工具等无偿调出）错误做法，由省、地、县、社、队五级向队员退赔损失，尽快恢复农村生产力。

7月12日 暴雨成灾，粮食基本绝产。

7月 齐河划归德州专区，桑梓店境域随之划归德州管辖。

8月25日 降雨830毫米，积水面积占总耕地面积75.7%。

9月1日 按照中共齐河县委统一部署，桑梓店人民公社召开三级干部扩大（吸收社员代表）会议，突出解决生产自救问题，逐队做出生产自救计划。

10月18日至19日 连降暴雨，平均降水92毫米。

同年 国务院下达指示，豁免各生产队、社员历年拖欠贷款。

1962年

12月21日 齐河县委向桑梓店人民公社发放自然灾害救济款。

同年 蝗虫灾害严重。

1963年

1月 社会主义教育运动在前期试点基础上在公社开展，社队干部普洗“经济澡”。

4月 群众性的阶级教育运动在公社普遍开展。

5月12日 全公社范围内社会主义教育运动（简称社教）进入“小四清”即清账目、清财物、清仓库、清工分阶段。

夏 蝗灾严重，国家派飞机灭蝗。

12月 在省、地委工作组指导下，开展社会主义教育活动。

1964年

1月至2月10日 社会主义教育活动进入学习《中共中央关于目前农村工作中若干问题的决定（草案）》（后称“前十条”）、学习《中共中央关于农村社会主义教育运动中一些具体政策的规定（修正草案）》（后称“后十条”）以及揭阶级斗争盖子和干部“洗手洗澡”三个阶段。

10月 农村社教工作组入驻各村进行“小四清”。

12月 社教运动进入“清政治、清经济、清组织、清思想”的“大四清”阶段。各村普遍举行控诉、批判“四不清”干部大会，强行封存干部家产、迫使“退赔、兑现”未经落实的“贪占”资财，出现打骂、监视等现象，使得很多干部蒙受不白之冤。

1965年

1月23日至28日 社教工作团工作组长以上干部学习中共中央文件《农村社会主义教育中目前提出的一些问题》（后称“23条”），明确运动打击的重点是“党内走资本主义道路的当权派”。

6月 冰雹灾害严重，冰雹大如鸡蛋，树皮被砸烂，受灾庄稼当年大部分绝产。

6月10日 社教运动结束，社教工作团工作人员于20日前陆续撤离。运动中一些犯错误的党员干部被清除出党，同时吸纳一批“四清”运动中的积极分子为党员。

同年 开挖齐济河，成为镇域内主要排灌河道。

1966年

春 流行性脑膜炎疫情发生。

3月 公社用4天时间先后召开党员、干部、贫协委员、活动分子大会，大抓阶级斗争，宣布收回超过规定的开荒地、自留地，不准副业单干。

9月 各中小学相继成立“红卫兵”组织。

冬 “破四旧”（指破旧思想、旧文化、旧风俗、旧习惯）之风刮到农村，家谱、神像、古书及妇女首饰、古戏道具、旧式家具等被烧毁无数。学校停课闹革命，各村组织学生逐户翻箱倒柜严加搜查，一经查出当众焚烧并对藏匿者进行批斗。

1967 年

1 月 群众竞相争戴各样式的毛主席像章、胸章并以此为荣，时兴穿军装、戴军帽、穿军鞋。

2 月 各种“红卫兵”“造反队”“兵团”互相攻击，混乱不堪。

3 月 公社及各村被造反派夺权，成立革命委员会。

1968 年

4 月 27 日 齐河县革委成立“对敌斗争维持革命新秩序火线指挥部”，桑梓店公社建立指挥部分部，任意打人、抓人，宣称不准任何人以任何借口阻碍其成员行使权力。

10 月 10 日 取消传统集日，统一规定农历一、六赶集，名曰赶“社会主义大集”。

同年 公办小学全部下放大队管理，教师回原籍任教。

1969 年

1 月 公社机构压缩，允许保留 15 人，所裁减人员到齐河“五七”干校劳动。

夏 为使中小学生不忘阶级苦，进行“忆苦思甜”教育，由贫下中农上台讲述旧社会地主阶级残酷剥削贫下中农的罪恶事例，并用野菜熬粥，吃“忆苦饭”。

8 月 清理阶级队伍活动结束，清理出一部分党员，并将人民内部矛盾放大为敌我矛盾。

1970 年

1 月 29 日 黄河在王窑形成冰坝，冰块将河床内成片树木压倒，大树撞断。4 小时后超过 1958 年洪峰最高水位，公社迅速组织基干民兵上堤抢险。

2 月 开展“打击反革命破坏活动，反对贪污盗窃、反对投机倒把”的“一打两反”运动，7 月中旬该运动基本结束。

1971 年

1 月 建立桑梓店人民公社党委会。

5 月 李家岸引黄闸建成，镇域受益。

9 月 各村相继建起氨水池子，贮存并开始施用氨水作为化肥。

同年 开展清查“五一六反革命集团”和“一打三反运动”。

同年 省冶金局地质勘探公司第一钻探队在油坊赵村村西探金银矿时，打出深 643.64 米的温泉 1 眼，水温 37 摄氏度，泉水为硫酸钙型水，含放射性元素氡，医治皮肤病效果好。

同年 黄河北展区建成，主要功能为防止黄河冬夏季节凌汛。

同年 全公社第一辆“东方红链轨车”开进高王村。

同年 南郑村首先实现全村通电，使用电灯。

1972 年

春 黄河北展大堤土方工程竣工。

5 月 开始使用过磷酸钙做底肥。

1974 年

各村及中小学深入开展“批林批孔”运动。

1975 年

5 月 因建设黄河大堤，北展区以南各村搬迁至北展堤以北新址。

10 月 省委首期农业学大寨工作团派员进驻公社，指导和帮助冬季农田水利基本建设。

同年 济南市革委会在怀庄村设立“知青”点，第一批“知青”24 人。

同年 山东省驻齐河县“农业学大寨工作团”10 人进驻沙李村，指导开展工作。

同年 桑梓店人民公社驻地自桑梓店村迁至小马村。

同年 利用泥沙淤平“大溜”，发展水稻种植。

1976 年

4 月 公社掀起“反击右倾翻案风”高潮，矛头指向恢复工作的邓小平。

8 月至 9 月 黄河出现特大洪峰，流量 7800 立方米 / 秒，公社迅速组织基干民兵、青壮年上堤护坝，日夜不间断巡查。

10 月 23 日 公社及中小学校举行声势浩大游行集会，热烈庆祝中共中央粉碎王洪文、张春桥、江青、姚文元“四人帮”反党集团的伟大胜利。

同年 山东省委书记白如冰在齐河县委书记李明贞、桑梓店镇公社党委书记王宝山陪同下，到左庄村视察农业工作。

同年 仓上村在全公社第一个使用自来水。

1977 年

山东省委书记白如冰到沙李村视察麦收工作。

1978 年

下半年 恢复传统集市。

同年 搬迁至北展堤以北的各村陆续在新筑房台上按照规划建设新房。

1979 年

5 月 14 日 县委决定撤销各生产大队的“贫协”组织，镇域内各“贫协”组织相继撤销。

1980 年

桑梓店人民公社全部实行家庭联产承包责任制。

1982 年

推广塑料薄膜覆盖植棉新技术，购进“鲁棉”一号杂交棉种，扩大植棉面积，棉花大丰收。

同年 境内鼠害严重，危害玉米、花生等作物，粮食减产。

1983 年

晏城至大吴之晏吴公路通车，经过镇域，后称国道 308 线。

1984 年

春 按照齐河县机构改革方案要求，撤销桑梓店人民公社，改称桑梓店镇。同年秋，镇所辖村相继通过村民无记名投票选举产生村民委员会，取代原生产大队称谓改称村。

8 月 中国共产党桑梓店镇第五次代表大会召开。

1985 年

9 月 20 日 黄河第二次洪峰过境，镇组织基干民兵上堤护防，6550 立方米 / 秒洪峰顺利过境。

11 月 机关部门开始整党。

同年 邱岸渡口消失，不再摆渡。

1986 年

10 月 23 日 齐河县召开村级整党动员大会，镇域农村整党开始。经过学习教育、对照检查、集中整改、党员登记和组织处理 5 个阶段，到 1987 年 2 月结束，历时 4 个月。

1987 年

5 月 28 日 桑梓店镇第七届人民代表大会

第一次会议召开。参会代表83人，听取、审议并通过桑梓店镇人民政府工作报告，选举郝汝之为桑梓店镇人民政府镇长，汤传亮、刘有章、李文富为桑梓店镇人民政府副镇长。

7月7日 中国共产党桑梓店镇第六次代表大会召开。会议听取、审议并通过中共桑梓店镇第五届委员会工作报告，选举袁宝福为镇党委书记，郝汝之、祝宝臣为镇党委副书记，絮忠民、张德胜、邓良和、宗海邦为镇党委委员。

1988年

3月 全镇2000多头牛80%发生牛流行热病，兽医站安排员工分别到各村进行诊疗、指导。

10月25日 国道308线展宽工程动工。

1989年

12月22日 经国务院批准，桑梓店镇由德州市齐河县整编划归济南市历城区。原属桑梓店镇的大漠刘、油坊赵两个村划归齐河县焦斌屯乡。

1990年

7月6日 镇域遭受暴雨袭击，受灾面积4000公顷，倒塌房屋400余间、院墙3000余米，经济损失约50万元。

同年 桑梓店镇第八届人民代表大会第一次会议召开，完成换届选举工作。

同年 牛洪义建立全镇第一家乡镇企业，生产电控防盗门。

1991年

5月 历城六中综合教学楼开工建设，建筑面积5800平方米。1992年8月竣工。

6月19日 桑梓店镇政协统战办公室成立，为正乡镇级。

同年 桑梓店镇在“吨粮田”开发达标中，被评定为“吨粮田优类”。

1992年

桑梓店镇投资80万元，始建桑梓商业街，规划设计总长1100米，路面宽30米。

1993年

6月22日 镇域遭暴风袭击，造成6人受伤，231间房屋倒塌，加之瓜菜、电线杆等其他损失，全镇总损失约130万元。

同年 推行产权制度改革，实行股份合作制，确保镇村企业持续、稳定、健康发展。

同年 成立发展经济联谊会，在桑梓店镇工作过的老领导、老同志、老知青，以及桑梓店镇的老朋友、老相识为桑梓店镇的经济发展出谋献策、添砖加瓦、牵线搭桥。

1994年

3月16日 中国共产党桑梓店镇第七次代表大会召开。会议听取、审议并通过中共桑梓店镇第六届委员会工作报告，选举邓良和为镇党委书记，宗海邦、刘桂祯、吴国柱为镇党委副书记，李文富为镇纪委书记，李成才、张曰梅、陈天峰、韩孟岭、李文富为镇党委委员。

同年 桑梓店镇在万亩水稻旱育稀植高产栽培推广中获历城区科技二等奖。

同年 桑梓店镇发动治理“三荒”运动，全年共治理“三荒”1800亩。

同年 将生产不景气的建筑五金厂租赁给中国轻骑集团，生产摩托车配件，救活这个镇办企业。

1995年

1月16日 桑梓店镇第九届人民代表大会第三次会议召开。会议听取、审议并通过桑梓店镇人民政府工作报告。

4月13日 济南市政协主席刘耀华到桑梓店镇检查棉花生产情况。

5月29日 桑梓店镇突遭暴风雨袭击，并夹杂冰雹，冰雹持续时间 4—15 分钟，导致镇域内各种作物受灾。

同年 桑梓店镇沙李村、老寨村被济南市验收为小康村。

1996 年

1 月 15 日 桑梓店镇第十届人民代表大会第一次会议召开。参会代表 61 人，听取、审议并通过桑梓店镇人民政府工作报告，选举刘桂祯为桑梓店镇人民政府镇长，李广平、张玉三、张传路、徐春福为桑梓店镇人民政府副镇长，郑学诗为桑梓店镇人民政府科技副镇长。选举刘有章为桑梓店镇人大主席，谢荣合为桑梓店镇人大副主席。

1997 年

1 月 26 日 桑梓店镇第十届人民代表大会第二次会议召开。参会代表 59 人，听取、审议并通过桑梓店镇人民政府工作报告，会议接受刘桂祯辞去桑梓店镇人民政府镇长职务、李广平辞去桑梓店镇人民政府副镇长职务、刘有章辞去桑梓店镇人民代表大会主席团主席职务的请求。选举侯同柱为桑梓店镇人民政府镇长，崔德才为桑梓店镇人民政府副镇长，吴国柱为桑梓店镇人大主席。

同年 发生旱灾，自 5 月份以来，三个多月仅降雨 57 毫米，除少量井灌外，近 2667 公顷农作物濒临绝产。

同年 桑梓店镇农业普查办公室被山东省统计局评为先进集体。

1998 年

2 月 16 日 桑梓店镇第十届人民代表大会第三次会议召开。参会代表共 58 人，听取、审议并通过桑梓店镇人民政府工作报告。

3 月 桑梓店镇被历城区委、区政府授予“信访工作目标管理一等奖”。

同年 桑梓店镇利用黄河水对后房村、前房村、耿家村 3 个村的 100 公顷盐碱涝洼地进行淤灌改良。

同年 桑梓店镇农业中学并入济南第五十二中学初中部。

1999 年

1 月 5 日 中国共产党桑梓店镇第八次代表大会召开。会议听取、审议并通过中共桑梓店镇第七届委员会工作报告，选举毕思忠为镇党委书记，张兴洲、王兴福、陈天峰为镇党委副书记，崔德才为镇纪委书记，崔德才、刘世浒、吕东、郑学诗、胡风云为镇党委委员。

1 月 15 日 桑梓店镇第十一届人民代表大会第一次会议召开。参会代表 61 人，听取、审议并通过桑梓店镇人民政府工作报告，选举张兴洲为桑梓店镇人民政府镇长，刘世浒、李大春、段青英、徐春福为桑梓店镇人民政府副镇长，李宪利为桑梓店镇人民政府科技副镇长；选举韩孟岭为桑梓店镇人大主席团主席，谢荣合为桑梓店镇人大主席团副主席。

同年 在省农村城镇规划设计院专家的帮助下，确定全镇小城镇规划设计方案，制定招商引资、实施“三个一”工程计划，研究出台相应优惠政策。

2000 年

1 月 16 日 经山东省政府批准，桑梓店镇由历城区整建制划归天桥区管辖。

2 月 22 日 济南市政府在桑梓店镇召开“三个一”工程现场会，对桑梓店镇“三个一”工程提前一年达标给予高度评价。

2 月 29 日 桑梓店镇第十一届人民代表大会第三次会议召开。参会代表 56 人，听取、审议并通过桑梓店镇人民政府工作报告，选举韩孟岭为桑梓店镇人大主席团主席。

8 月 桑梓一中（仓上中学）并入济南第

五十二中学。

10月26日 回民小学教学楼奠基。

11月1日 根据中华人民共和国第277号国务院令和《第五次全国人口普查办法》，按照省、市、区统一部署，全国第五次人口普查登记工作在桑梓店镇正式展开。

12月20日 桑梓店镇农村全面开展“三个代表”重要思想学习教育活动。

同年 桑梓店镇遭遇严重干旱和高温，温度最高达38摄氏度，高温无雨造成缺苗断垄，夏秋作物平均减产在两成以上。

同年 高冯路通车。

2001年

3月11日 桑梓店镇第十一届人民代表大会第四次会议召开。参会代表58人，听取、审议并通过桑梓店镇人民政府工作报告。

5月16日 总投资1600多万元的黄河西外环浮桥建成通车。

6月21日 桑梓店镇遭冰雹袭击，持续时间20分钟，3125亩的作物遭受雹灾，有的作物出现绝产。

6月26日 桑梓店镇第十一届人民代表大会第五次会议召开。参会代表54人，听取、审议并通过桑梓店镇人民政府2001年“三提五统”方案。会议接受张兴洲辞去桑梓店镇人民政府镇长职务、刘世浒辞去桑梓店镇人民政府副镇长职务、段青英辞去桑梓店镇人民政府副镇长职务的请求。选举王晓虎为桑梓店镇人民政府镇长，杨军、胡风云为桑梓店镇人民政府副镇长。

11月26日 中共济南市天桥区桑梓店镇第九次代表大会召开，听取、审议并通过镇党委工作报告和纪委工作报告，选举产生中共济南市天桥区桑梓店镇第九届委员会和纪律检查委员会。

12月14日 撤销政协统战办公室，原任领导职务自行免除。

12月26日 中国共产党桑梓店镇第九次代表大会召开。会议听取、审议并通过中共桑梓店镇第八届委员会工作报告，选举张兴洲为镇党委书记，王晓虎、陈天峰、李大春、崔德才为镇党委副书记，崔德才为镇纪委书记，郑学诗、吕东、李慧为镇党委委员。

同年 桑梓商业街被市政府正式命名为桑梓大街。

2002年

1月18日 桑梓店镇第十二届人民代表大会第一次会议召开，听取、审议并通过镇人大工作报告和镇政府工作报告，选举王晓虎为桑梓店镇人民政府镇长，郑学诗、杨军、胡风云为桑梓店镇人民政府副镇长。选举韩孟岭为桑梓店镇人大主席团主席，徐春福为桑梓店镇人大主席团副主席。

10月15日 桑梓店镇所属计划生育服务站经费形式由自收自支变更为全额预算管理。

2003年

2月25日 桑梓店镇第十二届人民代表大会第二次会议召开。参会代表54人，听取、审议并通过桑梓店镇人民政府工作报告。

春 突降暴雨，全镇250多个蔬菜大棚的墙体不同程度倒塌，733公顷小麦被淹，直接和间接经济损失约160万元。

2004年

2月25日 由司法部、民政部组成的全国“民主法治示范村”检查组，对桑梓店镇“民主法治示范村”创建工作进行专项检查。

3月12日 桑梓店镇第十二届人民代表大会第三次会议召开。参会代表56人，听取、审议并通过桑梓店镇人民政府工作报告，会议接受王晓虎辞去桑梓店镇人民政府镇长职务的请求，选举李大春为桑梓店镇人民政府镇长。

3月 天桥区人民政府印发《关于两镇教师工资实行区级统发的意见》，自2004年1月起，桑梓店镇编制内在职教职工实行区级统发工资。

5月27日 桑梓店镇辖区教师工资开始实行区级统发。

6月12日 国家民委政法司司长毛公宁一行先后视察桑梓店镇老寨村、小寨村、济南华杰面粉有限公司、济南佳华科贸有限公司、济南鑫意清真肉类有限公司及桑梓店镇回民小学。

同年 暴雨连续袭击桑梓店镇，降雨量大、集中，属40年未遇。

同年 完成镇政府驻地西外环路的建设并进行绿化。

同年 对种粮农民实行小麦补贴政策。

同年 桑梓店镇小寨村被国家司法部、民政部评为“全国民主法治示范村”，老寨村获得“全省民主法治示范村”称号。

同年 桑梓店镇邱岸小学建成，投资150万元，建筑面积1100平方米。

2005年

1月8日 桑梓店镇被表彰为“平安济南建设先进单位”。

4月2日 桑梓店镇第十二届人民代表大会第四次会议召开。参会代表51人，听取、审议并通过桑梓店镇人民政府工作报告，会议接受郑学诗辞去桑梓店镇人民政府副镇长的请求，选举李慧为桑梓店镇人民政府副镇长。

4月8日 桑梓店镇获“济南市人口和计划生育优质服务先进乡镇”。

5月 青银高速济南北绕城连接线工程开工建设，该线从桑梓店镇北部穿过，由东向西依次是石门孙村、北王堂村、大郑村、耿家村、安庄村。

8月18日 桑梓店镇第十二届人民代表大会第五次会议召开。参会代表51人，听取、审议并通过桑梓店镇人民政府工作报告，补选吕东为桑梓店镇人民政府镇长，安祥波为桑梓店镇人民政府副镇长。

8月26日 山东省政协副主席、中共山东省委统战部部长齐乃贵到天桥区就加快少数民族经济发展情况进行专题调研，实地察看桑梓店镇老寨村、小寨村及有关民族企业、学校。

同年 在整合原来桑梓中心小学、仓上中心小学、沙李中心小学、怀庄中心小学4处中心小学的基础上，在桑梓店村村北新建桑梓店镇中心小学，占地2公顷，建筑面积2080平方米。

同年 顺利完成800公顷农业综合开发项目。

同年 济南市规划局同意将黄河水景园更名为鹊山龙湖。

同年 中共天桥区委书记杨庆林到左庄村慰问老党员刘更宝。

同年 耿家村修建水泥路，在全镇第一个实现“村村通”公路。

2006年

3月6日 桑梓店镇辖区内化工产业园区正式设立。园区是经国家发改委、国土资源部、建设部审核设立，省政府批准的省级开发区。园区规划用地21.8平方公里，起步区用地4.7平方公里，产业定位为发展化工业并引进各类大中型工业企业。

3月27日 济南市政协主席徐华东到桑梓店镇老寨村、小寨村视察民族工作。

4月14日 桑梓店镇第十二届人民代表大会第六次会议召开。参会代表53人，听取、审议并通过桑梓店镇人民政府工作报告。

6月 拓宽309国道，由2车道增加到4车道。

9月21日 中国共产党桑梓店镇第十次代表大会召开。会议听取、审议并通过中共桑梓店镇第九届委员会工作报告，选举李大春为镇党委书记，吕东、胡风云为镇党委副书记，李慧为镇纪委书记，于连亮、李慧、李兴初、梁峰为镇党委委员。

10 月 21 日 桑梓店镇第十二届人民代表大会第七次会议召开。参会代表 57 人，补选张开文为桑梓店镇人民政府副镇长。

同年 桑梓店镇统计站被山东省统计局、山东省第一次经济普查领导小组办公室评为“经济普查先进集体”。

同年 桑梓店镇百花文艺演出队被评为省级首批优秀农村民办文艺演出团队。

同年 全镇 48 个村庄陆续使用自来水。同年，新农村建设正式启动，草庙王、耿家、三官庙、小马、北王堂、老寨、小寨 7 个村作为示范村重点开展建设。

同年 天桥区委副书记、区长王建军包张王堂村，黄台居委会帮扶张王堂村修建村委会办公室 5 间、大院 1 处。

同年 大马村修建公墓，成为镇域修建公墓第一个村。

2007 年

3 月 2 日 天桥区委书记张辉到桑梓店镇卫生院调研建设情况。

4 月 13 日 桑梓店镇第十二届人民代表大会第八次会议召开。参会代表 58 人，听取、审议并通过桑梓店镇人民政府工作报告，会议接受韩孟岭辞去桑梓店镇人大主席团主席职务的请求，选举胡风云为桑梓店镇人大主席团主席。

5 月 16 日 省民委副主任马传凯一行到桑梓店镇小寨村进行考察调研。

9 月 7 日 天桥区委书记张辉、区委副书记、区长王建军一行到桑梓店镇，走访慰问教育战线干部职工。

10 月 13 日 区委书记张辉一行到桑梓店镇老寨村、小寨村与广大回族群众欢度开斋节。

10 月 17 日 桑梓店镇举行敬老院启动仪式，副市长张泽、区委书记张辉为桑梓店镇敬老院揭牌、剪彩。

10 月 23 日 市民政局局长孙竹兮一行到桑梓店镇敬老院检查指导工作。

11 月 15 日 由区委宣传部、区文化局、区农发局联合组织的送十七大学习文件和图书下乡活动在桑梓店镇三官庙村举行，送赠图书主要涉及党的十七大文件汇编、新党章学习读本以及农业种植、养殖、文学艺术等方面。

同年 天桥区委书记张辉到耿家村视察改厕工作。

2008 年

1 月 6 日 桑梓店镇第十三届人民代表大会第一次会议召开。参会代表 65 人，听取、审议并通过桑梓店镇人民政府工作报告，选举吕东为桑梓店镇人民政府镇长，李慧、张开文、安祥波、赵军为桑梓店镇人民政府副镇长。选举胡风云为桑梓店镇人大主席团主席，徐春福为人大主席团副主席。

2 月 15 日 桑梓店镇被市委、市政府表彰为“畜牧生产先进单位”。

4 月 3 日 国家审计署检查组到桑梓店镇视察新农村体育设施建设，走访桑梓店镇刘庙子、南郑、邱岸 3 个村。

4 月 16 日 省政协副主席林书香、省国土资源厅厅长徐景颜等领导到桑梓店镇调研土地整理工作。

4 月 19 日 山东电视台公共频道民生直通车“周末欢乐送”节目组走进桑梓店镇老寨村，为广大村民送上精彩文艺节目和价值 3000 多元的太阳能热水器等。

5 月 10 日 济南建邦黄河公路大桥开工奠基仪式举行。省人大常委会副主任鲍志强，省政府特邀咨询林廷生，省政协副主席林书香，省政协副主席李殿魁，市委副书记、市长张建国，副市长赵文朝及区、镇领导出席。

5 月 山东建邦集团以 BOT 方式投资 8.48 亿元的建邦黄河大桥开工建设。

6 月 11 日 山东省人民政府副省长贾万志一行实地调研鹊山龙湖工程进展情况。

6 月 19 日 中共山东省委授予小寨村党支部书记米丰武“山东省优秀共产党员”称号。

12 月 北王堂村、高王村被山东省精神文明建设委员会评为“省级文明村”。

同年 北王堂村被评为“省级计划生育群众自治示范村（居）”。

同年 三官庙村被山东省爱卫会评为省级卫生村。

同年 小马村开始进行旧村改造，拆迁旧村，新建小马社区。

2009 年

1 月 22 日 济南军区副政委杜恒岩，副省长郭兆信，市委副书记殷鲁谦，济南警备区司令员胡少平等领导到桑梓店镇怀庄村慰问在乡优抚对象和困难群众。

2 月 6 日 桑梓店镇小寨村被市委、市政府表彰为新农村建设“十大行动”先进村。

4 月 30 日 桑梓店镇第十三届人民代表大会第二次会议召开。参会代表 60 人，听取、审议并通过桑梓店镇人民政府工作报告，补选胡风云为桑梓店镇人民政府镇长，梁峰为桑梓店镇人民政府副镇长。选举李慧为桑梓店镇人大主席团主席。

6 月 6 日 以中央统战部二局副局长云建东为组长的中央统战部调研组在济南进行城市民族工作调研期间，专程到桑梓店镇小寨村、济南华杰面粉有限公司、桑梓店镇回民小学进行实地考察。

7 月 14 日 天桥区委书记张辉到桑梓店镇调研工作。

8 月 21 日 济南市“万村千乡市场工程”农家店店长培训活动在桑梓店镇举办，对来自全镇 20 个村的农家店店长进行相关培训。

9 月 16 日 桑梓店镇召开深入学习实践科学发展观活动动员大会。

9 月 24 日 召开实施村居党建“A 级管理法”动员大会。

9 月 28 日 区人大常委会副主任郇起鸿到桑梓店镇就农村教育工作开展调研。

10 月 16 日 举办以“全民健身与全运同行”为主题的优秀健身项目展示活动。

10 月 21 日 区人大常委会副主任童世敏一行到桑梓店镇进行调研和座谈。

10 月 28 日 区委副书记宋胜玉到桑梓店镇调研指导新农村建设帮扶工作。

12 月 21 日 桑梓店镇召开学习实践科学发展观民主生活会。

12 月 桑梓店镇被山东省精神文明建设委员会评为“省级文明镇”。

同年 实施家电下乡财政补贴新型惠农政策。

同年 实施汽车、摩托车下乡补贴惠农政策。

同年 桑梓店镇统计站被山东省人事厅、山东省统计局评为第二次农业普查先进集体。

同年 小马村被山东省爱卫会评为省级卫生村。

同年 高王小学开工建设，于 2010 年投入使用。

2010 年

1 月 20 日 桑梓店镇地区党代表联络工作室成立大会召开。

1 月 21 日 区委副书记国承彦到桑梓店镇调研指导工作。

1 月 25 日 天桥区“三下乡”活动启动仪式在桑梓店镇举行。区委常委、宣传部部长郅良出席并发表重要讲话，副区长李建主持仪式，桑梓店镇党委书记吕东致感谢词。区委宣传部、区科技局、文化局、卫生局等 15 个部门参加启动仪式。

2月8日 区委书记张辉，区委副书记、区长王建军一行到桑梓店镇老寨、小寨村看望少数民族干部群众。

3月1日 举办2010年“春风行动”暨农民工招聘洽谈会，达成就业意向2600余人。

3月12日 桑梓店镇召开“执政为民、廉洁高效”集中教育活动动员大会，镇党委书记吕东做动员讲话。

3月22日 桑梓店镇召开2009年度科学发展观表彰大会。

3月23日 区委书记张辉到桑梓店镇调研，并结合“执政为民、廉洁高效”集中教育活动，参与“当一次菜农”换位体验活动，区委常委、办公室主任滕志超，桑梓店镇党委书记吕东陪同。

3月27日 桑梓店镇召开深入学习实践科学发展观总结大会。

4月3日 桑梓店镇召开2009年度履行《人口和计划生育目标管理责任》兑现大会。

4月12日 桑梓店镇召开新型农村社会养老保险征缴动员大会。

4月14日 济南市副市长齐建中到桑梓店镇调研民族工作。

4月29日 天桥区副区长李大春在区农发局局长宋光强等陪同下到桑梓店镇调研蓝莓种植情况。

5月12日 桑梓店镇召开“深入开展创先争优，争做桑梓先锋活动”动员大会，镇党委书记吕东作讲话。

5月14日 桑梓店镇召开第十三届人民代表大会第三次会议，参会代表57人，会议接受徐春福辞去桑梓店镇人大主席团副主席职务的请求。

5月28日 省人力资源社会保障厅副厅长夏鲁青在市人力资源社会保障局副局长郑志友等陪同下到桑梓店镇调研新农保试点工作。

6月4日 桑梓店镇机关开展“慈心一日捐”活动，镇党政领导带头捐款，全镇机关干部积极参与，现场共筹集善款4750元。

6月24日 桑梓店镇召开第六次全国人口普查工作会议，人口普查工作进入实质性工作阶段。

6月25日 桑梓店镇召开“执政为民、廉洁高效”集中教育活动总结大会。

7月1日 桑梓店镇举办“庆七一红歌大家唱”文艺活动。

7月8日 区委副书记国承彦、副区长李大春一行到桑梓店镇调研农业重点工作。

7月14日 区人大副主任张光格到仓上村检查村级办公场所建设情况。

8月10日 区委书记张辉到桑梓店镇调研农业工作。

9月15日 济南市人大常委会副主任段青英到小寨村视察新农村建设情况。

10月10日 共青团桑梓店镇第一次团员代表大会召开，参会代表64人，共青团天桥区委书记谢贵东参加大会开幕式并致辞，桑梓店镇党委书记吕东讲话。

10月15日 区委常委、政法委书记樊瑞，区综治委常务副书记尚玉乾到桑梓店镇调研综治工作。

11月12日 济南市委巡视组扈书乘一行4人，到桑梓店镇开展巡视调研工作。

11月17日 桑梓店镇进行机构改革，分别设置4个党政工作机构，5个财政拨款事业单位，具体设“四办、三中心、一站、一所”，并按照规定挂牌运行。

同日 桑梓店镇召开第十三届人民代表大会第四次会议，参会代表57人，补选李晓为桑梓店镇人民政府副镇长。

12月11日 建邦黄河大桥建成通车。

12月21日 济南建邦黄河公路大桥通车仪式举行。

12月29日 区委常委、政法委书记樊瑞到联系点桑梓店镇老寨村点评创先争优工作。

同年 桑梓店镇遭遇干旱，当年降水量506毫米，致使麦田667公顷中等旱情，其余2667公顷轻旱。

2011年

1月4日 区委副书记国承彦到联系点桑梓店镇石庙村点评创先争优工作，副区长李大春到联系点桑梓店镇三官庙村点评创先争优工作。

3月8日 桑梓店镇召开2010年度科学发展总结表彰大会。

3月26日 桑梓店镇召开2010年度人口和计划生育工作表彰大会。

3月28日 桑梓店镇召开村“两委”换届选举工作动员大会。

4月13日 副区长李大春到桑梓店镇就“农业品牌基地建设”进行专题调研。

4月19日 区人大副主任崔然贵到桑梓店镇就村委换届选举工作进行督导、指导。

4月27日 区委书记张辉调研指导桑梓店镇村“两委”换届选举工作。

4月 汽车下乡补贴惠民政策停止实施。

5月10日 全镇48个行政村第十届换届选举工作圆满完成。

5月31日 区委书记张辉到桑梓店镇调研城乡环卫一体化工作。

6月8日 桑梓店镇组织机关干部开展“慈心一日捐”爱心捐款活动。

6月16日 区委书记张辉视察桑梓店镇“三夏”生产工作，同时走访慰问辖区困难老党员。

6月21日 区委常委、组织部部长刘建忠走访慰问省优秀共产党员、桑梓店镇小寨村党支部书记米丰武。

6月 龙湖水库项目正式编入济南市“十二五”大中型水库建设规划。

7月1日 桑梓店镇召开庆祝中国共产党建党90周年大会。

7月7日 区人大常委会副主任崔然贵到桑梓店镇就黄河北两镇《村民委员会组织法》落实情况进行专题调研。

7月15日 区委常委严正保到桑梓店镇调研。

8月17日 桑梓店镇召开严肃换届纪律动员大会，镇党委书记吕东主持会议并讲话。

8月25日 区委书记张辉，区委常委、办公室主任滕志超，区委政策研究室主任李兆福，区委督察室主任马卫民到桑梓店镇调研工作。

9月2日 桑梓店镇召开党政领导干部民主生活会，镇党委书记吕东主持会议。

9月25日 全国“难点村”治理工作成果调研组到桑梓店镇小寨村调研“难点村”治理工作。

11月16日 《中国民族报》副主编陈登科到桑梓店镇老寨村、小寨村专题采访民主法治建设等情况。

11月29日 中国共产党桑梓店镇第十一次代表大会召开。会议听取、审议并通过中共桑梓店镇第十届委员会工作报告，选举吕东为镇党委书记，胡风云、安祥波为镇党委副书记，张开文为镇纪委书记，张开文、崔春渊、解承静、李晓、崔鹏、聂岭为镇党委委员。

12月17日 桑梓店镇第十四届人民代表大会第一次会议召开，参会代表65人，选举胡风云为桑梓店镇人民政府镇长，李晓、赵军、张心海为桑梓店镇人民政府副镇长。选举李慧为桑梓店镇人大主席团主席。

同年 桑梓店镇被山东省农村经管系统评为“全省农村经管系统先进单位”。

同年 黄河西外环浮桥拆除。

2012年

1月10日 济南市人力资源与社会保障局副巡视员李宏伟一行对天桥区“三支一扶”大学生进行走访慰问。

1月18日 区委书记毕筱奇等领导到桑梓店镇老寨、小寨村为少数民族群众送上新春祝福及慰问金。

1月29日 举办春节团拜会，干部群众欢聚一堂，共庆新春佳节。

2月28日 召开2011年度科学发展总结表彰大会。

3月8日 桑梓店镇召开庆“三八”暨“好婆婆、好媳妇”表彰大会。

4月10日 《济南市大桥——桑梓片区控制性规划》面向社会公示，征求社会各界意见建议。该片区规划总用地面积约137.8平方千米。

4月23日 召开2011年度人口和计划生育工作表彰大会。

5月2日 镇团委举办“弘扬五四精神，争做北跨先锋”演讲比赛。

5月5日 建邦大桥北岸接线（G309—G308）正式通车，与建邦大桥连成一体，实现济南市黄河北部地区和市中心的无缝隙对接。

5月7日 天桥区环境卫生城乡一体化全面推进仪式在桑梓店镇人民政府举行。

5月25日 致公党济南市委副主委、济南市红十字会常务副会长袁淑玲，致公党济南市副主委兼秘书长张元玺等到桑梓店镇回民小学开展捐书义教进校园活动。

5月 桑梓店镇小寨村被全国妇联表彰为“全国妇联基层组织建设示范村”。

6月8日 区委书记毕筱奇等领导到桑梓店镇视察三夏生产情况。

6月21日 举办为期一天的村党支部书记培训班。

6月25日 镇机关开展“慈心一日捐”活动。

6月28日 举行预备党员培训暨入党宣誓仪式。

7月5日 区政协主席刘建忠到桑梓店镇北董村检查指导工作。

7月9日 区委常委、组织部部长韩伟到桑梓店镇调研工作。

8月2日 区委副书记朱玉明到桑梓店镇调研工作。

8月10日 召开在村干部中开展爱民教育活动动员大会。

8月19日 桑梓店镇老寨、小寨村穆斯林群众分别举行隆重节日会礼，庆祝一年一度的开斋节。

9月24日 市委常委、统战部部长慕建民到桑梓店镇调研统战工作。

9月29日 开展“迎中秋、诵经典、赞桑梓”诵读活动。

10月20日 区委书记毕筱奇到小寨村调研基层党建工作。

10月29日 天桥区政协主席刘建忠，政协副主席郑刚、仲涛、贾云国，政协党组成员侯庆水等人到桑梓店镇老寨、小寨村调研。

11月1日 市纪委常委一行到桑梓店镇督导检查纪检组织建设工作。

11月3日 成立草庙王村安置楼建设项目指挥部。

11月6日 区委常委、组织部部长韩伟到桑梓店镇现场察看村级组织活动场所建设情况。

11月22日 区委书记毕筱奇一行调研“第一书记”选派工作。

12月4日 召开民主评议行风现场会。

12月18日 建邦大道正式通车。建邦大道全长1907米，宽15米，南接天桥区桑梓店镇梓东大道，北接齐河县表白寺镇028县道，是链接济南市天桥区与德州市齐河县的重要通道，也是桑梓店镇与表白寺镇的友谊之路。

12月21日 召开2012年基层党组织书记履行党建专项述职会议。

12月 面积8000平方米鹊山龙湖规划展示中心建成。

同月 家电下乡财政补贴惠农政策停止实施。

同年 桑梓店镇人民政府被评为省级“第六次人口普查先进集体”。

同年 老寨村文艺宣传队、南郑村文艺宣传队被山东省文化厅评为“省级农村优秀文艺团队”。

2013年

1月23日 召开党员领导干部民主生活会。

2月3日 草庙王村安置房工程开工建设，共7幢居民楼。

2月5日 区委书记毕筱奇一行走访慰问桑梓店镇老寨、小寨村，与村民一起观看演出，并为群众送上节日祝福。

2月20日 桑梓店镇联合天桥区人力资源和社会保障局在镇政府广场举办“2013年度春风行动暨农民工招聘会”。

3月4日 天桥区政协主席刘建忠到桑梓店镇中心小学，慰问“爱心助学”资助对象。

3月7日 召开庆“三八”表彰暨妇女工作会议。

3月20日 天桥区妇联在桑梓店镇政府第二会议室举办《妇女权益保障法》知识培训班。

3月25日 副省长王随莲到桑梓店镇调研工作。

4月16日 中共天桥区委提名杨鹏为桑梓店镇人民政府镇长。

4月18日 省政协副主席张传林带领省政协民族宗教界委员到桑梓店镇调研民族工作。

4月22日 召开2012年度科学发展总结表彰大会。

4月 根据市编办《关于乡镇（街道办事处）设立政协工作室的通知》要求，设立桑梓店镇政协工作室。

同月 摩托车下乡财政补贴惠农政策停止实施。

5月3日 举办“青春践行十八大，同心共筑中国梦”知识竞赛活动。

5月6日 召开第十四届人民代表大会第二次会议，参会代表63人，会议接受胡风云辞去桑梓店镇人民政府镇长职务、李晓辞去桑梓店镇人民政府副镇长职务的请求，选举杨鹏为桑梓店镇人民政府镇长，房安清、杨帆为桑梓店镇人民政府副镇长。

5月27日 召开2012年度人口和计划生育责任目标管理奖惩兑现会议。

5月29日 区委常委、组织部部长韩伟到桑梓店镇调研基层党建工作。

6月6日 区委副书记朱玉明到桑梓店镇调研工作。

6月24日 召开加强村党支部书记考核动员大会，部署村党支部书记考核评议工作。

7月11日 桑梓店镇党政领导班子成员及中层以上党员干部到济南府学文庙集体参观“泉城清风系列活动——党和国家第一代领导集体廉政展”。

7月18日 市人口计生委副主任杨志强一行到桑梓店镇调研党的群众路线教育实践活动深入开展情况。

7月22日 桑梓店镇中心小学扩建工程正式启动。

8月8日 桑梓店镇老寨、小寨村2600余名穆斯林群众共同庆祝开斋节。

8月9日 区委常委、组织部部长韩伟到桑梓店镇就推进党的群众路线教育实践活动进行调研。

8月29日 山东省人民政府鲁政字〔2013〕168号文正式批复同意济南化工产业园区更名为济南新材料产业园区。

11月7日 区委常委、政法委书记王联华，区委政法委常务副书记巨同恩等领导到桑梓店镇调研信访维稳工作。

11月13日 董学山任桑梓店镇党委书记。中共天桥区委常委、组织部部长韩伟送董学山至桑梓店镇。

11月23日 共青团济南市天桥区桑梓店镇第二次代表大会召开。

11月27日 区委常委、政法委书记王联华等领导到桑梓店镇调研信访维稳工作。

11月29日 济南新材料产业园区管委会主任赵新生、副主任任庆生等一行8人到桑梓店镇调研指导工作，镇党委书记董学山详细汇报桑梓店镇工作开展情况及下一步工作思路。

11月 北王堂村被评为“山东省计划生育群众自治示范村”。

12月3日 济南市公安局天桥分局党委书记、局长陈晨到桑梓店镇调研指导工作并召开座谈会。

12月6日 举行学习宣传贯彻十八届三中全会精神暨“园区发展，桑梓振兴，造福人民，勇于担当”演讲比赛，机关全体人员参加。

12月 小吕村、姚吕村被山东省精神文明建设委员会评为“省级文明村”。

同年 桑梓店镇人民政府被山东省财政厅、山东省农业厅评为“山东省粮食直补工作先进镇”，被山东调查总队评为“2012年度县级粮食产量抽样调查工作先进单位”。

同年 小寨村被全国妇联评为“第二批全国妇联基层组织建设示范村”。北王堂村被山东省人口和计划生育委员会、山东省计划生育协会评为“省级计划生育群众自治示范村(居)”。

2014年

1月3日 区委副书记朱玉明到桑梓店镇调研美丽乡村建设工作。

1月21日 区委常委、区纪委书记、区总工会主席樊瑞到天桥区派驻黄河北地区检察室调研工作。

1月22日 副区长李正友到桑梓店镇调研指导工作。

1月25日 桑梓店镇举办“激情跨越 共铸辉煌”主题迎新春文艺汇演，镇党委书记董学山发表新春致辞。

1月26日 区委书记毕筱奇，济南新材料产业园区管委会主任赵新生，区委副书记朱玉明，区委常委、区纪委书记樊瑞，区委常委、政法委书记王联华，区人大副主任李建，副区长王睿，副区长李正友等领导到桑梓店镇走访慰问老寨村和小寨村。桑梓店镇党委书记董学山，党委副书记、镇长杨鹏陪同。

2月10日 桑梓店镇联合天桥区人力资源和社会保障局在镇政府前街成功举办2014年度“春风行动”暨农民工招聘洽谈会。

2月10日 来自桑梓店镇老寨、小寨、邱岸、大马等村的优秀民间文艺队伍携手南村街道办事处朝霞艺术团在桑梓店镇文化活动广场共同举办贺新春文艺汇演。

同日 桑梓店镇召开2013年度科学发展总结表彰大会，确定了“园区发展、桑梓振兴、造福人民、勇于担当”的核心思路。

3月5日 济南市天桥区“一村一年一场戏”活动在高王村拉开帷幕。

3月28日 桑梓店镇第十四届人民代表大会第三次会议召开。

3月 刘庙子、南郑、东秦、邱岸、街后5个村被评为一事一议财政奖补“乡村连片治理”市级试点项目。

4月1日 桑梓店镇邱岸村幸福院正式开工建设。

5月7日 区委常委、组织部部长韩伟到桑梓店镇调研群众路线教育实践活动开展情况。

6月7日 中共中央组织部副部长陈向群，山东省委组织部部长高晓兵等领导到小寨村调研。

6月18日 区委副书记朱玉明到桑梓店镇调研农村工作。

6月27日 桑梓店镇召开纪念建党93周年暨庆“七一”表彰大会，镇党政班子成员、全体机关干部、村“两委”干部、辖区内全体党员、人大代表、政协委员及群众路线教育实践活动社会监督组成员共1200余人参加。这是桑梓店镇历史上首次召开的千人党员大会。

7月8日 鹊山龙湖项目展示中心开始征地，中弘项目新奇世界国际度假区正式开工建设。

7月10日 济南市人口计生委副主任杨玉华到桑梓店镇调研2014年上半年人口计生工作。

7月16日 市信访局副局长许晗一行到桑梓店镇调研信访维稳工作。

7月28日 区委常委、组织部部长韩伟到桑梓店镇检查村级“三务”公开工作。

7月29日 桑梓店镇老寨、小寨村全体村民举行开斋节会礼。

7月30日 副区长李正友到桑梓店镇调研农业产业化项目发展以及乡村连片治理工作情况。

8月26日 桑梓店镇举行2014年度“爱民奖学金”颁发仪式，奖励在中考、高考和研究生考试中取得优异成绩的学子。

9月2日 中共山东省委书记姜异康到小寨村参加村党支部专题组织生活会及民主测评会议，镇党委书记董学山主持会议。

10月9日 中共天桥区委书记毕筱奇到桑梓店镇调研。

10月11日 中共天桥区委副书记朱玉明到桑梓店镇调研乡村扶贫解困和连片治理工作。

10月23日 中共天桥区委副书记朱玉明，区委常委、区纪委书记樊瑞，区委常委、组织部部长韩伟到桑梓店镇调研村“两委”换届工作准备情况。

10月30日 市财政局副局长王玉柱一行到桑梓店镇检查“乡村连片治理工作”。

10月 桑梓店镇中心幼儿园正式投入使用。

11月5日 桑梓店镇召开党的群众路线教育实践活动总结大会。

11月13日 桑梓店镇鑫茂齐鲁科技城至济南动物园K143路和至大桥镇政府K135路公交车正式开通运营，结束桑梓店镇无通向市内公交车的历史。

12月9日 桑梓店镇村委会换届选举正式拉开帷幕。

12月15日 区委书记毕筱奇到桑梓店镇调研村“两委”换届选举工作。

12月16日 桑梓店镇村“两委”换届选举工作圆满完成。

12月 大郑村被山东省精神文明建设委员会评为“省级文明村”。

同年 桑梓店镇完成天桥区农业综合开发中低产田改造项目，治理土地面积533公顷。

2015年

1月22日 桑梓店镇袁贾村幸福院正式开院。

1月28日 市财政局农村综合改革办公室副主任丁萌一行到桑梓店镇调研2015年度一事一议财政奖补“乡村连片治理”项目申报村“三清”工作完成情况。

2月2日 省委农工办副主任杨炳平，省督查指导处处长李进友，市财政局副局长王玉柱，市农村综合改革办公室处长金燕等到桑梓店镇调研“乡村连片治理”工作。

2月11日 桑梓店镇举行爱民助学金发放仪式。

2月14日 桑梓店镇举办迎新春联欢会，镇党委书记董学山发表新春致辞。

3月3日 长清区万德镇党委书记亓明，党委副书记、镇长李盛利带领党政班子成员到桑梓店镇，参观学习桑梓店镇乡村“连片治理”工作。

3月4日 桑梓店镇召开2014年度全镇科学发展总结表彰大会，确定了“讲政治、树正气、善服务、重落实”的工作思路。

3月6日 桑梓店镇举办2015年度“春风行动”暨招聘洽谈会。

3月21日 桑梓店镇第十四届人民代表大会第四次会议召开，会议接受杨帆辞去桑梓店镇人民政府副镇长职务的请求。

3月23日 桑梓店镇左庄村幸福院项目正式开工建设。

3月 姚吕、袁贾、左庄、小吕、小屯、仓上、铁匠、老屯、小寨9个村开展一事一议财政奖补省级“乡村连片治理”项目建设。

4月1日 区人大常委会主任张培友到桑梓店镇调研“美丽乡村”建设。

4月8日 桑梓店镇召开“慈心一日捐”动员大会。

4月29日 桑梓店镇开展“最美桑梓，让爱飞翔”慈善募捐活动。

5月15日 副区长李正友到桑梓店镇调研指导G308公路两侧加宽工程进展情况。

5月29日 桑梓店镇召开“三严三实”专题教育启动大会暨党委书记讲党课活动，镇党委书记董学山讲党课。

6月5日 区委常委、区纪委书记樊瑞到桑梓店镇高王村参加“六位一体”帮扶工作现场会。

6月9日 区委常委、政法委书记王联华到桑梓店镇彭庄村召开“六位一体”帮扶工作座谈会。

6月19日 小寨村施工队在高新区施工，受到当地村民阻挡，挖掘机上被悬挂猪头，引发众怒。6月20日，小寨村村民以及闻讯从济阳、齐河、商河等地。赶来的回族群众五六百人，携带刀具、棍棒等，要乘车去讨说法。镇党委、政府第一时间积极应对，与各级各部门联动劝阻，群众散去。6月22日，济南市公安局侦破案件依法处置。小寨村村民对镇党委政府和各级各部门的处理表示满意，村民代表向市公安局赠送“济南公安，破案神速，雷霆出击，为国为民”锦旗，事件圆满解决。

6月26日 召开《桑梓店镇志》编纂动员大会。

6月30日 由济南新材料产业园区、桑梓店镇人民政府、鑫茂·齐鲁科技城主办，济南市天桥区文化局协办的庆“七一”首届“鑫茂杯”广场舞健身大赛开场。

7月11日 省委常委、市委书记王文涛到桑梓店镇小寨村调研，慰问老寨、小寨村“两委”干部。市委常委、秘书长杨峰，市委副秘书长、政研室主任岳绍红陪同调研。

7月13日 省委副书记、省长郭树清到北展区中弘新奇世界、北跨规划展示中心、鑫茂齐鲁科技城等项目调研。同日，桑梓店镇召开全镇“解放思想大讨论”务虚会。

7月18日 桑梓店镇老寨、小寨村群众庆祝开斋节。

8月26日 区人大常委会主任张培友到桑梓店镇调研农村道路交通安全工作开展情况。

8月28日 桑梓店镇举办2015年度“爱民奖学金”颁发仪式。

9月24日 根据市编办《关于乡镇（街道）政协工作室统一更名的通知》要求，桑梓店镇政协工作室更名为桑梓店镇政协委员联络室。

10月16日 桑梓店镇小寨村民族幼儿园正式开工建设。

10月20日 位于济南新材料产业园区管委会以北的桑梓公交枢纽站场正式开工建设。

10月29日 济南慈善总会会长张泽一行到桑梓店镇走访慰问桑梓店镇中心幼儿园、敬老院。

12月11日 桑梓店镇2015年基层干部能力提升班在重庆市委党校顺利结业。

12月16日 由济南市城管局副局长胥嘉印带队的市城乡环卫一体化第三联合督导组到桑梓店镇检查督导工作。

12月26日 副区长李正友到桑梓店镇老寨村推进“法治六进”活动。

12月28日 桑梓店镇小张村农村幸福院正式投入运营。

12月29日 桑梓店镇领导班子举行“三严三实”专题民主生活会。镇领导班子成员、中层干部参加会议，镇党委书记董学山主持会议。

同年 桑梓店镇完成天桥区农业综合开发333公顷老项目区提质改造项目。

同年 取消对玉米、水稻、棉花的粮食直补政策。

2016年

2月2日 区人大常委会副主任李大春到桑梓店镇冯家堂村走访慰问“天桥才俊”——济南民康蔬菜种植合作社负责人王志。

2月3日 副区长程松对桑梓店镇烟花爆竹经营场所进行安全检查。

2月4日 桑梓店镇举办迎新春百姓联欢会，镇党委书记董学山发表新春致辞。

2月5日 齐河县委常委、黄河国际生态城党工委书记、管委会主任刘吉喜等齐河县桑梓籍领导共11人到桑梓店镇走访参观。

2月18日 举行2016年度“春风行动”暨招聘洽谈会。

2月19日 桑梓店镇召开2015年度科学发展总结表彰大会，确定了“定位、创新、担当、跨越”的总体思路。

2月22日 老寨村举办2015年庆元宵民族团结文艺汇演。

3月8日 举办庆“三八”国际劳动妇女节广场舞比赛。

3月10日 桑梓店镇第十四届人民代表大会第五次会议召开，参会代表58人，完成各项议程后闭幕。

3月16日 省民政厅党组成员、副厅长冯建国一行到桑梓店镇走访调研，考察全镇地名普查工作开展情况。

同日 建邦黄河公路大桥对济南牌照（鲁A、鲁O、鲁W）7座以下（含7座）小型客车和济南市公交车免费。

5月4日 总投资3000余万元、占地4公顷的中铁十局石济客专铺轨项目基地在桑梓店镇顺利建成。

5月17日 市委常委、政法委书记李占国到桑梓店镇调研指导工作。

5月19日 桑梓店镇党委书记董学山到小寨村参加并指导“两学一做”学习教育座谈会。

5月25日 桑梓店镇2016年首场就业精准扶贫专场招聘会在高王村委会院内举行。

5月27日 桑梓店镇丁口村砖厂烟囱成功爆破。

6月7日 桑梓店镇冯家小学正式更名为天桥区桑梓回民小学。

6月22日 桑梓店镇刘庙中心小学改扩建工程正式开工建设。

7月1日 桑梓店镇举办庆祝中国共产党成立95周年大会暨“两学一做”学习教育专题党课。

7月6日 桑梓店镇老寨、小寨村全体村民举行开斋节会礼。

7月9日 桑梓店镇草庙王村举行草庙王新居1号、2号楼搬迁仪式，拉开整村搬迁序幕。

7月25日 桑梓店镇党委书记董学山参加并指导小寨村“两学一做”学习教育座谈会。

8月12日 举行小寨民族幼儿园开园仪式。

8月15日 省、市人民政府正式发文批复，同意桑梓店镇撤镇建办，桑梓店镇人民政府正式改为桑梓店街道办事处。

8月24日至26日 小马村村民与老寨村、小寨村村民发生冲突，经市、区、镇三级政府妥善处理，“8·24”事件得以妥善解决。

9月5日 创新大道开工。创新大道原称三芦路，位于桑梓店镇东北部，全长5421米，路基宽8米，路面宽6米，连接老寨、三教堂、石庙、彭家、小辛、小吴6个村，串接高王村、石门孙村，是一条连接扶贫村的交通干道。

同日 桑梓店镇举行济南大学实践教学基地揭牌仪式，鼓励优秀大学生到基层锻炼。

9月13日 镇党委书记董学山到小寨村走访慰问贫困户。

9月29日 桑梓店镇党政班子成员在镇党委书记董学山带领下到桑梓店镇派出所走访慰问。

9月30日 桑梓店镇召开解决群众身边腐败问题动员大会。镇党委副书记、镇长杨鹏主持会议，镇委书记董学山传达市委、区委部署要求，并对全镇整治查处侵害群众利益的不正之风和腐败问题进行统一安排部署。

10月9日 桑梓店镇党委书记董学山带领全体党政班子成员走访慰问全镇百岁老人，送上重阳节的节日祝福。

同日 天桥区“新农村新女性新生活”培训班在桑梓店镇举办。

10月15日至16日 桑梓店镇党委副书记、镇长杨鹏带领考察组到槐荫区玉清湖街道办事处及长清区万德镇、孝里镇参观学习连片治理工作。

10月19日 桑梓店镇党政班子成员观摩重点工程建设情况，对“乡村连片治理”“一事一议”道路硬化、农村改厕、扶贫道路等重点惠民项目进行参观和指导。

10月25日 桑梓店镇党委书记董学山到草庙王村新建社区兴阁苑，调研“智慧社区”建设工作。

11月21日 桑梓店镇召开党政联席会议，对天桥区第十二次党代会代表选举工作进行安排部署。

11月25日 桑梓店镇召开财税形势分析会议，会议由镇党委书记董学山主持。

11月29日 桑梓店镇召开美丽乡村工作调度会。会议由镇党委副书记、镇长杨鹏主持，镇党委书记董学山对美丽乡村工作进行安排部署。

12月6日 桑梓店镇召开党员代表大会，来自辖区54个党支部的101位党员代表参加会议。镇党委副书记、镇长杨鹏主持会议，镇党委书记董学山做重要讲话。

12月23日 天桥区委常委、区纪委书记樊瑞一行到桑梓店镇调研连片治理工作。镇党委书记董学山，党委副书记、镇长杨鹏，纪委书记李晓等陪同视察。

2017年

1月18日 中共天桥区委副书记、区长窦虎到桑梓店镇走访慰问特困职工、优抚对象、特困户和老党员，并向他们表达节日祝福和诚挚问候。镇党委书记董学山，镇党委副书记、镇长杨鹏等陪同走访。

1月19日 中共天桥区委书记刘程华，区委副书记、区长窦虎走访老寨、小寨村，为少数民族村送上新春祝福。镇党委书记董学山，镇党委副书记、镇长杨鹏等陪同走访。

2月6日 中共天桥区委书记刘程华参加天桥区第十八届人民代表大会桑梓店代表团分组讨论并作重要讲话。

第一编

建　置

第一章 境 域

第一节 地理位置

桑梓店镇位于济南市天桥区西北部，黄河北岸。东临大桥镇，南与槐荫区吴家堡办事处隔河相望，西部、北部分别与德州市齐河县晏城镇、表白寺镇相接。镇政府驻地小马村，电话区号0531，邮政编码250119，距天桥区区政府驻地20千米。桑梓店镇辖48个行政村，52个自然村，38171人，总面积72.6平方公里。

桑梓店镇地理位置优越，为济南市的西北门户，交通运输方便。青银高速公路北绕城线斜穿桑梓店镇北部，贯穿桑梓店镇7个村，途径镇域8.8公里，东与济青高速、西与京福高速公路相连。308国道与309国道横贯全境。镇东南部有济南建邦黄河大桥和浮桥通向市区。邯济铁路横穿东西，京沪高铁纵贯桑梓店镇西部，石家庄至济南客运专线正在建设中，在桑梓店镇境内有13.43千米。

第二节 历史沿革

西周时期，约公元前11世纪到公元前842年，隶属齐国。

春秋时期，公元前841年至公元前476年，隶属齐国祝柯邑。

战国时期，公元前475年至公元前222年，隶属齐国祝柯邑。

秦朝时期，公元前221年至公元前207年，起初隶属齐郡祝柯县，后来隶属济北郡祝柯县。

西汉时期，公元前206年至公元8年，隶属青州刺史部平原郡祝柯县，汉高祖十一年祝柯县改称祝阿县。

新朝时期，公元9年至24年，隶属青州刺史部河平郡安城县。

东汉时期，公元25年至219年，起初隶属青州刺史部平原郡祝阿县，后来隶属济南国祝阿县。

三国时期，公元220年至265年，隶属魏国青州济南国祝阿县。

西晋时期，公元266年至316年，隶属青州济南郡祝阿县。

东晋十六国时期，公元317年隶属东晋青州祝阿县。公元319年隶属后赵青州祝阿郡。公元343年隶属前燕青州祝阿郡。公元376年隶属前秦青州祝阿郡。公元383年隶属后燕青州祝阿郡。公元400年隶属南燕青州祝阿郡。公元410年隶属东晋青州祝阿郡。

桑梓店镇部分村庄南北朝时期曾隶属历城县。

但大部分村庄大部分时间隶属齐河县。公元420年属南朝宋国青州济南郡祝阿县，再隶属冀州平原郡祝阿县，后又隶属青州济南郡祝阿县。公元469年属北朝魏国齐州太原郡祝阿县，公元534年属北朝东魏齐州济南郡祝阿县，公元550年属北朝祝阿县，齐国齐州济南郡祝阿县，公元577年属北朝北周祝阿县。

隋朝时期，公元581年至617年，隶属青州东部祝阿县。

唐朝时期，618年至906年，隶属河南道齐州祝阿县，天宝元年祝阿县改称禹城县。

五代十国时期，公元907年隶属后梁齐州禹城县，公元923年隶属后唐齐州禹城县，公元936年隶属后晋齐州禹城县，公元947年隶属后汉齐州禹城县，公元951年隶属后周齐州禹城县。

北宋时期，公元960年至1126年，隶属京东东路齐州禹城县。

金朝时期，公元1130年隶属伪齐国济南府齐河县，公元1137年隶属金山东东路济南府齐河县。

元朝时期，公元1227年至1367年，起初隶属燕南河北道德州齐河县，公元1330年改属直隶中书省德州齐河县。

明朝时期，公元1368年至1644年，隶属山东布政使司济南府齐河县。

清朝时期，公元1645年至1911年，隶属山东布政使司济南府齐河县。

《乾隆历城县志》(1722年版)卷第三载："西北乡……鹊华六领村二十二，曰鲁家庄、曰丁家庄、曰徐家庄、曰羊圈庄……曰刘七沟……鹊华九领村十九，曰桃园庄、曰西纸房、曰尚家庄、曰范家庄、曰王二镇、曰甜水井（旧志鹊山西北五里）、曰卢家庄、曰石门孙庄、曰杨家庄、曰辛庄、曰杏园店、曰高家庄、曰王家庄、曰小寨（旧志焦家集西北七里）、曰大庄、曰赵家庄、曰李见庄、曰范家庄、曰王二庄， 共 一百四十一 牌，户一千四百七十二，口六千三百五十一。"

中华民国时期，公元1912年至1949年。先隶属山东省济南府齐河县，1913年隶属岱北道齐河县，继属济南道齐河县，1928年直属省政府齐河县。抗日战争爆发之后，桑梓店镇属齐河县第六区，辖七个乡镇。

新中国成立后，仍属齐河县第六区。1955年，撤区建乡，改称桑梓店乡。1958年，撤乡建社，改称桑梓店人民公社。1965年，将桑梓店人民公社划分成桑梓店、焦斌两个公社。1984年撤社建镇，改称桑梓店镇。1990年1月由齐河县划归济南市历城区，仍称桑梓店镇。2001年1月16日，由济南市历城区划归济南市天桥区，历城区桑梓店镇党委、人大、政府、纪委、武装部改称济南市天桥区桑梓店镇党委、人大、政府、纪委、武装部。

第三节　行政建制

桑梓店镇原属齐河县节妇乡六图。

1906年（清光绪三十二年），改旧乡里制为乡区制。桑梓店镇域范围集中于齐河勇乡地区，下辖八区，分别为勇一、勇二、勇三、勇四、勇五、勇六、勇七、勇八区。

1931年，废除乡区制，实行区村制。齐河县划为8区，桑梓店镇域范围集中于第六区，包括：

安集镇（安庄、田庄、大马庄、草庙王庄、阎庄、周庄、邓营、康辛庄）

邱岸镇（邱家岸、左庄、秦庄、油坊赵、姚吕庄）

桑梓镇（桑梓店、南张、小马、沙李庄、北张庄、王唐）

忠孝乡（冯堂、铁匠庄、三官庙、董庄、彭庄、老于屯、怀庄、门刘堂、石庙、韩庄、李堂、小寨、老寨、老屯）

仁爱乡（刘庙、郑庄、小屯、朱河圈、丁庄、王窑、丁口、小吕、仓上）

五权乡（大郑、后房、前房、王堂、小郑）等。

第六区设区公所，区公所所在地为安集镇安庄（今桑梓店镇安庄村），设区长1人，助理员2人，负责办理第六区地方自治及联庄保卫事宜，隶属齐河县政府。

1948年初，撤销区公所，建立区人民政府，齐发玉任区委书记，刘醒民任区长。1948年6月，重新组建桑梓店区委、区公所。至1950年5月20日，区公所设置区长、副区长、民政助理、财政助理、干事、文教助理、生产助理、文书、经费会计、人武科长、治安员各1人，勤杂人员若干。

1958年2月14日，中共齐河县首届二次党代会通过《关于体制问题、整编机构、下放干部的决议》，撤销13个区，划为包括桑梓店在内的30个乡。1958年8月，根据毛泽东提出的“还是办人民公社好”的指示，建立桑梓店人民公社，改称为桑梓店人民公社党委、管理委员会。设置社长1人，副社长3人，办公室主任1人、副主任3人，下设计委、监委、农业部、林牧部、工业交通部、内务部、水利部、文教部、信用部、供销部、劳动福利部、财经部。1959年10月，公社下设农业部、工业部、财政部、武装部、民政委员会、文教卫生委员会。1965年，将桑梓店人民公社划分成桑梓店、焦斌两个公社。1967年1月，桑梓店人民公社陷入瘫痪。1968年3月，建立桑梓店人民公社革命委员会。12月，桑梓店人民公社革命委员会与焦斌屯人民公社革命委员会合并，改称为桑梓店人民公社革命委员会。1969年12月，分设为桑梓店、焦斌屯人民公社革命委员会，建立桑梓店人民公社革命委员会党的核心领导小组。1970年12月，桑梓店人民公社第四次党员代表大会召开，选举产生公社党委。

1981年1月，桑梓店人民公社革委会改称桑梓店人民公社管理委员会。设置主任1人，副主任2—4人，委员若干。下设文书、统计、民政助理、财政助理、农业助理、林业助理等。1984年，撤社建镇，建立桑梓店镇党委、政府。设置党委书记1人，镇长1人，副镇长3—4人，下设办公室，由文书、统计、民政助理、财政助理、计划生育助理、司法助理、文教助理组成。1986年，桑梓店镇党委、政府包括党委书记1人，镇长1人，副镇长3人，秘书1人，民政助理1人，财政助理2人，文教助理1人，工勤计划生育助理1人，人民团体包括共青团1人，妇联2人。

1990年1月，桑梓店镇由齐河县划归济南市历城区，改称历城区桑梓店镇党委、政府。2000年1月，由济南市历城区划归济南市天桥区，镇党委、人大、政府、纪委、武装部改称济南市天桥区桑梓店镇党委、人大、政府、纪委、武装部。济南市历城区桑梓店镇所属事业单位文化站、经营管理站、水产站、水利管理站、林业站、广播站、蔬菜办公室、土地管理所、政府统计站、计划生育技术服务站、农机管理服务站、畜牧兽医工作站、法律服务所分别更名为济南市天桥区桑梓店镇文化站、经营管理站、水产站、水利管理站、林业站、广播站、蔬菜办公室、土地管理所、政府统计站、计划生育技术服务站、农机管理服务站、畜牧兽医工作站、法律服务所，济南市历城区农技推广中心桑梓店镇分站更名为济南市天桥区桑梓店镇农业技术推广站。2001年12月19日，镇机关内设党政办公室（加挂组织科、宣传科、统战科牌子）、经济发展办公室、社会事务办公室（政法办公室、社会治安综合治理办公室与其合署）、农业办公室、建设办公室、计划生育办公室6个综合性机构，设立镇纪委（行政监察室与其合署）、人武部。行政编制35名、离退休干部人员编制2名、司法专项编制1名、工勤人员编制4名。镇党委成员7名，其中书记1名、副书记3名（其中党政交叉任职副书记1名、副书记兼任纪委书记1名），镇政府设镇长1名、副镇长2名，设专职人大主席1名，配备武装部长（副镇级）1名。下设农业综合服务中心、水利管理站、财政所、统计站4个全额预算管理国有事业单位，分别定编10名、4名、4名、2名。镇村建设综合服务站、文化电视广播站、计划生育服务站、经营管理站4个自收自支国有事业单位，分别定编8名、3名、8名、4名，司法所为差额预算管理国有事业单位，定编3名。2002年10月15日，计划生育服务站经费形式由自收自支变更为全额预算管理。11月29日，文化电视广播站机构、人员、编制上交济南市广播电视局。2004年5月27日，增设安全生产办公室，配备专职人员2名。2006年7月31日，镇机关设立党委、人大、政府、纪委、人民武装部、团委、妇联、工会组织，内设综合办公室、经济发展办公室、社会事务办公室（加挂人口和计划生育办公室牌子）、社会稳定办公室（加挂社会治安综合治理办公室牌子）4个行政办公室，在社会事务办公室设教育助理员1名。设立财政所（加挂劳动保障事务所牌子）、司法所、计划生育服务中心、农业综合服务中心、文化服务中心5个财政拨款事业单位，核定行政编制45名、事业编制40名。镇党委成员7名，其中党委书记1名、副书记2名（其中党政交叉任职副书记1名）；纪委成员5名，设书记1名；镇政府领导班子5名，实行镇领导成员交叉任职，镇党委委员中有1～2名副镇长；设团委书记1名、妇联主席1名，工会工作由综合办公室1名工作人员负责；4个行政办公室各设主任1名、副主任1名，主任由镇党政分管领导兼任；事业单位各设主任（所长）1名，编制10名以上的设副主任（副所长）1名。2007年1月12日，设立安全生产监察中队，与经济发展办公室合署办公，一个机构两块牌子。2010年7月2日，司法所由镇属事业单位改为区司法局派出机构，建制级别与镇内设机构相同，实行区司法局和镇双重管理，以区司法局管理为主；11月17日，桑梓店镇内设党政办公室、经济发展办公室（加挂安全生产监督管理办公室牌子）、社会事务办公室（加挂人口和计划生育办公室牌子）、社会稳定办公室（加挂社会治安综合治理办公室牌子）4个党政工作机构，行政编制39名，领导职数核定为8名，党委设书记1名、副书记2名，纪委书记1名，政府设镇长1名、副镇长2～3名，人大主席1名，人民武装部部长1名，在核定领导职数内实行党政交叉任职，人大主席可有书记兼任、镇长由副书记兼任、纪委书记可有副书记兼任、副镇长应有1～2名进入党委班子，4个党政工作机构各设主任1名（由镇副职领导兼任）、配备1名副科级副主任，工会、共青团、妇联等群团机构设置及领导职数配备按各自章程执行；下设财政所、计划生育服务站、文化服务中心、农业综合服务中心、人力资源社会保障服务中心5个财政拨款事业单位，事业编制39名。其中财政所5名，配所长1名；计划生育服务站8名，配站长1名；文化服务中心3名，配主任1名；农业综合服务中心17名，配主任、副主任各1名；人力资源社会保障服务中心6名，配主任1名。

2012年10月22日，社会稳定办公室加挂的社会治安综合治理办公室更名为社会管理综合治理办公室；12月31日，农业综合服务中心加挂水利站牌子；桑梓店镇内设4个党政工作机构，下设5个财政拨款事业单位，行政编制39名、事业编制39名，实有56人，领导职数配备未变。

至2016年9月底，桑梓店镇党政领导班子成员共有11人，其中党委书记1人，党委副书记2人，纪委书记1人，党委委员5人，镇长1人，副镇长3人。

第四节　行政区划

一、历史区划

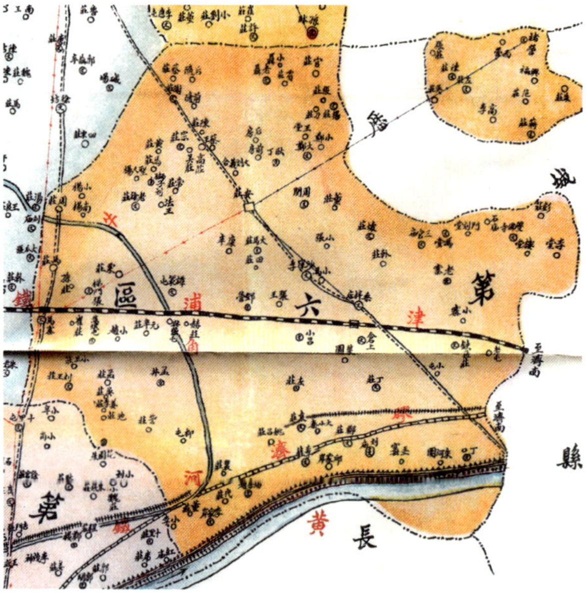

民国二十年七月地图

桑梓店镇域原属齐河县第六区。1946 年 1 月，建立桑梓店区区委。1947 年 6 月，桑梓店、谭家区党政机关合并，称谭家区。1948 年 6 月，重新组建桑梓店区委、区公所。

1984 年，桑梓店镇辖 50 个行政村，54 个自然村：桑梓店村、前房村、后房村、耿家村、大郑村、北王堂村、小郑村、石门孙村、高王村、小吴村、小辛庄村、大漠刘村、安庄村、康辛村、草庙王村、周闫村、北董村、大石庙村（石庙村）、彭家村、田家村、邓营村、大马村、沙李村、小马村、东小张村（小张村）、怀庄村（含小韩村）、三官庙村、冯家堂村、老寨子村、三教堂村（含门刘堂村、楼房村、李堂村）、姚吕村、袁贾村、张王堂村、新左庄村（左庄村）、新小吕村（小吕村）、南仓上村（仓上村）、小屯村、新铁匠村（铁匠村）、小寨子村、老屯村、油坊赵村、西秦村、街后村、邱岸村、东秦村、南郑村、刘庙子村、丁庄村、朱河圈村、丁口村。

1990 年 1 月，桑梓店镇划归济南市历城区，将大漠刘、油坊赵两村划归齐河县焦斌屯乡管辖。

二、现行区划

2001 年 1 月，桑梓店镇由历城区划入天桥区，下设冯高、桑梓、周北、丁仓、赵左 5 个办事处；辖 48 个行政村，52 个自然村，其中 2 个回民村。

周北办事处：草庙王村、周闫村、后房村、大郑村、北王堂村、耿家村、北董村、前房村、康辛村、安庄村、小郑村、大马村。

冯高办事处：三教堂村（分为三教堂村、李堂村、门刘村、楼房村四个自然村）、老寨村（回民村）、小寨村（回民村）、冯家堂村、小吴村、小辛村、石庙村、高王村、石门孙村、三官庙村、彭家村。

赵左办事处：街后村、邱岸村、左庄村、东秦村、西秦村、姚吕村、小吕村、袁贾村。

丁仓办事处：仓上村、铁匠村、刘庙子村、丁庄村、小屯村、老屯村、丁口村、南郑村、朱河圈村。

桑梓办事处：怀庄村（分为怀庄村、小韩庄村两个自然村）、桑梓店村、张王堂村、小马村、沙李村、小张村、田家村、邓营村。

三、政府驻地

1950 年，桑梓店区区政府驻桑梓店村。后撤区建乡，成立人民公社，政府均驻地桑梓店村。1975 年，桑梓店人民公社政府驻地迁至现址。2016 年，桑梓店镇政府占地面积 13563.3 平方米，其中，建筑面积 12460.0 平方米。

桑梓店镇政府（2016 年摄）

第二章　镇属办事处

第一节　丁仓办事处

一、概　况

丁仓办事处所辖各行政村位于桑梓店镇南部，辖仓上村、铁匠村、刘庙子村、丁庄村、小屯村、老屯村、丁口村、南郑村、朱河圈村9个行政村。辖区总人口6676人，土地面积984公顷。自建镇以来，分丁家管区和仓上管区，1997年合并为丁仓办事处，一直为桑梓店镇政府下属机构。

二、领导任职时间

历任办事处书记

张克敏	1999.03—2001.06
张　峰	2001.07—2003.02
梁　峰	2003.03—2007.02
张　涛	2007.03—2008.04
吴晓强	2008.05—2009.04
周　立	2009.05—2012.02
张　涛	2012.03—2014.02
魏圣全	2014.03—

党总支书记魏圣全（2016年摄）

历任办事处主任

李友林	1999.03—2000.03
张　峰	2000.04—2001.06
李兴初	2001.07—2003.02
赵　军	2003.03—2005.04
张　涛	2005.04—2007.02
崔　鹏	2007.03—2008.04
周　立	2008.05—2009.04
蔡明恒	2009.05—2013.04
魏圣全	2013.05—2014.02
张　青	2014.03—

办事处主任张青（2016年摄）

三、人员配置

办事处一般由书记、主任2人组成。丁仓办事处有9个村，为鹊山龙湖项目占地村。为进一步服务鹊山龙湖项目区发展，2014年6月，镇党委、政府成立镇鹊山龙湖建设指挥部，由分管办事处领导，办事处书记、主任其他工作人员组成。

四、重点工作

2005 年，南郑村实施“村村通”公路建设，标准为宽 5 米，长 1080 米，总计 5400 平方米。辖区内南郑村是全镇第一个试点村，此后全镇各村陆续展开“村村通”公路建设。

2005 年，鹊山龙湖项目区开始建设，共征用、租赁老屯村、铁匠村土地 93 公顷余，开挖湖面，修建桥涵和行船航道，初步形成以观光旅游、野外踏青为主的生态湿地景观。

2008—2010 年，修建济南建邦黄河大桥，辖区内征地近 27 公顷，协调做好地上物清点、去除及征地等工作。确保建邦黄河大桥工程顺利进行。

2014 年，辖区内刘庙子村、南郑村开展乡村连片治理，两村对村内主要道路、胡同进行硬化，对村庄环境和面貌进行亮化、绿化、美化。老屯村、丁口村开展美丽乡村建设，硬化村内主要道路。

2015 年，辖区内仓上村、小屯村、铁匠村、老屯村开展省级连片治理，各村对村内主要道路、胡同进行硬化，对村庄环境和面貌进行亮化、绿化、美化。丁庄村借助财政奖补一事一议项目修村内主干道 3 条，硬化路面近 10000 平方米，结束村内无硬化路面的历史，方便群众的生产、生活。

第二节　赵左办事处

一、概　况

赵左办事处所辖各行政村位于桑梓店镇西南部，东临丁仓办事处，北临桑梓办事处。辖区内包括 8 个行政村，分别是邱岸村、街后村、西秦村、东秦村、姚吕村、袁贾村、左庄村、小吕村。其中前 4 个村沿黄河大堤自西向东依次分布。2009 年，由于京沪高铁占压，西秦村搬迁至 309 国道以北 100 米处。后 4 个村紧靠黄河北展堤，自西向东依次分布。辖区总户数 1092 户，总人数 3692 人，总党员数 156 人，总面积为 664.7 公顷。办公室面积为 18 平方米，配有 2 台电脑，3 张办公桌及 2 排椅子。自建镇以来，赵左办事处最早分为赵家管区和左家管区，后合并为赵左办事处，一直为桑梓店镇政府下属机构。

二、领导任职时间

历任办事处书记

朱德新	1999.03—2002.03
朱永金	2002.03—2003.04
李兴初	2004.03—2006.03
赵　军	2006.03—2008.03
崔　鹏	2008.03—2010.05
房安清	2010.05—2012.01
王　峰	2012.01—2013.05
李海利	2013.05—2014.03
芦　辛	2014.03—

党总支书记芦辛（2016 年摄）

历任办事处主任

梁　峰	1999.03—2002.03
赵加栋	2002.03—2003.04
周　立	2003.04—2005.03
田洪军	2005.03—2007.03
李　卫	2007.03—

办事处主任李卫（2016年摄）

三、重点工作

2005年，镇相关部门争取国土资源局资金，整理左庄村赫家洼土地50公顷，小吕村土地30公顷。

2007年，街后村、东秦村、邱岸村进行一期土地整理，共平整土地120公顷。

2009年，赵左办事处8个村进行土地二期整理，共涉及赵左办事处土地面积718公顷。

2009年，因京沪高铁0号墩占压，西秦村整体搬迁至309国道北侧，该村成为继小马村之后全镇第二个整体搬迁的村庄。此次涉及征地的村还有街后村、袁贾村、左庄村和姚吕村。

2013年，53公顷土地提升改造，共涉及东秦村、街后村、袁贾村、小吕村、西秦村、左庄村6个村。

2014年，石济客运专线在辖区内穿过，涉及街后村、袁贾村、左庄村和姚吕村。

2014年，333公顷土地提升改造，共涉及姚吕村、袁贾村、左庄村、西秦村、街后村5个村。

2014年，市级“连片治理”项目在东秦村、街后村、邱岸村3村进行，共投入资金400万元。经过胡同街道硬化、铺设下水道、建设文化广场、环境绿化美化等治理3个村庄的环境、形象明显改善，群众幸福指数显著提高。

2014年12月，赵左办事处开展村级两委换届选举工作，8个村一次100%换届成功。

2015年，省级“连片治理”项目在姚吕村、袁贾村、小吕村、左庄村4个村进行，共投入资金630万元。

幸福院建设。邱岸村是全镇第一个建设幸福院的村居，2014年7月，幸福院正式建成并投入使用。2014年11月，袁贾村幸福院正式开院并投入使用。2015年11月，左庄村幸福院正式开院并投入使用。2015年12月，街后村幸福院正式开院并投入使用。2016年7月，东秦村幸福院正式开工建设。

第三节　冯高办事处

一、概　况

冯高办事处所辖各行政村位于镇驻地东北部，南临黄河北展大堤，北接齐河县表白寺镇，东临大桥镇大庄等村，西近桑梓办事处怀庄村等村。国道308线东西贯穿其中；南北向有两条主干道，东侧为G308—小吴路，西侧为冯高路。人口及耕地面积均占桑梓店镇的三分之一。辖区11个行政村，分别为老寨村、小寨村、冯家堂村、三教堂村、小辛村、石庙村、高王村、石门孙村、小吴村、三官庙村、彭家村。其中老寨村与小寨村为回民聚集村。冯高办事处总面积22平方公里，辖区有党员295人。历史上冯高办事处分为冯家管区与高王管区，冯家管区辖老寨村、小寨村、冯家堂村、三教堂村、石庙村、三官庙村、彭家村7个村，高王管区辖高王村、石门孙村、小辛村、小吴村4个村。1998年，冯家管区与高王管区合并，取原管区首字而称冯高办事处，一直为桑梓店镇政府下属机构。

二、领导任职时间

历任办事处书记

李长富　　1998.05—2000.04

李友林　　2000.04—2002.03

吴俊德　　2002.03—2003.03

吴晓强　　2003.03—2005.03

武兴华　　2005.03—2007.03

张志高　　2007.03—2008.08

朱德新　　2008.08—2010.05

张　涛　　2010.05—2012.01

房安清　　2012.01—2013.05

郭　金　　2013.05—

党总支书记郭金（2016 年摄）

历任办事处主任

李兴初　　1998.05—2002.03

吴晓强　　1999.03—2001.03（专职负责老寨、小寨村）

怀保利　　1999.03—2001.03（专职负责老寨、小寨村）

怀保利　　2001.03—2003.04

张文军　　2003.04—2005.03

王宝华　　2007.03—2009.05

朱德新　　2008.03—2008.08

张　超　　2009.05—2010.05

朱　冬　　2010.05—2015.02

葛　亮　　2015.02—2016.09

三、人员配置

办事处一般由书记、主任两人组成。冯高办事处有 11 个行政村，4 个为贫困村（小吴村、石门孙村、高王村、彭家村）。为了使贫困村脱贫致富，分管办事处领导，办事处书记、主任等若干人员组成领导队伍。

四、重点工作

2004—2005 年，对辖区内万亩土地进行高标准治理。

2005 年，对冯高路进行第二次维修。

2005 年，建设青银高速，对石门孙村进行征地补偿。

2006 年，对三芦路进行维修。

2007 年，青银高速济南北绕城连接线工程以石门孙村穿过。

2008 年，实施入园铁路征地补偿。

2013 年，对高王窑厂进行拆迁补偿，实施复耕。

2014 年，对三官庙、冯家堂、老寨、三教堂 4 村实施石济客运专线征地补偿。

2015 年，小吴村、冯家堂村、高王村、彭家村推行“一事一议”办事制度；石门孙村修建村内公路 750 米，小吴村修建村内公路 1800 米；小寨村实行“连片治理”项目。

2016 年，桑梓店镇进行扶贫开发，前期精准识别，最终确定贫困户 11 户 32 人（涉及小吴村、高王村、石门孙村、彭家村、小寨村 5 个村居）和重点贫困村 4 个（高王村、彭家村、小吴村、石门孙村），都在冯高办事处辖区。其中贫困户主要因病、因残等致贫。在精准识别、精准施策基础上，对其建档立卡，集中开展扶贫攻坚行动。

第四节　周北办事处

一、概　况

周北办事处辖周闫村、北董村、大马村、康辛村、安庄村、草庙王村、大郑村、小郑村、北王堂村、前房村、后房村、耿家村 12 个行政村，原为周闫管区、北董管区，后于1997年合并，取原管区首字而称周北办事处，办公地点位于镇政府院内，一直为桑梓店镇政府下属机构。

2012年10月，为便于建设原桑表路（现梓东大道北周闫、小郑、北王堂三村路段）成立镇重点工程指挥部，办公地点设在周闫村两委办公室二楼。同年年底，总占地76公顷的鑫茂•齐鲁科技城落户园区。为配合园区项目落地建设，成立桑梓店镇服务园区重点工程指挥部。因园区起步区4.7平方公里，绝大部分为周北办事处管理，办事处办公地点分别为镇政府和周闫村委会两处。周北办事处总户数2081户，总人口6469人，总党员人数225人，总面积1542公顷。

二、领导任职时间

历任办事处书记

刘孝元　　1999.03—2002.03
武兴华　　2001.03—2003.03
张　峰　　2003.03—2006.03
张志高　　2006.03—23008.03
张　涛　　2008.03—2010.05
朱德新　　2010.05—2012.01
周　立　　2012.01—

党总支书记周立（2016年摄）

历任办事处主任

赵加栋（副主任，行使主任职责）
1999.03—2002.03
王宝华　　2002.03—2005.04
蔡明恒　　2005.04—2008.02
吴友建　　2008.02—

办事处主任吴友建（2016年摄）

三、人员配置

办事处一般有书记、主任两人组成，因周北办事处多村涉及园区发展等因素，人员配置与镇服务园区重点工程指挥部重叠，人员有5～7人。

四、重点工作

2005年，实施村村通公路建设，标准为宽4.5米，水泥厚18—20厘米，每公里补助10万元。周北办事处北董村、草庙王村、北王堂村是全镇试点村，此后全镇各村陆续开展。

2005年6月，中央提出建设“生产发展、生活宽裕、乡风文明、村容整洁、管理民主”的二十字新农村建设要求。草庙王村、耿家村率先实施村内胡同硬化和户户安装太阳能工程。

2009年5月，桑梓店镇拆迁小屯村、铁匠村22户群众居住房，入园铁路沿邯济铁路经过小寨村、老寨村、怀庄村、北董村、周闫村、草庙王村进入裕兴化工有限责任公司。

为配合园区发展，在桑梓店镇草庙王村、周闫村建燃气站。2010年，华润燃气全面接管建设运营，结束桑梓店镇不通天然气的历史。

2010年，位于安庄村东北的安康变电站项目开工建设，总投资1亿元。安康变电站为园区企业提供双回路电源，确保企业用电。

2012 年 10—11 月，桑表路由原 6 米拓展至 15 米，总投资 1000 余万元，由齐河县政府出资建设，桑梓店镇协调推进。

2012 年 10 月，大马村、草庙王村、安庄村、康辛村 4 村委托大马村为园区内鸿民轧辊模具、玉晶玻璃、麒麟油墨三家企业进土，创造 3 天时间整理 10 余万立方米的历史，得到园区及镇主要领导认可。

2013 年，区委组织部下派第一书记帮扶全镇 5 个村居，周北办事处有 3 个（大马村、北董村、康辛村）。其中大马村获帮扶 8 万元；北董村内两条主干路获总投资 50 万元；康辛村健身广场、路灯安装获帮扶 12 万元。2014 年，大郑村、后房村安排第一书记修路、助学，得到基层组织和社会认可。

2014 年，辖区内北王堂村、大郑村开展美丽乡村建设，同年，连接两村的水泥路完工。

2014 年，石济客专开工建设。在周北办事处辖区内率先开工。天桥制梁厂在辖区征地 11.7 公顷。

2014 年 3 月，园区“三纵一横”道路施工。园区总投资 2.57 亿元，对梓东大道、裕兴路、舜兴路、鑫源大道进行拓宽改造，按市政公路标准施工，污水、雨水收集管网分离，涉及辖区内大马村、康辛村、安庄村、周闫村、草庙王村、耿家村、小张村、沙李村、田家村 9 个村。

2014 年 5 月，为推进舜兴路建设，康辛村两委会多次动员 1 周内迁移坟墓 142 座，为项目竣工打下良好基础。

2014 年 12 月，周北办事处开展村级两委换届选举工作，12 个村一次 100% 换届成功。

2015 年，园区企业排污导致园区内水系污染，各方共同努力治理污染。草庙王村、安庄村等受害群众得到补偿。

第五节　桑梓办事处

一、概　况

桑梓办事处管辖桑梓店村、怀庄村、沙李村、邓营村、张王堂村、田家村、小马村、小张村 8 个行政村，原为桑梓管区，后取原管区名称而称桑梓办事处。办公地点位于镇政府院内，一直为桑梓店镇政府下属机构。办事处共有党员 253 人。

二、领导任职时间

历任办事处书记

刘孝元　1999.03—2003.03
武兴华　2003.03—2005.03
吴晓强　2005.03—2008.03
王宝华　2008.03—2009.05
聂　岭　2009.05—2012.01
朱德新　2012.01—2013.05
王　峰　2013.05—2014.03

党总支书记李哲（2016 年摄）

李　哲　2014.03—

历任办事处主任

赵　军　1999.03—2002.03
梁　峰　2002.03—2003.03

张志高	2003.03—2005.03
王宝华	2005.03—2007.03
聂　岭	2007.03—2009.05
李海利	2009.05—2013.05
李　哲	2013.07—2014.03
王　峰	2014.03—

办事处主任王峰（2016年摄）

三、重点工作

2009年，在桑梓店村征地建设草庙王村居。2013年，草庙王新村工程开工建设。

2014年，怀庄村完成幸福院建设，2015年，小张村和邓营村完成幸福院建设。配合园区完成辖区内沙李村、小张村和田家村的征地及清点地上物工作。协调村两委做好辖区内维稳工作，妥善处理群访事件，为园区发展、桑梓振兴提供良好基层环境。

鑫茂二期工程，涉及辖区内小张村，与村两委协调，做好地上物清点及去除等工作。

园区三纵一横道路施工。2014年3月，园区总投资2.57亿元，对梓东大道等开展拓宽改造，按市政公路标准施工，污水、雨水收集管网分离，涉及小张村、沙李村、田家村。2015年5月，全部完工并完成绿化。

借助庆建党周年活动、创先争优表彰大会等机会不定期组织各村班子成员召开座谈会，探讨村集体经济发展思路，鼓励村干部向上级部门争取政策，发展壮大村集体经济，为老百姓谋实惠。

配合园区完成辖区内沙李村、小张村和田家村的征地及清点地上物工作。

落实重点工程，与村两委协调，化解工程建设过程中的矛盾阻碍。济石客运专线建设工程、科佳项目建设工程、桑梓店镇中心幼儿园建设工程、草庙王新村建设工程等顺利推进。

深入落实开展“百日清洁行动”，借群众路线教育实践活动，组织发动各村党员干部开展义务劳动，清理四大堆，整治村庄卫生，改善人居环境。

2014年12月，桑梓办事处开展村级两委换届选举工作，8个村一次100%换届成功。

附：

桑梓店镇各办事处工作职责

（一）贯彻执行镇党委政府的决定和部署，听从落实镇党委政府的计划和安排，完成镇党委政府安排的各项工作。协调辖区内各村村两委会成员开展工作，将群众反馈的意见和建议落实到位。

（二）支持配合项目区的落地建设。做好辖区内占地村的地上物清点和补偿工作。督促村两委做好宣传，配合建委大力巡查，严厉制止村民私栽乱种、私搭乱建行为，保证重点工程建设及各项重点项目推进。

（三）配合其他部门开展工作

1、做好政策宣传，落实意见征集，完善档案管理。为三年一届的村两委换届选举工作打下基础。

2、配合城乡管理综合执法，协助城建部门开展对违法占地、违规建设问题的查处工作。制止施工扰民、干扰合法施工的行为。

3、配合劳保所开展每年新农保及合作医疗的收缴工作，做好社会保障及失业人员就业培训工作。

4、配合计生部门开展每年的计划生育宣传、计生普查工作。

5、配合组宣科做好各村档案的整理以及党建工作的开展，规范党员发展流程，落实培训教育工作。

6、协调配合其他办事处开展工作。妥善处理好辖区内各村之间产生的矛盾和问题。

7、配合武装部开展好每年的征兵工作。

8、做好每年的秸秆禁烧工作。

9、配合农委做好水电费的收缴、农业用品发放工作。

10、配合民政部门完成各村低保、大病救助、困难补助等各项补贴的统计下发工作。

11、配合经委做好辖区内食品安全、校车安全、生产安全等一些列安全工作的督导检查。

12、配合信访及司法部门做好村级维稳工作，妥善调节处理村民反映的矛盾问题。

（四）做好辖区各村管理工作

1、对于辖区内的商户商家进行有效合理的管理，减少避免辖区内人员的冲突和矛盾。规范引导村级集市管理，避免占道经营、影响市场秩序等问题的发生。

2、配合村两委做好服务工作，全力营造好的居住生活环境。减少各项矛盾问题的出现。

第二编
自然地理

第一章 地质 地貌

第一节 地 质

从地质构造形式看，桑梓店镇正处在鲁西旋卷构造体系与鲁北帚状构造的结合部。鲁西旋卷构造，分布于沂沭断裂带以西，齐河——广饶断裂以南的广大地区。这一旋卷构造是在鲁西新华夏系北北西和北东东两组扭断裂构造的基础上成长发展起来的，是一个以尼山穹隆为砥柱，往北突出的大型旋卷构造。这一旋卷构造体系的主要成份是一些呈弧形展布的地块（凸起和凹陷）和断裂。卷入这一构造体系的主要有太古代、古生代至中新生代地层，同时伴随一系列中酸性侵入岩。由于鲁西旋卷构造体系的控制，伴生断裂充分，有与配套的张性断裂，也有与其斜交的两组扭裂面，其中尤其以旋卷构造外旋层中张裂的发育最为典型，这些断裂自西向东规模较大的有：长清断裂，千佛山断裂，文祖断裂，白泉庄——五色崖断裂，金山——姚家峪断裂，淄河断裂和上五井断裂。这些断裂与孤形断裂的一个十分突出的特点是，随着凸起和孤形断裂方位的改变，伴生的张性或张扭断裂面方位也有规律的变化呈放射状展布。鲁西旋卷构造体系及其伴生断裂，特别是长清断裂、千佛山断裂、文祖断裂及其支断裂，对桑梓店镇的地质构造有着深刻的影响。

长清断裂从南向北一直延伸到镇域内。鲁北帚状构造的旋回层为黄骅坳陷、埕宁隆起，济阳坳陷，砥柱大抵是鲁西隆起。组成一个向北东撒开，向南西收敛的一个巨型帚状构造。整个济阳坳陷部在这一帚状构造之中，它南以齐河——广饶断裂为界与鲁中巨型砥柱相邻。鲁北帚状构造的南部断裂斜坡带直接控制桑梓店镇。这一断裂斜坡带是一个从济阳凹陷向鲁中隆起的过渡地带，带中分布不少断层，主要有两组：一是沿北北东走向的齐河——广饶断裂，沿断裂常有火成岩侵入和喷发；另一组是北西向断层，它是鲁西旋卷构造放射状断裂延伸到该处，常组成小型地堑地垒。在以上两大构造体系的控制下，形成境域北部齐河——广饶大断裂及大体与黄河平行一组锯齿形断裂以及与这组锯齿形断裂垂直的，十几条大致与长清断裂平行的断裂。

第二节 地 貌

桑梓店镇系黄河下游冲积平原，地貌形态主要受黄河影响，由于黄河在历史上曾多次变迁，冲刷淤积的时间、地点、流速、流向不同，加之黄河夺大清河后多次决口，因而形成地形起伏、岗洼相连、溜道、沙丘并列的复杂现状。黄河素以善决、善淤、善徙而著称。每一次决口、变迁，都不同程度地改变地面形态，更新土质。地表浅层的土壤母质主要是黄河冲积物，境内地势南高北低，自然坡降 1/7000 左右，所以境内排洪水系都是自南向北流，境内海拔在 23 ～ 27 米之间。境内地貌类型主要分为决口扇形地、河滩高地、浅平洼地、缓平坡地和沙质河槽地。

决口扇形地，是黄河决口冲刷淤积形成的，主要分布在镇域内黄河沿岸各村。表层质地多为沙质轻壤土或沙土，间有不同程度的洼溜、沙丘。潜水埋深一般 1 ～ 2 米，因此盐碱地较多，是水稻种植的主要区域。

河滩高地，临黄堤内滩地。由于每年汛期

河水漫滩，逐年淤高，一般高出堤外地面3～4米。土壤由极细沙和粉沙组成，因受黄河弯曲回流影响，局部落淤为粘土。河滩高地和缓岗地地势较高，潜水埋深3～4米，盐碱化现象较少，是粮棉主要产区。

浅平洼地，多在缓岗区之间，黄河尾闾故道两侧，由黄泛区静水沉降形成，分布凌乱，呈封闭状，易内涝，不宜灌溉。土壤表层质地多是粘质土，不宜耕作。潜水埋深较浅，一般1～2米，易遭涝灾。

缓平坡地，河滩高地与河间洼地之间逐渐过渡的漫坡地。由黄河洪水溢出天然堤后漫流堆积而成。地势向河间洼地缓倾，坡度在1/3000～1/7000之间。形态多样，是黄泛平原上分布最普遍、面积最大的地貌类型。

沙质河槽地，为黄河废弃河床的残留地段，形态上以有明显的废河槽或槽状低地为特征。沿故道带断续分布，群众习称为沙河、老黄河，系古黄河河床相沉积，组成物质以细沙为主。现多成为沙荒地，有的经风力改造，形成沙丘带。

第二章　土壤　植被

第一节　土　壤

桑梓店镇土壤是在黄河冲积松散母质上耕种发育而成的。由于历史上黄河频繁改道与决口，沉积物交错分布，致使境内土壤沙、粘沉积层厚薄极不一致，土体构型复杂，土壤分布随地形、母质类型及人类生产活动的差异而形成不同类别的土层。

一、潮　土

土壤类型以典型潮土为主，成土母质为黄泛冲积物，土壤耕性、保水保肥性良好。土壤耕层有机质15.38毫克/千克，全氮0.99毫克/千克，碱解氮108.9毫克/千克，速效磷27.6毫克/千克，速效钾162.5毫克/千克，国道309南建邦大桥路西，地面高程24.3～24.5米（黄海高程）。经济南市农业局土肥站测土配方土壤化验，酸碱度PH7.5，适于小麦、玉米等作物栽培。

二、盐　土

盐土是表层含有大量易溶盐类的土壤，主要分布在沿黄各村大堤以外背水地上，因黄河水位比堤外地面高5～8米从而形成侧渗，垂直于大堤外3公里内形成盐碱表层，这种土壤是镇域内的低产土壤类型，若不进行冲洗改良，种植作物很难成活，自然植被主要有芦苇、白茅、碱蓬、柽柳等，为改良土壤，人们引水压碱，种植耐碱的作物水稻，经过多年耕种已形成水稻土类。

三、沙壤土

境内大部分村庄地块属于为沙壤土类型，沙壤土是黄河决口扇形面和指状分布形成的。壤土是指土壤颗粒组成中黏粒、粉粒、沙粒含量适中的土壤，沙土是指含沙量占80%，粘土占20%的土壤，沙壤土就是介于壤土与沙土之间的土壤。这种类型的土壤含沙量比重大、壤土含量少，易板结，保肥力低，但比起沙土地漏肥漏水还是好一些的。

四、沙　土

由于黄河决口，镇域内沿黄地块沉积了很厚的沙土层，这类土壤颗粒组成中沙粒含量较高，该土种通透性强，通气良好，好气性微生物活动占优势，可以促进有机质分解，有机质矿质化加快。且土壤疏松，易耕作。土壤毛管作用强，水分运行快，有“夜潮”现象。适耕期也长，易立苗；但沙土保水保肥能力较差，养分含量少，土温变化较快。在利用管理上，要注意选择耐旱品种，保证水源，及时灌溉，注意保墒。施肥时，应薄施勤施。20 世纪 70 年代人们在“农业学大寨”运动中因土种植，栽植绿化苗木，种上沙土作物，比如花生、西瓜等，将沙土改良为耕地，由于合理施用化肥，实行配方施肥，该土已大部分作耕地利用。

五、壤土（黏土“小红土”）

在“农业学大寨”运动中，人们把埋在沙土和沙壤土以下的壤土亦称“小红土”，翻到地表层，把原土层埋到下面以期改良土壤实现增产。由于黄河决口，地表层以下 2 米多有多层不同属性的土壤，深浅不一，各土层厚度也不一致。将 30 厘米以下壤土翻上来，叫“小翻地”。把 1.5 米以下壤土翻上来称“大翻地”。由于当时一年种一季庄稼，从秋后到第二年开春一直没事，人们为了多打粮就多翻地。有时为了烧制砖瓦也把“小红土”翻上来。20 世纪 60 年代，镇域的砖窑厂就采用这种办法获取黏土。在黄河没泛滥之前南郑村土地都是红土，人称“金盆底”，土地肥沃，产量较高，在当时完全靠天吃饭没有化肥和水利灌溉的条件下亩产 200 多斤——其他地方产量更低。人称“白土地看苗，红土地吃饭”。新中国成立后，大搞农田水利建设，加之化肥农药，20 世纪 70 年代，最好的一年，镇里种的 1.5 公顷试验田小麦平均亩产达 400 千克，最高的亩产 500 千克。

第二节　植　被

桑梓店镇植被种类较多，分野生植被和人工植被。

一、野生植被

野生植被中常见的有芦苇、马齿苋、蒲公英、蓬蒿、麦蒿、花荠菜、水败子、车前草、爬草、芙子苗、酸把拉芽、莠草、节草、灰菜、扫帚菜、小蓟（青青菜）、苦菜等。

二、人工植被

人工植被主要是一些栽培作物，主要有粮食作物小麦、玉米、水稻、谷子、地瓜、高粱，经济作物棉花、花生、大豆、绿豆、芝麻，蔬果作物白菜、菠菜、韭菜、生菜、大葱、大蒜、萝卜、豆角、卷心菜、西红柿、茄子、辣椒、胡萝卜、丝瓜、黄瓜、西瓜、甜瓜。此外，还有一些栽培木本植物，如杨树、柳树、槐树、香椿、榆树、梧桐树、枣树、梨树、苹果树、杏树、无花果树、紫叶李、石榴。1970 年后，在“农业学大寨”运动中，铲平沙丘，垫高洼地，开荒造田，压水埋碱增加耕地面积。自然植被只出现在沟边、路旁和村内空闲地。其他土地被人工植被所取代，耕地全部种植农作物，沟渠、道路两旁全部种植杨树、柳树及桐树，非耕地和沙土地种植杨树。村内及庭院种植杏、桃、苹果、枣和石榴树，有的村种植各种观赏类绿化树。旧村老院榆树、槐树、椿树依旧繁茂，镇域完全被植被覆盖。

第三章　气候　物候

第一节　气　候

桑梓店镇属暖温带半湿润季风性气候区，冬冷夏热，四季分明。春季气温回暖快，变化强烈，降水少，风速大，气候干燥；夏季气温湿热，降水集中；秋季气温下降，雨量骤减，天高气爽；冬季雨雪稀少，寒冷干燥。年平均气温13.4摄氏度，降水量622毫米，风速2.9米/秒，日照2705小时，光照充足，热量资源丰富，无霜期200天。

太阳辐射　一年中夏至时太阳高度角最大，为76度44分；冬至时太阳高度角最小，为29度50分。春秋分界略于二者之间。夏至时日照最长达14小时34分，冬至时日照只有9小时26分，春秋分为12小时，从而形成春暖、夏热、秋凉、冬寒的特点。

大气环流　冬季主要受北方干冷气团影响，天气晴冷，水较少。春季由于北方干冷气团势力减弱，南方暖湿气团实力增强，温度开始交替回升，冷暖气流交锋，降水略有增多。夏季主要受暖湿气团影响，炎热多雨。秋季太阳南移，南方暖湿气团势力变弱，北方干冷气团借此南下，九、十月间此气团移至长江中下游，往往停滞不动，天气趋于稳定，温度、湿度逐渐降低。

四季划分　日平均气温小于10摄氏度时为冬季的标志，从11月10日起至来年3月30日止，持续145天。10～22摄氏度之间为春秋两季。春始于3月31日止于5月19日，持续50天；秋始于9月19日止于11月9日，持续55天。日平均气温大于22摄氏度为夏季的标志，始于5月20日止于9月18日，持续115天。

气象要素　年平均气温13.4摄氏度，最高年份14.2摄氏度。最低年份12.5摄氏度。1月份最冷平均负2.3摄氏度，7月份最热平均27.0摄氏度。极端最低气温负22摄氏度，极端最高气温41.2摄氏度。炎热期一般平均为74.7天，一般出现在5月到9月份；寒冷期平均100.3天，一般出现在11月至次年3月。

霜期　历年有霜期平均为170天左右，无霜期平均为180天左右。初霜期最早在9月下旬，最晚在10月下旬；终霜期最早在3月中旬，最晚在5月初。农谚有“清明断雪，谷雨断霜”之说。

地温　0～10厘米地温随地上温度的变化而变化。上半年随深度增加而降低，下半年随深度增加而增高。10～50厘米地温变化不明显，50厘米以下地温在14.7摄氏度左右。

冻土　一般在11月下旬，地面和稳定的浅水水面开始冻结，来年2月下旬水面解冻，3月中旬地面解冻。土壤冻结初期和解冻期间冻土不稳定，有时是夜冻昼解，对越冬作物不利，容易发生拔根现象，对作物丰产造成影响。所以，在低温来临时应及早采取防御措施。

降水　年平均降水650毫米左右，最多年1092毫米，最少384.2毫米。冬春季降水较少，夏秋季降水颇多，7、8月份降水较为集中，占全年降水量的55.7%。全年降雨分布不均，并具有春旱夏涝、晚秋再旱和旱涝交替的特点。平均降雪初日在12月，终雪日在来年3月份，最早初雪日为11月8日，最晚终雪日为4月27日，最大积雪深度为15厘米，平均积雪深度为5～10厘米，主要降雪时间集中在1—2月份。年平均相对湿度为66%，最小相对湿度出现在1月份，极值为2%；最大极值在8月份，为81%。

桑梓店镇雨量站（2015 年摄）

日照　境域内光照资源充足，年日照总时数为 2705 小时，日照率为 60%。最长年 3273.4 小时，最少年 2474 小时。日出最早时间为 6 月 11 日 4 时 54 分，最晚为 1 月 1 日 7 时 26 分，相差 2 小时 32 分。日落最早为 12 月 11 日 16 时 56 分，最晚为 6 月 21 日 19 时 34 分，相差 2 小时 38 分。日照时数最短为 12 月 21 日，从 7 时 22 分日出至 17 时日落计 9 小时 38 分，最长为 6 月 21 日从 4 时 54 分日出到 19 时 34 分日落，计 14 小时 40 分，最短与最长相差 5 小时零 2 分。

气压　1 月份气压为全年最高，年平均 1023.7mb，7 月份为全年最低 999.5mb。年平均风速 2.9 米 / 秒，最大风速为 20 米 / 秒。六级以上大风日数，年平均 13.4 天；最多年为 44 天，最少年为 3 天。境内大风多发生在春季（3、4 月份）和秋季（9、10 月份），夏季（7、8 月份）不稳定天气亦形成大风。最大风力一般为 7 ～ 8 级。盛行风向在夏秋之交多为东北风；冬春之交多为东南风和西北风。沙尘暴天气在春季时有发生，多从西北方向来。

第二节　物　候

一、动物候

飞禽　家燕一般 4 月份来，11 月上旬飞往南方。家燕通常在堂屋檀上或者大门檀上衔泥筑巢，农谚有“小燕走，不过九月九；小燕还，不过三月三”之说。布谷鸟于每年 5 月下旬始叫，农谚有“布谷叫立夏到”之说。大雁只在镇域路过，在此停歇、取食，不在此栖息；10 月下旬南飞，下一年 3 月北返。农谚有“七九河开，八九雁来”之说。

虫类　蝉于 6 月下旬出土，当夜蜕变为成虫，次日开始鸣叫，农谚有“夏至到蝉鸣噪”之说。蝉于每年 9 月绝迹，农谚有“立了秋，树下溜”之说。青蛙于每年 10 月下旬入湾塘泥沼蛰眠，来年 4 月出水鼓叫。蝎子于每年 11 月份蛰眠，来年 3 月份出穴。蛇于 10 月下旬入蛰，来年惊蛰前后（3 月 5 日）出土，结束冬眠而活动。蜜蜂于 10 月初冬眠，下一年 4 月初出巢活动。

其他常见的昆虫还有：

蚂蚁蟋蟀和蜻蜓，蚂蚱蝈蝈叩头虫。
蝼蛄蛴螬金龟子，蚯蚓蜈蚣屎壳郎。
蜘蛛蛐蜒草鞋底，土元椿象凿木虫。
天牛壁虎蚊子蝇，螳螂黄蝇棉铃虫。
樗蚕毛虫八甲子，蟑螂秋狗湿虱虫。
土蚕瞎闯臭大姐，蜉蝣斑蝥和牛虻。
青虫螟虫子蝗虫，蚜虫豆虫和瓢虫。

二、植物候

（一）木本植物

杨树　3 月上旬开始发芽，11 月初叶子开始变黄并逐渐凋落。榆树芽开放期为 3 月初，开花盛期为 3 月中下旬，展叶盛期为 4 月中旬，种子脱落期为 4 月底。10 月底开始落叶，到 11 月底落光。

苹果树 芽开放期为3月底，4月初始展叶，4月中旬开花，果实成熟期为8月中旬至10月上旬。11月上旬开始落叶，至12月中旬落光。

梨树 一般于3月下旬发芽，清明后开花，4月坐果，7月下旬果实始有上市，霜降后落叶。俗语有“七月核桃八月梨，九月柿子来赶集”之说。

枣树 4月中旬发芽，4月下旬展叶，5月下旬开花，9月初枣子成熟。10月中旬开始落叶，11月初落光。

桃树 3月初发芽，4月中旬展叶开花，为开花盛期，4月底后开花末期。10月中旬开始落叶，11月中旬落叶末期。

杏树 3月下旬开始发芽，3月底开花，4月上旬开花末期，4月中旬展叶。6月中旬果子成熟。10月底开始落叶，11月中旬落叶末期。

（二）草本植物

蒲公英（俗称婆婆丁） 萌芽期为每年3月中旬，3月20日前后展叶，开花期为4月中旬，果实成熟期约为4月底5月初，全枯期为11月中下旬。

灰菜 萌芽期为3月底4月初，开花期为7月中旬。果实成熟期为8月底，全枯期为十月中下旬。

麦蒿 萌芽期为2月底，展叶期在3月初，开花期为4月上旬，种子成熟期为5月中旬。全枯期为5月底6月初。

镇域内的草本植物还有面条菜、花荠菜，均3月上旬发芽。马齿苋6月上旬发芽，6月中下旬采收食用。其他杂草一般在春季发芽，“立秋18天，寸草结籽”，以后逐渐枯死。

（三）农作物

冬小麦 9月底播种，出苗期为10月初，分蘖期为10月中旬至11月底，越冬期为12月初至来年3月初，返青至拔节期为3月初至4月中旬。抽穗期为5月初，5月10日前后开花（亦称扬花），6月上旬黄熟。

玉米 播种至出苗期为5月底，出苗至拔节期为5月底至7月初，拔节至抽雄期为7月中下旬，抽雄至灌浆期为8月初。至9月上、中旬，玉米黄熟。

棉花 播种期为4月中旬，出苗期在4月下旬。现蕾至开花期为6月下旬7月上旬，开花吐絮期为7月上、中旬。10月下旬，农民开始收摘。

稻子 早稻3月中旬薄膜育苗，4月上旬移栽，7月中旬收获。晚稻5月下旬育苗，6月上旬移栽，9月下旬收获。

三、非生物物候

闪电雷鸣 始期平均为5月初，终期为10月初。

霜 始期平均为11月初，终期平均为翌年4月下旬。

雪 始期平均为11月下旬，终期平均为翌年3月中旬。

雪后村庄（2015年摄）

第四章　水　文

第一节　地表水

黄河　桑梓店镇所处黄河堤段原系大清河故道，古称济水，因为历代舟楫多从海口运盐，所以也称“盐河”。据旧齐河县志载：“自咸丰五年，黄河北徙夺济水故道入海，而黄河遂为境内之巨川矣。”黄河由齐河县焦斌进入桑梓店镇境，流经街后村、邱岸村、东秦村、南郑村、刘庙子村、朱河圈村、丁口村，东至大桥镇桃园村。黄河流经桑梓店镇长度 5.8 公里。

镇域黄河及上下游 15 公里内分别建有京沪铁路大桥、京台高速公路大桥、京沪高铁大桥、建邦公路大桥、泺口浮桥、邯济铁路大桥、济南黄河公路大桥、济阳黄河公路大桥。

齐济河　为徒骇河支流，位于桑梓店镇政府驻地 0.5 千米，发源于黄河王窑虹吸工程，流经桑梓店镇和济阳县境，注入徒骇河。境内流长 8 公里，原来是自然排水故道，1957 年，王窑引黄虹吸工程建成，1965 年开挖加宽加深成河，因流经齐河、济阳两县而得名。该河是桑梓店镇境内主要排灌河道，有效灌溉面积 1667 公顷。

“大溜”　大约在 1889 年夏，黄河涨水，丁口村正南突然决口，淹没村西大部分良田，形成了一个天然湖泊，当地人称“大溜”，外人称黑龙湾。“大溜”宽约 300 米，斜上东北方向，直到原来的甜水井村，与从范家过来的另一条“溜”汇合后流向东北方向的济阳县。后来为恢复耕地，利用泥沙将“大溜”淤平。

六六河　焦斌屯乡赫家洼原有公益河，今桑梓店镇邓营、康辛等村处原有姚治河，两河均北流过表白寺镇孙耿街合古丁聪河，汇古倪伦河，至三岔口入古赵牛河。1883 年（清光绪九年）至 1886 年，黄河屡决于李家岸、油坊赵庄，公益、姚治、丁聪诸河淹淤无迹，上起焦斌屯乡老徐庄，下至表白寺镇蔡庄东入济阳境，被洪水冲刷一自然溜道，清末至民国期间，坡水皆依其泄入徒骇河，俗称赫庄大洼溜。1953 年，开挖成排水沟。1959 年，因开发山东一干引黄灌区，兴建分干渠，疏此沟作分干渠排水沟，经三教堂北入徒骇河，称三教堂分干渠排水沟。1966 年，扩大治理，开挖成河，以掘河年而命名，称六六河，长 29.6 公里。

第二节　水文地质

桑梓店镇属黄河下游冲积平原的一部分，由于黄河改道泛滥冲积，沉积着极厚的第四纪松散土层。镇域内有古河道，有含水沙带，蕴藏着较为丰富的地下水资源。镇域南部部分村庄属于原齐河县南部古河道，南部古河道与现代黄河平行，宽约 3 ～ 4 公里。岩性为粉沙、细沙和少量中细沙，其顶板（从地表到表层洪水与第一层咸水上界之交面中间的距离）多在 11 ～ 19 米之间。镇域内的沿黄村庄虽然受黄河水的补给，但因为距离山前较远，粘土沉积物较少，含水岩性差，50 米以上的含水沙层的总厚度一般小于 10 米，单层厚度小于 5 米，又多为颗粒较细的粉沙、粉细沙和细沙。古时和近代所打的土井及砖井，一般都在 5 ～ 8 米之间，沿黄地区 2 米以下就有水，而境域北部村庄所打的压水井都在 10 米到 20 米之间，个别村打井深度达 27 米。

第三节　地下水

桑梓店镇地下水蕴藏量较为丰富，大气降水为其主要补给源，再次是黄河侧渗和引黄灌溉回归补给。黄河为地上悬河，河水位一般高于地面 3～5 米。因为侧渗影响，长年补给地下水，特别是每当汛期水位高时，侧渗影响更为严重。一般在枯水季节黄河日侧渗补给量为 0.59 立方米 / 日米（沿河流方向 1 米的截面 24 小时内渗水量为 1 立方米时，单位定为 1 立方米 / 日米）。汛期高水位时，日侧渗补给量为 129 立方米 / 日米。这是造成沿黄河地下潜水水位高的重要原因。

1974 年，地下水普查资料表明，桑梓店镇浅层地下水根据垂直方向咸淡分布规律、灌溉要求及开发条件分为三个类型区。

一类区　含水层主要为细沙和粉沙，累计厚度 10～20 米，浅层淡水底界面 20～40 米，单井出水量 20～40 立方米 / 时。水质为重碳酸钙镁型（HCO3～Ca～Mg 型），矿化度小于 2 克 / 升。

二类区　含水层主要为粉细沙，单层厚度小于 5 米，累计厚度小于 10 米。浅层淡水底界面 10～20 米，单井出水量 20 立方米 / 时左右，矿化度小于 2.5 克 / 升。

三类区　该区浅层无淡水，水质为氯化物硫酸高矿化水，矿化度大于 3 克 / 升，不能发展浅机井灌溉。深层地下水顶界面在 90～300 米以下才有淡水，须打深机井，因开采比较困难，且不易回补，开采量不大。

20 世纪 70 年代，桑梓店人民公社为更好地灌溉农田，打机井 100 余眼，70% 的村庄是咸水，只有 30% 的村庄能打出淡水。在黄河水基本满足灌溉需要后，许多机井已废弃不用，能用的还有 10 多眼。2005 年，桑梓店镇和大桥镇两个黄河北乡镇联合上自来水工程，为选好水源，曾对各地好井进行化验，结果小辛村水质最好。后来这项工程因鹊山水库的出现而作罢。2006 年后，全镇 48 个村庄陆续用上取自鹊山水库的淡水。

第五章　自然资源

一、土地资源

境内土地资源较为丰富，总面积 72.6 平方公里，其特点是平坦宽阔，宜于机械化生产，区域化、规模化种植。溜道及浅平洼地，适于淡水养殖。

二、水资源

镇境域南傍黄河，齐济河在境内穿过，地表水资源较为优越。但受降雨量影响，河水流量不太稳定。平均年降水 650 毫米左右，地下淡水含量丰富。

三、光热资源

境内光照充足，太阳辐射较强。全年以春夏两季辐射最多，冬季最少。作物生长期间，平均日照随温度升高而增加，对作物生长极为有利。丰富的光热资源是镇域农业高产稳产的基础。

四、动植物资源

（一）动物资源

禽类有鸡、鸭、鹅、珠颈斑鸠、大杜鹃（布谷）、猫头鹰、啄木鸟、燕子、黄鹂、喜鹊、麻雀、灰喜鹊、鸽子、画眉、八哥、鹦鹉等。

兽类有马、牛、驴、骡、羊、猪、狗、兔、猫、獾、刺猬、鼠、鼬（黄鼠狼）、蝙蝠等。

水生动物类有鲤鱼、鲫鱼、虾、螃蟹、草鱼、鲢鱼、黄鳝、泥鳅、田螺、甲鱼、蚌、鲶鱼、爬虾等。

昆虫类有蜻蜓、螳螂、蝗虫、蟋蟀、蝼蛄、蝉、蚜虫、臭虫、蓟马、叩头虫、萤火虫、天牛、瓢虫、蚂蚁、蛾、蝶、蚕、蚊、虻、蝇、蚤、蜂、蜘蛛、潮虫、蜈蚣、蝎子、蚰蜒、蜗牛等。

爬行、两栖类有蛇、壁虎、蜥蜴（四脚蛇）、青蛙、蟾蜍（疥蛤蟆）等。

（二）植物资源

食用植物谷类有小麦、玉米、高粱、谷子、芝麻、水稻等。

豆类有黄豆、绿豆、黑豆、小豆、豇豆、碗豆、扁豆等。

蔬菜类有西红柿、萝卜、胡萝卜、甜疙瘩、白菜、菠菜、芹菜、芫荽、茄子、辣椒、莴苣、藕、葱、圆葱、蒜、姜、韭菜、茴香、甘兰、菜花、黄花菜、芸豆等。

瓜果类有西瓜、甜瓜、黄瓜、南瓜、菜瓜、丝瓜、脆瓜、冬瓜、西葫芦、菱角、葵花、梨、桃、杏、苹果、山楂、葡萄、石榴、柿子、枣等。

木本类植物有杨树、柳树、槐树、梧桐树、香椿树、榆树、合欢树等。

经济植物有棉花、花生、蓖麻、蒲草、苇子。

草本类植物有车前子、菟丝子、蒲公英、马齿苋等。

五、地热资源

境域内地热资源丰富，已勘探出两眼地热井：

一处为 JR-2 地热井，位于桑梓店镇大马庄村南，井口经纬度坐标：东经 116° 52′ 57.266″，北纬 36° 47′ 49.517″；大地坐标（西安 1980 坐标系）：X=4074001，Y=20489520，井口地面标高 23.85 米。钻孔性质为探采结合孔。该地热井成井深度 1312.34 米，井口温度 43 摄氏度，可开采量为 375.63m^3/d。地热水化学类型为 S04-Ca 型；地热水中氟、锶的含量达到理疗热矿水命名矿水浓度标准，偏硼酸达到有医疗价值浓度标准，偏硅酸达到矿水浓度标准，可用于理疗、洗浴及温室等。

另一处为 BK1 地热井，位于桑梓店镇桑梓店村西，井口经纬度坐标：116° 54′ 26.732″，北纬 36° 46′ 48.386″，大地坐标（1980 西安坐标系）：X=4072114.137，Y=20491736.118，成井深度 419.10 米，地热井孔口温度 33 摄氏度，涌水量为 5716.8 m^3/d（水位降深 6.89 米）。BK1 号地热井地热水偏硅酸含量达到矿水浓度标准；氟含量达到有医疗价值浓度标准，可用于理疗、洗浴及温室等。

另外，1971 年省冶金局地质勘探公司第一钻探队在桑梓店人民公社油坊赵村西探金银矿时，打出深 643.64 米的温泉 1 眼，水温 37 摄氏度，泉水为硫酸钙型水，含放射性元素氡，医治皮肤病效果好。1973 年，油坊赵村利用此泉建 30 平方米浴池 1 个，建房 4 间，每天客流量 50 人左右，年经营额 4000 元。1990 年，桑梓店镇区划到济南市，油坊赵村仍属齐河县。

六、煤炭资源

桑梓店镇境内煤炭资源丰富，在高王村勘探出大量煤矿，矿区被命名为高王矿区。高王矿区勘查面积 241.26 平方千米，跨天桥区、济阳县及德州市齐河县。高王矿区由山东黄岗集团公司登记勘查。该项目现有国土资源部发证的探矿权登记，已探明的可利用煤炭储量为 77678.5 万吨。

根据北跨发展战略部署和市领导要求，2013 年 9 月，济南市国土资源局对北跨发展涉及的高王矿区探矿权转采矿权进行认真研究，并与相关单位进行认真沟通。经协商，探矿权人认可该矿区探矿权范围内涉及济南市拟设采矿权部分，同意将高王矿区内位于青银高速公路以北、京沪高速铁路以西由7个拐点圈定，面积约44.5千米的矿区转为采矿权。

第六章　自然灾害

第一节　旱涝灾害

旱、涝是影响农业生产的两大重要因素。从前和现在一直如此。新中国成立前，镇域人民只能听天由命，靠天吃饭。若遇大旱或者大涝，禾尽民饥，为了生计，有的逃荒他乡，有的卖儿鬻女。新中国成立后，由于兴修水利形成沟网，旱时能深层开源，广打机井，人工降雨对减轻旱情也起到了一定作用；涝时能及时排水，保证粮油作物连年大丰收。

旱灾，一年四季均有可能发生，但程度不同。春秋两季旱天较多，旱情较重。从小麦返青到麦熟，有些年份滴雨不下，导致小麦大幅减产，春播作物不能播种。夏末秋初，干旱时常发生，使玉米及其他秋季作物不能正常生长，造成减产或绝产。秋旱使越冬作物不能正常播种或造成芽干，导致补播或重播。冬旱则使越冬作物根系发育不全。1940年，从年初到秋天，基本没有下雨，庄稼颗粒未收，蝗虫成灾，是一个大艰年。1942年大旱，大半年没下雨，土地起飞沙，庄稼甚至树木旱死，蝗虫满天飞，很多人外出逃荒要饭。

1988年，旱情严重，全镇积极抗旱保丰收，分林场闸——齐济河、小寨子——彭庄、高王窑厂——小吴、赵家温泉池——小吕村四条战线开展全面抗旱运动。1992年，镇域内发生特大旱灾。1997年发生旱灾，自5月份以后3个多月仅降雨57毫米，除少量井灌外，2667公顷农作物濒临绝产。2000年，桑梓店镇遭遇严重干旱和高温，从5月份到7月18日近2个多月的时间，从未下过一场“透地雨”，气温最高时可达38摄氏度，由于高温无雨，不仅造成了缺苗断垄，而且出来的小苗也因为干旱而不长或生长缓慢，夏秋作物平均减产在两成以上。2010年，桑梓店镇遭遇60年未遇的干旱，全年全镇降水506毫米，比2009年844毫米少338毫米。从地下水位角度看，比往年下降0.5米左右。

涝灾，多系降雨所致，或因连降数日，或因疾风暴雨，排泄不畅，造成涝灾。涝灾多出现在夏、秋两季。夏涝使秋季作物不能播种或出苗后将幼苗淹死；秋涝则使农作物因长期被水浸泡缺氧致死，也使房屋坍塌、道路阻断、欲炊无柴。1953年初秋，连续下雨三四天，雨势虽然不大，但是由于时间很长，下得沟满河平，房屋倒塌很多，出门就得蹚水。是年，村民就像江南水乡一样乘坐簸箩或门板划水去收庄稼。1960—1962年，连续三年遭遇涝灾，导致全镇20%的人外出讨饭谋生。1990年出现涝灾，镇党委、政府积极组织，开挖排水沟渠，发放救灾补助，将涝灾损失降到最低。1993年遇涝灾，镇域内出现绝产地块。

1994年，遭受旱涝并袭，从5月24日至6

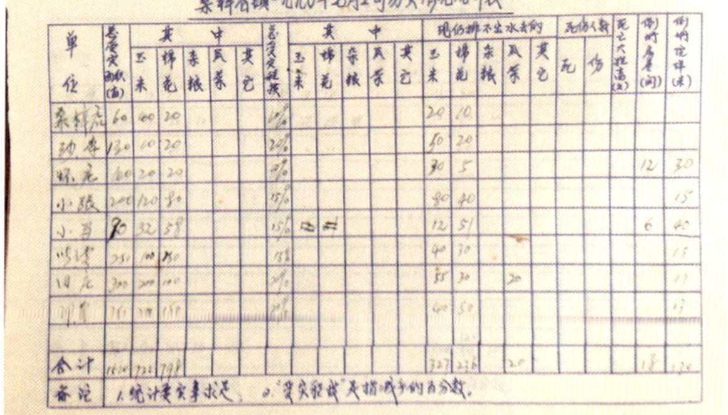

1990年涝灾情况统计表

月 25 日，一直无雨；从 6 月 25 日至 7 月 14 日，20 天降雨 436 毫米。农业生产受到较大影响。

2003 年 4 月 16 日上午 11 点 50 分，桑梓店镇突然电闪雷鸣，下起瓢泼大雨，并一直持续到晚上 12 点才结束，降雨量为 125 毫米。在春季雨水贵如油的春季下这样大的雨，由于没有防范措施和充分的准备，全镇 250 多个蔬菜大棚的墙体不同程度倒塌，淹坏大量蔬菜。据详细调查和统计，直接和间接经济损失 100 多万元。赵左和丁仓办事处是稻田区，地势低洼，水排不出去，733 公顷小麦被淹。其他 3 个办事处的个别低洼地块也被大水淹没麦苗，个别地块甚至绝产，损失 60 多万元。

2004 年，暴雨连续袭击桑梓店镇，仅七、八两月，降雨就达 400 毫米（截止到 8 月 16 日上午 8：00），降雨量大，降雨十分集中，属 40 年未遇。暴雨给广大群众的生产和生活造成巨大损失，全镇秋季农作物全部受灾，其中绝产面积的近 1000 公顷，占总面积的 33%；减产 50% 以上的达 867 公顷，占总面积的 30%。倒塌大棚 910 个，冲毁沟渠 3.5 万米，道路 1.7 万米，桥涵 78 座，冲倒树木近 8000 棵。尤其是由于暴雨袭击，全镇倒塌住房达 283 间，其中 28 户群众房屋共 98 间全部倒塌，只好借住其他群众家中。镇政府积极救灾，先后拨款 14 万余元，帮助 21 户群众修建房屋 60 间。

第二节　雹　灾

桑梓店镇冰雹天气一般出现在 5—9 月份，其中 6、7 月份最多，冰雹直径大小不均，最小几毫米、最大十几毫米。全镇在历史上也曾多次出现，1964 年 6 月镇域内遭受冰雹，冰雹大如鸡蛋，树皮都被砸烂，受灾庄稼大部分绝产。1990 年后冰雹灾害较少出现。群众总结出预报降雹的经验：

降冰雹，天气闷热，风向多变。

天上黑云来势狂，云顶伸出头。

西北来云前部发黑，后部发亮闷热突变冷。

西北起黄风，云象浪头来势猛。

桑梓店镇于 1995 年 5 月 29 日下午突遭暴风雨袭击，并夹杂冰雹，冰雹持续时间 4 ～ 15 分钟，导致镇域内各种作物遭受损失。全镇 2333 公顷小麦，倒伏 347 公顷，减产 75 万千克；冰雹造成小麦掉粒 5%，减产 62.5 万千克，两项合计造成损失 137.5 万千克，经济损失 192.5 万元。全镇西瓜面积 213 公顷，受灾 50%，经济损失 128 万元。果树 200 公顷，受灾 20%，经济损失 120 万元。棉花 267 公顷，受灾 30%；蔬菜 200 公顷，受灾 30%。加之其他损失，总计损失 750.5 万元。

桑梓店镇受灾情况统计表

2004 年 8 月 29 日

农田受灾面积（亩） 40450			倒塌大棚（个）	冲毁道路（米）	冲毁桥涵闸（座）	冲毁沟渠（米）
绝产	减产 50%	减产 50% 以下				
16200 1134 万元	15100 528.5 万元	9150 213.2 万元	560 336 万元	21000 10.5 万元	96 115 万元	37000 55.5 万元

倒塌房屋（间）	倒塌畜棚（间）	伤亡牲畜（头）	冲倒树木（棵）
280 28 万元	235 14.1 万元	150 22.5 万元	9200 23 万元

合计：2480.3 万元

2004 年桑梓店镇受灾情况统计表

2001 年 6 月 21 日下午 6 时，桑梓店镇下起枣大的冰雹，持续时间 20 分钟，镇域内北王堂、后房、周闫、前房、耿家、大郑、小郑等村受到影响，208 公顷的作物遭受雹灾，有的作物绝产。其中玉米 67 公顷受损 6 成以上，西瓜 13 公顷绝产，棉花 93 公顷绝产，蔬菜 26 公顷绝产。以上共计造成损失 360 万元以上。

第三节　风　灾

大风往往发生在清明前后，扬尘和沙尘暴天气也时有发生。风力大于 8 级时，造成树木折断，作物倒伏，房屋受损，人行困难。扬尘和沙尘暴天气使屋内落满沙土，影响车辆出行，污染环境。1993年6月22日，镇域遭暴风袭击，造成6人受伤，231间房屋倒塌，瓜菜损失30万元，水果损失33万元，2828株树被吹倒，16根线杆被吹倒……这次风灾全镇总损失约130万元。桑梓店镇教育系统、桑梓银行信用社、桑梓供销社、桑梓卫生院、桑梓店镇政府的工作人员纷纷捐款救灾。

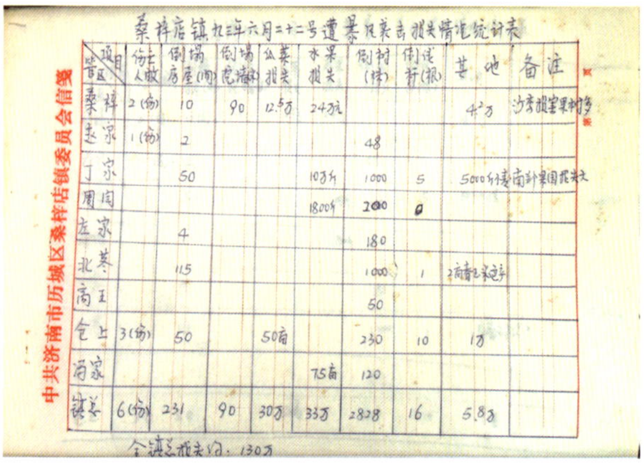
中共济南市历城区桑梓店镇委员会信笺

桑梓店镇九三年六月二十二号遭暴风袭击损失情况统计表

管区＼项目	伤亡人数	倒塌房屋(间)	倒塌院墙(米)	瓜菜损失	水果损失	倒树(株)	倒线杆(根)	其他	备注
桑梓	2(伤)	10	90	12.5万	24万元			4万	沙窝损害果树多
赵家	1(伤)	2				48			
丁家		50			10万斤	1000	5	5000斤麦	南部果园损失大
周闫					1800斤	200	0		
左家		4				180			
北寨		115				1000	1	2亩青玉米	
高王						50			
仓上	3(伤)	50		50亩		230	10	1万	
闫家					75亩	120			
镇总	6(伤)	231	90	30万	33万	2828	16	5.8万	

全镇总损失约：130万

1993年6月22日遭暴风袭击情况统计表

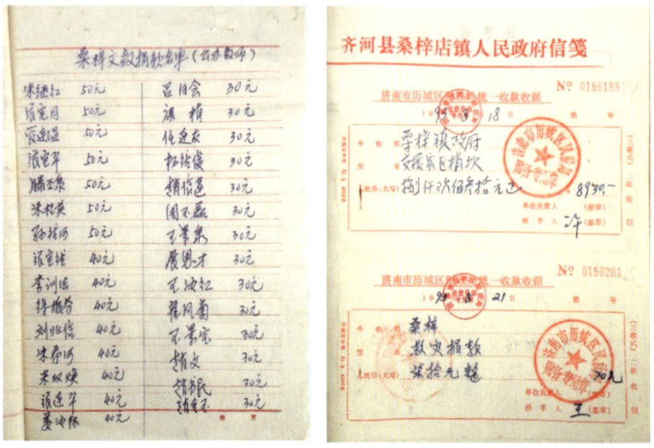

1993年风灾救灾捐款

第四节　低温连阴雨

低温连阴雨的标准为大于3天，降雨量达20毫米以上，常发生在4—11月份，以8、9月份最多。低温连阴雨一般雨量大，持续时间长，危害严重。在4月份棉播期，低温连阴雨使棉种沤烂，出苗不齐。在6月份麦收期，低温连阴雨亦称麦收烂场雨，可使小麦霉烂，造成减产。秋季低温冷害多发生在8月下旬至9月下旬，使玉米无法晒干造成霉烂，使小麦无法播种或播种后难以出苗。

第五节　暖　冬

初冬时节往往最高气温仍达到25摄氏度以上，使本该休眠的小麦继续生长，甚至出现拔节，造成第二年不再拔节，使小麦减产。2006年，镇域出现暖冬，造成小麦小幅减产。

第六节　倒春寒

倒春寒发生在4—5月份温度回升时节，发生倒春寒时往往有七、八级西北风，气温骤降，最低气温在40摄氏度以下。2002年4月24日和2013年4月22日，镇域出现倒春寒，造成小麦小幅减产。

第七节　虫　灾

虫灾多在干旱年份发生，故有“旱了蚂蚱涝了鱼”的说法。桑梓店镇历年均有不同程度的虫灾发生，主要害虫有青虫、蝗虫、绵虫、豆虫、螟蚜等。1947年，镇域内发生蝗灾，农民用树枝驱赶蝗虫，一会儿功夫就能把一条水沟填满。新中国成立后，积极预防和用化学药品喷洒，效果显著。镇内粮地、果园、蔬菜每年都有不同程度的虫害发生，但因积极防范和药物喷洒，虫害都得以控制。

第八节　鼠　害

1982年，境内鼠害严重，危害玉米、花生等作物，给粮食生产造成减产。为减少鼠害，群众使用灭鼠药进行灭鼠活动，平时多采取堵洞、罩网、卡夹、断粮、养猫等综合防鼠、灭鼠措施，鼠害逐年减轻。

第三编

人口与计划生育

第一章　人　口

第一节　来　源

桑梓店镇位于黄河北岸，历史上曾多次受到黄河洪水危害，在最后一次黄河决堤后，生态逐渐恢复，山西、河北两省的部分居民逐步移居此地，繁衍生息，成为当地主要人口。

桑梓店镇各村人口来源、迁来时间及主要姓氏表

表 3-1-1

村名	人口来源	迁至时间	主要姓氏
安庄村	河北枣强	明永乐年间	任、宗、徐、姚、刘、袁、张
北董村	山西洪洞	明万历年间	董、周、高、刘、丁
北王堂村	河北枣强	明末	杨、张、刘、聂
草庙王村	北京	明永乐年间	王、张、李、刘、崔、武、朱
大马村	山西洪洞	清道光二年	马、张、田、王、李、颜、姜
大郑村	河北枣强	清康熙年间	刘、芦、郑
耿家村	河北枣强	明初	耿、王、赵、张
后房村	青州益都	明初洪武年间	房、郝、聂、韩、罗、李、温、刘、郑、华、任、陈、张
康辛村	河北金乡	明嘉靖年间	康、辛、王
前房村	河北枣强	明嘉靖年间	张、王
小郑村	河北枣强	明永乐年间	郑、张、马、朱
周闫村	河北枣强	明成化年间	岳、刘、聂、楚、高、丁、于、李、赵、林
冯家堂村	河北枣强	明末	滕、王、冯、蒋、徐、吕、芦、怀
彭家村	河北枣强	明永乐年间	彭、张、王、朱、刘、李
三官庙村	河北枣强	明	韦、张、滕、蒋
石庙村	河北枣强	明	张、王、乔、陈、赵、滕、丁
小吴村	河北枣强	明洪武年间	吴、崔、宋
老寨村	山西太原	清康熙九年	米、马、丁、满、杨、左、刘
三教堂村	河北枣强	宋元时期	张、李、董、滕、史、阚、洪、苏
石门孙村	河北枣强	明	孙、张、丁、毛、陈、贾、苗、荆、赵、徐、曹、刘、范
小辛村	山西洪洞	明永乐年间	张、陈、肖

续表 3-1-1

村名	人口来源	迁至时间	主要姓氏
小寨村	山西太原	元末	米、彭、左、杨、丁、张、马、孙、薛、王、白、董、金、周、石、韩
丁口村	山西洪洞	明初	朱、韩、滕、王、孙、吕、刘、赵、张、陈、尚、董
丁庄村	山西洪洞	明万历年间	李、高、孙、朱、袁、赵、刘
老屯村	山西洪洞	明永乐年间	韩、于、赵、怀、王
刘庙子村	河北枣强	明洪武三年	刘、朱、赵、李、张、王、翟、吕、宋、董、秦
南郑村	河北枣强	明初	魏、孙、董、周、王、寇、朱、郑、李、赵、刘、代
仓上村	山西洪洞	明万历年间	王、周、李、任、张、高、赵、陈、罗、刘、魏、郑、满、谢、于、管
铁匠村	河北枣强	明永乐年间	张、王、李、赵、怀、窦、艾、于、郑、马、刘、徐、郭、肖
小屯村	山西洪洞	明初	张、王、李、宋、朱、刘、于、怀、吕
朱河圈村	河北枣强	明末	朱、刘、荣、王、冯、徐
小马村	河北枣强	明中	王、朱、徐、孔、卞、马、刘、张
沙李村	河北枣强	明永和六年	李、郑、张 、辛、郭、刘 、朱 、王、闫、史、唐、冯
邓营村	河北枣强	明永乐年间	邓、贾、李、宋、王、刘、张、杨、石、司、许、邢
怀庄村	山西洪洞	明永乐年间	怀、吕、王、韩、臧、乔
桑梓店村	山西洪洞	明永乐年间	滕、张、袁、王、管、怀、魏、段、姜、贾、闫、刘 、李、陈、杜、房
田家村	河北枣强	明初	田、剪、张、王、蔡、丁、赵、韩、段、贾、郭、安、朱、李
小张村	河北枣强	明永乐年间	张、李、怀、满、苏、郑、冯、刘、颜
张王堂村	河北枣强	明永乐年间	张、王、李、赵、丁、刘
街后村	河北枣强	明初	王、李、展
邱岸村	河北枣强	明万历年间	李、陈、王、郑、刘
西秦村	河北枣强	明末	秦、郝
小吕村	河北枣强		吕、赵、孙、王、魏
姚吕村	河北枣强	南宋	吕、牛、王、张、马
左庄村	河北枣强	南宋	姜、左、张、王、孙、刘、李、贾、朱、冯、聂、耿、周、景、韩、顾、乔、蒋
东秦村	河北枣强	明末	秦、怀、张、王、姜
高王村	河北枣强	明永乐年间	高、王、李、郭、张、刘、闫、翟、孙、聂、怀、仇
袁贾村	油坊赵、齐河县表白寺	明末	袁、贾、刘、魏、张、赵、王

第二节 变 动

1647年（清顺治四年）—1711年（清康熙五十年），社会比较稳定，经济繁荣发展，人口增长迅速。1837年（清道光十七年），开始有户口记载。1840年至1860年，两次鸦片战争期间，也正值黄河于1855年（清咸丰五年）在河南改道夺大清河入海时期，镇域内村庄很多被淹，人口明显减少。1870年（清同治九年）—1896年（清光绪二十二年），黄河在镇域内多次决口，致使粮田被淹，沙尘无际，寸草不生，境内群众种地无田，吃食无粮，流离失所，此时为讨生计大批人逃往关东谋生。1876年（清光绪二年），天气大旱，庄稼颗粒无收，人们争食树皮、草根以果腹，是年秋天发生大瘟疫，死亡者甚多。1888年（清光绪十四年），发生蝗灾，瘟疫流行，加之黄河水患泛滥，连年的天灾，人为的战乱，死者无数，侥幸存活下来的人也都成群结队迁往其他地方。桑梓店镇为沿黄乡镇，受黄河水患影响严重，人口大幅下降。

民国期间，镇域内人口缓慢增长。民国初期孙中山大力推行“三民主义”，强调民族、民权、民生，虽经历十多年的军阀混战，但人口仍呈增长趋势。抗日战争及解放战争期间，境内自然条件差，经济落后，人民生活困难，更无基本的医疗条件，人口数量一直处于低增长状态。

新中国成立后，在中国共产党的领导下，人民生活逐年改善，医疗条件逐步提高，人口生产呈现出“高出生、低死亡、高增长”态势。1960—1962年，三年自然灾害期间，人口出生率下降，死亡率上升，出现负增长。1962年后，人民生活水平逐步好转和提高，人口出生率直线上升。20世纪70年代末，计划生育工作深入开展，人口出生率、死亡率、自然增长率明显下降。80年代，计划生育列入中国基本国策。进入21世纪，人口和计划生育工作取得巨大成就，有效控制人口过快增长，生育水平下降到更替水平以下，实现人口再生产类型从高出生、低死亡、高自然增长的过渡型到低出生、低死亡、低自然增长率的集约型转变。2000年，全镇人口32000人；2007年，全镇人口34444人；2015年，全镇人口38171人。

第三节 分 布

据《齐河县志》（1990年版）载：1837年（清道光十七年）人口密度为339人／平方公里，1904年（清光绪三十年）为250人／平方公里，1926年（民国15年）为278人／平方公里，1949年为313人／平方公里，1957年为344人／平方公里，1962年为279人／平方公里，1978年为371人／平方公里，1985年为387人／平方公里。桑梓店镇平均人口密度自新中国成立初至1985年均高于全县平均数，主要原因是桑梓店镇靠近省城，镇境有铁路与渡口，交通便利，故人口密度较大。

2002年、2015年桑梓店镇人口分布情况表

表3-1-2

村名	2002年各村总户数、总人口		2015年各村总户数、总人口	
小马村	175	587	124	430
桑梓店村	377	1330	306	1450
安庄村	104	386	141	510
北董村	152	622	201	756
北王堂村	58	220	70	260
仓上村	347	1306	566	1780
草庙王村	136	503	280	702
大郑村	68	247	73	280
大马村	138	525	146	625
邓营村	217	771	219	1012
丁口村	257	1048	395	1454
丁庄村	140	484	128	617
东秦村	101	402	121	437
冯家堂村	168	697	200	800
高王村	322	1274	398	1710
耿庄村	122	490	180	640
后房村	111	459	136	570
怀庄村	555	2029	500	2014
街后村	84	364	141	461
康辛村	104	417	190	565
老屯村	71	276	76	360
老寨村	321	1313	347	1750
刘庙子村	170	673	239	854
南郑村	124	488	107	579
彭家村	105	358	112	410
前房村	55	222	90	278
邱岸村	107	437	184	569
三官庙村	133	519	156	602
三教堂村	292	1135	320	1364
沙李村	218	768	239	998

续表 3-1-2

村名	2002 年各村总户数、总人口		2015 年各村总户数、总人口	
石门孙村	322	1223	390	1490
石庙村	134	510	178	631
田家村	150	520	210	741
铁匠村	95	395	109	492
西秦村	57	217	62	289
小郑村	46	164	45	175
小吕村	99	383	142	475
小屯村	102	342	110	530
小吴村	82	298	97	331
小辛村	129	427	176	630
小寨村	224	916	311	1100
小张村	243	858	198	876
姚吕村	109	405	130	530
袁贾村	86	342	91	425
张王堂村	140	475	153	655
周闫村	272	956	380	1236
朱河圈村	72	263	110	330
左庄村	183	750	242	915

第四节　结　构

一、性别结构

历史上桑梓店镇境内人口性别比一般是男性少于女性，新中国成立后，性别比例逐渐趋于平衡。

2007—2015 年桑梓店镇人口性别情况表

表 3-1-3

年份	年人口总数	男	女	性别比（女性 =100）
2007	34444	16937	17507	96.74
2008	34838	17108	17730	96.49
2010	35712	17483	18229	95.91
2011	36237	17701	18536	95.49
2012	36640	17895	18745	95.46

续表 3-1-3

年份	年人口总数	男	女	性别比（女性 =100）
2013	37061	18074	18987	95.19
2014	37987	18543	19444	95.36
2015	38171	18643	19528	95.46

二、年龄结构

桑梓店镇境内自有人烟生息至新中国成立，人口自然生产出生率高。由于当时生活水平低，医疗条件差，死亡率高，年龄构成属于年轻型。据年长者回忆，镇域内的平均寿命在 60 岁左右，1959—1961 年三年自然灾害期间，境内出生率很低，死亡率极高。到 20 世纪 70 年代中后期，人口年龄变化不大。70 年代末实行计划生育后，人口出生率大幅下降，年龄构成也随之发生很大变化。总的趋势是少儿人口所占比例减少，老年人口比例增加。进入 21 世纪后，人民物质生活变化巨大，生活水平和医疗条件大幅提高，人口平均寿命延长。

2010—2015 年桑梓店镇居民年龄构成情况表

表 3-1-4

年份 | 年龄段	0～17	18～34	35～59	60 及以上
2010	8756	9376	13411	6628
2011	8501	9704	13455	6327
2012	7733	10000	13352	5976
2013	7423	10336	13267	5614
2014	7045	10621	13233	5338
2015	6658	10838	13218	4998

2015 年桑梓店镇年满 90 岁老人情况表

表 3-1-5

姓名	性别	年龄	村名
刘希山	男	91	大郑村
徐红俊	女	96	草庙王村
王继美	女	90	前房村
王玉山	男	92	耿家村
刘玉英	女	90	
聂惠兰	女	90	
谷殿英	女	90	康辛村

续表 3-1-5

姓名	性别	年龄	村名
赵希兰	女	94	袁贾村
贾向温	男	91	
李洪兰	女	93	
张恩美	女	94	姚吕村
张曰兰	女	90	东秦村
聂士英	女	91	
赫庆兰	女	94	左庄村
韩友申	女	93	
张桂兰	女	98	
刘连珍	女	92	
左保圣	男	90	
曲文英	女	104	邓营村
怀孝英	女	93	
韦仁兰	女	91	怀庄村
赵光华	女	92	
纪恩兰	女	92	
朱桂英	女	91	
刘丰成	男	102	桑梓店村
王玉芹	女	92	张王堂村
姚玉美	女	90	沙李村
丁依花	女	90	小寨村
杨建英	女	92	
周兰英	女	91	
丁依兰	女	94	
杨代兰	女	91	
丁永会	女	93	冯家堂村
滕丕学	男	91	
董玉全	女	98	
王兴兰	女	94	
李曰兰	女	90	

续表 3-1-5

姓名	性别	年龄	村名
康玉英	女	90	石门村
朱孟莲	女	90	
王庆芳	女	97	小辛村
滕曰英	女	94	三教堂村
张氏滕	女	94	
张玉俊	男	91	
李友芳	女	95	石庙村
魏兰生	女	90	彭家村
史金兰	女	90	
丁义英	女	90	老寨村
石秀英	女	98	
杨教英	女	99	
金福	女	93	
张庆英	女	95	
聂思英	女	95	小吴村
王德坤	女	91	老屯村
于荣华	女	97	丁口村
陈秀英	女	90	
怀居英	女	91	
张景兰	女	91	丁庄村
荣苓瑞	男	93	刘庙子村
翟付章	男	92	
赵吕兰	女	93	
刘玉营	男	91	
左宝英	女	90	
赵秀仙	女	94	仓上村
林光兰	女	91	
罗吉仁	男	90	
朱玉美	男	91	小屯村
徐桂芳	女	90	

续表 3-1-5

姓名	性别	年龄	村名
杨友英	女	94	高王村
胡士兰	女	94	
郭长金	女	91	
王志兰	女	93	彭家村
刘丕太	女	91	大马村
聂思兰	女	91	石门孙村
吕大成	男	98	小吕村
左宝兰	女	96	

三、职业结构

2002 年桑梓店镇性别、职业人口分类情况表

表 3-1-6

职业分类	合计	男	女
国家机关、党群组织、企业、事业单位负责人	17	14	3
专业技术人员	50	28	22
办事人员和有关人员	20	11	9
商业、服务业人员	79	40	39
农、林、牧、渔、水利业生产人员	1880	936	944
生产、运输设备操作人员及有关人员	64	52	12
所有大类职业从业人员合计	2110	1081	1029

四、民族结构

2015 年年底，全镇人口主要为汉族。另外有 8 个少数民族，共 2759 人。这 8 个少数民族为：回族，满族，布依族，白族，蒙族，彝族，达斡尔族，壮族。各少数民族人口数量由多到少依次为：回族 2733 人，满族 16 人，蒙族 3 人，白族 2 人，壮族 2 人，布依族 1 人，彝族 1 人，达斡尔族 1 人。

第二章　婚姻　家庭

第一节　婚　姻

新中国成立前，传统的封建礼教和婚姻观念长期支配着人们的婚姻行为。包办婚姻、定娃娃亲、早婚现象严重。一般群众家庭大都是一夫一妻制，少数富裕家庭的男子除娶妻外还纳妾，贫穷家庭的男子有的终生不娶妻。

1950年，国家颁布实施第一部《婚姻法》，实行一夫一妻制，提倡男女平等，婚姻自由，男女青年按照法定年龄登记结婚，结婚年龄为男性20周岁，女性18周岁，同时提倡晚婚晚育。1980年国家颁布新《婚姻法》，规定："结婚年龄，男不得早于22周岁，女不得早于20周岁，晚婚晚育应予以奖励。"同时，提倡男性25周岁，女性23周岁结婚。2003年3月，第三部《婚姻法》颁布，增加补办婚姻登记以及无效婚姻和撤销婚姻的规定。

第二节　家　庭

家庭是人最基本的生活单位，农村实行承包责任制以后，家庭又是农业生产最基本的生产单位，它与社会密切相关。

桑梓店镇农村家庭结构有以下几个类型：

核心家庭，亦称"小家庭"，指一对夫妻和其未婚子女构成的家庭。

联合家庭，指两三个核心家庭生活在一起的大家庭，这类家庭多数是两代、三代重叠，亦有住在一起的兄弟姐妹构成的同胞核心家庭联合单位。

不完整的核心家庭，指核心家庭里原有配偶中有一个失去或离去，或父母双亡，只剩下未婚子女，这类家庭不稳定。

扩大的家庭，指核心家庭之外还包括其他不能独立生活的成员，通常是鳏夫或寡妇，有时也有较远的亲属，甚至还包括没有亲属关系的人。

2002年第五次人口普查桑梓店镇家庭户规模表

表3-2-1

家庭户规模	合计	一代户	二代户	三代户	四代户	五代户及五代以上户
一人户	498	498	0	0	0	0
二人户	1085	871	214	0	0	0
三人户	2003	17	1940	46	0	0
四人户	2207	3	1732	472	0	0
五人户	1462	3	496	954	9	0
六人户	591	1	88	465	37	0
七人户	187	0	26	126	35	0
八人户	57	0	5	44	8	0
九人户	22	0	0	21	1	0
十人及十人以上	11	0	0	9	2	0
合计	8123	1393	4501	2137	92	0

第三章 计划生育

第一节 机 构

桑梓店镇计划生育办公室于1980年3月成立，原为齐河县桑梓店镇计划生育办公室。1990年1月，更名为历城区桑梓店镇计划生育办公室。1992年3月，新办公场地正式启用，办公地点由镇政府搬迁至现在的办公地，同时镇计划生育服务站和镇计划生育协会正式挂牌成立。2000年1月1日，更名为天桥区桑梓店镇计划生育办公室，同年5月，计划生育服务楼正式启用，对外开展技术服务。桑梓店镇计生办位于桑梓大街北首，北邻国道308线，西邻中国联通济南分公司桑梓营业厅，占地面积1702平方米，建筑面积1147.5平方米。有员工14名，内部设有计划生育协会办公室、统计办公室、流动人口办公室、宣传办公室、微机室、人口学校、B超室、手术室、财务室、药具室、化验室、女性门诊等服务科室，配有B超、微波治疗仪、引流产吸引器、手术灯、血液分析仪、尿液分析仪等服务设备。

镇计划生育办公室（2015年摄）

历任计划生育办公室主任

尹凤鸣 1980.03—1984.05

怀曰英 1984.05—1990.02

张玉春 1990.02—1992.04

张曰梅 1992.04—1998.10

李大春（分管镇长兼任计划生育办公室主任） 1998.10—2000.01

怀务玉 2000.01—2011.09

田洪军 2011.09—

镇计划生育办公室主任田洪军（2016年摄）

第二节 宣传教育

20世纪50年代，着重宣传计划生育是一场深刻的移风易俗的社会变革，宣传形式比较简单，主要是举办报告会、座谈会、知识讲座、图片展览、黑板报、宣传栏等。

20世纪六七十年代，宣传教育的形式较多，主要是举办各种类型的计划生育展览；组织计划生育宣传队，下乡开展宣传教育并施行优生优育手术。

20世纪70年代末，突出宣传计划生育是

我国的基本国策，联系人口再生产和经济发展的密切关系，宣传提倡一对夫妇只生育一个孩子的意义；同时突出宣传优生、优育、优教知识。1979 年，国家发出“晚婚、晚育、优生、少生”的号召，提倡“一对夫妇只生一个孩子”。桑梓店人民公社积极响应党中央的号召，加强党对计划生育工作的领导，通过广播喇叭、出动宣传车、印发宣传材料等多种形式积极宣传计划生育政策，推动计划生育工作开展，并对自愿报名只生一个孩子的夫妇给予物质奖励。1983 年以后，把宣传教育与开展服务相结合，充分发挥乡镇和村计划生育服务站（室）的作用，广泛开展服务月活动。服务项目主要是宣传、技术和药具三项，后来又加强了生产、生活服务。

20 世纪 90 年代，桑梓店镇及各行政村都建立人口理论学校、会员活动之家。以此为阵地，向群众进行人口理论教育、基本国情教育、政策法规教育和计划生育科普知识教育。镇人口理论学校、会员活动之家以培训师资和计划生育工作人员为主，每年举办 2 ～ 3 期培训班，教材为《人口学概论》《人口统计与规划》《生育与节育》《乡镇计划生育管理》《遗传与优生》；村人口理论学校、会员活动之家面向不同层次的育龄人群，开办新婚夫妇、未婚青年、育龄妇女、家长等学习班，每年举办 4 ～ 5 期，教材为《人口知识》《政策与法规》《青春期与新婚期卫生》《避孕与节育》《优生优育》等。并利用广播、电视、电影、幻灯、录像、报刊等宣传工具和声、像、图、文并举的教学手段，提高宣传教育效果。人口理论学校、会员活动之家的建立，使计划生育宣传教育工作纳入经常化、制度化、正规化的轨道。在办好人口理论学校、会员活动之家的同时，重视教育环境建设，驻地设立计划生育宣传栏，街道、路口设立醒目大字标语，并注重用各种文艺形式开展计划生育宣传活动，家庭、单位、社会形成良好的计划生育宣传氛围。

姚吕村人口文化大院（2015 年摄）

进入 21 世纪，宣传形式及手段有新的发展，在以往宣传形式及手段的基础上加以创新，并融合现代科技手段。桑梓店镇在主要路段和主要村庄，增设宣传牌和标语，并投资 40 多万元为 48 个行政村的人口理论学校配置电视机、VCD、图书角、药具柜及宣传光盘等，改善村级学习环境，真正做到责任、措施、投入“三到位”，为开展“婚育新风进万家”活动工作奠定基础。2004 年，开展“婚育新风进万家”活动，投资 6 万余元，在主要街道和 48 个行政村的人口理论学校制作高标准的有关婚育新风进万家、优生优育、知情选择、生殖保健、更年期保健等内容的宣传展板。建立科普知识橱窗和计生法规宣传栏，在全镇形成以计划生育宣传展板和科普橱窗为标志的亮丽风景线，初步实现环境宣传的升级换代。

桑梓店镇计划生育培训班（2010 年摄）

2014 年 5 月 30 日至 2015 年 12 月 31 日，放开“单独二孩”政策。《山东人口与计划生育条例》规定，将第二十一条第一项“夫妻双方均为独生子女的”修改为“夫妻双方或者一方为独生子女的”，经夫妻双方申请、县级计划生育行政部门批准，可以生育第二个子女。桑梓店镇计划生育办公室探索与村级沟通新方法，利用微信平台和QQ群架起交流桥，计划生育办公室与村级之间的信息传递及时性明显增强。为提高上报数据质量，尝试选取二十多个村做为网上报表的试点，挨家挨户安装系统，一对一地对村级计生主任的业务知识及系统操作进行现场指导。通过指导，试点村已经掌握系统操作，工作效率明显提升。2014年以来桑梓店镇计划生育统计合格率及省共享信息平台处理多次排名全区第一。

2016年1月22日，山东省全面放开“二孩”政策。自从全面放开“二孩”政策以来，桑梓店镇计划生育办公室采取多种形式宣传新的计生政策，将工作重点放在更好地服务育龄群众上，加大惠民政策宣传力度，提高服务质量，做好计划生育工作。

计生办到小张村指导工作（2014年摄）

第三节　优生优育

镇党委、政府高度重视计划生育工作，对计划生育工作逢会必讲，定期研究，党、政领导亲自抓。为使计划生育工作规范化、制度化，镇党委、政府同各办事处、各村、镇直部门及驻桑梓店镇单位层层签订人口目标责任书，形成镇——办事处——基层单位三级计划生育网络。另外，制定党委书记、镇长包全盘，党委政府成员包办事处，机关干部包村、村干部包小组，党员、小组长包户的“五包到底”制度。聘任办事处、村、及镇直各单位计划生育专职干部。每个行政村都建立育龄妇女小组，育龄妇女小组长必须是年龄30岁左右，文化程度在初中以上。

向全体村级计生专职主任宣传奖励扶助工作制度（2015年摄）

坚持与发展“三为主”（即宣传教育为主、避孕节育为主、经常性工作为主）坚持群众路线，改进工作作风，拓宽工作领域，开展综合服务，实行科学管理，加强基层计划生育队伍、网络阵地制度建设，在各行政村建立起计划生育服务室、人口理论学校、会员活动之家，村设计生专职主任和育龄小组长，负责本村计划生育工作。清理非法同居、事实婚姻，对于各村出现的非法同居及时罚款到位，并强行分居，对出现的事实婚姻罚款到位并补办结婚证。

深化“三为主”，推行三结合，大力开展三优服务。1996年桑梓店镇成立计划生育“三结合”领导小组。1997年以全国计划生育工作会议精神为指针，以省、市、《考核大纲》为内容，全镇继续坚持“三不变”，落实“三为主”，积极稳妥地推进“三结合”，大力开展“三优”“三生”（由单纯为避孕节育服务延伸到优生、优育、优教的“三优”服务；由单纯的生育服务发展到生育、生产、生活三结合的“三生”服务）综合服务，促进计划生育工作“两个转变”和对人口问题综合治理的健康发展。为使计划生育“三结合”工作更加扎实有效，桑梓店镇结合实际情况制定优惠政策：对独生子女户、双女户实行现金帮扶，为其提供致富信息，帮助上致富项目。凡是来桑梓店镇招工的企事业单位、镇政府优先向用人单位推荐计划生育“三结合”扶持户，镇民政办优先为计划生育“三结合”帮扶户发放扶贫款，镇计划生育服务站义务为“三结合”帮扶户开展生殖保健服务，优先为计划生育“三结合”帮扶户安排宅基地。镇计生协围绕“三结合”帮扶户生产、生育、生活方面的需求提供优质服务。

桑梓店镇政府把计划生育工作列入全镇工作的重中之重来抓，全面落实计划生育政策，党政一把手亲自抓，负总责，分管领导靠上抓，全面落实计划生育一票否决制。同时在全面落实“三为主”的基础上，积极推行“三结合”，定期对全镇育龄妇女进行健康查体。严把婚姻登记关，晚婚晚育率达 99.8%。流动人口建档、办证、验证率均达到 95% 以上，群众满意率达 80% 以上。

加强基础设施建设。2001 年，桑梓店镇政府在财政紧张的情况下，投资 80 多万元建成计划生育服务中心，设立咨询室、悄悄话室、药具展室。购买“711”流动服务车，安装“711”服务热线，更新服务设备。开通计划生育服务热线电话，随时解答育龄群众提出的任何问题。成立悄悄话室，对有难言之隐的夫妇和未婚青年提供交流学习的环境。开设药具展室，坚持送避孕药具上门，跟踪服务，坚持随查、随访，并尊重育龄群众的“知情选择权”，帮助、指导广大育龄妇女选择正确避孕措施。2002 年，先后投资 6 万余元，对服务站的设施进行更新换代，为有关科室购置空调 4 套，提高计划生育服务站的服务能力。投资近 10 万元，帮助 26 个行政村新建或修缮两室一校，为全镇 48 个行政村统一购置图书角、药具厨，为 12 个村添置课桌凳。2003 年，投资近 50 万元，完成镇计划生育服务设施配套和旧器械的更新换代。投资 10 余万元，整修村级计划生育办公室 40 多间。2012 年，筹措资金 30 多万元对计生办公室进行全面装修。自 2012 年 6 月上旬起，共对包括 8 间计生办公室、服务站和人口理论学校在内的镇计生办公场所进行为期 1 个月的装修。装修后计生办公环境明显改善，焕然一新，让育龄群众有更好的学习娱乐活动场所。

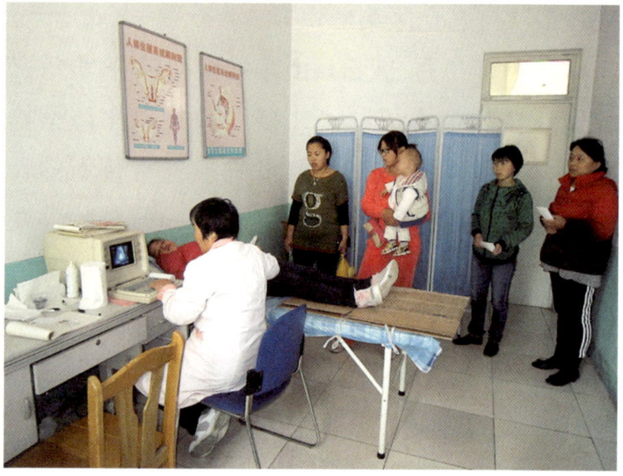

育龄妇女健康查体（2014 年摄）

全面实施优质服务工程，定期组织育龄妇女进行健康查体。每年 4 次健康查体，不间断地开展育龄夫妇生殖保健服务和优生优育优教工作，发现问题及时帮助处理。集中活动由原来单一的透环，发展为集透环、妇检、心电图、B 超于一体的系列健康检查。针对镇计生服务站技术力量不足的问题，与济南军区第 456 医院结成对子，利用军区医院的先进技术和设施，定期为广大孕妇义务查体，对妇女进行乳腺专项检查，并为其中的有病状者提供治疗方案，使她们得到及时治疗。对已婚育龄妇女进行妇科检查并治疗。开展男性生殖健康咨询服务，在未婚青少年中开展青春期教育、性教育和人口理论教育。各村加强随访服务，建立随访服务卡，及时掌握育龄妇女的婚、孕、育等信息，群众综合满意率达 90% 以上。联合齐鲁电视台、济南慈善总会、济南乳腺病医院、共同举办“关爱母亲，拒绝乳癌”，粉红丝带齐鲁行大型公益活动，共同为桑梓店镇的育龄妇女和弱势群体尤其是环卫工人送上免费爱心体检。

关爱母亲拒绝乳癌（2012 年摄）

第四节　管理措施及成果

一、管理措施

多年来，桑梓店镇政府主要从五个方面逐步加强对计生工作的管理。

（一）建立人口与计划生育目标责任制，把人口控制目标和计划生育各项指标纳入全方位目标管理和两文明建设之中。每年都层层签订人口与计划生育目标责任书，认真执行党政一把手亲自抓、负总责和一票否决、追踪奖惩等规定，使计划生育工作纳入党政主要议事日程。

（二）坚持依法行政，把计划生育工作纳入依法管理和法制建设的轨道。认真贯彻执行省计生委《计划生育行政执法责任制实施办法》和《计划生育行政执法规范》。在制定普法规划和实施普法教育中，将计划生育法律法规列为重要内容，一并进行学习教育和考试考核。在实际工作中，坚持依法办事，严格执行《中华人民共和国人口与计划生育法》《山东省人口与计划生育条例》等，切实做到有法必依，执法必严，违法必究。

（三）发挥职能部门作用，做好经常性管理工作。镇计生办每年都按照月、季、半年和全年报表制度，及时向区计生局上报人口一般情况、出生情况、节育情况和新婚情况报表，做到及时、规范、准确、真实。同时镇计生办还做好避孕药具管理，根据市计生委《关于县乡村三级避孕药具规范化管理细则》和区计生局《避孕药具管理办法》，镇村和驻地单位均设立专用药具管理人员。坚持每年层层签订药具管理目标责任书，健全药具管理制度和药管人员岗位责任制。设立药具明细账、分配账，做到日清月结，账卡物相符，并建立资料齐全，管理规范的药具管理档案。药管人员经常下村入户，重点随访，传授使用方法，发送药具，药具的应用率、使用有效率、发放及时率、随访率和药具知识已知率均达到 100%，知情选择在 48 个村全部推开。

2009 年度履行《人口和计划生育目标管理责任》兑现大会（2010 年摄）

开展禁止销售免费避孕药具专项检查活动（2015年摄）

（四）加强协会建设、积极推行计划生育村民自治。计划生育协会对计划生育工作起到积极推动作用，镇计生办充分发挥协会优势，在广大会员中广泛开展学习、服务活动。利用协会人员多、联系广且都在群众中的有利条件，建立互相监督、互相制约的工作机制，在深入开展创新“三为主”活动中，同计划生育村民自治紧紧结合，实现广大群众在计划生育工作中自我管理、自我教育、自我服务。桑梓店镇48个行政村都已实行村民自治，促进计划生育工作发展。全镇计生协会97%达到合格协会标准。

（五）加强流动人口和重点人群计划生育管理，把其纳入镇计划生育正常管理渠道，根据国务院《流动人口计划生育工作管理办法》和《山东省流动人口计划生育工作管理办法》以及市、区政府关于认真做好失业、待岗和人户分离重点人群计划生育工作的有关规定，桑梓店镇主要采取4条措施：一是成立由镇、村和公安派出所、工商所组成的流动人口计划生育领导小组，加强对流动人口计生工作的领导和协调；二是不间断开展清理清查和调查摸底，及时建档立卡，实行“一袋制”“一档清”，对流出人员做到重点管理；三是建立健全与公安、工商部门协调调度制度，明确分工，相互协调，各负其责，把好各个关口，同时加强同流入、流出地计生部门的联系和沟通，共同做好工作；四是把流动人口的已婚育龄妇女统一纳入镇计划生育管理的正常轨道，与常住人口一同及时签订计划生育合同书，一同进行管理，一同开展服务，一同检查考核，一同进行透查，一同进行奖惩。

二、工作成果

桑梓店镇自全面开展计划生育工作以来，广大育龄群众积极响应党和政府号召，自觉实行计划生育，群众的婚育观念发生明显变化，主要表现在以下几个方面：一是青年平均初婚年龄增大。据抽样调查，新中国成立初期女性青年平均初婚年龄为19.2岁，1985年提高到23岁。二是育龄妇女总和生育率下降。50年代和60年代，育龄妇女总和生育率都在4.8以上，即平均一对夫妇生育近5个孩子；1981年，育龄妇女总和生育率为1.7，1985年，又降到1.4，低于人口再生产的更替水平。三是多胎生育减少，只生一个孩子的人显著增多。人口数量得到有效控制，尤其是自1991年以来生育水平处于较低水平，人口出生率在8‰～15‰之间波动，为全镇经济、社会发展创造良好人口环境。桑梓店镇全面完成上级下达的各项工作指标，自2001年起连续15年获得区委、区政府人口计生工作目标管理责任一等奖。

第四编

农　业

桑梓店镇以农业为主，主要种植玉米、小麦、水稻、大豆、棉花、地瓜、高粱、谷子、花生、黄瓜、西瓜、南瓜等作物。新中国成立前，由于受封建土地所有制束缚，农业生产力水平普遍低下，粮食亩产不足50千克，遇到旱涝等自然灾害，农作物经常颗粒无收。

新中国成立后，彻底结束长期延续的封建土地所有制，实现“耕者有其田”，群众的生产积极性被激发，中国共产党引导农民逐步走上合作化道路，生产力得到一定程度的提高。

1958年，成立桑梓店人民公社，成立初期，实行公社一级核算。土地、劳力、牲畜、农具等均归公社所有，由公社统一计划、统一调度、统一核算、统一分配。生产大队没有财产权，生产的粮食，除留下口粮外，剩余全部交公社分配。公社办公共食堂、敬老院、幼儿园，实行吃饭不要钱制度，走到哪里吃到哪里。生产搞高指标、瞎指挥、放“卫星”，粮食亩产放到上万千克，棉花亩产放到5000千克等。这种“浮夸风”“共产风”不顾客观条件，严重脱离农村生产力发展水平，给生产带来严重破坏。

1959年，落实中央两次郑州会议精神，开始纠正公社化初期出现的“左”的倾向，将土地和主要生产资料的使用权和生产管理权下放到生产大队，以生产大队为基本核算单位。这对稳定农民情绪，刹住“共产风”发挥了一定作用。但是，由于1959年9月后在全国开展“反右倾”，农村中的高指标、高估产、高征购和“平调风”又盛行起来，加之连年自然灾害，至1961年，镇域内农业生产出现严重倒退，农民生活陷入困难境地。1964—1965年农业生产有所好转，但1966—1976年“文化大革命”期间，割“资本主义尾巴”，不允许农民搞家庭副业，分配上搞平均主义，取消合理的管理制度，严重影响农民生产积极性，农业生产停滞不前。

1978年，中共十一届三中全会后，全镇逐步取消人民公社化后形成的经济管理体制，推行家庭联产承包责任制，并适当发展农村个体经济。这极大调动农民的积极性，粮棉产量持续上升，群众经济收入也大大增加，粮食亩产量由1978年的二三百斤提增到1991年的六七百斤，棉花由1978年的亩产皮棉十几斤增加到一百多斤。1978年，全镇农业总收入（含副业收入）为335.6万元，人均七八十元。1991年，农业总收入达到2952万元，加之其他收入，人均年收入为679元。1994年，农业总产值达到6000万元，夏粮总产达到1100万千克，秋粮总产达到2114万千克，棉花总产达到152万斤。2000年，农业总产值达到11457万元，肉类总产量达到3722万吨，禽蛋产量1647吨。2009年，全镇粮食总产量2966万吨，比2008年增长3.5%，农民人均纯收入5698元，比2008年增长10%。2015年，农民人均纯收入达到20688元，单季粮食亩产平均568千克。

农业综合服务中心办公地点在桑梓店镇人民政府院内，下辖水利站、林业站、畜牧兽医站，管理辖区内的农业、水利、林业、畜牧兽医、农机等相关事项。

农业综合服务中心历任主任

吴俊德 1991 —2014.03

张　涛 2014.03—

镇农业综合服务中心主任张涛（2016年摄）

第一章　农村经济体制变革

第一节　封建土地私有制

新中国成立前，桑梓店镇农村沿袭封建土地所有制，各阶级、阶层土地占有量十分悬殊。据 1951 年土地改革时统计，土改前地主人均占有土地 5 倍于贫雇农。由于土地集中在地主手中，地主就利用占有土地对无地或少地农民进行残酷经济剥削和政治压迫，农民生活困苦。贫富差别大，社会失去公平，农业生产力发展受到影响。

封建地主阶级对农民的剥削方式有以下几种：

租佃剥削

地主或者富农将其所拥有的土地租给贫雇农耕种，租地者称为佃户。有的收获后五五分粮，即地主和佃户各得五成。如果出租者出肥料、种子、农具、耕畜，收获按照三七或二八分，即地主得七成或八成，佃户得三成或二成。有的实行议租，地主和佃户根据丰歉议定租额。有的实行钱租，抗日战争及解放战争期间因物价不稳定，又改为实物地租。有的佃户租种地主的土地须先向地主交“押租钱”，待租期届满，佃户按约交租后，地主再把押金还给佃户，但有的地主往往不到租期便找借口将地抽回，押金却拒绝退还给佃户。

高利贷剥削

高利借贷，春天农民向地主借粮 1 斗，秋后须还 2～3 斗，有的还要求借粗粮还细粮，既春借粗粮一斗，秋还细粮二斗、三斗。农民向地主借钱，一般月息 8%～10%，年息 100%。若不能按时还债，即将利息转入成本，称之为利滚利，群众称为“驴打滚”。高利贷者要借贷人取保指押，借贷人往往以土地作抵押，若借贷人按时交齐本租，可收回土地，撤回契约；若逾期交不上本租，所抵押土地归地主所有。

雇工剥削

雇工有长工、短工。长工即长年为地主扛活的雇工。长工多是无土地的农民，劳动量大，获取报酬少，一般每年 150 千克粮食除维持个人生活外，所剩甚少。短工一般是由缺地贫苦青壮年在农忙季节充当。农忙季节，地主到短工市雇短工，工资由地主与短工议定，一般每天 1～1.5 千克粮。

其他剥削

1. 拉房工　地主让佃户打水、垫栏、扫院子、看孩子、推碾等。

2. 节礼　每逢中秋节和春节或地主家婚丧嫁娶，穷人都要给地主送礼。

第二节　土地改革

1947 年桑梓店解放后，桑梓店镇各村成立贫农委员会，没收地主土地及部分浮财分给农民。分配土地大致分三步进行：首先自报人口、田亩，登记造册张榜公布；后经群众分组讨论核实，按人口多少、土地质量，初步议定分配土地方案，张榜公布，在反复征求意见的基础上，以村为单位加以平衡；最后定案公布，按公布数字分田到户。当时由于国民党军队对山东解放区发起“重点进攻”，斗争形势十分严峻。少数坏人煽动反攻倒算，加之基层干部思想认识不到位，宣传不够充分，致使部分村土改走过场，分配土地或明分暗送，或形分实不动。

1950年，政府根据《中华人民共和国土地改革法》对全部土改进行复查，根据土地多少、财产多少及有无雇工等划分为地主、富农、中农、下中农、贫农、雇农6类，有些村还增加恶霸地主和上中农等层次，清查错划成份及漏划地主。然后按人口平均分配土地，真正实现“均田制”。1951年春，齐河县政府为全镇所有农户下发“土地证”，废除封建土地所有制，实现耕者有其田。

第三节　互助合作

农业合作化主要经历了互助组、初级农业生产合作社、高级农业生产合作社三个阶段。

一、互助组

土地改革后，农村逐渐出现新的阶级分化现象，土地虽然平均了，但生产力水平仍很低下，劳动力、牲畜、生产工具并不平均。为了充分利用生产力资源，1952年，国家倡导建立农业生产互助组，一般由3～5家或6～10家组成，也有10多家组成的。互助组成员一般由本家族、邻居或地邻组成，劳动力、役牛、耕播农具统一使用。参加互助组的一般都是缺乏生产工具的农户，而劳动力、役牛、生产工具皆全的农户仍以自耕为主。1954年初级合作社之前，参加互助组的户数占总户数的38%，其余62%的户仍以单干为主，互助组也并不稳固，有“春组织、夏垮台，过了春节再重来”之说。1953年，桑梓店村成立互助组，有50户参加。1955年，周闫村成立4个互助组，参加户数为80户。

二、初级农业生产合作社

初级农业生产合作社是在互助组的基础上建立和发展起来的。按照中共中央1954年1月发布的《关于发展农业生产合作社的决议》精神，镇域组织发展以土地入股分红、社员劳动评工计分为特征的初级农业生产合作社。初级社的规模比互助组大，一般由20～30户组成。高级社之前有一半以上农户加入初级社，其余户仍以单干或互助组为主。初级社设有社长、会计和记工员，由民主推荐产生。高王村10余户贫困农民自愿结成农业互助社，名为“鸿兴社”，是桑梓店镇第一个初级社。怀庄村成立“红星社”与“红光社”两个初级社，怀居海，怀景正任“红星社”社长，怀心文任“红光社”社长。1954年，桑梓店村互助组发展成“新华社”与“建国社”两个初级社，怀相庆任“新华社”社长，王学忠任“建国社”社长。1955—1956年，周闫村的4个互助组升级为初级社，成立周闫东社、周闫西社2个初级社，刘加忠、高春玲分别任社长。

三、高级农业生产合作社

1956年至1957年期间，在党和政府大力推行下，高级农业合作社应运而生。其规模越来越大，先是一村或数村一个高级社，后发展到十几个高级社。高级社取消土地分红，把土地和生产资料作价归公，实行评工记分，按劳分配，耕地、劳力、耕畜、农具分配到生产队。全社统一生产计划，统一核算，统一分配。

高级农业生产合作社内设中共党的支部委员会及公社委员。有的高级农业合作社下分若干片（即生产大队），再分生产队（生产小队）。大队设正副大队长，是社的派出机构。生产队是高级社的基础单位，负责完成生产计划和劳动管理。

第四节　人民公社时期的农业体制

1958年8月，毛泽东主席在视察济南市历城县水屯村时指出：“还是办人民公社好”。同月29日，中共中央政治局扩大会议通过《关于在农村建立人民公社问题的决议》。从此，在全国掀起了大办人民公社热潮，桑梓店人民公社随之成立。

人民公社将高级农业生产合作社的公共财产转为公社所有，社员自留地由公社统一经营，有的转为集体所有；社员尚未入社的牲畜、大型农具等生产资料折价归社作为本人投资；少数未入高级社的个体农民、小商小贩直接加入人民公社，实现土地和主要生产资料的公有制，形成“工农商学兵”五位一体的人民公社。

公社化初期，在经营管理上实行“公社一级所有”，由公社统一经营，统一核算、统一支配，统负盈亏，按“一大二公”的要求，用“一平二调”的方法无偿调用生产队的各种生产资料。在农业生产上，实行土地分片划方，统一作物种植，统一规格要求，统一产量、措施，搞“万亩丰产方”“百亩卫星田”。在劳动管理上凭主观愿望，实行军事化的“大兵团作战”，在生活上实行集体化，在田里搭工棚，一起吃食堂，吃住都在工地。在分配制度上实行供给制，刚开始时男女劳动力每月发 3 元、2 元工资，不久后取消。严重挫伤群众生产积极性，生产力受到破坏。

60 年代初期，遭受三年严重自然灾害，我国的国民经济陷入困难局面，桑梓店镇也不例外，广大群众吃不饱，穿不暖，生活困难。

1964 年，毛泽东主席发出“农业学大寨”的号召。1968 年 6 月，德州地委召开农业学大寨会议，提出“农业学大寨”的具体意见和措施。根据齐河县委指示要求，桑梓店人民公社党委开始大力宣传大寨精神，宣传大寨同穷山恶水进行斗争、改变山区面貌、发展农业生产的先进事迹。

公社党委召开全公社三职（党支部书记、大队长、会计）干部会议，广泛动员和号召广大群众学习大寨村艰苦创业的精神，吃苦在前，享受在后，学大寨、立红旗、树标兵。各村立即行动起来，召开小组长会议把学大寨的精神贯彻下去，各村在田间地头扎上指挥棚，村党支部书记、大队长等干部靠在一线指挥农业生产，高王村、沙李村、南郑村三村为农业学大寨工作红旗单位。是年，公社党委分期分批组织公社干部和部分生产队干部、贫下中农代表共 100 余人到大寨村参观学习。通过实地考察，加深对农业学大寨的认识。各村都制定学大寨工作计划，举办“农业学大寨”学习班。这一年是历史上全公社农田水利工程、秋种任务完成较多、较好的一年，全公社“农业学大寨”群众运动蓬勃发展。1976 年秋，省委农业学大寨工作团派遣林永清、郑世才、仲俭月到桑梓店镇怀庄村帮助指导工作。他们与村民同吃、同住、同劳动。为促进村里经济发展，给村里通上电，购买大型农机具，实现村民梦寐以求的“点灯不用油，耕地不用牛”的美好愿望。

第五节　家庭联产承包责任制

1978 年，中共十一届三中全会召开后，重新确立党的政治路线、思想路线和组织路线，果断提出停止以“阶级斗争为纲”的口号，作出把全党工作的重点转移到社会主义现代化建设上来的决定。之后，农村开始进行经济体制改革，逐步取消人民公社化后形成的经济管理体制，普遍推行家庭联产承包责任制，并适当发展农村个体经济。桑梓店公社认真执行政策决定，从实际出发，鼓励各生产队大胆创新，并按中央要求学习“小岗村经验”。1980 年，桑梓店公社全部实行“家庭联产承包责任制”，极大调动人民群众的生产积极性，人民高兴地称家庭联产承包责任制为“大包干，大包干，直来直去不拐弯”。镇域内各行政村先后打破单一种粮的框框，发挥各自优势，比如西秦、东秦等村大量种植棉花，街后、邱岸等村发挥依靠黄河的优势，割芦苇卖芦苇以增加收入。农民收入连年上升，生活水平有很大提高。沙李村在中共十一届三中全会前，耕地 887 亩，人均口粮四五百斤，全村 736 人，每年拿出 3000 元做分配，群众干一天活只能挣到 3～4 角钱，穷得叮当响，家家住土坯房。实行生产责任制以后，村里打破大锅饭，土地责任到户，激发群众生产热情，到 1991 年，沙李村粮食亩产达到 600 千克。

1984 年，贯彻《中共中央关于一九八四年农村工作的通知》，继续稳定和完善家庭联产承包责任制，延长土地承包期，向农民承诺“家庭联产承包责任制”15 年不变。是年，全镇农业总产值达到 1191.48 万元，比 1983 年增长 8%。1985 年，农业总产值达 1832 万元，其中种植业收入 1035 万元。1990 年，遭受严重涝灾，农业生产总值仍达到 1865 万元，其中粮食总产达到 1100 万千克。20 世纪 90 年代后，桑梓店镇认真落实党在农村的各项政策，深化农村改革，加强对农业生产的投入，不断进行农业内部调整，大力发展农田水利基本建设，依靠科学技术，开展多种经营，全镇农业生产出现蓬勃发展的崭新局面。1991 年，镇域南部主要种植小麦、水稻，北部主要种植小麦、玉米。通过调整结构、合理布局、强化科技意识，全镇粮食总产达到 1487.6 万千克。

1998 年，中央决定将土地承包期延长至 30 年甚至更长的时间，并采取“减人不减地，增人不增地”一包到底的政策，再次给农民群众吃了定心丸，农民生产积极性再度提高。

第六节　农民专业合作社

2007 年 7 月 1 日起施行的《中华人民共和国农民专业合作社法》第一章总则第二条对农民专业合作社进行了简要定义，包括两个方面的内容：一方面，从概念上规定合作社的定义，即“农民专业合作社是在农村家庭承包经营基础上，同类农产品的生产经营者或者同类农业生产经营服务的提供者、利用者，自愿联合、民主管理的互助性经济组织”；另一方面，从服务对象上规定合作社的定义，即“农民专业合作社以其成员为主要服务对象，提供农业生产资料的购买，农产品的销售、加工、运输、贮藏以及与农业生产经营有关的技术、信息等服务”。

2007 年以来，桑梓店镇农民专业合作社发展步伐加快，成立勇盛禽类养殖、佳华奶牛养殖两家合作社。截至 2015 年 5 月，已相继成立数十家生产同类农产品专业合作社。农民专业合作社有效防止了凌乱无序状态下的互相倾轧、不正当竞争、管理不规范、效益低下等问题。

自愿、自治和民治管理是合作社制度最基本的特征。合作社作为一种独特的经济组织形式，其内部制度与公司型企业相比有着本质区别。股份公司制度的本质特征是建立在企业利润基础上的资本联合，目的是追求利润的最大化，“资本量”的多寡直接决定盈余分配情况。在合作社内部，起决定作用的不是成员在合作社中“股金”，而是“交易”。合作社的主要功能是为社员提供交易上所需的服务。合作社与社员的交易不以盈利为目的。合作社的盈余，除一小部分留作公共积累外，大部分要根据社员与合作社发生的交易额的多少进行分配。实行按股分红与按交易额分红相结合，以按交易额分红为主，是合作社分配制度的基本特征。当然，合作社与其他经济主体的交易也是以营利为目的。

第七节　土地流转

国家为了稳固家庭联产承包责任制，1984 年提出农民承包责任田不准买卖、不准出租、不准转让、不准荒废，但是随着人口的增减可以“三年一小调，五年一大调”。1999 年，国家又承诺“至少三十年或者更长一些时间不变”，为了使农民舍得向地里投资，采取“增人不增地，减人不减地”政策，让农民吃了“定心丸”。

进入21世纪之后，随着国民经济的高速发展、农业高新科技的广泛应用以及农业生产大型机械的普及，农业生产所用人工越来越少，促进了劳动力向城市转移，向二、三产业转移。农民把主要精力用在工业、企业、商业、服务业等行业，不再依赖农业维持生活，开始把土地转让承包或出租给其他农民耕种。农民这种自发做法很不规范，往往出现很多经济纠纷。为避免矛盾，规范土地转让程序，许多村在村两委带领下进行土地流转。冯家堂村流转土地200余亩；东秦村流转土地112亩，承包方为济南市天桥区秦园种植养殖家庭农场；西秦、刘庙子、小吴村也存在土地流转。至2015年年底，西秦村、冯家堂村、东秦村、怀庄村等村共实现土地流转2796亩。土地流转减少了耕地的荒废，有利于规模经营，为建立专业大户和家庭农场提供了条件。

第八节　村章镇管

一、机构设置

2013年12月，设立村级公章集中监管办公室，全镇48个行政村开始全面实行村级公章集中监管不代管方式，将村党支部公章和村委会公章全部统一移交镇村级公章集中监管办公室集中监管，将公章的管理和使用置于组织和群众监督之下。

镇村级公章集中监管办公室主任张传路（2016年摄）

村级公章集中监管办公室设置主任1人，副主任1人，工作人员1人。自2013年12月起，张传路任村级公章集中监管办公室主任。

二、制度建设

设立公章使用管理监督台，公开举报电话，接受群众监督，对服务态度差、无故干涉拒绝使用公章及违规使用公章的，将严肃处理；严格落实公章使用登记制度，各村公章使用申报单要统一编号，对公章使用理由、批准人、使用日期、经办人、编号等，进行认真登记，并每月与村申报单存根进行核对；村党支部书记或村委会主任未按照职责要求，发生违规盖章事项的，将给予严肃处理；镇村级公章集中监管办公室公章管理人员未按程序操作，违反规定乱盖公章，给集体和群众造成损失的，镇政府将依据相关规定予以严肃处理，构成犯罪的交由司法机关追究其刑事责任。

三、工作流程

村级公章加盖流程（一般性事宜）　加盖村党支部公章流程包括：1. 村级公章管理员填写《村级公章使用介绍信》基本情况后，由村党支部审核，通过后村党支部书记、村委会主任签字把关（村委会主任非党员的由村党支部书记与支部委员联合签字），二者缺一不可。2. 村级公章管理员手持完备的《村级公章使用介绍信》到镇村级公章集中监管办公室办理公章使用手续。镇村级公章集中监管办公室根据《村级公章使用介绍信》填写公章使用登记簿，对所需盖章资料审核后方可会同村级公章管理员取出公章予以盖章。

加盖村委会公章流程包括：1. 村级公章管理员填写《村级公章使用介绍信》基本情况后，由村党支部书记、村委会主任签字把关，二者缺一不可。2. 村级公章管理员持村党支部书记、村委会主任签字同意的《村级公章使用介绍信》到镇属办事处签批，镇属办事处书记（主任）审核后签字加盖办事处公章。3. 村级公章管理员持手续完备的《村级公章使用介绍信》到镇村级公章集中监管办公室办理公章使用手续。镇村级公章集中监管办公室根据《村级公章使用介绍信》填写公章使用登记簿，对所需盖章资料审核后，方可会同村级公章管理员取出公章予以盖章。

一般性事项加盖公章事宜 新农保（新农合）个人信息证明、死亡证明、无犯罪证明、在校生社会调查材料（学生假期个人社会调查证明）、转学证明、证件丢失证明（老年证、身份证、户口本等）、参军证明、入院探亲、在家表现证明材料、外出务工、村民个人信贷（需证明家庭个人经济情况）、婚姻状况证明、计生证明、一般性户口迁入迁出证明（指政策婚入、婚出、新生儿落户、死亡销户。必须提供结婚证、双方户口簿、身份证或迁入迁出必须的相关证明），上级主管部门常规性统计，财务报表上报以及其他一般性盖章事宜等，由村党支部书记、村委会主任签字后报请镇属办事处签批，公章管理人员审核后，方可加盖公章。

村级公章加盖流程（重大事项） 1. 村级公章管理员填写《村级公章使用介绍信》基本情况。2. 由村党支部书记组织召开党支部会议、“两委”会议、党员代表会议和村民代表大会讨论申请加盖公章事宜，经过讨论通过后形成书面会议记录并由与会人员本人签字。3. 村党支部书记、村委会主任对“一报四议”材料进行审核，通过后签字，两者缺一不可。4. 村级公章管理员持村党支部书记、村委会主任签字同意的《村级公章使用介绍信》，携带参会人员签字的大会会议记录到镇属办事处签批，镇属办事处书记（主任）审核同意后签字加盖镇属办事处公章，报镇村级公章监管管理工作领导小组审核同意。5. 村级公章管理员持手续完备的《村级公章使用介绍信》到镇村级公章集中监管办公室办理公章使用手续。镇村级公章集中监管办公室根据《村级公章使用介绍信》填写公章使用登记簿，对所需盖章资料审核后，方可会同村级公章管理员取出公章予以盖章。

重大事项事宜 1. 宅基地审批；2. 经济合同的签订（包括出租土地、出租房屋、购置变卖集体资产合同协议书等）；3. 村集体借款、贷款、担保；4. 村集体专项资金、大额资金的使用（10000 元以上）；5. 计划生育指标审批；6. 低保、困难户、五保、助学以及各种惠民政策的救助公示上报指标等（政策要求公开的必须公开）；7. 土地确权方案的制订及收益分配方案；8. 发展党员；9. 特殊性户口迁入、迁出（符合相关部门规定要求）；10. 其他村重大事项。

四、公章管理情况

实行“村章镇管”，一是加强对农村干部的监督管理，强化镇党委、政府对村级组织的领导。镇党委、政府对村级重大事务管理的事前、事中和事后监督，将村干部处理村级事务的行为全部纳入镇党委、政府的监督之下，有力地保障了上级各项方针、政策的落实。二是进一步加强村集体经济的监管，预防村干部腐败。建立村级公章管理、使用、监督的长效机制，维护了公章使用的严肃性、合法性，有效地保

设有电子锁的村级公章集中存放保险柜（2016 年摄）

护集体利益，有效预防村干部不法行为发生，彻底纠正公章使用中存在的责任不明确、程序不规范、缺乏有效监督的现状。三是促进农村领导班子内部团结，增强农村基层党组织的凝聚力和号召力。推行村章镇管后，村内重大事宜，必须由村“两委”开会商量，集体研究，重大事项要召开村民代表会议或村民大会进行公决，严格执行“一报四议两公开”程序，避免了权力滥用、暗箱操作、个别村干部随意私盖公章，尤其防止了因村党支部书记、村委会主任“一人兼”造成的村级事务一人说了算问题，增强了农村领导班子内部团结。四是深化为民服务，方便群众，密切了党群干群关系。推行村章镇管，进一步强化村干部为民服务的意识，大大提高工作效率。

2014 年，镇村章镇管办公室累计加盖公章 6000 多次，主要涉及贫困补助、社保、低保、计生、落户、农村建房等事项。

2015 年，村章镇管办公室共受理案件 6500 多份，加盖公章达 38000 次，其中加盖党支部公章 1100 次、村委会公章 36900 次，拒绝加盖不符合要求办件 36 例。

第二章　农作物种植

新中国成立初期，桑梓店镇农作物以小麦、谷子、高粱、地瓜等为主。人民公社期间，镇北部以小麦、玉米、高粱、谷子、地瓜、花生、黍子、豆类为主，镇域南部邱岸村、袁贾村、东秦村、西秦村、刘庙子村等以种植水稻为主。1981 年，实行家庭联产承包责任制后，以小麦、玉米、棉花为主。1990 年后，主要栽培作物是小麦、玉米，占耕地面积 90% 以上；其他耕地和非耕地主要种植花生、棉花、蔬菜、豆类和苗圃。

第一节　耕作制度

新中国成立前，境内水旱灾害频繁，加之生产技术落后，农作物种植方式陈旧，农作物生长多为一年一熟。水浇地有一年两收者，两年三收者；蔬菜多为一年两收。新中国成立后，传统农业逐渐向现代农业过渡。随着农田水利基本建设加快和小麦、玉米、棉花种植面积扩大，耕作方式方法发生变化。农作物逐步向两年三熟、一年两熟方向发展。至 2016 年，镇域内农作物耕作制度基本上为一年一作、一年两作和两年三作三种模式。如棉花、花生、大豆、春玉米、春地瓜、高粱等属于一年一作，冬小麦和夏玉米属于一年两作。蔬菜普遍实现一年三收。主要种植方式有轮作、间作、套种。

轮作是农作物种植的主要形式，历史悠久，俗称“换茬”。传统方式是小麦→玉米为年内轮作，高粱→小麦→玉米（大豆）为隔年轮作。

间作为传统种植方式，如玉米间作大豆，地瓜间作玉米，谷子间作小豆，春棉地间作绿豆。间作使土地利用率大幅提高，张王堂村搞瓜棉间作，西瓜地里种棉花，经济效益可观。1992 年，全镇立体种植面积达到 2500 公顷。

套作始于 20 世纪 60 年代。方法是作物成熟之前，在其行间播种下季作物，较普遍的是麦田套种玉米、高粱、大豆等。这样可抢农时，充分利用有限季节，增加复种指数，提高粮食产量。1965 年麦田套种玉米，最高亩产 402 千克，比未实行套种的年份，亩增 200 余千克。

第二节 粮食作物

一、小 麦

新中国成立前，镇域内种植小麦面积较少，小麦种植粗放，产量低而不稳。耕地多为人刨，少量牛耕，深达 5 ～ 6 寸。施肥以农家肥为主，数量不等，少者每亩不足 50 千克，多者 100 千克以上。水浇地播种用镢挑沟，行距 50 厘米，亩施种子 6 千克。旱田用独腿耧和双腿耧播，行距 60 ～ 80 厘米，俗称“大耪垄”。品种多为白芒麦、红和尚、白和尚（皆俗称“和尚头”）、小白麦、小红麦等，这些品种的特点是品质好，适应性强，耐瘠薄，耐干旱，但产量低。种子多为农户自留，品种退化混杂，亩产在 100 千克左右。

新中国成立后，小麦栽培技术不断改进。1953 年，水浇地“大耪垄”改为单镢沟，宽垄密植；旱田改为小排垄。1954 年，推广行畦麦。70 年代，8、12、16 行畦麦成为小麦种植的主要方式。施肥由单一农家肥改为化肥、农家肥混施。化肥品种用量逐渐增加。在施足基肥的前提下普遍做到越冬保温施农家肥，浇返青水施氮肥，拔节期施钾肥，抽穗灌浆施磷肥。耕作由浅刨浅耕逐渐改为机耕，深 8 寸以上。播种由耧逐渐发展到使用播种机。逐步实现管理科学化。

种子由陈旧劣种改为碧码 1 号、碧码 2 号、碧码 4 号，产量高，品质好，播种面积曾占麦田的一半，后因易感锈病被淘汰。北京 8 号、跃进 8 号在 50 年代末、60 年代初，成为当家品种。60 年代后期，引进济南 2 号、济南 4 号，黄县大粒半芒等，实现第二次品种更新。济南 4 号为中肥水品种，适合当时的生产水平，又因其粒白品质好，后期较耐干热风，到 70 年代初，种植面积占了半数。70 年代，推广泰山 1 号、泰山 4 号、泰山 5 号、昌乐 5 号、济南 9 号、济南矮 6 号、毛颖阿夫、济南 12 号、白蚰包、中阿 1 号等，实现第三次品种更新。济南 9 号生长势强、越冬好、喜大肥大水，为高产稳产田主栽品种。济南矮 6 号，秸硬抗倒伏、粒白、分蘖力强、成穗率高、生长整齐、抗条锈、产量高，种植面积达 6667 公顷以上。泰山 1 号分蘖中等，成穗率高，穗大而齐，深受农民欢迎。昌乐 5 号由济南 4 号变异株中选育而成，但比济南 4 号增产 19.4%，70 年代末种植面积达 2000 多公顷。80 年代，推广济南 13 号、济南 14 号、山农辐 63 号、鲁麦 1 号、鲁麦 5 号、鲁麦 7 号、保丰 7228、烟农 15 等品种，实现第四次更新。济南 13 号植株较矮，穗大、粒白、产量高，适宜中上肥水条件，种植面积很快达到 2667 公顷，占麦田面积的 2 / 3。山农辐 63 株型紧凑，籽粒白色，适于中肥水种植，种植面积曾达 1333 公顷左右，因抗冻性差，品质退化被淘汰。1984—1985 年鲁麦 5 号、鲁麦 7 号渐被推广，种植面积占麦田近 1 / 2。1990 年后全镇小麦当家品种大体有济南 13 号、鲁麦 5 号、鲁麦 7 号等品种。2000 年后，镇域主要推广山东农科院、泰安农学院繁育的新品种，主要有山农 2 号、济麦 17、济麦 19，这些品种抗干热风、抗条锈病，产量稳定。2000 年后，曾推广太空 1 号、太空 4 号、神舟 1 号等在太空经 x 射线辐射培育的种子及山农 6 号、矮抗 58、鲁麦 198、济麦 21、济麦 22。2015 年，镇域内由国家发放种子，大力推广济麦 22 号。其特点是棵矮、粗壮、抗倒伏、分蘖力强、成穗率高、抗锈病和白粉病，属优质

麦田（2016 年摄）

强筋小麦。山农 6 号也有种植，属优质弱筋小麦。这些品种在无特殊灾害条件下，亩产稳定在 500 千克左右。2005 年，全镇小麦种植面积为 2930 公顷。2015 年，全镇小麦种植面积为 2798 公顷。

二、玉　米

玉米俗称“棒子”，为境内主要粮食作物之一。新中国成立前，主要种植小粒红、草棒子、鸭子嘴等品种。种植方法分两种，一种是刨窝点种，一种是用耧耩播。每亩用种 6 ～ 7.5 千克，行距、株距均 70 厘米，每亩 1300 ～ 1500 株。出苗定株后在苗边刨穴追施农家肥。当时品种产量低，成熟期晚，亩产 100 千克左右。

新中国成立后，玉米种植技术不断改进，种子品质不断提高，1953 年引进二马牙、白马牙、金皇后等品种。这些品种植株高大，产量高，喜大肥大水，但品质差，生产条件不足时，产量低于当地品种，引种数年即被淘汰。50 年代中后期，推广坊杂 2 号、坊杂 4 号、唐山白等。其中唐山白粒白、质好，适应性强、产量较高，50 年代末、60 年代初播种面积占玉米总面积的 30% 左右。60 年代开始，先后引进双交种和单交种，播种由麦收后直播改为麦收前套种。60 年代，全面推广杂交种，以双跃 3 号、双跃 150 号、双跃 151 号、双跃 153 号、维斯康辛等为主。70 年代，主要推广鲁单 1 号、新单 1 号、鲁单 3 号、新单 105、齐单 1 号及烟三 6 号等。新单 105 籽粒黄色，品质较好，抗大、小叶斑病，抗涝抗倒伏，多种于高肥水地块；新单 1 号品质较好，双锤率高，适应性广，因易倒伏被淘汰；烟三 6 号生长期 93 ～ 95 天，株型较小，为主栽品种。70 年代后期，主要品种有相三 1 号、丹玉 1 号、鲁原单 4 号等，其中相三 1 号 70 年代末种植面积占玉米总面积 50% 以上。80 年代后主要推广烟单 14、鲁玉 3 号、鲁玉 7 号、鲁单 33 号、鲁单 37 号等。烟单 14 籽粒黄色，丰产性好，适应性广，抗病性强，适于中上肥水条件种植，可麦田套种，也可抢茬直播，播种面积占玉米总面积 80% 左右。鲁玉 3 号、夏播生育期 85 天左右，且抗病性强，通风透光性好，丰产性好，适宜中肥水条件，故多用于夏种直播。1990 年后，各种杂交品种很多，境域多种植山东省农科院玉米研究所推广的鲁单 50、鲁原单 14 等品种，亩产达 400 千克以上。2000 年后，种子市场放开，境域内农民或在当地种子站购买或到济南种子大世界及农业科技市场从上百个品种中择优选购。种植面积较多的是郑单 958，因其株型紧凑，亩植 4500 株，亩产 500 千克以上。农大 108 因生长期长、鲁单 981 因不抗倒伏，2010 年后逐渐淘汰。2015 年，全镇玉米种植面积为 2742 公顷。

玉米喜获丰收（2015 年摄）

三、水　稻

从明末清初开始，镇域内沿黄河村民试种水稻，民国期间中断。1960 年后，境域内沿黄村居复种水稻，主要品种有竹杆青、水源三百粒、叶里藏金等。1964 年，小屯村派王殿元、王传平到临沂学习水稻种植技术，1965 年，该村在全镇最早开始种植水稻。齐河县派 2 名技术员来指导，搞试点后推广。1970 年后，主要推广农垦 39、农垦 40、农垦 57、小站 101、东方红、红旗 16 号、反修 1 号。1980 年后，推广从日本引进的日本晴、京引 119 等。1990 年后，推广梗稻 4 号、梗稻 7 号等品种。2008 年，全镇水稻种植面积 607 公顷。

2004 年后，因修建鹊山水库及鹊山龙湖，基本将水稻田占压，镇域内还有最后一片稻田——袁贾村湖源黄河有机大米。由袁贾村10个农民组建的济南市天桥区湖源水稻专业合作社于2013年通过杭州万泰认证有限公司认证，天桥区科技特派员贾延木负责指导该合作社种植。合作社种植总面积15.3公顷，平均亩产400千克，水稻种植基地严格按照有机标准进行种植，成为镇域内特色产品。

袁贾村有机水稻田（2009年摄）

四、谷　子

谷子一般在春夏两季播种，谷雨后春播，麦收前夏播。用独腿耧播种，行距40厘米，株距8～9厘米。种子下地后，立即用拖子拖垄防旱。谷子产量较低，但秸秆为大牲畜的优质饲料。

新中国成立前，品种有大细穗、铁板头、金苗谷、毛谷等。1950年后，品种有大头黄、小细穗、龙爪谷、老来松、露水红、小猪尾、二秋子等。1960年后，引进燕京811、东风谷、金线子、红胜利等优良品种。燕京811秸秆挺拔、抗倒伏、刺毛长、雀害轻，是主栽品种。1970年后，适宜夏播的品种有柳条青、安316、豫谷1号、青到老等品种。

五、地　瓜

地瓜学名叫红薯、白薯，一般在清明节前后育苗，春夏两季进行栽种，亩施底肥（农家肥）2000～3000千克。用镢挑沟扶脊，将苗栽于脊上。每亩栽种4500～5000株。高级社和公社化初期种植面积较大，属高产作物，平均亩产鲜地瓜3000千克。1980年，实行家庭联产承包责任制后，境域内地瓜种植逐渐绝迹。

传统品种有大红皮、二红皮、白椿树根等品种，产量很低。新中国成立后，引进胜利百号，以其结瓜集中、高产质优、切干率达30%、早熟、高产等优点迅速推广，几乎挤掉原来的农家品种，缺点是易感染黑斑病。1958年，推广华北52、华北553。1970年后，推广南京92、丰收白、一窝红、地瓜下蛋等品种。

六、高　粱

高粱是镇域内传统作物，种植基本不施肥，多在土地瘠薄、低洼地块种植，有耐旱涝的特点。一般在清明前后播种，行距、株距65厘米左右，每亩栽种2300～2500株，播后用石砘压或踏压防旱。出苗后定棵，亩产70千克左右。

传统高粱有黑萼、黄萼、散穗、密穗和红粒、白粒、耷撒披、露八分等品种。20世纪50年代，推广大锣锤、铁杆子、气煞雾、多穗高粱。1960年，推广鹿邑歪头、抗蚜2号、忻杂7号、反修19、晋杂5号。1970年后，主要推广齐杂1号、原杂10号等。由于产量低加之复种指数逐年提高，高粱种植面积不断缩小，但有些农民为养鸽子或利用莛杆做盖垫或笤帚，在闲散地块仍有种植。

第三节　经济作物

一、大　豆

大豆俗称豆子。新中国成立前，主要品种有大粒黄、小粒黄、老鼠眼、爬蔓青、摇山滚、红豆子等。50年代至60年代，引进平顶黄、牛毛黄、铁竹杆等优良品种。70年代，文丰5号、文丰7号为当家品种。文丰5号高产早熟，生育期95天左右，适于夏播；文丰7号豆粒较小，有光泽，品质好，有限结荚，株型直立，适于间作套种。70年代末，推广齐黄1号、向阳1号。齐黄1号中早熟，春夏播均可，能够抗病、抗涝、抗倒伏，单株生产力高，80年代初种植面积占大豆面积的60%。80年代中后期，鲁豆4号成为主栽品种，1985年占种植面积的50%。该品种含油率高达21.57%，含蛋白质高达43.6%，抗病、抗旱、抗涝性均较强，鼓粒性好，与文丰5号、7号对比，分别增产17.4%和30.6%。新中国成立后种过的品种还有小粒黑、齐黄5、支黄豆、二扁子、东北黄、小白门、四粒子、齐黄6号、八月忙、七月鲜、兖黄1号、大青豆、小青豆等。镇域内既有纯大豆田，也有与夏玉米间作的豆田。

二、棉　花

宋、元、明时期境域内就有栽培棉花的历史。新中国成立前，棉花品种主要有小白花、小紫花等。新中国成立初期引进2B、4B等。1955年，更新为五爱棉、斯字棉。1958年，推广岱字15号。岱字15号前期生长稍弱，后期生长旺盛，植株健壮，株型略松散，叶片偏大，浅绿色，衣分40%左右，产量稳定，抗旱、耐涝、适应性广。至70年代末，一直是当家品种。与岱字15号同期引进的还有岱字16号、徐州1818号、鄂光棉等。岱字16号综合性状较好，铃重5～6克，绒长30.7～31.0毫米，衣分率37%～40%，因要求水肥条件高，推广面积不大。1980年，引进推广鲁棉1号，其植株生长稳健，结铃性强，成熟早，较耐蚜害，产量高而稳定，到1984年，占播种面积的90%以上。因品质退化，1985年，被鲁棉2号、鲁棉6号所代替。鲁棉6号果枝较紧凑，前期长势弱，中后期长势强，结铃性强，伏桃上得快，铃多五室，纤维长30.4～32.5毫米，霜前花衣分42%左右，比鲁棉1号增产10%～37%。1990年后，全镇更加注重科技兴农，科学防治病虫害，推广地膜覆盖，良种更换，棉花总产达到2.5万担。2011年，全镇棉花种植面积123公顷，产量166吨。2015年，全镇棉花种植面积为111公顷，产量133吨。

20世纪90年代，棉花是镇域内主要经济作物之一，农民添置家具、翻新房屋等，资金来源均得益于棉花。90年代后，由于棉铃虫成灾，严重影响棉花收成，农民种植棉花的积极性降低。1993年，冬寒流来得早，很多棉铃虫被冻死，加之轻纺系统是我国经济收入的主要来源，为轻纺工业提供原料，1994年，镇政府采取各种奖励措施，鼓励村民种植棉花，并在全镇聘用16位棉管员，宣传发动群众种棉花，激发农民的种棉积极性。

棉花（2016年摄）

三、花　生

花生俗称长果，是镇域内传统作物，成熟后既可供食用，也可用作榨油。新中国成立前，花生品种主要有爬秧子、站秧子、老鸹窝等。1960年后，种植小粒红、油果子、伏花生，其中伏花生因产量高而得以迅速推广，成为当时的当家品种。1970年后，引进白沙1016号、徐州68-4、花11号、花27号等品种。1980年后，引进海花1号、花37号、花28号等品种。海花1号属大粒型花生，株型直立，结果集中，抗倒伏，抗花生叶斑病，产量高，适于高产栽培。2000年后，镇域内主要种植鲁花11号、鲁花14号、小白沙等品种。2011年，全镇油料作物种植面积700亩，产量149吨，其中花生49吨。2015年，花生成为全镇主要油料作物，种植面积为665亩。

四、蓖　麻

早年间至20世纪70年代，境域农民多利用村头、路边、沟旁闲散地块种植。1982年后，基本绝迹。

五、葵　花

人民公社时期有少数村在园畦、地边等少量种植，有人利用葵花杆做篱笆墙用。1982年后，不再种植。

六、小杂粮

绿豆、芝麻、小豆、豇豆（爬豆）称小杂粮，春夏两季播种，除大田间作外，大部分在堰边和零星地块播种，以种植绿豆为多。90年代后，随着城市居民生活水平不断提高，小杂粮需求量不断增加，农民自觉调整作物布局和品种，绿豆、小豆、芝麻等小杂粮种植面积不断扩大。1995年，全镇小杂粮普遍丰收，总产达到20万～25万千克。

第四节　蔬菜作物

桑梓店镇濒临黄河，地势平坦，属黄泛平原，水源条件十分充盈，据《历城县志》记载，东、西、南、北四乡中“以北乡之民治畦圃者为多”，人们往往以几分地、一口井为基本条件，通过传统技术种植地方蔬菜，成熟后供自家食用或卖作商品。20世纪50年代后期，各生产队都有菜园，在土质较好离村较近的地块种植。在菜园里打一眼或几眼砖井，用畜力和人力转动水车提水浇园。到收获时，按人口平均分菜。80年代，全镇种菜600亩，还建设以三教堂村、冯家堂村、怀庄村为主的50多个塑料大棚。90年代前后，镇内出现一批以种植蔬菜为重点的农户。1993年镇域内一次性新上蔬菜大棚27个，并取得成功。2000年以后，政府大力倡导设施农业，对沙李村、三官庙村蔬菜基地进行改造建设，成立蔬菜专业合作社，实现产品包装认证。2011年，全镇蔬菜种植面积184公顷，产量5781吨。2015年，全镇蔬菜种植面积138公顷，产量4776吨。镇域内蔬菜品种众多，大致可分为菜、瓜、食用菌三类。

一、菜　类

主要有大白菜、萝卜、韭菜、芹菜、菠菜、茄子、西红柿、辣椒、豆角、土豆、莲藕、芸豆、芫荽、苔菜、香椿芽、小白菜、莴苣、圆葱、胡萝卜等。

白菜　镇域内种植普遍，传统品种有大包头、二包头、天津绿、旋心白、鲁白一号等。1990年后，主要品种有绿霸王、铁将军、真好吃、保丰收、绿宝石、四季小白菜、太空1号、太空8号等。白菜是冬春季居民餐桌上的主菜。2015年，全镇白菜种植面积为3.2公顷，产量142吨。

萝卜　根茎类蔬菜，俗名水萝卜。传统的栽培品种主要有大青顶、油瓶子、露八分、青圆脆等。近年来主要推广春雪莲、黑外青、黄河脆、东阳白、鲁萝卜1-6号系列、心里红等。2015年，全镇萝卜种植面积为2公顷余，产量21吨。

胡萝卜　色泽有红、黄之分，传统品种有老鼠嘴、鞭杆子等，从日本引进的7寸参红萝卜品种产量高、口感好，已广为种植。盛夏播种，冬初收获。2015年，全镇胡萝卜种植面积为1.4公顷，产量27吨。

菠菜　主要品种有青根菠菜、红根菠菜、大圆叶、小尖叶、小花叶、大花叶等。镇域内菠菜多为畦种，亦有间作于麦田者。秋种春收，为早春接口菜。

韭菜 主要品种有马莲韭、紫根韭两种。一般露天种植，夏秋季节，一月割一茬，每收一次即进行中耕松土、施肥和培土，温室大棚可常年种植。

西红柿 传统品种主要有济南大红、紫红顶、鲁红一号、早粉2号、金枣等。从国外引进美国粉王、日本硬粉、卡罗莱娜、布莱妮、诸丽亚等，珍珠型西红柿有千芳、台南、龙珠、金丹球等。新中国成立前属于零星种植，新中国成立后逐年增多，已成为主要蔬菜品种之一。沙李村、三教堂村有专门的西红柿栽种大棚。2000年，全镇新增以色列144西红柿。2011年，镇域内收获西红柿1245吨。2015年，全镇西红柿种植面积为22公顷，产量936吨。

西红柿（2016年摄）

莲藕 传统品种主要有面藕、旱藕、大马花、小马花、白莲等品种。一般在深水池塘（湾）种植。

莲藕（2014年摄）

铁匠村种藕27公顷，并将周围其他村的藕也收购过来，销往济南各大市场，占济南藕销售总量的50%。2011年，刘庙子村自筹资金200余万元，创建江荷泉莲藕种植基地，是镇域集高新农业、旅游都市观光、藕产品深加工于一体的重点开发项目，总开发面积87公顷余。周闫村有深水藕池面积0.67公顷，年收入约8万元。

茄子 传统品种有大红袍、二红袍、牛心茄子、线茄子、白茄子、大圆茄、一窝蜂等。后以乌金二号及从韩国引进的南韩特早、黑秀为主栽品种，该品种早熟、耐寒、果面光滑紫亮、口感好，亩产7000千克左右，居民多在庭院、大门口或零星地块种植，也有专门的大棚种植。2011年，全镇茄子产量987吨。2015年，全镇茄子种植面积为近20公顷，产量804.6吨。

茄子（2015年摄）

芹菜 主要分为实心、空心两种，主要发展实心无丝芹菜，主导品种有美国西芹、双港西芹、上海黄心芹等。

豆角 传统品种有兔子腿、一丈红、一丈

豆角（2015年摄）

青、月豆角等。从国外引进新花状元、玉龙天宝、金牌绿丰王、世纪新秀等架豆角。居民多在自家庭院、房前屋后、田间地头等零散地段种植。人们通常将豆角与肉同炒或者烫熟做凉拌菜，亦可作水饺或蒸包的馅料。三教堂村有专门的豆角种植大棚。

芸豆 传统品种有白芸豆、羊角芸豆、老来少等，主推精选地豆王、超级九粒白等品种。

甘兰 是新中国成立后引入的菜种，俗称大头菜、卷心菜、洋白菜，有结球甘兰、球茎甘兰（俗称石头菜）等。

辣椒 辣椒是居民常用的调料，传统品种有线椒子、羊角椒、朝天椒等，近年来主要品种有超长16，金塔王、棚椒301、辣真香、航发椒王等。朝天椒能盆栽既可食用，又可观赏。

辣椒（2016年摄）

甜椒 又称柿子椒、青椒、圆椒，1970年后，引进镇域，主推品种有千秋107、霸欧、方霸、高抗105及太空培育的太空八号、太空九号等品种。有红、黄、紫、绿等多色品种，生吃有甜味，炒食脆且嫩。

生菜 有散叶生菜、结球生菜两种。居民常常将生菜与蒜蓉、蚝油、菌菇同炒，或者蘸酱生吃。

大葱 传统品种有旱葱、鸡腿葱、小葱子等。近年来引进章丘大葱、铁杆全能、状元巨葱等品种。用于夏秋食用的，多为畦栽；用于冬春食用的，多为拥葱。大葱是当地居民炒菜作馅必不可少的调料。

大葱（2016年摄）

土豆 土豆生长对土壤要求不太严格，但必须是偏干燥的，土豆不适宜种植在湿重的粘土中。冯家堂村有专门种植。

冯家堂村“荷兰十五”土豆喜获丰收（2016年摄）

扁豆 有青扁豆、紫扁豆、三棱扁、猪耳朵等品种，还有专做药用的白扁豆，一般爬架或爬院墙生长。

香椿芽 为香椿树上的新芽，其味道香美，境内分布较广。每年4月中下旬，香椿发出嫩芽，居民将其采摘下来进行腌食，或炒鸡蛋、拌豆腐，亦可裹上面糊用油炸着吃，还能切成沫做凉面的调料。香椿多栽种在农家庭院中。

野生菜类有荠菜、灰菜、扫帚菜、渠渠菜、马齿苋、蓬蓬菜、面条菜等。人们到田间或沟坡挖来食用，鲜美可口。

二、瓜　类

镇域内种植的瓜类大体分为鲜食、菜用两类，有的两者皆可。鲜食的有西瓜、脆瓜、香瓜、甜瓜、打瓜、面瓜、黄瓜、苦瓜。菜用者有西葫芦、冬瓜、南瓜、丝瓜、葫芦。

西瓜　传统品种有三白、鸡爪黑、手巾条等。引进品种有密包、桃尖、西洋枕。1980 年后，中育 6 号、郑州 10 号较多种植。1990 年前后，冯家堂村曾大面积种植西瓜。1999 年，利用双膜覆盖技术，种植优质西瓜 333 公顷余。后来由于项目占地，基本不再种植。西瓜含有大量的水分，是镇域群众夏季消渴的常见水果。

打瓜　形似西瓜，果实相对小，瓜子比较大，所以主要是用其籽做成瓜子食用。打瓜的主要品种有大白心、小白心、二皮脸、一窝猴、黄瓤等。

甜瓜　属葫芦科，一年生蔓性草本植物，品种有大青皮、白糖罐、哈蚂苏、青沙兰等。生产队时期各村瓜园里都有种植，1980 年后渐少。

脆瓜　属早熟鲜食瓜类，有黑脆瓜、白脆瓜、花脆瓜等品种。

香瓜　圆形，有黄白之分，其形美观，其香浓郁。既能鲜食，又能观赏，置入室内，满屋芬芳。

黄瓜　为夏令主要菜食瓜，分为架黄瓜、地黄瓜两类。传统品种有叶儿三和线黄瓜，果实脆嫩，清香可口，因抗病力较差，栽培面积逐年减少。引进品种有宁阳刺瓜、津研 1 号、津研 2 号。春、秋可露天栽植，冬天在温室大棚种植。2011 年，全镇收获黄瓜 1137 吨。2015 年，全镇黄瓜种植面积为 28 公顷，产量 1187 吨。

西葫芦　也叫美国南瓜，露天种植，可长到 1.5～3 千克左右。大棚种植生长到 0.5～1 千克便售。既可炒食，又可做馅，有白西葫、花西葫两种。

南瓜　种植历史悠久。人们经常选用老一点的南瓜与大米或小米一块熬粥，这样熬制的粥又甜又粘，美味可口。南瓜也可蒸熟蘸白糖食用。西秦村有专门的南瓜大棚。

南瓜种植大棚（2016 年摄）

丝瓜　种植历史悠久，种植遍及各村，多在家院、宅旁、果菜园边的零星地上种植，需爬架生长。食用时多为丝瓜炒鸡蛋。

丝瓜（2016 年摄）

葫芦　多在庭院种植，爬架生长，夏季在架下乘凉。嫩时可食用，成熟晒干后锯成两半

葫芦（2016 年摄）

做盛器，通常称为瓢或瓢子，小者可用来舀米面，大者可用来舀水。

三、食用菌类

镇域早期以田庄村为主的蘑菇种植项目建设好，收益可观，1985年，田家村种植蘑菇，质量高，口味好，在镇域范围内小有名气。田家村从30%的农户种植发展到85%以上的户种植，成为名副其实的蘑菇村。一户村民仅靠种植蘑菇，一年收入就七八千元。90年代末，小张村也发展食用菌种植业，建种植食用菌大棚100多个。

小张村蘑菇大棚（2016年摄）

第五节　其他作物

烟草　早在明清时期就有种植，新中国成立后的30年中亦有种植，但面积极少。1980年后，基本绝迹。

红麻、青麻　在生产队时期作为经济作物，大部分村都有种植。晚秋收割后，泡到沟渠或湾中浸泡（沤制）数天，然后剥下皮洗净晒干卖到采购站，所得收入作为生产队费用。

紫穗槐　生产队时期在低洼地块种紫穗槐，路旁、沟沿亦有种植。用其条编成筐到市场出售，可增加收入。

苜蓿　生产队时期种植苜蓿，用来饲喂牲畜或沤制绿肥。

田菁　生产队时期，人们在薄地种植，盛夏时节割掉，连同路边、河边杂草与牲畜粪便一同堆积起来，沤制绿肥，种小麦做底肥用。

簸箕柳　明清及民国时期就有种植，生产队时期提倡“多种经营，以副养农”，用簸箕柳编成菠萝、簸箕等用品，售后增加收入。

菱角　生产队时期，有些村在湾塘中零星种植。

芦苇　境域内一些低洼水域有植，黄河北岸等水多的地方多苇子湾，主要用作建筑材料等。

第三章　农业技术

第一节　作物良种推广

新中国成立前至20世纪70年代，镇域内小麦、棉花及其他农作物所用种子均为延续多年的农家品种，这些品种大多是高杆品种，产量低且不稳定。1970年后，逐年推广应用优良品种。90年代左右，为推广作物良种，桑梓店镇以农技站为主体，组织新技术培训，大力引进科技人才，在小马、沙李、冯家堂、三教堂等隔离条件较好、育种基础扎实的村建立优良品种繁育基地67公顷。同时大力搞好横向联合，广泛与大专院校、科研单位和大中型企业联系，请进来指导与送出去学习相结合，搞好人才培训、科技攻关和科研成果的推广应用。

1990年，玉米着重推广掖单4号良种，并对其进行大面积示范。在棉花生产上重点推广抗病优良品种——中棉“12”号。农业技术推广站在桑梓店、小张、小马、周闫等村建立小麦良种繁育田 700 亩，并在部分村实行小麦统一供种。至 1990 年，农业技术推广站共推广玉米良种 1.6 万千克，麦种 1.5 万千克，稻种 0.7 万千克，棉种 1 万千克。

1991 年，镇政府组织专门人员到党家的杜庙村调进小麦优良品种济南 13 号一代和济核 02 号，同时继续提倡种植鲁麦 11 号。1991 年、1992 两年镇域主要几个村进行统一供种，取得良好效果。1993 年、1994 年中断，全镇小麦品种出现多、乱、杂的问题。1995 年开始重新统一供种。供种方法：按品种的特性和地区条件供给各村种子，达到一村一种，一方一种，一片一种。1998 年，农技站在万亩丰产田内大面积进行科学种田示范，方内小麦全部统一供种，并安排部分良种繁育基地，同时会同区水利局、争取到由省水利厅承办的“旱地龙”试验飞机喷洒项目，使万亩开发方的麦田全部接受飞机喷洒“旱地龙”的实验。

1995 年后，玉米主要推广西玉 3 号、掖单 19 号、鲁玉 16 号、掖单 22 号、鲁原单 14 号等。1997 年后，推广多抗、高产的玉米，如鲁单 50 号、农大 108 等新品种。2001 年，推广以郑单 958 为代表的耐密型品种，占玉米总播种面积的 90% 左右，单产由新中国成立前 75 千克 / 亩增到 2013 年的 550 千克 / 亩。小麦主要推广鲁麦 5 号、鲁麦 7 号、济麦 19 号、烟农 19 号，烟农 19 号、济麦 20 号和淄麦 12 号成为主推强筋面小麦专用品种。棉花杂交种主推品种先后有鲁棉 1 号、鲁棉 6 号、鲁棉 22、鲁棉 28、夏播棉，亩产皮棉由新中国成立前的 15 ～ 20 千克增加到 1984 年的 150 千克。

21 世纪后，科学种田更为发展，开始根据土质差别、生态条件、地力基础、灌溉情况等因素而选用不同的品种。

第二节　土壤改良和施肥

一、土壤改良

新中国成立前，农民只靠农家肥提高作物的产量，新中国成立后，党和政府非常重视土壤改良。镇域内改良土壤的措施主要是以下几种：

深耕改土。新中国成立初，耕地工具多为旧式犁，辅之以镢、锨之类，耕作层一般只有 10 厘米左右，20 世纪 50 年代中后期，使用新步犁、双轮双铧犁，耕作层明显加深。60 年代后期，始用拖拉机，耕作层能达到 20 多厘米。1978 年后，随着农业机械的增加，机耕面积不断扩大。深耕打破了原犁底层，改善了土壤的物理性状，空气、水分、肥料含量增多，提高土壤肥力，为作物高产创造了条件。

引黄淤地。桑梓店镇充分利用黄河水含沙量高的特点放水淤地，既能把盐碱压下，地表又淤上十几厘米到几十厘米厚的红土，使水稻亩产翻番。1971 年，在安庄村西修建沉沙池，引黄河水淤地 200 亩，把盐碱涝洼地淤平。之后又淤成耕地，并实现黄河水的自留灌溉。1988 年，在后房村西淤地历经 5 年，地面抬高 1 米多，1200 亩十年九淹的不毛之地变成丰产吨粮田。

秸秆还田。1970 年，开始用农作物秸杆还田。到 1990 年，秸秆还田广泛应用。夏季高温多雨季节，将麦秸铡碎，同圈肥、人粪尿或青草、紫穗槐茎叶等搅拌后堆沤 1 ～ 3 个月，使其发酵分解，秋耕时施入田中。秋耕时铡碎玉米秸、豆叶、麦糠等埋在土中，增产效果明显。秸秆还田能增加土壤有机质含量，改良土壤结构，使土壤疏松，孔隙度增加，容量减轻，促进微生物活力和作物根系的发育。

调整种植类别。根据土壤类型宜粮则粮、宜棉则棉、宜菜则菜、宜树则树。在盐碱薄地种植棉花，以发挥棉花耐碱、薄优势。在瘠薄地种植大豆以豆养地，在沙壤地种植花生，在中壤地种植粮食作物。

增施有机肥、复合肥。新中国成立前，镇域内肥料主要是农家肥。1951 年后，开始推广化肥，1958 年前后，化肥逐渐被农民接受。化肥的广泛使用增加了土壤中氮、磷、钾的含量。但单施化肥容易导致土壤板结、盐化。70 年代后，在增施化肥的同时，大力推广有机肥和复合肥。有机肥和复合肥的推广使土壤的板结程度得到改善，生物菌肥的使用增加土壤的疏松和通透性，还原土壤本来的属性，提高土壤再造肥力的能力。

二、施 肥

传统农田施肥基本上分基肥和追肥两类。

基肥 以地为本的桑梓店镇农民，历来十分重视施用基肥。早年间多使用厩肥、人粪尿、土杂肥等，统称农家肥。耕种前，将农家肥运至田里均匀散在地面上，经翻耕分布于耕作层内。由于肥量不足，一茬一般只能在每亩地里施撒 2 ～ 3 车农家肥，较远地块一般不施肥，靠自然地力生长庄稼。1958 年到 1970 年前后，人们用墙皮、黑湾泥、旧房土坯或把土炕、灶头、茅厕的臭砖粉碎成末当肥料。20 世纪 70 年代中期，又用作物秸秆、苜蓿或野草、野菜棵之类铡碎与人畜粪尿掺在一起沤制肥料。至 70 年代中后期，境内种植农作物基本上消灭“白种下地”现象。1980 年后，镇域普遍推行家庭联产承包责任制，村民各家开始自行积肥。无机化肥也被大量使用，主要是氨肥、磷肥配合作基肥，碳酸氢氨和过磷酸钙配合使用。

追肥 早年间境内很少追肥，并且肥料种类也很少，常用来追肥的一般是自家烧完饭的草木灰。农业合作化之后，追肥开始广泛使用。1960 年后，推广使用化肥，那时追肥也多以化肥为主。1960—1990 年，农业技术推广站在作物的水肥管理方面，一贯采取一炮轰的方法。底肥不足，重施氮肥，偏施磷钾肥，在地力差产量低的情况下确实起到了一定的作用。但随着人们对土地产量要求的不断提高，肥效不能发挥，土地利用价值得不到改善，氮磷比例失调，作物后期呈脱肥状态，影响产量。

科学施肥 进入 21 世纪，境内把科学施肥作为农业生产的一项基本内容，改变以前耕作粗放、种植不合理、肥料品种结构不合理、农民群众盲目施肥、过量施肥以及施肥不合理的局面。一是调整肥料结构，增加有机肥的施用量，科学施用氮、磷化肥。积极推广秸秆还田，充分利用耕地较多的优势，实行粮肥、草肥间作、轮作，做到用地、养地相结合。二是合理搭配肥料，调整氮、磷、钾肥施用比例。根据农作物需肥规律和全镇土壤肥力状况，在肥料施用过程中，适当增加氮肥、磷肥的投放比例，起到氮、磷、钾配合，提高化肥的增产效果。三是推广测土配方施肥。2005 年开始，在天桥区农发局的指导下，采集土样本，建立示范方。根据作物各个时期的需肥规律，制定作物从底肥到各个时期的肥料分配方案，采取以基肥为主、追肥为辅、分期施肥和以有机肥为主、化肥为辅、氮磷钾配合的方法，在各个时期分别实施，取得较好的经济效益，使全镇小麦平均亩产较 1989 年增加 80 千克。天桥区农发局对镇技术人员进行培训，农委负责测土配方施肥补贴项目实施工作。对农民进行免费技术培训、

高王村配方肥供应点（2016 年摄）

免费取样测土、免费提供技术资料、免费组织农民到示范点现场观摩。同时实行价格优惠制度，使配方肥的终端价格较同类产品每吨低100元以上，让农民通过节支、增收，充分享受到测土配方施肥的好处。2009年，全镇推广小麦、玉米配方肥22吨，粮食总产量2966万吨，实现稳产增产。

第三节　栽培技术

1970年前，镇域内的农作物种植、栽培管理方式，仍是传统的、粗放的。1970年提出粮食生产要“上纲要”“过黄河”“跨长江”（指粮食亩产分别达到200千克、250千克、400千克的产量）。由于此时正值“文化大革命”期间，人们正热衷于政治运动，空喊左倾口号，先进的农业生产科学技术无人问津，故全镇粮食亩产水平仍未全部过“黄河”，仅有部分村亩产介于“纲要”与“黄河”之间的水平。中共十一届三中全会后，全镇普遍推行家庭承包生产责任制，农民真正成了土地的主人，生产积极性得到充分发挥，在广泛应用化肥、农药的同时，人们开始主动学习、应用先进农业栽培技术。

一、种植模式

传统的种植方式，存在着玉米、棉花种植不合理，株行距搭配不协调，玉米串种面积过小，耕地过浅等问题。具体表现在播种小麦耕地深度不超过18厘米，影响小麦根系下扎和土壤通透性。再加上播种量偏高，行距偏小，无大小行之分，使小麦产量提不上去。1990年后，农业技术推广站以万亩丰产田为动力，带动全镇近2667公顷粮棉实行种植方式改革。针对不同作物、不同种植密度、不同管理条件，在作物的不同生长期，用印发明白纸的方式，将一些管理措施和技术意见下发到村和户，并结合会前讲、开现场会和广播等加以推广。秋种之时，农户普遍将耕种深度达到25厘米，种植采取麦棉间作。1990年，除因涝灾秋季作物减产外，夏粮增产显著，取得平均单产220千克的好收成。1994年，粮棉间作、瓜棉间作、果菜间作等间作面积达1200公顷，增加收入360万元。1999年，在原来的27公顷盐碱涝洼地上进行稻改，并在全镇稻田区推广麦套稻技术，历城区多次在桑梓店镇邱岸村召开现场观摩会。“麦套稻”经过2年试种，得到群众认可，值得大面积推广。2000年，全镇共种植麦套稻100公顷，水稻总面积由1999年的653余公顷，扩大到800公顷，水稻总产量达480万千克，成为济南市无公害优质黄河大米供应基地。

二、合理密植技术

新中国成立前，镇域无密植习惯。小麦采用大背垅条播，行距平均0.5米左右。玉米、春地瓜、高粱、棉花每公顷株数在1.8万～3万株，谷子12万～30万株。1952年，开始推广合理密植，各种作物密度有所增加。1958年，农作物过度密植，小麦每公顷播种量达450千克，高者超过750千克，造成减产。播量过多会造成群体过大，养分不足，增加病虫害，产量降低；播量过少，亩产数减少，产量同样降低。由于旧的种植方式，全镇在种植方面存在着玉米、棉花种植不合理，株行距搭配不协调，普遍存在“棉花稀，稀不下来，玉米密度要密，密不上去”的弊病。1990年，全镇对棉花麦田种植宽幅进行了调整，推广了“三一式”麦棉套种100公顷，“六二式”和“四二式”种植333公顷，玉米行距有所改观，由原来的65～70厘米调到55～60厘米，使全镇玉米密度达4000株以上。棉花也相应加大行距，减少密度。

第四节　农业病虫害防治

历史上曾有“飞蝗蔽天，田禾俱尽”“粘

虫害稼，岁大饥”等记载。20世纪60年代初有过严重的蝗灾。为加强对病虫害防治的指导，1958年，齐河县建立固定测报点；1976年，更名为病虫测报站；1980年，改称植保站。镇域内的农作物病虫害防治工作由镇农技站负责技术指导，村及小组自行组织防治。实行土地承包责任制后，病虫害防治均由农户自己进行。

新中国成立前，国家没有农药生产。一旦发生农作物病虫害，人们只能采用人工捕打、土法泼撒。遇上大灾发生年份，便束手无策，造成庄稼减产或绝产。新中国成立初，以人工捕捉为主，药械防治为辅，对蝗虫、粘虫仍沿用捕捉、拍打、挖沟隔离等手段，对蚜虫、红蜘蛛用泼撒烟草水、石灰水、草木灰水等方法。

一、杀虫杀菌剂

20世纪50年代后，开始使用杀虫杀菌剂。50年代的杀虫剂主要是“六六六”“滴滴涕”等有机氯制剂。60年代后期使用的杀虫剂主要是“1605”“1059”、敌百虫等高效剧毒有机磷制剂。70年代增加了“3911”、乐果、久效磷等。80年代，杀虫剂增加氧化乐果、甲胺磷、水胺硫磷等，并出现高效低毒、杀虫范围广的菊酯类杀虫剂，如溴氧菊酯、速灭杀丁、氯苯醚菊酯等。2002年5月，农业部第119号公告明确规定，严禁在果树、蔬菜、茶叶、烟草使用1605、1059、甲胺磷等高毒农药。自此，低毒高效农药逐步取代剧毒农药，有效减少对人类的高残留伤害。新一代农药毒性低、药效高、残留期短，对人畜基本无害，如“三唑酮”“多菌清”“辛硫磷”等。另外，推广应用“种子包衣”技术，有效防止苗期病虫害发生。

50年代使用的杀菌剂主要是硫酸铜（波尔多液）等；60年代使用的杀菌药有代森锌、代森铵等；70年代的杀菌剂增加了“401”“402”及赛力散，并开始试用除草剂。80年代的杀菌药有多菌灵、托布津等，在药械和使用方法上出现了小容量、低容量和超低容量喷雾新技术。进入21世纪后，境内推广的杀菌剂有无机杀菌剂和有机杀菌剂。无机杀菌剂主要是硫酸铜、硫磺粉、石硫合剂等；有机杀菌剂主要是有机硫杀菌剂和杂锌、百菌清、敌锈钠等，主要用于防治棉田病害与粮食作物病害。杂环类杀菌剂，如多菌灵、粉锈宁是使用最广的杀菌剂，多用于拌种及喷洒防治病害。

二、病虫害预报

搞好病虫害预报，适时防治病虫害，能把病虫害造成的损失降到最低。历史上曾经预报工作跟不上，不少群众盲目用药，特别是棉花，有虫无虫都要3～5天喷一次，形成了打放心药的习惯，致使人力物力大量浪费，造成损失。有的用药不当，错过最佳防治期，导致病虫害猖獗，严重危害农作物。1990年以后，农业技术推广站重点做好田间定点调查，对病虫害的发生时间、危害程度、防治时间进行预报，并通过各种方式将防治时期、用药方法发至各村，从而使群众防有目的，心中有数，节省经济开支，减少劳动强度，避免病虫害的发生。

三、农药施用技术

20世纪五六十年代，人工洒“六六六”一般是掺上沙土到田间均匀扬洒，或者加水稀释后用扫帚到田间扫洒。50年代开始使用药剂拌种，药剂拌种不仅能防治地下害虫，提高出芽率，还可以防治黄、丛矮病的传播。1. 防治地下害虫：用50%的辛硫磷2毫升或20%的甲基异硫磷1.5毫升兑水2.5～3千克，拌种50千克，堆闷3～4小时，稍晾播种。用辛硫磷拌种需要避免光照，以防光解。2. 预防病虫害：每亩用蚀敌1包，将麦种浸湿，然后将药粉均匀拌在麦种上晾干后播种。待小麦三叶期，每亩用2包兑水50千克，顺垅灌溉。或者用20%粉锈宁乳油1.5毫升兑水2.5～3千克，拌种50千克，晾干播种，待小麦三叶期再用 20% 粉锈宁乳油 1500 倍液灌溉。70 年代，基本全用喷雾器和喷粉器施洒，当时的喷雾器有手摇的，有充气的。80 年代，在药械和使用方法上出现了小容量、低容量和超低容量喷雾新技术，喷洒器具主要有手动背负活塞喷雾器、背负式迷雾器、手摇式电动低量喷雾器。90 年代，出现多用电动背负器、背负式喷雾器等。20 世纪末，开始推广"种子包衣"技术，如 1997 年推广应用小麦种衣剂，镇政府专门购买一台拌种剂，在当年秋天小麦播种期间，全镇万余亩小麦全部采用种衣剂。采用"种子包衣"技术，有效防止了苗期病虫害发生。

农民喷洒农药（2015 年摄）

四、除草剂

1990 年前，人们去除田间杂草主要依靠手拔、镰割、锄榜等手段，且费时费力效果差，难以除根。后来出现除草剂。除草剂灭草范围广，既有苗前的，也有苗后的；既有专灭单子叶杂草的，也有专灭双子叶杂草的；既有杀死杂草的，也有控制杂草出土的。1997 年，推广使用杜邦巨星（阔叶净）。由于当年雨水较多，全镇万余亩小麦使用此灭草剂，杂草得到控制。"乙草胺""宜化已阿""玉米宝""克无踪""百草枯"等几种主要除草剂使用量逐年加大，控制了杂草的滋生。

第五节 技术服务

一、机 构

新中国成立后，齐河县人民政府实业科设专人负责农业技术推广。1954 年，县、区两级设农业技术推广站。1990 年后，桑梓店镇政府聘请 6 名科技人员，建立科技智囊团；配齐科技副镇长，9 个办事处和 48 个行政村配齐科技副主任；巩固了以农技、水利、林果、畜牧、兽医、农业机械等为主体的乡镇级农技部门。形成镇有农技服务站、办事处有科普网、村有科普服务组织的三级科普网络，下设林果、农学、水产、蔬菜、农经、建筑、水利 7 个学会。全镇共建立 4 个科技示范区（5 个村）。

二、技术推广工作

80 年代后期，随着农村第二步改革的继续深入发展，农村形势发生可喜变化，广大农民的生产积极性极大的调动起来，人民的物质生活水平也得到极大提高。但随着改革开放的逐步深入，也出现一些新问题：虽然农民对农业生产的投入有积极性，但对基本建设的投入能力却不足；虽然农民对科学技术的需求强烈，但受产前、产中的物资供应、技术指导供应不及时或不足的制约；农村一家一户办不了、办不好的事情越来越突出，使应该产生的经济效益不能充分产生出来。

进入 90 年代，桑梓店镇多措并举做好农业技术推广工作。成立农业社会化服务达标升级活动领导小组，领导小组由党委副书记、镇长宗海邦任组长，镇直各部门、各村也成立专门组织，为全镇农业的产前、产中、产后提供低偿、优质、高效服务，做到国家、集体、个体、联合体一起上，官办、民办相结合，由单项到全程，循序渐进、逐步发展提高，进一步巩固完善以家庭联产承包为主的责任制，促进全镇经济持续、稳定、协调发展。农业社会化服务指标及标准可以归纳为“八个统一”：统一组织农业技术推广及措施的实施；统一组织农用生产物资的采购、供应及农副产品的销售；统一安排农机作业；统一组织水利排灌；统一禽畜饲养服务，重点是统一防疫治病，统一技术指导；统一组织林果开发和管理；统一安排和监督建农资金、土地承包费、宅基地有偿使用费、基建工、义务工等资金的管理和使用；围绕种、养、加工业的发展，提高技术、信息、销售、能源等产前、产中、产后环节的统一服务。各单位也都根据自己的工作特点，做好服务文章：农业机械管理站做好农机服务的文章；农业技术推广站做好农业技术普及推广的文章；供销社做好生产资料供应的文章；棉厂做好棉花生产一条龙的服务文章；种子站做好良种调运繁育的文章。举办科技培训班。1992 年，请山东农科院、泰安农学院的教授到镇讲授农业科技讲座 3 次，举办棉花管理、果树管理、蔬菜大棚管理培训班 9 次，培训人员 400 多人次。镇有农科教培训基地，村有农民科普夜校。在培训上采取多种形式，有脱产、半脱产的，有参加农广校函授的。至 1993 年，桑梓店镇有高、中、低级职称的科技人员 230 名，基层干部培训面达 90%，农村普及型培训达 90%。1994 年，共举办棉花、果树、大棚蔬菜等培训班 17 次，培训人员 3200 人次。1996—1998 年，共举办果树、蔬菜、玉米、小麦等技术讲座 46 次，培训 5600 人次，发放技术明白纸 8 万多份，推广良种 70 多万千克，建立常年虫情测报点 16 个。建立综合试验田。1991 年，重点在小马村、怀庄村、沙李村、三官庙村、前房村等进行综合服务试点，取得成功。1991 年，桑梓店镇在“吨粮田”开发达标中，获“吨粮田优类”评价。建万亩农业科技示范园 1 个，通过建立示范田，推广优良品种，合理配方施肥，调整农业内部种植结构。建立种子繁育田 133 余公顷，为省农科院和莱州种子公司繁育优良玉米种和大白菜种。成立科技研究会。至 1995 年，全镇有各类科技研究会 8 个，科技人员 227 人，农民技术员 215 人。1990—1995 年推广新品种 13 个，共引进科技人员 16 人，发展科技企业 6 个。

进入 21 世纪，农业技术推广站并入镇农业综合服务中心，农业技术推广得到进一步发展。2000 年，创办各村青年科技黑板报，在突出科技服务的同时，配合党委、政府宣传党在农村的路线、方针、政策、法律法规、阶段性的工作任务和要求等，为共青团带领全镇青年农民学科技、用科技、依靠科技致富提供有形的服务载体。镇团委制定一系列的监督制度，并创

沙李村蔬菜大棚（2016 年摄）

2012 年济南市科协视察桑梓店镇（2016 年摄）

办团刊——《桑梓青农之友》，对青年科技应用工作进行指导。2001年，邀请省、市专家举办各类种植技术讲座3次，培训人员500多人次，印发各类明白纸6000余份。镇政府高薪聘请果树管理技术员，为果农提供技术咨询、技术指导，保证有问必答，有难必帮，一帮到底。

三、工作成果

20世纪90年代，全镇成立各种服务组织38个，形成农机、畜牧、水利、供销等六大服务体系。果树长势越来越好，使果园提前见效，产量增加，立体种植面积逐年扩大，粮棉间作、果菜间作、棉瓜间作面积达380公顷，增加效益25万多元。同时多种经营由点到面，普遍展开，养鸡、养牛、养鳖、养蘑菇专业户、专业村不断增加。

之后，在农业院校，科研单位的积极参与下，优良品种，立体种植，地膜覆盖，节水灌溉，果树丰产栽培，配方施肥，配方饲料，小麦精量、半精量稀种，玉米参照叶令指数施肥等农业科技成果和先进技术在全镇得到试验和应用。黄海供水设备厂厂长王孝先研制的摩托车货架，在第二届青交会上获新产品发明奖，获国家专利。

随着农业科技广泛应用，2006年，全镇粮食总产量达20146吨，水稻种植面积达800公顷，总产4800吨。新发展蔬菜大棚200多个，大棚总数达到2491个，蔬菜种植面积达560公顷，先后引进以色列144西红柿、麦卡比七彩椒、日本茄王等名优品种，种植优质抗虫棉267公顷，梨枣、金太阳杏、新世纪杏等名优林果20公顷。2003年，向农村专业户发放养殖业、种植业科普书籍200余册，播放科普光盘十几场次。2008年，积极推进农业产业化、标准化经营，实施优质小麦和青贮玉米高产技术示范推广项目，完成土地配方施肥的全镇取样工作，协助上级业务主管部门组织实施绿宝生态农业开发公司生猪场标准化改扩建项目和佳华畜牧科技开发公司奶牛场标准化改扩建项目。至2015年，全镇小麦平均亩产450千克，个别高产田达550千克以上；玉米亩产一般在500千克左右，高产地块达到600千克以上。

第四章　农机农具

境内居民多以农业为本，在长期的生产实践中，摸索研究并不断改进、制作大量农用器具。大致分六大类：耕作播种器具；田间道路运输器具；田间管理及收割器具；汲水器具；场间收打器具；农副产品加工器具。新中国成立前，农村的耕翻农具主要是锨、镢。这些农用工具以人力畜力为动力，操作笨重，且效率不高。

新中国成立后，随着土地所有制的改变和农业机械化程度的不断提高，新的耕、种、收、运等农业机器应运而生。20世纪60年代，铁制农具逐渐增多，并开始有动力机械出现。1970年后，耕地用的拖拉机及铁制播种耧开始使用。1980年后，各种小型耕、播、收农业机械及电动机械逐年增多。1990年后，大型农业综合性收割机械开始替代小型机械。

随着农村经济改革的不断深入，人民群众越来越认识到农业机械在农业生产和增产创收中的作用，群众购买农业机械也逐年增多，仅1999年上半年，全镇新购置农用拖拉机51台，农用三轮车49台，农用汽车8台，联合收割机18台，机动喷雾器3台，柴油机96台，电动机16台，农哈哈玉米播种机23台，以及潜水泵、水泵若干。2000年后，大型机械基本普及，综合化程度越来越高，完全替代了人力。

第一节　传统农具

一、耕播农具

在人类生活的漫长实践中，传统农具的出现、推广、改造、完善与使用，是农民经验的总结，智慧的结晶。尽管它是笨重的，甚至带有原始色彩，但它记载着历史的沧桑和人类的进步。常见的耕播农具主要有以下几种：

木犁　境内最早出现的是木犁，结构不是很复杂，而制作工艺却很讲究，是角度与平衡力的巧妙利用。犁架由木制而成，由犁底、犁把、铁制铲头和犁铧组成，靠畜力拉动，用于地的耕翻。由于土地条件的不同和技术能力的限制，早年间，犁很少使用。

木犁（2015 年摄）

双轮双铧犁　全由铁制成。犁两边有地轮和沟轮，装有两个犁铧，有控制深浅的升降手柄，效率比 7 寸步犁高很多，需要 2 ～ 3 头强壮牲口才能拉动。与其构造相同的还有双轮单铧犁，由两头一般能力的牲畜就能拉动。农村集体经济年代生产队使用较多，80 年代后逐渐淘汰。

耠子　功能同犁，但耕地和耠地有着很大的区别。犁子耕翻多用于冬耕，将耕作层翻起，冬季进行风化，有利于土壤改良。而耠子，多用于春季播种之前，它属破皮划沟的犁地方式，将耕作层划破松土后，底下有沟，不仅有利于保墒，也有利于提前灭荒。在早些年间，有些农户没有犁，而耠子基本上是普及的。冬耕地大都用耠子，但效果不如犁耕扣翻。耠子的构造是：两根木辕杆，两根扶把，下安一个小型出尖的铁铲头，一般由一个人架扶，一头牲口拉动，多为畜力不足，土地少的贫困农户使用。不论是犁，还是耠子至今仍旧存在于农业生产中，小面积作业仍由这类农具完成，特别是改进后的小耠子，亦称耘锄。能在大田里锄草灭荒，能更换铲头划锄，使耕作层保墒。

耙　耙多为三梃，框由三根木条组成，与耙梃合成为“八”字梯形，中间由两块木板供耙地人踩踏，耙的后两梃装有铁齿，能刺碎大坷垃，并勾出地里的一些杂草。一般由两头以上牲畜拉动，随耕、随耙。其作用一是耙开坷垃，二是保住地墒。20 世纪 80 年代后，耕地用拖拉机，犁子后面拖上铁耙，这种木制耙也基本淘汰。

耧　俗称种轼、亦称耩子，播种专用农具，木料巧工制作。辕杆的尺寸、扶手把的尺寸、耧腿的角度都要求十分严格，素有“好木匠一生插不出一架耧”之说。其构造由辕、扶把、种箱（耧斗）、耧腿、铁制耧角等组成，播种时，耧角后挂有“吊板子”，将划沟搓平，避免露种。后有砘轱辘压实，整个播种工序完成。耧有双腿、单腿、叉子耧和氨水耧。

双腿耧　间距 4、6、8 寸不等，少有一尺间距。用于粮食、棉花等作物播种。由铁耧脚、木耧腿、种子箱组成，箱内有调节下种量的摆锤和耧仓板。前有双耧杆，后有双扶手，需两人一畜。一次播两行，日播种 6 ～ 8 亩。1960 年前，播小麦、谷子、玉米、高粱、大豆等，都用“两腿木耧”或“独腿木耧”。

杈子耧　在 50 年代多用于棉花播种，下种管由柳编杈子制成，呈“人”字形，其构造同双腿耧。70 年代淘汰。20 世纪 80 年代后，随着耕作制度的改革，大兴密植，铁制多腿密植耧出现。近年大多采用播种机进行作业，效率高，疏密均匀，出苗齐。旧的播种方式基本淘汰。

氨水耧 20世纪60年代，农业兴起施用氨水，由此而创造、使用氨水耧。结构原理同双腿耧，种子箱放置小氨水桶追施氨水，放置化肥袋子可追施尿素之类的化肥。下接一塑料管沿耧腿一直伸至耧脚后，使化肥或氨水由塑料管漏入耧脚已开的沟内。

氨水池（2015年摄）

二、田间管理与收割农具

锄 是一种田间松土保墒、除草灭荒的小型传统农具。锄头大小不等，一般长15～20厘米，宽15～17厘米。锄头的大小由农作物的行距决定。大片白地保墒用大锄头（称耪地），至今仍沿用。小扒锄，直把单头，头与把基本呈垂直角度，多用于直播作物的间苗（定棵）。

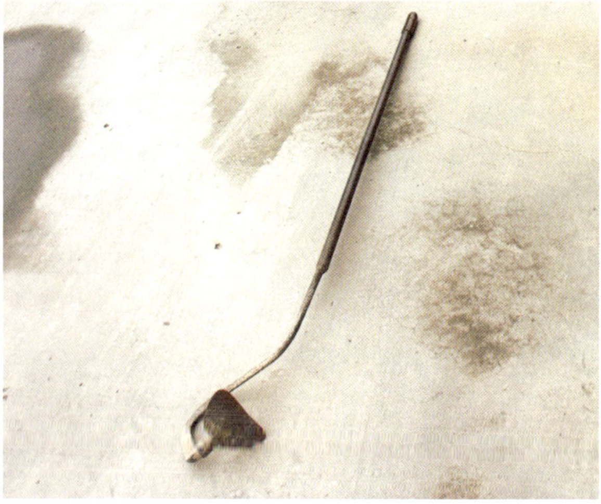

锄（2015年摄）

耘锄 将特制金属弯刀安装于耠子架杆下，作业方式同耠子，只是制作上轻便很多。前有牲口拉，后有人力扶，并掌握好方向，专门在庄稼苗子长高后突击灭荒使用。这种工具功效高，省人力。如大片棉花、大豆、高粱等田地，垄背的杂草直接铲灭，垄眼的小杂草可以埋灭。20世纪80年代，灭草剂的使用取代了耘锄灭荒。

耘锄（2016年摄）

镰 亦称镰刀，木把铁制头，一手操使农具，为收割农作物、野生植物之用，现仍沿用。分麦镰，草镰等类。麦镰头呈月牙型，草镰头呈鲫鱼型，砍割用法不一。属农户各家必备家什。

铁锨 主要用于翻土、平地、装卸等，大小样式不一，为各家必备工具。具有翻土、平地、装卸、挖沟、掘坑等多种用途。由木制把和铁制头组成。本地使用的有板锨、裤锨、掘锨、压锨、尖头锨等，锨把相同，以柳木为宜，长度在1.0～1.3米之间。板锨锨头较大，长约35厘米，宽25厘米，厚0.3厘米，锻打而成，无锨裤。用铁板、铁柱将柄、头铆固为一体，因较笨重，50年代，逐步被压锨取代。掘锨，锨头较小，稍呈弯型，长约22厘米，宽17厘米，上端有裤，裤下起筋，柄入裤即可。压锨，是50年代后兴起的一种新型锨，锨头上端有裤，长29厘米，宽23厘米，裤长9厘米，厚0.3厘米，机械冲压而成，是现在使用最普及的一种锨。尖头锨，锨头刃呈尖形，上端有裤，下端起筋，用薄铁板锻打而成。分大小两种，大的用于装沙、煤等，小的用于挖掘沟渠或坑穴，是70年代兴起的一种新型锨。使用上仅次于压锨。

镢 是历史上最早使用的农具之一。由铁头、木镢柄构成。分两个种类四个规格，即大镢、小镢。大镢宽型、窄型。小镢（简称小镐子），也有宽型、窄型。当地使用的大镢多为窄型，长 40 厘米，宽 7 厘米，上端厚 1 厘米，镢柄长 1.2 厘米，用于翻地、刨地瓜、萝卜、花生等。小镢子多为宽型（似燕尾），长 18 ～ 20 厘米，柄长 0.5 米，是砍刨玉米秸、高粱秆的专用工具。

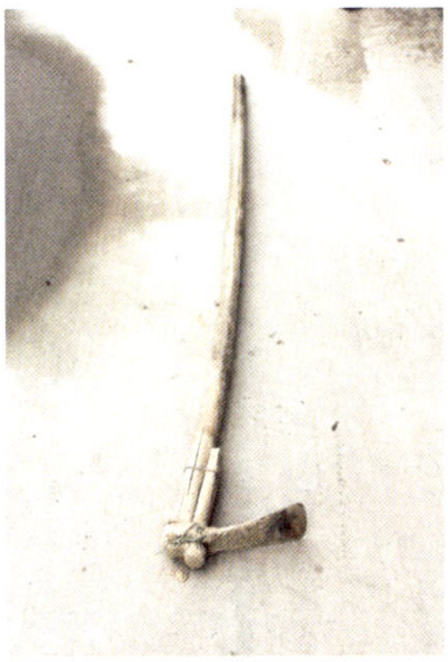

小镢（2016 年摄）

镐 由铁镐头、木镐柄构成，镐头长 50 厘米，一头尖一头扁，柄长 1 米左右（俗称“两头忙”）。用于刨掘较坚硬的土层、冻土层、挖树根、劈柴等。

抓钩 当地称“爪筢”。多用于抓挠农家肥，房屋修缮和泥，折扒旧的设施等用。单把，长约 1 米左右，头由三根铁尖锥组成，长约 15 ～ 20 厘米，属农家必备翻、扒、折工具。

筢子 结构为竹片烤制弯成，排列于一块木板编叉，呈三角型，固定一条木把，常用于搂草。在场间用途最广。

三、灌溉汲水工具

戽斗 早期汲水工具，用柳条编织成底窄、口宽的椭圆形，做盛水用。上口两端和底部中心处系长绳 3 根，由两人分立两边，一人拉一根绳，另一人拉两根绳，从河沟或湾塘内向田间水沟（垄沟）里往复提水，灌溉田园。因劳动强度大，50 年代被淘汰。

木桶 村内最原始的汲水工具是木桶。上口两边有耳，汲水时用绳吊入井内。约在 20 世纪 70 年代被淘汰。后多用铁制水桶，汲水方式与木桶相同。

水车 20 世纪 50 年代，引进解放式水车，有人工摇和畜力拉两种。水车安装在井口，水经链子上的胶皮活塞从铁管中提出，由一只组装一体的铁簸箕流入引水沟至田间。至 70 年代，这种汲水工具基本消失。

手压井 20 世纪 70 年代研制的一种简单汲水工具。主要是在地下水位较高的农村家庭宅院内供生活用水或灌溉少量的菜园，有水源条件的村至今仍在使用。手压井的构造原理是采用真空压缩，将水吸出井外。由一个简单的钢筒和活塞手柄、塑料吸管等构成。压水部分装于井上，用手压手柄一段，另一端上升，拉动连杆和活塞沿钢筒上行，活塞下部的空间形成真空，井内的水在大气压力下，通过塑料管被吸入钢筒内。之后定向活动阀打开，将手柄抬起时，连杆活塞下行，活动阀即关闭。活塞继续下行，进入钢筒的水便受压，受压到一定程度便顶开活塞上的活动孔窜上来。接连不断地按压手柄，水便源源不断地吸上来。此提水工具制造简单，造价低廉，操作方便，一人只用一只手就能扳动提水。

四、农田运输工具

境内最原始的运输工具是扁担，自 20 世纪 50 年代前后已不多见。之后主要的运输工具是车：

铁瓦车 车厢由辕杆，平板、车墙，另有前后挡板。运输长而宽的物件时可不用挡板。如秸棵、装好粮食的口袋等。运输粪土等需用挡板。车轮由木条板组成，周边是镶铁钉的木轮，最外围是铁瓦圈（故称铁瓦车）。轴由硬质木料制成，轮子结磨处镶嵌铁键，润滑剂多为苍籽油，润滑油常备，陶桶装油挂于车辕杆上（称油箱）。这种车自早年间一直沿用至 20 世纪 60 年代后期，后已淘汰。

胶轮车（俗称胶皮车） 车厢结构同铁瓦车。

轮子是现代化的，型同当今汽车轮子，润滑系统为轴承结构，靠机油润滑。其优点是载重量大，与地面摩擦力小，行驶平稳。胶轮车使用历史很长，最早起源于20世纪50年代，国营运输企业全为这种车辆。60年代开始，使用于集体生产队。80年代，实行家庭联产承包责任制后，小轮胶轮车在各家各户基本普及。90年代开始，随着农业机械化水平的提高，多被小型拖拉机取代。近仍有少量出现于田间地头。

独轮车　20世纪50年代兴起的田间运输工具。60年代，对独轮车进行改进。轮子由木质改为胶皮铁圈、辐条，平板改为架式车盖两侧装载。两种独轮车都是一人推动。早期木轮车载重极少（50千克左右），一般为农村妇女劳力使用。胶轮推车由于运行轻便，承载能力大大提高（400～500千克），多由青壮年劳力使用。60—70年代，小型的里推外运，独轮车成为必备工具。

地排车　俗称拉车子，结构同胶轮车，只是造型小，由两只小胶轮构成。此类运输工具于20世纪80年代特别盛行，几乎遍及各家，后来不少户又把地排车车轮换成大型胶轮。90年代末，随着农用运输工具的更新换代逐渐减少，用地排车或胶轮进行田间运输的已很少见。

地排车（2015年摄）

农用运输车、汽车　20世纪80年代后，运输工具逐步发展。大小拖拉机亦成为田间运输的主力。

五、场间农具

早期农作物成熟进场收获，是农民最为殷实的一个季节。收获前，先将场地整修，然后将收割的庄家分类堆放，晒干后打场扬净入。因此生产器具比较精致，种类多，使用讲究。

杈　分柳杈、排杈和铁杈三种。柳杈有三齿，少见二齿、四齿。因由一种特殊的树种长成，稍加整型便可使用，故称柳杈。在场间多用于拆、垛、抖、挑、翻秸等打场间的粗活。而排杈则是人工木制，由四齿平面排列于两条木块，多用于农作物碾压后的起场，翻场。一般农作物上场碾轧压后需翻三遍，起两遍，然后打堆扬场。

碌碡、石滚　亦称立柱，石混。该工具由石料制成，圆型，两端有孔，供安装框子套牲口用。碌碡多用于小麦，高粱、谷子等作物碾轧，花纹直，轧层不宜过厚。石混多用于大豆等蓬散厚摊的作物碾轧。人们将成熟的庄稼收到场上，用碌碡碾压脱粒。

碌碡（2015年摄）

起筢子　由木制多齿排列一条木板上为头，把细长，多用于起场，齿朝上，推用也可打堆。

扫帚、簸箕、搂筢子　都是场间必不可少的工具。扫帚可使场地干净，颗粒不丢；簸箕可进行去糠二次筛净；耙子可使杂草分类打堆净场。

簸箕（2015 年摄）

六、农副产品加工工具

磨 石磨主要是用砂石做成，用于把米、麦、豆等粮食加工成粉、浆的工具。分磨体和磨盘两部分，磨体为石制，分上下两扇，直径一般为 50 厘米左右，厚 29 厘米左右，磨扇相互啮合的面上有磨齿，下扇固定，中有铁轴连接上扇，上扇有漏粮食的两个孔，经人推或畜拉上扇转动后，流漏进的粮食被两扇磨摩擦，粉碎后的粮食经箩筛后，将箩上面的粗渣再进行研磨和箩筛，最后使粮食全部成粉末。早年间，人们吃的是高粱、豆子、谷子等粗粮。最早人们把粮食放进大的石臼里用锤捣下皮糠，再用石磨压磨成粉末，之后才能做成窝窝头和饼子、粘粥之类。自 20 世纪六七十年代，逐步被粉碎机、磨面机所取代。另外还有一种水磨，构造原理同石磨，但磨体薄、小，一人可推动，主要用于磨豆浆

乡村记忆石磨（2015 年摄）

和磨煎饼糊，以便用于加工豆腐和制作煎饼等。近代，这种水磨被小型电动磨浆机代替。

碾 主要用于碾米，也可碾压其他粮食。由石制碾辊、碾盘、木制碾搁子构成。碾辊转动，对摊放在碾盘上的粮食进行滚压，即可粉碎或去壳去糠成米。

已废弃不用的碾砣（2015 年摄）

轧花机 俗称轧车，是古老棉花加工工具。一方形木架，高约 40 厘米，长约 50 厘米，木架上横装铁、木两轴，有适当的间隙。木轴一端装一手摇曲柄，铁轴一端安装一块长约 50 厘米的横模板，用绳系连脚踏板，手摇曲柄，脚踩踏板，使两柄向相反方向转动，棉花便从两轴隙中剥去棉籽，送出皮棉。多为妇女操作，每天可轧花 5 千克左右。

弹花弓 是与轧花机配套，将皮面变成棉絮的弹花工具。其构造较为简单：有一弓形木架，用一条皮弦拴至木弓架两端，要拉紧。背后有一细杆夹至操作人两腿之间，细杆上端拴一细绳连拉木弓架。然后操作人抓起木弓架，右手拿木棒槌打动皮弦，利用弓弦的震动，达到弹花目的。每人每天可弹花 5 千克左右。怀庄村有弹棉花的作坊。

纺车 是较古老的棉花纺纱工具，由纺车架、纺车轴构成。车两端安装扇形木齿 8 个，轴的一顶端安装手拧柄，全为木制，并配有一支柞木纱锭杆。有一人操作使用，多为妇女，日纺纱 0.25 千克。这种纺纱工具大都在农村普

遍使用。20 世纪 80 年代，随地方小型纺纱作坊或规模纺纱厂的增加，农村纺纱工具基本淘汰。

织布机 为较古老的织布工具，由 2 米长、1 米宽、2 米高的机床架、缠纱轴、织布缯、缠布轴、成框、双踏板、捣桩、织布梭组成。一人操作，多为妇女使用，日织布 25 ～ 30 市尺。20 世纪 70 年代后，使用量逐步减少，基本淘汰。

铡刀 传统农具，铡刀由刀片、木铡床、铁轴构成。铡刀一端有铁轴穿在铡床上，另一端安一短木柄，专门用于给牲口铡草料。由两人合作使用，一人把草料平铺在铡板上，另一人握住刀柄用力下压，草即被切碎。

第二节　农用动力机械

拖拉机 镇域内大面积的拖拉机农田作业始于 1964 年前后。1970 年，开始用东方红 -54 型履带式拖拉机拖四铧犁到各村轮流作业，翻地深，速度快，每天可耕百亩左右。特别是秋季播种前，各生产队倒出茬子，日夜不停实施机耕，小麦种植的速度质量大为提高。麦田的机耕率达到 80% 以上。1976 年，邓营村大队有了 24 马力拖拉机，5 个生产队每队一辆 12 马力拖拉机。

1980 年以后，集体经济转轨变型，实行家庭联产承包责任制。各家农户开始从粮食生产入手，从“贫困型”向“温饱型”过渡，零散的农业机械以家庭购置为主，多用于农田灌溉、收割打场，总体规模不是很大。至 2000 年，境内 60% 的农户都有了各自不同类型的农用机械。12 马力拖拉机数量发展到百余台，这些农用机械多用于农田耕翻，田间运输，小片土地的灌溉以及大量的场间作业。至 2006 年，此类农业机械在境内几乎得到了普及。后大型机械渐多。截至 2015 年年底，桑梓店镇高王村有旋地拖拉机 12 台，三官庙村有大型旋耕拖拉机 4 台，石门孙村有旋地拖拉机 20 台。石庙村有旋耕拖拉机 2 台，彭庄村有旋地拖拉机 4 台。

12 马力拖拉机（2015 年摄）

拖拉机与旋耕犁（2016 年摄）

农用运输车 1991 年，桑梓店镇出现小四轮和六轮农用运输车。小四轮农用运输车深受广大农民和个体户欢迎，发展很快。

柴油机 20 世纪 60 年代末，桑梓店镇各生产大队集体购买柴油机较多，多用于大队磨坊加工，也少用于抽水、浇地、排水等。1980 年以后，农户购买柴油机多用于农田灌溉。主要机型有：S195 和 X195 型 12 马力柴油机。另外有少量的 495、295、1140、185F 等。这些柴油机是农田灌溉和农村无电村人畜口粮、饲料及农副产品加工的主要动力。1986 年，境内出现有“小白龙”之称的 3 寸、4 寸、6 寸等小型水泵，其主要配套动力为 165F、170F、175F、180F 等型号的柴油机。此后随着拖拉机的购买增加，这种机器不利于搬运和安装，购买者渐少。

汽油机 早期，汽油机用于农田作业的并不多见，20 世纪 70 年代前后，少有 3.5 型小型汽油机抽水灌溉。由于汽油机的使用成本较高，点火线路复杂，因此境内农用量很少。1990 年开始，农机部门推广以 IE40FP 型马力小型汽油机为动力的泰山 -18A 型或东方红 -18 型棉花迷雾喷粉机。这种机械常用于大面积棉花和林网病虫害防治。

电动机 境内电动机用于农业方面最早的始于 20 世纪 80 年代后的农业灌溉、农村集中供水设备等，小型乡镇企业的加工设备也用电动机作为动力。后随电力事业和农村经济的发展，电动机的使用越来越广泛。农田灌溉、食品加工等多以电动机为动力。

第三节 农用动力配套机械

机引犁 20 世纪 50 年代，自桑梓店镇境内出现拖拉机开始，即有与其相配套的耕翻土地机械。其构造为双轮三铧、五铧、七铧。控制深浅有两种形式。一是 50 年代常见的人力控制，设有方向盘式升降装置，耕地时有专人坐在上面操作，称牵引犁；二是 60 年代生产的油压自动升降，称悬挂犁。耕作深浅由拖拉机司机同时控制。大型机引犁主要与东方红 -75 拖拉机配套的 LQG-727 轻型悬挂犁，与泰山 -50、上海 -50 配套的 LXT-3-27 悬挂三铧中型犁。自农村实行生产责任制后，由于地块小，农田中很少使用。小型机引犁主要有与泰山 -12 拖拉机配套的 LXT12-2-20 型悬挂二铧犁、IL-215 型双铧犁、ILX-124 型悬挂单铧犁等。

播种机 1979 年镇域内农民逐渐推行小麦机播，推广与泰山 -12 拖拉机配套的小型谷物播种机。1990 年后，采用 70 ～ 90 马力的拖拉机带动 9 行或 11 行小麦播种机，同时配有化肥追施器，种子的播量和化肥的数量都能人工控制，深浅及行距也能人工控制，日播 4 公顷以上。玉米播种机一般用 12 或 24 马力拖拉机作动力，带动 4 行或 6 行播种机，同时能串底肥。2005 年后，播种机能够等株距穴播，每穴一粒种子，株距能根据种子的性能进行调整。1980 年前，水稻播种都是人工进行穴插，后来采用插秧机节省了繁重的体力劳动。1980 年后，12 马力拖拉机带动棉花、花生播种机进行穴播，同时能进行薄膜覆盖，还能喷施除草剂，节省劳力 80% 以上。

玉米播种机（2016 年摄）

镇压器 小麦播种后压实和小麦越冬压实及碎土的一种镇压农机具。境内多用于小麦等作物的碾轧脱粒作业。结构为全部铁制，铁框下由铁轴串连组合的多个铁轱辘。进入 21 世纪后，随着境内联合收割机推广使用，镇压器使用减少。

收割机 镇域传统收获方式都是人工用镰刀和镢头等原始方法。收获小麦主要是人工徒手拔收，运回场园后用铡刀将麦根铡掉，在场里晒干后用牛驴等牲畜拉着碌碡轧场，然后将麦粒及麦芒堆积起来，用木锨或簸箕借风扬场，将麦粒析出。收获玉米是将玉米棒掰下来运到场里，将玉米萼子脱掉晒干，堆成堆后用木棒砸，或用手拧下来，上千年来人们就是依靠这种原始方法收获小麦和玉米。地瓜、花生等根茎作物是用镢子刨出来，将地瓜用刀切成片晒干后入囤。1975 年开始，境内开始有小麦收割机。1998 年，镇政府大力推广机械收割新技术，农

小麦联合收割机（2016 年摄）

技站的科技人员大力培养机械驾驶员配合小麦收割，吸引外地机械，1998 年麦收时期，机械收割小麦的面积大大增加，而且使用联合收割机的面积也增加很多，仅草庙王一个村联合收割就达到几百亩。机械收割不仅减轻了劳动强度，而且加快收割速度，为夏玉米的抢种奠定了基础。2000 年后，用“三清”收割脱粒一体机，能将麦粒、麦芒、麦秸分离。2005 年，耿家村在全镇第一个买了 2 台收小麦的联合收割机，每台 20 万元，免费 3 年给村民割麦、旋地。2010 年后，出现能够将麦秸直接粉碎的收割机。三官庙村有小麦联合收割机 2 台、玉米联合收割机 2 台。高王村有小麦联合收割机 9 台、玉米联合收割机 10 台。石门孙村有玉米联合收割机 15 台、小麦联合收割机 20 台。石庙村有小麦联合收割机 2 台、玉米联合收割机 1 台。彭庄村有玉米联合收割机 1 台、小麦联合收割机 3 台。

玉米联合收割机（2016 年摄）

脱粒机　水稻、黍子、高粱等作物，人们手工比在铁锨或镰刀上向下撸，从而进行脱粒。新中国成立后，出现了手摇或脚蹬打稻机。1980 年后用电动机带动打稻机使用至今。1980 年后，始用小型手摇铁制玉米脱粒机。1985 年，开始用动力脱粒机，有与 12 马力拖拉机配套的脱粒农机具。境内常用的脱粒机有：TJ-1500、工农 ZS-700、红旗系列（450、500）以及 TV-4 型，主要与 4.5 千瓦的电动机、12 马力柴油机配套，脱粒净率在 98% 以上。

玉米脱粒（2016 年摄）

水泵　1960 年后，镇域内开始用蒸汽机作动力的水泵，但由于难操作，时间不长便被废弃。1968 年后，在中淡水和低盐水的地块开始打机井，用柴油机作动力，一天能浇 5、6 亩地。1970 年后，镇域排灌体系基本建成，旱季从黄河放水，用水泵从沟渠里抽水，一天能浇 7 ～ 10 亩。20 世纪 80 年代末，农村电网大力普及，群众大都用上潜水泵，电机与水泵一体，与出水管相连。将水泵置于水中，通电即能出水，移动非常方便。由于农排线盗割严重，不几年时间潜水泵废弃。至 2015 年年底，农民都用三轮车或者 12 马力拖拉机做动力，带动水泵浇地。

铲运机　与东方红 -75、70、60、802 拖拉机配套使用。主要用于整平土地，调运土方筑坝等。主要机型为 CTV3GN（节能）铲运机。

挖掘机　主要用于沟、渠、路等工程建设。

先后在桑梓店等乡镇的农业开发中作业。后桑梓店镇等陆续引进WV50型、W2ZC型等型号的小松、日立、卡特牌往返式挖掘机。

附：2015年桑梓店镇农机手人员名单

老屯村：韩孟泉、韩忠民、韩忠臣、韩忠木、于代喜

刘庙子村：刘云福、刘庚祖、刘新华

铁匠村：肖殿生、肖居虎、肖付林、肖童、艾如意

丁庄村：刘忠水、刘元明、赵振、赵风荣

小屯村：朱吉东、怀务庆、朱文平、张士平、王力生

朱河圈村：朱继林、朱永泉、朱希波

丁口村：孙兆平、孙兆安、王保才、韩正勇、朱吉泉、吕连财、朱守保

耿家村：王立芳

张王堂村：张曰云、王振勇、赵付昌、刘更辛、刘更才、刘丕晖、王敬连

邓营村：贾延宏、宋成东、宋承忠、张金友、王青利

第五章　畜禽饲养

第一节　管理机构

一、机构历史沿革

镇兽医站于1954年5月建立，当时地址在桑梓工业大院东邻，名称是齐河县桑梓店兽医站。主要业务是对猪、牛、马、驴等大家畜进行诊疗及疫病防控。1976年7月，迁至桑梓粮所对面，占地2000平方米，并于当年建立兽药大液体生产车间，自产自用，为辖区大家畜服务。1990年初，名称改为济南市历城区桑梓店镇畜牧兽医工作站，主要业务是畜禽疾病防治，兽药、饲料、添加剂销售，开始对牛进行冷配。1998年，牛羊冷配技术得以推广，对猪开始进行人工受精。2000年，单位名称改为济南市天桥区桑梓店镇畜牧兽医工作站至今。2000年以前，动物防疫由兽医站职工定时到村里进行免疫注射，并且收费。2000年后，国家规定的疫病的防疫是免费的。自2004年开始，每村设立1名动物防疫员，负责辖区内疫病防控工作及疫病监测、疫情上报等。其工资由省、市、区三级财政负担，开始每人每年300元，后又分别调整到每人每年600元、1200元、1500元。近几年重大疫病在其他地方频频发生，对防疫提出更高要求，2015年6月1日，天桥区农发局委托劳务公司面向社会招聘村级动物防监员，接替原村级防疫员工作。2002年开始主要业务是对畜禽及产品进行检疫，及重大动物疫病防控，病死畜禽无害化处理等。2013年1月，兽医站办公地点搬到桑梓店镇政府农委办公室。2015年7月，搬到桑梓店镇308国道南小马段办公室。

二、历任站长任职情况

高振宝　1954　—1965.05

米广义　1965.06—1972.07

张明修　1972.08—1978.09

于安芝　1979.10—1982.06

郭学文　1982.07—1984.07

杨洪文　1984.08—1986.07

孙克才　1986.08—1989.06

丁保森　1989.07—2009.07

闫　斌　2009.08—2011.06

郝向贵　2011.07—

第二节　畜牧业发展

桑梓店镇为沿黄乡镇，可用于居民生存生活的野生资源较多，十分有利于畜牧业的发展。新中国成立前，土地多被地主占有，加之当时生产力低下，旧政府不关心人民群众的畜牧业发展，缺医少药，防疫无保证。当时养猪出栏率极低，曾有俗语说“养猪图攒粪，挣钱是枉然”。家禽也多为农户个人散养，因品系低劣、不懂科学喂养，又无防疫措施，获利甚少。新中国成立后，农民分得了土地，国家颁布保护家畜政策，马站、兽医站相继成立，群众的饲养积极性提高，畜牧业得到极大发展。1957—1960年，镇境内大牲畜由生产队统一饲养，属于集体所有财产，所饲养的牛、马、骡、驴等大牲畜均需在公社备案登记。大牲畜主要用于役使，在耕作上用来拉犁、拉耧、拉车。在粮食加工方面用来拉磨、拉碾，驴、马还能作为代步工具。家禽养殖多见于鸡，一般在院内搭一鸡窝散养。此种养殖多为一种民间的习惯，不作为一种产业或收入门路去发展。

1978年后，随着生产体制的改变和农村经济形势的发展，国家提倡养殖商品畜禽，鼓励规模化饲养，谁饲养谁得利，因此桑梓店镇的畜禽业发展很快。到1984年，大牲畜年底存栏量达到3611头，鸡鸭鹅饲养量都有了较大幅度的增长。1985年年底，大牲畜存栏量为4500头。镇内牧业的发展为粮食的转化增值开辟了广阔前景，提高了人民生活，增加了农民收入。1988年末，大牲畜存栏量达4700头，生猪存栏量达到4500头，家禽8000只。

20世纪90年代，桑梓店镇在抓好农作物种植调整的同时，猛促畜牧养殖业的发展，推广配方饲料、氨化饲料、黄牛冷配等技术，引进西门塔尔和肉食牛的繁育、零饲养技术及英国樱桃蛋鸭饲养技术，增加饲养业的科技含量。建立沙李、冯家堂等村规模饲养示范基地，带动全镇畜牧业快速发展。1991年，全镇大牲畜存栏量为6500头，户均1.14头。生猪存栏量4500头，羊1000只，鸡鸭鹅20万只，禽蛋产量达529.5吨。1995年老寨、小寨村屠宰牛羊专业村，北董、怀庄宰猪专业村，小辛宰驴专业村，带动了全镇养殖业的发展。到1995年全镇生猪存栏1.1万头，大牲畜1.7万头，家禽37万只，分别比1990年增加7500头、1.2万头、3万只。1998年，牛存栏量突破3万头，羊存栏量达到5万只，家禽总量超过百万，引进梨木赞、西门塔尔等良种牛。1999年，大牲畜存栏量达到2.5万头，出栏量达到2万头；生猪存栏量达到2万头，出栏量达到2.3万头；羊存栏量达到2万头，出栏量达到2.6万头；兔存养2万只，出栏1.5万只；蛋鸡存养量达到20万只，肉食鸡存养量4万只；肉类总产达到2200吨，畜牧业产值达到3000万元；人均纯收入达到2418元。

进入21世纪，畜禽饲养更具规模化。2000年，全镇有各种家禽、家畜基地7个，肉鸡、蛋鸡存栏量达139600只，生猪存栏量达16957头，羊存栏量达24521只，肉牛、奶牛存栏量达17845头。小寨村的小尾寒羊养殖基地，原农中的奶牛养殖基地、石门孙村的“白玉鸽王”种鸽养殖基地、拖拉机站的獭兔养殖基地等，都产生了良好经济效益。2003年，全镇紧紧围绕“服务城市，致富农民”这一主题，按照“稳粮扩经上畜牧”的工作思路，引导、鼓励群众调整农业结构，重点抓畜牧业，建成占地40余亩的冯家堂奶牛养殖小区，扩大了锦程奶牛场规模。全镇肉牛、奶牛存栏量达18412头，羊存栏量达22620只，生猪存栏量达17927头，畜牧业总产值达到4815万元，占农业总产值的35.9%，畜牧养殖业逐渐成为全镇农民增收的一个大产业。2004年，全镇奶牛、肉牛存栏量达18654头，羊存栏量达22641只，生猪存栏量达18026头，畜牧业总产值达到5241万元。2006—2016年，猪年存栏量2100只左右，牛年存栏量220头左右，马年存栏量2匹左右，羊年存栏量5500只左右，驴年存栏量20头左右，肉鸡年出栏量20万只左右，蛋鸡年存栏量40000只左右。

第三节 畜禽种类

一、牛

新中国成立前，养牛以本地牛为主。当地牛抗病性、适应性、繁殖能力强，遗传性稳定，耐粗料且使役有耐力。但因长期近亲交配，又不注意选择良种，其品质逐渐退化，体形越来越小。60年代初到70年代，桑梓店镇先后从辽宁、内蒙古、贵州等地及国外引进“蒙古牛”“西门塔尔牛”“黑白花奶牛”“鲁西黄牛”等，并使之与本地牛杂交，形成鲁本杂交牛、西本杂交牛等类群。

1981年，实行联产承包分田到户之后，北董村喂大牛的很多。有的家庭一户养两三头肥牛，大街上一路都是栓牛桩。当时全村总共有几百头牛。养的牛主要销往济南市区、晏城、大桥（镇）、临邑等地。1994年，镇域内养牛1.2万头。1998年，牛存栏量突破3万头，引进西门塔尔良种牛50余头，并聘请专家讲授饲料氨化、青贮技术，降低养殖成本。2001年，通过资金扶持，扩大农中奶牛场的规模，建成小寨千头肉食牛养殖基地，建成高标准牛舍360间，引进大型饲料加工设备，购进肉牛300余头。2003年，冯家堂村王志自筹资金200万元建立济南佳华畜牧科技开发有限公司，开始发展奶牛养殖业。

在草地上吃草的牛（2016年摄）

二、马

当地马的品种已不可考，新中国成立前，只有官府及富人家养马作为代步工具，一般农户很少养马。合作化时期为增加畜力，曾先后引进新疆伊犁马、蒙古马等马种。1964年后，从新疆、内蒙等地，引进苏高阿尔登、顿河、苏挽等品种与当地马杂交，形成复杂的杂交类群。各生产队逐年增加养马数量，主要用来拉胶轮大车，作为运送肥料、运输庄稼之用。1980年，实行家庭联产承包责任制后，生产队将马匹、耕牛等牲畜做价卖给本队社员，同时与畜力配套的生产工具及生产队所属财产，如仓库、马舍、树木等均做价卖给社员。1990年后，随着机械化程度的提高，作为役畜的马匹养殖量越来越少。截至2000年，镇域内的马基本绝迹。

三、驴

镇域内驴的品种主要是德州驴，性情温顺，使役灵敏，持久力强，体型高大，全身结构良好，头大小适中，头颈结合匀称，两耳直立，眼大而有神，耆甲明显，背腰平直，前胸较开广，肋部开张良好，尾部稍斜，全身肌肉发达，肢势端正，关节明显，蹄质坚硬。

新中国成立前，富裕人家及商户有养驴习惯，主要用其驮物经商或走亲串友作为代步工具。少妇骑驴回娘家乃是婆家富有的象征，时有商人赶着小驴车串乡卖货，也用来作为农事运输和耕作。1990年后，随着机械化程度的提高作为役用基本绝迹，主要作为肉用。小辛村村民在秋收之后，买下一定数量的驴进行放养，在春节时期宰杀以供济南市民和当地百姓之需。

小辛村村民圈养的驴（2016年摄）

四、骡

马与驴交配所生称驴骡子，驴与马交配所生称马骡子。新中国成立前，骡主要用作短途交通运输的畜力以及地主富农家的耕作。由于骡比马使役耐力强，饲养较耐粗，新中国成立后，镇域内仍有养殖。骡没有生育能力，但体力大，易驯服，多用于拉车或耕播。至2015年，镇域内较少养殖，偶见在田间耕地或施肥。

五、猪

新中国成立前，只有富户人家养猪，一般家庭养不起猪。合作化时期提倡养猪积肥，主要品种为传统黑猪，耳大嘴长、鬃毛长、腹大、产仔多、耐粗饲、抗病力强。人民公社初期以生产队为单位，先后引进约克夏、匹克夏，新金等品种进行杂交。1970年后，引进长白、内江等品种。1980年后，引进短嘴荷兰猪。随着粮食产量的增加、家庭养猪逐渐增多，养猪专业户也开始出现。90年代，镇域出现养猪专业户，如王长安的养猪场，东秦养猪场等。90年代末，全镇引进长白山瘦肉型猪。怀庄村、北董村发展生猪屠宰，人们不仅在附近收猪，而且足迹远至茌平、禹城、平原、济宁甚至河北省。将猪肉运到济南市场去批发，也有客商来村进货。连下货、猪皮等都分门别类，形成一定规模。镇域内冯家堂村有2家养猪户，有60～80头的规模。

六、羊

境域内自古就有养羊的传统，以本地山羊为主。合作化时期，养羊较多，“文化大革命”时期养羊很少。1980年后，家庭养羊开始发展，但当时主要以散养为主。1990年后，规模养羊渐多，群养增多。群养以放牧为主，有草季节在沟边路旁放牧；冬季封冻后以啃麦苗为主，赶回圈后补充精料。1967年后，引进高加索、美利奴、新疆细毛羊等绵羊品种，每年可剪毛获利。1981年，从昌乐引进考力代半细毛羊。1999年，镇畜牧兽医站引进生长快、肉质细嫩的“波尔山羊”400余只。1999年，在沙李农业开发示范基地（新绿洲集团）投资50万元，建成波尔山羊养殖基地。镇域内养羊户在各个办事处、村（除丁仓办事处）较普遍，但以老寨、小寨两村为主。

街后村坡上的山羊（2016年摄）

七、兔

境内传统饲养的当家兔种是中国白兔，体型较小，头清秀，耳朵直立，嘴较尖细，眼睛红色，被毛洁白紧密，皮板结实，具有良好的适应性；但是生长较慢，产肉性能差。后来引进青紫蓝兔，毛色灰蓝色，十分美观。该兔适应性和繁殖性能好，毛皮品质优良，其皮卖给采购站或将活兔在市场出售，食用兔肉者很少。1980 年后，引进比利时肉食兔，只在家庭散养。1999 年，全镇引进良种獭兔 1000 只，皮肉兼用。石门孙村的毛寿全养兔 2550 只。

兔子（2016 年摄）

八、家　禽

在镇域历史上鸡、鸭、鹅的饲养一直是农民的家庭副业，大多以散养或圈养为主，养殖数量多在几只、几十只左右。

50 年代初，农民养鸡发展较快。50 年代末，家庭养殖业受到冲击，养鸡量下降。1962 年，饲养量开始回升。进入 70 年代，加强疫病的防治工作，养鸡业发展较快。1978 年后，逐步落实各项经济政策，出现各种类型的专业户、重点户和经济联合体，养鸡业开始向社会化、专业化、商品化发展。鸡的品种趋于良种化，如蛋鸡有京

鸡（2016 年摄）

白、星杂“288”及“579”等。肉鸡品种有白洛克、罗斯、西赛斯等。丁口村有农户建设蛋鸡养殖场，收入颇丰。北董村有农户常年养蛋鸡 4000 只，已经有十几年的历史。姚吕村有农户加盟大公司连锁养鸡，一批能养七八千只，鸡苗、饲料、防疫等都有专人根据合同来负责，虽然利薄但稳赚不赔。鸭、鹅的地方品种主要有微山麻鸭、文登黑鸭，五龙鹅、百子鹅。1999 年，沙李农业综合开发示范基地从英国引进樱桃谷 2000 型鸭子优良品种 4000 只，该鸭适应性良好，成活率 98%，140 天产蛋，肉质好，成为肉鸭的当家品种。

鸭（2015 年摄）

第四节　畜禽饲养

一、管理形式

新中国成立前，为数甚少的地主、富农拥有大量的大牲畜，用于自家配农具使役，而广大贫雇农饲养大牲畜数量很少。家禽一般是农户养家在自家庭院搭建简陋鸡棚、鸭棚等，对鸡、鸭、鹅进行散养。

1956 年，实现农业合作化后，大牲畜作为生产资料，折价归农业合作社所有，大耕畜由个体所有转为集体所有，由生产大队统一役使。猪、羊、家禽等仍归农户个体所有。1958 年，出现大办人民公社高潮，原来农业合作社集体所有的耕畜随即转为公社所有。对原先农民个

体所有的猪也收归集体所有，桑梓店公社各村办起了集体养猪场。其中小张村养猪场规模最大，小张村养猪场座落在村北，占地12.5亩，有猪舍约60间，养生猪约200头，有繁殖母猪20余头并养有种猪。1960—1962年，三年自然灾害期间，大部分耕畜及家畜被宰杀或饿死。

中共十一届三中全会后，随着农业生产责任制的推行，畜牧业出现了多种经济成分和多种经营方式并存的格局，大牲畜由集体所有转变为农民户养。养猪由公养私养并举转向以户养为主。同时全镇畜禽饲养专业化兴起，发展了一批专业户，对济南市里及周边村镇的禽蛋供应起了重要作用。实行“家庭联产承包责任制”后的10年间，大牲畜养殖进入快速发展阶段。至1991年，全镇大牲畜存栏量为6500头，户均1.14头。生猪存栏量4500头，羊1000只，鸡鸭鹅20万只，禽蛋产量达529.5吨。2000年以前，镇域内的畜禽养殖以散养为主，农户以实行粗放管理为主。饲料以野菜、农作物的副产品（麦糠、麦秸、玉米秸、花生秧、地瓜秧等）为主，少量精料为辅。饲草经过晒干、铡短等简单加工即可。农户畜禽以自给自足为主。

冯家堂村羊群（2015年摄）

进入21世纪以后，镇域内逐渐以专业户规模养殖、集约化养殖为主。按照现代养殖管理技术，从畜禽的实际生产需求出发，对种苗、饲料、防疫、环境等各方面进行精确管理，收到良好的社会经济效益。2002年，全镇建成了规模达1200头的肉食牛养殖小区及2处奶牛养殖基地，全镇牛存栏量18354头，羊存栏量22613只，生猪存栏量17890头。2008年，冯家堂村王志与其他80余名本村养殖户共同成立富民奶牛养殖专业合作社，实现从养殖散户到规模化饲养的转变，年均增收2万元以上。2012年10月注册成立山东寿华农业科技开发有限公司，成为一家拥有50亩地80多间高标准牛舍，400多头奶牛的集饲养、销售、科技服务于一体的综合企业。大型无菌自动式挤奶厅10间共450平方米，投资36万元安装现代化自动挤奶设备，投资16万元购买两台8吨鲜奶制冷罐。在济南建有28家佳华鲜奶吧，日产鲜奶3.5吨。后来养牛场址迁至外县。

冯家堂村佳华畜牧奶牛（2015年摄）

二、饲养技术

新中国成立前，农民在多年的饲养实践中总结出不少经验，编成“马无夜草不肥”“草膘料力水精神”“寸草铡三刀，无料也上膘”等顺口溜。新中国成立后，政府建立畜禽饲养专业机构，对畜禽饲养及时进行科学指导，推广先进饲养经验。1957年，推广“三勤、四好、四净”经验（勤垫栏、勤刷槽、勤添草；食槽刷洗好、拌草棍管理好、水缸管理好、牲畜饮水好；饲草干净、畜体干净、牲口场子干净、饲养院干净）。1961年，实行“六防”（防使役过重、吃霉烂草料、赶牲畜急跑、爬陡坡、急转弯、打冷鞭），“四固定”（固定专人饲养、专人使役、农活范围、劳动定额)，“两照顾”(在草料上照顾病弱牲畜、怀孕牲畜)，“一分养”(孕畜与非孕畜分开喂养)，“一结合”(使役员与饲养员结合)，“一奖励”(多繁殖幼畜)，提高了饲养管理水平。1981年，实行分户喂养后，饲养水平又上新台阶。

三、饲料及加工

(一) 饲料种类

粗饲料：粗饲料以麦秸、豆秸、谷秸、玉米秸、高粱叶、地瓜秧、花生秧等农作物秸秆为主。全镇荒地、河滩、路旁等地产大量青草为优质饲料，另外，树叶和瓜菜、罗卜等都可以作为饲料。粮食副产品谷糠、麦糠、麸子、花生皮、豆饼、棉籽饼、花生饼、酒渣、粉渣、酱渣、豆腐渣属于上等饲料。

精饲料：主要有玉米、谷子、高粱、豆子、瓜干等。其中，玉米直接用作饲料的比例最多，其次是高粱。新中国成立前后，由农户自备自储；农业合作化后，由集体扣留；社员交售生猪，国家奖励部分杂粮；人民公社时期，社员自留地、饲料地是精饲料主要来源。集体饲养的牲畜从集体粮中扣留。

(二) 饲料加工

镇域内传统的饲料加工调制方法简单：干草铡短切碎，粗糠粗秕水浸泡软，精料粉碎煮熟，青料变糟或自然发酵。大家畜草料加工调制为干草铡短切碎过筛以后，再用混合精料洒水拌匀饲喂，青料鲜草直接饲喂。猪饲料加工为粗糠泡软后加煮熟精料拌喂，青料切碎或整棵撒喂。农民养鸡用高粱、稻谷或玉米直接撒于院内饲料盘中，任其采食；或在料盘中拌些麸皮谷糠饲喂。传统饲料加工调制，主要是切碎、浸泡、粉碎、煮熟等几种方法，大家畜、猪、鸡均为散养或放牧，饲料调制加工简单粗放。

新中国成立后，饲料加工调制逐步发展，方法改进创新。1958年，推广青贮饲料及发酵饲料。青贮饲料，一般以玉米秸、地瓜秧为原料。1972年，各村队养猪场建青贮窖。大部分生产队在临近玉米地和地瓜地边挖1.8深的大坑，将收完玉米的鲜玉米秸和地瓜秧用粉碎机切成段，堆积到已挖好的坑内，踩实后上封塑料布最后用土覆盖，发酵后，饲草糖化，牲畜爱吃。1980年后，推广多种形式青贮窖，有地下、半地下、地上和青贮壕等，并采用青贮切割机，加速了青贮饲料的推广应用。

1990年后，颗粒饲料逐渐面向市场。颗粒饲料具有很多优点。(1)配方合理能根据家畜家禽的生理特点，生产各个生长阶段的饲料；(2)饲喂方便；(3)便于贮藏；(4)节省劳动力；(5)经济实惠。规模养殖场多采用颗粒饲料。传统饲养一年才能育肥一头猪，而今5个月便能催肥。

2005年后，逐渐以规模养殖场和专业户集约化养殖为主。按照现代养殖管理技术，从畜禽的实际生产需求出发，对饲料等各方面进行精确管理，收到良好社会经济效益。

第五节 繁育技术

一、配种繁育

1954年前，饲养牲畜及家禽处于无序养殖状态，政府没有专门管理机构，饲养户需将牲畜牵至集市寻找种畜配种进行繁育。1954年，桑梓店公社成立兽医站并饲养种畜，全公社各生产队饲养的母畜都前去配种。

二、人工受精

1980年，桑梓店镇开始牛人工授精。1997年，初步推广人工冷冻配种，兽医学会采用人工冷冻配种技术繁殖黄牛。冷配技术采用品质优良，体征健壮的公畜精液，使当地牲畜品种得到改良，效果很好，在镇域得到推广应用。截至2016年9月，牛基本全部采用人工授精，羊、猪部分采用人工授精、部分采用本交方式，家禽主要通过专门的孵化场孵化，农户只是购买商品代鸡苗。

三、流动配种

2000年后，牲畜养殖逐渐减少，人工受精停止。此时种畜养殖户开始出现，并用农用车载上种畜走街串巷就地配种。

第六节 疫病防治

1955—1979年，主要防治马传贫、破伤风。1980—2000年，主要防治口蹄疫、猪瘟、鸡瘟。2000年至今，主要免疫猪口蹄疫、猪瘟、猪蓝耳、牛羊口蹄疫、小反刍兽疫、高致病性禽流感，具体如下。

一、猪主要传染病及防治

口蹄疫：是由口蹄疫病毒引起的以猪的口、蹄部出现水泡性病症为特征的传染病。我国将其列入一类动物疫病。防治措施主要是扑杀病畜及染毒动物，免疫接种，限制动物、动物产品和其他染毒物品移动，做好动物卫生措施。

猪瘟：是由猪瘟病毒引起的猪的高度致死性烈性传染病，其特征是病猪高热稽留、全身广泛性出血，呈现败血症状或者母猪发生繁殖障碍。我国将其列入一类动物疫病。防治措施主要是做好引种检疫，免疫预防。若发现病猪存在，则采取严格扑杀措施，并进行消毒。

猪繁殖与呼吸综合症：是由猪繁殖与呼吸综合症病毒引起的一种猪的高度接触性传染病，又称猪蓝耳病。该病以母猪发生流产，产死胎、弱胎、木乃伊胎以及仔猪呼吸困难、高死亡率等为主要特征。我国将其列入一类动物疫病。防治措施主要是提倡自繁自养，加强消毒，免疫接种，不推荐治疗，采取扑杀及无害化处理。

二、牛羊主要传染病及防治

牛羊口蹄疫：是由口蹄疫病毒引起的以牛羊口、蹄部出现水泡性病症为特征的传染病。我国将其列入一类动物疫病。防治措施主要是扑杀病畜及染毒动物，免疫接种，限制动物、动物产品和其他染毒物品移动，做好动物卫生。

羊小反刍兽疫：是由小反刍兽疫病毒引起的小反刍动物的一种急性接触性传染病。其特征是发病急剧、高热稽留、眼鼻分泌物增加、口腔糜烂、腹泻和肺炎。本病毒主要感染绵羊和山羊。这种传染病无特效治疗方法，一旦发生，立即扑杀，销毁处理。受威胁地区可提前接种预防。

三、家禽主要传染病及防治

高致病性禽流感：是由A型流感病毒引起的以禽类为主的烈性传染病。该病的流行特点是发病急骤、传播迅速，感染谱广，流行范围大，并可引起鸡和火鸡的大批死亡。我国将其列入一类动物疫病。主要防治措施是坚持自繁自养，做好免疫接种。一旦发现，立即封锁疫区，对所有感染禽和可疑禽只一律扑杀、消毒。

四、重大疫情及应对措施

1988年3月，全镇2000多头牛80%发生牛流行热病，兽医站安排员工分别到各个管区的村进行诊疗，并进行指导。经过30天的紧张工作，控制了疫情，减少了群众的损失。

21世纪初，全国禽流感爆发。为防止疫情的发生，全镇每年两次对畜禽免费防疫，大大降低了畜禽各种病毒的传播，有效避免和预防了高致病性禽流感疫情的发生。

2008年12月12日，南郑村有村民被确诊为狂犬病，病情严重。根据《传染病防治法》，在天桥区疾病防控中心的建议下，全镇组织公安、农业、畜牧等部门，对以南郑村为中心，半径5公里内的村庄进行犬猫捕杀，半径15公里以内的犬猫注射疫苗。对所有被狗、猫咬伤、划伤的人员进行疫苗注射。

五、免费免疫

2000年后，开始春、秋免费免疫。一开始有一部分群众不配合，认识不到免疫的重要性，兽医站工作人员耐心解释，发放明白纸等进行讲解宣传。到2003年，90%以上养殖户认识到免疫重要性。到2016年集中防疫完成后，需补防的养殖户积极到兽医站领疫苗或者打电话报告工作人员需要免疫。经过免费免疫，保障了畜牧养殖业健康发展，保障了人们的身体健康，避免了重大动物疫病的发生。

2005年后，各村相继配齐防疫员及监测员，密切监视疫情动向，一旦发现及时汇报并采取果断措施。春、秋季属疫病多发季节，镇兽医站协助村防疫员对畜禽多发传染病免费进行无缝隙防疫，使畜禽传染病得到有效防控，促进镇域养殖业健康发展。

2009年，对全镇畜禽普遍防疫2次，并按要求佩戴耳标、注射疫苗、建档立卡，做到镇不漏村、村不漏户。同时，对全镇916头能繁殖母猪进行全面普查，办理保险，并对死亡的121头母猪协助保险公司进行理赔，使广大养殖户享受党和国家的好政策。

2011年，对全镇各行政村进行防疫，由各村防疫员负责落实防疫工作，对各村的猪、牛、羊等家畜全面进行免疫注射，由各村防疫员带领专业队参加防疫，使全镇秋季动物防疫工作在10月20日100%完成。共注射口蹄疫疫苗猪1968头、牛967头、羊4866只，注射禽流感疫苗家禽8.21万只，做到100%防疫。采取对专业户边防边疫边消毒，对重点地方特别是养殖户场进行每周消毒，彻底消灭役源。每年除春秋常规防疫外，还要每月定期进行补防工作，使全镇畜禽不发生重大传染病，保障了养殖户的经济效益。

兽医站工作人员进行免疫抗体检测和疫情检测工作（2016年摄）

2012年，对家畜家禽进行春、秋、冬3次防疫，确保全镇没有发生重大动物疫情发生，为82户能繁殖母猪养殖户办理政策性补贴，补贴资金5万余元。

2015年，聘用村级动物防监员组成防疫专业队于3月、10月对全镇各行政村进行春、秋2次集中强制免疫，由各村安排人员配合共同落实免疫工作，对各村的应免猪、牛、羊、家禽全面进行免疫注射。全年共免疫猪7527头、牛1969头、羊8536只，家禽19.6万只，有效保障了免疫进度和质量，使应免畜禽重大动物疫病免疫率经常保持在95%以上。

集贸市场畜禽肉检查（2016年摄）

六、检　疫

1964年，公社兽医站设兼职检疫员，主要负责运输检疫和集市检疫。1984年，乡镇兽医站增加检疫职能，主要包括运输、集市两方面检疫。运输检疫是指在境域范围内主要交通路口设置检疫岗卡，对过往鲜活畜禽和生熟肉制品进行检疫。集市检疫是在镇境内十个集市及超市和各摊点对生熟肉制品进行常规检疫。

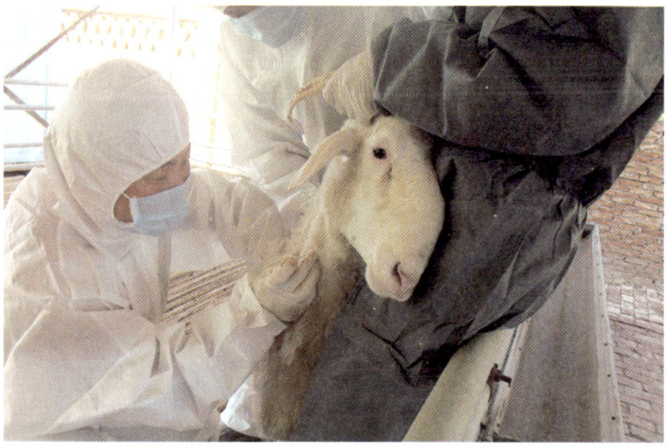

畜禽疫病监测集中采样（2016 年摄）

1986 年开始，兽医站工作人员可以报考动物检疫员，当时是齐河县畜牧局招考，考察合格的发给动物检疫员证书，对辖区内动物及动物产品进行检疫。1990 年划归历城后，历城区畜牧局招考动物检疫员。2002 年后，济南市统一招考动物检疫员，在 2007 年、2010 年、2013 年、2015 年进行动物检疫执法培训，检疫员名单：

时间	姓名
1986 年—2009 年 7 月	丁保森
1986 年—2005 年 6 月	孙久喜
1988 年—2007 年 8 月	高加银
1986 年—	宋奎星
2002 年 7 月—	郝向贵

第六章　水产养殖

桑梓店镇南临黄河，中有齐济河由南向北穿过，坑塘遍布，湿地连片，为水产养殖提供了优越条件。

由于黄河泛滥经常在镇域南部一带决口，使黄河北岸形成数千亩湿洼地。从前人们充分利用这些湿地和水面种植苇蒲和莲藕、捕捞鱼虾卖钱糊口。

1963 年后，各生产队利用村内大湾、村外坑塘从齐河县水产局购进鱼苗，开始人工养鱼。

第一节　镇域水面

一、河　道

镇域内的水面大多集中在黄河以北、北展堤以南，特别是黄河决口时形成的溜道。20 世纪 90 年代前，仓上、小屯、老屯、桑梓店、刘庙子等村水面多。1969 年，镇域水面在 467 公顷左右，但受降雨量大小影响水面面积有所增减。

二、坑　湾

镇域内大湾众多。有些大湾是明朝时期用来储水饲饮军马所挖。如丁口、老屯村中间的大湾，深 6 米，面积近 1 公顷。大郑村庄东有 1 处大湾，南北长 200 米，东西宽 50 米，取名河沟湾，村委会在里面养鱼。北王堂村有约 0.7 公顷水面的大湾。铁匠村有湾 27 公顷，主要用来种植莲藕。大约在 1889 年夏，黄河涨水，丁口村正南突然决口，淹没村西大部分良田，形成一大片水域，当地人称“大溜”，外人称黑龙湾。后来为了恢复耕地，1957 年黄河部门在丁口村正南修建“虹吸管”。经过几十年，利用泥沙淤平大溜，村里开始在淤地上种植水稻。人民公社时期，街后村有约 20 公顷左右的大片洼地，洼地里有天然生成的苇子，后来大片的洼地因后来的淤地而消失，逐渐成为良田。

第二节 养 殖

一、鱼

镇域内的鱼类分自然水域自繁、自育生长和人工养殖两大类。自然水域自繁育生长的有草鱼、鲢鱼、鲤鱼、鲫鱼、河虾、湖虾、龙爪虾、螺蛳类型。人工养殖有黄河鲤鱼、杂交鲤鱼、红鲤鱼。1984 年，淡水养鱼面积达到 40 公顷，比 1983 年扩大 23 公顷。1987 年，全镇养鱼 43 公顷，产量 1.75 万千克，价值 6 万元。仓上村水面 2.7 公顷，1986 年、1987 两年产鱼 2500 千克，收入 4000 元。铁匠村王庆海养鱼收入 2000 元。1992 年，全镇改造新挖鱼池 36.7 公顷，鱼类总产量 8.25 万千克。1998 年，全镇鱼池面积达到 100 公顷。镇域内一般在藕池、塘坝、坑塘、沉沙池等水面养鱼，多品种混养，人工投饵、施肥、精养细管，平均亩产 100 千克以上。

二、苇 蒲

在黄河北岸及齐济河两岸洼地常年自然生长着苇蒲，附近居民收获后用来编成苇泊建房，或出售给他人，剩余部分卖掉赚钱。从 1965 年到 1980 年，邱岸村的经济收入主要靠芦苇、蒲草、藕等水产品，再加上编草苫子，村集体比较富裕。1987 年，全镇芦苇面积 202 公顷，产量达 133 万千克，价值 39.9 万元。2004 年后，因修建鹊山龙湖，黄河北岸苇蒲面积锐减。

三、莲 藕

1987 年，全镇养藕 20.7 公顷，产量 16 万千克，价值 4.8 万元。1999 年，全镇藕池面积达到 67 公顷。2003 年，争取上级资金支持开发荒地 178.6 公顷，形成藕池 44 个。村民原先种白莲藕、鹅莲四号，藕瓜小、粗，产量高，亩产近 1500 千克，收入七八千元，多的达万元。铁匠村有 27 公顷藕池，约 1975 年开始种植，90 年代开始大面积种植，到 2000 年达到高峰。刘庙子村有大量荒地和坑塘水面，几十年来，近千余亩荒地没有产生经济效益。在多方调研、论证的基础上，刘庙子村“两委”班子成员就地取材、变荒为宝，成立集高新农业、旅游都市观光业、藕产品深加工于一体的江荷泉莲藕种植专业合作社。刘庙子村拥有藕池 20.4 公顷。

第七章 现代农业发展

第一节 农业综合开发

1972 年，黄河展宽用地，各村村民搬迁，在镇南部黄展区内，造成“土塘子杂草丛生，旧村庄残壁废墟，深水没有鱼，潜水没有藕，地不平、沟不通，有水浇不上，有地没有苗”的荒废景象。那时候附近村里有“三多”：光棍多，外流讨饭的多，茅草冈子蛤蟆湾多。面对这种情况，全镇下定“南部开发水产水田”的决心，制定镇抓大片，村抓地块，组抓地段，先易后难、由小到大，分批实施的开发治理方案。全过 3 年努力，治理荒滩 113 公顷，荒水 167 公顷，荒地 893 公顷，其中优质高产水稻 253 公顷，开发治理后的“三荒”由过去的亩均收入 60 元，提高到亩均收入 300 元左右，年总效益增长近千万元。特别是水面开发尤为突出，133 公顷水面全部得到利用。“三荒”的开发利用激发了群众的生产积极性，提高了群众的生活水平。

20 世纪 70 年代，全镇人口 2.2 万人，耕地面积 3400 公顷，人均 0.15 公顷；80 年代，人口2.6万人，耕地面积3267公顷，人均0.12公顷；90年代，人口2.9万人，耕地面积3067公顷，人均0.11公顷。根据人口不断增加土地不断减少的实际情况，开垦荒芜土地，扩大耕地面积成为全镇的重要任务。80年代，黄淮海地区盐碱涝洼土地开垦列入中央开发项目。全镇开垦荒地133公顷，其中前房村20公顷，街后沉沙淤地13.3公顷，刘庙子村西沉沙淤地53公顷，丁口村开荒土地10公顷，仓上村开挖鱼塘6.67公顷，刘庙子村开挖鱼塘、藕池13.3公顷，铁匠村开挖鱼塘藕池13.3公顷，老屯村开挖鱼塘3.33公顷。90年代，全镇治理“三荒”开发“三荒”。“三荒”主要在308、309公路两侧和黄展区内，开发治理速度较慢。1994年，桑梓店镇发动治理“三荒”运动，全年共治理“三荒”120公顷。1998年，利用黄河水对后房、前房、耿家3个村的100公顷盐碱涝洼地进行淤灌改良。1994年至1998年，全镇扩大灌溉面积2450公顷，建立一类农田保护区1800公顷。

进入21世纪，农业综合开发更具规模。2000年，对前房、后房、耿家三村的133公顷盐碱涝洼荒地进行大规模开发整治，平整土地，配套沟渠路，使荒地变成粮田。2001年，街后村南半部有大片的村庄旧址及低洼荒草地，是黄展取土和居民搬迁废弃而成，该地域芦苇、杂草丛生，地势低洼不平，但土质较好，水利交通便利。为充分利用土地资源，增强土地产出效益，桑梓店镇对街后村村庄旧址及低洼荒草地进行开发。2003—2005年，按照标准完成国家第六期农业综合开发项目。对冯家堂村北、北董村北两大片1533公顷中低产田进行开发，项目涉及11个行政村，共整修生产路76公里，开挖排水沟渠70余公里，植树8万株，新建桥涵322座，建小型提水泵站26座，项目总投资599万元，顺利通过检查验收，桑梓店镇政府获全市农业综合开发先进单位荣誉。2009年，新修桥涵闸12座，并对全镇河道进行清淤，清淤长度达2万米，挖土方8万余立方米。2010年，在对全镇河道进行普遍清淤的同时，积极争取上级部门支持，对齐济河进行综合改造，确保全镇3200公顷农田灌排畅通。农业项目向规模、科技、品牌迈进。2011年，桑梓店镇抓住鹊山龙湖土地整理的契机，在确保土地整理涉及村在册耕地不减少的前提下，通过整理，新增耕地67公顷，为全镇农业经济发展打下坚实基础。2013年，高王窑场复耕工作全面完工，新增耕地12.6公顷。

2013年，针对桑梓店镇农业产业结构单一、生产管理较为粗放的现实，天桥区委区政府加大资金及政策上的扶持力度，积极推进桑梓店镇农业产业结构调整，大力发展533公顷农业综合开发中低产田改造项目。由于历史上受黄

2005年度国家农业综合开发（2015年摄）

5000亩农业综合开发——基础桥墩铺设中（2014年摄）

2015 年桑梓店镇 333 公顷农业综合开发工作顺利推进（2015 年摄）

河多次决口泛滥冲击的影响，桑梓店镇的耕地大部分为沙质、沙壤质潮土，特别是在东北部土壤成土过程较短，土壤作用发育弱，有机质含量偏低，土壤中含盐量偏高，有较强的石灰反应。533 公顷中低产权改造项目位于桑梓店镇中西部，西起袁贾村西，东至防汛路；北起左庄村北水浇地，南至黄河大坝。项目区涉及左庄村、西秦村、东秦村、邱岸村、仓上村、街后村、刘庙子村、南郑村、袁贾村 9 个行政村，人口 6230 人。项目总面积为 533 公顷。项目 2013 年 10 月开工，2014 年 4 月底完成，建设期为 7 个月，总投资 934 万元。开挖疏竣沟渠 33 公里；新建桥涵闸渠系建筑物 86 座；新打机井 37 眼，配套潜水泵 37 套及地下井池 37 座；新建抽水平台 14 座，配套潜水泵 14 台；埋设 PVC 低压管道 30 千米，埋设农用电缆 14 千米，高压线路架设 1 千米；新建变电室 2 座，配套变压器 2 台；改良土壤 533 公顷，新建混凝土路 1 千米，砂石路 6 千米；栽植速生杨、柳树等 4.8 万株；新建示范推广园 67 公顷，培训农业技术人员 500 人次。项目实施后，小麦单产提高 100 千克，玉米单产提高 105 千克，水稻单产提高 130 千克，全项目区年增产效益 372 万元。另可实现节水、节电、节地、林木等效益。

2014 年，天桥区农业综合开发桑梓店镇 333 公顷老项目区提质改造，建设时间为 2014 年 10 月至 2015 年 5 月。项目主要建设内容：开挖疏浚沟渠 15.56 公里；新建桥涵闸渠系建筑物 37 座，其中斗沟桥 6 座，过路涵 8 座，进地涵 23 座；新打机井 6 眼；新建抽水平台 19 座；埋设 PVC 低压管道 5 千米，埋设农用电缆 3.34 千米。实施深耕方法改良土壤 333 公顷。新建砂石路 9 千米。栽植优质速生柳 3600 株。培训农业技术人员 200 人次，项目区新建示范推广园 27 公顷。

333 公顷农业综合开发生产桥建设完工（2014 年摄）

第二节 都市观光农业

1971 年，国家为防凌汛而修建北展区，北展区位于黄河以北，横跨济南市与齐河县，总占地面积 106 平方公里。刘庙子村位于北展区内，新中国成立后，由于黄河大坝增高加宽使用村内田地较多，村内大面积可耕地变成荒地和零星坑塘，几十年来未产生经济效益。2011 年，村“两委”换届以后，新一届村两委班子从提高土地利用率、提高村民生活水平出发，积极运作该项目，自筹资金 200 余万元，一期整出土地 50 公顷，形成 35 公顷莲藕地，探索出变荒为宝的新路子。

在天桥区土地局的帮助下，刘庙子村聘请一家设计规划院制定江荷泉莲藕种植基地规划。江荷泉生态农业观光园开发总面积为 87 公顷，目前，一期开发面积 50 公顷，西至防汛路，东至刘庙子村第二生产路，南至刘庙子村房台，北至丁庄村界。基地莲藕池总面积 20 公顷，台田面积 15 公顷，沟渠、道路等基础设施占地 15.3 公顷，共建有莲藕池 34 个，台田 34 个。基地高新农业以莲藕种植为主，其中莲藕池种植浅水藕，台田种植池栽藕，藕产品深加工为藕粉、藕汁、荷叶茶、荷叶枕、藕节（中药）等。2012 年年底，基地生产莲藕近 10 万千克，村集体通过土地承包每年有 18 万元的收入。在此基础上，每五年为一个周期把合作社每年收益的 3% 上缴集体。区委书记毕筱奇亲临视察，给予肯定。省国土资源厅领导视察后称之为“山东省第一家成功搞农业土地开发的村”。

通过几年努力，桑梓店镇形成以田家村、沙李村、三官庙村为主的蔬菜种植专业村，以袁贾村有机大米带动形成小吕村、姚吕村、左庄村等村的优质黄河大米品牌，以铁匠村、刘庙子村、仓上村等村为重点的莲藕种植基地。在增加农民收入的同时，带动了生态农业、都市观光农业的发展。

江荷泉莲藕种植基地一片盎然生机（2016 年摄）

第三节　设施农业

20 世纪 50 年代中后期，镇域内开始出现设施农业，主要用于地瓜育苗炕。当时地瓜是镇内的主要粮食作物，各村一般都建有地瓜育苗炕。1980 年后，镇域内棉花生产渐呈大面积发展趋势，面积最大时的 1984 年达 2000 公顷。为适期早播，培育壮苗，普遍推广营养钵育苗技术。同时推广的还有地膜覆盖，即棉种播后，在棉种上方覆盖一层塑料薄膜，待棉种发芽出苗后及时戳破棉苗上方的薄膜。经地膜覆盖的棉田，因其地温高、墒情好，苗期生长提前，延长了棉花生殖生长阶段，使之结铃多，结铃大，霜前花多，衣分高，增产幅度大且棉花品质好。1992 年，棉花地膜覆盖 400 公顷。

1999 年，镇域内大力发展蔬菜及名特优林果生产。首先印发了 5000 多份《一个大棚富裕一户农民——致全镇人民的一封信》，从形势、资金、技术、市场等方面一一就农民群众发展蔬菜大棚所关心的问题作出解答，调动农民群众的积极性。其次，出台一系列关于农业产业结构调整的优惠政策。每建设 1 个蔬菜大棚，镇政府提供无息贷款 2000 元，低息贷款 2000 元；聘请了 3 个专业技术人员无偿提供技术服务；每买 1 台打夯机，补贴 300 元等。一系列优惠政策调动了广大农民群众的热情。第三，机关全体干部均包村，并且每人包上 2 个大棚。当年全镇新上蔬菜大棚 453 个。沙李村当年新上大棚 97 个，基本达到了每 2 户 1 个棚。1999 年，全镇形成 12 个蔬菜专业村，推广大拱棚、小拱棚、露天菜等配套技术，做到长年供菜不断。2000 年，天桥区政府号召各乡镇建造冬暖式大棚，发展蔬菜种植，增加农民收入，银行提供无息贷款。当年全镇共上冬暖式大棚 933 个，拱圆棚 541 个，合计 1474 个。冬暖大棚多为东西向建置，棚长一般为 50 米，宽度 8 米，北墙和东西山墙均用 1 米余厚的土体构成，有一端设缓冲间（供种菜者出入大棚时缓冲高温用）。大棚顶部用铁制圆形马梁，上覆塑料薄膜，夜间再覆盖草苫子或棉被进行保温；白天将苫子拉起，任太阳光照射，提高棚内温度。冬季棚内可达 30 摄氏度以上，夜间也不低于 15 摄氏度。这种大棚的好处是可以种植反季节蔬菜，保证原本夏季才有的新鲜蔬菜冬天也能上市供应。

拱圆形大棚，系利用铁制或塑料制半圆形

弓固定于地面上，上覆盖塑料薄膜，大棚呈南北向，傍晚在膜上覆盖一层稻草苫子以保温。这种大棚棚内温度较冬暖大棚稍低一些，但可比露地栽培提前 40 天播种，秋后可延迟 50 天收获。因此这种大棚也叫“早春、秋延迟大棚”。

2000 年，桑梓店镇形成大棚生产基地 12 个，建成大棚专业村 6 个。是年，全镇新增蔬菜大棚 1474 个，种植面积达 100 公顷，粮经作物面积比由 9 ∶ 1 调整到 8 ∶ 2 。桑梓店镇与恩信公司签订 264 个大棚蔬菜的订单。订单农业在技术、产量、价格、销售等多个环节上给大棚户吃了定心丸，广大群众怕品质不好、怕产量不高、怕价格低、怕卖不出去的“四怕”顾虑得到解决。2000 年，全镇仅蔬菜一项总收入就达 1284 万元。全镇涌现出一大批靠种大棚富裕起来的专业户，同时也涌现出一大批产业化结构调整先进村。其中周闫村一个月内建大棚 19 个，主要种植西红柿。由于那年西红柿价格贵，当季收回建棚成本。石门孙村大棚种植的有豆角、黄瓜、以色列柿子、美国金太阳杏等。2000 年，桑梓店镇被区委、区政府评为“农业结构调整先进单位”。

2001 年，全镇新发展蔬菜大棚 200 多个，优质抗虫棉 267 公顷，梨枣、金太阳杏、新世纪杏等名优林果 20 公顷。据不完全统计，平均每个大棚每年纯收入 6000 余元，高者 1 万元。大马村村民马学华 2 个大棚与恩信公司签定订单，种植以色列 144 西红柿，收入达到 2.7 万元。全镇全年大棚收入总计 1600 多万元，有 1000 多户群众靠大棚走上了富裕路。

2002 年，加快蔬菜基地的建设步伐，广泛推广绿色无公害种植，蔬菜基地被济南市批准为绿色无公害蔬菜生产基地。2009 年全镇新建高标准无公害蔬菜大棚 5 个。

基于冬暖蔬菜大棚均为土建墙体，易受夏季雨水浸湿，时间长了会发生坍塌，而且早晚卷苫子，费时费力。近几年人们用空心砖垒成空心墙体，空心处填充隔热材料珍珠沙，这种冬暖棚坚固耐用，保温性能好，棚顶覆盖物再不用一年一换的草苫子而改用棉被，卷放再不用人工而是改用电动卷放设备，节省大量人力物力。塑料薄膜改用无滴膜，并采用滴灌技术，既节约了水源，也改善了棚内温湿度。

2010 年，三官庙村在学习实践科学发展观过程中，发现发展有机蔬菜具有非常广阔的市场前景，三官庙村在区镇两级政府的协调和帮助下，建设 10 个有机蔬菜大棚，在肥料使用上，充分利用本村沼气池产生的沼渣沼液、有机专用肥及部分微生物肥料，重点解决农产品种植中的农残和化残以及重金属超标问题，提高农产品的品质。在管理模式上，严格按照有机蔬菜的种植要求进行管理，实行统一技术管理，大棚承包到户，村集体统一包销的管理方式。在销路问题上，把产品进行精细包装深加工，与济南市各大超市签订无公害有机蔬菜销售合同，让有机蔬菜走上市民的餐桌。截至 2015 年年底，三官庙村集体有 5 个大棚，占地 0.47 公顷。天桥区财政局和桑梓店镇政府帮助修建，种植菜椒、黄瓜、西红柿等有机蔬菜，不施化肥农药，实行人工捉虫、除草。各级领导过来品尝后都说“这里的菜格外一种味道”，大加赞赏。周闫村现有冬暖大棚 8 个，面积 0.8 公顷，年收入约 30 万元；深水藕池面积 0.67 公顷，年收入约 8 万元。

三官庙村蔬菜大棚（2016 年摄）

第四节　清洁能源

一、沼　气

1958年，齐河县始办沼气。沼气池的建设经历了四个阶段，首先是用瓷缸倒扣在坑塘污泥里捕捉天然沼气，在瓷缸底钻洞安装塑料导管，使用的灯头、炉灶等多为泥土烧制而成，因产气量极少而不再使用。其次是建设的沼气池只在池壁上抹一层水泥、漏气漏水，不久也废弃。1980年，改打灰土、抹水泥皮为砖结构、水泥密封，利用率大幅提高。1983年，齐河县在晏城镇姚魏村试建预制块垒砌、砖模混凝土现浇沼气池，效果甚好，1984年开始全面推广。沼气池中的发酵原料实行科学配比，6立方米的池，填充750千克作物秸秆加以粉碎，并添加1.5立方米优质圈肥、1千克优质氮肥，当发酵温度在30度时，池容量每立方米产气量为0.55立方米，效果最佳。之后，部分池改每半年一次换料为每天小量出料，小量进料，其效果更佳。

桑梓店镇域内于1985年始建沼气池，大马村建沼气池22个，每个8立方米，一年可做饭照明10个月，每个沼气池一年可节约煤炭1吨，节电35度。2007年，镇域三官庙村积极试点沼气建设，聘请专业技术人员严把沼气建设质量关，10个建成的沼气池共有9个出气，满足做饭和照明需要，年底共建成90户。同年，石门孙村建成135户，高王村建成125户。至2008年9月，全镇已建成沼气池388个，其中抹灰312个，安装260个，产气177个。2009年，新建沼气池220个。截至2010年，全镇共建沼气池952座，覆盖16个村。

2011年后，镇域开始大力提倡秸秆还田，因而使用沼气池所需的原材料供不应求，再加之沼气池本身存在冬季气温低、产气少以及技术服务水平受限等缺点，逐渐被多数群众弃用。

二、太阳能

1980年后，部分群众将盛柴油的铁桶搬上房顶，用小电机抽水入桶，经过白天太阳光照晒成热水供晚上洗澡。后来有的购买黑色塑料桶置于房顶晒水洗澡。

小吕村群众安装的太阳能（2016年摄）

随着新农村建设步伐的加快，农村地区开始推行清洁能源，条件相对较好的村开始尝试给群众安装太阳能。2007年，镇域耿家村、草庙王村采取集体出资与群众出资相结合的方式，开始为村里群众安装太阳能热水器。是年，全镇共安装太阳能热水器1235台，包括耿家村在内的6个村实现太阳能热水器全覆盖。2009年，全镇安装太阳能热水器2006台，其中上级财政拨款补贴安装1006台，自主安装1000台。

2008年，全镇共安装太阳能热水器737台，涉及7个村。2009年，全镇共安装太阳能热水器674台，涉及11个村。至2009年年底，全镇共安装太阳能热水器3736台，涉及48个村。2012年，全镇共安装太阳能热水器34台，涉及4个村。至2015年年底，全镇安装太阳能热水器7000台左右，极大地方便了群众生活。

第五编

林　业

1955 年，齐河县设林业科，1959 年改为林业局。1977 年，桑梓店人民公社设林业助理。1983 年，设林业站，有林业工程师 1 人，助理工程师 2 人，技术工人 1 人。

历任林业站站长

徐茂生

姜尚伟

张长珠　1992　—2011.11

孙万华　2011.11—2014.11

张　涛　2014.11—

第一章　树　种

第一节　用材树种

桑梓店镇镇域内的用材树种以杨树、柳树、榆树、槐树、椿树、桐树为主。

杨树　辖区内栽培杨树比较普遍。杨树具有早期速生、适应性强、分布广、种类和品种多、容易杂交、容易改良遗传性、容易无性繁殖等特点。杨树有毛白杨、小叶杨、泰山青等品种。杨树树干笔直、干高，是木材加工业所需要的主要原料。2000 年后，多用于旋成薄皮制作三合板或高密度板，作为制作家具的面材；也是工业上造纸的原料。中华红叶杨的树叶为红色，2005 年后成为园林绿化的树种之一。

杨树林（2010 年摄）

柳树　有垂柳、旱柳、曲柳（俗称龙爪柳、鸡爪柳）、竹柳、172 速生柳等。垂柳、曲柳观赏性强，姿态婆娑，清丽潇洒，多种植于池边湖岸，道路两旁，用于美化环境。172 速生柳、竹柳等用来制作家具或造纸。

柳树（2009 年摄）

槐树　有刺槐、国槐（俗称家槐）、龙爪槐等，刺槐树形高大，喜光，根深，生长迅速，适应性好，生命力强，盐碱沙荒地俱可生长。槐树的花为淡黄色或白色，味道清香可食，可酿蜜。槐树多为庭院栽种，槐木可用于制作农具如犁、耙、大车等，现主要用于制作高档家具。

榆类　榆树树干通直，树形高大，绿荫较浓，适应性强，生长快，是庭荫树、行道树的重要树种。镇域内栽培最多的是白榆（又名家榆），材质好，用途广，易繁殖，是群众喜爱的乡土树种。榆钱、榆叶可食用。

桐树　有法国梧桐、青梧桐。20 世纪 50 年代，法国梧桐被引进境内，该树为落叶大乔木，高度可达 30 多米，一般列植于行道两旁，用于绿化。

青桐为传统树种，一般在村边、宅旁多有种植。

香椿　香椿又名香椿芽，境内栽培香椿历史悠久，村民栽培香椿多为取食其嫩芽。其嫩芽是上好的"木本蔬菜"，鲜、腌均可食。香椿芽营养丰富，并具有食疗作用。

香椿（2015 年摄）

臭椿　因其枝叶臭，俗称臭椿。臭椿树干通直高大，树冠圆整如半球状，木质较好，古时多用于制作门窗、家具等。臭椿树叶大荫浓，秋季红色翅果满树，虽叶及开花时有微臭但并不严重，故仍是一种很好的观赏树和庭荫树。农村多有种植，近年渐少。

第二节　经济树种

1964 年，受园林场的影响，桑梓店镇邓营村 5 个生产队都种植果树，约 20 多公顷。大约在 2000 年前后，由于地势低洼长期积水加之品种落后、树龄长等原因，邓营村大批果树烂根，整片消失。新中国成立前后，镇域内东秦、南郑、丁庄、刘庙子等村主要种植果树。当时的果树主要有杏树、桃树、梨树、山楂树等。那时候村里挑八股绳子的较多，村民肩挑担子到济南卖水果，从买卖黄杏开始，之后卖桃、梨等，一直到次年春天卖山楂，收入占总收入的二成以上，好的占到七成。镇域内经济树以黄金梨、枣、苹果、太阳杏为主，兼有葡萄、桃子、石榴、无花果等。

梨树　镇域内的主要栽培品种为黄金梨、鸭梨和脆梨。新中国成立前后，南郑村种植梨树较多，果子成熟后，村民肩挑担子到济南卖水果。2015 年前，梨树主要种植区域为田家村、沙李村等。后来由于传化物流项目占地，村民很少种植梨树。

黄金梨（2015 年摄）

苹果　苹果是境内栽培历史较悠久的果树树种。1970 年后，栽植渐多。20 世纪 80 年代，园林场内曾有大面积苹果树。品种主要有国光、金帅、青香蕉等。90 年代后，种植红富士的渐多。

小张村苹果园（2015 年摄）

枣树　枣是境内主要的干果之一，枣树种植历史悠久，村民多将其栽植在村旁、宅院内，主要品种为圆铃枣。圆铃枣树体高大，树姿开张，略披散，树冠自然半圆形，该品种对土壤、气候的适应性较强，耐盐碱和瘠薄，在黏壤土、沙质土上都能较好生长。成熟期在农历八月上旬，民间有"七月十五枣红腚，八月十五打干净"

之说。

枣树（2015 年摄）

杏树 杏树是境内常见的水果之一，含有丰富的营养，主要品种有新世纪杏、八旦杏、土杏、金太阳杏等。

葡萄 境内主要的葡萄品种为巨峰、玫瑰香、红提等，在农家庭院前后多有种植。葡萄成熟后果实为圆形或椭圆形，有青绿色、紫黑色、紫红色等。

葡萄（2015 年摄）

桃树 桃树在镇境内的栽培历史悠久，品种主要有五月红、六月鲜、黄金桃、水蜜桃、青州水蜜等。油桃品种有五月火、早美光、曙光、艳光、早红珠、丹墨、早红宝石等。桃树的花可以观赏，果实多汁美味，营养丰富，是人们最为喜欢的水果之一。桃树具有结果早、丰产稳定性好，对土壤条件要求不是太严格，栽培管理容易等特点，因此受到栽培者的青睐。

石榴 有酸石榴、甜石榴两种，多植于院内房前。

石榴树（2015 年摄）

第二章 植树造林

第一节 绿 化

从前，桑梓店镇没有专门的林业产业，树木多为房前屋后、沟旁路边零星栽植，种植面积少且树种单一。民国时期，在当时政府倡导下，各村开始大量种植经济树树种，以桃树、杏树居多，枣树、梨树为次。墓地则传统栽植松柏，少则十几棵，多则几十棵乃至数百棵。1937 年后，日军侵入桑梓店镇，烧杀抢掠、筑碉堡、设据点、搞空旷地带，境内成材树木损失惨重。

新中国成立前后，受黄河决口影响，加之战争年间对树木的损毁严重，每当大风刮起时，镇境内沙土迷漫、黄沙盖天，10 米之外看不清东西。风大时，一夜之间，门口就会堆满沙土。有“一月青、二月黄、三月不误种高粱”之说，指一月麦苗还是青色，二月经过风吹沙埋，麦苗已经发黄枯萎，三月不得不再种高粱。此间题经过二十世纪六七十年代的植树造林，逐渐得以解决。

1957年，为响应国家“防风固沙、植树造林”号召，镇域内西部多村无偿提供土地帮助建成桑梓店园林场（现济南市北郊林场），为防风固沙和绿化祖国做出巨大贡献。

1984年，种植用材树43.8万棵，种植果树100公顷，培育果树苗10.67公顷，全镇自然面貌发生很大变化。1985年，全镇新扩林网1000公顷，植树7.5万株。1985年，发展果园16.67公顷，育果树苗30万株，收获桃、杏、苹果、葡萄、枣等果品50万千克。桑梓店镇是培育果树苗的乡镇之一，苗圃基地面积大、果树苗质量好。1987—1990年，3年间在林场闸至高干村，大漠刘闸至石庙村，晏吴公路沿线，桑孙公路沿线，铁路沿线，济聊公路沿线及新老两大堤一片植树造林。林业生产形成农田林网1000公顷，用材林46.67公顷，经济林206.67公顷，农桐间作66.67公顷，育苗14.4公顷，四旁植树14.8万株。

90年代后，桑梓店镇更加重视造林绿化工作。1991年，全镇发展果树13.3公顷，四旁植树10万株，育苗5.33公顷，农田林网发展133公顷，全镇林木覆盖率达到了16.8%。1992年全镇造林面积20公顷，果品总产量达到21.3万公斤。沙李村在原有果林2.67公顷，果树1200株的基础上，又种植果树11800株，占地18公顷，成为果树种植专业村。1992年，镇科协和沙李村科协及沙李村党支部、村委会为把果树生产搞好，请山东农业大学的科技人员讲课，传授果树管理技术。1996年，全镇林木覆盖率达到22.9%，农田林网1333公顷，沟渠绿化2200条。1998年，区林业局无偿支援桑梓店镇优质树苗5000余株，对高上村南万亩丰产林网进行补植。在《新森林法》颁布实施后，桑梓店镇积极宣传。1998年，新植树10万株，造林面积533公顷，修整绿化带12公里，完善林网10万米，并且建成万亩丰产方，实现水、田、林、路的综合治理。

2000年，植树18000株，通过区农委支援树苗，总面积达100公顷。同时全镇林网补植面积达100公顷，计10000株；两旁植树4.5万株。2002年，引进推广新世纪杏、金太阳杏等大棚果品，大棚品种结构得到进一步优化。2003年，济南市万亩丰产方示范园落于桑梓店镇冯家堂村北。全镇共同努力，奋战80余天，高标完成丰产方内植树及方田改造建设任务。2003年，济南市春季林业生产现场会在桑梓店镇召开。2005年，共栽植绿化树木10万余株，绿化效果显著。2006年，植树16000余株。2012年，完成青银高速、建邦延长线绿化任务1.6万米，新增绿化面积19.2公顷；群众义务植树4万株，新增绿化面积33公顷，并对308两侧进行了统一绿化，绿化率达到90%，环境面貌得到全面提升。当年全镇共有林业面积1674公顷。2013年，投入100余万元高标准打造小马村西、派出所、小寨村绿化节点3处，共计8000余平方米。2014年，共植树20.3公顷，2015年，共植树10.13公顷，全镇共有林木面积1133.33公顷。

每年，桑梓店镇根据天桥区农发局下达的植树任务，安排有条件的村进行植树。

第二节　护　林

1958—1978年的集体林木管护，多由生产大队派专人管理，护林员报酬由村支付。1980

组织人员对镇政府前街倒伏树木进行加固（2016年摄）

年实行“家庭联产承包制”后，管护权下放给群众，村集体栽植的林网，用三七或二八分成的方式发包给村民管护，树木成材后由村进行采伐出售，同时按大头支付护林员报酬。

各村区域内的树木由各村负责看护，园林场树木由园林场负责看护，镇域内其他树木由桑梓店镇林业站统一看护。青银高速建成以来，青银高速途径的石门孙村、北王堂村、大郑村、耿家村、安庄村区域内的树木配备专门养护人员，每年对青银高速两侧的14.65公顷树木进行养护、更新。

2015年桑梓店镇各村护林工作主要负责人及林地面积一览表

表5-2-1

村名	负责人姓名	林地面积（亩）
冯家堂村	王　志	327
三官庙村	张孝安	183
三教堂村	张师元	864
高王村	李曰军	550.5
石门孙村	孙学金	651
小辛村	张洪亮	258
彭家村	彭金銮	264
小寨村	米丰武	1270.5
老寨村	米广业	1119
石庙村	张宜金	328.5
小吴村	吴俊海	117
草庙王村	张子国	625.5
周闫村	赵吉泉	414
后房村	房庆利	420
大郑村	刘学刚	60
北王堂村	杨金盱	78
耿家村	王恩胜	120
北董村	董桂海	180
前房村	王金文	208.5
康辛村	康吉平	63
安庄村	仕金宝	190.5
小郑村	郑元利	138
大马村	马金钟	679.5
小张村	张宜新	198

续表 5-2-1

村名	负责人姓名	林地面积（亩）
怀庄村	怀务海	327
小马村	王明明	61.5
桑梓店村	滕秋岭	162
沙李村	李广才	120
张王堂村	王敬峰	369
邓营村	贾延太	336
田家村	田振友	120
街后村	王学利	108
西秦村	秦绍利	105
东秦村	怀保全	160.5
左庄村	姜连如	1011
小吕村	赵逢利	210
姚吕村	吕沛财	294
袁贾村	贾延木	63
邱岸村	李良颜	46.5
丁口村	韩正伦	855
仓上村	王建永	1539
刘庙子村	刘庚江	118.5
南郑村	孙玉国	22.5
丁庄村	刘忠宝	34.5
铁匠村	王加芹	282
小屯村	朱吉祥	879
老屯村	韩忠强	20
朱河圈村	朱绍武	312

青银高速桑梓段绿化带管护情况统计表

表 5-2-2

管护单位	管护长度（公里）	管护人员
石门孙村	6.054	孙学才
大郑村	0.8245	刘春先
北王堂村	1.22	杨金宝

续表 5-2-2

管护单位	管护长度（公里）	管护人员
耿家村	3.071	王恩良
安庄村	2.223	任连辉

第三章 林业病虫害防治

第一节 主要用材林病虫害

镇域内用材林病虫害主要有94种，分属于7目37科，其中食叶性害虫52种，幼枝嫩芽害虫25种，蛀干害虫10种，种实害虫7种。主要林木病害55种，分属3目7科，其中叶部病害37种，枝干病害6种，根部病害4种，种实病害8种。危害严重的有真菌性害虫7种，细菌性病害3种，生理性病害6种。

杨树主要害虫有杨树天社蛾、杨尺蠖、青杨枝天牛、光肩天牛星、桑天牛、卷叶螟等，其中，杨树天社蛾较为严重。主要病害有杨叶褐斑病、毛白杨破腹病、杨叶锈病、杨树溃疡病。

柳树主要虫害有柳虫瘿、木蠹蛾、柳毒蛾、卷叶螟、蚜虫、光肩星天牛等，以蚜虫为害较重，也较普遍。主要病害有黄锈病、褐斑病、腐烂病、溃疡病，以褐斑病为害较严重。据1980—1981年调查，柳树病虫害发生率达100%。

刺槐主要害虫有木橑尺蠖、刺槐荚螟、东方盔蚧、蚜虫、介壳虫、金针虫、豆天蛾等，以木橑尺蠖为害最严重。国槐主要害虫有国槐尺蠖、刺角天牛、国槐扁舟蛾等，以国槐尺蠖为害最重。尺蠖发生，严重时将树叶全部吃光。

榆树主要害虫有榆兰金花虫、光肩星天牛、榆木蠹蛾、双齿长蠹、春尺蠖、蚜虫、刺槐荚螟、金针虫、豆天蛾、介壳虫、榆风蛾等，以榆兰金花虫、双齿长蠹、春尺蠖为害最严重。据1980—1981年调查，榆树病虫害发生率达83%。

泡桐虫害发生不明显。病害主要是泡桐丛枝病，发生较普遍，为害较严重。

臭椿主要害虫有臭椿皮蛾、椿大象、椿小象等。其中以臭椿皮蛾为害较重。

第二节 主要经济林病虫害

经济林病虫害种类较多，主要虫害有48种，分属6目26科。其中食叶害虫23种，蛀干害虫2种，幼枝嫩芽害虫17种，果实害虫6种，主要病害22种。按发病部位分，叶部病害16种，枝干病害6种，根部病害3种，果实病害8种。

枣主要害虫有枣尺蠖、枣粘虫、桃小食心虫等，以枣尺蠖和食心虫为害较重。病害有枣疯病、枣锈病等，枣疯病发生较严重、较普遍。

苹果主要害虫有苹果小食心虫、桃小食心虫、舟形毛虫、金龟子等，以食心虫和舟形毛虫为害较重。食心虫为害果实，直接影响苹果的产量和质量。苹果的主要病害有腐烂病、炭疽病、褐斑病、轮纹病等，以腐烂病为害最严重、最普遍。

梨主要害虫有梨小食心虫、梨斑蛾、梨二叉蚜、梨木虱等，以食心虫为害较严重。食心虫为害梨果，降低梨果质量。梨树病害主要有梨腐烂病、梨黑星病、梨胴枯病等，以腐烂病较重、较普遍，老梨园发生尤重。

桃主要害虫有桃小食心虫、桃小叶蝉、桃粉蚜、桃瘤蚜、桃蛀螟等，以桃小食心虫为害较严重。病害主要有桃褐斑病、桃穿孔病、桃缩叶病等，褐斑病发生较重、较普遍。

第三节　防治技术

一、虫害防治

1950年前，镇域内防治虫害的手段落后，防治方法单一，防治以人工捕捉为主。50年代中期以后，大面积的病虫害发生时，主要采取化学防治。在防治手段上由手工撒药发展到机械喷药和飞机喷药，这对于暴发性的病虫害起到极大抑制作用。

人工防治。新中国成立前，人们重栽培轻管理，一般不防治病虫害，只有在病虫害特别严重的年份，才有少数人进行人工防治。当时的人工防治方法主要有：1. 培土堆防害虫。用细沙在树干的底部培一圈光滑且呈圆锥形的土堆，防治害虫爬上树，以利于进行集中捕杀。2. 涂粘膏或粘胶防害虫。在距离地面50厘米左右的树干处涂抹粘膏或粘胶，粘捕上树的幼、成虫。3. 利用某些害虫的假死性在清晨或傍晚振树捕杀，这种方法主要防治金龟子之类的害虫。4. 结合冬春季节修剪之时，及早发现及时清除病枝、病叶，并集中烧毁，减少病虫害来源。这种方法主要用来除治卷叶虫类、巢蛾类。5. 刮出老树皮防治病虫害，老树皮是病菌和害虫主要的越冬场所，大量的病菌、害虫在其内越冬繁殖，使老树皮成为病虫害的主要来源，因此刮除老树皮集中烧毁，消灭越冬卵。这种方法主要是防治梨斑蛾、苹小食心虫等害虫。新中国成立后，不断增加新的人工防治方法：1. 高温。用高温处理杀死害虫或病原菌。如在烈日下暴晒林木种子，是常用趋杀害虫或防治害虫侵害种子的有效方法。2. 涂白。在秋冬季节，用石灰、水、食盐、敌杀死或多菌灵按1∶3∶0.03∶0.01的比例配成白涂剂涂干，可防止害虫产卵，做到有虫治虫，无虫防病。同时，还可以起到防寒、防日灼的效果。3. 诱杀。利用各类害虫成虫的趋光性，在成虫发生期用黑灯光、篝火、高压灭虫电网等诱杀成虫。

化学防治。1. 机械喷药。镇域内1958年后始用化学防治，主要药剂为有机氯制剂，如六六六、滴滴涕等。后来有机磷农药逐步取代有机氯农药，主要杀虫药剂有1605、1059、乐果、DDT等。五六十年代防治药械为单管喷雾器。后来防治药械越来越多，越来越先进，主要有手摇喷雾、喷粉器和机动喷雾、喷粉器等。2. 打孔注药。防治蛀干害虫木蠹蛾等，效果良好，杀虫率达90%以上。3. 涂毒环。使用氧化乐果、除虫菊酯毒环防治松、柏毛虫和榆兰金花虫，杀虫效果在90%以上。4. 飞机喷药。自1965年以后，园林场曾多次使用飞机喷药灭虫，迅速地控制了暴发性虫灾。桑梓店镇林业病虫害主要以双齿长蠹、春尺蠖、美国白蛾为主，春尺蠖、美国白蛾防治药物为吡虫啉，双齿长蠹防治药物为辛硫磷。每年天桥区农发局根据当年疫情发放药物，镇政府农委根据各村林业面积将药物发放到村，由各村虫情检测员对本村内的树木进行喷防。各村外的树木由农委统一雇佣人员进行喷防。园林场的树木由园林场自己喷防。

生物防治。1. 利用益鸟防治。鸟类是昆虫的天敌，许多鸟类取虫为食。利用鸟类消灭害虫是既省力又不污染环境的好办法。扑食害虫的益鸟主要有啄木鸟、灰喜鹊、大山雀、杜鹃、黄鹂等。2. 利用益虫防治，这种防治方法对于控制害虫密度、维护生态平衡、实现森林有害生物的可持续控制具有不可替代的作用。镇域内的益虫主要有瓢虫、寄生蜂、虎甲等。3. 利用微生物防治，用白僵菌、松毛虫杆菌、木橑尺蠖多角体病毒等防治柏毛虫、柏毒蛾、舟形毛虫、黄刺蛾及木橑尺蠖等害虫，收到良好效果。

截至2014年，桑梓店镇建立了54支病虫害防治队伍，包括镇政府领导、各村虫情调查人员通讯队伍、防治人员队伍共610人。有机械机动高喷装置53台（其中左庄村个体12台，姚吕村个体3台，田家村集体1台，刘庙子村集体1台，草庙王村集体1台，安庄村集体2台，大马村集体2台，镇政府现有16台；低速机动喷雾器15台），诱虫灯36盏，药物2吨。至2014年4月4日，悬挂诱虫灯36盏，昆虫诱捕器3个。

诱虫灯（2015年摄）

二、病害防治

1985年前，桑梓店镇除果树外，对大多数林木病害基本未能施行有效的防治措施。对于危害较普遍的泡桐丛枝病、杨树腐烂病、枣疯病等仅采取去除病枝、伐除病株等消极措施。1985年后，采取环状剥皮方法防治泡桐丛枝病，取得初步成果。对于苹果、梨树等果树腐烂病，一般采取刮治消毒和加强水肥管理、提高树体抗病能力等措施予以防治，但防治效果不甚明显。

第四节　防控制度建设

做好林业有害生物防控工作，不仅能够保护农民的利益，增加农民收入，而且能促进林业产业发展。桑梓店镇在林业有害生物防控工作中认真贯彻落实区委、区政府及区农发局的工作要求，按照“预防为主、科学防控、依法治理、促进健康”方针，坚持“药物防治、属地防治、依法防治”和“严格奖惩、注重实效”的原则，做到早部署、早安排、争主动，促进林业有害生物防控工作扎实有序开展。

全面排查，密切监测。各村推选1～2名责任心强、办事认真的人员为虫情检测员，随时对辖区美国白蛾虫情信息进行检测，及时上报到镇政府农委。各村严格按照“不放过一处死角、不放过一个疑点、不放过一株林木”的要求，对辖区所有林木开展拉网式排查，充分发挥林木病虫害监测网络的作用，加强疫情监测预报，准确掌握疫情动态，及时发布监测信息，为防治提供准确、及时的测报信息服务。

科学防治，确保实效。在防治范围上，以重点道路、绿化树、农田林网为重点，坚持域内全面防治，不留死角。在防治手段上，根据疫情不同阶段的特点，坚持专业队防治与群众防治相结合，采取挖蛹、扑捉成虫、摘除卵块和网幕、喷施生物农药、释放周氏啮小蜂等措施。

加强领导，严格考核。成立由桑梓店镇分管镇长任组长，农委主任和林业站副站长任副组长，各村委会主任为成员的防治领导小组，各村也组建防控队伍。根据各阶段的防控形势，召开病虫害防控专题工作会议，下发防控工作方案，安排部署工作任务。各村签订防治目标责任书，明确目标任务，把病虫害防治工作列入千分制考核内容，加大督导检查力度，严格责任落实。

小寨村对绿化苗木喷洒杀虫剂（2016年摄）

附：防治美国白蛾

美国白蛾，是国际性植物检疫对象之一。该虫原产北美，20 世纪 40 年代，传入欧洲；1945 年，传入日本；1957 年，传入韩国；1961 年，传入朝鲜。1979 年，中国辽宁东部地区发现；1982 年，山东荣成石岛和龙须岛两镇发现；1986 年，又在威海的 3 个乡（镇）发现；2007 年 7 月，传入桑梓店镇，境内多种林木（主要是阔叶树种）发现美国白蛾。

一、形态特征

成虫：白色中型蛾，体长 9～14 毫米，复眼黑褐色，口器短小纤细，下唇须小，端部黑褐色，胸部背面布满白色绒毛，大多数个体腹部为白色，没有斑点，少数个体腹部呈黄色，上有黑点。雄成虫的触角为栉齿状，颜色为黑色，长约 5 毫米。翅展 23～34 毫米，多处前翅散生几个或多个黑褐色斑点。雌成虫的触角为锯齿状，颜色为褐色。翅展 33～44 毫米，前后翅通常为纯白色，少数个体有斑点。

卵：圆球形，直径 0.5 毫米左右，卵表面有许多小刻点，初产卵为浅黄绿色或浅绿色，后渐为深黄绿色，孵化前变为灰褐色，有光泽。

幼虫：体色变化较大，“黑头型”虫体头部黑亮，体黄绿色至灰黑色，老熟幼虫头宽 2.5 毫米，体长 28～35 毫米，沿背中央有一条灰褐至灰黑色的宽纵带，背线、气门上、下线浅黄色，胸足黑色，臀足发达。

白蛾（2008 年摄）

蛹：体长 8～15 毫米，宽 3.5 毫米，暗红褐色，有臀刺 8～17 根，雄蛹瘦小，雌蛹肥大。蛹外被有黄褐色或暗灰色薄丝质茧，茧上的丝混杂着幼虫体毛共同形成网状物。

二、危　害

美国白蛾是杂食性害虫，危害 100 多种农、林植物，嗜食林木、果树、灌木，其中主要植物有法桐、榆树、桑树、白蜡、臭椿、泡桐、杨树、柳树、刺槐、多种果树等。在无树木危害时，食害禾谷类、蔬菜、棉花、烟草、牧草等，危害很大。

白蛾危害有五个特点：一是食性杂、食量大；二是繁殖速度快、繁殖量大，一年繁殖 3 代，1 只雌蛾产卵量 800～2000 粒；三是耐饥能力和适应能力强，幼虫在无食物条件下能存活 10～15 天，并能继续取食完成发育；四是危害严重；五是传播途径广，成虫、幼虫、蛹极易随人为活动、物资流通、交通工具等进行远距离传播。六是新来的外来入侵害虫，当地自然界中没有特别有效的天敌来克制。

美国白蛾以幼虫取食植物叶片，1～2 龄幼虫一般群居在吐丝结成的网幕中，在叶背面啮食叶肉，残留叶子上表皮及细叶脉，被害叶呈纱窗状，仅个别嫩叶被咬成小洞；3 龄幼虫可将叶片咬透，呈小孔洞。随虫龄增长，幼虫不断将网幕增大以扩充食料。4 龄后幼虫分散成小群体蚕食叶片，5 龄后幼虫爬出网幕单独活动、取食，待到全树叶片全部吃光后，立即向附近其他植物上转移继续危害。

三、防治技术

防治美国白蛾的方法主要是人工物理防治与化学防治。

人工物理防治：1. 人工剪除网幕。美国白蛾幼虫有群集和吐丝结网缀叶的习性，用高枝剪及时剪除美国白蛾幼虫网幕及危害的枝条。剪下的枝条及网幕要装入塑料袋中，集中烧毁。2. 人工挖蛹。美国白蛾化蛹时，寻找树皮缝、土石块下、林冠下的杂草枯枝落叶层中或土壤表层内、建筑物缝隙等处越冬、越夏，在美国白蛾各代蛹期，采取人工挖蛹的措施，提高防治成效。3. 围草诱蛹。利用老熟幼虫沿树干下树寻找潜伏场所进行结茧的习性发现有美国白蛾危害的树木，在老、熟虫开始下树时期，在树干离地面 1 米至 1.5 米处，用谷草、稻草麦秸、杂草等在树干上绑缚一周，诱集下树老熟幼虫在其中化蛹，然后于化蛹前解下草把烧毁。4. 灯光诱杀，利用诱光灯在成虫羽化期诱杀成虫，并按时收购杀死的成虫。

化学防治（生物制剂）：药环毒杀。在老熟幼虫沿树干下树时，在树干上设置药环毒杀下树幼虫。操作方法：1. 配置药剂：用 2.5% 的菊酯 1 份兑 10 份的柴油搅拌均匀；2. 浸制药带：用报纸或牛皮纸等浸湿和韧性较好的纸剪成 20 厘米宽的纸带后，浸泡于配置好的药剂中，至浸透后取出放入塑料袋中密封保存备用；3. 树干绑带：在美国白蛾幼虫开始下树时，用制备好的药带围绕树干一周，即可毒杀下树途径药带的幼虫。根据虫情实际，主要防治措施为机防喷洒，人工操作高射喷雾消杀和用烟雾机、

林业站工作人员收网幕（2010 年摄）

小型喷雾器地面消杀等。

2007 年 7 月美国白蛾传入镇域，全镇多种林木（主要是阔叶树种）发现美国白蛾。按照国务院和省政府《关于进一步加强美国白蛾防治工作的通知》要求，在市、区两级的领导下，桑梓店镇高度重视，做好宣传发动，实行喷药灭虫、除病枝（除后深埋、焚烧）等措施，杜绝虫害蔓延并随时掌握本单位的虫情预报，将每天防治进度情况于每天早 8：30 报办事处，办事处汇总上报镇农委。

喷洒灭白蛾药剂（2008 年摄）

2008 年，美国白蛾疫情严重，针对防治美国白蛾工作，镇政府加大投入，满足器械、药物、人员的需要，防治工作扎实有效。充分利用标语、明白纸、宣传栏、广播喇叭广泛宣传美国白蛾的危害性、防治工作的长期性和艰巨性，调动广大群众参与防治工作的积极性和主动性。

抓住时机，减少越冬虫卵数量。严格实行责任制，按照属地管理的原则，以村为单元，组织30～50人的群众防治队伍，由包村人员、村干部带领统一作业。镇政府则成立70人的专业防治队伍，对镇域内主要干道两侧树木和大片林木进行防治。全镇集中利用4天时间，出动8000人次，动用机动器械47部，背伏式喷雾器240台，使用机油19.4吨，柴油7.7吨，农药4吨，刷子1200把，小桶1200只，对全镇1667公顷的林地进行树上喷药和树下草丛、农作物的全面防治，同时对110万株树木进行涂药环和捆草把。经过三期的防治，全镇的疫情得到有效控制。

天桥区农发局给桑梓店镇配备灭白蛾灯及昆虫诱捕器，灭白蛾灯悬挂于镇政府大院内，昆虫诱捕器悬挂于张王堂村、石门孙村及镇政府院内，用于统计当年白蛾疫情情况。

第六编

水　利

第一章　机　构

清末民初，齐河县县衙内设工房管水利。1919—1927年，县政府设劝业所或实业科分管水利。1928—1931年，县政府设建设科分管水利。1938年前后，齐河县成立抗日民主政府，设第四科称建设科或实业科兼管水利。新中国成立后，齐河县人民政府设水利科主管水利。1958年人民公社化后，桑梓店人民公社配备1～2名水利员，专管水利。1975年，桑梓店人民公社建立水利站。2000年后，水利站并入镇农业综合服务中心，主要做好汛情、旱情、水情的统计上报，辖区内农田水利、农村饮水、水土保持、河道治理、水库、塘坝出险加固等涉水工程的规划、建设和运行管理及收缴水费等工作。

历任水利站站长

李丁川　1975　—1978.10

谢荣合　1978.10—1990.12

吴俊德　1991.04—2014.03

张　涛　2009.10—

第二章　主要水系

第一节　黄　河

桑梓店镇所处黄河堤段原系大清河故道，古称济水，因历代舟楫多从海口运盐，所以也称“盐河”。据旧《齐河县志》载：“自咸丰五年，黄河北徙夺济水故道入海，而黄河遂为境内之巨川矣。”黄河由齐河县焦斌进入桑梓店镇境，流经街后村、邱岸村、东秦村、南郑村、刘庙子村、朱河圈村、丁口村，东至大桥镇桃园村。流经桑梓店镇长度5.8公里。镇域内邱岸村、朱河圈村、丁口村都曾在黄河岸边设有渡口。而且3个村的渡口在新中国成立前就存在。当时摆渡用的船是木帆船，船有旗杆和帆。邱岸村渡口横渡黄河的船大约有10只，南北相向对开。此外还有顺河船，一般为货船，运载石料等，到泺口、商河等地，再运往济南。1985年，渡口消失，不再摆渡。朱河圈村渡口建于1770年，因驻地在朱河圈村而得名。渡口位于镇政府东南4.4公里，当时有职工14人，设有1个科室，有机动木船5只，年客运量4万人次，年总收入3万元。2000年，新徐浮桥建成，朱河圈渡口不再使用。

黄河（2016年摄）

第二节　齐济河

齐济河为徒骇河支流，位于桑梓店镇政府驻地东0.5公里处，发源于黄河王窑虹吸工程，流经桑梓店镇和济阳县境，注入徒骇河，境内流长8公里。原来是自然排水故道，1957年，王窑引黄虹吸工程建成。1965年，开挖加宽加深成河。该河是桑梓店镇境内主要的排灌河道，有效灌溉面积1667公顷。1000年，河槽上口宽27～40米，底宽4～7米，水深2.9～3.4米，防洪防涝水位19米，流量47.1立方米/秒。70年代至90年代中旬，齐济河没有清理过，雨水多的年份，大雨连续下两三天，地里的水排不出去，严重影响农业生产。1997年，桑梓店镇对齐济河进行清理，为农业丰产丰收创造良好基础。2014年，完成齐济河勘查设计工作，将镇域范围内齐济河河段打造成既能防洪排涝又具有生态景观效能的多功能河道。齐济河总长11.4千米，主要灌溉范围为刘庙子村、丁庄村、仓上村、桑梓店村、怀庄村、三官庙村、高王村、石门孙村。

第三节　“大溜”水系

大约在1889年夏，黄河涨水，丁口村正南决口，淹没村西大部分良田，形成了一个天然湖泊，当地人称“大溜”，外人称黑龙湾。“大溜”宽约300米，斜上东北方向，直到原来的甜水井村，与从范家村过来的另一条“溜”汇合后流向东北方向的济阳县。大溜四周长有大片莲藕、茭白、芦苇、蒲草等，水面经常有天鹅、白鹭、野鸭等水鸟，水里生长着各类的鱼，村民多以捕鱼为生。为恢复耕地，1957年，黄河河务部门在丁口村正南修建一处“虹吸管”。至1975年，终于利用泥沙淤平“大溜”。村里开始发展水稻种植，亩产达到七八百斤。1976年，曾在此拍过纪录片。

第三章　农田水利建设

桑梓店镇濒临黄河，地势平坦，土质良好，适宜农业发展。但正因地处黄河下游，所以经常受到黄河决口泛滥的影响，造成地形岗洼相间，排灌不畅，土壤沙化且次生盐碱程度高。长期以来，农业生产条件恶劣，产量低且不稳定。1970年前后，桑梓店人民在公社党委的领导下，每年利用农闲季节，集中时间、人力、物力、财力，开沟筑渠、整平土地、治涝改碱，打井，引黄，目的就是实现旱涝保收。

毛主席说“水利是农业的命脉”，20世纪五六十年代，各地大搞农田基本水利建设，经常挖沟清淤。为了让各村的农田浇上黄河水，桑梓店人民公社组织起来，沿李家岸干渠在园林场、大漠刘村南、大漠刘村北修建闸桥3处，建成“三纵”“三横”的灌溉网，形成了地成方、沟成网、树成行的大格局，为整个桑梓店镇的水利灌溉系统奠定了基础。

第一节　河道治理

一、建渠与清淤

历史上受黄河决徙泛滥影响，镇域内河道经常淤积，洪涝灾情严重。新中国建立前，虽然对河道进行过一些治理，但由于社会经济和科学技术条件限制，洪涝灾害仍然严重威胁着人民群众生命财产的安全和工农业生产的发展。新中国成立后，特别是20世纪80年代后，桑梓店镇本着除水害、兴水利、造福人民的宗旨，统一规划，对全镇河道进行定期规模治理。

1986年，全镇农田水利工程共开挖土方30.7万立方米，开挖清淤沟渠总长3.85千米，用工9.2万个，为全镇农业生产奠定良好基础。1988年，重点开展李家岸、大王庙2条干渠，7条引水渠边上游的清淤工程。第一期清淤

308 国道南沟东、西段，北分干、大刘闸沟，长 13335 米，土方 53597 立方米，工日 18000 个，出工人数 4300 人。第二期清淤盲肠渠、两分干、309 国道南沟东段、左庄沟、铁支干，新挖桑梓店村、小马村排洪沟，长 17740 米，土方 65201 立方米，出工 5000 人。

开展辖区内河道清淤整治工作—外业测量（2015 年摄）

1990 年，镇域范围内发生涝灾，镇政府积极应对，发动全镇人民利用 1 个月的时间狠抓治水。共安排 3 期较大的水利工程，总计清淤总长 25512 米，出动 1.3 万多人次，累计工日 12 万个，动土 2.4 立方米，扩大水浇面积 80 公顷，农业生产条件不断改善，排灌条件不断增强。1991—1993 年，投资 130 万元，投工 12.8 万个，搬运土石 7.8 万立方米，在黄展区内建成防渗渠 6300 米，桥、涵、闸 51 座，改善稻区灌溉面积 600 公顷。1994 年，采取统一设计、统一施工的办法，疏浚沟渠 5 条，长 8400 米，完成 9 个工程项目，出工 51 万个，累计完成土石方 117 万立方米、扩大灌溉面积 253 公顷，实现旱能浇、涝能排。1996—1998 年，投资 500 多万元，完成大王庙引黄干渠配套工程、大寺河和齐济河清淤工程、大王庙引黄干渠清淤以及镇内沟渠清淤任务，累计清淤沟渠 300 多公里、出工 60 多万个、完成土石方 164 万立方米。1999 年，桑梓店镇以拉开农业产业结构调整框架为目标，大力实施农田水利基本建设。形成镇、办事处、村三级工程的大格局，动用 12 台机械，3000 多人工，投资 150 万元，完成土石方 76 万立方米，累计清淤沟渠长 360 公里，实现全部耕地旱能浇，涝能排。

开展辖区内河道清淤整治工作（2014 年摄）

2000 年，桑梓店镇采取“统一管理，统一设计，统一施工，统一验收”原则，投资 208 万元，出动大型机械 20 部，出动人工 6000 人次，折合工日 24 万个，清淤大小沟渠 73 条，累计长 120 公里，完成土石方 58 万立方米。同时发挥各村的主观能动性，因地制宜大搞水利工程。全镇形成南北贯通、纵横交错的农田水利设施网络。2002 年，对全镇 19 条引黄主干渠进行清淤，累计长度 42 公里，完成土方 23 万立方米，新建桥涵闸 8 座，总投资 40 多万元，有效解决用水期上游用不了，下游不够用的问题。各办事处、村都根据各自实际，对辖区内的支渠进行清淤整修，累计长度 20 多公里，土方 10 万立方米。2004 年，完成农业综合开发项目及部分建筑物工程，补植树木 6000 余株，建桥涵 24 座，修提水站 5 处，铺设地下节水管道 2000 余米，整修道路 6 条、12 公里，动土方 8 万立方米。完成左庄、小吕村 73 公顷土地开发任务，建起生产桥 17 座，涵洞 11 个，新挖排水沟 7500 米。2008—2012 年，桑梓店镇充分利用项目资金做好齐济河的清淤整治工作，累计动用机械 30 台，清淤长度 148 公里，清挖土方 88 万立方米，累计投入 127 万元，保证全镇河道排灌畅通。2010 年，桑梓店镇遭遇 60 年未遇的干旱。为降低旱灾造成的损失，改变往年春节后干渠清淤的习惯，在 2010 年 12 月组织 13 部挖掘机对全镇 17 条主干渠及齐济河部分河段进行清淤整治，清挖长度 34.8 公里，完成土方 26 万立方米。2012 年，共疏浚沟渠 4.6 万米，清淤土方 12.8 万立方米。2014 年，投入 84 万余元对全镇 36 条主要沟渠进行测量施工，动用机械 5 台，清淤长度 36 公里，清挖土方 28 万立方米。2015 年 1 月 22 日起，对镇域内西分干等 16 条干渠河道开展清淤整治工作。此次整治的 16 条干渠共计 37 公里，清挖土方 8.4 万立方米，动用 5 台挖掘机，40 名人工，15 天左右全部完成。通过清淤整治，彻底清除河道内及河岸外 5 米范围内建筑垃圾、生活垃圾和淤泥，整平河床，清洁河岸。

308 南沟干渠清淤（2016 年摄）

2015 年桑梓店镇春季农田水利基本建设工程分工表

表 6-3-1

姓名	沟渠名称	起点－止点	起止桩号	长度（米）	土方（立方米）
李曰军	北分干	小辛桥——石门孙村北桥	0+000-3+050	3050	6854
	大刘闸沟	李家岸干渠——齐济河高王闸	0+000-6+090	6090	14255
	北分干（石庙段）	门刘村北桥——高王窑厂路	0+000-1+410	1410	3061
	北分干（小辛段）	小辛边界——小辛村	0+000-2+260	2260	6177
	高王北沟	小辛桥——高王村西	0+000-1+200	1200	2577
小计				14010	32924
李吉亮	铁支干	李家岸干渠——张王堂村东桥	0+000-3+600	3600	9253
	田庄闸	李家岸干渠——张王堂村北桥	0+000-3+400	3400	9133
	东分干	石庙村南——彭庄村北	0+000-1+300	1300	5589
	北董北沟	桑表路——齐济河	0+000-1+520	1520	2756
	齐济河	小屯段	0+000-0+300	300	461
小计				10120	27192
李良颜	309 南沟西段	街后闸向北——防汛路	0+000-4+462	4620	9836
	盲肠河	油坊赵边界向东——防汛路	0+000-2+593	2593	5211
	六中前沟		0+000-0+580	[illegible]	[illegible]
小计				7635	15873

续表 6-3-1

姓名	沟渠名称	起点－止点	起止桩号	长度（米）	土方（立方米）
李良柱	西分干	丁口边界——齐济河	0+000-2+290	2290	4720
	齐济河	刘庙新修桥——309 国道	0+000-1+640	1640	2721
	盲肠河	齐济河——防汛路（刘庙段）	0+000-1+215	1215	4113
小计				5145	11554
米光波	308 南沟东段	大桥边界——小寨村东桥	0+000-0+450	450	897
	东分干	308 国道——李堂村西南桥	0+000-0+960	960	1133
	东分干	李堂村西南桥——彭庄前	0+000-1+500	1500	2322
	309 南沟东段	齐济河——防汛路	0+000-1+770	1770	2783
小计				4680	7135
马志军	盲肠河西段	焦斌小闸——街后边界	0+000-1+650	1650	2383
小计				1650	2383
怀善玉	北王堂北沟外运土		0+000-0+700	700	3194
	小张东沟	308 国道——小张村东	0+000-0+700	700	858
小计				1400	4052
王学利	零星清淤工程		0+000-0+850	850	1530
小计				850	1530
康承群	309 北沟	铁匠段	0+000-2+350	2350	5541
小计				2350	5541
合计				47840	108141

二、干支渠

（一）主要干渠

大刘闸干渠：开挖于 20 世纪 70 年代，总长 6090 米，河口宽 12 米，河底宽 2 米，平均河深 2.8 米，每年清淤河底土方 1.8 万立方米。主要流经前房、后房、北王堂、小郑、大郑、高王等村，最终流向齐济河。

田庄闸干渠：开挖于 20 世纪 70 年代，总长 8100 米，河口宽 12 米，河底宽 2 米，平均河深 3 米。每年清淤河底土方 2.3 万立方米。主要流经田家、沙李、小马、怀庄等村，最终流向齐济河。

铁支干渠：开挖于 20 世纪 70 年代，总长 4500 米，河口宽 8 米，河底宽 2 米，平均河深 2.2 米，每年清淤河底土方 0.9 万立方米。主要流经园林场、姚吕、张王堂、袁贾、左庄、邓营、沙李等村，最终流向齐济河。

林场闸干渠：开挖于 20 世纪 70 年代，总长 2400 米，河口宽 10 米，河底宽 2 米，平均河深 2.8 米，每年清淤河底土方 0.6 万立方米。主要流经园林场、姚吕、袁贾、左庄等村，最终流向左家两沟。

东分干渠：开挖于 20 世纪 70 年代，总长 4300 米，河口宽 10 米，河底宽 2 米，平均河深 2.5 米，每年清淤河底土方 0.99 万立方米。主要流经三教堂、彭家、石庙等村，最终流向北分干。

308 南沟干渠：开挖于 20 世纪 90 年代，总长 150 米，河口宽 14 米，河底宽 3 米，平均河深 3 米，每年清淤河底土方 0.14 万立方米。主要流经三教堂等村，最终流向东分干渠。

北分干渠：总长 8300 米，河口宽 12 米，河底宽 3 米，平均河深 3 米，每年清淤河底土方 0.9 万立方米。主要流经老寨、三教堂、石庙、小辛、小吴、石门孙等村，最终流向齐济河。

309 南沟干渠：总长 4800 米，河口宽 10 米，河底宽 2 米，平均河深 2.5 米。主要流经街后、邱岸、南郑、丁庄、仓上等村，最终流向齐济河。

西分干渠：总长 2300 米，河口宽 10 米，河底宽 2 米，平均河深 2.5 米，每年清淤河底土方 0.55 万立方米。主要流经丁口、朱河圈、刘庙子等村，最终流向齐济河。

盲肠河干渠：总长 5400 米，河口宽 10 米，河底宽 2 米，平均河深 2.5 米，每年清淤河底土方 1.3 万立方米。主要流经街后、东秦、邱岸、南郑、刘庙子等村，最终流向齐济河。

麦田旁的灌溉水渠（2016 年摄）

（二）主要大沟

309 南沟：总长 4500 米，河口宽 12 米，河底宽 2 米，平均河深 3 米，每年清淤河底土方 0.9 万立方米。主要流经老屯、铁匠、小屯、仓上等村，最终流向齐济河。

309 北沟：总长 4250 米，河口宽 11 米，河底宽 2 米，平均河深 2.8 米，每年清淤河底土方 0.85 万立方米。主要流经西秦、东秦、南郑、仓上等村，最终流向齐济河。

左庄西沟：总长 3900 米，河口宽 11 米，河底宽 2 米，平均河深 2.8 米，每年清淤河底土方 0.9 万立方米。主要流经小吕、左庄、袁贾、街后等村，最终流向 309 北沟。

土唐沟：总长 6800 米，河口宽 10 米，河底宽 2 米，平均河深 2.5 米。主要流经姚吕、小吕、左庄、仓上等村，最终流向齐济河。

周闫南沟：总长 6500 米，河口宽 12 米，河底宽 2 米，平均河深 3 米，每年清淤河底土方 1.8 万立方米。主要流经安庄、耿家、周闫、北董等村，最终流向齐济河。

桑表路西沟：总长 2050 米，河口宽 10 米，河底宽 2 米，平均河深 2.8 米，每年清淤河底土方 0.4 万立方米。主要流经周闫、小郑、北王堂等村，最终流向大刘沟。

冯家堂一支：总长 1650 米，河口宽 12 米，河底宽 2 米，平均河深 2.8 米，间隔清淤河底土方 2 万立方米。主要流经三教堂、冯家堂、三官庙等村，最终流向齐济河。

冯家堂二支：总长 1550 米，河口宽 10 米，河底宽 2 米，平均河深 2.8 米，间隔清淤河底土方 2 万立方米。主要流经三教堂、冯家堂、三官庙等村，最终流向齐济河。

冯家堂三支：总长 1500 米，河口宽 10 米，河底宽 2 米，平均河深 2.5 米，间隔清淤河底土方 2.5 万立方米。主要流经石庙、三教堂、冯家堂、三官庙等村，最终流向齐济河。

冯家堂四支：总长 1670 米，河口宽 12 米，河底宽 2 米，平均河深 2.8 米，间隔清淤河底土方 2 万立方米。主要流经石庙、高王、三官庙等村，最终流向齐济河。

冯家堂五支：总长 1580 米，河口宽 12 米，河底宽 2 米，平均河深 2.8 米，间隔清淤河底土方 2.5 万立方米。主要流经石庙、高王等村，最终流向齐济河。

冯家堂六支：总长 1580 米，河口宽 12 米，河底宽 2 米，平均河深 2.8 米，间隔清淤河底土方 2.5 万立方米。主要流经石庙、高王等村，最终流向齐济河。

冯家堂七支：总长 1500 米，河口宽 12 米，河底宽 2 米，平均河深 2.8 米，间隔清淤河底土方 2.5 万立方米。主要流经小辛、高王等村，最终流向齐济河。

高王北沟：总长 1580 米，河口宽 12 米，河底宽 2 米，平均河深 2.8 米，每年清淤河底土方 2.8 万立方米。主要流经高王、小辛、小吴等村，最终流向齐济河。

五十二中前沟：总长 1850 米，河口宽 10 米，河底宽 2 米，平均河深 2.5 米，每年清淤河底土方 3 万立方米。主要流经桑梓店、怀庄、小马等村，最终流向小马村西和 308 沟。

赵王沟：总长 2200 米，河口宽 10 米，河底宽 2 米，平均河深 2.5 米，每年清淤河底土方 2.5 万立方米。主要流经北王堂、大郑、高王等村，最终流向齐济河。

北董北沟：总长 1530 米，河口宽 12 米，河底宽 2 米，平均河深 2.8 米，每年清淤河底土方 3 万立方米。主要流经周闫、北董、怀庄等村，最终流向齐济河。

周闫大棚前东西沟：总长 1470 米，河口宽 10 米，河底宽 2 米，平均河深 2.5 米，间隔清淤河底土方 2.5 万立方米。主要流经周闫、北董、三官庙等村，最终流向齐济河。

小郑东西沟：总长 1650 米，河口宽 12 米，河底宽 2 米，平均河深 2.8 米，间隔清淤河底土方 3 万立方米。主要流经小郑、周闫、北董、高王等村，最终流向齐济河。

2014 年桑梓店镇春季农田水利基本建设主要干支渠工程量汇总表

表 6-3-2

渠道名称	起点－止点	起止桩号	长度（米）	土方（立方米）	边坡	设计底宽（米）
309 南沟西段	街后闸向北——防汛路	0+000-4+462	4462	9836		4
盲肠河	油坊赵边界向东——防汛路	0+000-2+593	2593	5211		4
西分干	丁口边界——齐济河	0+000-2+290	2290	4720	1:1.5	2
齐济河	刘庙子村新修路桥——309 国道	0+000-1+640	1640	2721	1:1.5	2
盲肠河	齐济河——防汛路（刘庙子村段）	0+000-1+215	1215	4113	1:1.5	2
铁支干	李家岸干渠——张王堂村东	0+000-3+600	3600	9253	1:1.5	2
田庄闸	李家岸干渠——张王堂村北桥	0+000-3+400	3400	9133	1:1.5	3
北董北沟	桑表路——齐济河	0+000-1+520	1520	2756	1:1.5	2
东分干	石庙村——彭家村北	0+000-1+300	1300	5589	1:1.5	2
北分干	小辛桥——石门孙村北桥	0+000-3+050	3050	6854	1:1.5	3
大刘闸沟	李家岸干渠——齐济河高王闸	0+000-6+090	6090	14255	1:1.5	2
高王北沟	小辛桥——高王村西	0+000-1+200	1200	2577	1:1.5	2
北分干	门刘村北桥——高王窑厂路	0+000-1+410	1410	3061	1:1.5	3

续表 6-3-2

渠道名称	起点－止点	起止桩号	长度（米）	土方（立方米）	边坡	设计底宽（米）
308 南沟东段	大桥边界——小寨桥东墙	0+000-0+450	450	897	1:1.5	3
东分干	308 国道——李堂村西南桥	0+000-0+960	960	1133	1:1.5	2
东分干	李堂西南桥——彭庄前	0+000-1+500	1500	2322	1:1.5	2
309 南沟东段	齐济河——防汛路	0+000-1+770	1770	2783	1:1.5	2
盲肠河东西段	焦斌小闸——街后边界	0+000-1+650	1650	2383	1:1.5	3-2
北分干	小辛段	0+000-2+260	2260	6177	1:1.5	3
北王堂村北沟外调土		0+000-1+400	1400	3194		
齐济河	小屯段	0+000-0+300	300	461		3
五十二中前沟		0+000-0+580	580	826	1:1.5	2
小张东沟		0+000-0+700	700	858	1:1.5	2
零星清淤合计土方		0+000-0+850	850	1530		
309 北沟	铁匠段	0+000-2+350	2350	5541	1:1.5	2
合计			48540	108184		

桑梓店镇 2016 年春季农田水利基本建设土方汇总表

表 6-3-3

沟渠名称	起点—止点	长度（米）	土方(立方米)	河底宽	坡比
东分干	大庄——东分干	370	2804	2	1:2
赵王沟	大刘沟——齐济河	2200	5528	2	1:2
北分干渠	小辛——小吴	1150	4946	2	1:2
高王北沟	北分干——高王北桥	1200	2806	2	1:2
冯家堂三支	三官桥——齐济河	472	1613	2	1:2
冯家堂四支	三官边界——齐济河	450	870	2	1:2
高王闸前东西沟	齐济河——北分干	1410	4812	2	1:2
高王北沟边界沟	高王北沟——小辛村南	1250	2252	2	1:2
北董北沟	桑梓路——齐济河	1530	5039	2	1:2
后房西南北沟	高铁——齐济河边界	2050	6930	2	1:2
街后北沟	南北沟——街后村北沟	860	2339	2	1:2
石门孙大棚前	南北沟——街后村北沟	1600	4604	2	1:2

续表 6-3-3

沟渠名称	起点—止点	长度（米）	土方(立方米)	河底宽	坡比
北分干	高王北沟——北分干	1340	4001	2	1:2
环社沟	农中北沟——赵王沟	1200	2542	2	1:2
合计		34332	96027		

第二节 机 井

桑梓店镇位于黄河北岸，粮田主要依靠黄河灌溉，但有时黄河断流，制约着农业生产的发展。为了解决这个问题，镇内打井灌溉。20世纪70年代左右，采用人工方式打机井，由县里和公社投资。在地上支起三脚架，安上绞磨，磨杆呈十字状，每端2人，十来个人同时推动绞磨，一罐一罐地从地下往上捞泥，大约一个月打成一眼机井。有打33米的，有打38米的。康辛村曾经打出一眼比较好的机井，每小时出水60立方米，且水质很好，甘甜可口。

20世纪90年代后，由于沿黄地区引水量大，经常导致黄河断流，人畜、人地争水矛盾十分突出，致使灌溉用水没有保障。同时由于地质条件所限，地下浅层水皆为咸水，很难利用。水资源危机成为制约全镇经济发展的重要因素。为解决发展瓶颈，1994年，全镇组织打机井9眼。1997年，抗旱打井，向地下要水，打机井80余眼，达到“以河补源，以井保丰”，旱涝保收的目的。1998年，投资2000元，购置水泵、吸水管、水龙头，为桑梓店村、小马村的机井配套。1996—1998年，修桥涵闸86座，打机井近百眼。1999年，旱情严重，造成2万人口和1.8万头牲畜饮水困难，镇政府特聘请相关专家到镇域考察，论证有无淡水层及淡水层深度。经过专家考察、论证，搞清含淡水段埋深350米以下，以地层厚度设计孔深400～450米为宜。根据专家建议，镇党委、政府决定先打深井5眼，井深400米，预算资金146.5万元。其中镇政府自筹资金96.5万元，上级予以解决50万元。2000年，投资14万元新打机井10眼。2011年，打井3眼，解决水稻的灌溉问题。

第三节 桥 涵

新中国成立前，河道建筑物多为砖石土木结构，年久失修，许多河道建筑物破损残旧，新中国成立后，全部进行整修或重建。

涵桥（2015年摄）

1991—1993年，桑梓店镇投资130万元，投工12.8万个，搬运土石7.8万立方米，在黄展区内建成地上防渗渠6300米，桥、涵、闸51座，改善稻区灌溉面积600公顷。1994年，利用黄河水对后房、前房、耿家三村的100公顷盐碱涝洼地进行淤灌改良，1996年还耕。

1995年，投资28万元，投工5.4万个，动用土石4.2万立方米，建桥、涵、闸19座，完成大王庙引黄干渠西分干、北分干配套工程，改善灌溉面积912公顷。从此，可以从李家岸、大王庙两条引黄干渠引用黄河水，为发展“两高一优”农业奠定了基础。1997年建桥涵闸68座。

1998年，在万亩稻田区左家办事处地域建桥、涵9座。投资8万元，在北分干上建生产桥1座，在石门孙村齐济河上建月牙拦水堰1处，在老屯村塘沟上建拦水闸1处，在铁匠村西分干上建涵洞1座。

新修建好的涵桥（2013年摄）

2000年，投资48万元，修建桥、涵、闸37座，完成砌体560立方米。并且充分发挥各村的主观能动性，因地制宜大搞水利工程。经过全镇上下共同努力，形成了南北贯通，纵横交错的农田水利设施网络。2001年修大小桥、涵10余座。

2003年，李家岸大闸安装电脑程控。天桥区农业开发项目区在桑梓店镇实施，在项目区内新修生产路涵110座，拱桥1座。水利站人员根据上级规划要求，全站人员在项目区内参加规划、放线、挖边沟、整理河道、整平道路、植树、浇树、涂白及树木管理。

2004年，投资44万元，对全镇22-系主要干渠进行全面清淤，累计清淤长度10多公里，完成土方27万立方米，修建桥涵闸28座。

2005年，投资30余万元，对全镇主干渠进行清淤，协调引黄单位供水1800万立方米，保证全镇作物生长及生产生活用水需要。在800公顷农业综合开发项目区内，开挖沟渠27000米，整修生产路30000米，新修桥涵70座。

2006年，因青银高速主线及济南绕城北线工程建设，占压石门孙村土地17.47公顷，使原来的道路无法通行，水渠无法排灌，土地无法耕种。为确保石门孙村土地正常耕种，维护重点工程建设，新修桥涵12座，开挖排水渠8000米。2006年总共新修桥涵110座，整修生产路30公里，开挖排水沟渠18000米。春秋季对全镇18条主干渠进行清淤，改善北董等8个村的农业生产条件。

2008年，对全镇17条主沟渠进行清淤整治，共计清淤长度40公里，土方量达到17.5万立方米。修建桥涵1座。

2010年，桑梓店镇遭遇60年未遇的干旱。为降低旱灾造成的减产损失，桑梓店镇改变往年春节后干渠清淤的习惯，在2010年12月，组织13部挖掘机对全镇17条主干渠及齐济河部分河段进行清淤整治，清挖长度34.8公里，完成土方26万立方米。2011年1月15日，关闭齐济河下游石门闸，开启李岸干渠的田家村等4处引黄闸储水，储水量达到300余万立方米，能浇灌小麦2000余公顷。并且启用全镇110眼机井来抗旱。

加强农业基础设施建设是农业增产增收的重要保障，2008—2011年，全镇共修建生产桥53座，生产涵洞326座，维修桥涵闸170余座，动用土石方3.9万立方米，总投入达1080万元，农业生产条件得到极大改善。充分利用项目资金做好齐济河的清淤整治工作，2012—2013年，累计动用机械30台次，清淤长度148公里，清挖土方88万立方米，累计投入127万元，保证了全镇河道排灌畅通，为粮食增产增收打下坚

农委修建桥涵（2015年摄）

实基础。

2014 年，新修生产桥 3 座，新建生产涵洞 4 座，维修桥涵闸 3 座，共动用土石方 2000 多立方米，保证全镇河道排灌畅通。

2015 年，新修生产桥 7 座，新建生产涵洞 2 座，维修桥涵闸 2 座，共动用土石方 1450 多立方米，投资 54 余万元，保证全镇河道排灌畅通，为粮食增产丰收打下坚实基础。

第四节　治涝改土

利用黄河水淤土肥田，曾载于史册。民国时齐河县引黄虹吸即属此举，但成效甚微。新中国成立后，桑梓店镇多年引用黄河水，平均每立方米含沙 13 公斤左右。丰富的泥沙有利于改土造田，但也带来了泥沙处理问题。

一、淤灌结合，改土造田

（一）淤土造田先筑围堤，使泥沙定点沉淤。自 50 年代始，为减少泥沙进田，凡兴建引黄工程，均利用低洼、潭坑、撂荒洼地，筑堤沉沙。60 年代末，先后将桑梓店镇域的王窑村、邱家岸村、朱河圈村、丁口村等村历史上黄河决溢造成的潭坑洼溜基本淤平。70 年代，齐河县黄河修防段使用吸泥船，吸泥放淤，强化堤防，淤地改田。1979 年，将放淤范围由沿河地带，引向镇内其他低洼地。齐河县将桑梓店人民公社纳入开发

沉沙淤地（2016 年摄）

沉沙淤地引黄管（2016 年摄）

区，镇域内受益的乡村自筑围堤，国家扶持兴修建筑物。

（二）植稻改土。由于黄河河床逐年淤高，造成临背高差悬殊，受黄河侧渗影响，临黄地区地下水位多为 0.5 ～ 1 米，日浸月渗，形成背河 3 公里左右的盐碱化地带。清末，沿黄始种水稻，旧齐河县志记载：“滨黄河之处终年积水，多有芟除芦苇试种水稻者，春晚分秧，秋末成熟，经砻轧成米，不亚于江南所出。”但往日种植水稻的较少，最大地块不过半亩，形不成规模。1963 年，齐河县县长率农业、水利技术干部在县城北关等村搞大面积种水稻试验。桑梓店镇积极响应，种植水稻改善土壤，使镇域内沿黄的盐碱地变成亩产 500 公斤的高产田。在稻苗大量需水季节，引浑水进田。几年后，稻田即沉淤红土 10 ～ 20 厘米，厚者可达 40 厘米以上，对土壤改良十分有益。据土肥部门测定，耕层土壤含盐量在 10% 以上的地块，植稻二五年后，含盐量即下降到 2% 以下。

二、泥沙处理

初兴引黄，主要采用“条渠输沙，浑水进田”的办法。因地面坡降平缓，挟沙能力较低，致使引沙量的 75% 左右沉积在沟渠河道之中。后引黄渠首设沉沙池，但沉沙池一般偏小，加之管理不善，排灌渠系淤积仍甚严重。每年要组织三四万人清淤，耗费大量人力物力。清出

的泥沙堆积在河渠两岸，占压大量耕地，形成沙丘、沙坎，影响生产和交通。1979年后，桑梓店人民公社贯彻齐河县政府“泥沙淤地造田，清水灌溉补源，淤而增产，灌而不减，统筹兼顾，科学引用”的方针。把引水灌溉和沉沙改土结合起来，采取拦、沉、输、清等综合措施，基本实现了浑水进田、清水入河的要求，减轻了排水河道和输水渠系的淤积。所谓拦、沉、输、清，即闸前拦，在渠首引黄闸前建拦沙坝或叠梁闸门，实行控制性引水，以拦、减大河底部泥沙入渠；集中沉，就是有计划的安排沉沙池，利用盐碱荒地修围埝建淤区集中沉淀泥沙，用以改土造田；大水输，就是采取大流量、大比降、大水冲、分散沉的方法，将泥沙直接输入田间，达到改土不淤渠的目的。机械清，就是对仍然沉积于骨干河渠之中的泥沙，采用机械清淤。1983年，齐河县水利局仿制“船式清淤机”成功。1台船式清淤机8小时清泥沙200立方米，每立方米合成本0.35元，大大降低了费用。

第四章　黄　河

第一节　桑梓店段黄河大堤

一、概　况

桑梓店镇境内黄河，为古代济水（元朝改称大清河）故道，自1855年（清咸丰五年）黄河在河南兰考铜瓦厢决口，夺大清河入海至今。

镇境内临黄大堤全长5.8公里，临黄大堤西至油坊赵村，东至大桥镇桃园村西、桑梓店镇丁口村东。临黄大堤有两处险工：赵庄险工，起止坝头号21-76；王窑险工，起止坝头号1-44。光绪十年开始修建险工段。平工段起止桩号为129+200-130+700，总长1.5公里。黄河以善淤、善决、善徙著称于世。从黄河改道山东百余年来，在镇境内决口数次，给当地群众带来沉重的灾难。自新中国成立后，将新中国成立前低矮残破的堤防建设成高大的水上长城，成为坚固的防洪屏障。同时，大力发展引黄淤灌，使黄河水沙造福于人民，为当地的农业发展做出了巨大贡献。

王窑险工碑文正面（2016年摄）

王窑险工碑文背面（2016年摄）

二、管理机构

1884年（清光绪十年），山东省设河防总局，县设管带，后称营官。1928年，改营为段，1938年，治黄机构瘫痪。1946年，为人民治黄之初，先后成立河西县修防段、齐禹县修防段

黄河大堤管理段办公场所（2016 年摄）

和齐河县黄河治河办事处。1950 年 7 月，齐禹县修防段与齐河县黄河治河办事处合并，称齐河修防段，隶属青济修防处。1956 年 3 月，长清（河西）修防段改称齐河第一修防段。同年 7 月，齐河修防段改称齐河第二修防段，隶属聊城修防处。1959 年，齐河一、二段合并，复称齐河修防段，下设含镇境王窑分段在内的共 6 个分段。王窑分段建立于 1951 年，起初名为齐河县王窑点。1969 年，改为齐河县修防段王窑分段。1990 年，划归历城后改称为历城区黄河修防段王窑分段。2000 年，划归天桥后改称为天桥黄河河务局桑梓店管理段。辖区范围自 124+900-130+700 共 5800 米。职能主要是管辖范围内黄河的防汛、防凌及堤防的养护与维修。桑梓河务管理段历任段长为：葛宽辉、马永河、聂培忠、徐宝林、王四宝、张克鑫、杜加雷、

天桥黄河河务局桑梓店管理段段长陈祥玉（2016 年摄）

李耀辉、陈祥玉。

第二节　黄河变迁

根据水利部黄河水利委员会黄河网资料，历史上黄河下游决口泛滥 1500 余次，较大的改道有 20 多次。历史上黄河下游河道变迁的范围，大致北到海河，南达江淮。

夏、商、周时代，黄河下游河道呈自然状态，低洼处有许多湖泊，河道串通湖泊后，分为数支，游荡弥漫，同归渤海，史称禹河。

春秋后期，齐国首先称霸天下，于公元前 685 年开始，在黄河下游低平处筑堤防洪，开发被河水淤漫的滩地。当时其他诸侯国相继筑堤，“壅防百川，各以自利”。从此黄河下游漫流区日益缩小，九河逐渐归一。由于堤防约束，河床淤高，黄河于公元前 602 年在黎阳宿胥口决徙，主流由北流改向偏东北流，经今濮阳、大名、冠县、临清、平原、沧州等地于黄骅入海，为黄河第一次大改道。

战国时期，各国修筑的堤防，各以自利，没有统一的规划，人为的弯曲很多。西汉时期，在相距 50 里的大堤内出现了许多村落，堤内的居民修筑直堤来保护田园。大河堤距宽窄不一，堤线曲折更多，个别河段堤防修得很高，使黄河成为地上河。在这种河道形势下，西汉时决溢较多。公元 11 年，河水大决魏郡元城，泛滥冀、鲁、豫、皖、苏等地将近 60 年，造成黄河第二次大改道。

东汉时期的下游河道称东汉故道，流路自今濮阳西南西汉故道的长寿津改道东流，循古漯水经今范县南，于阳谷县西与古漯水分流，经今黄河和马颊河之间。宋前期大致维持东汉以来的河道，称京东故道。后期河道淤高，险象丛生。1048 年河决商胡，改道北流，新河夺永济渠在今天津东入海，时称北流，这是黄河的第三次大改道。1060 年黄河自大名决河东流，

自沧州境入海，时称东流（二股河）。

1128 年冬，金兵南下，南宋边防告急，11 月东京（今开封）留守杜充决开黄河南堤御敌，黄河从此南泛入淮。决口处大致在卫州（今汲县和滑县东之间）。决水东流至梁山泊之南，主流大致沿菏水故道入泗，当时称为新河。

金末元初近百年间（1209—1296 年），黄河呈自然漫流状态，没有固定流路。1234 年，由杞县分为三支，以入涡一支为主流，三流并行约 60 余年。1297 年主流北移，北支成为主流，由徐州入泗、入淮，由济宁、鱼台等地入运河、入淮。主流北移后，1297—1320 年间，黄河自颍、涡北移，全由归德、徐州一线入泗、入淮。1320—1342 年间开封——归德段黄河亦北移豫北、鲁西南。

1343—1349 年，黄河连决白茅堤，水灾遍及豫东、鲁西南、皖北，洪水北侵安山入会通河夺大清河入海。1351 年，贾鲁挽河回复故道，黄河流经今封丘西南，东经长垣南 30 里，东明（今东明集）南 30 里，转东南经曹县西之白茅、黄陵冈、商丘北 30 里，再东经单县南、夏邑北，再东经砀山南之韩家道口（砀山南约 40 里），又东经萧县、徐州北，邳州循泗入淮。

1297—1397 年的百年间，以荥泽为顶点向东成扇形泛滥，主流自南向北摆约 50 年。此后自北向南摆亦 50 年。最北流路在今黄河一带，最南流路夺颍入淮。

1391 年，黄河南决，主流夺颍入淮。百余年间有时分流入涡，有时走贾鲁故道，其决溢地点多在开封以上。

1496—1566 年，北岸修筑太行堤，南岸大堤也得以加固，开封附近不再决溢，决溢地点下移至兰阳、考城、曹县一带。先是黄河南移入涡、入淮，后又渐北移，至徐州入运。1558 年，大决曹县，水分 10 余支自徐州至鱼台散漫入鲁南运道及诸湖，运道大淤，黄淮合流段的淤积日益严重，下游河道不断淤高。同时，河口迅速延伸。

1578 年 2 月，潘季驯修筑徐淮间 600 里南北大堤，使河出清口、云梯关，塞高家堰，使黄淮合流。这就是后人所谓的明清故道。

1855 年，黄河在铜瓦厢决口后，数股漫流，其中一支出东明北经濮阳、范县，张秋穿运入大清河，于利津牡蛎嘴入海，后逐渐形成今黄河河道。

1938 年 6 月，国民政府为了阻止日军西进，扒开花园口黄河南堤，全河夺流改道，经沙颍河、涡河入淮，泛滥豫、皖、苏三省达 9 年之久。抗战胜利后，1947 年 3 月 15 日，将花园口口门堵合，黄河回归故道，即现行河道。

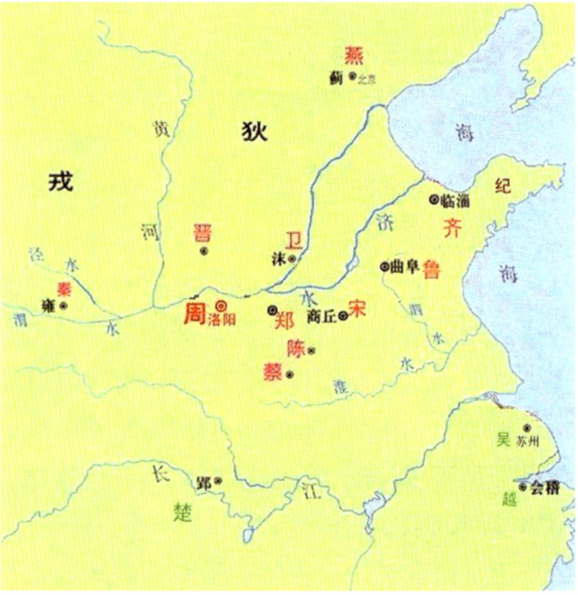

在《春秋列国形势图》中，有济水，它发源于今河南，流经山东入渤海。现在黄河下游的河道就是原来济水的河道。今河南济源，山东济南、济宁、济阳，都从济水得名。

第三节　黄河治理

一、堤防建设

早期堤防建设　1855 年，黄河改道后，原来的大清河河道难以容纳黄河巨大的水流，洪水经常外溢，寿张以下至章丘等沿河州县均遭水害。当时清政府忙于镇压太平天国及捻军，无暇顾及。黄河沿岸的群众为抵御洪水灾害，自发堵沟筑埝防溢。这种因水筑埝的民修民埝曾起到一定的防护作用，但因多为随弯就曲，单薄不齐，决溢之灾仍不断发生。1881 年夏秋季，洪水泛滥，民众自发修筑的堤防大多溃决。次年，历城北岸桃园决口。12 月，巡抚任道督工堵复，并于桃园上下加修官堤 25.5 公里。1883 年 3 月，发生凌洪，历城的骚沟、章丘的九龙口等漫溢决口。山东巡抚陈士杰勘定河工，奏准开通小清河，加修黄河官堤，官堤底宽 26～33 米，顶宽 6～10 米。1884 年 6 月，长堤告竣。随着官堤的建成，全省（包括桑梓店镇）大部河段形成了第二道防线。之后曾数次加高培厚，但终因黄水泛滥，为保临黄堤而废弃。

1932 年 3 月，为加强省城上下堤防，对北岸齐河县南坦——辛庄大堤直接招商培修。1938 年 2 月，日伪山东河务工赈委员会查报：南岸大堤挖掘军工 190 公里，泺口上下挖掘缺口 28 处。10 月，对泺口——傅家庄各险工堤段招商承修土方 1.91 万立方米。1946 年 7 月，南京国民政府山东修防处开始整修堤防工程，共整修北岸齐河南坦经鹊山至济阳大柳树店子长 55 公里。1947 年 3 月 15 日，南京国民政府堵复花园口决口后，黄河复归山东故道。1948 年，国民党与共产党打仗，国民党军队再次以黄河堤防为依托阻止人民解放军的战略进攻，堤防工程再次遭到严重破坏。

三次大修堤 第一次大修堤时间 1951－1953 年。堤防标准按泺口水位 30.7 米；顶宽，险工 9 米，平工 7 米；临河坡 1 ∶ 2.5，背河坡 1 ∶ 3。临背悬殊堤段加修后戗，顶宽 4～6 米，边坡 1 ∶ 5，高度按超出 1 ∶ 8 浸润线出逸点 0.5～1.0 米为准。第二次大修堤时间为 1962—1964 年。标准按泺口站流量 10000 立方米／秒，设防水位 32.76 米，堤顶超高 2.1 米，堤顶宽平工 7 米，险工 9 米，临背边坡同上。第三次大修堤时间为 1976—1983 年。这次大修堤是按黄委会下达的近期（1974—1983 年）10 年规划要求进行的。堤防标准：按泺口站流量 11000 立方米／秒，相应水位 35.52 米，堤顶超高 2.1 米，堤顶高程 37.62 米。堤顶宽和临背河边坡标准不变。

二、大堤保护

堤防绿化 堤坝植树可防风固沙，防雨冲刷，防浪固堤，又可为防汛抢险提供材料。新中国成立初期，由群众自筹树苗、分段负责，对堤坝进行绿化。其种类有杨树、柳树、刺槐等。因树属私有，管理无章，成材者甚微。1955 年始，实行国家投资、统一栽植，国有队管，对五分成的制度，绿化面积逐年扩大。绿化树木全是用材树种。另有苗圃 55 亩，以供绿化之用。自 1955 年起，开始植草护堤，种类多是葛巴草，此草盘根错节且蔓长，防冲刷力强，护堤效果显著。

捕捉害堤动物 新中国成立后，山东省人民政府颁发的《关于消灭堤身隐患办法》中规定，凡在大堤或距大堤 500 米之内捕获獾、狐、地猴、地鼠等有害堤防动物者，均给予物质奖励或表扬，此规定坚持至今。至 1985 年，黄河职工和护堤员及沿堤群众，用烟熏、枪杀、挖洞、淹灌等方法，捕捉害堤动物万余只，其中獾、狐等较大的害堤动物 1000 多只，处理各类洞穴万余处。

平整堤顶 填平堤顶，填垫水沟浪窝，维护堤防完整以确保大堤安全。产生水沟浪窝的主要原因是堤顶不平、土质不好、缺少排水设施、草皮覆盖面积小、受雨面积大等。整平堤顶、堤身时用红土包边，制作草皮摊水沟等，使雨水均匀排泄，可减少水沟浪窝。经历年整修，水沟浪窝已基本杜绝。

第四节　黄河防汛

一、晚清民国时期

1855 年，黄河改道夺大清河初期，沿黄民众自行修堤埝防洪。1884 年，山东河防局建立，有河工营勇担负防守抢险，人力不足时征调民众参加。1899 年，建立泺口中游分局后，基层组建河防营，由营官、哨官、汛兵担负防守。清朝末期 1907 年，黄河在桑梓店镇境内的王家窑决口，河水漫流，黄河以北的村庄变成一片汪洋，多处水深 1 ～ 2.5 米，老百姓都搭上架子爬到树上过活。

1912 年后，营防改为段汛，防汛任务按段汛分段防守。1930 年，在段汛机构内设工程汛和防守汛，由汛长、汛目、汛兵担负抢险筑工和防守，遇较大洪水或发生险情时征调民众上堤协防。

二、新中国成立后

新中国成立后，黄河防汛保安全已成为人民政府的一件大事，防汛组织领导、队伍建设、物资准备等逐步规范化、制度化。

1949 年开始，济南市设立专门的指挥机构，全市每年都于五六月份部署防汛工作，同时组建市、县（区）、乡（镇）防汛指挥机构，由市、县（区）、乡（镇）党政主要负责人任指挥、政委，各级党政军有关部门及黄河修防部门的主要负责人任副职和成员。指挥部下设办公室、政治宣传、工程、物资供应、交通运输、安全等相应办事机构，组织指挥防汛工作。

桑梓店镇召开防汛应急工作紧急会议（2016 年摄）

新中国成立后，境内遇黄河大汛 5 次，分别发生在 1957 年、1958 年、1964 年、1976 年和 1996 年，这 5 次洪水流量均在 7800 立方米 / 秒以上。1958 年，花园口最大流量为 22300 立方米 / 秒。7 月 23 日，泺口最高水位 32.09 米，超出保证水位 1.09 米，流量 11900 立方米 / 秒，为新中国成立后最大洪峰。为战胜洪水，中共山东省委书记处书记谭启龙亲临齐河，指示黄河防汛为压倒一切的中心任务，要全党全民总动员，确保黄河不决口。当时防汛形势特别严峻，镇境内的机关干部及各村 18 ～ 45 岁的壮劳力几乎全部参与防汛，黄河坝顶 1 米 1 人，打埂子（音）。因桑梓店镇在黄河北岸，要求抢险班和加强班人员将岸边柳树向北砍，约砍到三分之二处让其自然歪下去，这样黄河水冲刷堤岸正好被树枝阻挡。经过十多日的连续奋战，终于战胜洪水。1958 年 7 月，黄河洪汛，流速 11900 立方米 / 秒，桑梓店镇百姓深知黄河水灾关系民生大计，黄河的安危直接影响人民的生命财产安全，机关干部、驻军、群众等上千人上堤支援抢险。群众自发捐送树枝、秸秆等物，积极为抗洪抢险做贡献。1976 年 9 月 6 日黄河洪峰 7800 立方米 / 秒，镇域加强抗洪。

2002 年，全镇黄河防汛防洪工程堤防总长是 5800 米，起止桩号 124+900-130+700。其中险工段长 4188 米，即油坊赵险工长 2376 米，起止桩号 124+900-127+276；王窑险工长 1812 米，起止桩号 127+276-129+088，汛屋 11 个。内河防汛是齐济河，南起临黄坝，北到石门孙村，总长 12.8 公里，防止内涝。2002 年安排一线基干班 99 个，1188 人，替补基干班 30 个，360 人，抢险队 1 个，120 人；二线基干班 166 个，792

人，防汛班44个，528人；民兵黄河抢险队1个，30人；共需落实柳秸软料210万公斤，软楔298个，大桩1490根，草麻袋1690条，棉衣被2984件，雨具1664套的群众备料。

每年6月1日至9月30日为汛期值班，镇直各办事处和有关部门，一律实行24小时值班制度，规定值班人员按时到岗，严禁脱岗、漏岗。发现脱岗、漏岗问题，除追究当事人责任外，还要追究直接领导责任。值班期间记录上级指示、命令和基层上报的险情、灾情，并上报有关领导。遇有雨情和接到重要天气预报时，各党政班子成员上岗带班，实地巡查，了解低洼地区积水和灾害情况，随时掌握天气形势变化，组织防汛和抢险工作。

始终贯彻防汛检查制度。对镇域内的雨、水情测报设施、防洪工程设施、通讯设施等进行严格检查和安全维护。对检查的各项防汛设施逐项进行表格化登记、备案，使防汛工作制度化、规范化。对查出的问题，按照分级负责的原则，责成相关单位制定处理措施，并落实责任。对在建工程，严格质量监督，落实质量保障措施，在确保质量的前提下，加快进度，力争汛前完成。完不成的要落实应急度汛措施，确保安全度汛。按照保行洪、保畅通的要求，汛前集中进行清理非法侵占河道的执法活动。

第五节　黄河北展宽工程

一、工程概况

1958年秋汛期，黄河泺口洪峰达到11900立方米/秒，桑梓店段几次出现险情，但在各级党委、政府领导下，桑梓店人民公社大打人民战争，日夜严密防守，将长期以来被人们视为黄祸猛兽驯服了，终于转危为安。为解决河道狭窄、洪水湍急问题，消除决口隐患，1970年，水利部部长钱正英亲临黄河桑梓店段视察，作出了建造二道防洪堤的决定。1971年，国家水电部正式下达水电综字〔1971〕42号文件，文件记载：为防汛防凌，确保华北平原、津浦铁路、胜利油田和人民生命财产的安全，决定在黄河狭窄处山东齐河段修建黄河北岸展宽工程；在济南市东修建黄河南岸展宽工程。该工程总占地面积106平方公里。其中山东省德州市63平方公里；济南市天桥区规划范围南起黄河北大堤，北至黄河北展大堤，西邻德州市齐河县李家岸引黄干渠，东至104国道，总面积43平方公里。该区域涉及天桥区桑梓店镇、大桥镇、泺口办事处三个镇办，北展区（天桥段）涉及村居35个，总人口约25100人。黄河北展区桑梓店段总面积为18.66平方公里，有可耕地962公顷，荒滩荒地252公顷，荒水282公顷。桑梓店镇境内北展堤自焦庙镇曹营村（相应桩号22+800）起至今济南市大桥镇八里村（大桥镇坡西村，相应桩号31+700）止，均与临黄堤相接。黄河北展宽堤总长37.78公里，其中天桥段15公里，桑梓店段8.6公里。1974年，号召沿黄各村修筑第二道防洪堤，上万民工加固黄河大堤。在修建北展大堤（亦称二道坝、二道金堤）期间，全靠人力筑堤，采用人抬、挑筐、车推等方式，整个工程现场人山人海，蔚为壮观。商河、夏津等全德州地区的劳力都来参战。为修建黄河北展宽工程，群众在大坝北侧修建房台。为防洪水侵袭，1976—1978年，位于黄河北展区内的街后、邱岸、西秦、东秦、南郑、

北展宽滞洪区范围图

刘庙子、朱河圈、丁口等村全部搬迁到黄河道坝房台之上，小吕、左庄、袁贾、姚吕、仓上、小屯、铁匠、老屯等村全部搬迁到黄河二道坝房台之上。2009年，西寨村因京沪高铁占压，又搬迁到国道309线以北100米处。其余村庄仍座落在房台之上。

该工程从建至今，从未启用。随着黄河上游防汛工程及设施的不断完善，特别是小浪底水库建成后，黄河北展区的运用机率大大减小。在2000年后的“国家黄河防洪预案”中，明确了黄河发生千年一遇洪水，不再启用黄河北展区分洪。2004年10月，国家黄河水利委员会专题召开专家论证会，一致认为按照“防洪与兴利相结合”的原则，合理开发北展区是可行的。2004年11月1日，国家黄河水利委员会下达《黄河流域河道管理范围内建设项目审查同意书》，项目建设获得黄河主管部门的审批。

二、管理机构

大吴管理段于1976年成立，隶属齐河修防段。1990年划归历城区后，隶属历城河务局；2000年划归天桥区后，隶属天桥河务局。主要职能为保护大堤，观测审查是否有偷伐树木、偷土、私自修路开辅道等行为，并及时予以制止；确保黄河大堤及各水闸运行安全，及时发现、制止水事违法行为。历任段长有关海亭、周名迁、王化生、赵洪祥、高春生、王四宝、国庆、路善河、黄健、朱海、寇春祥。

济南市天桥黄河河务局大吴管理段办公场所（2016年摄）

大吴段段长寇春祥（2016年摄）

三、北展宽堤上的水闸

在天桥区范围内有6座水闸，分别是：齐济河排水闸、铁路挡水闸、王窑干排灌闸、大吴泄洪闸、大吴排水闸、后市排水闸等。其中在桑梓店镇境内的是齐济河排水闸。

齐济河排水闸

齐济河排水闸位于黄河北展堤上，相应大堤桩号28+690。在展宽堤上修建排水闸，目的是当发生特大洪水，北展区启用时同时担负排除展宽区内地表径流和分洪分凌后剩余尾水排泄两项任务，确保涵闸工程安全。排涝面积22平方公里。

涵闸为钢筋混凝土箱式涵洞结构，洞身全长55米，前后共分五节。进口段长15米，其他各段长10米。设计防洪水位31.41米，校核防洪水位32.41米。闸室为一联一孔，每孔净高2.6米、净宽2.8米；闸门为钢筋混凝土平板式闸门；底板高程20.91米；闸墩上设机架桥，机架桥上安装1台25吨双吊点卷扬式启闭机。设计排水流量10立方米/秒。

该项目由山东黄河河务局以（73）黄工字第90号文批复，由山东黄河德州修防处设计完成。设计主要工作指标：包括堤顶高程及设防水位、设计排尾水位、设计排涝水位、下游水位、底板高程等。该闸于1973年4月开工，1973年

11 月完工。工程投资为 40.03 万元。

齐济河排水闸（2016 年摄）

第六节　调水调沙

一、调水调沙的由来

黄河区别于其他江河的一个最大特点，就是沙多水少、水沙关系不协调。黄河多年平均年径流量 580 亿立方米，但输沙量却达 16 亿吨。它是世界上含泥沙最多的河流。早在先秦时代，黄河就被称为“浊河”，汉时更有“一石水而六斗泥”之说。据史料记载，公元前 602 年至 1938 年的 2540 年间，黄河下游决口泛滥年份为 543 年，决口达 1590 次，改道 26 次，平均 3 年 2 决口，百年一改道，给人民带来深重的灾难。在漫长的治黄历史上，先人们在艰难地探索黄河运行规律中，逐步了解了黄河“害在下游、病在中游、根在泥沙”的问题，深切地体会到：治黄百难，唯沙为首。

新中国成立后，1955 年 7 月 31 日，一届人大二次会议通过了《关于根治黄河水害和开发黄河水利的综合规划的决议》，提出治黄以全流域为主，强调除害兴利并举，突出综合利用，并明确对水和沙要加以控制利用。之后，在黄河干流上修建了一系列拦河坝和水库，并在甘、陕、晋大规模地开展水土保持。特别是小浪底、万家寨水库的建成，使黄河的水资源调度和水沙的控制有了重要的工程基础。

但是，黄河需要调输的沙量很大。如何实现水源的时空对接，合理地使水沙搭配并通过调度使水流将所挟带的泥沙输送入海，同时不在下游淤积，这是一个必须解决的问题；否则，水库建得再多，没有科学的调度，泥沙还会淤积在库区。2002 年 7 月 4 日至 7 月 21 日，小浪底水库首次实施调水调沙试验。天桥区桑梓店镇地处试验的重点段，情况复杂，任务艰巨。为搞好此次试验，镇领导高度重视，加强组织协调，积极配合黄河河务局做好工作，使调水调沙工作严谨细致、措施有力，保证历次调水调沙试验的顺利完成。

二、调水调沙功效

至 2015 年，13 次调水调沙的最大收获，就是使下游的主河槽得到了全线冲刷。黄河下游行洪能力和过沙能力普遍提高，河槽形态得到调整。2002 年调水调沙前，下游主槽最小过流能力为 1800 立方米每秒。到 2009 年，已经恢复到 3880 立方米每秒，主槽河底普遍刷深达 1.5 米。“小洪水高水位”“小洪水大险情”的状况初步得到改善，“使河床不抬高”，实现了黄河长治久安。

第七节　引黄灌溉

桑梓店镇的各届党政领导同志都十分重视引黄灌溉工作。20 世纪六七十年代，桑梓店镇制定“三条线，两大片”的农田水利建设规划。第一条线是 309 公路东起小寨村西至油坊赵村，以路带沟；第二条是 308 国道东起李堂村，西至园林场，以沟带路；第三条线是干渠西起前房村，东至小辛村。三条主干东接齐济干、西通“六六河”。齐济干、六六河则是引黄的主动脉。全镇各村根据农田分布和引黄距离的远近，发动群众大挖沟渠，巧设涵闸，纵横交错，沟渠互连，保证灌溉的畅通无阻。两大片：一大片是高王西洼万亩方，土质优良达到畦网化，精种小麦、玉米；另一大片是北王堂北、东多为盐碱薄地，充分利用黄河水改旱田为稻田，丁家、赵家两管区距黄思八多沼泽，因地制宜发展水稻、芦苇、藕鱼、蒲笋等多种经济作物。

中共十一届三中全会以后，各项社会主义建设事业特别是引黄灌溉又有新举措。镇党委、政府除了将原来挖的诸条干渠彻底疏理清淤之外，于 1998 年秋后集资 90 万元，由齐河项目办承包机挖齐济干，共挖淤泥 28 万立方米，保证引黄灌溉的畅通无阻。1998 年春季，根据小麦生长的情况，分别在李家岸干渠与大王庙干渠三次引水约 1100 万立方米，适时浇灌小麦。2014 年，与李家岸、大王庙、齐河水利局等有关单位积极协调，引黄放水，引水 1200 多万立方米，为全镇夏秋两季作物丰收创造了条件。2015 年，与李家岸、大王庙、齐河水利局等有关单位积极协调，适时引黄放水，引水 800 多万立方米，为全镇 3453 公顷小麦、3333 公顷玉米和533 公顷水稻的丰产丰收创造了条件。2016 年，为解决桑梓店镇南部各村农民的引黄灌溉问题，镇党委、政府在刘庙子村东侧新修建一座提水、蓄水站，总投资 220 万元。其中上级财政补助 140 万元，镇自筹资金 80 万元。这一座提水站的建成，可实现灌溉覆盖面积 1333 余公顷，彻底解决全镇沿黄地区和镇东部农民土地灌溉问题。整个工程于 2016 年年底竣工。

第七编

工　业

第一章　机　构

1958年前，农民都是根据市场需求自主经营副业，没有专门管理机构。1958年，齐河县设“15养”办公室；1959年，建多种经营办公室；1963年，多种经营办公室撤销，业务交县联社副业科；1973年，又恢复多种经营办公室；1983年，改为社队企业局，公社没有专门管理机构，桑梓店人民公社副主任李文富分管经济工作。1984年，桑梓店镇成立经济委员会。1990年1月，桑梓店镇划归济南市历城区之后，将桑梓店镇经济委员会改为计划经济委员会，启用公章。1990—1993年，桑梓店镇副镇长李文富仍负责经委工作。1993年后，由科技副镇长兼经委主任李广平负责经委工作。

经委历任领导

李文富、李广平、刘洪发、赵加栋、王宝华、武兴华。现任主任李长富。

经委办公室主任李长富（2016年摄）

第二章　乡镇企业与村办企业

第一节　发展概况

明清至人民公社前的几百年间，镇域内人口逐渐增多，为满足生产和生活需要，各门类的手工业缓慢发展起来。主要有豆腐坊、粉坊、油坊、染坊、弹坊、织布坊、木工坊、铁匠铺、草织条编、窑业、酿造等与人民生活息息相关的产业。新中国成立前，由于军阀混战，兵匪掠境，国民党政府的苛捐杂税，继之日、伪的横征暴敛，绝大多数企业濒临破产，境况萧条。

新中国成立后，镇域内的形势好转，企业开始慢慢复苏。由部分个体木器店铺组织起来成立的齐河县木业社于1952年迁至铁匠村，租民房5间，生产小农具、家具，如拉车、播种耧、耘锄架、风箱、衣箱等。20世纪50年代，大马村编席手工业发展良好，大马村的席行销各地，远近闻名，一直持续到改革开放以后。1958年，受“大跃进”之风的冲击，“左”倾错误影响严重，镇域内的企业一度出现混乱，手工业被限制，有手艺的社员只能在晚间工作之余搞一些零星制作，或按行业将手工业者集中起来搞集体副业。人民公社时期的副业主要有南郑村和邓营村种植苹果，左庄村和小寨村种植杏树，老寨村和小寨村养殖牛羊，周闫村与大郑村、小郑村、北王堂村联合大队兴办木匠组，给济南盛昌食品厂打制包装箱。在1966—1976年，10年“文化大革命”中，个体手工业被当做“资本主义尾巴”被取缔，取而代之的是集体副业。1970年后，在“以副养农”的方针指引下，镇域内草编渐成规模，小屯村村集体利用本村的稻草生产草苫子、草袋子、草绳子等。生产的草绳多用来缠钢铁铸件和陶瓷制品，作防护之用，也有做打水井绳的，较粗，省力好用。1972年起，邓营村兴起手工条编，最多时有200多人参与。先是给山东化工厂编盛放导火线的包装筐，编好后用人力地排车在泺口坐船过河送过去；后来村民又给园林场和供销社的采购站编苹果筐，给济南的蔬菜公司编方筐，编自行车后架上的驮篓（坐篓）。这项副业大致止于1982年。1982年后，取消生产队集体经济组织，集体土地承包给农户经营。1984年，人民公社改成乡镇，为增加乡镇财政收入，桑梓店镇建起十几家生产加工企业和各种服务企业。

1990年，桑梓店镇划到济南市历城区后，为转移劳动力就业，鼓励发展村办企业。1990年，有镇村工业企业7个，从业人员358人，有固定资产131万元，完成产值300万元，利税15.3万元。1992年，开展“村办企业年”活动。在“有条件要上，没有条件创造条件也要上”的形势下，镇域内的48个行政村建起不同类别的企业，因此发展速度较快。当年新上村办企业13个，主要有丁口村砖瓦厂、姚吕村电控防盗设备厂、小吕村玻璃钢厂、张王堂村面粉厂等。1992年，丁口村砖瓦厂成立，投资50多万元。当年产出成品砖110万块，盈利3万多元。姚吕村电控防盗设备厂投产4个多月，实现产值60多万元，达到了当年立项、当年建成投产、当年见效益。1992年，属于镇上直接投资的预制厂、建筑队、旋木家具厂都达到了当年考察、当年建厂、当年投资、当年见效。仅用半月时间，预制厂产值就达到20万元左右，投产半年除完成镇上下达的防渗渠预制板外，自己找活扩大产品生产。建筑队投产半年产值达到50万元左右。旋木家具厂从10月份设备安装结束后，克服种种困难，生产3个品种，同时与青岛光大贸易公司签订合同，为其加工产品，间接出口。镇上协助办理的有色金属铸件厂和骨粉厂2个企业也都当年建设，当年投产。

1993年，继续开展“村办企业年”活动，成立由党委书记任组长的“村办企业年”活动领导小组，镇党委、政府制定发展个体私营经济的若干规定，成立发展经济同乡联谊会，鼓励发展工业企业。经过共同努力，新上村办企业13处（如朱河圈村的户办石粉厂，南郑村的粉条加工厂、丁庄村的联户焊接厂、刘庙子村的联户建筑队、朱河圈村的联户横渡运输船），个体工商户160户，新增产值600万元左右。至1993年9月底，全镇工农业总产值一亿三千万元，财政收入七十二万元，比去年同期分别增长百分之三十五和百分之七点二，实现了大踏步、跳跃式发展。是年，推行产权制度改革，实行股份合作制，确保镇村企业持续、稳定、健康发展。通过调查摸底，根据镇村企业实际，进行四种形式产权制度改革：一是中外合资搞嫁接，二是实行股份合作制，三是租赁卖囊（即卖生产设备，将厂房地皮进行租赁），四是拍卖。

1994年，全镇为发展经济投入400万元，

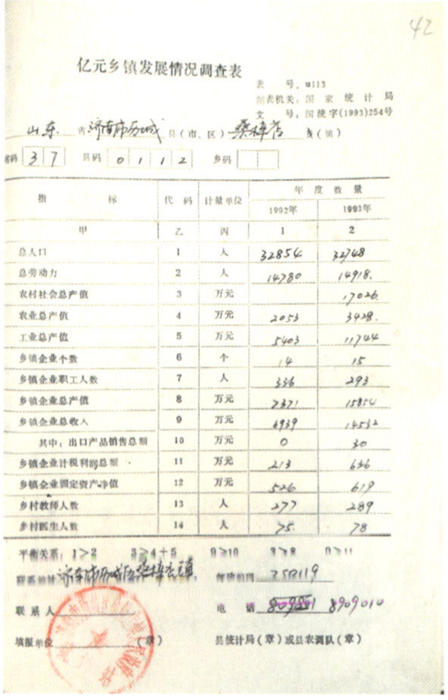
42

亿元乡镇发展情况调查表

表　号：u113
制表机关：国家统计局
文　号：国统字(1993)254号

山东 省 济南市历城 县（市、区） 桑梓店 乡（镇）

省码 3 7　县码 0 1 1 2　乡码

指标	代码	计量单位	年度数量 1992年	1993年
甲	乙	丙	1	2
总人口	1	人	32856	32768
总劳动力	2	人	14780	14918.
农村社会总产值	3	万元		17026
农业总产值	4	万元	2053	3428.
工业总产值	5	万元	5403	11744
乡镇企业个数	6	个	14	15
乡镇企业职工人数	7	人	336	293
乡镇企业总产值	8	万元	2321	15854
乡镇企业总收入	9	万元	1939	14532
其中：出口产品销售总额	10	万元	0	30
乡镇企业计税利润总额	11	万元	213	636
乡镇企业固定资产净值	12	万元	526	619
乡村教师人数	13	人	277	289
乡村医生人数	14	人	75	78

平衡关系：1＞2　3≥4＋5　9≥10　7＞8　9＞11

联系地址 济南市历城区桑梓店镇　邮政编码 250119

联系人　电话 809851 890901

填报单位（章）　县统计局（章）或县农调队（章）

1993年亿元乡镇发展情况统计表（2015年摄）

新建8处工业企业，发展个体私营商户154家。1994年，在抓好新上企业、合资企业等重点工作的同时，注意在原有企业的管理上下功夫，使原有企业在管理上上水平，在规模上上档次，扩大产品销路，增加产品品种，达到产值效益同步增长。如桑梓店镇通风配件厂，1993年，生产风口、散流器之类的产品；1994年，能够生产安装中央空调用的产品，还增加防水阀、排烟阀、调节阀三大类二十几个品种，在青岛、枣庄打开销路。济南当时最高的建筑——玉泉森信大酒店就使用该厂的产品。该厂被济南市空调公司定为定点生产单位。供水设备厂也由单纯生产供水设备，发展到生产摩托车货架，并获得国家专利及全国最佳新产品奖。是年，将生产不景气的建筑五金厂租赁给中国轻骑集团生产摩托车配件，救活了这个镇办企业。

1995年，通过聘请专家、搞横联、抓引进等办法，全镇工业企业发展到67处，其中镇办5处、村办10处、个体52处，从业人员535人。实现工业产值2062万元，利税265万元，固定资产增至624万元。以上这些村办企业大都是在条件不完全具备的情况下（缺资金、缺人才、缺技术、缺销路）匆匆上马，加之管理不善，不几年间相继破产。后来有些村办企业承包给个体经营。

2000年，划到天桥区后，桑梓店镇大力开展“招商引资”活动，制定“人人有责任，行行有目标”的工业发展实施方案，用“筑巢引凤”“借鸡下蛋”的方法增加镇财政收入。

第二节　企业介绍

桑梓店镇五金厂：1953年成立，占地面积27亩，厂房面积2300平方米，主要产品为铁皮制品。1975年开始生产铁折页、木螺钉、铁三角等产品。1980年，开始生产M250型双簧合页、739型地弹簧等产品，并销往全国各地。1985年，实行厂长责任制，生产面貌发生很大变化，经济效益明显提高，比1984年新增固定资产4万元。成立最初仅有8人，20世纪80年代初，在齐河县曾辉煌一时，有40多名工人。自1987年以后，由于市场疲软、设备老化加之权责不明，管理不佳，五金厂连年亏损，逐步滑坡，工人陆续离岗，自谋生路。1993年3月27日，左庄村承包五金厂后至1994年春节前仍然处于停产状态，1994年春节全部停产。至1994年年底，五金厂欠银行、信用社、镇财政所资金1028113.83万元。

为减少国家和集体的损失，1994年9月15日，在邓良和书记办公室召开党委、政府成员会议，第一次研究同意出租该厂。此后，于水利工程期间在农机站召开第二次会议，研究处理该厂设备、物资问题。1994年11月1日，与中国轻骑集团实业公司正式签订租赁合同，生产摩托车配件。

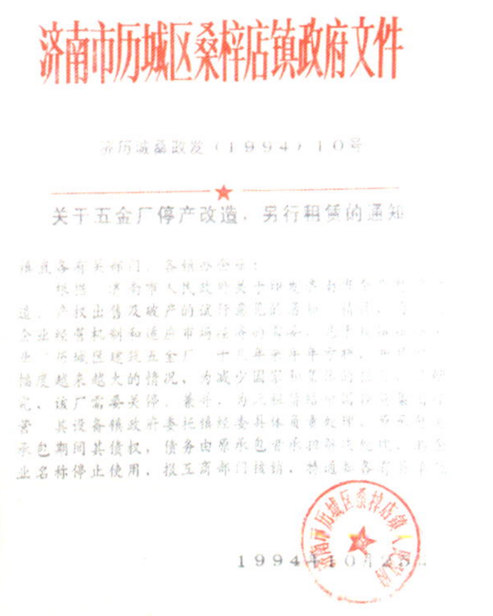
济南市历城区桑梓店镇政府文件

济历城桑政发（1994）10号

关于五金厂停产改造，另行租赁的通知

1994年五金厂停场改造通知（2015年摄）

桑梓店镇农具厂：1958年建厂，属集体企业，生产打稻机、铸电机等产品。1990年，划归历城区后，改为济南市历城区建筑五金厂，生产电机壳、双簧合页、空压机等产品。1998年，因亏损、资不抵债而破产倒闭。

桑梓店镇砖瓦厂：在毛主席关于理论问题、

安定团结和要把国民经济搞上去的三项重要指示下，借助全国农业学大寨普及大寨县大好形势的东风，为巩固、发展、壮大集体经济，支援社会主义工农业生产建设，支援黄屑区搬迁，改善广大社员生产生活条件，在齐河县委生产指挥部的支持领导下，桑梓店人民公社在高王村东南部兴建机制砖瓦厂一处。砖瓦厂占地362.64亩，自1975年9月1日开始筹建，1976年4月10日投产。1978年，砖瓦厂日产5万块砖，生产出来的砖在砖厅里容纳不下，晾砖房晾不开，故申请扩建砖厂。最终批准扩建173.48亩，工人近200人。2008年，因政策调整，停止生产。

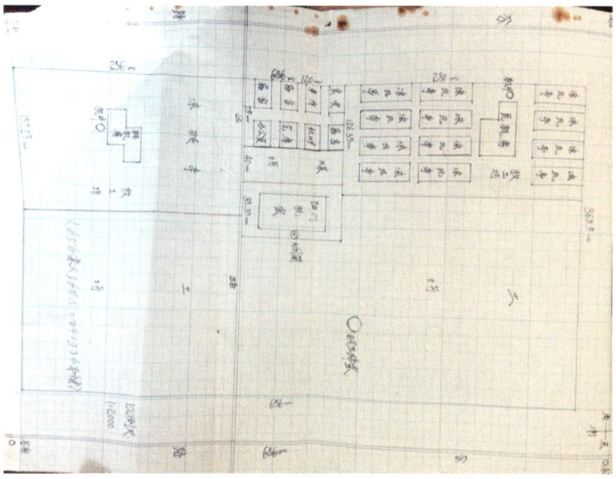

桑梓公社砖瓦厂平面图（2015年摄）

丁口村砖瓦厂：1992年，丁口村村民滕吉中牵头组织，建起丁口砖瓦厂。1992—1996年，砖厂年产红砖600万～800万块；1997—2011年，年产红砖超过1000万块；2012—2015年，年产红砖超过2000万块。2007年前，生产的红砖主要供给镇域内各村盖房使用。2007年后，主要销往济南市区各建筑工地。丁口砖厂占地124.78亩，由于位于鹊山龙湖中弘项目规划区范围内，2015年10月，被政府征用。地上物补偿款于2015年年底全部补偿到位，有关部门对该地区内的房屋、树木等地上物进行清理，并对砖厂烟囱进行拆除。砖厂烟囱高50米，结构复杂，采取普通拆除难度较大。在实施过程中，市、区、镇有关领导高度重视，多次到现场查看，制定实施方案和应急预案，聘请专业爆破公司，采取爆破方式拆除该建筑物。2016年5月27日上午，桑梓店镇丁口村砖厂烟囱成功爆破。

丁口村砖厂爆破前（2016年摄）

丁口村砖厂爆破后（2016年摄）

耿家村与小辛村酒厂：新中国成立前，镇域就有酿造历史，酒坊颇多。新中国成立前耿家村王玉珠主要靠酿酒为生。他的酿酒厂长年雇七八个长工，大酒池里有6口大缸，直径为1.5米、高1.2米左右。酒池外还有大酒缸30多个。他酿制的酒在齐河县整个六区很有名，行销方圆三四十里。

1994年，小辛村建有酒厂，该村的一个女婿在齐河酒厂是技术员，酿酒技术很高。齐河酒厂倒闭后，他和妻子一起回到小辛村兴办酒坊。他酿制的酒很有名气，行销附近几个乡镇，前来买酒的络绎不绝。到1999年，齐河酒厂效益转好，用高薪召回技术员，该酒坊歇业。

桑梓店人民公社与怀庄大队酿造厂：为发

展农村副业生产，繁荣社会主义经济，活跃农业市场，促进“四化”建设早日实现，经上级批准，桑梓店人民公社与怀庄大队建成酱油醋酿造厂。酿造厂于1981年9月29日正式投产，1982年生产酱油32.5吨，食醋8吨。酿造厂生产的酱油醋经化验完全符合同等级标准，受到广大用货单位和群众的欢迎。

沙李村黄河卫生材料厂：1979年成立，负责人为李培生。1985年，塑料厂发挥自身优势，与齐河县酒厂签订生产塑料瓶盖的合同，当年取得良好效益。1987年倒闭。

桑梓店镇供销合作社棉油加工厂：1981年建厂，属集体企业。1990年，划归历城区；2000年，划归天桥区。2008年，因经营不善，被济南市锦合棉麻有限公司兼并。

高王村铁编厂：成立于1976年，工人近50人。成立之初负责人为王秀珏，主要生产建筑用铁丝网，销往济南、德州等地。铁编厂有2000平方米的院子，有8米宽30米长和20米长的两排厂房。先是用马车，后是用拖拉机送货。后因经营不善，于1988年倒闭。

群星包装箱厂：位于桑梓店镇三教堂村，1993年，张师元、张玉成等5人利用本村树木多、木匠多的优势，依托济南轻骑摩托车厂，投资几万元，成立最初的群星摩托车包装箱加工厂。初始有工人10人，年产值200万元。经过多年经营，再加上镇党委、政府的大力扶持，“群星”得到长足发展。1997年，实现年销售收入380万元，交纳税收10余万元。1998年，“群星”发展成为拥有资产600万元的大型私营企业。群星包装厂成立以来连年被桑梓店镇评为优秀企业及纳税大户，后被市、区两级工商联评为优秀企业，2008年被天桥区评为重点龙头企业。

高王村棉纺厂：1988年成立，生产棉绒，负责人为郭永平，1991年倒闭。

石门孙村铁编厂：1974年成立，最初有近40人，负责人孙公。产品畅销省内外，铁编厂盈利上交桑梓店人民公社的利润占公社财政收入的一半以上，也为村里带来丰厚的回报。后来由于跟不上市场经济的发展，1980年倒闭。

小辛村打桩队：1984年成立，有工人25人左右，1990年倒闭。

怀庄村油毡纸厂：1976年成立，有工人30人左右，1980年倒闭。

第三节　重点企业

济南华杰面粉有限公司

济南华杰面粉有限公司位于天桥区桑梓镇老寨村东，308国道3-18号，占地面积20000平方米，是集面粉加工、粮食储存为一体的公司。公司成立于1984年，为民营企业，注册资

群星包装厂（2011年摄）

华杰面粉厂（2011年摄）

金700万元，固定资产2000万元，年产值上亿元，公司负责人为米守营。员工100多人，其中有技术骨干20多人，工程师5人。仓储容量4000吨，日处理小麦能力达500多吨，年产各类面粉近10万吨。企业设有办公室、生产科、质检科、销售科和采购，5个职能部门。企业以粮食为主要产品，采用国内先进的面粉加工工艺，主要产品为特精粉、特一粉、特二粉、饺子用小麦粉，产品遍布济南市各大超市及农贸市场，并远销东北30多个城市。

1984年，公司刚刚成立，厂址设在老寨村中，占地面积1000余平方米，建筑面积300余平方米，当时员工很少，加上负责人，总共也就六七个人，日处理小麦15吨。1984—2002年，公司整体发展比较缓慢，18年的时间公司只上了三四个小台阶，日处理小麦80吨，工人发展为20多个。

2002年后，整个厂子搬迁到老寨村东，建起现代化厂房。公司生产车间全部采用国内最先进的工艺和设备，磨粉机选用瑞士布勒（无锡）有限公司先进的MDDK型磨粉机；整个生产线采用自动化控制系统，整个生产过程实现可视化操作与管理。

生产车间（2016年摄）

公司主导产品“华杰”牌、“鲁阳”牌、“鲁叶”牌小麦粉种类齐全、品质突出，产品质量在国内同类产品中具领先地位，达到国际水平。

装满粮食的货车（2011年摄）

为加快产业化进程，进行原粮生产基地建设，公司拥有一处1500公顷的无公害小麦生产基地，为公司产品及时更新换代和质量稳步提升奠定坚实基础。

公司生产的“华杰”系列产品连续四年在全国以及省、市行业抽检中达100%合格，2004年8月，通过ISO9001国际质量体系认证。2005年1月，被评为“无公害农产品”。企业被评为文明诚信先进单位，被市政府命名为“农业产业化市重点龙头企业”，被济南市粮食局认定为济南市粮食应急加工定点企业，被济南市天桥区消费者协会评为消费者满意单位。

济南鸿鹏通风设备有限公司

济南鸿鹏通风设备有限公司位于桑梓店镇周北办事处境内，紧靠308国道，属中型民营

济南市鸿鹏通风设备有限公司（2016 年摄）

企业，是集通风空调设备设计、开发、制造、销售及技术服务于一体的现代化企业。公司成立于 1993 年，注册资金 1000 万元，公司负责人为康承华，建筑面积 2 万余平方米。

鸿鹏通风设备有限公司是山东省近年来崛起的生产通风设备的专业厂家。拥有齐全的机械加工设备，并引进国外先进的自动切割设备，托克斯铆接设备（德国）。拥有多名专业技术人员，技术力量雄厚。依靠驻济各高校科研院所的有力支持，对员工进行严格的技术指导和培训。公司拥有四大系列 20 多种产品，主要有各种轴流、屋顶、管道、离心及消防排烟风机系列；各种规格防火阀、排烟阀、调节阀、止回阀、蝶阀等风阀系列；各种方形、圆形散流器，单层、双层等铝合金风口系列；消声器、消声弯头等消声设备。

工厂员工专心制作产品（2015 年摄）

该公司生产的各种产品全部按照国家有关标准加工生产，出厂之前所有产品逐一进行实验，使出厂的产品合格率都能达到 100%。该厂产品设计精良，性能优越，质量可靠，外型美观，款式新颖，品种齐全，在各大型宾馆、餐厅、高层商厦中广泛使用。该公司开发的空调风机，低噪、节能、已被国内大型空调厂家广泛选用。该公司还承接济南龙奥大厦、济南奥体中心、省军区办公楼、省博物馆、省立医院东部医院等省内外重点工程。该公司生产的产品遍布省内外，并在国内建立北京、天津、青岛、潍坊、枣庄、济宁、聊城、临沂、日照等办事处。2011 年，实现产值 8000 多万元；2011 年，该公司成为山东鲁商集团的年度采购企业；2015 年，实现年产值 9000 多万元。

生产车间（2015 年摄）

1997 年，公司通过国家固定灭火系统和耐火构件质检中心的检测，由山东省消防局颁发消防产品备案登记证书。1997 年被评为济南市重合同守信用企业。企业被评为济南市天桥区文明诚信先进民营企业，民营经济发展先进单

位，A级纳税信用单位，贯彻“三个代表”争创“三杯”活动先进单位，安全生产先进单位，泉城十大敬老企业。1998年产品被评为全省优质产品；企业成为山东省消防产品生产定点企业，并通过ISO9001：2000质量体系认证。2013年3月，产品被济南市名牌产品评审委员会和济南市质量技术监督局评为“济南名牌”。

山东寿华农业科技开发有限公司

山东寿华农业科技开发有限公司始建于2003年，起初名为济南佳华畜牧开发有限公司，注册资金200万元，主要从事奶牛养殖、牛奶收购、蔬菜种植、有机肥料加工、销售等。该公司位于桑梓店镇冯家堂村，占地面积52亩，建筑面积2万多平方米。

山东寿华农业科技有限公司（2015年摄）

2003年，企业负责人王志投资300万元创办公司。在企业发展的初期阶段，建有牛舍6排23间，饲料加工车间20余间，仓库20间，1600立方米的青贮池8个，沼气池1处。场中心建有大型无菌挤奶厅和10吨制冷罐。有2辆奶罐运输车，6台大型割草机等，设备投资约2000万元。自2008年“三聚氰胺”事件发生后，该公司积极发挥养殖小区作用，吸收多家农户到小区养牛，形成市场联基地、基地联农户的产业链，在很大程度上降低了散养户的损失。当时，该企业一天产奶约5吨，收奶站一天收300吨，与该公司合作的企业最初有佳宝企业，后来又有蒙牛、伊利等大型奶企与之合作。年销售收入均超过1000万元，成为带动全镇奶牛业发展的重要龙头企业，也是种、养、加工一体化，产、供、销一条龙的外向型产业化综合开发基地。

2009年，投资140多万元，建成大型无菌自动式挤奶厅10间共450平方米，安装现代化自动挤奶设备，购买两台8吨鲜奶制冷罐，在济南市区建鲜奶吧，实现生产销售一条龙服务。2009—2011年，3年时间里，在济南市5区开设28家鲜奶吧，奶牛场生产的鲜奶均被自己鲜奶吧销售，实现了鲜奶直接上餐桌。鲜奶吧销售的鲜奶从挤奶到销售不超过半天时间，在加工过程中不添加任何物质，保证了在最短的时间把最安全、最新鲜的牛奶提供给消费者，深受消费者欢迎，也大大提高了牛奶附加值。

佳华鲜奶吧（2015年摄）

养殖场在经营方式上采取自养和寄养相结合、个人入股与集体投资相结合的方式，在饲养管理方面，采取统一饲料、统一防疫、统一配种、统一管理、统一消毒，提高奶牛饲养水平和养殖效益。养殖场拥有工作人员 23 名，其中管理人员 3 人，技术人员 3 人，饲养员 17 人。下设办公室、养殖场、运动场、青贮池、化粪池等基础设施。对场内的路面进行全面硬化，建立相应的兽医卫生防疫配套设施。场内制定了严格的管理制度，重要岗位的管理制度均已上墙。每栋牛舍都有生产记录，由负责人逐日记录登记，办公室设有 1 台电脑，由管理人员和技术人员记录相关资料，所有重要资料同时有手写记录和电脑记录，可随时查阅。

2012 年，佳华畜牧在济阳县建立奶牛养殖基地，将奶牛运往济阳。自此，企业开始转型升级，在空出来的养殖场成立佳华全托式沼气服务站，开创一套沼气池服务体系的“天桥模式”。建成专业化人员、合同化服务、实体化经营、市场化运作、高效化管理的服务平台，实现“沼气服务一条龙，变废为宝增收益”的目标。向周边 11 个村 800 余户农户免费提供牛粪及沼气池维修服务，对沼渣、沼液统一收回，将其加工成有机肥用于有机蔬菜种植。在此基础上，2012 年 8 月，成立济南民康蔬菜种植专业合作社，注册资金 100 万元，拥有社员 11 户，理事长为王志。之后注册成立民康土地流转合作社，共流转土地 450 亩，建成了济南民康蔬菜种植基地，主要种植土豆、白萝卜、有机西兰花等蔬菜，主要销往寿光、安丘、日本和俄罗斯等地。在土豆、白萝卜、有机西兰花蔬菜种植、管理和收获的过程中，合作社都需要大量的人工，因此，合作社每年可以解决 100 多名农村妇女的就业问题。

2013 年，投入巨资，新上生物肥生产线，注册成立山东寿华农业科技开发有限公司。主要从事微生物肥料、有机肥料、冲施肥料等系列产品的研发、生产和销售。成为一家集养殖、种植、生物肥生产于一体的综合性公司。

2007 年以来，该企业先后被评为区级、市级龙头企业，桑梓店镇爱心企业。

济南贵和酒业有限公司

济南贵和酒业有限公司位于天桥区桑梓店镇 308 国道以北，占地面积接近 40 亩，建筑面积 4000 多平方米。该公司成立于 1992 年，是一家集白酒研发、生产、营销为一体的企业，企业负责人为李奇。1992 年成立时企业名称为济南市鑫源酒厂。2000 年，更名为贵和酒业集团。

1992 年，刚刚建厂时，主要生产中低端产品。2000 年后，公司开始转型升级，生产高端酒水。公司年生产白酒 5 万余吨，其下属公司包扩济南贵和酒业有限公司、四川绵竹贵和酒业有限公司、山东恒邦贸易有限公司、济南典圣贸易有限公司及济南干亚恒铁精粉销售有限公司。

公司成立 20 年以来，始终视产品质量为集团生命。经过多年经营，公司规模不断扩大，科研力量不断加强，产品质量稳步提高，销售网络逐步扩大。无论是集团的影响力还是声誉

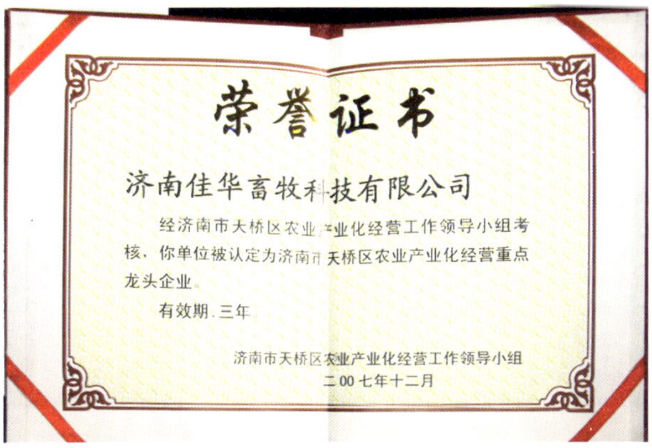

在山东酿酒行业和消费者心目中都享有一定的知名度和美誉度。产品已畅销全国21个省、市、自治区。

企业先后被评为济南市、山东省守合同重信用企业，济南市文明诚信民营企业，桑梓店镇爱心企业。公司产品“贵和”牌白酒被评为济南名牌，“贵和”牌富贵酒被评为山东省白酒行业创新品牌。

济南勇盛冷藏食品有限公司

济南勇盛冷藏食品有限公司，位于济南市天桥区桑梓店镇小马村，北靠308国道，位置优越，交通便利。该公司占地面积20多亩，建筑面积1万多平方米。2003年，公司负责人韩勇投资200多万元，注册成立济南勇盛冷藏食品有限公司。经营项目主要为鸡的屠宰加工、冷藏销售以及鸡肉调理品加工。

勇盛冷藏公司（2015年摄）

2003年公司成立时，占地面积几百平方米，办公室只有五六间，工人五六十个。由于当时场地狭小，技术设备简陋，日宰杀鲜鸡5000只左右，屠宰后的鲜鸡主要销往济南市区。后来，随着市场需求不断扩大，在政府的引导之下，2006年下半年，公司开始扩建并升级宰杀设备。2007年，工人达到120多人，日宰杀鲜鸡2万只，市场也由济南市区逐渐扩展到哈尔滨、太原、郑州等地。2015年，又一次升级宰杀设备。截至2015年年底，公司员工200多人，日宰杀鲜鸡5万只，速冻量100吨，冷藏量2000吨，年销售量超万吨，年产值8000万元。公司生产的三黄鸡、鸡胗、骨肉相连串、澳洲大串、芝香肉串、川香鸡柳、孜然鸡柳、原味鸡块、香辣全翅、奥尔良腿排、鸡胗串、香辣鸡脖串、鸡心串等产品远销天津、武汉、太原、西安、兰州、乌鲁木齐、呼和浩特、哈尔滨、牡丹江等十多个省市。公司的不断扩大，带动了附近农民就业，也解决了街后、姚吕、左庄3个村养鸡场的销路问题。公司积极响应党和国家政策，2015年新年带着自己公司的产品慰问当地的武警消防官兵。

产品装车（2015年摄）

2007年，公司通过IDTTSO9001:2000质量管理体系认证和“勇盛牌”商标注册，公司先后荣获“济南市农业产业化经营重点龙头企业”“民营经济发展先进单位”“济南市天桥区消费者满意单位”“文明诚信先进单位”等荣誉。

济南登峰清真肉类有限公司

济南登峰清真肉类有限公司，位于天桥区桑梓店镇老寨村308国道南侧，地理位置优越，交通发达，是集高档肉牛、改良羊饲养育肥、屠宰加工销售为一体的一条龙现代化畜牧产业化民营企业。公司于2005年8月正式成立，总投资1000万元，占地面积18000平方米，建筑面积7000平方米，公司负责人为米登峰。

济南登峰清真肉类有限公司（2015年摄）

公司刚刚成立时，建筑面积2000多平方米，有工人15人。2007年，公司开始上真空机、热缩器，改进生产车间设备，引进国内先进的屠宰加工流水线和名牌制冷设备，建起500吨低温冷库一座。公司以科技为先导，充分利用国内外知名的鲁西黄牛作为原料，采用国际领先的低温排酸后成熟处理加工技术，通过严格的卫生检验检疫和HACCP食品安全卫生控制体系的质量管理确保生产的肉品鲜嫩、美味、卫生、

出厂卫生检验（2015年摄）

安全；肉质结实、色泽鲜红；富含大理石花纹、营养价值高，是中餐肥牛、西餐牛扒、韩日餐烧烤理想的原料。公司所生产的冷冻、保鲜牛羊肉将以品质统一、质量优异、供应充沛来满足各大工厂、宾馆饭店、酒楼、航空配餐、商场超市以及各种消费群体的需求。公司生产的冷藏肉成为2010年上海世博会清真肉类指定供应商。

为让顾客第一时间尝到新鲜的牛羊肉，2008年，公司投资300万元在厂区建成登峰肥牛火锅城一座，主营涮肥牛，炒菜，特色酱牛排，牛肉馅饼等。火锅城有大厅一个，标准间16个，可容纳200人同时用餐。火锅城第 时间采用刚下流水线的新鲜牛羊肉做原料，从屠宰到下

可容纳百人的婚庆场地（2015年摄）

锅不到半小时，这是其他火锅城所无法比拟的，做出的菜品新鲜、美味。因为环节最少，所以成本最低。火锅城提倡简单、平凡、普通的理念，

秉承中华民族几千年赖以生存繁衍的“医食同源”文化内涵，让顾客吃得健康、吃得放心。随着影响的扩大，2015 年，公司在厂区南面建起一座婚宴用楼，可容纳 700 多人同时就餐。火锅城管理公司运作规范，服务热忱，使登峰肥牛火锅城成为桑梓店镇乃至天桥区有品味、有档次、有影响、有效益的一流酒店。

公司先后荣获“文明诚信先进单位”“济南市消费者满意单位”“济南市天桥区消费者满意单位”“济南市文明诚信企业”“济南市农业产业化经营龙头企业”“济南市天桥区农业产业化经营重点龙头企业”“桑梓店镇爱心企业”等荣誉。

第三章　招商引资

第一节　发展进程

引进是促进经济发展的助推器。引进工作搞得多与少、快与慢、好与差是一个单位经济发展的重要标志。在思想认识层面，桑梓店镇通过多种形式加大宣传教育力度，克服广大干部群众纵向比较多横向比较少，缺乏风险意识的思想，树立抢抓机遇的竞争意识，实施借引生财、借资生财、借地生财的发展思路。为改善引进环境，镇党委、政府制定一系列关于引进项目、人才、资金、技术的优惠政策。

1992 年，全镇认真贯彻落实省、市、区对外开放工作会议精神，适应改革开放和经济发展的新形势，加快经济建设步伐，对引进人才、项目、资金等实施一系列优惠政策：凡愿在桑梓店镇投资办厂、设立分厂的国内外单位和个人，优先安排交通、水电、通讯等，提供有利条件，价格优惠；对于牵线搭桥从国家部委、省、市引进新项目或引进搬迁项目的除给予一次性奖励外，还给予两年内税后利润 2% ～ 5% 的提成；对于来桑梓店镇的各类专业人才，给予安家落户、子女入托、就学等方面的优惠。是年，镇驻地发展起一个集贸市场，一个占地 2 公顷多的综合贸易市场和一个 20 米宽，75 米长的全封闭贸易市场，吸引外来投资近千万元。

1993 年，成立发展经济联谊会，组织在桑梓店镇工作过的老领导、老同志、老知青，以及桑梓店镇的老朋友、老相识为桑梓店镇的经济发展出谋献策、添砖加瓦、牵线搭桥。经过多方的共同努力，1994 年镇域内外向型经济实现了零的突破。1994 年共完成 2 家合资企业的引进：与美国洛杉矶市宋寿考先生合资办凯利汽车修配有限公司，与台湾余双伦先生合资办大正电泳漆有限公司。两个合资项目吸引外资折合人民币 170 万元。为发展外向型经济，桑梓店镇在威海市建立公司，设立经济窗口，并与威海市环翠区孙家疃镇建立姊妹镇，促进桑梓店镇外向型经济的发展。

1997 年，全镇共发展个体、工商业户 168 家，镇政府对原有企业注重引导，加强管理，更加注重产品质量，在各个环节上强化管理，使多数产品达到三个不断：即产品的信誉不断提高，产品的销路不断扩大，产品的开发不断增加。

1998 年，全镇多种行业的个体私营户达 367 家，新发展的占 65%，从业人员 897 人，分别是 1990 年的 8 倍、9 倍，个体私营经济注册资本达 623 万元。比较突出的有振达实业公司，鑫源酒厂、鸿鹏通风配件厂、午十面粉厂、康达宾馆、通达汽车修理厂、黄海供水设备厂等。镇域内经济专业村的数量也逐渐扩大，如老寨、小寨屠宰专业村，大马菜板专业村，怀庄运输专业村，草庙王养牛专业村，张王堂木炭专业村，小屯、左庄宰鸡专业村，三教堂包装箱专业村，北董、怀庄宰猪专业村，户均收入非常可观。但是还有很多不足，主要表现在经济总量小，发展速度慢，科技含量低，规模档次差。是年，老寨村天寨加油站，借助靠近308国道的交通优势，引资80多万，把小加油站改造成了加油城。

1996—1998年，镇政府始终把招商引资工作做为促进全镇经济发展的重要一环抓在手上，不断优化投资环境，加大引进力度。先后有济南汽车制造厂、山东省农干院、省绿洲实业总公司等单位或个人来镇内承包荒地或租赁闲置的院落、房屋，搞“种养加”一条龙。另外还有宣扬公司、济南铁路局、济钢总厂、黄台发电厂、济南下岗职工等单位或个人来洽谈或签定合作意向，招商引资工作出现前所未有的良好局面。

1999年，沙李村引进投资150多万元建成占地110亩的新绿洲农业综合开发基地，集蔬菜大棚、养鸭、养鱼为一体，是高科技生态型现代农业开发基地，年效益达到40余万元。是年，引进德雅丽化工有限公司。这是一个科技含量高，投资少、见效快、利润高的小型化工项目。该企业总投入40余万元，于当年4月份正式投产运营，主要利用欧美、日本等国进口甲苯、醋酸丁酯、三羟甲基丁烷等原料合成一种固化剂，用于高中档家具及房屋装修。该产品当时尚属世界新产品。根据供求合同年生产300吨，年产值1000万元，利税200余万元。1999年，全镇成功引进重点项目4处，总投资接近1000万元，新发展个体工商户130多家，新注册个体私营企业5家。地税入库达160万元，是1998年总数的3倍多。

2000年，桑梓店镇与泰福公司签订2000亩出口创汇蔬菜基地合同，并且与恩信公司签订264个大棚定单，种植出口以色列蔬菜。

2001年，镇党委、政府提出“立足近郊兴三产，发挥优势抓民营”的工作思路，按照“放宽政策，鼓励发展，依法管理，规范发展”的指导思想，在政策上引导，资金上扶持，税收上优惠，放手发展民营经济，取得良好的经济和社会效益。2001年，全镇民营企业达15家。镇政府对现有的民营企业认真进行排队，实行党政领导包大户联系企业制度，对鸿鹏通风设备厂、鑫源酒厂等经营水平高、市场前景好的企业，在政策和服务措施等方面给予重点倾斜，促其加快发展。帮助仲华面粉厂争取上级支持，扩建厂房，引进大型生产设备，扩大生产规模。积极协调、帮助鸿鹏通风设备厂租赁土地30多亩，投资兴建新厂区。全镇牢固树立“工业立镇”的思想，以环境创新为突破口，以创“三优”（优良环境、优惠政策、优质服务）为重点，采取得力措施，加大工作力度，实现招商引资新突破。成立招商引资办公室，定期通报，跟踪督导。重视基础设施建设，进一步改善全镇的投资环境。是年，引进尔丹实业有限公司、西外环浮桥公司、张王堂肉鸡加工厂等6家企业，引进资金3000多万元，盘活闲置资产100多万元。

2002年，为加快全镇经济的发展，镇党委、政府研究制定全镇招商引资、引进、引办计划，并研究各部门、各单位的任务目标以及奖励措施。（见附表）当年全镇引进11个项目，金额5000多万元：镇北贵临饭店230万元，小康庄发展有限公司600万元，良种繁育基地300万元，小屯村荒地开发项目100万元，勇盛冷藏食品厂1000万元，豪特太阳能600万元，桥北奶牛场470万元，鑫意清真食品厂900万元，等等。

进入2004年，全镇先后引进佳华畜牧科技开发有限公司，圣玛特商贸有限公司，济南隆汇达防水材料有限公司、市煤气公司煤气站等12家企业，引进资金1.4亿元。加大农业龙头企业的扶持力度，镇政府为鼓励和支持农业龙头企业的发展，在资金、信息、技术、市场等方面予以支持、协调和帮助，形成了以华杰面粉、

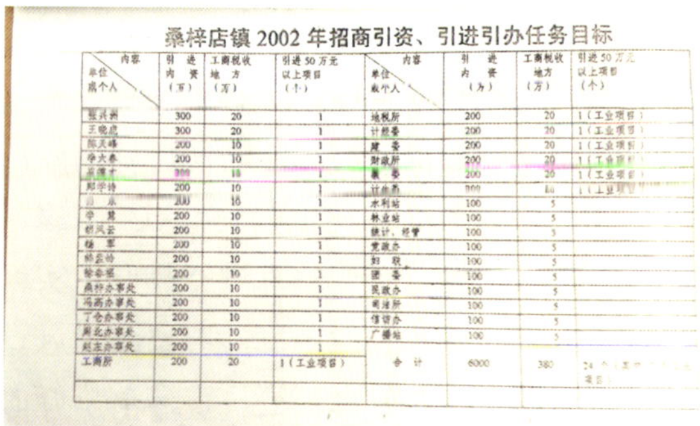

桑梓店镇 2002 年招商引资、引进引办任务目标

单位或个人	引进内资（万）	工商税收地方（万）	引进 50 万元以上项目（个）	单位或个人	引进内资（万）	工商税收地方（万）	引进 50 万元以上项目（个）
张兴洲	300	20	1	地税所	200	20	1（工业项目）
王晓虎	300	20	1	计经委	200	20	1（工业项目）
[illegible]	200	10	1	建委	200	20	1（工业项目）
[illegible]	200	10	1	财政所	200	20	1（工业项目）
[illegible]	[illegible]	[illegible]	1	[illegible]	200	20	1（工业项目）
[illegible]	200	10	1	[illegible]	[illegible]	[illegible]	1（工业项目）
[illegible]	200	10	1	水利站	100	5	
[illegible]	200	10	1	林业站	100	5	
[illegible]	200	10	1	统计、经管	100	5	
[illegible]	200	10	1	党政办	100	5	
[illegible]	200	10	1	妇联	100	5	
[illegible]	200	10	1	团委	100	5	
桑梓办事处	200	10	1	民政办	100	5	
[illegible]	200	10	1	司法所	100	5	
丁仓办事处	200	10	1	信访办	100	5	
[illegible]	200	10	1	广播站	100	5	
赵左办事处	200	10	1				
工商所	200	20	1（工业项目）	合计	6000	380	24 个（其中[illegible]项目）

桑梓店镇 2002 年招商引资、引进引办任务目标（2015 年摄）

鸿鹏通风设备厂为代表的加工企业 10 余家。其中鑫意清真肉类有限公司、勇盛冷藏厂、华杰面粉厂为市级农业龙头企业，佳华畜牧科技开发有限公司、小康庄农业发展公司、仲华面粉厂、登峰肉类公司、海龙皮革公司为区级农业龙头企业。安置农村剩余劳动力 500 余人，有力促进了农业健康发展。

镇政府为进一步加大扶持力度，发展农业龙头企业，培植完善“基地 + 农户 + 合作组织 + 龙头企业”的产业链条。2008 年勇盛冷藏食品有限公司投资 100 万元，新上设备搞产品深加工。同时成立“鸿发农民专业合作社”，统一发放鸡苗、饲料，统一防疫，统一管理，统一销售，实现产供销综合经营，农业项目规模、科技、品牌三大特色日益彰显。

2008—2010 年，镇政府重点扶持华杰面粉、佳华畜牧、勇盛冷藏、登峰肥牛等农业龙头企业的发展，引导它们做大做强，吸收和消化农村剩余劳动力。2010 年，全镇农业龙头企业和专业合作组织达到 30 余家，区级以上农业龙头企业 12 家，农民专业合作社 12 家，为农业产业化经营奠定了基础。

2016 年 4 月，与济南博爱泉胜农业科技有限公司签约，之后，桑梓店镇党委、政府多次与公司进行对接，成立由镇长杨鹏任组长，分管副镇长、济南博爱泉胜公司相关领导、丁仓与赵左办事处、相关村党支部书记为成员的领导小组，并成立指挥部，全力配合项目落地发展。

第二节　依托两大项目平台招商引资

进入 21 世纪，桑梓店镇招商引资主要依托济南新材料产业园区与鹊山龙湖两大项目平台。

一、依托新材料产业园

2003 年 6 月 26 日，中共山东省委常委召开扩大会议，对济南市提出“东拓、西进、南控、北跨、中疏”的城市空间发展总体布局。为贯彻落实“北跨”和“中疏”的战略构想，拓宽济南市的发展空间，加快黄河北部地区城市化步伐，改善北部地区居民群众的生产生活条件，天桥区委、区政府在充分论证研究的基础上，提出“以工业园区建设为突破口和切入点，加快建设北部新城区”的工作思路，确定在黄河北部地区开发建设占地 21.8 平方公里的工业园区，重点承接城区搬迁的传统工业企业，功能定位是以一、二类工业为主，兼顾新材料和高新技术产业。工业园土地平坦，紧邻 308 国道，位置优越。2003 年，规划方案已基本成熟，积极争取上级支持，多方筹措资金，先后硬化冯高路、防汛路、桑表路等几条交通主干道，同时采取以奖代补的形式，硬化村路 30 多公里，改善全镇交通条件。顺利地完成工业园占地近 100 公顷的“五纵”“五横”道路的测量清障工作，共拆迁商业用房、工业用房、民房建筑面积近 20000 平方米，迁坟 200 多座，拆除蔬菜大棚近百个。同时，对工业园建设中遇到的问题纠纷及时处理，保证工业园建设的顺利进行。2012 年 9 月，济南化工产业园区被国家科技部火炬中心批准为“国家火炬济南新材料特色产业基地”。2013 年 8 月 29 日，经山东省政府批复，济南化工产业园区正式更名为济南新材料产业园区，成为全省唯一一家专业的新材料产业园区。

自 2005 年工业园区内基础设施建设全面完

成，达到“六通一平”的设计要求后，先后引进济南裕兴化工有限责任公司、济南皇冠油墨有限公司、济南银丰化工有限公司、山东建邦新材料产业基地项目、山东大学国家胶体工程研究中心项目、山东省科学院新材料产业示范园项目、济南美高生物制药有限公司、山东师范大学工程研究中心项目、山东美克新材料有限公司、山东鸿民轧辊模具有限公司、济南玉晶玻璃有限公司、天诺光电材料股份有限公司等一批优质项目，为全镇经济发展带来强劲发展势头。

二、依托鹊山龙湖

2007年9月29日，山东省委常委扩大会议确定创建鹊山龙湖国家级旅游度假区，并将其纳入全省重点旅游招商项目。2012年2月27日市第十五届人大第一次会议把推进和加快济南市“北跨”战略、拓展济南发展空间的意见建议确定为大会的唯一一件议案，作为“北跨”战略支点的鹊山龙湖项目已成为济南市北跨战略实施的重要载体之一。

2014年2月27日，天桥区政府与中弘公司签订《鹊山龙湖合作开发协议》。2014年4月25日，天桥区政府与中弘公司签订《鹊山龙湖项目合作实施协议》，引进“新奇世界国际度假区·济南鹊山”文化旅游综合体项目。该项目总投资200亿元，占地面积约6000亩，建筑面积410万平方米。该项目分两期开发建设，其中一期占地约3000亩，拟投资150亿元建设美猴王世界主题公园、酒店式公寓、企业会所、地域文化特色主题公园、酒店、购物乐园；二期占地约3000亩，拟投资90亿元，建设人鱼帝国主题公园、养老社区、湿地公园、森林公园、文化创意产业园、酒店式公寓。该项目是济南市投资和建设规模最大的旅游产业项目，将建设成集休闲度假、时尚创意、大型游乐、健康颐养于一体，以旅游度假、养老养生、文化创意三大产业为支撑的综合型旅游区。预计项目建成后可接待游客30000人/日，实现年旅游收入72亿元，年税收10.8亿元。中弘项目自2014年7月份正式启动以来，桑梓店镇党委、政府抢抓机遇，高度重视项目的落地和发展，成立鹊山龙湖建设指挥部，倾全镇之力维护项目的落地和建设，创造良好发展环境。

用优惠的政策吸引人，按照“你发财，我发展，算大账，看长远”的基本思路，抛开眼前利益，着眼长远利益，本着“没有最优惠，只有更优惠，一企一策，一事一议”的原则，在土地征用、税收减免等方面，制定更加优惠的政策，满足客商要求，降低门槛，把更大的实惠交给投资者，让利于外来客商，使其进得来、留得住、效益高。经过不断的科学发展，新材料产业园区与鹊山龙湖两大项目已是全市北跨发展战略的桥头堡，也成为全镇经济发展的重要平台。

第四章 电 力

第一节 机 构

由于桑梓店镇历史上多次变更行政区划，桑梓供电所也经历了多次调整和变迁。

新中国成立后，根据“人民电业为人民”的服务宗旨，1952年，齐河县电业局在桑梓店镇设立桑梓供电站，为桑梓供电所的前身。供电站位于桑梓店镇桑梓店村西，现小马商业街附近。

济南供电公司桑梓供电所总貌（2015年摄）

1978年，齐河县电业公司董家变电站建成使用，位于桑梓店镇北3公里处，占地面积2970平方米，建筑面积250平方米，职工5人，变电设备1800KVA（千伏安）一台，供电范围为桑梓店镇。1990年，根据区划改称为历城区供电局桑梓变电所（后更名为桑梓供电站、桑梓电管站、桑梓电管所），时任站长杜振春。

1998年5月，根据国务院电力体制改革文件要求，撤销电力工业部，成立国家电力公司。桑梓电管所更名为桑梓供电所，并隶属于山东电力集团公司济南市历城区供电公司。

2001年，桑梓店镇行政区划调整，变更为济南市天桥区管辖，桑梓店供电所依然隶属于山东电力集团公司济南市历城区供电公司。

2002年5月，根据国务院深化电力体制改革文件要求，国家电力公司拆分，成立国家电网公司。桑梓店供电所变更为隶属国家电网济南市历城区供电公司。

2007年6月，根据国家电网山东电力集团公司的文件要求，桑梓店供电所划转至济南供电公司管理，隶属于济南供电公司天桥供电部。同时对内部人员进行补充和调整。此时桑梓店供电所营业区域内的电力客户由趸售客户变更为直供客户。

2013年5月，根据国家电网公司“三集五大”工作方案，进行机构调整，撤销济南供电公司天桥供电部，成立国家电网济南供电公司天桥客户服务分中心，同时其配电生产管理职能并入国家电网济南供电公司配电运检室。桑梓供电所划转为国家电网济南供电公司配电运检室管辖。

2014年3月，根据国家电网济南供电公司文件要求，桑梓供电所由配电运检室划转至天桥客户服务分中心管理。

现桑梓供电所隶属于国家电网济南供电公司天桥客户服务分中心管理，位于桑梓店镇梓东大道与国道308线交叉口西200米路北，与桑梓店镇沙李村相对，供电营业区面积86平方公里，覆盖包括天桥区桑梓店镇全境48个行政村、大桥镇3个行政村（桃园村、大王庙村、南范村）以及齐河县晏城镇3个行政村（大漠刘村、油坊赵村、谭屯村）在内的54个行政村以及济南市新材料产业园区，是济南市“北跨”发展规划的核心区域。供电所内设营业厅、办公室、营销室、资料室、值班室5个职能办公室，有营销组、生产组两个电工业务组。设有安全工器具室、防汛应急设备室、员工实训室和活动室4个功能室，设有备品备件仓库和农网工程材料仓库2个库房。

桑梓供电所团队文化建设（2015年摄）

供电所现有在职职工4人，其中党员2人，均隶属于天桥区供电公司党支部；农电工19人，其中党员7人，隶属于济南市光明公司第七党支部。供电所按照“一长三员”的配置，设置所长、安全员、营销员、技术员岗位及生产组、营销组、营业厅三个业务组，并成立国家电网彩虹共产党员服务队1支。负责供电营业区域内54个行政村（包括桑梓店镇48个行政村在内）82个低压台区、1.15万余户的营销服务、电力抢修、低压线路维护等工作。

所获荣誉称号 2009年，被中共天桥区桑梓店镇委员会、天桥区桑梓店镇人民政府授予“科学发展优质服务单位”荣誉；2010年至2014年，连续五年被中共天桥区桑梓店镇委员会、天桥区桑梓店镇人民政府授予“科学发展优质服务单位”“科学发展先进单位”等荣誉。

桑梓供电所历任所长

杜振春	1990
党明辉	2003.04—2007.06
张守波	2007.06—2008.02
刘 勇	2008.02—2011.05
张勤峰	2011.05—2015.06
董博磊	2015.06—

济南供电公司桑梓供电所所长董博磊（2016年摄）

第二节 供电设施

一、线 路

1963年，齐河县电力管理所架设齐河至米三里10千伏线路，8月，该线路延伸到桑梓店镇。

1980年8月，大（魏）周（阎）35千伏线路投运，同时投运周（阎）桑（梓店）10千伏线路，供电范围为桑梓店全镇。

截至1985年，镇域内共开通4条10千伏线路，总长约124.1公里，均使用型号为LGJ-50的导线，最大输送负荷总计2330千瓦，最大负荷运行时间均为3000小时。其中，桑孙（桑梓店——孙耿）线线路长9.3公里，桑靳（桑梓店——靳家）线线路长48公里，桑吴（桑梓店——大吴）线线路长33.2公里，董靳（桑梓店镇北董——靳家）线线路长33.6公里。后因小城镇发展规划和经济飞速发展，原有线路不能满足镇域人们群众生产生活用电需要，该4条线路全部退运。

2014年3月，镇域内10千伏线路全部交由济南供电公司配电运检室管理，配备专业管理员2人，在桑梓供电所办公。

截至2015年年底，桑梓供电所共管理0.4千伏供电线路约88.5千米；10千伏供电线路6条，长度合计127.26公里。

二、变 电

1、周闫变电站

1980年8月，周闫35千伏户外变电站建成并投入运营。变电站位于桑梓店镇周闫村东北，占地面积2368.8平方米。设容量为1800KVA（千伏安）主变1台，采用油浸自冷冷却方式，Y/△-11接法。年需要负荷1500千瓦，实际最高负荷1500千瓦。电压比为35千伏/10千伏，供电范围为桑梓店、大桥、表白寺等乡镇。1993年，周闫变电站退出运营。

2、桑梓变电站

桑梓变电站位于桑梓店镇政府北3公里，1978年建成投入使用，时名为齐河县电业公司董家变电站，1990年随着区划改名为桑梓变电站。占地面积2970平方米，建筑面积250平方米，职工5人，供电范围为桑梓店镇。1992年，完成35千伏桑梓变电站的主体工程。1993年，35千伏桑梓变电站建成并投入运营。2008年，桑梓变电站退出运营。

3、安康变电站

2000年，220千伏安康变电站建成并投入运营。变电站位于安庄村东北，作为济南市供电环网中的中枢系统之一，主要负责济南市西北片区供电网络。变电站为全封闭式无人值守变电站，配备主变压器2台，容量均为180MVA（兆伏安），采用双母线分段结构，使得220千伏电压转换为110千伏，继而转换为35千伏。变电站分为高压室和低压室，有220千伏进站线路1条，110千伏出站线路在用4条，35千伏出站线路1条。采用组合电器技术及气体绝缘系统（GIS），实现遥信、遥控、遥视、遥调“四遥”管控。

位于德兴路的安康变电站（2015年摄）

4、梓东变电站

2008年，110千伏梓东变电站建成并投入运营。变电站位于老寨村西、国道308线路北，为全封闭式无人值守变电站。采用Y/Y/D接线，主接线方式为内桥，有主变压器2台，容量为31.5MVA（兆伏安）。进站线路2条，分别为110千伏康孟线和110千伏康回线；出站线路8条，分别为梓西线、梓南线、梓北线、梓堤线、梓化一线、梓化二线、梓山线（部分归桑梓供电所管辖）以及梓轨线（不归桑梓供电所管辖）。

位于老寨村西侧的梓东变电站（2015年摄）

三、其他设施

镇域各村供电初期，采用集资办电方式，即供电所将10千伏线路通至村，由村集资自行购买变压器、入户线路等设施，资产所属权归村集体所有。

1994年，安装电信局配电变压器30KVA（千伏安）1台，安装计量盘10面，对所辖88台配电变压器进行春季检修摇测，避雷器绝缘工具进行春秋预防性试验，对88.44公里10千伏线路以及8.46公里35千伏线路进行春冬清扫维修，为10千伏线路更换Ps15瓷质高压柱式绝缘子1200只。

2007年，镇域内供电设施资产全部移交供电公司管理，各行政村供电设施资产所有权均移交供电公司，开始进行一户一表工程改造。截至2010年，镇域内一户一表改造工程竣工，累计投资过亿元。

2014年12月，桑梓供电所全部客户更换为智能电表，并实现电表信息远程自动采集，桑梓店地区进入智能电网时代。

2015年8月，镇域48个行政村的居民客户三级漏电保护器全部投入运行，大大提升居民用电安全水平。

截至2015年年底，桑梓供电所共管理一户一表低压用电客户11516户，管理公用变压器89台，总容量18575kVA（千伏安）；高压专变电力用户106户，配电变压器113台，总容量

34475kVA（千伏安）。

第三节 供电用电

一、供 电

1980 年始，镇域内逐渐有村开始供电。1982 年至 1985 年，为全镇集中上电高峰时期。截至 1985 年年底，镇域内 48 个行政村实现户户通电。

供电初期，供电部门将 10 千伏线路通至村内，各村集资购买配电器、入户线路等设施，每村配备 1 名农电工。这些农电工身份仍为农民，但有一定的电力维修技术，负责收缴电费并管护入户线路、配电器等设施，工资相对较低。当时全镇共有农电工 59 名。

2007 年，供电资产全部移交供电公司管理后，村内低压线路仍由农电工进行管护。2012 年，济南市供电公司成立济南市光明电力服务有限公司，属于国家电网全资公司，将农电工全部纳入该公司管理，转为正式职工。截至 2015 年年底，桑梓供电所共管辖农电工 19 名，按照区域划分职责，每人负责 4 个至 5 个行政村的电力管护事宜。

桑梓供电所供电营业厅（2015 年摄）

二、电 价

镇域实行城市电网电价。10 千伏高压用户电费缴纳采用坐收方式，即用电户到桑梓供电所供电营业厅自行缴纳，例如镇政府、产业园区各企业等单位。对于中低压用户，电费收缴历来采取走收方式，即供电部门远程自动对一户一表进行抄表、核算，农电工按照抄表数额向用电户收费。2016 年 6 月，桑梓供电所在全市 80 家供电所中率先完成收费方式由走收变更为坐收，同时实现“电 E 宝”掌上电力 APP 等新型缴费方式的普及推广，桑梓地区电费缴纳进入网络时代。

居民生活用电实行阶梯电价：年用量在 2520 千瓦时之内，电价为 0.5469 元 / 千瓦时；年用量超出 2520 千瓦时不到 4800 千瓦时的部分，电价为 0.5969 元 / 千瓦时；年用量超出 4800 千瓦时的部分，电价为 0.8469 元 / 千瓦时。

一般工商业用电标准电价为 0.8024 元 / 千瓦时，分时段收费：用电尖峰时段电价上浮 50%，用电低谷时段电价下调 50%，用电平峰阶段电价执行标准电价。

大工业用电标准电价为 0.61 元 / 千瓦时，亦实行分时段收费：用电尖峰时段电价上浮 50%，用电低谷时段电价下调 50%，用电平峰阶段电价执行标准电价。除此之外，每月以变电器容量为基数乘以 28 收取固定电费，例如变电器容量为 400KVA（千伏安），则该月固定电费为 400×28=11200 元。

三、用 电

2011 年，全镇总用电量为 3836.83 万千瓦时，其中居民用电量 1374.80 万千瓦时，农业生产用电量 10.84 万千瓦时，一般工商业用电量 999.41 万千瓦时，大工业用电量 1451.76 万千瓦时。

2013 年，全镇总用电量为 4419.56 万千瓦时，其中居民用电量 1715.18 万千瓦时，农业生产用电量 5.19 万千瓦时，一般工商业用电量 1333.13 万千瓦时，大工业用电量 1451.76 万千瓦时。用电户数共 11593 户，平均每户用电

3812.27 千瓦时。

2014 年，全镇总用电量为 4962.56 万千瓦时，其中居民用电量 1742.20 万千瓦时，农业生产用电量 6.49 万千瓦时，一般工商业用电量 1697.50 万千瓦时，大工业用电量 1516.37 万千瓦时。用电户数共 11757 户，平均每户用电 4220.94 千瓦时。

2015 年，全镇总用电量为 6274.04 万千瓦时，其中居民用电量 94.80 万千瓦时，农业生产用电量 12.45 万千瓦时，一般工商业用电量 2202.92 万千瓦时，大工业用电量 2163.86 万千瓦时。用电户数共 12209 户，平均每户用电 5138.86 千瓦时。

第八编

交通　邮电

第一章 交 通

桑梓店镇境内交通十分便利，有308、309两条国道。邯济铁路在境内有站点，距京福高速公路入口、济青高速公路入口均在7公里左右。

第一节 道 路

一、国 道

济邯路（309国道） 济邯路也称济聊路、309国道，东起济南市，经茌平、博平、聊城、冠县，西至河北省邯郸市，为二级干线公路，是省会济南连接鲁西北地区的交通动脉，在镇域内的里程为8.08公里。1940年，筑成土路。1956年春，改建砂粒路面。1959年，筑成碎砖砂粒层路面。1966年春，铺成沥青路，路面宽度由始建时7.5米拓宽至11米，油面宽6米。后路面几经重铺。1988年，改名为309国道。2005年，改建加宽至16米。

晏吴路（308国道） 晏吴路今称308国道，过境11.3公里，于1980年秋开工建设，1983年秋竣工。始建时路面宽14米，油面宽10米。1998年，路面增加到18米，油面增加到16米，双向4车道。2011年，在路中央修建隔离墩。

G2001线（济南市绕城高速公路） 此线自石门孙村北入境，经小郑村、前房村，于安庄村西北出镇境进入齐河县，双向8车道。2008年建成通车，在丁屯村南设有占地200余亩的全国最大服务区，于104国道交叉路口设互通立交。

境域内的济南绕城高速公路（2016年摄）

青银高速 2006年，青银高速公路北绕城线斜穿桑梓店镇北部，占地552亩。镇政府成立建设协调指挥部，严格执行国家征用土地办法，拆迁21户，把占地及拆迁补偿款按政策兑现给群众，拆迁工作顺利进行，保证工程的顺利建设。青银高速横穿桑梓店镇北部东西，贯穿桑梓店镇7个村，境内长8.8公里，东与济青高速公路、西与京福高速公路相连。于2008年年底建成通车。

二、公 路

桑表路（建邦大道） 桑表路为四级公路。1979年筑成，路面宽8米，油面宽5.5米，全长10.8公里。桑表路南接桑梓店镇梓东大道，北接表白寺镇028县道，是连接济南市天桥区与德州市齐河县的重要通道。2012年，桑梓店镇与表白寺镇成立协调指挥部对桑表路进行改建，在原路的基础上加宽到15米，主干线主桥6座、过路涵5条、沿线进村桥涵5座同时全面完成。

桑梓大街 于1992年投资80万元始建，规划设计总长1100米，路面宽30米，其中主路宽15米，绿化带两侧是3米的辅路和2米的人行道；第二期采取群众参与方式投资1000万元，建设60座2层以上、36000平方米的商业楼；第三期投资460万元硬化、美化商业街路面，装修路灯、绿化带。2000年，投资380万元，开工建设仓上村铁路立交桥，改善镇域内南北交通状况。投资60万元修建商业街长达1600余米的排水涵洞，解决商业街的排水问题。投资100万元，完成商业街的全部路面硬化，并铺设电缆，安装路灯。铺设高标准人行道花砖，安置2000米隔离墩。2001年，桑梓商业街被济南市政府正式命名为桑梓大街。2004年，重新硬化桑梓大街路面，进行绿化、美化，配套建设停车场，共栽植绿化树木800余株，更换高标准路灯52盏，铺设人行道花砖5000多平方米，地下排水管道760米。

梓东大道（西外环路） 桑梓店镇西外环路于2001年开始计划建设。2002年，完成镇西外环路的规划、设计工作。2003年，桑梓店镇政府多方争取资金，总投资460多万元进行修建。为保证道路建设顺利进行，桑梓店镇政府在短时间内完成房屋拆迁、地上物清理、桥涵建设等前期工作，共拆迁房屋40间，清除树木500余株。2004年，完成镇政府驻地西外环路的建设并进行绿化。建成的西外环路全长1.8公里，为双向六车道，西外环路的建设完成对推动新材料产业园发展，改善桑梓店镇形象，作用巨大。

梓东大道（2016年摄）

“村村通”公路 1990年，小郑村建起连接桑表路的村东大桥，桥宽10米，长20米，修桥时村民出义务工200多个，连续奋战20多天，村民为大桥起名德合桥。1992年，镇政府投资17万元，修建长4450米的柏油防汛路。1997年，桑梓店镇把三四十年代形成的桑梓店旧村4.5米卡脖子路段拓宽为30米，上下行双线各7米，两条绿化带各2米、人行道3米，拆迁并安置居民53户，油化路面长2278.5米，计14143.7平方米；越过两条铁路长1167.5米，填沟筑路搬运土方32678立方米。北起国道308线，直达国道309线，南北全线通车，改变桑梓店镇驻地面貌。1998年，投资3400元，用推土机整平8公里西环镇路和北环镇路。是年，全镇48个行政村共修铺石子路、钢渣路近200里，多方筹集资金近60万元，硬化长5000米的高冯路，解决国道308线以北十几个村与交通要道的连接问题。全镇形成以防汛路、高冯路、桑表路为主贯穿南北，以国道308线、国道309线为主横贯东西的交通大动脉，缩短桑梓店镇与济南市区的距离。1999年，耿家村铺设钢渣路；2004年，钢渣路升级为水泥路。2000年，在北园镇、药山办事处有关村居的支持下，新修长6千米、宽4米的柏油马路，解决镇域东北部7个村庄的交通问题。同年，硬化长达6千米的高冯路，另有10余个村维修村内道路，大大改善辖区内的交通条件。2001年，实施防汛路拓宽改造工程，将5千米长的防汛路，拓宽至15米。多方筹资60余万元，分2期硬化5千米长的高冯路和石门孙村至小吴村的道路。2003年9月，完成草庙王村路、北董村路和周闫村路三条“村村通”公路。2004年，投资550余万元，完成镇驻地西外环路的建设，并进行绿化。重新硬化桑梓大街路面，进行绿化、美化，配套建设停车场，共栽植绿化树木800余株，更换高标准路灯52盏，铺设人行道花砖5000多平方米，地下排水管道760米，耿家、街后两村修建公路1.8千米。2005年，全镇新修村村通公路53.6千米，耿家村在全镇第一个修通水泥路实现“村村通”。2009年，投资170万元对高冯路进行改扩建，将原4米宽的路面拓宽到5米；投资47万元，对小辛、石庙、彭家等村的村内道路进行硬化，村村通公路实现全覆盖。2015年，村村通公路建设成效显著，全镇共完成3条镇道建设，总长度2500米；5条村村通道路建设，总长度4300米，改善镇村居民出行条件。

园区“三纵一横”道路 2014年，投资2.7亿元，完成园区梓东大道、裕兴路、舜兴路、鑫源大道4条主干道（简称“三纵一横”道路）的改造提升，总长度为7804米，完善园区基础配套设施，提高项目承载能力。梓东大道长1810米，南起国道308线，北至鑫源大道，改造后为双向六车道，两侧增加机非分车带、非机动车道和人行道。裕兴路长1625米，南起国道308线，北至鑫源大道，改造后为双向四车道，两侧增加机非分车带、非机动车道和人行道。舜兴路长1563米，南起国道308线，北至鑫源大道，改造后为双向四车道，两侧增加机非分车带、非机动车道和人行道。鑫源大道长2806米，西起舜兴路，东至梓东大道，改造后为双向六车道，两侧增加机非分车带、非机动车道和人行道。

创新大道 原称三芦路，位于桑梓店镇东北部。2016年4月设计、规划，8月招标，9月施工，11月底全程通车，共投资700万余元，全长5421米，路基宽8米，路面宽6米。地理位置优越，连接老寨、三教堂、石庙、彭家、小辛、小吴6个村，串接高王村、石门孙村，是一条连接扶贫村的交通干道。

2015年境内主要公路情况表

表8-1-1

路线名称	里程（公里）	行政等级
桑表路	13.0	县道
桑新路	8.6	乡道
桑安路	8.0	乡道
大马—沙李	4.6	乡道
三芦路	6.4	乡道
G308—林场	4.7	乡道
G308田庄—仓上	4.6	乡道
冯高路	6.3	乡道
桑表路—农中	1.3	镇道
梓东大道—北董	0.7	镇道
高王南路	1.4	镇道
梓东大道—张王堂	1.1	镇道
小吕—袁贾—左庄	1.2	镇道
刘庙北路	1.9	镇道

2015年桑梓店镇境内各村（自然村）道路情况表

表 8-1-2

村名	路名	长度（米）	宽度（米）	路况	总里程
怀庄村	村前街	700	6	沥青路	2750
小吴村	村中心路	430	4.5	水泥路	430
三教堂村	村中心路	650	4.5	沥青路	896
门刘村	村中心路	240	4	沥青路	480
楼房村	村西路	441	4.5	水泥路	1430
东秦村	环村路	520	3.5	水泥路	1420
姚吕村	中心路	260	10	沥青路	660
街后村	中心路	460	4.5	水泥路	990
邱岸村	东西大街	330	5.5	水泥路	1860
西秦村	村东路	310	6	水泥路	550
左庄村	中心路	385	7	水泥路	1845
小吕村	环村路	1100	5	水泥路	1770
袁贾村	环村路	750	4.5	水泥路	998
李堂村	308—李堂路	1040	4.5	水泥路	1794
三官庙村	村西南北路	600	4.5	水泥路	1523
冯家堂村	冯堂前街	860	5	沥青路	3380
小寨村	村西路	1183	6	沥青路	5752
彭家村	中心路	450	4	沥青路	450
石庙村	北街主路	600	4.5	柏油路	1498
小辛村	村北路	400	4.5	水泥路	1530
石门孙村	村西南北路	500	4.5	沥青路	3350
高王村	村东西路	500	8	水泥路	950
安庄村	北路	453	4.5	沥青路	1301.6
康辛村	安康路	1200	6	沥青路	3475
小郑村	小郑路	351	5	沥青路	471
周闫村	村中心街	1500	4	沥青路	2190
北董村	北董中路	860	4	水泥路	1530
北王堂村	北王堂路	450	6	水泥路	450
大马村	大马中路	750	4	水泥路	1990

续表 8-1-2

村名	路名	长度（米）	宽度（米）	路况	总里程
后房村	后房路	650	5	沥青路	650
前房村	前房中路	270	6	沥青路	270
草庙王村	兴阁路	710	9.5	沥青路	710
大郑村	大郑北路	320	5	水泥路	850
耿家村	耿庄南路	310	4.5	沥青路	740
田家村	环村路	558	4	沥青路	2221
张王堂村	北王堂至 308 路	980	4.5	水泥路	2795
邓营村	废铁路基	200	4.5	沥青路	1040
沙李村	村中心路	600	5	沥青路	2140
桑梓店村	菜市路	200	15	水泥路	3630
小马村	东西商业街	500	26	沥青路	1323
小张村	村中心街道	450	6	沥青路	2435
丁庄村	村中心路	597	4.5	混凝土路	2173
仓上村	中心大街	1000	5	沥青路	3290
老屯村	村中心路	340	6	水泥路	1040
刘庙子村	村前街	780	5	水泥路	2349.5
南郑村	村南街	350	4.5	水泥路	1350
朱河圈村	西坡道	120	4	商混路	630
铁匠村	西坡路	155	5	水泥路	1535
丁口村	一至三组村前路	950	5	水泥路	1700
小屯村	村南路	610	5	水泥路	1510
老寨村	村南 307 路	900	7	沥青路	3300

第二节　铁　路

津浦铁路　清末津浦铁路建成于 1911 年，境域内设桑梓店站，属于三等站。1949 年，改为四等站、客运中间站，划出禹城车务站。桑梓店站位于津浦铁路上行 333+015 千米，下行 333+966 千米，北距孙庄线路所 8274 米，南距桑南车站 5055 米，建筑面积 156 平方米，时有职工 26 人，站区内驻有工务、电务、列检、给水、电力、机务、拆返段共 7 个科室，年客运量 30.9 千人，站台 2224 平方米。1990 年 5 月 1 日，津浦铁路改线，桑梓店火车站、调车场及铁路停用。后镇域铁路改称邯济铁路。邯济铁路过境 11 公里，设小屯站。

京沪高铁　京沪高铁属国家重点工程建设项目，纵贯桑梓店镇西部 3 个村庄和 3 家单位，全长 7000 余米。为保证京沪高铁在境内顺利施工，镇党委、政府高度重视，做好村庄协调、地上物清偿、村民安置、资金催要、资料整理等协调工作，2011 年，完成西桑村的拆迁安置工作，为京沪高铁顺利施工奠定基础。

京沪高铁黄河大桥（2016 年摄）

石济高铁 石济高铁全称为石家庄至济南客运专线，在桑梓店镇境内长 13.43 千米，涉及桑梓店镇 19 个行政村，分别是三教堂村、老寨村、冯家堂村、三官庙村、怀庄村、北董村、周闫村、大郑村、耿家村、后房村、前房村、安庄村、田家村、邓营村、张王堂村、左庄村、袁贾村、姚吕村、街后村。镇党委、政府树立“项目引领发展”理念，坚持把重点项目建设作为全镇工作的重中之重，全力服务石济客运专线项目建设，创新重点项目土地征收工作方式，实行“阳光清点、包干补偿”，坚持“政策透明、过程公开、监督有力、公平有序”。截至 2015 年年底，兑付高铁征地款和地上物补偿款共计 9600 万元。

修建中的石济客专（2016 年摄）

第三节 桥 梁

黄河西外环浮桥 2000 年，济南市黄河河务局投资修建黄河西外环浮桥，缩短桑梓店镇与济南市区的距离。投资 30 万元建成 5 座交通道路桥及 15 座过路生产桥。2000 年 10 月开始对防汛路进行拓宽，由原来的 5 米拓宽为 15 米。2001 年 5 月 16 日，总投资 1600 多万元的黄河西外环浮桥建成通车，该浮桥南岸位于药山办事处老徐庄附近，与西外环、济青、京福高速公路相连；北岸位于桑梓店镇丁口村，与 308、309 国道相接。2011 年，黄河西外环浮桥被拆除。

建邦黄河公路大桥 济南建邦黄河大桥南接济南市西外环路，北接桑梓店镇丁口村。建邦黄河大桥主桥全长 820 米，双向六车道，桥面行驶速度限定为上桥 60 公里 / 小时、下桥 40 公里 / 小时。建邦黄河大桥主桥为中央斜面三塔斜拉结构，主塔是斜拉桥的主构要素，中塔高，边塔矮，形成汉字“山”字的造型组合。2008 年 5 月，举行奠基仪式。2008 年 10 月，正式开工建设。2010 年 12 月 21 日，举行通车仪式。2016 年 3 月 16 日，对济南牌照（鲁 A、鲁 O、鲁 W）7 座以下（含 7 座）小型客车和济南市公交车免费通车。

第四节 渡 口

邱岸村渡口 新中国成立前，从邱岸村渡口可到济南。船是木帆船，有桅杆和帆。横渡黄河的船大约有 10 艘，南北相向开。此外还有顺河船，一般为货船，运载粮食、盐、石料等，到泺口、商河等地，再运往济南。1985 年，渡口消失。

王窑村渡口 新中国成立后，远近的商贾经王窑村渡口渡河居多；附近的村庄在黄河南岸都有地，各村村民也都需在此渡河去耕种收获。

当时王窑全村近20户，多以两岸摆渡的客运或跑顺河船的货运为生。顺河船有10来只，都约15米长、5米宽，有3桅3篷，往下游能到无棣一带运盐，主要靠风力，有时也靠拉套子（拉纤）。上游可到郓城、曹州、菏泽一带运粮食、芝麻、花生等。船到上游不怕水大，就怕水小搁浅。一旦搁浅，泥沙淤住，只能弃船。1958年，王窑船运和渡口消失。

朱河圈村渡口 建于1770年，因渡口在朱河圈村而得名，朱河圈船运在山东省甚至河南省颇有名气，仅东西两坝头便有摆渡船数艘，等待渡船的人员从渡口一直排到丁庄村甚至更远。当时全村的顺河船有32艘，最大的是王义的船，能装20方石头。村民的航迹上到河南省，经常到平阴县的望口山运石头；下到利津县运盐。新中国成立后，渡口仍存在，位于镇政府东南4.4公里，有职工14人，设有一个科室，机动木船5只，年客运量4万人次，年总收入3万元。2000年，黄河西外环浮桥建成，朱河圈村渡口弃用。

第二章 运 输

第一节 运输工具

以前镇域各村村民外出或者步行，或骑马骑驴，或乘坐牲口拉的木轮车。收庄稼也是人扛肩挑、牲口驮、独轮车推，比较富裕的人家使用木轮大车。新中国成立后，随着国家工业水平的提高，橡胶轮胎才渐渐出现并迅速普及。20世纪80年代，境域内老寨村有第一辆自行车。随着经济社会的发展，自行车逐渐增多。1980年，先后出现摩托车、机动三轮车、农用汽车、面包车、轿车、客运车、重型汽车、大型翻斗车、挖掘机等，现家庭轿车基本普及。2000年后，经济环保的电动单车、电动三轮车和电动汽车大量涌现。

轿子 古时又称肩舆，历史悠久。山东民间轿子均为木结构，约1米见方，2米高，上有尖顶，下有底板，轿顶和四周覆以轿帷。轿杆长大都5米左右，一般用4名抬轿人，称为“四人抬”；大娶时也有用“八人抬”的。新中国建立后逐渐淘汰，仅少数农村婚娶时使用。

手推车 俗称小推车、推车子，独轮，一人推行，灵巧轻便。根据用途不同，车的设计、装置各异，主要有平盘和起脊两种。平盘车的盘底装轮，车轮较小，盘上载货或坐人；起脊车的脊下装轮，车轮较大，脊两侧载货或坐人。车轮原系木制，20世纪50年代始用胶轮，20世纪60年代后普遍使用钢圈、胶轮、充气内胎，是人民公社生产队时期镇域内常用的运输工具，农民用手推车往田里推粪，收获庄稼时推粮食，更是修筑堤坝、修建土房、运输土方的主要工具。1972年，修建北展大堤，上堤群众就是用这种手推车运输土方。

地排车 又名人力板车。由车脚、车盘和车把组成。车脚是在一根车轴上安装两个车轮，轮用充气轮胎。车盘为长方形，装在车脚上，用以载货。车把两个，在车脚前，由人拉拽。此车载重量较大，可载货500公斤以上。20世纪70年代后，在全镇发展使用起来，这种车人力、畜力两用，是拉土、运粪、收庄稼的主要运输工具。

第二节 客 运

2004年，“村村通”公交车开始运营。当时的“村村通”公交车线路主要有两条：一条是丁口浮桥——大郑、小郑村路线，其间走黄河大坝，经过朱河圈村、刘庙子村、丁口村、丁庄村、仓上村、桑梓店村、北董村、周闫村、大马村、康辛村；另一条是桑梓店村——石门孙村路线，其间经过怀庄村、三官庙村、冯家堂村、高王村、老寨村等。

2014 年 3 月，桑梓店镇第十四届人民代表大会第三次会议上，将“开通城市公交车”确定为桑梓店镇 2014 年“十件民生实事”之一。区委、区政府及济南新材料产业园区领导在土地指标、征地补偿等方面全力加大政策、资金等优惠支持力度，促成项目初步落地。桑梓店镇成立开通城市公交项目专项领导小组，积极联系协调济南市交通局、公交总公司等相关部门，将市内公交延伸到桑梓店镇。2014 年 11 月 13 日，新材料产业园区至动物园的 K143 路，新材料产业园至大桥镇政府的 K135 路公交车全面开通并顺畅运行，连接起桑梓店镇与济南主城区，结束桑梓店镇没有城市公交车的历史，为沿线居民出行提供诸多便利。

公交车通车仪式（2014 年摄）

第三节　货　运

20 世纪 70 年代，境内开始出现拖拉机。拖拉机是现代化农业机械和运输工具，主要有轮式、履带式两种。轮式拖拉机配置挂斗，从事公路运输。拖拉机有大型拖拉机和小型拖拉机，大型拖拉机的功率一般为 20 ～ 40 千瓦，载重 5 吨左右；小型拖拉机的功率一般为 6 ～ 9 千瓦，载重 1 ～ 1.5 吨。绝大部分拖拉机在农忙时务农，农闲时搞副业运输。拖拉机运输的货物多是建筑材料和土渣、炉灰等。喜庆或年节拉着一家人走亲戚，女儿出嫁时陪送一辆拖拉机曾成为一个时期的时尚。

1977—1979 年，刘庙子村整村搬迁到房台，村里购置 2 台 25 马力拖拉机供老百姓垫地基和搬家使用。20 世纪 80 年代后，机动三轮车逐渐走上市场，与拖拉机相比，机动三轮车更加灵巧、速度快、车身也短，走向市场后，受到农民的青睐，成为农业生产、商业运营的主要运输工具。1990 年后，从事商业运输的农用汽车，以“福田”“跃进”为最多。老寨村、小寨村开始汽车运输，主要给济南市建筑工程运输砂石和建筑垃圾。2000 年后，大型载重汽车主要有“黄河”“斯太尔”等。

第三章　邮　政

第一节　机　构

1928 年，桑梓店镇设邮政代办点。日军入侵后，邮路停邮。1948—1950 年，主要邮路逐渐恢复，并新开通齐河至桑梓店邮路。20 世纪 50 年代，邮递员都是将邮件放到袋子里背着一家一户的送邮件。后来邮政业务量不断增加，为加快邮运速度，改为自行车投递。再后来实行摩托车投递，摩托车为邮递员个人购买，单位负责给其报销油费。2016 年，通往镇内各村各单位的 3 条邮路改为三轮电动车投递。

桑梓店邮政支局全貌（2016 年摄）

桑梓店邮政支局全称为中国邮政集团公司济南市天桥区桑梓店支局，原址在桑梓店村村内；现位于桑梓店镇怀庄村西，308 国道南侧。1998 年，邮政、电信分家分别更名为桑梓邮政支局和电信支局。2015 年，在上级的支持下支局进行装修改造，金融、邮政、三农服务等作业分区更加合理完善，硬件设施和居民的用邮条件得到较大提升。目前支局总占地面积 2 亩，建筑面积 500 平方米。

截至 2016 年 9 月，支局有工作人员 11 人，其中设支局长 1 人，客户经理 1 人，综合柜员 1 人，普通柜员 3 人，邮政营业员 2 人，邮政投递员 3 人。工作人员年龄 30 ～ 50 岁，年龄构成比较合理。

荣誉称号 2015 年，支局被山东省邮政公司济南市分公司评为一季度金融保险业务发展优秀支局，被中国邮政集团公司济南市天桥区

荣誉证书
桑梓邮政支局：
你局获 2015 年中“优秀集体”。
特发此证，以资鼓励。

分公司评为“优秀集体”。

历任支局长

郑元成	1980 —1990. 03
于明礼	1990. 03—1994. 06
陈　雷	1994. 06—1996. 02
李忠云	1996. 02—1998. 09
孙　涛	1998. 09—2005. 01
孙善强	2005. 01—2007. 01
陈　波	2007. 01—2015. 05
张文波	2015. 05—2015. 11
陈　波	2015. 11—

桑梓店邮政支局长陈波（2016 年摄）

第二节　主要业务

支局目前办理的主要业务为收寄国内、国际平常和挂号邮件，包括信函、印刷品、特快、包裹、烈士遗物、盲人读物等，收订各类报刊，投递本镇范围内的各类邮件，办理居民存款、汇兑、基金、国债、理财等金融业务，服务三农和代理交警违章处理等各类业务。

支局进出口邮件经由县级邮路 1 条，本局作业组织投递邮路 3 段。

投递报刊种类 800 余种，每天进口报刊 2000 余份，进、出口邮件 400 余件，高峰时每天能够达 600 ～ 1000 件，服务范围包括全镇 48 个行政村和驻地的党、政机关，企、事业单位、人民解放军、消防武警部队等，投递道段总里程 200 余公里，服务人口 9 万余人。

第四章　通　讯

第一节　电　信

1956年，桑梓店镇始有电话。1965年，镇域内各片（相当于今办事处）及各主要单位才安装磁石电话机。1978年，桑梓店人民公社所辖片区安装总机，公社内部安装一部总机，各村办公室（一般都在党支部书记家）安装磁石电话机。在磁石电话时代（1956—1993年）电线杆都是木制或水泥方杆，主要通讯设备由木制或水泥电线杆及电话线、总机和分机组成。1981年后，有的电线杆影响农民种地，有的被大风刮倒，巡线员也回家经营承包地。自此，公社内的通信网络逐渐弃用。

1992年，桑梓电信支局开始组建。1993年10月，正式营业。1994年，由磁石电话机改成程控电话，当时的业务主要是电话、电报。电话实行程控后，营业所内建起主机房、营业室、办公室，分别安装2000门的程控交换机房，电线杆全部采用水泥制8米高电线杆，电话线采用多匝电缆。

1996—1998年，扩大装机容量，安装电话826部。截至1998年年底，全镇话机总量达1211部，形成桑梓店、小马、草庙王3个电话村，并由济南市电信局发放“电话村”牌匾。1999年，全镇交换机容量8000门，有电话用户1216户。1997—1999年，建接入网点5处，仓上村、刘庙子村、石庙村、小郑村、康辛村实现光缆到路边，提高通话质量，减少用户障碍。装设高50米铁塔1座，建设移动信号基站1处。截至1999年年底，全镇实现村村通电话。2000年，全镇共有程控电话4164部，平均每2户拥有一部电话，桑梓店、老寨、小寨、仓上等20余个村程控电话入户率达60%以上。

2005年5月21日，辖区内电话号位数升至8位，固定电话、小灵通在原7位号码前加“8”。

桑梓电信支局先后由米长元、王敬祥、郑元成、宋秀峰、李长江、颜廷杰、王朋珠等人负责。2006年，电信制度改革，电信支局逐渐被公司取代。

第二节　联　通

2008年10月，中国网通与中国联通合并为中国联合网络通信有限公司，在桑梓店镇设联通公司营业部。2009年，大力发展2G业务和融合套餐业务，2G放号将近1万户。2010年，针对联通网络优势，进行业务融合优惠，将固话、2G、3G网络进行合并，进行大幅优惠，将费用降到最低，网络用户达到8000多户。2011年，发展3G业务。

自联通公司营业部在桑梓店镇设置以来，着力发展固话，充分利用每米电缆和皮线，最大限度地满足用户的需要。加大宽带业务的发展力度，组织机线人员，为全镇拥有电脑的用户，提供宽带业务。组织得力员工上门营销，并实施技术封堵进行清理，宽带营销工作取得良好进展。截至2015年，固话网络一体的用户达6900户。

第三节　移　动

2002年2月，无线市话“小灵通”业务开通试用；5月17日，小灵通向社会试放号；7

月1日正式放号。2003年，推出"一号通"业务，可得到一个"717"开头的7位电话号码，并通过设置将自己持有的小灵通、固定电话、手机号码依次与这个统一号码联系起来。有电话拨入时，可根据预先设置的顺序依次响铃，当电话占线、无人应答、关机或无信号时，便会自动接通下一个号码。2005年，完成小灵通第七期扩容工程、全省小灵通悦铃平台建设工程。

2006年，小灵通用户14.9万。推出"亲情1+"业务，业务以固定电话为核心，捆绑小灵通、宽带、增值业务等多种产品，针对不同需求分别推出"亲情随身""亲情无限"两种家庭优惠套餐。"亲情随身"是指定1部固定电话与小于等于3部小灵通采用后付费方式并合账缴费，免收固定电话和小灵通月租费。"亲情无限"是指定1部固定电话与小于等于3部小灵通、1部宽带产品采用后付费方式并合账缴费，免收固定电话和小灵通月租费，宽带产品为不限时包月封顶方式。

2004年后，3G、4G智能手机越来越受年轻人的青睐。截至2015年年底，全镇共有手机3万多部。

第九编

商贸　金融

第一章　商业所有制

第一节　个体私营商业

桑梓店镇，为济南市的西北门户，南有黄河自然屏障，西靠李家岸引黄大闸，加之距千年古渡泺口较近，商业较为发达。

明清时期，随着山西、河北等地民众大量迁入，私营经济更是大为发展。从大黄、宜章到泺口的官道（也称盐道，运盐都经过此路）途径镇域，沿途不乏经营客栈、饭馆、酒家以及特殊技艺的生意者。例如姚吕村吕奎义，祖上从章丘弓箭铺学习造箭技艺后回家自己经营，用铜胎、牛筋、竹竿粗加工后供应章丘弓箭铺，弓分6担、12担、24担三种，分别至少需要30公斤、60公斤、120公斤的力量才能拉开，时生意兴隆，拥有土地8公顷。后惜咸丰、同治年间，国势日坠，加之黄河夺大清河河道，河水泛滥成灾，农业遭厄，富贾基本绝迹，市场日渐凋零。1908年，商业开始复苏，至民国时，镇内百姓在当地或到济南经商者越来越多。

新中国成立初期，集市繁华，商业发达。例如邱岸村，靠近码头和官家驿道，市场规模很大，主要交易粮食、副食、布匹、牲口、水果、蔬菜等，形成粮食市、牲口市、菜市等。众人挑“八股绳”从该处买水果向济南市区贩卖。又如安庄村，新中国成立前地处交通要道，挑八股绳的、推木轮车的、拉货的大马车络绎不绝，店铺林立，摊位密集，繁华热闹，有猪市、牛市、布匹市、鞭炮市等。村里还有一座盐屋，是当时的地方当局设定的盐点，方圆二三十里地都来此购盐。1958年，济南铁路局在桑梓店火车站建货场、编车站1处，占地200公顷，交通运输十分方便。

1962年，齐河县对全县个体商业进行审查登记和整顿，取缔非法经营个体户250家。1965年后，农村个体商业全部被取缔。1978年，中共十一届三中全会后，国家鼓励发展个体私营经济。

受国家宏观政策和镇域地理位置影响，桑梓店镇作为一个近郊乡镇，有着得天独厚的发展个体私营经济的条件，因此镇党委、政府将发展个体、私营经济纳入经济发展规划，并制定相应的扶持政策，为他们的合法经营提供各种方便。在发展个体经济问题上，镇党委、政府提出放开胆子“放水养鱼”、让个体私营经济“登台唱戏”的口号，对个体私营大户与集体企业给予同样优惠政策，制定发展个体私营经济的措施意见，为个体私营经济的发展创造良好环境条件。抓好镇驻地建设，鼓励群众到镇驻地经商，为其提供方便的交通、电力、通讯条件；抓好国道308线的开发，带动周围村到国道308线两侧经商，使之形成“经济长廊”；抓好私营大户、带动工商小户，对起步早发展快的私营大户，采取典型引路的办法，介绍经验，启发带动大家。由于措施得力，个体商户有着发展经济的良好软硬环境，形成“八仙过海，各显其能”的局面，镇驻地商业一条街“丁”字型第三产业带逐渐形成规模。

1988年，镇域商品流通在治理经济环境、整顿经济秩序中进一步的开放搞活，全镇个体工商业已达64户，比1987年增加14户，多层次、多渠道、少环节的商品流通网络已基本形成。全镇商品零售总额达690万元，比1987年增长27.8%。1994年，全镇共发展个体私营商户154家。1996年，全镇个体工商户已达690家，比

1995年增加130家。1998年，全镇多种行业的个体私营户达367家，新发展的占65%；从业人员897人，分别是1990年的8倍和9倍。个体私营经济注册资本达到623万元，比较突出的有振达实业公司、鑫源酒厂、鸿鹏通风配件厂、康达宾馆、通达汽车修理厂、黄海供水设备厂、老寨实业公司、群星包装箱厂等。

1999年，全镇商业网点分布于48个行政村，集中于镇政府驻地长1100米的商业街，主要经营日用百货、烟酒糖茶、副食调料、五金交电、化肥农药、家用电器、摩托车配件、机电产品、建筑材料等，另外还有饭店、照相馆、理发店等服务业。

1999年桑梓店镇部分个体商业网点名录

表9-1-1

名　称	经营范围
云凤综合商店	日用百货、副食、烟酒糖茶
飞达摩托车配件中心	摩托车配件、家用电器
同德昌烟酒商店	烟酒糖茶、日用百货
恒春园饭店	中餐、酒水
洪亮水产店	副食、水产品
美宫照相馆	日用百货、照相器材
正泰商店	机电产品、五金交电
利群商店	建材用品
星云商店	五金交电、电工用品
东顺商店	日用百货、副食、烟酒
桑梓镇北饭店	中餐、酒水

1999—2001年，桑梓商业街新增个体工商户130多户，成为全镇第三产业的载体，个体工商户的聚集地，经济的增长点。

2002年年底，全镇共有个体工商户570家，从业人员1682人，总产值18429万元，营业收入18194万元，利润总额595万元，上交税金182万元，固定资产原值3257万元，固定资产净值2931万元，劳动者收入782万元。其中，批发零售业311家，从业人员701人，增加值836万元，总产值4470万元，利润总额201万元，上交税金89万元，固定资产1725万元，固定资产净值1550万元，劳动者收入300万元；餐饮业35家，从业人员160人，营业收入500万元，利润总额50万元，上交税金10万元，劳动者收入75万元；社会服务业35家，从业人员60人，营业收入100万元，利润总额5万元，上交税金2万元，劳动者收入20万元。

截至2015年年底，全镇共有个体商业户825户，经营范围包括食品、布匹、服装、肉食、日用百货、通信器材、蔬菜、药品、化肥、农药、油料、电器、五金、煤炭、建材、水果、烟草、酒等，年商品零售总额达2000万元以上。

1996—2015 年桑梓店镇个体工商户分类情况表

表 9-1-2　　（单位：户）

年份	农、林、牧、渔业	制造业	批发和零售业	交通运输、仓储和邮政业	住宿和餐饮业	居民服务、修理和其他服务业	总户数
1996			1				1
1997			9				9
1998		3	42			1	46
1999		4	77	1		1	83
2000		9	157	1		12	179
2001		11	164	1		17	193
2002		11	247	1	2	25	286
2003		11	298	1	2	23	335
2004		11	319	1	2	23	356
2005		11	364	1	4	23	403
2006		12	381	3	7	25	428
2007		11	457	6	8	40	522
2008		10	320	14	1	21	366
2009	1	10	381	209	7	38	646
2010	1	12	450	369	16	44	892
2011		12	292	418	14	47	783
2012		13	297	177	13	39	880
2013	4	14	360	194	13	51	977
2014		13	422	197	16	56	1049
2015		12	487	183	67	72	1166

第二节　供销商业

概况　桑梓店供销社隶属于济南市历城区供销社，由大桥供销社统一管理。供销社有党支部 1 个，支部书记王全来，支部委员侯东、姜怀明。截至 2015 年年底，供销社共有正式员工 13 人。实行对内承包、对外租赁的经营方式。

供销社共占地 31 亩，其中桑梓新街占地 6 亩，桑梓老街占地 10 亩，国道 308 线南侧加油站占地 12 亩，国道 308 线棉厂东占地 3 亩。

位于桑梓新街的供销社为上下 2 层楼房。一楼南侧为供销社综合市场，多为供销社员工承包柜组经营，采取“包死基数，利润大包干，自主经营”模式。供销社为员工缴纳五险，签订承包合同，统一交纳工商等税，员工在缴纳一定款额后，自主经营、自负盈亏。一楼北侧全部对外租赁，现为鑫胜购物广场，该购物广

桑梓供销社老社址（2015 年摄）

场于 2014 年建成营业，是镇域范围内最大的购物广场、超市，经营范围涉及百货、烟酒糖茶、文具、食品、副食品、洗化用品等方面，拥有员工 30 余人，年营业额达千万元。二楼为供销社办公区以及购物广场囤货区。

桑梓供销合作社全貌（2016 年摄）

历史沿革 1950 年，《中华人民共和国合作社法》颁布实施，定位供销社为一种联合经济组织，其内部结构为民主集中制，合作社的理事会和监事会均须由社员大会或社员代表大会民主选举产生，向社员大会或社员代表大会负责并报告工作。社员大会制度是社员代表大会和合作社的理事会、监事会实行少数服从多数的制度；全国合作社成立独立的组织系统，以中华全国合作社联合总社为最高领导机关，下级社服从上级社的领导。

合作社的基层组织，应以接近群众、并能合理经营为原则。农村供销合作社社员须有 500 人以上方能成立，一般应以集镇较大的村庄为中心，联合附近村庄，组成一个基层供销联社。

1950 年 4 月，镇域内建立包括铁厂、桑梓店等在内的 19 个村供销联社。是年 7 月，中华全国合作总社成立，确立“上级社为下级社服务，基层社为社员服务”的方针。

1951 年，镇域内沙李、油坊赵、桑梓店、仓上、左庄、高王、冯家堂 7 个村成立供销联社。七乡期间，每个小乡都有 1 处门市部。其中桑梓门市部位于桑梓店村魏振怀的 3 间临街房，经理怀洪明，会计陈洪昌。1952 年 10 月，开始整社并社，建立桑梓区供销社，社址位于桑梓店村魏振怀的 3 间房和张绪荣的 6 间房，主任于延海，下设安庄、邱岸、桑梓店、高王 4 处门市部。建立组织，有人事、保管、会计、门市部、饭店、粮站、煤站、采购站，当时职工约有 60 人。主要经营粮食、棉花、日用百货、煤炭、饮食业等。所需资金一是社员入股，二是国家扶持资金及贷款。群众自愿缴纳入社股金或用粮食、家具（折款）入股后称为社员，一般情况下，每人 1 ～ 2 股，家庭成员多、经济状况好的可自愿多入股。股金年终参与分红，分红多为分给 1 包火柴或 1 公斤食盐等。当时物价低，例如小米 0.0345 元 / 公斤，玉米 0.045 元 / 公斤，花生 0.065 元 / 公斤。粮食实行代购，供销社提手续费，周边大吴区、孙耿区的粮食都交到桑梓区的大粮库。通过提手续费和自己销售的粮食利润及收购棉花和其他经营，增加积累。土地和房产由国家提供。因社员购买物品较非社员便宜，群众入社积极性较高，因而使得供销社自上而下形成商品流通网络。不仅成为满足农民生产生活需要、组织农村商品流通的主渠道，而且成为联结城乡、联系工农、沟通政府与农民群众的桥梁和纽带，对恢复镇域内国民经济、稳定物价、保障供给、促进农业和农村经济发展发挥重要作用。

供销社成立初期，职工月工资为 12 ～ 15 元，有时用粮食顶工资。当时供销社销售的小米 0.24 元 / 公斤，小麦 0.25 元 / 公斤，谷子 0.138 元 / 公斤，玉米 0.14 元 / 公斤，大豆 0.19 元 / 公斤，猪肉 1.04 元 / 公斤，鸡蛋 1.18 元 / 公斤。1962 年至 1980 年前后，职工工资自负盈亏，整个供销社作为一个核算单位，工资额依门市营业额指标完成情况而定。

1955 年，齐河县食品组成立。是年年底，国家实行公私合营，农村一律取消私营商业，收归供销社经营。供销社人员由集体所有制变为全民所有制，企业属集体所有制。供销社干部归属国家干部身份，人员增加到 120 余人。大村设店，后过渡到代销员。粮站、煤站从供销社分离出去。1956 年，齐河县成立中国食品公司山东省齐河县支公司，下设五个经营组，桑梓店经营组就是其中之一。桑梓供销社受齐河县食品组委托代购毛猪，所收毛猪送至桑梓店经营组宰杀加工，再送肉食门市部销售。个人无权宰杀牛、马、骡等牲畜。1957 年，桑梓供销社设立推销组，为食品站前身，负责人为侯希三，推销组由 5 ～ 6 人组成，负责生猪、牛、羊的收购宰杀。

1958 年，供销社下放给人民公社，县级以上供销社与国营商业合并。1960 年，供销社精简人员，下放一批干部职工。1963 年下半年，供销合作社与商业分开，恢复为完整的独立系统，属集体所有制。1964 年，齐河县食品公司在桑梓店人民公社成立食品站。

1965 年 10 月，桑梓供销社与大吴供销社、焦斌供销社并为一处经济区，整个经营以桑梓社为主，所需百货、布匹等自济南各大公司进货，日用杂品及生产资料则从齐河县供销合作社（县社）进货，运输工具是小驴车或马车。1976 年，大吴、焦斌分离出去。食品站归齐河县食品公司管理，正式脱离供销社管辖。其间，生猪宰杀均由食品站负责。

中共十一届三中全会后，农村商品经济在

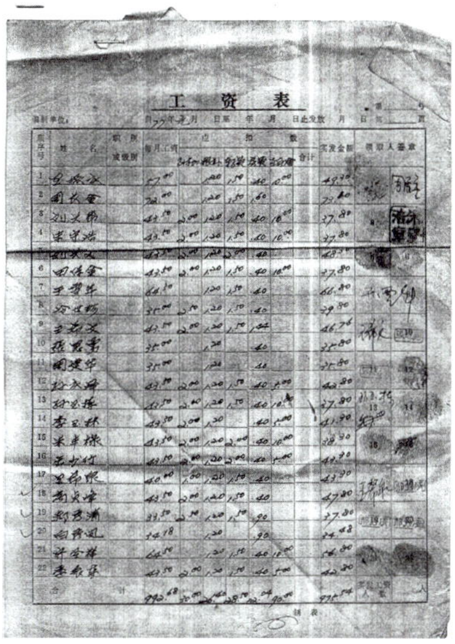
工资表

1977 年供销社部分职工工资发放表

政策环境影响下开始逐步萌芽，个体私营商业应运而生，严重冲击供销商业。食品站“一把刀”宰杀模式逐步退出历史舞台。处于经济体制改革之初，桑梓供销社中的国家流动资金转为供销社集体公积金。干部实行选举制，能上能下，职工实行合同制，能出能进。服务领域扩大，经营范围拓宽，开始推行门市部销售柜组承包方式，在确定每年的上缴利润之后，销售利润超出部分归承包组成员所有。这一举措充分调动广大职工的主观能动性和销售积极性，促使供销商业的销售额逐年增长。随着个体私营宰杀市场日益繁荣，食品站于 1984 年解散，员工也随之自行解散。

1980 年年底，建立棉厂。1982 年，国家供销合作社再次与商业部门合并，国家承认中华全国供销合作总社仍然存在，并发挥一定作用。1983 年，建立高王棉站和门市部。1986 年，成立刘庙门市部。1987 年 4 月，棉厂从供销社分离出去。1987 年 7 月，焦斌供销合作社并入桑梓供销社。1989 年年底，由于区划，把焦斌供销社又分出去，桑梓供销社划归济南市历城区供销合作社管理。

1990 年 12 月，桑梓供销社驻地由桑梓店村老街搬到新街。1993 年，建立加油站。1995 年，再次与商业部门分开，成为一个完整独立的系统。2011 年下半年，桑梓供销社归大桥供销社统一管理。

位于国道 308 线小张村路段的供销社加油站（2016 年摄）

历任领导 1957 年，于延海主任离职，焦兴姚接任主任职务；1959 年，王振庆接任主任职务；1980 年年底，刘宜斌接任主任职务；1983 年年底，赵万禄接任主任职务；1990 年至 1996 年上半年，赵长明任主任职务；1996 年下半年至 1998 年，赵万禄任主任职务；1999 年至 2011 年上半年，王全来任主任职务；2011 年，桑梓供销社由大桥社管理，张建忠任主任职务，王全来任桑梓供销社党支部书记职务。

桑梓供销社党支部书记王全来（2016 年摄）

农业生产资料供应 改革开放前，镇域内生产资料供应无专门或专业的生资企业，均由供销社所属的采购站和各门市部负责经营。之后，桑梓供销社将主要的生产资料，如农药、化肥等交由生产门市部经营销售，沿用计划经济时期的供应模式。

1952 年，开始经营硫胺、骨粉，但镇域内并不多见。1963 年，开始经营尿素、碳酸氨、磷肥、氨水。增加碳酸氢氨、过磷酸钙、重过磷酸钙、钾肥、多元素复合肥等。至 1980 年，农村土地用量不是很大。集体生产队只作为追肥少量使用，并且由上级技术部门监督才使用。1995 年后，国家对生产资料的经营政策进行调整，其经营渠道开始增多。2000 年始，由厂家直销，镇农技站、种子站均参与经营，肥料的种类未变，但名目繁多。供销社系统单独经营的模式消失。随着市场形势的不断多面化，供销社的农资供应基本退出市场。

截至 2016 年，农业生产资料供应渠道主要有三种方式：①农民通过广告、宣传栏等方式得知厂家直销农资产品，自行与厂家联系，联系人可进行批发供应，此类供应方式季节性强，无法形成稳定的供应体系；②个体工商户专营，设立专门经营农资产品的店面，并注意市场调查，了解产品信息，按季节及镇域群众所需进货供应，其最大的优势是根据群众生产需要进行调节；③外地商贩进村销售。

农副产品收购 新中国成立后，农业产业发展迅速，镇域内适宜种植的农作物品类繁多。除生产粮食外，其他种植的经济作物加工而成的农副产品开始步入相对繁荣的时期，归纳起来有油料、麻类、条子类、畜产品与禽蛋类这四大类。油料产品除棉花、大豆实行统购统销外，其余常见的还有花生、芝麻、蓖麻籽等。镇域内常见的麻类主要是红麻，主要用于绳索加工，是农机具中不可或缺的捆绑用具。将盐碱地成长的紫穗槐条子收割、晒干、打捆后编制各种筐或篓，是桑梓店镇域内最主要的条子类农副产品。畜产品的收购指的并非肉蛋，而是皮或毛，禽蛋类泛指鸡蛋。

20 世纪 50—70 年代，供销社实行计划采购，农副产品均由供销社统一收购，群众不得在市场自行销售。当时每逢集日，工商所、派出所等单位都进行严格管制。80年代始，供销社收购的农产品范围扩大至大豆、玉米，其余如上所列皆因价格放开而无法继续收购。2000年后，这种农产品收购体系消失。其间农产品收购市场化机制进一步完善，农产品产量大，市场化运作的优势凸显，境内群众对农副产品收购这一概念逐渐淡化。

百货和日用杂品经营　新中国成立之初，境内多为日用百货、棉布、针织品、副食品、小五金、各类日用杂品及土特产品。1954年，棉布实行凭票供应。1959—1961年，物资供应紧张，生活中的诸多日用品和必需品实行凭票供应。桑梓店镇境内凭票供应的主要有糖、酒、卷烟、煤油等。1969年起，特别是“文化大革命”时期，自行车、手表实行定量凭票供给。肉类自1961年起，间断式凭票供应。1982年后，市场供应有所好转。1983年，除极个别紧缺名牌商品外，其余全部敞开供应。1985年，取消计划商品供应。20世纪80年代后，自行车、电视机、录音机、电冰箱、摩托车成为市场上的畅销商品。2000年后，境内市场更加繁荣起来，名牌产品进入千家万户，电脑普及率逐年攀升。

新中国成立后至1980年，商品供应体制完全是计划经济的经营模式。1982年始，镇内部分村开始出现以经营日用百货为主的个体工商户。多经工商部门登记后，投入并不大，在家庭闲置房屋从事经营。此类经营场地既无门牌也无商品名称，统称代销点、经销处、小卖部等。在价格的竞争上比供销社设在村里的门市部灵活得多。后来这种经销处、小卖部扩大经营，加工销售熟食。农村此类经营处所的出现，冲击着集体所属的供销社及门市部。至1985年前后，供销社门市部的主营项目只有五金土产或农药、化肥、地膜等生产资料。随着市场的不断放开搞活，镇政府驻地附近，成为境内的百货杂品、日用品等商品的经营贸易中心。个体户由日用小百货、烟酒副食品发展到大型五金交化、家电、通讯电脑等。

棉花经营　1954年起，国家对棉花实行统一收购，委托供销社统一经营。集体所种棉花，除按国家规定每人自留0.5～1.0公斤皮棉，其余一律卖给国家。境内的棉花产量很小，与其他非“棉区”一样，国家实行“以棉换粮，以棉顶粮”，国家付给定金或优先小额贷款，提出“以粮为纲、粮棉并举、合理布局、适当集中”的农业种植方针。但棉花无论是种植面积还是产量仍处下降趋势。1976年，种植棉花面积有所增加。1980年，国家调整产业结构，农民种植棉花的积极性提高。供销部门按照国家规定，对棉花收购实行预购政策，严格按照合同组织收购。1983年起，国家对棉布、棉絮敞开供应，拓宽棉花市场，销售量增大。境内的棉花经营逐渐进入市场化。

第二章　商品流通

第一节　采购收购

一、采　购

新中国成立初期，商品采购和批发由国营商业经营。粮食、纱布等重要物资由国家统一调拨，商品基本上按照经济区域流通。有一、二、三级批发机构，多跨省组织货源。

1953年7月，国家对粮食、油脂、棉花、生猪、木材、鲜蛋等实行统购统销和派购。年底，国营商业与供销社经营分工，在农村的一切经营全部划归供销合作社，国营商业负责批发业务。上级供销社给下級社的商品，一般低于当地公司批发价的2%～2.5%，基层供销社自营的小农具等生产资料按照不同品种，以低于市场价格1%～5%供给社员。

1956年，桑梓供销社由济南市批发公司进货。1957年起，由按照行政区域组织商品流通转变为逐级分配下达。1962年，齐河县供销合作社在济南设采购组，生产资料由济南生资站供应。包括桑梓店在内的7个基层供销社的纺织、针线、百货、文具、烟酒糖茶、五金交化类商品由济南进货。

1965年后，上级商业部门调拨和直接采购成为商品调入的两条稳定渠道，计划内的生活资料，一般来自于济南、青岛、德州、烟台、淄博等地，计划外茶、酒等副食品货源，一般来自省内的青岛、泰安、威海以及浙江省的舟山、宁波、金华、建德等地。生产资料主要来自济南生资站及济南、明水等地的化肥厂。

1980年后，进货渠道由公司进货转变为多渠道进货。

二、收　购

（一）预付定金收购　民国初年，农副土杂产品收购物资，以花生居多，其次是瓜籽、黄花菜、豆饼、桃、杏、梨、红枣等。每年在桑梓店火车站设客商货栈，限期交货。商家都会在收货之前发放预付定金。镇域内农副产品市场大多数属于自由交易。新中国成立后，农副土杂产品由供销社及专业公司直接收购。1950年，在桑梓店火车站设果品收购站，是年，收购鲜果百余万公斤。除此之外，先后实行预付定金办法进行收购的还有棉麻、猪羊、禽蛋、皮毛、红乌枣、黑白瓜籽、鲜果等产品。1953年，预付定金收购的主要产品除国家委托的粮食、油料外，还包括棉花、红枣、猪、羊、皮革以及废品、副产品等。

（二）计划收购　1956年，齐河县组建农产品采购局，桑梓店境内设农产品采购站，并设水果站。1957年，对棉麻、生猪、蓖麻等物资开始实行计划收购，采取的办法是将任务下达到农村社队，由供销社食品公司分别按照计划收购。是年，将农副土特产品分为三类，采取不同的收购办法。第一类是粮食、棉花、油料等统购统销物资，只允许国家收购；第二类是生猪、鸡蛋、蚕茧、火硝、羊毛、羊皮、牛皮、废钢、废铁、废锡、废铝、桃仁、杏仁、红枣，后又增加苹果、辣椒、苇席等30多种，属于国家统一收购物资；第三类是开放收购物资。1978年10月，提高棉花、大麻、生猪、鲜蛋、红麻等27种农副产品、土杂产品的收购价格，农村集体和家庭的多种经营生产发展迅速，商品量逐步增加。

（三）换购议购　1961年经济困难时期，物资供应紧张，国家统购以外的农副产品，以换购、议购的方式收购。国家用煤炭、煤油、化肥、粮食、搪瓷盆、暖水瓶、茶叶、食盐、红糖、火柴、卷烟、胶鞋、内胎、水壶、勺子、镜子、口杯、剪刀等30个兑换品种，换回棉花、红枣、果品、鸡蛋、活鸡、家兔、瓜子、杏仁、羊毛、苇子、筐篓、中药材以及废品等。

（四）奖售收购　1955年，对棉花实行奖售收购，每50公斤皮棉付给棉农10市尺布票。是年，对生猪实行奖售收购，每购一头猪奖售豆饼50公斤。1960年，对收购一、二类物资除奖售粮食、化肥及棉布票外，辅以食糖、卷烟、煤油、火柴、茶叶、暖水瓶等紧缺商品。1962年起，不断调整奖售范围与标准。1980年后，除一类物资仍实行统购外，其他实行奖售换购的物资种类逐年减少。1985年，国家对生猪鲜蛋等不再派购，实行价格放开的灵活收购形式。同年，实行奖售收购的农副产品减少为棉花、大麻等19个种类。

第二节 集市贸易

清康熙《齐河县志》记载，清朝时期，镇域内有集市1处，为丘家岸集（今邱岸村），志曰“丘家岸集，县东北十八里”。当时集市“非定期则不集，非集则不得易，且花布鸡豚粮草果蔬之外，无他奇货”。

民国时期，镇域内有集市（时称“集场”）3处，分别为桑梓店集（今桑梓店村）、驿渡岸集（今邱岸村）以及安庄集（今安庄村）。民国《齐河县志》卷之十《市集志》有记载，“集场：驿渡岸，县东北二十里；桑梓店，县东北三十里。添设集场：安庄，县东北四十里。”集市所交易物产与清朝时期几乎无异，均为百姓生产生活日常用品。

1933年前后，集市商品主要为粮食、棉布、杂货、蔬菜、禽蛋、油料、木料、农具、家具、牲畜、小吃等农副土特产品和小工业产品。据1936年粮食市场调查统计，镇域内包括桑梓店、邱家岸在内的4个集市，每逢集期日粮食成交量在5吨以上。1958年“大跃进”时，为适应“大兵团”作战，关闭传统集市，1962年后，集市贸易逐渐恢复。1975—1976年，全公社学习东北地区所谓“赶社会主义大集”的经验，统一“一、六”集日。并设立检查站，限制上市物资，一时“黑市”活跃。1978年7月，恢复传统集日，允许上市的物资种类增多。

截至2016年6月，镇域内存在的集市有2处，分别为桑梓店集和高王集。

邱岸集 集市具体形成时间不详，清朝时期已颇具规模。集期日为农历三、八大集，一、六小集。因邱岸村当地家家户户种果树，形成大片果林可以直接贩卖，外加有黄河渡口，又紧靠官家驿道，交通十分便利，因此成为方圆50里最大的集市，逢集期人多时约有6000人。黄河南岸经常有商人推着手推车过渡口来赶集卖瓦盆，渡口处有包子铺、熟肉铺等。集市上光卖包子、卖馍馍、卖锅饼的棚就有好几个，还有邱岸村本村的好几个饭铺子，生意火爆。集市主要交易粮食、副食、布匹、牲口、水果、蔬菜等。由于市场规模很大，又形成粮食市、牲口市、菜市等。因当时附近村全是桃、杏、山楂等果树，众人挑“八股绳”（即扁担，因前后筐各有四股绳系住而得名）从这里买了水果向济南市区贩卖。西边齐河县的焦斌、西北的安头及徒骇河南岸一带很多人赶着大车来卖西瓜、花生，黄河南边药山安乐镇也有不少人来贩水果、花生。集市上还有杂耍、变戏法（魔术的俗称）、皮影戏、拉洋片等文娱活动。新中国成立后人民安居乐业，邱岸村的集市相当繁华。1960—1962年自然灾害时期，邱岸集逐渐消失。

安庄集 民国时期形成，集期日为农历四、九，在方圆百里名气很大。新中国成立前安庄村地处交通要道，从大黄、宣章到泺口的官道（也称盐道，运盐都经过此路）经过这里，挑八股绳的、推木轮车的、拉货的大马车等络绎不绝。来赶集的百姓东至济阳县，西至禹城县，南至泺口，北至大黄、徒骇河一带。整个村庄的周围都是集，长约2公里。尽管如此，西北方大黄一带赶着大车来卖花生的，也得提前1天来到，否则就会找不到摊位。集市上店铺林立，摊位密集，繁华热闹。有猪市、牛市、布匹市、鞭炮市等，有说书场，有拉洋片的。村里有一座盐屋，是当时的地方当局在镇域内设定的唯一盐点，方圆二三十里地都来此购盐。

桑梓店集 清末形成集市，农历一、六集期。1993年9月9日，济南市历城区工商行政管理局同意桑梓店集市增加三、八集期，继而形成一、六大集，三、八小集的集期。1993年，桑梓店集市被授予“市级文明集市”称号。至1999年，桑梓店集市已形成规模，主体位于桑梓店老街，东西长700米，南北宽550米，上市摊位400个

桑梓店集市一角（2016 年摄）

左右，由蔬菜市、生肉市、百货市、猪市、粮食市 5 部分组成。是年，市场年交易额约 3300 万元。因桑梓店集市位于桑梓店镇政府驻地之全镇政治、经济、文化中心，随着镇域经济的不断发展进步，集市依托桑梓商业大街也随之不断扩大发展，逢大集期间，上市摊位达 500 余个。集市设有蔬菜市、水果市、生熟肉市、禽蛋市、副食调料市、布匹市、服装市、鞋帽市、五金市等，能够满足镇域群众的日常消费需求。每逢过年，自腊月二十六到大年三十天天是集。年集期间，镇域各村群众纷纷来赶集置办年货。

高王集　形成于 20 世纪 80 年代初，农历四、九集期。集市形成之初，主要是高王村群众赶集购买商品。时镇域内有俗语“高王集，高王赶，高王不赶瞪了眼”，可见当时高王集影响范围主要在高王村一带。后慢慢扩展到周边的石门孙、小辛、小吴等村。随着交通建设的不断发展，镇域村村通公路网更加密集，高王集的影响范围也逐步增大，镇域内北王堂、大郑、小郑、三官庙、冯家堂等村乃至齐河县表白寺镇群众都前来赶集。高王村集主要集中于高王村中心南北街，长约 100 米，上市摊位 70 ～ 80 个。集市上蔬菜市、生肉市、百货市、副食市、服装市等一应俱全，能够充分满足赶集群众的购物需要。

高王集市一角（2016 年摄）

第三节　商业网点

一、商业街

（一）桑梓大街

桑梓商业街于 1992 年投资 80 万元始建，规划设计总长 1100 米，路面宽 30 米，其中主路宽 15 米，绿化带两侧是 3 米的辅路和 2 米的人行道，绿化带中设有路灯。全部工程分三期开发，第一期由政府投入 35 万元拓宽，新修桥梁 1 座，涵洞 1 处；第二期采取群众参与方式投资 1000 万元，建设 2 层以上商业楼 60 座，计 36000 平方米；第三期投资 460 万元，硬化、美化商业街路面，装修路灯、绿化带。

1999 年，成立桑梓商业街开发建设领导小组，投资 1300 万元，建成 2 层以上商业楼 104 座，建筑面积 3 万多平方米。2000 年，市政府在桑梓店镇召开“三个一”工程现场会，对桑梓店镇“三个一”工程提前一年达标，给予高度评价。截至 2000 年 8 月，桑梓商业街已基本形成，小城镇建设中市场体系已初具规模。为加强对小城镇配套建设和各要素市场的全面管理，镇党委、政府审时度势，成立桑梓商业街小区管理委员会，主要职责为全面管理小城镇规划区内的所有商业事务，包括各市场的布局，协调业户办理工商、税务等业务手续，维护市场秩序，打击欺行霸市行为，保证公平交易，保持公共卫生环境，安排停车场、看车场、收取各项应缴费用等内容，以使桑梓商业街的各个市场成为管理规范、文明经商的良好场所，并颁布落实《关于桑梓商业小区全面管理的规定》。

进入21世纪，商业街配套建设逐步完善。投资380万元，建成仓上铁路立交桥；投资60万元，修建1600米商业街排水涵洞；投资100万元，硬化商业街路面；安装路灯，铺设高标准人行道花砖，安置2000米隔离墩。小城镇建设的发展，加快了对外开放和招商引资的步伐。1999—2001年，桑梓商业街新增个体工商户130家，成为全镇新的经济增长点。2001年，桑梓商业街被济南市政府正式命名为桑梓大街。

桑梓大街旧景全貌（2007年摄）

桑梓大街商店繁多，多为夫妻店、父子店、母女店等经营形式，或自营，或雇佣3-5名服务员。截至2016年4月，桑梓大街共有商户210家，经营范围包括银行、家电、五金、家具、装饰材料、农机维修、种子、农药化肥、日用百货、服装、土产、饭店、香油坊、馒头坊、副食、生熟肉、粮油、理发、洗浴、手机专卖、农具维修等，

桑梓商业街（2016年摄）

已成为全镇经济中心。尤其在传统桑梓店集市时，更是人头攒动，非常繁华。

（二）小马商业街

借助2008年小马村旧貌换新颜的契机，在镇政府的扶持下，2010年，小马村“两委”按照规划在小马社区中心两侧建成占地1万余平方米的高档商业楼。商业街全部为2层楼房，位于镇政府驻地以西，梓东大道以东，国道308线以南。作为村集体固定资产，每年按门头租赁价向业户收取房租。

截至2016年4月，小马商业街共有商户101家。经营范围为银行、服装、鞋帽、家电、家具、装修材料、五金、土产、饭店、庆典、摄影、理发、厨卫用品、药房、印务、手机专卖、生熟肉店、副食、调料、粮油、糕点、种子、妇婴用品、日用百货、酒水批发等，小马商业街的建设既增加村集体收入，同时也满足小马村村民的日常生活需求，方便本村及邻近村庄村民的生活，弥补村民赶农历集的不便。

小马商业街全貌（2015年摄）

（三）国道308沿线商业网点

20世纪80年代末90年代初，桑梓店镇境内国道308沿线开设商业网点共计72家，涉及餐饮、建材、住宿、超市等。随着交通愈加便利，国道308线车流量逐渐增多，公路沿线商业网点也越来越密集。至2016年，镇域内国道308线老寨村段，主要以汽修服务、润滑油售卖等汽车服务行业为主；国道308线怀庄村段，因靠近桑梓大街，主要以餐饮业为主；国道308线

小张村段，主要以超市、商店为主。截至 2016 年 4 月，桑梓店镇境内国道 308 沿线共有商户 104 家。

国道 308 沿线部分商业网点（2016 年摄）

二、农村个体商店

1966 年，齐河县、桑梓店人民公社组织代购代销点，百户以上村和边远村，基本达到村村有店。代销店主要承载供销社货物销售业务，既为供销社扩大业务，增加销售量，又方便边远村及小村百姓购物。代销员一般由生产队记工分，年底或月底由供销社按营业额多少付给提成作为报酬，物价由供销社确定，个人不得擅自提高。

1980 年后，商业朝着多种形式并存、多渠道流通的方向发展。截至 2016 年 9 月，镇域内农村个体商店约有 240 家。

三、快递服务网点

网购商品是通过快递公司，大型物件是通过物流从商家仓库提货包装后，通过各种运送环节将商品以最快速度送达客户手中。截至 2016 年 9 月，百世汇通、中通、圆通、韵达、天天、顺丰等大型快递公司，均在镇域内设立代办点，代理送货上门及发送快递事宜。京东等网购商城，亦可将快递商品送至镇域群众家中。

第四节　出口贸易

1978 年，镇域内因回族群众聚居，素有养羊习惯，桑梓店人民公社被齐河县确定为养羊基地，多外销。

1994 年，镇政府与美国洛杉矶市宋寿考先生合资创办凯利汽车汽配有限公司，与台湾余双伦先生合资创办大正电泳漆有限公司，两个合资项目吸引外资折合人民币 170 万元。此外，与日本江滕州先生达成协议，利用镇域万亩稻田生产的无公害黄河大米生产米酒，计划投资 90 万～100 万美元，产品 60% 返销日本；与加拿大恒泰实业公司签订皮革加工意向，预计投资 30 万美元；与新加坡天元有限公司签订畜牧业养殖加工生产项目，预计投资 80 万美元。为发展外向型经济在威海市建立公司，设立经济窗口，并与威海市环翠区孙家疃镇建立姊妹镇关系，促进桑梓经济特别是外向型经济发展。镇域内通风配件厂，生产封口散流器等类产品，并增加防水阀、排烟阀、调节阀 3 大类、20 余个品种，在枣庄、青岛等地打开销路，时济南玉泉森信宾馆大酒店就使用该厂产品，被市空调公司定为定点生产单位。

1999 年，引进德雅丽化工有限公司，为科技含量高、投资少、见效快、高利润小型化工项目。总投入 40 余万元，于是年四月份正式投产运营。主要利用欧美、日本等国进口甲苯、醋酸丁酯、三羟甲基丁烷等原料合成一种固化剂，用于中高档家具及房屋装修。该产品当时在世界范围内属新型产品，根据供求合同年生产 300 吨，年产值 1000 万元，利税 200 余万元。

2000 年，与泰福公司签订 133.33 公顷出口创汇蔬菜基地合同，并与恩信公司签订 361 个大棚定单，种植出口以色列蔬菜。

2014 年 7 月，济南皇冠油墨有限公司成立。该公司是韩国东洋油墨有限公司在济南投资的外商独资企业，主要生产中高档胶印油墨、树脂、树脂油及助剂产品。占地4.33公顷，一期工程总投资4700万元，建筑面积10500平方米。2005年，经市发改委批准落户济南化工产业园区。2008年3月，竣工投产，年设计生产能力6000吨胶印油墨，产值1.6亿元。其主要产品有新皇冠（NC）系列、阿罗娜（AN-E、AN-W、AN-G）系列、绿色环保油墨（AN-S）系列、热固轮转油墨（GP、TP）、白金系列油墨（PM）、金属油墨、专色油墨、光油、油墨助剂等。产品技术水平达到国内领先和国际先进水平。在全国建立由50家经销商组成的内销网络，产品出口巴基斯坦、印度、埃及、泰国、马来西亚、土耳其、阿联酋、墨西哥等10余个国家，出口已占销售总量的25%以上。

2011年，济南鑫达泵业有限公司（康辛村）注册成立，先后向印尼、菲律宾、越南、马来西亚、俄罗斯、朝鲜、非洲等国家和地区提供抽沙船、海沙矿开发整体方案，年营业额达700万元。

第三章　服务业

第一节　住宿　餐饮业

新中国成立前夕，镇域内饮食业多属行商经营，坐商较少。桑梓店镇中心地带以及位于交通要道的村庄有少量坐商。行商以赶集串乡为其主要销售方式，一般经营面食，如馍馍、锅饼、火烧、包子、油条等，多系自制自销。行商多以种地为主，每年经营3至5个月不等。住宿业一般存在于官道附近，为来往路人提供住宿服务。

2014年后，随着镇域经济不断进步，小城镇建设不断发展，包括桑梓商业大街、小马商业街以及国道308线沿线的商业体系不断完善，住宿和餐饮业随之发展壮大，农村饭店经营也颇有市场。2014年，全镇住宿和餐饮业增加3户；2015年，全镇住宿和餐饮业增加51户。截至2016年5月，全镇住宿和餐饮业共计76户，农村小吃部约有200余处。

2002—2015年桑梓店镇住宿和餐饮业户数情况表

表9-3-1

年份	住宿和餐饮业户数
2002	2
2003	2
2004	2
2005	4
2006	7
2007	8
2008	1
2009	7
2010	16
2011	14
2012	13
2013	13
2014	16
2015	67

第二节　其他服务业

1971 年，省冶金局地质勘探公司第一钻探队在桑梓店人民公社油坊赵大队（现属德州市齐河县）西探金银矿时，打出深 643.64 米的温泉 1 眼，水温 37 摄氏度，泉水为硫酸钙型水，含放射性元素氡，医治皮肤病效果好。1973 年，油坊赵村利用此泉建 30 平方米浴池 1 个，并建房 4 间，每天客流量 50 人左右，年经营额 4000 元。

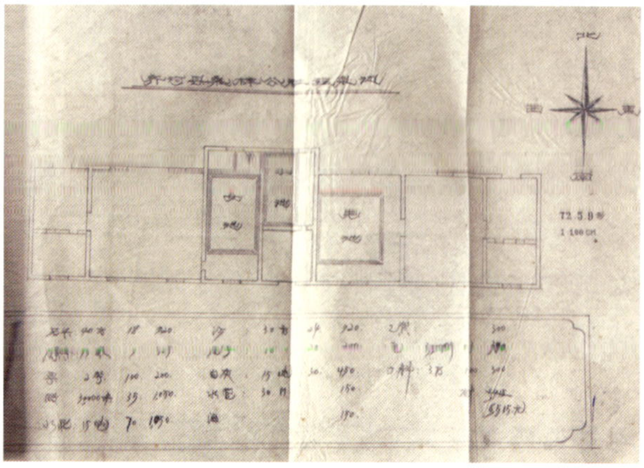

齐河县桑梓公社温泉池规划设计图

为推动全镇服务业加快发展，桑梓店镇多次以集体经济发展服务业。据 1989 年全镇经济调查统计，时桑梓店镇照相馆，属于镇集体经济所有，个人承包，从业人数 1 人，全年总收入 5000 元，全年总费用 3000 元，纯收入 2000 元，上缴税金 300 元。1995 年，据桑梓店镇镇村企业个体私营工业登记调查，时蓝天照相馆，属于镇办三产，固定资产投资归属镇政府，1982 年建立，占地面积 100 平方米，建筑面积 84 平方米，属于租赁用地、租赁房屋，有 2 名职工，主营照相服务。

随着个体私营经济的不断发展，镇域内的服务行业亦不断壮大。截至 2015 年，镇域内包括照相、洗浴、理发、手机修理、装裱、印务等服务业户共有 76 家。

第四章　粮油棉

第一节　机　构

粮所　1950 年，省粮食厅在齐河县设粮食公司办事处、桑梓转运站。1952 年 10 月，开始整社并社，建立桑梓区供销社，并设粮站。1955 年年底，粮站自供销社分离出来，成为一个独立机构，设有站长、出纳、保管、司磅。1961 年，划分包括桑梓店在内的 9 个经济区，各设粮所，负责镇域内的粮食收购、保管、储运及销售。20 世纪 90 年代，粮所设所长 1 人，副所长 1 人，会计 1 人，除此之外还包括仓库保管员数人，普通工作人员数人。2004 年，国务院印发《关于进一步深化粮食流通体制改革的意见》（国发〔2004〕17 号），对原有粮食购销系统进行改革，全面放开粮食购销市场，粮所机构保留，但职能全部撤销，时粮所 17 名职工自行解散。截至 2016 年 5 月，粮所隶属历城区粮食局，仍设置所长 1 人，会计 1 人。

粮所所长先后由李景春、范景和、张乃志、朱云贵、怀宝福、朱金玉等人担任。

棉厂　1980 年，设立齐河县桑梓供销社收购站，为桑梓棉厂前身。1982 年，改称为齐河县桑梓店棉花代加站。1985 年，改称为齐河县桑梓店棉油加工厂。1990 年 1 月，随着桑梓店镇由德州市齐河县区划到济南市历城区，改称为济南市历城区供销社棉油加工厂。时棉油加工厂位于镇政府驻地北偏西，国道 308 线北侧，占地面积 37620 平方米，建筑面积 11220 平方米，有职工 156 人。设有 8 个科室，1 个轧花车间，

1个轧油车间。主要设备有轧花机、打包机、剥绒机、发电机、轧油机各1套，汽车2部，年产值140万元。主要产品有皮棉、卫生油、短绒等，由山东省棉麻公司统一调拨。20世纪90年代末期，棉厂由历城区锦棉公司收购，职工划归锦棉公司管理。

棉厂自建厂后，王洪山、刘仕安曾任负责人。

第二节 粮油棉购销

清末期间，田赋按亩分等定税，折征银两，知县布告开征日期，向农民征收田赋粮，以供皇室军工食用，俗称“皇粮国税”。民国初，承袭清末做法，粮折征现金，农民称“完银子”。清末、民国时期，镇域内粮油交易主要在集市进行，买卖双方面议价格，价格时涨时落。1936年，桑梓店粮食市场交易日期为农历一、六，每交易日粮油平均成交约5200千克；邱家岸粮食市场交易日期为农历三、八，每交易日粮油平均成交5200千克。日军侵占时期，集市均设有日伪据点，强征抢购，粮食市场日渐萧条。

新中国成立后，齐河县政府执行按亩定等征收农业税政策，按土地三等九级确定税额，以粮代税，群众俗称“公粮”。缺粮村户可折交代金，一般在夏秋收获月余征收结束。至1952年，粮食为自由交易，国营的齐河县粮食公司在镇域内由供销社代购代销，私营粮店及个人在集市进行交易。1954年1月始，按照中共中央指示，对粮食实行统购统销，关闭粮食市场，集贸市场不再有粮食经营活动，齐河县派人赴桑梓区，对土地进行测量核实，按标准亩核定产量，经民主评议，自上而下按土地分配征购余粮任务，镇域农民群众按照规定的收购品种和数量将余粮卖给国家。1955年，镇域内推行定产、定购、定销的“三定”政策，对供应对象使用粮票粮证，根据各互助组或户的土质等条件，评定常年单产，并且对扣除种子、口粮（口粮不得少于180千克）、饲料之后的余粮实行统购，按80%或90%定购，正常年景下三年不变，增产不增购。如遇灾年需在丰收村户增购粮食时，增收数不超过农民增收部分的40%。对缺粮户实行定销，数量一年评定一次，按当地粮色，何时缺粮何时供应。1957年，采取“统筹兼顾，全面安排”的方针，在坚持“三定”的基础上，以丰补欠，严格控制粮食销售。1958年，取消“三定”政策，实行大购大销，农村普遍推行公共食堂。机关干部月人均减少口粮供应3千克，油0.05千克，农村人口平均每天0.25千克原粮，年人均不到0.25千克食油。1960—1962年，缺粮严重，粮价猛涨，桑梓店集市大集时粮食上市量仅在250千克左右，粮色多为质次瓜干，齐河县调进瓜干、高粱、玉米、小麦若干，对救灾起重要作用。

1962年后，国家对集市贸易进行调整，完成征购任务的生产队，可以出售余粮，粮食市场开始好转。1962年10月，桑梓店集市试行开放粮食市场，由供销合作社在市场向完成征购任务的生产队议价购粮。1963年10月，粮油议价议销业务由供销合作社移交粮食部门。1965年，根据中共中央、国务院指示，粮食征购实行“一定三年不变”的政策，同时，对超卖余粮的农民奖售一定数量的化肥。1966年，粮油集市关闭，粮所仅在完成征购任务的生产队协商收购。1966—1976年，粮食市场时起时落，成交价格时高时低。1971年，实行“一定五年不变”的政策，在兼顾国家、集体、个人三者利益基础上按正常年景确定包购基数，并在丰收社队采取超产、超购、超奖的办法。1979年，包购基数下调，超购加价由原来的30%上调为50%，粮油集市恢复，议购议销业务迅速扩大。

1980年后，粮食市场常年开放。1982年，齐河县粮食局成立粮油议价公司。桑梓店粮所设议价经营组，经营粮食增加到10余个品种，油脂油料品种亦有所增加。是年，桑梓供销社建立棉花代加站，安装2台90片锯齿轧花机，

1台200型轧油机。

1985年，根据国务院规定，取消粮食统购，改为合同制定购，定购以外的粮食可以自由上市，同时继续实行粮食统销。农村粮食经销的主要对象有灾区缺粮农民、产粮区常年缺粮农民、经济作物集中产区缺粮农民。

1990年，镇域历城区棉油加工厂着重执行价格政策，以保护棉农种棉积极性，做到既不让棉农吃亏，又不让国家利益受损。收购开始就将国家规定的八不准以及棉花的品级、单价、样品摆放在醒目处，便于群众监督。严格验级制度，开仓扦样，户户试轧。对照国家标准定品级，以质论价，对有争议的棉花可反复试轧。坚持"一清五带走"，即卖完棉花后，现金、棉油、棉饼、化肥、柴油随时兑现带走。由于在棉花收购、加工、调运各环节都制定比较合理的承包责任制，各项经济指标都比较均衡的完成或超额完成国家计划。收购棉花涉及桑梓店、大桥、表白寺等镇，排队交售棉花的农民群众队伍长达400余米。是年，共收购籽棉4050吨，折皮棉1498吨；共加工皮棉950吨，棉短绒165吨，卫生油155吨，棉仁饼675吨。销售计划是1300万元，完成1450万元，占计划的111.5%；费用水平是8%，实际为6%，降低2%；资金周转计划是120天，实际完成量是115天；利润计划是21万元，实际完成21.5万元，占计划的102.4%。全年完成总产值850万元。

第三节 粮油棉储运

一、储 存

民国时期，田赋仍按清朝沿袭下来折征银两方法进行，粮食储藏由农户解决。抗日战争期间，筹粮后大都藏于百姓房中或祠堂内。1946年后，粮食保管仍无固定仓库，每年将农民应缴税数额通知到本户，由其妥善保存。一旦需要，临时集中到指定地点，或由本户制成食品供给军政人员。1948年，齐河县粮食局迁至孙耿，设包括桑梓店在内的8个粮库。1949年，省在桑梓店建有粮500万千克的标准仓3座，同时使用民仓和没收的地富房屋以及庙宇、祠堂等藏粮。

民间储存粮油则传统以荆、柳条编囤，囤里面用泥抹平，盛粮后封顶，下部有口，取粮甚便。或用缸、瓮盛放。食油多用瓶、罐存放。

1959年后，以生产队为单位建粮仓，开始出现集体储粮。一般储存种子、饲料粮或少量机动粮。1975—1978年，国家为集体代储粮食。1979年后，实行生产责任制，粮棉连年丰收，民间粮油储存量急剧上升。农民多用水泥缸储粮，食油多为用瓷缸或塑料桶盛放。

20世纪末，镇域群众忙于外出打工，嫌日后晾晒麻烦费时费力，储粮习惯逐渐改变，一般在新粮收割打轧晒干后立即卖给面粉厂或收粮专业户，只留少量粮食自用。

棉花收购后，棉厂建有水泥垛底，将收购的棉花成垛堆放于水泥垛底之上予以短期存放，等待加工。

二、保 管

1953年前，仓库质量差，大都是土坯土墙，底面铺垫苇席，上盖沙土麦秸等。粮食霉变、虫咬、鼠雀危害时有发生。1953年4月，镇域粮油保管实行仓房抹石灰、药剂杀虫等技术。1962年，开展"无虫、无霉、无鼠雀、无事故"的"四无"活动。1963年，对粮仓始抹反手灰，夏热密闭防虫，冬出仓冷冻防虫，再用氯化苦熏蒸，消灭潜伏虫害。1965年后，采取仓内散存、包装垛存的办法，并建立所、库检查制度。1972年，粮仓保管采取低氧保管、低药量熏蒸、低高温密闭，仪表查仓，仪表查温度及水分与虫害的科学保管方法，并建立相应的安全保卫、出入库清查核实等规章制度。

第五章 煤炭 石油 天然气供应

第一节 煤炭供应

据清光绪三十三年版《齐河县乡土志》，清末，煤炭由济南商埠炭行运来。由此而见，清末至民国期间，煤炭购销无统一管理机构，主要靠煤炭商贩运至镇内销售。民国时期山西煤通过铁路运至镇域，兼有少数煤商用马车直接从山西运来。新中国成立后，煤炭资源地渐多。20世纪60年代，以山西阳泉、汾西以及北京京西煤为主。20世纪70年代，增加省内的枣庄、新汶煤及山西荫营、大同煤。20世纪80年代后，煤炭货源形成比较稳定的渠道，烟煤主要来自省内肥城煤矿，部分来自枣庄、新汶煤矿和山西大同、汾西等煤矿；无烟煤主要来自山西阳泉、荫营煤矿，部分来自北京京西煤矿和河北邯郸等煤矿。

1948年，有专业煤商贩分布在镇域火车站附近。1950年，齐河县供销合作社开始经营，但数量极少。1966年9月，煤炭供应纳入国家计划，镇域实行凭地区统一印制的票证供应。1968年，于火车站附近设桑南煤场，负责齐河县东部煤炭供应以及铁路以北济阳、商河、临邑、乐陵4县的储运业务，将生活用煤及少量生产用煤供应给群众使用。

煤炉式样繁多，有的用砖垒制而成，有的用废旧的铁桶制成，居民取暖做饭用煤一般是将无烟的原煤与少量的红土掺匀和成煤坯晒干，而办公环境中则是用配带烟筒的铁质炉具燃烧原煤（亦称烟煤）取暖。桑梓店镇人民政府机关各部门冬季办公取暖一直沿用此法，直到2014年才改为使用空调取暖。

桑梓店镇人民政府机关办公室冬季取暖用炉具（2011年摄）

1970年后，将煤粉制成煤球用以燃烧。改革开放之后，从事燃煤生产的企业数量渐多，群众做饭、取暖的生活用煤大多开始使用机器打制呈圆柱形的蜂窝煤，在煤炉中放置三四个将其火眼对齐，即可生火使用，煤使用量逐年增长。直到进入20世纪90年代，随着煤气使用的普及，群众生活用煤数量逐渐减少，多以取暖为主。

第二节 石油供应

20世纪50年代，镇域石油业务均由齐河县供销合作社经营。一开始仅销售点灯照明所用的煤油。1953年后，开始销售国产煤油。1956年后，开始销售来自玉门油田的柴油。20世纪60年代，所销售柴油货源地主要为济南、北京和辽宁锦州、龙潭山等。20世纪70年代后，主要货源地是省内的东营、辛店、济南市以及北京、天津等地，多为通过铁路运输至境内销售。自1977年起，石油供应实行统一分配、定量供应的办法。1981年，齐河县分配给镇域的柴油、汽油计划均有减少，开始实行“年度定量、分季安排、多用不供、节约归己”的供应办法，以保证重点单位用油。

1985年后，随着电力系统的不断完善，电灯成为群众照明使用的首选，逐步替代煤油灯，煤油使用量急剧减少。实行农村土地承包经营责任制后，生产力快速发展、农民收入逐年提高，

位于国道308线小寨村路段的新星加油站（2016年摄）

位于国道308线老寨村路段的中国化工加油站（2016年摄）

位于国道308线怀庄村路段的中国石化加油站（2016年摄）

大型农具和运输工具越来越多，汽油、柴油需求量迅速增长。

1990年后，在国道308沿线建成几处加油站。1995年，镇域有3处加油站，分别为天衢加油站、天寨加油站及老寨加油站。其中，天衢加油站，1992年建立，属于村办三产，占地面积300平方米，建筑面积100平方米，设备总价值25万元，属于租赁用地、房屋自建，有5名职工，其中2名管理人员；天寨加油站，1992年建立，属于村办三产，占地面积300平方米，建筑面积180平方米，设备总价值25万元，属于租赁用地、房屋自建，有7名职工，其中2名管理人员；老寨加油站，1992年建立，属于村办三产，占地面积2000平方米，建筑面积180平方米，设备35万元，属于租赁用地、房屋自建，有7名职工，其中2名管理人员。

截至2016年5月，镇域国道308沿线共有3处在用加油站，均为来往车辆提供92号、95号汽油以及柴油的零售服务。

第三节　天然气供应

公司机构　2008年10月23日，华润燃气（集团）通过济南市政府招标，中标《济南市黄河以北地区管道燃气特许经营项目》。特许经营区域是依照济南市城市规划确定的大桥镇和桑梓店镇行政区域（济南新材料产业园区、鹊山龙湖片区，规划面积206.6平方公里，规划人口17.3万人），经营期限为30年。依据此协议要求，华润燃气（集团）在济南市成立济南华润燃气有限公司，从事该项目的建设和经营。济南华润燃气有限公司承建的济南市天桥区桑梓店镇及济南化工产业园区次高压燃气管线工程是济南市化工产业园天然气配套工程，也是济南市委、市政府“北跨”发展战略和济南市环境整治改造的重点工程。

济南华润是华润燃气（集团）的全资附属

子公司，于2009年4月23日正式注册成立。公司位于桑梓店镇境内鑫源大道1012号，项目总投资9732万元，注册资本4000万元人民币，主要从事管道天然气经营、汽车加气、燃气具销售安装维修及城市管道燃气设施的建设和维护等服务。公司设计供气能力90万立方米/日，供气规模达3亿立方米/年。

济南华润燃气有限公司全貌（2016年摄）

公司设有24小时维抢修中心1处，主要负责经营区用户安检、维修、抢修工作，维抢中心有工作人员6人，实行24小时值班制度。公司有员工50人，平均年龄28.5岁，75%本科以上学历，公司设有市场开发部、工程部、安全管理部、输配运行部、计划财务部、总经理办公室，营业厅2座，维抢修中心1座，CNG加气站1座。

桑梓店客服大厅位于镇政府西邻，营业厅占地面积270余平方米，设有8人负责日常工作，

济南华润燃气桑梓店客服大厅外貌（2016年摄）

主要负责全镇用户的缴费、安装办理、日常咨询、燃气灶具的销售等工作。

燃气管网 2009年，镇域内两条燃气管道建成使用，一条由镇域内济南新材料产业园区至大桥镇，燃气管线规格为次高压DN300，长度为10千米；另一条位于镇域内济南新材料产业园区内，管线规格为中压DN300，长度为1.6千米。

2010年，济南新材料产业园区至桑梓店镇镇域管线建设完工并投入使用，管线规格为中压DN300，长度为8千米。

2011年，桑梓店镇至大桥镇中压DN200燃气管线铺设完工投入使用，总长度为12千米。

2012年，鼎新嘉梓苑小区至镇政府宿舍管线完工，管线规格为低压DN150，长度为0.8千米。

2013年至2014年，济南新材料产业园区德兴路、安康路、舜兴路至北郊林场管线投入使用，管线规格为中压DN300、DN200，总长3千米。

2015年，济南新材料产业园区梓东大道以北至鑫茂齐鲁科技城燃气管线投入使用，管线规格为中压DN300，长度为0.9千米。是年，梓东大道至鹊山片区燃气管线亦建成投入使用，管线总长为3.3千米。

截至2016年4月，镇域拥有天然气居民用户2740户，小型工商业用户37户，大型工业用户1户。燃气管网总长共计65余公里，引入中石化中济线、中石油冀宁联络线气源，并配有CNG减压撬作为应急气源。日供气量达到8万立方米，实现利润1400万元，纳税总额400余万元，总资产1.2亿元。

加气站 截至2016年4月，镇域共有天然气加气站2座。

济南华润燃气有限公司CNG加气站，于2014年开工建设，位于天桥区308国道以北，鸿兴路以东，占地面积2484平方米。该项目主要设备有4个储气井总容积为18立方米，2台压缩机1200立方米/时、4台加气机、1台计量撬、1台顺序控制盘、1台脱水装置、1个缓冲罐、1

济南华润燃气 CNG 加气站全貌（2016 年摄）

个回收罐、1 个污水罐。加气站设站长 1 人，设备管理员 1 人，加气班组 2 个，每班 2 人，做到 24 小时不间断营业。站长取得安全培训合格证书，设备管理员取得特种设备操作证书（R1，P5），建（构）筑物消防员、加气工取得特种设备操作证书（P5），全员取证率 100%。该加气站于 2016 年 9 月正式运营。

山东利华晟能源有限公司桑梓店镇 CNG 加气站，项目占地 2664 平方米，总投资 700 万元，主要设备包括储气罐 1 组，天然气压缩机 1 套，CNG 槽车 1 辆，CNG 双枪加气机 1 台，320 平方米罩棚 1 座，设计日加气规模为 1.5 万立方米，截至 2016 年 5 月，该加气站处于待运营阶段。

位于国道 308 线的 CNG 加气站（2016 年摄）

第六章　金　融

第一节　概　述

1951 年，中国人民银行齐河县支行在桑梓店区设立营业所。1953 年，在桑梓店区试办信用合作社，以调剂资金，解决群众生活、生产用款。1958 年，中国人民银行齐河县支行将所设各股合并为政治处、业务办公室、营业部，桑梓店人民公社合并原区营业所、信用社，改设金融科。1962 年，恢复原建制。1964 年，中国人民银行齐河县支行分设中国农业银行齐河县支行，营业所相应将农金股分离出来形成人民银行营业所和农业银行营业所两处。1965 年，人行所撤销只保留农行所。1968 年，信用社、农行所、税务所、工商所合并称“财金站”。1975 年，恢复农行营业所。1980 年，农行营业所及信用社划归农行齐河县支行。1994 年 5 月 13 日，农行与信用社分离。2001 年，农行桑梓营业所并入大王营业所，统归中国农业银行济阳支行管辖，桑梓店镇境内农行营业所撤销。

第二节　济南农商银行桑梓店支行

概况　济南农商银行桑梓店支行为济南农商银行二级支行，位于梓东大道与国道 308 线交界处，国道 308 线南侧。占地面积 6200 平方米，室内面积 877 平方米，设有营业大厅、现金区、后台区、信贷办公室、VIP 室、档案室、ATM 自助区、ATM 加钞间、行长办公室、员工休息室、更衣室等区域。配备自动取款机 2 台、自动存取款机 1 台、网银体验机 1 台、存折补登机 1 台。

桑梓店支行新街分理处位于桑梓店村中心商业街，占地面积 211 平方米，室内面积约为 100 平方米，设有营业大厅、现金区、信贷办公室等区域，配备自动取款机1台、网银体验机1台、存折补登机1台。

济南农商银行桑梓店支行全貌（2016年摄）

桑梓店支行与新街分理处共有员工20人，设置行长1人，副行长1人，分理处经理1人，客户经理2人，主管柜员2人，普通柜员12人。其中党员8人。支行行长李圣辉，副行长高立新，分理处经理薄乃军。

机构沿革　1953年，桑梓店镇境内开始建立信用社，信用社由社员入股起步，1元钱一股。农民从信用社贷款购买锄、镰、锨、镢等生产工具。1960—1962年，国家下拨生活贷款和保命贷款，农民从信用社少量贷款以购买粮食充饥。

1980年，信用社与农业银行营业所同时划归中国农业银行齐河支行管理，时称齐河县桑梓店营业所。此时的体制为一套人马两块牌子，各自走账，所有固定资产均属于信用社所有，信用社的业务量大于农行营业所。时信用社只办理存贷款业务。

1987年10月，桑梓店信用社园林储蓄所建成营业。1993年，桑梓店信用社新街储蓄所建成营业。两处储蓄所均有员工3－4人，设置所长、会计、出纳等职务，只办理存、取款业务，纯手工操作。

1994年3月，根据国务院金融改革办的相关文件精神，信用社与农行营业所彻底分家、分门办公，原有隶属关系脱钩。是年，在桑梓店集市贸易中心位置增设新街储蓄网点，并对所属6个储蓄网点和信用代办站进行完善和任务落实。时信用社共有正式干部职工15人，其中中共党员6人，自此桑梓店信用社迈入自主经营、迅速发展的新阶段。

2000年，改称为济南市市区农村信用合作社联合社桑梓店分社。

2001年，桑梓店分社与大桥分社合并统一管理，改称为桑梓店分理处，园林储蓄所、新街储蓄所分别改名为园林分社、新街分社。是年，园林分社迁址到怀庄村，改名为怀庄分社，时任负责人为孙登莲。

2006年，山东济南润丰农村合作银行挂牌成立，桑梓店分理处改称为山东济南润丰农村合作银行桑梓店支行，怀庄分社改称为怀庄分理处，新街分社改称为新街分理处。是年12月，怀庄分理处撤销，全部人员并入济南润丰农村合作银行桑梓店支行管理。

2015年1月28日，济南农村商业银行股份有限公司挂牌成立，济南润丰农村合作银行桑梓店支行正式改名为济南农村商业银行股份有限公司桑梓店支行，同时管辖新街分理处相关事宜。

历任领导　桑梓店支行历任负责人先后为崔光玉、李吉胜、黄广岩、杜克荣、王庆成、刘金财、宋巍、李圣辉等；新街分理处历任负责人先后为董曰英、徐茂金、薄乃军等。

济南农商银行桑梓店支行行长李圣辉（2016年摄）

业务情况 从1953年信用合作社建立以来，桑梓店支行的业务形式和业务种类都发生质的变化。成立之初，业务都是单一的存贷款，而且办理业务的单据都需要人工手工填制。因当时的存款数量很少，这种方式基本能满足人民群众的需求。随着社会经济的发展以及群众理财观念的不断进步，对支行业务办理的要求也越来越高。桑梓店支行始终坚持“四个面向”的市场定位，以“创建一流金融网点”为目标，秉持“稳健经营、稳步发展”的经营理念，立足新起点，适应新常态，着力为客户提供“优质、高效、快捷”的金融服务。

截至2016年9月，济南农商银行桑梓店支行业务涉及存款、取款、贷款、理财等范围，为包括桑梓店镇人民政府、济南市北郊林场等在内的5个企事业单位代发工资，并为48个行政村代发工资、占地补偿款款项以及粮食补贴款项。

济南农商银行桑梓店支行可提供的贷款产品种类繁多，供客户按需选择。具体包括企业流动资金贷款，用于借款企业日常生产经营周转；小微企业信用联盟贷款，商会会员互相担保，同时存入保证金循环授信；银行承兑汇票，信用度高、流动性好；个人生产经营贷款，小微企业主或股东用于企业日常经营周转；个人消费贷款，个人用于购房、购车等一次性消费需要；个体工商户贷款，有个体工商户营业执照的商户用于日常经营周转需要；农户生产经营贷款，经营农林牧副渔等产业的企业主或股东用于企业资金周转；联保体贷款，三人以上有实力的客户组成的相互担保，承担连带责任，解决每个人资金需求的贷款。贷款产品优势明显：一次核定、随用随贷、余额控制、周转使用；方式灵活，保证、抵质押等多种担保方式自由组合；办贷便捷、迅速。贷款人只要贷款用途真实、明确、合法；贷款人有稳定的经济收入，还款意愿强并具备足够的还款能力；能提供支行认可的担保；无重大不良信用记录和不良嗜好即可办理。

荣誉称号 2004—2006年，连续三年被中共天桥区桑梓店镇委员会、天桥区桑梓店镇人民政府授予“税收贡献大户”荣誉称号；2007—2015年，连续数年被中共天桥区桑梓店镇委员会、天桥区桑梓店镇人民政府授予“科学发展先进单位”荣誉称号。

第三节 齐鲁银行济南桑梓店小微支行

2013年年底，齐鲁银行济南新材料产业园支行建成营业。支行位于新材料产业园管委会内，面积约70平方米，包括现金业务区、非现金业务区和营销部，主要服务对象为园区企业、个人。支行行长赵毅。

2014年年底，镇党委、政府将引入金融机构作为服务民生的一项重大举措，与齐鲁银行洽谈相关落地事宜，并协调营业场所位置、提供政策便利，促使银行营业场所筹备工作顺利进行。2015年5月6日，齐鲁银行济南桑梓店小微支行建成营业，面向48个行政村，为3.6万村民提供金融服务。

齐鲁银行济南桑梓店小微支行位于桑梓店镇政府西邻，是黄河北岸第一家开展非现金业务的小微支行，也是齐鲁银行首次在乡镇地区尝试建立分支机构，支行负责人于翔。

齐鲁银行济南桑梓店小微支行负责人于翔（2016年摄）

小微支行占地153平方米，分为非现金业务区、自助银行区、贵宾接待区等，共设有3台自动存取款机，1台查询机，2台网银体验机，设施齐全，业务全面，体现“小面积、重营销、便利性、辐射广”的理念。

齐鲁银行小微支行根据服务对象的特点制定专属金融方案，为村民开立社区卡，执行存款利率一浮到顶等政策，先后承担10余个村的拆迁补偿款发放工作，温馨的服务受到镇域群众的一致好评。2015年年底，齐鲁银行小微支行存款余额达到3.8亿元，贷款余额1.7亿元。同时，举办桑梓店镇“齐鲁银行杯”篮球赛，实现社会效应和经济效应双丰收。

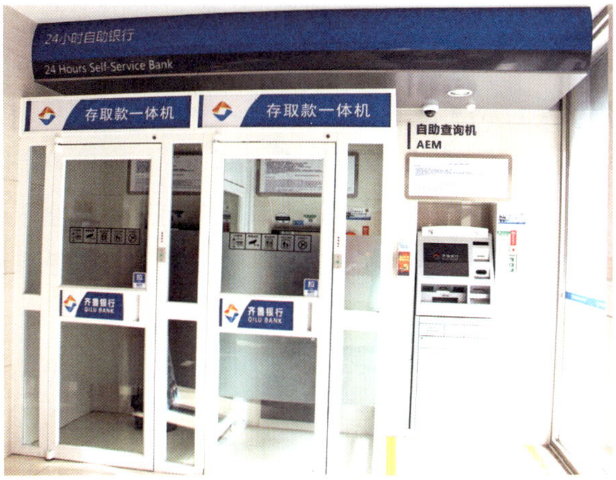

齐鲁银行小微支行自助银行区（2016年摄）

第四节　中国邮政储蓄银行驻镇机构

桑梓店镇邮储银行是经过山东省银监局批准备案，中国邮政储蓄银行在镇域设立的唯一全功能营业网点，共有员工6人，其中设支局长（行长）1人，客户经理1人，综合柜员1人，普通柜员3人，员工工资由省邮政公司统一发放。

早在新中国成立前，桑梓店邮电支局隶属于齐河县邮电局，位于桑梓店村老街，设有支局长1人，营业员2人，负责办理存取款和汇兑业务。后来存取款业务不予办理，只可以办理汇兑业务。直到1986年，恢复办理存取款业务，时称邮政储蓄，其存取款业务是为中国人民银行代办，收取手续费用。

位于桑梓店村老街上的桑梓店邮电支局旧址（2015年摄）

1993年10月，邮电支局迁址到国道308线路南，济南第五十二中学西邻。1997年，挂牌中国邮政储蓄银行，开始正式以银行营业网点形式开办金融业务。

位于国道308线路南的中国邮政储蓄银行全貌（2016年摄）

2001年，开始代办保险业务。当时因没有电脑，投保人填写保单，需由支局送往区局，然后再送交保险公司审核，最后再原路返回到投保人手中，保单即为完成。2006年左右，引入邮保通、银保通平台，实现与保险公司网络对接，保单直接录入保险公司系统，方便快捷。2010年，承担新农合保险业务。2012年后，开办代收车辆违章罚款业务。

桑梓邮储银行金融业务的办理经历人工手写操作到1994年电脑单机不联网操作，再到2002年电脑实现联网操作三个阶段，业务范围不断扩大，工作效率也逐步提升。截至2015年年年底，桑梓邮储银行业务范围包括经营居民定活期储蓄存款、汇兑和人民币理财业务，代理车险、健康险、分红险、万能险等各类保险业务，销售财政部发行的各期国债，办理商易通、pos机具等，为2个单位办理代发工资业务，另外还可以办理代收通讯费、水电费等中间业务等。银行营业区内ATM、CRS、自动清分机等先进设备齐全。陆续增添的先进技术装备，为居民提供全功能、现代化的金融服务。

邮政储蓄银行内景（2015年摄）

荣誉称号 2014年，被济南市邮政局评为“十佳效益支局”；2015年，被山东省邮政公司济南市分公司、中国邮政集团工会济南市委员会评为“2015年一季度金融保险业务发展优秀支局”。

第五节 中国农业银行驻镇机构

桑梓店镇中国农业银行于2014年1月1日正式建成营业，隶属于中国农业银行济阳县支行大王分理处，亦称为中国农业银行桑梓店镇惠农站。有工作人员3人，设置单位负责人1人，大堂副经理2人，负责人杨明波。

桑梓店镇中国农业银行位于桑梓店镇商业街北首，南邻桑梓店镇最繁华的商业街，在国道308线路北。因沿国道308线周边个体工商户较多，交通便利，为附近商户和附近行政村

位于桑梓店镇商业街北首的中国农业银行全貌（2016年摄）

的农民群众提供便捷的服务。该农行营业场所室内面积约130平方米，分为ATM现金自助业务区、非现金业务办理区、贷款和信用卡业务办理发放区、加钞间和负责人办公室等办公区。配备4台ATM自动存取款机、1台自助终端机、1个超级柜台、1台自助发卡机、1台自助补登折机等设备。ATM自动存取款机和自助终端全天24小时开放，为客户提供24小时的存、取款和转账服务，方便快捷，安全高效。

桑梓店镇中国农业银行主营业务为存款、取款、转账、贷款，此外还办理发卡、卡功能签约、挂失、解挂、解锁、卡激活等业务。存款业务主要为定期存款、活期存款、理财购买、基金申购等。转账业务主要为ATM自助转账、终端机转账、超级柜台转账、网银转账等。贷款业务主要为购房按揭贷款、农村生产经营贷

中国农业银行内部ATM现金自助业务区（2016年摄）

款。农村生产经营贷款主要面向种植、养殖大户。

自桑梓店镇中国农业银行建成投入运营以来，业绩不断提升，得到广大人民群众和行领导的好评，先后被上级有关部门评为2014年综合考评先进单位、2014年存款增量第二名、2015年考评先进单位第一名、2015年余额增量第一名、2016年先进单位（集体）等称号。

第六节　基金会

1997年2月20日，济南市历城区人民政府批准桑梓店镇成立农村合作基金会。是年3月，桑梓店镇基金会正式成立，司希亭任基金会主任。

基金会主要以高于银行存款利息吸引群众以存款形式入股，称为“股民”，以此来广纳各方资金，然后再以高于银行贷款利息向村办企业、乡镇企业、个体企业发放贷款。但由于企业管理不善，很多企业倒闭破产，致使贷款本息无力偿还，进而致使股民存款无法取回，基金会的各项存款、贷款业务逐渐无法正常运转。

进入20世纪，基金会停止营业，把主要精力用在资金回笼上，但很多不良贷款已无法追回。

第十编

经济管理

第一章 财 政

第一节 机 构

1984 年前，齐河县桑梓店人民公社设置财政助理，负责农业税、工资工作。

1985 年 9 月，根据中央财政部颁布的《乡镇财政管理试行办法》规定，成立桑梓店镇财政所。

截至 2016 年 9 月，桑梓店镇财政所共有工作人员 5 人，其中设副所长 1 人，主持财政所全面工作。

历任财政所长

尹纯岭　　1985.09—1995.06

司希亭　　1995.06—1997.03

朱永金　　1997.03—1999.03

张开文　　1999.03—2004.03

解承静　　2004.03—2009.05

朱　军　　2009.05—2015.10

寇丽莉（副所长，主持财政所全面工作）2015.10—

桑梓店镇财政所副所长寇丽莉（2016 年摄）

第二节 财政体制

清末，田赋、盐税等收入不归地方支配，盐税属山东省盐运署，田赋除县署存留官俸役食及公费外全部上交省藩司，地方公益事业收费常临时自筹解决。桑梓店镇域无专门财政机构，由齐河县丞辅佐知县管理财政。

民国初期，沿袭清制。1919 年，国民齐河县政府始设地方财政管理处。1929 年，改为财政委员会。1930 年，改称县财政局。第六区（桑梓店）没有财政机构，财政收支全由齐河县财政局统管。1931 年，始建年度收支预算，包括田赋附捐、杂税等地方收入和县级经费支出。田赋、货物税、营业税属中央、省级收入项目，尽收尽解。地方杂捐多为民团、保安队、联庄会等薪饷所用。

新中国成立初期，地方预算收入统一上交中央。预算支出由中央核定，省按月拨发，县为报销单位。

1958 年，试行“财权下放企业，公社以收定支，自求平衡”的体制，次年即收回财权，实行“收支下放，计划包干，地区调剂，总额分成，一年一变”的体制。1964 年，改为“收支挂钩，总额分成，三年不变”的体制。

1967—1969 年，受“文化大革命”影响，财政性收支包干预算无法实施，复行新中国成立初期“收支两条线”制，收入支出分别算账，年终结余留地方。

1971 年，实行“定收定支，收支包干，保证上交，结余留用，一年一定”的体制。1974—1975 年，在原体制的基础上，实行“固定比例留成，超收另定分成比例，支出按指标包干”

的办法。

1978年，实行“定收定支，收支挂钩”的体制，按照核定支出总额占收入总额的百分比，作为总额分成（或留解）比例，超收按比例留成，短收按此比例紧缩支出。

1980年，改为“划分收支，分级包干”，按照企事业的隶属关系，划分中央和地方的收支范围，逐级进行包干。1982年，在此前基础上，实行“总额分成，分级包干，分灶吃饭，自求平衡”的财政体制，至此结束长期以来“吃大锅饭”的财政体制。

1986年，实行“定收定支，收支包干，定收不足定支部分实行定额补助，超额完成收入部分50%留乡财政”。

1990年7月，历城区财政局对桑梓店镇财政体制规定为实行“收入全留，定额补助（或上交），超支不补，一年一定”的办法。收支基数、定额补助分别是64万元、61.4万元。农业特产税实行“区三镇七”分成，耕地占用税地方留成部分“区镇五五”分成。

1996年，实行“收入全留，定额补助，超支不补，一年一定”财政体制。2000年，实行“收入全留，上级定补的财政体制”。2005年，取消农业税后又增加上级转移支付补助财政体制，一直延续实行。

第三节 财政收支

一、财政收入

1984年前，齐河县桑梓店人民公社财政助理负责农业税、工资；主要收入来源于县财政拨款，预算外收入依靠乡镇企业利润留成，主要支出是工资和办公经费。

1985年，建立财政所，主要收入来源于县财政拨款，主要支出是工资和办公经费、教育支出和卫生院支出、离退休人员工资，向镇人民代表大会报告预算执行情况。从农业税、工商税种按比例提留，属于预算内收入。

2002年6月，实行农村税费改革，取消乡镇统筹、农村教育附加，取消屠宰税和劳动积工、义务工。2004年，调整农业税收政策，税率减半。2005年，农业税全面取消。

二、财政支出

清代，财政支出主要用于官俸役食、监狱、儒学、河道、驿站、庙祭、孤贫、杂支等，款项在地丁存留中支付，银额不等，悬殊极大。民国时期，财政支出大体可分为：行政费、公安费和交通、文教、城建等公益事业费三大类。抗日战争和解放战争期间，财政收入低微，支出只能放在支援战争上，军政工作人员实行供给制，标准较低。新中国成立后，财政支出贯彻“量入为出”和“发展生产”的原则，努力实现收支平衡，统筹兼顾，除正常的行政管理经费和工资支出外，适当集中财力进行工商企业、农林水利和文教卫生等建设。

1984年前，财政拨款支出是按照国家财政开支规定列支，专款专用，年终分项上报，县财政局负责审查监督。2002年7月，文教人员工资上划。2007年，土管所、广播站实现垂直管理，工资均由区财政局工资发放中心发放。同年，卫生院职工工资由区财政局直接发放。

第四节 惠民政策

2004年起，对种粮农民实行小麦补贴。2005年，全镇小麦直补按照实际种植小麦面积补贴14.2元/亩，全镇小麦种植面积4.4万亩，补贴资金62.48万元。是年6月，取消农业税。

2006年，按照实际种植小麦面积补贴14.2元/亩，全镇小麦种植面积4.4万亩，补贴资金62.48万元。

2007年，继续实行粮食直补政策，并加大对种粮农民的农资综合直补力度，在去年每亩补贴14.2元的基础上每亩上调16.3元，达到每亩补贴30.5元，全镇小麦种植面积4.5万亩，补贴资金137.25万元。

2009年，继续实行粮食直补政策，并将补贴粮食作物品种范围扩大到玉米、水稻以及棉花。按照实际种植玉米面积补贴10元／亩，全镇玉米种植面积4.6万亩，补贴资金46万元；按照实际种植水稻面积补贴15元／亩，全镇水稻种植面积0.59万亩，补贴资金8.81万元；按照实际种植棉花面积补贴15元／亩，全镇棉花种植面积0.19万亩，补贴资金2.86万元。同年，实施家电下乡财政补贴新型惠农政策，全镇对1633户农民进行补贴，补贴金额达到49万余元。同时开始实施汽车、摩托车下乡补贴惠农政策，补贴资金共计164万元。

2010年，小麦直补补贴标准大幅度提升，玉米、水稻、棉花补贴标准未变。按照实际种植小麦面积补贴98.45元／亩，全镇小麦种植面积4.83万亩，补贴资金475.72万元；按照实际种植玉米面积补贴10元／亩，全镇玉米种植面积4.28万亩，补贴资金42.8万元；按照实际种植水稻面积补贴15元／亩，全镇水稻种植面积0.52万亩，补贴资金7.74万元；按照实际种植棉花面积补贴15元／亩，全镇棉花种植面积0.18万亩，补贴资金2.65万元。家电下乡财政补贴惠农政策共补贴资金220万元，汽车、摩托车下乡补贴资金达到163万元。

2011年，小麦直补补贴标准在去年每亩补贴98.45元的基础上每亩上调1.55元，达到每亩补贴100元，全镇小麦种植面积5.05万亩，补贴资金505万元；按照实际种植玉米面积补贴10元／亩，全镇玉米种植面积4.5万亩，补贴资金45万元；按照实际种植水稻面积补贴15元／亩，全镇水稻种植面积4.47万亩，补贴资金67.05万元；按照实际种植棉花面积补贴15元／亩，全镇棉花种植面积0.16万亩，补贴资金2.42万元。家电下乡财政补贴惠农政策共补贴资金577万元，汽车、摩托车下乡补贴惠农政策共补贴资金57万元。是年4月，汽车下乡补贴惠民政策停止实施。

2012年，小麦直补补贴标准继续上调，由去年每亩补贴100元提高到每亩补贴125元，全镇小麦种植面积5.13万亩，补贴资金641万元；按照实际种植玉米面积补贴10元／亩，全镇玉米种植面积4.87万亩，补贴资金48.7万元；按照实际种植水稻面积补贴15元／亩，全镇水稻种植面积0.12万亩，补贴资金1.8万元；按照实际种植棉花面积补贴15元／亩，全镇棉花种植面积268.08亩，补贴资金4021.2元。家电下乡财政补贴惠农政策共补贴资金90万元，摩托车下乡补贴惠农政策共补贴资金8万元。是年12月，家电下乡财政补贴惠农政策停止实施。

2013年，按照实际种植小麦面积补贴125元／亩，全镇小麦种植面积5.1万亩，补贴资金634.65万元；按照实际种植玉米面积补贴10元／亩，全镇玉米种植面积4.92万亩，补贴资金49.22万元；按照实际种植水稻面积补贴15元／亩，全镇水稻种植面积0.11万亩，补贴资金1.63万元；按照实际种植棉花面积补贴15元／亩，全镇棉花种植面积371.02亩，补贴资金5565.3元。摩托车下乡补贴惠农政策共补贴资金0.8万元，该惠农政策于是年4月份停止实施。

2014年，按照实际种植小麦面积补贴125元／亩，全镇小麦种植面积5.25万亩，补贴资金656.28万元；按照实际种植玉米面积补贴10元／亩，全镇玉米种植面积5.21万亩，补贴资金52.14万元，按照实际种植水稻面积补贴15元／亩，全镇水稻种植面积313.41亩，补贴资金4701.15元；按照实际种植棉花面积补贴15元／亩，全镇棉花种植面积56.02亩，补贴资金840.3元。

2015年起，取消对玉米、水稻、棉花的粮食直补政策，仅按照每亩125元对小麦进行直补。2015年，全镇小麦种植面积5.19万亩，补贴资金648.06万元；2016年，全镇小麦种植面积4.63万亩，补贴资金578.56万元。

第二章　税　务

第一节　机　构

1937年，抗日战争爆发后，征税工作由齐河县抗日政府财政科管理。1941年，增设粮食科征收农业税。1945年8月，齐禹县民主政府于工商科内设税征股，至1949年2月，设税务局。1950年5月，齐禹、齐河两县合并后设齐河县税务局，在桑梓店区设税务所。1994年8月，历城区分设国家税务局和地方税务局，国税分局在大桥镇设置国税所，地税分局分别在桑梓店、大桥、靳家设置地税所对三个乡镇的地方税务进行管辖征收。

2002年5月，桑梓店、大桥、靳家三处地税所合并成立大桥中心税务所，负责管辖三个乡镇的地方税务征收工作，时税务所驻地在桑梓店镇中心小学对过。

位于桑梓店镇中心小学对面的税务所原办公地址（2016年摄）

2007年3月，大桥中心税务所迁址到桑梓店镇桑梓店村村南，隶属于济南市地方税务局天桥分局，负责济南市天桥区桑梓店镇、大桥镇地方税（费）征收管理工作。

位于桑梓店村村南的大桥中心税务所全貌（2016年摄）

荣誉称号　2009年，被济南市地方税务局评为2008年“质效年”活动先进单位；2010年，被济南市地方税务局天桥分局评为2009年度先进集体；2013年，被中共济南市地方税务局天桥分局党组评为先进基层党组织；2013—2014年，连续两年被济南市地方税务局天桥分局评为目标管理考核优秀单位；2009—2016年，连续8年被中共天桥区桑梓店镇委员会、天桥区桑梓店镇人民政府评为“科学发展先进单位”。

历任税务所长

楚光波	1994.10—2002.05
朱洪华	2002.05—2008.07
李正泉	2008.07—2013.04
徐　崙	2013.04—2016.01
潘　瑞	2016.01—

大桥中心税务所所长潘瑞（2016 年摄）

第二节　税　制

清代及民国时期，齐河县无专门税务机构，征税事宜由县丞辅佐知县办理，民国时期由财政部门统管。

清初，有丁税、田赋两种。按照规定，人到 16 岁即为丁，成丁要服役（徭役折为银两），到 60 岁免除。田赋有的征银，有的银米兼征。至 1726 年，丁银摊入地亩，合为一致。后称“地丁正银”。清末，银一两兑京钱两千数百文，征收一律用京钱，正银一两定京钱四千八百文，田赋实际增长一倍多。

民国时期田赋附加税目渐多，此外还有盐税、烟酒税、印花税、邮电税、丁漕税、契税、课税、屠宰税、营业税及各项附捐。例如朱河圈、邱家岸、丁家口三处渡口，1930 年分包收洋壹佰陆拾元，1931 年分包收洋壹佰陆拾元，1932 年分包收洋伍佰贰拾元，所收之款全部交到齐河县政府分配。

中华人民共和国成立后，废除苛捐杂税，统一税种，主要有农业税、契税、工商税。

1949—951 年，人均耕地 0.8 中亩（注：中亩亦称中中亩。1949 年前，解放区征收土地税时的土地面积单位。1 中亩等于一级地 1 亩 2 分；二级地 1 亩 4 分；三级地 1 亩 6 分；四级地 1 亩 8 分；五级地 2 亩。中亩与亩的比率各地不同，无统一规定。）以上者，按累进税率计征公粮。累进率分 18 级，人均 0.8 亩至 1 亩者为第一级，亩征 5 斤；第十八级为人均 12.1 亩以上者，亩征 70 斤，同时兼征公费。

1958 年后，实行全国统一的比例税制，取消人口免征额，按照核定的常年产量以率计征，依法减免（社会减免、灾情减免、超征点减免）。每年 1 月 1 日至 8 月 31 日为夏征期，9 月 1 日至 12 月 21 日为秋征期。届时以粮交纳，以货币结算，由政府财税单位计征。

2007—2011 年，镇域税收结构主要包括增值税、营业税、企业所得税、个人所得税、房产税、印花税、城镇土地使用税、城市维护建设税等。

2007—2011 年镇域税收税种及金额情况表

表 10-2-1　　　　单位：万元

税种及金额	时间				
	2007 年	2008 年	2009 年	2010 年	2011 年
增值税（国税）	61	121	146	191	244
营业税	308	483	1307	886	385
企业所得税	2	1	3	98	138
个人所得税	13	19	7	44	21

续表 10-2-1

税种及金额	时间				
	2007 年	2008 年	2009 年	2010 年	2011 年
城市维护建设税	36	54	120	86	50
房产税	8	134	14	58	154
印花税	7	39	14	18	12
城镇土地使用税	35	12	13	414	337
教育费附加	11	24	51	13	21
其他	50	3		37	486
合计	531	890	1675	1845	1848

第三节　农业税收

清代田赋课税主要有三种：一是丁税，1726 年，始“摊丁入亩”，即丁银派入地税内合征，此后成为通例；二是地赋，民田分金、铜、铁地三等，岁额逐年不同，初征地赋为实物、称之本色，清末改征银元或京钱，谓之折色；三是租课，属于官田纳税形式，包括学田、卫田、屯田等，田地分上、中、下三等，课税额一般低于民田。

1914 年后，改银为元，地丁和租课每两折大洋 2.2 元，漕米每石折征大洋 6 元，并且田赋附加税目逐渐增多。田赋正额附加征收费 10%，濮工附捐 10%，此外还有地亩捐、民团捐、教育捐、银行捐、建设特捐、赈灾捐等共十几种。

抗日战争爆发后，应抗战急需，按区分摊派抗日爱国公粮和向地主借粮款。1939 年，齐河县抗日政府开始在镇域抗日根据地内征收田赋，在游击区、敌占区采用摊派和募捐的办法征收粮款。1942 年前后，抗日政府实行“合理负担”政策，公粮征收额平均占农民收入的 8%～12%，解放战争时期，在 20% 以下。

新中国成立后，农业税征收，以计税土地为基础、常年产量为计算依据，实行“以率计征，合理负担，依法减免”的政策。税征主要以粮为主，其次是棉花、花生或麻类。新中国成立初直接征收实物。1953 年，实行粮油统购统销后，税征委托粮食部门与统购一起入库，先征后购，分别结算。税征实物以质论价，统按标准粮价格折算抵交。

农林特产税征收于 1987 年 1 月 1 日，征收范围：园艺收入（包括水果、人工培植药材花卉、苗木等产品），林木收入（包括木材、腊条、柳条、荆条紫穗槐等产品）和水产收入（包括蒲草、芦苇、藕等水生植物及淡水养殖等）。计税基础：按 1983 年至 1985 年 3 月的平均产量为基础评定常年产量，以当地中等质量收购价格计算收入，扣除自食自用部分 10% 和各项减免因素 20% 后，求出计税收入。法定税率：园艺收入 6%，林木收入 5%，水产收入 5%。地方附加按照当地现行农业税附加比例 15% 征收。

1989 年，执行新规定：扩大征税范围，把果用瓜（主要是西瓜）纳入征收农业特产税的范围；改进计税办法，农林特产要按照产品实际收入计征农业税；提高部分税率，从 1989 年起水果、果用瓜、原木三类大宗产品收入实行全国统一税率。即水果收入为 10%，其中苹果为 15%；果用瓜（西瓜）10%；原木收入为 8%。其余农林特产收入仍执行山东省原定税率。地方附加由原来的15%改为10%；重新确定减税和免税范围，新垦植新垦复的农林特产，从有收入的年份起免费3年。对贫困户和因遭受自然灾害欠收纳税确有困难的纳税人，参照农业税社会减免和灾欠减免办法给予适当减免照顾。

1991年，国务院颁布《农民承担费用和劳务管理条例》（92号）令，对“三提五统”进行解释，明确“三提”是指村级提留，包括“公积金、公益金、管理费”；“五统”指乡统筹，包括教育附加费、计划生育费、民兵训练费、民政优抚费、民办交通费。

2001年，桑梓店镇应征收农特税436698元，三提五统2607960元，计3044658元，人均109.64元。税费改革后，全镇实际征收农业税1647493元，农业税附加658998元，公益事业金115352元，计2421842元，人均87.21元。到2002年，按照“三个确保”的原则，实现由原来按照人头征收“三提五统”到按地亩征收农业税的平稳过渡，保证农民负担的减轻。

2004年，因镇域普降暴雨，根据受灾情况，天桥区委、区政府下发《关于对黄河北两镇农业税减征给予财政转移支付补助的意见》文件，确定镇域农业税按减征后税率3%的60%征收。

2005年起，取消农业税及其附加，因农业税及其附加减征后造成的镇、村两级减收全部由区财政转移支付的办法予以解决，所需资金从区年初预算安排中调剂解决，2002—2005年，镇域范围内实际减轻农民负担405万元。

第四节　工商税收

明清时期，桑梓店镇境内工商税收主要包括盐税、烟酒税等。1911年后，工商税种渐多。1929年，除沿用清代课税外，各项附加税也日益增多。1937年，日军侵占后，工商税收受日伪县政府控制，抗日政权征收甚少。1942年，齐河县政府成立集市交易所，对镇域内桑梓店集市、邱家岸集市等商人开始征收交易税、烟酒税、坐商税。1945年8月，按照解放区税收政策开始征收货物税、营业税、屠宰税、牲畜交易税、粮食交易税等。

1950年，根据国家新税制，开始征收工商税，主要税种包括营业税、所得税、摊贩业税、临时商业税。营业税采取比例税率，视营业额大小，会计制度是否健全，依率计征或定期定额交纳。利率最低1%，大都不超过3%。工商所得税，就利润所得按21级全额累进税率征收，最低5%，最高30%。摊贩税，以商品流转税为征收依据，经民主评议，按工商税率计征营业税、所得税。临时商业税，按营业收入额依率计征。

1958年，工商税制改革。主要内容是把商品流通税、货物税、营业税、印花税合并为工商统一税，并简化纳税环节，对工农业产品实行两次征税制。工业产品在工厂销售和商业零售两个环节各征一道税，农产品在收购环节、零售环节各征一道税。批发环节一律不征。减少对中间产品的征税。另将工商业税中所得税改为独立税种，称工商所得税。

1973年，再次改革税制，把工商统一税及附加车船使用牌照税屠宰税等并入工商税。工商税目由108个减为44个，税率由141种减为82种；降低农机、农药、化肥、水泥的税率；提高印染、缝纫机的税率；并把部分管理权限下放。

1984年，全国税制改革，取消工商税。开征增值税和产品税、建筑税。1986年7月，开征教育费附加。1986年10月，开征车船使用税和房产税。1988年11月1日起，开征城镇土地使用税。1994年1月，开征消费税、个人所得税、土地增值税和营业所得税。1997年开征文化事业建设费。2005年1月，开征地方教育附加费，纳税人为缴纳增值税、消费税、营业税的单位和个人。

2016年5月1日，营业税改征增值税（简称营改增），以前缴纳营业税的应税项目改成缴纳增值税，增值税只对产品或者服务的增值部分纳税，减少重复纳税的环节。

截至 2016 年 6 月，大桥中心税务所主要负责企业所得税、个人所得税、城市维护建设税、房产税、印花税、城镇土地使用税、土地增值税、车船税、耕地占用税、契税以及政府委托代征的政府性基金和专项收入等税费的征收管理。

第三章　农村经济管理

第一节　机　构

民国时期，历届政府只管田赋纳税，出差劳役，没有领导管理农业生产的专职机构和人员。

新中国成立初期，区设生产助理员。1958 年公社化后，设生产干事，后改称会计辅导员。

20 世纪 80 年代初，桑梓店人民公社成立经营管理站，设立站长 1 人，加强镇域范围内的经营管理工作，促使公社和各生产大队的计划管理、生产管理、财务管理、劳动管理等方面逐步走上正轨。

1984 年，撤社建镇后，桑梓店镇经管站全面负责村集体账目管理工作，使经济管理工作逐步规范化。经管站设置站长 1 人，各行政村按照区域划分为片，分片设置会计网长，由各会计网长负责统计本片区内各村的经济账目并报送给经管站统一管理。

1991 年，镇经管站对全镇 48 个行政村的账目进行整理，会计账簿全部改为借贷记账法，共设包括总账、现金账、银行账以及两本明细账在内的五本账目，涵盖 17 个会计科目。

1999 年 11 月 6 日，镇政府制定并下发《关于村账镇管实施意见》红头文件，规定镇经管站具体负责各村财务和资产的管理工作。要求各村设立总账、明细账、现金账，并将各村所有收入、支出分账列户实行统一管理。

2005 年 4 月，桑梓店镇经管站正式更名为桑梓店镇农村财务集中记账服务中心。记账中心设置主任 1 人，工作人员 3～4 人。

截至 2016 年 5 月，桑梓店镇记账中心主要负责本记账中心会计人员、各村报账员的管理、业务考核和培训，办理各村集体资金的收支业务，办理和保管辖村所有会计账簿、会计凭证、会计报表及其他会计资料，监督实施各村的账目公开，配合有关部门处理涉及村财务方面的来信、来访案件等。

历任经管站站长

聂司福	—1986.04
张传路	1986.04—1991.03
陈天峰	1991.03—1993.03
房庆龄	1993.03—1999.03
朱德新	1999.03—2000.04
朱永金	2000.04—2005.04

历任记账中心主任

朱永金	2005.04—2008.03
张传路	2008.03—2010.05
张玉芝	2010.05—2014.04
付　倩	2014.04—2015.10
朱　军	2015.10—

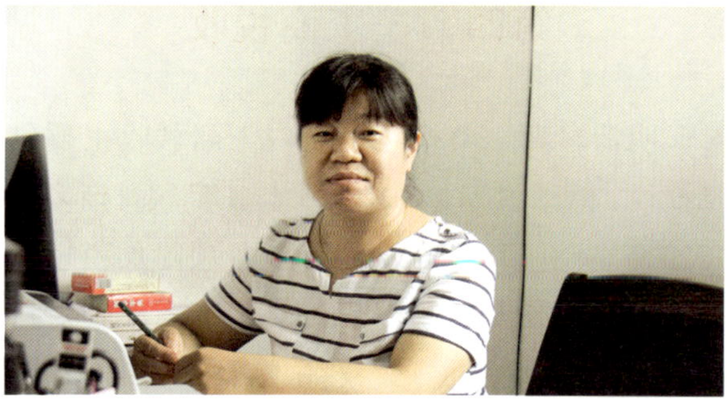

桑梓店镇记账中心主任朱军（2016 年摄）

第二节　农村财务管理

管理制度　新中国成立后，随着农村经济体制的变更，经营管理制度多次演变。1950—1956年，镇域群众以土地、生产工具和劳动力及人口为依据进行粮食及物质分配。1956—1958年，以社为核算单位，生产队为生产单位，统一核算，按劳分配。1958年秋，成立桑梓店人民公社，以公社为核算单位，生产队为作业组，评工记分，按劳分配。1961—1978年，人民公社实行三级所有（公社大队、生产队），队为基础，以生产队为核算单位，按劳分配，多劳多得。一个自然村或几个小自然村为一个生产大队，生产大队再根据居住情况和人口的多少划分为几个生产小队。每个生产队成员都在各自的生产队参加生产劳动，每个生产队就是一个小型经济体。生产队设置队长、会计、现金保管和粮食保管及记工员，一般男劳力每干一天活计10分、女劳力计8分，技术含量或体力较重较脏的活，每天计12分。生产队的经济管理实行“四账一簿”制度，包括总账、现金账、粮食账、往来账和固定资产登记簿。设1名现金保管及两名粮食保管，在每年秋后的农历十月初一进行决算，参加分配的人口数按十月初一这一天实有情况为准，因此农历十月初一当时被称为生产财政年。

1979年，实行联产计酬。1980年，开始实行小段包工、定额管理、联产到组、联产到户的多种责任制经营管理方式。

1980—1982年，镇域各村先后实行土地承包责任制，联产计酬发展成为家庭联产生产责任制。1984年，撤社建镇后，取消生产大队称谓恢复自然村名称，生产小队改称生产小组。实行土地承包责任制后，原生产队的财产，包括仓库、生产工具、牲畜、拖拉机等都作价给本生产小组农民。生产队的副业或解散或作价给生产小组农民经营。至此生产小组不再是一级核算单位，生产队解体。同时，农民群众开始缴纳农业税和“三提五统”。各种税费总计在每年150元左右，对个别困难户实行减免。但对个别抗缴户、拖欠户采取以物抵押或限期缴纳。

1992年，桑梓店镇人民政府制定并印发《关于建立村级经济合作社的决定》红头文件，紧紧围绕发展壮大村级集体经济，提高农村生产力整体水平，完善农村合作经济制度双层经营体制的主体目标，全镇统一时间、统一步骤建立村级经济合作社，并按照相关规定选举出各村合作社管委会社长、副社长、监督小组成员。其目的在于加强村级组织建设，强化服务功能，完善双层经营体制，稳定家庭联产承包责任制，发展壮大集体经济，实现共同富裕的宏伟目标。

1995年，桑梓店镇根据上级指示精神，为进一步强化镇域村级财务管理，完善和规范村级财务管理体系，在全镇范围内实施“村账镇管”管理方式。“村账镇管”管理方式正式实施后，镇经管站统一使用收款收据，对已提取的“三提五统”和两工使用情况进行专项审计。对各村财务账目统一管理，统一账簿表册，逐步实现“账”和“财”双代管。组织农村集体资产管理领导小组对农村集体资产进行清理登记，全部纳入账内管理，使集体资产减少流失，增值增效。

2000年，桑梓店镇人民政府制定并印发《村级财务五项管理制度》，要求各村收支事项、账簿、单据，由镇经管站统一管理，村级各项收支项目每两个月一次凭原始凭证到镇经管站统一审报账目。是年5月，通过召开各村党支部书记、村委会主任、文书、出纳员会议，邀请区政法委相关部门领导上法制课，各村对照管理制度自查自纠并到镇经管站报账等方式，打防并举、标本兼治，整顿村级财务，解决制度不完善、管理不严、报账不及时、账目不公开等问题。

2005年4月，成立农村财务集中记账服务中心，全镇实现村级账目和资金“双代管”，村级财务管理完成从单纯的“村账镇管”到“村财镇管”的转变。

2014年，桑梓店镇人民政府制定并印发《济南市天桥区桑梓店镇村级集体经济组织财务管理规章制度》，要求全镇实行村级财务集中记账管理体制，各行政村村集体财务均委托桑梓店镇记账中心集中核算、管理。并对包括货币资金管理、集体资产管理、基建投资管理、财务公开、经济承包合同管理、会计档案管理、村财务审计等各项制度做出明确规定。

第三节　村账镇管

组织变迁　1995年，桑梓店镇根据上级指示精神，为进一步强化村级财务管理，完善和规范村级财务管理体系，制定并印发《关于强化村级财务管理，实施“村账镇管”的意见》红头文件。9月起，在全镇实施“村账镇管”的管理方式。村账镇管实行之初，村级会计委托代理工作由镇经管站组织实施，实行村级报账制度，镇经管站的工作人员只是代为记账，资金由村级管理。

为解决各行政村在实行分散的财务管理、体制和监督制约机制不健全情况下出现的收支过程脱离监督的现象，切实从源头上预防和治理腐败，2005年4月28日，成立桑梓店镇农村财务集中记账服务中心，村级设报账员1名。为加强对村级资金的管理，记账中心为各行政村分别设立村级基本账户，所有收支统一在基本账户中核算，不允许开设其他银行账户，并取消一切形式的存折户。自此全镇开始实现村级账目和资金“双代管”，村级财务管理完成从单纯的“村账镇管”到“村财镇管”的转变。

建章立制　村账镇管初始，建立健全代理中心会计人员职责、农村报账员职责、群众代表查询等制度。1995年，桑梓店镇人民政府制定并印发《关于强化村级财务管理，实施“村账镇管”的意见》红头文件，要求各村将1995年所有账簿和记账凭证交镇政府农村财务管理档案室保存管理，待年度结束新账建立后，将账簿凭证退回原单位存档。规定每月25日至30日各村由村“两委”会和民主理财小组将当月发生的各项收支事项逐账审核，分管领导签字后交村文书，次月2日至9日各村文书持村审理后的全部单据到镇农村财务办公室报账，先由镇联审组逐账审计盖章后，编制记账凭证，总账科目汇总表、登记总分类账和明细分类账进行月结，填写当月财务收支公开榜，经镇联审组审核盖章后待张榜公布，将账簿存入镇农村财务档案室。各村当月发生的经济事项（包括招待费）必须在当月入账，凡延期入账的一般不予承认，对已发生而无法在当月报账的经济事项，必须填写“未入账的各项经济业务统计表”，由村主要负责人签字后报镇存档。严禁私设小金库。村级财务公开必须每月一次，严格执行，重大收支事项（如征用土地、重大基建项目、镇统筹、村提留等）要随时公开。劳动积累工和义务工的使用情况每年公布一次。

1999年，为进一步强化资金管理，发挥现有资金的经济效益，增收节支，加强廉政建设，减轻农民负担，桑梓店镇人民政府制定并印发《关于村账镇管实施意见》红头文件，要求镇经管站具体负责全镇各村财务和资产的管理工作，各村设立总账、明细账、现金账，实行宏观控制，监督各村经济运行情况，并把各村的所有收入、支出分账列户实行统一管理。规定每年的1、3、5、7、9、11月的2—9日为记账日，各村会计按照记账日期安排携带上月发生各项收入支出原始单据到镇经管站报账，原始单据必须由经办人、村主要领导和监事会签字并盖章，经管站对单据进行审核，并加盖审核合格准予入账的专用章，审核主要内容为原始单据是否符合规定，有无经手人、领导本人签字盖章，是否经过村民监事会评审，收支事项是否合理合法，手续是否齐全，有无涂改伪造行为，现金和账面金额是否准确，有无白条顶库、挪用等情况发生，审计后各村会计根据审计合格的原始单据，在经管站的指导下，分别编制记账凭证，依据记账凭证登记现金日记账和分类账、总账、编制月结表，记账结束后由经管站分村进行存档。各村会计人员每月一次向村“两委”会和村民监事会汇报上月财务收支情况，按月把从镇经管站带回的记账数据张贴到本村公开栏内，接受群众监督。

村账镇管工作的开展，使桑梓店镇村级财务管理工作逐步走向制度化、规范化。各村先后做到“五相符”，即账款、账物、账证、账账、账表五相符；“四统一”，即收款收据、记账凭证、记账方法、账簿四统一；“三不准”，即不准主要领导直接管钱管账、不准主要领导子女亲属管理财务、不准账钱一人管理；“二不兼”，即村党支部书记、村委会主任不兼任出纳；“一公开”，即定期公布账目，接受群众监督。

2000年起，桑梓店镇人民政府先后制定并印发《桑梓店镇春季财务五项管理制度》《村级财务六项管理制度》《济南市天桥区桑梓店镇村级集体经济组织财务管理规章制度（试行）》以及《关于在全镇各行政村中推行“一报四议两公开”工作法的实施意见》等红头文件，从农村财务管理制度、农村财务公开制度、村账镇管报账制度、农民承担费用和“两工”管理制度以及农村财务审计制度等多个方面着手建章立制，进一步提高村级财务管理规范化、制度化、科学化水平。

第四章　统计管理

第一节　机　构

新中国成立以来，统计作为政府综合统计机构由专人负责，农村设专职或兼职统计员，各企事业单位设专职统计员。

桑梓店镇统计站全称为桑梓店镇统计信息站，为镇政府综合统计职能机构，业务上受区统计局领导，负责组织领导、协调全镇的统计工作，发挥统计机构信息、咨询和监督作用。

桑梓店镇统计站站长方英（2016年摄）

历任站长

朱德新　　1997.08—2003.03

方　英　　2003.03—

第二节　统计服务与职能

统计，是反映国民经济和社会发展情况的重要手段，是国家制定国民经济政策和计划、对国民经济进行有计划地、科学地管理和执行政策的重要工具。

统计服务　镇统计站着力推进统计改革创新，不断完善统计体制机制，加快改进统计指标体系，建立全面反映经济转型升级的统计调查制度，引导科学发展、转型发展，打造现代化服务型统计，使统计工作更好地服务统计用户、调查对象和统计基层，开展人口、经济、农业、服务业等大中型普查活动，通过搜集、整理、汇总基础资料，以建议、咨询、信息提供的形式对镇域公众、统计填报单位、政府公共部门、党政决策层等提供优质高效的统计服务。

统计职能 桑梓店镇统计站主要职责，一是负责本辖区内的各类社会经济调查、人口普查、抽样调查和周期性普查任务；二是负责搜集、整理、上报辖区内的统计数据资料，建立健全各种统计台账；三是组织实施镇域内固定资产、建筑业企业的统计调查工作，提供全镇固定资产投资、建筑业的调查统计数据；四是及时填报反映农业生产的报表，对粮食生产的各个环节进行跟踪报表、拍照；五是统一管理本乡镇的统计报表、统计数据，对向上级报送的报表、数据进行审核；六是建立健全统计信息网络，确保联网直报工作顺利开展；七是负责本辖区内基本单位调查工作，健全基本单位名录库，保持名录库规范、准确、完整。

近年来，桑梓店镇统计站充分发挥统计信息咨询、监督职能作用，成为镇领导了解镇情、了解经济发展状况、指导全镇工作不可缺少的信息库和参谋部。

第三节 统计调查

桑梓店镇统计站在完成既定的统计任务的同时，还负责镇域范围内人口、农业、经济普查等重大国情国力普查及人口抽样调查、劳动力调查等调查任务的组织协调和业务指导工作。

2010年，开展第六次全国人口普查工作。经过前期成立桑梓店镇人口普查领导小组、人口普查工作小组、人口普查办公室，并选派普查指导员和普查员并进行系统培训等准备工作，桑梓店镇第六次全国人口普查工作于是年11月1日正式启动。全镇共选派49名普查指导员（包括行政村48名普查员和园林场1名普查员）指导普查工作，并在每村选派3～4名普查员开展入户登记工作。专门制定人口普查总体规划、人口普查实施方案、普查工作计划表等，排定每个环节的具体工作内容，落实责任制，为普查工作顺利推进奠定扎实基础。面对镇域内人户分离、入户困难、流动人口居住地点不固定等困难，普查人员坚持依法普查、科学普查，提高工作效率，对普查对象的个人资料进行认真登记并严格保密，一丝不苟地做好每一户普查工作。截至2011年7月，桑梓店镇第六次全国人口普查工作圆满完成。

召开第六次全国人口普查工作会议（2010年摄）

第五章 工商行政管理

第一节 机 构

1950年，齐河县政府工商科在桑梓店设工商行政交易所，管辖范围为桑梓区、大吴区和西孙耿区。1958年，建立桑梓店人民公社。1959年，工商行政交易所改称为市场物价管理所。1977年，改设工商行政管理所，简称工商所。

1990 年，根据新的行政区划，桑梓店镇从德州市齐河县划归到济南市历城区管辖，桑梓店工商所也由齐河县工商局划转到济南市历城区工商局管辖。

2000 年，桑梓店镇从历城区划归到天桥区管辖，桑梓店工商所也由历城区工商局划转到天桥区工商局管辖。

桑梓店市场监督管理所全貌（2016 年摄）

2015 年 6 月，根据国务院、省、市政府关于区县级工商、质检两个部门体制改革的精神要求，济南市天桥区工商行政管理局和济南市天桥区质量技术监督局两局合并，成立济南市天桥区市场监督管理局，桑梓店工商所改称为桑梓店市场监督管理所。

桑梓店市场监督管理所位于桑梓店镇小马村，东邻桑梓联通营业厅，西、南至小马村非耕地，北至国道 308 线。管辖范围为镇域内各类市场经营主体及其经营行为。

管理所共有员工 11 人，其中国家公务人员 3 人，公益岗位 8 人，设置所长 1 人、副所长 1 人、注册登记和监管人员 9 人。设综合服务室、市场巡查队和监管督查队，以“正统教育、正规管理、人本影响、不负众望”为管理理念。

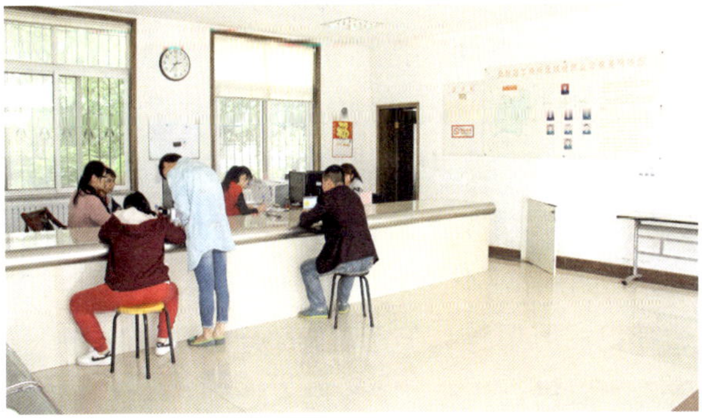

桑梓店市场监督管理所服务大厅（2016 年摄）

荣誉称号 2005 年，被济南市工商行政管理局、济南市个体私营企业协会评为“济南市个私协系统先进基层协会”。2008 年，被评为济南市工商行政管理局天桥分局“流通领域产品质量和食品安全先进集体”以及“区域经济监管服务责任制达标先进单位”。2009 年，被济南市工商行政管理局天桥分局评为“服务发展先进单位”。2006—2015 年，连续多次被中共天桥区桑梓店镇委员会、天桥区桑梓店镇人民政府评为“科学发展优质服务先进单位”。

历任所长

孙文翠　　—1989

滕吉华　　1989　—1993.06

王延成　　1993.06—1997.12

牛继祖　　1997.12—2002.10

朱玉国　　2002.10—2004.07

谢洪兴　　2004.07—2009.07

石　峰（副所长，主持所里全面工作）

2009.07—2010.01

赵　峰　　2010.01—2015.01

周志伟　　2015.01—2015.10

陈　伟　　2015.10—

桑梓店市场监督管理所所长陈伟（2016 年摄）

第二节 市场管理

新中国成立前，受经济基础的限制，集市贸易基础设施以及监督管理均不完善。新中国成立后，国家为引导集市贸易的发展，加强对市场的管理。1952年10月，在桑梓店镇设立粮食交易所，加强对粮食的交易管理。1953年，国家对粮食实行统购统销政策，粮棉油不准进入市场贸易，集市贸易一度冷落。1956年，商业部门限制和取缔集市贸易，使流通渠道堵塞，经济工作违背客观规律。

1978年，党的十一届三中全会之后，发展农业生产的一系列政策得到落实，农村集市贸易也迅速恢复和发展起来。

1990年以来，桑梓店工商所根据上级指示精神，重点查禁市场上的违法行为和假冒伪劣商品。对辖区的集贸市场、商场、门店以及企业等进行检查，并在检查中做到依法行政，文明执法，严格按照办案程序，做到尽快结案，依法处结。杜绝人情案，挡住说情风。没有发生一起行政复议、诉讼案件。严厉打击商业欺诈，不正当竞争等违法行为，维护市场竞争秩序。

1995年，为桑梓店集市制定价格牌示意图，监督台，公平秤、尺，宣传栏，意见箱等服务监督设施，严厉打击欺行霸市行为，维护市场交易秩序，同时会同全镇各村委会及建委等有关部门对市场卫生进行清扫和监督，整顿建材市场秩序混乱和占用道路问题，保证市场交通和卫生。利用20天突击办证480余户，保护个体经济健康发展，同时为国家征收国税16万余元。开展打击制销假冒伪劣商品集中活动2次。对镇域个体工商业户、私营企业和全民集体企业进行全民检查。查处个体、私营、集体50余户不同程度的违法违章行为。没收、销毁假劣商品30余种5个类别，价值达2万余元；罚款3700元。处理接待消费者投诉5起，追回经济损失720元。在国道308线南侧建成占地147952平方米的办公用房。

1996年，开展个体私营经济宣传月活动，隆重召开全镇个体私营经济工作先进表彰大会。鼓励企业发展，严把审验手续，加强年检力度。是年，全年共年检企业52户，年检率100%。企业回访50户。强化对商标广告的管理力度，共查处商标广告违法案件各1起。在全镇范围内共查处群众生活必需消费品假冒伪劣商品及其他经济违法行为的经济违法案件15起，罚款3300元。查处经济合同违法案件1起，举办合同法培训班1期。在对桑梓店集市巡查过程中，监督服务达470余次，处理纠纷6次，并设立便民服务项目。通过市场巡查，取缔无证业户40户。

2008年8月21日，国家财政部、发改委、工商总局联合发出通知，自9月1日起，全国统一停收个体工商户管理费和集贸市场管理费，并对自种农产品销售业户全部免予工商登记，集贸市场迎来又一次繁荣发展的新机遇。

2016年后，桑梓店市场监管所紧紧围绕天桥区市场监督管理局总体工作思路及工作重点，结合桑梓店镇辖区的实际特点，确定“克服困难、迎难而上、履行职责、抓大不放小”的工作标准和要求，以提高效能为己任，服务发展见成效。在服务济南新材料产业园区发展上，主动上门为企业指导服务，征求他们对工商部门的需求和建议，组织园区企业采取面对面、专家授课、座谈等形式，开展好市场监督管理局的职能宣传，进一步帮助、指导企业健康、稳定、繁荣发展，提升产业园区的影响力和知名度。服务新农村建设，大力发展农民专业合作社和家庭农场，认真贯彻落实上级有关优化发展环境的一系列举措，不断完善服务“三农”机制，畅通登记注册渠道。在登记大厅开辟登记注册“三农”“农民合作社”“家庭农场”的绿色通道，为农民专业合作社和家庭农场登记注册提供一站式服务。深入各村委会调查摸底，走访种植、养殖和加工户，引导推行订单农业，为农民专业合作社和家庭农场做大做强提供信息、技术、交流的平台，受到农民群众的欢迎和好评。发挥监管职能，安全水平持续提升。扎实开展危险化学品专项整治，制定专项整治方案，组织人员配合有关部门对危化品、易燃易爆物品的进货渠道是否规范，是否备有应急预案，经营场所和贮存条件是否符合相关要求进行检查，严厉查处打击无证无照或有照无证超范围经营等违法行为。严格落实特种设备使用单位主体责任，确保特种设备安全运行，加强对辖区内企业的走访巡查，逐一登记造册建档归类。高度重视特种设备安全，做好日常监督管理工作，确保安全。开展处置非法集资工作，对辖区内“投资、担保、理财”类企业全面梳理、检查，并加大日常监管力度。开展红盾护农专项行动，加大对农资市场的监管力度，确保农民用上放心农资，引导和督促辖区内从事农资经营的企业及个体工商户切实建立健全和完善《农资经营进销货台账》，进一步强化自律意识，规范经营行为。

截至2016年5月，镇域内有省市属企业、有限公司、个人独资企业706家，个体工商户885户，商业街2处，集市2处。

第六章　审计管理

第一节　农村财务审计

1985年前，乡镇政府没有专门审计机构。1985年后，审计工作由镇经管站兼理。1995年，设立审计办公室，主要审计农村财务和部门财务。现审计工作并入镇记账中心统一管理。

1992年起，对全镇48个村建章立制，用借贷记账法建立新账，初步清理财务收支情况，制定规章制度，为全镇村级财务理出头绪，摸清家底，缓和干群关系。随后，桑梓店镇对镇域各行政村“两委”会成员借、欠、挪用公款进行专项清理，成立领导小组，分为三个阶段，共清理个人借、欠、挪用公款6000元，涉及4人。

2000年，桑梓店镇人民政府制定并印发《村级财务五项管理制度》，对农村财务审计做出制度规定。制度规定，审计对象与范围指全镇农村合作经济组织以及每年的集体收入与开支，包括集体统一经营收入、农民承包收入、“三提五统”收入、群众集资收入、兴办集体事业和平时日常开支的项目；审计办法为由镇审计办公室和经管站实行记账随时审计和年终总审，重点事项重点审计，对随意加重农民负担有群众上访的村，实行专项审计；审计原则坚持“四不批”“两作废”“一核对”。即单据手续不全不批，不符合手续的自制单据不批，跨月份、年份的开支不批，超标准限额开支不批；违反财会制度和白条单据加盖作废印章；按月结表核对现金、存款与账簿是否相符。

2000年后，桑梓店镇按照市农业局关于转发山东省农业厅《关于印发山东省2003年农村集体经济审计要点的通知》的文件精神以及天桥区农发局的部署和要求，完成全镇70%的村级财务审计工作，并写出村级财务审计报告，按时报天桥区农发局，同时配合天桥区审计局对镇域内4个村进行村级财务审计。为进一步促使全镇农村财务审计工作走向制度化、规范化，桑梓店镇人民政府制定并印发《村级财务六项管理制度》，对农村财务审计制度做出新的规定，要求镇审计办公室会同有关部门，对全镇各村的财务收入与开支每两年审计一次，审计对象和范围包括村级集体经营收入，农民承包收入及其他收入，集体事业的生产性开支与非经营性开支，对村级的重点建设项目进行专项审计。制定并印发《关于村级财务审计的实施方案》，规定农村财务审计范围为各行政村，对有重点项目和群众反映强烈的村先行开展村级财务审计工作。

2014年，桑梓店镇人民政府制定并印发《村级集体经济组织财务管理规章制度》，进一步明确规定镇政府会同有关审计部门，对全镇各村的财务收支每年审计一次，包括村级集体经营收入，农民承包收入及其他收入，集体事业的生产性开支与非经营性开支等内容，对村级的重点建设项目进行专项审计。

第二节　离任审计

村干部提拔、离岗、退职前必须先审计、后离职。离任审计的内容主要是任职期间的工作目标完成情况、财务收支运行情况、债权债务情况、资产资源发包招标情况、专项工程建设情况、农民负担执行情况、本人占用公务及往来欠款情况。离任审计结果要形成书面报告，发现的问题要及时提出处理意见，向群众公开，向镇党委、政府报告。审计报告及审计的问题处理情况等，要分别向镇纪委和上级业务主管部门上报。违法违纪者，将依法移交有关部门进行处理。

2014年，桑梓店镇人民政府制定并印发《村级集体经济组织财务管理规章制度》，规定由于换届等原因，村党支部书记、村委会主任离职，镇政府会同有关部门及时进行离任审计，审计结果张榜公示。

第七章　土地管理

第一节　机　构

概况　桑梓店国土资源管理所位于国道308线与怀庄村交界处，东至怀庄村道路，西至怀庄村润滑油门市部，南至国道308线，北至怀庄村。管辖范围为桑梓店镇48个行政村的集体土地、辖区内国有土地以及济南国有北郊林场。

桑梓店国土资源管理所占地面积2300平方米，建筑面积600平方米，共有在职员工5名，设所长1人。内部设施设备齐全，设会议室、办公室、监察室、档案室等，配备电脑、传真机、打印机等办公设备。

桑梓店国土资源管理所始终以全面加大耕地保护力度，强化国土资源监察，规范基本业务和内部管理为重点，以科学发展观为统领，坚持保护和利用、服务与管理并举，狠抓机关效能建设，严格履行法定职责，扎实推进辖区国土管理各项工作。先后获得“土地管理先进单位”“土地开发整理先进单位”“省级信访先进单位”“市级先进国土资源所”等荣誉。

历史沿革　为加强土地管理，桑梓店镇于1988年5月成立桑梓店土地管理所。当时只有1名土地管理员，既是所长，又是业务员。1990年，桑梓店镇整编划归济南市历城区，土管所工作人员增加至3人。随后，陆续增加若干名镇政府临时人员。1999年下半年，桑梓店镇土管所与桑梓店镇建委合并，合署办公。2007年9月1日，由济南市国土资源局天桥分局垂直管理，更名为“济南市国土资源局天桥分局桑梓店国土资源管理所”。

历任所长

董吉德	1998.05—1999.08
赵会生（兼任）	1999.08—2002.01
刘百明（兼任）	2002.01—2007.09
董吉德	2007.08—2011.02
赵书军	2011.02—

桑梓店国土资源管理所所长赵书军（2016年摄）

第二节　工作概况

1990—1991年，利用2年的时间完成第一次全国土地调查工作。经调查，全镇土地总面积为108879.4亩。1991年，全镇开始实施宅基地有偿使用。1992年，全镇进行集体土地确权登记发证工作。2008年，开展第二次全国土地调查，由市国土资源局招标，由省城乡勘察院中标并负责本辖区内所有土地的调查测量，形成数据库，由区分局存档。

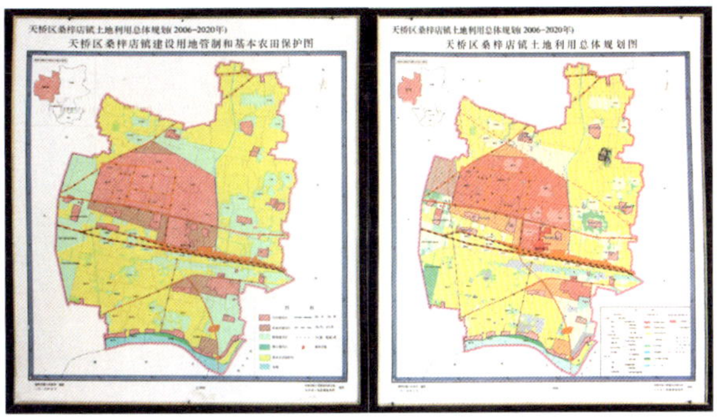

桑梓店镇土地利用总体规划图（2006—2010年）

第十一编

镇村建设

第一章　机　构

1990 年 9 月，成立桑梓店镇城乡建设环境保护委员会，共有工作人员 6 ～ 7 人，设置主任 1 人，副主任 2 人，时任主任刘志先。成立之初，建委职能范围涉及镇域内的城乡建设、国土资源管理、环境保护等各项工作。

截至 2016 年 9 月，镇建委共有工作人员 17 人，设主任 1 人，副主任 2 人。执法用车依维柯 2 辆，配备单警执法记录仪 3 台、录像机 1 台，工作人员统一服装，严格执法。

历任建委主任

刘志先　　1990. 09—1999. 03

赵会生　　1999. 03—2002. 03

刘百明　　2002. 03—2014. 03

镇建委召开 2015 年工作部署会议（2015 年摄）

杜　猛（副主任，主持建委全面工作）

　　　　2014. 03—2014. 05

武兴华　　2014. 05—2015. 03

王文彬　　2015. 03—

桑梓店镇建委主任王文彬（2016 年摄）

第二章　镇驻地规划与建设

第一节　镇驻地规划

1991 年，在历城区建委规划科的协助下，对全镇进行地理、地貌勘测和设计，绘制出《桑梓店镇城市建设规划图》，为镇域规划建设工作提供可靠依据。规划于 1992 年冬开始实施，桑梓店镇党委、政府本着有利生产、方便生活、节约用地、合理布局、保护生态环境、造福于人民的原则，对原有设施适度调整。

规划实施后，小城镇建设初具规模，根据镇域发展实际情况，建设规划由“丁”字型向“工”字型发展，即北依国道308线，由防汛路延伸到桑梓店新街，以民办公建的形式建成商业街，与桑梓店新街相衔接，形成“工”字型模式。

1995年，桑梓店镇小城镇建设以镇政府驻地为中心，以国道308线为依托，从防汛路到桑梓店新街已基本形成“工”字型小城镇模式，根据“九五”规划和2010年远景规划，逐步向“井”字型、“田”字型规划建设迈进。

1999年，在省农村城镇规划设计院专家的帮助下，确定全镇小城镇规划设计方案，制定招商引资、实施“三个一”工程的计划，并研究出台相应的优惠政策。桑梓店镇人民政府本着“政府搭台，群众唱戏”的总体思路，凭借优惠政策，引导社会各方共同投资，变依靠政府和向群众集资的方式为依靠政策向市场要资金、向社会要资金，调动社会各方面的积极性，加快建设步伐。

2015年，镇驻地规划以《济南市城市总体规划（2006-2020年）》和《济南市北跨及北部新城区发展战略研究》为指导，以《济南市大桥－桑梓店片区控制性规划》为基础，确定产业发展方向、开发用地及建设时序。镇驻地基础设施较为完善，镇政府及其直属办公机构、银行、卫生院、敬老院、中心幼儿园、中心小学、济南五十二中、商业街均位于镇驻地，是桑梓店镇群众平日社会及商业活动的主要场所，镇驻地主要有小马、桑梓店、怀庄三个行政村，计560户、2165人。规划面积3.5平方公里，北起308国道、南至济邯铁路、东到齐济河、西到梓东大道，呈沿308国道分布的发展特征，多以低层建筑为主，有少量多层建筑。引导外围村庄向镇驻地集中，坚持集约用地，鼓励建设多层、小高层，限制低层，完善各种配套设施，进行道路网系统建设，为周边居民提供更好服务。随着济南新材料产业园的不断发展，草庙王村已于2016年10月完成整体搬迁，位于园区内规划内的康辛、大马、安庄三个村的搬迁提上日程，引导失地农民向镇驻地集中。

第二节　镇驻地建设

1994年，镇驻地建成5900平方米、可容纳1200名学生的教学楼一座；240门程控电话电信楼已满负荷运转；35千伏变电站供全镇工农业动力、照明用电，并且尚有2/3的余力待开发利用，4座商业楼已开始营业。国道308线南北两侧建成邮政楼、怀庄个体营业楼、供销社加油站以及棉厂16间营业室共计1480平方米；怀庄村以东建成个体建筑平房60间共1000平方米。以国道308线为主体的商业街，已有80余家正常营业；以防汛路东侧、桑梓店村为主体的“丁”字型第三产业带已基本形成；以棉油加工厂、通达汽车修配厂、鸿鹏通风设备厂、振达实业公司为主体的工业小区已初具规模。

1995年，镇驻地商业带工商业户以“商业建商业”的方式新建、改建、扩建各家门店共计840平方米，仓储共计500平方米，生产厂房共计400平方米。新增商业网点2处，共计180平方米。国道308线南北两侧，建成2层商业楼3座，共计942.5平方米，砖混结构平房40间共计700平方米。除原有棉油加工工业、喷漆工业、通风设备制造业以外，增加设备工业、运输机械装配业、汽车摩托车修配等。为加强镇村规划建设，改善人民居住、生产、生活环境，合理利用土地，加快小城镇建设步伐，促进镇村经济发展，成立桑梓店镇镇村建设领导小组。

截至1996年年底，已分布商业网点128个，从业人员近千人，年营业额在4000万元以上，年利税280万元。

桑梓店商业街综合提升工程作为小城镇建设中的重要一环，于1997年开始动工改造，“卡脖子”路段由4.5米拓宽为30米，上下行双线各宽7米，2条绿化带各宽2米，2条人行道各宽3米。拆迁并安置居民53户，油化路面长2278.5米，计14143.7平方米，越过两条铁路长1167.5米，填沟筑路搬运土方32678立方米，整个工程历时6个月，于国庆节前夕南北全线通车。在防汛路两侧距公路规划线5米处，先后建成3座2层楼房。每个建筑单位均由白色釉面砖装饰外墙，南北长14米，东西宽13米，每座364平方米，共计1092平方米，高于路面40厘米，方向与公路平行。

1999—2001年，共投资1300万元，分两期建成2层以上商业楼104座，建筑面积达3万多平方米。后期注重逐步完善商业街配套建设，投资380万元，建成仓上铁路立交桥；投资60万元，修建长达1600余米的商业街排水涵洞，解决汛期排水问题；投资100多万元，完成2000多米的隔离墩。商业街建成之后，招商引资工作持续跟进。出台并落实优惠政策，增强投资吸引力。采用适应市场经济的招标方式，地基、地段的安排，以及公共设施命名权，广告专营权的拍卖等，一律采用公开竞标方式，坚决杜绝暗箱操作。以政府为主体，实行一站式服务，统一管理所有事务，保证有良好的治安、经营、生活设施和秩序。小区业户统一解决户口、子女就学、就医、房产证等一系列问题，解决业户的后顾之忧。力争外援，争取上级各方面的支持，拍卖大桥等公用设施的命名权及路灯、电线杆广告专营权，拍卖地段号等筹集资金，调动业户投资的积极性，使其加大投入。小城镇建设发展壮大，加快对外开放和招商引资的步伐，促进第三产业的发展。商业街新增个体工商户130多户，成为全镇第三产业的载体、个体工商户的聚集地以及经济的增长点。2000年2月22日，济南市政府在桑梓店镇召开“三个一”工程现场会，对镇“三个一”工程提前1年达标给予高度评价。是年，桑梓店镇被区委、区政府评为“小城镇建设先进镇”。

在推进小城镇建设的同时，桑梓店镇党委、政府为解决职工住宿难问题，在充分考虑镇驻地建设规划的前提上，申请政府机关宿舍楼立项，在镇政府大院西侧建职工宿舍楼2栋，占地8.643亩，建筑面积5719.2平方米，总投资额400.3万元。2002年4月6日开工，12月10日竣工，土地性质为国有，资金来源为桑梓店镇人民政府职工集资。

桑梓店镇人民政府宿舍楼（2015年摄）

2006年后，在前期小城镇建设的基础上，不断完善配套设施，投资近180万元对损坏的柏油路重修铺设油面、更换路灯、栽植绿化树木，铺设人行道面砖，使商业街面貌焕然一新。截至2006年年底，商业街经营业户达240余户，涉及建材、装修、服装、电器、家具等20多个行业，成为个体工商户的集聚地，带动全镇第三产业的发展，取得经济效益和社会效益。是年，设计规划镇政府驻地建设，规划建设面积

鼎新嘉梓苑小区居民楼（2009年摄）

3.5 平方公里，涉及桑梓店、怀庄、小马 3 个村。自 2007 年起，小马村分多期陆续完成旧村改造，共建设居民小区 2 处。其中小马社区自 2008 年开工建设，2009 年竣工，总共建设楼房 4 栋；鼎新嘉梓苑自 2007 年开工建设，2014 年竣工，总共建设楼房 14 栋。

随着城镇化建设进程的加快，桑梓店镇卫生院、工商、税务、邮局、农信社等单位的楼房相继在镇政府周围建成。国道 308 线沿线北侧陆续建起国土所、派出所等办公楼。

2009 年，重新建设小马商业街。商业街全部建成 2 层楼房，统一建设标准和外观设计，推进城镇化进程。推进农村公共服务建设，建成镇村生产资料、生活资料超市 20 家，为群众提供便捷、舒适、安全的购物环境，满足人们群众日常增长的物质生活需要。是年 7 月，根据济南市北跨发展蓝图，编制《桑梓店镇镇村体系规划》，确定以工业为主、同时结合工业发展需求发展物流业的小城镇发展目标和方向。

小马商业街现状（2015 年摄）

2010 年，投资 300 万元对政府前街进行改扩建，提升镇驻地建设水平，并方便镇域群众的生产生活。

镇政府门前道路整修现场（2010 年摄）

2011 年后，桑梓店镇党委、政府着力在完善镇驻地小城镇建设配套设施方面下功夫，投入 100 余万元高标准打造小马村西、派出所绿化节点，投入 100 余万元在国道 308 线两侧新建文化墙 1200 余米，投资 6 万余元对政府前街路灯进行更新，修建高标准公共厕所 1 座。2014 年 1 月 1 日，位于国道 308 线北侧的中国农业银行惠农站建成营业。2014 年年底，位于小马商业街东头的齐鲁银行桑梓店小微支行建成营业。

桑梓店镇镇驻地小城镇建设（2016 年摄）

第三章　农村规划与建设

第一节　农村规划

桑梓店镇域内的村庄，多为明永乐年间由河北省枣强县以及明洪武年间由山西省洪洞县迁来，另有许多农户逃难至此并入原有村庄，或几户至十几户同族人家选择水草丰茂土质肥沃的地方建房垦荒经数代生息繁衍形成新的村庄。故镇域内较大村庄多为杂姓聚居，迁来时间不一，而小村多姓氏单一，上溯几辈皆同宗。

全镇村落布局疏密不一，大小不等。主要由镇域地质及历代兵荒马乱、黄河决口等原因造成。截至2015年年底，全镇共有48个行政村，其中人口最多为怀庄村，共计2014人；人口最少为小郑村，共计175人。

桑梓店镇境内西北部村庄布局（2016年摄）

20世纪50年代，黄河经常泛滥，严重影响群众生产生活。20世纪70年代，国家对治理黄河确保人民安全作出统一规划，实施黄河展宽工程。黄河北展区桑梓店段总面积计18.66平方公里，有可耕地14426亩，荒滩荒地3780亩，荒水4225亩。1974年，号召沿黄各村修筑第二道防洪堤，上万民工加固黄河大堤，在大坝北侧修建房台。为防洪水侵袭，1976—1978年，位于黄河北展区内的街后、邱岸、西秦、东秦、南郑、刘庙子、朱河圈、丁口等8个村全部搬迁到黄河一道坝房台之上。小吕、左庄、袁贾、姚吕、仓上、小屯、铁匠、老屯等村全部搬迁到黄河二道坝房台之上。2009年，西秦村因国家修建京沪高铁，又搬迁到国道309线以北100米处，其余村庄仍坐落在房台之上。

截至1986年，全镇共有42个村完成村级规划。

2015年，桑梓店镇党委、政府紧紧围绕全镇发展定位和功能分区，积极协调市、区相关部门，统筹进行村镇空间布局规划体系编制工作，做到美丽乡村建设规划“两步走”。一走精品路线，对设计单位实行严格的招投标，确保将高起点、高标准的建设理念融合到美丽乡村规划中。在保留好农村记忆的基础上全面改善全镇农村的生产生活条件，实现美丽乡村建设规划与土地利用规划、城镇建设规划、济北新城核心区规划相配套衔接。二走群众路线，多次深入各村调研解村庄建设现状，筛选确定符合条件的村庄，召开党政联席会议、村民代表会议对规划设计方案进行反复论证，确保施工方案受群众认可，施工全程便民不扰民。在村庄规划引导方面，实现分片引导、分类引导和整合引导相结合，通过因地制宜选择集中区域建设农村新型社区，采用城中村改造模式、采用新型农村居民点模式等方式，完成城镇化建设，并实现迁建、引导整合、整治提升和特色保护相结合。

第二节　农村建设

1990年，田家村、草庙王村、小马村整修较为标准的村内中心街。其中，田家村中心街长600米，宽13米，清除猪圈49个，刨掉大小树木300余棵，群众义务出工400余个；草庙王村中心街长550米，宽14米，清除猪圈8个，树木350棵，搬迁5户，群众义务出工400多个；小马村中心街长600米，宽15米，清除猪圈9

草庙王村的中心街（2007年摄）

个，拆迁房子31间，树木108棵，群众义务出工400多个。随后，全镇各村相继完成道路修整，仅村级治理一项，水利工程总长约20000米，动土12万立方米，累计义务工6万多个，修路18条，总长50多公里，使全镇面貌焕然一新。

1994年起，全镇范围内开展旧村改造工作，共审批民用建房380户，约31100平方米，砖石结构房已占总居住面积的70%以上，个别农户开始建设2层楼房。“文明一条街”建设工作在各村亦初步开展，是年，田家、小马等村“文明一条街”率先全部建成完工，并安装路灯。随后，怀庄、冯家堂、周闫、后房等村先后拓宽并修建“文明一条街”。随着镇域内越来越多群众注重居住质量，仅1996年审批新建房屋数量达192户，共计1.8万平方米。新建房屋特点是档次高、质量好、建筑艺术有所超前。新建砖木、砖混结构房已占全镇总户数83%，人均居住面积11.5平方米，已接近小康水平。

1999年前，镇域范围内各行政村没有一条像样的公路，坑洼的土路可以用“晴天一身土，雨天一身泥”来形容，严重制约桑梓店镇经济发展，也给群众的生产、生活造成诸多不便。镇党委、政府主要领导主动联系济南铁路局和济南钢铁厂，争取来修路所需的石子和钢渣，采取“以奖代补”的方式，鼓励各村修整道路，方便出行。全镇干部群众齐上阵，仅用2个月时间，先后有43个行政村铺设土石路和钢渣路。同时，镇域各行政村着重加强基础设施建设，基本实现通路、通电、通电话。

2006年，新农村建设正式启动。是年，主要以草庙王、耿家、三官庙、小马、北王堂、老寨、小寨等7个示范村为重点进行建设。其中，三官庙、草庙王、耿家、北王堂等5个示范村，共计有400余户群众用上清洁、卫生、方便的新型厕所。2007—2009年，进入全面推进新农村建设阶段。小寨村阶段性完成旧村改造，共建设民居住宅10栋，全村村民大部分搬迁新居。改厕工作以沙李村为试点，召开改厕工作现场会，以大马、高王、石门孙为重点村开展改厕工作。小马村、小寨村在全镇率先启动农村居民楼工程，并克服各种困难，实现当年入住。桑梓店村西于2009年建设粮所宿舍楼。小马村完成二期2栋9300平方米的居民楼建设，总建房面积达18000平方米，实现全村入住新社区；同时建设100户12000平方米高档次的2层商业楼房。小寨村完成二期2栋5500平方米的居民楼工程，总建房面积达16500平方米。老寨村完成首期2栋9000平方米的居民楼之后，紧接着启动二期同规模建设。西秦村借助京沪高铁重点工程建设，对需搬迁户统一进行安置，在国道309线北边先期建起60户共计6000平方米的安置楼。全年改厕678户，全镇累计改厕3493户，涉及到22个村。2010年，为新农村建设完善阶段，

三官庙村村内道路整修前（2015年摄）

三官庙村村内道路整修后（2009年摄）

全镇90%以上的行政村完成“八改”工作，即改路、改水、改电、改厕、改厨、改圈、改通讯、改环境卫生。截至2011年年底，全镇共改厕4865户。

2007—2011年，共投资1300余万元建成村村通公路37公里，实现“建、管、养”三位一体并重。同时，投资160万元对6公里防汛路进行整修。

2013—2014年，旧村改造步伐进一步加快。小马社区二期工程完成，小寨村新建5000余平方米公园式住宅，草庙王村安置工程已完成基础性工程。新修村级公路5700米，维修村级公路12公里，方便群众出行。

2015年，在全镇机关干部与全体党员群众共同参与的农村人居环境集中清洁行动中，先后组织9000余人次集中统一行动，范围覆盖全镇48个行政村，共出动机械60余台次，拆除旱厕110个，清除村内“四大堆”156个，清理垃圾死角527个，清理道路17000余米，拆除横幅和破损广告牌193处，清除垃圾桶广告119处，镇村保洁员增至170人，垃圾桶增至1800个，修建、新建新型公厕36座。同步开展“百日清洁行动”走访观摩活动，组织党政班子全体成员、镇属五个办事处负责人及48个行政村的“两委”干部，对各村清洁成果进行走访观摩，实地察看对比、寻找差距、整改落实。

“百日清洁行动”走访观摩（2014年摄）

2016年，桑梓店镇完成农村改厕2000余户，在严格按照上级要求执行的同时，结合各村实际，推广双瓮漏斗式厕所。以严把技术质量关为重点，成立专项工作领导小组，进村入户面对面向群众讲透政策、算清细账，争取村民从理解支持转变为主动参与。制定详实改厕计划，完善调度、通报和激励制度，与改厕村签订责任书，对改厕资金实行专项管理、专账核算、专款专用，聘请审计机构对工程进行跟踪审计，同时委托监理单位严格按照建设标准和技术要求抓好工程质量。加大企业自检力度，村民自发组织义务监督员辅助监督。形成“政府监督、社会监理、企业自检、村民参与”的质量保障体系。

第三节　“乡村连片治理”

2014年市级“乡村连片治理”项目

2014年3月，包括刘庙子村、南郑村、东秦村、邱岸村、街后村在内的5个村“乡村连片治理”项目被评为一事一议财政奖补“乡村连片治理”市级试点项目。项目实施内容包括村庄道路硬化、胡同硬化、户户通下水道建设以及村容村貌综合治理工程等，项目概算总投资784.45万元，申请市财政“一事一议”财政奖补资金500万元，区财政投入200万元，镇、村集体投入84.45万元。项目批复后，镇项目领导小组通过区政府采购办，委托山东英大招投标有限公司进行招投标工作，并于是年6月20日完成项目

省委农工办视察桑梓店镇2014年“乡村连片治理”工作（2015年摄）

招投标，中标单位为济南历城兴利水利水电工程局，中标价 782.74 万元。

截至 2014 年年底，市级乡村连片治理工程共完成胡同硬化 16830 平方米，道路硬化 15422 平方米，健身广场 12480 平方米，休闲绿地 6800 平方米，修建公厕 20 个，安装节能路灯 130 盏，沿路粉刷墙体 10050 平方米，前街挡土墙 1170 米，项目总投资 782.735816 万元。

刘庙子村后小广场治理后（2014 年摄）

南郑村道路施工后（2014 年摄）

南郑村街巷施工后（2014 年摄）

邱岸村前广场施工后（2014 年摄）

2015 年省级“乡村连片治理”项目

2015 年，在省财政厅、市财政局、天桥区委区政府、天桥区财政局支持下，桑梓店镇党委、政府启动一事一议财政奖补省级“乡村连片治理”项目。项目共涉及姚吕村、袁贾村、左庄村、小吕村、仓上村、小屯村、铁匠村、老屯村、小寨村等 9 个村，全部坐落于黄河二道坝沿线，总人口 6617 人，共 1737 户。

2015 年度“乡村连片治理”项目动员部署暨征求意见会（2015 年摄）

“乡村连片治理”项目设计初稿完成后，为充分尊重民意、了解村民们现实需求，由桑梓店镇项目领导小组组织各村干部、村项目理事会、村群众代表，由镇政府主要领导参加，结合各村实际情况对设计初稿提出修改意见，经各村群众代表同意后，修正设计。二次设计完成后再经各村审核，最终确定设计方案，做到尊重民情民意和因地制宜。

2015 年度“乡村连片治理”项目建设设计方案论证会（2015 年摄）

连片治理项目主要为 9 个村新建砼硬化道路 48012 平方米，胡同硬化及户户通下水道 21745.2 平方米，新建水冲式公厕 56 个计 1792 平方米，修建管涵、盖板排水沟 4350 米，安装节能型路灯 353 盏，栽植绿化树木 760 余棵，新建文化健身广场 28543.1 平方米，喷涂文化墙 23000 平方米，土方回填 30100 立方米，修建挡土墙 2110 米。项目概算总投资 1581 万元，申请省、市财政奖补资金 1000 万元，区财政投入 300 万元，镇财政投入 100 万元，村集体投入 181 万元。截至 2015 年年底，9 个村“乡村连片治理”项目已全部完工。

桑梓店镇党委书记董学山调研指导 2015 年度“乡村连片治理”工作（2015 年摄）

连片治理后的小吕村村貌（2016 年摄）

连片治理后的小寨村村貌（2016 年摄）

2016 年市级“乡村连片治理”项目

2016 年，桑梓店镇启动一事一议财政奖补市级“乡村连片治理”项目，项目涉及小郑村、北王堂村、前房村、后房村、耿家村 5 个村，5 个项目村已经通过村级重大事项“一报四议两公开”程序，并公开招标。

5 月底，5 个项目村连片治理项目公开招标已经结束，正式进入施工阶段。截至 2016 年 8 月 31 日，5 个项目村连片治理工作已完成 60%，其中排水沟、挡土墙、自来水等工程已基本完成，胡同硬化工程已完成 80%。

第四章　建筑业

镇域内镇村建设，均由建筑队进行建设施工。按照所有制不同，可以划分为农村建筑队和集体建筑队两种类型。

桑梓店镇境内农村建筑队伍由来已久，由私人组织成立，多系农村中能工巧匠组成，农闲凑聚，农忙则散。千百年来，农民修房盖屋，主要依靠这支力量。

新中国成立初期，农民建房主要是依靠本村瓦工和木工，小工则由本村青壮年充当。盖房户供其饮食，每至上梁及完工、户主要以烟酒饭菜招待，取其名曰“上梁酒”“完工酒”，均不付工钱。人民公社化后，农民盖房由生产队指派人员，期间由生产队记工分，盖房者仅在新房落成后管其一顿酒菜，以示酬谢。农村实行生产责任制以后，各村工匠自愿联合，选择一位技术全面瓦工为技术负责人，成立建筑队，承包农民建房任务。建筑队多系包工，按照房屋质量与盖房户商定工价。农民工工资按日工计算，大工日工资多于小工，承包人与大工同资略高，承包收入全部分发。

在经济过热和“要想富，搞建筑”等思想影响下，镇域各村农村建筑队由20世纪70年代的几支扩大到20余支，建筑队伍人员素质不高，仓促上阵，长期在低水平上粗放经营，一些工程施工质量较差，导致建筑行业信誉下降。

1989年，镇域内有桑梓店镇基础公司1家，属于建筑业，企业归属为新经济联合体办。是年从业人数35人，全年总收入700000元，总费用600000元，纯收入100000元，上缴税金42000元。

1990年9月，桑梓店镇城乡建设环境保护委员会成立，镇域内的建筑企业、村镇规划由镇建委例行管理。全镇共有镇集体基础工程公司1处，个体预制厂3处，农村建筑队20余支。镇建委引导农村建筑队订立承包合同，交建筑施工押金，质量检查、竣工检查合格退还押金，促使镇域农村建筑队走上正规管理、保证安全质量、文明施工的轨道。

1992年5月，由镇政府直接投资3.5万元建立预制厂。6月，投资7.3万元组建建筑队，后被命名为“济历建第十一分公司桑梓工程队”，共有固定资产设备15万元，职工37名，其中行政管理人员4名。建筑队投产不到半年产值就达50万元左右，为全镇建筑业发展起到带头作用。

自1992年起，镇域内的24万多平方米居民住宅工程，都由镇内的能工巧匠建造。

1993年，全镇共有37支农村建筑队。1994年，经过优化组合缩减为27支队伍。后又经过严格的考核和筛选，将原来的27支建筑队保留为17支，共有500名能工巧匠，全年共完成17000多平方米的民用建筑任务，保证工程质量。居民建房从定点定位、质检、验收，其返修率仅为1%，所有建筑工程的基本参数都符合验收标准，从未发生过大的质量事故和人身伤亡事故。1999年，镇建委管理下的农村建筑队共计4支，分别为三官庙村建筑队、冯家堂村建筑队、仓上村建筑队、邓营村建筑队。

2000年后，随着镇建委职能的不断转变，对农村建筑队不再进行统一管理。

第五章　环境保护与治理

第一节　环境保护

1995 年前，农民为耕作方便，将小麦秸秆、玉米秸秆就地焚烧，既浪费能源又造成空气污染。1995 年后，桑梓店镇人民政府采取措施开展禁烧宣传，包括张贴标语、悬挂横幅或在各种会议上提出措施和要求，机关干部昼夜巡查及时发现及时制止。随着秸秆还田机械的推广和普及，将秸秆打碎后埋入土层，腐烂后成为有机肥，既活化土壤又节省化肥，大气更加清洁。自 2008 年起，进一步明确秸秆禁烧责任，各镇属办事处、行政村主要负责人为本辖区秸秆禁烧工作第一责任人，由镇政府统一与各镇属办事处、行政村签订《秸秆禁烧工作目标责任状》。采取召开会议、张贴市政府通告、悬挂规范性横幅标语、制定乡规民约、村居广播站、出动宣传车和在中小学校进行宣传教育，宣传禁烧秸秆的有关法律、法规以及秸秆禁烧的目的、意义。包村人员巡查，全天候监控，发生焚烧秸秆问题，立即灭掉火源，制止焚烧秸秆行为。情节严重的，按照《中华人民共和国大气污染防治法》和《济南市大气污染防治条例》给予处罚。全面禁烧农作物秸秆，对重点区域严格管理，达到“不着一把火，不冒一股烟”的目标。

利用悬挂宣传条幅、出动宣传车等方式宣传秸秆禁烧（2013 年摄）

2014 年 12 月，大桥桑梓环保所成立。2016 年 1 月，更名为环境监察中队，有正式工作人员 4 人。负责对包括桑梓店镇域在内的黄河以北区域排放污染物的企业事业单位和其他生产经营者进行监督管理及相关环境现场监察工作，饮用水源地环境保护工作，规模化畜禽养殖单位监察工作，单位的排污申报、排污收费及超标准排污费的计算核定、征收工作，对建设项目现场监察，违反环评制度和“三同时”制度的监督检查，重金属、固体废物（危险化学品、危险废物）申报登记、现场监督检查，秸秆禁烧工作，对违法排污单位实施限制生产、停产整治、查封、扣押的现场执法等工作。

第二节　城乡环卫一体化

1994 年，由镇建委牵头与“两线一路”所有单位、各工商业户、路边店逐户签订卫生区域目标管理责任书，具体规定责任制度、检查制度、奖惩制度。公路两侧建筑，严格执行规划红线，使建筑物整齐划一。要求沿线横向河道年年治理，田家、张王堂、沙李、小马等南北 12 条纵向公路每年都全部修整治理，镇容镇貌保持常年绿化、文明、整洁。

2010 年后，桑梓店镇党委、政府制定全镇环境整治工作方案，大力开展环境整治工作。投资近 20 万元，新进垃圾运输车 1 辆，垃圾集装箱 6 个，对镇驻地区域内产生的垃圾实现集中清运，提高环卫工人的工资待遇。各村结合实际，普遍进行村容村貌的环境整治，新建垃圾池，同时进行沿街绿化，栽植树木40000余株，方便群众生活，美化环境。

镇机关工作人员开展国道308沿线环境整治工作（2010年摄）

2011年5月，选址于镇卫生院西邻的桑梓店镇垃圾中转站正式开工建设。中转站占地3.795亩，建筑面积1100平方米，总投资260万余元。2012年4月建成试运行，是年5月15日正式运行。中转站共有垃圾收集车6辆，挖掘机1台，装载机1台，运输车1辆，垃圾桶1800余套，垃圾压缩设备2套。有工作人员19名，村级保洁员111名，镇直主要道路、商业街保洁员44名，公厕保洁员3名，绿化保洁员4名。中转站承担着全镇主次干道160余公里，总面积90余万平方米的清扫保洁工作，负责全镇48个行政村，镇驻地、学校、机关、居住小区的垃圾清运工作，做到垃圾日产日清，平均每天清运垃圾50吨左右，负责对镇辖区内3座公厕的保养维护及7000平方米绿地的养护与管理。

2012年5月，天桥区环境卫生城乡一体化全面推进仪式在桑梓店镇举行，投资500余万元、日容纳垃圾200吨的中转站进入正式运行阶段。全镇道路保洁率和制度化管理率均达到100%。是年6月，为巩固环卫一体化工作成果，耗资近百万元对各村、各单位垃圾死角特别是国道308线两侧环境进行集中整治，并对国道308线两侧进行统一绿化，绿化率达到90%，环境面貌得到全面提升。是年9月，桑梓店镇城乡环卫一体化工作顺利通过市级验收。

桑梓店镇垃圾中转站（2012年摄）

天桥区环境卫生城乡一体化全面推进仪式在桑梓店镇举行（2012年摄）

2013年后，全镇环境卫生综合水平大提升。全面实施“十艺节”环境综合整治，清理垃圾死角100余处、清除垃圾4万余吨，各村新配垃圾桶100余个。进一步完善环卫工人管理制度，提高环卫工人工资。开展“提升农村人居环境，建设美丽乡村”以及“百日清洁行动”，打造环境优美的村居环境，同时结合一事一议财政奖补“乡村连片治理”项目工程的建设，充分调动镇域群众自觉参与环境整治的积极性和主动性，促使农村生活环境质量得到明显改

组织镇机关工作人员到大郑村开展环境治理工作（2014年摄）

善，村容、村貌得到显著改观。

2002年，桑梓店镇城乡建设环境保护委员会下设环卫所，主要负责镇域内的环境卫生事宜。2007年1月12日，根据济天编发〔2007〕12号《关于天桥区市容环境卫生管理局在各街镇设立市容环境卫生管理所的通知》的文件要求，桑梓店镇成立市容环境卫生管理所，接受天桥区环卫局和桑梓店镇党委政府的双重领导，设置所长1人。时桑梓店镇环卫所仍与桑梓店镇建委合署办公。2011年，开始筹建适配城乡环卫一体化工作的环卫队伍。2012年4月，镇环卫所完全独立于建委，自行办公并行使职权，由武兴华担任环卫所所长主持全面工作。

历任所长

刘百明（兼任）	2002.03—2008.03
张成祥	2008.03—2008.08
刘百明（兼任）	2008.08—2010.05
辛玉成	2010.05—2011.09
武兴华	2011.09—

桑梓店镇环卫所所长武兴华（2016年摄）

第十二编

政党　群团

第一章 中国共产党地方组织

第一节 党组织建立与发展

1946年1月，齐河县第六区（桑梓店）区委建立。1948年初，改称桑梓店区委。

1948年，桑梓店境内第一个村级党支部——沙李村党支部成立，党支部由李廷增、李廷立、李廷顺三人组成，齐河县桑梓店区区长李自强代理党支部书记。后又发展李兴尧、李廷良、李廷相入党，加上张王堂村王敬常组成党支部。1949年，李兴尧任党支部书记。其上级党组织是时齐河县桑梓店区委，负责人是区委书记张立民。

1949年，小张村建立党支部。1950年，三官庙村、石门孙村建立党支部。1953年，周闫村建立党支部。1954年，张王堂村建立党支部。1955年，南郑村建立党支部。1956年，桑梓店村建立党支部，是年，桑梓店镇境内共有14个党支部。1957年，仓上村、小屯村、邓营村建立党支部。

1958年，刘庙子村、丁口村建立党支部。是年2月，撤区建乡，建立乡党委。是年9月，撤乡建立桑梓店人民公社党委，设书记1人，副书记2～4人，党委秘书1人，下设组织部、宣传部、党政办公室，公社党委驻地位于桑梓店村。

位于桑梓店村的桑梓店人民公社党委办公旧址（2015年摄）

桑梓店镇党政办公室主任朱子利（2016年摄）

1959年，铁匠村、左庄村、耿家村建立党支部。

20世纪60年代后，桑梓店境内各村普遍开展社会主义教育活动，冯家堂、石庙、小马、田家、邱岸、北董、小辛、后房、老寨、朱河圈、怀庄、西秦、草庙王、前房、东秦、大郑、老屯、姚吕等村先后建立党支部。

“文化大革命”开始后，在“踢开党委闹革命”的口号影响下，桑梓店人民公社党委于1967年被迫停止工作。

1970年后，又先后有街后、小吴、彭家等村建立党支部。

1971年，恢复公社党委建制。1975年，桑梓店人民公社党委迁址小马村。

1976年，桑梓店人民公社共有57个党支部。

1984年，撤社建镇，组建桑梓店镇党委，镇党委设书记1人，副书记2人，组织委员、宣传委员、纪律检查委员及党委秘书各1人，设党委办公室。是年，全镇共有60个党组织，其中包括1个党委，59个党支部（村党支部50个，乡镇企业党支部3个）。

1998年，全镇共有9个党总支，58个党支部，911名党员。

2009年，全镇共有5个党总支、1个机关党支部、7个镇直党支部和48个行政村党支部。

截至2016年9月，桑梓店镇党委由8人组成，其中，书记1人，副书记2人（1名由桑梓店镇人民政府镇长兼任），纪委书记1人，武装部长1人，党委委员3人（1名由副镇长兼任）。全镇共有5个党总支部、63个党支部，其中农村党支部48个，镇机关、事业单位党支部6个，企业党支部9个。

中共桑梓店镇委员会办公地址（2016年摄）

中共齐河县第六区（桑梓店）委员会
（1946.01—1958.02）

书　　记	张志远	1946.01—1947.06
	张立民	1947.06—1948.06
	齐发玉	1948.06—1949
	徐新泉	1949　—1950
	孙振生	1951　—1952
	王吉思	1952　—1953
	陈在田	1953　—1956
	张国明	1957.01—1958.02
副书记	周文友	1951　—1956
	孟吉顺	1952　—1958.02
党委委员	孟吉顺	1951　—1952
	何光银	1951　—1958.02
	刘成力	1952　—1956
	孙培法	1957.01—1958.02

中共齐河县桑梓店乡委员会
（1958.02—1958.09）

书　　记	张敬玉	1958.02—1958.09
副书记	宋其金	1958.02—1958.09

中共桑梓店公社委员会
（1958.09—1984.03）

书　　记	邹庆岑	1958.09—1960.02
	赵云贞	1960.02—1965.06
	吕兴奎	1965.06—1971.01
	王宝山	1971.01—1978.01
	张茂清	1978.01—1981.08
	钱焕仁	1981.08—1984.03
副书记	周文友	1958.09—1965.06
	宋其金	1958.09—1960.02
	周　立	1958.09—1960.02
	李济礽	1960.02—1965.06
	张付厚	1960.02—1965.06
	宋振华	1965.06—1971.01
	崔树湛	1965.06—1971.01
	卞向生	1965.06—1971.01
	王来胜	1971.01—1978.01
	张茂清	1971.01—1978.01
	赵洪科	1971.01—1978.01
	李传才	1971.01—1978.01
	张法顺	1971.01—1978.01
	宋光峰	1971.01—1978.01
	李学林	1971.01—1978.01
	姜文仁	1980.12—1984.03
	郝汝之	1980.12—1984.03
	朱吉峰	—1982.08

秦长山 1981.08—1983.11
张承贤 1981.08—1984.03
人武部长 马克富 —1980.12
马希连 1980.12—1984.03
党委委员 井宜池 1958.09—1965.06
李连升 1965.06—1978.01
李金忠 1965.06—1971.01
张晓荣 1971.01—1981.08
王金田 1971.01—1978.01
絮忠民 1978.01—1984.03
韩效才 1978.01—1981.08
马希连 1980.12—1984.03
刘伯林 1980.12—1984.03
张光荣 1980.12—1984.03
李善贤 1981.08—1984.03
怀曰英 1981.08—1983.11

中共德州市齐河县桑梓店镇委员会
（1984.03—1989.12）

书　　记 张承贤 1984.03—1986.04
罗庆朝 1986.04—1987.04
袁宝福 1987.04—1989.08
郝汝之 1989.08—1989.12
副 书 记 陈志忠 1984.03—1987.04
郝汝之 1984.03—1989.08
阮志坚 1985.01—1987.04
祝宝臣 1987.04—1989.08
闫培斌 1989.08—1989.12
邓良和 1989.08—1989.12
人武部长 宗海邦 1984.08—1989.12
党委委员 汤传亮 1984.03—1987.06
絮忠民 1984.03—1989.12
李善贤 1984.03—1987.04
宗海邦 1984.08—1989.12
张德胜 1987.04—1989.08
邓良和 1985.10—1989.08

中共济南市历城区桑梓店镇委员会
（1989.12—2000.01）

书　　记 郝汝之 1989.12—1990.02
邓良和 1990.02—1997.01
刘桂祯 1997.01—1998.05
毕思忠 1998.05—2000.01
副 书 记 邓良和 1989.12—1990.02
宗海邦 1990.02—1995.11
张立芝（挂职）
1990.10—1992.04
刘桂祯 1991.08—1997.01
曹凤英 1992.03—1997.01
尚世平 1992.03—1997.01
朱援朝（挂职）
1992.04—1993.10
吴国柱 1992.12—1997.10
侯同柱 1997.01—1998.12
李广平 1997.01—1998.12
韩孟岭 1997.01—1998.12
段振国（挂职）
1998.03—1999.03
王守荣（挂职）
1998.06—1999.06
张兴洲 1998.12—2000.01
王兴福 1998.12—2000.01
陈天峰 1998.12—2000.01
王佰友（挂职）
1999.03—2000.03
纪委书记 李文富 1990.04—1997.06
李成才 1997.06—1998.12
崔德才 1998.12—2000.01
人武部长 韩孟岭 1989.12—1997.08
赵逢勤 1997.08—1999.01
胡风云 1999.01—2000.01
党委委员 宗海邦 1989.12—1990.02
徐春福 1990.03—1991.02
于连奎 1990.03—1992.12

韩孟岭　1990.03—1997.08
谢荣河　1990.03—1994.03
赵逢勤　1991.02—1994.04，
　　　　1996.02—1999.01
李成才　1993.01—1998.12
张曰梅　1993.01—1998.12
陈天峰　1994.03—1998.12
马兆成　1995.11—1998.12
张玉三　1997.01—1998.12
刘世浒　1998.12—2000.01
吕　东　1998.12—2000.01
郑学诗　1998.12—2000.01
胡风云　1998.12—2000.01

中共济南市天桥区桑梓店镇委员会
（2000.01—）

书　　记　毕思忠　2000.01—2001.06
张兴洲　2001.06—2005.05
李大春　2005.05—2009.04
吕　东　2009.04—2013.11
董学山　2013.11—

副 书 记　张兴洲　2000.01—2001.06
王兴福　2000.01—2001.12
陈天峰　2000.01—2005.03
王晓虎　2001.12—2004.03
崔德才　2001.12—2005.02
李大春　2001.12—2005.05
于连亮　2003.09—2010.05
吕　东　2004.03—2009.04
胡风云　2005.08—2013.04
安祥波　2009.04—2012.02
刘　强（挂职）
　　　　2010.05—2012.04
解承静　2012.02—
杨　鹏　2013.04—

纪委书记　崔德才　2000.01—2005.02
郑学诗　2005.03—2006.09
李　慧　2006.09—2009.04
张开文　2009.04—2012.02
解承静　2012.02—2012.08
李　晓　2012.08—

人武部长　胡风云　2000.01—2001.06
郑学诗　2001.06—2004.03
张开文　2004.03—2006.09
梁　峰　2006.09—2009.04
李　晓　2009.04—2010.10
聂　岭　2010.10—

党委委员　刘世浒　2000.04—2001.06
胡风云　2000.01—2001.06
郑学诗　2000.01—2006.09
吕　东　2000.01—2004.03
李大春　2001.06—2001.12
李　慧　2001.06—2006.09
张开文　2004.03—2009.04
李兴初　2005.03—2008.04
李云轶　2007.02—2012.02
解承静　2008.11—2012.02
李　晓　2009.04—2010.10
　　　　2011.11—2012.08
崔　鹏　2010.05—2013.04
崔春渊　2011.11—2013.04
徐熙勇　2011.11—2013.04
李　慧　2013.04—2013.08
赵　军　2013.04—
朱德新　2013.04—
杨　帆　2015.03—

2016年中国共产党桑梓店镇委员会基层党组织情况表

表12-1-1

党总支部（5个）		桑梓办事处党总支部
		冯高办事处党总支部
		丁仓办事处党总支部
		周北办事处党总支部
		赵左办事处党总支部
党支部（64个）	农村党支部（48个）	小马村党支部
		沙李村党支部
		邓营村党支部
		怀庄村党支部
		桑梓店村党支部
		小张村党支部
		田家村党支部
		张王堂村党支部
		冯家堂村党支部
		高王村党支部
		老寨村党支部
		小寨村党支部
		彭家村党支部
		三教堂村党支部
		三官庙村党支部
		石门孙村党支部
		石庙村党支部
		小吴村党支部
		小辛村党支部
		老屯村党支部
		刘庙子村党支部
		南郑村党支部
		仓上村党支部
		铁匠村党支部
党支部（64个）	农村党支部（48个）	小屯村党支部
		丁口村党支部
		丁庄村党支部
		朱河圈村党支部
		安庄村党支部
		北董村党支部
		北王堂村党支部
		草庙王村党支部
		大马村党支部
		大郑村党支部
		耿家村党支部
		后房村党支部
		康辛村党支部
		前房村党支部
		小郑村党支部
		周闫村党支部
		街后村党支部
		邱岸村党支部
		西秦村党支部
		小吕村党支部
		姚吕村党支部
		左庄村党支部
		东秦村党支部
		袁贾村党支部
	镇机关、事业单位党支部（6个）	机关党支部
		老干部党支部
		卫生院党支部
		供销社党支部
		棉油加工厂党支部

续表 12-1-1

<table>
<tr><td rowspan="11">党支部（64个）</td><td rowspan="11">企业党支部（10个）</td><td>粮所党支部</td></tr>
<tr><td>济南市华杰面粉有限公司党支部</td></tr>
<tr><td>济南市鸿鹏通风设备厂党支部</td></tr>
<tr><td>济南市天桥区群星包装箱厂党支部</td></tr>
<tr><td>济南市贵和酒业有限公司党支部</td></tr>
<tr><td>济南市佳华畜牧科技开发有限公司党支部</td></tr>
<tr><td>济南市山东北瑞水泥有限公司党支部</td></tr>
<tr><td>济南市勇胜冷藏食品有限公司党支部</td></tr>
<tr><td>济南市思泰勒水处理设备有限公司党支部</td></tr>
<tr><td>济南市天桥区桑梓店镇养殖协会联合党支部</td></tr>
<tr><td>非公有制经济企业联合支部党支部</td></tr>
</table>

第二节 党 员

1947年7月，沙李村李廷增加入中国共产党，成为桑梓店镇境内最早的中国共产党员。该同志生于1916年7月，入党介绍人是时齐河县第六区助理员张玉清，贫农成分，于1952年参加铁路工作，1967年退休返乡务农。

1948年，时齐河县桑梓店区共有1个党支部，18名党员。是年，怀庄村怀曰亭、丁庄村刘丕升、小辛村肖友田、桑梓店村刘丰成和袁连珍等人加入中国共产党。1949年，小张村张保海、耿家村王殿祥以及小寨村米成兴、石玉英、左双林、彭寿元等人加入中国共产党。1950年，冯家堂村滕丕海等人加入中国共产党。1955年，小吴村崔振峰、左庄村刘更宝等人加入中国共产党。

截至1956年年底，镇域共有14个党支部，183名党员。

进入20世纪60年代，随着社会主义教育活动的普遍开展，桑梓店境内共产党员的数量逐年递增，例如西秦村秦继胜、彭家村彭传礼、胡秀兰、东秦村怀易明等人纷纷加入中国共产党。

1976年，桑梓店人民公社共有57个党支部，694名党员。

1984年，撤社建镇，桑梓店镇共有59个党支部，844名党员。

1985年，全镇共有60个党组织，其中包括1个党委，59个党支部（村党支部50个，乡镇企业党支部3个）。是年，全镇党员人数总计871人，其中包括正式党员857人，预备党员14人；男791人，女80人；汉族837人，少数民族34人；大学学历6人，中专15人，高中82人，初中279人，小学451人，文盲38人；职工80人，乡办企业劳动者4人，农牧渔民714人，民办教师10人，乡村医生5人，离休干部25人，退休职工33人。

1989年，全镇党员人数总计904人。其中包括正式党员889人，预备党员15人；男840人，女64人；汉族873人，少数民族31人；大专以上学历5人，中专26人，高中106人，初中290人，小学446人，文盲31人；职工143人，乡镇企业劳动者6人，农牧渔民714人，民办教师、乡村医生共8人，离休干部16人，退休职工17人。

1990—1993年，全镇新发展党员67人，列入发展对象180余人，培养对象70人。共调整党支部班子24个，涉及36人。1994年，全镇新发展党员26名。1996年，全镇新发展党员21名。

截至1998年年底，全镇共有党员925人，其中预备党员13人。1994—2001年，共发展党员215人。

2009年，全镇共有5个党总支、1个机关党支部、7个镇直党支部和48个行政村党支部，全镇共有党员1142人。

2012年，全镇新发展党员24人。2013年，全镇新发展党员18人。2014年，全镇新发展党员14人。

截至2014年12月31日，全镇共有党员1246人，其中包括党政机关工作人员23人，事业单位管理人员、专业技术人员74人，工人8人，农民863人，离退休人员269人，其他身份9人。

2014 年桑梓店镇中共党员基本状况情况表

表 12-1-2

党员总数			年龄状况			文化程度		
合计	男	女	35 岁及以下	36 ～ 60 岁	61 岁及以上	初中及以下	高中及中专	大学及以上
1246	1088	158	260	588	398	712	362	172
民族状况		入党时间						
汉族	少数民族	—1949. 09	1949. 10—1966. 04	1966. 05—1978. 12	1979. 01—2002. 10	2002. 11—2012. 10	2012. 11—	
1189	57	3	88	281	406	414	54	

2015 年初，桑梓店镇党委制定党员发展资格联审制度，在坚持发展党员“三票两推一定”的基础上，对拟发展为积极分子、预备党员及转正党员的人选实行网格化管理，组织职能部门进行资格联审。即：在推荐确定入党积极分子、发展对象和转为正式党员前，在对发展对象进行常规政审的基础上实行职能部门“联审”制度，分别由办事处总支、计生、建委、信访、公安、纪委等六部门参与审查，重点审查发展对象是否存在违反计划生育政策、违法占地、违法乱纪、在遵守社会公德和遵纪守法等方面的不良行为，并出具书面政审结论。“联审”无异议的，继续履行发展程序，对“联审”中发现问题的，取消发展资格，联审无异议后，镇党委召开会议进行专题研究。

2015 年，新发展党员 15 人。截至 2015 年 12 月 31 日，全镇共有党员 1267 人，其中党政机关工作人员 27 人，事业单位管理人员、专业技术人员 71 人，工人 16 人，农民 878 人，离退休人员 267 人，其他身份 8 人。

2015 年桑梓店镇中共党员基本状况情况表

表 12-1-3

党员总数			年龄状况			文化程度		
合计	男	女	35 岁及以下	36 ～ 60 岁	61 岁及以上	初中及以下	高中及中专	大学及以上
1267	1103	164	245	600	422	711	372	184
民族状况		入党时间						
汉族	少数民族	1949. 09	1949. 10—1966. 04	1966. 05—1978. 12	1979. 01—2002. 10	2002. 11—2012. 10	2012. 11—	
1205	62	3	84	279	407	418	76	

第三节　代表大会

中国共产党桑梓店镇第五次代表大会

1984 年 8 月，中国共产党桑梓店镇第五次代表大会于桑梓店镇召开。

中国共产党桑梓店镇第六次代表大会

1987 年 7 月 7 日，中国共产党桑梓店镇第六次代表大会召开。参会代表 90 人，其中干部 20 人，占 20.7%；农民代表 59 人，占 60%；各类专业技术人员代表 18 人，占 19.3%；女代表

8人，占9%；少数民族代表4人，占4%。

中共桑梓店镇第六次代表大会主席团名单：袁宝福、郝汝之、祝宝臣、絮忠民、张德胜、宗海邦、邓良和、李文富、汤传亮、刘有章、赵万录、腾斌、郭永平、孙学金、马学森、刘加兴、米寿宽、张士学、李其来、徐桂英、王传平、刘更仁、王洪胜、魏建孝、张修业。

会议听取、审议并通过时任镇党委书记袁宝福所作的中国共产党桑梓店镇第五届委员会工作报告。选举袁宝福、郝汝之、祝宝臣、絮忠民、张德胜、邓良和、宗海邦为镇党委委员，其中袁宝福为镇党委书记，郝汝之、祝宝臣为镇党委副书记。选举袁宝福、絮忠民、郭永平、赵万录、徐桂英、米寿宽、何桂珍、张绪恒、张修业等9名同志为出席中国共产党齐河县第七次代表大会的代表。

中国共产党桑梓店镇第七次代表大会

1994年3月16日，中国共产党桑梓店镇第七次代表大会召开。参会代表共106人，其中领导干部63名，占58.7%；妇女11名，占10.28%；少数民族4名，占3.7%；高中以上文化程度69名，占64.5%。

会议听取、审议并通过时任镇党委书记邓良和所作的题为《加强和改善党的领导 团结奋进 为全面发展和振兴桑梓经济而奋斗》的中国共产党桑梓店镇第六届委员会工作报告，以及时任镇纪委书记李文富所作的题为《加强党风廉政建设 为加快桑梓经济发展保驾护航》的中国共产党桑梓店镇第六届纪律检查委员会工作报告。选举邓良和、宗海邦、刘桂祯、吴国柱、李成才、张曰梅、陈天峰、韩孟岭、李文富为镇党委委员，其中邓良和为镇党委书记，宗海邦、刘桂祯、吴国柱为镇党委副书记。同时选举李文富、吕东、陈天峰、徐茂生、谢荣河为镇纪委委员，其中李文富为镇纪委书记。

中国共产党桑梓店镇第八次代表大会

1999年1月5日，中国共产党桑梓店镇第八次代表大会召开。参会代表共101人，其中各级干部25人，占24%；各类科研专业人员22人，占21%；工人、农民58人，占55.7%；妇女14人，占13.5%；少数民族4人，占4%；年龄在45岁以下代表52人，占50%。

中共桑梓店镇第八次代表大会主席团名单（按姓氏笔划为序）：于连奎、王守荣、王兴福、刘世浒、吕东、孙学金、毕思忠、朱继红、陈天峰、李文富、李成才、张兴洲、郑学诗、胡风云、段振国、徐春福、崔德才、韩孟岭。秘书长为王兴福。代表分团10个，其中冯家代表团共计13人，代表团团长张文军，副团长段振国；丁家代表团共计9人，代表团团长吕东，副团长吴俊德；北董代表团共计9人，代表团团长李文富，副团长赵会生；桑梓代表团共计16人，代表团团长韩孟岭，副团长胡风云；赵家代表团共计6人，代表团团长郑学诗，副团长张仕文；左家代表团共计7人，代表团团长徐春福，副团长张克敏；仓上代表团共计9人，代表团团长李成才，副团长刘洪法；高王代表团共计8人，代表团团长刘世浒，副团长李长富；周闫代表团共计12人，代表团团长崔德才，副团长刘孝元；机关代表团共计15人，代表团团长于连奎，副团长朱吉洪、刘仕安。

会议听取、审议并通过时任镇党委书记毕思忠所作的题为《抓住机遇 加快发展 努力开创桑梓两个文明建设新局面》的中国共产党桑梓店镇第七届委员会工作报告以及时任镇纪委书记崔德才所作的中国共产党桑梓店镇第七届纪律检查委员会工作报告。选举毕思忠、张兴洲、王兴福、陈天峰、崔德才、刘世浒、吕东、郑学诗、胡风云为镇党委委员，其中毕思忠为镇党委书记，张兴洲、王兴福、陈天峰为镇党委副书记。同时选举崔德才、吕东、郑学诗、朱永金、张玉华为镇纪委委员，其中崔德才为镇纪委书记。

中国共产党桑梓店镇第九次代表大会

2001年12月26日，中国共产党桑梓店镇第九次代表大会召开。参会代表共107人。

中共桑梓店镇第九次代表大会主席团名单（按姓氏笔划为序）：王晓虎、王德臣、吕东、孙学金、李慧、李大春、李成才、杨军、张兴洲、陈天峰、郑学诗、胡风云、徐春福、崔德才、韩孟岭。秘书长为李大春。代表分团6个，其中桑梓代表团共计15人，代表团团长胡风云，副团长刘孝元；周北代表团共计18人，代表团团长陈天峰，副团长郑学诗；赵左代表团共计14人，代表团团长徐春福，副团长杨军；冯高代表团共计21人，代表团团长李大春，副团长吕东；丁仓代表团共计15人，代表团团长崔德才，副团长李慧；镇直代表团共计39人，代表团团长张兴洲，副团长王晓虎。

会议听取、审议并通过时任镇党委书记张兴洲所作的题为《解放思想 抢抓机遇 努力开创桑梓两个文明建设的新局面》的中国共产党桑梓店镇第八届委员会工作报告，审议并通过时任镇纪委书记崔德才所作的中国共产党桑梓店镇第八届纪律检查委员会工作报告，总结三年来全镇两个文明建设取得的巨大成就和成功经验，研究确定今后四年全镇经济建设和社会发展的奋斗目标和主要任务，对全面推进两个文明建设产生重大影响。会议选举张兴洲、王晓虎、陈天峰、李大春、崔德才、郑学诗、吕东、李慧为镇党委委员，其中张兴洲为镇党委书记，王晓虎、陈天峰、李大春、崔德才为镇党委副书记。选举崔德才、吕东、李慧、张克敏、张开文为镇纪委委员，其中崔德才为镇纪委书记。

中国共产党桑梓店镇第十次代表大会

2006年9月21日，中国共产党桑梓店镇第十次代表大会召开。参会代表107人，构成比例为：生产一线代表54名，占49%；镇机关党员干部、企事业单位党组织书记、村党支部书记55名，占51%；45岁以下党员代表65名，占60%；女代表18名，占16.5%；少数民族代表5名，占4.6%。

中共桑梓店镇第十次代表大会主席团名单（按姓氏笔划为序）：于连亮、吕东、安祥波、杨军、李大春、李吉华、李兴初、李存恩、李慧、张子国、张文水、胡风云、高家平。秘书长为胡风云。代表分团5个，其中桑梓代表团共计27人，代表团书记胡风云，团长赵军；丁仓代表团共计24人，代表团书记梁峰，团长张涛；周北代表团共计33人，代表团书记李大春，团长安祥波；赵左代表团共计24人，代表团书记郑学诗，团长李兴初；冯高代表团共计35人，代表团书记吕东，团长李慧。

会议听取、审议并通过时任镇党委书记李大春所作的题为《站上新起点 实现新发展 建设新桑梓》的中国共产党桑梓店镇第九届委员会工作报告，审议并通过题为《从严治党、从严执纪，为推进桑梓社会主义新农村建设提供强有力的纪律保证》的中国共产党桑梓店镇第九届纪律检查委员会工作报告。选举李大春、吕东、胡风云、于连亮、李慧、李兴初、梁峰为镇党委委员，其中李大春为镇党委书记，吕东、胡风云为镇党委副书记。选举李慧、张克敏、王宝华、赵军、解承静为镇纪委委员，其中李慧为镇纪委书记，张克敏为镇纪委副书记。

中国共产党桑梓店镇第十一次代表大会

2011年11月29日，中国共产党桑梓店镇第十一次代表大会召开。来自镇机关、双管单位、两新组织及48个行政村的115名党员代表参加会议，其中各级领导干部代表43名，占36.8%，各类生产一线和专业技术人员74名，占63.2%；妇女代表21名，占17.9%；少数民族代表6名，占5.1%；45岁以下的代表63名，占53.8%。

中共桑梓店镇第十一次代表大会主席团名单（按姓氏笔划为序）：王昆、吕东、安祥波、李晓、李良颜、张子国、张开文、张师元、赵军、胡风云、崔鹏、韩正伦、解承静。秘书长为安祥波。代表分团5个，其中桑梓代表团共计28人，代表团书记赵军，团长聂岭；丁仓代表团共计23人，代表团书记解承静，团长周立；周北代表团共计34人，代表团书记安祥波，团长李晓；赵左代表团共计26人，代表团书记张开文，团长房安清；冯高代表团共计39人，代表团书记胡风云，团长崔鹏。

会议听取、审议并通过时任镇党委书记吕东所作的题为《抢抓机遇 开拓创新 为推进桑梓店镇跨越式发展而努力奋斗》的中国共产党桑梓店镇第十届委员会工作报告，审议并通过题为《以人为本 执纪为民 不断开创桑梓反腐倡廉建设的新局面》的中国共产党桑梓店镇第十届纪律检查委员会工作报告，并根据《党章》规定，经到会代表充分酝酿讨论，采取无记名投票和差额选举的办法，选举吕东、胡风云、安祥波、张开文、崔春渊、解承静、李晓、崔鹏、聂岭为镇党委委员，其中吕东为镇党委书记，胡风云、安祥波为镇党委副书记。选举张开文、张克敏、张传路、朱军、周立为镇纪委委员，其中张开文为镇纪委书记。会议还选举产生参加中国共产党天桥区第十一次代表大会的代表11名，分别是吕东、胡风云、安祥波、张开文、解承静、王丽、米广业、辛荣香、滕淑兰、刘建国、吕其荣。在11名当选代表中，有各级领导干部4名，占37%；各类专业技术人员和先进模范人物7名，占63%；妇女代表5名，占45%；少数民族代表1名，占1%；工人代表1名，占1%；农民代表5名，占45%；50岁以下代表10名，占90%。

第二章 党的建设

第一节 思想教育工作

新中国成立之前，对党员的思想教育工作多为秘密进行，主要宣传马列主义，讲授革命道理，以《抗日救国十大纲领》《抗日民族统一战线》《论持久战》等文献为主要学习内容。

新中国成立之后，公开党的各级组织，主要组织党员学习党在过渡时期总路线、党的基本知识以及互助合作政策等内容。党的十一届三中全会召开之前，桑梓店镇境内主要进行土地改革、人民公社化、农村整党以及“农业学大寨”等一系列党内运动。

一、土地改革运动

1951年1月10日，根据山东省委、德州地委指示，桑梓区改为六区。按照中央和省、地、县委的工作部署，自1951年开始，六区开始土地改革工作，即把地主的土地集中进行清理。拥有土地30亩左右划为地主，拥有土地50亩左右划为大地主，没有土地的雇农、贫农响应上级号召，把地主的土地分给贫农、雇农。时境域内50个村全面开展土改运动，1954年全面结束，1958年桑梓店撤区并乡，成立人民公社，原六区沿李家岸引黄灌区以西成立焦斌人民公社，以东成立桑梓店人民公社。公社驻地桑梓店村。

二、人民公社化运动

自1955年开始，桑梓店村、高王村10余户贫困农民自愿结成农业互助社，名为鸿兴社，是桑梓店境内第一个初级社，后来村与村之间也结成互助对子成为高级社，即把土地联合耕作，把农业生产工具集中使用，但由于遭受暴雨等自然灾害的影响，粮食作物产量极低，群众生活艰难。桑梓店人民公社党委把工作人员按照“调整机构，充实提高”的八字方针，下放各村担任村党支部书记、村长等职务。公社工作人员一般为25～27人，工资相对比较低。在民间传说“七级工，不如回家种垄葱”。全社生产力较低，在农作物耕地时基本都是人拉犁、人拉耙，耕牛数量极少。为此，齐河县委、县政府及桑梓店人民公社采取措施严禁宰杀耕牛，扶持耕牛喂养，以支援农业生产。

三、农村整党运动

根据齐河县委指示精神，桑梓店公社党委在县委农村整党工作队的领导帮助下，开始农村整党运动，在各村调查走访，掌握党组织和党员存在问题的前提下，对党员进行登记、审查、鉴定和组织处理，对有严重资本主义思想和剥削行为的，对落后党员、对党不忠实的采取不同措施予以组织处理，通过农村整党，广大党员的觉悟和作风得到明显改善和提高。

四、“农业学大寨”运动

20世纪60年代初，由于党的经济建设指导方针的失误和严重的自然灾害，我国的国民经济陷入困难局面，桑梓店人民公社也不例外。1964年，毛泽东主席发出“农业学大寨”的号召。1968年6月，德州地委召开农业学大寨会议，提出“农业学大寨”的具体意见和措施，根据齐河县委的指示要求，桑梓店人民公社党委开始大张旗鼓地宣传大寨精神，宣传大寨同穷山恶水进行斗争，改变山区面貌，发展农业生产的先进事迹。桑梓店人民公社党委召开全公社干部会议，动员和号召广大群众学习大寨村艰苦创业的精神，吃苦在前，享受在后，学大寨、立红旗、树标兵。全镇各村立即行动起来，召开小组长会议把学大寨的精神贯彻下去，各村在坡里扎上指挥棚，村党支部书记等干部靠在一线指挥农业生产，桑梓店人民公社高王、沙李、南郑三村为农业学大寨工作红旗单位。是年，公社党委分期分批组织公社干部和部分生产队干部、贫下中农代表共100余人到大寨村参观学习。通过实地考察，加深对大寨的认识，各村都制定学大寨的工作计划，举办“农业学大寨”学习班，这一年是全公社农田水利工程、秋种任务历史上完成较多、较好的一年，全公社“农业学大寨”的群众运动蓬勃发展。正在全公社“农业学大寨”进入高潮的时候，“反复旧”运动的歪风很快刮到齐河乃至桑梓店人民公社，一些群众到处张贴“反复旧”的大字报、大标语，冲击革委会，派性斗争严重，公社、村纷纷把矛头对准单位负责人，时任桑梓店人民公社党委书记吕兴奎成为被攻击的重点对象，天天接受批斗、戴高帽、遭到揪斗，不少学大寨的先进单位，被污蔑为“黑样板”“黑典型”，这股邪风冲击全公社的“农业学大寨”运动，一些以“阶级斗争”为纲的口号以及某些其他“左”的提法和做法都夹杂到学大寨中去，成为学大寨的口号、提法和做法。党的九大胜利召开后，桑梓店人民公社党委根据上级精神，恢复、充实、调整公社、村两级领导班子，一批干部重新走上领导岗位。公社党委也召开农业学大寨工作交流会，并以高王村、南郑村、沙李村为榜样，不少村自发组织干部赴大寨参观学习，举办农业学大寨学习班，全公社掀起“农业学大寨”的新高潮。各村纷纷设立试验田，合理施肥，由过去的氨水施肥逐步尝试使水碳氨与氨水结合，提出上纲要（亩产400斤）、过黄河（亩产500斤）、跨长江（亩产600斤）的奋斗目标。粮食作物产量比过去亩产提高30%以上，全公社近30个大队达到和超过纲要水平。

五、改革开放和现代化建设新时期

1984年，撤社建镇，桑梓店镇党委在全体党员中开展坚持党的领导，坚持社会主义道路，坚持人民民主专政，坚持马列主义、毛泽东思想的深刻教育。

自1986年起，全镇各基层党组织始终把党的思想建设放在首位，坚持不懈地抓党员教育管理，激励广大党员在两个文明建设中建功立业。着重加强党员活动室建设，全镇所有行政村全部建立起党员活动室，形成以镇党委为龙头、以村党支部为主体、以党员活动室为基础的三级党员教育阵地网络。全镇各基层党组织以“三基教育”（党的基本路线、党的基本知识、四项基本原则）为主线，对广大党员进行教育培训，受教育面达到97%以上。

1990年起，桑梓店镇党委组织开展社会主义教育活动，以党的十三届四中、五中、六中全会精神为指针，以学习江泽民在新中国成立四十周年庆祝大会上的讲话和《中共中央关于进一步治理整顿和深化改革的决定》为重点，以社会主义教育为主要内容，密切联系国内外形势，针对干部群众的思想工作实际，通过社会主义优越性教育、两爱（爱国家、爱集体）教育、共产党的领导教育、民主法治教育、社会主义道德风尚教育等方式，促使广大干部群众思想有较大提高，使农村各项工作上一个新台阶。为庆祝中国共产党诞生七十周年，提高全镇广大党员、团员、干部及入党积极分子的政治素质，桑梓店镇党委在全镇党员、团员、干部、入党积极分子中开展为期一个月的“向党说句心里话”活动。各党支部开展形式多样的活动，召开民主生活会，达到“团结——批评和自我批评——团结”的目的。组织全镇党员干部认真学习《邓小平文选》，认真学习党的十四届四中全会《决定》和《党章》，学习胡锦涛在全国农村基层组织建设工作会议上的重要讲话。自觉检查克服因循守旧、畏难发愁、安于现状、无所作为等“左、旧、小”的思想影响，强化党员的中心意识、开放意识、宗旨意识、廉政意识，提高政治素质，增强新时期的是非观念。为进一步抓好党员电教化教育，切实加强和改进全镇党员教育工作，成立党员电教化教育领导班子，促使党员电教化教育工作不断走向正规化、制度化。全镇党员电化教育工作电教设备11台（包括录放机1台、电视机2台、其他设备8台），新购置电视机1台、其他设备5台，复制电教片7部，播放7场，收看人数达到5200人，投入资金0.21万元。

1996—1999年，桑梓店镇党委狠抓各村党员活动室建设，投资2万余元，统一配备“四簿一卡”，并制定“民主集中制”“三会一课”等制度，立足于桑梓店镇党校和各村党员活动室两大教育阵地，始终抓党员教育不放松。与此同时，在党员干部教育形式上力求创新。一是请进来教，如请解放济南的地下工作者辛光，济南解放五十周年报告团成员之一的王寿春，金钢纂村党支部书记马光业，历城区委宣传部付增光来授课。二是走出去学，如组织各行政村党支部成员去孔繁森纪念馆学习，去孙村镇辛庄、唐王镇、董家镇、安丘、莒县等地参观学习。三是进学校学，桑梓店镇党委鼓励党支部成员报考党校、农广校、函大等，全镇共有100多人参加该类学习。四是学典型，用身边典型来激励教育广大党员干部。

2000年后，开展以“讲学习、讲政治、讲正气”为主要内容的党性党风教育活动，着重解决理想信念问题、全面正确地贯彻党的路线方针政策问题、群众观念和思想作风问题、民主集中制和干部路线问题、廉洁自律问题。通过“三讲”活动的开展，领导干部基本达到中央提出的在思想上有明显提高、在政治上有明显进步、在作风上有明显好转、在纪律上有明显增强的要求。镇党委制定并印发的《关于进一步加强对农村党员干部培训工作的实施意见》红头文件，围绕全镇党员干部中存在的突出问题，立足实际解放思想，以产业化调整增加农民收入为主题，将学习教育贯穿于全年工作始终，充分发挥镇党校阵地作用，定期专题培训，提高党员干部整体素质和驾驭能力，为促进全镇两个文明建设快速发展夯实基础。根据区委部署，镇党委精心组织、周密安排，深入开展“三个代表”重要思想学习教育活动，坚持以正面教育和自我教育为主，把学习教育与推动农村工作结合起来，使教育活动取得预期效果，共有103名机关干部参加此次学教活动。在集中学习阶段，通过采取集中辅导、领导领学、干部自学、讨论交流等形式，认真学习“三个代表”的有关理论知识，提高思想水平和政治觉悟。在对照检查阶段，广大参学的党员干部，对照“三个代表”的要求，结合自己思想工作实际，写出深刻的对照检查材料，各村通过采取召开座谈会、发放调查问卷等形式，征求群众意见，召开民主生活会，找到不足，明确方向。在整改阶段，本着有什么问题就解决什么问题，什么问题突出就先解决什么问题的原则，强化措施，狠抓落实，收到很好的效果。桑梓店镇党委制定并印发《中共天桥区桑梓店镇委员会关于村级“三个代表”重要思想学习教育活动的实施方案》红头文件，在学教活动中，坚持将理论学习贯穿始终，以正面教育、自我教育为主，将学习教育与推动农村工作相结合，因地制宜、分类指导、注重实效，上下结合、综合治理、标本兼治，着重解决村级“班子不强、路子不明、服务不行、财务不清、办事不公、作风不正”等方面问题。教育活动分为集中学习、对照检查、整改提高三个阶段，制定学习教育活动配档表，全面推进学教活动进程。通过此次“三个代表”学习教育活动，村干部的思想作风和工作作风有明显改进，精神文明建设与民主法制建设进一步加强，村级党组织的创造力、凝聚力和战斗力得到增强，为做好农业和农村工作提供强有力的思想和组织保证。全镇各行政村均制定整改方案，并选择1～2件群众反映强烈的热点、难点问题作为重点加以解决，通过为群众办实事、办好事，既密切党群干群关系，又为经济的发展夯实基础，进一步增强村干部的宗旨观念、服务意识，理清经济和发展的思路，建立健全各项规章制度。在全镇村级党支部实施“固垒工程”，完善各行政村党支部，优化党支部成员年龄结构，提高整体文化素质水平，48个农村党支部共819名党员，党支部班子平均年龄46.7岁，35岁以下党支部书记5人，36～45岁党支部书记16人，46～55岁党支部书记18人，56岁以上党支部书记9人，党支部班子中初中及初中以下文化学历的占多数，党支部班子中高中及高中以上学历69人。

2003—2010年，在全镇开展“解放思想谋发展、与时俱进建小康”主题教育活动，组织广大党员干部群众认真学习党的十六大精神，以解放思想、转变观念，抢抓机遇、加快发展，艰苦奋斗、务求实效，恪守诚信、优化环境四个方面为主要教育内容，引导广大干部群众将思想和认识统一到十六大精神上来，正确认识全镇经济和社会发展的形势，认真研究影响经济和社会发展的突出问题，为实现富民强镇提供强大的精神动力、智力支持和思想保证。

开展保持共产党员先进性教育活动，本着共产党员受教育、人民群众得实惠的原则，使全镇共产党员在工作作风和思想道德方面得到全面的提升，为全镇的经济和社会事业发展提供思想保证。为大力弘扬胡锦涛总书记在中纪委第七次全会上提出的“八个方面”良好风气，切实加强新形势下的干部作风建设，根据全镇工作实际，制定“八个方面”良好风气建设活动整改提高阶段实施方案。

开展“学习实践科学发展观——解放思想大讨论”活动，要求全镇上下认真学习党的十七大精神，全面准确地把握科学发展观的深刻内涵和基本要求，从六个方面实现新突破：结合发展城乡统筹综合试验区，在落实科学发展上实现新突破；结合“建设和谐新桑梓，争做文明新市民，塑造桑梓新形象”主题实践活动，在乡风文明上实现新突破；结合社会主义新农村建设，在破除陈规陋习上有新突破；结合村“两委”换届选举，深入开展“三级联创”活动，在村基层组织建设上实现新突破；结合“八个方面”良好作风建设活动，使镇村党员干部在服务人民上实现新突破；结合小城镇建设，在服务服从重大工程建设上实现新突破。整个活动分为宣传发动、查找问题，边学边改、制定措施，巩固提高、检查验收三个阶段，将全镇广大党员干部群众的积极性引导到科学发展和新农村建设上来，以良好的精神状态、思想境界和求真务实的作风，为实现桑梓科学发展、和谐发展、率先发展贡献力量。

深入学习实践科学发展观活动动员大会会场（2009 年摄）

根据市委学习实践活动领导小组《关于开展全市第二批深入学习实践科学发展观活动的实施方案》和区委学习实践活动领导小组《关于开展全区第二批深入学习实践科学发展观活动的实施方案》文件精神，桑梓店镇党委制定并印发《关于开展深入学习实践科学发展观活动的实施方案》。按照中央和省、市、区委统一部署，桑梓店镇深入学习实践科学发展观活动面向对象主要包括机关、农村党组织、组织关系在镇域内的双管单位、企业党组织。

开展“执政为民、廉洁高效”集中教育活动，在全镇机关党员、干部，重点是镇机关领导班子、中层领导干部中开展“执政为民、廉洁高效”集中教育活动，通过悬挂横幅、张贴标语、办专题板报等形式，进行宣传发动。成立以党委副书记为组长的领导小组和 4 个工作小组，以红头文的形式制定下发活动实施方案及配档表，制定解放思想、提升境界阶段学习安排表。

2012 年，为深入学习贯彻胡锦涛总书记在十七届中央纪委第七次全会上关于保持党的纯洁性的要求，认真落实市第十次和区、镇第十一次党代会精神，全面加强新形势下党员领导干部从政道德建设，根据省、市、区纪委、组织部、宣传部的统一部署，在全镇党员领导干部中开展“恪守从政道德、保持党性的纯洁性”教育活动。同时开展以分类为基础、量化为依据的党员积分制管理工作，以年度累计得分作为考评党员“五带头”作用发挥的一项管理制度，遵循“分类积分，量化考核；严谨科学，便于操作；公开透明，确保实效；坚持标准，奖惩结合”四项基本原则。党员积分制管理主要涵盖党员分类、分值设置、积分登记、积分应用四个方面内容。同时，为进一步锤炼村干部良好作风和优秀品格，不断提升做好新形势下群众工作的能力水平，镇党委在全镇村干部中组织开展爱民教育主题实践活动。要求全体村干部要做到在思想上爱民为民、在工作上知民利民、在作风上亲民系民，建立“三本台账”，加强“四

在村干部中开展爱民教育活动动员大会会场（2012 年摄）

方面联系”，做到“五个必到”，记好“一本日记”。

2013 年起，为全面贯彻落实党的十八大和十八届一中全会精神，围绕建设服务型机关、打造服务型部门、争当服务型干部，进一步密切党群干群联系，为建设富裕文明和谐幸福新桑梓提供坚强组织保障，镇党委决定利用三年左右时间，在全镇集中开展以“为民务实清廉”为主要内容的党的群众路线教育实践活动。镇党委将党的群众路线教育实践活动作为开展各项工作的重中之重，在严格执行上级部门统一部署的基础上，立足于不同阶段的不同特点，创造性地开展工作，促使整个活动“规定动作做到位，自选动作有特色”。

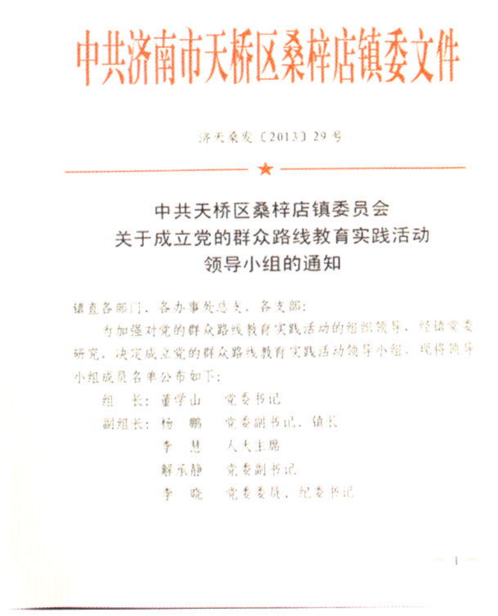
中共济南市天桥区桑梓店镇委文件

济天桑发〔2013〕29 号

中共天桥区桑梓店镇委员会
关于成立党的群众路线教育实践活动
领导小组的通知

镇直各部门、各办事处总支、各支部：

为加强对党的群众路线教育实践活动的组织领导，经镇党委研究，决定成立党的群众路线教育实践活动领导小组，现将领导小组成员名单公布如下：

组　长：董学山　党委书记
副组长：杨　鹏　党委副书记、镇长
李　慧　人大主席
解永静　党委副书记
李　晓　党委委员、纪委书记

— 1 —

成立党的群众路线教育实践活动领导小组

镇党委围绕党的群众路线的总体要求，建立健全组织机构，第一时间成立由镇党委书记董学山挂帅的党的群众路线教育实践活动领导小组，确保统一领导、分工明确、责任到人，为活动的顺利开展提供组织保障。

着重提高全镇党员干部群众的思想认识，做到思想动员“全统一”。召开党的群众路线教育实践活动片区动员大会，对全镇党的群众路线教育实践活动进行动员部署。镇机关全体人员、辖区内全体党员干部共 1200 余人参加动员大会。这是桑梓历史上首次召开全镇范围的千人党员大会。会上一并下发活动实施意见、实施方案、活动项目化管理评价办法等文件，发放《论群众路线——重要论述摘编》《党的群众路线教育实践活动学习文件选编》《厉行节约、反对浪费——重要论述摘编》等指定学习材料。两次动员大会的召开，促使全镇党员干部群众深刻领会活动的重大意义，切实将思想与行动统一到中央和上级部门党委的部署要求上来。

桑梓店镇党的群众路线教育实践活动分片动员大会会场（2014 年摄）

在上级部门指导下，镇党委聚焦“四风”严肃查摆，党委班子成员以及各级党组织均开展沟通思想、提出意见、寻求共识系列活动，达到共同提高的目的。2014 年 8 月 1 日，召开专题民主生活会，镇党政班子成员以敢于揭短亮丑、维护班子团结的觉悟开展批评与自我批评，并及时向全镇通报专题民主生活会召开情况。各村党支部专题民主生活会和民主评议会

召开党政班子专题民主生活会（2014 年摄）

有序召开，2014年9月2日，省委书记姜异康到小寨村参加小寨村党支部专题组织生活会和民主评议会，听取小寨村党支部班子成员的批评和自我批评，并对小寨村党支部的发展提出更高的要求。

党的群众路线教育实践活动的开展，促使桑梓店镇广大党员干部群众思想自觉得到明显提升，宗旨意识明显加强，对作风之弊、行为之垢进行彻底的大排查、大检修、大扫除。继而坚定不断改进工作作风的决心，激发敢于动真碰硬的勇气，弘扬一心为公的正气，在全镇大兴求真务实、真抓实干、谦虚谨慎、艰苦奋斗之风。领导责任制和领导干部联系点制度的建立，强化群众监督评价机制，进一步拓宽党群、干群联系与沟通的渠道，制度建设的长效机制得以初步确定，确保宗旨意识得到全面、持续地体现。

2015年，桑梓店镇开展“三严三实”专题教育活动。组织召开“三严三实”专题教育启动大会暨党委书记讲党课活动，对全镇“三严三实”专题教育进行动员部署，对基层党员干部践行“三严三实”提出要求。镇党政领导班子成员，机关中层干部及全体党员，48个行政村村级负责人参加党课学习。镇党委书记董学山做题为《践行“三严三实” 争做有为表率》的党课讲话，从分析当前形势入手，强调开展“三严三实”专题教育的重大意义；从立足基层一线着眼，阐述“三严三实”的丰富内涵；以问题为导向，分别深入查摆在党政领导、机关中层干部、机关党员、村级负责人四个层面的党员干部中，存在的5种“不严不实”的错误状态，即“不愿干”的消极懈怠状态、“不会干”的本领匮乏状态、“不敢干”的畏难卸责状态、“不实在”的浮躁狭隘状态、“太敢干”的肆意妄为状态；结合落实好全镇2015年“十件民生实事”，强调践行“三严三实”的具体要求；要求全镇上下坚持高标准高质量、坚持深研究细谋划、坚持有结合有氛围，确保专题教育扎实开展、取得实效，引导广大党员干部书写基层干部有为答卷。

举办“三严三实”专题教育暨党委书记讲党课活动（2015年摄）

2016年，党中央决定在全体党员中开展“学党章党规、学系列讲话、做合格党员”学习教育（简称“两学一做”学习教育），按照中央、和省、市、区委部署要求，桑梓店镇制定并下发《关于在全体党员中开展“两学一做”学习教育实施方案》，召开桑梓店镇“两学一做”学习教育座谈会，对全镇基层党组织书记及选派到村指导教育实践的党建指导员进行系统培训。利用微信平台等方式，分享《习近平总书记系列重要讲话读本（2016版）》，全镇各行政村结合“一、一、一、二”项目化管理，组织党员集中在线学习。7月1日，举办庆祝中国共产党成立95周年大会暨“两学一做”学习教育专题党课，对全镇党员干部将“定位、创新、

桑梓店镇“两学一做”学习教育专题党课会场（2016年摄）

担当、跨越”目标要求内化于心、外化于行，为开创全镇改革发展新局面提出更高要求。

2010—2016年，桑梓店镇党委连续七年召开全镇科学发展观年度总结表彰大会，以表彰在过去的一年中科学发展先进单位和个人，总结过去一年全镇重点项目建设、社会民生事业、城乡面貌变化、为民服务水平及党员干部队伍建设等工作的科学发展情况，对全镇科学发展进程中的问题和薄弱环节进行分析研判，对新的一年的工作提出具体要求。

桑梓店镇2015年度科学发展总结表彰大会会场（2016年摄）

第二节 组织工作

1984年，撤社建镇，桑梓店镇党委设置组织委员，后设组织科，负责镇域范围内各级党组织管理，党员的发展和管理以及中青年干部的培养和选拔，同时参与并指导镇机关、部门、各行政村的整党活动，提高镇域广大党员干部群众的政治素质。

1990—1995年，按照“围绕经济抓党建，抓好党建促经济”的工作思路，镇党委制定年度目标责任制，保证各项任务的完成。全镇村级党支部实行基层党支部党务工作目标责任制，要求各村党支部书记签订目标责任书，从思想建设、组织建设、作风建设、党员教育管理、发展党员工作五个方面制定目标，要求各村党支部践行。同时，对党务工作实行全方位目标化管理，使党务工作走上制度化、规范化轨道。先后开展争创全省农村党建工作先进乡镇、党支部班子达标升级、争创“五好”（好班子、好队伍、好路子、好经营体制、好制度）党支部等活动，促进以党支部为核心的村级组织配套建设。

1996—2000年，坚持以基层组织建设为重点，认真落实中共历城区委《关于加强农村党支部书记队伍建设若干规定》的相关要求，以争创“五好”党支部、实施“先锋工程”为突破口，狠抓基层班子建设和党员队伍建设，狠抓党的各项制度建设和执行。邀请济南战役地下工作者辛光为全镇共产党员上党史课，并组织三年以来新发展党员进行入党宣誓，增强党支部凝聚力、战斗力。坚持“三会一课”制度和民主集中制，调整充实部分落后村级党支部班子，狠抓领导干部的廉洁自律，开展“释民疑、帮民富、解民难、保民安”活动。为发挥党员在发展经济中的先锋模范作用，充分利用镇党校这一教育阵地，先后举办党员培训班、入党积极分子培训班、预备党员培训班、后备干部培训班。组织全镇行政村党支部书记到历城区委党校参加培训，到董家镇、孙村镇参观塑料大棚以及个体私营经济等，增强广大党员干部的党性观念，促进全镇党风、民风、社会风气的根本好转。镇党委制定争创“五好”党支部实施方案，突出抓好基层领导班子建设、党员队伍建设，特别是党支部书记配备和后备干部队伍的选拔培养工作，以争创“五好”党支部为突破口，按照“一强二高一低”标准（即一是驾驭市场经济能力要强，具有能办大事、会办难事的能力，二是政治素质要高，能真心实意为群众办事，有带领群众走共同富裕道路的强烈责任感、事业心和无私奉献的精神，三是文化程度高，党支部成员要有高中以上文化程度，四是年龄要低）调整12个党支部班子。在注重培养后备干部的同时，把其中优秀分子及时的吸收到领导班子中来，保证每个党支部有1～2名较年轻的成员，在全镇形成能上能下的管理体制。截至1998年年底，全镇有8个党支部被评为先进党支部，16个党支部达到“五好”党支部标准，24个党支部达到“四好”标准，8个党支部达到“三好”标准，有9人被评为区级模范共产党员，有120名党员被评为镇级模范党员。在村级党组织中实施“固垒工程”，加强对村级党员干部的培训力度，邀请省、市、区领导和相关专家进行法律、农村农业等专题报告，参训人数达到2000余人次，完善村级管理制度，为包括高王、桑梓店、小马、田家等在内的20余个村设立正规的党员活动室，规范议事程序，全镇40余个村实行规范化管理，使得村级各项事务的决策程序化、民主化。全镇各级党组织将“讲学习、讲政治、讲正气”放在突出位置，党性党风党纪得到进一步提升。

2001—2004年，继续在全镇村级党支部中深入实施“固垒工程”。抓村干部培训工作，培训内容做到有针对性，开展政策法规教育，宗旨观念教育，实用技术培训等，形式做到灵活多样，以先进村为基地，启发教育村干部，以镇党校为阵地，培训提高村干部。共举办培训班3次，培训干部400多人次。着力提高村党支部班子建设。首先是调整充实部分村党支部班子，改善村干部的年龄结构和文化层次，其次建立民主评议制度，由村民代表每年2次民主评议村干部，评议不称职的由镇领导同其谈话诫勉。同时，注重加快农村基层工作的制度化、民主化、法制化进程。制定下发《村级规范化管理细则》，建立起核心突出、程序规范、协调高效的运行机制。进一步健全党支部与村委会的议事规则和决策程序，坚持先党内后党外和村民议事会制度。切实抓好村务公开制度的落实，通过村务公开，密切党群、干群关系，增强村组织的凝聚力。开展农村基层组织建设“三级联创”活动，将基层党组织建设摆在突出位置，成立“三级联创”活动领导小组，对照“五个好”村党支部标准，对全镇48个行政村党支部进行认真调查摸底，突出抓好班子和党员干部队伍建设，强化中心意识，完善村级规范化制度建设，使得全镇基层党组织的凝聚力、战斗力进一步增强，党员干部队伍整体素质明显提高，有效推进全镇两个文明建设的快速发展。

2005年，成立桑梓店镇农村党员干部远程教育管理站，管理站主要任务是负责全镇接收站点的设备维护、组织教学活动，联络协调教育工作，进行有关信息的反馈，负责抓好各办事处联络员的督导及各村党支部远程教育目标的落实，并对责任目标落实情况进行考核，负责全镇各村级站点管理人员的管理与培训，以及各村级站点的档案管理工作，负责指导村级接收站点的高度的落实，负责完成区远程教育中心布置的各项工作任务。时张峰任站长，吴晓强任副站长，张志高、王吉勇、李洋三位同志任工作人员。镇党委把党员队伍建设作为加强党的建设的重要一环来抓，制定党员学习教育培训计划，以镇党委为阵地，以党员现代远程教育网络为依托，大力开展党员教育工作，大胆探索，对党员采取“设岗定责”“结对帮扶”“分类管理”“党员示范户”“为民代理服务制”等措施，加强党员管理，促进党员履行义务，发挥先锋模范作用。按照“坚持标准，保证质量，改善结构，慎重发展”的方针，探索在青年农民、致富能手中培养入党积极分子，改善农村党员队伍的年龄结构、文化结构和知识结构，严格组织程序，做好党员纳新工作，五年共发展党员209名，壮大党员队伍，并较好地保持党员队伍先锋队的本色。

2007—2010年，为深入扎实地开展农村基层组织建设“三级联创”活动，促进农村干部管理工作制度化、规范化、建设一支高素质的农村干部队伍，镇党委制定并印发《桑梓店镇农村干部规范化管理暂行办法》，着重加强村级班子建设。抓住深入贯彻落实科学发展观的有利契机，推动党员教育培训工作。开展形式多样的党员教育活动，推荐优秀干部和储备干部到区委组织部参加培训，利用现代远程教育每年组织全镇各党支部1134名党员参加培训活动，参训率达95%以上，促使党员学科学、用科学，带动群众致富。开展基层党建示范点创建工作，加大对难点村的整改力度，及时调整充实各村“两委”会的领导班子，做好大学生村官、村党支部书记、A级管理法政治指导员的管理与服务工作，扎实做好村级组织活动场所的建设，改善基层党组织的硬件环境，共建成村级组织活动场所29个，镇级财政投入260余万元。深入开展“创先争优”活动、“深入基层、服务群众”活动，强化服务意识，转变工作作风。2007年9月28日，桑梓店镇第九届村“两委”换届选举工作正式开始。根据各行政村的实际情况，村党支部和村民委员会换届选举工作分为两个批次进行，镇党委将村“两委”换届工作作为一切工作的重中之重，周密部署，严格程序。集中精力抓培训、深入基层抓村情民意的调查摸底，综合分析制定镇村工作方案，严格程序，精心运作，稳妥推进。通过认真周密的工作，达到预期目标，按期换届率和一次性成功率均达到100%，选民参与率达到98.7%，三高三强型干部突显，赢得镇村干部和广大群众的认可，为今后三年的发展奠定坚实的组织基础。严格执行党风廉政建设责任制和领导干部廉洁从政的各项规定，推广“一报四议两公开”工作法及村干部规范化管理，层层签订廉政建设责任书，保持党员干部勤政廉政形象。加强机关干部作风建设，坚持和完善工作目标管理责任制和下村联系制度，增强干部的竞争与责任意识，强化公仆意识，定期开展党建工作情况检查评比，召开组织生活会，组织党员美化环境、走访贫困户等活动，有序开展发展党员的工作，将各条战线上的优秀人才培养发展到党的队伍中，五年共发展党员130名，培养入党积极分子412名，为党输送新鲜血液，提升组织的战斗力。在优化全镇各级党组织结构基础上，为深入贯彻党的十七大和十七届三中、四中全会精神，认真落实中央和省、市、区委关于加强基层党建工作的部署要求，以改革创新精神全面推进全镇基层党的建设，充分发挥村级党组织推动发展、服务群众、凝聚人心、促进和谐的作用，根据中共天桥区委《关于实施村居党建“A级管理法”的意见》文件要求，镇党委制定并印发《关于村居党建“A级管理法”的实施方案》，量化考核目标、严格程序标准，对村级党建等各项工作进行动态考核管理，切实达到“以考核促管理，以管理促提升”的目标要求。同时，镇党委制定并印发《关于在全镇基层党组织和党员中深入开展创先争优争做桑梓先锋活动的实施意见》，要求各党支部和党员围绕落实“五个好”“五带头”的基本要求，本着有利于党组织开展活动、有利于党员参加、有利于活动取得实效的原则，在继续深化实施村居党建“A级管理法”、不断完善“三日两点一评”“三票两推一定”等基层党建工作管理机制的基础上，争做“带富先锋”“服务先锋”“敬业先锋”“兴业先锋”。

召开实施村居党建“A级管理法”动员大会(2009年摄)

2011年，为贯彻落实市委、区委部署，进一步推动新时期党的群众工作创造性开展，发挥农村各级党组织和党员干部的主观能动性和战斗堡垒作用，结合“创先争优”活动，在全镇集中开展“深入基层、服务群众”主题实践活动。主要采取“两贴近、三服务”的形式，着力解决群众利益诉求、保障改善民生、为群众办实事等方面的问题，把“群众工作就是为人民群众办实事的工作”的核心要求落到实处。是年3月，桑梓店镇召开第十届村“两委”换届选举动员大会，经过近两个月的精心组织、主动工作，5月底，全镇村“两委”换届工作圆满结束，按期换届率和一次性成功率均达到100%，选民参选率达到98.7%。全镇48个行政村选举产生新一届村党支部委员160名，其中女性委员10名；村委会委员146名，其中女性委员48名。村“两委”成员交叉任职人员212名，高中学历以上干部占56%。

召开村“两委”换届选举工作动员会（2014年摄）

2012—2014年，在全镇党员中开展以分类为基础、以量化为依据，并以年度累计得分作为考评党员“五带头”作用发挥的积分制管理，遵循“分类积分、量化考核；严谨科学、便于操作；公开透明、确保实效；坚持标准、奖惩结合”四项基本原则。根据党员分类、分值设置、积分登记、积分应用四个方面内容，分别制定桑梓店镇镇直党支部党员、村级党支部党员、“两新”组织党员日常行为积分细则。为进一步规范和完善农村基层党务、村务、财务“三公开”工作，增强农村各项事务、工作的透明度，促进农村稳定，维护集体资产和群众利益，密切党群、干群关系，拓宽民主监督渠道，扎实推进全镇农村党风廉政建设工作的深入开展，特制定党务、村务、财务“三公开”机制，以党务公开为龙头，统筹推进村务公开和财务公开，规范权力运行。制定村干部“千分制考核”标准体系，确定考核结果作为村党支部书记、村委会主任、村文书绩效工资的重要依据。为进一步提高全镇村级组织运行制度化、规范化、科学化水平，充分发挥村级组织推动发展、服务群众、凝聚人心、促进和谐的战斗堡垒作用，在全镇各行政村中推行“一报四议两公开”工作法。凡是村级重大事务以及与群众切身利益相关的事项，村级党组织在决策实施前必须向镇党委书面报告；报告事项经镇党委批准后，本着先党内后党外、先党员后群众的原则，按照党组织会议提议、“两委”会议商议、党员（代表）大会审议、村民（代表）会议决议的程序进行集体研究；要求决议结果公开、实施结果公开。召开第十一届村“两委”换届选举动员大会。此次村“两委”换届，全镇48个行政村共选出党支部成员159名，同时选派挂职“第一书记”2名，机关干部兼任村党支部书记2名、副书记1名；共选出村委会成员146人，其中党员69人；两委成员连选连任167人，交叉任职43人，村党支部书记、村委会主任“一人兼”14人。

2015年后，为全面加强新常态下农村党支部书记和党员队伍建设，强化党员干部宗旨意识、大局意识、责任意识、奉献意识，打造讲政治、守信用、有本领、敢担当的农村党支部书记和党员队伍，不断提升农村党建科学化水平，镇党委制定并印发《关于进一步加强农村党支部书记和党员队伍建设的实施意见》，对农村党支部书记实行“一、二、一”项目化管理，实现交流、述评、考核三个常态化；对农村党员队伍实行“一、一、一、二”项目化管理，实现组织生活常态化。5月29日，镇党委组织召开“三严三实”专题教育启动大会，要求专题教育从5月份开始，各级党组织同步进行，不分批次、不分阶段、不设环节。6 月 2 日，为营造解放思想、干事创业的良好氛围，在“三严三实”专题教育中，镇党委结合专题学习研讨，在全镇机关干部和村级负责人中开展“讲政治、树正气、善服务、重落实，我该怎么办”解放思想大讨论。12 月，联系重庆市委党校，带领机关中层干部和村党支部书记走出去开展教育培训，突出理想信念教育和专业能力提升，解决干部队伍能力恐慌、知识不足的问题，强化干部队伍全心全意为人民服务的宗旨意识，进一步提升全镇干部队伍的规矩意识和履职能力，取得积极效果。

截至 2016 年 9 月，桑梓店镇党委组织科共有 3 人，其中设置科长 1 人，工作人员 2 人。

历任党委组织委员（组织科长）

孟吉顺 1951 —1952
刘成力 1952 —1956
孙培法 1957 —1958
井宜池 1958.10—1965.05
李连升 1965.06—1977.12
絮忠民 1978.01—1985
徐春福 1985 —1988.11
崔德才 1988.11—1990.01
赵逢勤 1990.01—1991.03
谢荣合 1991.03—1993.02
李成才 1993.02—1996.07
陈天峰 1996.07—1998.12
吕 东 1998.12—2004.03
李兴初 2004.03—2008.04
解承静 2008.11—2012.02
崔 鹏 2012.02—2013.04
王春素 2013.07—2016.07
韩 洁 2016.07—

桑梓店镇组织科科长韩洁（2016 年摄）

第三节 宣传工作

宣传工作是党组织的重要工作之一。随着中国共产党的不断发展壮大，宣传工作重点也在随之不断变化。

新中国成立初期，桑梓店人民公社党委设置宣传委员，党的宣传工作主要进行七个方面：组织开展大规模的“抗美援朝，保家卫国”宣传活动；深入开展土地改革运动宣传，保证土地改革运动顺利进行；宣传“镇反”政策及其重要性；采取各种形式宣传“三反”“五反”内容；宣传《中华人民共和国婚姻法》，提倡男女平等，反对封建买卖婚姻，提高妇女地位；宣传《宪法》，了解公民基本权利和义务；宣传社会主义改造的方针、政策，消除社会主义改造的各种思想障碍。

1958—1976 年，先后开展“鼓足干劲，力争上游，多快好省地建设社会主义”总路线的宣传，中央调整经济战略和以“农业为基础”方针的宣传，学习毛主席著作、学习解放军、学习雷锋、学习焦裕禄先进事迹的宣传，突出“阶级斗争”和“无产阶级专政”的宣传，揭批“四人帮”反革命罪行的宣传等活动。

党的十一届三中全会之后，重点宣传“一个中心，两个基本点”，即“坚持以经济建设为中心，坚持四项基本原则，坚持改革开放”的宣传。

1984 年，撤社建镇，桑梓店镇党委设宣传办公室，配备专职宣传委员，主要负责中央、省、市、区方针政策以及桑梓店镇各项工作开展的宣传和通讯报道工作。

20 世纪 90 年代，深入开展“文明在桑梓”等活动，开展理想、道德教育和学习英模活动，助人为乐、健康向上的社会风尚和无私奉献的精神在全镇得以发扬。

2000 年后，党的十六大将“三个代表”重要思想同马克思列宁主义、毛泽东思想、邓小平理论确立为我党必须长期坚持的指导思想，宣传工作紧紧围绕“中国共产党要始终代表中国先进生产力的发展要求，始终代表中国先进文化的前进方向，始终代表中国最广大人民的根本利益”为中心开展。在全镇范围内开展“文明单位”“文明村”“十星级文明户”“文明一条街”等精神文明创建活动，提高广大群众的思想道德水平。争取各包村部门、单位的支持，筹集资金 50 余万元，在全镇 32 个村开展文明一条街的建设，总计安装路灯 400 余盏，硬化街道 5 条 13 万元多平方米，栽植绿化树木 5000 余株，粉刷标语口号 400 余条，安装建设器材 60 余件，改善群众的生产、生活环境。是年，桑梓店镇被评为“市级文明一条街建设先进单位”称号。镇党委结合第三批保持共产党员先进性教育活动，开展“建设和谐新桑梓，争创文明新市民，塑造桑梓新形象”主题实践活动，制定《市民文明公约》《文明市民基本条件》以及《文明户基本条件》。

2007 年以来，镇党委认真贯彻落实《公民道德建设实施纲要》，开展社会主义荣辱观教育，大力宣扬公民基本道德规范。组织群众开展以爱国、守法、诚信和社会公德等为主要内容的现代农民教育，努力培养新型农民。加大对农村黄赌毒等丑恶现象的打击力度，破除愚昧、迷信，移风易俗，形成良好的社会风尚。通过开展“文明户”“诚信户”等创评活动，树立“十星级文明户”“模范村民”等先进典型来引导农民群众崇尚科学。抵制迷信，树立科学、健康、文明的生产生活方式。群众素质得到整体提升，全镇形成遵纪守法、尊老爱幼、人心向上的良好风气。党的十七大召开，宣传工作以宣传党的十七大精神为主，重点进行实践科学发展观宣传，以促进文明和谐新农村建设。

2011 年，按照中共天桥区委组织开展的第二届“全民学习节”活动要求，策划组织和实施各项特色活动，取得很好的效果。利用清明节假期组织全镇机关工作人员参观济南战役纪念馆。通过参观革命历史遗迹，进行革命传统教育和爱国主义教育，提高思想觉悟，提升精神境界。进一步增强党员干部特别是年轻一代对革命历史的理解，加深爱国爱党的思想意识。以“传承五四爱国志、奉献青春促和谐”为主题，在全镇范围内举行“青春颂歌”诗歌朗诵会、“青春建功新农村、奉献和谐新桑梓”主题演讲比赛和青年志愿者系列服务活动。“六一”儿童节期间依托各中心小学举办丰富多彩的文艺活动，反映少年儿童良好的精神风貌。为隆重纪念党的 90 周年华诞，进一步加强全镇党组织和党员队伍建设，营造敬业爱岗的良好氛围。集中开展收看胡锦涛总书记七一讲话，集中慰问走访困难党员，红歌演唱比赛，“红色经典影片巡演周”等活动。在端午节期间以“浓浓粽香飘端午”为主题，开展第二届“端午的由来”趣味知识竞赛。通过开展“全民学习节”主题活动，创新工作模式，优化学习平台，打造发

举办“庆七一，红歌大家唱”文艺活动（2011 年摄）

展品牌，充分调动干部群众的积极性和创造精神，着力提高人民群众的文明程度，为全镇经济社会平稳较快发展提供强大的精神动力和思想保证。

2012年，围绕“春风行动”农民工招聘会、济南“北跨”、建邦大桥308、309连接线通车以及城乡环卫一体化等四个重点工作，在电视台、报纸等多家媒体进行全面宣传报道。在中共天桥区委宣传部举办的“聚焦经济发展”好新闻大赛中，镇宣传科推荐的《千亩撂荒地变身莲藕园》荣获三等奖，并在济南日报上刊登。大力开展群众性文化体育活动，继续实施“送电影下乡”工程，丰富群众的业余文化生活。各村自发组建群众文艺队伍，把党的各项方针政策，把各行业的先进事迹和发生在群众身边的事例编进他们的节目，以群众喜闻乐见的形式到村社院落、田间地头去表演，深受农民群众的欢迎。

开展“迎中秋、诵经典、赞桑梓”诵读活动（2012年摄）

2013年，全镇开展“四德”工程建设，深入开展“我们的节日”主题活动。在清明节期间，开展“文明祭扫”活动，倡导人们用鲜花、文章等文明方式祭奠亲人，移风易俗，树立文明风尚，爱护我们的环境。在国庆节期间，开展国情、镇情教育，观看新中国成立周年大庆，参观改革开放成就展，进一步继承和发扬以爱国主义为核心的民族精神和以改革创新为核心的时代精神，团结凝聚各级广大干部群众的力量，投身到我镇经济社会建设中。在春节元宵节期间，开展中华传统文化活动，教育引导广大干部职工群众感恩党、感恩父母、感恩师长、感恩社会、感恩大自然，增强民族凝聚力，密切人与人、人与社会、人与自然的关系，促进社会和谐进步；开展城乡志愿者服务活动。组织广大志愿者参与普及文明礼仪、维护社会秩序等社会志愿服务活动。深入开展“慈善一日捐”“春蕾行动”“助残行动”“法律援助计划”“爱心助成长”等活动，号召大家人人关爱他人、情注公益、奉献社会。号召组织镇域广大青年参加“文明倡导青年志愿者”队伍，宣传普及文明礼仪知识，倡导文明行为，劝导不文明行为，做文明的火种，促进社会主义精神文明发展。在各行政村组织开展道德评议活动，对发生的不道德、不文明的事和人进行揭露批评和教育劝导，大力弘扬中华民族的传统美德，破除封建迷信和各种陈规陋习，引导居民群众养成文明、健康、科学的生活方式。开展《山东省公民基本道德行为40则》普及行动，与机关文化、企业文化、校园文化、街道文化等文化建设结合起来进行。深入开展“实施农村文明信用工程”“文明信用企业”等诚信建设活动，培养人们的诚信意识，引导人们以正确的态度对待工作、对待职业。利用母亲节、父亲节、老人节等爱老敬老节日，号召社会家庭成员为父母办实事、尽孝心，改善父母的衣食住行，给父母更多的关爱，在全社会形成爱老敬老的浓厚风气。同年，镇党委宣传科按照中共天桥区委宣传部关于新闻宣传工作的安排部署，以完善一整套新闻宣传工作制度为抓手，重点围绕项目建设、特色农业、民生事业、开展迎十艺节系列活动及全镇日常工作等进行宣传报道。始终将新闻宣传工作作为党委的重要工作来抓。为切实将新闻宣传工作抓实抓好，发挥宣传工作的喉舌作用，成立以党委副书记任组长、分管领导任副组长、各部门、办事处相关工作人员任信息员的新闻宣传工作小组，负责工作信息及舆情信息的采集、撰写工作。宣传科通过定期组织信息员接受信息工作培训、召开新闻宣传工作交流座谈会、开展信息报送评比等活动，不断提升信息员素质，形成一支坚持和谐向上宣传基调、新闻敏感度日益提升、信息写作能力日益增强的优秀新闻宣传工作队伍。以实现新闻宣传工作的制度化、规范化为目标，研究制定《桑梓店镇信息报送工作制度》《桑梓店镇信息工作培训教程》等系列文件，分别从信息员的工作职责、工作任务、报送程序、报送要求、考核标准等方面做出细致明确的要求，在信息的分类、采集、写作技巧及随附照片的要求等方面给予详尽具体的指导。全年共发布政务信息 386 篇，区政府门户网站信息上报数量有新的突破，在中央、省、市级新闻媒体及生活类媒体共计发稿 80 篇，提前并超额完成全年新闻媒体发稿工作任务，获“全区新闻宣传报道工作先进单位”。所上报舆情信息及舆情分析，被省级采用 11 篇，市级采用 17 篇，区级采用 29 篇，荣获“全区舆情信息工作先进单位”。党建调研信息也实现新进展，各镇属办事处紧紧围绕学习贯彻党的十八大和十八届三中全会、党员队伍教育管理、群众路线教育实践活动前期准备等工作及时全面报送信息，在服务基层党建大局中发挥作用。

召开学习贯彻十八届三中全会精神暨宣传思想工作会议（2013 年摄）

《桑梓》首发仪式（2014 年摄）

2014 年，《桑梓》内刊出版，以“园区发展、桑梓振兴、造福人民、勇于担当”为办刊宗旨，以实事求是为办刊原则，大力宣传济南新材料产业园区与桑梓店镇政治、文化、经济、生态环境建设，宣传发展中取得的成绩，吸取优秀先进的经验。《桑梓》成为镇党委、政府各部门交流学习的平台，是党员群众增强党性觉悟、提高自身修养的课堂。截至 2016 年 9 月，《桑梓》内刊共发行 33 期，共计印刷 10560 册，对于提高全镇舆论宣传工作水平、丰富干部群众文化生活产生重要的推动作用，成为服务园区建设、推动跨越发展的有力抓手。

《桑梓》内刊（2016 年摄）

2014—2015 年，连续制作《奋力跨越 造福桑梓——桑梓店镇跨越发展工作纪实》《前进中的桑梓之乙未足迹》工作纪实片，凝聚全年全镇经济社会建设成果，提升全镇各级干部群众干事创业积极性。

截至2016年9月，桑梓店镇党委宣传科共有4人，其中设置科长1人，副科长1人，工作人员3人。

历任党委宣传委员（宣传科长）

何光银　1951　—1957

李金忠　1965.06—1970.12

张晓荣　1978.01—1981.08

李善贤　1981.08—1987.04

张德胜　1987.04—1989.08

于连奎　1989.08—1993.03

陈天峰　1993.03—1996.07

马兆成　1996.07—1999.03

郑学诗　1999.03–2001.06

李　慧　2001.06—2005.02

李兴初　2005.04—2008.04

解承静　2008.11—2012.02

崔　鹏　2012.02—2013.04

王春素　2013.07—2015.06

韩　洁　2015.06—2016.07

王　顺　2016.07—

桑梓店镇宣传科科长王顺（2016年摄）

第四节　纪律检查工作

20世纪70年代初至80年代初，桑梓店人民公社党委设置纪律检查委员负责纪律检查工作。后由公社党委1名副书记兼管。1984年撤社建镇后，镇党委设纪律检查委员负责纪律检查工作。1988年，设立镇监察室，配备3名专职人员，主要负责清理公款私用现象，制定本单位各项规章制度，加强法制教育。1989年，中国共产党桑梓店镇纪律检查委员会成立。1993年后，纪委、监察合署办公。

桑梓店镇纪委主要职责是督促基层党组织和党员干部遵守党章和其他党内法规，检查党的路线方针政策和决议、决定在农村基层的执行情况，协助镇党委加强党风廉政建设和反腐败工作。在全镇范围内，开展党员干部反腐倡廉教育，对党员干部行使权力和廉洁自律情况进行监督，受理群众信访举报，调查处理党组织和党员违纪案件，受理党员的控告和申诉，保障党员权利，指导村务监督机构的工作，完成上级纪检监察机关交给的其他工作任务。对各项强农惠农政策和便民利民措施落实情况进行监督检查，督促指导基层党务公开、政务公开和村务公开工作，对农村集体资金、资产和资源管理等实施有效监督，加强廉政文化建设，对镇领导班子成员、镇站所和服务中心、村级组织负责人进行监督，严肃查处损害群众利益的违纪违法案件，保证农村基层干部廉洁履职。

桑梓店镇纪委认真贯彻执行党的路线方针政策，认真贯彻落实中央、省、市、区纪委会议精神，紧紧围绕全镇中心工作，服从服务于改革、发展、稳定大局，坚持以科学发展观为统领，以构建惩防体系为主线，以反腐倡廉建设为根本，为全镇的政治、经济、文化、社会发展提供有力的纪律保证。

1990年，针对党员在开放、搞活和治理整顿、深入改革中存在的思想问题，采取上党课、举办学习班、轮训班、开展"党员大讨论"、组织收看党风党纪教育录像片等多种形式，对党员进行党性、党纪教育。协助党委建立党内监督制度、民主生活会制度，加强党内监督，认真处理来信来访。结合全镇实际制定《干部廉洁勤政，包片包村制度》《群众参政议政制度》《党政主要领导接待日制度》《群众监督制度》《群众评议干部制度》《干部政绩考核制度》等规章制度，把廉政建设同抓制度建设结合起来，推动廉政建设的深入开展。

1991—1995年，在全镇开展党规党法教育活动，教育活动学习内容涵盖《关于共产党员领导干部犯严重官僚主义错误党纪处分的暂行规定》《关于共产党员和党的组织参加动乱和反革命暴乱活动党纪处分的若干规定》《共产党员在经济方面违纪党纪处分的若干规定》以及《关于共产党员违反计划生育政策法规党纪处分的若干规定》等在内的八个专题，在全镇党员干部中进行教育，成效明显。举办各种形式的学习班9期，观看党风党纪教育电影、录像片6场，培训基层党组织骨干和支部成员。利用上级纪委有针对性的正反两个方面的简报进行党风党纪教育，通过教育提高广大党员和基层党组织的政治素质，端正党风，促进全镇两个文明建设，提高广大党员的先锋模范作用和基层党组织的战斗堡垒作用。开展“廉洁勤政双十模范”评选活动，并以该活动为契机，对全镇党员干部加强教育和管理，提高党性觉悟，在全镇掀起学先进、赶先进、争当廉洁勤政模范的热潮，促进全镇各项事业健康发展。

1996—2000年，以党的十四届五中、六中全会和中纪委八次全会及国务院第五次反腐败工作会议精神为指针，以贯彻《中国共产党领导干部廉洁从政若干准则（试行）》为依据，在全镇领导干部中开展“廉洁自律”活动，制定并印发《关于在全镇领导干部中开展“廉洁自律”活动的实施意见》红头文件，要求全镇党员干部要廉洁奉公，忠于职守，要严防商品交换原则侵入党内政治生活和国家机关的政务活动，要遵守公共财务管理和使用的规定，禁止假公济私、化公为私，要遵守组织人事纪律，严格按照干部选拔任用工作的制度办事，要对涉及与配偶、子女、其他亲友及其身边工作人员有利害关系的事项奉公守法，要艰苦奋斗、勤俭节约。在全镇党员干部中开展“党纪政纪教育年”活动，通过集中和分散的系统教育，使广大干部重温党纪政纪的有关知识，明确行为规范，晓之利害关系，增强遵纪守法意识，廉洁勤政，做改革和经济建设的带头人。通过开展“廉洁自律”活动，提高全镇领导干部的政治素质，增强组织纪律观念。制定并印发《关于建立科级干部廉政档案的规定》，规定建立廉政档案的干部范围包括党政办正副主任、各镇属办事处总支书记、镇属办事处正副主任、镇直部门正副职干部。廉政档案记录的主要内容包括监督对象基本情况登记表，经济收入情况申报表，家庭财产申报表，公务活动中收受礼品登记表，个人及家庭重大事项请示报告表，奖惩情况登记表，群众举报情况摘录表，廉政谈话记录，提拔任用干部廉政鉴定表。廉政档案的管理及收集办法分为三个方面。一是档案由纪委监察室统一管理，二是向单位或个人收集的党风廉政档案材料必须由纪委监察室或组织科人员统一收集，三是对不按规定报告或者不如实报告有关规定的视情节轻重做出处理，并纳入党风廉政档案。科级干部廉政档案的建立，督促科级干部廉洁自律，充分发挥纪检监察机关监督、保护干部的职能作用，为党委考察、考核、提拔任免干部提供及时可靠的廉政依据，为有群众反映的科级干部向领导提供廉政谈话依据，并且为每年评选党风廉政建设先进个人提供廉政依据。制定并印发《党风廉政建设和反腐败工作意见》，从加强党员干部思想教育、落实党风廉政建设责任制、推进领导干部廉洁自律、纠正部门和行业不正之风、查处违纪案件以及加强纪检人员自身建设六个方面提出新的要求，增强全镇党员干部的党性观念，提高政治素质，筑起廉洁自律的思想防线，取得全镇党风廉政建设和反腐败斗争的新成效。

2001年起，着重加强领导干部廉洁自律工作，增强领导干部拒腐防变意识，完善学习、接待等制度，制定党风廉政建设责任制等项规定，镇党委、政府主要领导与各班子成员签订党风廉政建设目标责任书，并对落实情况进行定期对照检查。坚持教育为主，从源头上预防腐败现象的发生，在广大党员干部中大力开展学党章和警钟长鸣等活动，学习省、市、区有关党风廉政建设的指示精神和规定，正面人物和反面案例相结合，对党员干部进行直观教育。从严治党，严肃查处违纪案件，自1999年至2001年，共处分违纪党员10人，开除党籍1人，接待来信来访60多人次，解决突出问题，维护全镇稳定。同时注重抓好行风建设，促进经济发展，重点强化服务意识、扩大服务范围、优化服务质量、提高管理人员素质等，充分发挥人民群众监督作用，借助社会力量纠正行业不正之风，对全镇执法和服务职能部门进行民主评议，促进窗口单位行风建设。加强和改进党风廉政宣传教育，重点抓好三项教育：①深入开展以学习党的十六大报告和党章为重点，以“三个代表”重要思想为主要内容的保持党的先进性教育。②开展以“艰苦奋斗，廉洁勤政”为主题的教育。③继续开展党纪条规和正反两方面典型教育。严格执行党风廉政建设责任制，切实抓好工作落实。在镇党委统一领导下，充分履行组织协调职责，加强监督和考核。高度重视信访，查处违纪案件，确保农村稳定。加强行风建设，要求各部门、各村进一步转变思想观念和工作作风，规范教育收费，减轻农民负担。在全镇党员干部中深入开展“艰苦奋斗、廉洁从政”为主题的教育活动。活动分为三个阶段：第一阶段为学习阶段，集中时间有计划地组织广大党员干部深入系统学习，搞好正反两方面的典型教育。第二阶段为对照检查和整改阶段，要求领导干部按照“八个坚持，八个反对”的要求，认真查找在理想信念方面存在的问题，制定整改措施，尽快解决。第三阶段为总结评比阶段，表彰先进、树立典型。

2006年后，重点加大党风党纪制度的建设和完善工作，制定并印发《关于加强村干部廉洁自律工作的意见》，进一步加强基层组织建设，规范村干部的从政行为。制定并印发《关于设立村级纪检员的工作意见》红头文件，在全镇48个行政村设立村级纪检员。纪检员要求政治素质高、工作能力强、廉洁自律、作风正派、有一定威信、热心纪检监察工作。村级纪检员在全体党员中产生（原则上村党支部书记、村主任、村文书不得兼任），实行“两推一核”，即村民代表推荐、党员推荐，镇党委考核合格后，经镇纪委培训，方可正式上岗并履行监督职责。新任村级纪检员任期与村党支部同届，每年进行一次考核，考核称职的纪检员享受村党支部委员报酬。村级纪检员的主要职责包括对镇党委、政府的决定和工作部署在本村的贯彻落实情况进行监督，协助村党支部抓好党风廉政建设，建立健全党风廉政建设和反腐败各项工作制度、工作计划、实施方案，对党员干部执行廉洁自律情况实施监督，向村党支部和镇纪委反映党员及党员干部违规违纪问题，接待群众来访，并向村党支部和镇纪委及时反映，协助化解矛盾，协助上级纪委监察机关处理党员违纪案件，督促并检查村务、财务公开工作，督促村级干部开展年度述职述廉及评议工作，监督村集体资产、资源和资金的管理、处置和使用，每半年向镇纪委汇报一次工作开展情况。镇党委对村级纪检员进行统一培训，提高其政策水平和业务能力，建章立制，确保村级纪检员在桑梓经济发展和社会稳定工作中发挥作用。

2010年，根据中共天桥区委《关于在全区开展“执政为民、廉洁高效”集中教育活动的意见》，结合实际制定并印发《关于在镇机关开展“执政为民、廉洁高效”集中教育活动的实施方案》。在解放思想、提升境界阶段，开展学习型机关创建活动，通过集中学习，采取座谈讨论、演讲比赛、干部论坛、考卷问答等形式展开大讨论，并撰写读书笔记和心得体会。在查摆剖析、解决问题阶段，以“集中体验周”“换位体验日”为载体，开展“八个一”换位体验活动以及反腐倡廉集中警示教育活动，解决一批实际问题。在总结提高、建章立制阶段，建立完善长效机制，表彰先进、树立典型。

开展“执政为民、廉洁高效”集中教育活动动员大会会场（2010年摄）

2011年，镇纪委精心组织，密切配合，加强对重大决策部署贯彻落实情况的监督检查。紧紧围绕“转方式、调结构、促增长、惠民生、保稳定”重点工作，对重大决策部署的贯彻落实情况加强监督检查，确保各项决策部署落实到位。开展工程建设领域突出问题专项治理，对重点工程和重点项目建设加强监督检查。开展违法违章建设专项检查，对相关责任人依法给予处理。开展对强农惠农政策落实情况的专项检查，确保各项惠农政策落实到位。开展“小金库”专项治理，根据要求对全镇“小金库”情况进行自查。加强镇、村换届选举工作纪律执行情况的监督检查，认真组织学习“5·17·5”换届纪律，全体机关人员和村“两委会”成员参加换届纪律知识测试，签订《严守换届纪律承诺书》。参与严肃换届纪律督导工作，加强对换届选举各环节的监督，及时受理群众反映的有关问题，确保换届选举风清气正。

组织全体机关人员和村“两委”成员参加换届纪律知识测试（2011年摄）

2012年，桑梓店镇纪委高度重视党风廉政建设责任制工作，认真贯彻新修订的《关于实行党风廉政建设责任制的规定》，健全完善反腐倡廉领导体制和工作机制，形成镇党委统一领导、党政齐抓共管、纪委组织协调、部门各负其责、依靠群众支持和参与的良好局面。把落实党风廉政建设责任制纳入全镇经济社会发展总体规划，统一部署，统一实施。镇党委书记认真履行第一责任人的职责，以身作则，严于律己，带头执行领导干部廉洁从政的各项规定，大力支持纪检监察工作，定期听取反腐倡廉工作报告，坚持民主集中制，严格执行党员监督各项制度，领导班子其他成员根据分工对自己职责范围内的党风廉政建设情况进行分析研究，具体指导，狠抓落实。根据全镇重点工程较多这一特点，主要抓好重点工程涉及的部门、村负责人的责任落实，从源头上预防腐败，保证广大党员干部做到廉洁从政。

2013年，开展“做党的忠诚卫士，当群众贴心人”主题实践活动，要求党员干部始终做到行动早于一般干部，标准高于一般干部，觉悟严于一般干部。深入开展“增强制度意识、争做执行表率”活动，加强制度宣传教育，营造执行制度良好氛围，通过宣传教育，使广大党员干部领会制度精神，熟知制度内容，不断增强制度意识，牢固树立按制度办事的观念，养成自觉执行制度的习惯，把制度转化为党员干部的行为准则、自觉行动。进一步抓好纪检监察系统“五项制度”的贯彻落实，不断完善工作机制。每月上报信息和纪检监察工作动态，全面完成工作目标，为桑梓店镇的经济建设提供有力的政治保障。

桑梓店镇党风廉政建设暨信访维稳工作会议会场（2014 年摄）

2014 年，认真贯彻落实《党员领导干部廉洁从政若干准则》。组织全镇机关人员进行学习并通过考试。通过学习教育，党员干部深刻领会到 8 个方面 52 个“不准”的要求，提高廉洁自律的自觉性。认真贯彻《关于严格禁止利用职务上的便利谋取不正当利益的若干规定》，坚决纠正各种利用职务便利谋取不正当利益的行为。开展清理评比达标表彰活动，对党政机关举办庆典、研讨会、论坛活动进行清理摸底，进一步促进党风政风建设。完善廉政档案、廉政鉴定、廉政谈话制度。坚持每年对全镇部门以上负责人开展廉政谈话，聘请 48 名党风廉政建设监督员，48 个行政村建立村务监督委员会，拓宽监督渠道，每年组织村干部向村民述职述廉，接受群众评议，从而促进党员干部廉洁勤政。强化各行政村党员干部廉洁自律工作，制定并印发《关于进一步加强村干部廉洁自律工作的意见》《关于进一步规范村务公开、促进民主管理、加强农村基层党风廉政建设的实施方案》《农村财务管理六项制度》等文件，提高村干部的廉洁奉公意识。坚持每年开展一次反腐倡廉主题教育活动，将廉政教育列入干部培训计划，强化对党员干部的宗旨教育、示范教育和岗位廉政教育。创新教育方式和手段，开展警示教育活动，召开领导干部警示教育大会，定期组织机关干部观看警示教育图片展、录像片，每年组织村干部进行培训，到监狱、警示教育基地接受警示教育，深入推进廉政文化进机关、进学校、进农村、进家庭活动。建立廉政文化栏 3 个，廉政文化墙 2 处，营造以廉为荣、以贪为耻的良好氛围。认真落实效能建设首问负责制、一次性告知制、“AB”角工作制、限时办结制、公开承诺制五项制度。

组织党政班子成员到天桥区检察院接受廉洁从政警示教育（2014 年摄）

2015 年，继续深入开展“执政为民，廉洁高效”集中教育活动。活动开展后全体机关人员思想境界得到提升、工作作风得到转变，有效地解决行政机关“门难进、脸难看、话难听”和办事效率低下、公开透明度不高、“吃拿卡要”等突出问题。通过开展“八个一”换位体验活动，亲身体验农村基层行政运行操作情况，亲身感受服务对象和普通群众的辛劳疾苦，从而进一步增强全心全意为人民服务的意识。深入开展“加强党性修养，弘扬优良作风”主题实践活动。按照天桥区纪委的工作要求，认真学习胡锦涛关于加强领导干部党性修养、树立和弘扬优良作风的讲话精神，紧紧围绕“保增长、保民生、促稳定”的中心任务和区委提出的“一年一个大提升、三年一个大台阶、五年实现大变样”的总体工作部署，着力解决“冷”的问题，进一步增强宗旨意识，着力解决“浮”的问题，进一步增强实干意识，着力解决“庸”的问题，进一步增强责任意识，着力解决“奢”的问题，进一步增强节俭意识，着力解决“散”的问题，进一步增强纪律意识，以此来促进全镇各项工作的顺利开展。

2016年，深入推进构筑惩治预防体系、建设廉洁高效天桥系统工程。全面实施廉政风险防范管理，镇直各部门各单位查找廉政风险岗位5个，其中，一级风险岗位3个，二级风险岗位1个，三级风险岗位1个；查找廉政风险点9个，制定防范措施5条；积极推进党务公开暨权力运行“阳光工程”。制定并印发《关于进一步加强党务公开工作的实施方案》和《关于在全镇开展权力运行“阳光工程”活动的意见》。各级党组织设立党务公开栏、意见箱和热线电话。开展村党务、政务、财务公开专项调研，深入了解公开现状，查找存在的问题，提出整改建议，以财务公开推进村务公开和权力运行“阳光工程”。各村成立村务监督委员会，强化对三资的监管。开展“为企业服务年”活动。配齐配强村两委会班子，提高班子的驾驭能力。进一步做好化工产业园和鹊山龙湖周边村民的协调工作，为企业发展营造良好的环境。定期召开座谈会，探讨服务企业发展的新途径。深入开展优化发展环境民主评议活动，进一步扩大评议范围，改革评议方法，重点开展被评议部门的主要负责人现场述职，深入基层征求社会各界的意见建议，促进评议更加公平公正。坚持“围绕一个中心，抓住三个重点，突出三个方面”的办案工作思路，即围绕全镇经济社会发展这个中心，抓住重点人员、重点部位、重点问题，着重加强对严重破坏经济发展环境案件、党员领导干部利用职务之便违纪违法案件和新农村建设案件的查处力度，为全镇经济社会稳定发展保驾护航。开展村信访问题集中排查工作，群众反映强烈的热点难点问题得到妥善处理，有力维护社会的和谐稳定。

历任党委纪委委员（纪委书记）

王金田　1971.01—1977.12
韩孝才　1978.01—1981.08
怀曰英　1983.12—1985
邓良和　1985　—1990.04
李文富　1990.04—1996.07
李成才　1996.07—1998.12
崔德才　1998.12—2005.02
郑学诗　2005.03—2006.09
李　慧　2006.09—2009.04
张开文　2009.04—2012.02
解承静　2012.02—2012.08
李　晓　2012.08—

桑梓店镇纪委书记李晓（2016年摄）

第五节　信访工作

1990年，桑梓店镇成立信访工作办公室，配备副处级信访办公室主任1名。至1995年，全镇48个村都配备信访民事调解员，建立区、镇、村三级信访网络，受理本镇、本村群众来信来访和上级机关交办的信访事件。

随着全镇经济的不断发展，国家、省、市、区重点项目相继落户桑梓店镇，一些较深层次的社会矛盾日益突显，桑梓店镇信访办公室的同志，从正确处理改革、发展和稳定的关系，把稳定放在突出位置的大局出发，从维护群众利益、维护社会稳定、确保全镇政治经济正常运行等方面考虑，对来访者苦口婆心、耐心劝说，讲道理、讲法律、讲政策，对来访者诉求符合情理的予以认同，不合情理的加以说明，一杯茶、一支烟、一番推心置腹地说服、教育，拉近与来访者的距离，缓解来访者不满情绪，加之事后抓紧查处和解决来访者的合理诉求，使矛盾在萌芽状态得以妥善解决。凡是人民群众的来信来访，必须随时热情接待。收到群众的来信来访之后，信访工作人员会逐一详阅、登记，然后按照国家政策、法规研究处理意见，在规定的期限之内妥善处理，并将处理的结果告知本人。结案后，立刻立卷归档。

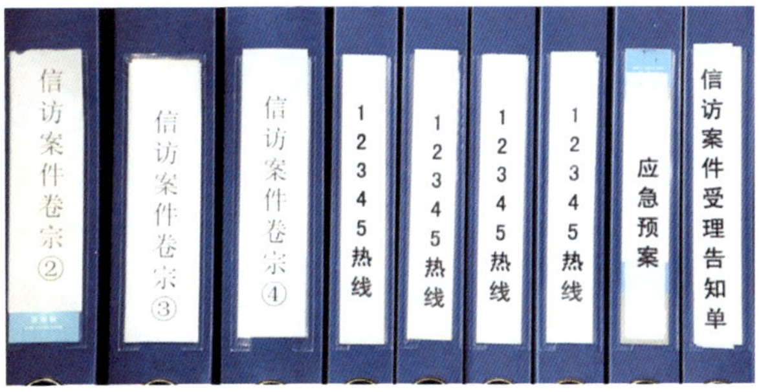

桑梓店镇信访案件实现“一案一档”（2015年摄）

1998年以来，桑梓店镇信访办公室狠抓每年相继召开的全国、省、市、区四级人大、政协两会期间信访保卫工作及国庆节、春节等节假日的信访保卫工作，对全镇不安定因素进行排查，专题部署，实行领导包案责任制，靠上做工作，以避免保卫期间出现上访。信访网络健全，信息灵敏，各项重大活动之前，对存有不安定因素的村，均由主管领导和有关人员组成临时领导小组，各村有专人负责，全镇形成条块结合的信访网络。桑梓店镇人民政府实行昼夜值班制度，明确值班地点、人员、电话和联系方式，有力地保证重大活动期间的安全。制定并印发《信访工作四项制度》，对镇党政主要领导接访制度、党委议访制度、党委政府成员分工制度、信访工作奖惩制度等做出具体规定。其中党政主要领导接访制度规定每月的农历6日、16日为党委书记接访日，11日、12日为镇长接访日，党委议访制度规定每月第一周的星期一召开信访工作专题会议，总结上月信访工作，根据具体情况制定下月的信访工作计划，党委政府成员分工制度对党委政府班子成员分工做出明确规定，信访工作奖惩制度规定将信访工作作为各镇属办事处、部门、村年终考核的重要依据，在处理上访问题时及时主动使得问题得到圆满解决的，给予通报表彰和奖励，对在规定时间内不能解决上访问题的做通报批评、扣发奖金等处理。1998年3月，桑梓店镇被中共天桥区委、天桥区人民政府授予信访工作目标管理一等奖。

桑梓店镇信访工作制度

表12-2-1　　　　1998年6月16日

信访工作制度	具体内容
党政主要领导接访制度	1、每月的农历6日、16日，为党委书记接访日，11日、21日为镇长接访日。 2、党政主要领导将接访的情况和问题及时责成有关部门采取措施限期处理。 3、有关部门要将处理的结果及时向主要领导反馈，以便主要领导掌握信访案件进展情况。 4、接访地点定在政府办公室。
党委议访制度	为加强党委对信访工作的领导，把信访工作真正纳入党委的议事日程，经镇党委研究决定，每月第一周的星期一召开信访工作专题会议，总结上月的信访工作，解决信访工作中的具体问题，切实保持全镇的政治、经济的稳定。

续表 12-2-1

信访工作制度	具体内容
党委、政府成员分工制度	1、党政主要领导在做好信访接待日工作的同时，注重抓好信访工作中的难点问题的解决。 2、党委、政府的其他成员负责处理分管范围内的信访问题。 3、包办事处的党委、政府成员与所分管领导共同负责处理本辖区内的信访问题，以分管领导为主。 4、对情况较复杂涉及面较多的问题，由主要领导责成有关人员组成工作组共同处理。 5、各党委、政府成员要及时向主要领导汇报和在适当的会议上通报问题的处理情况和结果。
信访工作奖惩制度	1、对全年没有出现上访问题的办事处、村和没涉及上访问题的业务部门，作为年终重点考核内容之一，并通报表彰。 2、在处理上访问题时及时主动使问题得到圆满解决的给予分管领导和部门负责人通报表彰或奖励。 3、对本该属于个人或部门处理的问题，不汇报、不处理或者处理不及时的年终扣发 100 ～ 200 元奖金，并不得被评为各级的先进单位和个人。 4、对多次发生与本人分管或部门有关的上访，在短时间内不能解决的通报批评，造成多次集体或越级上访的对分管领导和部门负责人除通报批评、扣发奖金外，视其情况给予党政纪律处分。 5、对发生上访的村，责令限期解决问题，短期内不能扭转局面的，纳入重点管理村，年终扣发一定的工资。造成集体或越级上访的，不得被评为各级先进单位，造成多次集体或越级上访的对主要干部给予撤职处分。

2000 年后，为建立一支有战斗力，政策水平高，工作水平和依法办事能力强的基层信访网络队伍，对全镇信访工作人员进行 3 次培训。制定并印发《关于做好信访工作的实施方案》，规定镇域范围内信访责任人为镇党委书记、镇长，各镇属办事处、镇直各部门、村、驻地单位的责任人为各单位主要负责人。按照自上到下的顺序分管划片、层级管理，建立信访工作网络。每半月召开信访例会，及时召开专题会议研究、制定方案，拿出解决办法。按照“属地管理，分级负责，谁主管谁负责，依法、及时、就地解决问题与疏导教育相结合”的原则，根据信访事项性质及时办理。制定并印发《开展信访工作创“四无月”活动的实施意见》，以有关单位、部门一把手为第一责任人，镇政府设立专门用于接待上访群众的接待室，安排专人全天值班，随时接待来访群众。信访问题的处理按照规定均未超出《信访条例》规定的时效，同时注重严格信息报送制度，畅通信访渠道。建立“三会两制”信访机制，即在镇建立联席会、调处会、听证会以及重点信访案件督办制和群众信访代理制。联席会主要加强组织领导，调处会主要解决重要信访案件，听证会主要扩大民主监督，着力解决热点问题，督办制是指对重点信访事项有一名领导干部专人负责督办，代理制是指代理群众逐级反映信访事项和诉求，帮助群众解决实际问题。制定并印发《建立党政领导干部信访接待日制度的意见》，规定领导信访接待日参加领导干部为镇党委、政府领导班子成员，坚持“属地管理、分级负责、谁主管、谁负责”的原则，认真履行“一岗双责”

桑梓店镇“12345”热线办理工作推进会（2015 年摄）

的职责，要求每位接访的领导干部既要负责接待、又要负责问题的处理，切实做到“六包”，即包接待、包劝返、包协调、包督办、包落实、包稳定。接待日一般安排在每周二和周四工作日上午，地点在镇信访办公室。

2008年9月，开通“12345”便民服务热线。截至2015年年底，镇信访部门共受理热线7584件，办结率超过98%，为镇内广大群众解决大量生产、生活中遇到的难点问题，做到“事事有回音，件件有答复”。

区委常委、政法委书记王联华调研桑梓店镇信访维稳工作（2013年摄）

2010年以来，桑梓店镇党委始终将信访维稳工作放在第一位，领导班子成员定期召开信访维稳工作调度会，实行信访工作人员周末执勤接待制度，明确岗位职责，全面提高处理信访案件的能力。同时，将信访维稳工作成绩纳入到村级工作考核当中，明确各村党支部书记为维稳工作第一责任人，凡是有信访案件发生的村实行评先评优一票否决，充分调动各村干部的积极性。

桑梓店镇信访维稳专题会议（2014年摄）

2014年4月，为执行国家关于机构改革的决定，镇党委、政府将信访、司法、综治、610办公室合并，组建桑梓店镇社会稳定办公室，对镇政法资源进行合理的优化配置，为维护全镇的繁荣稳定奠定良好的政治基础。截至2015年年底，全镇共接待群众来访1526次，来访问题主要集中在土地征用、占地补偿、村民待遇、土地分配、劳动就业、村级选举、干群关系等问题上，结案率达到百分之九十以上，并形成大事每天报，小事立刻报，没事每周报的长效机制，维护全镇的稳定。

截至2016年9月，桑梓店镇社会稳定办公室共有工作人员7人，设主任1名，副主任2名。

历任信访办主任（1990—2014）

聂司福　1990　—1999.03

刘志先　1999.03—2010.05

刘洪发　2010.05—2014.04

历任社会稳定办公室主任（2014—）

吴晓强　2014.04—

桑梓店镇社会稳定办公室主任吴晓强（2016年摄）

第三章 群众团体

第一节 工 会

1948年桑梓店镇镇域解放后，随着齐河县工会的成立，在桑梓店地区建立桑梓店搬运工会等工会组织，工会组织开始发展壮大。1984年，撤社建镇，桑梓店镇工会正式成立，在桑梓店镇经济快速发展，全镇经济结构和劳动关系发生深刻变化的进程中，扮演者职工权益维护者的重要角色。

2010年，在桑梓店镇桑梓店村试点设置村级工会组织，共有600余人入会。

2013年以来，桑梓店镇工会按照“春送岗位，夏送清凉，秋季送学，冬送温暖”的总体工作思路和目标，结合全镇工作实际，大胆探索，勇于实践，促使工会职能得到切实履行，作用得到充分发挥，工作取得明显成效。

在全镇开展“金秋助学”活动。桑梓店镇工会行动，充分利用工会宣传阵地和宣传工具，动员各镇属办事处、村干部深入走访困难职工子女家庭，摸清助学对象和帮扶就业对象家庭实际困难状况，建立健全特困职工子女助学就业档案，切实推动和帮助困难职工解决子女上学难、就业难等问题，确保困难职工子女不因贫困而失学，推动工会帮扶工作的常态化、长效化、社会化，2015年，对符合救助条件的10名特困职工家庭子女发放共计2万元的“金秋助学”救助金。

开展“金秋助学”活动发放救助金（2013年摄）

开展“迎新春 送温暖”活动。桑梓店镇工会争取上级支持，2014年，共发放救助资金11500元，其中对3名职工发放大病救助共3000元，救助生活困难职工17人，每人500元，确保生活困难职工过一个安定祥和的春节。

开展“迎新春 送温暖”活动发放大病救助款（2014年摄）

关爱职工，率先垂范并倡导镇域济南华杰面粉有限公司等企业单位为职工统一购买济南市职工互助互济会互助保障保险，为职工身患重疾或意外伤害提供一定保障。

历任工会主席

宗海邦	1984.09—1999.03
米登泰	1999.03—2002.06
解承静	2002.06—2008.03
张传路	2008.03—2014.03
王　丽	2014.03—

第二节 共青团

20 世纪 50 年代初期，齐河县建立新民主主义青年团齐河县委员会，桑梓店区建立团委，村建立团支部。

1957 年 5 月，中国新民主主义青年团改称中国共产主义青年团。1958 年 2 月，撤区建乡，六区（桑梓店）团委改为乡团委。1958 年 9 月公社化后，改称桑梓店人民公社团委。“文化大革命”初期，团组织停止活动，1972 年 12 月恢复。1984 年，公社团委改建为共青团桑梓店镇委员会。全镇共设 1 个团委，58 个团支部，共有团员 950 人，其中：14 ~ 18 周岁 128 人，19 ~ 25 周岁 532 人，26 ~ 28 周岁 287 人，28 周岁以上 3 人。女团员 268 人，少数民族团员 26 人。

1984—1987 年，全镇共青团员队伍不断发展壮大，全镇共青团员总数达 1527 人，其中：14 ~ 18 周岁 447 人，19 ~ 25 周岁 706 人，26 ~ 28 周岁 301 人，28 周岁以上 73 人。女团员 277 人，少数民族团员 336 人。为提高团干部的整体素质，团镇委组织召开团干部培训会，全镇共有 54 名团干部参加培训，着力从加强团员思想教育、壮大团员队伍、开展活动三个方面对团干部进行业务培训。

1994 年起，组织全镇团员青年开展系列活动。植树节期间，在镇域内黄淮海项目绿化道路两侧挖坑 5400 个，植树 5400 株。为庆祝“五四”青年节七十五周年，开展“我为桑梓经济发展做什么”活动，活动内容主要包括“我为桑梓经济的发展请能人”活动、“我为桑梓经济的振兴”学习竞赛活动以及“我为桑梓经济的腾飞”宣传活动。在全镇开展跨世纪青年文明工程以及以“爱国、立志、成才、奉献”为主题的教育活动，各村团支部掀起向孔繁森、王廷江、韩素云学习的“三学”活动。同时，进一步深化青年志愿者服务月活动，为全镇维修生产路共计 27.8 华里，打扫院街 73 处。

1997 年 12 月，团镇委被共青团历城区委评为先进团委。

2000 年，全镇共设 1 个团委、6 个团总支和 51 个团支部，全镇共有青年 7200 人，团员共有 1462 人。在经济产业调整过程中，全镇团员青年响应号召，带头建成大棚达 70 余个。团镇委不断加强对团员青年的领导和培养，使全镇涌现出一大批先进典型。随着农业产业化结构调整的深化，强镇富民工程不断深入民心，蔬菜大棚生产逐渐走向高潮，为及时让菜农掌握蔬菜种植技术、病虫害防治技术等，团镇委受学校校园露天板报的启示，创办各村青年科技黑板报。在突出科技服务的同时，配合镇党委、政府宣传党在农村的路线、方针、政策、法律法规、阶段性工作任务和要求等，为村团支部提供有力抓手，为共青团带领全镇青年农民学科技、用科技、依靠科技致富提供有形的服务载体。在具体操作过程中，由团镇委统一设计制作水泥质地、边镶瓷瓦、并带遮雨棚的高标准黑板，安排在试点村的主要街道显眼位置，并喷涂“青年科技园地”等永久保存字样，交给各村团支部管理，安排专人负责，并规定板报内容根据要求及时更换。同时创办团刊——《桑梓青农之友》，对青年科技园地的发展进行指导，帮助各村团支部管理使用好科技园地。试点工作取得圆满成功，积累丰富经验，使一板一报在全镇迅速推广开来。《桑梓青农之友》共发刊 20 期，印发近 7000 余份，建成青年科技园地 48 块，基本达到每村一块青年科技园地的目标。

自 2001 年以来，在镇党委、政府的正确领导和上级团委的大力支持下，共青团桑梓店镇委员会以“服务大局、服务农村、服务青年”为宗旨，把握工作重点，创新工作思路，改进工作方法，在倡导生态文明建设、加强农村合作组织团组织建设、帮扶农村青年增收创富等方面做出初浅尝试和有益实践，为推进农村各项事业发展做出贡献。一借助开展绿色公益宣传活动、倡树低碳环保生活方式、助力生态农业项目发展等载体，开展青春绿色行动。在纪念五四运动、党的生日、团的生日等活动期间针对团员、入党积极分子、团干部等不同对象，通过座谈会、知识竞赛、演讲比赛、歌唱大赛等形式强化政治思想教育、提高广大团员青年的政治素养。通过构建共青团工作阵地联动格局、扎实做好非公有制团建、“两新”组织团建工作，夯实团建工作组织基础。四是通过开展农村青年免费职业技术培训、大学生创业政策宣传等形式，为辖区内青少年就业创业提供政策和技术支持。

在转型发展的特殊时期，团员流动性增强，为团的工作带来巨大挑战。团镇委适应新形势、探索新思路，不断开拓团的工作新局面。截至2009年年底，全镇共有团员7103人。

2010年10月10日，共青团桑梓店镇第一次代表大会召开。出席会议的各界代表64人，其中，青少年工作者5名，占代表总数7.81%；妇女16名，占25%；少数民族4名，占6.25%；大专以上文化程度24名，占37.5%，代表平均年龄24.3岁。时任团镇委书记杨松杨作题为《继往开来　扎实进取　为建设和谐富裕的新桑梓贡献青春和力量》的工作报告。会议选举产生以杨松杨为书记的11人组成的共青团桑梓店镇第

共青团济南市天桥区桑梓店镇第一次代表大会会场（2010年摄）

一届委员会。

2013年11月23日，共青团桑梓店镇第二次代表大会召开，出席会议的各界代表共计71人。团镇委书记王春素作题为《立足新起点　展现新作为　团结带领团员青年为园区发展、桑梓振兴贡献青春和力量》的工作报告。会议选举产生以王春素为书记的由11人组成的共青团桑梓店镇第二届委员会。

共青团济南市天桥区桑梓店镇第二次代表大会会场（2013年摄）

近年来，共青团桑梓店镇委员会紧紧围绕全镇改革发展稳定大局，立足实际、发挥优势，开拓进取、积极作为，抓住发展这个主题，不断加强团的组织建设，深入开展各项主题活动，努力掌握青年的特性和青年任务的规律，牢牢抓住青年成长成才这一根本需求，探索指导广大团员青年服务大局、造福社会的有效道路，提高他们的创新精神、理论水平和参与经济建设的能力，为促进全镇的经济建设、政治建设、文化建设做出贡献。

进一步加强青少年思想政治教育工作。坚持用邓小平理论、“三个代表”重要思想和科学发展观武装团员，教育青年，构筑青年一代的精神支柱，为共青团事业的发展奠定坚实的思想理论基础。团镇委紧跟党和政府理论政策的发展脚步，在团员中开展党的理论政策解读与团务知识学习活动，使全镇团员受到深刻的启发和教育；注重号召桑梓青年认清形势，在北跨的征程和挑战中肩负起历史赋予的重任，

把团员青年团结到服务“北跨”发展的中心工作上来。以重大节庆日为契机，团镇委多次举办“我们的节日”系列经典诵读活动、“喜迎十八大志愿我先行”主题活动、“情暖夕阳红”志愿服务活动、“弘扬五四精神争做北跨先锋”演讲比赛等，集中体现新一代桑梓青年勤于学习、善于创造、甘于奉献的优秀品质，充分展现桑梓青年积极进取、勇于担当的精神面貌；团镇委多次组织广大团员发挥专长，走上街头宣传法律、卫生、科技等方面知识，为前来咨询的群众答疑解惑，在服务民生的实践中接受教育；同时，经常性地组织团员骨干深入到全镇的村队、校园等单位，对全镇青少年进行形式多样的爱国主义、集体主义、社会主义教育；此外，团镇委继续加大德育工作力度，把社会公德、职业品德、家庭美德教育贯穿到团委工作的每个环节，不断提升青少年的思想品德素质水平。

举办“弘扬五四精神 争做北跨先锋”演讲比赛（2012 年摄）

进一步发挥青少年在经济建设中的生力军和突击队作用。引领广大团员青年投身经济建设主战场，围绕农业和乡村经济发展，大力推进乡村青年科技致富活动，开展“青春建功新农村”“金融知识进农村”“农村青年创业技能培训班”等活动。教育团员青年牢固树立创先争优意识，立足本职、服务发展。在全镇组织的“三夏”禁烧、地上物清理、黄河防汛等工作中，团员青年冲在前面，为各项工作的顺利开展做出贡献。充分发挥我镇地处城区周边的区位优势，结合辖区内济南新材料产业园区落户企业不断开工和建设的有利时机，挖掘企业就业空间，加强与用工企业的联系合作，配合人社部门组织开展“春风行动”农民工招聘会，实现企业用工需求与青年就业需求的成功对接。大力开发和利用乡村青年人力资源，培养乡村青年致富带头人和青年兴业领头人，拓展乡村青年增收来源和就业渠道，提升青年的科技素质和创业能力。团镇委共参与举行多场各类技艺培训班 120 余期，接受培训人员在青年中的覆盖率逐年大幅提升，通过知识水平和技艺程度的完善，全镇青年的社会竞争力明显加强，涌现出致富带富能人王志等一批现代农业青年创业标兵，为本地群众发展二、三产业起到示范带头作用。

开通微博平台，弘扬雷锋精神

进一步深化青年参与精神文明建设活动。青年志愿者服务常抓不懈，运转机制逐步完善，注册志愿者人数不断增加，在扶贫帮困、改善民生、服务社会等方面发挥出积极作用，在参与的全镇“创先争优争做桑梓先锋”“深入基层、服务群众”“学先锋、做表率”主题实践活动及关心下一代助学扶贫等活动中成效显著。同时，不断拓宽服务领域，以赞助失学儿童、贫困学生和灾区受灾群众为重点，开展“爱心接力”“助学成才”“手拉手”互助及爱心捐赠活动，开展帮扶慰问、“春蕾助学”结对、“希望工程大学生圆梦计划”活动，组织举办“情暖夕阳红，走进敬老院”志愿服务活动，配合“晨曦”大学生村官志愿服务队开展“阳光苗圃”关爱特殊儿童活动。通过组织引导广大团员青年参与精神文明建设，提高青年团员的社会责任感，努力在全镇营造“团结、友爱、互助、进取”的社会新风。

进一步加大服务青年力度。团镇委以开展“创先争优争做桑梓先锋”活动为抓手，在全镇范围内大力开展优秀青年农民评选表彰活动，挖掘先进、树立典型，以他们的事迹鼓舞广大青年拼搏奉献，发奋成才。结合全镇大学生“村官”“三支一扶”志愿者数量多的现状，通过开展工作交流、考试能力培训、面试辅导等形式，对志愿者进行面试辅导，面试通过率达到80%以上。

进一步完善团组织的自身建设。加强各级团组织自身建设，是做好团委工作的重要保证。按照班子建设好、主题活动好、支部建设好、阵地作用发挥好的目标要求，努力把基层团组织建设成为具有吸引力、凝聚力和战斗力的先进青年的群众组织。坚持全速起跑、全面覆盖、全力服务，下大气力抓好全镇各级团组织建设工作，以功能型聚集和区域型聚集为主要发力点，建立起42个直属团组织，以位于青年主要集中地的镇文体活动中心为主阵地，以各村青年活动室为联络点，形成“主轴带动辐射、连点成片覆盖”的共青团工作阵地联动格局，强化团组织对农村团员青年的辐射作用，团的建设工作全面开花。扎实做好非公有制团建、“两新”组织团建工作。坚持“党建带团建、团建促党建”，探索现代企业制度下充分发挥企业团组织作用的工作机制，落实政策，加强培训，非公企业团组织建设得到进一步加强。深入开展团员意识主题教育活动，团干队伍整体素质不断提升，作风转变成效显著，充分发挥共青团的生力军和突击队作用。

开展建邦黄河大桥免费通行交通劝导志愿服务活动（2016年摄）

历任团委书记

张传洲	—1984.08
崔德才	1984.08—1988.10
张传路	1988.10—1996.01
吕　东	1996.01—1997.12
朱德新	1997.12—1999.03
张　峰	1999.03—2006.03
周　立	2006.03—2009.04
崔　鹏	2009.04—2010.05
杨松杨	2010.05—2011.07
王春素	2012.01—

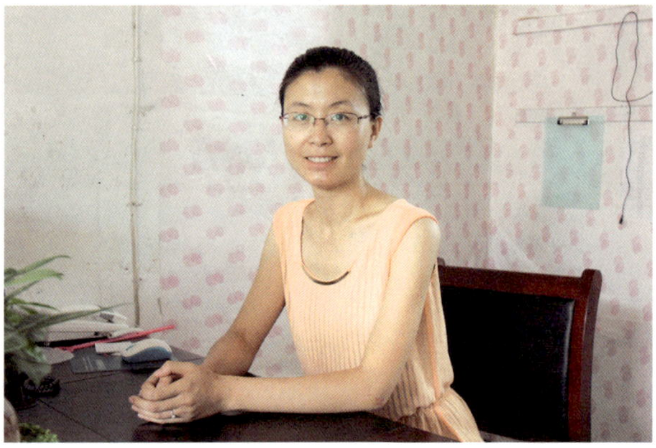

共青团桑梓店镇委员会书记王春素（2016年摄）

第三节　妇　联

抗日战争时期，在各级妇女救国会（简称“妇救会”）的组织领导下，抗日根据地各村建立妇女救国会好姊妹团。抗日根据地妇女组织开展缝军衣、做军鞋、送子、送夫参军等活动。

解放战争时期，妇女抗日救国会改称民主妇女联合会。前方打仗，后方土改，各村妇女边支前边土改，有力地保卫着胜利果实。

1948年12月20日，中共中央《关于目前解放区农村妇女工作的决定》中规定，农村基层妇女组织，由会员制改为代表制。22日，齐河县妇联召开会议，传达中央决定，要求各区妇联健全代表制度。

新中国成立后，齐河县妇联改称民主妇联会，时六区（桑梓店）成立妇联组织。1950年，齐河县召开民主妇联会第二届妇代会，动员广大妇女贯彻《婚姻法》，力求自身彻底解放，并对全县妇女进行抗美援朝教育，发动妇女送夫、送子参加志愿军。1957年4月，齐河县召开第三届妇代会，大会号召广大妇女全力投入社会主义建设。同年，民主妇女联合会改称妇女联合会。在社会主义革命和建设中，妇联发挥着“半边天”的作用，农村的生产活动范围由新中国成立初期的辅助劳力逐渐成为农业生产中的主力军，各村妇女统一组织进行专业性的生产劳动。1963年3月，齐河县第四届妇代会召开。会议号召全县广大妇女勤俭新中国成立，勤俭持家，大力发展家庭饲养业，增加收入，支援国家建设。“文化大革命”开始后，各级妇联工作中断。1979年3月，齐河县第六届妇代会召开。大会号召广大妇女认真贯彻落实党的十一届三中全会精神，投身于轰轰烈烈的经济建设中去，要认真开展计划生育，正确对待婚姻恋爱、家庭问题；树立尊老爱幼的新风气，建立和睦的新家庭；破除迷信、移风易俗、学习文化、宣传男女平等，在社会主义建设事业中，进一步发挥好妇女的“半边天”作用。农村实行家庭承包土地经营责任制后，全镇各界妇女特别是农村妇女都大显身手，或身背喷雾器于田间防治病虫害，或躬身于农田收割庄稼，摘拾棉花，或出进于蔬菜大棚，管理蔬菜，或精心服侍照应未成年子女和家中老人，或穿行于街首巷尾，宣传计划生育，凡此种种，各条战线均活跃着广大妇女的身影。

1987—1993年，镇妇联积极作为、迎难而上，健全基层妇女组织、提高妇女素质、开展各项活动。在计划生育之前，镇域各村级妇代会处于瘫痪和半瘫痪状态，1991年5月，全镇48个行政村全部健全基层妇女组织，并及时解决妇女干部的报酬问题。镇妇联配合农技站、科协等部门，举办农作物种植学习班21期，培训人数达2000多人，还有很多刚毕业的青年妇女到外地学习服装加工等行业，为振兴桑梓经济发挥“半边天”作用。开展捐资救灾、捐资助学活动，1991年夏季全国部分地区发生洪涝灾害，镇妇联号召全镇广大妇女同胞行动，共捐款3597元，捐物1803件，全部送到河南省阜阳县。开展“五好”家庭活动，召开表彰会，挂“五好”家庭牌子，评选“好婆婆好媳妇”，1993年，受到区妇联表彰3户。围绕经济建设，大力开展以庭院经济为重点的“双学双比”活动，共评出“双学双比”女能手40名，参加区妇联表彰9名，通过自办、联办方式举办文化技术培训班15期，受训人数达1000余人，很多妇女达到一专多能，涌现出1000多户科技示范户。以宣传《中华人民共和国妇女权益保障法》为重点，做好妇女维权工作，并配合相关部门，促进少年儿童健康成长。1993年，桑梓店镇第八次妇女代表大会在桑梓店镇人民政府召开，时任桑梓店镇妇联主任张玉春在大会上做题为《全镇妇女团结起来 为振兴桑梓经济而努力奋斗》的报告。

1994年起，在全镇妇女中深入开展学文化、学技术、比成绩、比贡献的“双学双比”活动，在职业妇女中开展“巾帼建功”活动，要求机关妇女干部立足岗位做贡献、本职立新功，争创一流工作。镇妇联配合农业技术部门，立足科教兴农，举办数十次各类技术培训班，有2000 余妇女参加。其中，掌握各种技能的妇女有1600 余人，女农民技术员1200人，女企业家 200 多人。全镇“五好文明家庭”数量不断增加，提升全镇的精神面貌。在村委会换届中，全镇各行政村有17个妇代会主任当选，5人进入支部，剩余26人以代理方式聘用，工资全镇统筹。庭院经济工作继续实施科技示范户带动战略，继续采取“一联二结三互助”的办法，组织农村广大妇女学科技、用科技，推广应用科技含量较高的新技术，发挥科技骨干的辐射作用。在文明单位、文明家庭创建活动中，重新修订文明单位标准，把洪家楼镇“五育进家家家美”的内容也充实进来，对指标进行量化分解，对活动开展情况及时进行检查监督，增强争创意识，促进文明单位、文明家庭的转化升级，使镇域内涌现出很多先模人物、先进事迹。如怀庄村村民勇救天津远洋船舶公司四名职工，米学良一家被评为省级文明家庭，小吕村王志芳被市委、市政府评为“敬老好儿女”等等。

1997年，桑梓店镇妇联被历城区妇联评为“三八”红旗集体。

2000年，桑梓店镇整编制划归天桥区后，桑梓店镇妇联高度重视文明创建工作，年年开展“文明家庭”创评活动，并结合“三八”庆祝活动开展维权宣传，在全镇妇女中掀起学法、用法的热潮。天桥区妇联先后在桑梓店镇举办农村妇联干部培训班、妇女维权恳谈日活动，组织各村妇代会主任系统学习《妇女权益保障法》《婚姻法》等法规，提高农村妇联干部维护妇女合法权益的能力。配合农委、定期向广大妇女传授科学知识、发布致富信息、宣传科技致富典型，全镇农村妇女多数能掌握2～3门种养殖技术，每村都有2～3名农民技术员，全镇共建有两处科技示范基地，分别是养殖基地和大棚蔬菜种植基地，起到很好带头作用，并得到较好经济效益。组织召开庆“三八”表彰大会，表彰2005年度全镇“好婆婆”“好媳妇”，共有74名好婆婆以及78名好媳妇受到表彰。

2010年8月至2012年12月，在全镇范围内开展争做“争做巾帼先锋、争创优秀家庭”活动，团结带领广大妇女争做巾帼学习先锋、巾帼敬业先锋、巾帼致富先锋、巾帼服务先锋，开展争创优秀家庭活动，共促科学发展，共建和谐社会，共创美好生活，为推动我镇经济社会又好又快发展贡献力量。

镇妇联为“平安家庭”示范户颁发证书（2012年摄）

2013年后，桑梓店镇妇联紧紧围绕天桥区妇联和镇党委、政府提出的工作目标和要求，坚持一手抓发展，一手抓维权的工作方针，以着力提高妇女的整体素质为重点，推进两规划的实施，加大维权力度，强化自身建设，按照常规工作求规范、创新工作求突破的思路，探索妇女工作的改革和创新。努力抓好妇联基层组织建设，完善制度，为达成“村民委员会换届选举女性进村两委达到100%”的目标，加强教育培训，提高人员素质，促使全镇涌现出一大批“妇女之家”示范点，其中小寨村被评为“全国基层妇联组织建设示范村”。

对全镇评选出的“五好家庭”“平安家庭”“和谐农家”“三八红旗手”“巾帼志愿者”“巾帼致富带头人”等进行表彰，激发广大妇女的积极性，对充分发挥妇女在社会主义建设中的“半边天”作用，构筑和谐社会，建立“平安桑梓”，起到良好的推动作用。

在每年妇女节之际，表彰先进、树立榜样，进一步扩大文明创建活动中的妇女典型示范作用和影响力，激励全镇妇女以更加饱满的精神状态，投身到桑梓店镇的发展建设中来，先后授予 70 名同志“好婆婆”荣誉称号，授予 70 名同志“好媳妇”荣誉称号。

开展“展巾帼风采，树文明新风”系列活动。与地税天桥分局联合举办女职工联谊活动，围绕“展巾帼风采 塑魅力桑梓”及庆祝“三八”妇女节等主题，共举办三届广场舞比赛，来自全镇的 27 支代表队精心组织、精心排练，充分体现广大群众参与健身、乐于健身的高涨热情，也培养普通百姓的艺术情操，促进村民的身心健康发展。为弘扬广大女性敬业爱家、乐观向上、拼搏进取、无私奉献的精神，牢固树立“园区发展、桑梓振兴、造福人民、勇于担当”的奋斗目标，激发大家奋发有为、勇于争先的工作热情，举办“建和谐家庭、树岗位标兵”演讲大赛，各参赛选手分别结合各自的工作性质和家庭，阐述对社会主义核心价值观的理解，抒发献身桑梓、勇于创新的饱满的工作热情，起到良好的效果。

举办庆祝“三八”国际劳动妇女节广场舞比赛（2016 年摄）

启动“新农村新女性新生活”培训计划，为建设富裕、文明、优美的现代化新农村，提供强大精神动力，营造良好社会环境。先后在全镇范围内开展 6 期以家庭教育、卫生保健、文化娱乐、技能技术等为主要内容的培训班，截至 2014 年年底，共培训农村妇女 1527 人。同时，镇妇联从妇女群众反映最强烈的事情抓起，以关爱行动作为服务妇女的载体，开展“姐妹帮扶工程”“春蕾助学”活动、救助“单亲特困母亲”活动等关爱行动，为政府分忧，为群众服务，为特殊家庭解难，从而促进家庭和社会的安定稳定。

举办“新农村新女性新生活”中式面点师培训班（2015 年摄）

历任妇联主任由栾志俭、徐志珍、李桂兰、怀曰英、张曰梅、张玉春、王丽等人先后担任。

桑梓店镇妇联主任王丽（2016 年摄）

第四节　残　联

1994年，桑梓店镇成立残疾人联合会，简称桑梓店镇残联，设置理事长1名，一般由镇民政办公室主任兼任。按照市、区残联要求，镇残联选聘“一专两员”，以促进全镇残联工作的开展。“一专”即残联工作专职干事，“两员”即就业（扶贫）服务员和康复服务员，均属公益性岗位，按照“就地就近，公开择优”的原则进行选聘，三人的组织人事关系、工资保险均由天桥区残联统一管理，桑梓店镇民政办公室协同管理。

镇党委书记董学山到镇残联检查指导工作（2014年摄）

截至2016年9月，桑梓店镇残疾人联合会理事长由镇民政办公室主任李海利兼任，专职干事为王玉山，就业（扶贫）服务员为怀宝民，康复服务员为裴曰芳。全镇持有《中华人民共和国残疾人证》的残疾人共计1078人。

桑梓店镇残联结合民政救助、农村最低生活保障、农村新型合作医疗、农村大病医疗救助等工作的开展，认真做好调查摸底，向上级有关部门反映、解决全镇贫困残疾人的生活保障问题。实施“辅助器具进万家”工程，为辖区内贫困肢体残疾人免费配发轮椅49辆，普通辅助器具94件及个性化辅助器具20件；为全镇一级和二级伤残共计166名残疾人发放春节慰问金19920元；开展贫困残疾人家庭子女救助工作，认真组织调查统计，重点对镇域范围内享受重残人生活补助且其子女当年考入大学或在读大学的残疾人家庭以及当年因发生意外事故、患危重病等原因的家庭给予救助，按照高中生每人1200元、大专生3000元、本科生3500元、研究生4000元的标准，共计发放救助金29500元，救助贫困残疾人家庭学生17人。

为残疾人发放辅助器具（2014年摄）

桑梓店镇残联办公场所位于桑梓店镇计划生育委员会院内，为进一步加强残疾人事业的基础管理工作，掌握全镇采集人基本服务状况和服务需求，开展残疾人基本服务状况和需求调查工作，详细了解残疾人在生活救助、社会保障、康复服务、接受教育、就业帮扶、权益维护等方面的现有服务状况、托养服务需求等内容，为更好地为残疾人服务奠定基础。

举办残疾人种植养殖培训班（2015年摄）

为提高全镇残疾人劳动技能，扶持残疾人参加多种形式的生产劳动，自2009年起，桑梓店镇残联每年举办残疾人劳动技能培训班，培训范围涉及蔬菜种植、畜禽养殖、家庭技术等方面，共计培训残疾人400余人次，提高全镇残疾人科学文化素质以及生产劳动能力。

为切实改善残疾人生活状况，保障残疾人基本生活权益，组织开展困难残疾人生活补贴和重度残疾人护理补贴（简称“两项补贴”）发放对象摸底调查工作，将符合申报“两项补贴”相关条件的残疾人共计231人登记在册，为全面掌握各类残疾人等级类别、年龄结构和服务需求等情况，落实补贴资金、健全完善残疾人社会福利制度提供科学依据。

2015年以来，桑梓店镇残联申请上级残联支持，根据“就近就便”的原则，先后在东秦、邱岸、袁贾、街后、邓营、小张、怀庄、左庄、桑梓店、三教堂等10个村建成村级残疾人康复站，田家、沙李、康辛、石门孙4个村的残疾人康复站正在申请建设中。各村级康复站中安放残疾人康复健身设备、理疗设备、康复器具等，为残疾人提供更为便捷、舒适、科学地训练场所和康复健身场地。

第十三编

政权　政协

第一章 人民代表大会

第一节 历届人民代表大会

桑梓店镇第七届人民代表大会

七届人大一次会议 1987年5月28日至5月29日，桑梓店镇第七届人民代表大会第一次会议召开。

参会代表83人，其中男67人，女16人；35岁以下15人，36～55岁64人，56岁以上4人；中共党员45人，共青团员2人，群众36人；工人2人，农民58人，干部23人；文盲1人，小学文化水平43人，初中文化水平36人，中专及以上文化水平3人。

会议听取、审议并通过郝汝之所作的桑梓店镇人民政府工作报告，听取、审议并通过李文富所作的关于桑梓店镇1986年财政决算和1987年财政预算草案的报告。

会议选举郝汝之为桑梓店镇人民政府镇长，汤传亮、刘有章、李文富为桑梓店镇人民政府副镇长。

桑梓店镇第七届人民代表大会第一次会议主席团常务主席：袁宝福、郝汝之、祝宝臣。

主席团名单：袁宝福、郝汝之、祝宝臣、汤传亮、段秀英、李维信、周建东、王洪盛、李文富、邓良和、刘有章、刘继忠、王永岺、米双坡、怀心祥。

桑梓店镇第八届人民代表大会

八届人大一次会议 1990年，桑梓店镇第八届人民代表大会第一次会议召开，完成换届选举工作。

桑梓店镇第九届人民代表大会

九届人大三次会议 1995年1月15日至1月16日，桑梓店镇第九届人民代表大会第三次会议召开。

会议听取、审议并通过宗海邦所作的题为《解放思想真抓实干 为全面完成今年的各项任务而努力奋斗》的桑梓店镇人民政府工作报告。

桑梓店镇第十届人民代表大会

十届人大一次会议 1996年1月15日至1月16日，桑梓店镇第十届人民代表大会第一次会议召开。

参会代表61人，其中工农代表46人，占75.4%；干部知识分子代表15人，占24.6%；党员代表34人，占55.7%；妇女代表13人，占21.3%；少数民族代表4人，占6.6%；55岁以下占91.8%；初中及以上文化程度占88.5%。

会议期间，共收到代表提出的建议、意见共计61件，其中农田水利基本建设方面8件，扩建和改造农贸市场方面6件，修建西外环路和防汛路方面7件，安装有线电视活跃农村文化生活方面10件，社会治安方面3件，解决历城六中学生安全问题方面3件，其他方面25件。

会议听取、审议并通过刘桂祯所作的桑梓店镇人民政府工作报告，听取、审议并通过司希亭所作的1995年财政决算和1996年财政预算报告，听取、审议并通过曹凤英宣读的《桑梓店镇“九五”计划及2010年远景目标规划》。

会议选举刘桂祯为桑梓店镇人民政府镇长，李广平、张玉三、张传路、徐春福为桑梓店镇人民政府副镇长，郑学诗为桑梓店镇人民政府科技副镇长。选举刘有章为桑梓店镇人大主席，谢荣合为桑梓店镇人大副主席。

桑梓店镇第十届人民代表大会第一次会议主席团名单（以姓名笔划为序）：于连奎、王洪盛、邓良和、刘有章、刘桂祯、朱吉洪、李文富、李其来、怀心祥、吴国柱、谢荣合。秘书长：谢荣合。

代表分团6个，其中桑梓代表团团长刘桂祯、郑学诗，赵左代表团团长吴国柱、张士文、刘春台，丁仓代表团团长李成才、米登泰、刘洪法，周北代表团团长李文富、韩孟岭、赵会生、张长珠，冯家代表团团长于连奎、怀曰森，高王代表团团长刘有章、李长富。

十届人大二次会议 1997年1月26日，桑梓店镇第十届人民代表大会第二次会议召开。参会代表59人。

会议期间，共收到代表提出的议案、建议和批评意见共计59件，其中农田水利建设方面12件，道路交通方面19件，农业生产方面8件，教育方面4件，文化卫生方面7件，社会治安方面1件，其他方面8件。

会议听取、审议并通过刘桂祯所作的桑梓店镇人民政府工作报告，听取、审议并通过司希亭所作的财政预决算报告，听取、审议并通过朱永金所作的预算外资金管理使用情况报告，听取、审议并通过朱永金所作的关于统筹费提取使用方案和上年度统筹费提取使用情况报告，听取、审议并通过于连奎所作的民政工作报告。

会议接受刘桂祯辞去桑梓店镇人民政府镇长职务、李广平辞去桑梓店镇人民政府副镇长职务、刘有章辞去桑梓店镇人民代表大会主席团主席职务的请求。选举侯同柱为桑梓店镇人民政府镇长，选举崔德才为桑梓店镇人民政府副镇长，选举吴国柱为桑梓店镇人大主席。

十届人大三次会议 1998年2月16日，桑梓店镇第十届人民代表大会第三次会议召开。参会代表共58人。

会议期间，共收到代表提出的议案共计12件，其中基础建设方面2件，文教卫生方面1件，农林方面4件，其他方面5件。

会议听取、审议并通过侯同柱所作的题为《再接再厉 开拓前进 夺取全镇两个文明建设的新胜利》的桑梓店镇人民政府工作报告，听取、审议并通过吴国柱所作的桑梓店镇人大主席团工作报告，听取、审议并通过朱永金所作的桑梓店镇1997年财政预算执行情况和1998年财政预算草案报告。

桑梓店镇第十届人民代表大会第三次会议主席团常务主席名单：刘桂祯、吴国柱、韩孟岭。

主席团名单（以姓氏笔划为序）：于连奎、王洪盛、刘有章、刘桂祯、李文富、李成才、李其来、吴国柱、朱继红、怀心祥、陈天峰、韩孟岭、谢荣合。秘书长：谢荣合。

代表分团6个，其中桑梓代表团共计9人，团长韩孟岭，副团长李其来、刘春台；冯家代表团共计10人，团长于连奎，副团长谢荣合、滕丕平；周、北代表团共计10人，团长李文富，副团长赵会生、聂司琪；丁、仓代表团共计9人，团长李成才，副团长米登泰、刘洪法；赵、左代表团共计8人，团长马兆成，副团长张传路、张士文；高王代表团共计8人，团长刘有章，副团长陈天峰、李长富。

桑梓店镇第十一届人民代表大会

十一届人大一次会议 1999年1月15日，桑梓店镇第十一届人民代表大会第一次会议召开。

参会代表61人，其中男49人、女12人；35岁以下12人、36～55岁35人、56岁以上14人；中共党员33人、群众28人；汉族59人、少数民族2人；工人2人、农民44人、干部15人。

会议听取、审议并通过徐春福所作的桑梓店镇人民政府工作报告。

会议选举张兴洲为桑梓店镇人民政府镇长，刘世浒、李大春、段青英、徐春福为桑梓店镇人民政府副镇长，李宪利为桑梓店镇人民政府科技副镇长；选举韩孟岭为桑梓店镇人大主席团主席，谢荣合为桑梓店镇人大主席团副主席。

十一届人大三次会议 2000 年 2 月 29 日，桑梓店镇第十一届人民代表大会第三次会议召开。参会代表 56 人。

会议期间，收到代表提出的议案、意见及批评建议共计 40 件，其中农业方面 14 件，镇村建设方面 7 件，教育方面 6 件，文化卫生计划生育方面 3 件，其他方面 10 件。

会议听取、审议并通过张兴洲所作的桑梓店镇人民政府工作报告，听取、审议并通过张开文所作的桑梓店镇 1999 年财政预算执行情况和 2000 年财政预算草案的报告，听取、审议并通过张开文所作的关于桑梓店镇 1999 年预算外资金管理和使用情况的报告。

会议选举韩孟岭为桑梓店镇人大主席团主席。

桑梓店镇第十一届人民代表大会第三次会议主席团常务主席名单：毕思忠、张兴洲、王兴福、韩孟岭、谢荣合。

主席团名单（以姓氏笔划为序）：王兴福、王德臣、米丰仁、刘世浒、毕思忠、李吉圣、张师学、张兴洲、张延水、韩孟岭、谢荣合。秘书长：韩孟岭。

代表分团 5 个，其中桑梓代表团共计 13 人，党组书记王兴福，团长段青英；周北代表团共计 12 人，党组书记韩孟岭，团长徐春福；赵左代表团共计 11 人，党组书记陈天峰，团长谢荣合；冯高代表团共计 14 人，党组书记毕思忠，团长刘世浒；丁仓代表团共计 11 人，党组书记张兴洲，团长李大春。

十一届人大四次会议 2001 年 3 月 11 日，桑梓店镇第十一届人民代表大会第四次会议召开。参会代表 58 人。

会议听取、审议并通过张兴洲所作的桑梓店镇人民政府工作报告，听取、审议并通过刘世浒所作的桑梓店镇 2001 年至 2005 年国民经济和社会发展计划报告，听取、审议并通过张开文所作的财政报告，听取、审议并通过韩孟岭所作的桑梓店镇人大工作报告。

桑梓店镇第十一届人民代表大会第四次会议主席团常务主席名单：毕思忠、张兴洲、王兴福、韩孟岭、谢荣合。

主席团名单（以姓氏笔划为序）：王兴福、王德臣、米丰仁、刘世浒、毕思忠、李吉圣、张师学、张兴洲、张延水、韩孟岭、谢荣合。秘书长：韩孟岭。

代表分团 5 个，其中桑梓代表团共计 13 人，党组书记王兴福，团长段青英；周北代表团共计 12 人，党组书记韩孟岭，团长徐春福；赵左代表团共计 11 人，党组书记陈天峰，团长谢荣合；冯高代表团共计 14 人，党组书记毕思忠，团长刘世浒；丁仓代表团共计 11 人，党组书记张兴洲，团长李大春。

十一届人大五次会议 2001 年 6 月 26 日，桑梓店镇第十一届人民代表大会第五次会议召开。参会代表 54 人。

会议听取、审议并通过桑梓店镇人民政府 2001 年“三提五统”方案。

会议接受张兴洲辞去桑梓店镇人民政府镇长职务、刘世浒辞去桑梓店镇人民政府副镇长职务、段青英辞去桑梓店镇人民政府副镇长职务的请求。会议选举王晓虎为桑梓店镇人民政府镇长，杨军、胡风云为桑梓店镇人民政府副镇长。

桑梓店镇第十一届人民代表大会第五次会议主席团名单（以姓氏笔划为序）：王兴福、王德臣、米丰仁、李吉圣、张师学、张兴洲、张延水、韩孟岭、谢荣合。秘书长：韩孟岭。

桑梓店镇第十二届人民代表大会

十二届人大一次会议 2002年1月18日至1月19日，桑梓店镇第十二届人民代表大会第一次会议召开。参会代表61人。

会议期间，收到代表提出的议案共计16件，其中道路交通方面6件，农林水利方面6件，经济建设方面1件，其他方面3件。

会议听取、审议并通过王晓虎所作的桑梓店镇人民政府工作报告，听取、审议并通过张开文所作的桑梓店镇人民政府关于桑梓店镇2001年财政预算执行情况和2002年财政预算的报告，听取、审议并通过怀宝利所作的民政工作报告，听取、审议并通过韩孟岭所作的桑梓店镇人大主席团工作报告。

会议选举王晓虎为桑梓店镇人民政府镇长，郑学诗、杨军、胡风云为桑梓店镇人民政府副镇长；选举韩孟岭为桑梓店镇人大主席团主席，徐春福为桑梓店镇人大主席团副主席。

桑梓店镇第十二届人民代表大会第一次会议常务主席名单：张兴洲、王晓虎、李大春、韩孟岭、谢荣合、徐春福。

代表分团5个，其中桑梓代表团共计12人，党组书记胡风云，团长刘孝元；冯高代表团共计16人，党组书记张兴洲，团长吴俊德；赵左代表团共计11人，党组书记杨军，团长朱永金；丁仓代表团共计10人，党组书记崔德才，团长张峰；周北代表团共计12人，党组书记陈天峰，团长武兴华。

十二届人大二次会议 2003年2月25日，桑梓店镇第十二届人民代表大会第二次会议召开。参会代表54人。

会议听取、审议并通过王晓虎所作的桑梓店镇人民政府工作报告，听取、审议并通过韩孟岭所作的桑梓店镇人大主席团工作报告，听取、审议并通过张开文所作的桑梓店镇人民政府关于桑梓店镇2002年财政预算执行情况和2003年财政预算的报告。

桑梓店镇第十二届人民代表大会第二次会议主席团常务主席名单：张兴洲、王晓虎、李大春、韩孟岭、谢荣合、徐春福。

主席团名单（以姓氏笔划为序）：王晓虎、王德臣、米广业、李大春、杨金旺、张兴洲、张延水、赵丰岐、徐春福、曹凤英、韩孟岭、谢荣合、魏建义。秘书长：韩孟岭。

代表分团5个，其中桑梓代表团共计12人，党组书记杨军，团长武兴华；冯高代表团共计15人，党组书记张兴洲，团长李大春；赵左代表团共计11人，党组书记李慧，团长徐春福；丁仓代表团共计9人，党组书记胡风云，团长谢荣合；周北代表团共计12人，党组书记郑学诗，团长张峰。

十二届人大三次会议 2004年3月12日，桑梓店镇第十二届人民代表大会第三次会议召开。参会代表56人。

会议听取、审议并通过郑学诗所作的桑梓店镇人民政府工作报告，听取、审议并通过韩孟岭所作的桑梓店镇人大主席团工作报告，听取、审议并通过张开文所作的桑梓店镇人民政府关于2003年预算执行情况和2004年财政预算的报告。

会议接受王晓虎辞去桑梓店镇人民政府镇长职务的请求。会议选举李大春为桑梓店镇人民政府镇长。

桑梓店镇第十二届人民代表大会第三次会议主席团常务主席名单：张兴洲、李大春、韩孟岭、徐春福、谢荣合。

主席团名单（以姓氏笔划为序）：王德臣、米广业、李大春、杨金旺、张开文、张兴洲、张延水、赵丰岐、徐春福、曹凤英、韩孟岭、谢荣合、魏建义。秘书长：韩孟岭。

十二届人大四次会议 2005年4月2日，桑梓店镇第十二届人民代表大会第四次会议召开。参会代表51人。

会议听取、审议并通过李大春所作的桑梓店镇人民政府工作报告，听取、审议并通过韩孟岭所作的桑梓店镇人大主席团工作报告，听取、审议并通过解承静所作的桑梓店镇人民政府关于桑梓店镇2004年财政预算执行情况及2005年财政预算的报告。

会议接受郑学诗辞去桑梓店镇人民政府副镇长的请求。会议选举李慧为桑梓店镇人民政府副镇长。

桑梓店镇第十二届人民代表大会第四次会议主席团常务主席名单：张兴洲、李大春、韩孟岭、徐春福、谢荣合。

主席团名单（以姓氏笔划为序）：王德臣、米广业、李大春、杨金旺、张开文、张兴洲、张延水、赵丰岐、徐春福、曹凤英、韩孟岭、谢荣合、魏建义。秘书长：韩孟岭。

代表分团5个，其中桑梓代表团共计12人，党组书记杨军，团长武兴华；冯高代表团共计15人，党组书记张兴洲，团长李大春；赵左代表团共计11人，党组书记李慧，团长徐春福；丁仓代表团共计8人，党组书记胡风云，团长谢荣合；周北代表团共计12人，党组书记郑学诗，团长张峰。

十二届人大五次会议 2005年8月18日，桑梓店镇第十二届人民代表大会第五次会议召开。参会代表51人。

会议听取、审议并通过李大春所作的桑梓店镇人民政府工作报告，听取、审议并通过韩孟岭所作的桑梓店镇人大主席团工作报告。

会议选举吕东为桑梓店镇人民政府镇长，安祥波为桑梓店镇人民政府副镇长。

桑梓店镇第十二届人民代表大会第五次会议主席团常务主席名单：李大春、韩孟岭、徐春福、谢荣合、张开文。

主席团名单（以姓氏笔划为序）：王德臣、米广业、李大春、杨金旺、张开文、赵丰岐、徐春福、曹凤英、韩孟岭、谢荣合、魏建义。秘书长：韩孟岭。

代表分团5个，其中桑梓代表团共计11人，党组书记杨军，团长张开文；冯高代表团共计15人，党组书记李大春，团长韩孟岭；赵左代表团共计11人，党组书记李兴初，团长徐春福；丁仓代表团共计8人，党组书记胡风云，团长谢荣合；周北代表团共计12人，党组书记郑学诗，团长张峰。

十二届人大六次会议 2006年4月14日，桑梓店镇第十二届人民代表大会第六次会议召开。参会代表53人。

会议听取、审议并通过吕东所作的桑梓店镇人民政府工作报告，听取、审议并通过韩孟岭所作的桑梓店镇人大主席团工作报告，审议并通过桑梓店镇人民政府关于桑梓店镇2005年财政预算执行情况和2006年财政预算的报告。

桑梓店镇第十二届人代表第六次会议主席团常务主席名单：李大春、韩孟岭、徐春福、谢荣合、张开文。

主席团名单（以姓氏笔划为序）：王德臣、米广业、李大春、杨金旺、张开文、赵丰岐、徐春福、曹凤英、韩孟岭、谢荣合、魏建义。秘书长：韩孟岭。

代表分团5个，其中桑梓代表团共计11人，党组书记杨军，团长谢荣合；冯高代表团共计15人，党组书记李大春，团长韩孟岭；丁仓代表团共计8人，党组书记胡风云，团长张开文；赵左代表团共计11人，党组书记李兴初，团长徐春福；周北代表团共计12人，党组书记安祥波，团长杨金旺。

十二届人大七次会议 2006年10月21日，桑梓店镇第十二届人民代表大会第七次会议召开。参会代表57人。

会议选举张开文为桑梓店镇人民政府副镇长。

桑梓店镇第十二届人民代表大会第七次会议主席团常务主席名单：李大春、韩孟岭、徐春福、谢荣合、张开文。

主席团名单（以姓氏笔划为序）：王德臣、米广业、李大春、杨金旺、张开文、赵丰岐、徐春福、曹凤英、韩孟岭、谢荣合、魏建义。秘书长：韩孟岭。

代表分团5个，其中桑梓代表团共计11人，党组书记杨军，团长谢荣合；冯高代表团共计15人，党组书记李大春，团长韩孟岭；丁仓代表团共计8人，党组书记胡风云，团长张开文；赵左代表团共计11人，党组书记李兴初，团长徐春福；周北代表团共计12人，党组书记安祥波，团长杨金旺。

十二届人大八次会议 2007年4月13日，桑梓店镇第十二届人民代表大会第八次会议召开。参会代表58人。

会议听取、审议并通过吕东所作的桑梓店镇人民政府工作报告，审议并通过桑梓店镇人大主席团工作报告，审议并通过桑梓店镇2006年财政决算及2007年财政预算的报告。

会议接受韩孟岭辞去桑梓店镇人大主席团主席职务的请求。会议选举胡风云为桑梓店镇人大主席团主席。

桑梓店镇第十二届人民代表大会第八次会议主席团常务主席名单：李大春、吕东、胡风云、徐春福、韩孟岭、谢荣合。

主席团名单（以姓氏笔划为序）：王德臣、吕东、米广业、李大春、杨金旺、张开文、胡风云、赵丰岐、徐春福、曹凤英、韩孟岭、谢荣合、魏建义。秘书长：胡风云。

代表分团5个，其中冯高代表团共计15人，党组书记李大春，团长韩孟岭；桑梓代表团共计12人，党组书记吕东，团长谢荣合；丁仓代表团共计8人，党组书记梁峰，团长胡风云；周北代表团共计12人，党组书记安祥波，团长杨金旺；赵左代表团共计11人，党组书记徐春福，团长张开文。

桑梓店镇第十三届人民代表大会

十三届人大一次会议 2008年1月6日，桑梓店镇第十三届人民代表大会第一次会议召开。参会代表65人，其中男47人，占72.3%，女18人，占27.7%；中共党员47人，占72.3%，非中共党员18人，占27.7%；工农和其他劳动者52人，占79.8%，干部12人，占18.4%，知识分子2人，占3%；少数民族2人，占3.1%；55岁以下的62人，占95%；大专以上文化程度15人，占23.07%。

会议听取、审议并通过吕东所作的桑梓店镇人民政府工作报告，听取、审议并通过胡风云所作的桑梓店镇人大主席团工作报告，审议并通过桑梓店镇人民政府关于桑梓店镇2007年财政预算执行情况和2008年财政预算草案的报告。

会议选举吕东为桑梓店镇人民政府镇长，李慧、张开文、安祥波、赵军为桑梓店镇人民政府副镇长。选举胡风云为桑梓店镇人大主席团主席，徐春福为人大主席团副主席。

桑梓店镇第十三届人民代表大会第一次会议代表分团5个，其中冯高代表团共计13人，党组书记李兴初，团长王宝华；周北代表团共计14人，党组书记安祥波，团长张志高；赵左代表团共计13人，党组书记张开文，团长赵军；桑梓代表团共计12人，党组书记李慧，团长吴晓强；丁仓代表团共计13人，党组书记梁峰，团长张涛。

十三届人大二次会议 2009年4月30日，桑梓店镇第十三届人民代表大会第二次会议召开。参会代表60人。

会议听取、审议并通过吕东所作的桑梓店镇人民政府工作报告，听取、审议并通过徐春福所作的桑梓店镇人大主席团工作报告，审议并通过桑梓店镇人民政府关于桑梓店镇2008年财政预算执行情况和2009年财政预算草案的报告。

会议选举胡风云为桑梓店镇人民政府镇长，梁峰为桑梓店镇人民政府副镇长。选举李慧为桑梓店镇人大主席团主席。

桑梓店镇第十三届人民代表大会第二次会议主席团常务主席名单：吕东、胡风云、李慧、解承静、徐春福。

主席团名单（以姓氏笔划为序）：吕东、刘百明、米广业、孙玉国、孙学金、李存恩、李慧、杨金旺、怀务海、胡风云、赵丰岐、徐春福、解承静。秘书长：李慧。

十三届人大三次会议 2010年5月14日，桑梓店镇第十三届人民代表大会第三次会议召开。参会代表57人。

会议听取、审议并通过胡风云所作的桑梓店镇人民政府工作报告，听取、审议并通过李慧所作的桑梓店镇人大主席团工作报告，审议并通过桑梓店镇人民政府关于桑梓店镇2009年财政预算执行情况和2010年财政预算的报告。

会议接受徐春福辞去桑梓店镇人大主席团副主席职务的请求。

桑梓店镇第十三届人民代表大会第三次会议主席团常务主席名单：吕东、胡风云、李慧、解承静、徐春福。

主席团名单（以姓氏笔划为序）：吕东、刘百明、米广业、孙玉国、孙学金、李存恩、李慧、杨金旺、怀务海、胡风云、赵丰岐、徐春福、解承静。秘书长：李慧。

代表分团5个，其中冯高代表团共计13人，党组书记崔鹏，团长张涛；桑梓代表团共计11人，党组书记解承静，团长赵军；丁仓代表团共计13人，党组书记梁峰，团长刘百明；周北代表团共计13人，党组书记李晓，团长杨金旺；赵左代表团共计12人，党组书记张开文，团长吴俊德。

十三届人大四次会议 2010年11月17日，桑梓店镇第十三届人民代表大会第四次会议召开。参会代表57人。

会议选举李晓为桑梓店镇人民政府副镇长。

桑梓店镇第十三届人民代表大会第四次会议主席团常务主席名单：吕东、胡风云、李慧、解承静、徐春福。

主席团名单（以姓氏笔划为序）：吕东、刘百明、米广业、孙玉国、孙学金、李存恩、李慧、杨金旺、怀务海、胡风云、赵丰岐、徐春福、解承静。秘书长：李慧。

代表分团5个，其中冯高代表团共计13人，党组书记崔鹏，团长张涛；桑梓代表团共计10人，党组书记聂岭，团长赵军；丁仓代表团共计13人，党组书记解承静，团长刘百明；周北代表团共计13人，党组书记李晓，团长杨金旺；赵左代表团共计12人，党组书记张开文，团长吴俊德。

桑梓店镇第十三届人民代表大会第四次会议会场（2010年摄）

桑梓店镇第十四届人民代表大会

十四届人大一次会议 2011年12月17日，桑梓店镇第十四届人民代表大会第一次会议召开。参会代表63人，其中男45名，占69.2%，女20名，占30.8%；中共党员42名，占64.6%。

会议听取、审议并通过胡风云所作的桑梓店镇人民政府工作报告，听取、审议并通过李慧所作的桑梓店镇人大主席团工作报告，审议并通过桑梓店镇人民政府关于桑梓店镇2011年财政预算执行情况和2012年财政预算草案的报告。

会议选举胡风云为桑梓店镇人民政府镇长，李晓、赵军、张心海为桑梓店镇人民政府副镇长。选举李慧为桑梓店镇人大主席团主席。

桑梓店镇第十四届人民代表大会第一次会议主席团常务主席名单：吕东、胡风云、李慧、安祥波、刘百明。

主席团名单（以姓名笔画为序）：吕东、刘百明、安祥波、孙玉国、孙学金、杨金旺、李慧、怀务海、张孝安、胡风云、贾延木。秘书长：李慧。

代表分团5个，其中冯高代表团共计14人，党组书记崔鹏，团长张涛；桑梓代表团共计13人，党组书记赵军，团长李海利；丁仓代表团共计12人，党组书记解承静，团长周立；周北代表团共计14人，党组书记李晓，团长朱德新；赵左代表团共计12人，党组书记张开文，团长房安清。

十四届人大二次会议 2013年5月6日，桑梓店镇第十四届人民代表大会第二次会议召开。参会代表62人。

会议听取、审议并通过赵军所作的桑梓店镇人民政府工作报告，听取、审议并通过李慧所作的人大主席团工作报告，审议并通过桑梓店镇人民政府关于桑梓店镇2012年财政预算执行情况和2013年财政预算草案的报告。

会议接受胡风云辞去桑梓店镇人民政府镇长职务、李晓辞去桑梓店镇人民政府副镇长职务的请求，选举杨鹏为桑梓店镇人民政府镇长，房安清、杨帆为桑梓店镇人民政府副镇长。

桑梓店镇第十四届人民代表大会第二次会议主席团常务主席名单：吕东、李慧、刘百明、杨金旺、吴俊德。

主席团名单（以姓氏笔划为序）：吕东、刘百明、孙玉国、孙学金、杨金旺、李慧、吴俊德、怀务海、张孝安、赵丰利、贾延木。秘书长：李慧。

代表分团5个，其中冯高代表团共计13人，党组书记李晓，团长武兴华；桑梓代表团共计14人，党组书记解承静，团长李海利；丁仓代表团共计11人，党组书记杨鹏，团长张涛；周北代表团共计13人，党组书记张心海，团长周立；赵左代表团：共计11人，党组书记赵军，团长田洪军。

十四届人大三次会议 2014年3月28日，桑梓店镇第十四届人民代表大会第三次会议召开。参会代表64人。

会议听取、审议并通过杨鹏所作的桑梓店镇人民政府工作报告，听取、审议并通过李慧所作的桑梓店镇人大主席团工作报告，审议并通过桑梓店镇人民政府关于桑梓店镇2013年财政预算执行情况和2014年财政预算草案的报告。

桑梓店镇第十四届人民代表大会第三次会议主席团常务主席名单：董学山、杨鹏、李慧、杨金旺、孙学金。

主席团名单（以姓氏笔划为序）：孙玉国、孙学金、杨金旺、杨鹏、李慧、怀务海、张孝安、赵丰利、贾延木、韩正伦、董学山。秘书长：李慧。

代表分团5个，其中冯高代表团共计14人，党组书记杨帆，团长郭金；桑梓代表团共计13人，党组书记房安清，团长李哲；丁仓代表团共计12人，党组书记张心海，团长魏圣全；周北代表团共计14人，党组书记赵军，团长周立；赵左代表团共计11人，党组书记聂岭，团长芦辛。

桑梓店镇第十四届人民代表大会第三次会议会场（2014年摄）

十四届人大四次会议 2015年3月21日，桑梓店镇第十四届人民代表大会第四次会议召开。参会代表 64 人。

会议听取、审议并通过杨鹏所作的桑梓店镇人民政府工作报告，听取、审议并通过李慧所作的桑梓店镇人大主席团工作报告，审议并通过桑梓店镇人民政府关于桑梓店镇 2014 年财政预算执行情况和 2015 年财政预算草案的报告。

会议接受杨帆辞去桑梓店镇人民政府副镇长职务的请求。

桑梓店镇第十四届人民代表大会第四次会议主席团常务主席名单（以姓氏笔画为序）：孙学金、杨鹏、李慧、董学山、杨金旺。

主席团名单（以姓氏笔划为序）：孙玉国、孙学金、杨金旺、杨鹏、李慧、怀务海、张孝安、赵丰利、贾延木、韩正伦、董学山。秘书长：李慧。

代表分团 5 个，其中冯高代表团共计 14 人，党组书记杨帆，团长郭金；桑梓代表团共计 13 人，党组书记房安清，团长李哲；丁仓代表团共计 12 人，党组书记张心海，团长魏圣全；周北代表团共计 14 人，党组书记赵军，团长周立；赵左代表团共计 11 人，党组书记聂岭，团长田洪军。

十四届人大五次会议 2016 年 3 月 10 日，桑梓店镇第十四届人民代表大会第五次会议召开。参会代表 58 人。

会议听取、审议并通过杨鹏所作的桑梓店镇人民政府工作报告，听取、审议并通过李慧所作的桑梓店镇人大主席团工作报告，审议并通过桑梓店镇人民政府关于桑梓店镇 2015 年财政预算执行情况和 2016 年财政预算草案的报告。

桑梓店镇第十四届人民代表大会第五次会议主席团常务主席名单（以姓氏笔画为序）：孙学金、杨鹏、李慧、董学山、杨金旺。

主席团名单（以姓氏笔划为序）：孙玉国、孙学金、杨金旺、杨鹏、李慧、怀务海、张孝安、赵丰利、贾延木、韩正伦、董学山。秘书长：李慧。

代表分团 5 个，其中冯高代表团共计 14 人，党组书记杨帆，团长郭金；桑梓代表团共计 13 人，党组书记房安清，团长李哲；丁仓代表团共计 12 人，党组书记张心海，团长魏圣全；周北代表团共计 14 人，党组书记赵军，团长周立；赵左代表团共计 11 人，党组书记聂岭，团长芦辛。

桑梓店镇第十四届人民代表大会第五次会议会场（2016 年摄）

第二节 选 举

新中国成立初期，桑梓店镇域各界人民代表会议代表通过邀请和选举产生，规定不论财产状况、教育程度等条件，除民主政权和人民政权的敌对分子外，都可参加无记名投票选举。1954 年 7 月，实行普选后，改为逐级选举代表，村选出镇人民代表，镇开人民代表会议时，选出镇长、副镇长，或投票或举手选出县人民代表。此类选举方法一直延续到“文化大革命”之前，“文化大革命”时期遭到破坏。十一届三中全会拨乱反正之后，桑梓店镇域才又采取基层选代表，开代表会选举公社革命委员会的做法。1980 年后，桑梓店人民公社、桑梓店镇人民代表大会代表由选民直接选举产生。

1979 年 7 月 1 日，第五届全国人民代表大会第二次会议通过《选举法》；1980 年 5 月 28 日，山东省第五届人民代表大会常务委员会第三次会议通过《选举实施细则》。自此，镇域选举地方各级代表皆按照《选举法》和《选举实施细则》办理。

根据选举法规定，中华人民共和国年满 18 周岁的公民，不分民族、性别、职业、家庭出身、宗教信仰、文化程度、财产状况、居住期限，都有选举权和被选举权，精神病患者和依照法律被剥夺政治选举权和被选举权的人除外。

在选举公社（镇）人大代表期间，要历经培训骨干、宣传发动、划分选区、选民登记、提名代表候选人、投票选举、召开公社（镇）人民代表大会等过程。

培训骨干 每次选举公社（镇）人大代表前，成立选举工作领导小组，一般由公社或镇党委书记担任领导小组组长，安排机关干部入村进行选举前的相关业务培训。培训后的包村干部更加熟悉业务知识，指导各村选举更加得心应手。

宣传发动 选举工作面对的是镇域内的千家万户，因此宣传发动是做好选举工作不可缺少的措施之一。只有让选举工作做到家喻户晓、老少皆知，选举才能真正实现全体选民全程参与。宣传的手段主要有发放选民证、宣传车逐村巡回宣传、张贴标语、召开会议等。

划分选区 选公社（镇）人大代表的选区划分一般按照居住就近、生产小组或者行政村的范畴划分，选县、区级人大代表的选区划分一般按镇属办事处（或称管区）为单位划分。

选民登记 选举前按照户籍档案记载的年龄，到选举日时满18周岁的公民全部依法进行选民登记，以行政村为单位张榜公布选民名单，如有重登、漏登现象及时更改。

提名代表候选人 一是选民10人以上联名可以提名代表候选人，二是各种团体也可提名推荐。第一轮先提出代表候选人预备名单，然后经过酝酿协商，第二轮推荐正式代表候选人名单，于选举日前3天张榜公布正式代表候选人名单。

投票选举代表 选举日当天，以村为单位张贴某某选区选举大会会标、标语，组织会场，设立票箱、秘密写票处，组织选民参会，对确因有事外出或身体原因不能到会的可办理委托投票书或登门填写选票，提名通过监票人、计票人名单。会议主持人一般由机关包村干部担任，受镇选举工作领导小组委托主持某某选区的选举工作。会议开始，由主持人讲明选举注意事项、选举纪律等。选民在凭选民证领到选票后，方可进入指定的房间按要求填写个人选举的代表名单，不会写字的由指定工作人员代笔。选票有等额、差额选举区别，均需由工作人员讲明应选举几人有效，多选无效作废票处理。

召开公社（镇）人民代表大会 各选区选出的正式代表凭当选证书参加公社（镇）人民代表大会，行使人民代表的权力，以无记名投票方式选举公社（镇）人大主席团主席、副主席、镇长、副镇长，听取并审议政府工作报告、人大主席团工作报告、财政预算执行情况和预算草案等。

公社（镇）人大代表会议召开后，选举人大主席团主席、副主席、镇长、副镇长要遵循相应的选举办法。选举办法根据《中华人民共和国地方各级人民代表大会和地方各级人民政府组织法》（以下简称《地方组织法》）及上级有关文件规定制定。一般情况下，人大主席团主席、镇长实行等额选举；人大主席团副主席、副镇长实行差额选举。候选人由大会主席团或者十人以上代表联合提名产生。代表联合提名候选人，应填写大会秘书处统一印制的《代表联合提名候选人登记表》，如实介绍所提名候选人的情况，说明提名理由。代表联合提名候选人的截止时间，由大会主席团确定。代表联合提名的候选人，如果被提名者本人表示不愿意被提名，应当尊重本人意愿，可以不列入候选人名单，并告知提名代表。如果提名的候选人人数符合本选举办法规定的人数，由大会主席团将候选人名单提交代表酝酿、讨论后，直接进行大会选举。进行选举时，收回的选票的数量等于或者少于发出的选票的数量，选举有效；如果多于发出的选票数量，选举无效，由大会主席团决定重新进行投票选举。大会选举采用无记名投票方式进行。代表对于确定的候选人，可以投赞成票，可以投反对票，可以另选他人，也可以弃权，但弃权的不得另选他人。代表对选票上的候选人，同意的，就在候选人姓名后边的空格中划“○”；不同意的，在候选人后边的空格中划“×”；如另选他人，就在另选他人后边的空格内写上另选他人的姓名；弃权的，不划任何符号，也不得另选他人。每张选票所选人数，等于或少于应选人数的为有效票；多于应选人数的为废票。代表填写选票一律用钢笔或签字笔，字迹清楚，书写模糊无法辨认的，不予计票。候选人获得全体代表过半数的赞成票，始得当选。大会选举设总监票人一名，监票人两名。监票人由代表团从不是候选人的代表中推选。总监票人经大会通过，负责对选举全过程进行监督。计票工作人员由大会秘书处指定。选举会场共设一个票箱。投票时，总监票人、监票人先投票，其次主席团成员投票，然后其他代表按座区依次投票。不能委托他人代为投票。投票结束后，监票人当众打开票箱，计票人清点选票，监票人核对无误后，由总监票人向大会执行主席报告发出和收回的选[illegible]大会执行主席宣布选举是否有效。计票结束后，总监票人向大会执行主席报告选举结果，由大会执行主席宣布选举结果。

第三节 机 构

1953年10月始，根据中央人民政府第二十次会议通过的《关于召开全国人民代表大会及地方各级人民代表大会的决议》和《中华人民共和国全国人民代表大会及地方各级人民代表大会选举的规定》，建立县、乡（镇）两级人民代表大会（简称人代会）制度。桑梓店镇人民代表大会代表人民利益，根据《宪法》和法律行使国家权力。

1984年，撤社建镇，设立齐河县人大桑梓店镇工作联系小组。1990年区划济南市历城区后，桑梓店镇人民代表大会组织机构设置为人大办公室，并设置专职主任。1995年，修改后的《地方组织法》第一次明确规定：“乡、民族乡、镇的人民代表大会设主席，并可以设副主席一人至二人。”并规定“乡、民族乡、镇的人民代表大会主席、副主席在本级人民代表大会闭会期间负责联系本级人民代表大会代表，组织代表开展活动，并反映代表和群众对本级人民政府工作的建议、批评和意见。”是年，桑梓店镇设立人大主席团，作为镇人民代表大会会议的领导机构，在会议闭会期间兼具常务机关的部分职能。

历任人大主任、主席

刘有章	1984.05—1997.01
吴国柱	1997.01—1999.01
韩孟岭	1999.01—2007.02
[illegible]	[illegible]—2009.04
李　慧	2009.04—

桑梓店镇人大主席团主席李慧（2016年摄）

第二章　人民政府

第一节　行政机构

1906 年，改旧乡里制为乡区制。桑梓店镇域范围大部分集中于齐河勇乡地区，下辖八区，分别为勇一区、勇二区、勇三区、勇四区、勇五区、勇六区、勇七区、勇八区。

1931 年，废除乡区制，实行区村制。齐河县划为 8 区，桑梓店镇域范围大部分集中于第六区，包括安集镇（安庄、田庄、大马庄、草庙王庄、阎庄、周庄、邓营、康辛庄），邱岸镇（邱家岸、左庄、秦庄、油坊赵、姚吕庄）、桑梓镇（桑梓店、南张、小马、沙李庄、北张庄、王唐）、忠孝乡（冯堂、铁匠庄、三官庙、董庄、彭庄、老于屯、怀庄、门刘堂、石庙、韩庄、李堂、小寨、老寨、老屯）、仁爱乡（刘庙、郑庄、小屯、朱河圈、丁庄、王窑、丁口、小吕、仓上）、五权乡（大郑、后房、前房、王堂、小郑）等。第六区设区公所，区公所所在地为安集镇安庄（今桑梓店镇安庄村），设区长 1 人，助理员 2 人，负责办理第六区地方自治及联庄保卫事宜，隶属齐河县政府。

1948 年，撤销区公所，建立区人民政府。至 1950 年 5 月 20 日，区人民政府设置区长、副区长、民政助理、财政助理、干事、文教助理、生产助理、文书、经费会计、人武科长、治安员各 1 人，勤杂人员若干。

1958 年 2 月 14 日，中共齐河县首届二次党代会通过《关于体制问题、整编机构、下方干部的决议》，撤销 13 个区，划为包括桑梓店在内的 30 个乡，驻地桑梓店村。1958 年 9 月，根据毛泽东提出的“还是办人民公社好”的指示，建立桑梓店人民公社，设置社长 1 人，副社长 3 人，办公室主任 1 人、副主任 3 人，下设计委、监委、农业部、林牧部、工业交通部、内务部、水利部、文教部、信用部、供销部、劳动福利部、财经部。1959 年 10 月，公社下设农业部、工业部、财政部、武装部、民政委员会、文教卫生委员会。

三年国民经济调整时期，公社下设各部委撤销，仅保留武装部，原部委负责人改称为助理员。“文化大革命”开始后，公社成立革命委员会，设主任 1 人。

1980 年 12 月，公社革命委员会改称为公社管理委员会，设置主任 1 人，副主任 2～4 人，委员若干。下设文书、统计、民政助理、财政助理、农业助理、林业助理等。

1984 年，撤社建镇，建立桑梓店镇人民政府。设置镇长 1 人，副镇长 3～4 人，下设办公室，由文书、统计、民政助理、财政助理、计划生育助理、司法助理、文教助理等组成。1986 年，桑梓店镇人民政府包括镇长 1 人，副镇长 3 人，秘书 1 人，民政助理 1 人，财政助理 2 人，文教助理 1 人，工勤计划生育助理 1 人，人民团体包括共青团 1 人，妇联 2 人。

2010 年 11 月 17 日，乡镇机构改革，桑梓店镇设置 4 个党政工作机构：党政办公室、经济发展办公室（挂安全生产监督管理办公室牌子）、社会事务办公室（挂人口和计划生育办公室牌子）、社会稳定办公室（挂社会治安综合治理办公室牌子）。5 个财政拨款事业单位（不含教育、卫生事业机构）：财政所、计划生育服务站、文化服务中心、农业综合服务中心、人力资源社会保障服务中心。核定行政编制 39 人，领导职数 8 人，人民政府设镇长 1 人，副镇长 2～3 人。

在核定领导职数内，实行党政领导交叉任职。

截至2016年9月，桑梓店镇人民政府领导班子成员共有4人，其中设镇长1人，副镇长3人。此外，另有副镇级干部3人。

齐河县第六区（桑梓店）人民政府
（1948—1958.02）

行政负责人

董新田　—1948.06
张继德　1948.06—1949.12
李自强（代）　1950.01—1952.01
何建光　1952.01—1953.01
李自强（代）、李玉柱（代）、刘方廷（代）　1953.01—1958.01
魏寿坤　1958.01—1958.02

齐河县桑梓店乡
（1958.02—1958.09）

乡　长

魏寿坤　1958.02—1958.09

齐河县桑梓店人民公社管理委员会
（1958.09—1968.03）

社　长

魏寿坤　1958.09—1958.10
周玉芳　1958.10—1961.11
张付厚　1961.11—1965.05
卞向生　1965.05—1968.03

齐河县桑梓店人民公社革命委员会
（1968.03—1981.01）

主　任

卞向生　1968.03—1970.12
王来胜　1970.12—1973.12
赵洪科　1973.12—1976.12
李传才　1976.12—1977.12
张法顺　1977.12—1981.01

齐河县桑梓店人民公社管理委员会
（1981.01—1984.03）

主　任

秦长山　1981.01—1983.03
张承贤　1983.03—1984.03

副主任

李会珂　—1982.01
汤传亮　1982.01—1984.03
刘有章　1983.09—1984.03

德州市齐河县桑梓店镇人民政府
（1984.03—1989.12）

镇　长

陈志忠　1984.03—1987.05
郝汝之　1987.05—1989.08
闫培斌　1989.08—1989.12

副镇长

汤传亮　1984.03—1989.12
阮志坚　1984.03—1985.03
刘有章　1984.03—1989.12
李文富　1984.03—1989.12

济南市历城区桑梓店镇人民政府
（1989.12—2000.01）

镇　长

宗海邦　1989.12—1996.01
刘桂祯　1996.01—1997.01
侯同柱　1997.01—1999.01
张兴洲　1999.01—2000.01

副镇长

李成才　1990.03—1993.01
吴国柱　1990.03—1993.01
崔德才　1990.03—1998.12
徐春福　1991.03—2000.01
赵逢勤　1993.01—1994.04
张玉三　1993.01—1997.01

李广平	1994.04—1997.01
张传路	1996.01—1999.01
刘世浒	1999.01—2000.01
李大春	1999.01—2000.01
段青英	1999.01—2000.01

科技副镇长

李广平	1990.03—1994.04
赵逢勤	1994.04—1996.01
郑学诗	1996.01—1998.12

济南市天桥区桑梓店镇人民政府

（2000.01—）

镇　　长

张兴洲	2000.01—2001.06
王晓虎	2001.06—2004.03
李大春	2004.03—2005.08
吕　东	2005.08—2009.04
胡风云	2009.04—2013.05
杨　鹏	2013.05—

副 镇 长

刘世浒	2000.01—2001.06
李大春	2000.01—2001.12
段青英	2000.01—2001.06
徐春福	2000.01—2002.01
杨　军	2001.06—2008.01
胡风云	2001.06—2005.08
郑学诗	2002.01—2005.08
李　慧	2005.03—2006.09
安祥波	2005.08—2009.04
张开文	2006.09—2009.04
赵　军	2008.01—
梁　峰	2009.04—2011.12
李　晓	2010.10—2013.05
张心海	2011.12—
房安清	2013.05—
杨　帆	2013.05—2015.03

副镇级干部

张传路	2011.12—
张克敏	2011.06—
王春素	2016.06—

第二节　村级组织

清朝时期，实行里社制。110户为1里，设里长，里下设甲，每10户为1甲，设甲长。每五年编审一次，里长经常更换。里长主要职责是调查田粮丁口，编制赋税册，其作用侧重于征税。后因摊丁入地（亩），改革赋税制度，里社制逐渐废除，改为保甲制。规定10户为一牌，10牌为一甲，10甲为一保，牌设牌头，甲设甲长，保设保正。保正甲长的主要职责是维持治安秩序。

民国时期，相邻各保设保长联合办事处，简称联保，设主任1人，书记1～2人。

抗日战争及解放战争时期，实行区村制，区辖村，村设村长，村再分闾，设闾长。村长、闾长主要负责组织群众参军参战，筹集军需物资支前，领导群众进行土地改革。

新中国成立之后，区改为齐河县政府的派出机关，称为区公所，实行乡村制。区下设乡，乡辖若干村，村又设闾，分别设乡长、村长、闾长。1954年，废除闾长。

1956年，村的建制被农业生产合作社代替，一村几社或几村一社，设社长。1958年，实行人民公社化，村一级设生产大队，大队以下设若干生产队。各设正副大队长、正副生产队长。

1984年4月，撤社建镇，同时改队建村，一般以原生产大队改建为行政村，镇域各村均建立村民自治组织村民委员会。村民委员会下设村民小组，小组长协助村委开展工作。村民委员会职责更加明确，随着社会发展和进步，建立健全各项规章制度。

截至1985年年底，全镇共辖50个行政村，54个自然村，分别为：桑梓店、前房、后房、耿家、大郑、北王堂、小郑、石门孙、高王、小吴、小辛庄、大漠刘、安庄、康辛、草庙王、周阎、北董、大石庙（又名石庙）、彭家、田家、邓营、大马、沙李、小马、东小张（又名小张）、怀庄（包含小韩自然村）、三官庙、冯家堂、老寨、三教堂（包含门刘堂、楼房、李堂三个自然村）、姚吕、袁贾、张王堂、新左庄（又名左庄）、新小吕（又名小吕）、南仓上（又名仓上）、小屯、新铁匠（又名铁匠）、小寨子、老屯、油坊赵、西秦、街后、邱岸、东秦、南郑、刘庙子、丁庄、朱河圈、丁口。

1989 年，全镇共有 50 个村民委员会，180 个村民小组，6547 户，29475 人。共有劳动力 14309 人，其中男性 7172 人，女性 7137 人；农林牧副渔业 12587 人，工业 421 人，建筑业 444 人，交通运输和邮电业 74 人，商业、饮食业、物资供销和仓储业 251 人，卫生、体育和社会福利事业 56 人，教育、文化艺术和广播电视事业 163 人，金融保险业 2 人，乡镇经济组织（社务）管理 5 人，其他劳动力 306 人。

1990 年，全镇共有村委会 48 个，生产小组 174 个，6519 户，29018 人。共有劳动力 14564 人，其中男性 6843 人，女性 7721 人；农林牧副渔业 12786 人，工业 424 人，建筑业 426 人，交通运输和邮电业 92 人，商业、饮食业、物资供销和仓储业 260 人，卫生、体育和社会福利事业 55 人，教育、文化艺术和广播电视事业 150 人，金融业 6 人，其他劳动力 365 人；高中文化 605 人，初中 8144 人，小学 4695 人，文盲和半文盲 1120 人。

2000 年，结合“两议五公开”制度的贯彻落实，全镇 48 个村结合村情，根据有关法律法规，组织群众参与，制定《村规民约》，并打印下发到户，较好地实现村民自我约束、自我管理。同时规范民主决策程序，规定村民大会每年不少于 2 次，村民代表会议每年不少于 8 次，并要有记录。

2007 年 11 月 5 日，设立包括村民代表、理财小组、村民议事会等在内的村民委员会下属机构。其中，村民代表按照每 10 户产生一名村民代表的比例，各村以户为单位投票选举产生；理财小组按照 500 人以下的村设 3 人，500 ～ 1000 人的村设 5 人，1000 人以上的村设 7 人的原则，由村民代表推选产生；村民议事会按照人口多少和本村实际情况，在村民代表中推举确定，由 7 ～ 25 人组成。

截至 2015 年年底，全镇共有村民委员会 48 个。

2016 年桑梓店镇行政村情况表

表 13-2-1

镇属办事处	行政村
周北办事处（12 个行政村）	安庄村、北董村、北王堂村、草庙王村、大马村、大郑村 耿家村、后房村、康辛村、前房村、小郑村、周闫村
丁仓办事处（9 个行政村）	老屯村、刘庙子村、南郑村、仓上村、铁匠村 小屯村、丁口村、丁庄村、朱河圈村
冯高办事处（11 个行政村）	冯家堂村、高工村、老寨村、彭家村、三官庙村、三教堂村 石门孙村、石庙村、小吴村、小辛村、小寨村
桑梓办事处（8 个行政村）	小马村、沙李村、邓营村、怀庄村 桑梓店村、田家村、小张村、张王堂村
赵左办事处（8 个行政村）	街后村、邱岸村、西秦村、小吕村 姚吕村、左庄村、东秦村、袁贾村

村民委员会职责

1、宣传党的路线、方针、政策和国家法律、法规，提高村民法制观念和法律意识，维护村民的合法权益。根据本村实际制定村规民约，教育村民履行义务。

2、主持日常村务，组织村民落实村民会议决议。

3、稳定完善以家庭承包经营为主的合同制，发展壮大集体经济，支持村民发展生产、供销、信用、消费等多种形式的合作经济和个体经济，承担本村的生产服务和协调工作。

4、尊重集体经济组织，依照法律规定，独立进行经济活动的自主权，维护集体经济组织和村民承包经营户、联合体的合法财产权和其他合法的权利和利益。

5、依照法律管理本村土地、财务和其他资产，教育村民合法利用自然资源，保护和改善生态环境，组织新村规划和建设，提升村容村貌建设质量。

6、办理本村农田水利、交通、供电、供水、通讯、科技、文化、教育、卫生、社会保障等公共事务和公益事业；继续搞好计划生育服务。

7、开展各种形式的社会主义精神文明建设活动，组织村民学习科学文化知识，推行婚丧习俗改革，反对封建宗族观念和其他各种腐朽思想，教育培养村民成为有理想、有道德、有文化、有纪律的文明村民。

8、调解民间纠纷，促进村民团结，同时与邻村搞好互助协作关系。建立健全治安联防组织，协助公安机关维护社会治安。

9、及时帮助村民解决在生产、生活中遇到的困难和问题；向镇政府反映村民意见、要求和合理化建议。

10、完成镇政府安排的征兵、拥军优属、社会救济、纳税等各项工作任务。

第三章　政　协

第一节　机　构

人民政协是中国人民政治协商会议的简称，是中国共产党领导下的统一战线组织，是全国政治生活中发扬社会主义民主的一种重要形式。

1981年，齐河县政协恢复工作，并逐步健全机构，并在各乡镇设立政协联络组，任命联络组组长。

1991年6月19日，为充分发挥人民政协组织在新形势下的参政议政职能作用，桑梓店镇成立正乡镇级政协统战办公室工作机构。

2001年12月14日，乡镇机构改革，撤销政协统战办公室，原任领导职务自行免除。

2013年，根据市编办《关于乡镇（街道办事处）设立政协工作室的通知》要求，桑梓店镇设立政协工作室，由一位党委领导兼任主任。

2015年9月24日，根据市编办《关于乡镇（街道）政协工作室统一更名的通知》和区编办文件要求，镇政协工作室更名为镇政协委员联络室。联络室主任由党委副书记兼任，并配备政协联络秘书。

截至2016年9月，桑梓店镇辖区共有市、区两级政协委员13人。其中市政协委员1人，为植茂芳。区政协委员12人，分别为任庆生、解承静、黄治修、李栋、孙昭慧、刘文友、于连亮、米广业、米登峰、杨兆健、刘元群、彭辛豹。

历任政协联络组组长（1989.12—1991.06）

刘有章　1989.12—1991.03

尹纯岭　1991.03—1991.06

历任政协统战办公室主任（1991.06—2001.12）

尹纯岭　1991.06—1992.11

于连奎　1992.11—1996.07

李文富　1996.07—1998.12

李成才　1998.12—2001.12

历任政协工作室主任（2013.04—2015.09）

李　慧　2013.04—2013.08

黄治修　2013.08—2014.12

解承静　2014.12—2015.09

历任政协委员联络室主任（2015.09—至今）

解承静　2015.09—

桑梓店镇党委副书记、政协委员联络室主任解承静（2016 年摄）

第二节　主要活动

1991—2001 年，桑梓店镇政协通过沟通性、协调性工作，达到联系一个、团结一片的效果，把群众中分散的、个别的呼声汇聚成系统的、集中的意见，便于镇党委、政府了解民情、把握民意，协调关系、化解矛盾，理顺情绪、凝聚人心。拓宽政协委员参政议政渠道，深入开展学习活动，提高委员自身素质，为进一步做好政协工作奠定良好基础。采取举办报告会、座谈会、经验交流会等多种形式，加强委员理论学习；充分发挥职能作用，搞好调查视察，献言献策；了解和反映社情民意，维护社会稳定服务；充分发挥委员作用，参与各项社会活动。

2013 年，桑梓店镇政协工作室成立后，先后组织辖区内政协委员先后到齐鲁·鑫茂科技城和裕兴化工厂，对重点项目建设及大气污染防治情况进行调研。组织部分区政协委员对辖区的部分项目进行视察调研，实地查看小马社区建设工程和鑫茂·齐鲁科技城二期工程并召开座谈会。组织政协委员参与植树活动。由镇政协工作室倡议发起，在桑梓中心小学开展爱心捐资困难学生助学活动。

政协委员实地查看鑫茂·齐鲁科技城二期工程建设情况（2013 年摄）

视察桑梓店镇中心幼儿园（2015 年摄）

2015 年，组织委员认真学习区政协相关文件精神，开展以“改善民生、加快发展”为主题内容的集中观摩活动，先后参观乡村连片治理项目村、幼儿园、敬老院、草庙王村安置房工程、镇村道路建设、小张村幸福院及文化广场、小寨村居民楼、西秦村集中流转土地、传化泉胜物流等工程建设情况，并听取委员们的意见和建议。认真开展“联百企助发展、联百户送温暖”活动，结合委员个人意见，制订联系方案，使委员帮助有对象、建议有依托。带领所属政协委员参与政协林植树活动，高质量超额完成植树任务，为建设美丽天桥作贡献。在“最美桑梓、让爱飞翔”慈善募捐活动中，各委员响应，迅速行动，踊跃捐款，奉献爱心，包括企业和个人在内，委员们共捐款14.477万元，占全镇总善款的12%，为发展桑梓慈善事业做出突出的贡献。

第十四编

公安 司法 军事

第一章 公 安

第一节 机 构

济南市公安局天桥区分局桑梓店派出所始建于1949年春，时隶属于德州市齐河县公安局管辖，1950年下半年撤销，1966年6月恢复，1968年12月再次撤销，1973年下半年重建派出所。1990年1月划归济南市公安局历城区分局管辖。2000年1月划归济南市公安局天桥区分局管辖至今。

桑梓店派出所位于济南市天桥区桑梓店镇国道308线北侧，辖区总面积72.6平方公里，常住人口3.83万人，暂住人口2500余人，属于典型的农村户籍派出所。派出所现有民警13名，设副处级所长1人、副处级教导员1人、副科级副所长2人，主任科员1人，副主任科员1人，科员7人。另有协勤队员10人、保安队员10人。全所共有党员12人，平均年龄30岁，是一支充满活力和战斗力的年轻队伍。近年来，派出所党支部大力加强执法队伍规范化建设，端正执法思想，转变执法观念，为确保辖区政治稳定、社会和谐、经济发展做出贡献，受到上级领导及辖区群众的一致称赞。

桑梓店派出所全貌（2016年摄）

桑梓店派出所设有勤务指挥室，主要负责110接处警、日常治安纠纷询问调解工作；设有综合服务厅，方便群众来所办理户籍业务；设有办案专用功能区域、民警办公区域、警务沙龙、案件研判室、会议室等符合现代化警务工作需要的办公设施。所内共有制式警车3辆，普通公务用车4辆，配备公安网电脑30余台，执法记录仪10余部，单警装备等警用装备配备情况可以保证民警处置日常警务事件，保证了基本办公需要。

召开工作会议（2016年摄）

2010年以来，桑梓店派出所先后被济南市公安局评选为“创建无违纪科所队”活动标兵单位，被济南市政法委表彰为“先进基层党组织”，荣获市局“六小警务先进集体”，荣获“食品安全先进集体”，荣获全市公安机关“美丽窗口”并记集体三等功，荣获全市公安机关“创建群众满意度先进集体”并记“集体三等功”，被山东省公安厅授予“齐鲁先锋警队”荣誉称号，被济南市总工会评为“全市职工职业道德建设先进单位”，被山东省总工会授予“工人先锋号”称号，并连续数年被桑梓店镇政府评为先进单位、文明单位。

“金盾下的荣光”——济南市公安局2014年度颁奖典礼（2015年摄）

历任派出所所长

李曰俊	1966.05—1968.12
张绪恒	1980.01—1989.07
孙富慎	1989.07—1996.06
袁登江	1996.06—1998.08
金兆伟	1998.08—2002.05
李云轶	2002.05—2011.11
焦长起	2011.11—

桑梓店派出所所长焦长起（2016年摄）

警务室是桑梓店派出所在社区、村的派出机构，是桑梓店镇域社会综合治理的阵地群、支撑点，以维护社会稳定、服务人民群众、实现执法为民为根本任务，以“发案少、秩序好、社会稳定、群众满意”为工作目标，依照贯彻专门工作与群众路线相结合的方针，立足辖区、警务前移、依靠群众，规范警务运作，逐步建立起与镇域内农村建设发展相适应的警务工作新机制，进而为维护全镇社会治安、构建和谐社会创造良好环境。

截至2016年9月，全镇共有警务室4处，分别为丁仓警务室、小寨子警务室、周北警务室、桑梓警务室。

丁仓警务室位于老屯村，建于2005年，社区民警邢向飞，对接镇属丁仓办事处以及镇属赵左办事处的东秦村、西秦村、邱岸村、街后村，配备办公室1间。

小寨子警务室位于小寨村，建于2012年，社区民警张世明，对接镇属冯高办事处，警务室配备有监控中控室、档案室、纠纷调处室及办公设备。

周北警务室位于裕兴化工厂南门，建于2012年，社区民警刘文涛，对接镇属周北办事处以及属赵左办事处的袁贾村、小吕村、姚吕村、左庄村，配备有民警办公室、档案室、纠纷调处室及办公设备。

桑梓警务室位于小马社区南门，建于2012年，社区民警褚伟，对接镇属桑梓办事处，配备有监控中控室、办公室、档案室。

2012年，开展监控建设工作。镇域内监控建设主要有公安自建、政府出资、各村及单位自筹资金建设三类情况，2016年，全镇48个行政村已完成视频监控全覆盖。此外，在进出镇域辖区主要交通道路均设有治安卡口，方便对进出辖区车辆布控，截至2016年5月，全镇共安装监控探头2000余个。

第二节　治安管理

桑梓店镇地处交通要道，案件较多，20世纪80年代严打以后治安形势明显好转。特别是开展综合治理工作后，镇党委、政府每年都与各村、各单位签订年度社会治安综合治理责任书，案件大幅度下降，人民群众普遍有安全感。

20世纪80年代，镇域发生刑事案件12起，破8起，破案率67%；治安案件25起，非正常死亡5起，全部妥善处理。逮捕犯罪嫌疑人9人，行政拘留5人，警告处罚7人，传讯47人，为国家、集体和个人追回经济损失4800余元。协助外地抓获犯罪嫌疑人3人。组织治保会及基层单位领导学习175人次，调整充实基层治保会10个。整理综合档案95卷，保存160人指纹。利用齐河县查破农电线被盗案有利时机，传讯犯罪嫌疑人9人。一举破获小张村盗窃团伙，追回全部赃物。

1990—1994年，组建治保会和镇级巡逻队，从人员、装备、组织建设等方面为维护全镇的社会稳定创造有利条件。拨款3万元用于维护社会治安，并配合历城区政法部门，在大马、田家两村开展以法治村试点活动。全镇共发生刑事案件34起，破获17起，为外辖区破案3起，抓获犯罪嫌疑人52人，打击现行犯罪嫌疑人75人，其中逮捕犯罪嫌疑人5人，依法受审6人，拘留8人，罚款处理8人，警告处罚31人，转外地外所处理4人，批评教育31人，抓获犯罪团伙1个共4人，缴获赃款、赃物折款1200元。发生治安案件34起，查处34起，为群众挽回经济损失共计8万余元。全体干警和巡逻队为群众办好事31人次，收到奖匾3块，表扬2次。增设治安耳目10人，使用特情耳目3名，宗教调查4次，提供政保信息3条，收缴非法宗教宣传品1份，考察重点人口97名，治安清查10次，发现不安全隐患78条，下达整改通知书10次，下发治安通报2次102份。召开治安专题工作会议4次，治保主任会议2次，向群众报告工作4次，投资9000余元，新增通讯工具3部；投资5000余元，建立治安岗亭1个。1991年，成立桑梓店镇社会治安综合治理领导小组，同年，桑梓店镇治保会被济南市公安局授予“社会治安先进集体”荣誉称号。

1995年，为提高辖区内广大干部群众见义勇为、搞好社会治安综合治理的积极性和自觉性，制定并印发《桑梓店镇社会治安综合治理奖惩办法》。是年，桑梓店镇被市委、市政府授予“社会治安综合治理先进集体”荣誉称号。

1996年，桑梓店镇党委、政府将社会治安综合治理纳入年度计划和社会经济发展总体规划，并以红头文件的形式纳入全方位目标管理，做到重大问题及时研究、及时决策、及时解决；镇党委每季度至少召开1次专题会议，研究社会治安综合治理工作，共计研究6次。镇党委书记、镇长亲自抓亲自部署，每次部署必听汇报，抓检查落实，重大问题亲自组织各部门协调。设立见义勇为基金。进行“严打”，一般刑事案件发案13起破案12起，重大刑事案件发案10起破案7起，常住人口犯罪人数5人，暂住人口、青少年无犯罪现象，刑释解教人员无重新犯罪现象，辖区内无赌博、卖淫嫖娼现象，无制黄贩黄现象，无拐卖人口现象。镇村两级综合治理机构健全，制度完善配套。制定加强基层基础建设意见，规划标准统一，并且全镇一个尺寸、一个档次、统一制作。

1997年，成立治安巡逻大队。任命怀宝玉为治安巡逻大队大队长，下设治安巡逻大队林场中队、110中队、岗楼中队、309中队、桑孙路中队。5个中队除110中队驻派出所随时接警外，其余4个中队分别驻北郊林场、国道309沿线板房、治安岗亭和小郑村。大队部负责指挥、调度、检查各队工作，对中队的工作进行考核，组织教育训练，组织开展治安防范、治安巡逻，协助派出所开展侦查破案和治安管理；林场中队负责镇属赵家办事处、左家办事处和桑梓办事处的4个村的治安防范工作，加上北郊林场共13个单位；309中队负责镇属丁家办事处、仓上办事处、冯家办事处和渔场等17个单位的治安防范工作；岗亭中队负责镇直部门企事业单位和镇属桑梓办事处的4个村共12个单位的治安防范工作；桑孙路中队负责镇属北董办事处、周闫办事处、高王办事处16个单位的治安防范工作；110中队负责接处警工作，有警出警，无警巡逻。大队部7人，包括大队长1人，文书1人，自行车管员1人，守机员1人，暂住人口管理员1人，司机1人，炊事员1人。110中队6人，包括中队长1人，队员5人。林场中队2人，中队长1人，队员1人。309中队5人，包括中队长1人，队员4人。岗亭中队4人，中队长1人，队员3人。桑孙路中队5人，包括中队长1人，队员4人，共计30人。巡逻队员均配备警服（110中队加配迷彩服）、钢盔、警棍、警绳等，每个中队配对讲机1部，橡皮警棍2根，警绳2根。110中队军事化管理，其他中队半军事化管理，每周1次业务培训。投资3000元建立治安岗亭，并组建岗亭治安中队，安装报警电话。在原有6人联防队员基础上，从部队复员人员及高中毕业生中选拔24人，通过近三个月的短期培训，组建素质较好的治安联防大队，成立6个联防中队。成立联防治安党支部，由分管副镇长兼任党支部书记。成立镇、办事处、村三级治安联防组织，形成了上下成线，左右成网的社会治安新体制。

1998年，开展冬季治安整治活动。主要针对冬季刑事犯罪活动规律特点，严厉打击刑事犯罪行为，发生一起破一起；认真排查各类矛盾隐患，密切注视动向，采取有效措施，尽早开展工作，防止矛盾激化，力争把问题解决在萌芽状态；强化治安管理措施，强化对暂住流动人口管理，加大对公共娱乐场所治理整顿，继续加强对枪支弹药的收缴工作，加强对烟花爆竹的管理；结合派出所改革和警务责任区的建立，各村治保调解帮教组织要进一步充实完善；搞好联户联防的巩固和发展，合理安排值班巡逻，一般以15～30户为一组，固定巡逻日期，坚持常年巡逻。

1999年，在全镇开展“除霸惩恶、打击社会邪恶势力”专项斗争工作。打击重点为称霸一方、为非作歹、欺压残害群众，带有团伙性质的流氓恶势力；在村里长期欺男霸女的地痞流氓、无赖；村霸、街霸、路霸、市霸、店霸等流氓恶霸；借群众热点问题，趁机煽动破坏，聚众闹事，进行打、砸、抢、烧等破坏活动的首要分子；泄私愤，报复村干部的违法犯罪分子；私藏枪支弹药，爆炸危险物品的不法分子。是年9—11月，集中100天时间，在全镇开展“百日严打”活动，重点为盗窃、抢劫308、309国道过往车辆，盗窃机动车、耕牛，破坏水力、电力、通讯设施等犯罪活动以及流窜犯罪、团伙犯罪、系列犯罪和重大负案在逃犯等。1998年，桑梓店镇被市委、市政府评为社会治安综合治理先进单位，被区委、区政府评为社会治安、综合治理模范乡镇。

实施联户联防工程。健全完善镇、镇属办事处两级治安巡逻队伍，并充分发挥其作用。加大村级治安巡逻队伍建设工作力度，由村干部组织带领群众义务轮流搞好本村的治安管理工作，不准因组织联户联防而增加村民的经济负担。对镇、镇属办事处、村三级治安巡逻队员要定责任、定奖惩，若发生村民或集体被盗案件及刑事案件，要追究值班巡逻人员的责任，赔偿50%直至全部经济损失。同时，按照以村划片、以片划组、以组定人、以人定责的要求，各村以50～100户为一片，10～20户为一组，每组确定1名群众威信高、身体条件好、热爱治安工作的人为组长，带领群众开展联户联防，负责责任区内的治安工作。在民警中开展“全心全意为人民服务的宗旨教育，实事求是的思想路线教育，严格公正文明执法的法制教育”活动，通过群众评议，对“三项教育”效果的满意率达90%以上。

2001年后，以“发案少、秩序好、群众满意”为工作目标，不断加大联户联防管理力度。按照点、线、面结合的总体布局和社会治安的社会化需求，镇、镇属办事处、村建立三级联户联防组织，利用市区“退休”的岗亭，在国道308线、国道309线上各建一个堵截点，并健全规章制度，形成以110快速反应队伍为龙头、以镇级巡逻队为骨干、以村巡逻队为基础、以联户联防为辅佐的纵到底、横到边的治安联防网。各行政村落实治安联户联防责任制，及时化解了社会矛盾和纠纷，从源头上堵住各种不稳定因素的滋生和蔓延。开展集中整治治安隐患问题专项行动，主要整治散存在社会上的枪支弹药，土地纠纷，拦路抢劫，欺行霸市，打骂老师、学生，耕牛被盗，公共场所流氓滋事、打架斗殴。在整治过程中，夯实“五位一体”（治保、调解、普法、督教、巡逻）的基础地位，保证严打整治成果不断巩固提高，全面落实综合治理各项措施。制定并印发《关于创建平安桑梓的实施意见》，在全镇全面落实政治领域、经济领域、治安领域等维护稳定的各项措施，确保社会政治更加稳定，治安秩序更加安定，法制环境更加规范，投资环境更加优化，人民群众的安全感进一步增强。健全完善经常性“严打整治”工作机制，始终保持高压态势；健全完善治安防控机制，努力预防和减少犯罪；健全完善排查调处工作机制，依法妥善化解社会矛盾；健全完善宣传教育机制，不断提高公民的法制道德水平；健全完善齐抓共管的工作机制，切实形成整体合力。强化社会治安防控体系建设。注重打防管控一体化建设，投资近70万元建成“村村通”监控体系，并通过派出所内的指挥控制平台，实现24小时网上巡逻管控；加大社区警务建设力度，重点打造了工业园区内及小寨村两个警务室，有效延伸了警务工作触角。

2013年后，上级公安机关开展“经侦破案会战”“禁毒破案会战”“非法集资破案会战”“百城禁毒破案会战”等多项集中打击处理行动，桑梓店派出所先后破获聂某某故意杀人案、李某某盗窃案、李某入室盗窃案、马某某车内物品被盗案、“10·17”故意杀人案、“12·12”系列盗销电动车案、吕某某等人贩卖毒品案、丁某等人故意伤害案等一批有影响力的案件，净化辖区社会治安环境，打击那些妄图铤而走险犯罪分子的嚣张气焰。

派出所民警入村调查情况（2014年摄）

第三节　户政管理

新中国成立后，齐河县民政科负责户口管理，居民户口分为农业户口和非农业户口。

1956年4月，齐河县公安局设户籍股，接管户口工作，并对全县各类人口进行普查、登记。1962年，户籍工作以公社、大队为单位，建立户口卡片。至第三次人口普查时，公社已配备户籍员。

1973年，桑梓店派出所设立户籍员，专事管理迁出迁入、出生和死亡登记。1986年始，发放户口本，逐户编号挂牌。1990年后，外地来镇域打工的人员增多，为了对这一人群进行管理，户籍员对外来务工人员进行登记造册，并发给暂住证。

1988年，全国范围内开始办理第一代居民身份证。1995年8月，启用新的防伪居民身份证，统一使用人人头像片、防伪塑封套、956相纸和新印章版，是年，共制作身份证底卡1300个，发放身份证1000个，为群众办理户口1600人次，加强暂住人口工作，全年管理审验暂住人口65人。1996年，为身为农业户口的非农业人员家属进行了“农转非”。

1998年，居民身份证10年期满换证工作开始。2000年，对居民身份证进行了升级，办理居民身份证的年龄由18周岁提前到16周岁，凡居民年满16周岁后，可随时到派出所户籍室申请办理身份证。2003年，开展居民身份人口基本信息清理纠错工作。2008年，居民身份证20年换证工作开始。

2008年后，镇域内取消了农业和非农业户口，一律改称城镇居民。2010年，全镇新增常住人口1175人，办理身份证1783个，办理居住证1244个；2011年，全镇新增常住人口938人，办理身份证1300个，办理居住证1196个；2012年，全镇新增常住人口891人，办理身份证1235个，办理居住证1260个；2013年，全镇新增常住人口887人，办理身份证1761个，办理居住证1433个；2014年，全镇新增常住人口1445人，办理身份证1433个，办理居住证1602个；2015年，全镇新增常住人口796人，办理身份证2465个，办理居住证1573个。

截至2015年年底，桑梓店镇辖区常住总人口共计38174人，其中男18646人、女19528人，流动人口5195人。

第二章 检　察

第一节 机　构

2012年3月，天桥区人民检察院派驻黄河北地区检察室成立，于济南新材料产业园管委会办公。2013年9月16日，新办公场所建设完工并投入使用，位于济南新材料产业园区西500米，占地面积1200平方米，下辖桑梓店、大桥两个镇，辖区总面积179.17平方公里，125个行政村，7.8万人。检察室根据工作需要将功能区划分为接待区、业务区、办公区、廉政教育区和后勤保障区。

派驻黄河北地区检察室（2016年摄）

截至2016年9月，检察室有工作人员4人，其中设检察室主任1人，为正处级检察员；副主任1人，为副处级检察员。自检察室成立起，昝胜辉担任检察室主任。

第二节 职责任务

职责　接收群众举报、控告、申诉，接待群众来访；发现、受理职务犯罪案件线索；开展职务犯罪预防工作；受理、发现执法不严、司法不公问题，对诉讼中的违法问题依法进行法律监督；开展法制宣传，化解社会矛盾，参与社会治安综合治理和平安创建；监督并配合开展社区矫正工作，参与并促进社会管理创新；开展为民、便民、利民服务和涉农检察，依法保障群众的合法权益；派出院交办的其他事项。

任务　受理群众来信来访，接收群众举报、控告、申诉，接待群众来访，区别情况依法妥善处理、答复或移送；采取多种形式发现、受理职务犯罪案件线索；开展职务犯罪预防工作；基层执法司法活动监督；审查起诉轻微刑事案件。

第三章 审 判

第一节 机 构

1950 年，设立齐河县人民法院管理全县司法审判事宜。1953 年，设立桑梓巡回法庭管辖

桑梓法庭旧貌（左起依次为：刘海兴、孟立东、葛家生、聂培重）（20 世纪 90 年代摄）

桑梓区及大吴区。1957 年 9 月，桑梓巡回法庭改为桑梓人民法庭。1958 年，桑梓人民法庭撤销。1965 年，恢复桑梓人民法庭。

1967 年，“文化大革命”期间，齐河县人民法院及下设包括桑梓人民法庭在内的 6 个法庭全部撤销。

1976 年，恢复桑梓人民法庭，桑梓店、靳家、大吴三个公社的司法审判事宜均由桑梓人民法庭管辖。桑梓人民法庭设置庭长 1 人、副庭长 1 人、书记员 1 人。

1999 年，桑梓人民法庭并入大桥法庭，全部管理及工作事宜全部由大桥法庭负责。自此，桑梓店镇境内无人民法庭。

历任桑梓人民法庭庭长（1982—1999）

展友成	1982 —1990.07
葛家生	1990.07—1997.05
聂培重	1997.05—1999

桑梓法庭门前合影（左起依次为：刘海兴、刘桂祯、葛家生、聂培重、孟立东）（20 世纪 90 年代摄）

第二节 案件审理

1976 年，桑梓人民法庭设立后，负责镇域内的民事案件审理工作。法庭执行《中华人民共和国民法通则》等法律法规，审判工作有法可依、坚持依法办案。

1990 年，共受理各种诉讼案件 50 余起，审结 19 起，调处 28 起，实施依法收贷，处理解决三角债的问题，审判机关和政府联合召开依法收贷，强制执行，公开审理大会 3 次。

1996 年，共收案 90 件，1995 年转来 4 件，共审结 91 件，未结 3 件。其中未结案件中中止诉讼的 2 件。

1998 年，共受理各类案件 36 件，其中判决处理 14 件，调解处理 12 件，撤诉 5 件。涉及民事案件 37 件，包括离婚 13 件，债务 10 件，赡养 2 件；人身伤害赔偿 2 件；宅基使用权纠纷、垫房台合同纠纷、房屋租赁纠纷、买卖树木欠款纠纷各 1 件。经济案件 4 件，工程合同纠纷 2 件，租赁合同纠纷、淤地合同纠纷各 1 件；借款合同纠纷 1 件。

第四章　司法行政

第一节　机　构

1950 年 7 月，齐河县司法科撤销，县人民政府向桑梓店区派司法助理员 1 人，同时，各村相继成立调解委员会，以调解各种民事纠纷。人民公社时期及社改镇后仍设司法助理一职。

1988 年，桑梓店镇成立司法所，其主要职能是调解、法律咨询、见证、代写法律文书和全民普法教育。各村仍旧设置调解委员会，一般情况下由村委会主任或委员来兼任调委主任。1991 年，桑梓店镇司法所被市司法局评为先进司法所。2000 年后增设 148 热线电话进行法律服务咨询。

2014年4月，将信访、司法、综治办公室合并，组建桑梓店镇社会稳定办公室。

历任司法所所长（1982—2014）

李文富　1982　—1988（时为司法助理）

徐茂生　1988　—1999. 03

张玉华　1999. 03—2008. 03

张文军　2008. 03—2010. 05

刘洪发　2010. 05—2014. 04

历任社会稳定办公室主任（2014—）

吴晓强　2014. 04—

第二节　普　法

“一五”普法　1985 年，第一个五年普法规划正式启动，1986 年开始实施。桑梓店镇成立普法领导小组，各行政村、机关单位分别成立普法领导小组，采取多种形式进行普法宣传。各村组织村民重点学习《宪法》《民法通则》《婚姻法》《选举法》等法律法规，通过村广播、宣传栏、黑板报等形式进行法制教育。1991 年 4 月，镇普法办公室、小马村、怀庄村、石门孙村被历城区委、区政府授予普及法律常识先进集体。

“二五”普法　1991—1995 年，全面实施第二个五年普法规划。1991 年 4 月，在全镇范围内开展了为期一个月的宪法宣传月活动，全面启动镇域范围内第二个五年法制宣传教育规划的实施。1995 年，全年利用集市宣传各专业法律 56 次，出动宣传车宣传水法、土地法、计划生育条例、税法等 32 次，张贴标语、悬挂横幅 5200 条，举办各种培训班 12 次。

“三五”普法　1996—2000 年，开展第三个五年普法活动。1996 年，成立“三五”普法领导小组，设立办公室，制定“三五”普法规划和年度计划。1997 年，各行政村建立普法业校，经常性组织开展各类普法活动。1998 年，投资 5 万余元在各行政村街道墙面上统一喷制了法律条文及标语，制作近千幅永久普法标语，村村形成普法一条街。领导干部带头学法，镇司法所举办法律培训班组织学法，出动宣传车沿村讲法，促进“三五”普法教育的顺利开展。实施“法律进万家工程”，为各村统一征订普法教材 6000 册，进行法制宣传 3 次，受教育人数 17000 人，全镇广大干部群众学法、用法、守法热情高涨，法律意识得到进一步加强。1999 年，实施“讲案学法”工程，通过分析案例，使法律条文故事化，以通俗易懂、生动形象的形式，教育启发群众，调动群众学法、用法、依法办事的积极性。以区普法办编辑印发的讲案学法材料为主要内容，向村民重点宣传《村民委员会组织法》《土地管理法》《婚姻法》《老年人权益保护法》《信访条例》《治安管理处罚条例》《计划生育条例》。选拔一批有一定文化水平和宣讲能力的人员组成相对固定的宣讲队伍，到村入户进行宣讲。同时，充分利用广播、黑板报、宣传栏等多种形式，大张旗鼓地进行宣传，营造学法用法的强大社会氛围。

“四五”普法 2001—2005 年，按照“四五”普法总体部署，制定桑梓店镇“四五”法制宣传教育规划，以提高全镇人民法律素质和社会法制化管理水平为目标，努力实现由提高全民法律意识向提高全民法律素质转变，实现由注重依靠行政手段管理向注重运用法律手段管理转变，全方位推进各项事业的依法治理，保障和促进经济建设和社会各项事业的健康发展。在全镇农村集中开展社会主义民主法制教育活动，重点抓好民主法制教育、宗旨教育、政策教育、权利和义务教育四个方面，以镇党校、党员活动室、文化大院为主阵地组织集中培训，还采取了外出参观学习、团支部“一板一报”等形式，将社会主义民主法制教育活动与全镇农村实际工作融为一体，提高农村党员干部群众的民主法制意识和法制观念。2003 年，开展“民主法治示范村”创建活动，从党组织和村民自治组织健全、民主选举规范有序、民主决定切实落实、民主管理扎实细致、民主监督推进有力、法制宣传教育深入人心等方面进行标准细化。着眼于建立回民村长治久安的长效机制，对老寨村、小寨村实施“法德并举，立体帮扶”的工作思路，一方面从法律和道德入手，把法律教育和道德教育结合起来，将依法治村和依德治村结合起来，切实提高干部群众的法律素质和道德素质；另一方面多层次、多角度、全方位对两个回民村进行帮助和扶持，促进经济和社会的协调发展。为老寨村、小寨村群众建立普法夜校，印发普法宣传材料，并配合相关部门聘请专业法律人士为两村群众和中小学生上普法宣传课。2004 年，小寨村被国家司法部、民政部评为民主法治示范村，老寨村被省司法厅、民政厅评为民主法治示范村。

“五五”普法 2006—2010 年，实施第五个普法规划。贯彻落实党的十七大关于“深入开展法制宣传教育，弘扬法治精神”的要求，针对“三农”热点、难点问题和农村和谐稳定发展的实际，宣传与农村工作、农民生产生活、改善民生密切相关的法律法规，增强广大农民的法制观念、权利义务对等意识以及依法维权的意识和能力，促进全镇“五五”普法深入开展。

“六五”普法 2011 年，“六五”普法正式启动。桑梓店镇及时调整普法领导小组，制定法制宣传教育依法治理实施方案，确定以实现“两增强、三提高”即进一步提高全民法律意识和法律素质，进一步增强公务员社会主义法治理念，提高依法行政能力和水平，进一步增强政府和各社会组织依法治理的自觉性，提高依法管理和服务社会的水平为目标，以村干部、全体党员、企业经营管理人员以及青少年、外来务工人员等群体为重点对象。成立和适时调整普法教育领导小组成员，共组织召开专题会议 10 余次。深化“法律进乡村”活动，深入农村、深入农户家中了解情况，解答有关法律问题，为群众提供法律服务，先后向群众送发法律宣传资料 5000 余份。着重宣传《中华人民共和国农村土地承包法》《农村土地承包经营权流转管理办法》《婚姻法》《继承法》《妇女权益保障法》等，以及基层依法管理方面的知识，进一步巩固农村法制宣传教育效果。继续把法律知识学习，纳入公务员（机关工作人员）日常学习计划，定期开展法律知识培训，坚持和完善党委中心组集体理论学习的学法制度和领导干部法制讲座制度。“六五普法”以来，全镇先后举办各类法律咨询活动 10 余次，接受群众咨询近 1000 人（次）；举办各类培训班 6 次，培训人员 800 余人（次）。每年“3.15”“6.25”“12.4”等涉法节日，利用标语、横幅、宣传画、等形式开展系列活动，突出宣传主题，向广大干群宣传法律法规，共发放各类宣传资料3000份、悬挂横幅10余条、向群众展示法律知识展板50块等。

2016年5月，在全镇深入开展法治进机关、进企业、进学校、进社区、进乡村、进单位的“法治六进”工作，制定并印发《桑梓店镇“法治六进”工作实施方案》，以实现全镇法治服务、法律服务、依法治理全覆盖，教育广大干部群众自觉守法律、讲权利、将义务、讲责任，推动全体居民树立法治意识，提高群众运用法治思维和法治方式化解矛盾解决问题的能力，进一步提高全镇法制化管理水平，为平安桑梓建设营造良好的法治环境。

第三节　民事调解

新中国成立后，齐河县农村普遍建立调解委员会，派驻第六区（桑梓店）的司法助理员开始着手调解民事纠纷。1988年，成立桑梓店镇司法所后，人民调解工作成为司法所的一项主要职能。

20世纪90年代，镇司法所主要处理财产纠纷，进入21世纪后赡养纠纷增多。1990—1992年，调解各类纠纷195件。

1994年，全镇共有一类调委会40个，二类调委会6个，三类调委会2个。调解人员共计157人，配备纠纷信息员223人，形成规模化的农村调解网络。

1998年，调解疑难纠纷9件，抓好村级调解组织建设和规范化建设，全镇48个行政村，规范化调委会45个。充分发挥人民调解组织作用，镇域各村通过开展“固防线、抓排治、防激化、争三无（无集体越级上访、无重大刑事案件、无重大治安灾害事故）”活动，及时排查解决民事纠纷，以实际行动维护农村稳定。每村成立人民调解委员会，及时调解农村中的各种矛盾和纠纷，把矛盾化解在基层，消除在萌芽状态。

2001年，成立由镇党委分管副书记任主任，派出所、法律服务所、信访、民政、妇联、土管、建委等部门负责人任成员的镇司法调解中心，办公室设在司法所。主要负责调解村、镇属办事处调处未果的疑难纠纷。发生的纠纷属于哪个部门的主管范围，就通过部门负责人作为调解庭成员参加协调。各镇属办事处、村也按照要求建立相应的调解组织，时镇、镇属办事处、村三级调解人员164人，为保稳定提供组织保证。同时，制定包括岗位职责制度、岗位培训制度等在内的各项规章制度，镇党委、政府与镇属办事处、村分别签订社会治安综合治理及民事调解年度岗位目标责任书，明确各自的工作职责和目标，做到小事不出村、大事不出办事处、重大难疑问题不出镇；规定全镇每年至少举办1期调解主任培训班，请区局领导和精通法律业务的律师上法制课，通过培训，使调委会工作人员进一步明确调解工作的方针、任务、原则的制度。共调处各种纠纷46起，及时化解了矛盾，镇司法所被市司法局命名为“调解中心先进单位”。制定并印发《天桥区桑梓店镇人民政府关于人民调解工作改革实施方案》。在区司法局指导帮助下，进行镇人民调委会和包括两个民族村在内的7个试点村人民调解委员会的改革。成立桑梓店镇人民调解委员会，建立完善基层人民调解组织。由司法所所长担任调委会主任，推行选举、聘任相结合制度，完善村级调委会。加强对人民调解员的培训工作，全面提升人民调解组织的整体素质。做好调解工作的规范化建设，提高制作人民调解协议书的质量和水平，促使人民调解制度与诉讼制度相衔接。同时，制定《桑梓店镇回族村与相邻汉族村联合人民调委会暂行办法》，成立回族村与相邻汉族村的联合调委会，调处纠纷案件13起，其中婚姻纠纷3起，赡养纠纷3起，邻里关系纠纷6起，村干部纠纷 1 起。

2007 年 3 月，在镇司法所设立桑梓店镇群众设法诉求工作站，发挥职能优势，与政法部门密切合作，分类处置，整体联动，有效将群众涉法诉求事项解决好。

2010 年，《人民调解法》正式颁布。桑梓店镇人民调解工作以贯彻落实《人民调解法》为主线，制定并印发《关于“人民调解化解矛盾纠纷专项攻坚活动”的实施方案》，将维护社会和谐稳定作为镇司法行政工作的重中之重。结合开展“保稳定促和谐惠民生矛盾纠纷排查化解年”活动、“执政为民、廉洁高效”集中教育活动和“治安落后区域整治会战”活动，在做好常见性、多发性矛盾纠纷排查化解的基础上，排查潜在性比较突出、群众反映比较强烈的，特别是重点工程征地及“两委”会改选中可能形成的群体性矛盾纠纷，集中进行排查调处。

2011 年，桑梓店镇以开展“争当人民调解能手”“重大社会矛盾和积案化解专项行动”等活动为载体，开展矛盾纠纷排查化解工作，在工作中健全和完善了“一个中心”“两张网络”“三级组织”“四个机制”“五道防线”，人民调解工作取得新成果。根据实际情况，及时调整全镇 48 个人民调解小组组成人员，落实人员、阵地、印章、登记簿等，指导各村开展人民调解工作。分批分期组织全镇人民调解员进行《人民调解法》相关培训工作，让人民调解员初步掌握《人民调解法》和立法精神和具体内容，现场讲解人民调解有关业务知识，提高人民调解员整体素质，促使人人争当调解能手。在人民调解案件评查工作中，开展自查，查缺补漏，规范案件登记和协议书制作，提高人民调解办案质量。按照上级领导的安排部署，组织实施“重大社会矛盾和积案化解攻坚行动”，集中时间排查化解矛盾纠纷和隐患，有效维护社会稳定。截至 2015 年年底，全镇共排查调处矛盾纠纷 86 件，调成 84 件，调成率 98%。

第四节 法律服务

1985 年，桑梓店镇法律服务站成立，开展基层法律服务工作。是年，共调处纠纷 82 起，办理经济合同公证 1460 件。后乡镇机构改革法律服务站撤销，法律服务工作由司法所承担。

桑梓店镇法律服务工作坚持以服务农村经济和各项事业健康协调发展为目标，对当事人提供代写法律文书、受原告或被告委托当代理人以及提供法律咨询等一系列法律服务活动，为当事人挽回经济损失，保障国家、集体和当事人的合法权益。

法律服务主要内容：解答法律咨询，代写法律文书；应聘担任机关、企业单位、公司、村委的法律顾问；担任民事诉讼原告、被告的代理人（离婚、交通事故、继承、借贷、医疗事故、工伤等）；起草、审查并予以见证、协办公证各类合同、协议；建筑工地、房屋租赁、土地、盐田、沙场等承包进行招标代理；宣传国家的法律、法令和政策，教育公民遵纪守法，尊重社会公德；根据当事人的申请调解疑难纠纷和一般经济纠纷；办理其他法律事项。

截至 2015 年年底，在法律服务工作方面共受理各种纠纷案件 98 起，代写法律文书 524 份，提供法律咨询 2825 人次，担任诉讼代理 16 件，非诉讼代理 3 件，担任法律顾问 53 家，法制宣传 31 场次，调处各类纠纷 225 件，调处率达 98%，协办合同公证 1005 件，审修合同 379 件，挽回和避免经济损失 125.2 万元。

第五节 安置帮教和社区矫正

2001 年，为进一步做好“两劳”人员帮教安置工作，桑梓店镇成立专项工作领导小组。在“两劳”管理中，坚持“教育 + 帮扶”的工作方法，为新增的刑释人员提供就业机会2个。

2007年，为进一步深化全镇教育转化工作，确定2007—2010年，在全镇实施“回归社会工程”深化教育转化工作四年规划。

2012年起，社区矫正工作由派出所转至司法所负责，为更好的完成好这两项工作，镇司法所做了大量工作：由司法所牵头，以村为单位，动员全社会力量，对全镇三年范围内刑释解教人员的情况进行了拉网式摸底调查，查漏补缺、建档立卡，逐一回访，千方百计做好衔接和管控工作，建立健全“五位一体”帮教工作责任制，最大限度地预防和减少重新违法犯罪，维护辖区社会和谐稳定。协调派出所民警，对桑梓店镇正在服刑人员进行全面调查摸底，按照“见人见档、一人一档、人档相符”的原则对已衔接的社区服刑人员逐一建档立卡。同时，及时与法院工作人员联系，做好新判决社区服刑人员的衔接工作，完善矫正档案，规范工作流程，坚持每月一次考核，每季度一次评议，每年一次总结，对社区矫正对象实施分类帮教、亲情帮教、爱心帮教，开展思想教育、法制教育、社会公德教育，引导他们遵纪守法，诚实改造，顺利融入社会。

截至2015年年底，桑梓店镇累计共接收社区矫正人员63人，解除矫正人员49人，矫正对象14人，做到了灵活就业，均没有出现重新犯罪的现象。

第五章　综合治理

第一节　机　构

1986年5月，齐河县成立政法委员会，桑梓店镇成立政法办公室，主要职能是协调公安、司法、民政、信访等部门，统一组织，统一行动，打击罪犯，维护社会稳定。是年，桑梓店镇被评为综合治理先进单位。

1990年，成立桑梓店镇社会治安综合治理办公室，主要职能是排查矛盾、调处纠纷、普法宣传、打击犯罪，为桑梓店镇经济发展创造平安稳定的社会环境。

1991年，成立桑梓店镇社会治安综合治理委员会。

第二节　工作概况

1995年，为加强镇域社会治安综合治理，提高基层干部搞好社会治安自觉性，提高广大人民群众见义勇为自觉性，制定并印发《桑梓店镇社会治安综合治理奖惩办法》。奖惩办法适用于镇域全部行政村、镇直各部门及驻镇单位以及户口归桑梓店派出所管辖的广大公民。设立社会治安见义勇为奖励基金；对在同犯罪分子作斗争中光荣负伤的公民予以奖励。责任划区分片，管辖区内发生案件超过四起的要追究治安保卫干部责任并予以罚款处罚。是年，桑梓店镇被市委、市政府授予“社会治安综合治理先进集体”称号。

1996—1999年，桑梓店镇党委、政府将社会治安综合治理纳入年度计划和社会经济发展总体规划，并以红头文件的形式纳入全方位目标管理，做到重大问题及时研究，及时决策，及时解决；镇党委每季度至少召开1次专题会议，研究社会治安综合治理工作，共计研究6次。镇党委书记、镇长亲自抓亲自部署，每次部署必听汇报，抓检查落实，重大问题亲自组织各部门协调，设立见义勇为基金，进行“严打”，桑梓店镇连续三年被评为“市级社会治安综合治理模范镇”。

2000年后，为创建平安乡镇，桑梓店镇加强治保、调解、巡逻、帮教、普法“五位一体”的群防群治队伍建设，开展创建平安村庄、平安单位等活动。强化基层群防群治队伍建设，增强基层单位的自防自控能力，建立排查、办理、预警、稳控、处置、督导“六个机制”，形成“人有所属，事有人管”的社会管理新机制。开展社会主义法治理念教育活动，把“依法治国，执法为民，公平正义，服务大局，党的领导”5个方面作为5个专题，进行学习教育，并开展“走万户、访民情、促公正、保平安”主题实践活动。

2010年，平安桑梓建设成果得到进一步巩固。桑梓店镇党委、政府在密切与人民群众的血肉联系、保障群众合法权益、维护社会稳定等方面探索，努力构建和谐桑梓。建立健全信访工作制度，信访、司法、610、综治办等部门合署办公，实现上下联动，左右互动，从源头上减少和化解上访因素。强化服务意识、责任意识、群众诉求无小事的意识，坚持“急事急办，特事特办，困难的事情努力办，麻烦的事情尽心办”的原则，畅通12345市民服务热线的办理渠道，让群众的诉求得到有效发表和解决，做到件件有回音，事事有着落，群众满意率达到98%以上。强化社会治安防控体系建设，利用村“两委”换届的有利时机，发挥党员、干部、群众代表的作用，成立村务监督委员会，避免群体性矛盾及恶性案件发生，加强与派出所的沟通及村级调解组织联系，抓好辖区不稳定人员的掌控、管控以及青少年等易犯罪人群的教育工作。

2013年，随着济南市新材料产业基地和中弘项目落户桑梓店镇，镇党委确定“园区发展、桑梓振兴、造福人民、勇于担当”的总体要求。2015年，按照“讲政治、树正气、善服务、重落实”的总体工作思路，建立“平安桑梓工作信息平台”，搭建起机关、村庄纵向信息网络平台，形成纵到底、横到边、全覆盖、无缝隙的管理网络，网络的建立能够及时掌握社会稳定工作动态，为上级决策提供依据。网络的建立及各项制度的健全使桑梓店镇的稳定工作出现前所未有的大好局面，各种民事纠纷减少，人民内部矛盾减少，犯罪率下降，为桑梓店镇的政治、经济、社会、文化等各项事业的发展提供和谐的社会环境和稳定的社会秩序。

第三节　重要案件

“6·19”事件

2015年6月，由小寨村村民承建的济南市重点工程——“凤凰路道路建设项目部”工程在施工过程中，遭到当地村民多次阻挠。6月19日，正值回族群众重大节日“斋月”，施工现场一辆挖掘机上被悬挂猪头，且猪嘴衔有“回民和猪滚蛋”的字幅，此举引发镇域老寨村、小寨村以及齐河县、济阳县等地回族群众的强烈不满，进而大规模聚集，一场群体事件危机迫在眉睫。

桑梓店镇党委、政府以及小寨村村“两委”第一时间到达群众聚集现场，动之以情、晓之依法开展劝阻工作，将事件及时上报区委区政府，听从指挥安排，及时疏导聚集群众散去。6月22日，市公安局侦破“挂猪头”案件并依法处置涉案人员，各方对处置结果表示满意，至此“6·19”事件平息。

“8·24”事件

2016年8月24日晚，老寨村、小寨村个别村民与小马村村民发生冲突。8月25日、26日连续两天，回汉群众大规模聚集，导致事态逐渐升级。

在“8·24”事件中，桑梓店镇党委、政府在政治上体现出高度敏锐性，提前预警到事态敏感性及可能造成的严重后果，科学研判、果断决策、及时介入，第一时间向区委、区政府及公安部门汇报事态进展、工作思路并申请力量支援。在回汉群众聚集示威的过程中，区委、区政府给予大力支持，区委书记毕筱奇到现场指挥，镇党委书记董学山带队到现场进行劝阻，向情绪激动的群众讲政策、做宣传，起到极大地震慑作用。全镇机关干部及相关村“两委”成员在思想上体现了高度统一性，突发事件发生后，全镇机关干部能够按照镇党委安排，第一时间出动私家车辆进行封路，并冲在一线，用人墙设立防线，防止事件升级恶化，同时老寨村、小寨村“两委”班子成员表现出高度的政治责任感和舍我其谁的责任担当，始终与镇党委、政府保持高度一致，始终工作在突发事件的第一线，为整个事件的解决发挥了极大地推动作用。同时，公安和其他相关部门及时介入、行动有力，迅速侦破案件，处理结果得到各方认可，至此，“8·24”事件得到妥善解决。

9月9日，市委副书记雷杰批示：“近期发生的回汉群众大规模聚集事件中，天桥区委高度重视，及时调度，使得事件得到了妥善处置。过程中主要领导靠前指挥，分管领导第一时间现场调度，公安机关迅速行动，特别是基层组织敢于担当，主动作为，发挥了重要作用，向同志们表示敬意。”

9月20日，天桥区委、区政府在全区范围内对桑梓店镇党委政府和全体机关干部，区公安分局和桑梓店镇派出所全体干警，老寨村、小寨村、小马村“两委”和全体党员干部等进行通报表彰：“桑梓店镇党委政府和全体机关干部，区公安分局和桑梓店镇派出所全体干警，老寨村、小寨村、小马村“两委”和全体党员干部忠实履行职责使命，关键时刻勇于担当、依法处置，以实际行动保护了人民群众生命财产安全，维护了社会和谐稳定，展现了基层党组织和共产党员的先锋形象。希望受到表彰的先进集体珍惜荣誉、谦虚谨慎，戒骄戒躁、再接再厉，为全区改革发展稳定作出新的更大贡献。希望全区上下以先进集体为榜样，学习他们心系群众、忠于职守的优秀品质，学习他们临危不惧、勇于担当的英雄精神，进一步激发维护稳定、弘扬正气的信心决心，筑牢民族团结、社会稳定的铜墙铁壁，为加快全区转型发展和社会长治久安而努力奋斗。”

第六章　军　事

第一节　桑梓店镇人民武装部

抗日战争前期，齐河县抗日政府成立武装科，区设武装助理员。后改设县武装部，区仍设武装助理员。

1950年4月，成立齐河县武装部，桑梓店区成立区武装部。

1958年，桑梓店人民公社成立，遂将区武装部改称公社武装部。武装部一般由部长、干事两人组成。

1971年10月，黄河北展工程开工，至1972年4月竣工，33049名民兵参加施工，计完成土方2314282立方米。

1972年11月20日至11月29日，在桑梓店火车站组织一次为期10天的路社联防战备演习。参加演习者有桑梓店公社沿铁路村庄的19个民兵连126人、桑梓店火车站铁路职工民兵连42人，计168人。演习内容有对空射击、铁路抢修、消防、事故起复、战地救护、抢架通信线路、音响信号调车作业等项目。

1984年，撤社改镇，成立桑梓店镇武装部。

截至2016年9月，桑梓店镇党委书记董学山任武装部第一书记，聂岭任武装部长，蔡明恒任武装部副部长，武装部下辖1个民兵连，有基干民兵240人。其中，设有40人应急排1个，40人防汛抢险队1支。

荣誉称号 2002年2月，桑梓店镇人民武装部被中共天桥区委、天桥区人民政府评为天桥区民兵工作先进单位；2014—2016年，桑梓店镇人民武装部连续被中共天桥区委、天桥区人民政府、天桥区人民武装部评为先进基层武装部，桑梓店镇人民武装部民兵连连续被天桥区国防动员委员会评为先进民兵连队。

历任桑梓店镇人民武装部部长

王宝山	
马克富	—1980.12
马希连	1980.12—1984.03
宗海邦	1984.08—1989.12
韩孟岭	1989.12—1997.08
赵逢勤	1997.08—1999.01
胡风云	1999.01—2001.06
郑学诗	2001.06—2004.03
张开文	2004.03—2006.09
梁　峰	2006.09—2009.04
李　晓	2009.04—2010.10
聂　岭	2010.10—

桑梓店镇人民武装部部长聂岭（2010年摄）

附：日伪武装

警察所 始称警务班。1938年4月，改称警务局。1939年10月，改为警察所，在桑梓店设警察分所。警察所另设剿共班（初称灭共班），有经济、搜查、情报3个组，以不同手段破坏抗日力量。

聂宜增匪团 聂宜增，早年曾为旧军阀部队士兵，至特务营长。1937年，县境被日本侵略军侵占后，聂去桑梓店镇与日本侵略军勾结，联合当地土顽豪强在桑梓店镇安庄村成立“维持会”。1938年，在与桑梓店镇接壤的齐河县表白寺镇刁庄村成立六区“人民自卫团”，聂宜增被齐河县日伪县长杨云峰委任为团长。1939年，聂宜增将团部迁至与桑梓店镇接壤的齐河县表白寺镇贾庄村，为修据点，将周围5公里内树木统统伐掉，拆民房143间，逼20户百姓流离失所，桑梓店镇百姓深受其害。1942年，建成贾庄据点。八年抗战期间，聂宜增匪团作恶多端，采取枪杀、活埋、铡头、腰斩、剖腹挖心等残忍手段，杀害无辜群众、抗日军属、婴儿、民兵等100余人，杀害齐河县抗日大队及八路军战士2人，强奸妇女8人。1945年12月10日，齐河县大队及三、八区队配合渤海军区二分区部队，将聂宜增匪团全歼。

第二节　天桥区桑梓店镇梓东消防中队

2014年，济南市天桥区桑梓店镇梓东中队成立，位于天桥区桑梓店梓东大道东侧，现有官兵31人，其中现役干部2名，中队长助理2名、士官8名、义务兵1名，合同制消防队员22名。2014年，该中队被支队评为“安全工作先进中队”。

中队辖区北至济南市天桥区桑梓店镇与德州市齐河县表白寺镇交界线，东至天桥区与济阳县交界线，南至黄河，西至济南市天桥区与

梓东消防中队办公场所全貌（2016 年摄）

德州市齐河县交界线，总面积约 200 平方公里。辖区内重点单位共 10 个，其中人员密集场所 8 个，石油化工场所 2 个，主要分布在桑梓店镇、大桥镇、济南新材料工业园。辖区内有市政消火栓 34 个，有鹊山水库 1 处。

中队有执勤车辆 5 辆，分别是斯太尔 6 吨水罐车，斯太尔压缩空气泡沫车、斯太尔 16 米高喷车、奔驰泡沫消防车、曼抢险救援车。斯太尔 6 吨水罐车随车器材 5 类：警戒类（隔离警示带、警示灯）、防护类（过滤式防毒面具、正压式空气呼吸器、隔热服）、救生类（缓降器）、破拆类（机动链锯、无齿锯、液压破拆工具组）、灭火类（移动水炮、水带、水枪等）。斯太尔 16 米高喷车随车器材 1 类：灭火类（水枪、水带等）。奔驰泡沫消防车随车器材 1 类：灭火类（水枪、水带、泡沫枪、泡沫软管等）。曼抢险救援车随车器材：警戒类（隔离警示带、警示灯）、防护类（过滤式防毒面具、隔热服、轻型防化服）、救生类（救生气垫、热成像仪、缓降器、水上安全带）、破拆类（钢筋速断器、手动破拆工具组、撬棍）。

第十五编

民　政

1984年，撤社建镇，桑梓店镇设民政助理员，后设民政办公室。截至2016年9月，桑梓店镇民政办公室共有工作人员5人，其中设主任1人，副主任1人。

历任民政办公室主任

李曰俊

焦令庆

刘兆田　　　　—1999.03

于连奎　　1999.03—1999.10

怀保利　　1999.10—2008.08

王玉平　　2008.08—2014.03

李海利　　2014.03—

桑梓店镇民政办公室主任李海利（2016年摄）

第一章　优　抚

第一节　拥军优属

抗日战争和解放战争时期，解放区每逢春节，区民政助理员受县政府委托对区内烈军属进行慰问，群众则为烈军属张贴对联。军人在外立功受奖者，地方敲锣打鼓登门祝贺。参军后的家庭受到优待，每逢春节、八一建军节等重大节日，各村团支部组织团员青年，学校组织学生，敲锣打鼓，为烈军属打扫庭院，张贴对联，在门前挂上写有“发扬革命传统，争取更大光荣”或“光荣人家”等字样的光荣牌。

新中国成立后，桑梓店境内凡参军入伍者，各村都组织共青团、少先队及群众召开欢送大会，给新兵戴上大红花，用马车送往公社驻地。学生敲锣打鼓高呼口号“参军光荣”“为国戍疆、打击侵略者”“欢送亲人应征入伍”等。送到公社集结后，再用马车送到桑南火车站或晏城火车站。每年的“八一”建军节、元旦和春节都会对烈军属、残疾军人进行慰问，学校师生、群众有组织地到烈军属、家属中拆洗衣服、被褥、挑水送粮、打扫院子，挂“光荣之家”红匾。

1982年，根据山东省人民政府制定的《山东省优待烈属、军属和残废军人暂行规定》，对家住农村的义务兵家属和革命烈士（包括因公牺牲、失踪、病故军人）的父母、配偶和未成年子女，由原来只优待生活有困难的改为普遍优待。义务兵家属，每年每户优待所在生产大队（村）一个整劳动力所得的三分之二；革命烈士家属（包括因公牺牲、失踪、病故军人家属），保障他们的生活略高于当地一般社员的生活水平。烈属、革命残疾军人、退伍老红军、带病回乡的退伍军人和年老体弱丧失劳动能力的复员军人，根据他们的家庭困难程度给予适当优待，保证他们的生活不低于当地一般社员的生活水平。1984年，撤社建镇。1985年，农村优待金由原来的生产大队负担改为以镇为单位统筹。

1994年10月25日，按照济南市政府《关于进一步做好城镇非农业人口义务兵家属统筹优待工作的通知》要求，每年筹集的优待金于6月底前转入市民政局开设的“城镇义务兵家属优待金”专设账户以及各区开设的“城镇义务兵家属优待金”专设账户，优待金由历城区民政局元旦时期负责兑现。从1994年冬季征兵开始，在兵役机关发放入伍通知书的同时，民政部门办理军属关系，发放优待证，过期不予补发。非户口所在地入伍（在职入伍者除外）的一律不给予优待。是年，城镇义务兵家属优待标准为900元。

1996年，按照《济南市义务兵优待和退伍安置办法》通知要求，规定义务兵入伍后对其家属实行优待金制度，农村义务兵家属的优待金标准，相当于本镇上年度农民人均纯收入的数额，并随着经济和社会的发展、人均收入的不断增长，标准不断提高，使义务兵家属生活高于群众平均生活水平。优待金发放采取每年两次兑现到户的方法，兑现时间分别为上半年6月30日前，下半年12月31日前，各发优待金总额的二分之一，由镇人民政府从统筹费中支出。义务兵在服役期间获得荣誉称号或者立功的，凭部队团以上机关通知对其家属按下列比例增发当年优待金。义务兵在服役期间考入军队院校的，其家属优待金发至义务兵服役期满。是年，共发放优待金64000元，由原来的每人每年400元提高到每人每年600元，接近或略高于全区优待标准。

1998年，全镇共有203名老复员军人、35名残疾军人、5家烈属，按照相关政策全部落实定期定量补助，给现役军人入保险，对现役军人家属实行优抚照顾，免去义务工，按时足额发放军属优抚款。2000年，全镇共发放优抚金16.8万元。

2001年，全镇共有在乡老复员军人190人，在乡和在职伤残军人28人，烈属6户8人，军属19户。对烈属和现役军人家属进行重点优待，烈属除定期发放补助外，每户发放慰问品以及200元的现金。现役军人优待金为上半年600元、下半年1220元，每年每户1820元。2002年起，对烈属和现役军人家属定期走访，对困难户实行救济，对荣立三等功者进行表彰奖励，每逢“八一”建军节、春节、元旦等重大节日，通过组织召开优抚对象座谈会、走访慰问烈军属、为烈军属挂光荣牌匾、送慰问金等形式，激励优抚对象继续发扬革命传统，为社会做出新的贡献。同时，积极开展双拥双建活动，成立拥军优属领导小组，解决烈军属和伤残、复员、退伍军人生产生活中的困难。在上级相关部门帮助下，安置两位老复员军人入住荣军医院疗养。积极争取资金先后为3户老复员军人盖起新房，先后发放救济金26000余元。

2014年，为鼓励广大适龄青年积极参军入伍、保家卫国、献身国防、弘扬正气，对每年入伍新兵家庭及在部队荣立三等功以上优秀现役军人家庭给予适当奖励，奖励方式以政府下文精神表彰奖励和发放奖金经济表彰奖励相结合，并将此列入桑梓店镇“十件民生实事”，在“八一”前夕，将立功喜报及奖金、慰问品送到立功军属家中，向他们致以亲切的问候和节日的祝福。另有24户入伍新兵家庭受益于此项惠民政策，每户得到2000元奖励。

2015年，按照自然增长机制的要求，及时调整各类优抚补助标准，足额地发放各类重点优抚对象抚恤、定补、优待金和护理费，保障优抚对象生活质量的稳步提高。登记在册的伤残人员10人，每季度发放伤残优抚金4.4595万元；“三属”3人，每季度发放优抚金6795元；烈士子女6人，每季度发放优抚金3600元；参战人员39人，每季度发放优抚金4.2120万元；

“八一”建军节前走访慰问驻地官兵（2016年摄）

带病回乡31人，每季度发放优抚金3.3480万元；在乡人员54人，每季度发放优抚金1.20151万元。发放工作严谨规范，重点对年龄偏大的优抚对象的健康状况进行重点调查，对代领人员进行严格把关，确保没有冒领的情况发生。

1990年版《齐河县志》记载桑梓店镇革命烈士名单

表15-1-1

姓名	籍贯	牺牲时间	牺牲地点
马学福	大马村	1939.10	齐河县刘桥乡邵庄
王金海	前房村	1946.09	齐河县表白寺镇老聂庄
张忠朝	小辛庄	1946	河北省山海关
王金栋	前房村	1948.04	莱芜市
于允祥	老屯村	1948.11	齐河县桑梓店火车站
怀务厚	怀庄村	1948.12	江苏省宿县大刘庄
怀曰达	怀庄村	1949.05	上海市
朱成林	小马村	1949.09	福建三十一军医院
剪士玉	田庄村	1949.12	四川省眉山县自马铺
滕长伦	丁口村	1950.12	朝鲜新兴里
王廷玉	仓上村	1950.12	朝鲜新兴里
张德元	三教堂村	1951.09	朝鲜斗流峰
张长仁	大马村	1951	朝鲜水源山
王学田	小马村	1952.05	济南市泺口大桥
王传德	丁口村	1956.08	上海市
刘玉盛	仓上村	1962.03	
姜汝波	左家村	1965.08	北京市
陈树美	小辛村	1984.09	
王胜军	小马村	1985.12	云南老山前线
秦继惠	西秦村	1948.11	江苏省铜山县曹村
秦长顺	西秦村	1950.12	四川省泸州市阎家小仓

第二节 群众优待

救济粮优待 抗日战争时期，按照山东省《优待抗日军人家属条例》和《修正优待抗日军人家属暂行条例》相关要求，对贫困抗日军人家属发放一定的优待救济粮，每年发放两次。解放战争时期，部分军人家属仍享受该优待。

代耕 在抗日战争、解放战争和新中国成立初期，以代耕方式对烈军属进行优待，1949年2月10日，山东省人民政府《关于解决烈属、军属、工属、复员、荣军等生产困难暂行办法（草案）》中规定：凡劳动力不足的烈军属，都可以享受土地代耕优待，视情况可分全部代耕或者部分代耕；凡从事农业或兼营农业的18～25岁的健康男女青年，均有负担代耕的义务，其工可抵折公差、勤务。1955年，山东省人民政府确定代耕对象为革命军人家属、革命烈士家属、二等以上革命致残军人家属、二等甲级以上荣誉民兵民工家属以及脱离生产享受供给制或包干制革命工作人员家属，对其无劳力或劳力不足又无其他收入的，实行全部或部分代耕。负担代耕人员，是从事农业生产的18～55岁劳动力，代耕人凭票向镇政府领粮。

劳动日优待 1956年，农业合作化后，群众优待主要为生产日优待。根据《山东省农村人民公社优待劳动日办法》规定，无劳动力或缺乏劳动力的烈属（包括病故、失踪军人家属）、军队士兵家属（包括公安部队士兵家属）、生活有困难的残废军人、退伍老红军、带病回乡长期不能劳动有困难的复员、退伍军人，年老体弱丧失劳动能力且生活有困难的复原军人，都可以享受劳动日优待。此外，对家中缺乏劳动力且生活有困难的军队干部家属，给予虚工待遇，参加生产队的实物分配，按分配价格交款。

第三节 国家补助

抗日战争和解放战争时期，齐河县政府对抗属发放接济粮作为临时补助，规定县以上武装部队抗属每户每年发接济粮75～125公斤，区以下武装抗属每户每年60～100公斤。新中国成立后，每逢传统节日或灾荒之年，发放临时补助，救济生活有困难的烈、军属，使他们的生活及生产得到保障。临时补助以现金为主，辅以粮食和生产资料等。

新中国成立初期，对优抚对象中的生活困难者，主要依靠群众优待，辅以国家补助的办法解决。国家对有特殊困难不能自养的烈军属，给以实物补助，每人每月补助粮食7.5公斤。

1957年，实行定量补助，孤老烈属、烈士遗孤每户1人者每月补助2～3元，2人者每月每人补助3～5元，3人以上者酌情个别照顾。

1960年后，农村优抚对象享受生产队的优待劳动日，在享受优待后，生活仍有困难的，按照“群众优待和国家优待补助相结合”的方针，再给予定期定量补助。其补助标准是：烈属每人每月补助3～8元，复员军人每人每月补助3～5元，残疾军人每月补助5元，无依无靠的烈士在校遗孤，依小学、中学、大学划分，每月分别发给12～15元、14～17元、20元的补助金。1979年，国家提高补助标准，每人每月6～10元。

1990年，全镇共有复原军人203人，各类残疾军人35人，烈属5人，凡按照政策规定该享受的定期补助都得到落实，对现役军人家属实行优待照顾，除每年享受定期补助400元外，还免去义务工，对家属确有经济困难的，给他们物质或者经济上支援。老复员军人补助金由原来每年每人360元提高到480元，共计发放补助金92300元。

进入21世纪，对老复员军人、各类残疾军人、烈属、现役军人等，认真执行优抚政策，定期足额发放补助。2013年，开展救灾、救济工作，共发放救济款10万元，面粉26吨，救济贫困户175户。

2015年，按照市、区《关于调整部分优抚对象等人员抚恤和生活补助标准的通知》要求，是年10月1日起，调整部分优抚对象生活补助标准，具体包括：提高在乡老复员军人的生活补助标准，在现行补助标准的基础上每人每月增加200元。调整后的在乡老复员军人生活补助标准为抗战时期入伍的每人每年不低于11560元，其他时期入伍的每人每年不低于11060元。对在农村的和城镇无工作单位且家庭生活困难的参战退役人员提高生活补助标准，每人每月提高 100 元，达到每人每月 460 元。对不符合评残和享受带病回乡退伍军人生活补助条件，但患病或生活困难的农村和城镇无工作单位的原 8023 部队退役人员，以及其他参加核试验军队退役人员（含参与铀矿开采军队退役人员）提高生活补助标准，每人每月提高 100 元，达到每人每月 460 元。

在乡复员军人定期生活补助标准表

表 15-1-2　　单位：元 / 年

入伍时期分类	国家标准	城区标准	桑梓店镇标准
抗战时期入伍	11560	12672	11800
其他时期入伍	11060	11760	11300

说明：从 2015 年 10 月 1 日起执行

一至四级革命残疾人员护理费标准表

表 15-1-3　　单位：元 / 年

人员分类	因战、因公一级和二级	因战、因公三级和四级	因病一级至四级
护理费标准	25300	20240	15180

说明：按照天桥区统计局提供的 2014 年济南市在岗职工平均工资 50600 元计算。
从 2016 年 1 月 1 日执行

第四节　国家抚恤

1950 年 12 月，国家内务部公布对革命军人牺牲病故、革命工作人员和民兵、民工伤亡的褒恤暂行条例，抚恤标准为牺牲、病故两类，按照死者职级发给一次性抚恤粮。1955 年，根据内务部各类标准，明确一次性抚恤对象为牺牲或病故现役军人、人民警察（不包括各种经济民警）、国家机关工作人员、中国人民解放军编制内无军籍正式职工、由国家财政补贴的民主党派、人民团体工作人员、参战民兵、民工以及经批准为革命烈士的其他人员。

1952—1984 年，对一次性抚恤先后进行五次调整，抚恤标准逐步提高。1980 年以前，其标准分牺牲和病故两种。1980 年《革命烈士褒扬条例》公布，抚恤标准分烈士抚恤、因公牺牲抚恤、病故抚恤三种。

1985 年，根据省民政厅第 174 号文件规定，烈属、因公牺牲、病故军人家属定期定量补助改为定期抚恤。每人每月发给抚恤金 20 元，孤老烈属 25 元。1996 年，全镇共发放残疾军人及烈属抚恤金 5 万余元。

1998 年 1 月 1 日起，提高在乡革命伤残人员伤残抚恤金、“三属”（烈属、因公牺牲军人家属、病故军人家属）定期抚恤金和“三红”（在乡退伍红军老战士、在乡西路军红军老战士、红军失散人员）生活补助标准。具体为在乡革命伤残人员的伤残抚恤金，在 1996 年标准基础上，特等、一等每人每年提高 300 元，二等、三等每人每年提高 120 元；“三属”定期抚恤金，在 1996 年标准基础上，每人每月提高 8 元；“三红”生活补助，在 1996 年标准基础上，每人每月分别提高 40 元、30 元、10 元。是年，全镇共发放各类抚恤金和社会救济款、烈属优抚款 5760 元，在乡伤残军人抚恤费 27800 元，在职伤残保健金3200元，老复员军人定期定量补助30450元，社会救济款20000元，退职职工及遗属补助费10368元。

1999年，在乡革命伤残人员的伤残抚恤金在1998年标准的基础上，特等每人每年提高1800元，一等每人每年提高124元，其他伤残等级依次递减。在职特等、一等革命伤残人员的伤残保健金，在1996年标准的基础上，每人每年分别提高400元、300元。“三属”定期抚恤金，在1998年标准的基础上，每人每月提高27元。在乡退伍红军老战士生活补助标准，在1998年标准的基础上，每人每月提高110元，调整后的标准每人每月不低于470元。提高抚恤补助标准所需新增经费，由山东省拨专款另行下达。

2001—2010年，根据山东省民政厅、财政厅文件规定，先后多次提高“三属”（烈士军人遗属、因公牺牲遗属、病故军人遗属）的定期抚恤金标准。

2013年，全镇共有无军籍人员1人，补贴费19164.6元；烈士子女5人，每季度发放抚恤金1950元；遗属、退职人员3人，每季度发放抚恤金5880元；伤残人员19人，每季度发放56878.5元；参战人员50人，每季度发放42750元；60周岁退役人员189人，每季度发放32520元。

2014年，全镇共有参战人员39人，每季度发放抚恤金37440元；带病回乡人员31人，每季度发放29760元；在乡人员55人，每季度发放抚恤金102575元；伤残人员15人，每季度发放抚恤金53332.9元；60岁退役人员191人，每季度发放抚恤金32940元。

2015年，按照市、区《关于调整部分优抚对象等人员抚恤和生活补助标准的通知》要求，是年10月1日起，调整部分优抚对象抚恤标准，具体包括：调整残疾军人（含伤残人民警察、伤残国家机关工作人员、伤残民兵民工）的残疾抚恤金、烈属（含因公牺牲军人遗属、病故军人遗属）的定期抚恤金，按照济南市民政局城乡一体化要求，农村三属与城市三属享受同等待遇（调整后的标准见附表）。按照每人每月不低于410元、不高于十级残疾军人抚恤金标准的原则，调整带病回乡退伍军人生活补助标准。对居住在农村的城镇无工作单位、18周岁之前没有享受过定期抚恤金待遇且年满60周岁的烈士子女（含新中国成立前错杀后被平反人员的子女）提高生活补助标准，每人每月提高100元，达到300元。对从1954年11月1日试行义务兵役制后至《退役士兵安置条例》实施前入伍、年龄在60周岁以上（含60周岁）、未享受到国家定期抚恤补助的农村籍退役士兵提高老年生活补助标准，每服一年义务兵役每人每月提高5元，达到每服一年义务兵役每人每月补助20元。是年，全镇登记在册的伤残人员10人，每季度发放伤残抚恤金4.4595万元；“三属”3人，每季度发放抚恤金6795元；烈士子女6人，每季度发放抚恤金3600元；参战人员39人，每季度发放抚恤金4.2120万元；带病回乡31人，每季度发放抚恤金3.3480万元；在乡人员54人，每季度发放抚恤金1.20151万元。

革命残疾人员残疾抚恤金标准表

表 15-1-4　　　　单位：元 / 年

残疾等级	残疾性质	现国家标准	城区享受自然增长机制人员的标准	享受自然增长机制人员的标准
一级	因战	60210		61010
	因公	58310		59110
	因病	56400		57200
二级	因战	54490		55290
	因公	51620		52420
	因病	49690		50490
三级	因战	47810		48610
	因公	44930		45730
	因病	42080		42880
四级	因战	39180		39980
	因公	35370		36170
	因病	32500		33300
五级	因战	30610	32499	31010
	因公	26760	28360	27160
	因病	24850		25250
六级	因战	23920	25571	24320
	因公	22630	23960	23030
	因病	19120	20253	19520
七级	因战	18170	19783	18370
	因公	16260	17654	16460
八级	因战	11470	12814	11670
	因公	10500	11844	10700
九级	因战	9530		9710
	因公	7650		7830
十级	因战	6690		6870
	因公	5730		5910

说明：从 2015 年 10 月 1 日起执行

“三属”定期抚恤金标准表

表 15-1-5　　单位：元 / 年

人员类别	国家标准		天桥区标准
	城镇	农村	
烈属	19120	14510	20332
因公牺牲军人家属	16410	13850	17682
病故军人家属	15440	13270	16604

说明：从 2015 年 10 月 1 日起执行

第五节　退复军人安置

革命战争年代，对家住解放区的复员退伍军人，由部队出具介绍信，县发给生产补助金，区、村在土地、住房等方面给予照顾安排。非解放区的复员退伍军人，由部队直接办理复员手续回乡。

新中国成立初期，对复员退伍军人，以安置在原籍为主，有技术特长的，按照“归口安置”的原则，介绍就业。非农业户口复员退伍军人，由人事、劳动部门在招工、就业、升学等方面优先安排。参军前有职业的，复员后给予复工，参军期间计算工龄。

1950 年，按照《革命残废军人优待抚恤暂行条例》，对革命残疾军人进行安置。革命残废军人复员后，当地人民政府及群众协助参加生产，建立家庭。在职参军的伤残军人，由参军前的单位接收安置。二等、三等伤残军人带病回乡，家居农村的由人民公社安排，并在分工分业上适当照顾。

1951 年，齐河县复员委员会改称齐河县转业建设委员会，区设转业建设委员会，村建安置小组。

1955 年后，根据“从哪里来，到哪里去”的原则，对复员、退伍军人都给予合理安置。对参战、立功的复员退伍军人，作为重点安置对象，基本做到妥善安置，各得其所。

1984 年，齐河县设立军地两用人才介绍所，镇成立介绍站。对服役期满回乡的技术人员，给予推荐。

1996 年 8 月 12 日，济南市政府印发《济南市义务兵优待和退伍安置办法》，要求对退伍义务兵按照“从哪里来，到哪里去”的原则进行安置，在农村招工、招聘干部，同等条件应优先录用农村退伍义务兵。

1997—1999 年，全镇共有 12 名退伍军人和残疾人到镇村企业参加工作。

2011 年前，城镇户籍的退役军人由济南市民政局安置就业。2011 年后，退役士兵不分籍别，自带安置卡到人力资源及劳动和社会保障部门推荐就业。

第二章 救 济

第一节 农村救济

解放战争时期，解放区对农村的孤老残幼、家庭主要劳动力死亡、伤残或遭意外事故，以及人口多、收入少，不能维持基本生活的困难户，给予粮款救济。

1956年农业合作化之后，公社、大队每年都会对本公社、本队的各类救济对象进行各种方式的救助。对无劳动力或人多劳动力少的贫困户，年终决算补助工分，参加生产队的收益分配；对患有疾病无力医疗的贫困户，由生产队或生产大队补助现金；对老弱残疾无依靠的贫困户，由生产队补助粮食；对生活没有依靠的孤寡老残给予保吃、保穿、保烧、保医、保葬的“五保”安置，对孤儿还给予保教的权利。除此之外，国家也给予一定得粮款救济。

1984年，撤社建镇。桑梓店镇人民政府每年都会拨出部分救济款，通过走访慰问等形式，对农村三无户、病灾户、残疾户、优抚对象户、社会困难户等进行临时救济，解决他们的基本生活问题。

自1996年起，全镇每人每年交1公斤粮食、2元钱作为预备金，分别由粮所和财政所保管，用作对社会困难户特困户的临时救济。1999年至2001年，共计发放救济款13.2万元。

2003—2007年，共计发放各类救济款60余万元，帮助400户群众度过生活难关，为80户残疾家庭、16户困难群众解决居住难题，为304户农村困难群众和73户城镇困难群众办理最低生活保障，并实行动态管理，民生问题得到有效解决。2009年年底，全镇低保户增至470户，共计1041人，发放低保金21万余元。全年共救助困难家庭183户，发放救助资金5.5万元；对11位上大学、23位上高中的残疾、贫困家庭子女进行救助，助学资金4.3万元，对61户大病家庭实施救助，救助资金9.5万元。争取上级资金21余万元，为5户残疾人、8户困难户、3户优抚对象的住房进行改造重建，使他们老有所居。春节前对800户困难家庭进行分类救助，发放面、油、肉等生活必需品和救助金。

2012年，发放临时救助款78150元，共计156户。全年共救助困难家庭677户，发放救助金19万余元；为全镇179名优抚对象办理新型农村合作医疗。开展“关爱老功臣”活动，安排8名优抚对象到区康复医院进行疗养。开展“慈心一日捐”活动，全镇共募集善款31万元；将165名五保对象全部纳入农村新型合作医疗保障范围，解决五保对象的就医问题；为620户低保，104户分散五保及344名各类优抚对象发放资金300万元；投资480余万元，完成危房改造56户，改造面积6000余平方米；投资200余万元，完成新建20余户，2000余平方米。

2013年初，对全镇社保基金进行全面审计，对不符合条件的50户家庭进行调整核销。是年，全年发放临时救助款115650元，救助人员162户。为全镇562户低保户发放资金220万元。为各类优抚对象发放各类抚恤金、生活补贴110万元，为3名优抚对象办理入住省疗养院。发放大病救助金78万元、五保金28万元、困难家庭临时救助金12万元。为25户低保户、五保户、特困户争取上级补助款40余万元，完成危房改造工作。春节期间走访慰问困难群众、老党员、老干部、优抚对象576户，并对花费较大的大病困难家庭进行二次救助，共发放面 508 袋，肉 2670 斤，食用油 367 桶，慰问资金 117400 元。

2015 年，对因突发性事件造成生活困难的家庭，开辟快速救助通道，做到按要求及时进行紧急救助，力争做到救助资金当月发放，及时将救助金发放到困难群众手中。同时，规范临时救助申报程序和审批权限，救助 500 元以下由镇民政办审批，救助 500 元以上由镇党委政府审批。是年，共救助困难群众 34 人次，发放临时救助金 66500 元。

第二节　救　灾

1192—1946 年，镇域经历数次饥荒，虽有赈灾之举，但赈济如同杯水车薪，劳动者受尽灾荒之苦。

新中国成立后，人民政府在领导群众改造自然、减少灾害的同时，每逢旱涝风雹等自然灾害，都发放大量救灾物资和救灾款，以救济受灾群众，并发动群众开展生产自救，动员灾民进行迁移谋生，以渡过灾荒，恢复生产。

桑梓店镇处于平原地区，也是多灾发生地区，加之镇域面积较大，每年不同程度遭受灾害的破坏，使农业上遭受较大损失。春天持续干旱、少雨，夏秋虫灾、水灾、风灾每年时有发生。1953 年，涝灾严重，国家发放救济粮、救济款，保障灾民基本生活需求。

1963 年，夏秋蝗灾严重，公社组织全民捕杀，将蝗灾减小到最低限度。1970 年，旱灾严重，1976 年，夏秋大涝，国家发放救灾统销粮、种子粮、饲料粮、副业加工粮、化肥、煤炭、布匹、棉花等予以救助，使人们渡过难关。

1980 年，实行家庭联产责任制后，农田水利体系基本完善，虽然也发生过大旱大涝，但能做到旱能浇、涝能排，农作物虽有减产，但仍仓盈囤满，人们不再为灾荒发愁。

1990 年，全镇共发放救灾补助款 9896 元，其中丁家管区 960 元，仓上管区 842 元，桑梓管区 1900 元，冯家管区 1510 元，高王管区 1140 元，赵家管区 580 元，左家管区 680 元，周闫管区 1330 元，北董管区 950 元。

1993 年，镇域遭暴风袭击，全镇 6 人受伤，倒塌房屋 231 间，倒塌院墙 90 米，瓜菜损失 30 万元，水果损失 33 万元，倒树 2828 株，倒线 16 杆，其他损失 5.8 万元，共损失 130 万元。1996 年，夏秋两季，镇域有两次大降雨过程，大部分粮田被淹，受灾面积很大。镇民政办公室积极申请救济，共发放救济金 2 万余元，解决贫困户的生活、看病、住房困难。

2001 年，镇域北王堂村、后房村、周闫村、前房村、耿家村、大郑村、小郑村等村遭受冰雹袭击，据调查统计有 3125 亩作物遭受冰雹灾害，有的作物已经绝产。具体情况为玉米 1000 亩，受损 6 成以上，西瓜 195 亩绝产，棉花 1390 亩绝产，大棚 150 亩，每亩损失 1 万元。蔬菜 390 亩绝产，共计造成损失 360 万元以上。2003 年，镇民政办公室争取 10 多万救灾资金并及时发放。2004 年，广泛开展救灾工作，全年共发放救济款 8 万余元。

2012 年，国家对农作物采取保险措施，每亩地农民交 2 元钱国家补贴 8 元，若遇灾害之年由保险公司予以赔付。

第三节　帮扶弱势群体

1987 年，桑梓店镇人民政府为社会残疾人开办木箱厂、鞭炮贮存批发站，安排 20 余位残疾人就业。

1994 年，桑梓店镇成立残疾人联合会，鼓励残疾人为社会做贡献。

1998 年，桑梓店镇人民政府为全镇所有残疾人免去义务工，对怀家、丁家、邓营、门刘等村的重点残疾儿童和残疾人进行献爱心捐款、捐物活动。

2001—2011年，在区残联帮助下，桑梓店镇残联争取到4万元资金，为4户残疾人困难户新盖砖房16间。争取农村低保金189户21600元，城镇居民低保金44户7万余元，做到应保尽保。开展农村和城镇低保工作，全年累计发放低保金11万余元。投资16万元，为14户特困群众修建房屋56间。为28名白内障患者免费做复明手术。发放救助款8万元，帮助280户群众度过难关，为14户残疾贫困家庭新建房屋60间，救助贫困学生87名。为贫困缺粮户发放面粉30吨。拨款19.6万元，为14户残疾困难群众改善居住条件。为129户农村困难群众和46户城镇困难群众办理最低生活保障。

2011年，社会救助体系进一步完善。发放优抚、五保、低保、困难救助资金920万元，有效缓解弱势群体生产、生活实际困难。全镇享受农村低保546户，城镇低保100户，月发放低保金15余万元。实施百户安居工程，争取资金110万元，为13户优抚对象、78户贫困家庭及残疾家庭给予危房改造救助。共救助困难家庭4800余户，发放救助金50余万元，面粉近14万斤；大病救助128人，发放救助金31万元；救助贫困大学生24名，高中生62名，发放救助金近8万元。为113名重度残疾人办理每月50元的生活补助，发放康辅助听器330余套，面向110名残疾人举办技能培训班两期，其中已有8名残疾人康复就业。

2014年，救助困难户100户，发放5万元。是年3月28日，制定并印发《桑梓店镇贫困学生救助工作实施意见》，坚持“公平、公正、公开”的原则，全力救助、尽力而为，从最困难、最需要救助的学生入手实施救助，解决好贫困学生的上学问题。凡持桑梓店镇户籍的高中及高中以上在校学生，符合规定条件的都可以在每年的9—10月份向本村“两委”提出贫困学生救助书面申请，经过村“两委”核实公示、镇民政办审核、镇党委政府讨论研究后确定救助对象。对确定为救助对象的学生，救助标准为：全日制高中学生每年2000元，全日制大学（军队院校除外）学生每年4000元。同时，对于中考考入济南市重点高中、高考达到第一批本科录取分数线以及通过国家统一考试考上全日制研究生或博士生，并且户籍长期在桑梓店镇的学生，均可以提出“爱民奖学金”款项申报，由镇团委审核、镇党委政府研究确定发放。

第四节　大病救助

凡在桑梓店镇持常住户口的低保、五保、低保边缘人员（每年人均纯收入低于5400元），并患有慢性肾衰竭、尿毒症、恶性肿瘤、再生障碍性贫血和白血症、中晚期慢性重型肝病、重度心脏病（先天性心脏病、心脏搭桥、心脏支架）等重大疾病，经新农合报销后，实际个人年度累计负担1万元以上的，均可申请大病救助。

2013—2015年，全镇共救助513人，共发放2342500元救助款。

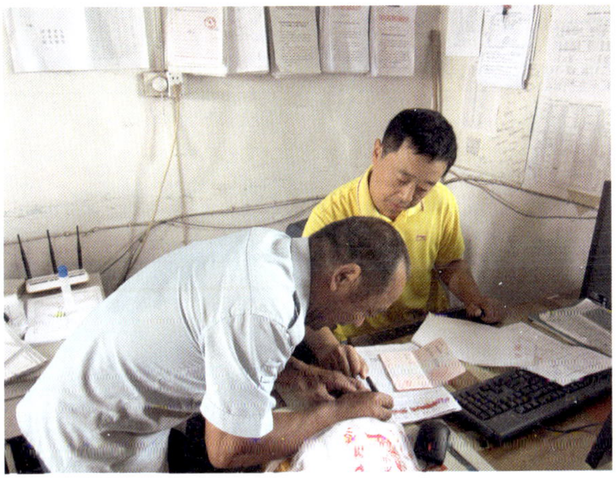

发放大病救助款（2015年摄）

第五节　慈善工作

2010年以来，桑梓店镇党委、政府坚持“政府主导、公众参与、阳光运作”的原则，大力宣传慈行善举和正面典型，推动慈善文化进机关、进企业、进学校、进乡村，凝聚行善合力，营造人人知善、人人向善、人人行善的良好氛围。每年组织全镇机关党员干部群众、各行政村、辖区各企业开展“慈心一日捐”活动，号召发扬“助困、助老、助孤、助残、助学”的互助精神。捐赠活动坚持依法组织、广泛发动、坚持自愿、鼓励奉献的原则，镇机关全体机关干部率先垂范，慷慨解囊，积极倡导全镇各单位、各部门干部群众自觉弘扬扶弱济困、乐善好施的传统美德，为社会福利事业捐赠一份爱心。各村通过召开村“两委”、全体党员、村小组长、村民代表等参加的村级动员会，对村内的“慈心一日捐”活动仪式进行详细的安排部署，通过广播喇叭、张贴宣传标语、电话通知、入户走访等多种形式开展宣传动员，充分调动起广大村民奉献爱心、扶弱济困的积极性和主动性。截至2015年年底，全镇通过开展“慈心一日捐”活动，共筹集善款320.51万元。

2010—2015年桑梓店镇“慈心一日捐”筹集善款情况表

表15-2-1　　　　单位：万元

年份	筹集善款额
2010年	22.63
2011年	26.9
2012年	31.29
2013年	46
2014年	72.69
2015年	121

2015年，桑梓店镇党委、政府将做大做强慈善公益事业，着力打造“尚善桑梓”纳入“十件民生实事”，在桑梓店中心商业街开展“最美桑梓　让爱飞翔”慈善募捐活动。通过搭建爱心释放平台，汇聚小小善举，弘扬慈善大爱。活动现场，社会各界奉献爱心的慈行善举和爱心善款救助辖区困难群众的感人故事被浓缩成一个个小短片循环播放。200余家驻地机关、企事业单位代表以及全镇广大干部群众进行现场捐款。活动中，各驻地企业都纷纷解囊，例如中铁十局石济客专项目部捐款10万元，济南鑫茂、裕兴化工、北延仓储公司各捐款5万元，用实际行动向社会上最需要帮助的弱势群体奉献爱心。活动共筹集爱心善款数额66万余元。为表彰鼓励爱心单位及个人，桑梓店镇授予中铁十局等5个单位“爱心标兵企业”称号；授予华杰面粉厂等28个单位“爱心企业”称号；授予小寨村等118个单位及个人“爱心贡献奖”。

举办镇机关人员“慈心一日捐”捐款仪式(2015年摄)

开展“最美桑梓　让爱飞翔”慈善募捐活动(2015年摄)

第三章 敬老爱老

第一节 敬老院

1986年，镇域沙李村办起全镇第一所敬老院。

1999年，镇民政办与村委会协调安排16位分散的五保老人生活起居，由集体安排专人照顾他们的衣食住行。供养基本内容为保吃（供给粮油、副食品、生活用燃料和零用钱）、保穿（供给服装和被褥等必需的生活用品）、保住（供养对象由镇敬老院统一提供住房）、保医（对供养对象的疾病应及时治疗，对生活不能自理的给予照料，资助五保对象参加新型农村合作医疗，并对其中患大病的，经合作医疗补助后，再给予适当的医疗救助）、保葬（供养对象去世后，由镇敬老院或者村民委员会负责筹办丧事和处理善后事宜）。是年，将位于桑梓店村的原教委办公大院改造为敬老院，并添置彩电、冰箱、VCD、洗衣机等电器，配备专职服务人员。截至2002年，全镇共有五保户老人187户，276人。其中集中供养3人，其余均为各村分散供养。对五保老人采取一系列照顾政策，如全部免除农业税、免除义务工，对困难户安排专人给予帮助解决。2003年，镇老龄委按照市老龄委要求，统一为全镇60岁以上老年人办理新版的山东省老年人优待证，规定60～64岁老年人凭优待证进入公园可免购门票，65～69岁老年人凭优待证除进入公园免购门票外，乘坐市内公交车半价；70岁以上老年人除享受以上两项外，凭优待证到镇财政所免征新增农业税及附加。

2004年，桑梓店镇人民政府为解决五保老人分散供养而实际是没人供养或者供养水平很低的矛盾，开始试行五保老人村级集中供养。在南郑、高王、小寨三个行政村试点成功。模式有三种：①由村委会无偿划拨土地或者利用闲散院落，兴建村级敬老院，将符合供养条件的五保老人收入院中集中供养。②由村委会将五保老人责任田进行转包，其收入作为五保老人的基本生活来源，对于五保老人医疗等方面支出，各村根据实际情况给予解决。如南郑村从集体对外承包的土地收入中支付，高王村敬老院紧靠着农村集贸市场，将敬老院中多余房屋出租，其收入解决五保老人的看病就医。重大病号花费较多，村里无力解决的，由镇政府在专项救济款中拨款解决。③集中供养，自我管理。村级敬老院中设立厨房、公共卫生间、活动室（室内配备彩电、麻将、象棋等娱乐设施）、卧室内的床、柜、橱具等统一配置，两人（或一户）一室，厨具自带，生活自理，自我服务，院内推选一位比较年轻、身体较好的院民负责其他院民的生活琐事，政府或村不配备专门的管理人员，只是定期到敬老院中检查或看望。这一集中供养模式，既解决原来政府（集体）包办由于管理不善或财力短缺导致的半途而废的问题，又解决五保老人的困难，是对五保户供养的改革和创新。

桑梓店镇敬老院于2005年申请筹建，占地面积4000平方米、建筑面积1500平方米，共计投资175万元，于2007年建成投入使用。敬老院设计为4层楼房，提供床位110张，房间36间，均为3人标准间，内设卫生间、办公室、理发间、储物间等。本着五保老人自愿原则，对农村五保户实行集中供养。五保老人进入敬老院，需村民委员会与敬老院签订入院协议，协议规定敬老院负责保吃、保穿、保住、保医、保葬，使五保老人在敬老院中安度晚年；五保老人入院时需将本人申请、村委意见、体检表、身份证复印件等材料交敬老院存档；村委会为本村集中供养的院民办理入院手续，院民入院前一次性缴纳入院保证金300元，并为院民每人每年缴纳生活补助、医疗补助金300元，交款时间为每年6月30日前；村民入院集中供养后，该村民仍享有该村的经济与政治待遇，其承包地由所在村（组）负责代耕或转包，其宅基、房产等仍归村民个人所有，该村民去世后其宅基、房产等由所在村（组）负责处理；入院村民死亡后，由村委会负责丧事处理，善后费用敬老院和村委会各承担50%。

2011年，按照天桥区民政局制定的全区五保供养轮住管理办法，全镇分散供养的五保对象可以进入敬老院接受供养。轮住五保对象在院内享有权利包括平等享受敬老院的福利待遇、平等享受敬老院的各种服务、讨论、建议和监督院务管理工作、选举或被选举院民管理委员会成员。轮住五保对象在院内应履行的义务包括遵守法律、法规、规章、社会公德及院内各项规章制度；服从、执行院民管理委员会决定，爱护院内公物；支持服务管理工作，积极参加力所能及的劳动；保持室内清洁及个人卫生；文明礼貌，团结互助。

2014年，根据《天桥区农村五保供养服务机构管理细则》，制定敬老院院长职责、管理职责、财务职责、卫生职责、院民公约等“五职责”。为掌握每位院民的基本情况，建立包括入院协议、申请书、照片及后事处理联系方式等内容在内的完整的个人档案。管理制度的不断完善，促使敬老院管理逐步走上工作规范化、管理民主化、供养制度化、服务文明化的轨道。桑梓店镇党委、政府着重加大投入，不断提升五保老人供养标准。2012—2015年，集中供养标准由每人每年4700元提高至5300元，分散供养标准由每人每年2900元提高至3400元。

2015年，为进一步满足农村养老需求，使全镇五保老人的衣、食、住、医、葬得到全面落实，彻底解决五保老人的后顾之忧，镇党委政府将敬老院改扩建列为“十大民生实事”之一。4月底，敬老院扩建工程竣工，建筑面积为1100平方米，床位46张，主体总投资178万元，共3层，房间18间，其中4间为优抚人员光荣疗养间，其余均为3人标准间，配备活动室、娱乐室、洗浴室等，安装先进的服务呼叫器和消防报警器，配套有线电视、大型洗衣机等设备，拥有多功能活动室、餐厅、办公室、值班室，架设专用杆线，门前铺设水泥路面100平米与主干道相接，院内铺设一纵三横彩砖路，水电路畅通，环境绿化良好。

桑梓店镇敬老院（2016年摄）

截至2016年9月，桑梓店镇敬老院共有常住老人70人，其中男性65人，女性5人。五保老人入院时无需再缴纳入院保证金、医疗补助金等各项费用，入院村民死亡后，善后费用全部由镇政府统一支付。不断完善管理规章制度，强化内部管理，提升服务水平，努力为五保老人营造良好的居住环境。加强对敬老院人员的管理，建立健全管理人员工作责任制，严格值班制度、出勤制度、分工负责制度、包干制度等，做到人人有责任，事事有人管。定期对五保老人的衣服、床上用品、日用品进行清洗，保持老人始终有一个良好的生活状态。保证日常文娱活动不断，定期组织开展文体活动，使五保老人心情好，并有正常的情感交流。敬老院坚持“尊老敬老爱老助老、人性化管理、亲情化服务”的理念，依靠一流的设施和服务，使老人们真正体会到老有所依、老有所养、老有所乐。

历任敬老院院长

怀吉臣	2007.09—2008.03
房庆龄	2008.03—2009.03
剪万元	2009.03—2010.05
张文军	2010.05—2013.05
李玉忠	2013.05—2014.04
蔡明恒	2014.04—

桑梓店镇敬老院院长蔡明恒（2016 年摄）

第二节　农村幸福院

农村幸福院是指农村村民委员会建设和管理，为农村老年人提供生活照料、就餐、文化娱乐等照料服务的农村社区老年人日间照料中心和村级老年互助幸福院等公益性活动场所。

农村幸福院建设按照“村级主办、互助服务、群众参与、政府支持”的原则，依托村民自治和集体经济，在农村中心或较大建制村充分利用现有服务资源和闲置土地、房屋等，根据老年人特点加以改造成为给老年人提供生活居住、休闲娱乐等服务的农村老年人互助养老院。这种养老模式，既符合农村老年人“不愿离土、不愿离家”的主观意愿，又能有效化解因其经济承受能力偏低造成的“养老难”问题，对于推动基本公共服务均等化、维护社会公平正义、促进社会和谐稳定都具有十分重要的意义。

农村幸福院的设置坚持因地制宜，统筹规划，既要立足当前，又要兼顾长远、适当超前的原则。建设规模要根据建制村老年人数和村民养老需要，由村民代表大会讨论决定。幸福院内部设置居室、餐厅（含配餐间）、娱乐活动室（含电视房、聊天室、阅览室、棋牌室）、健身康复室、室外活动场，配备必要的纳凉、取暖、厨具、健身、娱乐、消防等器材，以满足老年人生活照料、午餐供应、文化娱乐、情感交流、精神慰藉等基本需求。建设标准为占地面积不低于 2 亩、建筑面积不低于 400 平方米、设置床位不少于 20 张。申办村按照设置要求，严格履行“一报四议两公开”程序，向镇民政办公室申请筹办，通过镇党委政府统筹规划实地调研、村民大会或村民代表大会民主评议、民主监督等程序，确定项目建设村，中央、省、市、区、镇予以财政补贴。

2014 年，桑梓店镇启动农村幸福院建设工程，全年建设农村幸福院项目 2 处，分别位于怀庄村、邱岸村。怀庄村幸福院建设依托原怀庄小学旧址，建成并投入使用的怀庄村幸福院建筑面积达到 400 余平方米，设有休息室、活动室、餐厅、卫生间等功能用房，设施齐全、功能完备，能够满足农村老年群体的住宿、吃饭、娱乐等基本养老服务需求，幸福院内长期居住老人 8 人。邱岸村幸福院建设依托村委会，幸福院内设有医疗室、棋牌室、多功能厅、阅览室、日间照料室、康复室、老年便民食堂等，为老人提供日间照料、护理陪伴、法律维权、文化教育、体育健身、精神慰藉、医疗保健等服务，成为一所为老年人提供集居家、养老、娱乐、健身于一体的综合性老年人居住场所，幸福院长期居住老人 16 人。此外，天桥区体育局为两处幸福院送来室内康复运动器材各6件，包括下肢力量康复器、肩肘力量康复器、综合康复器等。两处老年幸福院的启用，是桑梓店镇养老服务平台建设的又一重要成果，对于进一步提升老年人幸福感，实现老有所养、老有所医、老有所乐具有重要意义。

2015年，桑梓店镇党委、政府将推进幸福院建设列入“十件民生实事”之一，旨在解决农村散居五保老人、空巢老人、高龄老人的养老问题，切实提升全镇老年人生活质量和幸福指数。全年共建农村幸福院6处，分别位于左庄村、袁贾村、三教堂村、邓营村、小张村和周闫村。在充分考虑人口结构和项目资金情况、整合利用已有的村组房舍资源后，项目点定在各村委会办公室或旧学校闲散用地，节省项目资金的同时促进闲置资源的开发利用。

袁贾村幸福院占地面积720平方米，提供床位20张，老年人活动室、休息室、餐厅、健身运动器材等一应俱全，凡是村内年满70周岁、身体健康的老人，都可以申请由幸福院统一照料，每位老人每天收取8元钱基本伙食费，不够的部分由村委集资补贴，真正为老人们提供一个老有所养、老有所乐的活动场所。

袁贾村幸福院（2015年摄）

左庄村幸福院设有日间照料室、餐厅、医疗室、娱乐活动室（阅览室、棋牌室等）、健身康复室等功能用房，配备必要的纳凉、取暖、厨具、健身、消防等基础设施，能满足老年人生活照料、午餐供应、文化娱乐、情感交流、精神慰藉等基本需求。幸福院基础设施配备齐全，包括休息室、活动室、医疗室、康复室、阅读室、便民食堂等多种便民服务功能室，可为老人提供日间生活照料、午餐供应、文化娱乐等服务。

左庄村幸福院（2016年摄）

街后村幸福院在充分整合现有资源、依托原有建筑的基础上进行改造、扩建，总建筑面积500余平方米，设置休息室、娱乐活动室、便民食堂、医疗室、康复室、阅读室等多种便民服务功能室，可为老人提供日间生活照料、午餐供应、文化娱乐、情感交流等服务。

小张村幸福院采取“集中居住、分户生活、自我保障、互助服务”的运行模式，入住幸福院对象原则上以本村60周岁以上的空巢老人、独居老人为主，对于即将入住的老人，将根据老年人的困难程度、自理能力、思想行为等标准进行筛选，然后通过村民推选安排入住。该幸福院内设卧室、厨房、储藏室、洗衣房、浴室、水房、便民服务厅、卫生室、健身房、综合活动室等设施，户户通有线电视和网络，可为入住的老人们提供一个温馨、舒适的生活环境，让他们安享幸福晚年。

2016年，桑梓店镇确定建设5处农村幸福院，分别位于石门孙村、康辛村、东秦村、田家村和沙李村。截至2016年4月，项目涉及村村委会正通过“一报四议两公开”程序进行项目建设的前期筹备工作。

第三节 养老保险

1994年，根据国务院〔1991〕33号和省政府〔1994〕33号及济南市政府〔1992〕91号及历城区政府〔1994〕24号文件精神，决定在全镇开展农民社会养老保险工作。要求党员干部带头，凡本镇农民都要参加。规定40～60岁年龄段的每户要有一人一次性交足投保金，20～39岁年龄段要分两次交足投保金，村“两委”干部要一次性交足投保金，镇政府一次性每人补助500元，有条件的村组可以将投保金进行一次性补助的办法促进农村养老保险工作顺利开展。同时规定1995年起登记结婚新婚夫妇一次性向登记机关交足终身投保金，新婚夫妇的双方父母要带头交足保险金，现役军人分两次性交足投保金（直接从财政优抚款扣交），民办教师、幼儿教师可分两次交足投保金，由教委、镇财政直接扣交，乡镇企业工人的养老金可按工资的一定比例提前列支，对有固定收入的个体工商户、运输户由工商部门负责筹集组织一次交足保险金，运输户也可由农机站负责筹集组织一次交足保险金。

2009年，开展新型农村社会养老保险试点工作，国家统 为60岁以上老年人发放每月55元的基础养老金，全镇共有4031名60岁以上老人领取。按照群众自愿的原则，由不满60周岁的居民每年向社保机构缴纳一定数量的保险金，待年满60周岁时按月领取养老金，缴费标准分100元、200元、300元、400元、500元、1000元、1500元、2000元8个档次。全镇参保7099人，其中45～59岁的6046人，参保率98.53%；16～44岁的1053人。全年共征缴保费138.84万元。

2010年，全镇新型农村社会养老保险扩保到近1.7万人，缴纳保费250余万元，实现新型农保试点的良好运行。

2013年，全镇参保人数15166人，征缴保费339.72万元，人均缴费额达到223元。是年，全镇5000余名60岁以上老人领取每月70元的基础养老金。

2015年，全镇居民养老保险共计正常参保12175人，征缴保费6295900元；共办理灵活就业养老保险11人。

第四章 婚葬管理

第一节 婚姻管理

1950年4月13日《中华人民共和国婚姻法》颁布后，规定男20岁，女18岁始得结婚。结婚男女双方应到所在地（区、乡、镇）人民政府登记。齐河县成立婚姻法检查执行委员会，区、各村建立相应组织，大张旗鼓地宣传贯彻《婚姻法》，采用广播、黑板报、文艺演出等多种形式，揭露封建婚姻制度的弊端，并对违犯《婚姻法》及虐待妇女的人进行严肃处理。广大群众特别是妇女日益觉悟，她们纷纷要求按照《婚姻法》办理婚事，以保护自己的合法利益，建立新型的家庭关系。

1950—1958年，男女双方各持单位介绍信，到男方所在区民政助理办公室，助理审核后，若符合条件即可办理登记手续，并颁发结婚证。

1958—1984年，仍需履行申请书介绍信等手续，到男方或女方任一公社由民政助理办理登记手续。1981年1月1日起，法定婚龄改为男不得早于22周岁，女不得早于20周岁，鼓励晚婚晚育。

1984年，撤社建镇，镇民政办公室负责婚姻登记事宜，并启用婚姻登记专用章。符合年龄规定男女双方，由工作单位或村委会开据介绍信、派出所开据户籍证明，即可到镇民政办公室申请办理婚姻登记。

1990年后，镇域婚姻登记事宜全部移交大桥镇。后又先后全部移交历城区民政局、天桥区民政局统一办理。对村级开据结婚证明信工作进行规范管理，规定男年满22周岁，女年满23周岁为晚婚登记年龄，男女双方持身份证或有效证件由村计生主任开据结婚证明，再持结婚证明到村委会盖章有效，可领取结婚证。凡未按照规定领取结婚证，均视为违反政策严肃处理。

2001年后，凡符合法定婚龄的男女双方，只需携带身份证、户口本及二寸合影彩照，即可到天桥区民政局婚姻登记处办理。

第二节　丧葬改革

新中国成立初期，从中央到地方均提倡丧事从简，广大群众纷纷响应，旧时丧葬习俗逐渐革除。有丧事时，有的村成立治丧领导小组，统筹安排，等亲友到齐、举行追悼仪式后，木棺埋葬，葬礼即告完成。其子女及亲属也有不披麻戴孝而戴黑纱。但仍有沿袭旧习燃纸烧香者。

1969年，齐河县建火化厂，开始推行火葬，禁止土葬。规定办丧事不准请客送礼，披麻戴孝，用开追悼会代替祭灵上庙。送尸火化，由生产队安排劳力，统一记工分。火化费一般由丧主自理，确有困难者，由集体或从社会救济款中解决。禁止一切人制造、使用木棺和水泥棺材。1975年，桑梓店公社火化率80%，很多村相继建起骨灰盒存放室。

1984年，齐河县政府印发关于坚持殡葬改革的通知，将殡葬工作列为文明村庄和文明单位的评选条件之一。桑梓店镇成立殡葬改革领导小组，各村也先后建立殡葬理事会或治丧委员会，以开追悼会、献花圈等仪式代替迷信礼节。但仍有少数农民沿袭旧习，烧纸祭礼、披麻戴孝。机关及企事业单位的干部职工去世后，由本单位理事会主持丧葬仪式，一般仪程是尸停堂中，家属亲友臂带黑纱向遗体告别，然后火化，开追悼会以寄托哀思，骨灰盒存入干部职工纪念堂或深埋地下。

1990—1995年，镇党委、政府要求镇域内有条件的单位建立劳动人民纪念堂，暂没有条件的建立公益公墓，各行政村耕地中的坟头限期除平，对违反规定的行为进行处罚。各行政村先后成立红白理事会，每村选举产生理事长、副理事长、委员，由他们协助村委会做好本村红白理事工作，牵头将本村现有坟头除平，并规定罚款细则，要求所有尸体予以火化，对违反规定的行为按照相关规定进行处罚，全镇共火化尸体172具。全镇火化率保持在98%以上。

2000年后，镇域村庄均开展移风易俗活动，丧事从简，由各村红白理事会协助办理。

第十六编

劳动　人事

第一章　劳　动

第一节　劳动就业

漫长的封建社会，一直到清末，除摊丁、派兵外，桑梓店镇地域社会人口均需自谋职业。中华人民共和国成立前，绝大多数劳动力从事农业生产，少数人经商和从事手工业。

一、国家用工

中华人民共和国成立后，国家用工发展较快。1950年后，国家在建设和发展国营工商企业的同时，鼓励和扶助发展私营工商业，组织各种小手工业者扩大生产，逐步解决城镇无业人员就业和闲散人员安置问题。经过对私营工商业和手工业的社会主义改造，就业人员逐年增多。其间，国家在不同时期内，制定了不同的就业方针和用工制度。

（一）固定职工

固定职工是指经国家劳动部门或组织人事部门正式分配、安排和批准招收为全民固定职工或集体固定职工的人员。1958年10月、12月桑梓店镇两次招收学徒工。在农村招工中，实行“分配指标，单位按条件推荐”之办法，一般较多地照顾退伍军人、烈军属子女、孤儿等。1975年后，招工对象以安排上山下乡知识青年和留城青年为主，减少了对农业人口的招工。

1979年后，劳动就业范围扩大。招工政策实行劳动部门介绍就业、自愿组织起来就业和自谋职业相结合的方针。招工对象除外地招用的矿工外，全部为城镇待业青年，实行“自愿报名、文化考核、择优录用”的办法。

在招用固定工方面，还有子女顶替、临时工转正、社会吸收如招用闲散科技人员、民办教师转正、农村干部和青年招为国家干部等就业途径。

（二）临时工

临时工是对国家固定劳动力不足的补充。中华人民共和国成立初期，临时工未纳入国家计划，一般是用工单位自行招用，自行辞退。1958年后，按照中共中央关于“在农村招用工人，必须实行亦工亦农”的精神，国家机关、企事业单位把招用临时工、合同工纳入劳动计划。用工单位根据工作需要，招选符合条件的用工对象，双方签订用工合同，明确用工期限、待遇等事项，并报劳动部门批准备案。合同期满后，视其情况续订合同或辞退。1965年，山东省劳动局提出“在较大国营企业内试行亦工亦农”劳动制度。1978年后，贯彻上级指示，工厂企业临时工改为亦工亦农；水利系统用工为农民技工；国家机关、事业单位用工为合同工或临时工。

二、农民劳动形式

土地改革前，土地属私人所有，无地或少地的农民，被迫以出卖劳动力糊口，其方式一般分为伙计、长工、短工三种。伙计全年吃住在地主家，为其劳动。伙计又分为大活、二活、三活、小活四种。大活负责牲口的喂养和使役，二活每日清晨要清圈填栏，打水扫地，待东方发白便领着短工下地干活；三活是大活的助手；小活一般是12～18岁的穷孩子，日常管着喂猪、送饭、推磨、刷锅、跟车拾粪等杂活，人人可使唤，最无地位。

长工住在自己家里，地主哪天叫，就哪天

去给地主干活。短工是在收割、锄地、耕种等农忙季节给地主干日工的，他们为解燃眉之急，往往撇下自己的农活去给地主干活，有时得不偿失。

租种土地的农民有两种：一种是在借债时债主强以指地作保，利滚利越滚越多，最后只好将自己的土地押给债主抵债，债主将霸占到的土地再租给穷人耕种；另一种是遭遇天灾人祸破产之后，直接向地主（或“二地主”）租种土地。租种土地的农民因不直接在地主监视下劳动，情形稍好于伙计、长工。

土地改革后，从单干户到互助组，从农业合作社到人民公社，土地由私人所有制逐步过渡为集体所有制，农村人人有地种。1958年后，农民成为人民公社社员，形成“干部敲钟、社员上工”的劳动形式。

1979年后，农村实行了家庭联产承包责任制，农村以户为单位劳动，涌现出农机、运输、养殖、加工、建筑、服务等各种类型的专业户，有的进城经商，乡镇和村办企业也随之兴起。

三、其他职业

旧社会，有专以诸如吹啦弹唱、占卜看相、耍猴卖艺、集头经纪甚至打劫行窃等业为生者。新中国成立后，上述现象得到清理。本镇有纺线织布者，有做豆腐、鲜粉皮、豆腐皮者，有开办修理、加工、缝纫、小商店、小吃店者，有走街串巷卖瓜籽、冰糕者，有收破铺衬烂（棉花）套子者，有戗剪子磨菜刀者，有锔碗锔缸者，有春冬两闲搞家庭副业者，等等。

第二节　劳动保护

1960年6月，根据国务院《关于迅速采取坚决的措施，进一步加强劳动保护工作的指示》和中央爱国卫生委员会《关于加强工农业生产防暑降温工作的通知》精神，有关部门下发文件，强调加强劳动保护工作。劳动部门配备专职工作人员，也配齐了专职或兼职安全员，并通过广泛宣传教育，形成了群众性的安全网。各企事业单位建立与技术革命和革新相适应的安全规章制度，实行劳逸结合，无论什么情况都要保证睡眠8个小时。商业、供销部门设立了经营劳动保护用品专柜或专业商店，经营品种300余种。对高温作业的工厂、车间添置降温、饮水设备，给工人发放防暑费或供应降温茶、清凉油、人丹丸等。

1965年5月，贯彻落实第一次全国劳动保护工作会议精神，有关部门对各工厂、企事业单位不同职业的劳动条件、安全生产、环境卫生、女工保护等事项进行检查，并规定工厂劳动时间为8个小时，延长时间需征求工人同意，并发给加班费或给予奖励，夜班白班每周调换1次，每月休假4天，工资照发，病假在1个月内工资照发。工伤死亡者厂方负责医药费或丧葬费，直系亲属领取抚恤金。女工实行“三期”保护，产假一般为56天，工资照发。

1973年对应上级安全委员会各基层单位建立了安全生产机构。1980年始，每年5月为“安全月”，进行全面检查。至1985年底，大多数企业单位设立了安全科、股或配备专职安全员，每年根据不同季节进行两三次安全检查。

为改善职工的劳动条件，1978年始，国家给职工增发防暑费，每年5元左右，取暖费每年12元。工厂定期发放劳动服装、毛巾、手套等劳保用品。办公室和车间夏天配有电扇，冬天安有取暖炉或暖气。

锅炉及受压容器的管理、预防职业病和职业中毒，是劳动保护的重要内容。

第三节　劳动保险

从1953年1月起，镇域凡加入劳动保险的人，遇工伤、残废、疾病、年老、死亡和生育等事项，都可享受一定条件和标准的补助工资、医药费、抚恤费等待遇。保险基金由单位按工资总额百分比拨付。1954 年，实行劳动保险的单位，有纺织、食品、木材、煤建等四个系统，后来集体所有制职工也加入了保险。

1958 年保险公司撤销，1980 年 12 月恢复，开展特殊工种保险，如机动车辆、企业财产等。1983 年 4 月开展人身意外伤害保险、养老金保险和家庭财产保险。1984 年又开展团体人身保险、棉田成本保险等。

1998　年各企事业单位均给职工购买“四险一金”，即养老保险、医疗保险、工伤保险、失业保险和住房公积金。女职工还增加生育保险。其金额根据工种、工龄有所不同。

2008 年后给职工发放了“医保卡”，国家每月将医保款额打到卡上，小病自己付款，大病国家按一定标准报销。

第四节　劳动安全生产

2007 年 1 月，桑梓店镇成立安全生产监察中队，负责本镇 100 余家企业的安全生产监督检查工作，也与消防、建委、交通等部门联合执法，工作人员 4 人，李长富任中队负责人。

此前王宝华、赵加栋、武兴华等先后任部门负责人。

2016 年，桑梓店镇成立安全生产监察中队积极开展职业病防治宣传活动、消防安全宣传活动等活动，提升企业、员工的安全意识。根据辖区实际制定安全生产实施方案和重特大安全事故应急救援预案。加强督导检查，定期或不定期到各企业进行安全生产督导检查，下半年配合上级安监部门对两家公司进行检查，分别罚款一万元。

6 月，密切配合相关部门联合执法，组织开展“安全生产月”活动。从建筑施工安全、道路交通安全、危险化学品和民爆器材等物品储存使用安全、人员密集场所设施安全四个方面着手，检查事故易发的重点场所、要害部位、关键环节确保辖区安全生产形势稳定。

安监办配合区质监分局深入到辖区所属冷库、食品加工厂等企业，开展特种设备排查摸底和安全执法检查工作。重点到鑫海、勇胜、登峰、马建等相关企业，深入到机房一线，详细询问企业负责人特种设备运转情况，着重检查特种设备是否注册登记，压力容器、压力管道及压力表、安全阀是否检验合格并在检验周期内运行，作业人员是否持证上岗，以及设备是否老化或锈蚀等。

安监办制定消防安全实施方案，与五个办事处分别签订《桑梓店镇 2016 年度消防工作目标责任书》，全面推行消防安全“网格化”管理，明确社区农村消防工作内容，分工明确，责任到人。安监办和各办事处对辖区单位全部排查一遍，排查 300 余家门市店、旅馆、幼儿园等单位，检查出 10 家经营单位无应急照明灯，3 家经营单位无灭火器，3 家经营单位电气线路部分老化，1 家经营单位灶间烟道有油污等消防安全隐患。当场责令立即整改 19 处，责令限期整改 4 处。对 2 家重大火灾隐患单位和 4 家不放心单位，由镇长带队现场查看，并约谈主要负责人，

第十七编

教育　科技

第一章 教 育

清代乾隆初年，桑梓店镇当地人捐资兴办义学。民国《齐河县志》记载：“桑梓店，在邑东北三十里。清乾隆初年，有怀国政者，捐地0.8亩，倡设义学。嘉靖（当时笔误，应为“嘉庆”——编者注）六年，邑侯柳世珍因规制太狭，不足以供延师资，捐俸五十金，增置田亩，俾保长租种，藉所入以裕脯修。后兴办学堂，始废。”

桑梓店镇自清代末年即推行义务教育，自民国十七年北伐成功后”，齐河县派教育委员赴镇域调查学龄儿童及庙基、庙树、公产并各村庄距离、丁银数目，划分学区，推行初等义务教育。划分学区的标准有多个且灵活：

1、以庄村为标准。按照全县七百八十庄村，暂划为四百初小学区，每区有一二三庄村不等，就中择定适中庄村相宜地址，设立初小一处。该庄即定名为指定庄村，其他则为附属庄村，均集指定庄村就学，但校址以公基为原则。

2、以距离及面积为标准。按照全县面积约五千方里，以十二方里为标准，划定一初级小学区，计四百区。就学区中心庄村设立学校，以便学童就学。各学区内之庄村距学校均在二里以内。

3、以人口及学童为标准。按照全县人口约三十万，以千口为标准划定一初小学区，约有男女儿童百余名，除免展缓者外，尽力强迫就学。最低每校暂设一班，以四十名为定额，其能成立两班者促其成立。

4、以丁银为标准。按照全县丁银三万二千余两，约以每百两为标准划为一初小学区，以求担负平均。

5、规定学区等次标准。按照各初小学区丁银数目分为甲乙丙三等学区。在百两以上者为甲等，在七十两以上者为乙等，不及七十两者为丙等，以为分配任用教员之标准。

6、按照以上各项标准，遇有不适合情形时，得略变通之。

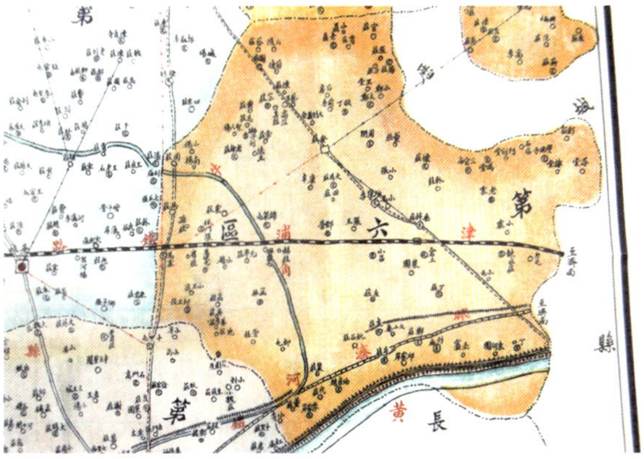

1938年制齐河县最近学区图

民国时期桑梓店镇公立初级小学情况表

表17-1-1

初小名序	校址	本庄银两	附属庄名及银两	总计银两	学区等次	级数	成立年月（民国）
第五初级小学	邱岸镇袁庄	一七．四	姚吕庄二七	四四．四	丙	一	十七年三月
第六初级小学	邱岸镇街后李庄	三〇．七	邱家岸一一．九	四二．六	丙	一	十六年三月
第七初级小学	仁爱乡郑庄	三七．一		三七．一	丙	一	十九年二月

有小学专任教师149人，学历达标率为100%。全镇中、小学内部设施达标率分别为100%和97%。全镇有幼儿园34处．入园幼儿600余名。共有幼儿教师36名。

2000年，桑梓店镇划归天桥区管辖。域内兼有高中与初中的完全中学——历城六中划归天桥区教育局代管。该校有高中教学班6个，在校生354名，有教职工48人——其中具有大学学历的25人，专科学历的10人；高级职称的4人，中级职称的20人，初级职称的12人。受行政区划的限制和黄河的隔阻，高中部主要面向桑梓店镇、大桥镇、靳家乡三乡镇的初中毕业生招生。镇教委下辖初级中学1处——桑梓一中，辖小学8所、 75班、在校生2337人。下为2000年区划调整时的统计表：

2001年，全镇小学的“五三”学制改为“六三”学制，与城区接轨。桑梓店镇教委辖小学8所，计68班、在校生2048人。有成人教育中心学校1处，农民技术培训学校48处，每年按上级成人教育计划要求，对农民、往届初高中毕业生进行培训。

2002年，桑梓店镇教委辖小学8所，计61班、在校生1789人。

2006年，桑梓店镇撤销教育办公室，在社会事务办公室设教育助理员 。

2011年，政府投资1600余万元完成镇中心小学、周闫小学、高王小学教学楼建设，圆满完成刘庙小学校舍改造任务。2012年，积极推进公立幼儿园建设工作，完成公立幼儿园1公顷土地的选址、清障、土地手续办理等工作并顺利开工。2013年，投资1500万元、建筑面积7000平方米的桑梓中心幼儿园建设主体完工；投资1100万元、建筑面积5000平方米的桑梓中心小学综合楼建设主体完工。

为奖励优秀学生再创佳绩，激励全镇在校学生勤奋学习、奋发有为，积极营造争创教育强镇的良好氛围，桑梓店镇党委、政府把颁发“爱民奖学金”列为镇“2014年重点抓好民生十件实事”。有关部门广泛动员，规范流程，深入调查，严格把关，确定符合申报条件的学生共104人。其中考录济南市重点高中的学生有86人，考录一类本科的学生有7人，通过研究生考试的学生有8人，博士生3人。8月26日上午，桑梓店镇隆重举行“爱民奖学金”颁发仪式进行表彰，党委书记董学山同志作了重要讲话。桑梓店镇为升入全市重点高中的每人颁发1000元，为升入一本重点院校的18名本科生、硕士生、博士生每人颁发2000元作为奖励。

百余名桑梓学子喜获“爱民奖学金”(2015年摄)

2014年9月11日，桑梓店镇召开全镇中小学安全稳定工作专题会议，具体分析辖区内各小学安全稳定形势，全面部署新学期学校安全稳定工作。会上，辖区5所中小学校长分别就各小学的安全稳定情况进行了交流，并重点对校园内、校园周边、接送学生车辆、食品安全等进行了分析。党委副书记、政协工作室主任解承静对学校安全稳定工作进行了安排部署。一是扎实做好2014年秋季新生入学工作。外来务工人员子女入学定点学校要全力做好入学条件、流程等入学政策宣传讲解工作，保障符合入学条件的外来务工人员子女依法按时入学，对不符合入学条件的，做好解释工作。二是开展安全大排查，做好学校周边可疑闲散人员、精神病人等特殊人群的排查工作，切实掌握可能影响学校稳定的问题，把隐患消除在萌芽状态。三是加强接送学生车辆安全监管工作。四是加强安全教育，通过教学、专题讲座等方式，进一步加强安全、法制和心理健康教育，不断提高师生的安全意识和防范能力。维护校园安全稳定 倾力打造平安校园。

第一节　幼儿教育

中华人民共和国成立后，镇域有季节性的幼儿园、育红班。1966—1979 年“文化大革命”期间，农村幼儿教育大部停办。1977 年后幼儿园、育红班逐渐恢复并不断发展。

桑梓店镇民办幼儿园人数统计表

表 17-1-2　（2016 年 4 月 18 日）

幼儿园名称	地址	园长	教师人数	幼儿人数	成立时间	建筑面积（平方米）
未来星幼儿园	桑梓店供销社向东 300 米	王鑫	8	75	2012.11	1200
大风车幼儿园	桑梓店镇田家村	杨海英	8	69	2011.02	1100
桑梓店中心幼儿园	桑梓店商业街	张春兰	12	185	1978.01	1200
阳光贝贝幼儿园	桑梓店商业街	周荣祥	10	110	2010.09.01	1400
刘庙童颖幼儿园	桑梓店镇刘庙子村	孙玉颖	7	70	2007.05.01	600
冯堂幼儿园	桑梓店镇冯家堂村	李梅	4	25	2004.09.01	600
金太阳幼儿园	桑梓店镇高王村	杨学菊	6	144	2004.08.01	1974
快乐童年幼儿园	桑梓店镇小张村	冯莎莎	5	38	2011.03	700
左庄村幼儿园	桑梓店镇左庄村	魏建英	1	26	1987.01	300
石门孙幼儿园	桑梓店镇石门孙村	赵信华	3	46	1985.09.01	960
金太阳艺术幼儿园	桑梓店镇怀庄村	孔燕	5	72	2006.09.01	300
小寨幼儿园	桑梓店镇小寨村	米丹丹	8	90	2010.04.18	300
虹虹育幼儿园	桑梓店镇周闫村	赵红红	17	175	2002.07.06	900
三教育苗幼儿园	桑梓店镇三教堂村	张宜珍	6	125	1978.09	1400
康辛幼儿园	桑梓店镇康辛村	张延婷	7	57	2015.07	1000

第二节　小　学

新中国成立前，农村豪富之家大都自办私塾，聘师对子女进行文化教育。学馆、私塾以四书、五经、古诗文为教育内容，采用读、唱、咏、诵等教学方式。

1958 年，桑梓店人民公社占用民房，大办“共产主义小学”，各处公办学校统统合并，一至六年级学生全部吃住在校。由于学生参加社会劳动较多，打乱了正常教学程序，教学质量下降。1960 年至 1962 年，群众生活困难，学生退学人数增多，完小、初小数量锐减。1963 年后，小学教育逐步得到恢复。

“文化大革命”初期，小学教育混乱，学生走向社会，参加所谓“破四旧”运动，致使许多文物、书籍被捣毁、焚烧。小学高年级学生有的参加徒步串连。至1967年上半年，各校陆续复课。1971年后，普遍实行小学五年制教育，四、五年级取消自然常识课，大部小学附设初中班，高级小学教育取消。在极左思潮的影响下，采用庸俗的实用主义和教条主义的教学方法，不注重对学生基础知识的教育和基本技能的训练，教学质量受到严重影响。

1978年后，小学四、五年级恢复自然常识课。1981年始，小学四年级又增设地理课，五年级增设历史课。各学校普遍重视“双基”教学，教育质量显著提高。

2001年，桑梓店镇各小学由五年制改为六年制。

桑梓店镇地域内公办小学校统计表（2016年）

表17-1-3

学校名称	地址	教师人数	学生人数
桑梓店镇中心小学	桑梓店村	55	1010
周闫中心小学	周闫村	28	360
天桥区桑梓回民小学	老寨村	24	437
高王中心小学	高王村	18	212
刘庙中心小学	刘庙子村	20	237

第三节　中　学

桑梓店镇历史上有三所中学。

一、桑梓店镇第一中学

原址位于今桑梓店镇仓上村西南约1千米处的原仓上村内。1981年7月迁至坝北新仓上村内。学校占地面积3960平方米，建筑面积900平方米，教职工22名，办公室6个，教学班6个。1968.6—1982.6称齐河县桑梓公社仓上联中，1982.7—1990.6称齐河县桑梓店镇仓上中学，1990.7—1999.12称历城区桑梓店镇第一中学，2000年后变更为天桥区桑梓店镇第一中学，隶属于桑梓店镇教育委员会。2001年9月24日根据天桥区桑梓店镇人民政府文件规定并入济南第五十二中学。

历任校长

赵金福　1968.06—1969.01

赵金梁　1969.01—1971.01

吕连俊　1971.01—1972.01

楚长睦　1972.01—1973.01

张开文　1973.01—1974.01

田光才　1976.01—1979.01

毛延恩　1979.01—1982.06

吕连俊　1982.07—1985.07

李洪仁　1985.07—1987.07

朱吉洪　1987.07—1989.07

李训法　1989.07—2000.07

二、桑梓店镇第二中学

原址位于今桑梓店镇周闫村，建于1975年。1976年5月迁至北董村东北2千米，占地4045平方米，实习基地1250平方米，办公室6个，教学班6个。1975.10—1976.5称齐河县桑梓农业高中，1976.5—1990.6 称齐河县桑梓农业中学（简称“农中”），1990.7—1995.7称历城区桑梓店镇第二中学，隶属于桑梓店镇教育委员会。1995年7月并入济南市历城第六中学（今济南第五十二中学），原址归属北董村。

历任校长:

张开文　　1975.10—1977.07

米双焕　　1977.07—1980.07

吕连俊　　1980.07—1983.07

管连温　　1983.07—1989.07

魏建元　　1989.07—1992.07

张宜德　　1992.07—1995.07

另外1990.7—1992.7桑梓店镇还有拖拉机站初中教学点，原址位于北董村西南200米处的拖拉机站院内。1992年7月并入济南市历城第六中学（今济南第五十二中学）。

三、济南第五十二中学

1958年齐河县于桑梓店、孙耿人民公社分别建五中、七中。1960年至1962年，国家财政困难，学校经费不足，师生体质下降，教育质量受到影响。1962年撤销五中，改七中为五中。1963年始，贯彻中央关于“调整、巩固、充实、提高”的八字方针，中学教育得到恢复和发展。1966年夏，“文化大革命”运动首先从教育界开始。各校红卫兵进行大辩论、大串联，各中学党支部逐渐被造反派夺权。各中学领导干部被揪斗，部分教师被打成“牛鬼蛇神”“黑帮分子”，强迫劳动改造。学校门窗、桌凳损坏无数，经济损失惊人。1968年，工人宣传队、贫下中农管理委员会开进学校，各中学勉强复课，改用省编统一教材，取销外语课，增设工业基础知识、农业基础知识。政治课内容多为毛泽东著作和“文化大革命”有关文件；语文课毛泽东诗词和政论文比重增加，古典文学被取消。在极左思潮的影响下，批判“教师中心论”和“课本中心论”，教师仍不能发挥教学中的主导作用。1969年，齐河县又恢复原国办中学建制，在孙耿人民公社的称齐河五中，在桑梓店人民公社的改称七中，并且全部办为高级中学。“文化大革命”延续10年，对中学教育事业的发展造成了严重损失。

1976年10月，以粉碎“四人帮”反革命集团为分界，宣告“文化大革命”结束。中学教育立足于为社会主义经济建设加速培养和输送人才。1978年改用全国统编教材，各学校全面贯彻毛泽东主席制定的德、智、体全面发展的教育方针，基础课教学被引起普遍重视：理科教学要求学生理解掌握定理、定义、基本概念，并力求举一反三、触类旁通；数学教学加强运算练习，提高计算速度和准确性；文科教学加强字、词、句、篇章结构、语法、修辞、写作基础知识的教学。1978年恢复外语教学。

1983年10月，邓小平为北京景山学校题词：“教育要面向现代化，面向世界，面向未来”。“三个面向”进一步推动了教育体制的改革，成为发展我国教育事业的指导思想，并激发了学生的学习积极性。

1990年1月，齐河七中改称济南市历城第六中学（历城六中）。

2002年，历城六中改称山东省济南第五十二中学。

桑梓店镇历年在校中学生统计表

表17-1-4

年度	高中班数	高中学生数	初中班数	初中学生人数	学生总数
1991	6	230	18	1018	1248
1992	6	192	24	1345	1537
1993	6	231	30	1663	1894

续表 17-1-4

年度	高中班数	高中学生数	初中班数	初中学生人数	学生总数
1994	6	270	30	1651	1921
1995	6	289	30	1673	1962
1996	6	323	30	1680	2003
1997	6	352	26	1456	1808
1998	6	408	30	1975	2383
1999	8	443	30	1690	2133
2000	10	497	30	1998	2495
2001	16	607	30	1981	2588
2002	16	674	26	1661	2335
2003	16	837	24	1340	2177
2004	16	869	24	1306	2175
2005	16	888	22	1046	1934
2006	12	737	17	830	1567
2007	12	822	15	564	1386
2008	12	771	15	559	1330
2009	8	439	17	608	1047
2010	4	199	18	710	909
2011	2	70	18	727	797
2012	3	112	18	784	896
2013	3	110	20	859	969
2014	1	40	20	911	951
2015	1	40	21	881	881

第四节　成人教育

20 世纪 80 年代以后，桑梓店镇先后配合中央农业广播学校、中央广播电视大学、函授教育、自学考试等开展成人教育。

2001 年成立桑梓店镇成教中心，李训发任主任。2005 年，高振静任桑梓店镇成教中心主任。2010 年，桑梓店镇成立社区教育中心学校。

2013 年围绕和谐社区建设，开展贴近群众实际生活的各种形式的教育培训，如“青少年保护法”“安全用电，用气知识讲座”、农业科技、普法教育、健康教育、文明礼仪、家庭教育、妇女教育和婴幼儿教育等。1—10 月接受社区教育的社区成员达 23264 人次，培训率 67%；对社区下岗失业者的就业与再就业培训 5000 余人，同时注重对社区各类人员的心理健康教育和疏导，建立和睦相处的融洽氛围。

附：

2012 年桑梓店镇社区教育中心学校校务委员会

主　任：杨　帆　副镇长
副主任：高振静　成人教育办公室主任
成　员：刘丕东　济南第五十二中校长
　　　　朱　军　财政所所长
　　　　王玉平　民政办公室主任
　　　　吴俊德　农委主任
　　　　吴晓强　司法所所长
　　　　张如娇　社会劳动保障所所长
　　　　王　丽　妇联主任
　　　　王素春　团委书记
　　　　王　顺　科委主任　文化站站长
　　　　丁德禄　桑梓店镇中心小学校长

2010—2012 年桑梓店镇农村成人教育情况表

表 17-1-5

年度	乡镇科普服务站建设情况			联合培训情况						乡镇成教中心学校建设投入情况				
				与农科院所联合		与企业联合		与职业院校联合		今年总投入（万元）	其中			
	建站总数(个)	开展培训（场次）	培训农民（人次）	联合院所总数（所）	培训人次	联合企业总数（个）	培训人次	联合院校总数（个）	培训人次		县（市）区教育部门（万元）	乡镇政府（万元）	本校投入（万元）	其他（万元）
2010	1	162	8356	0	0	12	2311	1	45	5	5	0	0	0
2011	1	205	9148	0	0	13	4602	1	39	0	0	0	0	0
2012	1	206	9215	0	0	12	4622	1	36	4	4	0	0	0

第五节　教　师

一、来源与任用

清光绪三十年（1904 年）齐河县设师范传习所，为废科举后所兴办的新学堂培训师资。民国十九年（1930 年）冬，教育局成立小学教育考试委员会，布告招考小学教员。凡志愿充任小学教师者，经考试录取后分等任用。直至 1951 年，仍沿用此法招考教员。1952 年后开办初级师范教育。1958 年始设民办教师，以补充小学师资队伍。中学师资依靠大专院校毕业生分配解决。20 世纪 60 年代和 70 年代，曾挑选部分小学教师充任初中教师或由初中教师提任高中教师。1977 年，公社恢复“星期学校”，教师参加学习。1978 年，齐河县教师进修学校设中师函授教育，在桑梓店设函授点，修业 3 年。1978 年后整顿教育，高中教师大部为大专院校毕业生，但部分初中教师仍未达到规定学历要求，多数联中教师仍由原小学教师充任。1984 年，改革教师任用制度，对小学、职中教师普遍进行招聘制。1985 年，有多名民办教师转为公办教师。此外，公社开办“星期学校”，由业务熟练的老师讲课，以提高教师业务水平。“文化大革命”期间，函授及“星期学校”停办。

二、师资待遇

1930 年，县立高级小学教员甲等月薪 25 元，乙等 18 元，丙等 14 元。县内公立初级小学教员甲等月薪 10 元，乙等 8.3 元，丙等 6.6 元。

自抗日战争至新中国成立初期，教师待遇实行“供给制”。初期，抗日根据地内教师一般为每月30千克小米，60千克柴禾。至1948年，县境解放后，一般为每月80千克小米，160千克柴禾。1952年实行“工资分制”，按教师水平，分别评定为每月140分、120分、100分、80分不等，再以工资分值，按《大众日报》每月公布的工资分折实牌价（即面粉、煤、细布、食油等牌价）计算。

1956年实行工资制，教师待遇普遍得到提高。小学教师月工资分为10级，一级为82元，二级72元，三级63元，四级55.5元，五级50元，六级44.5元，七级41元，八级36元，九级30.5元，十级27元。中学教师工资也分为10级，一级为141.5元，二级117.5元，三级96元，四级85元，五级75元，六级66.5元，七级59元，八级51元，九级44.5元，十级40.5元。自1981年至1985年，又经连续调整工资，中小学公办教师月工资普遍提高2至3级。至1985年，小学教师月工资可达45元至70元，中学教师月工资可达55元至80元。

民办教师待遇。1969年前，由学校从学杂费中支付，每人每月5元、7元、12元不等。1969年，实行民办公助，小学民办教师月工资20.5元，其中国家补贴13.5元，村补贴7元。联中民办教师，月工资24.5元，其中国家补助15.5元，村补助9元。至1985年，小学民办教师月工资提高到50元，其中，国家补贴16.5元，村补贴33.5元；联中民办教师月工资提高到60元，其中国家补贴19.5元，村补贴40.5元。民办教师虽是农民身份，但不缴公粮提留，不出挖沟修渠的河工。

第六节　经费设备

一、经　费

（一）政府经费

民国初年，以学田租（全县计有学田47.83公顷）、河渡捐、牲屠税等项收入列支教育经费。1918年（民国7年）加收丁银教育附捐，人口贫富无论，每丁征铜元七百文。1929年丁银捐征至1元8分，是年督杨钱局废。1932年因改办齐河乡师，丁银捐又征至1元2角3分，加上学田租、河渡捐、牲屠税等项收入，是年教育经费总额达38508元。

抗日战争时期至新中国成立前，人民政府多以打土豪之胜利果实及部分土地税收作为教育费用，以解决教员待遇和学校公务开支。初期，高小及中学学生吃公粮，后期逐步转为自费。

中华人民共和国成立后，教育经费纳入国家财政计划，由县财政部门统一拨支。1950年，教育拨款16万元，至1955年增加到33.1万元，是年中小学学生酌收学费，以供校内公杂费开支。“文化大革命”中，教育规划失控，社办、队办中小学增多，教育经费实行国家拨款和地方筹措相结合的办法解决。1966年国家拨支为100.7万元，1973年为178.8万元，1976年增加到210.6万元。国拨经费由县教育局会计统一管理，按教育行政费（局机关活动费）、国办中学教育费（含教职工工资、公杂费、教学实验费、医疗费、图书费等）、小学教育费（含社办高中、队办联中、国办小学教师工资、和民办教师工资的国家补贴部分）、扫盲教育费、教师培训费分项拨发。国办中学修缮费为临时经费，用款单位须写出申请报告，由教育局批准后到财政局领款。社办高中、联中、小学修缮费，前期采用民办公助办法解决，1978年后改为主办单位自行筹集解决。另外，民办教师补助费，由大队筹资解决。

中共十一届三中全会后，各级政府重视智力投资，提高教师待遇，改善办学条件，教育经费拨支又逐年递增，1979年为323.9万元，1982年为407.8万元，1985年为468.59万元。1985年教育经费占县财政总支出的24.8%。

（二）捐资助学

2014年3月14日，桑梓店镇大马村“第一书记”联系区商务局、黄台家居广场开展“捐助困难学生，实现读书梦想”捐资助学活动。区商务局副局长、调研员赵芳洲，桑梓店镇党委副书记、政协工作室主任解承静，大马村“第一书记”张勇、副书记刘洪军，黄台家居广场总经理甘振平及10余商户参加活动。活动为11名困难学生送去扶助资金和学习用品，鼓励受助学生坚定信心、刻苦学习，以优异的成绩回报家庭和社会。

2014年5月28日，区侨联联合致公党济南市委企业家工作委员会和生活日报在桑梓中心小学举办“同心·致福书屋”捐赠活动，向学校捐赠价值八万余元的图书3000余册、“幸福书包”200个。5月29日，在团区委、“第一书记”派出单位区城建开发公司的大力支持下，派驻桑梓店镇大郑村副书记李新来联系开展了“践行群众路线，捐助困难学生”捐资助学活动，为大郑村8位困难学生送去了共计1万元的助学金；区城乡建设委派驻北董村“第一书记”邵志鹏也到村献爱心，为13位贫困儿童送去新书包、画笔、作业本等文具。在该年的“慈心一日捐”活动中，全镇驻镇企业、园区企业、回族企业及广大干部群众共捐善款72.69万元。

2014年9月10日，在镇党委政府“爱民奖学金”、贫困学生救助工程的引领下，镇政协工作室倡议发起“爱心捐资困难学生”助学活动，得到区政协委员、齐鲁鑫茂科技城党组书记孙昭慧及青建集团鑫茂项目总经理栗海、经理孙丕贤等爱心人士的积极响应。活动现场，镇人大主席李慧、妇联主任王丽同广大爱心人士一起，将价值5000元的爱心书包、笔袋、铅笔、作业本等学习用品发放到30位困难学子手中。与此同时，镇工会严格按照上级部门要求，以考入大学本科的困难农民工子女为救助帮扶重点，深入开展“金秋助学”活动，在全镇范围内认真做好摸底、审核、建档、助学金发放工作，共帮助5位困难农民工家庭领取助学资金1万元。

二、设 备

（一）校舍

新中国成立初期，各中小学大都利用祠堂、寺庙作校舍。自二十世纪50年代开始，根据中、小学布点规划，有计划有重点地改造原有危房和新建、扩建校舍。“文化大革命”期间，校舍、门窗、桌凳损坏严重，新建校舍较少。1978年后，国家投资和地方集资相结合，对原有校舍危房普遍进行了改建，并改造了黑屋子、土台子，校舍基本达到窗明几净，桌凳配套。

（二）教学设备

新中国成立初期，各中、小学设备简陋，教学仪器、图书资料甚少。二十世纪50年代，国办中学和乡镇重点完小开始更新教学设备，添置实验仪器、直观教具、图书及体育卫生设备等。“文化大革命”期间，教学设备丢失、损坏不计其数。“文化大革命”后，经过修复、购置和师生动手自己制作，各种教学设备日趋完善。普通高中建起理化实验室、仪器药物储藏室、图书室、阅览室。联中以上学校都具备篮球场，国办中学都具备300米以上跑道的运动场，各项运动器具齐备。

第七节 学校简介

一、桑梓店镇中心幼儿园

（一）概况

天桥区实验幼儿园教育集团桑梓分园（天桥区桑梓店镇中心幼儿园）位于济南市天桥区小马社区商业街南，东临鼎新嘉梓苑社区，西邻桑梓店镇西外环路，北邻小马社区商业街，南邻草庙王社区。沿西外环路南行5千米左右至建邦大桥，直至济南市区。沿幼儿园门前商业街北行400米左右至308国道，处于政治、

桑梓店中心幼儿园（2015年摄）

文化与商业中心地带，交通便捷。

天桥区实验幼儿园教育集团桑梓分园于2013年投资近2000万元建成，占地面积9400平方米，建筑面积为6300平方米。2014年10月正式投入使用，是桑梓店镇第一所公办幼儿园，可容纳15个教学班。各教学班集活动室、寝室、盥洗室、消毒间、卫生间于一体，自成单元。室内配备开放式玩具橱、交互式一体机、净化饮水机、消毒柜、红外线电子灭菌灯等设施设备并装有安全监控系统。与活动室相配套的有阅览室、科学探索发现室、彩艺坊民俗体验馆、多功能亲子活动室等教学用房。室外设有丰富的大型玩具场所。做到了室内温馨舒适，玩具充分，设备完善；室外区域布局合理、器械齐全、树木花草穿插搭配、环境优美，充分发挥环境为教育服务功能，使环境与教育相得益彰。让桑梓当地的幼儿在家门口也能享受到优质的学前教育。

园长许伟（2016年摄）

（二）现任学校领导

表17-1-6

姓名	性别	出生年月	民族	政治面貌	学历	职称	职务	分管工作
郝凤翎	女	1965	汉	中共党员	研究生	高级教师	集团总园园长	集团全面工作
许伟	女	1964.09	汉	群众	专科	一级教师	执行园长	桑梓分园全面工作
丁祥美	女	1973.12	汉	中共党员	本科	一级教师	副园长	行政、安全、后勤
石金英	女	1981.05	汉	群众	本科	二级教师	教学主任	教学、教科研

（三）历年在园幼儿统计表

表17-1-7

年度	班级总数	学生人数
2014	4	120
2015	6	180
2016	6	180

二、桑梓店镇中心小学

（一）概况

桑梓店镇中心小学（2016年摄）

济南市天桥区桑梓店镇中心小学位于桑梓

店镇桑梓店村北，北靠济南第五十二中学，西近桑梓店镇政府。占地面积 22500 平方米，建筑总面积达 7874.7 平方米。学校专用教室、功能室配备齐全，教学仪器及设备均达省标准化建设配备标准，塑胶运动场地 8860 平方米，2014 年被评为市级规范化学校。

桑梓店镇中心小学是天桥区黄河北办学规模最大的一所小学。学区涵盖全镇北董村、小张村、怀庄（小韩）村、小马村、桑梓店村、仓上村等 17 个行政村，另有北郊林场、济南第五十二中学、鼎新嘉梓苑、镇直各部门；2015 年 9 月，东秦村、西秦村、邱岸村、草庙王村学生也并入该校，2016 年 9 月有 24 个教学班，在校学生 1096 人。有专任教师 55 人，全部为教师编制，教师学历达标率 100%。教师有研究生学历 2 人，本科学历 34 人，专科学历 11 人。其中高级教师 1 人，一级教师 26 人，二级教师 23 人。学校专任教师爱岗敬业，无私奉献，有良好的师德教风，有省级优秀教师 1 人，市优秀班主任 9 人，市优秀少先队辅导员 1 人，市级师德标兵 1 人，区名师 1 人，区教学能手 1 人，区特级教师 1 人，区教学质量先进个人 15 人，区优秀教师 6 人。学校先后获得“济南市绿色学校”，天桥区“教学质量先进单位”“德育工作先进单位”“关心下一代先进单位”“三项活动先进单位”等荣誉称号。

桑梓店镇中心小学原址在现址南约 500 米，即今桑梓店村两委会办公室所在地，全是平房，大门朝南，后改为朝西。其渊源在桑梓店义学。

《清康熙民国〈齐河县志〉校注汇编》之民国《齐河县志·教育志·义学》记载：“桑梓店。在邑东北三十里。清乾隆初年，有怀国政者，捐地 0.8 亩，倡设义学。嘉靖（‘嘉靖’为明朝第十一位皇帝明世宗朱厚熜的年号，为音近之笔误，应为‘嘉庆’）六年，邑侯柳世珍因规制太狭，不足以供延师资，捐俸五十金，增置田亩，俾保长租种，藉所入以裕脯修。后

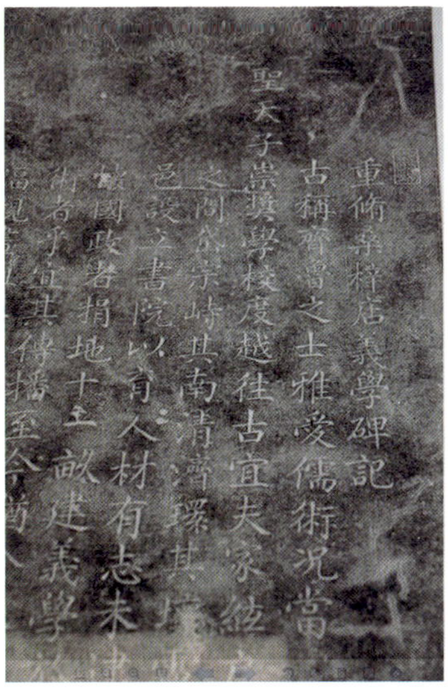

学校校史碑（2016 年摄）

兴办学堂，始废。”民国《齐河县志》记载，该校至民国十四年（1925 年）三月为齐河县第六学区公立第十三初级小学，办学等级乙等，一个教学班。新中国成立后属德州地区齐河县。1970 年至 1984 年间，中小学一起办学，为桑梓联中。又历经多次改建，1989 年 12 月划归济南市历城区。1993 年以镇、村投资为主，社会各界人士纷纷捐资，在原址扩建教室 10 间。2000 年 1 月归属天桥区。2006 年，原桑梓店、沙李、仓上、怀庄四所中心小学合并，成立桑梓店镇中心小学，迁入现址。

学校现存清朝嘉庆年（公元 1801 年）间石碑一通，碑高 166 厘米，宽 66 厘米，厚 30 厘米。碑双面刻字，一面刻《济南府齐河县正堂柳世珍所定桑梓店义学规条》，一面刻《重修桑梓店义学碑记》。

《济南府齐河县正堂柳世珍所定桑梓店义学规条》13 行，389 字，字径 2 厘米，楷书。碑额“永远遵照 ”，字径 6.5 厘米。亦楷书。第一行“特调济南府齐河县正堂加三级纪录三次柳 为”，第十二行“嘉庆六年五月二十七日给”，字径 4 厘米。第十二行“右谕通知”，字径 7.5 厘米。第十三行“告示”，字径 5 厘米。《济南府齐河县正堂柳世珍所定桑梓店义学规

条》曰：

“特调济南府齐河县正堂加三级纪录三次柳　为严定规条劝民向学事。照得桑梓店地方旧有怀氏建立义学，日久旷废。本县捐俸助费，延师课读。将以日渐月磨，化民成俗。嗣后，每年正月吉日开馆。合行定立规条，出示晓谕，开列于左，计开一师道亦尊崇也。乡庄父兄亲率子弟登馆拜师，以后则此地为朝弦夕诵之区，不得以草野之仪任意来往群聚闲谈，致旷学功，以亵师范。

一师谊敦笃也。童蒙受学，俸修虽出自公，而致敬则由于己，开馆谒师必须执贽，佳时令节宜展其忱，多寡不计，其赀贫富各从其力，然必书写学生名帖敬谨拜送。如有力之父兄以酒浆鸡黍为先生馔者，听。

一衣冠亦整饬也。乡陬僻壤，冠袍虽难周全，然青鞋、布袜、红帽、长衫，必宜为子弟随时预备。庶村野之习可渐臻儒雅。

一堂宇宜洁净也。洒扫进退，弟子之仪，严肃整齐，先生之职。不可涂画墙壁、污秽楹庭，匪独污蔑师儒亦且作践公所。

以上数条，该乡民人等各宜触目警心，凛遵恪守，以副本县劝民向学至意，毋（毋）违。特示

嘉庆六年五月二十七日给　　右谕通知告示”。

《重修桑梓店义学碑记》14行，457字，字径2.5厘米，楷书。碑额“三物教乡”，字径7厘米，亦楷书。《重修桑梓店义学碑记》曰：

“古称齐鲁之士雅爱儒术，况当圣天子崇奖学校，度越往古。宜夫家弦户诵，文教聿兴。然非守土者为之先，则未易观厥成也。祝阿古名胜地，介齐鲁之间，岱宗峙其南，清济环其壤。灵秀所毓，代有达人。予初履任，观民风，见都人士，进退雍容，文章尔雅。即欲于邑设立书院，以育人材。有志未逮，于今三年。今年夏，稽考邑乘，所载诸名，胜思一一，有以亲历之见。乾隆初，有怀国政者，捐地0.8亩，建义学于其乡之桑梓店，延师训徒。邑侯陶君，旌以“果行育德”之额，是非所谓雅爱儒术者乎。宜其传播至今，犹令人津津不置也。予既嘉其行，复诣其地，观所立义学，其位面阳，其材孔良，井厨庖湢，规画初具。惜地仅0.8亩，无以供先生馔，怅然久之。夫所贵于守土者，为能代朝廷以教养斯民也。予建立书院之志，猝难有成，而兹已具之规，易于式廓。膳给先赡，礼义斯兴。因捐俸五十金，修葺其舍宇，增置其田亩。畀其地之保长耕之，以所入为延师之费，庶几童冠来游，不至枵腹，以从事矣。然予不敢谓尽守土之责者也，亦以继国政好义之心，报国家作人之化。将见党庠术序，菁莪棫朴，蔚然其兴。因誌其事于石，以贻都人士之与我同志者。时皇清嘉庆六年岁次辛酉仲夏月之吉，敕授文林郎知齐河县事长沙柳世珍撰并书。

怀永祺、怀永祜增捐地0.13亩。

石匠徐进昇。”

嘉庆六年即公元1801年，“五月”“仲夏月”均是农历五月。《重修桑梓店义学碑记》有“柳世珍撰并书”字样，并有篆文印三枚：“心正则笔正”“柳世珍印”“西囷”（囷字泐损）。比对碑刻两面字体，《济南府齐河县正堂柳世珍所定桑梓店义学规条》亦当为柳世珍书丹。

“捐俸五十金”，时七品知县年俸禄“银45两，米22石5斗”。五十金已超出柳世珍一年的俸银，所捐巨也，令人敬佩。

义学，亦称义塾，旧时一种免费的学校，经费主要来源于地租。吟诗，配之乐器，曰弦歌；不用乐器，为诵读。“弦诵”称学校教学。祝阿，齐河古称祝阿。清济，大清河、济水——今黄河。都人士，都，都乡，旧时城治区划名，坊厢也。进退，亦进止，举止也。邑乘，县志。延师，延，聘请。湢（bì），浴室。畀（bì），给予。枵（xiāo）腹，空腹，饥饿。党庠（xiáng），乡学。文林郎，明清七品授文林郎。

民国《齐河县志》记载，怀国政“乾隆十八年，建义学，捐地十二亩，延师训蒙，里党称之，邑令陶公给以匾曰‘果行育德’”。乾隆十八年即1753年，据此，该校应为天桥辖区历史最悠久的小学之一。桑梓店村还有断为两截的一通碑，修路时，埋入村东西路西首地下。是否为嘉庆碑记所述“果行育德”之碑，待考。

《济南府齐河县正堂柳世珍所定桑梓店义学规条》“一师道亦尊崇也。一师谊敦笃也。一衣冠亦整饬也。一堂宇宜洁净也”的办学理念，至今对学校的办学仍有重大的指导意义。

2005年天桥区教育局投资200余万元在现址建成占地面积22500平方米、建筑面积2774平方米的济南市天桥区桑梓店镇中心小学新校。2006年2月，原桑梓店、沙李、仓上、怀庄四所中心小学合并迁入。2011年7月天桥区教育局投资90万元修建7间平房计441平方米作教室。2013年7月天桥区教育局投资1200万元兴建建筑面积5100平方米综合楼，2014年9月正式启用。2014年年底学校被评为市级规范化学校。2015年7月，天桥区教育局投资修建塑胶运动场地，进行旧教学楼外墙装修，道路整修。2015年10月塑胶运动操场正式启用；北教学楼外墙、道路焕然一新。

2013年，为缩小城乡教育差异，改变农村教育水平低位徘徊现象，推动“教育北跨”，实现城乡教育大融合，天桥区教育局大力推进城乡教育共同体建设。2013年4月，学校与百年老校——济南市制锦市街小学结为城乡紧密型教育共同体，挂“济南市制锦市街小学桑梓店镇中心小学校区”牌子，推行“一所学校，两个校区，统一管理，捆绑评价”的教育运行模式。

2013年4月，桑梓店镇中心小学与济南市制锦市街小学结为城乡紧密型教育共同体。天桥区教育局局长张萍（左三）、桑梓店镇党委书记吕东（右三）等领导为共同体揭牌。

2016年4月1日，天桥区教育局陈文亭督学为“新欣桑梓”教育联盟盟主授旗

为盘活农村学校管理队伍，转变农村教师教学理念，提升学校办学水平，区教育局选拔市区学校有丰富管理经验的副校长为农村学校执行校长。2014年12月，原行知小学教学校长周艳红被派来任执行校长。2014年年底，基于学校历史发展，文化积淀，以及学校四校合一的师生情感需求，学校对办学理念重新审视，最终提炼出“果行育德，紫荆花开”作为校训，以“桑梓因我更精彩”为校风，以培养“仁爱阳光、果行善思”的桑梓精彩少年为育人目标。目前初步形成以“和”为核心，以“家和万事兴”为办学目标的桑梓“家文化”。

2016年，天桥区教育局又调整共同体建设发展方向，实行“纵向分层，横向联盟、纵横结合、

全体教职工合影（2016年摄）

多维并进”策略。纵向上，学校于2016年3月成为城乡紧密型共同体建设中首批自主发展型学校；横向上，与桑梓店镇回民小学、高王小学、周闫小学、刘庙小学结为“新欣桑梓”教育联盟，周艳红校长被推选为第一届盟主。2016年4月1日，桑梓店镇中心小学与桑梓店镇回民小学、高王小学、周闫小学、刘庙小学结为“新欣桑梓”教育联盟，天桥区教育局局长张萍在“新欣桑梓”教育联盟成立仪式上发表重要讲话，天桥区教育局陈文亭督学为盟主授旗，桑梓店镇党委董学山书记向“新欣桑梓”教育联盟成立表示祝贺。

2016年9月，学校成为中国基础教育质量监测协同创新中心全国体育学校联盟实验学校。

（二）现任学校领导（2016.9）

表17-1-8

姓名	性别	出生年月	民族	政治面貌	学历	职称	职务	分管工作
周艳红	女	1970.11	汉	群众	研究生	高级教师	执行校长	学校管理
徐铁磊	男	1960.10	汉	中共党员	大专	一级教师	副校长	后勤、级部工作
林增泉	男	1961.11	汉	中共党员	大专	一级教师	总务主任	后勤工作
董卫华	男	1978.03	汉	中共党员	本科	二级教师	教导主任	教学、级部工作
芦昌营	女	1988.12	汉	团员	本科	二级教师	大队辅导员	德育工作
滕秀平	女	1975.12	汉	群众	本科	一级教师		级部、语文教学
朱友芹	女	1975.08	汉	群众	本科	一级教师	工会主席	工会、级部
李　民	女	1967.02	汉	中共党员	本科	一级教师		人事、级部
董　静	女	1975.09	汉	中共党员	本科	一级教师		财务、级部

（三）历年获得的先进集体荣誉

表17-1-9

获奖年份	荣誉名称	颁奖机关或单位
2011	济南市优秀乡村学校少年宫	济南市精神文明建设委员会
	天桥区教学质量先进单位	天桥区教育局
2012	德育工作先进单位	天桥区教育局
	天桥区乡镇小学田径运动会第二名以及精神文明奖	天桥区教育局　天桥区体育局
	天桥区青年教师风采大赛二等奖	天桥区教育局
	关心下一代工作先进集体	天桥区关心下一代工作委员会
	关心下一代“三项活动”先进单位	天桥区关心下一代工作委员会
	济南市绿色学校	济南市教育局　济南市环保局
2013	财务管理工作先进单位	天桥区教育局

续表 17-1-9

获奖年份	荣誉名称	颁奖机关或单位
2014	济南市规范化学校	济南市教育局
2015	济南市中小学手球比赛第三名	济南市小球运动管理中心
	体育道德风尚奖	济南市小球运动管理中心
	天桥区体育联赛一等奖	天桥区教育局
	天桥区爱生学校示范校	天桥区教育局
2016	全国学校体育联盟实验学校	中国基础教育质量监测协同创新中心

（四）历年在校生统计

表 17-1-10

年度	班级总数	学生人数
1998.09	7（五年制）	298
1999.09	6	239
2000.02	6	240
2000.09	6	188
2001.03	6	187
2001.09	6	179
2002.09	6（六年制）	168
2003.09	6	167
2004.09	6	172
2005.09	6	197
2006.02	12（四校合一）	591
2006.12	15（13+ 仓上 2 班）	705
2007.09	16	771
2008.09	17	805
2009.11	19	844
2010.06	18	845
2011.09	19	930
2012.09	21	934
2013.09	19	933
2014	20	941
2015.09	21	942
2016.09	24	1091

三、 天桥区桑梓回民小学

（一）概况

济南市天桥区桑梓回民小学现有 12 个教学班，在校学生 459 人，其中回族学生 246 人。教职工 24 人，回族教师 7 人。学校占地 14592 平方米，建筑面积 2711 平方米。学生活动场地 9545 平方米，田径场地铺设塑胶，有 200 米环形跑道和 100 米直道。微机室、美术室、音乐室、实践室、图书阅览室、科学实验室、会议室和多媒体教室等功能教室一应俱全。各种仪器器材已达到山东省标准化学校建设标准。

教学楼（2016 年摄）

学校在爱生学校理念的指引下，学校紧紧围绕“同在蓝天下，共育民族花”的办学理念，以“崇德、文明、勤奋、求真”为校训，以“学

领导班子（2016 年摄）

思并重、教研互促、教学相长”为教风，以“乐学、善思、自主、合作”为学风，以“团结、进取、求实、创新”为校风，开展了以“民族教育”为主题的特色教育。

济南市天桥区桑梓店镇回民小学的前身为老寨、小寨村回民小学。中华民国二十年（1931年）七月制《齐河县最近学区图》标注老寨村有完全小学。民国《齐河县志记载位于“忠孝乡老寨”的“第二十二初级小学”成立于民国十八年三月（1929 年 3 月）。

在人们的记忆中，新中国成立后老寨村小学位于清真寺的南边，曾经用过清真寺的南屋作教室，有 5 个年级 5 个班，刘光声、张庆禄、王乃迁、米寿海、周绍之、米双焕、米双俭、米居仓、米寿俊等老师曾在老寨村小学教书育人。小寨村的小学原来在清真寺内，有 4 个年级，后来发展到 5 个年级，草庙王的王家彤、米居海、米丰敏等曾经在小寨村小学教书。

2000 年 10 月 26 日，在上级领导和社会各界的关心支持下，在老寨村东重新选址修建新的教学楼，并更名为济南市天桥区桑梓店镇回民小学，于 2002 年 11 月投入使用。2005 年 9 月，为了整合教育资源，把周围五个汉族村的学生合并到了桑梓店镇回民小学，形成了学校现在的规模。2013 年 4 月 3 日，举行济南市新苑小学桑梓回小分校区挂牌仪式，与济南市新苑小学结为紧密性教育共同体，成为济南市新苑小学的分校区，2016 年 6 月，经区长办公会研究决定：学校更名为天桥区桑梓回民小学。

（二）现任领导

表 17-1-11

姓名	性别	出生年月	民族	政治面貌	学历	职称	职务	分管工作
米居海	男	1961.06	回族	中共党员	大专	一级教师	校长	全面管理
张　冰	男	1977.11	汉族	中共党员	本科	一级教师	总务主任	总务后勤
米艳红	女	1981.06	回族	群众	本科	二级教师	大队辅导员	德育工作
米丰会	女	1984.12	回族	群众	本科	二级教师	教导主任	教学工作

（三）历年获得的先进集体荣誉

表 17-1-12

获奖年份	荣誉名称	颁奖机关或单位
2003	教育工作先进单位	天桥区委、区政府
2006	校园文化建设先进单位	天桥区教育局
2007	绿色学校	天桥区教育局 天桥区环保局
2008	继续教育工作先进单位	天桥区教育局
	关心下一代工作先进集体	天桥区关心下一代委员会
2010	天桥区科学发展先进单位	天桥区教育局
	天桥区教书育人先进单位	天桥区委、区政府

续表 17-1-12

获奖年份	荣誉名称	颁奖机关或单位
2011	天桥区科学发展先进单位	天桥区教育局
	师德建设先进单位	天桥区教育局
	信访稳定先进单位	天桥区教育局
	安全工作先进单位	天桥区教育局
	工人先锋号先进集体	天桥区总工会
	济南市中小学“礼赞生命”主题征文活动优秀组织奖	济南市教育局济南市团委
2012	天桥区科学发展先进单位	天桥区教育局
	安全工作先进单位	天桥区教育局
	天桥区基础教育管理工作先进单位	天桥区教育局
	天桥区标准化学校	天桥区教育局
2013	天桥区科学发展先进单位	天桥区教育局
2014	创建五好基层关工委先进集体	天桥区关心下一代委员会
	山东省教育系统先进集体	山东省教育厅、山东省人力资源和社会保障局
	天桥区基础教育管理工作先进单位	天桥区教育局
	济南市规范化学校	济南市教育局
	山东省规范化学校	山东省教育厅

（四）历年在校生统计表

表 17-1-13

年度	班级总数	学生人数
2009	12	371
2010	12	396
2011	12	431
2012	12	437
2013	12	423
2014	12	437
2015	12	459
2016	12	459

四、 桑梓店镇周闫小学

（一）概况

济南市天桥区桑梓店镇周闫小学位于桑梓店镇周闫村西南隅，济南新材料产业园以北。从 308 国道沿梓东大道北行 2000 米，沿鑫源大道向西 1000 米，至 K143 路公交车“周闫村”站牌附近北行即至。学校大门朝东，主要接收周闫、草庙王、康辛、大马、安庄、耿庄、前房、后房、北王堂、大郑、小郑等 11 个自然村和济南新材料产业园及外来务工人员子女的入学。

周闫小学（2016 年摄）

学校占地面积 17420 平方米。其中教学楼占地面积 1405 平方米，建筑面积 2956 平方米。体育活动场地 9398 平方米，其中操场 4532.57 平方米，环形跑道 200 米，直跑道 100 米，两个篮球场，一个排球场。学校环境优美，树种繁多，绿化面积达到 6617 平方米。

学校有教师 21 人，有教学班 12 个，在校学生 356 人，适龄儿童入学率、在校生巩固率、毕业生率一直保持在 100%。学校硬件配置齐全，下设 8 个专门教室，即实验室、微机室、阅览室、书法教室、舞蹈室、音乐室、综合实践室、美术室，教学仪器设备均按省规标准配备，管理规范，使用效率高。

学校以“书香校园”为办学特色，学校徽标像一朵盛开的鲜花，她象征周闫小学的办学理念：“让每个生命都绽放精彩”。标志以“人”为中心呈聚拢态势，这是学生和老师的形象符号，体现学校教育“以人为本”的科学发展观，

周闫中心小学教职工合影（2016 年摄）

传递着教育理念和对生命的尊重。灵动的线条呈现动态的张力感，体现学校教育所追求的自由与灵动、梦想与创造。他们有着共同的奋斗目标和方向，蕴含着学校以学生的发展为中心且无限相信学生潜力的育人宗旨。整个花朵又像一只向内捧的大手，掌心托起几点花蕊，表达着呵护生命，关爱学生的真情。在校内可看见这样两幅代表学校追求的标语："千教万教教人求真，千学万学学做真人""好读书做一个手不释卷的人，读好书做一个品德高尚的人"。这些年周闫小学一路走来，"芬芳校园"的文化理念早已深入了师生、家长的心灵。图书室配有 13000 多册图书，另订有 80 余种报纸期刊。学校每年的图书更新率达 4%。阅览室向学生开放，每个学生都有借书卡，借阅时电子登记。学校鼓励学生多读书，多写读书笔记，并经常开展一些读书活动，做到好读书、读好书。

学校 2008 年被评为济南市绿色学校；2009 年被评为天桥区教学质量先进单位；2011 年被评为天桥区安全工作先进单位，小学教师远程研修先进单位——周闫小学语文研修组、数学研修组均获一等奖，天桥区第十一届中小学文化艺术节二等奖；2012 年被评为市级规范化学校；2012 年 11 月通过省级规范化学校达标验收，成为天桥区农村小学中首所山东省规范化学校；2013 年 1 月学校与明珠小学结为城乡教育共同体，成为济南市外来务工定点学校，被评为区科学发展先进单位；2014 年 9 月与济南市宝华小学组成城乡紧密共同体学校。

学校有史料记载的是始建于 1913 年 8 月，原校址位于周闫村中部路北。二十世纪 70 年代迁至周闫村东南，设置 6、7 年级（初中），小学 1 ～ 5 年级，后来初中撤销。1987 年迁至周闫村北老油坊。2006 年 12 月迁至建有综合教学楼的现址。2014 年学校在东北角又新建一栋两层功能楼。

学校所在的周闫村历史上是当地闻名的文化村，祖祖辈辈重视文化教育，民国二年，在乡绅名人的组织下，由富家出钱出料，穷家出力，修造学校一座，房屋 8 间，门朝正南，校门上方悬挂一刻有"初等学校"的木匾，现存于周闫小学。

学校匾额（2016 年摄）

匾额右端纵向书：民国二年癸丑巧月上浣穀旦（农历七月初八，公历为 1913 年 8 月 9 日）

匾额左端纵向书：阎庄公立

（二）现任学校领导

表 17-1-14

姓名	性别	出生年月	民族	政治面貌	学历	职称	职务	分管工作
刘　勇	男	1967.05	汉	中共党员	本科	一级教师级	执行校长	全面工作
聂　朦	女	1987.11	汉	群众	本科	二级教师	教学主任	教学
刘长城	男	1967.03	汉	中共党员	专科	一级教师	后勤主任	后勤
熊小伟	女	1990.01	汉	共青团员	本科	二级教师	德育主任	德育
郝向勇	男	1966.07	汉	中共党员	专科	一级教师	工会主席	工会
李法镇	男	1987.11	汉	群众	本科	二级教师	办公室主任	办公室
刘京岭	男	1977.09	汉	群众	本科	二级教师	教科室主任	教科室

（三）历年获得的先进集体荣誉

表 17-1-15

获奖年份	荣誉名称	颁奖机关或单位
2009	教学质量先进单位	济南市天桥区教育局
2010	绿色学校	济南市环保局、济南市教育局
	督导工作先进单位	济南市天桥区教育局
2011	安全工作先进单位	济南市天桥区教育局
	先进基层党组织	济南市天桥区教育局
2012	防震减灾科普达标学校	济南市地震局、济南市教育局
	远程研修先进单位	济南市天桥区教育局
	创先争优先进党组织	济南市天桥区教育局
	乡镇田径运动会精神文明奖	济南市天桥区教育局
2013	省级规范化学校	山东省教育厅
2014	五好基层关工委先进单位	济南市天桥区关心下一代工作委员会

（四）历年在校生统计表

表 17-1-16

年度	班级总数	学生人数
2012	12	414
2013	12	389
2014	12	349
2015	12	357
2016	12	361

五、桑梓店镇高王小学

（一）概况

济南市天桥区桑梓店镇高王中心小学是天桥区教育局直属的完全公办小学，位于桑梓店镇高王村，是桑梓店镇最北端的小学。学区范围涵盖高王村、石门孙村、小辛村和小吴村，服务半径 1.5 千米，服务人口 4000 余人。现有教学班 7 个，在校学生 232 人，教职工 17 人，

高王小学（2016 年摄）

全体教职工合影（2015 年摄）

专任教师 14 人，教师学历全部达标。

学校占地面积 18300 平方米，建筑面积 2588.77 平方米。有教学楼 1 幢，其中有教室 6 个，科学实验室、科学探究室、音乐室、综合实践室、美术室、多媒体网络计算机室、图书阅览室、体育器材室、网络中心、科技活动室、心心点灯心理咨询室和保健室等基础设施一应俱全。运动场用地总面积 9800 平方米，其中田径场总面积 5200 平方米。田径场有 250 米环行跑道，其中有 100 米直跑道 6 个；有篮球场 3 个，排球场 2 个，室外乒乓球台 4 张。

学校重视校园文化建设，形成了“让每一个学生快乐成长”的办学理念；“团结，进取，爱校，守纪”的校训；“大气，和谐，创新，发展”的校风；“爱岗，敬业，求是，开拓”的教风；“乐学，会学，学好，学活”的学风。

学校全面贯彻落实《义务教育法》、各级长期教育改革和发展规划纲要及区教育局“均衡、公平、内涵、特色”的发展要求，本着“诚信育德，奠基人生”的办学理念给予孩子全面的爱与全面的教育。2013 年与济南市博文小学结成城乡紧密型共同体，博文小学孙敏校长每周二指派专业书法教师到高王分校指导学生学练书法，使农村孩子体味到了书法的乐趣，增长了见识、开阔了视野、陶冶了情操、学到了本领。学校的各项工作蒸蒸日上，德、智、体、美、劳全面发展，德育和教学工作并驾齐驱：连续两次获得“优秀农村少年宫”称号；2011、2012 连续两年被评为“区教学质量先进单位”；获得 2013 年春季天桥区农村小学运动会全区第一名，2014 年共同体学校总分第二名，2015 年天桥区班级体育联赛特等奖第一名；获得 2015 年天桥区班级艺术联赛第一名。学校积极开展了新课程改革，语文、数学、英语等学科的课堂教学在区举办的农村小学教学大赛中均获一、二等奖，学校也多次被评为优秀指导奖和最佳组织单位。

高王小学建立于 1942 年，第一任校长为陈光道同志，当时在校学生 50 人左右。1954 年开始成立完全小学。1968 年成立了初级中学班，当时有初一、初二两个教学班。1982 年撤并初中班，恢复了中心小学建制。2013 年 3 月与天桥区博文小学结成共同体成为博文小学高王分校。

从建校之初的 1942 年到目前为止的 74 年间，学校向社会各界输送 2300 多名毕业生，为高王村、石门孙村、小辛村、小吴村四个生源村的经济发展和社会进步做出了重大贡献。

（二）现任领导

表 17-1-17

姓名	性别	出生年月	民族	政治面貌	学历	职称	职务	分管工作
韩　丽	女	1973.10	汉	中共党员	本科	一级教师	校长	全面工作
李　培	女	1986.02	汉	中共党员	本科	一级教师	教导主任	教学
羊　琳	女	1986.05	汉	群众	本科	二级教师	大队辅导员	德育
张秀峰	男	1976.05	汉	中共党员	本科	一级教师	总务主任	后勤

续表 17-1-17

姓名	性别	出生年月	民族	政治面貌	学历	职称	职务	分管工作
张　勇	男	1967.02	汉	群众		一级教师	办公室主任	办公室工作

（三）历年获得的先进集体荣誉

表 17-1-18

获奖年份	奖励名称	颁奖机关
2011	天桥区教学质量先进单位	天桥区教育局
	济南市“优秀乡村少年宫”	
2012	天桥区教学质量先进单位	
	天桥区关心下一代“五好关工委”	
2013	天桥区乡镇运动会第一名	
	天桥区庆祝教师节文艺汇演一等奖	
2014	天桥区春季运动会第二名（与总校合作）	天桥区教育局
	《念奴娇·赤壁怀古》《东郭先生和狼》两个节目获天桥区文化局一等奖	天桥区教育局、文化局
2015	与总校济南市博文小学一起获得天桥区教学质量先进单位、教学质量进步单位双重荣誉	天桥区教育局
	天桥区班级体育联赛特等奖	
	天桥区班级艺术联赛二等奖	
	济南市班级体育联赛特等奖	市教育局
2016	全国学校体育联盟实验学校	中国基础教育质量监测协同创新中心

（四）历年在校生统计表

表 17-1-19

年度	班级总数	学生人数
2012	7	215
2013	7	201
2014	7	212
2015	7	232
2016	7	232

六、桑梓店镇刘庙小学

（一）概况

天桥区桑梓店镇刘庙中心小学坐落于黄河北岸，济南建邦黄河大桥以西，刘庙子村东，北纬36.7度，东经116.9度。学校占地约3000平方米，教育辐射东起丁口村，西至街后村，北至西秦、丁庄，共计10个自然村。

2003年，在桑梓店镇政府的大力支持下，

刘庙小学（2016年摄）

由邱岸村引领，联合东秦、西秦、南郑、油坊赵等村居力量，在邱岸村后的坝脚处兴建占地约11539平方米的刘庙中心小学邱岸分校，建起建筑面积1100平方米的2层教学楼一栋及锅炉房、食堂、厕所、传达室等相关配套设施，为防汛路西侧村居适龄儿童提供了更加便捷的教育条件，刘庙小学也由起初6个班的教学规模增加到12个班。

学校配有实验室、科学仪器室、音美器材室、音乐教室、美术书法教室、卫生保健室、图书室、阅览室、微机室、体育器材室等15个功能室。学校馆藏图书10300余册，生均达到40册，为学生提供了优质的阅读条件。学校现代办公条件优越，教师每人一机。微机室定期向学生开放;各班及功能室都配备多媒体教学设施，为学生接受现代化教育提供了优质条件。

2013年3月，学校与济南市天桥区实验小学结成城乡紧密型教育共同体，为刘庙小学的发展又奠定了良好基础。近年来在教育局正确引领下，经全体师生的共同努力，学校先后被评为区级远程研修先进单位、安全工作先进单位、新教师培养先进单位、科学发展观先进单位等。

1976年成立刘庙子村小学，后多次改建。2003年，建立刘庙小学邱岸教学点。校址分别坐落在刘庙子村东，邱家岸村北，占地面积共计14539平方米，建筑面积1994平方米。2013年3月，学校与济南市天桥区实验小学结为城乡紧密型教育共同体。2015年3月，撤销刘庙小学邱家岸分校，合校至刘庙小学。原邱家岸校区规划为隶属刘庙小学的公办幼儿园。目前公办幼儿园及合并后的刘庙新校正在规划建设中。2015年12月，刘庙小学附设幼儿园改造工程启动。2016年3月我校经教育局调整，与济南市制锦市街小学结为城乡紧密型教育共同体。2016年4月，顺应教育局发展要求，突破学校发展瓶颈，与桑梓店镇中心小学、桑梓店镇高王中心小学、桑梓店镇周闫中心小学、桑梓店镇回民中心小学结为教育联盟，共享学校硬件资源与师资资源。

刘庙小学领导班子（2015年摄）

（二）现任领导

表17-1-20

姓名	性别	民族	政治面貌	学历	职务	职称
李　静	女	汉	中共党员	本科	校长	一级教师
黄治明	男	汉	群众	本科	教务主任	二级教师
徐玉川	男	汉	群众	本科	总务主任	二级教师
曹艳华	女	汉	群众	研究生	大队辅导员	一级教师

（三）历年获得的先进集体荣誉

表 17-1-21

获奖时间	荣誉名称	级别
2015.09	语文教师经典“诵、写、讲教学基本功比赛二等奖”	区级
2012.09	新教师培养工作先进单位	
2015.09	新教师培养工作先进单位	
2013.01	安全工作先进单位	
2013.06	远程研修先进单位	
2016	爱生学习规范校	
2016	教学质量先进单位 2016	
2016.03	文明交通行动先进单位	
2016.07	中小学合唱比赛一等奖	

（四）历年在校生统计表

表 17-1-22

年度	班级总数	学生人数
2012	12	279
2013	12	320
2014	12	327
2015	6	228
2016	6	236

七、山东省济南第五十二中学

（一）概况

山东省济南第五十二中学位于济南市天桥区桑梓店镇政府东 500 多米，北隔 308 国道与怀庄村相望，东与怀庄村之小韩庄相接，南与桑梓店村相望，西与怀庄商业街和桑梓店镇中心小学相连。学校教学区、运动区、生态实践区和生活区井井有条，布局整齐，环境优美，文化底蕴深厚。

学校占地面积 64066.48 平方米，建筑面积 11420 平方米。各种设施齐全，有一幢集教学、办公、实验、图书、录播等为一体的 5800 平方米的现代化综合教学大楼，一幢 2801 平方米的高标准综合教学楼，一座 1100 平方米的高标准的餐厅，一个融足球场、篮球场、排球场、乒乓球场和 400 米标准环形跑道于一体的 17241 平方米的运动场。

学校大门（2016 年摄）

学校拥有一支结构合理，素质优良的教师队伍。2016 年有教职工 108 人，专任教师 97 人。其中高级教师 15 人、一级教师 55 人、初级教师 27 人；本科学历的占 88% 以上，研究生 4 人；平均年龄 41 岁。2016 年有 20 个初中班，在校学生 881 人。自 2009 年后，学校根据 50 多年的办学经验和文化积淀，逐步形成了具有自身特色的校园文化：“启迪心智，完善人格”的办学理念，“绿色，阳光，和顺”的内涵特色，“博学，大气，向善，乐观”的校训，“勤奋，宽容，明理，活泼”的校风，“敬业，爱生，协作，创新”的教风，“乐学，善思，勤勉，好问”的学风。2004年学校成为区级规范化学校，2014年成为市级规范化学校。

学校始建于1958年，被命名为“齐河县第五中学”，隶属于山东省齐河县教育局。校址在桑梓店镇仓上村西南约一千米处，占地5.33公顷。当年招2个高中教学班和1个初中教学班，学生100多人，学制为两年。1961年，由于多种原因，学校停止招生。此后校舍由当时的桑梓公社仓上小学管理使用。1969年学校恢复招生并更名为“齐河县桑梓中学”，隶属于山东省齐河县教育局。当年招3个高中班和1个初中班，学生约200人；此后每年招4个高中班，在校生一般保持在400人以上。学制皆为两年。因受黄河大坝北展工程的影响，学校于1976年下半年搬迁至现在的位置，坐北朝南，除建起了几排教室、宿舍之外，还建起了土围墙，占地约6.67公顷。

1979年，学校更名为“齐河县第七中学”，隶属于山东省齐河县教育局。自1980年学制改为三年后，学校每年招收2个高中教学班，每班50人左右。自1982年9月起，学校高中在校生规模一直保持在6个教学班350人左右。1980年9月学校曾招收了1个教学班的初中生，50多人，学制三年，于1983年6月毕业。

1990年1月，学校所在地桑梓店镇由德州地区齐河县划归济南市历城区，学校不久更名为“济南市历城第六中学”，隶属于历城区教育委员会。1991年5月，历城区教育委员会与桑梓店镇政府合作投资350多万元，建起了综合性的教学大楼，建起了高标准的餐厅，修起了坐南朝北的新大门，铺设了三纵三横及从大门到308国道的柏油路，在四周建起了砖围墙。

2000年1月，学校所在地的桑梓店镇从济南市历城区划归济南市天桥区。但因归属未定，学校的名称和公章上依然是“济南市历城第六中学”。一直到2002年11月29日，才“根据市编委《关于历城六中、历城七中隶属关系的批复》，历城六中划归天桥区管理，更名为山东省济南第五十二中学，为全额预算管理副县级事业单位”（《中共天桥历史大事记1994—2003》）。

2009年天桥区教育局决定停止高中招生。2011年，学校积极争取，区教育局同意学校与济南第十三职专联合办学，在校园内投资修建“十三职专学区”。同年9月，学校招了2个职专班共60人。2012年又招了2个职专班70人，此后停招。截至2015年6月最后一届职专生毕业，学校半个多世纪的高中办学史完全终结，仅存初中。

济南第五十二中学领导班子（2016年摄）

（二）现任领导

表17-1-23

姓名	职务	职责
程连明	校长	主持全面工作
张　勇	副书记	党务、人事组织等

续表 17-1-23

姓名	职务	职责
刘建军	副校长	后勤、安全
孙泗利	副校长	教育、教学
王世伟	工会主席、办公室主任	工会、督导等
王晓申	政教处主任	教育管理
刘元群	教导处主任	教学管理
任秀杰	政教处副主任	教育管理
陈茂德	教导处副主任	教学管理
王玉莲	组织人事副科长	人事、档案、组织
宗兆忠	级部主任	高中级部的管理
陈福玲	级部主任	初中级部的管理
彭天雪	团委书记	团的工作
展恩才	总务主任	总务后勤工作
王　勇	安全保卫科长	安全保卫
张其军	办公室主任助理	校长室、党务的具体工作
潘连云	财务主管	会计、财务工作
吴廉之	人事助理	具体的人事工作

（三）历年获得的先进集体荣誉

表 17-1-24

获奖年月	荣誉称号	授予单位
2003.09	全区防非典型肺炎工作先进单位	中共天桥区委、天桥区人民政府
2004.02	2003 年度爱国卫生先进单位	中共天桥区委、天桥区人民政府
2004.12	天桥区规范化学校	天桥区教育局
2005.12	山东省开展学生军训 20 周年庆祝活动优秀组织奖	山东省教育厅、山东省军区司令部
2006.02	2005 年度爱国卫生先进单位	天桥区教育局
2006.04	双拥工作先进单位	中共天桥区委、天桥区人民政府
2006.11	初中教学质量进步奖	天桥区教育局
2007.01	天桥区食品安全管理先进单位	天桥区卫生局
2007.04	2006 年度济南市优秀交通安全示范学校	济南市公安局交通警察支队、济南市安全生产监督管理局
2008.01	安全工作先进单位	天桥区教育局
2008.10	中国西部教育顾问单位	中国高等教育学会、中国职业技术教育学会、中国教育报、国家教育部老干部协会
2008.10	绿色学校	济南市环境保护局、济南市教育局
2008.12	天桥区教师继续教育工作先进单位	天桥区教育局

续表 17-1-24

获奖年月	荣誉称号	授予单位
2009.01	安全工作先进单位	天桥区教育局
2009.03	省级优秀交通安全示范学校	山东省公安厅、山东省安全生产监督管理局
2009.10	2009年中小学教师远程研修组织工作先进单位	山东省中小学教师远程研修项目办公室
2009.11	教学质量进步单位	天桥区教育局
2010.05	拥军优属先进单位	中共天桥区委、天桥区人民政府、天桥区双拥工作领导小组
2010.01	科学发展先进单位	天桥区教育局党委、教育局
2010.01	安全工作先进单位	天桥区教育局
2010.12	文明单位	中共天桥区委、天桥区人民政府
2010.12	市级卫生先进单位	济南市爱国卫生运动委员会
2010.03	全区工会工作明星工会	天桥区总工会
2011.01	科学发展先进单位	天桥区教育局党委、教育局
2011.01	安全工作先进单位	天桥区教育局
2011.11	教学质量进步单位	天桥区教育局
2011.03	“工人先锋号”先进集体	天桥区总工会
2012.01	安全工作先进单位	天桥区教育局
2013.01	安全工作先进单位	天桥区教育局
2013.01	科学发展先进单位	天桥区教育局党委、教育局
2013.01	信访稳定工作先进单位	中共天桥区教育局委员会、天桥区教育局
2013.10	天桥区装备管理工作先进单位	中共天桥区教育局委员会、天桥区教育局
2014.01	双拥共建先进单位	济南市双拥办、济南爱国拥军促进会
2014.11	市级规范化学校	济南市教育局
2015.11	教学质量进步单位	天桥区教育局
2016.08	教学质量先进单位	天桥区教育局
2016.08	教学质量进步单位	天桥区教育局
2016.09	数学教研组—天桥教育精英团队	天桥区委区政府

（四）历年在校生统计表

表 17-1-25

年度	高中班数	高中学生数	初中班数	初中学生人数	学生总数
1969	4	156	0	0	156
1970	8	308	0	0	308
1971	8	348	0	0	348
1972	8	397	0	0	397

续表 17-1-25

年度	高中班数	高中学生数	初中班数	初中学生人数	学生总数
1973	8	371	0	0	371
1974	8	363	0	0	363
1975	8	399	0	0	399
1976	8	376	0	0	376
1977	8	412	0	0	412
1978	8	409	0	0	409
1979	8	357	0	0	357
1980	8	356	1	0	406
1981	8	313	1	50	363
1982	6	321	1	50	371
1983	6	323	1	50	373
1984	6	327	0	0	327
1985	6	328	0	0	328
1986	6	321	0	0	321
1987	6	331	0	0	331
1988	6	327	0	0	327
1989	6	325	0	0	325
1990	6	306	0	0	306
1991	6	230	18	1018	1248
1992	6	192	24	1345	1537
1993	6	231	30	1663	1894
1994	6	270	30	1651	1921
1995	6	289	30	1673	1962
1996	6	323	30	1680	2003
1997	6	352	26	1456	1808
1998	6	408	30	1975	2383
1999	8	443	30	1690	2133
2000	10	497	30	1998	2495
2001	16	607	30	1981	2588
2002	16	674	26	1661	2335
2003	16	837	24	1340	2177
2004	16	869	24	1306	2175
2005	16	888	22	1046	1934
2006	12	737	17	830	1567

续表 17-1-25

年度	高中班数	高中学生数	初中班数	初中学生人数	学生总数
2007	12	822	15	564	1386
2008	12	771	15	559	1330
2009	8	439	17	608	1047
2010	4	199	18	710	909
2011	2	70	18	727	797
2012	3	112	18	784	896
2013	3	110	20	859	969
2014	1	40	20	911	951
2015	1	40	21	881	921
2016	0	0	21	881	881

说明：本统计表中的数据是当年新生入学后的数据；1991 年起含当时桑梓店镇一中、二中等校人数

第二章　科　技

1990—1995 年推广新品种 13 个，举办科技培训班 26 期，培训 4800 人次。

到 1995 年，共引进科技人员 16 人，发展科技企业 6 个。

1994 年黄海供水设备厂厂长王孝先研制的摩托车货架，在第二届青交会上获新产品发明奖，并获得了国家专利。

1996 年 1 月 15 日，桑梓店镇第十届人民代表大会第一次会议选举郑学诗为桑梓店镇人民政府科技副镇长。

1996 年，有各类科技研究会 8 个，科技人员 227 人，农民技术员 215 人。

仓上村高中毕业的村民高加玉，发明醒脑通窍、驱虫防蛀中药香包，专利号：z1200510109490X。

2015 年，康辛村康承仁经营的济南鑫达泵业有限公司设计研发的“抽沙引水装置”获得国家专利。专利号：2014206198543；申请日：2014 年 10 月 24 日；授权公告日：2015 年 2 月 18 日；授权公告号：CN204163948U；专利权人：康承仁。

2016 年，康承仁主持在原有潜水抽沙泵基础上研发“大颗粒潜水抽沙泵”，产品逐渐系列化以后可部分替代进口产品，打破进口产品在这一领域的垄断。

第十八编

文化 卫生 体育

第一章 文 化

一、文化事业管理

桑梓店镇文化站始建于1976年，当时配备专职工作人员1人，组织开展群众文化活动。桑梓店镇较早的文化站站长有朱新达、刘兆泰、刘孝元、王顺等。2014年，文化站单独成为一个部门独立出来。2016年有工作人员3位，赵妍萍任站长。文化站不断深化文化基础设施建设和实施文化惠民工程，加快构建镇、村公共文化服务体系，切实保障人民群众基本文化权益，让广大群众共享文化建设和发展成果，不断提升人民群众的幸福指数。其设备配置、活动开展、人员配备、综合管理等方面，全面达到文化站建设标准。全镇48个村实现了“农家书屋”全覆盖，35个村建设了“文化大院”，规模性文体广场覆盖率达到96%，健身器材覆盖率达到98%。每年组织文体活动20次以上，定期开展送戏、送电影、送书画下乡活动。全镇建有广场舞、秧歌、现代舞等业余文艺团队50余个、文体协会7个。

2016年3月9日上午，天桥区首家基层文联在桑梓店镇成立。市文联副主席王振范，区委常委、副区长王芳，区文联主席杨军出席成立大会。会议由区委宣传部常务副部长王子强主持，镇党委书记董学山致辞，区文联主席杨军宣读了区文联关于批准桑梓店镇文联成立并吸收为区文联团体会员的决定，桑梓店镇党委副书记、镇政协联络室主任解承静宣读了批准成立镇文联的决定；王振范副主席、王芳副区长为桑梓店镇文联揭牌并分别发表了重要讲话，市、区文艺家及文体爱好者100余人参加了仪式。该基层文联下设书画协会、音乐舞蹈协会、戏曲协会等7个协会，为基层文艺工作者搭建了施展才华的舞台。

镇文化站站长赵妍萍（2016年摄）

镇文联成立大会（2016年摄）

附：

关于成立桑梓店镇文学艺术界联合会的决定

镇直各部门、各双管单位、各企业、各办事处、各行政村：

为推动我镇文化事业的繁荣发展，丰富我镇人民群众精神文化生活，更好地凝聚全镇文艺骨干及团队，构筑文艺爱好者发挥特长的平台，经镇党委、政府研究决定，成立桑梓店镇文学艺术界联合会（以下简称镇文联），办公室设在文化站。镇文联下设书画协会、音乐舞蹈协会、戏曲协会、文学创作协会、乒乓球协会、篮球协会、棋牌协会等七个协会。

附件：桑梓店镇文学艺术界联合会机构名单

二〇一六年三月九日

桑梓店镇文学艺术界联合会机构名单

名誉主席：董学山（桑梓店镇党委书记）

顾　问：刘志军（山东省青年书协理事，济南文艺评论协会、美术家协会理事，济南市红字协会理事，国风书院执行院长，新华山东书画院副院长）

主　席：解承静（桑梓店镇党委副书记、政协联络室主任）

副主席兼秘书长：杨帆（桑梓店镇党委委员）

副秘书长：韩洁（桑梓店镇宣传科科长）、赵妍萍（桑梓店镇文化站站长）

桑梓店镇文学艺术界联合会下设七个协会，各协会设会长1名，副会长1至2名，理事2至3名：

书画协会会长：姜怀明

副会长：孟立东、管廷照

理　事：姜明、怀保全、怀保礼

音乐舞蹈协会会长：刘论论

副会长：刘芳、赵萍

理　事：李菊、王奉慧、岳欣秀

戏曲协会会长：王寿昆

副会长：高家平

理　事：张华波、米兆东、张家祥

文学创作协会会长：李良杰

副会长：杨永军

理　事：滕南、李星逸

乒乓球协会会长：吴晓强

副会长：王丽、李岩

理　事：滕宏岭、袁德祥、赵新莲

篮球协会会长：李晓

副会长：韩宁宁

理　事：米广亮、米广阔

棋牌协会会长：周立

副会长：滕长利、王金辉

理　事：米双杰、刘其成

二、群众文化活动

历史上桑梓店镇等地的沿黄人民在长期艰苦的船工劳动中创作的《打蓬号》《打沿号》《拉套号》《摇橹号》《急打蓬号》《打艄锚号》《撑篙号》《浅船号》《绞缩号》《船下水号》等十余首船工号子，以其独特的地方特色广为流传。

民间舞蹈龙灯、高跷、狮子舞、旱船、秧歌、绣球灯，是向为广泛流传的民间舞蹈。每年春节过后，各村群众相互交流演出，热闹异常。“文化大革命”期间，民间舞蹈停演。粉碎江青反革命集团后，民间舞蹈又开始活跃。

进入二十一世纪后，广场舞渐渐兴起。傍晚走进桑梓店镇的各个村落，都能听到或欢快或激昂或抒情的歌声、舞曲。村民们晚饭后三三两两来到村中心的健身广场消闲、娱乐、健身。最早跳广场舞的是青少年女子，渐渐地，中年女性、老年女性、中老年男性也纷纷加入，广场舞的队伍逐渐庞大。歌舞升平，绘就和谐盛世美景。

2013年12月4日，为纪念毛泽东同志诞辰120周年，弘扬中国书画艺术，推动“乡村文明行动”不断走向深入，由济南市文联和天桥区文联共同主办的“纪念毛泽东同志诞辰120周年暨‘美丽乡村行’活动”启动仪式在天桥区桑梓店镇小马村隆重举行。市文联巡视员、民间文艺家协会主席丁济生，市文联党组成员、副主席、中国书协会员、省书协理事、市书协副主席王振范，市文联组联部主任、市文艺评论家协会副主席、秘书长赵仁存，著名文艺评论家、电视媒体主持人、书画家刘志军，中国书协会员、兰亭书画院副院长薛在银，天桥区文联主席杨军，济南市书协副主席、天桥区书协主席于振才，天桥区美协主席张宗伦，以及书画艺术家20余人参加了活动启动仪式。在上午的活动中，书画家于振才、张宗伦、李光明、耿世彪、万力、潘广利等纷纷现场挥毫泼墨，创作了以纪念毛泽东同志诞辰120周年及毛泽东同志丰功伟绩为主题的书法、国画作品105幅，并将作品全部赠予小马村村民。

纪念毛泽东诞辰（2013年摄）

桑梓店镇党委书记董学山非常重视文化建设，认真抓好农村文化大院建设。2014年1月16日董学山书记实地查看文化大院建设并与正在进行文艺节目排练的群众亲切交流。

2014年1月25日上午，由桑梓店镇人民政府联合济南市第五十二中学共同举办的新春文艺汇演隆重上演。桑梓店镇各部门、五十二中师生，以及桑梓店镇双管单位代表自编自演自弹自唱，献上了歌舞、相声、戏曲、民间剪纸等丰富多彩的文艺节目。桑梓店镇党委书记董学山通过活动向全镇人民致以新春祝福。区教育局局长张萍、区文化局局长李兆福、区委宣传部副部长刘静及桑梓店镇双管单位负责人莅临现场观看演出。

2014年2月10日上午，桑梓店镇政府携手

领导莅临观看联欢会（2014年摄）

南村街道办事处朝霞艺术团联合举办贺新春文艺演出，其中最受欢迎、最有气势的老寨村的节目《威风锣鼓》。

2014年从3月5日开始，由天桥区文化局和桑梓店镇党委、政府共同组织的“一村一年一场戏”工程戏剧正式拉开帷幕，为时19天的38场戏浩浩荡荡登上桑梓舞台。这项大型戏剧工程为老百姓提供了免费的文化盛宴，老百姓争先恐后前来各村文化广场观看演出，现场欢声笑语，一片喜气洋洋。其中，《王小赶脚》《小姑贤》《龙凤面》《墙头记》等经典吕剧相继在高王村、三教堂村、怀庄村等村内文化广场上演，圆了戏迷们的吕剧梦。

2014年3月7日上午，在区文化局的大力支持下，桑梓店镇举办“展巾帼风采 塑魅力桑梓”首场广场舞比赛，区文化局吴岩等三位同志担任专业评委，镇机关和23个村的文艺队伍参加比赛。各村文艺队伍发挥优势、展示特长，呈现出广场舞活泼团结的精神实质，实现了形式上的整齐统一，将民俗文化精髓融入到广场舞的表现形式中。持续三小时的比赛充分体现了广大群众参与健身、乐于健身的高涨热情。

2014年5月12日上午，天桥区广场舞培训班在桑梓店镇开班，文化局专业舞蹈老师现场教授广场舞曲目和舞蹈技巧，桑梓店镇48个行政村60余名文艺骨干踊跃报名参加了此次培训。

文艺队伍培训（2014年摄）

2015年2月9日，桑梓店镇政府广场锣鼓喧天、热闹纷呈，天桥区文化、科技、卫生“三下乡”暨“一村一年一场戏”活动仪式启动。区委宣传部副部长、文明办主任王子强，区文联主席杨军，区文化局局长李兆福，区卫计委主任毕思忠，山东鲁商书画院院长、著名书法家朱崇昌，桑梓店镇党委书记董学山，区委宣传部副部长张龙海出席启动仪式。区委宣传部、文明办等多个部门向农民群众赠送了社会主义核心价值观主题春联、年画和农业科技类书籍等慰问品；举办了交通安全法规和食品安全法律讲座；给敬老院老人送上了生活用品；对庄户剧团的节目排练进行了辅导。

为生动展示广大妇女健康、文明、积极向上精神面貌和时代风采，2015年3月6日，桑梓店镇举办“三八”妇女节广场舞比赛，有来自全镇各村25支文艺队伍参加了比赛。

2015年3月6日，区政协办公室派驻桑梓店镇小寨村“第一书记”焦中辰邀请济南电视台少儿频道来小寨村开展送文化下乡活动，少儿频道节目主持人燕子姐姐与小寨村的小朋友们亲切互动，为小朋友送上各种儿童玩具和精美挂历，小寨村幼儿园的小朋友登台表演了节目。整个活动赢得了村民的积极响应，丰富了村民的文化娱乐活动，受到了村民的一致好评。

2015年4月29日上午，桑梓店镇在中心商业街温情开展“最美桑梓，让爱飞翔”慈善募捐活动。济南市红十字会赈济处处长王志刚，天桥慈善总会会长舒孝堂，天桥区人大常委会副主任宋光强，天桥区政协副主席仲涛，天桥慈善总会副会长章九龄，天桥慈善总会副秘书长韩惠敏，天桥区民政局副局长、调研员李江，桑梓店镇党委书记董学山，桑梓店镇镇长杨鹏等出席活动；桑梓店镇镇属企业、园区企业、双管单位、各行政村负责人以及全体机关工作人员参加活动。

为了庆祝“七·一”，也为了更好地拉近桑梓店镇群众与新材料产业园区企业间的距离，加强两者之间的互动，2015年6月30日桑梓店镇举办首届“鑫茂杯”广场健身大赛，共25支队伍参加比赛。通过激烈角逐，高王、邱岸、小寨3个村获一等奖，各获奖金2000元；4个村获二等奖，各获奖金1500元；18个村获三等奖，各获奖金1000元。

桑梓店镇党委政府将“大力发展文化教育事业、实现文化大繁荣”纳入“十件惠民实事”，2015年为镇敬老院及各村申请安装健身器材60余件，发放文化设备20余件、图书3000余册，并建成文体娱乐设施俱全的镇综合文化活动中心，常年免费向公众开放；48个行政村基本达到村村有文化大院、农家书屋、文体广场、文艺队伍，广泛开展“一村一场戏”、广场舞比赛、书画进农村、节庆演出、广播体操比赛、文艺骨干培训等文化活动，全镇喜庆热烈的文化氛围日趋浓厚。

2016年1月19日起，天桥区“一村一年一场戏”惠民活动在桑梓店镇开展，天桥区文化局邀请优秀戏剧团来桑梓店镇演出豫剧、吕剧等传统剧目48场，让广大群众共享文化发展成果。

2016年2月4日上午，桑梓店镇迎新春百姓春晚在一片欢歌笑语中举行。区人大常委会

锣鼓表演（2016 年摄）

副主任李大春，区委常委、副区长王芳，副区长李正友，区教育局党委副书记陈文亭，区文化局调研员吴岩等出席活动，与桑梓百姓共贺新春。桑梓店镇党委书记董学山发表了热情洋溢的新春致辞。此次百姓春晚演出前期，镇文化站在 48 个行政村和镇机关干部中海选出“草根明星”，确定了 16 个妙趣横生的节目。联欢会在舞蹈《走进新时代》的喜庆中拉开了序幕。演出现场亮点纷呈，高潮迭起，激情洋溢的民族舞《欢乐的跳吧》、小学生们的合唱《八只小鹅》、第一书记深情演唱《向天再借五百年》、喜庆的手绢舞《爷爷奶奶和我们》等一个个精彩的节目引来大家齐声喝彩。尤其是邱岸村民带来的说唱节目《夸桑梓》极贴地气，北王堂村带来的快板《说说咱桑梓新面貌》道出了村民心中对连片治理等建设的赞颂，歌曲联唱更是掀起了联欢会的最高潮，为大家带来了视觉震撼。最后，联欢会在歌伴舞《欢聚一堂》的美好祝福中落下帷幕。

镇党委书记董学山致贺词（2016 年摄）

2016 年 3 月 8 日上午，为表达全镇妇女崇尚文明、参与健身的良好愿望，生动展示广大妇女健康、文明、积极向上精神面貌和时代风采，激励全镇妇女为建设和谐幸福新桑梓做出自己的贡献，桑梓店镇举办庆“三八”国际劳动妇女节广场舞比赛。来自各村、各单位的 27 支文艺代表队参加活动，区文化局的六位专业老师担任评委。各参赛代表队舞蹈动作流畅协调、技巧性强，参赛队员精神面貌良好，现场气氛十分热烈。经过激烈角逐，怀庄村、小寨村、丁口村代表队获得一等奖，小马村等 5 支代表队获得二等奖，大郑等 19 支代表队获得三等奖。

三、群众文艺创作

桑梓店镇多支文艺队伍能根据音乐旋律编制自己喜欢的舞蹈形式，动作优美、新颖、节奏性强、队形变化多样，多次广场舞大赛中取得好成绩。

闫志平，男，汉族，1935 年出生，河北省景县人，由于工作调动于 1954 年来到桑梓店镇，现居住在桑梓店镇沙李村。他屋内的博古架上摆满各种奇石，都是他走了一千两百千米的路用了 35 年的时间收集的。他每天早上五点起床练习毛笔字，能根据诗文不同的思想感情和艺

闫志平在作画（2015 年摄）

术风格采用小篆、行书、草书等不同的字体书写。他为纪念中国人民抗战胜利70周年创作的《满江红》诗洋溢着热爱祖国、控诉侵略、渴望和平之情。他用六个卷轴平铺而成的《小桃红》诗写的是沙李村的历史和社会变迁。他凭着自己的勤奋写出《故乡风情》《韵苑探趣》《乱石简粹》和《梦幻人生》四本书，分别是他的故乡人情、诗词总汇、山石盆景及回忆录数。最厚的一本有5万字，四部书加起来10万字左右。

陈树明，又名陈书明，男，汉族，生于1935年，山东齐河县人。毕业于山东禹城师范学校，自幼喜爱书法。在40余年的教育工作中，不间断练习书法，擅长楷书，对颜体情有独衷，逐渐形成了自己的风格。作品多次获得国家、省、市大奖，2008年10月在北京“全国书画艺术大展赛”活动中，荣获书法一等奖；2008年11月在全国书画美术摄影作品大奖赛中荣获金奖；2009年在第十六届国际书法美术摄影大赛中荣获金奖； 2010年5月在“母亲颂”第十七届国际书法美术摄影大赛上荣获金奖；2011年9月在纪念毛泽东逝世35周年全国书画大赛上荣获金奖，并被授予“毛泽东思想艺术化百强书画家”称号；2011年11月在“黄山杯”第二十三届国际书画摄影作品大赛中荣获特等奖；2013年在纪念毛泽东同志诞辰120周年“毛泽东诗词”全国书画大赛中荣获金奖……著名书法家欧阳中石评价“树明写得好，很大气。字法、章法都不错，多中锋用笔，作品有张力”；沈鹏评价“陈树明先生的书法体现出一种正大气象和阳刚之美”；邹德忠评价“陈树明先生的书法线条饱满，有厚度”。陈树明现为山东省书画学会会员、齐鲁书画社研究员、山东省将军书画院高级书画师、中国画家协会齐鲁艺术创作中心常务理事、济南市天桥区文联书画协会理事、济南市天桥区政协联谊书画院理事。

陈树明（2016年摄）

姜怀明，男、汉族、济南人。1964年12月出生，笔名，墨株。山东省硬笔书协会员、市书协会员、天桥区书协会员、济南儒家书院院士、桑梓店镇书协会长，现供职桑梓供销社。姜怀明自幼爱好书画，坚持临池不辍，不断向古人及现在名家学习，积极参加各地组织的书画比赛活动，多次获奖或在期刊发表。

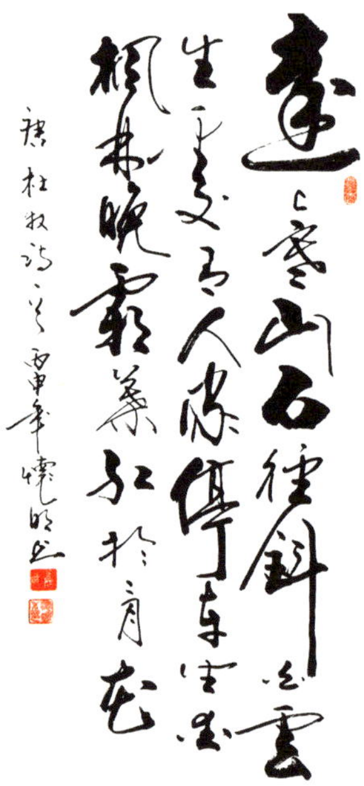
姜怀明作品（2016年摄）

孟立东，男，汉族，号弘圣堂主人，1971年生于山东齐河，自幼受庭训，酷爱丹青。1993年毕业于中国书法函授大学，师从著名书法教育家欧阳中石先生，工作之余，更热衷于书法艺术的交流、传播和书画新人的培养。学书从唐楷入手，得魏晋书风，多年来潜心于书法艺术的探索实践中，取众家所长，临池不辍，深得已故著名学者、教育家徐北文先生的教导。外师造化，中得心源。作品载入《中国书画家博览》《亚洲艺坛名流》《中国书法名家传世大

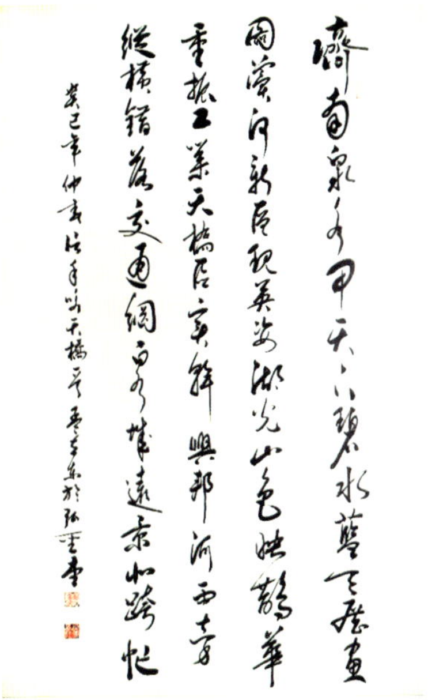

孟立东作品（2016 年摄）

辞典》《世界美术大典》等二十多部辞书。同时，有的精品被多家艺术馆珍藏和镌刻于文化艺术长廊。2013 年祝贺神舟十号飞天作品，获“终身艺术成就奖”。现为中国美术学院书法考级中心书法专业辅导讲师，中国书画家协会会员、山东省善者文化研究院研究员、济南市书法家协会会员、济南市天桥区书法家协会副秘书长、桑梓店镇文联书画协会副会长、山东省济南市圣阳书画院院长等职，有“百名中国书画名家荣誉”称号。

2016 年 7 月 22 日，在济南市职工文化事业发展中心举办了济南市十县市区书画精品展暨天桥区庆祝红军长征胜利 80 周年书画展，桑梓店镇姜怀明、陈书明、孟立东、管廷照、张淑萍、孟庆玉作品入选参展。

管廷照作品（2016 年摄）

管廷照，男，汉族，1966 年 7 月出生，桑梓店镇桑梓店村人，自号静雅堂主，天桥区书法协会理事，桑梓店镇书画协会副会长。自幼酷爱书法艺术，随父延春堂主人研习书法，几十年不辍，不求闻达，只为自娱。2016 年 4 月第七届羲之杯全国诗书画邀请赛获一等奖。

蒋顺亮作品（2016 年摄）

蒋顺亮，男，汉族，桑梓店镇三官庙村人，1995 年毕业于山东艺术学院，2000 年毕业于山东师范大学，2015 年 7 月结业于中国美术学院首届山水主题创作研修班，济南市历城职业中专美术教师，山东省美术家协会会员，山东省书画学会会员。2013 年 12 月，作品《南山秋日净，流水相思长》入选“纪念改革开放 35 周年山东省中国画作品展”获优秀奖。2015 年 6 月，毕业创作在杭州恒庐美术馆展出。2015 年 8 月，作品参加“墨语心声”齐鲁山水名家十人画展。2015 年 10 月，作品参加山东省齐鲁山水画院建院 20 周年名家书画邀请展。2015 年 12 月，作品《故园梦寻》入选山东省第二届青年美术大展优秀作品展。

董学山，男，汉族，1964 年 11 月出生，天桥区大桥镇人，桑梓店镇党委书记，无意为文却偶有佳作。

沁园春　桑梓店镇

宝地美名，沃土百里，勤民万众。望辖区方圆，东西南北；公路交织，车流不息。塔吊林立，高楼迭起，争先恐后比赶超。须几时，看新奇世界，园区鑫茂。

桑梓如此多娇，引无数精英竞献宝。惜齐河之桑，鲜有变化；历城之梓，稍逊城郊。理念更新，路畅楼高，只是基础刚打牢。俱往矣，说沧桑巨变，得看天桥。

（作于2015年2月17日，“新奇”指镇东南部新奇世界国际度假区，“鑫茂”指镇西北部济南新材料产业园的鑫茂科技城）

感怀

冬鹏不怕艰与难，
方圆七八只等闲。
鑫茂新奇日月新，
桑梓三年大改变。
公交进城交通便，
人民群众笑开颜。
撤镇建办起东风，
济北新区续新篇。

（本诗作于任桑梓店镇党委书记三周年的2016年11月13日，“冬鹏”双关己姓“董”和镇长杨鹏，见党政团结；“鹏”又是自喻；还契合季节。“七八”指镇域面积七八十平方公里）

忙外闲情

朝来晨光映白雪，
午间戏水弄清波。
笑看夕阳绝泥去，
午夜下楼又踏雪。

王照林，男，1952年出生，桑梓店镇高王村人，爱好文学，以下为其创作的诗词5首。

七律 修身齐家田园乐

中华文明五千年，
优秀文化学圣贤。
廉洁自律守本分，
正直做人恭让谦。
放眼宽胸容天下，
为而不争图坦然。
知足常乐安泰福，
辛勤耕读齐家园。

广原春

布谷啼声碧云天，
春风梳柳嫩芽鲜。
渠水潾波蛟龙卧，
农家夫妇浇麦田。
桃花红，梨蕾现，
教楼旗飘操令远。
公路高铁车速疾，
风光旖旎锦绣川。

咏梅

瘦骨曲敧玉枝小，
寒凌傲雪开生娇。
只顾报春不争春，
百花争妍她含笑。

贺盛世

锣鼓喧天丽日高，音响红歌扬。
喜鹊唱梅迎春光，舞台红幕幛。
男女老少笑开颜，相约奔广场。
为民惠演情意长，别忘了共产党。

神州盛运唱大戏

桴鼓锣应，铜锵琴琤，伶人秀泠泠声。
粉簪娴慧，须眉展国风。
金嗓圆亮博众，好喝彩，一片欢腾。
秉传统，抵寒辞馐，延安鲁艺承。
农家乐团圆，爆竹迎春，安泰丰登。
喜贺好光景，生活日蒸。
戏合百姓情怀，润心田，和善真诚。
迎灿阳，惠泽民生，构筑中国梦。

济南第五十二中学副书记张勇（张防修）诗词7首：

清平乐

观国庆60周年阅兵

雄师挺驻，
十里长安路。
飒爽英姿多勇武，
气壮山河似虎。

铁流滚滚如磐，
长空利剑高悬。
试问魍魉魑魅，
看谁胆敢侵边？

七律·读《中华上下五千年》随感

夏日炎炎暑气蒸，潜心史卷静凉清。
窗前稼色秾盈目，案上书香馥溢胸。
善恶荣辱知尺度，兴衰胜败有依凭。
流长源远莽华夏，薪火相传万世承。

七律·清明踏春

柔丝细雨落清明，曲径寻芳信步行。
眉下才招桃李色，额头又惹杏棠红。
风轻气润千华茂，日暖云开万木荣。
画意诗情知几处，林间翠鸟两三声。

五律·古城台儿庄游记

亭榭浮雕画，廊桥架彩虹。
一城英烈气，万缕运河情。
旧志荣光满，夕阳血色浓。
古庄留战绩，千代溢芳名。

九如山观瀑遇雨

水沐青山入画屏，天池墨色雨空濛。
重溪叠瀑逐级上，绝澈清流在九层。

雨中即景

细雨青石径，花香水草间。
园林幽静处，别有小江南。

感怀

人生岁月本纷呈，世事沧桑有暗明。
若是心中常抱日，阳光万里总天晴。

宗兆忠，济南第五十二中学教师，关注现实生活，善于发现生活中的美，往往有感而发，抒发真情实感，语言质朴，格调明快，意境清新自然。

喜冬夜散步

三五冬月夜，上苍赐南风。
独步校园内，戴月又披星。
银辉清如水，东南长串灯。
杨桐肃然立，疏柳摇月影。
星垂操场阔，静寂四无声。
时长不觉累，归去一身轻。

乘坐班车抒怀

黄河以北位置偏，两岸之间距离远。
早读自习赶不到，下班愁回眉不展。
春夏秋季还好说，冬天天黑车不见。
往返老师乘车难，酸甜苦辣都尝遍。
领导联系群众紧，下属冷暖记心间。
暑假出台新政策，五路班车跑得欢。
后顾之忧已解决，来回老师笑开颜。
感谢领导办好事，工作加劲心里甜。

致高空粉刷工人

一根绳子，
从楼顶垂下，
又粗又长。
一块木板，
三寸来宽，
二尺来长。
左挂一桶灰，
右挂一桶浆。

你们系绳悬空，
稳坐在
吊板上。
脚尖轻点墙，
左一抹，
一荡；
右一刷，
一晃。
左右
匀速滑行，
贴着墙。
超蜘蛛大侠，
盖武林轻功，
干重活，
似高空
秋千荡。
让旧的变新，
坑的变平，
暗的变亮，
乃楼房
化妆大师，
建筑
美容巧匠，
超强！

商河支教赋

昔我往矣，黄叶纷纷。
七先锋兮，商河挺进。
许商远兮，有车乃近。
少车马兮，空气清新。
相见亲兮，师生朴淳。
师敬业兮，学生上进。
芝兰玉树，不乏其人。
食宿苦兮，见此欢欣。
结新友兮，难分主宾。
麦田广兮，野鸡声闻。
星斗转兮，雨雪霏霏。
未曾几兮，草木逢春。
土路硬化，楼全刷新。
拆房九排，美绿添锦。
天翻地覆，目睹耳闻。
许商兴兮，吾等慰甚。
今我来思，杨柳依依。
亦故乡兮，歧路沾巾。

题老屯村

国道大坝傍龙湖，
野鸭天鹅飞白鹭。
红瓦白墙映绿树，
屋舍俨然别墅。

麦稻梨枣莲苇蒲，
农工副商林渔牧。
富美安和祥瑞处，
好不叫人羡慕！

四、新闻广播

（一）新闻

1. 通讯报道

自1971年始，桑梓店镇（时称人民公社）设专职报道员，向上级主管部门及报社、电台撰写新闻稿件。

桑梓店镇划归历城后，镇党委政府定期以《桑梓情况》向《历城信息》提供新闻信息。

划归天桥后，镇党委政府及时向济南市天桥区政府网报送信息。

2. 镇办刊物

2014年1月，中共桑梓店镇委员会、桑梓店镇人民政府主办的《桑梓》杂志创刊。1月3日上午，《桑梓》首发仪式在镇第二会议室隆重举行。区委副书记朱玉明，区委常委、宣传部长叶辉，区关工委常务主任郭继清，桑梓店镇党政班子成员，编辑部成员，各部门、办事处负责人及48个行政村支部书记参加会议。

封面标志构成元素“s”“z”源自“sang zi”首字母。鲜红色“s”代表桑梓这片热土，养育数万儿女；黄色“z”化为一条黄金大道，表明桑梓的发展道路无限光明，永无止境。“道路”跨越“桑梓”，寓意桑梓将迎来飞跃式发展。

天桥区委书记毕筱奇寄语《桑梓》：

“维桑与梓，必恭敬止”。自古以来，“桑梓”就被用来比喻故乡。人们热爱故乡、赞美故乡，积极投身家乡建设，为社会发展注入了不竭动力。天桥区跨母亲河黄河两岸，位于黄河北部的桑梓店镇历史悠久、人杰地灵，“桑梓”二字是她最好的名片。

随着全市“北跨”发展战略的实施，给天桥区特别是桑梓店镇带来了前所未有的重大机遇，桑梓店镇进入了大开发、大建设、大发展的关键时期。作为济南市实施产业北进和城市北跨的重要发展区，桑梓店镇要找准定位、主动融入、勇做先锋，紧紧围绕全区中心工作，把握机遇，服务大局，干事创业，率先实现跨越发展，加快全面建成更高水平小康社会步伐。

在全面深化改革、加快科学发展的进程中，希望《桑梓》杂志贴近实际、贴近生活、贴近群众，把桑梓店镇各方面的工作宣传好，凝聚人民群众干事创业的共识，激发干部群众投身建设的干劲，充分展示桑梓之真、桑梓之情、桑梓之美，成为加快桑梓发展的推动者、见证者和忠实记录者。

北跨发展，功在桑梓。祝《桑梓》越办越好，祝桑梓店人民生活更加美好！

（二）广播

桑梓店镇（原六区）最早是接收齐河县收音站刻印的新闻稿件。1949 年 5 月，齐河县建收音站，由县委宣传部 1 名干事收听、记录新闻，刻印后发至城内各机关和区乡。

1958 年，齐河县架设齐河城至桑梓店广播专线。1970 年，更新齐河至桑梓店专线。1973 年，桑梓公社组建广播站，用柴油机发电，购置广播设备，铺设线路，建立放大设备，王晨三任站长、王学生任副站长。至七十年代中期公社入户喇叭占总户的百分之九十左右，基本形成农村广播网。1979 年，因自制水泥杆子老化，管理制度不落实，部分线不通，又因收音机的普及，部分农户拆除喇叭。至 1983 年，喇叭入户率降至百分之十七。随着电视机的普及和有线电视的开通、普及，1997 年镇广播站停办“小喇叭”业务。

桑梓店镇 48 个村都有大喇叭扩音器，俗称大喇叭，作为村干部的喉舌，用于传达各项通知，及时召集村民集体行动等，在换届选举、村里发生紧急情况的时候起到了关键作用。原来各村没有办公室的时候，扩音器就在村书记家里，由村书记下通知。

（三）互联网

进入信息时代后，为了便于上传下达和工作信息交流，桑梓店镇政府与时俱进，通讯方式不断更新换代。

2010 年 3 月 22 日在镇直工作人员间组建“桑梓”QQ 群，共 72 人加入。

2013 年 7 月 9 日，组建“桑梓信息交流”QQ 群，镇直机关 92 人加入。

2015 年 3 月 17 日，为理顺镇村治理体制、强化公共服务功能、改进社会监督方式、规范工作落实标准，充分利用新媒体互动性、快速性、广泛性和开放性等特点高效助推社会治理创新和服务质量提升，桑梓店镇党委、政府有效整合镇村干部队伍正式建立“平安桑梓”微信联动平台，形成了“党政主导、部门参与、三级联动、法治保障”的网格化社会治理新体系。

“平安桑梓”信息平台微信群由镇社会稳定办公室创建、维护、管理，整合吸纳了镇党政班子成员，各部门负责人，镇属各办事处书记、主任，各村主要负责人共100余人实名加入。平台既发挥了畅通工作联动渠道的“传声筒”作用，又起到了畅通源头治理渠道、凝聚信访维稳合力的“稳压器”作用（早发现早处置，抓好源头，共享经验；快部署快落实，抓好引导，凝聚合力），还发挥了畅通信息公开渠道、完善多方监督机制的“公开栏”作用（信息公开变逐级传达为同步传达，监督方式变单向监督为多方监督）。

2016年2月8日，出于工作需要，镇党委政府又建立了“桑梓机关百家争鸣”微信群，有108人加入。

2016年2月19日，在全镇2015年度科学发展总结表彰大会上，董学山书记“要求各村建立微信工作平台，延伸发挥镇党委微信平台的‘连心桥’、‘传话筒’作用”。此前南郑等村已经建立家家户户参与的村微信群，这样就能“一竿子插到底”把全镇重要信息迅速传达到千家万户。

五、电影电视

（一）电影

桑梓店镇电影放映开始于20世纪50年代末，主要由上级电影队巡回放映。放映影片多为宣传夺取和巩固无产政权的片子如《夺印》《丰收之后》《箭杆河边》《白毛女》等。20世纪60年代初放映《清宫秘史》《海瑞罢官》《鸡毛信》《朝阳沟》等。20世纪60年代后期“文化大革命”开始，一些反映爱情、友情、社会生活的故事片遭封杀，只能演出八部革命样板戏《红灯记》《智取威虎山》《海港》《龙江颂》等，再就是放映之前加演《新闻简报》或幻灯片。从二十世纪70年代至80年代，多放映一些战斗片、武打片、故事片、外国片，如《小兵张嘎》《地道战》《地雷战》《列宁在十月》《少林寺》《卖花姑娘》等几十部爱情影片，到了改革开放初期多放一些如《简•爱》《望乡》《鲜花盛开的春天》等爱情电影。

听说村里晚上演电影，娃娃们会提前放好凳子占好位置。听说近处村庄晚上有电影，年轻人和孩子们能步行十来里地到外村看电影，看完再步行回来。那时候的电影，如沙漠里的清泉，给人以慰藉、鼓舞或心灵的洗礼，从思想、道德、精神甚至言行上深深地影响了当时的人民群众，尤其是青少年。

1977年桑梓公社成立电影队，开始在公社区域内巡回演出，由王道礼、张加安附带培训刘孝元。1978至1987年桑梓公社（镇）电影放映队主要由刘孝元、王洪礼、王京木负责。1987至2002年桑梓店镇电影放映队主要由刘孝元、李友林负责。

2002年以后数年没有放电影。2008年丁德禄负责镇宣传科工作的时候，因有一技之长丁德顺开始用天桥区文化广电新闻出版局配备的数字式设备在桑梓店镇放映电影，一直到现在。每年4月到10月，每晚到镇内各村巡回放映科教片和故事片，平均每村放映6场。桑梓店镇电影队自成立以来年年被为先进单位，放映员多次被评为先进个人。

（二）电视

20世纪70年代前农村没有电，更没有电视机。十一届三中全会后，随着科技进步，电子产品迅猛发展，农民收入大福度增加，购买电视机的农户逐渐增加。各村陆续供电后，桑梓店镇只有机关、单位和条件比较好的群众购置了电视机，并且多为14吋黑白电视机，最多收看3～5个频道。直到1990年后电视机才基本普及，到1995年彩色电视机取代黑白电视机。1998年桑梓店镇开始安装模拟有线电视，2011

年全镇普及有线数字电视。至 2014 底桑梓店镇已开通数字电视用户 5700 余户，占全镇自然户的近 70%。

有线电视工作站（2016 年摄）

全镇行政村有线网络覆盖率达 100%，主干路光缆干线近七十千米，光机分配网 120 个。有线数字电视用户收视频道达 150 套（含付费频道），电视画面收视质量和工作人员服务质量达到双优。至 2015 年下半年，全镇域开通数字双向业务，所有用户终端光纤接入，用户从看电视向用电视的模式快速递进，为桑梓店镇域的“智慧城镇”建设打下了坚实的基础。

2002 年镇广播站人员“上划”至济南市广播电视局垂直管理。

历任站长

栾文杰	1971—1974
马金江	1974—1976
张开元	1976—1981
王辰三	1981—2002
袁德祥	2002—2005
韩正秋	2005—2012

山东广电网络有限公司济南分公司桑梓店工作站站长韩正秋（2016 年摄）

六、图书档案

（一）图书

1967 年后，新华书店帮助农村建图书室，桑梓公社村村有图书室。

二十世纪七十年代，桑梓公社供销社代营图书购销业务，有 4 间房经营图书文具。经营业务中中小学教材占了较大份额，冷时珍、孙学金、段秀英、张桂荣等任过营业员。1990 年，供销社从桑梓店村东部迁到现在的位置，仍设图书文具专柜。随着中小学教材收归教育系统与新华书店办理，图书业务渐渐萎缩。

档案管理办公室主任陈美春（2016 年摄）

目前桑梓店镇政府文体中心图书阅览室有各种书籍 5000 余册，桑梓店镇 48 个行政村农家书屋平均书籍 2000 余册。

（二）档案

为规范和加强镇政府档案管理，桑梓店镇政府于 2015 年 6 月组建档案管理办公室，陈美春任主任。

档案室保存了各类红头文件、政策、法令、规划、年度计划、总结、人事任免、处分决定等各类档案材料，现有 12 个档案柜，保存档案 376 卷、4172 件，其中最早的是 1965 年的档案材料。自成立以来，档案管理办公室搜集了大量诸如土地征收补偿协议等有保存价值、利用价值的文书档案，全部整理归档。整理 1982—

2007 年的补充档案 200 余卷，归档入盒。整理 2008 年—2014 年的补充档案 3000 余件，录入电脑，归档入盒。2015 年整理完 16 个村自 2004 年开始 11 年左右的档案，平均每村整理 70 卷，圆满完成区档案局下达的任务，并且得到区档案局的好评。2015 年 12 月 18 号，迎接了济南市档案局领导一行对村级档案规范化建档年终检查验收，并且得到了市级领导的好评。

第二章　文物胜景

一、文物古迹

（一）老寨村清真寺

老寨村清真寺位于济南市天桥区桑梓店镇老寨村中部偏东，老寨清真寺占地约 0.67 公顷，建筑面积 1500 平方米，其中礼拜殿 200 平方米。

老寨村清真寺是根据阿拉伯民族形式、伊斯兰教和中华民族传统形式三结合设计的，形成配套的四合院。豪华的清真寺红柱大门座南朝北，檐柱额枋上下精美的木刻，色彩艳丽，刻工精细。

老寨村清真寺大门（2016 年摄）

走进大门，迎面屏风墙上精雕细刻着各种图案。左拐，进二门，是幽深的四合院。清真寺院内存古树四珠，树龄均在 200 年以上。松柏长青，皂角挺拔，北讲堂东首的皂荚树胸径 60 厘米。

礼拜大殿在阿语中叫“麦斯吉德”，坐西向东，分前后殿和窑殿。整个大殿是两排三间大房连接在一体，外墙是一个整体。整个大殿的面积有 200 平方米，可容纳 500 人。殿基的青石台阶上，两面石鼓分列正门的两侧。正面屋檐出厦，有四根粗大木柱支撑。殿顶青瓦条龙，四角吊檐上雕有飞禽走兽，神态各异，栩栩如生。门柱、殿门、格棂和檩木上分别涂有浓绿、天蓝、大红和黄色的油漆，在阳光照射下，色彩缤纷，鲜艳夺目，熠熠生辉。大门口高，上殿时拾级而上。步入大殿，殿堂宽敞明亮，宏伟庄严。十六根柱子支持着上面的梁，大梁上面又有小梁，檩条和桁条。绿色毛毡铺地，柱、椽、门窗红色，墙白色。头顶上方正中悬挂“诚信为本”的匾额，其左是一块题写“淡泊明志”的匾额，其右是一块“宁静致远”的匾额：均黑底金字。讲经楼台立在西北角。前大殿南北各有一个“跨耳”，叫日月坊，用于通风和行人，观察太阳和月亮星辰以确定时间。和大殿相接的是一个六面型的天房，高十一米。每个角的上顶装饰着狮、狗、龙、鸽之类的动物形象，在天房的顶尖装了一个铜制的坛子，上面竖一根圆铁，

老寨村清真寺大殿（2016 年摄）

其上支撑着弯月造型，十分美观。穿过拱形堂门，则进入后窑殿（望月楼），上嵌“清真古教”几个大字。窑殿的作用是标定礼拜的方向，麦加在我国的西方，穆斯林在集体礼拜时阿訇率众跪在窑殿前朝西礼拜。望月楼有二层，高13米，为西洋式八角楼，届时阿訇站在上面看月亮以确定斋月的起止日等。清真寺礼拜殿、望月楼屋屋脊等处饰有龙、凤、麒麟、花卉等砖雕，其精美砖雕作品展示了浅浮雕、高浮雕、镂空式透雕等多种雕刻技法。每逢节日，虔诚的穆斯林教徒都聚集到这里，或听阿訇讲经说法，或拜谒自己心目中的偶像，或举行各种礼仪活动。

北屋为讲经堂，方砖铺地，里面珍藏着百余卷伊斯兰经文。南讲堂为沐浴室，供教徒们沐浴更衣或公棺栖身之用。与礼拜殿相对的东厅是寺管会办公室，有关寺院的重大事情，都在东厅举行会议，研究决定。

老寨村清真寺讲经堂（2016 年摄）

寺内珍藏光绪元年手抄本《古兰经》一部，为米长福阿訇抄录。寺内存有清光绪十一年（1885 年）《米氏五枝三世祖碑记》。

古朴的老寨清真寺，自建寺至今，较为知名的阿訇有米德章、韩宝珍、米双忠等，现任阿訇是杨兆健。

1971 年秋，北京八一制片厂的外景组，为拍摄《回民支队》这部电影，曾以老寨、小寨清真寺为背景，并选聘了百余名回族同胞，反复演练月余，完成影片制作。

《济南伊斯兰教史》称老寨子清真寺“始建于明”。据说当时米恩阿訇把河北省圣房镇清真寺的图纸拿来，请了一位姓马的建筑师领工建造。建造清真寺占用的土地是靠各穆民集资购买或村民捐赠的，有一户汉族李姓人家就赠给清真寺一块地，有土地证文书能证明。建筑清真寺的资金问题，是靠村内“收乜贴”和外地穆民村“收钱粮”的办法解决的。清真寺自建成后，有过几次大的整修。1910 年前黄河决口，洪水吞没了农田和房屋，洪水带来的泥沙淤积在平地上厚达 2 ～ 3 米。清真寺的天房和大殿被冲倒，黄河淤泥有 3 米厚，宗教活动受到很大影响。在这种情况下，全村老少齐动手，去外村背砖扛瓦，并请来烧窑的工匠在寺西建窑烧制砖瓦，特别是异型砖瓦、动物造型的装饰品。在原来的清真寺上重新垒上石头和砖，修建起现在的清真寺，所以后来人称之为“寺上寺”。

20 世纪 20 年代，族人米守祥出资从泺口买来一套房架和砖石木料，又建起了对应式的东大厅，形成一个四合院。整个建筑全部用白石灰垒青石做基础，用白石灰垒青砖做墙，顶上排挂青色小瓦。寺内存清代和民国碑刻两通：《光绪十一年米氏五枝三世祖碑记》《民国六年米长福捐地碑记》。两通碑刻，原不在寺内，系后来迁入。《光绪十一年米氏五枝三世祖碑记》叙述了“米家老寨，相传字邹邑迁来”，老寨米氏为宋代大书家米芾（元章）后人。《光绪十一年米氏五枝三世祖碑记》碑阴刻有上马台之脉传五枝之苗裔。整个建筑群素朴古雅，端庄厚重，巍巍耸立，雄伟壮观

1967 年文化大革命时期，外村的红卫兵以“破四旧”为名砸坏了部分建筑，弄坏了部分门窗和物品。寺内阿訇被吓跑，群众敢怒不敢言。清真寺没人管理，群众又不敢修，房屋和物件损失严重。短短几年，房屋变得漏雨，大殿

的木梁腐朽，房顶下塌，成了危房。一九七〇年以后由于没有钱，只是小补小修了几次。到一九九四年穆民们和村委会通过集资在大殿里安上电灯和电扇，换上大小新梁，铺上地毯。随后由穆民捐款，在水房子安装锅炉，把抬埋伊太的架子换成铝合金的。一九九九年又增添了冷藏式的“塔木”。

2001 年，寺管会研究把原水房子拆除，重新修建。经过两年的筹划和集资，于 2003 年夏天建成用锅炉和太阳能热水并有暖气、男女分开的沐浴室并投入使用。

2005 年，全村老少“拿乜贴”（捐资）重修清真寺的大门、院墙、大殿和北教堂，工匠是专门修建古建筑的曲阜人。2006 年又在大殿南边建造了女寺，并把水房向西增加了一间，成为妇女用水的地方。整个清真寺焕然一新。

（二）小寨村清真寺

小寨村清真寺位于小寨村村西南角，由东边广场、南大院和北院三大部分组成。人们通常所说的小寨清真寺是指其南大院，是一进式四合院格局的卷棚式木砖结构建筑群保护完整，气势恢宏，庭院森森，环境优雅。

小寨村清真寺大门（2016 年摄）

《山东省志·宗教志》和《济南伊斯兰教史》称小寨村清真寺与老寨村寺同为始建于明。村中老人说建造前经过了精心选址，整个寺院正好位于当时铁匠（原先有回族居住）、彭新（现在小寨西部高地处）、小寨、老寨、小马（现在老寨村东部马姓人家所在地）几个村的中心。但清真寺建成后屡遭黄水，1883—1885 年黄河连续三年在齐河县李家岸决口，以至整座清真寺被淤平。村民往下挖掘能挖到墙，但挖不到底。黄水过后村民于民国七年（1918 年）在淤积的原寺旧址上重建了清真寺，1989 年又重修，故人称“寺上寺”。全寺占地总面积为 5897.25 平方米，建筑总面积为 884.83 平方米，全用青砖黛瓦，配以红色门窗，既古朴厚重又不单调乏味。整个清真寺坐西朝东，以大门——影壁——大殿——望月楼为东西方向的中轴线，布局严整，浑然一体。重修时村民曾想在原来的基础上通过增减加以“改进”“创新”，但都因破坏整体美而作罢。由此村民更加叹服先人设计的精致与完美——“增之一分则太长，减之一分则太短”。

寺东有 2662 平方米的广场，也属于清真寺的一部分。

站在广场上向西看，可以看到黛顶硬山式大门呈牌坊造型，大门楼雄踞中间。其南北是一色的青砖墙，但门楼南北各矮下一大截，再往左右南北又各矮下一截——对称分布，一衬再衬，更凸显大门的庄严与巍峨。

走近红漆大门，门前左右各有一棵大槐树，南边的一棵胸径 1.35 米。再往前是五级台阶，台阶左右有光滑的石头栏杆。大门两侧的方形抱鼓石，在古建筑中现已少见。

向上看，檐柱额枋上下精美的木刻——施工工匠称这房檐上垂下的绿色木制花格为垂花大门，色彩艳丽，刻工精细，全国罕见。花格后高悬民国七年（1918 年）重修时制作的巨幅匾额，匾额右端纵向书“民国七年岁在戊午孟夏穀旦”十二个红色小字，中间横向书“清真寺”三个金色大字，左端又纵向书“教民仝立纪念”六个红色小字。

其后悬挂国民革命军陆军一级上将白崇禧

胞兄白崇勋（回族）题写的大门匾额，上书“德崇教正”四个鎏金大字。大门洞净宽 2.68 米，木制门框、大门厚五六公分。门楼内南北两壁

白崇勋题字（2016 年摄）

间分嵌石刻牡丹、芍药等图案。门楼内两侧墀（chí）头（古代建筑中硬山式建筑的一个组件，位置在山墙与房檐瓦交接的地方，用以支撑前后出檐），高浮雕与透雕相结合，十分生动有趣。

走进大门是一个天井院，正对着大门的是影壁墙，石座，砖身，青瓦起脊，顶部饰以砖雕。影壁墙上画一美丽的圆环形图案，寺内教长称“独阿宜”。圆环里面是阿拉伯文，其汉语意思是：爱真主，你是平安的，我从你身上求平安。

影壁墙（2016 年摄）

影壁后有一株古柏，十分罕见。面对这棵神奇的古木，人们有的肃然起敬，有的叹为观止，有的顶礼膜拜——所有这些，她都受之无愧！她本来是一株普通的柏树，但是不幸偏偏降临到她的头上。历史上黄河一次次地决口，洪水一次次地下泄，泥沙一次次地淤积。每一次遭遇水淹，都会在她身上淤积一层泥沙，但是面对这些她都毫不在意，每一次她都以博大的胸襟、坚韧的品格、顽强的意志让自己更高更强。现在人们所能看到的，她的躯干仅 1 米，而周长竟有 1.95 米之多。往上她又衍生出 3 大股，就好像是粘在一起的。北边的一股粗 1.25 米——有一棵大树粗；中间的一股粗 90 厘米；南边的一股粗 59 厘米。这 3 大股又分作 7 大枝，其上有 7 处大的疤痕。

古柏树头（2016 年摄）

所有这些，仅仅是她的头部而已，至于她的身躯究竟有多高多粗有几多变化几多神奇，鉴于她生长在神圣的清真寺内，加之空间又小，人们至今都无法弄清。据前来考察的文物专家说，从其北股一处大疤的纹路来看，大概有 1000 年的树龄。值得小寨村民欣慰甚至骄傲的是，她不但是这一方土地上见证历史沧桑巨变的活祖宗，而且她历久弥新，青春常驻。在她的北边和西北边都有一棵 1 米胸径的柏树，西南边的一棵胸径 90 厘米：都是古柏。

四棵古柏的西面是坐西朝东的教徒礼拜大殿——伊斯兰教教义规定，信徒礼拜的方向必须朝向圣地麦加的克尔白（即天房）。因此，在位于麦加东部的我国，所有的清真寺礼拜大殿一律坐西朝东。红色木格门窗，南北通透，宽敞明亮。

彩梁画栋，上画“奉普慈特慈真主之尊名”“万物非主，唯有真主”和“默罕默德是真主的使者”等阿文祷词。

礼拜大殿（2016 年摄）

大殿的净里面积有 155 平方米，全铺地毯。空调、大彩电、吸尘器等一应俱全。

在大殿的西北角有一段楼梯，旁边放一拐杖。这是演讲人的讲台，谁都可以走上讲台发表演说，年龄大的可以拄上拐杖，累了可以坐在台阶上休息。

从大殿南边或北边的侧面看，砖木混合结构的前卷棚、中大殿与西边的望月楼（又称后窑殿）浑然一体，雄伟气派，这也是大殿宽敞的原因所在。前殿与后殿虽然连接在一起，但修建的年代相差较远。据说前殿是清朝的建筑材质，清朝的建筑工艺；后殿是明朝的建筑材料，清朝的建筑工艺。

浑然一体（2016 年摄）

望月楼高 2 层，修建于 1989 年，是为了确定斋月的起始日期登高看新月和喊话居高声远而建。这座楼经过了几度起伏，来之不易。为了建造望月楼，早在 1954 年，米成起阿訇和彭林照就到东北去募捐。他们历尽艰辛募足了资金，又备足了砖瓦、木料、石头、石灰等材料，正准备建造，忽然赶上人民公社化刮来“五风”——全给刮走了。改革开放以后，1987 年，78 岁高龄的彭林照和 76 岁的米寿义二下东北，募捐到近万元——1988 年建造望月楼大约花费 1 万元。望月楼上的“清真古教”几个大字为当时的省书法家协会副主席丁洛春所书。

望月楼（2016 年摄）

天井以北、大殿北首是北讲堂，也是红色木格门窗，外墙嵌有四通石刻花草图案，为 2005 年改建。

中间 3 大间是讲堂的主体，巍峨突起。其前面由 8 根红色大圆木柱撑起垂花前厦，进门后有 2 根白色大柱，大柱上方在蓝底上书有“认

北讲堂（2016 年摄）

主独一”4个金字。

北山墙上悬挂一副有精美绘画的中堂；中堂右边悬挂“笃守清真”的条幅，其右上方是一面“清真千秋远，圣教万古传”的锦旗，右下方是2010年12月山东省宗教事务局颁发的“和谐宗教活动场所”的金色奖牌；中堂左边悬挂“知足常乐”的条幅，其左上方是一面“替主扬法，替圣传道”的锦旗，左下方是2004年12月济南市民族宗教事务局颁发的“全市宗教界2004年度‘共建美好家园’活动先进集体”的金色奖牌。

在北山墙西端的墙角，陈列着一座用玻璃罩起来的石碑，上面镌刻着楷体“当今皇帝万岁万万岁”九个遒劲娟秀的大字，字径约4.5厘米，碑刻周边刻有祥云和龙，下部刻有莲花图案。至于何人所题，何时所立，不得而知。据传为一位米姓布商从北京运过来。一说某朝某代，皇帝风闻异教徒要造反，驾临济南后，发现有一小部分人的装束打扮非同寻常，于是派大臣打探究竟。有一天是星期五（伊斯兰教主麻日），那大臣看到一些人三三两两，肩搭白毛巾，向一个方向聚集——真有聚众起事的嫌疑，他也买了块白毛巾搭在肩上混入其中一路走来。他一路通过察言观色，旁敲侧击，听众人说要去清真寺做礼拜。他不知道什么是清真寺，也不知道什么叫做礼拜，可是看着这些人不像坏人，但还是不放心，就一路跟到小寨清真寺。他仔细查看了清真寺，随着信众净洗后参加了礼拜，看到的是这些人都规矩本分，听到的都是劝人忠君爱国、积德行善之类，终于打消疑虑。最后他亲自书写了“当今皇帝万岁万万岁”几个大字，叫人刻在石碑上，嘱人立于大殿门前；他还让人制作了黑、红颜色的木棍，称非法搅闹清真寺者用此棍打死勿论——代表朝廷正式确认了伊斯兰教的合法地位，朝廷依法保护清真寺、伊斯兰教和伊斯兰教徒的合法权益。也有人说，来的那人就是当朝天子，除了他，谁能说话这么管用？谁能给伊斯兰教这么大的权利？也有人说碑文字体有乾隆风韵，尚无定论。讲堂3间主体的左右又对称地各矮下1小间，起衬托作用，其中东边的一间供教长起居之用。

当今皇帝万岁万万岁石碑（2016年摄）

天井以南、大殿南首是南讲堂。讲堂的前面排列着4通石碑，自东往西分别是彭氏家谱（辈分）碑、米氏家谱（辈分）碑、1988年修建望月楼的纪念碑和1999年泺口、堤口庄人捐献乜帖的功德碑。南讲堂也是中间高出3间，东西各矮下一间，还都是红色木格门窗。但别具匠心的是，其西边一间延伸到了清真女寺院内，其东边一间虽然从外面看属于南讲堂但在里面又向东接出1间直接连通起对厅南面的3间水房子，成为教民礼拜前的洗浴室。

南讲堂（2016年摄）

对厅也叫东厅，2007年翻修。从西边看，其中间是大门楼，南北各低下两间，其左右又各低下2间，依然都是红色木格门窗——从东边大门外所看到的那两次矮下的青砖墙就是它的后墙。对厅最南边的3间是水房子——浴室，如前所述，对厅节省了一面南山墙。

清真寺别出心裁地用四面短墙把大殿、北讲堂、大门对厅和南讲堂连为一体。大殿的北端有短墙连接起北讲堂，下开小门，进了小门，向西是供阿訇家属居住的一个小院，向西北通向清真寺的北院。大殿南端有短墙连接起南讲堂，下开小门，走进门是2005年建造的清真女寺。

对厅的南端，有短墙连接起南讲堂，上开小门，进去是浴室。

对厅的北端，有短墙连接起北讲堂，上开小门，向北过去是清真寺北院——2009年征地建造，重要节日人们会贡献牛羊，在这里宰杀后分给广大穆斯林。

清真寺的檐角精美而大气，端庄又灵动。

“文化大革命”时期，有人以“破四旧”为由三次要砸清真寺，幸亏彭林照、米双俊、米寿义等人拼命制止，清真寺才得以保存。但是那时候砍伐了寺里的3棵大松树，有的卖给了船厂用作桅杆，村里用那笔钱安了电；有的打制了大马车。

小寨村清真寺历史悠久，2007年3月19日，被济南市政府公布为第三批市级文物保护单位。2015年6月被批准为省级文物保护单位。

二、古　物

（一）桑梓店草庙王村村西有“九圣堂”遗址，存碑刻一通，碑高166厘米、宽68厘米、厚20厘米。碑双面刻字，一面刻清嘉庆六年《重修九圣堂碑记》，一面刻清道光十三年《九圣

堂义学碑记》。

（二）桑梓店镇中心小学存清嘉庆六年碑刻一通，保存基本完好。碑为青石，高166厘米，宽66厘米，厚30厘米。碑双面刻字，一面刻《重修桑梓店义学碑记》，一面刻《济南府齐河县正堂柳世珍所定桑梓店义学规条》。《重修桑梓店义学碑记》碑文14行，457字，字径2.5厘米，楷书。碑额“三物教乡”，字径7厘米，亦楷书。

（三）老寨清真寺存清光绪十一年米氏五枝三世祖辈记碑、民国六年米长福捐地碑。光绪十一年米氏五枝三世祖辈记碑高78厘米，宽96厘米。碑座高30厘米，宽135厘米，刻一供桌。

三、胜　景

沿黄新村走廊、邱岸村、老屯村之类。

第三章　卫　生

第一节　医疗制度

一、自费医疗

就诊购药，费用自付。清末民国期间，医生奇缺，药价昂贵，贫苦群众大多无力就医。一旦有病，或求神拜佛，或用民间土方偏方治疗。新中国成立后，国家在扶助卫生事业发展的同时，曾几次降低药价，减轻人民负担。遇困难患者，乡镇、县民政部门以救济、减免等多种

方式予以照顾，使患者得到及时治疗。

二、公费医疗

1952年7月，国家干部（含教师）、全民工矿企事业职工及已退休在乡的二等乙级以上残废军人由省拨款实行公费医疗；实行供给制的干部子女亦享受公费医疗，工矿企业职工的直系亲属享受半公费医疗；干部、职工退休后仍享受公费医疗待遇。1956年，企业人员医疗费用改由单位自筹。公费医疗管理由卫生、财政两局负责，经费由地方财政拨付。1952年每人每月1元2角，1964年增至1元5角，1979年增至2元5角。

三、农村合作医疗

1969年春，齐河县南北公社楼子张大队办第一处合作医疗。之后，在全县推行，社员按人口均摊合作医疗基金费，每人每年1～2元不等，由生产队统一使用。1976年，有887个大队实现合作医疗，患者就诊费由大队卫生室包揽大部或全部。因无经济基础保证，此办法至1980年自然停止。

四、新型农村合作医疗（简称“新农合”）

桑梓店镇自2005年12月1日开始实行新型农村合作医疗。

（一）工作机构

卫生院设置了新农合办公室，工作人员3人。主要管辖桑梓店镇辖区内农民医疗报销工作；配合党委、政府宣传、发动、组织辖区内农户参加合作医疗；按照规定收缴合作医疗参与人员的个人缴费和接受社会各界的扶持资金；建立健全合作医疗档案，填写、发放合作医疗证；严格财务管理制度，管好、用好合作医疗基金；严格审核处方、病例，防止冒名开药、挂名住院；组织和管理本行政区域内参加合作医疗对象的医药费用补偿审批对付；制定各项新型农合合作医疗工作计划，组织实施、定期检查、总结；每月向区新型农村合作医疗管理委员会汇报工作进展情况及资金使用情况，按时上报各种报表；落实镇合作医疗管理委员会和区合管办交办的任务，协调处理本镇新型农村合作医疗的日常工作；坚守工作岗位，履行职责、热情接待，更好的为参加合作医疗的农民服务。

（二）补偿标准

在定点村卫生室就诊，医药费按40%补偿，每人每年累计补偿40元封顶。在镇卫生院门诊就诊，医药费按40%补偿、中药饮片、中医适宜技术（针灸、推拿、拔罐、刮痧）按45%补偿，每人每年门诊累计补偿60元封顶。

在镇卫生院住院，设报销起付线300元，医药费301元以上补偿85%；中药饮片、中医适宜技术（针灸、推拿、拔罐、刮痧）费用报销90%。

在区以上定点医疗机构住院（门诊、急症室费用不补偿），分段补偿比例为：

区级定点医疗机构住院，设报销起付线400元，医药费401～10000元补偿50%，10001～20000元补偿55%，20000元以上补偿60%；

市级定点医疗机构住院，设报销起付线600元，医药费601～10000元补偿40%，10001～30000元补偿45%，30001～50000元以上补偿50%，50001元以上部分补偿60%；

省级定点医疗机构住院，设报销起付线800元，医药费801～20000元补偿40%，20001～40000元补偿45%，40001～60000元补偿50%，60000元以上补偿60%。

妇女计划内住院分娩（计划外分娩不予补偿），在镇卫生院补偿500元，在其他定点医疗机构补偿300元。

因生产、生活造成的意外伤害住院补偿设起付线5000元，医药费5001～20000元补偿20%，20001元以上补偿30%。

新农合医疗费用报销，在保障年度内参保

人累计获得补偿金额可最高为人民币 10 万元。补偿总金额 4405869.24 元。

（三）历年参保与报销情况

2006 年，桑梓店镇参合人数 24336 人，补偿总金额 312050.28 元，

2007 年，参合人数 26200 人，2007 年桑梓店镇全部行政村中有 27440 人自愿参加以大病统筹兼顾小病理赔为主的新型农村合作医疗，参合率达 96.1%。

2008 年，参合人数 28655 人。

2009 年，参合人数 29790 人。

2010 年，参合人数 29885 人，补偿费用 343.64 万元。

2011 年，全镇参合人数 29643 人，新农合筹资标准为每人 250 元，其中上级政府补助每人 200 元，农民个人缴纳 50 元。但全镇参合农民每人只缴纳了 30 元，另外的每人 20 元由镇政府垫付。2011 年度全镇共筹集新农合基金 741.07 万元。

2012 年，全镇共有 29732 人参加新农合，基金筹资标准为每人每年 300 元（其中各级政府每人补助 240 元，个人交纳 60 元），统筹资金 891.96 万元。该年度总计报销 68144 人次，总医药费 17101457.28 元，总计报销金额 5806359.92 元。

2013 年，全镇共有 30762 人参加新农合，基金筹资标准为每人每年 350 元（其中各级政府每人补助 280 元，个人交纳 70 元），统筹资金 1076.67 万元。基金筹集增加部分，其中每人 15 元用于全省大病统筹。该年度总计报销 108221 人次，总医药费 16455376.45 元，总计报销金额 6883123.64 元。

2014 年，全镇共有 30907 人参加新农合，参合率为 100%，基金筹资标准，每人每年 400 元（其中各级政府补助 320 元，个人交纳 80 元），统筹资金 1236.28 万元。基金筹集增加部分，其中每人 32 元用于全省大病统筹。桑梓店镇 2014 年住院人数为 955 人，住院收益率为 3.09%，市级收益率为 6.5%，低于全市平水平。统筹地区政策范围内住院补偿比达到 81%，高于 75%，2014 年补偿封顶线为 20 万，补偿封顶线是居民纯收入的 10 倍以上。

2014 年，桑梓店镇卫生院实行总额预付制度，政策范围内的药物报销 50%，病种全覆盖。新农合住院补偿及时结报率已达 100%。2014 年全镇新农合总计报销 114101 人次，总医药费 15820511 元，总计报销金额 6363239.2 元。

五、城镇居民医保

2015 年，新型农村合作医疗转为城镇居民医保。

第二节　医疗实践

1952 年，国家制定中西医结合方针，齐河县按县辖区建桑梓店集体所有制区卫生所。1958 年 3 月，撤区并乡，农村私营医药人员依照自愿互利、自由结合、自负盈亏、分片把守的原则，组织起多处联合诊所。1958 年 12 月，原区卫生所、联合诊所按所在公社采取药械折价投资、人员统一调配的方法，建立桑梓店公社卫生院。建院初桑梓店镇卫生院有 12 间门诊平房、三间职工食堂、三间药库、两间药厂、三间病房、三间办公用房、21 间职工宿舍。1960—1962 年，响应中央“保人、保畜、生产自救”的号召，组织医护人员深入农村进行疾病防治。

1965 年，齐鲁医院（原山东省立二院）在医院开办 6.26 学习班，培养了 58 名赤脚医生。

1966 年以前，主要预防和治疗疟疾及农村常见病。

1969 年，进行医疗改革，实行医生下乡、乡医进院，现在桑梓店镇高王村乡医李维信担任公社医院院长。医院自己种植薄荷、丹参、红花、鸡冠花等中草药，自制木香顺气丸、藿

香正气丸、开胸顺气丸等中成药。

1972 年，卫生院购置了心电图、放射透视机、纤维镜。当时中医中药业务开展得比较好，有几位名老中医，如赵孟金、张曰喜等。王长柱大夫以拔牙为主，在当地很有名气。

1977—1980 年，卫生院建起办公室、财务、会议室、防疫股、院长办公室等 6 间平房。

1980 年，扩建 6 间病房，当时农村大面积种植棉花，农药中毒病人较多，最多每天能接诊 30 多人。这个时期已经开始收治高血压、冠心病、肺心病、脑血栓病人。

1981 年 10 月，全镇“赤脚医生”接受齐河县卫生局的业务考核，合格的改称乡村医生，未合格者改称乡村卫生员。另有部分农村接生员。

1983 年，建职工宿舍 6 间，当时业务还是以中医、中药、内科为主，治疗农村常见病及多发病，经济收入每年 15 万元左右。

1984 年，公社卫生院改称乡镇卫生院，设有药房、化验、综合门诊等科室。

1991 年，与齐鲁医院联合，由小儿心外科主任郝芳之、小儿外科主任谭国华、胸外科主任王化生、妇产科主任王红云等轮流来坐诊，带动了小儿科和妇科业务技术的提高。齐鲁医院的医生带领卫生院医生共同做手术，开展了阑尾炎手术、各种疝气手术、下肢静脉高位结扎加分段剥脱手术、唇腭裂修补术、脊髓膨出瘤切除术、输卵管吻合术等手术，业务开展较好，年收入 26 万余元。

1993 年，与山东省建筑医院联合设立肝病门诊，方便了辖区内肝病患者的就诊。

1999 年，送修王鹏、李希山两名医生到济南市中心医院进修外科，丁庆勇进修麻醉，张淑华进修器械护士，组成一个外科班子。

2001 年，建立手术室，开展阑尾炎手术、疝气手术、下肢静脉曲张手术等。

2003 年，设小儿内科，由秦士勇大夫坐诊，业务开展较好，广大群众比较满意。同年购置了血液净化设备，开展血液净化，一年后停止此项业务。

2003 年，“非典”疫情肆虐，桑梓店镇卫生院自筹资金进行消毒药品采购、分发，组织人员进行消杀、疫情流调，对外来返乡人员进行检查、流调，经过全体医务人员的共同努力，成功防止了非典疫情在桑梓店镇的发生、蔓延。

2007 年，桑梓店镇 48 个行政村，农业人口 28553 人，有 27440 人自愿参加新型农村合作医疗，参合率 96.1%，行政村覆盖率 100%。1 月桑梓店镇卫生院实现经费 60% 财政差额补助，人事、业务、财务等关系上划天桥区卫生局直接领导，党员组织关系实行属地管理仍归桑梓店镇党委领导。4 月 1 日山东省“1127”工程资助 70 万元，正式开工建设建筑面积 923.14 平方米的医院病房楼。9 月医院病房楼正式投入使用。12 月 19 日成功承办了全市乡镇卫生院改貌建设现场会暨医疗设备（血流变分析仪、半自动血分析仪、300maX 光机、飞利浦彩超、新华立式高压消毒锅、垃圾焚烧炉、医疗垃圾处理专用车、瑞丰救护车）发放仪式。

2008 年，在区卫生局的协调和指导下，桑梓店镇卫生院与市立四院签定了帮扶协议，四院专家定期到桑梓店镇卫生院坐诊，帮助指导桑梓店镇卫生院的医疗业务工作，不定期来进行专家会诊、帮助开展手术。

按照济南市村级卫生室规划建设标准，对石门孙、高王、三官庙、怀家、仓上、小屯、小吕、姚吕 8 个村的卫生室进行了改、扩建和医疗设备、设施配套，经验收全部合格。

2008 年，卫生室标准化建设在全市率先完成，实现“小病不出村”的医疗卫生服务目标，当年建设标准化卫生室 27 处。

2009 年，为确保党员廉政教育和医德医风建设工作取得实效，组织桑梓店卫生院广大干部职工赴河南兰考县焦裕禄纪念馆参观学习，实地感受焦裕禄同志艰苦朴素的作风和为人民“鞠躬尽瘁、死而后已”的精神。袁贾、老寨、冯堂、耿庄、三教、后房、康辛、周闫、小张、石庙、北董、桑梓店、丁口、张王堂、邱岸、田庄、刘庙、小寨、东秦等19个村卫生室按照市级村卫生室建设标准进行改、扩建，卫生院对各村房屋结构布局的设计、规划、施工等过程全程参与，进行监督、指导。房屋改、扩建工作全部如期完成，按照验收标准各种医疗设备配备到位，经市、区两级考核验收合格。实行农村产妇住院分娩补助政策，2009年共补助380人次，500.00元/人，共补助19万元。

2010年，全镇有48个行政村，农业人口30432人，29885人自愿参加新型农村合作医疗，参合率98.2%，行政村覆盖率100%。

张淑华、怀利代表天桥区参加济南市首届“振华杯”乡镇卫生院护士技能竞赛获得二等奖。

3月15日，成为全市第一批实行基本药物零差率销售的试点单位。

3月天桥区组织开展农村35～59岁妇女“两癌”筛查工作，实查4465人，占应查人数的85%。B超检查1750人，占所查人数的39.20%，其中确诊乳腺癌2例、子宫颈癌2例、乳腺增生293例、乳腺实质性包块131例、乳腺导管扩张8例、生殖道感染1061例、宫颈息肉264例，所查病例都已到上级医院进行系统治疗。TCT检查阳性人数44人，已电话通知本人到上级医院进一步复查确诊，切实做到了早发现、早治疗。

10月份天桥区居民健康档案建立工作正式启动。为了保证居民健康档案按时、按量、按质达标，卫生院投入了大量人力物力，制定详细的工作计划和实施方案，完善服务流程，注重措施落实。经过不懈努力，防保人员、乡村医生等相关工作人员用一个月的时间顺利完成了居民健康档案的信息采集、整理、录入工作，全镇共建档28935份，建档率达95.1%，远远超出了市卫生局规划的2010年完成60%的目标。市卫生局领导对农民电子健康档案的建立和使用给予了充分的肯定，11月14日上午山东电视台、济南电视台、济南日报、济南时报等省市新闻单位来天桥区专访农村卫生工作时，对农民电子健康档案的建立和使用给予了高度评价。

2010年，在全市率先实现农民电子健康档案信息化管理，建档率达到100%。

2010年，在全市提前一年半完成全镇农村妇女两癌筛查项目。

2011年，全镇48个行政村，农业人口29630人，参合率100%。

依据《天桥区关于事业单位专业技术岗实行竞聘上岗的指导意见》《天桥区卫生系统事业单位专业技术岗位竞聘上岗聘任条件指导意见》和核定的岗位编制，制定本单位岗位设置方案，做好岗位竞聘工作。

依据省、市、区相关文件精神，结合本院实际，为充分调动职工工作积极性，坚持以人为本，以患者为中心，全面开展公共卫生服务，发挥医护人员的主观能动性和创造性，创建更加和谐的医患关系，制定并实施了按岗定酬、按绩取酬的绩效工资考核分配方案。

根据国家中医药管理局《乡镇卫生院中医科基本标准》的有关规定和要求，以及“解放思想、发展中医事业”的精神，重新设置中医科。科室面积达120平方米，改善了环境，配备相关设施，有3名中医类别执业医师。

2012年1月1日，村卫生室准时实施国家基本药物目录制度，药品全部零差率销售。

医院按照上级要求和《桑梓店镇村卫生室双提工程实施细则》，对三官庙、东秦、高王、田庄、三教、冯堂六处村卫生室进行了双提达标建设并一次验收合格。

全镇人数29732人，参合人数29732人，参合率100%。

2013年，新农合筹资标准由2010年的人均150元提高到2013年的人均筹资350元（其中各级财政补贴280元，农民个人缴费70元，全镇共有30762人，参合人数30762人），参合率100%；2013年度共筹集新农合可用资金1076.67万元，全面完成筹资任务。

2013年3月，桑梓店镇卫生院被市卫生局评为“全市十佳乡镇卫生院”。

27处村卫生室全部开通新农合报销系统，居民就诊即时结报。

2013年4月，改造后的肠道门诊、发热门诊及门诊输液室及时开诊，为辖区内居民就医提供方便。

为加快推进城乡环卫一体化，加强农村生态能源建设，美化村庄，改善人居环境，2013年5月完成农村厕所改造工作，实现辖区内农村卫生厕所全覆盖。

2013年8月，有27家村卫生室通过上级验收，全部达到“双提”标准。

通过全科医师与居民签约的形式，医生与签约家庭建立长期、稳定的服务关系，对家庭健康进行全过程服务，逐步实现重点人群“每户家庭拥有自己的家庭医生的目标”。截至2013年年底，辖区内开展签约服务的村卫生室达27个，签约户数7820户，签约覆盖率86%。

有计划地开展了“医疗质量万里行”和“平安医院”建设活动，更新经颅多普勒等检查检验设备，与上级医院合作执行了医院之间临床检验、影像检查互认制度，把检查（检验）报告相互认可工作纳入医院医疗质量管理，提高检验（检查）报告质量，确保检查（检验）报告准确、可靠，进一步提高了诊疗水平。

2014年，在区卫生局的指导下，圆满的完成了乡村医生摸底工作。

扎实开展了市级文明单位创建活动，把业务工作和精神文明建设有机结合起来，全面推动了医院的改革和发展，获得了“济南市文明单位”的荣誉称号。

卫生院领导班子团结务实，党建制度健全，党员能够在工作中发挥先锋模范作用，2014年党支部吸收了两名预备党员。

院信息网络和区人民医院联网，实现区、镇、村医疗资源的共享。

2014年3月，桑梓店镇卫生院荣获济南市卫生局颁发的济南市基本公共卫生服务项目工作先进集体和济南市传染病防控与疫情报告工作先进集体。

2014年4月，桑梓店镇卫生院护理科护士贾义玲被济南市卫生局评为“2013年度优质护理服务示范工程”先进个人。公共卫生科科长丁庆勇被济南市卫生局评为“2014年济南市免疫预防先进个人”。

2014年7月，选派6名业务人员到济南市第四人民医院进修学习，提高对常见病、多发病的诊疗水平，以更好地为辖区内居民提供优质的医疗服务。12月，检验科艾滋病检测点顺利通过了济南市疾病预防控制中心的考核验收，成为济南市第一批艾滋病检测点。

2015年，新型农村合作医疗转为城镇居民医保，按照区卫计委和区人社局关于城镇居民医疗保险的相关规定，卫生院认真做好新农合转医保的各项工作。通过政府采购建立起一套新HIS系统，与居民医保结算系统实现无缝连接。

2015年1月，全镇孕前检查工作由镇计生办转入卫生院。为了做好这项工作，院里组织有关业务科室进行了业务学习和精心安排，根据院实际情况，定于每周二、周五为固定检查时间，符合条件的夫妇按规定进行妇科、彩超、内科、男检等项目的检查，医务人员做好对查体夫妇的登记、信息输入、技术评估和报告工作。为保证孕前检查的质量和检查工作的顺利开展，卫生院与济南银丰医学检验中心启动了促甲状腺素、梅毒检查等一系列合作项目。

在雨季来临前，卫生院对病房楼楼顶600余平方进行防水修缮。该修缮工程由政府招标采购，并进行工程决算审计，程序规范，手续齐全。

附：民间验方（摘自1990年版《齐河县志》）

（一）内科处方

1. 感冒

（1）白茅根1两、绿豆1两、茶叶1两、生姜5片、水煎服发汗。

（2）桑叶4钱、薄荷2钱、杏仁2钱、生姜3片，水煎服发汗。

2. 腮腺炎

（1）雄黄1钱、蓖麻仁1两、捣成糊状，敷患处。

（2）明矾2钱、大蒜1头（去皮），共捣成糊状，敷患处，经2小时揭下，再用清水洗患处。

（3）仙人掌3两、石膏1两，捣成糊状敷患处。

（4）大青叶5钱、石膏5钱、双花5钱、甘草3钱，水煎服。此方还能兼治乙脑、流感等。

3. 肝炎

（1）胡萝卜缨子4两（鲜者0.025千克），水煎服，连服5～7天为一疗程。

（2）芒硝（墙根硝）、白矾等份，研为细末，白水冲服，每日1次，每次3分。

（3）茵陈（白蒿）2两、大枣12个（去核）、胡萝卜2个、黑豆1把，水煎服，每日1剂。

（4）丹参2两、茵陈1两、红糖5钱，水煎服，每日2剂。

（5）绿豆粉0.025千克，猪苦胆5个，将猪苦胆焙干研末与绿豆粉调匀，水泛为丸，每日3次，每次服3钱。

4. 蛔虫病

（1）槟榔1两、石榴皮1两，研为细末，水冲服，每次2钱，每日2次，连服2天。

（2）食醋3两、鸡子1个，将醋煎沸，浸鸡子吃。

（3）乌枚30个、小枣3个，杏仁10粒（去皮去尖），共研细末，成丸，每次服3钱。

5. 痢疾

（1）马齿苋（马生菜）4两、大蒜1头。将马齿苋煮熟，调大蒜1次吃下。

（2）红皮蒜，糊泥烧熟，日服2次，每次服5头。

（3）椿树皮（白皮）1两、石榴皮3钱，水煎服，日服2次。

6. 气管炎

（1）豆腐0.025千克、白糖1两，将豆腐挖空放人白糖，煮熟服用，2～5次即愈，本方适应老年性痰喘。

（2）栝楼1两、明矾2钱、生姜3钱，水煎服，日服1剂，本方适应咳嗽痰滞。

（3）蚧蛤蟆1个，焙干研末，温水送服，每日2次，每次5分，本方适应慢性气管炎。

7. 胃痛

（1）大枣3个、胡椒3～6粒，将枣去核，装入胡椒，煮熟吃下，一次即愈。

（2）大豆0.5千克、猪胆1个，共浸泡2～3天，晾干炒焦共研细末，日服3次，每次3钱。

8. 糖尿病

猪胰脏7个，焙干研末，温水送服，每日2次，每次1钱，服完为一疗程，3个疗程可愈。

9. 呃逆（打嗝不止）

柿蒂3钱、公丁香3钱，水煎服。

10. 中暑

鲜荷叶1张、白扁豆1把，水煎服，可治中暑头晕、发烧。

11. 风湿性关节炎

（1）丝瓜藤2两，用酒浸7天，日服3次，每次2盅。

（2）白茄根2两，用酒浸泡7天，每服1盅，日服3次，对关节肿痛有疗效。

（二）外科处方

1. 疮疡

干姜、枯矾等份，研细末，撒疮口包扎，每日换药一次。

2. 痔疮

（1）槐角、槐花、槐米各1两，将槐角炒炭，槐花、槐米微炒，水煎服，主治痔疮初起。

（2）大枣7个、茶叶5钱、山楂5钱、红糖1两，水煎服，日1剂，主治大便下血。

（3）猪苦胆7个，将苦胆汁和荞麦面水泛为丸，每日二次，分7次服完。

3. 外伤出血

生石炭、小蓟，共研细面，撒患处即可止血。

4. 烧伤烫伤

（1）生石灰研面，调香油涂患处。

（2）狗骨1两，烧焦研面，用香油调成糊状，涂患处。

（3）牛胎衣，焙干研面，用香油调匀，涂患处。

5. 骨折

（1）荆条、防风、透骨草、乳香、没药、五加皮，每岁1分(0.3克)，元寸1分(另包)共为细末，白公鸡1个，剥皮，将鸡骨砸烂，和中药混合一处，摊鸡皮上，正骨复位后，把元寸放骨折处，再将鸡皮包紧，然后用小夹板固定包扎，从包扎起24小时后，去掉接骨丹，休息30日即愈。

（2）红月季花3钱，以好酒0.025千克浸泡，每日3次，一日服完。

6. 疝气

（1）大蜘蛛数个，盐水浸泡，炒黄研面，温水送服。

（2）胡椒适量，研面，成人3钱，小儿1钱，将药面撒膏药上，敷患处。

7. 蝎蜇伤韭菜1把，捣烂外敷。

（三）妇科处方

1. 叉奶

（1）鹅蛋3个，去黄，用开水浸熟，睡前服之，连服3晚，乳水大增。

（2）棉花种1两，炒熟，去壳，研面，水冲服。

（3）丝瓜络1两、红糖1两，水煎服。

2. 乳腺炎

（1）仙人掌，取汁外涂。

（2）柏树叶(鲜)4两、鸡子清1个，捣成泥状，外敷。

（3）陈皮1两、甘草2钱，水煎服。

（四）五官科处方

1. 牙疼

（1）鸡子1个，用酒炒熟，1次服下。

（2）黄柏2钱、川军3钱、知母2钱、石膏3钱，水煎服，日服1剂。

（3）白芷1两、冰片2分，研细末，吹鼻内，每次2～3毫克。

2. 红眼病

猪胆1个，用钢勺熬干，取胆汁块，用米粒大一块放人眼内，每日1次。

3. 鼻衄(鼻出血)

（1）凉水、百草霜，凉水洗鼻及额部，棉球沾唾沫，沾百草霜，塞鼻内。

（2）韭菜1把，水煎洗脚。

（3）硼砂1钱，水煎服立止。

（五）皮肤科处方

1. 黄水疮

（1）带皮杏仁10粒、黄豆5钱，炒黑研末，加棉油1两，调匀涂患处。

（2）乌鱼骨1两，炒黄研细末，撒患处。

2. 牛皮癣葱白5块、生姜2两，水煎洗患处。

3. 白癜疯

蛇蜕1条、五加皮5钱、皂刺3钱，水煎熏洗，每日1次。

4. 脚湿气

滑石、枯矾等份，薄荷少许，共为细末，撒患处。

（六）儿科处方

1. 夜啼

针刺人中穴。

2. 流涎

干姜、黄莲等份，研细末，撒口内。

3. 口疮

（1）枯矾1两、冰片1钱、西瓜霜5钱，共研细末，撒口腔内，每日3次。

（2）白矾1钱，蜘蛛2个，将蜘蛛焙黄，与白矾共研细末，撒口腔内，数次即愈。

（七）神经科处方

1. 癔病

（1）鸡子清1个、明矾3钱，将其捣匀，1次服下。

（2）猪苦胆1个，煮熟，加朱砂5分，日服1次，连服3日。

2. 癫痫

（1）猫头鹰1个，朱砂适量，将猫头鹰焙干研末，加朱砂，每晚1次，黄酒送服，分10次服完。

（2）蝌蚪2两，晒干焙黄，研成细末，用黄酒一次送服。

（八）其他处方

误吞针　青蛙眼1对，鲜井水冲服（南北乡马官屯村一妇女误将针吞服，用此方法即可）。

第三节　预　防

1958—1986年，由桑梓公社卫生院防疫组和赤脚医生合作共同完成防疫任务。

1967年，由赤脚医生承担少量接种任务，主要是接种牛痘疫苗。

1968年—1970年，赤脚医生利用晚上时间挨家挨户到村民家为其进行耳部采血，预防血丝虫病的流行和爆发。赤脚医生把预防疟疾的药物亲自送到田间地头，看老百姓把药物服下。

1975年，桑梓店镇爆发脑炎，赤脚医生和省立二院大夫组成医疗小组对病人进行隔离治疗，对疫区做好消毒隔离工作，有效地控制了疫情的蔓延。

1986年，桑梓店镇卫生院防疫组更名为桑梓店镇卫生院防保站，承担防疫任务并指导村卫生室完成各项防疫任务，由防保站工作人员和乡村医生共同完成接种任务。随着防保站的完善和发展，接种任务不再由乡村医生承担，全部由防保站承担。

2011年9月28日，成立天桥区桑梓店镇公共卫生科，全部防疫任务由公共卫生科承担。

第四节　医疗机构

一、桑梓店镇卫生院

桑梓店镇卫生院是由天桥区卫生局管理的一级甲等医院，始建于1958年，位于济南建邦黄河大桥西北5千米、国道308以南1千米、桑梓店镇桑梓店村27号。卫生院坚持“以病人为中心，以医疗质量为核心，以优质服务求发展”的办院宗旨，承担桑梓店镇3.5万居民的基本公共卫生服务、妇幼保健、健康教育、医疗卫生等职责。医院占地0.37公顷，现有业务用房4000平方米。桑梓店镇卫生院设有办公室、公共卫生科、财务后勤科、新农合医保办公室等行政科室，门诊设有内科、外科、妇科、儿科、口腔、中医科、理疗科，辅助科室有检验科、放射科、彩超室、心电图科、手术室、药剂科。配有血流变分析仪、半自动血分析仪、500毫安X光机、意大利百胜彩超、母婴监护仪、万能手术床、呼吸机、床边心电监护仪、高频电刀、腰椎牵引床、超短波治疗仪、熏蒸床等医疗设备。能够诊治常见病、多发病，能开展普通外科、骨外科、妇科等各种手术，能进行心脑血管急

症抢救及腰腿痛、脑血管后遗症的理疗康复治疗。2016年在职在编人员35人（其中专业技术人员34人，管理及后勤人员2人），临聘人员30人。执业医师17人，其中公共卫生2人，注册护士7人。医院开放床位30张。

历任院长

李广臣　1958—1963

周振亭　1963—1976

李维信　1976—1977

赵逢春　1977—1980

李广臣　1980—1983

李登山　1983—1985

侯照举　1985—1988

徐洪元　1988—1999

王　峰　1999—2006

陈立俭　2006—2016

王海涛　2016—

卫生院领导班子(2016年摄)(左一，丁庆勇，副院长；左二，王海涛，党支部书记、院长；左三，李存河副院长；左四，徐茂山党支部副书记)

二、村卫生室

2008年11月13日，桑梓店镇怀庄村海康博爱卫生站正式启用。

2008年，按照济南市卫生室标准化建设实施方案，遵循方便群众、优化资源配置、便于管理的原则，综合考虑服务人口和服务半径、交通和地理位置等因素将原来的32家卫生室整合规划为27家卫生室，并于2008年完成怀庄村、仓上村、高王村、石门孙村、三官庙村、小屯村、小吕村、姚吕村8家卫生室的标准化建设。

2009年，完成桑梓店村、田家村、邱岸村、丁口村、刘庙子村、小寨村、石庙村、三教堂村、周闫村、耿家村、康辛村、小张村、北董村、冯家堂村、后房村、老寨村、张王堂村、袁贾村、东秦村总共19家卫生室的标准化建设。在此基础上完成了仓上村、怀庄村、小吕村、东秦村、刘庙子村、小寨村、石庙村、三教堂村、高王村、周闫村、耿家村、康辛村、三官庙村共13家卫生室省级规划卫生室标准建设。

为进一步加强村卫生室标准化建设，实施规范化管理，全面提升农村卫生机构服务能力和水平，促进农村卫生事业健康发展，根据《济南市村卫生室“双提”工程实施方案》利用2年时间完成对全镇27家卫生室的“双提”工作。其中2012年田家村、高王村、冯家堂村、三教堂村、三官庙村、东秦村共6家卫生室首批完成双提建设。2013年又完成对仓上村、怀庄村、石门孙村、小吕村、姚吕村、小屯村、刘庙子村、邱岸村、张王堂村、周闫村、康辛村、石庙村、小寨村、桑梓店村、耿家村、袁贾村、丁口村、老寨村、北董村、小张村、后房村总共19家卫生室的“双提”工作。

第五节　医疗队伍

一、桑梓店镇卫生院医护队伍

桑梓店镇卫生院拥有执业医师17人，注册护士7人，专业技术人员计34人。为了提高医护水平，医院主动加强与齐鲁医院、山东省建筑医院、市中心医院、市立四院等的横向联系，选派医护人员进修学习。通过天桥区卫生局的沟通协调，与市立四院签定帮扶协议，四院专家定期到桑梓店镇卫生院坐诊。2011年重新设置中医科。实施了按岗定酬、按绩取酬的绩效工资考核分配和竞聘上岗。有2位护士获济南市首届“振华杯”乡镇卫生院护士技能竞赛二等奖，一位护士被济南市卫生局评为“2013年度优质护理服务示范工程”先进个人，一位管理人员被济南市卫生局评为“2014年济南市免疫预防先进个人”。2014年7月，医院选派6名业务人员到济南市第四人民医院进修学习，提高对常见病、多发病的诊疗水平，以更好地为辖区内居民提供优质的医疗服务。

二、乡村医生

1965年9月，桑梓店人民公社开始举办赤脚医生培训学校（6.26学习班），当时共有58名学员，覆盖全公社。由省齐鲁医院老师来桑梓公社统一授课，学制三年，其中理论学习两年半，临床实习半年，学习结束后学员回到各村为村民提供最基本的医疗服务。

1981年10月，全镇“赤脚医生”接受县卫生局的业务考核，合格的改称乡村医生，未合格者改称乡村卫生员。1983年发放首批乡村医生证书。1995年10月为在岗乡村医生发放山东省村卫生技术人员执业证书。2004年正式由赤脚医生更名为乡村医生并进行统一考试，考试合格人员于2005年3月发放山东省乡村医生执业证书并统一纳入桑梓店镇卫生院一体化管理。2012年4月开始为在岗乡村医生发放基药补助每人每月500元。2013年1月开始为在岗乡村医生发放基药补助每人每月1000元。

2016年，全镇有乡村医生计58人。

三、桑梓店镇名医

王长柱，男，毕业于山东医学院，1971年被分配到桑梓店镇卫生院，是卫生院第一位大学生。王长柱以牙科为主，为乡镇卫生院带来先进的医学理念和技术，在当地很有名气，许多病人慕名而来，是桑梓店镇卫生院口腔科的创始人。

潘玉花，女，汉族，1955年9月生，山东省德州市齐河县潘店镇潘庄人，中专学历，副主任检验技师，1990至2013年在桑梓店镇卫生院工作，多次被评为区委、区政府、卫生系统先进工作者。在《齐鲁医学检验》医刊上相继发表了《肾病综合症出血热患者血小板与血小板参数相关性分析》《胆汁淤积（阻塞性黄疸）的实验室诊断》《精液常规检查影响因素的探讨》等论文。任职期间为本院、镇计生办及村卫生室培养检验人员10余人，为农村医学检验的发展做出了贡献。

陈立俭，男，汉族，1966年6月生，山东省德州市齐河县安头乡人，大学本科学历，副主任医师，原桑梓店镇卫生院院长。2008年和2009年连续两年被济南市卫生局评为“济南市优秀乡镇卫生院院长”，多次被评为区委、区政府、卫生系统先进工作者。

他专业技术水平突出，擅长常见病、多发病的诊断及治疗，熟练掌握各项穿刺技术。他刚到桑梓店镇卫生院任职的时候，卫生院的就诊和工作环境很差，在资金困难的情况下，他千方百计筹集资金对医院内的路面进行硬化，对门诊楼外墙进行粉刷，重新调整科室布局并进行装修，改善了就诊和工作环境。为了提高卫生院的服务能力，他提出人才培养计划，每年派年轻人去上级医院进修学习，引进最先进的彩超机，增添了CR、全自动血生化分析仪、血细胞分析仪等设备，为黄河北地区的农村患者提供安全、便捷、优质的医疗服务。在他的带领下，桑梓店镇卫生院多次被区卫计委评为文明单位，护理科被评为“济南市三好一满意示范岗”，2014年获得“济南市文明单位”的荣誉称号。

李希山，男，汉族，1960年8月生，齐河县表白寺镇李见村人，大学本科学历，副主任医师，桑梓店镇卫生院外科主任。临床诊断率和治疗率高，对骨科疑难杂症有独到见解，独创了治疗中西医治疗股骨头坏死的方法，发表了4篇国家级论文，在贾堂宏主编山东科技出版社出版的《临床骨科诊疗学》一书中任编委。多次被评为区委、区政府、卫生系统先进工作者，并获得“第二届山东健康大使”的荣誉称号。

李大武，男，汉族，1958年8月生，山东省济南市天桥区人，汉族，中共党员，毕业于德州卫校。1984年至今一直在桑梓店镇卫生院工作，内科主治医师，擅长心脑血管病的诊断和治疗，医院医疗组组长，多次被区委、区政府、区卫生局评为先进工作者，天桥区第六届、第七届政协委员。

李存河，男，汉族，1958年3月出生，济南市天桥区桑梓店镇邱岸村人，中共党员，大学本科学历，内科主治医师，桑梓店镇卫生院副院长。技术全面，擅长内科常见病、多发病及急诊抢救技术，擅长心脑血管病的诊断治疗，能熟练掌握小儿科常见支气管肺炎、小儿腹泻的诊断及治疗，熟练掌握外科表浅肿瘤切除手术。多次被区委、区政府、区卫生局评为先进工作者，发表国家级论文2篇、省级论文2篇。

李维信，男，汉族，桑梓店镇高王村乡医，1965年9月学习培训班的首批学员。学成回村后积极为村民提供服务，几十年如一日，视病人如亲人，主动承担防疫、医疗任务。多次荣获省级、市级先进个人称号。

魏建孝，男，汉族，桑梓店镇小吕村乡村医生，1965年9月学习培训班的首批学员。毕业回村后积极为村民提供医疗服务，免收贫困病人的医疗费用。他对病人热情服务，无论刮风还是下雨，白天还是晚上，都是随叫随到。曾获得山东省优秀乡村医生称号。

第六节　食品药品监督管理

1978年后，集市设卫生管理员，对上市食品严格检查。1985年，桑梓店镇建立了3人的食品卫生检查组，对食品卫生进行监督检查。

济南市天桥区机构编制委员会于2013年12月31日下发济天编发〔2013〕61号文件，在各镇（街道）设立食品药品监督管理所，为区食品药品监督管理局（挂区食品安全委员会办公室牌子）派出机构，机构规格与区食品药品监督管理局内设机构相同。

桑梓店食品药品监督管理所是天桥区食品药品监督管理局设立在桑梓店镇的派出监管机构。核定编制五人，其中所长1名、副所长1名，工作人员3名。人员都划转自天桥区工商行政管理局，原先都从事基层监管工作。

2014年9月15日，天桥区桑梓店食品药品监督管理所在桑梓店镇正式挂牌成立。办公场所设在桑梓店镇卫生院。

桑梓店食品药品监督管理所管辖区域主要有：镇所属48个行政村，小马商业街和桑梓商业街两条主要商业街，12家食品生产企业，14家药店，1家医疗器械经营企业，现已纳入监管的食品流通117户，餐饮服务34户。

在食品药品监督管理局成立之前，桑梓店镇的食品、餐饮、药品监管工作基本上属于空白，镇上饭店、超市、药店办理健康查体、食品流通、餐饮服务许可等必须跨过黄河到天桥区政务中心去办手续，路途远，群众往返多次，耽误时间和精力，增加了经济负担。桑梓店食品药品监督管理所成立后经过初步的调查走访，确立了“寓服务于监管，以服务促监管”的近期工作思路。向区局积极建议后，经与区卫生局协商，2014年10月15日起把群众办理健康证的业务下放到桑梓店镇卫生院，方便了群众，减轻了群众的经济负担，也提高了食品药品监督管理所监管的效率。12月15日食药所的内部办公系统调试完毕，经区政务大厅同意后，又把食品流通许可和餐饮服务的受理工作下放在食药所完成，更进一步的方便了群众。

针对农村地区和城乡结合部监管区域广、基层监管人员少、监管手段落后等现实问题，

桑梓店食品药品监督管理所（2016 年摄）

在天桥区食安委工作部署下，2015 年 4 月 2 日，镇政府召集相关监管部门召开了辖区 48 个行政村村主任参加的桑梓店镇食品安全协管员会议，在会议上明确了由这 48 名村主任担任各村居食品安全协管员，同时明确了村食品安全协管员的工作职责，即负责收集报送食品药品违法生产经营信息和线索，协助食品药品监管部门做好日常监管、宣传教育等工作。桑梓店食品药品监督管理所代表区食安委当场发放了村居食品安全协管员补助经费。至此桑梓店镇构建起第一个以村居协管员为依托的食品安全监管网络。

村居食品协管员能充分发挥熟悉当地情况的优势，提供了很多食品安全方面的信息。在 2015 年 5 月桑梓店食品药品监督管理所开展的食品流通和餐饮服务信息普查中，村居协管员充分发挥了熟悉当地情况的优势，带领所里工作人员逐户登门开展普查工作，保证了普查工作的及时顺利完成。他们及时发现食品药品违法生产经营信息和线索，积极配合桑梓店食品药品监督管理所展开违法行为查处工作。

加强食品经营小作坊监管。2015 年 6 月 25 日桑梓店食品药品监督管理所核发了黄河以北辖区第一个食品生产经营登记证。

历任所长

李　岩　　2014　—2016.10

吴笑天　　2016.10—

桑梓店镇食品药品监督管理所所长吴笑天（2016 年摄）

第四章　体　育

第一节　学校体育

1949 年新中国成立之初，学校和城镇机关单位体育设施较简单，学校体育活动限于跑、跳、投掷等简单项目。1955 年后，中、小学陆续普及广播体操，各种运动项目逐渐开展。1957 年，中学和有条件的完小设专职体育教师，除体育课外保证每周有 2 小时体育活动。中、小学不定期召开田径运动会。“文化大革命”期间，曾以学工、学农、学军代替正常体育活动的开展，1973 年后各项活动陆续恢复。

1974 年，桑梓中学（今济南第五十二中学）七二级学生参加齐河县运动会获得高中组冠军，德州地区体育局奖励篮球架 1 副。

1974 年 10 月，桑梓中学学生邓振水在山东省第十届运动会上，取得男子 200 米 24 秒的优秀成绩。

1976 年 10 月，桑梓中学学生邓振水在山东省运动会上取得男子 400 米 52 秒 6 的优秀成绩。

1980 年后，乡镇重点联中和当时的齐河七中（今济南第五十二中学）具备运动场、篮球场，齐河七中各种运动器材较齐全。齐河七中有 250 米长环形运动场，运动器材亦较齐备，每年春季或秋季举办田径运动会，并不定期组织田径单项和篮、排球、乒乓球、越野等项比赛。联中亦于每年召开 1 ～ 2 次运动会。各中学（包括重点联中）组织田径和篮、排球男、女代表队，加强训练，提高运动成绩，以带动全校体育活动的开展和为参加上级运动会培养运动员。

第二节　群众体育

1978 年改革开放前，各地仅有砸宝、推铁圈、打尜尜、踢毽子、跳绳、荡秋千等简单的体育活动。砸宝是男孩子们喜欢的“运动器械”。宝，也称元宝，用硬纸叠成，用臂力摔投，以反正为输赢。推铁圈，铁圈约 1 厘米宽，实际上是木筲上的铁箍。打尜尜，尜尜用长约 10 厘米，直径约 2 厘米左右的木棍将两头削尖制成。两头“小”，中间“大”，“尜”是典型的会意字。在地面上画一个大方框，有的叫“城”，有的叫“锅”。在其一条边的中间垂直划一下成“十”字，相当于靶子。参与游戏的都走出去十来步远站在那里，把一条约六七十厘米长两三厘米粗的公用尜尜棒尜丢向“十”字靶，根据尜尜棒近“十”字靶一端距离靶心的近远排出个一二三四五。排在最前面的先打尜尜，即用尜尜棒轻轻地敲击尜尜的一端，使尜尜从地面上跳向前上方，然后迅速用尜尜棒击打尜尜使其飞向远处。最后的一位负责“hě　mǎo”，即跑向尜尜落地处站在那里捡起尜尜向方框里扔。但此时打尜尜的一方持尜尜棒防守，打击迎面飞来的尜尜。尜尜被打出去之后，改由第二位持棒防守。直到有一位防守不住让“hě　mǎo”一方把尜尜扔进方框，“hě　mǎo”的则晋级为打尜尜的，改由其前一位“hě　mǎo”。以此循环往复。有时候运气不佳，“hě　mǎo”的不但始终仍不进去，而且还屡屡被防守的打出去老远，据说有的人曾经累得尿床。玩以上这种长尜尜叫打尜尜，还有一种上为圆柱下为圆锥状的尜尜，尖部装上钢珠，用小边子抽使其转动，谓之抽尜尜。由于不抽不转，也有的地方叫抽懒老婆。

随着改革开放的深入，经济条件逐渐改善，全镇不断加大投入，建起了文化体育广场，设置篮球、乒乓球等体育健身器材。天桥区体育局为全镇 48 个行政村安装了体育健身器材，每村少则 10 件，多则 30 件。

2009 年 10 月，桑梓店镇建成综合文体中心一处，位于镇政府西侧，占地面积 2900 平方米，建筑面积 548 平方米，总投资 120 余万元，设有图书阅览室、培训室、健身娱乐室。2014 年

桑梓店镇综合文体中心（2016 年摄）

又在文体中心西侧建设二层活动中心，面积300余平方米，一楼为棋牌室、二楼为乒乓球室。文体中心配有专人管理，常年为群众免费开放。

2013年9月15日，桑梓店镇代表队在天桥区第一届农民运动会上勇夺佳绩。

2014年，桑梓店镇篮球爱好者成立篮球协会，举办了首次联赛。

桑梓店镇篮球联赛（2015年摄）

2015年3月6日，为纪念第105个“三八”国际劳动妇女节，桑梓店镇在小马村广场举办庆“三八”拔河比赛。来自镇机关的6支代表队共60位妇女参加了此次拔河比赛。通过紧张激烈的角逐，镇农委党支部代表队荣获冠军，镇机关党支部荣获亚军，镇人社中心党支部荣获季军。

2015年8月5日，由齐鲁银行赞助、桑梓店镇人民政府主办的桑梓店镇“齐鲁银行杯”篮球赛在济南第五十二中学拉开战幕。此次比赛以“弘扬桑梓精神·激扬青春活力”为主题，以“以球会友、交流健身”为宗旨，齐鲁银行、鑫茂、华润燃气、传化泉胜、五十二中、镇机关、老寨村、小寨村、桑梓店村、高王村、张王堂村等11支代表队积极参与。此次比赛邀请了专业篮球裁判，经过7天紧张激烈的比赛，老寨村代表队获得冠军，小寨村代表队获得亚军，镇政府代表队获得季军。

2016年5月4日，桑梓店镇在济南第五十二中学举行了迎“五四”首届乒乓球比赛，共有镇机关、济南五十二中、双管单位、桑梓办事处、丁仓办事处、冯高办事处、赵左办事处、周北办事处、鑫茂齐鲁科技城、传化物流等共10支代表队计50人参加比赛。经过激烈角逐，镇机关代表队获得一等奖，济南五十二中代表队获得二等奖，桑梓和丁仓两个办事处代表队获得三等奖，其他代表队获得优秀组织奖。

第十九编

社会生活

第一章 风土人情

第一节 饮食 住房 服饰

一、饮 食

（一）汉族的主食

1949年新中国成立前，镇域居民以高粱、谷子为主食，兼食玉米、豆类和小麦等。20世纪50年代末，始有地瓜干。60—70年代，玉米逐渐上升为主食。70年代后期，小麦数量增加，并于80年代始成为主食。

面粉制品分发面、死面和糕点三大类，具有咸、甜、香、酥多种风味，以蒸、烤、煮、煎、炸、烙等为主要加工工艺。其中发面类又可分为大发面、发面、半发面、小发面、烫面等多种形式，制品主要有馒头类、包子类和饼类。死面制品主要有水饺类、面条类和饼类。糕点制品主要有各种面包、饼干、糕、酥、馓等，其制作工艺复杂，属高档食品。

粗粮制品分干、稀两大类，以干为主。干吃者以饼子、窝窝头（上尖下圆、空心圆锥形）为主，另有qiliu、干饭、蒸糕等，以烙、蒸、糗为主要加工工艺。其中qiliu以杂面为皮、杂菜为馅，呈球形，是口粮不足时的制品，至20世纪70年代后期已不复见。蒸糕有两种：小米经水浸泡，碾成细面，用引酵发开，摊在箅子上蒸，叫米面糕；过年时用黄米（黍或稷）面和进红枣、豇豆等做成窝头蒸熟叫黄面糕、枣糕、黏糕或年糕。稀吃主要是熬粥等。

（二）汉族的副食

糠秕与野菜

粮食不足时，多以掺糠秕、加野菜作补充，甚至主要靠其糊口。新中国成立前，人们常吃的有谷糠、高粱莩以及豆秸、花生皮等。常吃的野菜有青青菜（学名“小蓟”）、蕖蕖芽、苦菜、米蒿、羊角菜等。还有榆叶、槐叶、杜叶、柳花、嫩柳叶、杨树花（当地称木梳芒）等树头菜。通常是将上述糠秕、野菜掺以少量豆糁、面子做成菜饼子、糠窝窝、菜团子或菜豆腐食用。在粮食奇缺时，将榆树韧皮碾成粉，利用其自然黏性将糠菜混合充饥。1949年新中国成立后，除三年经济困难期间外食用渐少，至20世纪70年代中期糠菜绝迹。

菜肴

1981年后，农村粮油增多，群众逐渐改变只有亲朋到来才不得不操办菜肴的状况。将黄瓜切块、片或丝加酱、醋、蒜泥等作料，西红柿切瓣加白糖，属一般人家夏令菜肴；芹菜、芫荽、菠菜、大辣椒等，用开水沏后调成凉菜或热炒；四季蔬菜都可单炒或作鸡鸭鱼肉的伴菜。其中萝卜、韭菜、南瓜、大白菜等又可作馅；葱、姜、蒜等是常用的调味佳品。炒鸡蛋、咸鸡蛋、炒花生米、拌豆腐皮是多数人家常有的菜肴。

咸菜

向以胡萝卜、水萝卜、稍瓜等腌制，常年食用。1949年新中国成立后，机关团体亦喜腌制咸菜。20世纪80年代以来，用花生米、黄瓜、莴苣、甜椒、藕片、大蒜、蒜薹等腌制咸菜者渐多。民间尤喜用稍瓜或冬瓜掺上煮熟、发酵的大豆，装入坛罐密封腌制酱瓜。亦有家庭制作酱油、甜酱、臭豆腐、臭鸡蛋的习惯。

宴席

逢喜庆佳期，传统有设宴款待亲朋邻里之风俗，至今盛行不衰。向以8人一桌，宾客以亲疏、长次排列，面南为尊，亦有冲门为上者。宴席有“八碟八”“海二六”“海二八”“四四到底”“十全席”等名堂。“八碟八”是喝酒上8碟菜，吃饭上8碗菜，此种席面到20世纪60年代后期无人再用；“海二六”是先上6盘或8盘点心为茶肴，继上6盘凉菜喝酒，再上6盘热菜和8个小碟（称醋浅儿），里边盛着醋和葱白、羹匙，置于各人面前，作舀汤、清口之用。接着上一个用鸡鱼肉类做的大碗或大盘（称“大件儿”），单上6个中碗后，再上一个大件儿，最后上6碗菜下饭。讲究的人家又先在上菜前上“四干”（熟的黑白瓜子等）、“四鲜”（橘子、香蕉等水果）、果子（糕点）沿边。20世纪80年代及以前饮用的多是齐河酒厂的散酒，虽然价格低廉没有档次，但都以高粱、地瓜干等粮食酿制；后来瓶装酒成为主流并逐渐升级，却以食用酒精等勾兑的居多。

（三）回族的饮食

历史上老寨、小寨回民的主食与汉族相同。现在以小麦面粉为主食。肉类中回族以牛肉、羊肉为主，还吃鸡、鸭、鹅等有嗉子的家禽和反刍的家畜的肉。

宰牲，必须请既有宰牲本领又能配合阿訇念经的海理费（管杀牲的“四师傅”；“费”，当地人说fái），刀要锋利。宰牲时诵安拉（真主）尊名，其四管（食管、气管和两条血管）至少断其三，使血流尽方为合格。

根据伊斯兰教教义，回族禁食猪肉，也不食马、驴、骡（不反刍）肉和蟹、甲鱼（不成鱼形），还不食自死动物和一切动物的血；禁吸毒、饮酒和赌博；忌向西而溺，因真主穆罕默德的降生地在西方。

每逢婚、丧、节日、亲人远出归来或许下心愿，都要炸油香分送邻里，以示纪念或庆贺。凡回民，不论山南海北认识与否，讨饭者或断了盘费的过路人，进门说声“赛瓦布”（意为打招呼、道辛苦），都要管吃管住或凑集路费。

二、住房

1949年新中国成立前，镇域居民一般住土墙、土顶的平房，每年麦收前都为防漏雨而上大泥泥一次屋顶。习惯三合院或四合院，即正房（北屋）和东西配房或东西南北屋均有。

北房有三间和五间（当中三间为正房）之分，一般住一家之长者。三间者有的两明一暗，即从一头间壁起一间作库房，有小门（称房屋门）通明间；两间明间的中间冲门置桌椅等陈设；另一头一间靠山墙盘炕，靠炕和前墙盘灶安锅。尚有一明两暗者，即中间冲门为明间，东西两间均间壁为暗间，亦有小门通明间。北房五间称“二郎担山”，当中三间稍高，东西各有稍矮的单间，叫“耳房”，亦属配房。配房住晚辈，或存放家具、农具等物。南房多作饲养牲畜或存放饲草之用。

住房有诸多忌讳：忌从院门外看到正房门，多于院门内筑影壁墙掩之；忌前邻正房高于后邻之正房，那样有欺邻之嫌，后邻必于房脊立一块刻有“吉星高照”字样的砖；正房临大道亦属不妥，多于房基以石镶刻“泰山石敢当”以镇之。

1949年新中国成立后，住房条件逐步改善。20世纪60年代后，砖基或石基、厚土墙、砖檐、顶上挂瓦的房子渐次取代土房，富裕的人家会在房屋的外墙泥一层白石灰，在木制的大门上刷黑色油漆，用红漆镶边（朱门之谓大概即源于此。朱者，红也）。1978年实行改革开放以来，石基砖墙的房子日益增多。宅基统一规划后，新建宅房成排成方，长者、晚辈都住向阳之北屋，东西屋作厨房、库房或牲口棚。三合院、四合院渐少。后来兴起前面出厦的砖房，再后来又兴前面出厦两头的耳房前出的锁皮房，近些年又兴起楼房，更有小马、小寨、老寨等村的村民住进了楼群林立的住宅小区。大多数家庭进行室内天花板、吊灯、墙壁、地板等的装饰美化。

三、服　饰

（一）汉族的衣着

1. 帽子

清末至民国年间，男人多戴疙瘩帽衬（帽盔），青少年是红疙瘩，中老年是黑疙瘩。冬天，有在帽衬外加棉抹护以护耳和后脑者。中老年还有戴一把撸帽子的（有毛制和线制之分），帽顶钉缨，冷天撸到脖间，只露口、眼、鼻，暖天上卷。有戴毡帽的。另有少数阔人戴礼帽。民国后期，男帽中又增加三大扇的帽子，前额和两侧各一扇。前扇固定于帽顶前面，两侧卷舒自如，暖时卷起系于头顶，冷时舒开系于颔下。1949 年，男帽先后出现运动帽和瓜皮帽（用几种颜色的 6 块上尖下宽的布缝合而成，前边钉遮沿的叫“运动帽”，不钉遮沿的因形似半个西瓜叫“瓜皮帽”）、制服帽。20 世纪 50 年代中期，以白毛巾（时称羊肚子手巾）包头者渐多。后期，疙瘩帽衬、抹护、毡帽、一把撸帽、礼帽基本绝迹。20 世纪 60—80 年代，童帽变化多端，以军绿色为主；成年人以蓝、灰、黑色制服帽为主。冬天伴以围巾御寒。

清末至民国，女戴帽盔。以表里夹袼褙三层缝成，老年的尚夹少许棉花，年轻的两侧绣花，形似两片柳叶，于前额缝合，脑后以带系之，露头顶，前额钉琉璃或翡翠帽花。民国后期，有了黑色平绒布料的圆帽。中青年圆帽俗称老鸹窝帽，以竹条撑圆顶，顶下裹一周约五六厘米宽的丝绸带，右侧结花；老年圆帽俗称搐帽，椭圆形，无竹条撑顶，前额钉帽花。20 世纪 50 年代中期，以花毛巾包头者渐多，冬裹长、方形围巾。20 世纪 60—80 年代，除裹围巾外，青年还曾盛行春秋蒙纱巾。

2. 衣服

新中国成立前多为土纺土织之棉布，俗称土布。用绫罗绸缎者非官宦即豪绅。二十世纪 50 年代初期，仍以土布为主，间有少量时称“洋布”的机织平面布。合作化后，土布逐年减少，斜纹、哔叽、条绒、平绒、国呢、华达呢等机织布相继出现。20 世纪 70 年代后期，土布基本绝迹。至 20 世纪 80 年代，衣料多为化纤布，用毛料者渐多，用棉布者渐少。

颜色，夏秋多浅色，冬春多深色。年轻人喜色泽鲜艳，老年人则喜庄重朴素。上衣颜色多样，下衣花色居少。清末民初，着色多为土法染制。用黑豆皮、锅底灰着黑色，用草木灰染灰色，用杏树根、槐米煮黄、绿色，或利用棉花（白、紫）的自然色纺织成布。另有用两色或三色线交织成花条、方格布或以土法印花者。20 世纪 50 年代，土法制颜色者渐少，多送染坊着青（黑）、蓝（有深、浅之分）色。至 20 世纪 70 年代末，民间染坊绝迹。

清末民国期间，以穿便衣为主。上衣有单褂、夹袄、棉袄、棉坎肩［无袖，幼儿的叫“囤（dùn）子”］、大褂、大夹袄、棉袍等，均由家庭妇女手工制作。于左或右侧开襟者叫“大襟”，于中间开襟者，叫“对襟”或“马褂”。纽扣多为布绳结成之“核桃疙瘩”，少量琉璃扣或空心铜扣，扣鼻均系布绳。钉纽扣，因讳“四六不通”，向有钉单不钉双之说，多钉五或七个，相沿成习。裤分单、夹、棉三种，皆为围筒式大腰裤，抿折束扎，亦均家庭妇女手工制作。新中国成立后，除中老年有习穿大襟者外，上衣多为对襟。20 世纪 50 年代后期，渐渐有了制服，学生装、工人服、中山服、棉大衣、短大衣等渐次普及，并有了衬衫、秋衣秋裤、绒衣绒裤和毛衣毛裤。到 70 年代家庭开始有缝纫机，80 年代开始有锁边机。纽扣出现了方、圆、菱形的塑料、金属等新品种，扣鼻改为在衣襟上开口。20 世纪 80 年代，购买成衣者渐多，中装、西装皆有。同时，在青少年女子中穿裙子渐趋流行。再后来服装的更新换代很快，西服、夹克、体恤衫、运动衫、休闲服、皮衣、羽绒服等花样层出不穷，争奇斗艳。人们穿衣逐渐讲究个性，讲究品牌，讲究品位。

3. 鞋袜

清末民国初，男鞋有“单缉脸儿”（两叶鞋帮在前头正中和后跟缝合）、“双缉脸儿”（缝合处缉双行细针脚）、“没脸子”（鞋面一块布）和檐鞋（前尖钉鸭嘴）、靴子鞋。20世纪40年代，靴子鞋绝迹。20世纪50年代，檐鞋绝迹。20世纪70年代，解放鞋、凉鞋普及。1982年后，各式皮鞋普及。手工鞋主要有圆口、镶巾两种。清至民国时，女鞋适应裹脚而缝制，前尖后宽。因裹脚者主要靠脚后根走路，为防踩倒，鞋后帮里边有柱（竹）支撑，并钉木头后根底儿。年轻者鞋面绣花。老年妇女的棉鞋叫“靴头子”。新中国成立后，不裹脚妇女的鞋和男鞋几无差别。20世纪60年代，盛行方口夹鞋、五眼棉、夹鞋。20世纪70年代末至80年代，青年人的鞋式样繁多，有解放鞋、球鞋、力士鞋、运动鞋、皮鞋、凉鞋、拖鞋等，主要在市场购买。女鞋多系高跟。老年人仍沿袭旧式鞋。20世纪90年代，特别是进入21世纪之后，皮鞋、运动鞋、休闲鞋、布鞋等的门类分得很细，样式、材料的更新换代都很快，光运动鞋就有跑步鞋、篮球鞋、足球鞋、网球鞋、登山鞋等，人们穿鞋都更加注重舒适、健康，注重品牌、名牌。

民国初，袜用土布缝成，底多层、实纳，并有纳花者，男女袜别于色。1949年新中国成立后，先有了手摇机织线袜，后出现机制线袜，称“洋袜子”。20世纪50年代后期，不再见土布袜，线袜渐次普及，但仍掌布底。20世纪60年代以后，穿袜子主要是买，以呢绒袜、锦纶袜为主。

（二）汉族的容装

清末民初，男孩儿理发，习惯在头上留“木梳背”（没数辈），意求繁衍无穷、人丁兴旺，前额留“刘海儿”（留孩儿）、脑后留“八十毛”，愿祈免灾去病、长命百岁，头顶两边各留茶碗口大一撮发，叫“乖毛”，貌助机灵乖巧。自少年始蓄发扎辫子，成年始刮脸，一般到40岁以后留胡子，亦有从28岁起即留胡子者，称“二十八宿（须）”。民国后，号召剪辫子，少、青、壮年领先剃光头。留恋旧习的老年人，将辫子盘于头顶藏在帽内，或剪掉辫子留齐肩发。少数老年人的辫子直留到新中国成立以后。新中国成立后，在青少年中先后出现并逐渐增多分式头，继而在中老年中亦有了分式头、背头等发型。木梳背、八十毛、乖毛、刘海儿等发型均于20世纪50年代绝迹。20世纪80年代，70岁左右的老人仍习惯剃光头，留胡子者极少。

清末民国初，女孩儿亦习留头囟（但不叫“木梳背儿”）、刘海儿和乖毛，用胭脂抹脸蛋儿、点印堂花（俗称馍馍花）。稍大，乖毛即变成两个小辫子。从少年始，在脑后扎起一条大辫子，以黑、粗、长为美。同时，开始涂脂抹粉和耳佩环坠、腕套镯子、指戴戒指等梳妆打扮，富家小姐并描眉画眼。自出阁始用线绳“绞脸”（除去脸上近发部位的汗毛），第一次叫“开脸儿”，此后年年例行。梳发髻，发髻罩上黑丝线织成的网子，上别疙瘩针、插子针等首饰，其质地以家庭条件高低择金、银、铜、铅不等。中年以后，梳疙瘩鬏、盘头、戴纂、别簪子，后演为梳“香蕉纂”。清末民初，号召剪辫子。抗日战争时期，干部和青少年学生开始剪掉发髻或辫子，留齐肩短发。叫“鹌鹑尾(yi)”。其中亦有少数人同男人一样改为分式头或平头，以帽子掩之。20世纪50年代至60年代中期，青少年习扎两条辫子。“文化大革命”初期，中老年之发髻亦被作为“四旧”强行剪掉，青少年一律剪掉辫子，留短发或在脑后分扎两把。之后，发型随便。至80年代，烫发从县城蔓延至农村。同时，一条辫、两条辫、短发（松动式、直线条、蘑菇式）兼有并存。到20世纪90年代和21世纪，理发发展到美发，并有了美容、化妆、整容、美甲等。

（三）回族的衣着、容装

新中国成立前，回民习戴黑白帽，妇女戴黑、白或绿色盖头，服装与汉民同。现在老寨、小寨两个回族村除少数男性戴无沿的白色“礼拜帽”之外，其他人的衣着、容装与汉族无异。老寨、小寨两村的回民女性早已弃用盖头、面罩、头巾之类。

回族在礼拜磕头时，前额和鼻尖必须着地，戴无沿帽行动更为方便，遂发展成为一种服饰习俗。 回回帽从颜色上看，通常有白、灰、蓝、绿、红、黑等颜色，有的是纯色，也有很多带伊斯兰风格花边或图案、文字的，如星月图案、阿拉伯文的“真主至大”“清真言”等，可根据季节和场合的不同选择戴。一般春夏秋季戴白色帽最多，冬季戴灰色或黑色。最寻常的还是以白色为寻常帽式，结婚的新郎多戴红色帽子，以示喜庆。

第二节　节　日

一、 当地传统节日

（一）汉族的传统节日

1. 打春

《齐河县志》1933年版载，清末县衙有“打春”的习俗。在立春的前一天，将造好的泥牛、芒神置于城东郊，县令率衣冠楚楚的官员，在鼓乐声中出城设筵相迎。筵罢，将泥牛、芒神搬回，置于县衙大门内，复于堂上饮春酒、演杂剧。待立春时至，各官员拜芒神后用棍子（叫“春棍”）打泥牛三下，以示劝耕之意；继由小官吏将泥牛砸碎，谓之“打春”；又将小泥牛、芒神分送各绅士家，谓之“送春”。此俗民国初绝迹。

2. 除夕与春节

农历腊月三十日（小尽即二十九日）为除日，除日晚上叫除夕、大年夜等，民间称年三十、大年三十。外出谋生的大都最晚在除夕前回到家吃团圆饭。

除日的主要活动有打扫卫生、挂家堂字画，贴春联、挂红灯、祭祀天地先人等。家堂（卷轴图画）、字画要贴在堂屋正中。春联的内容十分丰富，一般大门上贴的是“忠厚传家远，诗书继世长”之类显示门第家风的春联，进门影壁墙上要贴“抬头见喜”“万象更新”之类的年关吉利的单联，正房门上贴“国泰民安，人寿年丰”之类祈求福寿安康的对联，中堂两边要贴“福如东海长流水，寿比南山不老松”之类的祝福祝寿的对联。店铺要贴“生意兴隆通四海，财源茂盛达三江”之类寓意招财进宝的对联；天地堂两边贴“晨昏三叩首，早晚一炉香”；宅神堂两边要贴“年年多吉庆，月月保平安”；灶君堂两边要贴“上天言好事，回宫降吉祥”之类祈求保佑的对联。粮囤上贴“五谷丰登”“粮食满仓”，猪羊圈贴“六畜兴旺”，牲口槽贴“骡马满槽”，大车上贴“日行千里路，夜行八百里”。其他地方还要贴“福”字（有些地方把“福”字倒贴，意为“福到了”）。年画内容十分丰富，以鸡画、鱼画、娃娃画较为普遍。鸡表示吉祥，鱼意味着钱粮有余，娃娃则象征人丁兴旺。

除日这天，有的家庭在院子里小桌、茶几之类摆供，祭祀天地神明，供品有猪头、鸡、肉等。绝大多数家庭要祭祖表达对先人的感恩和怀念，下午先摆放供品，再或摆上家谱，或挂上家堂，或请人在火纸（烧纸）上写“三代宗亲之神位”叠成令箭形状插到馒头上，或摆上遗照。备好香和香炉，近黄昏时点上香拿着到村外或念念有词请祖先回家过年。回到家进了大门以后，要在门口横放一根木棍，叫做拦门棍，最好是桃木的，拦住凶神恶鬼不准进门。

鸣放鞭炮是除日一项重要活动。爆竹是古人用来驱逐疫鬼的武器；现在一般在饺子刚煮好时鸣放，鞭炮、二起（二踢脚）、礼花焰火此起彼伏，响成一片。

晚餐比较丰盛，不管是三世同堂，还是四

世同堂，一般都全家团聚，饮酒吃肉吃肉馅水饺叙谈。从前是饭后阖家叙家常，终夕不眠，叫做守岁。新中国成立以后，守岁一般都是象征性的，10点以后各自安寝。进入21世纪后，大都看完中央电视台的春节联欢晚会才睡。

除夕夜的零点为两年的分水岭，俗语说："一夜连双岁，五更分二年。"往往还不到除夕夜的零点，一些心气儿高的人家就放鞭炮煮水饺吃水饺，称"抢年过"。之后再睡觉休息，到早晨再起来拜年。大多数人家是春节这天早晨早起煮水饺吃。男女老幼穿戴一新，当家人在院子、房中、车前烧纸祈福拜家堂，再是晚辈给长辈拜年。吃饺子前，要鸣放鞭炮。饺子要煮得多，意在有余头。水饺煮好后，先盛一碗敬天地、先人。饺子多是素馅，图个一年素素静静平平安安。有的家庭在饺子里包上硬币，谁吃到谁有福。包饺子的人为了让孩子或老人高兴，故意装作无意地把有硬币的饺子给他们。

不但人吃水饺，过年还让家里的牛或其他家畜及狗等吃饺子，以感谢其对家里的贡献。

农历正月初一日为春节。古代称这一天为元日、元旦、元正、元辰、元朔、三元、三朝、三正、正旦、正朔等。辛亥革命后，改行公历，这天被定为春节，以区别公历新年的元旦，但一般人们仍习惯把它看作年节，俗称"过年""过大年""旧历年""阴历年"。年节早见于《尚书·舜典》，到汉代民间习俗就已相当繁多，至今仍是一年中最隆重的节日，公职人员放假7天。

早饭后家长守家堂，晚辈进行近拜，就是给没出五服的长辈拜年；最后是远拜，给出了五服的长辈和亲朋好友拜年。同族或街坊邻居串门拜年，平日不睦者，多以此而得和解。春节拜年的习俗由来已久，已经成为传统文化。旧时拜年得磕头，现在一般人只是问好和表达祝愿。等晚辈拜年回来后，即使是上了岁数的家长，只要身体健康行走方便，也要出门给自己上了岁数的长辈拜年。过年时，长辈往往给孩子压岁钱。随着科技的进步，现在已经兴起了短信、微信等的拜年，而且已经提到了年三十，但这不能代替初一的登门拜年。

到初一的中午，各户要到湾边、井边烧纸求平安。在初一傍晚或初二早、晚送家堂，出门拿掉拦门棍，将先祖魂灵送至村边——有的送到坟头，祭酒、磕头、燃纸香后，鸣放鞭炮。

过年忌讳打人骂人，把饺子煮破了得讳饰为"挣了"（赚了）。因为过年，整个腊月和正月都忌讳打破碗、盆之类，万一打破，要口念"岁岁（碎碎）平安"的吉语来破解。

重要的亲戚，诸如已经订婚尚未结婚的，男方要在年前去给岳父岳母送礼；已经结婚的，女儿要在年前去娘家送礼——节后再带上礼物走亲戚拜年看望。对于重要的亲友街坊，也在年前送礼以表达敬意。已经订婚的，男方一般在初二到岳父岳母家走亲戚拜年，女方初三到公婆家拜年：双方老人都得给未成亲的女婿、媳妇喜钱。刚结婚的夫妇第一年走亲戚，一般要给亲戚家的小孩压岁钱，亲戚也要跟媳妇或女婿喜钱。

人们习惯将除夕、春节二者合称为"过年"，多数人认为过了正月十五的元宵节就过完了年。但拜年却不以此为限，习俗称没过"二月二"就可以拜年。

3. 元宵节

农历正月十五日为元宵节，因元宵是节日食品而得名。道教称正月十五为上元，所以这一天的晚上又称上元夜、元夕或元夜。唐朝崔液有《上元夜》诗："玉漏铜壶且莫催，铁关金锁彻夜开。谁家见月能闲坐，何处闻灯不看来。"南宋辛弃疾有《青玉案 元夕 》词："东风夜放花千树，更吹落，星如雨。宝马雕车香满路，凤萧声动，玉壶光转，一夜鱼龙舞 。

蛾儿雪柳黄金缕，笑语盈盈暗香去。众里寻他千百度，蓦然回首，那人却在灯火阑珊处。"

元宵节的主要活动是观赏灯火，所以又称

灯节。唐朝以前，有腊月赏灯的习俗，是汉明帝从西域引进的。据《僧史》记载，西域腊月晦日，称为大神变，该日烧灯禳佛。汉明帝引进以后，逐步发展为赏灯。唐代把赏灯的时间正式定为正月十五，唐玄宗时规定元宵节前后三天弛禁，开市赏灯。宋代并颁诏令，把元宵赏灯作为一项制度确立下来。明太祖建都南京，为了招徕天下富商，放灯十天。清太宗时，仍然规定元宵三夜，开市赏灯。到了近代，全国各地赏灯的起止日期，参差不齐，有的三夜，有的五夜，有的甚至长达十夜。民国时期规定，元宵节前后三天为灯节，十四日为试灯，十五日为正灯，十六日为残灯。

元宵节这天，人们放鞭炮，吃元宵或水饺，晚上庭院挂天灯，并在大门、屋门里里外外多处置灯（旧时灯多用胡萝卜或白菜疙瘩挖心灌豆油而成），各家通亮。多数村表演狮子舞、赛龙灯、跑旱船、踩高跷等化妆节目，成群结队走村串街游乐，直至深夜，称“傩（núo）光”。有的还提上灯笼到自家的果树周围去照一照，据说可以免除虫害。二十世纪八十年代以来，灯火多以电灯代之，迷信习俗多不复见。现在，各机关单位或家庭早在春节就挂起“欢度春节”的红灯，元宵节前有些村会敲锣打鼓练习划旱船、踩高跷、舞龙灯等，赶在节前或正月十五这天部分龙灯队会到镇政府、各单位或商业街等地进行表演，所到之处都以鸣放鞭炮赠送礼品答谢。元宵节期间有些人特别是免票乘坐公交车的老年人乘坐k143路等公交车到趵突泉等公园赏灯，开私家车去赏灯的也不少。

4. 二月二

农历的二月二，俗谓龙抬头。原济南府所属地区，称为青龙节或春龙节、龙头节。桑梓店镇历史上即属于济南府。唐代之前，二月二不算令节，中唐时此日始有挑菜、迎富、踏青等活动在川陕之地流行，时称“挑菜节”“迎富日”。宋末元初，北方的二月二又联系惊蛰增加了龙抬头的内容，并逐渐演变成以驱虫害和祈丰收风俗为主的节日。明清以来，山东此日有引龙、打囤、煎饼熏虫、击梁辟鼠、炒豆报捷等风俗活动，挑菜、迎富等已不多见。关于“二月二，龙抬头”本地有三大习俗。一是理发。旧时迷信，称正月里推头死舅舅，母亲等人都很在意，于是整个正月不得理发——除非已经没了娘舅。一气儿憋到二月二，一理发，不但心里头都“抬头”扬眉吐气令人刮目相看了，而且一个个都好像成了“龙”：就是图个吉利。二是“炒蝎子爪”。先用水将大豆浸涨，加盐或糖，再用油炒，意为将蝎子爪炒掉，人吃了不会被蝎子蜇。三是黎明时在室内、院中和打谷场上用草木灰撒成大圆圈，曰“打囤”或“打仓”。院中、场上的“仓”中央放一小堆粮食，上覆砖头，室内的“仓”中央用砖头压上制钱、铜子或纸币，祈求家里钱满柜、粮满仓。出太阳后，将盖粮的砖头掀掉，让鸡或野鸟把粮食吃掉。还有，在出太阳前，顺墙根撒草木灰，意在限制毒虫爬出来伤人。到二十世纪80年代，“打囤”者亦不多见。二月二这天，不少人家会放鞭炮、吃水饺。

5. 寒食与清明

冬至后一百零五天谓之寒食，从前从这天起禁火，冷食三天，故又称“冷节”“禁烟节”。民间传说当年晋国公子重耳在外颠沛流离十九年，其间介子推不离不弃。当重耳饿得发晕走投无路时，介子推“割股奉君”，割下自己大腿上的肉与采摘来的野菜同煮给重耳吃，这让重耳刻骨铭心。重耳得天下成为晋文公后想封赏功臣，介子推却隐入绵山。晋文公访寻未得，求人心切，便采纳下言让人三面烧山想逼迫介子推出来。可大火烧了三天，介子推终究没有出来。介子推死后晋文公深为愧疚，遂改绵山为介山，并立庙祭祀，由此产生了“寒食节”。

春分后十五天为清明，在为期三天的寒食节的第二天，故有清明即寒食节之说。清明节这天，农家多于清晨在大门上插柳枝，傍晚带纸香供品到茔地祭先人，在坟头添新土，俗称上坟。新中国成立后，机关学校等多在这天组织祭扫烈士墓活动，寒食节已少人提及。民间称清明为“鬼节”“冥节”，与七月十五、十月一日总称“三冥节”。

寒食、清明本来是两个节日，但镇域大都合二为一。一般叫清明，少数人叫寒食，但过节却是在清明这天。

6. 端午节

农历五月初五为端午节，亦谓端阳节。是日，少数地方吃粽子，门上插艾，成人戴“五香囊”，小儿脖子上戴五色线绳，谓之“长命索”。此类举动，久已绝迹，今只改善生活。

7. 五月十三

农历五月十三，相传为关羽磨刀日，又传是下雨之日。故农谚有“大旱小旱，不过五月十三”之说。新中国成立后人们基本不过。

8. 夏至

“冬至饺子夏至面”，这一天家家户户吃凉面条。夏至后第三个庚日为初伏，第四庚日为中伏，立秋后第一个庚日为末伏，总称伏日。

9. 七夕

农历七月初七，习称七夕、七月七、乞巧节。传说这一天牛郎、织女鹊桥相会，故亦称双星节、情人节。旧有“夜在葡萄架下能听到牛郎、织女哭声”之说；又说喜鹊都飞去为之搭桥，故此日不大见喜鹊。

牛郎、织女双星相会的传说虽在《诗经》中就已肇其端，但当时并无七夕渡河的记载，到汉代《淮南子》中始有“乌鹊填河而渡织女”之说，《风俗通》亦记有“织女七夕当渡河，使鹊为桥”。从东汉崔寔的《四民月令》和东晋葛洪的《西京杂记》来看，七夕作为节日当始于汉代，节俗是晒经书及衣裳，向双星乞愿和穿针乞巧。晋代周处《风土记》中记述乞愿有乞富、乞寿、乞子等内容，此后才以乞子和乞巧为主，故又称为巧节、乞巧节、女儿节等。

进入21世纪后，随着商家和媒体的宣传，七夕又称中国情人节。

10. 中元节

七月十五是中华民族最重要的传统节日之一，是道教、佛教和民间三方力量汇流而成的鬼节。

道教称中元节。道教将正月十五、七月十五、十月十五这三个月圆之夜定为上元、中元、下元，分别为天官、地官、水官的诞辰，形成了天官赐福、地官赦罪、水官解厄的三元节。中元日为地官清虚大帝诞辰，地官主赦罪之事，传说会在七月十五日这天下界考察，核定人间善恶并为人间赦罪。追宗怀祖者多在此日祭祀地官，为亡人祈福。

佛教称盂兰盆节。公元538年，南朝梁武帝在同泰寺举办“盂兰盆斋”，设斋供佛及僧，求其灭罪增福。这是中国最早的盂兰盆会，此后这个仪式遂在民间普遍流传。“盂兰盆”一词，来自《佛说盂兰盆经》中的目连救母故事，乃梵文音译，原意为“救倒悬”，也就是解救在地狱里受苦的鬼魂。佛教徒兴起盂兰盆会以追念祖先、安抚孤魂。这则佛教孝义传说符合了当时民众的忠孝观念，七月十五也借此更加强化了其祀先、安魂的民俗内涵。

民间则称七月半、过月半、阴节、瓜节、施孤节、麻谷节、河灯节、鬼节等等，人们在日落前后到祖茔烧纸；找不到坟或距坟遥远者在十字路口烧纸寄托哀思。

11. 中秋节

八月十五日为中秋节，因恰值三秋之半而得名，亦称八月半、仲秋节。一般家庭都希望在这个节日里人月同圆，住娘家的妇女必须回婆家过节，所以又称团圆节。古人以仲春二月十五日为“花朝”，与之相对应，又称仲秋八月十五为“月夕”。中秋赏月兴起于唐代，此前的史书不见记载，至宋代始称为中秋节，以玩月宴饮为盛事。明清时期节日风俗内容大增，至今中秋节仍是人们普遍欢度的重大节日。赠送礼品以月饼为主。月饼，又称“团圆饼”，是最有中秋表征的节物，品种繁多。

八月十五是一年中仅次于春节的大节，各商家的生意特别好。已经订婚尚未结婚的，男方要在节前去给岳父岳母送礼；已经结婚的，女儿要在节前去娘家送礼。其他重要的亲友街坊，也送礼以示尊敬。中午改善生活，晚设家筵，阖家聚餐、吃“月饼”，谓之“圆月”。近邻、好友常相邀，饮酒赏月。

12. 重阳节

农历九月初九为重阳节，旧有登高、赏菊之俗。传说晋人桓景从仙人费长房学道，长房对他说：“九月九日，汝家当有灾厄，宜急去，令家人各作绛囊，盛茱萸（此时茱萸之实气味香浓，色赤似椒子，相传折来插在头上可以避秽恶之气和抵御寒冷）以系臂，登高饮菊花酒，此祸可消”。桓景依言登高，果然避免了灾祸。后遂以九日登高为习俗。重阳之称早见于战国时期，屈原的《远游》中就有“集重阳入帝宫兮”之句。魏文帝曹丕在《九日与钟繇书》中说：“岁往月来，忽复九月九日，九为阳数，而日月并应，俗嘉其名。”重阳，又称重九、九日。据传是东晋葛洪作的《西京杂记》记载，汉代九日已有饮菊酒、吃花糕、插茱萸的习俗，历代相沿，亦称此日为“茱萸节”“菊花节”。唐代登高、赏菊的习俗相当盛行，还以十日为小重阳，王维《九月九日忆山东兄弟》“独在异乡为异客，每逢佳节倍思亲。遥知兄弟登高处，遍插茱萸少一人”的诗句历来脍炙人口。宋代以后则每况愈下，登高之类活动只在少数文人雅士中流行。

1988 年农历的九月初九正式定为“中国老人节”，农历“九月九”成为我国法定的老人节。此前或这一天，各级各部门各单位都举行慰问老人或组织老年人举行文体活动、旅游等敬老孝老的活动。

13. 十月节

农历十月初一，俗称“秋祭”“寒衣节”，民众称为“鬼头日”。人们到茔地烧纸、添土祭祖，过去还有糊了纸衣到坟前焚烧者，曰“送寒衣”。1949 年新中国成立后，此节一度趋于淡漠，今仅烧纸或添土。

14. 腊八节

腊，在远古时代本是一种祭礼的名称，夏朝称“清祀”，殷商称“嘉平”，周朝时改称“腊”。“腊”是从“猎”字演变而来，故“腊”“猎”相通。因为一岁之终，农作物已收晒完毕，农闲了，人们便到野外猎取禽兽，用来祭祖先、敬百神，以祈福求寿、避灾迎祥，称之为“腊祭”。到了晋代以后南北朝时，以十二月为腊月，农历十二月初八才被正式固定为“腊八节”。在这一天要祭祀祖先和神灵，祈求丰收和吉祥。据说，佛教创始人释迦牟尼的成道之日也在十二月初八，因此腊八也是佛教徒的节日，称为“佛成道节”。

这一天在中国民间有吃腊八粥的习俗。传说为了纪念释迦牟尼，北宋东京（今开封）各大寺庙都在这天举行浴佛会，做七宝五味粥，这种粥叫腊八粥，又叫佛粥。后来民间也做腊八粥，不论富人还是穷人，家家都要喝腊八粥；甚至朝廷也做腊八粥，以赠百官。最早的腊八粥是用红小豆来煮，后经演变，加之地方特色，逐渐丰富多彩成“五味粥”“七宝粥”“腊八粥”。腊八粥的枣是“早”，象征吉祥；栗是“力”，就是早下力气，争取明年五谷丰收。腊八粥要做得稠一些，粘糊糊的，粘是“连”的谐音，意味着连年丰收。

腊八，拉开了春节的序幕。“小孩小孩你别馋，过了腊八儿就是年”“吃了腊八饭，就把年来办”。腊八节后，春节将至，人们便开始购置年货，打扫卫生，布置居室，以崭新的面貌迎接“年”的到来。

因时值最低气温，故有“腊七腊八，冻死（说

she）叫花（乞丐）”之说。旧时农家有早晨喝“腊八饭”（用小米加红枣等熬成的稀饭）之俗，还有因家里人有病或盼望孩子长命的较富裕人家许下放饭（腊八饭）之愿者，亦于凌晨到街头或庙前施舍给乞讨者。

15. 冬至

冬至是北半球全年中白天最短、黑夜最长的一天，过了冬至，白天就会一天天变长。古人对冬至的说法是：阴极之至，阳气始生，日南至，日短之至，日影长之至，故曰“冬至”。冬至是二十四节气中最早制订出的一个。早在3000多年前，周公就用土圭法观测太阳，测定出冬至。“树八尺之表，夏至日，景长尺有五寸；冬至日，景长一丈三尺五寸”（即竖起高为8尺的标杆，在夏至日观测，中午的日影是1.5尺，冬至日中午的日影是13.5尺）。古人认为自冬至起，天地阳气开始兴作渐强，代表下一个循环开始，是大吉之日。据记载，周代以冬至为岁首过新年。把冬至作为节日来过源于汉代，《汉书》云“冬至阳气起，君道长”，《后汉书》载“冬至前后，君子安身静体，百官绝事，不听政，择吉辰而后省事”。那时候朝廷上下要放假休息，军队待命，边塞闭关，商旅停业，亲朋各以美食相赠，相互拜访，欢乐地过一个“安身静体”的节日。魏晋六朝时，冬至称为“亚岁”，民众要向父母长辈拜节。《晋书》上有“魏晋冬至日受万国及百僚称贺……其仪亚于正旦”的记载。唐、宋时期，冬至是祭天祀祖的日子，皇帝要到郊外举行祭天大典，百姓要向父母尊长祭拜。宋朝以后，冬至逐渐成为祭祀祖先和神灵的节庆活动。明、清两代，皇帝均有祭天大典，谓之“冬至郊天”；宫内有百官向皇帝呈递贺表的仪式，而且还要互相祝贺。

“冬至饺子夏至面”，这一天当地有吃水饺的习俗。从冬至开始就“进九”“入九”“交九”“数九”。到“三九”前后，地面积蓄的热量最少，天气也最冷，所以说“冷在三九”。而“九九”已在农历一月、二月，中国大部分地区已入春，因此说“九九艳阳天”。

16. 辞灶

“辞灶”也称“送灶王爷爷”， 祈求灶王“上天言好事，下界保平安”。民间传说，这天灶王爷要升天向玉皇大帝汇报一家功过，辞灶便是送灶王爷起程。人们用糖果、花生、瓜子、点心等供品祭灶，意思是让灶王爷吃了嘴变甜，上天去只说好话，不说坏话。大多数人在祭灶时，会在灶王爷神像前供一个用麦芽糖做的糖瓜，想用这个粘牙粘嘴的糖瓜，粘住灶王爷的嘴，使其难于启齿，免得他上天去胡说八道招惹是非。人们准备好供品，摆放在“灶王爷爷”前面，还放上纸和用箔叠的元宝，再摆上用纸粘的钱袋子、粮袋子数条（准备灶王从天上返回时装钱、装粮用）。稍等片刻，连同“灶马”（从灶马头儿上剪下来或自己画），以火焚之。主持祭灶的人一再嘱咐并要求：“今天是腊月二十三，灶王爷爷您上西天。少说闲言碎语，多捎粮食多捎钱。再待七天来家过年。”等到纸化为灰烬，从“奠壶”里倒出“奠酒”（实际是水）横着洒一道，举家男人向灶王磕仨头。辞灶仪式结束，再就是分吃那些供品了。

旧时凡回娘家的媳妇必须在腊月二十三之前回到婆家，否则被“辞”到外头就不能再回家。后来移风易俗，人们在农历十二月二十三日“小过年”只是改善生活而已。

（二）回族的传统节日

回族有三大节日，即开斋节、古尔邦节、圣纪节，都是以伊斯兰教历计算的。

伊斯兰教历以月亮盈亏为准，全年为12个月，单月30天，双月29天。平年354天，闰年355天，30年中共有1个闰年。不置闰月，与公历每年相差11天，平均每32.6年比公历多出1年。伊斯兰教历分太阴年和太阳年两种，回族多用太阴年计算。

1. 开斋节（肉孜节）

伊斯兰历的第九个月称为“莱麦丹”，就是教徒守斋的月份，谓之斋月。斋月每三年向前提早一个月，因此有时在冬天出现，有时在夏天。伊斯兰教规定每个成年穆斯林在伊斯兰教历的斋月必须封斋一个月，封斋期间每日在日出前约四时二十分吃饱喝足，之后禁止行房事，断绝一切饮食，一直到日落后七时十分许才能简单清淡地进餐。斋月的起止日期主要看新月出现的日期而定，见月牙儿就入斋，通常以两位有威望的阿訇所见为准，然后本坊的阿訇宣布入斋。在入斋的当晚四点左右，各清真寺的寺师傅，要到邦克楼（宣礼塔）上打梆子，有的不辞辛苦，挨门逐户地敲打。人们听到后，赶忙起来，洗脸、洗手、漱口，做饭封斋。穆斯林们封斋一个月后，在伊斯兰历闪瓦鲁月（十月一日）的第一天，为庆祝斋功圆满，要举行开斋仪式，是为开斋节。

2016 年 7 月 6 日天桥区副区长王睿、桑梓店镇党委书记董学山到回民村向穆斯林群众祝贺开斋节

回族将开斋节视为最大的节日，凡在外面工作的、做买卖的、出差的，都要提前赶回家中。开斋节要过三天，从第一天拂晓开始就热闹起来，家家户户都要早早起来，打扫院内院外和巷道厕所，给人一个清洁、舒适、愉快的感觉。早祈祷后就可以吃一些东西，象征斋月结束。成年人都要洗大净、沐浴净身，小孩子也都个个把脸洗得干干净净，头发梳得光光亮亮的，男女老少都换上自己喜爱的新衣服。早上，清真寺被打扫得干干净净，有的还要悬挂“庆祝开斋节”的横幅和彩灯，张贴赞颂真主的对联。大约早晨八点以后（有的地方以敲响会礼钟声为准），回族群众个个腋下夹个毯子和小拜毡，从四面八方汇集到清真寺举行会礼。当阿訇宣布会礼开始，回族群众铺下毯子或小拜毡，脱下鞋子，老老少少自动向西方跪成很整齐的行列，向圣地麦加古寺克尔白方向叩拜。礼拜后，人们齐向阿訇道安，接着互道“色俩目”（和平、平安、安宁）问候。会礼结束，或由阿訇率领集体游坟扫墓，或各家各户游坟扫墓，为逝者祈祷，在墓碑的刻字上描红，整墓培土。随后分头前往各亲友家拜节，互赠油香、馓子等各种炸果，表示祝贺。一般中年妇女在家待客，年轻夫妇、未婚婿要带上礼物，在节日的第一、二天去岳家给岳父母拜节。许多青年还在佳节举行婚礼。

油香俗称油饼，是回族人民的传统食品，每逢开斋节、古尔邦节、圣纪节，家家都要煎炸（回族人不称之为炸，一般说下油香或者激油香）油香。有的家里过节纪念亡人，有了红白喜事，也要炸油香以表示尊祖继俗。回族穆斯林把油香做为礼品馈赠给亲友或阿訇，“油香”成了回族穆斯林传统的圣洁食品，已成为团结、友谊、幸福的象征。

制作油香时首先要和面、醒面。回族人和油香面讲究“三光”——面光、手光、盆光。也就是说，面和好后，面团要筋道光亮；手上不能沾很多面粉；面盆里外也要干干净净。和好的面揪或切成小面团，每个小面团擀成直径约 10 厘米、厚约 1 厘米的饼坯，在擀的过程中一般不需要翻过来擀，变换面杖的滚动位置擀一面即可。

将油上锅烧热，放入擀好的饼坯，待锅中油香略有变黄后，翻一个个儿，当两面鼓起焦黄后，即可捞出。炸制过程中的火候不宜过大，油温太高，油香表皮容易炸焦，所以有“慢火炸油香，两面都发亮”“爆油炸油香，里生皮焦不发亮”的说法。回族在炸油香时，一般都要请年长的、有经验的人来掌锅。

油香

吃油香的时候也有讲究，如一些回族人在吃油香时，拿在手中面儿要向上，一块块儿掰着吃，而不能用口直接咬（据说是圣行）。大部分只需用手撕成两半儿即可咬着吃。

2. 古尔邦节

古尔邦节(拉丁文 Eid Adha)，又称宰牲节，尔德节。

“古尔邦”在阿拉伯语中称作尔德·古尔邦，或称为尔德·阿祖哈。“尔德”是节日的意思。“古尔邦”和“阿祖哈”都含有“牺牲”“献身”的意思，所以一般把这个节日叫“牺牲节”或“宰牲节”。也译作“库尔班”。

临近古尔邦节三天，家家户户的主妇就忙碌起来了，她们要制作大量的油炸馓子和各种精美点心，为节日期间来家里贺节的亲朋好友和远方的来客准备充足的美食。节日也成为主妇们厨艺与持家德行的大展示和大竞赛。古尔邦节的主要内容有：

（1）举行会礼。会礼是古尔邦节的核心内容之一，穆斯林们沐浴后盛装聚集在大清真寺或公共场所，举行以诵读《古兰》和纪念先知、赞美圣贤为主要内容的盛大仪式和庆祝活动。古尔邦节这一天清晨的礼拜，是一年中规模最大的一次礼拜，所有成年男人皆去当地礼拜寺参加聚礼，场面蔚为壮观。每年逢此日，穆斯林都要戒食半日，俟会礼后进食。聚礼之后，各家各户都要到墓地去游坟诵经祈祷，怀念并为死去的亲人祈福。

（2）宰牲。一般的穆斯林都在节日之前根据家庭的经济情况准备好健康强壮、外观美丽牛羊，宰牲时必须高念“泰克比尔”（Takbir，即真主至大）宰牲方为有效（Mustahabb，可嘉圣行）。宰杀后的肉要分成三份，分别留作自用、赠送亲友以及施舍给穷人。

3. 圣纪节

圣纪节，亦称圣忌节，阿拉伯语称“冒路德”节。相传，先知穆罕默德于伊斯兰历纪元前五十一年三月十二日（公元 571 年 4 月 21 日）诞生于阿拉伯麦加古莱什部落一个没落贵族家庭，取名艾敏（诚实的人），号穆罕默德（受赞美的人）。伊斯兰历第十一年三月十二日（公元 632 年 6 月 8 日）病逝于麦地那，终年 63 岁。由于穆罕默德的诞辰与逝世恰巧都在伊斯兰历三月十二日，故中国穆斯林习惯将其诞辰与逝世合并，举行活动来纪念使者先知，颂颂穆罕默德美德和历史功绩，不忘他所传达的《古兰》教诲，统称“圣纪”或“圣忌”。节日活动通常由当地清真寺伊玛目主持，穆斯林们沐浴、更衣，穿戴整齐，到清真寺礼拜，听阿訇念诵《古兰》经，聚众食饮圣餐。办“圣会”的费用通常由清真寺从其自身相关收入中列支，但当地穆斯林在参加圣会时常常要向清真寺馈赠一些食物和资金，以弥补清真寺费用之不足。

中国境内的穆斯林多为伊斯兰逊尼派教徒，逊尼派穆斯林的圣纪节日是伊斯兰历 3 月 12 日，而什叶派穆斯林的圣纪纪念日则是 3 月 17 日。相传先知穆罕默德生前常常在自己出生的日子（星期一）进行斋戒，但逊尼派穆斯林过圣纪节并不斋戒，而是准备丰富的食物和宏大的场面以示纪念，这是与什叶派不同的地方。

二 、公历节假日

（一）元旦

过元旦先在公职人员中兴起，机关、工厂、学校等单位门口悬挂庆祝横幅，举行文艺晚会，放假两天。渐次普及到农村，群众称“阳历年”。后来改为放假 3 天。随着改革的不断深化和开放的不断扩大，在外上学、上班、打工创业的人员不断增加，这些人元旦放假纷纷回家，带动了节日消费，浓厚了元旦的节日气氛。

（二）“三八”妇女节

新中国成立前讲究男尊女卑，讲究“三从四德”（三从即在家从父、出嫁从夫、夫死从子；四德指妇德、妇言、妇容、妇功。都是压迫、束缚妇女的封建礼教），妇女没有政治和社会地位。新中国成立后妇女解放，男女平等，镇、村领导班子里都必须有女性。每年三八妇女节，桑梓店镇都举行庆祝活动。2012 年起，每年“三八”节对全镇评选出的“五好家庭”“平安家庭”“和谐农家”“三八红旗手”“巾帼志愿者”“巾帼致富带头人”“好媳妇”“好婆婆”等进行表彰，举办拔河比赛、趣味运动会、演讲比赛、广场舞比赛等妇女群众的文体活动。

（三）植树节

1979 年 2 月 23 日，第五届全国人大常务委员会第六次会议决定 3 月 12 日为中国的植树节，以鼓励全国各族人民植树造林，绿化祖国，改善环境，造福子孙后代。植树节前后桑梓店镇每年都植树造林活动。

（四）“五·一”国际劳动节

1949 年 12 月，中央人民政府政务院将 5 月 1 日定为法定的劳动节，是日全国放假一天。每年举行各种庆祝集会或文体娱乐活动，并对有突出贡献的劳动者进行表彰。

1999 年 9 月，国务院出台新的法定休假制度，每年国庆节、春节和“五一”法定节日加上倒休，全国放假 7 天。从此，3 个“黄金周”掀起的旅游消费热成为全国经济生活的新亮点，假日经济成为人们津津乐道的新话题。从 2007 年 11 月 9 日开始，经过多方研究论证比较的国家法定节假日调整方案在人民网、新华网、国家发改委网站，以及新浪、搜狐等网站上予以公布，开展民意调查。调整的内容主要包括，春节放假起始时间由农历年正月初一调整为除夕；“五一”由 3 天调整为 1 天，减少 2 天；清明、端午、中秋增设为法定节假日，各放假 1 天，五一黄金周成为历史。

（五）“五·四”青年节

桑梓店镇党委高度重视青年工作，镇团委积极组织各种活动引领全镇青年争优创先建功立业，让广大青年以实践促学习、从实践中受教育。镇团委通过座谈会、知识竞赛、演讲比赛、歌唱大赛等形式强化政治思想教育，提高广大团员青年的政治素养。

（六）“六一”儿童节

1949 年，国际妇联在莫斯科召开的会议上决定，6 月 1 日为“国际儿童节”。新中国成立后，每年 6 月 1 日桑梓店镇都面向少年儿童开展纪念活动。镇、村等有关领导节前到学校、幼儿园看望孩子，赠送纪念品。2014 年 6 月 1 日，镇机关干部、小马村干部到镇中心小学，与小学生一起观看庆六一文艺汇演，陪孩子度过了一个快乐的儿童节。

（七）“七一”建党纪念日

7 月 1 日，镇直机关多召开中共党员大会或过党组织生活，农村多以支部或小组为单位过组织生活或组织学习报纸社论或收听广播等，以示纪念。镇领导多在节日期间看望老党员或召开座谈会。2014 年、2015 年镇党委连续在小寨村隆重举行庆“七一”千人党员大会，全镇党员参加，镇党委书记董学山作重要讲话。

（八）“八一”建军节

每年 8 月 1 日前夕或当天，驻军都开展“拥政爱民”活动，桑梓店镇则到部队慰问。

（九）教师节

1985年，国务院决定9月10日为“教师节”。每年的这一天，镇领导都到学校慰问教师，或召开庆祝会表彰先进教师。

（十）国庆节

10月1日，公职人员放假3天，后来又加上调休放假7天成为国庆黄金周。新中国成立以来，每年隆重庆祝中华人民共和国成立纪念日，组织干部群众举行盛大集会和游行，城镇红旗招展，锣鼓喧天，鞭炮齐鸣，甚于过年。1966年后，改为升国旗、贴标语、挂彩灯、开座谈会、组织文艺晚会等，以示庆贺。2014年10月1日，桑梓店镇举行庆“十一”歌唱比赛，镇机关干部积极报名，踊跃参与，娱乐了机关干部的身心，抒发了情怀，提振了干部的精神。

第三节　婚姻丧葬

一、婚　姻

（一）汉族的婚姻

封建社会，男女凭父母之命、媒妁之言而定终身，信卜辞、听天命而适人。多到十五、六岁结婚，贫家多男大女小，殷实人家则多女大男小，并有“女大三，抱金砖”之说。一般联姻程序是：由媒人说合，父母同意，即换“庚帖”，又称“定亲帖”。之后，择吉“串柬”，算是正式订婚。结婚前过彩礼（衣物、布料、首饰等）。男方请阴阳先生写“脸面贴”递向女方。内容是迎亲吉期、用人忌讳（打发新娘上下轿的妇女，从新娘属相向前推，不用一、五、九，如新娘属猪，就不用狗、马、虎三相），途中事宜（“路遇井、石、庙用红毡遮之大吉”之类）以及上下轿面向何方等。坐轿者统为大娶，坐车者为小娶，并有娶和送之别：新郎到女方迎亲，谓之娶；女方送女到男方，谓之送。有头车、二车之分：夜间去迎亲，清晨下轿为头车；上午去迎亲，中午下轿为二车。

结婚前，男方布置新房、发帖邀客、贴喜联、包红砖（用红纸包两个新砖，用红线各绑上一双红色新筷子，置于大门房上）、置办酒菜等；女方准备嫁妆，于前一天或当日清晨送往男方。

男方雇轿，请人抬食盒，内装“四色礼”（必有一刀肉）、“接头面”，另带黑色公鸡一只，叫“长命鸡”，到女方迎亲。女方略备酒菜款待，待新娘吃过水饺，将宫衣凤冠穿戴整齐后，头顶蒙头红、被扶上轿，一般由哥嫂陪伴到男家。男方仍将食盒抬回，内有剩余的“接头面”，另将女方陪送的“长命鸡”（黑色母鸡）同男方带去的鸡一起带回。新娘下轿前，由公伯大人绕轿放鞭炮，日“燎轿”。下轿后坐到椅子上，被人抬到院内香案前，案上摆着香炉、斗、秤、弓箭等物，在香烟缭绕及喧嚷声中开始拜天地、拜父母、夫妻互拜的拜堂仪式。其间，由男方长辈将三支箭射向上房房项，意为“乾坤定矣”。新娘入洞房，要跨过放在门槛上的马鞍，以祈婚后平安；另有再跨火盆（在屋地中央）者，以求日子红火。而后上炕坐帐（一天），夫妻共吃“接头面”，剩下一点抄入炕席后，意为留给子孙后代。填枕头，必须用儿女双全的妇女，枕头里填麦秸、红枣、栗子、花生，意为“早立子”“男女花着生”。由嫂子往炕上撒高粱，边撒边念叨：“东一把西一把，一年养活（生）俩。”当日设宴招待亲友，收礼金。新娘礼拜亲友长者，受拜者需出资回礼，日“拜钱”。是夜，烛明通宵，叫“长命灯”，并有年轻人深夜闹房、听房之俗。

次日，夫妻携厚礼随陪人乘轿车（忌套驴子）到女方“回门”（贫家小娶不回门）。女家设宴，请亲友、族人陪女婿，收贺礼。宴罢早回，有“新人不过晌”之说。下午，由嫂子或姐姐指引新娘拜祖茔，再登门拜同宗近门长者，受拜者亦需破钞相答（钱用红纸包着）。至此，新娘方卸下结婚装束。

婚后一月内，女方亲属定期接送闺女，有

三天叫六天送或四天叫八天送者不等。头一遍叫、送，必须是父亲或叔叔、大爷来叫，母亲或婶子、大娘去送，有“爹叫娘送，一辈子没病”之说。近满月回婆家“过对月”。三年内，农历正月十五和八月十五，必须在娘家住，有“正月十五不看灯，看灯死公公；八月十五不赏月，赏月死婆婆”等说。三年后，方可来往自如。

1949 年新中国成立后，婚姻礼俗渐变。国家颁布法定婚龄，实行婚姻自主，自由恋爱者渐多，亦不乏红媒介绍者。经红娘介绍的，也是尊重青年男女的选择，一般先是“小见面”，找个机会让两个人从远处相互看看。如果都能满意或接受，再择期“大见面”，男方须备礼金礼品，男女双方要单独见面交谈。通讯发达特别是进入网络时代之后双方可以通过手机、QQ、微信等方式进一步进行交流。双方满意后再“换红帖”订婚，礼金礼品更重，双方用喝喜酒或分喜点心等方式通知街坊亲友——分享喜悦，无需再牵挂。订婚后双方家庭就结成亲戚，男方一般每年都要给女方置办冬夏服装，春节和中秋要到女家送礼。到法定婚龄谈婚论嫁再“批贴”，男方要带礼物、出“下酒钱”，商定结婚的日期、双方需要置办的物品、娶送的安排等事宜，各持相关手续到登记机关登记，领取结婚证书。一般男方置办房屋、家具，装修、布置好新房。女方提前请儿女双全的妇女做被子，虽然都是被子但称“几铺几盖”；陪送家用电器；有的陪送轿车。女方家里备好枣（早）、栗子（立子）、花生（男孩女孩花开生）、艾（爱）等。当然也有女方置办房产的，也可以双方共同出资置办房产。定好结婚日期后得通知亲友，对于重要的长辈、亲戚、领导等得亲自登门送请帖，有的还得专门接送。因婚嫁去给亲友送请帖有个特定的称谓——“叫亲戚”，不能说去“撒帖”（撒帖用于白事）。过去举行结婚典礼多在家里，买酒菜、贴对联、盘锅灶、请厨师、找桌椅板凳、到碗坊租借碗盘等餐具……现在多在酒店举行婚礼招待亲朋。迎娶从最初的坐轿，经过了骑马、骑自行车已经发展到到乘坐高级轿车。现代社会生活节奏加快，适应新形势新事新办，有些地方已经把结婚和回门集中到一天甚至同一酒店，只是男女双方的宴席分设而已。婚车将要进入女方家时敲锣、放鞭炮，去接新娘的人数为单数，回来加上新娘刚好是双数，意为成双成对，比翼双飞。迎娶的人到新娘家的时候，往往会被“拒之门外”，只有往门里多塞几个红包，门里面的娘家人才会把门打开让接亲的人进屋。女方会备下酒菜，但男方只能坐下看看，不能饮食。新郎要到绣房门口向新娘行礼，或双膝跪下磕头，或鞠躬，或单膝跪地，不一而足。接上新娘后，一般由男方一个年龄小一点的人貌似偷偷地将带把儿的茶杯——那是娘家人早先预备好的——带到男方家。车队从男方家出发到新娘家的路线与从女方家回到男方家（或酒店）的路线不能重合。结婚典礼一般由街坊亲友中德高望重口才较好的人主持，也有不少人去请礼仪公司的专职司仪。原先是放大喇叭，后用音响，现在有人请乐队来助兴。在典礼上有展示结婚证书、新婚夫妇交换结婚信物、老人给新人红包、留影录像等环节，以热闹祥和喜庆为主旋律。典礼完毕，请新娘吃娘家带来的“下脚包子”，问“生不生”，新娘一般报以微笑，有的答“生”。酒宴开始，其间先是新人敬酒后是家长敬酒。现在又兴起了在客人离席告别时主家再赠送喜糖等小礼物。婚后第二天清晨，女方家长差新娘之弟或侄之类送“抬头面”，先向男方家长道喜，再去新娘房内送食品，称“送小饭”。安排回门的则新婚夫妇与随员一起回娘家，女方宴请宾朋，新郎坐大席，居首位。新郎要给厨师“刀钱”，厨师会上菜回赠。婚后第三天清晨，新娘要去厨房做饭——过去烧大锅，新娘须先掏灰再点火，掏灰时她会在锅灶口内发现钱——“掏灰钱”是公婆的引导和鼓励。婚后第六天，新郎新娘同去岳父岳母家，俗称“溜道儿”。

（二）回族的婚姻

定婚，从前遵奉教律规定的三项基本条件：

1. 双方皆是回民；

2. 男女都有自择权；

3. 要有证人。双方父母、本人同意定下亲事后，男方向女方过头遍礼（点心、糖果、茶叶等）。女方家长将礼物分送亲友，意为敬告：姑娘已定亲。向女方递交写有“结婚吉期”的帖子叫“过红”，同时过二遍礼。若结婚前女方变卦，须将礼物退回。

结婚向有举行婚礼之俗，其程序为：

1. 亲友入席；

2. 新人向教长、亲友致敬礼；

3. 请阿訇写“一扎布”（婚书），念“尼卡哈”，大意为：婚姻是凭安拉的“口唤”（允诺）决定的，并讲明男女同样享有财产继承权；（回族人有姓名、乳名、经名三个名字。过去回族婴儿出生七日之内，家长要请阿訇举行一个婴儿命名仪式，按程序诵读《古兰经》，念“邦克”，然后予以命名。男孩多以历代先知、大贤之名授名，女孩则用历代知名女性之名。起名时阿訇诵念内外唤礼词后，分男左女右向婴儿耳朵吹一下，名其曰“吹邦克”，以示小儿今后吉祥，属于穆斯林的一员。成年非穆斯林入教后，也要举行类似的仪式，取一个经名。经名平时不用，在订婚时写于“一扎布”）

4. 新郎向新娘递“卡宾”（从前是钱 10 元 8 元不等，后来与时俱进）；

5. 来宾讲话；

6. 新人请回。

新中国《婚姻法》颁布后，回族群众先到政府登记领取结婚证书，再按照旧俗举行婚礼。

结婚之日，女方邀集三五十人来男方赴宴，叫“送嫁”，先开女席，后开男席。送嫁人愈多，愈显女方家长人缘好。午宴间，新娘躲到别人家待一会，等宴会结束回来送娘家人。这样，到第三天娘家人就不用再来接，叫“偷三日”。之后，来去自如。请来或闻讯自来参加婚礼的阿訇、“海理费”，事主都要开赏钱，数目多少不等。

“文化大革命时期”，阿訇被赶走，原婚姻习俗一度暂停。拨乱反正后，将阿訇请回，婚姻习俗一如既往。随着改革开放的不断深入和社会经济的发展进步，回汉通婚的多了起来。

二、丧　葬

（一）汉族的丧葬

民国年间，丧葬程序繁琐且迷信色彩浓重。人一咽气，即由本家子、侄或邻舍晚辈上房，用木勺敲簸箕（亦有敲门框者）“叫魂”，上呼下应，企图将亡灵招回，顺便向外人报信。遂一方面请办事的人组织写报丧帖差人去“撒帖”——给亲友送信儿，另一方面请人为死者洗脸、剃头（梳头）、洗脚、穿寿衣、放噙口钱。之后，安尸于正房冲门处床上，曰“寿终正寝”（女曰“寿终内寝”）。接着捞“倒头饭”，饭碗中直插一双筷子，置死者头前矮桌上，用手帕包纸灰、“打狗饼子”（面粉掺头发、枣树针烙成。说过恶狗庄时，扔饼子可免遭狗咬）塞入死者手中。至此，合家举哀，邻里抬盛着生米汤的水桶，子女随后哭向土地庙，烧纸、磕头，泼米汤，曰“告庙”或“送盘缠”。出殡前，送三五趟不等。头趟叫“倒头庙”或“倒头盘缠”，去不哭，回来哭。中间或最后一趟叫“上全庙”或“大盘缠”，连至亲中晚辈都参加。头次告庙后，大门上挂鼓、锣，挑纸幡（男左女右），亲友乡邻吊唁，子女陪哭并向吊唁者叩头致谢，曰“陪灵”。已嫁闺女接到噩耗后，哭回娘家或从村边哭回家。并必须回婆家向公婆磕头（叫“讨孝”，意为求公婆允许）后，方可正式到娘家陪灵。

至亲到齐，将死者遗体安放棺内并以土坯头、棉絮将尸体栽稳，子女用棉絮蘸酒为死者擦拭眼睛、照镜子，谓之“净面”，同时放进死者生前爱物，如烟袋、首饰等殉葬品，而后盖棺入扣，曰“入殓”。亦有因死者穿戴铺盖优厚，愿让更多人观赏，以为子女增光而到临出殡才“入殓”者，叫“走马入殓”。棺材头上钉“寿钉”（钉上各色布条）；棺材盖上撒麸子（意为遗福后人）；棺材用两条板凳支起，底下塞上谷草个子（说是可阻止狗猫等圆毛动物穿行，避免死者触电“炸尸”）；棺材前安灵位（俗称“牌位”），摆供品，放“下食罐子”，点油灯和接连不断地烧香。富家有棺有椁，即所谓“套棺”，有重五棺材（板厚 5.5 市寸）和五子棺材（板厚 5 市寸）；贫家则用四子棺材（板厚 4 市寸）或簿皮匣子（板厚 1 市寸），甚至用不起棺材，以箔、席掩身，即所谓“箔卷席埋”。

丧事由家属与村内“办事儿的”共商。丧局大小，以家庭贫富、地位尊卑和人缘好坏而定。丧期一般丧 3 天，为择吉日或等亲人甚至丧期更长。

出殡，俗称发丧。子女头戴麻冠（女裹孝带），身穿孝衣，腰束麻绳，孝子手扶哀杖棍，耳挂棉絮（意为丧事任人办理，自己不闻不问）。前一天傍晚，亲门近支各家由妇女用托盘端三碗“旗子”（面条再切成碎菱形），带烧纸到灵前哭吊祭奠，曰“辞灵”。出殡之日上午，诵读祭文。下午，鼓乐声中道谢各执事后，正式发引。出房门时用菜刀砍碎早置门旁的一只饭碗；出大门，摘鼓敛幡；灵柩所过邻舍，都在大门口点一把火或撒一道灰，意为防亡魂串门作祟；跨过“过灵盆”（盆内盛掺草灰的水，灵过后将水泼掉）置灵街上。至亲路祭，孝子率众男送葬者绕棺摸绳扣，由长子或继承人摔“老盆”（盆底钻有小孔，男 7 个、女 5 个）后抬棺至茔地。途中，孝子既要扶灵柩，又要不时磕头，尽“摔老盆、驾灵车”之责。下葬时，送葬人男向左、女向右绕墓穴哭三周。掩埋后丧礼结束。丧事开始和结束，对执事人等各筵请一次；前者议论丧事，日“请执”；后者算账向事主作交代，日“谢执”。

墓一般为土穴，稍富裕者以砖围棺，叫“围棺垒”或“地里丘”，富家打砖坟，一夫一妻者两孔，一夫多妻者多孔。有的官宦富豪之家，甚至生前即早请阴阳先生选下“风水”好的茔地，定好“向口”，修下砖石结构之坟墓或“阴宅”。妻先死不入茔地，“记埋”或“丘”（地上，以砖或土坯围棺垒）在一边，等夫死后再起榇（chèn）移柩，使夫妻并骨合葬。茔地习植松柏，以示肃穆。

殡后第三天定更，子女提灯笼携纸香、供品（水饺，死者多少岁，水饺多少对，并以多些对数为好，意为祈后人寿长）到墓前添土祭奠，只哭三声，日“祓（ fú，当地人说 pu）三儿”。“一七”“三七”“五七”“百日”“忌日”，即殡后 7 天、21 天、35 天、100 天和周年，子女和至亲中晚辈都到墓前祭扫。“五七”最隆重，除香纸、供品外，还有少量扎彩如纸扎箱柜、牛马等。供品中还有用面粉烙的锅饼一个（多为已嫁女儿或侄女带来），以木棍挑在墓前敲五下，叫“过罗”，即过“五阎罗”，回家后晚辈们分食。忌日后转常礼，春节家祭，清明、十月一日扫墓。

丧考妣，孝子百日内不剃头（意为赎不孝之罪），子女服孝 3 年，穿白鞋，戴镶白边的帽子，扎白腿带，女不戴花、不穿花衣服（主要忌红绿黄紫，可戴蓝花），束发用白或蓝色头绳，上衣（指褂子）下沿要散茬等。3 年内春节不用红纸贴对联。子孙还要为之雕“主楼”，修“牌位”，逢年供于家堂；刻石碑立于坟头，永作纪念。

年轻人死后，上有父辈或祖辈在，不论男女统称“小口”，小口不举行三天、五天丧，稍大者穿戴装殓（几岁者箔卷席埋），亲人痛哭一场，当日埋葬。

新中国成立后，丧葬中礼仪逐渐从简，迷信活动日趋消亡，如服孝三年、打砖坟、修主刻碑等已绝迹。新中国成立初期，尚有部分旧礼节；后出现以开追悼会寄托哀思的新形式，亲属臂戴黑纱，亲友献花圈，送挽幛，放哀乐，致悼词。自1965年以来，提倡火葬。有些村已成立由村干部或有威望的人组成的红白事理事会，建起公墓。

（二）回族的丧葬

穆斯林去世忌称“死亡”而称“归真”，俗称“无常”。葬礼一般在正午12点前举行。回民历来实行土葬。教律强调速葬，按照古圣相传“入土为安”之意，丧期最长不得超过3天。不论君主与庶民，丧葬礼节一律平等。棺材叫“塔布匣”或“扣匣”，属公用物，不埋坟内，下葬后带回（相当于汉族用的棺罩）。

1. 停尸

回族人停止呼吸后，在身旁守候的阿訇或亲人，要给亡人瞑其眼，合其口，顺其手足，理其发须，还要整好尸体。人逝世后不能停在睡觉的床上，有条件的要安排在通风凉爽的客堂大厅。如住房紧张或家境贫寒，可在客房地上铺上席子或停尸床，将尸体置于上面，但不能停在伙房。停尸必须使亡人头北脚南仰卧，面稍向于西。在尸体上要覆盖一洁净的白布单。与此同时，要派人分头通知本坊教长及亲戚朋友、邻里乡亲。并在直系亲属中，推选出几位有组织能力和处理丧事经验的人，管好迎来送往、丧事费用等事情。

2. 善面

回族也叫探埋体（尸体）。这一程序相当于汉族向遗体告别。当阿訇、亲朋、乡邻来丧主家，在向丧主和亲属表示悲痛后，到停尸房揭开亡人头上覆盖的白布单，看看面容，然后根据亡人年龄、去世的原因，多方面劝说丧主家不要过于悲哀和号啕大哭，讲述人生客观规律。回族人反对丧家拍胸抓发、跺脚喊叫的怨恨之哭。

回族人在善面过程中，忌向亡人行鞠躬礼，忌丧家妇女、小孩跪在地上回礼。同时，如是夫妻一方殁了只许在净身前善面哭泣，净身以后不许再看面容。

回族在人亡后若当天未能埋葬，还得“坐夜”，须请一位深明伊斯兰教义的长者看守亡人。“坐夜”者要身上干净（洗过大净），停尸的屋子要点上香烛直到天明。为了消磨时间，“坐夜”者要给丧主家的人讲人世间的真善美、假恶丑，讲穆罕默德的智慧故事，劝人要行善事等等。守夜的人不能睡觉，更不能睡着，主要是怕亡人和丧主家人害怕。有的地方防止坐夜者寂寞瞌睡，由二至三人轮流守或一起守。坐夜时忌大声喧哗，忌玩赌、打扑克。

3. 备殓

回族俗称缝“克番”。回族的克番有两个特点，一是从颜色上看，无论是哪个地区，都是白色的，不用有色的布料。二是从选料质量看，不分贫富贵贱，一律是白棉布、白市布、白漂布等，不用绫罗绸缎和其他高级面料。为什么回族人在备殓时要坚持这两点呢？主要是受伊斯兰教的影响。穆罕默德曾说：“安拉最喜欢白色布，生者着白衣，死者用白布做‘克番’。”大伊玛目艾布•哈尼法也主张用白布做克番，不宜用色布、绸缎。回民由于受这些影响，便逐步形成了用白色布料做“克番”的习惯。

回民给亡人备克番，不是像有人说的那样，用一块白布一裹就行，而是有讲究的，其样式、规格、要求，全国各地大体相同，但男女有别。

男亡人用的殓服有三件：一是大殓，回族俗称“大卧单”，长短要略长于身，上下各余出六七寸。一般来说，长约七尺，宽约四尺五寸。二是小殓，回族俗称“小卧单”，也叫“二单”，长短要合身，但上下两头留余地，宽约四尺五寸。三是衬衣，回族叫“格米素”或护心斗娃，长自肩至踝骨，宽约一尺二寸左右。肩上要开缝，再加帽子一个，长共约九尺。

女亡人的殓服，比男的多裹胸和包头各一件。裹胸长三尺左右，宽一尺左右。包头也叫盖头，长三尺左右，用以裹发，并用布带束着。

4. 净身

也叫“着水”或称洗“埋宜台”。净身无论在清真寺还是在丧主家，都要准备好浴床（一般是洗干净的门板）、汤瓶、毛巾等。如在丧主家净身，离清真寺较近的，都从寺里担水，途中担水人累了，可以由另一人替换，但水桶不许落地。

净身一般由三人承担，即一人专门灌水，一人帮助冲洗，一人带上手套，双手轻轻洗涤。手套一般要准备两副，洗上身时用一副，洗下身时用一副，洗时不许汤瓶落地。

回族给亡人净身，男女有别，男不洗女，女不洗男。但无论洗男洗女，其程序都是一样的，洗法和活人平时洗大净一样，即先洗手净下，后用白布蘸温水擦洗口齿、鼻孔以代替漱口和呛鼻。接着洗脸、洗头，最后由上至下，先右后左，洗遍全身，并用浴巾擦干净。回族给亡人净身，除了洗涤的三人以外，其他人一律不得入内。

亡人净身后，将其移到准备好的克番布上，按照有关习俗规定洗右后左，层层包裹，洗裹“格米素”，后裹小卧单，再裹大卧单，最后加冠，并将腰部、头、足都用白布带子扎紧。女尸还要加裹胸和盖头。对在战争中为国为教牺牲的回民，作为“舍西斯”，免予洗礼，免于穿克番，允许着血衣埋葬。

回民在给亡人穿克番时，要在克番上撒一些香料、冰片、樟脑水、香水等，其目的是为了防腐驱虫，也是对亡者怀念的反映和表现。同时，还要用《古兰经》或钱物等，向亡者举行“转费达”仪式，即替亡人赎罪。在转费达后，将亡人放在塔木匣子（有的地方是用牛皮做的担架）里，入匣时用布单和其他物品遮住太阳，起灵时由四人或六人抬起。抬木匣子的人中途累了可以换人，但匣子不许落地。回民反对雇人抬灵，一般都由直系亲属担任。

后来，随着科技的发展和社会的进步，清真寺设置了具备卫生消毒条件的亡人冲洗房，增添了暂厝亡人的冷藏设备等。

5. 殡礼

回民称站“折纳则”，是回族丧葬中最重要的一个部分。凡参加殡礼的人必须洗大净。殡礼的领导者，一般都是由本坊清真寺里的教长担任，也有的根据亡人的遗嘱来确定，不论辈分、地位，只要懂伊斯兰教规，在群众中有较高的威信即可。

殡礼有的在丧主住宅院里举行，有的在院外选一块平坦、干净的地方进行。从宗教意义来说，是生者代死者向安拉作最后一次礼拜，但系一种意向性的礼拜。其形式跟礼拜差不多：先将尸体放在西边，主持人靠近埋体站立，其他参加者都脱鞋随后排班站立，诵《古兰经》片断，并举意，求真主饶恕活着的和已经死去的，大的和小的，男的和女的。祈求活就活在伊斯兰教道路上，亡就亡在“伊玛尼”的根基上。之后，向左右说：“色俩目。”至此殡礼结束。回族人的殡礼一般不在日出或日落进行；妇女不参加殡礼，不送葬。

6. 下葬

回族人的坟墓全都是南北方向，均呈长方形的一个坑，且口大底小，丧主家一般要求把坟坑打得宽敞一点，但并不是越宽越好，而是要达到一定的尺寸规定，土质坚硬的地方，墓深 5 ～ 6 尺；土质较软的地方，深约 1 丈。坟长约 6 尺，宽 3 尺。在坑底的西边挖一个与坟坑平行的深洞，长约 6 尺，宽 3 尺，高 3 尺，其形状上面是弓形，下面是平底。这个小洞人能弓身出入。在地下水位较高或易崩溃的沙滩上，一般只挖一个 3 尺左右的坑，同时准备一个无底石椁或木板盖住尸体。

下葬时，两个人先到坟坑里，其中一个到小圆洞里。然后打开木匣子，由四人将尸体缓缓放入坟坑，再慢慢送进小洞里，使尸体头北脚南，仰面而卧，面向西方（因圣地麦加在中国的西方）。之后，先用土坯垒好小洞口（忌用火烧的砖），然后填土掩埋坟坑。填土过程中，如果谁干累了把锹扔下，另一人拾起来再干，不能接着锹干。坟墓堆起来，外形犹如鱼脊形或凸形，有的在坟墓上压上些土坯，有的压一些石子，防止风雨侵蚀。回民的坟墓与汉民的不同，它不是圆坟，而是长坟，不起坟头。

下葬之前，先由亡者的亲人进到墓室中试躺一下，叫做“试穴”。在下葬的过程中，阿訇、满拉为亡人念经，其他送葬者跪听祈祷。丧主要为亡人散乜贴，数十元、百元不等。有的丧主除了给送葬人散乜贴以外，还要给每人散一顶小白帽戴孝，并将亡人的衣物散给主持殡礼的人和洗尸的人。

回民对坟地很重视，一般都要打埂或打墙围起来，禁止在坟地周围修猪圈、厕所，更不允许任何人在坟地大、小便。禁止在坟地放牧，不许从坟地上取土，搞建筑，以防止坟地倒塌。

回民在陆地一律实行土葬，但在特殊情况下，如在远渡海洋时，可实行水葬。中国古代不少回民到圣地麦加朝觐，途中若逝世了，则在尸体上缠一块石头或铁棒，葬人水中，以免尸体浮在水面上。

7. 纪念亡人

回民把纪念亡人叫干“尔埋力”，丧后七日内，每夜坟头点灯，由继承人守墓，今亦有仅以点灯代之者。七日、四十日、百日和周年都要冥祭、游坟，请阿訇念经，设宴谢教长，并邀乡老和族中长者作陪。

纪念从人无常后埋葬的当天晚上开始。丧主家要煮“米粥”，炸油香或烙油香，请操办丧事的人和阿訇吃。回民称当日晚上的这种纪念活动为“宵夜”。家里有会念经文的就自己去“走坟”，不会念的要请阿訇或懂经文的满拉等去走坟，一日5次，共40天。回民认为在40天之内，亡人的灵魂还在。丧主家每天要点香、烙油香，做“都阿”向真主祈祷，家里的其他人还要哭丧。直到第七天，回族称为“头七”也叫“七日”，这天丧主家要宰羊、宰鸡、炸油香，请阿訇和有威望的回族老人若干人，到家里念经、吃油香。丧主家为了搭救亡人，求真主开天堂之门，还要给来念经的所有人散乜贴（施舍），之后，还要给亲戚朋友、邻里乡亲散油香。到了“二七”“三七”规模很小，有时不请阿訇，只是烙些油香，散结左邻右舍或贫穷者。

到了四十日，认为亡人的灵魂要离开家了，要大干尔埋力。早上先请阿訇走坟，完了请阿訇以及亲戚朋友和乡亲们到家里来吃油香，有的还给丧家散乜贴。从此以后，在百日、周年、三周年、十周年、三十周年仍要宰羊、炸油香，大干尔埋力。过了三十周年，有的就不再搞大的纪念活动了。

总之，回族的丧葬习俗为：

第一，实行土葬，忌火葬。回民实行土葬，有“入土为安”之说，并且亡在哪里就埋在哪里。

第二，主张速葬。回族的丧葬根据伊斯兰教“三日必葬”的规定，一般是早上无常，下午埋；晚上无常，次日早上埋，不能超过三天。即使是发生意外事故亡故的，查清原因后，先埋人后等待处理。

第三，从俭节约。回族人办丧事，一是不用棺，只用三丈六尺白布缠身（俗称“够不够，三丈六”）；二是不设灵位，不搞繁文缛节，禁止送花圈幛联，待葬期间不宴请，出殡仪式简单、安静，一般不动用车辆，不雇用吹鼓手吹吹打打，也不讲究任何排场。埋葬不用殉葬物，不搞什么纸车纸马、童男童女等纸火。送葬中禁止摆设任何祭品，不举行任何祭奠。

第四，一律平等。回族在处理丧事上，无论是地位较高的掌权者，有一定影响和威望的阿訇学者，还是普普通通的一般教民、鳏寡孤独无人照料的人，不管是长寿的百岁老人，还是十几岁的少儿，毫无贫富贵贱、大小之区分，一律平等。都是在阿訇的引导下，用水冲洗后，白布缠身，举行殡礼，最后将尸体抬往公墓安葬。

第五，有自己的场地。回族不管是聚居区，还是与汉族杂居区，都有自己留好的坟地。决不允许非穆斯林埋葬，也不到汉族和其他民族的坟地去埋。在回族聚居区，有的为了就近方便，还根据地域、家族等情况，分几个坟地。回族人不信风水，也不看风水，只要干燥、平稳的地方就可作坟地。凡是回族人都可以埋在一起，各占一穴地，反对多占地盘。

第四节　其他习俗

一、人情社交

国人向来重情重义，当地重要的社会交往习俗有以下几个。

（一）“送米”

每逢生小孩，有礼尚往来者送鸡蛋、红糖和米面等物，现在多送礼金，称“送米”或“送月子”。主家一般在孩子出生的第八天宴请亲友，称“做（说 zòu）十二日”——过去都在家里，现在多在饭店。姥姥家还要给初生外孙或外孙女送“土布袋”、小褥子及衣帽等物。有些亲友在孩子出生一月之际，以手镯、长命牌、长命锁（项链）等物相赠，谓之“做满月”。

在孩子出生后的第一个春节，走亲戚亲戚得给孩子红包。在孩子周岁前一天，至亲好友会赠送礼物给孩子过生日。

（二）做（说 zòu）寿

从前老年人庆寿从 50 岁或 60 岁开始，子女、亲友赠送酒肉、寿面或祝寿字画之类相贺，主人设宴款待客人。富豪之家还有唱大戏为老人贺五十、贺六十或贺八十者，宴宾朋、收贺礼。新中国成立后，仍有庆寿者，但只是子女和至戚相贺。至今，老年人过生日一般从虚岁六十六岁开始，有“六十六，吃块肉”和“过了六十六，一年一个寿”之说。子女、亲友赠送寿礼，也有不少人赠送礼金，不少人家在饭店祝寿。也有不少老年人以平常心喜欢过平平淡淡的日子，不让子女给自己操办祝寿活动。

（三）随礼

亲友或邻里街坊有红白事、庆生或孩子考上大学等，一般要“随人情”。随多少要根据亲疏远近和礼尚往来，“亲戚分远近，朋友分厚薄”，还要考虑经济社会发展的因素，所谓“水涨船高”。对亲友邻里的礼金或祭品等，主家会安排“大柜”人员登记入册。红事用粉红纸书写，叫“红账”。有的村的红账是用毛笔黑墨写到大红纸上张贴到正房内的墙上作备忘录。红账簿早已经商品化，装帧精美，现在不少人家在用。白事用白纸记账，叫“历本子”。

（四）贺房

建筑新房，上梁之日置办酒菜，烧纸上供、放鞭炮，梁上贴上梁条，如“太公到此诸神退位”之类，门窗横楣上贴“安门大吉”“安窗大吉”等红纸条。新中国成立后，仍贴“上梁大吉”等红纸条，放鞭炮庆贺，并置办酒菜款待建房工匠，喝“上梁酒”。

（五）温锅

乔迁新房或弟兄分居，亲友邻里携礼来贺，主人设筵，宾主痛饮畅叙，曰“温锅”，今仍时兴。

（六）开业（贺开张）

经营店铺、工厂、企业者开业时，亲友、同行送字画、匾额等作贺，主人设筵款待贺客，叫“贺开张”。此俗自古有之，二十世纪 50—70 年代绝迹，今复盛行，称开业庆典，多送礼金。

二、崇拜与禁忌

（一）多神崇拜

1. 灶王

新中国成立前家家供奉，贴于灶上，称一家之主。每年腊月二十三日晚上辞灶，摆供、上香、礼拜后焚烧灶王，到除夕贴新灶王，配对联“上天言好事，回宫降吉祥”。糖瓜（用糖稀吹制的空心糖果）、粘糕是对灶王的特备供品，意为粘住灶王嘴，上天少说话。新中国成立后，信奉灶王者渐少。

2. 财神

相传赵玄坛（即赵公元帅）秦时得道于终南山，能驱雷役电，求财如意，被道教奉为财神。新中国成立前家家信奉，特别是做生意者供奉尤甚。凡开业、生意兴隆或亏本时，都求财神增福免灾。今仍有信奉者。

3. 门神

新中国成立前，不少人家贴门神。左右分别是秦琼、尉迟敬德，意使“散仙魔鬼”不敢入宅。新中国成立后已绝迹，全由对联所取代。

4. 关帝

即关羽，被神化为关帝后，尊为“关公”。世人以“亘古一人”誉其忠贞，建庙供奉。1949年前天旱时人们多抬关公泥胎，集体拜神祈雨。因其系山西人，又有“山西夫子”之称。1949年新中国成立特别是“破四旧”后，庙、神均不复见。但20世纪末起商家多在店里供奉关帝。

5. 土地神

旧社会村村都有土地庙，多建于村首。迷信传说土地是冥界一村的地方官。有“阳间的地保，阴间的土地”之俗语。

6. 龙王

相传为司水之神。新中国成立前不少村庄建龙王庙，旱时设供祈雨。新中国成立后，龙王庙均拆除，再无祈雨活动。

此外，尚有信奉金姑娘娘、火神、药王者，甚至黄鼠狼、刺猬、蛇以及荒丘、古树都被信为神仙。至今一些人怕鬼疑怪，便是多神观念的残余所致。

（二）忌讳

清至民国，忌讳颇多。

男女成婚，忌双方属相犯大断。即：白马怕青牛，羊鼠一旦休，蛇虎如刀断，兔龙泪交流，金鸡怕玉犬，猪猴不到头。

丧事，出殡前忌串门，扑三儿前忌串亲。新迁茔地忌女送葬人踏入。

建新房，方向忌冲太岁所在方位。厢房滴水檐忌冲正房门。檩，忌用槐木（讳“坏”音）。梁，忌用上梢（讳“悬梁”）。

过秋过麦，忌在场间估计粮堆重量。

下午不看病人。借别人的熬药砂锅，用完忌送还，得放在自己家里，谁家有了病人熬药时再来拿，如此辗转不定。

过农历年，初一五更煮水饺烧火忌拉风箱；日出前忌泼水；忌数干粮的数目；置灶王、谱谍、烧纸、火香等忌言“买”，得说“请”。

忌在正月里理发，有“正月不剃头，剃头死舅舅”之说。

饮酒猜拳忌喝五（忌“捂”音）。

船上禁说“翻”字。“翻过来”说“辗（zhǎn）过来”。

打井，禁妇女参加。

年龄讳言“四十一”和“一百”两数。一百及一百以上，均说九十九。

忌把自己吃剩的干粮或从自己吃剩的干粮上掰下一块给乞丐。乞丐，俗称“要饭的”或“要么吃的”。桑梓店镇一向民风淳朴，百姓善良，同情尊重讨饭的人，给乞丐干粮时得给人家一个完整的干粮或从一整个的干粮上掰下一块儿给人家。

新中国成立后，迷信禁忌逐渐减少。但有些如成婚忌犯大断，建房忌冲太岁等，至今仍为一些人所恪守。

三、旧　俗

（一）缠足

封建社会，女孩长到十来岁甚至八九岁，就开始缠足。以布条（俗称裹脚）紧扎足，折其足指（除拇指外的四指），使足形尖小，呈新月状，曰“三寸金莲”。千年来缠足成为“为妇之道、美姿之征”。否则，即被社会笑为“粗野”“丑陋”。抗日战争胜利前后，仍有缠足者。

新中国成立前夕，尚有真缠假放、假缠真放，形大实小假大脚者。曾有过老年小脚、中年半大脚、青年大脚的过渡历史阶段。新中国成立后，缠足绝迹。

（二）寡妇守节

封建社会，妻死夫再娶，理所当然，天经地义；夫死妻另嫁，大逆不道，情理难容。孀居者，世人誉其为“节妇”，或受旌表。齐河县志（民国22年修）《烈女传》中，列名陈事，彰烈女832人。略述一例，可知其惨。

“宋三姐，乡民宋辇之女，儒士杜永实之未娶妻。永实殁，临葬欲以身殉，父母阻之，其凄惨时形于色。未几，有求配者，女即引剪自刺其喉，父母急救之。久之，又有媒求婚。辇以女幼，恐不克终，欲许之。女以父母不遂其志，乃饰为言笑，异于平时，母以女获所归，无他念，安枕而卧，女潜起，自缢于寝门……”

旧政府表彰节妇，民间鄙视改嫁，“好马不鞴双鞍，好女不嫁二男”成为强大的社会舆论。当事者亦以此为短，故皆借深夜行动，犹如盗窃。倘机事不密，必遭干涉，迫使事吹，或殴斗致祸。更有甚者，中途无端被劫走，迫令配于陌路人，有苦难言，无处申冤。进男方大门之前，先搂槐树，意为已妨过夫，莫复妨新夫，妨即妨死树，再蹬洒一桶水，意即将自身晦气随水泼掉。

自有中国共产党领导的妇女组织以来，即发动妇女反封建，争自由。新中国成立初，国家以法律形式保证妇女的权益，颁布了《中华人民共和国婚姻法》，妇女的婚姻自由和财产继承权均受法律保护。对孀妇改嫁，公开干涉者已不复见，借故阻挠者却仍有其人。某村张氏之夫于1950年病故，临终并无偿债之嘱，死后年余亦未见讨债之人，改嫁时骤然债主盈门，或云夫生前欠其粮，或云夫生前欠其款，这边牵牛捉鸡，那边揭锅摘门，一时间乌烟瘴气。张氏心碎无措，泣不成声，婚事遂罢。

1950年王安友发表中篇小说《李二嫂改嫁》轰动全国，1954年由山东省吕剧团改编成吕剧首演，1957年长春电影制片厂把吕剧摄制成戏曲艺术片公开发行，《李二嫂改嫁》风靡一时家喻户晓。借故刁难改嫁者渐少，基本绝迹。

（三）纳妾

纳妾有两种，有因原配无子纳妾传宗者，亦有喜新厌旧娶小寻欢者。此种夫妻，或因亲此疏彼，或因妻妾间嫉妒，和美者少。正房动辄凌辱妾小，公婆亦多偏心，甚至妾生子女亦难得宠。为妾者，有其父母为一家活命而出卖者，有以抵债为由被富户豪强霸占者，亦有被歹徒欺骗拐卖者。在夫家饱受虐待，犹如奴婢，因出头无望而寻短见者亦不乏其人。

（四）童养媳

童养媳，女方父母因生活困难，便寻一稍好人家，将十来岁甚至八九岁的女儿给人做童养媳，到十五六岁正式成婚，叫“上头”。婚后美满者亦少，因多是男大女小年龄悬殊，或男子有某种生理缺陷。当时女孩年幼无知任父母安排，长大后因嫌弃对方夫妻不和终生痛苦的不乏其人。

纳妾、童养媳，清代政府容许，民国依然。有了中国共产党的领导，妇女组织起来，施以教育宣传，限制、取缔不合理婚姻。对既成夫妻者不予干涉，但不容公婆、丈夫虐待，违者政府出面批评教育，严重者予以制裁。女方要求解除不合理婚姻者，政府准予离婚。再纳妾、招童养媳者以违法论处。新中国成立后纳妾、招童养媳者绝迹。

（五）休妻

中国古代用于休妻的“七出”（七个条件）规定，最早形成于汉代。“七出”一是无子，二是淫，三是不顺父母，四是口多言，五是盗窃，六是妒忌，七是有恶疾。在封建社会，讲究“三从”“四德”，出现夫妻不和或婆媳不和等现象，男人（一般是富家）即可写一纸“休书”将妻子赶回娘家，另行择配。吕剧《小姑贤》即是很好的注脚。新中国成立后，此俗杜绝。

（六）结阴亲

封建社会，男女七八岁至未婚前死亡，家人要为其配一死偶。经人介绍，由男家为女方备衣衾棺木，亦有女方自备者，多于清明节或农历十月一日举行仪式。去时用花轿（或桌案）抬着男子的灵牌，回来换上写有男女姓名的同一灵牌，后跟女子灵柩，女方亲人哭送至男家。男家天井院设香案、摆供品、烧纸香，以灵牌行婚礼（拜天地）后，移灵至坟地合葬。之后，两家以儿女亲家关系礼尚往来。此俗至今尚存。

（七）吸毒

鸦片俗称大烟，从18世纪末期英国就大量输入鸦片来侵略、毒化中国，日本侵华期间贩毒、吸毒尤甚。吸者极易成瘾，瘾发涕泪流淌，四肢无力，失魂落魄。长期吸毒者，面黄肌瘦，瘦骨嶙峋，壮汉变病夫，群众呼为“大烟鬼”。吸毒者多为官绅、地痞，因吸毒花钱甚多，更加重了对劳动人民的敲诈勒索。“大烟鬼”因无钱而为匪行窃者亦屡见不鲜。国民党统治时期，对吸毒、贩毒已有禁令。1934年齐河县成立戒烟公会，亦称戒烟公所。但因政府官吏大多吸毒，并常以鸦片烟待客，致使禁令只限于一纸空文，不曾奏效。新中国成立后，吸毒恶嗜根除。改革开放之后，又现吸食毒品者。吸毒属违法犯罪行为。

（八）赌博

赌博恶习，历史悠久。打麻将、掷骰子、推牌九、押黑红宝以及看纸牌等，名目繁多，不仅镇店、集市、会场有“宝棚”“赌场”，农村亦有“划局者”（出房子、桌凳，侍候赌者，与赢者按比例分成）。嗜赌者，其瘾亦甚，群众呼其为“赌博鬼”。小赌者，费时破钞；大赌者，因输钱而倾家荡产、卖儿鬻女、沦为盗贼者甚多。清朝和民国年间，政府对赌博皆有禁令，但抓赌者和赌者常串通一气，一起聚赌。新中国成立后，赌博恶嗜方渐绝。改革开放富裕之后，赌博的又多了起来，方式有麻将、用扑克牌打“拖拉机”等。赌博，轻则违法，重则犯罪。

（九）拜把子

封建社会，两个或几个异姓男子因志趣相投，友情深厚，便结为“把兄弟”，亦称“仁兄弟”或“盟兄弟”。刘备、关羽、张飞的桃园结义就是典型代表。结拜有仪式，要摆供设宴，烧纸烧香，磕头礼拜，各序谱系（称“金兰谱”），对天盟发同心誓，交换“金兰谱”，结为金兰之好，故又称“换帖”的兄弟。几个女性朋友可以拜“干姊妹儿”。彼此互尊对方父母为父母，父母死，均披麻戴孝，陪灵送葬，尽子女之责。把兄弟、干姊妹之间，不乏团结友爱同甘共苦情深意厚者，亦有不论是非法纪只讲义气感情甚至唯利是图者。新中国成立后，“拜把子”之风渐消。

（十）换娃娃

封建社会，小儿多病，父母常信神信鬼，向巫婆求医。巫婆说小儿系天上童男或童女偷投凡胎，上神必索其归天，故而多病。不设法替换，定不长命。为避灾保命，父母要带钱和供品，到巫婆神案前供奉祷告，将纸糊的童男或童女焚烧，谓之“换娃娃”。之后，每年这天必如此，至结婚为止。因此误小儿生命者，屡见不鲜。新中国成立后，此类迷信习俗逐渐被破除。

（十一）祈雨

封建社会，每逢大旱，有的村庄便搞祈雨活动，人们化妆成各式各样的形象（龙王爷、雷公、雨婆等），头戴用柳条编织的帽子，用柳枝扎轿抬着龙王牌位，锣鼓喧天踏街串村后，到龙王庙前烧纸烧香、上供磕头，祈求龙王降雨。新中国成立后，再无祈雨者。

第二章　人民生活

第一节　居民收入

一、农业家庭收入

土地改革前，土地占有多寡悬殊。富者达成百上千公顷，贫者几乎无立锥之地，缺地和完全丧失土地的农民占农村总人口的40%左右。据齐河县对1937年前土地占有情况居中间状态的草庙王等17村进行追忆调查：富户人均0.9公顷；穷户人均0.172公顷，富户人均占地为穷户的5.21倍。农民扛活打短工或租种土地，收入微薄。1934年，一个长工年收入大洋一般为30～40元。扣除个人花用后，难以抚养一人；短工的工价一般随农活忙闲程度和上市人数多少而变化，收入无保障。租种田地的，交租之后好年景佃农只可获三、四成，少有获五成者，灾荒年不但白忙一场，反而负债累累，甚至家破人亡。

1939年起，共产党领导的抗日政权在可及范围内，先后开展了合理负担、借粮运动、减租减息、雇工增资、土地回赎运动。1946年至1951年开展了土地改革运动。土改前一年统计，贫雇农人均土地仅有0.13公顷，地主则人均占有1.03公顷，是贫雇农的7倍多。人均占有粮食：贫雇农137千克，地主1920千克。经过土改，全县没收地主富农土地22940.33公顷、牲口473头（匹）、粮食255731千克、房屋74103间，全部分给了贫农下中农。

1952年起，国家对农业进行社会主义改造。1956年，农民人均口粮由1949年的201千克增长到209.5千克，人均收入59.3元。1958年实行人民公社化后，农民劳动由生产队付给工分，凭工分参加分配。工分分值按当年情况定，一般一个标准劳动日值在0.2～0.5元之间，这种情况持续20余年。其中“文化大革命”期间，限制社员经营自留地和家庭副业，并批判其为“走资本主义道路”。农民收入减少，人均分配由1956年的68元下降到1967年的41.3元。

改革开放以前桑梓店镇纯属于农业乡镇，人民收入以农业所得为主。1978年12月中共十一届三中全会以后，农村经济逐步得到恢复和发展。1979年农村开始推行以联产计酬为主的农业生产责任制，到1980年，普遍实行了以家庭经营为基础的联产承包责任制，大大促进了农业生产的发展。此后，改单一种植为多种经营，扩大了以棉花为主的经济作物的种植面积。在整个产业结构上，发展了农村工副业和多种经营，农业商品率有了提高，加之国家于1979年较大幅度地提高了农副产品收购价格，从而使农民收入有了明显增加。

桑梓店镇农民人均纯收入表（镇统计站）

表19-2-1

年份	金额（元）
2012	17022.7
2013	19065.6
2014	21448.7
2015	20688

二、非农业家庭收入

新中国成立之前，无“非农业人口”之说。旧政权人员收入稳定，生活水平较高。普通公职人员如小学校长，1932年月收入大洋25元。教员分县立学校和农村小学两类，一般月收入大洋分别为14元、12元、10元，仅相当于政权机关下层职员。且视教育当局或校长之好恶而定级别，收入不稳定，生活无保障。

1937年“七七”事变后至抗日政权成立前，抗日工作人员的生活主要依赖本人家庭或社会捐献。随着抗日政权的创建和战争的广泛深入，遂有“脱产干部”之称。1941年，脱产干部和本地抗日军人实行供给制，每人每月小米22.5千克，柴45千克，菜金1.5元，津贴2～3元，其生活一般是在抗日根据地内群众家中交米、柴票就食。衣着，军队在当地筹集，地方干部仍由个人负担。1943年旱灾严重，加以日伪实行经济封锁和疯狂掠夺，抗日军民生活极为艰苦，大部队活动吃饭困难，即分成班排小股活动。政府各部门也经常以科室为单位分散活动。从开始的吃饱到日定量0.75千克、0.65千克、0.5千克，每人10克油、15克盐。为了争取抗日胜利，党政军各机关利用战斗空隙开荒种田。

1948年，中共党政人员供给按每人每月计算：粮食根据不同工作、级别划类，一般为15千克，其中细粮占25%左右，津贴折小米3千克、柴草30千克，粗菜15千克，食油250克、猪肉500克。衣着，每年每人发白土布4.1平方米，棉花0.5千克，染料、缝剪费折小米17.5千克。另外还发鞋、帽及肥皂、毛巾等生活日用品。小学教员生活包干供给，每人每月一般为小米70～100千克，其中细粮10千克。

新中国成立后，非农业人口逐渐增多，国家仍沿用生活供给制。主要包括伙食、服装、津贴三项。另有保育、保姆、保健等费用。其标准由国家按不同级别和家庭成员多少包干供给。1952年，对国家工作人员先后实行“工资分制”“包干制”，即将工资分数以规定的粮、布、油、盐、煤（柴）五种实物数量折合，按每月市场零售价计算为货币发给；企业工人实行八级工资制。是年非农业人口人均收入127元。

1955年废除工资分制，实行货币工资制。国家公职人员收入一般包括基本工资、奖金和补贴三部分。1956年4月进行工资改革，执行三类工资区标准。乡干部由补助工资制经过评定等级，执行脱产干部工资标准。国家职工月工资由1952年的人均22元增长到37元。

之后，国家数次调整工资，尤其注重调整低工资者。其中调整面较大的有五次：(1)1963年8月调资，职工和18级以下的干部升级面为40%，17级至14级干部的升级面为25%。干部职工调工资者逾半数，人均月工资增加5元以上，比上年增加2元。(2)1971年7月，调整低等级干部职工的工资，规定最低等级为：机关26级、商业10级、供销7级，小学教师9级，卫生技术人员20级，凡不及此等级者均调至此级，调升面占干部职工的60%。(3)1977年10月和1979年11月，两次调资升级面均为40%，前次调级以照顾低工资为重点，后次调级本着“各尽所能，按劳分配”的原则，根据劳动态度、技术、贡献、职务等，经过全面评比考查，择优晋级。在1979年调资的同时，由原来的三类工资区改为四类工资区，仅此项平均每人每月增加1.5元。(4)1980年集体所有制职工实行国家统一工资标准，一般等级职工每月提高工资4.5元，工资水平达到或超过了国家职工。是年集体所有制职工月均收入（包括奖金、补助等）达到110余元。(5)1981年至1983年对1978年前参加工作的干部职工，分系统先后普调一级工资。对职高薪低者，根据其职务、工资、学历、技术职称和对社会贡献情况给予调升两级。1982年党政群机关调资，月均工资达到60元，较1978年人均增长15元。

1985年，国家初步理顺工资关系，对工资制度进行了改革，新的工资制度改过去多种形式为干部工资和工人工资两种。工资成份一般包括基础工资、职务工资和工龄工资及奖励工资。教师、护士另加教龄、护龄工资。通过工资改革，全民所有制干部职工月均增17元，集体所有制干部职工月均增14元。是年，全民所有制职工年工资收入达到920元。

奖金、1959年1月始发“跃进奖金”，至1966年各类奖金取销，1978年恢复。企业单位一般根据产值、利润情况，实行提成奖或留成奖、节约奖、综合奖，奖金额一般占月标准工资总额的12%。1984年，职工年人均奖金额达156元，奖金率为24.3%。行政机关、事业单位实行年终一次奖，奖金额为60元；乡镇干部自1981年加发完成国民经济计划指标奖，奖金额一般为100～300元。

补贴，1965年始发粮价补贴。初为每年4.5元，至1980年后，改为按每人工资高低每月补贴1.5～2元。1979年11月始发副食品价格补贴，国家干部职工每人每月5元，亦工亦农人员2.5元。1985年5月增发肉食价格补贴，每人每月4元。交通补贴，自1975年9月起，凡骑个人自行车上下班，里程在4华里以上的每月补贴修理费1.5元。1982年始发洗理费，其金额根据干部、职工和性别而定，一般每人每月2～4元。1984年6月增发书报费，每人每月4元。至1985年年底，各项补贴合计每人每月达20余元。

第二节　消　费

一、饮　食

（一）农民

1. 粮、菜

1934年，农村总人口中，食小麦者10%，每人每天不足0.5千克，食高粱、玉米者30%，每人每天也只有250克，半数以上的劳苦大众处于饥寒交迫之中，常以糠菜、树叶糊口。至新中国成立前夕，农民生活大都是“半年糠菜半年粮”，每日一干一稀或一干二稀。干饭多给下地劳动的男人吃，女人则以稀为主。土地改革后，农民生活虽有好转，但仍属较低水平，至二十世纪60年代提倡吃粗吃饱，亦有部分农户口粮不足。1963年，农民生活有所好转。1965年，人均口粮达到201.5千克。之后，由于“文化大革命”干扰，农业生产遭到破坏，农民人均口粮有减无增，至1976年下降到165千克。其间，副食品消费甚微，唯节日稍有改善。

1979年实行农业生产责任制后，粮食产量大幅度提高。人均口粮，1978年为198千克，到1985年增长到400千克。1985年以后主食全部或大部是细粮。

早先人们加工粮食主要靠推碾、推磨或用石臼捣。一般每个村都有一盘碾，那是公共财产，都露天放置。由于推碾的人较多，得提前去占碾——先去的在碾盘上撒糠，后去的放上个瓢，再后去的放上笤帚，诸如此类。一个村有几盘磨，多在家里，推磨得提前给主人预定。

大约在1980年之前，老百姓吃咸菜较多，吃菜较少，吃油较少，喝酒——基本是散装酒——也少，吃肉更少，基本没有牛奶。之后种植棉花较多，棉籽油比较充足，人们普遍食用，菜也渐多。之后肉、酒渐多，之后奶也普及了。

2. 饮水

大约在1980年之前，人们饮用的大都是井水。井都是先深挖土坑再在周围垒砖砌成，井口铺放大石块，称井台。打水最早是瓦罐，后是木筲，后是铁筲。不会打水的先用井绳栓牢容器，用井绳下到水面再左右有节奏地摇摆，寻机往下用力使容器口斜着插入水中，待容器里的水满了之后再提上来。手生的往往容器里只进去一小部分水，就再也不进水了，得提上

来倒掉后重新进行。打水熟练之后改成用带钩的井绳或用扁担上的钩提容器打水，也不免把容器掉到井里——就再用肉钩（每副两支大铁钩，一头钩住成片的猪肉，另一头钩住肉架子）去捞，也有用大长杆绑上粗铁钩捞的。为了打水省力，有的村安装了辘轳，有的村在井边架设了挑杆——固定好榆木之类的木桩，上面拴好绳子并置以铁环。选一根合口粗约3米半长的榆木之类做挑杆，挑杆低端套上石箍（圆环状石头，俗称顿股轮子）；下端三分之一处系好绳子，不紧不松地联接木桩，使长木能以联接绳为固定轴作90度的上下转动且能适当地左右旋转；长木的顶端固定好粗绳，绳的另端系钩。平时长木与木桩平行，绳钩挂到铁环上。打水时摘下绳子钩住打水容器，一只手始终抓住绳子的上端，另一只手抓住绳子的下端交替下拉挑杆再摇摆打水。打满水后两手交替放开绳子，在杠杆原理的作用下毫不费力就能打上水来。打完水得再把绳子钩到铁环上。后来兴起了手压井并逐渐普及，再后来手压改为电机抽水，再后来一些村自办自来水，到2006年全镇统一用上了来自鹊山水库的自来水。

3. 做饭

1949年前，烧水做饭农民家庭以自产的农作物秸杆或老草为主要燃料，很少有烧煤者。至二十世纪70年代，有少数农户冬季辅以烧煤。80年代，农民家庭烧煤者迅速增多，有一年四季靠烧煤做饭者，一般家庭只在冬季烧煤做饭、取暖兼顾。1980年后重视开发农村能源，开始建沼气池，用沼气做饭、照明。后来用煤气的渐渐增多，但仅用于炒菜。进入21世纪特别是农村电网改造之后，电热锅、电饭煲、电磁炉、电饼铛、电压力锅等逐渐兴起并迅速普及。

（二）非农业人口

1. 粮油供应

1955年8月，实行粮油定量供应。每月人均成品粮15千克，食油0.25千克。其标准根据体力劳动和脑力劳动的不同工种核定。城镇居民按年龄划段核定，以户凭证供应。粮色比例为面粉、粗粮各占50%。粗粮包括大米、小米、玉米面、瓜干等。1960年后定量压缩，居民供应粮每月10.5千克，食油0.15千克；国家职工粮12千克，食油0.2千克。粮色多为粗粮。1962年粮油供应恢复原标准，并重新核定每人每月食粮定量：重体力劳动者20～24.5千克，轻体力劳动者和脑力劳动者14.5～17千克；居民供应，成人13.5千克，非成人按年龄划段供应4.5～10.5千克。粮色比例为面粉70%，杂粮30%。1971年10月再次调整食粮定量标准：重体力劳动者为19.5～28千克，轻体力劳动者和脑力劳动者为15～17千克；居民10岁以上者为13.5千克，9岁以下者3.5～13千克。粮色不变。1979年后，粮食供应以面粉为主。1981年后增加了精粉面供应，小米、大米、豆类则成为调剂生活用粮。食油供应除每人每月0.25千克外，离休干部自1982年起每人每月为0.75千克。居民逢国庆节、春节每人增加供应0.5千克，并辅以供应花生果、香油等。

定量供应价格，1955年初定，1965年调整一次，至1985年基本没变。1979年国家在提高粮食收购价格后，对非农业人口的供应实行“价格倒挂”，每供应百千克面粉，国家即向粮食部门补贴9.5元。

2. 燃料供应

燃料供应实行工资供给制期间，烧柴包干供给，一般为一米二柴。1956年工资改革后，煤炭敞开供应。1966年7月实行计划供应，定量标准分集体食堂和居民家庭两类，均以人口划段，按季度定量供应。初，凡集体就餐的职工，10人以下的按居民户对待，11～50人的单位，每季人均50千克；51～80人的单位，每季人均40千克；100人以上的单位，每季人均一般为22.5～30千克；工厂生产工人在此基础上每个人口段均增加5千克。居民家庭，户1人的每季200千克，户2人的每季300千克，3人以上的户，以两口人的户为基数每多增1人，增加25千克，依次类推。至1971年1月，定量标准下调20%，之后很长时间再没做调整。

煤炭价格，自实行煤炭计划供应以来长期没变，即阳泉煤每吨25元，荫营煤每吨27.2元，肥城原煤每吨30.8元。1979年国家在提高工业原材料价格后，对非农业人口的燃料供应实行“价格倒挂”，即居民每购买一吨煤，国家补贴15元左右。

3. 副食品供应

蔬菜、肉食、禽蛋及烟酒糖茶等，素以自由购买为主，较少实行定量供应，唯1960年后三年经济困难时期和“文化大革命”期间供应紧张，部分副食品曾阶段性的实行过定量供应。烟酒糖茶实行定量，国家职工每月每人供应茶50克、食糖100克、烟4盒。1963年取消票证，除低档烟外，散酒、茶叶、红白糖供应仍很紧张，直到70年代中后期，上述货品供应趋向缓和。自1968年10月始行肉票，一般每人每月500克，节日增加1千克，至1978年敞开供应。

二、居　住

新中国成立前，城乡住房大多为土木结构的草房，即使富户也只是砖石砌基或用砖吊皮。新中国成立后至20世纪60年代，城乡人民的住房仍为低矮黑暗的土房子，不少房子屋顶上连瓦都没有，得一年上一遍大泥。家人居住较拥挤。20世纪70年代前期无大变化；自1978年后居住条件逐步得到改善，住上砖房，至1985年，城镇人均居住面积达到6.84平方米，全部用上自来水。农民住房，1978年后，渐以砖瓦结构代替土木结构。沿黄村庄过去居住条件最差，房屋低矮潮湿。1976年后，在政府帮助下，黄河滩区的大多数村庄在离大堤较远的地方，垫起1～2米高的房台，有计划的进行搬迁，新建家园。黄河展宽区除丁庄外都迁到北展大堤北侧新居。20世纪80年代之后，农民纷纷建起砖房并不断更新换代。进入21世纪之后，农民建起并住上楼房的逐渐增多。

20世纪70年代以前，冬天室内基本没有点煤炉取暖的。之后，条件好的家庭开始买散煤掺上红土加水和泥摊平晒干制成煤坯，自己用砖泥盘炉子或用只旧铁桶糊炉子烧煤坯取暖。后来改为买蜂窝煤炉烧蜂窝煤，取暖兼烧水做饭。再后来用暖气炉烧土暖气取暖，也有用电暖器、空调、天然气取暖的，开始出现集中供暖的。20世纪80年代以前，夏天主要扇扇子纳凉。后来有了电风扇，分吊扇、台扇、落地扇等。进入21世纪之后，用空调的越来越多。

三、衣　料

清末及民国期间，人们衣着多为土布。官宦、富豪人家有穿细布、绸缎者。

新中国成立后，机织棉布逐渐增加，机关干部渐有穿细布料中山服及大衣者。1954年9月，国家对棉布实行计划供应，遂实行棉布、棉絮凭票证购买。票证由商业部门年初一次按人口发放。初每人布票6市尺（2米），1960年后在三年暂时困难期间为3.3市尺（1.1米），后为9市尺（3米），1969年增到16.5市尺（5.5米），至1984年布票停止使用。其间，非农业人口还发棉絮票，每人年0.3千克。

二十世纪五六十年代，人民衣着以细棉布为主，兼有土布。70年代初期有了化纤布。后期，人民衣着开始讲究质料和款式。由低档、单一化向中高档、多样化发展。进入80年代，化纤布、呢绒、绸缎、毛织、皮革等中高档品种逐年增多，服饰已成了人们美化生活的一个重要方面，其衣着支出已成为家庭支出的重要一项。

四、用　具

新中国成立前乃至新中国成立之初的50年代，在城乡居民家庭的生活资料中，除少量户有二三件木制桌椅、柜厨外，很少有其他耐用消费物品。不要说机动车，即使自行车也极少，公职人员百里之内出差常步行。60年代中后期，城镇居民家庭约半数已有自行车或收音机，农民家庭木制家具渐增，并有少数户开始添置自行车或收音机。1979年以后，随着经济收入的增长，耐用消费物品增加较快。1982年年底，农村每百人拥有自行车20辆，至1985年每百人拥有27辆。70年代以前很少有人戴手表。1982年年底，农村每百人拥有时钟、手表26只。收音机、缝纫机、黑白电视机的购置，城镇居民略早于农民。至1982年，农村每百人拥有缝纫机10架、收音机20台。

新中国成立前至60年代初期，农民家庭日用品普遍简陋。饭碗多为黑粗瓷；饭勺一般是木勺，用铁勺者甚少；脸盆、饭盆多是泥烧制品；热水瓶、搪瓷盆、手电筒等在农村更是稀有。1964年调查，农村仅有半数农户购置了热水瓶。

20世纪60年代中后期至70年代初，日用器具质量起了根本变化。餐具普遍改用搪瓷、陶瓷、钢精及铝制品，旧式餐具几近绝迹。80年代以来，茶具、酒具、塑料盆和桶等进入家庭，热水瓶户均两个以上，暖水袋、手电筒已经普及，有的户使用上了气压水瓶。新式的日用品如电熨斗、电水壶、台灯、电热毯等也开始购置。日用品支出逐年增多，1984年和1985年均达到每人20元以上。

收割最早是人工用镰刀进行；后来用收割机，收割后庄稼整齐地排列在地里。收割后的运输，最早靠肩挑，后来是牛车之类，再后来是拖拉机、机动三轮车、农用汽车之类。

轧场最早是用牲口拉碌碡进行。每年麦收前，家家户户得遛场、屯场——找一块空地，耕起来，泼上水——有的近处没水就用大水桶从远处拉来，撒上麦秸，用碌碡压实，晒干。之后才能轧场，一般在中午或下午阳光强烈的时候轧场。为了防止牲口的大小便落在粮食上，得提前预备好粪筐和盆子。轧场后用木叉、木耙、扫帚等把秸秆与糠和籽粒分开，把糠粒混合物堆在一起，借助风力用木制的扬锨一锨一锨地把粮食粒扬出来。到20世纪80年代末用拖拉机轧场的渐多，后来有了三清的脱粒机——加工后秸秆、谷糠与籽粒自动分开。进入21世纪后，联合收割机兴起并迅速推广，而且又分玉米联合收割机、小麦联合收割机等，农民直接把粮食从联合收割机上接下来装车运回家晒干即可——还可以粉碎秸秆肥田。至此，农民从割、拉、轧等繁重的劳动中彻底解放出来。

第三章　宗　教

2015年年底，全镇信教群众3498人，其中伊斯兰教2711人，基督教787人，占全镇总人口的8.9%。有宗教活动场所10处。其中伊斯兰教2处，分别位于老寨村、小寨村清真寺内；基督教8处，分别位于桑梓店、小吴、安庄、南郑、西秦、姚吕、周闫、北董村内。

第一节　伊斯兰教

一、基本信条与分布

伊斯兰教，阿拉伯语叫“穆斯林”（Muslim，意为“顺从者”，与伊斯兰“Islam”是同一个词根），公元七世纪初阿拉伯人穆罕默德所创，盛行于亚洲西部和非洲北部，是世界三大宗教之一。伊斯兰教基本信条为“万物非主，唯有真主，穆罕默德是安拉的使者”，这在中国穆斯林中视其为“清真言”，突出了伊斯兰教信仰的核心内容。具体而言又有六大信仰之说：

（一）信安拉。伊斯兰教是严格的一神教，要相信除安拉之外别无神灵，安拉是宇宙间至高无上的主宰。《古兰经》第112忠诚章称：“安拉是真主，是独一的主，他没生产，也没有被生产；没有任何物可以做他的匹敌。”据《古兰经》记载，安拉有99个美名（99种德性），是独一无二、永生永存、无所不知、无所不在、创造一切、主宰所有人命运的无上权威。信安拉是伊斯兰教信仰的核心，体现了其一神论的特点。

（二）信天使。认为天使是安拉用“光”创造的无形妙体，受安拉的差遣管理天国和地狱，并向人间传达安拉的旨意，记录人间的功过。《古兰经》中有四大天使：哲布勒伊来（Jibra'il）、米卡伊来（Mikal）、阿兹拉伊来（Azral）及伊斯拉非来（Israfil），分别负责传达安拉命令及降示经典、掌管世俗时事、司死亡和吹末日审判的号角。

（三）信经典。认为《古兰经》是安拉启示的一部天经，教徒必须信仰和遵奉，不得诋毁和篡改。伊斯兰教也承认《古兰经》之前安拉曾降示的经典（如《圣经》），但《古兰经》是比其他一切经典优越的，《古兰经》是包罗其他一切经典的意义，信徒即应依它而行事。

（四）信先知（圣人）。《古兰经》中曾提到了许多位使者，其中有阿丹、努哈、易卜拉欣、穆萨、尔撒（即《圣经》中的亚当、诺亚、亚伯拉罕、摩西、耶稣），只有安拉知道他们的数目，使者中最后一位是穆罕默德，他也是最伟大的先知，是最尊贵的使者，也是安拉“封印”的使者，负有传达“安拉之道”的重大使命，因为他是被安拉派遣到人神两类的使者，只要信仰安拉的人都应服从他的使者。所以伊斯兰教是集闪族宗教（犹太教、基督教、哈尼夫思想、伊斯兰教）之大成的宗教。

（五）信后世。伊斯兰教认为：整个宇宙及一切生命，终将有一天全部毁灭。然后安位使一切生命复活，即复活日来临。《古兰经》第五十五章第二十六节：“大地上所有的一切将终朽坏。只有你的具有庄严和尊贵的主的本然长存。”又说：“的确，你们在复生日将被复活”。复生日到来的时候，一切生命的灵魂都将复返于原始的肉体，奉安拉的命令而复活，并接受安拉最终的判决：行善的人将进入天堂，永享欢乐；作恶的人将被驱入地狱，永食恶果。伊斯兰教所提倡的两世兼顾，号召穆斯林要在现世努力创造美满生活，同时也应该以多做善功为未来的后世归宿创造条件，两者相辅相成。从某种意义上讲，相信后世可以制约人们今生的行为。

（六）信前定。以上五大信仰是《古兰经》明文直接提出的，把前定列入六大信仰是因为《圣训》中有依据的。穆斯林大众和正统派对前定的主张处于宿命论和自由论中间，认为世间的一切都是由安拉预先安排好的，任何人都不能变更，唯有对真主的顺从和忍耐才符合真主的意愿。不可更改的前定，如：美丑、大小、生死。通过施舍、祈祷等因素可以更改的前定，如：福祸、善恶、寿命。言行、动静有一定的自由；不自由的行为如跌到，这种行为是真主完全注定的，人类对这种行为以及后果不负责。自由的行为如蹲下、走动，这种行为不是完全注定的，而是真主给人类输入了双向选择权，人类有意志自由的选择。

伊斯兰教早在唐代即传人中国，1956年前称“回回教”或“回回教门”，也称“清真教”，1956年后，全国统称伊斯兰教。

据1990年出版的《齐河县志》记载：“十三

世纪初叶，成吉思汗西征时，被迫东迁的中亚细亚人被编为探马赤军，元世祖于1281年（至元十八年）下令探马赤军进行农垦，取得农民身份。县境内老寨子、小寨子等回族村落即为当时屯垦定居之地。县内信奉伊斯兰教者唯回族，伊斯兰教何时由何地传人县内不详。1904年（清光绪三十年），全县有教徒1795人，分布于今小周乡米三里、左三里、北关、三王城，桑梓店镇老寨子、小寨子和南北乡马杜屯等村。”

二、主要活动

清真寺是穆斯林宗教活动场所，穆斯林主办婚丧嫁娶及屠宰食用家畜的服务场所，宗教人员及清真寺管理委员会办公处所。据1990年出版的《齐河县志》记载：清真寺“存3座，分别在桑梓店镇老寨子、小寨子和小周乡的三王城村，其建筑规模以小寨子清真寺为最”。《古兰经》是伊斯兰教的经典。阿訇，原意为“教师”，是尊称。伊玛目，率穆斯林做礼拜的人或对清真寺教长的称呼。色俩目，原意为“和平”“平安”，是穆斯林相互问候和祝福语，相当于“您好”。海里凡，清真寺里学习经文、教义的学员。乡老，通常一是专指清真寺管理委员会的成员，二是泛指穆斯林大众。杜洼，又译为“都阿”，意为祈祷词。门前悬挂杜洼，标志是穆斯林人家；店前挂杜洼，表示“这里卖的东西都是清真的”。

教徒的主要宗教活动，自新中国成立前至60年代，多奉行“五功五典”，桑梓店镇老寨子、小寨子的教徒尤为虔诚。“五功”是教徒活动的五项基本内容，简称念、礼、斋、课、朝。

（一）念功——信仰的确认。即念清真言(al-Kalimah al-Tayyibah)。“万物非主，唯有真主，穆罕默德是安拉的使者”。这是信仰的表白（即：“作证”）。当众表白一次，名义上就是一名穆斯林了。

（二）礼功——信仰的支柱。主要是教徒在自己家中每日五次拜，即晨礼、晌礼、晡礼、昏礼、宵礼；每周星期五举行主麻拜——聚礼；每年两次“会礼”，即开斋节和古尔邦节的节日礼拜。在各种礼拜中，必须做“天命拜”和“当然拜”，且应由领拜人率领集体举行；按个人意愿做的是“圣行拜”和“副功拜”，可单独礼。礼拜前须按规定用净水沐浴，分为大净和小净。无水可用土代替，称为“土净”。礼拜包括站、念、鞠躬、叩首、跪尘，每两叩首为一拜。礼拜面对的方向叫“朝向”，中国在圣地——穆罕默德出生的麦加以东，故面向西。礼功是督促穆斯林坚守正道，对自己过错加以反省，避免犯罪，给社会减少不安定因素，为人类和平共处提供条件。

（三）斋功，即斋戒，俗称“把斋”或“封斋”，寡欲清心，以近真主。斋戒分天命斋和副功斋两种。天命斋必须“把”，即每逢伊斯兰教历的9月，成年信徒要斋戒1个月，禁止房事。每天破晓前用餐后集体到清真寺“把斋”，到日落禁止饮食，孕妇、旅行者和病人除外；副功斋随个人意愿，时间、内容与“天命斋”相同，信徒在自己家中“把斋”。斋戒期满一切恢复正常。至伊斯兰教10月1日开斋，为“开斋节”，意为纪念《古兰经》首次在10月降临。

（四）课功，也称天课，即“缴纳天课”，是伊斯兰对占有一定财力的穆斯林规定的一种功修。伊斯兰认为，财富是真主所赐，富裕者有义务从自己所拥有的财富中，拿出一定份额，用于济贫和慈善事业。除天课外，还有“开斋捐”，于开斋节礼拜前缴纳，相当于“1人1天的生活费”。

（五）朝功，即朝觐卡尔白（圣地），去过的人称为“哈吉”。按规定，凡身体健康，经济条件许可，在旅途平安的条件下，不论男女教徒，一生要去麦加拜谒圣像、圣地一次。朝觐分正朝和副朝，伊斯兰教历每年10月、11月、12月是正朝时间，其余是副朝。正朝、副朝连作谓“联朝”。所谓“朝觐”一般是指“正朝”。

凡身体健康，有足够财力的穆斯林在路途平安的情况下，一生中到圣地麦加朝觐一次是必尽的义务。不具备此3个条件之一者则可以进行代朝。

遵守五功是穆斯林信仰虔诚的基本体现。五功中“念”为本，“礼”为纲，五项天命互为因果，相辅相成，构成了系统完整的伊斯兰教功修制度。

五典，即：子女孝顺之道，夫妇敬爱之道，敬长爱幼之道，兄弟宽恕之道，朋友忠信之道。

1966年“文化大革命”开始后，阿訇被赶走，宗教活动禁绝。1978年始，陆续请回阿訇，恢复宗教活动。

第二节　基督教

1993年，桑梓店镇通过整顿确定了7个基督教点：后房、桑梓店、姚吕、小吴、邱岸、北董、南郑，取消了沙李教点。对宗教教职人员进行认定登记发证，并规定每月向镇政协办公室和派出所汇报一次人员变动情况，全面贯彻党的宗教信仰自由政策，同时对广大干部、群众和宗教界人士进行防渗透教育，经常排查海外宗教渗透的表现，有力维护社会治安。

1995年起，为加强对宗教的管理，一是依法向宗教活动场所颁发登记证，一年一检查，合格的留下，不合格的取缔。二是取缔基督教家庭聚会和设点，根据市区宗教部门的布置，由公安部门配合，对全镇48个行政村聚会私设点进行调查摸底，对部分信教群众进行规劝教育，对不符合要求的以及不登记活动点，坚决取缔。三是加强场所负责人管理，提高场所负责人素质。制定场所负责人职责共6条，文明宗教场所活动条件10条，宗教活动场所“8要”“10不准”等。

1998年，借对宗教活动点的年检机会，召集全镇基督教各级负责人开会，进行法律、法制宣传和党的宗教政策教育，同时进行社会主义两个文明建设的宣传教育，效果明显。有的信徒积极做公益事业，修桥垫路；有的带头完成国家公粮、三提五统任务；有的相应号召，发展个体私营经济，勤劳致富；有的在家孝敬老人、邻里和睦，为社会主义两个文明建设作出贡献。

1999年，全镇基督教信徒1054人，设立南郑、街后、姚吕、康辛、后房、小吴、北董、桑梓店8个点，信徒多，分布广，管理规范。

2015年全镇基督教信徒787人，有南郑、西秦、姚吕、周闫、安庄、小吴、北董、桑梓店等8个点。安庄村有30人信仰基督教，该村的基督教教堂在附近是第二大教堂，有5间房，聚会的教徒有80人。

2015年桑梓店镇宗教活动场所表

表19-3-1

教别	场所名称	信教人数	覆盖范围	负责人	场所地址
伊斯兰教	老寨村清真寺	1461	老寨村	米守桥	桑梓店镇老寨村
	小寨村清真寺	1250	小寨村	彭辛豹	桑梓店镇小寨村
基督教	桑梓店村	194	桑梓店村、仓上村、小马村、铁匠村、怀庄村、小屯村、老屯村、沙李村	郝秀莲	桑梓店镇
	安庄村	80	草庙王、大漠刘、康辛、大马村	许桂芳	桑梓店镇安庄村

续表 19-3-1

教别	场所名称	信教人数	覆盖范围	负责人	场所地址
基督教	南郑村	130	南郑村、刘庙子村、丁庄村、丁口村、	刘丕玲	桑梓店镇刘庙子村
	西秦村	34	东秦村、西秦村	李吉芹	桑梓店镇西秦村
	姚吕村	73	姚吕村、袁贾村、左庄村	韩杰芳	桑梓店镇姚吕村
	小吴村	171	小吴村、石门孙村、高王村、小辛村	吴　全	桑梓店镇小吴村
	周闫村	43	周闫村、小张村	邓吉兰	桑梓店镇周闫村
	北董村	62	北董村、小张村、耿家村、三官庙村	朱子俊	桑梓店镇北董村

第四章　方　言

桑梓店镇属于鲁西北，其用语属现代汉民族共同语的基础方言区——北方方言区。北方方言区又分为四个次方言，桑梓店镇方言属华北、东北方言一支；与济南方言同属一个方言亲属。

第一节　语　音

一、语音特点

1. 相对调值比较低。
2. 四个声调，两降一直一曲，没有升调。
3. 口形的开合度较小，舌位的动程较短。
4. 唇齿浊辅音 V 和舌根浊鼻辅音 ng ［ŋ］均可做音头。
5. 用舌面浊鼻辅音代替舌面浊辅音。
6. 没有舌面单韵母 O。

二、音节差异

桑梓店镇方言与普通话在音节上有较大差别。

桑梓店镇方言与普通话声母比较表

表 19-4-1

例字	桑梓店方言	普通话	备注
蛙挖瓦袜娃	Va	Wa	普通话的这些音节是零声母。桑梓店镇方言的 这些音节是用普通话中没有的辅音 V（唇齿 浊辅音）作声母
歪外	Vai	Wai	
弯完玩碗万	Van	Wan	
屋吴武物伍	Vu	Wu	
亡王汪网忘往望	Vanggg	Wang	
威微危伪为畏喂	Vei	Wei	
温文稳问闻	Ven	Wen	
翁瓮	Vong	Weng	
我窝卧	Ve	Wo	

续表 19-4-1

例字	桑梓店方言	普通话	备注
额鹅讹饿	nge	E	普通话的这些音节是零声母（韵母自成音节）而桑梓店镇方言的这些音节用 ng（舌根浊鼻辅音）做声母
恩摁	ngen	En	
鸥欧藕偶沤	ngou	Ou	
哀癌艾爱	ngai	Ai	
安氨俺案暗岸	ngan	An	
袄傲奥懊熬	ngao	Ao	
肮昂	ngang	Ang	
软（单个）	luan	Ruan	普通话的这些音节声母用 r。桑梓店镇方言中用 l（舌尖中浊边辅音）
若弱（部分汉字）	luo	Ruo	
瑞锐（部分汉字）	lui	Rui	
儒蠕如乳辱褥入	Lu	Ru	
容荣融绒（部分汉字）	long	Rong	
嫩（单个）	lun	Nen	
润	yun	Run	桑梓店镇方言的这个字是韵母自成部（零声母）
矮埃挨（部分汉字）	yai	Ai	方言中多介音
所（单个）	shuo	Suo	左边汉字在现代汉语拼音中，用舌尖辅音 s 作声母
肃（单个）	xu	Su	
宿（单个）	xiuxu	Su	
俗（单个）	xu	Su	
僧（单个）	zeng	Seng	
色（单个）	shei	Se	
堆（单个）	zui	Dui	
殖（单个）	chi	Zhi	

桑梓店镇方言与普通话韵母比较表

表 19-4-2

例字	桑梓店方言	普通话	备注
薄菠博搏脖剥	Be	bo	音节的全部汉字
婆破迫颇坡	Pe	Po	
摸磨馍模茉末	Me	mo	
佛	Fe	fo	

续表 19-4-2

例字	桑梓店方言	普通话	备注
塞	Sei	Se sai	音节中的部分汉字，ai 或 ei——e 复韵母与单韵母
择（择个吉祥日子）	Zhai	ze	
客刻（刻图章）	Kei	ke	
涩	Shei	se	
则	Zei	ze	
册	Chei chai	ce	
策	Chai	ce	
泽	Zhai	ze	
责	Zhai	ze	
勒	Lei	le	
白伯柏百掰	Bei	bai	音节中的部分汉字 ei__ai 主要元音不同
摘窄	Zhei	zhai	
拆	Chei	chai	
择（择菜）	Zhei	zhai	
解界介戒疥届	Jiai	Jie	音节中的部分汉字。iai___ ie 主要 元音与韵尾不同
鞋	Xiai	xie	
剖	Pao	Pou	音节中的部分汉字
否	Fao	fou	
谋某	Mu	mou	
墨默	Mei	mo	
泪累类垒儡磊雷	Lui	lei	
擂蕾	Lui	lei	
乐（快乐）	Luo	le	
略	Liao	lue	
郝	Huo	hao	
去	Qi	qu	
映	Yang	ying	

三、声调差异

桑梓店镇方言与普通话在声调上的差异非常明显。

表 19-4-3

例字	桑梓店镇方言		普通话		备注
	调类	调值	调类	调值	
知刚天专丁尊	阴平	降升调 2-1-3	阴平	5-5 高平调	调类一样
才羊梨人床穷平陈行	阳平	4-2 中高降	阳平	3-5 高升	同一调类调值不同
走好纸古短袄	上声	5-5 高平	上声	2-1-4 降升	
莱样立认盖对正饭杏	去声	2-1 降低	去声	5-1 全降	

第二节　语　汇

桑梓店镇方言的语汇相当丰富，本节仅列举其中的一部分。对于有音无字的，仅注拼音。

一、时　间

ji 门儿——今天　夜来（说 lài）——昨天

hòng　hang——晚上

蚂蚱眼——傍晚或黎明能看到物体但模糊不清的时候

前儿——前天　明儿——明天

后儿——后天　头年——去年

年时——去年

头晌（说 shāng）午——上午

过晌（说 shāng）午——下午

晌（说 shǎng）午头——中午　黑（xiè）——夜晚

多 dan——什么时候　多 she 节——多长时间

大天白 xie——白天　一闷儿——一阵儿

露（说 lòu）头明、五更（说 jìng）——拂晓前

赶等着 ke——到那时候　沉沉——等一会儿　贼星——流星　打呱啦——又急又响的雷，又称霹雳

帆布喇子——天空飘下的似雪非雪的白色小冰粒

雹（说 bá）子——冰雹　濛 xing——下零星小雨

土菇堆儿——土堆　老爷爷儿——太阳

扫帚星——彗星　坷垃——土块

砟子——用煤粉加粘土制的煤坯

杠巴晴天——晌晴，万里无云　一霎儿——极短的时间　冬冬——冰块　素常里——日常、平常　往尔——以往、往常

晌午歪——过了正中午　成天 jie——经常、常常

前回子——前段时间　半宿（说 xu）拉夜——半夜

年根子底下——临近春节的时间　大年 xie 节——春节期间或其前后

老爷儿地儿里——太阳底下

坐 wo——本来

二、动物 植物

头牯——牲口　耗子——老鼠

叫驴——公驴　草驴——母驴

犍（说 jiǎn）子——公牛　犷牛——未阉割的公牛

shì 牛——母牛　嚼（说 jiào）沫——牛、羊反刍

儿马——公马　骒马——母马

牙狗——公狗　牙猪——公猪

净猪——阉割后的公猪

扒（说 pǎ）牯——公羊　妈虎羔（说 gáo）子——狼

儿猫——公猫　女猫——母猫

貔（pí）达狐（说 hū）子——狐狸

黑瞎子——狗熊　额狼蛛子——蜘蛛　米yang——蚂蚁　蝎虎子——壁虎

黄鼬——黄鼠狼　曲蟮——蚯蚓

gě　dao——跳蚤　蛤蟆——青蛙、蟾蜍

蜜——蚜虫　臭大子——臭大姐、椿象

疥蛤蟆——癞蛤蟆　蛤蟆蝌台子——蝌蚪

老鸹——乌鸦　野 qiao——灰喜鹊

家雀儿——麻雀　咕咕捣锤——布谷鸟

参打 mú 子——啄木鸟　夜猫子——猫头鹰

檐巴乎子——蝙蝠　guāi 子——蝈蝈

知了猴、老 sháo 猴——蝉　蜓蜓官——蜻蜓　蚂匹——水蛭　刀郎——螳螂

长虫——蛇　鸽鹁——鸽子

布袋儿——衣服上的口袋　笤帚（说 zhu）

搌布——抹（普通话读 mā）布

袼褙（ge　bei）——用碎布、旧布裱成的厚片，从前多用以制布鞋鞋底

袼褙儿——做包装箱的又厚又硬的纸

地派子——鼹鼠　喳（说 zhá）喳子——花喜鹊

瞎碰——金龟子

花大姐——七星瓢虫　嘎牙——黄颡鱼

草鞋底——草履虫　棒子——玉米　蚰蜒——蜈蚣

地瓜——红薯　秫秸——高粱秸

秆草——谷秸、黍秸　莛杆儿——高粱秸顶端穗下的部分

常果——花生　朝阳花——向日葵　地蛋——土豆

葚子——桑葚　婆婆丁——蒲公英　马生菜——马齿苋　洋白菜——卷心菜、甘蓝　柿子、西红柿——番茄

酸楂——山楂　核头——核桃　洋葱——圆葱

红萝卜（说 bei）——胡萝卜（说 bei）

水萝卜（说 bei）——白萝卜（说 bei）、青萝卜（说 bei）

椒子——辣椒　焦子——焦炭

娘 huo——棉花　白蒿——茵陈

支生——植物生长旺盛，向四外张开

蔫（说 yān）悠——植物打蔫或人没有精神

棒子格当儿、棒子核（hú）——玉米棒锤脱粒后的芯

猪耳朵（说 dào）、车辙子——车前草

三、房屋　生活品

杌撑子——马扎　桌（说 zhuǒ）子

宅子——宅基及其房屋　屋——房子

豆枕——枕头　地 chui 儿——地方

zhui 儿——主人　茅厕（说 si）——厕所

屋当面——房内地面　当天井——院子

饭屋——厨房

洋衬——纸扎的顶棚（室内）

门堑子——门槛　麻包——麻袋

门插关儿——门闩　担杖——挑水的扁担（带钩）　锅头——锅灶　被窝——被子

衬单——床单

斗枕——枕头　囤子——棉背心

褯（jiè）子——尿布　围脖——围巾

洋火——火柴　糨子——糨糊

瓶子椎儿——瓶塞

燎（说 liǎo）壶——用火烧开水的壶

暖壶——暖瓶　烫壶——冬天暖身用的壶

黄面——粘糕　晾条——用来晒衣服的铁丝

盘缠——路费　灶火——锅灶烧火、放柴草的地方

夹胡道儿——两房之间较窄的地方

墙旮旯——墙角落　夹哈旯儿——偏僻的角落

翻翻——絮叨地顶嘴

喔（wō）呀——乱吵吵　咋呼——吆喝或吵嚷

日为——磨蹭、办事不痛快　唱岔儿——唱儿歌之类

灶独——烟囱

铺衬——缝制衣服剩下的碎布或旧衣撕成的碎布

瓤子——籽棉弹轧去除棉籽后的皮棉

猜闷——猜谜语　凉甚——感觉冷

姆量局——估摸着说话、办事

擦床子——把瓜、萝卜之类加工成细条或细丝的带眼的擦子

提鞋拔子——旧时铜制的帮助提鞋的用具，现多用塑料或牛角制成。

四、饮食 食品

馍馍——馒头　黏粥（说 zhu）——玉米面等熬的粥

卷子——层层卷起来蒸制的馒头类食品

包子——水饺　大包子——蒸包

淡馍馍——馒头　菜馍馍——圆形蒸包

其馏——用非小麦的地瓜、玉米、高粱等和面包蒸熟食用的无边无花褶的圆形菜包

古拉头儿——疙瘩汤

果油——花生油　大油——猪油

酸蘸儿——冰糖葫芦　香油果子——油条

古拉头子——疙瘩汤　水蛋——鸭蛋

鸡子儿——鸡蛋

五、人品 疾病

爷们儿家——男人　娘们家儿——已婚女人

庄户人家——农村庄稼人

小小儿——男孩子

小妮儿——女孩子　双（说 shuàng）巴儿——双胞胎

带犊子——随娘改嫁的孩子

耶拉盖——额头

胳拉拜——膝盖　也拉盖——额头

胳膀——胳臂

妈妈——乳房　老妈妈儿（说 mǎ）——老太太

眵马糊——眼屎　耳碎——耳屎

吃拉拉——口水　家雀子屎——雀斑

不足声、不言有——不说话　得为——故意

拔头顶——谢顶，头中央无头发

干哕（yuě）——恶心，呕吐

心口——胃

冻着——感冒　发疟（yào）子——疟（nüè）疾

羊羔子风——癫痫　咳巴——结巴

离把——①外行、手艺不精通　②办事不精明

迁磨、劳磨——磨蹭、拖拉　唆以——好动调皮

肉头——肥胖

抻腿——人去世

蛆窝——吝啬

死孙——死板，不灵活

六、动作 行为

宰——投掷攻击　家走——回家

摆鼻——发脾气，使性子

miǎn——踩　起来——闪开，躲开

fó——揍，打击；吃，如 fó 了四个馒头

揍猴——扮鬼脸　推头——男人理发

乍翅——不再受控制，放任

扎挂——打扮 打堵磨——徘徊

户隆——欺骗 吴隆——将就，凑合

胳（说 gé）肢——用手在人身上挠，使人发痒

姑低——蹲 仰巴牙子——仰面躺在地上

不耳他——不理他

刺挠——讽刺 吱外——咋呼

舞扎——胳膊大幅度动 拉呱儿——讲故事

合撒——从容器里撒出来

拔腚、拔着（zhao）——滚开

点划、操龙——戏弄，愚弄 揍势——做作

徐过——看见，注意　疵打——训斥、责备

崩没根——说不着边的话

上晃——用言过其实的话恭维　舔腚——巴结、拍马屁

骑马着——像骑马那样坐在上面

粘缠——紧跟不舍　尔糊——忽视

卷——骂　吃卷子——挨骂（同音双关）

招压虎子——梦魇 拾漏儿——拣便宜

zàng——损坏，如 zàng 牙、zàng 车

饥困——饿 营设儿——东西，物品

毁——训斥或打小孩子

攮（说 nàng）——人多拥挤

捣鼓、鼓捣、舞乖——用手做

choú 衣裳——洗衣服

点地——用手拿着往铲好的窝里丢下种子，与用耧耩地相对

luán 地瓜、luán 花生——在已经收获之后又用小型的四齿之类翻地复收尚留在地里的地瓜、花生

对货——搜寻

拽（zhuǎi）文——说文雅的话以表现自己有学问

七、其　他

qiáo、leng、gàng——很。如 qiáo 冷，leng 甜，gàng 赛咧

Lùn——嫩　私孩子——生气时骂人的话

小爸爸（说 bǎ）——侄子、侄女对父亲的弟弟的亲切称呼，不止其亲弟兄

娘娘——伯母，大娘

闹着（zhao）咧——收获很大很多，多指对方或别人

拉（lá）脖子——要有了喜事的人请客

出血（xiě）——花钱大方

老生子儿——年龄很大之后生的儿子

掌柜的——夫妻一方与第三者谈话时戏称另一方

家里——旧时或老年人指配偶，多指女性

两乔、两拽、连襟——姐妹丈夫间的互称

兄弟爷们儿——村内的老老少少

杠脸——孕妇面部褐斑得（dei）——舒适、愉快

赛——好；反语，跟正“好”相反

转腿肚子——腿抽筋

材流——酱油、醋等调料 忌讳——醋

趁——富有，例如趁钱

私脑——食物发霉

打死囊（说 nàng）——最忙的时候

戏匣子——收音机 湾——池塘

茔地——墓地　哄拉道——胡同道　露脸——做了漂亮的事 揽头——负责招聘、组织工人干活的人

掉逝——不正经干事，逃避职责

胡诌白咧——胡扯，说话无根据

（扒）豁子——挑拨离间

下包儿——坏东西或不学好

小月——孕妇流产

沸头、半青——说话办事特别出格

坐月子、占房——妇女生小孩

多一捞摸——做多余、无益的事　疵毛——

不行，不好

老了——去世

糖面耳朵（说 dào）——形容轻信人言没有主见的人

胀饱儿——贬义词，指别人的得意、骄傲、嚣张等

送米——带礼物到刚生小孩的人家祝贺

吃吃——小孩吃奶

撒帖——有白事而去通知亲友如期吊唁

叫亲戚——有红事而去通知亲友如期赴宴

有喜——怀孕　打栏——牛、羊交配

打圈（juàn）子——猪交配

么（个）——啥、什么一 sei　sei——一点点，极少

木咯张——感觉麻木　够载——极度疲劳

生（gǎ）古——吝啬，不易借东西给别人

轩活儿——松软

杠——非常　咧——了　忒——太

狼嫌——用不着、多余　犳艮——认死理，别扭

抬杠——用不着的争辩　人物——风光、体面

样法——精致美观　缘（说 yan）法——缘分

摇俏——思维奇异，做事不合常理常情

腚焉、弯焉、膈应、各一户儿——言行不同常人，让人很不舒服

瞅着（zhao）——欺负　正格的（di ）——真的

眼损人——欺负人，让别人吃亏

焉训——吃亏后感到沮丧

腻歪、师未、肉逑——动作迟缓，不痛快

狗乱——胡乱腾　人情——到亲友家中吊丧随礼

拽拽（筋筋）耳到腮动弹——指各种事物盘根错节，利害相关

嚼舌根儿——无根据地信口开河说别人的坏话

上穷腚——要贫嘴　轻贱——指行为出格，用于大的训斥小的

kóu——形容强势不好惹或得理不饶人

肉——性格内向，不大说话

撑劲——有权有势

自本——自尊、本分　全换——办事全面、考虑周到

皮精——表面精明　唆依——孩子顽皮

潮白——超出规矩的鲁莽、放肆

é 应——令人作呕

死孙——吝啬小气

探匹——晾条 yuě　约 kěi——请客人

落 zuō ——坐下喝酒吃饭

不担病—— 做事没大有资本，有后顾之忧

地蛆——背后使坏　装摆——没有实力却装模作样

虚活——夸大其词　不沾贤——不行

二五眼——办事不行　毛以——做事颠三倒四

高帽子 kěi——身份高贵的人或喜欢别人奉承的人

懈（说 xiài）——做事拖拉不利索

夹哈拉头——形容不善交际的人

窝囊——脏

营上子、行（háng）行子——指称对方或物品，有时有贬义有时表示亲切

不光不离儿，待差不差——八九不离十

泛不开沫——形容空间太小受局限

水湿毛潮、雁过拔毛、狼吃狗叼——不愿拿出但又不得不支出的各种费用

井上湾上——传统上逢年过节得到井边湾边烧纸求平安，代指为求福祉所要疏通、打点的各路神灵、关系

小小不然——不影响大局的地方

漫处地里——意外地　胡儿马约——马马虎虎

迭不当地——忙得来不及、顾不过来

打鸭（说 yǎ）子脑袋儿——闹着玩儿

紧麻利（说 lí）儿地——赶快地

……和的 ——……似的

使 she——累死 长脸儿——得寸进尺

跌卸——抓瞎，手忙脚乱 知不道——不知道

逛悠——闲逛

滋洇滋洇——慢慢地浸泡，也借指饮酒。

死眉塌哈眼的——呆头呆脑不灵精

哩哏儿棱、片儿汤——耍花招

没（说 mu）没打打——没数儿，看不出高低紧慢

甜么索的——指一个人嬉皮笑脸，故意讨好的样子

翘偏——指平面的东西变得不平了，一部分翘起

龙弯——指圆的东西不圆了

伯——回民对叔叔的称呼

你那一面儿——回民称汉族

俺这一面儿——回民称回族

第三节 俗 语

一、民 谚

（一）气象

云彩上北一阵黑，云彩上南雨连连，云彩上东一阵风，云彩上西披（说 pěi）蓑衣

东虹呜喽西虹雨，南虹出来摸粘鱼

早晨烧，晚上浇

早晨下雨一天晴

亮一亮，下一丈。

天上勾勾云，地下雨淋淋。

傍晚火烧云，明天晒死人。

太阳倒照，（明天）晒得猫叫。

腰疼腿酸疮疤痒，大雨不过晌。

春刮西南风，有雨也稀松。

大旱小旱，不过五月十三

烟筒不冒烟，大雨不过三（天）。

南风不过晌，过晌呜呜响

燕子低飞蛇过道，大雨马上要来到

燕子钻天下大雨

风是雨头，电是雷头

大雾不过三

下雪不冷化雪冷

大（月初）二小（月初）三儿，月亮冒尖儿

（二）季节（本部分的月份均指农历）

一九二九不出手，三九四九冰上走，五九六九沿河看柳，七九河开，八九雁来，九九加九，耕牛遍地走。

春打六九头（六九前立春）

惊蛰无凌丝（冰雪全融化了）

二八月，昼夜平

三月三，（麦苗起身长高）没老鸹

蛤蟆打哇哇儿，六十天吃古扎（小麦成熟吃新面）

清明前后，种瓜点豆

过了寒食冷十日

有钱难买五月旱，六月里连阴吃饱饭

六月天，孩子面

六月二十四是关老爷的生日，是下雨的日子儿

六月七月看巧云

杨叶哗啦，种西瓜

立了夏，睡觉不害怕；立了秋，睡觉不害羞（指午休）

立秋不立秋，六月二十头

立了秋，把扇丢。

立了秋，把头揪（掐棉花茎头）

夏至三庚便入伏（庚日每十天重复一次，从夏至后的第三个庚日起为初伏，伏天的起讫时间每年都不尽相同）

船行不等人，季节不让人

立夏花（种棉花），大把抓

立夏麦甩芒（当地说wáng，普通话读máng）

小满花（种棉花），不归家

四月芒种（音zhuàng）头芒种（在芒种前收割小麦），五月芒种过芒种（在芒种后收割小麦）

大暑小暑，淹死（当地说she）老鼠

暑见薯，二两五

伏里（种）豆，指不就

七月十五枣红腚，八月十五打个净

七月半，八月半，蚊子嘴快起钻

七月八月地落色，九月十月潮上来

七月十五定旱涝，八月十五太平年

八月十五云遮月，正月十五雪打灯

新南风，旧北风，冻死（说she）人的老祖宗

麦收芒种谷立秋

一场春雨一场暖，一场秋雨一场寒

淋了伏娃儿，一天一场儿

早晨下雨一天晴，晚上下雨到天明

冷在三九，热在中伏

白露早，寒露迟，秋分（种）麦子正当时

立冬不倒股（分蘖），不如土里捂

小雪锄白菜

冬至包子（饺子）夏至面（凉面条）

（三）农事

顶凌早耙地，免出冤力气。

晴天不挖沟，雨天遍地流

（播种）春争日，夏争时

有钱买种，无钱买苗

蚕老一时，麦熟一晌

六月六，看谷秀

七月七，掐谷吃

豆打长秸麦打齐

枣树冒芽，人困马乏

过了麦（说mèi）的豆子不压头楼（最早播种的一楼长得最好）

七成收，八成丢（小麦应当在七成熟收割，熟到八成以上收割因炸粒就会丢掉一些）

谷锄七遍饿死狗（米粒变大，谷皮变薄，狗吃谷糠就吃不饱了）

头麦不锄二遍谷，麦后必定守着哭。

二遍地锄不好，到收还是满地草。

一穗儿两穗儿（成熟），个月上囤儿。

秋天锅锅腰，强起冬天转一遭。

伏里锄遍田，胜过水浇园。

勤锄草，籽粒饱。

苗怕草欺，树怕去皮

锄头上有三宝，治旱防涝又除草

丰收年，不收无苗田

种麦不耕，产量稀松。

深耕如上粪。

麦怕坷垃咬。

想吃豆腐，泥里古杜。

豆子开花，捞鱼摸虾。

积肥如积粮，蓄水似修仓。

多养猪、勤垫圈，肥料堆成山。

麦耩（jiǎng）黄泉（播种宜深）谷露糠（播种宜浅），豆子耩在地皮上（播种宜浅）

麦耩黄泉谷露天，豆子露着大半边

干锄田，湿浇园

旱浇田，涝浇园

伏天蹭破皮，胜似转二犁

寸草铡三刀，（喂牲口）无料也上膘

洼地种秫秫，十年九财主

（四）修身

病来如山倒，病去如抽丝

能忌烟和酒，活到九十九

春捂秋冻，到老没病

不冷带衣裳，不饿带干粮。

早饭少，午饭饱，晚饭喝喝就拉倒

喝茶吃瓜，房倒屋塌

脚正不怕鞋歪歪

小树要剪，小孩要管

路在人走，事在人为

锯响就有锯末

紧紧手，年年有

有钱难买回头看

师傅领进门，修行在个人

砍的不如旋的圆

贪多嚼不烂

人前教子，背后教妻

光看贼挨打，别看贼吃饭

冤死（说 she）不告状，穷死（说 she）不做（说 zòu）贼

守着矮人别说矬（cuó）

百闻不如一见

淹死（说 she）的都是会水的

有狠心的儿女，没有狠心的爹娘

男大当婚，女大当嫁

远亲不如近邻，近邻不如对门

请客（说 kěi）不到，恼死（说 she）主人

吃人家的嘴短，拿人家的手短

吃饭穿衣量家当

干么说么，卖么吆喝（说 huò）么

一个朋友一条路，一个冤家一堵墙

谁为着仇家过艰年？

端谁的碗，服谁的管

吃不穷喝不穷，算计不到就受穷。

子不嫌母丑，狗不嫌家贫

瓜果梨枣，见了就扰

有枣没（说 mú）枣打三竿

外甥狗，外甥狗，吃了就走

常在河边走，哪能不湿鞋

打人不打脸，骂人不揭短

师傅领进门，修行在个人

寒门出孝子，严师出高徒

人过留名，雁过留声

远亲近地是一宝

亲戚分远近，朋友分厚薄

人心要实火要虚。

人怕出名猪怕壮

人熟是一宝。

礼多人不怪

争着不够，让着有余

捎话捎多了，捎钱捎少了

马前不作揖马后磕头

纸里包不住火

一拃不如四指（近）

人不可貌相，海水不可斗量

人外有人，天外有天

待要好，大敬小

买卖不成仁义在

千年的大道踏成河，多年的媳妇熬成婆

好货不如好行市

人比人，气死人

人比人要死，货比货得扔（说 leng）

手大捂不过天来

不经一事，不长一智。

天下无难事，就怕有心人

不听老人言，吃亏在眼前

出门不叫哥，必然走道多

上梁不正下梁歪

老将出马，一个顶俩

浪子回头金不换

骡子马（架子）大了值钱，人（架子）大了不值钱

小心无过火。

一遍生，两遍熟，三遍成个老师傅。

孩子看着自家（说 jiè）的好，庄稼看着人家（说 jiè）的好

家里没（说 mú）有市上看

看孙子儿，强起攒金子儿

孩子会走，强起小狗

小孩见了娘，没事哭三场

从小看大，三岁知老

七岁八岁狗外嫌

老乡见老乡，两眼泪汪汪。

虎毒不食子

儿大三分客（说 kěi）

男大当婚，女大当嫁

好儿不如好媳妇儿

闺女大了不可留，留来留去留成仇

天下爷娘向小儿

闺女是娘的小棉袄

小孩嘴里掏实话

长木匠，短铁匠

长拉木头短拉砂

害人之心不可有，防人之心不可无

好鞋不踩（说 chǎi）臭屎

没有大荷叶，别包大粽（说 jiòng）子

冻懒人，饿馋人

麦（说 mèi）子搭倒，离不了棉袄

千锤打锣，一锤定音

生姜还是老的辣

一步赶不上，步步赶不上

人靠衣裳马靠鞍

南京到北京，买的没有卖的精

教的曲子唱不得

话不说不知，木不钻不透

不怕不识货，就怕货比货

好货不便宜，便宜没（说 mú）好货

买卖不成（是因为）话不到

家中有个絮叨虫（指老年人的反复叮嘱），一辈子不受穷

一家人 jie 三只宝，狗咬猫叫孩子吵

一家人 jie 三只宝，傻儿丑妻破棉袄

一麦（说 mèi）赶三秋

春雨贵如油

头伏（种）萝卜（说 bei）末伏（种白）菜

冬吃萝卜夏吃姜，有病强起开药方

吃饭先喝汤，强起开药方

稀谷秀大穗

冬天麦盖三床被（雪），来年枕着馍馍睡

庄稼活，不用学，人家咋着咱咋着

树挪死，人挪活

磨刀不误砍柴工

十事九不全

穷家富路

人是铁，饭是钢，一顿不吃饿得慌

家中有粮，心里不慌

有钱不买半年闲

伤筋动骨一百天

糊饼烂面不伤人

十层单不如一层棉

待要走，三、六、九

待要回家，二、五、八

笑一笑，十年少；愁一愁，白了头

饭后百步走，活到九十九

吃了不疼瞎了疼

牙不剔不稀，耳不掏不聋

病来如山倒，病去如抽丝

心静自然凉

春捂秋冻老来壮

春困秋乏夏打盹

宁吃鲜桃一口，不要烂杏一筐

桃养人，杏害人，果木子地里埋死人。

满堂的儿女，不如半路的夫妻

（五）其他

娇小 she 儿（子女中最小的），疼老 she 儿（子女中最大的），当中间（说 jiàn）儿的活恼 she

丑媳妇脱不了见公婆

强扭的瓜不甜

一俊遮百丑

好事不出门，坏事传千里

懒牛上套，不拉就尿

心急喝不了热粘粥

不怕慢，就怕站；站一站，二里半

开了“豆腐窝”（指黄河大堤堤豆腐窝险工），整个华北差不多（全遭水灾）

开了荆隆口，淹到北京门（旧指黄河大堤荆隆口险工）

行家看门道，离（说 lì）巴瞧热闹

人倒楣喝口凉水也塞牙

眼精不如手精

不当家不知柴米贵

夜猫子进宅，无事不来

夜猫子扑棱翅儿，大小的有点事

朝里有人好做官

阎王好见，小鬼难缠

哪个庙里也有屈死的鬼

没脏没净，吃了没病

七十不保年，八十不保月

没（说 mú）利谁起早五更？

七十三、八十四，阎王不叫自己去

七十不留宿，八十不留坐

穿着缝，没人疼

货卖一张皮

二、民　谣

揭露地主的剥削：

紧嘱咐，慢嘱咐，别给耿庄老顽固（指封建地主或土财主）干工夫（打短工）；谷面饼子马尾（说 yi，马尾毛）箩（箩粗面用），饭食不济好紧活。

描绘风沙严重：

无风到处扬，有风遮满天。吃饭关住门，土从门缝钻。

（麦苗）正月青，二月黄，三月误不了种高粱。

无风三尺土，有风半个天。吃饭盖着锅，土饭一齐咽。

扇子有风：

扇子有风，拿在手中。

谁要来借，等到秋冬

小老鼠上灯台：

小老鼠，上灯台，

偷油喝，下不来，

叫奶奶，抱下来。

噢——噢——噢——娃娃睡，盖花被，娃娃不睡挨棒槌。

花喜鹊，尾巴长，娶了媳妇忘了娘

小叭狗：

小叭狗，戴铃铛，

低楞刚楞到集上。

买菠菜，买白菜，

低楞刚楞再回来。

小叭狗，戴铃铛，

低楞刚楞到集上。

买个桃，桃有毛，

买个杏，杏乔酸，

吃个栗子面丹丹，

吃个核桃上了天。

月亮奶奶：

月亮奶奶，好吃韭菜。

韭菜乔辣，好吃黄瓜。

黄瓜有种儿，好吃油饼儿。

油饼儿喷香，要喝面汤。

面汤稀烂，要吃鸡蛋。

鸡蛋腥气，要吃公鸡。

公鸡有毛，要吃仙桃。

仙桃有核（hú），要吃牛犊。

牛犊牛犊 ma，家来喝 ta。

夜来哄夯揍了个梦

夜来哄夯揍了个梦，

两个老鼠抬着个瓮。

我说我来帮帮手，

它们说不用。

初学英语：

Father、Mother、Brother，

我在学校读 Book，

各门功课都 Good，

只有 English 不及格。

三、歇后语

牛肉包子去了皮——光丸（玩）儿

灶王爷上天——以言实告。

胡同里赶猪——直来直去

茶壶里装包子——倒不出来

鸭子过河——随大溜。

唱戏的胡子——假的。

跟着汽车拾粪——白搭工。

土地爷啃杜梨——担不得大果木。

耳朵淌浓——底子（得中耳炎称为长耳朵底子）。

牛犊子吃奶——碰饭。

半宿里戴帽子——还早哩。

老鸹窝里抱“喳喳”——一窝不如一窝。

卖了麦子籴糜子——不吃好粮食。

蛤蟆蝌台子撵鸭子——豁着命上。

张天使卖眼药——现点现试。

送神娘娘抱兔子——没有孩子样。

戴着草帽凫水——拥头不小。

卖长果的不使秤——论堆。

灶王爷打飞脚——胡闹锅台。

棉（说 niáng）花种喂骡子——不是那把料。

小炉子钢（gàng）铡（通过打铁翻新旧铡刀使更锋利）——费炭了。

淘井的吃饭——上来了。

屎克郎拉楼——臭耩（讲）。

麦子囤的屎克郎——老蚰（油）子。

狗吃麸子——不见面。

乌豹狗撵兔子——对毛片。

二五眼看牌——往近处拿。

二十一天不出鸡——坏蛋一个。

抱着孩子拜年——想钱。（旧俗小孩拜年，长辈给压岁钱）

麻杆打狼——两头害怕。

里手里赶车——没外人。

卖棺材的咬牙——恨人不死。

筛子当锅盖——不盛气（成器）。

双铧犁耕地——离把（巴）了。

包着孩子织布——掠（说 luǒ）梭。

八月十五蒸年糕——趁枣（早）。

喝凉水白瞪眼——灌（惯）的。

仰巴牙子喝粘粥——灌（惯）的。

一个树底下投干棒——谁不知道谁那两下子？（喻互知底细。干棒，树的枯枝。旧时冬闲，常有少年用短棍击打下来用于烧火做饭。）

屎克郎垫桌子腿——硬撑。

床底下放风筝——起不来。

狗头上带角——羊（洋）相。

头上插菠菜——露（说 lòu）青头。（喻出风头）

猪鼻子插葱——装象

泥菩萨过河——自身难保

孔夫子搬家——净是书（输）

打破砂锅——纹（问）到底

和尚打伞——无发（法）无天

大海里捞针——没处寻

竹篮子打水——一场空

打开天窗——说亮话

船到桥头——自然直

飞蛾扑火——自取灭亡

芝麻开花——节节高

老榆树——没（说 mú）（榆）钱子

兔子尾巴——长不了

黑瞎子叫门——熊到家了

王婆卖瓜——自卖自夸

老虎屁股——摸不得

老虎拉车——谁（赶）敢

老鼠过街——人人喊打

麻雀虽小——五脏俱全

墙头草——随风倒

茅厕的石头——又臭又硬

饺子破皮——露了馅

年下的馍馍——没有数

猪八戒照镜子——里外不是人

外甥打灯笼——照舅（旧）

秀才遇着兵——有理说不清

偷鸡不成——蚀把米（不仅没有占到便宜，反而受到了损失）

茅坑里扔石头——激起民粪（愤）

秃子头上的虱子——明摆着

年三十打只兔子——有它过年，没它也过年

飞机上钓鱼——差远了

莲蓬子——藕仁（呕人）

老妈妈喝粘粥——不知道稠（愁）得上

老妈妈吃柿子——专拣软的捏

临阵磨枪（古代的冷兵器）——不快也光

麻袋上绣花——底子太差

枣核（hú）子解板——没两锯（句）

肉包子打狗——有去无回

裁缝掉了剪子——光剩下尺（吃）了

张飞认针——大眼瞪小眼

小葱拌豆腐——一青（清）二白

十五只吊桶打水——七上八下

牛犊子驾辕——乱套了

下雨不打伞——轮（淋）着咱了

纸糊的灯笼——心里明

四、谜　语

（一）使用物

两头尖尖一面槽，里边趴着个小白猫——织布梭

嘎咕嘎咕，鼻子长到嘴下头——罐子

嘴大厚嘴唇，肚子上长皱纹——瓮

白棍儿白棍儿，两头透气——棉布绩（用棉花搓成的管状物。先将弹好的棉花均匀搓在莛杆上，然后抽出莛杆，呈细棍形）

两个小孩一般高，腰带扎着两三遭。要问他到哪里去，常去阴间走一遭——从前打水盛水的木筲

大屋套小屋，小屋没窗户——蚊帐

不点儿不点儿，浑身是眼——顶针

南边来了一条蛇，往水井里跑不迭——从前打水的井绳

摘下帽子走道，戴上帽子睡觉 ——毛笔

说了个老头二指高，咳嗽一声就没了——鞭炮

纸里封，纸里裹，南京北京都是我。人人都说朝庭大，朝庭还得跪着我——香

东山一个牛，西山一个牛，一到黑天就碰头——大门

当街一盘磨，谁也不敢坐——井

小公鸡儿，溜墙根儿，抓住你的毛尾儿(yi)，问问你多大年纪儿——秤

远看是朵花，近看是个洼，洼里一滩水，水边一朵花

——油灯

远看像只鞋，近看没鞋带，轻易不进去，进去出不来

——棺材

说了个客店真是怪，白天客住满，黑夜闲起来——鞋

（二）动植物

小小诸葛亮，住在山顶上，布下八卦阵，专拿飞来将

——蜘蛛

紫色树，紫色花，紫色罐里装芝麻——茄子

院子里，窗户外，高高长着一棵菜，也能吃，也能卖，也能送人也能戴，就是不能腌咸菜——石榴（树、花、果）

姊妹七八个，围着柱子坐——蒜

南边来了个穿青的，一头扎在粪坑里——屎克郎

南边来了个穿黄的，一头扎在枣行里——蜜蜂

肉包骨头——枣

红娘子，坐高楼，刮大风，摇摆头——枣

打南边来了个麻媳妇，嘴里含着珠珠，媳妇笑了，珠珠掉了——花椒

白马歪歪蹄，走水不走泥——豆芽

姐妹二人一个娘，一个死在春三月，一个死在秋风凉

——榆钱和榆叶

一根腿梗梗梗，两根腿叫天明，三根腿火里站，四根腿扒窟窿——分别是掏灰耙、公鸡、鏊子、老鼠

上山直勾勾，下山滚其馏，摇头梆子响，洗脸不梳头。——分别是蛇、刺猬、啄木鸟、猫。

（三）人体器官

房檐对房檐，房檐底下一只船，不拨就转转——眼睛

墙窟窿里一块肉，千年万年晒不透——舌头

左一扇，右一扇，老死不见面——耳朵

（四）字　谜

一点一横，俩眼一瞪——六

一点一横长，梯子顶着梁，大口张开嘴，小口里边藏——高

二小二小，头上长草——蒜

第二十编

村　庄

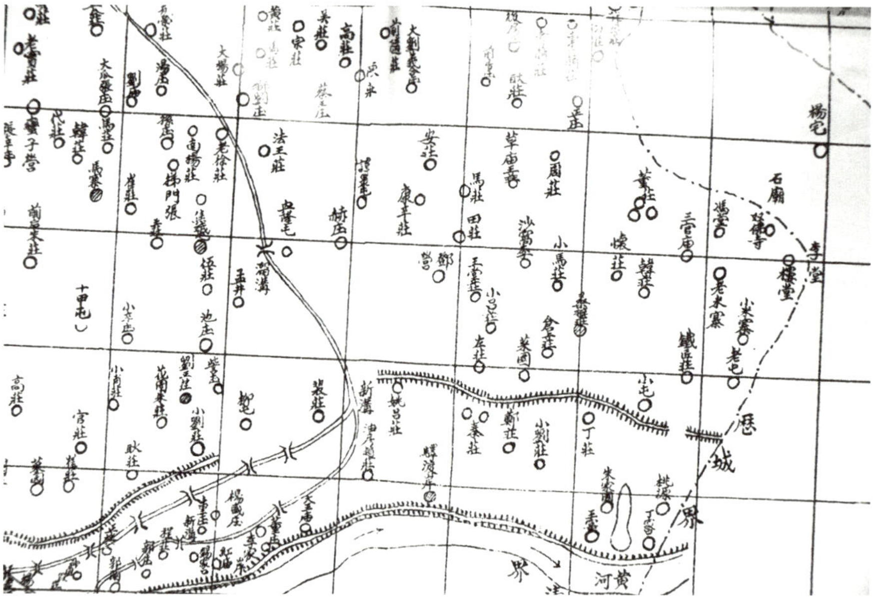

1904 年由济南鲁雅斋印刷局承印的《齐河县旧里图》

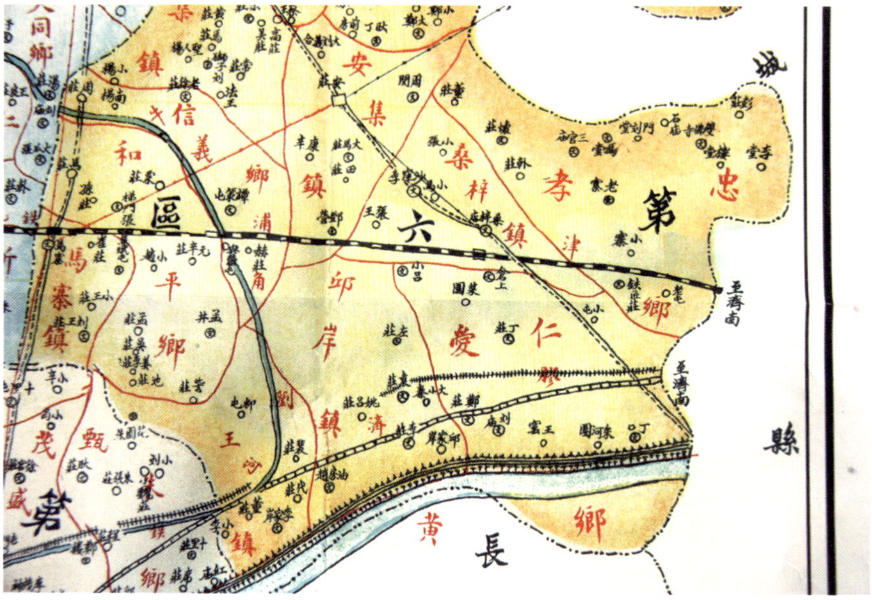

1931 年制齐河县八大区乡镇总图

第一章　丁仓办事处

第一节　仓上村

仓上村位于桑梓店镇政府南1千米，邯济铁路以南，黄河北展堤以北。北隔铁路与桑梓店村相望，南越309国道为丁庄村，西过梓东大道为小吕村，东接小屯村。地势平坦，四通八达，位置优越。

全村1948年有耕地187公顷，村址约16公顷。2015年有土地223.73公顷，其中耕地127.07公顷，荒地池塘60公顷，老村址16公顷，新村址20.67公顷。

全村共有9个生产小组。居民全为汉族，有王、周、李、任、张、高、赵、陈、罗、刘、魏、郑、满、谢、于、管16个姓氏。1948年有居民282户，1125人。2016年有566户，1780人，其中80～90岁的25人，90岁以上的4人。

一、村庄的来历

明朝万历年（1573—1620年）建村，相传原为官府屯兵储粮仓库，战后护仓人员留在此地，后来各地主要是山西洪洞和河北枣强人迁来安家落户，逐渐形成仓上村。仓上村原来主要由王家堂、高家堂、狮子堂、赵家堂、满家堂以及菜园等几个小村组成。本村于1976年从黄河二道坝南迁至坝北房台。

二、现任村干部

党支部书记：王廷泉

党支部副书记：周克明

党支部委员：高家祯　王孝祖　高玉珍

村委会主任：王廷泉

村委委员：高家祯　高玉珍

仓上村党支部书记、村委会主任王廷泉(2016年摄)

仓上村村干部合影（2016年摄）

三、共产党员表

表 20-1-1

姓名	性别	出生年月	民族	学历	入党时间
赵永成	男	1926.03	汉	初中	1947.03.01
高民良	男	1931.10	汉	小学	1958.02.01
周文德	男	1937.10	汉	小学	1963.10.01
张长福	男	1931.09	汉	小学	1964.02.01
王敬三	男	1943.07	汉	中专	1968.10.01
高家平	男	1948.04	汉	初中	1969.02.01
高民孝	男	1947.04	汉	初中	1969.02.01
周玉珍	女	1946.08	汉	小学	1969.02.01
刘宪俊	男	1943.10	汉	初中	1971.04.01
王光臣	男	1947.04	汉	小学	1971.07.01
王柱三	男	1950.07	汉	小学	1973.01.01
王光安	男	1942.08	汉	大专	1973.01.01
赵永海	男	1951.11	汉	高中	1974.04.01
魏向礼	男	1933.05	汉	小学	1975.06.01
王光存	男	1952.08	汉	小学	1975.06.01
王光星	男	1951.09	汉	小学	1975.10.01
王辰三	男	1943.10	汉	高中	1976.12.01
王吉德	男	1964.01	汉	初中	1980.08.01
赵吉利	男	1958.11	汉	初中	1983.11.01
王长安	男	1950.01	汉	初中	1984.06.01
高家贞	男	1964.08	汉	高中	1987.06.01
高孝洋	男	1988.05	汉	研究生	1988.05.18
王长河	男	1954.02	汉	初中	1989.03.01
魏书利	男	1955.05	汉	高中	1990.12.14
魏建义	男	1957.08	汉	初中	1991.10.01
赵永峰	男	1974.03	汉	高中	1994.03.01
周克明	男	1965.01	汉	小学	1994.10.01
赵永泉	男	1959.11	汉	初中	1996.03.01
王文东	男	1973.03	汉	初中	1997.02.01
王　剑	男	1978.07	汉	高中	1997.06.15

续表 20-1-1

姓名	性别	出生年月	民族	学历	入党时间
任连科	男	1978.09	汉	初中	1998.03.30
管廷玉	男	1973.05	汉	大学	2000.06.14
王吉伟	男	1977.11	汉	大专	2004.07.01
王吉昌	男	1985.05	汉	大学	2005.01.13
高崇朋	男	1975.05	汉	初中	2005.08.10
王孝祖	男	1954.09	汉	初中	2006.03.20
刘国伟	男	1982.07	汉	高中	2006.10.26
高孝忠	男	1978.04	汉	高中	2007.03.30
高玉珍	女	1968.03	汉	高中	2008.11.21
孙桂珍	女	1960.05	汉	中专	2008.11.21
王孝民	男	1976.05	汉	初中	2008.11.21
高崇达	男	1987.04	汉	大专	2008.12.01
高孝臣	男	1989.02	汉	高中	2009.06.09
刘殿峰	男	1976.06	汉	初中	2009.11.23
刘　楠	男	1988.04	汉	高中	2011.01.01
高振彬	男	1988.06	汉	大专	2011.08.01
高玉斌	男	1974.02	汉	初中	2012.07.10
张爱菊	女	1965.05	汉	高中	2012.07.10
王廷泉	男	1964.02	汉	高中	2012.12.27
任长平	男	1956.09	汉	初中	2012.12.27

四、历年参军入伍人员表

表 20-1-2

姓名	性别	入伍时间	立功情况	退伍回村时间	现单位或住址	现任职务
王光义	男	1956.09		1961.12	仓上村	村民
王敬三	男	1965.11		1970.01	仓上村	村民
王礼田	男	1969.09		1976.12	仓上村	村民
王柱三	男	1970.12		1976.05	仓上村	村民
赵永刚	男	1993.12	荣立三等功 2 次优秀共产党员		甘肃省京港澳天然矿泉饮品有限公司	书记、副总经理
王汝义	男	1997.12			现役	

续表 20-1-2

姓名	性别	入伍时间	立功情况	退伍回村时间	现单位或住址	现任职务
刘国伟	男	2000.11		2008.06	仓上村	村民
刘　楠	男	2007.10	2010 年哈尔滨武警部队先进工作者	2011	仓上村	村民
周克翔	男	2015.09			现役	
高永强	男	2015.09			现役	
王永旭	男	2015.09			现役	

五、历年考入高校人员表

表 20-1-3

姓名	性别	出生年月	考取院校	考学年份	所学专业	毕业去向	最高学历	现任职单位	现任职务	家长姓名
王　强	男	1981	北京理工大学	2007	机械电子	北京	博士		技术总监	王存三
王　利	男	1983.10	山东交通学院	2005	旅游酒店	济南	大专		经理	王存三
刘　昊	男	1987.11	山东胜利职业学院	2006			大专	中石油天然气管道局	职工	刘海兴
高崇达	男	1987.04	山东信息学院	2007	信息管理	济南	大专			高家祯
高孝祥	男	1988.05	中国农业大学	2007	计算机	上海	硕士			高建忠
高甜甜	女	1989.03	淄博师专	2008	小学教育	济南	大专			高家祯
刘　馨	女	1993.12	山东大学	2010	金融数学		博士在读			刘海兴
刘　赫	女	1993.08	山东大学	2011	数学		硕士在读			刘杰兴
王　芳	女	1994.11	山东科技大学	2013	日语		本科			王廷顺

六、五世、四世同堂名单

五世同堂：魏建忠　赵秀仙

四世同堂：

李洪兰　陈吉香　王连玉　王孝堂　魏向宏　王宝财　张长富　魏向林　赵永成　魏向礼　魏建生　王冠英　李其芳　高振兰　周宗武　周宗和　马长俊　刘玉英　张泽英　罗吉仁　吕洪英　王光东　楚学兰　王玉田

七、发展概览

1947 年 3 月 15 日，仓上村举行“仓上会”，为期 7 天，非常火爆，后每年举行。

1950 年，高逢志成立“明记水果站”，水果远销北京、天津及东北一带。

1950 年，组织了高跷队；修建大仓。

仓上村组织文艺队、高跷队，延续至2016年，长盛不衰。仓上村文艺宣传队人才济济，高家平、王孝堂等痴迷样板戏，凭借到各村一遍遍地看电影，学会并熟练编排、表演、布景、歌唱等。1968 年全剧编演《红灯记》《沙家浜》《智取威虎山》等，代表桑梓店镇参加齐河县举办的文艺汇演并获得奖励。

1965 年冬，仓上村窑厂建立。那时村里生产的砖瓦很有名，附近的村民来买砖瓦得挨号，有的排号得排好几年。1970 年之前，这一带房屋多是土顶，为了防止漏雨，每年雨季之前要几家协作相互“泥屋顶”。先拉下好土，选个晴天，往往利用在生产队干完活的中午时间，用麦秸和好稀泥，下边有人一铁锨一铁锨用力甩到房顶上，上面有人用铁锨把稀泥摊开再用泥板抹均匀。有的一年得泥 2 次，致使屋顶很厚，掘下一铁锨都掘不到苇箔。条件好了之后人们都不再愿泥屋顶而是逐渐在房顶挂瓦，所以砖瓦紧俏。烧制砖瓦也不容易，先从地面往下掘 1 米，再从下面向上翻红土，挖成大坑大湾之后，再把孬土回填。窑厂经营了 10 年左右，到 1982 年停产。

集体经济时期，村里搞过油坊、熏坊(熏枣)。

1965 年，仓上村篮球队在齐河县联赛中获第一名。

1966 年，省委工作组为仓上村送电，仓上村建加工磨。

1967 年，仓上村购置第一台 140 柴油机。

1971 年，从冬天起到 1972 年麦收前，修建北展大堤，亦称二道坝、二道金堤。全靠人力挑筐推车，人山人海，蔚为壮观。商河、夏津等全德州地区的劳力都来参战。该工程全国闻名，当年这边有人到黑龙江去，那里的人就说当地放过这边修大堤的电影，让他们向这边学习。

1972 年，购进村里第一台 12 马力拖拉机。

仓上村建成修配厂、洪炉组、木工组。

黄河二道坝展宽。

1976 年，由原址整村搬迁到二道坝北、津浦铁路南。在房台上修建水塔，在大街上安装几个水龙头，全村用上自来水。

1979 年，秋天种小麦时六队（组）在村里首先分地。

1980 年，全村实行家庭联产承包责任制。

1990 年，仓上村建成面粉加工厂。

2005 年，村民开始玩龙灯。

村领导组织村民捐款 3 万多元（其中王廷泉、高家平都捐款 2000 元），在银行不给村集体贷款的情况下王廷泉、高家平、王光兴又分别以自己的名义贷款 6 万元，第一次修村东西中心街柏油路，安装路灯，全村户户安上自来水。

2009 年，把村办公室平房改建成楼房，2 层共 20 间是全镇第一家。同年，进行村旧宅基土地整理。

2015 年 7 月，开始进行省级“连片治理”，建设美丽乡村。支部书记、村委会主任王廷泉带领两委干部顶着炎炎烈日冒着高温酷暑耐心地走家串户，动之以情晓之以理，终于做通群众工作。经过 150 天的紧张施工，扒掉房屋百余间，砍伐树木近万株，修建环村水泥路 4000 余米，硬化胡同 8000 平方米，修建水冲公厕 14 处，为 500 余户村民安装地下排水管道，修建盖板式排污下水道 3500 米，投资 8 万多元打通坝坡下直径 1 米的排水涵洞，修建 3 处健身广场计 1200 平方米。彻底改变了 1976 年搬迁以来的旧村貌，整个仓上村焕然一新。

2016 年，粮食单产 1100 千克，总产 2100 吨。

村集体总收入 509.32 万元。全村 75% 的家庭有轿车，共 302 辆。

仓上村的经济发达，走在了全镇的前列。全村 60 岁以下的都去打工挣钱，共有 800 多人外出打工，仅此就年收入 1600 余万元。

全村尚智重学，2014 年考上重点高中或本科一批的有 9 人，2015 年有 8 人。2015 年 8 月 12 日《济南时报》报道刘赫从山大本科被保送到中国科学院数学与系统科学研究院博士研究生的消息。

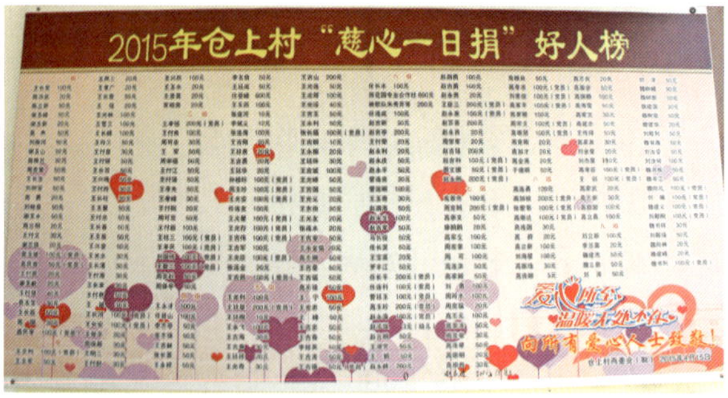

仓上村好人榜（2015 年摄）

2015 年 2 月，刘海兴的家庭在 2014 年度全省“齐鲁农家沁书香”读书活动中被山东省新闻出版广电局评为“书香农家”。

村里依靠群众制定村规民约，印制分发到各家各户，效果良好。创造了连续 30 年无刑事案件发生，连续 20 年无计划外生育的佳绩。

八、附　记

1806 年，村内建有三座庙，村南为镇武庙，村北为镇武庙，村东有土地庙，均早已毁。

据传过去仓上村之一部分的菜园村因当年专供秦家员外吃菜而得名。

始建于 1908 年，于 1912 年全线通车的津浦铁路（后更名为京沪铁路，现名邯济铁路）之上行车站桑梓店车站就在仓上村之大仓南，赵申（别名赵虎）的爷爷曾是售票员。火车站有 30 多间房子，旁边有一家茶馆、一家饭馆。由此上车能到天津、北京、太原、三棵树等地，但往往只有站票。

仓上村北向东一直到老小屯是济南火车站调车场货物编组站，占地 200 多公顷，有五六百名工人。东进西出、南上北下的大批木材、肉类、军用品等都在此编组再启程。

张家的祖坟在丁庄南，高家的祖坟在丁庄西南。曾有些石坟，挖坑后用石头砌起四周，有的中间再隔开，留窗，以便夫妻在九泉之下能交流。坟的对边累砖呈拱形，另两边做门以便放入棺椁，再上面才是土丘。夫妇一方去世后占一室，埋葬堆坟；到另一方去世，再刨开坟，从原来的“门”推进新棺进行合葬。

仓上村高氏族谱（2015 年摄）

1958 年齐河县教育局在仓上老村南建原齐河县第五中学。学校大门朝南，有传达室。东边有 4 排砖房，西边 5 排砖房，每排 9 间作 3 个教室或学生宿舍——这在当时遍地土屋的农村可谓鹤立鸡群；西北角有十几间土房为教师宿舍；北边的伙房有十几间；北院墙有一小门。学校原是初中，1969 年起改为高中，1971 年第一届高中生毕业。附近各乡镇、远处的赵官镇乃至济阳、禹城、平原县的学生都来此就读。

村里存有高氏族谱、周氏族谱、王氏族谱。

仓上村原址位于今 309 国道以北，防汛路以西，黄河二道坝以南约 0.5 千米，在原小吕村以东。

村史座谈人员名单（2015 年 8 月 27 日）

王玉田，男，81 岁

仓上村座谈现场（2015 年摄）

魏向坤，男，73 岁

王敬三，男，72 岁

王长安，男，65 岁

管连良，男，62 岁

高家祯，男，52 岁

王廷泉，男，50 岁

第二节　铁匠村

铁匠村位于镇政府东南 2.3 千米，分布于北展堤（俗称“二道坝”）南北两侧，北依邯济铁路，南靠 309 国道。坝北部分东北接小寨村，西与小屯村只隔一条胡同。坝南部分东近老屯村。

铁匠村全貌（2016 年摄）

村庄范围是南至历城区养鱼场，西南至小屯村耕地，西至齐济河，北至二道坝，东至老屯旧村。1970 年冬北展堤即二道坝开始施工，占用了大量土地，1971 年冬建成。之后铁匠村仅存土地 98 公顷，其中宅基地 6.33 公顷，耕地 20 公顷，藕池占地 26.7 公顷，其他非耕地 45 公顷。

全村皆为汉族，有张、王、李、赵、怀、窦、艾、于、郑、马、刘、徐、郭、肖、景 15 个姓氏。坝南 18 户，坝北 91 户，共 492 人，其中 80 岁以上的 8 人。

铁匠村办公室（2015 年摄）

一、村庄来历

1990 年版《齐河县志》记载铁匠村的“来源”地是“河北枣强”，“迁来时间”是“明永乐”，对“始迁者姓氏”没有记载。

据传明朝永乐年间山东一片荒野，祖先由河北枣强迁入，其中有一名铁匠手艺精湛，周围的人都慕名前来加工修理。开始大家都说“去

铁匠村铁匠铺子（2016 年摄）

铁匠那里”，天长日久就缩略为“铁匠”，于是“铁匠”渐渐成为村名。

世传先前老小屯村屯兵，仓上村存粮，铁匠村给骑兵打马掌。

1419年，怀姓迁来，家谱有记载。

约300年前，肖姓三兄弟从泰安来到铁匠村址以西安家立业，其他肖姓纷纷前来投靠，他们自称肖庄。1958年，肖庄并入铁匠村，全村共60余户385人，肖姓人口接近全村一半。

1959年，老屯、小屯、铁匠三个村共有一个党支部，小屯的张振生任书记，铁匠的肖居顺任铁匠大队长，老屯的韩春河任老屯村大队长，这就是直到现在还有人喊“老小铁”的缘故。1961年，3个村各自独立。

二、现任村干部

党支部副书记：怀宝山　党支部委员：怀其明　郑春平

村委会主任：王家芹，主持村全面工作

村委委员：李静　肖居江

铁匠村村委会主任王家芹（2016年摄）

铁匠村村干部合影（2016年摄）

三、共产党员表

表20-1-4

姓名	性别	出生年月	民族	学历	入党时间
怀洪才	男	1936.07	汉	初中	1956.09.01
肖殿翠	男	1931.11	汉	小学	1963.07.01
郑春平	男	1954.03	汉	高中	1972.02.01
赵建武	男	1958.10	汉	中专	1982.08.01
赵如峰	男	1978.08	汉	初中	1999.08.01
张　卫	男	1983.09	汉	初中	2002.10.01
徐　国	男	1979.03	汉	高中	2002.11.01
怀保山	男	1955.11	汉	初中	2005.07.01
怀其明	男	1984.05	汉	大专	2008.07.01
怀宝水	男	1966.11	汉	高中	2010.05.10

四、历年参军入伍人员表

表 20-1-5

姓名	性别	入伍时间	立功情况	退伍转业时间	现单位或住址	现任职务
窦玉山	男	1950		1953	铁匠村	村民
肖殿翠	男	1953	立三等功 3 次	1958	铁匠村	村民
怀洪才	男	1956	在朝鲜保护文件立一等功 1 次	1960	铁匠村	村民
于在春	男	1969		1973	铁匠村	村民
肖殿存	男	1972		1977	铁匠村	村民
赵建武	男	1979		1983	铁匠村	村民
肖文亮	男	1993			现役	二级军士长
肖福国	男	1997		2000	铁匠村	村民
赵如峰	男	1997		2000	铁匠村	村民
徐　国	男	1999		2002	济南第二机床厂	职工
张　伟	男	2001		2004	铁匠村	村民

五、历年考入高校人员表

表 20-1-6

姓名	性别	出生年月	考取院校	考学年份	所学专业	毕业去向	最高学历	现任职单位	现任职务	家长姓名
肖居武	男	1980.01	河南工程学院	1998			大专			肖殿存
肖玉英	女	1981.10	山东工程学院	1996	文秘		中专	中国重汽集团	职工	肖居忠
肖园园	女	1985.07	泰山医学院	2004		济南	本科	济钢总医院	医生	肖殿银
肖玉凤	女	1986.07	重汽技工学校	2002				重汽桥箱厂	职工	董文英
王利军	男	1988.10	德州学院				本科	武城县实验中学	教师	王大岭
怀其明	男	1998.04	山东建筑大学				本科	济南建筑公司	职工	怀宝庆

六、四世同堂名单

张宜平　李玉英　张淑贞　窦玉山

怀洪才　于桂芳

七、发展概览

1958 年，肖福祥依托德州电厂通历城养鱼厂的过境线路，建加工磨一个，1960 年正式通电运营。

1962 年，建铁匠村党支部。

1962 年，响应党中央扫盲号召，肖居顺负责修建铁匠联中，吸引附近老屯、小屯、铁匠、丁口、朱河圈等 5 个村庄的学生就读初中。联中在 1987 年拆除，村里在坝北利用原建筑材料

铁匠村老屋（2015 年摄）

建了小学三、四年级 6 间教室。

铁匠旧村东边紧挨回民村小寨村，津浦铁路修建以后小寨村迁到铁路以北。当时铁匠村内有部分回民，回民杨发茂到 1963 年才迁回小寨子。

怀洪禄、王庆海利用附近盛产地瓜的优势，建立粉房，生产粉皮和粉条。

1967—1968 年，铁匠村改名为红卫村。

2004 年，龙湖项目征用鱼鹰垂钓俱乐部以西，桃园地界以北，309 国道以南，历城区养鱼场道路以东 26.7 公顷土地。

2007 年，赵建武和怀保水购买五保户肖殿泉的宅基地建成 6 间村办公室，在前街安装了一批健身器材。

2008 年，村铁路北建成一伞形的巨大给水塔，在二道坝上很远就可以看到，成为地标性建筑。

2009 年，村党支部书记赵建武主持修建坝北村前街东西长 570 米、宽 4.5 米水泥路。铁匠村是当时周围一带唯一有水泥路的村。

2014 年，历城区养鱼厂道路以西，历城区养鱼厂以北，309 国道以南，小屯地界以东被新奇世界旅游度假村征用。

2015 年，针对本村地下水矿物质多、用上 1 年太阳能热水器的水垢积半布袋的情况，村委主任王家芹出资 3 万多元又自己雇挖掘机穿过大坝给坝南 18 户村民安上自来水。

铁匠村的粮食作物以冬小麦和玉米为主，经济作物以莲藕为主。2015 年，全村有 26.7 公顷藕池，是全镇最大的莲藕专业村。肖居军家种藕最多，达 2.67 公顷。村民种殖的是鹅莲四号，藕瓜小、粗，产量高，亩产近 1500 千克，收入七八千元，多的达万元。铁匠村不但家家种藕，而且是远近闻名的贩藕大村。西到齐河县的南北乡、北到徒骇河、东到济阳县的藕几乎都让本村收购。本村人贩藕为追求利润多不批发，而是到济南市的市中区、历下区等地零售。艾金柱一年能有 300 天贩藕。有的村民中秋时节藕贩三天能挣 1 万元，一年挣 10 万元很轻松。全村种藕一年收入约 280 万元。

全村 70% 的家庭有轿车，共有 65 辆，最好的是奔驰。

铁匠村文化墙（2016 年摄）

天桥区委书记毕筱奇视察铁匠村（2016 年摄）

八、附 记

1939 年，村北曾掉下一架日本人的飞机，大概是没油了，也可能是碰到了津浦铁路上的电线。86 岁的肖殿萃老人说他当时七八岁，曾看见几个蓝眼高鼻的外国人来修飞机。

铁匠村原址位于今 309 国道以北、北展堤以南今坝南新村的位置。当年为保省会安全，上级把北展堤以南划为滞洪区，所以当时的老村整体向北搬迁到二道坝北。1976 年开始搬迁，1983 年全部搬完。后来由于人口增长，1995 年村支部书记肖福祥决定回迁，并第一个带头在坝南安家。到 2001 年龙湖项目上马，坝南已经禁止建房。

过去在今二道坝至 309 国道道路以东约 50 米的地方有一条界河，河上有一石拱桥，河南北头各有一庙。由于南头的庙规模大，佛像有 20 余座，故称大庙；河北头有一小庙。两座庙都在破四旧中被拆。

铁匠村曾地处交通要道。过去西边北边的马车、自行车等沿北展堤来到铁匠村再折向 309 国道经过泺口渡口（先是渡船，后来是浮桥）去济南距离最短。所以在夏秋时节贩运水果的车辆络绎不绝，给铁匠村带来阵阵果香。

1975 年开始种植白莲藕，20 世纪 90 年代开始大面积种植，到 2000 年达到高峰。

红白事全村参与，不需召集。白事节俭，尸体都火化，大伙儿都吃大锅汤，已经连续 10 年无吹拉弹唱之类。

连续 5 年无刑事犯罪，连续 15 年无计划外生育。

村史座谈人员名单（2015 年 8 月 26 日）

肖殿萃，男，86 岁

肖殿真，男，82 岁

怀洪财，男，80 岁

张宜芹，男，76 岁

怀洪志，男，72 岁

肖殿泉，男，72 岁

艾明福，男，66 岁

铁匠村座谈现场（2015 年摄）

第三节 刘庙子村

刘庙子村位于桑梓镇政府以南 4 千米，南依黄河，北傍丁庄村，西靠南郑村，东近朱河圈村。村北约 500 米处为老村旧址。

刘庙子村全貌（2015 年摄）

新中国成立前至 1958 年有土地 260 公顷，1958 年大跃进时期划归邻村 53.3 公顷。2016 年有土地 201.3 公顷，其中耕地 121.4 公顷，村址占地 10.1 公顷，非耕地 69.7 公顷。

居民全为汉族，有刘、朱、赵、李、张、王、翟、吕、宋、董、秦共 11 个姓氏。2015 年有 239 户，计 854 人。全村 80 ～ 90 岁的有 18 人，90 岁以上的有 4 人。

一、村庄来历

据传原名刘家庙村，明洪武三年初，刘氏祖先刘延森由山西省洪洞县枣强镇（后改为河北省枣强县）迁到山东省德州地区齐河县，落户以后建庙一座，因姓刘，起名叫刘家庙。刘家庙由东小庄、北小庄、老庄、北堰、西堰、腰庄子几个小村组成。1956 年，由互助组入社时王窑村又并入刘家庙。之后陆续迁来朱、赵、李、张、王、翟、吕、宋、董、秦等 10 个姓氏，延续至今。“刘家庙”的称谓一直延续至 1983 年，1984 年齐河县人民公社改乡镇，因齐河县有两个刘家庙村，本村故改为“刘庙子”村。

清光绪三十年（1904 年）由济南鲁雅斋印刷局承印的《齐河县旧里图》标注该村为“小刘庄”，清宣统元年（1909 年）《齐河县旧乡区全图》标注该村为“刘庙”。

二、现任村干部

党支部书记：刘庚江

支部委员：刘庚荣（副书记）　刘忠臣

村委会主任：刘庚江

村委委员：吕　红　刘吉华

刘庙子村党支部书记、村委会主任刘庚江(2016 年摄)

刘庙子村村干部合影（2016 年摄）

三、共产党员表

表 20-1-7

姓名	性别	出生年月	民族	学历	入党时间
刘连方	男	1936.09	汉	小学	1963.06.01
刘成付	男	1949.02	汉	初中	1970.11.01
朱连生	男	1951.04	汉	小学	1971.03.01
刘玉柚	男	1949.07	汉	小学	1971.06.01
刘庚礼	男	1947.08	汉	初中	1971.09.01
刘丕山	男	1948.07	汉	初中	1973.06.01
刘丕生	男	1951.11	汉	高中	1976.04.01
赵德平	男	1966.11	汉	初中	1985.03.01
刘庚荣	男	1957.03	汉	高中	1996.07.01

续表 20-1-7

姓名	性别	出生年月	民族	学历	入党时间
刘继忠	男	1940.12	汉	高中	1996.07.01
韩素玉	女	1963.10	汉	初中	2004.03.01
刘庚江	男	1966.04	汉	初中	2004.05.01
刘庚生	男	1983.07	汉	初中	2006.07.01
刘　亮	男	1984.05	汉	中专	2008.06.10
刘庚峰	男	1979.12	汉	高中	2009.05.12
谭文森	男	1980.07	汉	大专	2010.11.01
刘　凯	女	1978.02	汉	初中	2013.04.09
刘忠臣	男	1977.09	汉	中专	2013.04.16

四、历年参军入伍人员表

表 20-1-8

姓名	性别	入伍时间	立功情况	退伍转业时间	现单位或住址	现任职务
吕洪文	男	1951		1956.08	刘庙子村	村民
朱宝玉	男	1958.08		1964	刘庙子村	村民
刘和平	男	1969		1974	刘庙子村	村民
刘玉楼	男	1969	三等功	1976	刘庙子村	村民
刘丕山	男	1970	三等功	1976	刘庙子村	村民
刘丕生	男	1972	嘉奖	1977	刘庙子村	村民
刘英堂	男	1973	嘉奖	1977	刘庙子村	村民
翟胜华	男	1976.12		1980.12	刘庙子村	村民
刘玉才	男	1981		1983	刘庙子村	村民
赵德平	男	1984		1986	刘庙子村	村民
刘　凯	男	1994.12		1997.12	刘庙子村	村民
刘庚峰	男	1996.12	三等功	2009.05	刘庙子村	村民
荣海峰	男	1999		2003	刘庙子村	村民
刘东超	男	2003		2007	刘庙子村	村民
刘　亮	男	2003.12		2008.11	刘庙子村	村民
刘丕庆	男	2011.12		2013.11	刘庙子村	村民
刘兴旺	男	2013.01		2014.12	刘庙子村	村民

五、历年考入高校人员表

表 20-1-9

姓名	性别	出生年月	考取院校	考学年份	所学专业	最高学历	现任职单位	家长姓名
刘东华	男	1977.05	南阳理工学院	1996	建筑工程	大专		刘洪恩
刘　莉	女	1985.03	山东大学	2003	生物医学	本科	新思维广告公司	刘玉财
刘　虎	男	1986.05	山东农业大学	2004	生物工程	博士	上海外企	刘云成
刘倩楠	女	1987.12	山东大学	2006	计算机	本科		刘丕升
刘　伟	男	1987.09	沈阳医学院	2008	眼视光学	本科	艾尔眼科	刘玉财
刘　海	男	1990.03	山东电子学院	2009	汽车技术与销售	大专		刘玉财
刘　凯	男	1994.08	四川大学	2012	电子通讯	研究生		刘丕升

六、四世同堂家庭名单

荣令瑞　翟付章　李存玉　赵兰英

赵淑英　刘善堂　徐志英

七、发展概览

1958 年，刘庙子村建立党支部。

1971 年，国家为防凌汛而修建北展区，由于黄河大坝增高加宽用土使用村内田地较多，村内大面积可耕地变成荒地和零星坑塘，沙地碱地居多，集体经济时刘庙子村小麦亩产仅 50 千克左右。

刘庙子村老屋（2015 年摄）

1974 年，修筑第二道防洪堤——北展大堤。由于 20 世纪四五十年代黄河经常泛滥民生不保，新中国成立后国家黄委对治理黄河做出统一规划，从上游豆腐窝引黄闸至下游八里庄村，二道坝以内为泄洪区，刘庙子村属于搬迁单位。

1975—1976 年，建房台。刘庚仁担任村党支部书记，由乐陵县 19 个公社民工几千余人用小推车从 53.3 多公顷耕地挖土 40 多万立方米，紧靠大坝北坡人工筑起高 8 米、长 350 米、宽 150 米、总面积 52500 平方米的房台。

1977—1979 年，刘庙子村整村搬迁到房台，共计 162 户。村里购置两台 25 马力拖拉机供老百姓垫地基和搬家使用。在房台上新建刘庙小学一处。

1979 年，刘庙子村实行家庭联产承包责任制。

1982 年，刘庙子村村里通电。

1990 年，为解决群众宅基地紧张问题，村党支部书记刘庚仁多次与黄河河务局协商，为村民新淤房台 4 万平方米，安置 50 户村民。

2005 年，刘庚江书记上任后，因村内道路狭窄，只能通行一辆牛车——机动车无法通过。道路坑洼不平，下雨积水。他带领两委会成员，拆除猪圈 20 余处，草屋 4 座，简易厕所 200 余座，砍伐树木2900余棵。修建了5米宽、2600米长的土路，后又撒上石子。老百姓进出方便，不再为下雨积水犯愁。

2006年，刘庙小学年久失修，墙皮脱落，房顶漏雨，檩条断裂，影响到学生的生命安全。刘庚江带领两委会成员多方筹集资金6万余元，翻修了学校，使学生安全有了保障。

2007年，修建村办公室。旧的办公室年久失修，房屋倒塌，村委没有办公场所。村领导多次跟镇政府协调，村内筹集一部分，政府补贴一部分，投资12万元新建一座新的办公室。

2011年，村新一届两委班子成立集高新农业、旅游都市观光、藕产品深加工于一体的莲藕种植专业合作社。村干部自筹资金280余万元，带头将自家的树木清除把祖坟迁走，再硬着头皮做亲朋好友的工作，最后分头做群众的思想工作，利用半个月的时间将地上物全部清理完毕。坑泥稀而软，别人都不敢干，他们就先垫上2层6米长1厘米厚的钢板，让挖掘机在上面工作。有时候得需要3台挖掘机，其中一台挖起土，另两台合力往上拉才能拉上来。挖完一处需要晾一晾，两块钢板倒替着才能再前进。其间有2台挖掘机陷下去。

在区土地局的帮助下，刘庙子村聘请一家设计规划院制定了江荷泉莲藕种植基地规划。江荷泉生态农业观光园开发总面积为86.7公顷，一期开发面积50公顷，西至防汛路，东至刘庙子村第二生产路，南至刘子村房台，北至丁庄村界。基地莲藕池总面积20公顷，台田面积14.7公顷，沟渠、道路等基础设施占地15.3公顷，共建有莲藕池34个，台田34块。基地高新农业以莲藕种植为主，其中莲藕池种植浅水藕、台田拟种植池栽藕，藕产品拟深加工为藕粉、藕汁、荷叶茶、荷叶枕、藕节（中药）等。2012年年底，基地生产莲藕近10万千克，村集体通过土地承包开始每年有18万元的收入。在此基础上，五年以后把合作社每年收益的3%上缴集体。区委毕筱奇书记、区政府李洪海区长亲临视察，大加赞赏。省国土资源厅领导视察后称之为“山东省第一家成功搞农业土地开发的村”。

刘庙子村莲藕池（2015年摄）

2013年，村支部书记刘庚江联系政府及土地部门为房台下未办宅基证的50多户村民补办宅基证手续。同年修建桥涵9座，村内配电室1处。

2014年，通过连片治理项目，政府出大头村集体出小头投资273万余元，为老百姓解决了30多年未解决的垃圾成堆、厕所简易、臭气熏天、污水遍地流、夏天苍蝇蚊子满天飞等脏乱差问题。无偿去除各种树木4万余棵，拆除简易厕所200多座，粪堆、柴堆、垃圾堆200余处，清除房前屋后30多年的各种生活垃圾7000多立方米。新盖好土2万多立方米，修建公厕11处，挡土墙1000多米，新建广场6400多平方米，修建路面15000多平方米，排水沟600多米。新种果树2000多棵，绿化树木1000余棵，冬青8000余棵。安装太阳能路灯10盏、健身器材50余件。

2014年，全村全年粮食亩产1000千克，现有良田100余公顷，粮食总产1500余吨，人均收入3500余元。

2015年，硬化胡同7200余平方米，铺设污水管道3000余米，建下水井150个，粉刷文化墙近8000平方米。新上200千伏变压器1台，以便藕池合作社用电。

2015年5月，刘庚江书记多次联系土地部门，对26.7公顷未利用苇塘进行土地整理，联系河务局用船抽沙整平未利用苇塘。老百姓迁坟20余处，无偿去除树木3万余棵，使全村二期土地整理项目顺利开展。

2016年全村有轿车近200辆，有的一户就有两三辆；有专收玉米的大型联合收割机2台，专收小麦的大型联合收割机2台，专门旋地的大型拖拉机3台。

八、附　记

从前村内有两座庙。一座为观音庙，起初在村西部，后移至村西头。有四面墙，大门朝南。走进大门有影壁墙，影壁东有钟楼，大钟用生铁铸造，约1人多高，直径约1.5米，呈喇叭半圆形，有6或8根圆形的腿。新中国成立后村民挖大坑，四周放上砖瓦把钟埋了起来，以后大炼钢铁时毁坏。中间有五间北屋，屋内有七大仙的彩塑泥像，为本村民间画家刘庚文（卒于20世纪50年代）创作完成。院内有大松树、大槐树，后来用其打制了学校的桌凳。一座为土地庙，在村东，2大间，有门无窗，塑有哼哈二将、关公小鬼等。1953年尚存，东小庄的村民来此上庙。二庙均于“文化大革命”期间被毁。

民族团结的象征——刘满刺坟。传说约200年前，老寨子村民养的驴经常到附近村庄祸害庄稼，刘家庙深受其害。村人联合起来准备到老寨子讨说法，其中一刘姓壮汉，用牛套一头拴起一个炖股轮子背着径直奔向老寨子。到了那里拔了一棵枣树，抓起绳子悠起顿股轮子来轻松自若，老寨村民震恐求和。双方主事人结拜把兄弟，盟誓“不求同年同月同日生，但求同年同月同日死”。结果两人真的死于同一日，双方叹服，认为是天意，把双方隆重葬于今历城渔场附近，世称“刘满刺坟”。此后很长时间两村兄弟情深，一方老人去世双方的晚辈都去吊孝陪灵。一些外地人路过刘庙子村，看到回族人给汉族人陪灵，感到很新奇——演绎了一段民族团结的佳话。村民刘庚怀小时候去上过坟，大人都抬着食盒去祭奠，非常虔诚、庄重。

据原王窑村村民70岁的朱永海老人讲，王窑村原先在黄河大坝以南的河滩，靠近黄河，有渡口，最早因一王姓擅长烧窑而得名。后来搬到黄河大坝以北，以朱姓居多。1948年当地刚解放时，黄河大坝只有1人来高，坝顶宽不过2米。新中国成立后的1951年和1952年，人民群众响应党的号召吃着高粱饼子，用筐抬土，用木轮小推车推土，把黄河大坝加高1米多，把坝顶加宽到3米。当时的王窑渡口是当地唯一的渡口，远近的商贾都须经此地渡河。附近的村庄在黄河南岸都有地，各村村民也都需在此渡河去耕种收获。之后才有朱河圈渡口。那时候王窑全村近20户人家，多以两岸摆渡的客运或跑顺河船的货运为生。顺河船有10来只，都约15米长、5米宽。有的船3桅3篷，往下游能到无棣一带运盐，主要靠风力，有时也靠拉套子（拉纤）。往上游能到郓城、曹州、菏泽一带运粮食、芝麻、花生等。船到上游不怕水大，就怕水小搁浅。一旦搁浅，泥沙淤住，只能弃船。从朱永海的祖上一直到其父辈都冲船，到1956年入社并入刘家庙时村里光有摆渡船已无顺河船，到1958年大跃进流行“大兵团作战”（种田）时其父因需去担任“连长”不再冲船——彼时王窑的船运和渡口消失。

新中国成立前村内有一大财主，名曰刘仁寿，当过镇（规模小，相当于现在的镇办事处）长，大概是干过银号的生意，家资颇厚。建有5间大厅房，基石都做过精细处理，每块石头都有编号，依号码运、砌。砖都经过打磨，显眼处的石头木头都雕有花纹。由于规模宏大建筑精美，据传日本鬼子曾误以为是神庙进去叩拜。

刘庙子村人新中国成立前基本吃不上饭，新中国成立后分地吃上饭了。1954年搞互助组；1955年手工业、商业公司合营（股份制）归于供销社，那时候已经发行国债。1958年农业大丰收，硕果累累，但村民由于思想觉悟不高多认为那是集体的与己无关，很多的大地瓜在地里没人刨以至在耕地时又翻在地里烂在地里——当时在各地是普遍现象。到1959年村集体因粮食少不得不“扣锅”——解散集体食堂。但当时浮夸风盛行，竟然流行家家户户“摆粮”——囤、缸下面什么也没有，光在表面撒上一层粮食，做出丰收的假象自欺欺人——这在各处很普遍。1960—1962年连续三年自然灾害（有人痛心地说是“老天的惩罚”），人们忍饥挨饿，幸亏高王村在铁道部一仇姓官员从东北调来一批提过糖的甜萝卜丝救了大家。

刘庙子村6个村民小组都有红白理事会，红白事由各组自办。白事都吃大锅饭，无吹拉弹唱，尸体都火化，用小棺材。连续20年无计划外生育，连续30年无刑事犯罪。

刘庙子村座谈现场（2015年摄）

村史座谈人员名单（2015年8月21日）

刘金柱，男，80岁

刘金思，男，78岁

刘吉忠，男，75岁

刘其喜，男，77岁

朱永海，男，70岁

刘庚淮，男，78岁

刘庚荣，男，59岁

刘庚江，男，49岁

第四节　丁庄村

丁庄村位于桑梓店镇政府南2千米，西边紧靠防汛路，北临309国道，东边与建邦路相连结，南边是刘庙子村。

丁庄村办公室（2015年摄）

1976年耕地70.7公顷。2015年全村土地72.3公顷，其中耕地60.7公顷，村址11.6公顷。

村民皆为汉族，有李、高、孙、朱、袁、赵、刘7姓。1976年有85户，420人。2015年有128户（其中李4户、高12户、孙2户、朱1户、袁2户，、赵28户、刘79户），617人。80～90岁的10人；90岁以上的1人。

一、村庄来历

据传明万历年间建村，原名丁家庄，丁德盛、丁德旺兄弟二人在此定居立村。丁庄原村在现在村东南约500米处，有一座一间屋大的土地庙。清光绪年间由于黄河决口洪水泛滥，约在140年以前先人向西北方向一段地势较高的大堰（当时黄河最北的一条东西矮坝，向西延伸到东秦以西，向东延伸到大桥镇的王家镇村以东）上搬迁——今村北街地基明显较高的东西一带，逐渐形成现在的村庄。

二、现任村干部

镇派第一书记：魏圣全　党支部委员：高建亮　赵富荣　刘元森

村委会主任：刘忠宝　村委委员：聂培菊　刘忠斌

丁庄村村干部合影（2016 年摄）

丁庄村村委会主任刘忠宝（2016 年摄）

三、共产党员表

表 20-1-10

姓名	性别	出生年月	民族	学历	入党时间
刘兆顺	男	1937.02	汉	小学	1961.03.01
刘忠武	男	1934.03	汉	小学	1963.03.01
刘丕明	男	1945.12	汉	初中	1981.03.01
刘元森	男	1958.09	汉	大专	1990.03.01
刘忠秋	男	1964.07	汉	初中	1990.07.01
朱永金	男	1952.03	汉	大专	1991.07.01
赵逢山	男	1973.11	汉	初中	1993.03.01
赵逢智	男	1955.10	汉	高中	2000.03.01
赵海平	男	1958.09	汉	高中	2001.03.01
高云波	男	1981.02	汉	高中	2002.07.09
赵富荣	男	1974.02	汉	中专	2005.03.01
聂培菊	女	1964.05	汉	高中	2005.03.01
刘忠斌	男	1973.05	汉	初中	2005.03.01
刘忠伟	男	1967.05	汉	初中	2005.03.01
刘娜娜	女	1987.01	汉	大学	2005.12.01
赵蓓蓓	女	1989.04	汉	大专	2010.07.09
高建亮	男	1978.05	汉	初中	2010.12.01
李　婷	女	1990.12	汉	大专	2010.12.02
刘杨杨	女	1990.03	汉	大专	2012.06.01
孙富治	男	1981.11	汉	初中	2012.11.12

四、历年参军入伍人员表

表 20-1-11

姓名	性别	入伍时间	立功情况	退伍转业时间	现单位或住址
袁德祥	男	1981		1985	丁庄村
刘忠秋	男	1982		1996	丁庄村
赵丰山	男	1992		1997	丁庄村
高云波	男	1998	三等功 1 次	2010	丁庄村
刘德义	男	2001		2003	丁庄村
袁成龙	男	2005		2007	丁庄村
赵　峰	男	2009		2011	丁庄村

五、历年考入高校人员表

表 20-1-12

姓名	性别	出生年月	考取院校	考学年份	所学专业	毕业去向	最高学历	现任职单位	现任职务	家长姓名
刘元群	男	1970.04	山东师范大学	1990	英语	济南	本科	济南 52 中	教务主任	刘忠恒
赵逢茂	男	1981.10	青岛科技大学	2000	机械		本科	山东富友	设计员	赵金祥
高　鹏	男	1985.10	山东建筑大学	2005	计算机科学与技术	济南小鸭集团	本科	济南建邦大桥	收费员	高其武
刘娜娜	女	1987.01	山东农业大学	2005	资源与环境		本科	瑞华会计事务所	项目经理	刘丕峰
赵逢洲	男	1989.11	中国地质大学	2008	计算机	深圳	本科	深圳 TCL 公司	软件工程师	赵金星
刘　康	女	1989.04	潍坊医学院	2007	临床医学	济阳	本科	崔寨卫生院	医生	刘丕星
刘　臣	男	1989.07	中国海洋大学	2013	声学	青岛	硕士研究生		声学工程师	刘丕峰
李　婷	女	1990.12	山东司法警官职业学院	2012	法律事务	济南市	本科	济南金辰亚		李友茂
高文双	女	1990.02	滨州医学院	2009	医学	石家庄	研究生			高淑杰
高文清	女	1990.02	山东交通学院	2010	车辆工程	青岛	本科	青岛太平洋公司	内勤	高淑杰
赵逢洋	男	1991.06	山东科技大学	2011	测绘	青岛	本科	青岛时代金图信息有限公司	数据处理工程师	赵金星
刘元良	男	1991.06	中国石油大学	2011	材料化学	东营	本科	东营科瑞集团	职员	刘忠宽

六、四世同堂家庭名单

赵成玉　张景兰　刘兆信　赵金栋　刘东美　吕本芳　刘丕云　于秀英
刘兆顺

七、发展概览

1947年，刘丕升第一个加入中国共产党。

丁庄村老屋（2015年摄）

丁庄村风箱／牛套、犁（2015年摄）

1954年，成立互助组3个，有6户参加。

1978年3月，建翻砂厂，约有12名工人，经营了五六年。

1999年4月，新任村委会主任刘忠宝抢抓机遇，以每车30元仅够运费近乎白拉的低廉价格购买铁路废弃石子147车，把村南东西大街和村北部南北路抬高30厘米，仅花5000多元。

2007年，把原来的学校改建成村委办公室。

丁庄村村民新居（2015年摄）

2015年，村委会主任刘忠宝再次抓住机会以每立方米35元的低价购进308国道废弃的700立方米路面沥青修村北街。效果比石子好，但比用石子节省了三四万元。村民高兴地说“下雨天去坐K143（公共汽车）再也不踩泥水了”。

2016年粮食总产68.25吨，单产750千克，村总收入12.48万元。

八、附　记

新中国成立以后、1980年以前丁庄村参军的都提干了，至少连级，前后有十来个。李有奎到青海当兵，升至师级，在安徽蚌埠；刘忠和，团级；孙德玉，参加过珍宝岛战斗……

20世纪70年代没有化肥，村民就扒土炕、扒大锅头甚至扒旧屋，把土砸碎肥田壮苗，据说效果还不错。夏秋之交，同其他地方一样，村里会组织人到各家把狗逮住砸死。在村外架起大锅，把死狗砍做几块扔到锅里煮，用狗肉汤滋养玉米、地瓜等庄稼。

集体经济时丁庄村种小麦、玉米等旱田，也种植花生、地瓜、芝麻等经济作物；村里有编草绳、编草袋子、翻砂等副业。全村较富裕。

曾连续30年无刑事案件，连续20多年无计划外生育。

白事由村干部统一安排，尸体都火化，街坊邻居帮忙——自己实在有事来不了的就自己请人代劳，干完活都回自家吃饭，主家只招待

丁庄村座谈现场（2015年摄）

外来的亲友。近三年已经无吹拉弹唱现象，白事改白孝为黑纱。

村史座谈人员名单（2015 年 9 月 14 日）

刘元盛，男，76 岁

高云锡，男，65 岁

刘元森，男，57 岁

刘忠秀，女，45 岁

刘忠宝，男，44 岁

第五节 小屯村

小屯村位于镇政府东南 1.8 千米，北临京沪铁路，东接铁匠村，南依黄河北展大堤，西邻仓上村东之齐济河闸，西北距桑梓店村 1 千米。

1948 年新中国成立初期土地 120 公顷，其中村址 10 公顷左右。2015 年全村土地 24.2 公顷，其中耕地 18.7 公顷，宅基地 4.2 公顷，非耕地 1.3 公顷。

小屯村办公室（2015 年摄）

居民均为汉族，有张、王、李、宋、朱、刘、于、怀、吕等 9 姓。1948 年有 60 户左右，260 人；2016 年有 2 个小组 110 户，530 人。全村 80 ～ 90 岁的 10 人，90 岁以上的有 2 人。

一、村庄来历

清嘉庆六年（1801 年）编修的《于氏族谱》记载“余少闻之先人曰于氏，自二公始迁居齐邑传至于今十余世矣”。齐邑即今齐河县，1990 年之前桑梓店镇归齐河县管辖。大坝以北老屯村旧址以东的坟地有民国十二年（1923 年）所立墓碑，碑文曰“于氏自前明定鼎（即从以前的明朝确立政权，此处和本段以下括号内的内容均为编者注）迁于齐邑，奉县驰往焦斌地方屯田，荒野之处与地三十亩，充应壮丁。后误军事以免调用，饬完谷粮种地，系（拘禁）在青州卫五十三官庄之内。曩（nǎng）时（从前）即赐庄立老屯。想我始祖讳郎带三子自迁居到此阳宅即定……迄今五百余年……人丁繁衍皆基于此。后分三支，讳澹思寄居小屯，因购房田就近料理。不料清朝自同治（1861—1875 年）历至光绪十五年（1889 年）时黄水漫溢，河北一带决口五次……水没沙压，塚累莫辨，我族景苦难堪……年年祭扫无人。惟幸河流顺轨，水土既平而我族皆返故里”。据传明末因一于姓大官屯兵于此且颇有名声，当时老屯村曾称“于屯”；与之相对，小屯称“小于屯”。

二、现任村干部

党支部书记：怀务玉，镇派第一书记

党支部委员：宋玉江 宋太亮 朱吉祥

村委委员：王永恒 宋太洪 张风英

村民议事会主任：张 恒

村民议事会副主任：朱吉亮 宋 磊

村民议事会委员：李训才 王志奎

三、共产党员表

表 20-1-13

姓名	性别	出生年月	民族	学历	入党时间
王传勇	男	1973.11	汉	小学	1966.07.01
王传义	男	1958.09	汉	小学	1967.07.01

续表 20-1-13

姓名	性别	出生年月	民族	学历	入党时间
王传平	男	1958.09	汉	小学	1970.07.01
张振亮	男	1945.12	汉	初中	1976.07.01
朱永武	男	1981.02	汉	初中	1978.07.01
于允江	男	1971.12	汉	中专	1978.09.01
于在齐	男	1973.05	汉	小学	1995.07.01
于在奎	男	1974.02	汉	初中	1996.07.01
宋太锋	男	1964.07	汉	初中	1999.07.01
朱吉河	男	1955.10	汉	初中	2000.07.01
宋玉江	男	1989.04	汉	初中	2000.07.01
宋太亮	男	1965.04	汉	初中	2000.07.01
朱永春	男	1934.07	汉	初中	2000.07.01
朱文平	男	1952.03	汉	中专	2007.07.01
张　恒	男	1986.08	汉	初中	2008.12.01
朱　凯	男	1987.06	汉	大专	2010.12.01
朱珂新	男	1986.12	汉	研究生	2012.05.01

四、历年参军入伍人员表

表 20-1-14

姓名	性别	入伍时间	立功情况	退伍回村时间	现单位或住址
王合利	男	1985.10		1989.02	小屯村
张振亮	男	1974.10		1980	小屯村
朱吉福	男	1985.10		1989.03	小屯村
宋太明	男	1979.11		1984.01	小屯村
于允水	男	1978.04	连嘉奖 1 次	1981.01	小屯村
张　恒	男	2005.12	三等功 1 次	2013.12	天桥区民政局
于在齐	男	1993.12		1997.12	小屯村
宋太峰	男	1997.12		2000	小屯村
朱永忠	男	1952.10		1957.12	小屯村

五、历年考入高校人员表

表 20-1-15

姓名	性别	出生年月	考取院校	考学年份	所学专业	毕业去向	最高学历	现任职单位	现任职务	家长姓名
朱珂新	男	1986.12	南开大学	2010	信号与信息处理		硕士	青岛集成电子公司	软件工程师	柳秀云
张　健	男	1987.10	山东理工大学	2005	交通工程		研究生	天桥交警	科长	张振奎

续表 20-1-15

姓名	性别	出生年月	考取院校	考学年份	所学专业	毕业去向	最高学历	现任职单位	现任职务	家长姓名
刘永波	男	1987.08	考格尔技工	2002	机电	济南		济南中集考格尔		刘玉宝
宋　伟	男	1990.09	山东农业大学	2011	园艺	在读	研究生			宋太健

六、四世同堂家庭名单

朱永忠　王立江　王立文　朱永春

怀连合　于在奎　张振荣　宋桂平

七、发展概览

1957 年，小屯村建立村党支部，张振明成为第一任书记。

1963 年，上级号召种植水稻，1964 年村里派王殿元、王传平到临沂学习水稻种植技术，1965 年村里开始种植水稻，在全镇是最早的。县里派了 2 名技术员来指导，搞试点后推广。水稻自流灌溉，一般亩产一二百千克，最高二三百千克。水稻收割后种冬小麦，一般亩产一二百千克。年人均口粮 170 ～ 190 千克。

1977 年，为防备黄河开口被淹，全村整体（70 户）向黄河北展大堤北搬迁，全部搬迁用了 4 年时间。

1979 年，王传平、于荣安组织建搬迁桥。因为修桥工程艰巨，公社给全村免了三年半的治河任务相抵。村民自己先用 500 号的优质水泥预制了三块宽 1.3 米、长 13 米的桥板，一块桥板干好后约重 13 吨。桥面由这三块桥板组成，宽 4 米。村里从胜利油田的临盘借了 16 吨的吊车，能吊起但放不上。村里通过私人关系到齐河县水利局借了 13 台绞磨。水利局给派了 2 名技术员过来指导，用粗钢丝绳拴好预制板，4 人推动一台，11 台绞磨同时发力，总共七八十个棒劳力齐心协力，有时得夜里加班干，用了一春天 3 个多月的时间顺利竣工。

1981 年，小屯村安电通电。小屯村在提出申请的第 27 天就通上电，不仅创造了全德州地区最快的速度，而且创造了全德州地区花钱最少的纪录。当时需要高压穿墙管，德州没有件工程受阻，村干部通过关系在济南买到；济南的朋友又想办法给村里省了钱。当时上级估计的预算是 3.5 万元，实际花费 2.2 万元，所省的钱在当时不是一个小数字。

2016 年，全村粮食年单产 1000 千克。

小屯村连片治理（2015 年摄）

八、附　记

本村有个土地庙，新中国成立后拆除。

于茂年的父亲在清朝为官，管公粮赋税，高个儿、方脸、戴红缨帽，有画像，告老还乡后生活与村民并无二致。但其在老庄西北角的墓碑带帽——根据古制，达到一定官品墓碑才能带帽——应当是个清官。

小屯村原址位于泺口渡口浮桥西北 6 千米处，309 国道以南，在铁匠村的西南方向。1977

年全村整体（70 户）搬迁搬到现址。

现在铁匠村东南、309 国道以南有老屯、小屯于家老坟地，老人们记得墓碑约有 2 米高，1.5 米宽，20 公分厚。石头供桌很大，惊蛰以后有长虫（蛇的俗称）爬到上面晒太阳，大的有锨把粗，2 米来长，村民害怕都大老远地观看。

集体经济时期村里烧过窑，卖的砖 2 分钱 1 个，还得给人家送到家，不太合算。

村集体利用本村的稻草生产过草苫子、草袋子、草绳子等。制绳机 60 ～ 100 元 1 台，生产的草绳多用来缠钢铁铸件和陶瓷制品，作防护之用；也有做打水的井绳的，较粗，省力好用。

当时小屯村比较富裕，主要是在外边当工人的多，多干铸造。

集体经济时期村里曾三四次获得齐河县农业生产百面红旗；村里有 26.7 公顷苇子，一年能卖 1 万多元。

村里连续 50 年无刑事犯罪，连续 40 年无计划外生育。

附：村史座谈人员名单（2015 年 8 月 26 日）

王殿生，男，79 岁

王传平，男，67 岁

宋玉忠，男，57 岁

朱吉祥，男，52 岁

宋太洪，男，43 岁

小屯村座谈现场（2015 年摄）

第六节　老屯村

老屯村位于镇政府东南 2.4 千米，北依龙湖和黄河北展堤，南靠 309 国道，西北接铁匠村，

老屯村办公室（2015 年摄）

东南靠大桥镇王家镇村。

因修建北展大堤占用大量土地，原先的 46.7 公顷耕地仅剩 15.4 公顷，2005 年起全部被龙湖项目以每亩每年 1000 元的价格征用，现属无地农民村。

居民均为汉族，有韩、于、赵、怀、王等五姓。全村有 76 户（其中韩姓 38 户、于姓 32 户、赵姓 1 户、怀姓 4 户、王姓 1 户），总人口为 360 人。其中 80 ～ 90 岁的 5 人，90 岁以上的 1 人。

一、村庄来历

清朝嘉庆六年（1801 年）编修的《于氏族谱》记载：“余少闻之先人曰于氏自二公始迁居齐邑，传至于今十余世矣”。齐邑即今齐河县，1990 年之前桑梓店镇归齐河县管辖。大坝以北村旧址以东的坟地有民国十二年（1923 年）所立墓碑，碑文曰“于氏自前明定鼎（即从以前的明朝确立政权，此处和本段以下括号内的内容均为编者注）迁于齐邑，奉县驰往焦斌地方屯田，荒野之处与地三十亩，充应壮丁。后误军事以免调用，饬完谷粮种地，系（拘禁）在青州卫五十三官庄之内，曩（nǎng）时（从前）即赐庄立老屯。想我始祖讳郎带三子，自辽居到此阳宅即定……迄今五百余年”。综上，老屯村迄今应有600多年的历史。“人丁繁衍皆基于此，后分三支，讳澹思寄居小屯，因购房田就近料理。不料清朝自同治（1861—1875年）历至光绪十五年（1889年）时黄水漫溢，河北一带决口五次……水没沙压，塚累莫辨，我族景苦难堪……年年祭扫无人，惟幸河流顺轨，水土既平，而我族皆返故里，于是合族商议封坟修墓”。

据传明末有一于姓大官屯兵于此，战后因年老居此地，颇有名声，当时名为“于屯”。后来人口渐多，有韩、于、赵、怀、王等姓。

二、现任村干部

党支部书记：韩忠强

党支部委员：韩忠付　吉维新

村委会主任：韩忠强

村委委员：王秀香　怀心军

老屯村党支部书记、村委会主任韩忠强（2016年摄）

老屯村村干部合影（2016年摄）

三、共产党员表

表20-1-16

姓名	性别	出生年月	民族	学历	入党时间
韩孟昌	男	1939.10	汉	高中	1968.07.01
于安江	男	1948.10	汉	初中	1968.07.01
韩孟银	男	1941.10	汉	初中	1968.07.01
于在友	男	1951.09	汉	初中	1975.07.01
李月奎	男	1957.04	汉	初中	1977.06.01
吉永军	男	1957.04	汉	初中	1977.07.01
韩春金	男	1956.03	汉	初中	1978.05.01
韩孟铁	男	1948.09	汉	初中	1991.01.01
韩忠合	男	1956.12	汉	初中	1991.01.01
韩忠民	男	1967.02	汉	高中	1997.05.01
于　鹏	男	1976.09	汉	中专	1997.08.01
黄喜梅	女	1972.12	汉	本科	1997.12.05
于代国	男	1981.08	汉	大专	2000.10.01
韩忠强	男	1971.05	汉	高中	2007.05.01

续表 20-1-16

姓名	性别	出生年月	民族	学历	入党时间
吉维新	男	1980.01	汉	高中	2009.09.01
韩　宁	女	1987.06	汉	中专	2009.09.01
韩忠付	男	1965.02	汉	初中	2011.08.12

四、历年参军入伍人员表

表 20-1-17

姓名	性别	入伍时间	立功情况	退伍转业时间	现单位或住址	现任职务
于在友	男	1972		1981	老屯村	村民
韩春金	男	1975		1981	老屯村	村民
韩忠臣	男	1976		1981	老屯村	村民
韩忠付	男	1982		1985	老屯村	村文书
于保国	男	1989	三等功	2011	济南市人民检察院	检察官
于　鹏	男	1992		2004	中建八局	村民
于　刚	男	1997		2010	力平房地产	村民
韩孟涛	男	2002		现役	山东高密飞机场	特设师
于　强	男	2004			菏泽	村民
韩孟虎	男	2005		现役	哈尔滨飞行学院	教员
韩冬冬	男	2006		现役	青岛边防支队	干事

五、历年考入高校人员表

表 20-1-18

姓名	性别	出生年月	考取院校	考学年份	所学专业	最高学历	现任职单位	家长姓名
韩孟起	男		北京体育学院	1957	武术		西北轻工业学院	
韩孝波	男	1982	山东理工大学	2000	金融	本科	山东勤园化工有限公司	韩忠臣
韩孟涛	男	1984	空军工程大学	2002	电气工程及其自动化	硕士		李曰奎
韩孟虎	男	1986	空军工程大学	2005	航空宇航科学与技术	博士		李曰奎
韩冬冬	男	1988	公安海警学院		后勤管理	本科		韩孟珠
于　欢	男	1990	山东农业大学	2008	电气工程及其自动化	本科	新疆电力公司疆南供电公司	于安华
于汝佳	女	1991	青岛大学	2009	分析化学	博士		于岱顺
于丽娟	女	1991	山东省财经大学	2011	会计	本科	华耐丽佳公司	于长海

六、四世同堂家庭名单

王德坤 韩孟银 刘玉兰 韩孟昌

七、发展概览

1949 年新中国成立前，老屯村在现在村之西不到 100 米处。老村有庙，占地 0.2 公顷，到新中国成立前只剩下约 5 米高的石基土台。庙东北为韩氏家族，庙东南为于氏家族。

老屯村坝北老屋（2015 年摄）

1957 年，韩孟起考入北京体育学院，后任西北轻工业学院武术教练。

1969 年，建立党支部。

1969 年，筑北展大坝，实有耕地 38 公顷，修完后剩余 15.4 公顷。

1970 年，整村开始向坝北房台搬迁。

1973 年，村里通电，为全镇第三个通电的村。

1972 年—1975 年，为解决村民吃饭问题，开垦荒地 28 公顷，解决了村民的生活困难。

20 世纪 70 年代齐河县委书记多次来视察。

1982 年，分产到户。

1990 年，为方便村民耕种居住，经上级批准，整村又回迁坝南。全村的住宅和房屋一律按规划修建，统一规格，整齐划一。

2014 年，进行美丽乡村建设，修建村内中心路 3600 平米，硬化胡同 6292 平米，铺设排水管道 1470 米，安装路灯 58 盏，大大提升了村庄环境面貌。

老屯村坝南新家（2015 年摄）

2015 年，进行省级连片治理建设，修建外环路 705 米，安装路灯 26 盏，修建公厕 4 座，修建 2500 平方米的文化活动广场 1 处，整理闲散土地 2 公顷多。借力龙湖旅游开发，正在进行老屯村的旅游开发建设。

济南市城乡建设委主任蒋向波到老屯村调研（2015 年摄）

2016 年，全村外出打工的约 150 人。有大货车 3 辆，轿车 33 辆。

八、附 记

从前基本靠人拉耧来播种。

过去没钱买砖，建房都靠自己打坯，俗称“脱坯”（说 pei）. 制土坯的坯模用四块枣木板打制，规格约为长 48 厘米、宽 24 厘米、高 10 厘米。一般选在过麦之前的晴天，找个平整的地方，用黄胶泥掺麦秸和好泥。把坯模放在地上，用铁锨把泥放在坯模里，用泥板压平。再把坯模提起来，等土坯凝固成型之后再把土坯立起来以便通风晾晒，到完全干透就是可以垒墙建房的土坯了。

20世纪60年代，人们提提灯，背草捆、带干粮，拿秫秸竹竿寻找管涌。

1970年黄河北展筑坝占用大量耕地，全村只剩15.4公顷耕地，人均8分，且多是盐碱涝洼地。那时候村里有“三多”：光棍多，外流讨饭的多，茅草岗子蛤蟆湾多。为解决村民的生计问题，开荒成为干部村民的头等大事。每年都开荒，到1979年累计开荒28公顷。开荒全靠铁锨镢头，村里连小推车都没有，村干部到附近的渔场借了5辆。推土推得车条都断了，村里买不起也买不到车条，无法归还。村里无奈安排2名妇女沿铁路捡拾火车掉下来的煤炭，之后生起炉火，由韩孟昌和村民于在蓝把断下来的车条放在炉里烧红，用铁锤砸细把车条延长，再勉强装在车轮上才得以奉还。

老屯1973年输电全靠艰苦奋斗自力更生。没有高压电线，村里就安排人到济南一工厂帮其打扫卫生，把垃圾——废料废金属无偿收集起来，再送到青龙街拔丝厂拉成电线。没有加工费，就以剩下的金属料相抵。没有电线杆，支书就向村东南300米处的872舟桥部队求助。部队表示在30里外的另一营地齐河县的红庙村有6根不用的高压线杆，但需要村里自己去拉，而且回来后得先给部队送上电。线杆都在大苇子湾的水里竖着，村里从公社水利站借了绞磨，从三四十米之外把钢丝绳栓到电线杆上。先在电线杆下掘土，之后几个人推动绞磨把线杆拉过来，再2人一辆地排车用人力拉回来。回来后先埋杆给部队送上电。部队感叹村民的诚信与艰辛，就用汽车无偿给村里运来20根新水泥低压线杆。即使这样，电线杆也只能排到坝南老村的中间，以北和坝北新村还无法用电。村里又发动群众四处搜集电线杆，有了线杆后得过水塘、过大坝，供电所畏难不来，都靠村里男女老少齐上阵。为了省线省杆，有时候得在水坑中埋杆，线杆周围全是水。四周有人用从附近桑南火车站借来的鸡蛋粗的大绳拉住线杆，于在禄上去安装，线杆好像要歪，于在禄的母亲吓得瘫倒在地，幸而没歪。村民赶紧从四处找来石头堆在电线杆下，捣实固定好。所有高压、低压电线杆上的横担都是韩孟昌和于海安上的。

庄稼一枝花，全靠肥当家。从前没有化肥，村里就组织人到济南的公厕偷挖大粪。一支队伍2辆地排车，一辆车上3个人。其中1个人看车，另外有1男1女，以便到男女厕所挖粪方便。每辆车都是把2只大粗柴油铁桶焊接起来。傍黑出发，夜里回来，全靠人拉。挖了1年之后被肥料公司查住，车被没收。拉粪车是集体的重要资产，村里无法承受那种巨大损失，就派十几个年轻人连夜步行到那里从墙上进去偷了出来。由于怕人家追赶，不敢从近处渡口过黄河，又步行绕到老齐河渡口再走回来，大家在夜里多走了六七十里的路。

1973年试种水稻。1974年齐河县稻改办驻桃园村，附带着管老屯，但有5台推土机光在桃园干。老屯村也要整平土地，但人力难为；向稻改办领导求援，不许。村领导就想办法悄悄联系司机，夜里推土机司机发动机器，打开车灯，这边村干部韩孟昌和韩孟银趴在公路沟里，用手电筒照过去，推土机再过来。请司机吃白单饼、咸鸭蛋——那时候是相当高级的饭了，每晚上干一阵，一片地几晚上就整平了。之后村里又联系部队，872部队派了2台大推土机过来。军纪严明，司机连一碗水都没喝，帮老屯整平了9.33公顷地。

1976年，老屯村获得齐河县粮食产量“过长江”红旗。这种红旗全县共5面，另几个是北关、曹虎、袁辛村，另一个好像是米三里村。那时候水稻平均亩产超过400千克，好的超过500千克——其实是把28公顷开荒地的粮食也算到了15.4公顷耕地的头上。

老屯村于氏族谱（2015年摄）

20世纪70年代整村往坝北搬迁时老百姓历尽艰辛。建新家不能耽误集体的生产，全村仅有1台24马力拖拉机可以给村民拉运砖石等，集体只给建房户1个小工，建房户还得拿出自己的公分拨给这小工——支书韩孟昌建房时就为给自己当小工的胞兄拨过公分。大量的劳动得靠建房户自己找人干，大伙都缺吃少喝，以致有的亲戚大老远背着干粮来帮忙干活。没有木头，就到地里砍鲜杨树做檩条。虽然不耐用，但总比没有强。

老屯村的红白事由村干部出面安排。白事都是吃大锅汤，无吹拉弹唱之类，主家都佩戴黑纱。

全村连续16年无刑事犯罪，连续30多年无计划外生育。

村中存《于氏族谱》。

村史座谈人员名单（2015年8月25日）

老屯村座谈现场（2015年摄）

韩孟昌，男，77岁

于在禄，南，76岁

韩孟银，男，75岁

第七节　丁口村

丁口村位于桑梓店镇政府东南约6千米处黄河北岸，南与药山隔河相望，东临大桥镇桃园村，北依309国道，西与朱河圈村仅隔一个胡同。济南建邦黄河大桥穿村而过。村庄傍河而建，蜿蜒长约3华里，是全镇最长的村。

丁口村办公室（2015年摄）

1948年有耕地面积53.3公顷；2015年土地面积137.87公顷，其中耕地面积133.87公顷，黄河南岸有4公顷。

居民均为汉族，有朱、韩、滕、王、孙、吕、刘、赵、张、陈、尚、董等姓氏，属杂姓聚居村落。

丁口村全貌（2015年摄）

1948年有159户，809人；2015年395户，1454人。80～90岁的25人，90岁以上的4人。

一、村庄来历

清光绪三十年（1904年）由济南鲁雅斋印刷局承印的《齐河县旧里图》与宣统元年（1909年）绘制的《齐河县旧乡区全图》均标注该村为“丁家口”，中华民国二十年七月绘制的《齐河县八大区乡镇总图》与《齐河县最近学区图》均标注该村为“丁口”。

相传，在很久以前，丁氏祖先由山西洪洞县逃荒举家搬迁至现在黄河滩内的旧址，与现在黄河南岸药山的丁庄是一家。由于靠近黄河，一家人便筹款造船，修建码头，靠摆渡两岸的居民养家糊口。一开始用小舢板，后来用中型的舢板，久而久之，大家都称“丁家道口”。因渡口靠村庄很近，几经变迁，遂称“丁口村”。

后来黄河改道水量增大，村民修建起大型码头，建造了大型船只。后来由于黄河险情频发，为确保安全，村民从滩内迁出，搬到黄河大坝以西。1973年，响应政府号召，村民搬到现在的房台上居住。村庄依河而建，全长大约1.5千米。

2013年孙远生到平阴参加祭祖大会，在那里听说丁口孙姓的祖先孙尚文在明朝洪武年间从平阴县大孙庄迁来，给黄河上运盐的诸多顺河船记账，至今丁口孙氏已有22代。

二、现任村干部

党支部书记：韩正伦

党支部委员：滕守利　滕守齐　尚吉荣　孙涛

村委会主任：韩正伦　村委委员：滕淑兰　滕春岭

丁口村党支部书记、村委会主任韩正伦(2016年摄)

丁口村村干部合影（2016年摄）

三、共产党员表

表20-1-19

姓名	性别	出生年月	民族	学历	入党时间
王　信	男	1935.08	汉	小学	1960.08.01
朱立水	男	1935.12	汉	初中	1965.02.01
朱士全	男	1942.11	汉	小学	1965.08.01
朱金令	男	1929.02	汉	小学	1968.02.01
苏春莲	女	1949.05	汉	小学	1968.04.01

续表 20-1-19

姓名	性别	出生年月	民族	学历	入党时间
秦加芳	女	1947.12	汉	小学	1970.04.01
朱寿海	男	1948.09	汉	小学	1970.07.01
滕吉才	男	1938.03	汉	小学	1970.07.01
孙元祥	男	1949.10	汉	初中	1970.07.01
刘孝元	男	1952.06	汉	高中	1970.08.01
朱吉付	男	1949.06	汉	初中	1970.11.01
孙元忠	男	1947.04	汉	小学	1971.07.01
孙振平	男	1947.10	汉	小学	1975.11.01
韩正坤	男	1960.02	汉	高中	1976.07.01
孙元华	男	1954.12	汉	小学	1977.10.01
孙元荣	男	1957.12	汉	初中	1979.11.01
朱永荣	男	1958.09	汉	小学	1982.07.01
滕守军	男	1967.07	汉	高中	1988.07.01
孙云全	男	1974.02	汉	初中	1997.08.01
孙　涛	男	1975.02	汉	初中	1998.04.01
滕守利	男	1970.10	汉	高中	2003.03.01
滕守齐	男	1963.09	汉	初中	2003.03.01
尚吉荣	男	1957.05	汉	小学	2003.03.01
王连友	男	1978.12	汉	中专	2003.03.01
王保玉	男	1954.09	汉	小学	2003.03.01
滕远健	男	1983.03	汉	初中	2003.07.01
韩正伦	男	1971.04	汉	大专	2004.04.01
宋　磊	男	1983.08	汉	高中	2005.07.01
滕淑兰	女	1957.08	汉	初中	2006.06.23
张宜芹	女	1965.10	汉	小学	2006.06.23
陈延伟	男	1967.01	汉	初中	2006.06.23
吕金龙	男	1986.07	汉	初中	2006.06.23
朱希芬	女	1985.02	汉	大学	2006.07.01
孙元伟	男	1988.04	汉	高中	2008.12.10
怀钰玮	男	1988.03	汉	大学	2009.03.01
韩道夫	男	1966.02	汉	高中	2009.12.10

续表 20-1-19

姓名	性别	出生年月	民族	学历	入党时间
朱吉超	男	1984.11	汉	初中	2009.12.10
韩　耀	男	1986.10	汉	中专	2009.12.10
张东巧	男	1970.07	汉	初中	2010.07.09
张　建	男	1979.11	汉	初中	2010.07.09
朱希伟	男	1993.12	汉	中专	2013.07.07

四、历年参军入伍人员表

表 20-1-20

姓名	性别	入伍时间	立功情况	退伍转业时间	现单位或住址	现任职务
朱士明	男					村民
韩寿和	男	1963	集体三等功	1968	丁口村	村民
朱士洪	男	1964		1969	丁口村	村民
孙振才	男	1964		1969	丁口村	村民
孙久昌	男	1964		1969	丁口村	村民
滕继祥	男	1964		1970	丁口村	村民
孙振平	男	1968		1971	丁口村	村民
朱吉付	男	1969	连部奖励 3 次营部奖励 1 次	1975	丁口村	村民
孙元祥	男	1969	立三等功 2 次团奖励 5 次	1975	丁口村	村民
滕吉云	男	1970		1976	丁口村	村民
刘孝元	男	1970		1976	山东有线电视济南分公司桑梓店站	副站长
朱士明	男	1972	立三等功 1 次受连嘉奖 3 次	1975	丁口村	村民
朱永荣	男	1975		1983	丁口村	村民
孙元华	男	1975	立三等功 1 次	1979	丁口村	村民
孙元荣	男	1976	连部奖励 3 次	1981	丁口村	村民
滕守东	男	1978		1983	丁口村	村民
董长山	男	1978		1984	丁口村	村民
刘小顺	男	1979		1984	丁口村	村民
韩正昆	男	1981		1985	齐河旗舰公司	副总经理
王保顺	男	1982		1985	丁口村	村民
滕守军	男	1983		1988	丁口村	村民

续表 20-1-20

姓名	性别	入伍时间	立功情况	退伍转业时间	现单位或住址	现任职务
孙　涛	男	1992		1996	丁口村	村民
孙云泉	男	1993	三等功 1 次 优秀士兵	1997	丁口村	村民
朱希峰	男	1996		1999	丁口村	村民
张　建	男	1997		2000	丁口村	村民
宋　磊	男	2000	三等功	2008	丁口村	村民
滕远见	男	2001	优秀士官	2006	丁口村	村民
韩　耀	男	2004		2006	齐河旗舰公司	职员
孙元伟	男	2006	2 次受连奖励	2009	丁口村	村民
孙荣旭	男	2006		2008	丁口村	村民
朱希伟	男	2011	立三等功 1 次	2013	丁口村	村民

五、历年考入高校人员表

表 20-1-21

姓名	性别	出生年月	考取院校	考学年份	所学专业	毕业去向	最高学历	现任职单位	现任职务	家长姓名
尚小朋	男	1982.03	山东大学	2001	建筑学	南京建筑学院	博士			尚吉山
韩　盼	女	1984.11	山东农业学院	2004	土木工程		本科			韩正贵
王希林	男	1985.11		2004	传媒		大专	青岛传媒公司		董少永
韩宁宁	男	1985.06	合肥工业大学	2004	环境科学		研究生	桑梓店镇政府	建委副主任	韩正坤
朱连虎	男	1986.02	山东职业学院	2004	装饰装修	济南市	大专	山东万旭	经理	朱希海
刘　珊	女	1986.07	泰山医学院	2004	医学管理	花花公子公司	本科		区经理	刘小顺
滕真真	女	1987.07	青岛飞洋学院	2006	市场营销		大专			滕长来
刘　瑞	男	1988	泰山电校	2006	机电	重庆电厂	中专		机检	刘小顺
韩　猛	男	1988.09	中国石油大学	2010	电气自动化		本科			韩道夫
朱莎莎	女	1989.01	山东旅游学校	2006	旅游		大专			朱吉河
滕亚男	女	1989.11	济南管理学院	2008	经济管理		大专			滕守齐
朱倩倩	女	1989.09	吉林大学	2008	护理		本科	山东省立医院	护师	朱传勇
朱玉兰	女	1990.01	中国医科大学	2012	医学		硕士研究生	沈阳中医大学		朱永贵
王玉林	女	1991.03		2010	语文教育		大专	美里湖幼儿园		王勇

续表 20-1-21

姓名	性别	出生年月	考取院校	考学年份	所学专业	毕业去向	最高学历	现任职单位	现任职务	家长姓名
朱希栋	男	1991.03	山东中医药大学	2010	中医		大专			朱吉河
孙阳阳	女	1991.07	济南大学	2011	信息管理	济南市	本科	信息产业公司		孙久星
孙丹丹	女	1991.08	济南职业学院	2010	机械设备制造	绿洲公司	大专	绿洲公司	技术员	孙元民
吕连祺	男	1992.10	济南大学	2012	汉语言文学		本科			吕存路
韩　凯	男	1992.03	青岛理工大学	2011	建筑工程		本科			韩正伦
朱连森	男	1993.10	德州学院	2011	统计学	济南市	本科	鑫茂集体	部长	朱希水
王玉薇	女	1993.02	山东财经学院	2011	经济		本科			王殿民
刘明曰	女	1994.03	山东管理干部学院	2013	会计	济南市	大专	历城一建公司	会计	刘光吉
朱逢姣	女	1994.09	济南护理学校	2012	口腔		大专			朱吉新
孙　毅	男	1996.01	济南铁路职业学院	2014	管理	在读	大专			孙久颂
朱　琛	男	1997.02	聊城职业技术学院	2015	影像		大专			朱传勇

六、四世同堂家庭名单

孙玉英　郭其菊　朱兆山　张秀英
朱立兰　朱玉香　王吉心　朱士华
朱吉荣　王加荣　滕长俊　孙久喜
张兰英　朱永兰　朱桂兰　朱立桂
董玉华　赵风英　于荣华　孙振庚
滕玉香　滕丕温　朱英达　怀居英
孙玉桂　王加祥　刘更英　吕存芹
华月娥　吕存义　李振英　滕长兰
吕连庆　孙振付　马玉兰　孙振英
尚长友　滕桂兰　王兰英　滕吉才
张士英　郭长美　韩守元　赵连英

七、发展概览

1957年，黄河部门在丁口村正南修建一处“虹吸管”。经十几年的不懈努力，到1975年终于淤平了大溜。村里开始发展水稻种植，亩产达到三四百千克，1976或1977年曾经在此拍过纪录片。

1960年，千军万马挑筐推车大修黄河大坝，将大坝长高六七米。小推车为木轮，人称“推

丁口村老屋（2015年摄）

不够”。打夯的多是妇女，她们用硪（wò，当地说 è，两面平的圆形石头，高约三四十厘米，重约五十千克，四周有供拴绳用的孔，几个人成对角线用力拉绳子来砸地基或打桩）打夯。由于她们打夯出色，上级曾经组织她们到高寒矶和济阳现场表演，让当地人去观摩学习。

1973 年，由于丁口村靠近黄河险工，有关部门建议搬迁。政府调用大批人力物力奋战几个月，为丁口打造了高达 9 米的房台，全体村民积极响应，到 1981 年完成了整个村庄的搬迁任务。

1976 年，政府为村里配备几台拖拉机，方便了耕种和运输。

1981 年，在上级政府的关怀和村党支部书记陈寿清的领导下，家家户户通电，终结了煤油灯照明的历史。

1981 年，实行家庭联产承包责任制。农民提高了耕种的积极性，粮食产量逐年递增，人们不仅基本解决了温饱问题，而且开始有余粮。

1992 年，由滕吉中牵头，克服重重困难建起砖厂。2012 年起年产 2000 多万块砖。

1995 年，朱连蓉、尚吉水、刘光林、王宝玉等先后购置收割机、旋耕犁等大型农业机械，把农民从繁重的农业劳动中解放出来。

2001 年，有关部门在丁口村南建成济南黄河西外环浮桥，方便了村民去城市发展，提高了经济收入和生活水平。

2003 年，滕吉忠、滕守柱自己出资购买大巴车，开通了第一条由农民出资从济南至齐河的“村村通”公交线路，方便了周边几个乡镇群众的出行。

2004 年，村党支部书记韩正伦走家串户，多次协商，克服重重困难，建起一条长 1500 余米、宽 5 米的砂石路。两侧栽植松杉、红叶梨等，安装路灯，既美化了环境，又方便了大家出行。

2010 年，横穿丁口村的济南建邦黄河大桥建成通车。

2013 年，丁口村在黄河南岸的 4 公顷土地被国土资源部门依法丈量确权，埋设界桩。

2014 年，村党支部书记韩正伦积极争取，筹措资金，调动大型机械设备，组织人员清除沙石路面，修建一条长 1500 余米、宽 6 米的环村水泥路，路两侧加栽各种花草树木，更换照明设施，修建几处公共厕所及大型广场，配备了各种健身器材。增派人员打扫卫生，清除杂草，清运垃圾，卫生环境大大改善。

2016 年 5 月 27 日，丁口村砖厂烟囱成功爆破，历时 25 年的丁口砖厂退出历史舞台。北展区管委会党组书记任庆生、主任李敏杰，市公安局治安支队二大队大队长王殿波、公安分局副局长王君洲、桑梓店镇党委书记董学山、镇长杨鹏，分局治安大队、特警大队、桑梓店派出所相关人员亲临爆破现场指挥。

丁口砖厂位于鹊山龙湖中弘项目规划区范围内，占地 8.3 公顷，2015 年 10 月份被政府征用，地上物补偿款已于 2015 年年底全部补偿到位。该烟囱高 50 米，结构复杂，采取普通拆除难度较大。市、区、镇有关领导高度重视，多次到现场查看，为确保爆破作业安全顺利进行，成立了爆破作业现场指挥小组，共组织人员 200 余名，组建现场警戒组、现场清理组、爆破作业组、现场协调组、后勤保障组、机动力量组，明确分工，严密组织，严格作业程序，搞好协调配合。

丁口砖厂烟囱的爆破成功，不仅可提供 8.32 公顷的建设用地，而且将有利于促进项目区地

上物及附属设施拆除工作提挡加速，为下一步用地净地出让扫除障碍，从而为鹊山龙湖开发建设提供用地保障。

2016年，丁口村有小轿车、面包车、大货车等300多辆，空调、手机、液晶电视、各种电脑、宽带网络已普及。

八、附　记

新中国成立前，村中曾有两座关帝庙，两座小型土地庙。在封建时代，人们思想愚昧，如果家中有难事，村民就会到庙里敬香烧纸，缓解心理和思想压力，以求得平安。后来，村民利用庙宇作学校。再后来，四座庙宇因年久失修而坍塌。

据知情人讲述，以前丁口村有一口特大号的钟，是全体村民共同集资铸造的。因丁口村靠近黄河，洪水泛滥或决口很是频繁，村民特铸钟示警。若是黄河发生险情，以撞钟为号，提醒村民迅速撤离到安全的地方。随着时间的推移，如果村中发生重大事件或紧急情况，也以撞钟为号。据说钟的表面镶嵌着每一位出资村民的姓名，其中特别注明了铸钟首倡者和每人的出资数目。此钟新中国成立前悬挂在黄河大坝下边的大柳树上，新中国成立后放到丁口村学校的一角，于1958年前后“大炼钢铁”运动中被毁坏。

新中国成立后，附近村庄大量种植桃树、梨树、苹果树等，新鲜的水果水运销往济南和上下游其他地方。人们大都肩挑扁担通过丁口村的渡口去城顶、普利门和经三纬八的八卦楼去卖，扁担的两头是两个大筐，每个筐都用四条麻绳牢牢固定住，前后共八条麻绳，故人称“挑八股绳”。村里有大片的蒲草苇塘，每个小队1年能卖1万多元。每小队有一辆马车搞运输。

古老的渡口

民国《齐河县志·桥梁志·新闸渡》记载：“丁家口渡，在城东北三十里。”相传，在很久以前，丁氏祖先由山西洪洞县逃荒举家搬迁至此。由于此地靠近黄河，一家人便筹款造船，在现在的村办公室以东修建码头，靠摆渡养家糊口，久而久之，大家都称“丁家道口”。几经变迁，遂称“丁口村渡口”。渡口的设立，使渡船成为丁口村村民生活的主要来源，也为黄河两岸群众往来和经济发展提供了便利条件。随后又有孙氏家族、王氏家族加入，渡口规模不断扩大。

丁口村渡口旧址（2015年摄）

据老人们回忆，新中国成立前后黄河为地下河，人们站在黄河大坝顶上往下俯视能看到船桅杆的顶子和船帆。多为“小划子”（小船），较大的船是两桅两篷，也有三桅三篷的。

据知情人讲，建造船只的时候，先搭起一个能够容纳船只的架子。等到船只建造好，再去掉船只前端的架子，用一个比较粗的木棍顶住船底，呈三角形的样子。然后由村里的首领带领大家用平板车装满高粱秫秸，把秫秸铺在船的前面，一直延伸到水边。然后拿起水桶或盆拎河里的泥浆，撒到秫秸上，弄上厚厚的一层泥，抹平。之后把船前端的木棍收起，大家齐心协力顺势向前推，大船很快便被推到水里。一艘大船可以装载好几辆马车渡河，等候乘船渡河的大车能一直排到村外。

据说外地的马车到了渡口，需要换成当地的马或牛拉车，到了对岸再换过来。因为外地的马怕水不肯上船，即便到了船上也怕船来回摇晃。

船工是一份很辛苦很危险的工作。当时全靠人工抬或背来装卸货物。等船靠了岸，人们便会搭起长约七八米，宽约三四十厘米，厚约十几厘米的跳板。一头搭在船舷，另一头搭在岸上。人背起超过50千克的货物在跳板上走，随着人走，跳板在打颤，很是危险。人时时刻刻都要小心，不然就会掉到水里。船从下游往回返的时候，纤夫——当地称“拉套子”，用一根粗壮的棕绳，一头栓在船上，另一头也系上棕绳，再分成几股，系在两块窄的木板上，套到人的肩膀上。两块木板人称“夹板”，也称“纤板”。人走在平缓的河滩上还能很自然的往前走，但如果走在有险工段的“檐子头”上那就很危险了。“檐子头”为防止洪水冲刷河堤而修建，是用好多方形的石块砌成的，底部用乱石堆起来，高低不平。纤夫们大都是赤身裸背，光着脚丫，人踩在上面很容易滑倒或是划伤。何况又是在逆流的情况下拉船，所以很辛苦很危险。为了解除疲劳，纤夫们会唱起船工号子，声音低沉悠扬，断断续续，环绕在整个河道里，是一道奇观。

渡口十分繁华，有饭店、旅馆、大车店等。后来村民王义等又造了大帆船，其中一艘大船能装四五辆大马车。村民朱吉生、王信等又打制成几条钢板结构的机器轮渡，使渡口更加安全高效。后来，船只越来越多，越造越大。有的村民还跑起了顺河船（即上下游之间的“漕运”），上游到河南王虎山，下游到入海口的垦利、羊角口等地，来回运送盐、麻、粮食、石头、布匹、煤炭等货物，成为连接黄河上游与下游的交通大动脉，有力地促进了不同地域的经济文化交流和人员往来，推动了经济发展和社会进步。

听老党员讲过，新中国成立前夕，丁家渡口是共产党的秘密联络点。因为渡口离济南比较远，隐蔽性好，所以地下党组织与村民联手，把得到的重要情报和部队所需的重要物资，秘密送往解放区，为解放济南作出了贡献。

20世纪60年代，由于丁口村在黄河南岸有近百亩的良田，为了春种秋收方便，渡口从村东又迁到村南，服务于生产队的春耕秋种。有的船只留在了本村，一部分船只分到现在的泺口以西当时的马道口，形成了一种集体经营的模式。到了20世纪80年代，马道口由于经营不善便倒闭了。改革开放后，人们淘汰了老式的木帆船，全部改为机动铁船。2001年，有关部门在丁口村附近搭建济南黄河西外环浮桥，更方便了老百姓的出行。至此，丁口渡口完成了它的历史使命，退出了历史舞台，但每当提起老渡口，丁口村人都从内心感到无比自豪和骄傲。

治 黄

为了治理黄河，丁口村村民付出了太多的艰辛和汗水。每逢夏季黄河洪峰来临的时候，大家都自发的行动起来，在村领导的带领下，拿起铁锹，24小时轮班到大堤上巡查。下雨的时候，离黄河较远村庄的村民往往躲在家里避雨，而丁口村的村民则要戴上草帽，穿上蓑衣在黄河大堤上看护，唯恐出现险情，直至汛期结束。

从前在构筑河堤的时候，因当时的条件有限，只能用小车推。在小推车左右放两个“紫穗槐”条编的长筐推土，人们戏称“推不够”。上大堤时，一个人推车，前面有两人拉车，非常的慢，也非常辛苦。

女人们也撑起了半边天，她们把拉上来的土用铁锹铲平，再用石硪夯平。由于打夯非常辛苦，也非常枯燥，人们为了指挥打夯，也为了鼓舞士气和自娱自乐，便即兴编唱起雄壮有力的打夯号子。一人唱，众人和，高亢悠扬，几里地外都能听得到。人们越唱越带劲，忘记了疲累，把硪提得很高，砸的基础也就更牢固——丁口村的劳动妇女成了一道亮丽的风景。

地标性的大柳树

丁口村北面曾有一棵上百年的大柳树，高耸入云，光树干就有30多米高，从几里地以外就能看到。树身粗大，需要五个青壮年手拉手才能围一圈。枝条茂密，树冠遮天蔽日，下雨天路人在树下避雨身上不会潮湿。树上生活了各种禽鸟，或一翅飞去，或衔虫归来，终日啁啁啾啾嘤嘤喳喳，大柳树是它们的快乐天堂。如果有人渡河不认识路或迷了路，就会有人告诉他：只要看到那棵大柳树就能找到丁口渡口渡河了——大柳树成了丁口村的地标。曾有人观察过，雨天来临时，树干会很自然的往外渗水，特别湿滑；而天气晴朗时，树皮会很干燥。途经此地的客商看了，都啧啧称奇。

1953年夏天，有一天天气突变，狂风大作，乌云密布，雷电交加，大柳树不幸被雷电击中。人们把树锯开，其木材就有几十立方之多，有些木材做了挖井的井盘。每当谈起这棵大柳树，村民都为它的消失感到惋惜。

一波三折的丁口村学校

新中国成立前有钱人家为了让孩子学文化多请私塾先生，滕延岭就是丁口村的私塾先生之一，跟他上过学的孩子全村数不胜数。丁口村的穷苦老百姓也看到了学习文化的重要性，都想把孩子送到私塾先生那里学习，可是房子解决不了。经本村思想进步人士倡导，村里的庙宇被拆建成学堂，成为孩童接受教育的场所。

后来庙宇坍塌。1935年，以滕丕盛为首的几家富户聚在一起商量着兴办一所学堂。他们几家带头集资，并动员全村有钱的出钱，有力的出力。在滕丕盛的带动下，经过大家的努力，盖了一所像样的学校，那时人们称之为洋学堂。学校有西屋4间，北屋3间，还有1间大门，共8间。全村的孩子都在这里学习文化，教书先生是左庄村的张月生、高王村的王长祥、王长更等。

新中国成立后，党和政府重视文化教育，先后派十几名教师到丁口村教学，如耿家村的王朝俊，周闫村的聂时忠、聂时候，李堂村的张士太、张士孔等。1948—1957年，丁口村学校十分兴旺：白天孩子上学，晚上年龄比较大的青年、妇女上夜校补习文化。1958年大跃进期间兴办共产主义小学，那一年把丁口村学校的桌子、板凳都运到刘庙子村去，孩子们也随之跟去上了一年共产主义小学。1959年，刘庙子村共产主义小学又撤掉，丁口村民接着运回桌凳，临时把村富户滕丕达的民宅当学校。1960年，孩子们又返回到原学校上学。三年自然灾害期间，学校墙倒屋塌，仅剩4间西屋还能用。60年代后期，借用黄河防汛屋当作教室。当时，村里派有文化的青年作老师，也就是后来的民办教师。

1974年，时任村党支部书记陈寿清心系村里的孩子，他说："旧社会人家滕丕盛能兴建学校，新社会我们更应该把学校建好。"在他的带领下，丁口村又建起了新的学校，教室共19间，有15间北屋，4间东屋。学校的建成满足了丁口村1～6年级孩子的上学需求，深受村民的称赞。1977年，丁口村党支部书记陈寿清又申请增设了初中班，学校改名为丁口联中，并吸收附近丁庄、小屯、铁匠、老屯的孩子来上初中。

但是由于当时形势不允许，上级又号召中学合班并校，丁口联中只办了两年就撤掉并入仓上联中。丁口小学又恢复了1～6年级的教学规模。1984年上级号召合班并校，丁口小学只保留1～4年级，5年级和6年级去刘庙中心小学。2001年，再合班并校，丁口村的孩子都去了刘庙中心小学。从此，丁口的学校退出了历史舞台。

大溜（当地人说 liù）

清朝年间，黄河水经常泛滥。有一年涨大水，黄河在丁口村正南决口，把村西部大部分良田淹没，冲刷出了一个大湖，附近村民称之为“大溜（说 liù）”。大溜面积很广，北到小屯村，西到刘庙子村，南到黄河大坝，东到丁口村，约有 80 公顷，有当时的四五个大明湖那么大。据说风和日丽的时候，“大溜”黑龙湾湖面明净澄澈；但到将要变天时，水面清得发黑，呈灰褐色，像锅底一般，大浪随之涌起，很是吓人——雨过天晴又恢复了原来的模样——黑龙湾大概因此得名。现在的济南建邦黄河大桥收费站即是大溜的中心，也是其最深处，有几十米深，用一大捆绳子系住砖往下试试不到底。

大溜四周长了大片莲藕、茭白、芦苇、蒲草等，密密麻麻，郁郁葱葱，一望无垠。茭白是滕长泰、小倪（济宁人，擅长结网捕鱼抓甲鱼看风水，来到这里看见大溜这片风水宝地喜出望外在此定居。村民根据方言称他小 ji）从黄河南的北园引种过来的。里面生长着许许多多的天鹅、白鹭、野鸭等水鸟。据说即使在最寒冷的冬天，湖的中央也不会封冻。湖里生长着各种各样的鱼，村民多以捕鱼为生，多站在船上撒网。人们常见像门扇、房梁大的鱼，但一直到大溜淤平从来没有捕获过，这始终是个谜。不过有人曾驾船捕到过几十千克，甚至五十千克左右的大鱼。有村民用渔叉叉着大鱼背着回家，鱼能从肩上垂到地面。甲鱼（俗称“团鱼”“王八”）很多，孙远生记得小时候下雨天在去仓上村上学的路边一片小水洼里能有四五个团鱼，但那时候都不觉得这东西好。据说冬天甲鱼会到冰薄处呼吸喘气晒太阳，小倪能透过湖面的冰发现甲鱼，他用带尖的铁棍猛砸，一下子把甲鱼砸晕，砸开冰就抓上来。1975 年的时候，一夜能很轻松地抓多半布袋甲鱼。有村民和过往的行人经常看到湖里浮上来晒盖的 2 个大甲鱼，有一搂大，绿盖，头大似盆。据说正是这两个大甲鱼保佑了村子。由于小倪捕捉和伤害甲鱼无数，众甲鱼对他十分敬畏，属于亦敌亦友。有一次一只大甲鱼在岸边晒盖，小倪一个大人站在上面，大甲鱼驮着他呼呼地往水里跑，吓得小倪赶紧跳下来。

一天，天色已晚，村民滕长泰驾船捕鱼回家。行至半路，猛然听到身后有人咳嗽。他回头看却没有人，就继续赶路。然而这种声音一路出现了好几次，他回头看却总也看不到什么。这令他毛骨悚然，三步并做两步往家跑，回家后已是满头大汗。他急忙放下捕到的鱼，给家人说有鬼跟着他，家人却不相信。就在这时，同样的声音在屋里响起。家人急忙把捕到的鱼倒出来，发现声音是一条不起眼的小鱼发出的，经人辨认是条“老头鱼”。

传说湖里的鱼修炼成精变成人的模样，在某个州县做了大官，因为思念家乡，便写信问候家里的情况，所注地址为丁口村西“白门楼”。邮差到此怎么也找不到。就在他一筹莫展的时候，一位老者指点迷津：“大溜”就是“白门楼”。邮差很是诧异，随即把信丢进湖里，回头正想一问究竟，那老人却不见踪影。

一天，有人在靠近大溜的地里锄地，傍晚时分回家，猛然抬头忽然看到大溜里钻上来一个彪形大汉，站在水面上。吓得那人蹲在地上不敢出声，只见大汉环顾四周，然后就回到水里去了。不一会儿见有一乘四人小轿在水里抬了出来，晃晃悠悠地去了远处。那人等了一会儿，发现没有动静了，就连忙跑回家去。他给家里人和邻居说起这件事情，大家很是疑惑。过了几天，有人发现在大溜的边上有一条五十千克左右的死黑鱼，没有双眼。有人说大概这条鱼是当时没有注意到旁边有人，遭到了上级的惩罚。

据八九十岁的老人讲，在他们小的时候，

每到傍晚，就见“大溜”的周围红灯高悬，灯火通明，好像是要娶媳妇。有好奇胆大的人跑过去看，等到了近处却什么也没有。究其原因，至今仍是谜。

有一年夏天，在靠近大溜的一户孙姓人家，发生了一件匪夷所思的事情。这家的姑娘结婚以后回家省亲，中午吃饭后，就拿起父母的衣服去大溜洗涮。刚去了不长时间，家里人就听到从大溜方向传来了非常急迫的呼救声。家里人感觉不妙，急忙召集村里人拿起铁锹、木棒往出事的地方跑去。大家老远就看到有个穿红衣服的女子正在拉扯这家的姑娘，大家跑得更快了。越来越近，有人就把木棒投了过去，红衣女子见势不妙，丢下姑娘，便一头钻进水里不见了。大家急忙把孙姑娘拉上岸，问是怎么回事。孙姑娘说：“那女人要我去她家，我不认识她，不肯去，那女人硬要拉我去。幸亏大家及时赶到，不然就……”有惊无险，大家便回家了。到了半夜，突然狂风大作，电闪雷鸣，大雨倾盆。第二天大清早，家人看到窗台上放着好多女人的头发——孙姑娘的头发被剪掉了许多，她自己竟然毫无觉察。

就在大溜即将被淤平的时候，白天太阳高照，风平浪静，可是到了半夜里阴天了，下起了毛毛细雨。有人就听到大溜方向传来嘈杂的人声，就撑起一把伞去一看究竟。他看到马车、轿子、灯火一片，人声嘈杂，有人在说“这地方住不下去了，快走吧！”第二天，水里的大鱼都没有了。

抗日战争时期，有一年冬天日军进村抓壮丁，抢粮食，烧房子，无恶不作。其中有两名日本鬼子对一名妇女实施强暴，人们义愤填膺，忍无可忍。几名年轻力壮的村民把那两名日本鬼子堵在屋里，乱棍打死。等到夜深人静，又七手八脚地把两个日本鬼子弄到大溜，砸开厚冰丢进湖里。日军怀疑两名士兵在丁口村失踪，扬言屠村，但是没有证据。后经曾在日本洋行工作过的丁口村民滕英令几番周旋，日军才悻悻而去。

“大溜”北边宽约 300 米，斜上东北方向，直到原来的甜水井村，与从范家村过来的另一条“溜”汇合后流向东北方向的济阳县。与齐济河无关。

新中国成立后，党和政府十分关心丁口村群众的生活和经济发展，在王窑黄河段西边修建了虹吸管。经过近二十年的不懈努力，终于在 1975 年淤平了大溜，丁口村人在大溜近千亩土地上，大力发展水稻种植，以提高增加村民的粮食收入。1977 年李金忠当公社社长的时候，大溜南的水稻长势喜人，亩产 400 千克，有关部门曾经来拍过纪录片。村民自从种了水稻后，才基本解决了温饱问题。昔日的大溜又重新为丁口村人做出了贡献。

村史座谈人员名单（2015 年 9 月 7 日）

孙兴连，男，75 岁

孙远生，男，69 岁

孙远庚，男，66 岁

吕存路，男，49 岁

滕淑兰，女，58 岁

韩正伦，男，48 岁

丁口村座谈现场（2015 年摄）

第八节　南郑村

南郑村位于镇政府南偏西 3.4 千米，南傍黄河，北临309国道，东接防汛路和刘庙子村，西近东秦村。

南郑村全貌（2015年摄）

1948年全村农业用地约101公顷；2015年全村土地106.4公顷，其中耕地101公顷，村址占地5.4公顷。

南郑村办公室（2015年摄）

居民均为汉族，有魏、孙、董、周、王、寇、朱、郑、李、赵、刘、代12姓。1948年有95户458人；2015年107户（其中魏32户、孙22户、董12户、周11户、王8户、寇6户、郑3户、李2户、赵2户、刘2户、朱5户、代2户）579人。其中男性273人、女性306人。80～90岁的有13人。

一、村庄来历

清光绪三十年（1904年）由济南鲁雅斋印刷局承印的《齐河县旧里图》标注该村为“郑庄”，清宣统元年（1909年）《齐河县旧乡区全图》仍标注该村为“郑庄”，中华民国二十七年七月绘制的《齐河县八大区乡镇总图》与《齐河县最近学区图》亦均标注该村为“郑庄”。

据传，早年间，郑氏祖先由河北枣强首迁至此地，取名郑家庄。新中国成立后，桑梓境内北边也有一郑家庄，当地政府为便于管理便于区分称为南郑庄、北郑庄，从此南郑村便正式传开。

二、现任村干部

镇派第一书记：怀务玉

党支部副书记：孙铁银

党支部成员：孙玉国　董兆富

村委会成员：孙铁银　怀其荣　董兆富

村民议事会成员：魏贤甲　董兆富

孙建平　魏圣波　周荣富

三、共产党员表

表20-1-22

姓名	性别	出生年月	民族	学历	入党时间
孙信之	男	1934.11	汉	小学	1953.12.01
周兴银	男	1945.08	汉	小学	1968.06.01
魏圣华	男	1949.06	汉	小学	1969.05.01
周兴水	男	1943.02	汉	初中	1970.05.01
赵丰才	男	1949.07	汉	初中	1970.05.01

续表 20-1-22

姓名	性别	出生年月	民族	学历	入党时间
孙玉明	男	1936.06	汉	初中	1971.05.01
周桂英	女	1938.09	汉	高中	1972.10.01
孙铁忠	男	1957.03	汉	高中	1979.12
孙和新	男	1965.11	汉	高中	1984.05.01
魏　东	男	1979.09	汉	大专	2002.12.01
孙玉国	男	1970.05	汉	高中	2004.05.01
董兆富	男	1966.07	汉	初中	2004.05.01
怀其荣	女	1961.07	汉	小学	2004.05.01
董　巍	男	1984.12	汉	高中	2005.06.22
李平贵	男	1984.03	汉	初中	2005.09.01
孙铁银	男	1966.06	汉	初中	2006.06.30
周文静	女	1985.12	汉	大专	2007.06.22
王光军	男	1979.02	汉	高中	2007.07.01
李平富	男	1982.12	汉	大学	2008.07.01
周卫亮	男	1990.08	汉	大专	2011.11.20
赵曙光	男	1988.04	汉	研究生	2012.06.05

四、历年参军入伍人员表

表 20-1-23

姓名	性别	入伍时间	立功情况	退伍转业时间	现单位或住址
周兴银	男	1964.10		1970.10	西安飞机场
魏书义	男	1965.10		1968.10	东营
赵逢才	男	1969.12		1976.12	南郑村
周兴金	男	1970.12		1974.03	南郑村
魏圣华	男	1970.12		1975.12	南郑村
孙长才	男	1973.01		1976.03	南郑村
魏圣新	男	1975.10		1983	沈阳公安局
孙铁忠	男	1976.12		1980.12	南郑村
戴登江	男	1980.11		1983.11	南郑村
董　炜	男	1982.11		1985.12	南郑村
孙合新	男	1983.11		1987.11	青岛

续表 20-1-23

姓名	性别	入伍时间	立功情况	退伍转业时间	现单位或住址
董宪周	男	1986.10		2008.12	山东省环保厅
魏贤德	男	1991.12		1994.12	南郑村
魏　东	男	1997.12	三等功1次	2013.12	南郑村
王光军	男	1999.12		2011.12	沈阳
董　巍	男	2002.11		2007.11	南郑村
李平贵	男	2003.12		2005.12	南郑村
孙建峤	男	2007.12		2009.12	南郑村
孙建卫	男	2009.12		现役	
周卫亮	男	2010.12		2012.12	南郑村
董立昊	男	2015.12		现役	

五、历年考入高校人员表

表 20-1-24

姓名	性别	出生年月	考取院校	考学年份	所学专业	毕业去向	最高学历	现任职单位	现任职务	家长姓名
董　颖	女	1974.04	山东师范大学	1992		北京师范大学	硕士	国家知识产权局	处长	董广爱
李平福	男	1982.12	曲阜师范大学	2001		济南	硕士			李子明
董宪元	男	1984.01	山东交通学院	2002		无锡	博士	无锡研究所		董兆恩
孙　贺	男	1984.10	山东建工学院	2003	土木工程	山东电力公司	本科			孙玉银
魏贤凤	女	1984.11	泰安学院	2003		四川绵阳	博士	西南大学		魏圣贵
董宪峰	男	1986	曲阜师范大学	2003		齐鲁工业大学	博士	齐鲁工业大学	副教授	董兆恩

六、四世同堂家庭名单

全村四世同堂的有 17 户：

董兆爱　董广爱　郑吉英　王兴玉
孙玉明　周桂英　李善美　杨德芳
王传俊　王桂芳　张美兰　魏圣兰
李吉芳　程友桂　怀宝兰　朱士英
吕本英

七、发展概览

1952 年，南郑村成立第一个互助组，有 6 户参加。

南郑村旧村老屋（2015 年摄）

1954年，互助组发展成两个初级社，一名“红星”，一名“前进”。董继书任“红星”社社长，1957年转为高级社。

1955年，南郑村建立党支部。

1964年，南郑村开始种水稻，村里派董光爱到德州地区稻改学校学习种稻技术。

1971年，南郑村全村通电，用上了电灯。

1973年，村里有了第一台24马力拖拉机。属于全公社最早的一批，共10台。

1973年，村里有了第一台电视机，17英寸；建3间村会议室。

1976年，省委工作团给村里带来了一辆50马力拖拉机。

1980年，分产到户。

1986年，开始从老村旧址向现在的房台新址搬迁。

2005年，“村村通”工程资助村修水泥路3条，安装了路灯。

鱼米之乡南郑村（2015年摄）

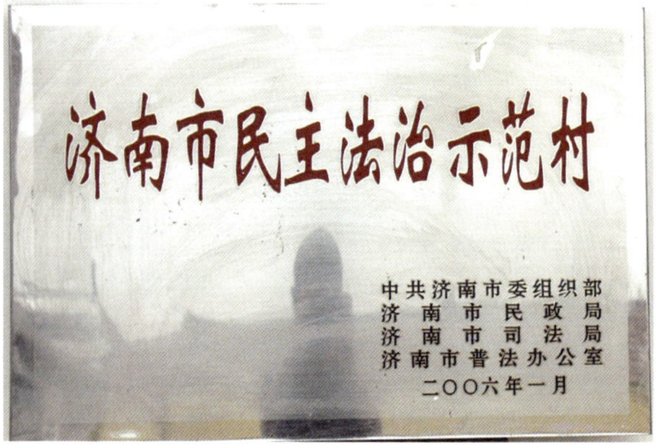

2007年，投资2万元成立文化服务队，敲锣鼓，扭秧歌，舞龙舞狮。每年从春节一直娱乐到元宵节。

2013年，组织全村60岁以上老人共50多人去北京免费旅游。

2014年，进行“连片治理”，硬化胡同，通下水道，村庄绿化，建休闲“凉亭”走廊2处，建健身广场2处；

在全镇第一个修建76平米的二层楼30套作安置房，把每户实际缺房程度排序公示，提供给最缺房的30户，仅收成本价；

天桥区政协主席刘建忠调研南郑村（2015年摄）

安装50个监控摄像头，覆盖了全村；

济南市委副书记雷杰、天桥区委书记毕筱奇来南郑村视察连片治理工作。

2015年5月，村集体投资110万元兴建奇新生态农业观光园。

2016年，全村有300多人外出打工经商；80%以上的家庭有了汽车，全村有面包、轿车82辆，小型货车6辆；有2层楼房48座。

八、附　记

南郑村旧址位于现在南郑村北1千米处，防汛路以西。自1986年春至2015年秋，全村陆续向南搬迁，在黄河大堤以北的新房台建立新村。

旧村南有一条堰，人称“二道坝”，高约3

米，宽约10米，向东到了丁口，向西出村就断了。新中国成立后黄河大坝每十年一大修，每次长高2米；每五年一小修，光修缮加固不长高。因为黄河大坝长高用土，堰逐渐消失。

旧时黄河有“一河三坝”之说。黄河大坝是一道坝，旧村南的堰是二道坝，丁庄有三道坝。二道坝和三道坝是一道坝的“预备队”。

史上曾有先人“影”，即画像，看服饰像在清朝时期。据说此先人曾是皇帝的侍从，有一次在黄河南的黄岗，皇帝正坐在椅子上，忽然打来一炮，由于猝不及防，该先人根本来不及拉皇帝避险，情急之下一把拽开椅子救了皇帝。功高莫过救驾，皇帝欣然封赏，让他挑选代表官职的御带。他挑了一条花的御带，皇帝认为官太小，就又重新封了他个更大的官。

清朝时本村有一董姓秀才，跛脚，第一次他从县回乡不下轿，村民远离之。之后轿至村外石庙他就下轿，步行三四百米回村，众乡亲才相迎。

刚解放时冬春两闲儿童常玩投王八瓦的游戏。在地上排上砖，约定几摞砖的角色，分别有皇上、娘娘、丞相、添师、去师、聋子等。在不远处划上线，小伙伴们用半头砖去投各种角色的砖，投着哪个算哪个。最末的挨拳头打，先问皇上等打多少下，再问添师是否追加，又问去师是否减量和减多少，之后边打边报数。打一会儿还得问聋子听到了吗，如果没有听见，此前打的白打，还得重新打。关系好的打的轻，象征性的；碰上关系不好的，打得就重。当时觉得很好玩，但往往把四角整齐的好砖都投成不规则的半头砖了。

新中国成立前，南郑村旧村有4座庙。村西有3间土地庙，没人照管，院里有2棵松树。20世纪50年代初流行“扒了庙，修学校；砸了钟，换汽灯”，人们把庙里的彩色泥塑推到湾里，用庙里的砖修建了学校的后墙和厕所，用庙里木头打制了学生的课桌凳。村中间的是龙王庙，在井东3米许。村东为关帝庙。村西南400米有一座石庙，占地约五六平方米，全部用石头建成。前面立2块大石头，中间横1块大石头。两面山墙各2块大石头，庙顶前中后各1块大石头。庙外有记载修庙捐款人姓名和数额的功德碑。附近有2棵大柳树，都两三搂粗。20世纪50年代初，齐河县修建县礼堂用了这两棵树的树干，村里用其粗大的树杈树枝打制了学校的桌凳。“文化大革命”时期石庙被拆除，石头都修了桥和氨水池。

1949年前后村里的果树较多，几乎家家有树，有杏树、桃树、梨树、山楂树、果子树等。果子树分歪把子、直把子、红果子、沙果子等。那时候此地尚无苹果树，到有了园林场之后这一带才有了苹果树。那时候村里挑八股绳子的较多，村民肩挑担子到济南卖水果，从卖麦黄杏开始，之后卖桃、梨等，一直到次年春天卖山楂，收入占总收入的三成以上，好的占到七成。

当初黄河没在这里泛滥之前村里都是红土地，人称“金盆底”，土地肥沃，产量较高，在当时完全靠天吃饭没有化肥和水利灌溉的条件下亩产100多千克——其他地方产量更低。人称“白土地看苗，红土地吃饭”。新中国成立后大搞农田水利建设，加之有了化肥农药，20世纪70年代，最好的一年村里种的1.3公顷试验田小麦平均亩产达400千克，最高的亩产500千克，“过了长江”（亩产超过400千克叫“过长江”，超过200千克叫“过黄河”）。公社干部、学校的老师都来帮助收麦。全村交售公粮90000千克，用马车和拖拉机运个不停，所交公粮几乎占全公社总量的半壁江山。人均分小麦90千克，其余村能分50千克的较少，多分40多千克。当时队里养了300多头猪，还有牛，在头秋新玉米还没有下来之前缺饲料的一段时间，就用小麦喂猪喂牛。

南郑村的农业生产搞得好，不仅在桑梓公社和齐河县有名，甚至在整个德州地区也挂号。

大概在1974年麦收时节，山东省委书记白如冰来检查“三夏”工作，亲自割了一把麦子。白如冰主动与村民王庆美握手，村民孙信之在场。当时有工作人员摄影摄像，据说要在电视台播放，但遗憾的是那时候农村没有电视机，根本无法看到。

承包分地之前南郑村的农业生产基本实现机械化。

当时山东省的主要领导白如冰之子白云生、谭启龙之女谭晓凤曾在村里体验生活干过农活。

集体经济时代村里曾有木匠组，为济南的工厂打制模具。有粉坊。

南郑村一年的苇子能割十几万千克，不仅涵养水源绿化环境净化空气，而且无本万利，是一笔不菲的收入。

由于以上原因，南郑村在集体经济时代比较富裕，1个工分值1元人民币，在全公社是最高的；逢年过节村里都杀猪分肉，最多的一年每人分肉2.5千克。有一年王庆全一家分了800多元，当时近乎天文数字。而当时有些较差的村1个工分仅价值1分钱，比较好的才值8毛钱。

村里的红白事由村领导安排。白事从俭，都吃大锅汤，一律戴黑袖章，不准用乐队。用的都是大约1.2米长、0.5米高、0.6米宽的大理石棺材，4个人抬起来较轻。

由于村庄距公共墓地较远，村里形成了这样的风俗：父母一方去世，仅男子去墓地送葬；父母都去世的，女性才去墓地送葬。

2006年、2008年和2010年村里分别出租40公顷、5.3公顷和86.7公顷土地，租金500～1000元不等。村里的耕地已经全部出租出去，村民在收取租金之外以打工经商等为主。

2016年8月1日，在村党支部书记和村委会主任辞职的情况下，镇党委政府组织全体村民根据户口本每一户投一票公开选举出魏贤甲、董兆富、孙建平、魏圣波、周荣富5个人的村民议事会。

南郑曾连续30年无计划外生育，连续15年无刑事犯罪。

村史座谈人员名单（2015年8月19日）

周兴水，男，72岁

孙长恩，男，71岁

董兆明，男，71岁

董兆新，男，68岁

董兆富，男，50岁

孙铁银，男，50岁

孙玉国，男，45岁

南郑村座谈现场（2015年摄）

第九节　朱河圈村

朱河圈村位于桑梓店镇政府东南4.4千米的黄河北岸，东接丁口村，西靠刘庙子村，南傍黄河，北临小屯、铁匠村。

新中国成立之初全村面积66.7公顷；2015年土地50.67公顷，其中耕地39.3公顷，非耕地6公顷，宅基地5.33公顷。

全村皆为汉族，有朱、刘、荣、王、冯、徐六大姓。朱河圈村新中国成立初期人口800多，200余户。约在1963年划往丁口村100多户，接近400人，俗称东坝头。2015年村内朱姓82户，刘姓9户，荣姓4户，王姓6户，冯姓5户，徐姓4户，总人口330人。80～90岁的6人。

一、村庄来历

相传朱河圈村原址在现黄河以南1000米处。后来由于黄河水流向北翻滚多次改道，村庄向北迁移了约1000米。因为以朱姓为主且村庄在河圈之内，故取名朱河圈。

1956年初级社时期朱河圈村与丁口村合在一起，是一个行政村，称东方红生产合作社。1961年又各自独立。

朱河圈村村干部合影（2016年摄）

二、现任村干部

党支部书记：朱绍武

党支部委员：郑崇香　荣　伟

村委会主任：徐建军　村委委员：朱绍武　朱希芹

朱河圈村党支部书记朱绍武（2016年摄）

朱河圈村村委会主任徐建军（2016年摄）

三、共产党员表

表20-1-25

姓名	性别	出生年月	民族	学历	入党时间	备注
张士萍	女	1938.04	汉	小学	1957.07.01	
王子安	男	1938.03	汉	小学	1965.03.01	
刘希峰	男	1947.05	汉	小学	1969.11.01	
王子杰	男	1947.10	汉	小学	1975.11.01	
朱宝森	男	1954.09	汉	初中	1976.05.01	
荣　伟	男	1974.01	汉	高中	1993.07.01	党支部委员
刘　勇	男	1977.04	汉	高中	1996.06.01	
朱绍山	男	1974.04	汉	初中	1999.11.01	
朱希平	男	1954.01	汉	初中	2000.11.01	

续表 20-1-25

姓名	性别	出生年月	民族	学历	入党时间	备注
朱绍武	男	1959.11	汉	高中	2006.12.05	党支部书记、村委委员
郑崇香	女	1964.11	汉	中专	2009.07.01	党支部委员
朱绍震	男	1984.11	汉	高中	2009.07.01	
朱吉新	男	1974.03	汉	高中	2009.07.01	
朱绍东	男	1977.02	汉	高中	2009.07.01	

四、历年参军入伍人员表

表 20-1-26

姓名	性别	入伍时间	退伍回村时间	现单位或住址
刘希峰	男	1965.12	1970.01	朱河圈村
任传水	男	1969.01	1975.03	朱河圈村
王子杰	男	1970.01	1976.03	朱河圈村
朱继山	男	1970.12	1977.03	朱河圈村
朱宝森	男	1973.01	1978.04	朱河圈村
朱吉付	男	1988.12	1992.12	朱河圈村
荣　伟	男	1991.11	1995.11	朱河圈村
刘　勇	男	1992.12	1996.12	朱河圈村
朱绍山	男	1994.12	2002.12	朱河圈村
朱绍东	男	1995.11	1998.12	朱河圈村
朱吉波	男	2000.12	现役	朱河圈村
朱吉超	男	2006.12	2008.12	朱河圈村

五、历年考学人员名表

表 20-1-27

姓名	性别	出生年月	考取院校	考学年份	所学专业	毕业去向	最高学历	现任职单位	现任职务	家长姓名
冯长静	女	1978.07	山东轻工业学院	1990		济南	大学	济南市自来水公司	工程师	冯玉森
朱吉超	男	1984.09	聊城大学	2006	财经	槐荫区	大学	道德街办事处	科员	朱绍武
朱绍军	男	1986.10	江苏建筑大学	2006	电信工程		大学	江苏东大集成电路技术有限公司	工程师	朱寿路
朱希斌	男	1986.11	山东大学	2008			研究生		在读	朱吉田
朱永恒	男	1993.03	山东财经大学		财会		大学		在读	朱金盛

六、四世同堂家庭名单

朱绍禹　魏秀兰　王子安　朱存荣

刘丙芳　徐汉三　刘忠香

七、发展概览

清朝黄河河务段在坝南成立之时，朱河圈村在今黄河以南药山办事处新徐村与槐荫区刘七沟村河滩交汇处。由于河道变化，朱河圈村搬往坝北1000米处，大约在现在村庄以北以东，而把大批良田留在了黄河南岸。后来与黄河南岸几个村庄发生土地纠纷，因为隶属不同惊动历城、长清、齐河三县县官，但本村正当权益并未得到维护。为此朱占鳌之妻刚强地讨饭进京，跪在路上拦轿求见同治皇帝。一位大臣以大清江山不稳皇帝无心顾你这区区小事劝阻，朱占鳌妻称“江山不保还有国，可失去土地我们的子孙怎么活？”终于见到皇帝。她有理有据地陈述事实，主张权利，皇帝降旨圣裁。朱占鳌妻讨到圣旨扬眉吐气凯旋，三县县官闻讯提前三日前来恭候。见到头顶圣旨的朱占鳌妻，三个县官下跪接旨，三年的土地官司以朱河圈人的胜利告终。御批的朱河圈村范围：东临徐庄坝头，西至姜庄，南至大坝根，北至黄河心，约5.33公顷。现在的边界为东临刘七沟村，西临李家寺村（今属槐荫区），南至大坝根，北至黄河心，共4.87公顷。新中国成立前在黄河

朱河圈村胡同（2015年摄）

南岸新徐村的河滩里曾有朱河圈村村前的石头牌坊顶子，有十来步长，来回的行人常坐在上面休息。因为当时的朱河圈处在黄河回流的一个圈形地带，现在倒流的河水常常冲刷出当年建筑用的条石。

由于占有一河两岸，地理位置优越，朱河圈村船运发达，在山东省甚至河南省颇有名气。仅东西两坝头便有摆渡船数艘，等待渡船的人员从渡口一直排到丁庄甚至更远。上下游间的顺河船运（旧称“漕运”）也很发达，大船往往有十五六米长，六七米宽，桅杆有十几米高，进出船舱有阶梯。往往一艘船上长年有十四五个人，由驴拉磨供应米面，有锅有灶，能吃能住，亦船亦家。船借八面风，高明的舵工不但识溜（水流）而且识风，通过调整各篷各帆的角度什么风都能为船所用，所以一个舵工的工资能抵好几个普通工人的工资。三桅三篷的大船最抗风，顺风顺水比自行车快，逆水行船也不慢。当时全村的顺河船有32艘，最大的是王义的船，能装20立方米石头。村民的航迹上达河南省，经常到平阴县的望口山运石头；下到利津县运盐。村民田德旺是漕运的漕帮首领，来往船只及与各地的大小事情都能摆平。据说曾有两船在河中起争执，坐在船上的田德旺只是往外露了一下头，对方看到就退让无事了。

新中国成立前后漕运的利润非常丰厚，运费每吨粮食达百里百斤，即每运1吨粮食行1里路程给0.5千克粮食作运费，船家挣得粮食都没处放。整个济南吃的粮食多是从上游河南省运来再从此上岸转运，黄河岸边粮垛林立。上匡山有运粮的官道，为了运粮方便，朱河圈把自己的1.4公顷地拿出来做卸粮场和运粮路用，并且买路买到现在的益康食品厂、王炉村、黄岗村、大魏庄等地，这些当时都有文书记载。

朱存荣家祖上在大溜里建房，砖石结构，那时还没有水泥就用油和石灰形成的油灰抹顶，坚固耐水，人称“气煞龙王”。他家有三艘船，

其中一艘规模宏大人称“黄河楼”；一艘用一颗大槐树制成，名曰“一棵槐”；一艘名“小毛婆”。据朱兆洪说，就是这“气煞龙王”救了朱河圈。那一年黄河突然决口，其他房屋都被毁，村民纷纷逃到“气煞龙王”顶上。每人每天吃一张饼充饥，在上面坚持了5天，之后乘“小毛婆”脱险。

很久以前黄河水有时候确实在咆哮，声音传得很远。尤其是消水的时候，河水嗷嗷叫，像野兽在吼，惊得岸边的人夜里睡不着觉。冬天淌凌的时候，一块块巨大的浮冰一下子飞过坝顶甩过来，能一下子把大树切断。新中国成立前黄河南北岸治黄各自为政，一边的坝头伸出去，对岸就形成险工，船在河里就像树叶一样飘摇。吕庆奎当公社书记、边象生任社长的时候心系村民的安危，他们要求村干部为了不让老百姓受淹一定要把地淤起来。吕庆奎经常提着鞋光脚蹚水到村里来检查督促，帮着干农活。他随机到某一家去吃饭，赶上啥吃啥，吃完饭给3两粮票3角钱。那时候吕庆奎书记每个月才13.5千克粮票，村干部去公社开会都是他请村干部吃饭。即使这样吕庆奎书记仍然认为此是险地不宜居，曾经提议整村迁往北董村的农中一带，又曾经打报告迁往东营，均未果。新中国成立后统一治理黄河，20世纪50年代这边就去掉了刘庙子村伸出去的坝头。后来国家在上游修建了一些大型的水利工程，所以现在听不到黄河水的声音了。

清朝末年黄河决口，朱河圈村被一冲为二，东边称东坝头，西边称西坝头。黄河决口后冲坏大批良田形成了一个大湖泊(当地称“大溜”)。当时鱼鳖虾蟹成群，莲藕接地连天，有村民一夜便能捉一大布袋甲鱼。为恢复耕地，国家在村西不足百米处修建了倒虹吸管，利用泥沙淤平了大溜。淤湖之初在村北一千米处成立了国营渔场，隔年距老渔场不远又成立了新渔场，在村东北角的红房子一带修建了通向小屯附近铁路单位的供水系统，现地下管道犹存。由于当时虹吸在村内通过，所以又把本村分成南小庄、北小庄。1974—1975年上万民工加固大堤，在大坝北侧修建房台，1978年改为淤房台。为防洪水侵袭，国家在1976—1978年利用3年时间把北金堤以内诸多村庄搬至房台，次年便通了电，结束了煤油灯照明的历史。2000年大堤二次加高，2001年黄河浮桥修建。

2002年朱河圈渡口为修建济南西外环浮桥而废弃。渡船为浮桥收购，船工为浮桥安排。

2008年修建建邦黄河大桥，占用村里土地4.7公顷。大桥2009年正式通车，结束了防汛防凌带来的交通不便。

2014年通过镇党委及村两委的不懈努力，村里铺设了地下管道，修建了了水泥路，老百姓出行便利，生活提高。

2016年朱河圈村农业以种植粮食作物为主，兼养殖、林木；外出经商、打工的较多。全村有大型货车1辆，小型货车1辆，轿车、面包车60辆。

朱河圈村荣誉（2015年摄）

八、附　记

民国《齐河县志·桥梁志·新闻渡》记载：“朱河圈渡，在城东北二十五里。”

王窑村本在黄河南岸，原朱河圈村以西，是一个停船的渡口，村民都到河北种地。

据传传统戏曲《牧羊圈》源于本村实事，

朱春登墓在现在村西北。历史上村里有戏台，但村里唱戏以有辱先人为由从不唱《牧羊圈》。有关部门多次来考察，村民为担心盗宝和不惊扰祖上从不告诉其坟墓位置。新中国成立前黄河还是地下河，河水一年四季清澈，水边有各种形状的鹅卵石，大坝低窄都走不开汽车，那时候济南黄河河务局有关部门在未通知当地村民的情况下乘船过来在朱氏两片古坟之间的四方湾中（大约今天的建邦大桥北 500 米）用仪器定位挖掘出一座石门坟。村中朱氏为保护祖坟鸣锣聚众前去阻止，有关人员惊恐，又填埋坟墓。77 岁的朱存荣当时看到石门上面的半边横石上刻有“朱三公之墓”。现在六七十岁的人当年都在石门墓前摸过鱼。多年之后，石门坟上的土大概得 20 多米厚了。

据说只有一定身份的人才能修建石门坟，是为防范盗墓而建，而且是在人生前就修建。石门上面的横石上竖悬两块像门栓的条石，石门后面上部的对应位置有竖槽。人去世后棺材放到坟里，关闭石门，条石正落在竖槽里，之后人在门外根本无法把门打开，以使逝者永远安息安宁。

《牧羊圈》剧情简介：唐朝中期，西凉黄龙叛乱，朝廷扩军组兵征讨，山东一朱姓人排行第二，主持家政。长兄已故，留嫂和侄朱春登与侄妻赵锦棠。按照军令当家人应当从军，但身染疾病，贤德的朱春登便自报奋勇，替叔父从军，使叔父深为感动。但婶母宋氏觊觎朱春登母子家产，其娘家侄宋成垂涎赵锦棠美貌，二人狼狈为奸。宋氏指使宋成佯伴朱春登出行，行至无人处，宋成乘其不备猛击朱春登，春登晕倒。宋成认为毙命，回家谎称朱春登战死。

朱春登走后不久，叔父病亡。宋氏独揽家政，极力虐待兄嫂与侄媳。宋成欲霸占赵锦棠，赵誓死不从。宋氏姑侄心狠手毒，把婆媳赶出家门，责令其上山牧羊，常住山上，不让回家。

古人天相，朱春登得救，从军后屡立战功，封为侯爵，衣锦还乡。宋氏姑侄害怕事情败露，假托二人病亡造墓穴以掩盖。朱春登设棚祭奠，并“舍饭”周济百姓。在山间牧羊饥寒交迫的赵锦棠与婆母闻讯前来，惶恐间婆婆失手打破大人的玉碗。朱春登了解情况见到并凭手掌心有一朱（红色）痕认出赵锦棠，夫妻团圆。宋成多行不义被惩办，宋氏羞愧难当无颜见人投井自尽。

村史座谈人员名单（2015 年 9 月 28 日）

朱士珍，男，83 岁

朱存荣，男，77 岁

冯玉森，男，74 岁

刘希峰，男，69 岁

朱长生，男，70 岁

朱绍武，男，59 岁

朱继林，男，51 岁

朱河圈村座谈现场（2015 年摄）

第二章　桑梓办事处

第一节　桑梓店村

桑梓店村位于桑梓店镇政府南200多米，北靠镇政府、镇中心小学和济南第五十二中学，西接镇卫生院、草庙王新村和小马社区，南隔邯济铁路（原为津浦铁路，后成为京沪铁路的一部分，2000年4月改为邯济铁路开通运营）与仓上村相望，东南近小屯村，东临小寨村，东北接怀庄行政村第六村民小组——小韩庄，村中有桑梓店供销社。

桑梓店村办公室（2016年摄）

全村1948年有耕地135.7公顷；2015年有土地77.4公顷，其中耕地35.8公顷，村居占地29.6公顷（中间零星分散着供销社、邮局、地税、镇办企业等单位，这些单位当年都占用桑梓店村土地，其地虽然在桑梓店村内但从法律上已经不属于桑梓店村，计4.7公顷），非耕地12公顷。

居民都是汉族，有滕、张、袁、王、管、怀、魏、段、姜、贾、闫、刘 、李、陈、杜、房等姓。1948年有177户，716人。2015年有306户，1450人。80～90岁23人，90岁以上的1人。

一、村庄来历

据传从前村边有一官道，村民在道旁设一客栈。由于店家热情周到，宾客到此如见亲人、如归故乡；加之在中国传统文化里“桑梓”是对家乡的雅称，于是众人纷纷以“桑梓店”誉之。一说店家是基于两种树的文化内涵，为了让顾客满意特意取名“桑梓店”。渐渐地，店名变成了村名。

有人说很久以前官府确定桑梓店村的正式名称叫“凤凰街”，但村东头有些人习惯上自称“桑梓店”，可是当他们到齐河去向朝廷缴银完粮——缴皇粮国税时却缴不上，因为官府的账册上面没有“桑梓店”这个户头——说是“凤凰街”的就能缴上。

有人说“凤凰街”之村名一直沿用，至清末津浦铁路建成在此设“桑梓店站”才改成“桑梓店街”，简称“桑梓店”。

还有人说当年朝内有一名高官携家眷经过本地，天色已晚，住宿在村内一家店中，待到深夜儿子突发疾病身亡。此高官不幸丧子，便称该店为“丧子”店，传来传去取代“凤凰街”成为村名。后人为忌讳“丧子”，据音改为“桑梓”店。这种说法被1990版《齐河县志》所采信，记为“据传，从前有一官员路过此处，其子病死店中，因名此村‘丧子店’，后人忌之，借谐音改为桑梓店。”

但是从此之后，不少人对“桑梓店”就产生了“丧子”的心理阴影，挥之不去，让“桑梓店”蒙受了不白之冤。“丧子”说虽然出自《齐河县志》，但是孟子说“尽信书则不如无书”，何况县志上也称“据传”，那自然是“流”而非“源”。揆情度理，桑梓店镇地处齐鲁大地，历史悠久，乃孔孟之乡，受过《诗经》《楚辞》、汉赋、唐诗、宋词、元曲的熏陶，还有明清小说四大名著等的深刻影响。子曰“名不正则言不顺，言不顺则事不成”，做生意又都讲究吉利，哪家店主会接受一个有“丧子”阴影的店名？况且是先有“桑梓”一词，后有“桑梓店”之店名，其后有“桑梓店街”或“桑梓店村”之街名村名。何况“桑梓”文化源远流长，桑树和梓树在古代与人们的衣、食、住、用等密切相关。桑树的叶可以用来养蚕，果可以食用和酿酒，树干及枝条可以用来制造器具，皮可以用来造纸，叶、果、枝、根、皮皆可以入药。梓树的嫩叶可食，皮是一种中药（名为梓白皮），木材轻软耐朽，是制作家具、乐器、棺材的美材。此外，梓树是一种速生树种，在古代还常被作为薪炭用材。所以古代的人们经常在自己家的房前屋后植桑栽梓，而且人们对父母先辈所栽植的桑树和梓树也往往心怀敬意。久而久之，人们多借形象的“桑梓”代指抽象的故乡。《诗经·小雅·小弁》即有“维桑与梓，必恭敬止；靡瞻匪父，靡依匪母”的诗句。南宋《朱熹集传》注释道：“桑、梓，二木。古者五亩之宅，树之墙下，以遗（读wèi，给予、馈赠）子孙，给蚕食、具器用者也……桑梓，父母所植”。三国时期的女诗人蔡琰（yǎn，字文姬）的《胡笳十八拍》中有“生仍冀得兮归桑梓，死当埋骨兮长已矣”；西晋文学家陆机的《思亲赋》中有“悲桑梓之悠旷，愧丞尝之弗营”；南朝诗人谢灵运的《孝感赋》中有“恋丘坟而萦心，忧桑梓而零泪”；唐代李德裕《早春至言禅公法堂忆平泉别业（金陵作）》中有“永怀桑梓邑，衰老若为还”；柳宗元《闻黄鹂》中有“乡禽何事亦来此，令我生心忆桑梓”……荀子说：“流丸止于瓯臾，流言止于智者。”综上，前文因“丧子”得“桑梓店”之说应属三人成虎牵强无稽。

民国《齐河县志·市集志》记载：“集场：……桑梓店，县东北三十里”；“邮政局…代办处…桑梓店”；“镇道…城桑路：由县城至桑梓店，计三十五里”；“铁路…津浦铁路在境内者二站：一、晏城；二、桑梓店”。未见“凤凰街之说”。

把“桑梓”一词赋予一家店铺或一个村，寄寓美好情感，具有丰富的文化内涵和很高的品位。这在整个桑梓店镇是独树一帜的，在广大农村地区也属凤毛麟角。正本清源，应当还“桑梓店”这个响亮的名字一个公道——这不仅关乎桑梓店“村”，而且关乎桑梓店“镇”。

二、现任村干部

党支部书记：滕长利

党支部委员：王付江　袁继瑜　魏良利　管廷亮

村委会主任：张克伟　村委委员：滕丕生　贾红云

桑梓店村村干部合影（2016年摄）

桑梓店村党支部书记滕长利（2016 年摄）

桑梓店村村委会主任张克伟（2016 年摄）

三、共产党员表

表 20-2-1

姓名	性别	出生年月	民族	学历	入党时间
刘丰成	男	1913.10	汉	小学	1947.07.01
滕丕信	男	1929.11	汉	小学	1949.10.01
怀居生	男	1930.10	汉	小学	1959.04.28
管廷玉	男	1931.11	汉	小学	1963.02.01
王学忠	男	1932.07	汉	小学	1955.02.01
王玉祥	男	1933.08	汉	小学	1955.09.08
韦修毅	男	1934.07	汉	小学	1965.10.01
怀相村	男	1935.01	汉	小学	1959.05.01
张开芬	女	1938.10	汉	小学	1958.11.01
刘洪文	男	1941.11	汉	初中	1972.07.01
魏良义	男	1943.11	汉	小学	1968.07.01
房明泽	男	1944.02	汉	初中	1969.07.01
张其水	男	1944.06	汉	小学	1973.02.01
姜长河	男	1945.01	汉	小学	1963.04.28
张成祥	男	1945.05	汉	高中	2007.12.30
怀曰才	男	1949.10	汉	初中	1969.07.01
张延美	女	1950.03	汉	初中	1970.07.01
刘洪武	男	1951.06	汉	初中	1970.07.01
陈付友	男	1952.02	汉	初中	1973.12.01
管廷富	男	1953.04	汉	初中	1973.05.01
张义兰	女	1954.07	汉	初中	1971.07.01

续表 20-2-1

姓名	性别	出生年月	民族	学历	入党时间
怀相贵	男	1954.09	汉	高中	1977.05.01
滕学岭	男	1957.03	汉	初中	2001.09.01
管廷星	男	1957.07	汉	高中	1999.07.01
滕禹岭	男	1957.10	汉	初中	1974.07.01
王金祥	男	1958.07	汉	初中	1981.10.01
袁继瑜	男	1961.11	汉	高中	1983.12.01
滕丕生	男	1964.05	汉	初中	2006.12.23
管廷亮	男	1964.01	汉	高中	2007.04.15
魏良利	男	1966.05	汉	初中	1987.05.01
张加利	男	1967.05	汉	初中	1988.07.01
王金山	男	1967.08	汉	初中	1987.07.01
耿乃群	男	1970.08	汉	高中	1995.07.01
王付江	男	1970.10	汉	初中	2005.12.23
滕建军	男	1973.01	汉	初中	1994.08.01
滕长利	男	1973.07	汉	初中	1999.07.01
怀洪臣	男	1973.12	汉	大专	1994.05.01
王富贵	男	1974.09	汉	初中	1992.06.01
韩吉欣	男	1977.10	汉	初中	2001.10.01
滕寿军	男	1979.04	汉	高中	2009.06.30
于　新	男	1979.05	汉	高中	1999.09.10
滕长美	女	1979.06	汉	大学	2013.01.26
袁德霞	女	1979.10	汉	大专	2002.05.01
牛爱青	女	1984.11	汉	高中	2007.01.02
王　雪	女	1985.09	汉	大学	2007.06.18
王　平	男	1985.10	汉	大学	2011.06.30
管　蕊	女	1986.04	汉	大学	2010.12.01
管里凯	男	1990.09	汉	大专	2012.12.25
魏宪亮	男	1990.10	汉	大学	2011.07.01

四、历年参军入伍人员表

表 20-2-2

姓名	性别	入伍时间	立功情况	退伍转业时间	现单位或住址	现任职务
王茂才	男	1949.09	嘉奖 3 次	1974.04	桑梓店村	农民
滕长富	男	1957.01		1959	桑梓店村	农民
魏良义	男	1965.03	先进战士 2 次	1970.01	桑梓店村	农民
怀月才	男	1968.02	嘉奖 1 次	1974.03	桑梓店村	农民
张其水	男	1968.02		1974.03	桑梓店村	农民
滕禹岭	男	1969.12	五好战士	1976.03	桑梓店村	农民
管廷富	男	1969.03		1975.03	桑梓店村	农民
袁继生	男	1969.03		1973.03	桑梓店村	农民
陈付友	男	1971.01	嘉奖 7 次	1978.04	桑梓店村	农民
刘洪武	男	1973.04	嘉奖 3 次	1977.04	桑梓店村	农民
怀相贵	男	1975.01	学雷锋积极分子嘉奖 2 次	1980.01	桑梓店村	农民
王茂海	男	1975.01			齐州监狱	退休
魏良喜	男	1975.06		1979.04	桑梓店村	农民
刘洪发	男	1976.10		1981.10	桑梓店村	农民
王金祥	男	1978.12	二级神炮手学雷锋积极分子	1983.01	桑梓店村	农民
滕吉生	男	1984.10		1989.03	桑梓店村	退休
魏良利	男	1985.10		1989.03	桑梓店村	农民
张加利	男	1987.03		1991.10	桑梓店村	农民
王金山	男	1987.03		1991.10	桑梓店村	农民
耿乃群	男	1989.03		2001.05	桑梓店村	
王富贵	男	1994.02		1998.03	桑梓店村	农民
魏硕硕	男	2009.12		2014.11	济南新奇世界国际度假区物业部	工人
魏佳旭	男	2012.12		2014.12	桑梓店村	

五、历年考入高校人员表

表 20-2-3

姓名	性别	出生年月	考取院校	考学年份	所学专业	最高学历	现任职单位	现任职务	家长姓名
王金祥	男	1958.07	山东医科大学	1995	口腔	大专			
滕吉雨	男	1975.05	石油大学	2015	管理	大专			刘桂芝
滕寿军	男	1979.08	山东建筑学院	2004	工程监理	大专	济南金诺工程监理有限公司		滕吉祥
滕吉美	女	1980.11	山东青年干部学院	2000	西班牙语	大专			刘桂芝
怀洪玲	女	1980.04	东北农大	2000	外语	本科	上海嘉庆中学	教师	怀相柱
滕冬梅	女	1981.10	山东圣翰学院	2004	会计电算化	大专	济南涵恒建设有限公司		滕吉祥
滕冬花	女	1981.10	山东圣翰学院	2004	会计电算化	大专	济南信合包装有限公司		滕吉祥
张在明	男	1982.01	山东财政学院	2000	市场营销	人力资源管理硕士	海尔集团总部		张志强
袁　文	女	1982.11	山东农业大学	2007	预防兽医学	研究生	医药制品		袁连森
怀洪波	男	1982.02	山东大学	2002	会计电算化	本科	中国体彩发行中心	主任	怀相柱
管　伟	男	1982.02	济南大学	2000	汉语言文学	研究生	济南第五十二中学		管连贵
王　涛	男	1982.08	山东大学	2001	口腔	大专			王金祥
滕　义	男	1983.10	山东经济学院	2003	计算统计	本科	山东移动公司		滕秋岭
张　娟	女	1983.02	曲阜师范大学	2003	外语	研究生	天津北辰小学	教师	张志强
管　刚	男	1983.03	山东大学	2002	计算机软件开发	本科	中软国际		管连贵
张盼盼	女	1983.09	山东师范大学	2002	金融	本科	交通银行济南分行	高管	张胜利
管宏梓	男	1984.01	山东科技大学	2000	采矿工程	本科	山东第一地质矿产勘查院		管廷星
袁婷婷	女	1984.09	济南卫生学校	2000	英语护理	本科	济钢集团总医院急诊科		袁得兴
王　平	男	1985.10	河北农大	2008	生态学	研究生	高新区管委会	主任	王金华
袁田甜	女	1986.01	曲阜师范大学	2005	数学	研究生	韩都衣舍电商集团	职员	袁连荣
袁　俊	女	1986.11	枣庄学院	2000	计算机	本科	物流		袁连森
张在振	男	1986.04	山东经管干部学院	2005	会计电算	大专	北京华唐迪讯信息有限公司		张志强

续表 20-2-3

姓名	性别	出生年月	考取院校	考学年份	所学专业	最高学历	现任职单位	现任职务	家长姓名
王　明	男	1986.04	山东水利学院	2006	给排水工程	大专			王茂水
管　蕊	女	1986.04	江苏科技大学	2005	生物技术	研究生	济南军区总医院		管廷亮
张克虎	男	1986.08	山东畜牧兽医学校	2004	兽医	中专			张加禄
怀君凯	男	1987.01	山东化工职业学院	2005	化工工艺	大专	天顺油墨公司	技师	怀曰金
管　慧	女	1987.06	淄博师专	2006	英语教育	本科	山东大学附属第二小学		管廷亮
滕寿禄	男	1987.07	西安恩源学院	2006	机电一体化	大专			滕吉华
管　民	男	1987.07	四川理工学院	2005	环境艺术	本科			管廷照
魏　峰	男	1987.08	山东英才学院	2006	工商企业管理	大专			魏良月
王妍妍	女	1988.11	淄博师专	2007	科学信息	大专	德林家政		王金华
管国梓	男	1988.12	青岛理工大学	2007	土木工程	本科	中铁十局		管廷亮
张宪林	女	1988.06	曲阜师范大学	2006	通信工程	博士	在读		张胜利
王　利	女	1988.09	曲阜师范大学	2006	工商管理	本科	德邦物流股份有限公司		王金玉
管双双	女	1989	山东司法警官学院	2007	司助	本科	东平县刑警队		管廷照
魏宪亮	男	1990.10	中央电大	2012	会计电算化	本科	市中区国税局		魏良法
张灵芝	女	1990.12	菏泽医学院	2009	临床医学	大专	济南军区总医院		张克利
张宪浩	男	1990.06	山东警察学院	2010	法学	本科	山东高速集团	交警	张胜利
魏　巍	男	1990.07	山东大学	2009	法律	本科	山东源诚律师事务所	律师	魏良月
管理凯	男	1990.09	山东电子职业技术学院	2010	应用电子技术	大专	济南邮政中心局		管良梓
张　群	女	1991.09	山东交通工程学院	2011	土木工程	大专	山东华谊保险公司		张克中
魏甜甜	女	1992.01	山东医学高等专科学校	2010	护理	大专	建邦大桥		魏良利
袁　敬	女	1993.02	潍坊医学院	2012	医学检验	本科			袁吉青
怀甜甜	女	1993.06	济南护理职业学院	2012	药学	大专	桑梓店镇卫生院	药剂师	怀相元
滕燕岭	男	1994.12	中国石油大学胜利学院	2013	护理	本科			滕丕东
张　峰	男	1994.12	泰山学院	2013	师范	本科			张成祥
张　锐	女	1994.02	山东中医药大学	2012	护理		在读		张克敏

续表 20-2-3

姓名	性别	出生年月	考取院校	考学年份	所学专业	最高学历	现任职单位	现任职务	家长姓名
魏琳琳	女	1995.10	山东工业职业学院	2013	会计	大专			魏良明
魏文康	男	1996.12	聊城大学	2015	高分子化学	本科			魏献强
张润超	男	1996.08	聊城大学	2014	化学工程	本科	在读		张克杰
张润涛	男	1997.11	四川农业大学	2016	水产养殖	本科			张克生
张润泽	男	1997.07	东北大学	2015	信息管理	本科	在读		张克新
张佩锦	女	1998.10	济南幼儿师范高等专科学校	2012	幼师		在读		张加财
滕斐然	女	1998.02	淄博师专	2016	社会与人文	大专			滕长利
张润哲	男	1998.07	山东工业技师学院	2016	冶金	大专			张克迎
怀洪旭	男	1999.05	山东深泉学院	2014	高级技工	大专			怀相元
张　旭	女	2000.06	济南幼儿师范高等专科学校	2015					张克利

六、五世、四世同堂名单

五世同堂：刘丰成

四世同堂：

陈焕英　段松岭　段松涛　耿俊英

管连玉　郝秀芝　怀相村　怀心芳

姜连喜　李金英　刘秀英　吕秀英

聂云霞　潘兰英　孙振英　滕江岭

滕景岭　滕培连　滕长贵　滕丕信

王万云　王玉祥　杨桂香　张丰英

张桂荣　张洪青　朱富兰　张成义

七、发展概览

1948年，刘丰成、袁连珍加入中国共产党，同年成立村政权。

1950年，土地改革时期在桑梓店村东南角利用没收地主的两个院建立桑梓店区政府，那时候区里只有区长李自强和张指导员两个领导。无论是桑梓店人民公社还是桑梓店镇，都缘此而得名。

1953年，成立互助组，50户参加。

1954年，互助组发展成两个初级社。一个名“新华”，怀相庆任社长；另一社名“建国”，王学忠任社长。

1956年，建立党支部，怀相林任支部书记。

1957年，在村东建砖窑、石灰窑。

1958年，村南修建铁路复线及其货运编组站，征用桑梓店村大片土地。铁路先是修建了19股，后增加到21股，最后增加到23股。各地的货运列车到此后加水加炭（那时候是用燃

煤做动力的蒸汽机车），由大修队进行各种检修，把各种货物重新编组后再运往全国各地。每天早晨有工人从济南乘坐两节车厢的劳动车（火车）来上班，下班后再乘车回去；每节车厢乘坐108人；三班倒。整个编组站的职工有1000多人。那时候风沙严重，沙土常常埋住钢轨。

1968—1972年，成立面粉厂、翻沙厂、机床加工厂、缝纫组。

1974年，政府工作队赠送一辆24马力拖拉机。

1975年，桑梓人民公社驻地从桑梓店村迁往小马村。

1981年，分产到户。

1982年，村里通电。

1984年，建东西商业街，长650米、宽26米。

1992年，立农历三、八小集。

1999年，建南北商业街。

2012年，镇政府协调征用桑梓店村土地3.53公顷给因建市新材料产业园而搬迁的草庙王村建居民楼。

2015年，政府征用桑梓店村土地5.2公顷。

2016年，粮食总产590吨。村内有77户建有2层楼房，有42户建有3层楼房，有7户建有4层楼房。全村有轿车、面包车182辆，轻型货车37辆，大型货车9辆。

桑梓店村共产党员合影（2011年摄）

八、附 记

新中国成立前庄东有一关公庙，村西有一土地庙，新中国成立后拆掉修建学校。

桑梓店村农历一、六逢大集，历史悠久。集先设在东西老街，20世纪80年代末移至现在的东西新街，后又增加了南北商业街。

在桑梓店镇中心小学（原桑梓店村小学）有石碑。

农民住房在20世纪80年代之前除村内镇直机关外全部是土房，1993年前全部是平房。

村“两委会”办公室原为村小学。村办公室占地920平方米，有办公室8间，电脑、大喇叭、监控、远程教育等设备设施齐全。

桑梓店村处桑梓店镇黄金商业地段，坐拥桑梓店商业街和桑梓店大小集，商业发达。村民守法经营，长于经商亦诚信善良重情重义。村风淳朴，两委会经常利用广播等途径引导村民过健康向上的生活。

村史座谈人员名单（2016年1月4日）

王学忠，男，85岁

段松涛，男，83岁

王金祥，男，59岁

滕秋岭，男，54岁

贾红云，女，47岁

王付江，男，46岁

桑梓店村座谈现场（2016年摄）

滕长利，男，42 岁

张克伟，男，36 岁

第二节 怀庄村

怀庄村位于镇政府东北 1.5 千米，308 国道以北，齐济河西岸。怀庄行政村跨 308 国道南北两侧，由怀庄自然村、怀庄西南部 L 型商业街和小韩庄自然村三部分组成。东临三官庙村，北接北董村，西近小张村，西南近桑梓店镇政府——最近处仅 100 多米，南靠济南第五十二中学和桑梓店镇中心小学。

怀庄村办公室（2016 年摄）

全村土地共 286.7 公顷。其中耕地 206.7 公顷，村居占地 60 公顷，非耕地 20 公顷。居民全为汉族，以怀姓为主，约占全村总人口的 90%；另外还有吕、王、韩、臧、乔等姓氏。

全村共有六个生产小组，500 户，其中怀姓 451 户、韩姓 20 户、吕姓 15 户、王姓 10 户、臧姓 3 户、乔姓 1 户，计 2014 人。其中 80 ～ 90 岁 35 人，90 岁以上 6 人。

一、村庄来历

据 1990 年版《齐河县志》记载，“怀”姓于“明末”从“山西洪洞”迁来成为“怀家”村的“始迁者姓氏”。村民保存下来的《怀氏族谱》之怀克信于清朝嘉庆元年（1796 年）正月作的《怀氏族谱原序》记载：“吾始祖子忠由枣邑迁于齐邑，迨七世东梓公由齐邑迁于历邑垂三百八十余年，凡名代之可考者赖伯父迁久公之作谱也，迄今又近六十年矣，宗支日繁，析居异地或亦有渐见面不相识者。古者三世不修谱谓之不孝，是谱之修何能已哉？”

世传怀姓始祖怀子忠于明朝永乐年间大移民时先从山西洪洞迁至河北枣强，之后从枣强迁居而来，至今已有六百多年的历史。据老人们口口相传，当年始祖怀子忠挑着担子，带着家眷，冒着雨雪风霜，越过崎岖泥泞，历尽千辛万苦，一路走来。有一天走到约现在怀庄老村偏东北的齐济河东，实在太累了，正想坐下来休息，忽然发现不远处有一座墓碑，他怀着一颗好奇心走了过去。到那一看，心里一阵惊喜，原来墓碑上刻着“都督怀英之墓”。在这里他看到了怀姓，倍感亲切，心中顿生暖意。环顾四周，看到西边不远处有一块面积很大且地势较高的地方，他就带领家眷走了过去。踏上这片高地，经过实地考察，再远望四周，他认定这是上天所赐的风水宝地，于是在此安家定居，繁衍生息，形成村落，是为怀庄老村。

之后其他各姓陆续迁来，村庄渐大。怀庄老村东西长约 1500 米，南北宽约 500 米，旧称“三里地怀庄”。到 1958 年成立人民公社时期，小韩庄并入怀庄行政村成为其一个生产队。

怀庄村村干部合影（2016 年摄）

怀善国

二、现任村干部

党支部书记：怀务海

党支部委员：怀其鑫　怀宝兴　怀云义

村委会主任：怀其鑫

村委委员：韩忠才　韩甜甜

怀庄村党支部书记怀务海（2016年摄）

怀庄村村委会主任怀其鑫（2016年摄）

三、共产党员表

表20-2-4

姓名	性别	出生年月	民族	学历	入党时间
怀心才	男	1931.01	汉	小学	1955.11.01
怀心昌	男	1936.03	汉	初中	1979.05.01
怀曰明	男	1939.02	汉	初中	1982.04.01
怀保太	男	1940.02	汉	初中	1965.07.01
怀吉刚	男	1942.12	汉	小学	1970.06.01
怀心祥	男	1943.04	汉	初中	1970.06.01
怀保申	男	1944.07	汉	初中	1964.04.01
李吉贞	女	1945.12	汉	初中	1964.04.01
怀保玉	男	1946.10	汉	初中	1970.06.01
怀务江	男	1948.01	汉	初中	1968.05.01
怀保昌	男	1950.03	汉	小学	1969.02.01
怀玉芹	女	1952.08	汉	高中	1974.07.01
怀心民	男	1952.11	汉	初中	1973.06.01
怀宝兴	男	1953.03	汉	初中	2012.08.15
怀保兴	男	1953.03	汉	初中	2012.08.15
怀善国	男	1955.02	汉	高中	2003.03.01
怀保旺	男	1955.02	汉	高中	1979.05.01

续表 20-2-4

姓名	性别	出生年月	民族	学历	入党时间
怀务全	男	1955.05	汉	高中	1978.11.01
怀保元	男	1955.09	汉	初中	1984.07.01
韩长忠	男	1955.11	汉	初中	1977.08.01
怀保礼	男	1956.10	汉	高中	1992.03.01
怀其宝	男	1958.11	汉	高中	1982.07.01
韩忠付	男	1965.05	汉	初中	1985.07.01
怀其龙	男	1965.09	汉	初中	1986.03.01
怀其鑫	男	1967.04	汉	初中	2003.03.01
怀保义	男	1967.12	汉	初中	1987.10.01
怀务海	男	1969.06	汉	初中	2000.03.01
怀心湖	男	1969.08	汉	初中	2001.03.01
岳长泉	男	1976.07	汉	初中	1997.07.01
韩孝义	男	1977.10	汉	初中	2002.03.01
怀云义	男	1977.11	汉	初中	2012.08.15
怀务华	男	1977.12	汉	初中	1999.10.01
怀　伟	男	1978.04	汉	大专	2003.03.01
李金凤	女	1982.09	汉	高中	2005.10.01
怀保磊	男	1985.03	汉	大专	2012.08.15
怀善磊	男	1985.04	汉	高中	2005.06.01
怀冰冰	男	1985.05	汉	高中	2008.07.01
怀保鑫	男	1986.09	汉	高中	2009.05.01
韩　甜	女	1986.11	汉	大专	2012.08.15
张　庆	女	1988.02	汉	研究生	2013.07.04
韩忠盟	男	1988.12	汉	初中	2008.05.01
怀梦园	男	1989.06	汉	大专	2010.03.15
怀其美	女	1991.01	汉	大专	2012.12.06
怀其磊	男	1994.11	汉	中专	2012.09.10

四、历年参军入伍人员表

表 20-2-5

姓名	性别	入伍时间	立功情况	退伍转业时间	现单位或住址	现任职务
怀务厚	男					1948.12 牺牲，革命烈士
怀心贵	男	1946.01		1958.06	怀庄村	农民
怀居水	男	1947		1953.08	怀庄村	农民
怀心水	男	1947		1954.06	怀庄村	农民
怀务德	男	1948.01		1952.10	齐河县生资土产公司	离休
怀曰达	男	1948.02				1949.05 牺牲，革命烈士
怀景正	男	1949.01		1953	怀庄村	农民
怀保河	男	1949.02		1952.02	怀庄村	农民
王长胜	男	1949.02		1953.10	怀庄村	农民
韩春元	男	1949.03		1955.06	怀庄村	农民
怀心全	男	1949.05		1954.10		农民
怀务祥	男	1949.05		1953.06	怀庄村	农民
闫保合	男	1949.05		1960.06	怀庄村	农民
怀心杰	男	1950.01		1962.08	怀庄村	农民
韩春海	男	1950.01		1954.06	怀庄村	农民
怀吉山	男	1950.02		1954.08	怀庄村	农民
怀心才	男	1950.12		1957.02	怀庄村	农民
怀月连	男	1950.12		1956.06	大连机床厂	退休
怀吉明	男	1953.02		1955.04	怀庄村	农民
怀心昌	男	1953.03		1962	齐河县建筑公司	退休
怀保平	男	1953.03		1958.10	山西榆次兵工厂	退休
怀吉亮	男	1953.03		1958.08	齐河县公路局	
怀务顺	男	1958.01		1963.06	怀庄村	农民
怀保富	男	1958.11		1963.04	怀庄村	农民
怀保太	男	1958.11		1963.06	怀庄村	农民
怀心武	男	1959.04		1963	怀庄村	农民
怀景连	男	1960.04		1983	桑梓粮所	退休
怀务利	男	1968.01		1973.10	齐河县商业局	退休
怀曰德	男	1970.08		1973.10	怀庄村	农民

续表 20-2-5

姓名	性别	入伍时间	立功情况	退伍转业时间	现单位或住址	现任职务
怀务祥	男	1970.08		1973.10	怀庄村	农民
怀居华	男	1971.01		1974.06	怀庄村	农民
怀善平	男	1972.10		1975.08	怀庄村	农民
怀务江	男	1972.01		1975.08	怀庄村	农民
怀务月	男	1973.01		1977.08	怀庄村	农民
怀务福	男	1973.01		1980.10	齐河县电业局	退休
怀吉才	男	1973.01		1984.08	陕西石油公司	退休
怀心民	男	1973.08		1978.06	怀庄村	农民
怀保昌	男	1974.01		1977.10	怀庄村	农民
怀吉全	男	1974.01		1977.10	怀庄村	农民
怀务全	男	1977.01		1981.10	怀庄村	农民
怀务安	男	1978.01		1983.06	怀庄村	农民
怀保元	男	1978.01		1981.10	怀庄村	农民
韩长忠	男	1978.01		1981.10	怀庄村	农民
怀其宝	男	1979.01		1982.10	怀庄村	农民
怀保利	男	1980.01		1993.10	淄博地税局	
怀务臣	男	1980.01		1983.10	怀庄村	农民
怀保杰	男	1980.01		1983.10	怀庄村	农民
王忠国	男	1980.01		1982.10	怀庄村	农民
怀善强	男	1982.01		1985.10	怀庄村	农民
韩长水	男	1982.01		1984.10	怀庄村	农民
怀吉坤	男	1983		1986	怀庄村	农民
韩忠付	男	1984.01	三等功	1987.10	怀庄村	农民
怀其荣	男	1984.04		1989.10	怀庄村	农民
怀保义	男	1988.01	三等功	1992.03	怀庄村	农民
怀志远	男	1993.01		1995.10	怀庄村	农民
怀　宝	男	1994.01		1997.10	怀庄村	农民
韩孝义	男	1996.01		1999.08	怀庄村	农民
怀其刚	男	1996.01		1998.10	怀庄村	农民
韩忠盟	男	1998.01		2014.10	怀庄村	农民
怀务华	男	1999.01		1985.07	怀庄村	农民

续表 20-2-5

姓名	性别	入伍时间	立功情况	退伍转业时间	现单位或住址	现任职务
怀保新	男	2003.01		2006.10	怀庄村	农民
怀冰冰	男	2004.12	二等功	2009.12	怀庄村	农民
怀保群	男	2006.01		2015.10	怀庄村	农民
怀保龙	男	2006.01		2015.10	怀庄村	农民
怀保嘉	男	2011.01		现役	怀庄村	农民
怀其磊	男	2011.01		2013.10	怀庄村	农民
怀伟杰	男	2013.01		现役	怀庄村	农民
怀　帅	男	2014.01		现役	怀庄村	农民
怀保林	男	2014.01		现役	怀庄村	农民
韩孝毅	男	2014.01		现役	怀庄村	农民
王　浩	男	2015		现役	怀庄村	农民
王延海	男	2015		现役	怀庄村	农民
臧子奇	男	2015.01		现役	怀庄村	农民

五、历年考入高校人员表

表 20-2-6

姓名	性别	出生年月	考取院校	考学年份	所学专业	毕业去向	最高学历	现任职单位	现任职务	家长姓名
怀心忠	男	1973	山东工业大学	1989	计算机	北京	本科	山东大学	教师	怀居省
怀其才	男	1976	济南联合大学	1992	物理	济南 52 中	本科	山师二附中	教师	怀保立
怀玉晶	女	1979	青岛外贸学校	1995	日语	日本	本科			怀居省
吕其来	男	1979	山东师范大学	1997	英语	济南	本科	历城二中	教师	吕保生
怀　宁	男	1979	北京体育学院	1998	体育	北京	研究生	国家体育局		怀务江
怀其滨	男	1979	南京邮电大学	2000	通讯工程	济南	本科	济南传输局	局长	怀保常
怀保光	男	1980	石家庄经济学院	1997	地质学	北京	硕士	新源（中国）环保科技有限责任公司	菲律宾公司代表	怀务录
韩孝坤	女	1980	聊城师范学院	1999	计算机	浙江杭州	研究生	浙江建安检测研究院有限公司		韩忠生
韩忠虎	男	1980	青岛大学	1998	酒店管理	济南	研究生	济南国际机场加油站有限公司	财务经理	韩长荣

续表 20-2-6

姓名	性别	出生年月	考取院校	考学年份	所学专业	毕业去向	最高学历	现任职单位	现任职务	家长姓名
吕娟娟	女	1982	山东交通学院	1998	交通管理		本科	济南交通局		吕爱民
韩孝燕	女	1982	山东师范大学	2000		日照	本科			韩忠生
吕其刚	男	1983	山东大学	1999	临床医学	济南	研究生	山大二院	主任医师	吕保文
怀务坤	男	1983	山东师范大学	1999	教育技术	济南	本科	平安财产保险公司		怀心民
怀 娟	女	1983	山东大学	2003	医学	济南	研究生	齐鲁医院	医师	怀其宝
韩忠奎	男	1983	山东经济学院	2006	金融学	济南	研究生			韩长福
怀 静	女	1984	泰安医学院	2000	医学	济南	本科	济南肿瘤医院	护士	怀务全
吕保军	男	1984	山东大学	2003	医学	北京	本科	山大医院	医师	吕元平
怀其武	男	1984	北京航空学院	2004		北京	研究生			怀保才
怀 震	男	1986	厦门大学	2008	数控技术	上海	研究生	上海电器厂	经理	怀善元
怀保娟	女	1988	聊城大学	2006	遥感	中国科学院	博士后	山东师范大学	教师	怀务元
怀程林	男	1988	山东理工大学	2004	制冷	济南	本科	青岛海尔		怀初志
怀初振	男	1990	山东理工大学	2006	电子与基件	新加坡	研究生			怀其生
韩孝红	女	1990	青岛大学	2014			研究生			韩忠才
怀贝贝	女	1992	山东大学	2008	医学		研究所			怀心河
怀金芝	女	1993	济南大学	2009	中医心理学		研究生			怀善民
怀初璇	女	1996	山东财经大学	2014	物流管理		本科			怀其颂

六、四世同堂家庭名单

怀心爽 怀心亭 孙友美 怀心广
韦曰俊 王振兰 赵光华 岳长英
怀务厚 怀务林 怀务昌 怀务法
刘玉兰 张荣贵 王传英 张秀英
聂司兰 刘延英 怀居岭 李文英
怀保坤 怀保太 李庆兰 韦仁美
董长英 怀吉明 剪振兰 夏学俊
王春法 张明英 王长顺 怀曰孔
史金英 怀善明 王兴兰 刘连英
韩玉芝

七、发展概览

清嘉庆元年（1796 年）正月，怀氏修家谱，十三世字议叙吏员从九品怀克信为家谱作序。

清道光七年（1828 年）五月，怀氏续修家谱，族派十五世怀崇魁作序。

清光绪八年（1883 年）怀氏续修家谱，族派十四世 82 岁的翰林院待诏衔文庠生怀永化作序。

民国十五年（1926 年）三月，成立齐河县第六学区公立第十九初级小学，学区等级为甲等，一个班级。

1948年，怀曰亭第一个加入中国共产党，同年成立村农委会，并担任农会主席。

1953年成立第一个互助组，有五六户参加。

1955年，互助组发展成两个初级社，一个名为“红星”，一个名为“红光”。怀居海、怀景正任“红星”社社长，怀心文任“红光”社社长。

1956年，怀庄村剧团参加齐河县文艺演出比赛获“文艺先锋”称号，获锦旗一面。

1957年，初级社升级为高级社。

1960年6—8月，连降暴雨，形成涝灾。一直到1961年连淹3年，百年不遇。因无排涝设施，村内村外一片汪洋，浅处也得20厘米深，出门就得蹚水。大多农田颗粒无收，村民靠野菜、树叶、树皮充饥。由于庄稼一直都泡在水里，到了收获季节，人们不是像正常年景那样用镢头去“刨地瓜”，而是手指头去“抠地瓜”——地瓜都有一股酒味，很难吃。大多村民背井离乡，到外地讨荒要饭。

1964年，建立党支部。

同年并成立村卫生室，怀曰连任第一任乡村医生。

1964年在村西北建砖窑厂，以木柴做燃料烧制青砖，每一窑能烧制1万多块砖，每年能烧10窑砖，怀新敏任窑长。

从1975年秋开始，在桑梓人民公社的号召下，全村大搞农田水利基本建设，当时的口号是“早起四点半，中间两顿饭，中午不休息，晚上加班干”，“干到年二十九，吃了包子再下手”。全体村民战天斗地，出工1.8万多个，整平土地133.3公顷多，挖成沟渠长1.5万多米，修成道路长1.3万多米，栽树1.8万多株。形成了田成方、沟成网，条条大路树成行的新格局，达到了旱能浇、涝能排的目标。

1975年，济南市革委会在怀庄村设立知青点，第一批有知青24名，他们协助怀庄村购买了第一台50马力大型拖拉机。1977年又来了第二批知青。

1975年，经上级有关部门批准，在怀庄村征地7.3公顷兴建齐河县第七中学（今济南第五十二中学）。齐河七中从仓上村迁入新校。

1976年秋，省委农业学大寨工作团派遣林永清、郑世才、仲俭月等到怀庄村帮助指导工作。他们通过深入调查研究，召开怀庄村大小队干部及村民代表会议，对村领导班子进行了大的调整，成立以怀心祥为党支部书记、怀心昌为大队长的新领导班子。这些省里来的干部与村民同吃、同住、同劳动，不怕苦不怕累。他们想尽办法、绞尽脑汁促进村里的经济发展，首先给村里通上了农电，购买了大型农机具，村民真正实现了梦寐以求的“点灯不用油，耕地不用牛”的美好愿望。1977年他们帮助村里建起油毡纸厂，怀保玉任厂长。厂子占地300平方米，流水线长50米，宽8米，用手摇转轮做动力，每天生产1米宽、20米长为一捆的的油毡纸200多捆计4000多米。产品销往省内外，每天纯收入约1000元，共经营了一年半。他们帮助在现在仓上村铁路大仓以西建石灰窑厂，怀善岱任厂长。他们还帮助村里建起制镜厂、橡胶垫厂和包装厂等。

1981年工作团帮助建成酱油醋酿造厂，9月29日正式投产。工作团请来济南酿造厂的退休老技工指导生产，纯天然发酵，1982年生产酱油32.5吨，食醋8吨。所产酱油醋完全符合有关标准，深受广大用户的欢迎。

1980年，在省委农业学大寨工作团的大力支持下，齐河县电业局提供变压器、电线杆、电线等材料，帮助安装村内的照明电和村外的动力电，怀庄村全村通电。

1977年，村里给村民发红包。在省委工作团的大力支持下，怀庄村经过几年努力，不但还清了4.8万元的贷款，而且还在过春节时破天荒地给每位村民发了10元钱的红包——这在当时可是个不小的数字。直到现在，怀庄村民对当时省里派来的工作团还念念不忘。

1990年，怀庄中心小学从村中心路东搬迁到路西并进行校舍改造，新建标准校舍17间。新教室宽敞明亮，桌凳整齐，彻底告别了“黑屋子，土台子，里面坐着泥孩子”的历史。良好的教育教学环境，焕发了全体师生教学的积极性，怀庄小学的教学成绩连续几年名列全镇前茅。在1991年全镇考入历城六中（今济南第五十二中学）的前10名学生中，怀庄小学就占了5名（怀保光、怀其来、怀其鹏、怀秀珍），受到社会的赞誉。至2016年，怀庄村已经有40多人考入本科以上院校。

2001年，修建308国道南的南北商业街。

2003年，修建商业街南头的东西商业街。

2005年，由上级拨款，群众自愿捐款修建了本村三纵一横的水泥马路。路宽4.5米，全长2500米。

2006年3月，全镇调整学区布局，撤销怀庄中心小学，把师生合并到现在的桑梓店镇中心小学。

2008年，村民喝上了干净甘甜的自来水。

2008年，用省红十字会捐助的4.5万元改造村卫生室的10间房子，医务人员增加至3人。

2009年春，全村4条中心街安上了路灯，计120盏；济南新材料产业园入园铁路占用怀庄村土地6.4公顷。

2010年，全村大调地，是29年来村里的大工程。村党支部书记怀务海带领村两委干部经过深入调查研究，利用100多天的时间，既合理分配了土地占用补偿款，又重新整合了村民的土地——方便了机械化条件下的耕种，解决了自1981年分地以来累积的各种问题，得到广大村民的好评。

2010年，在村南村北开挖两条4000米长15米宽的水渠，方便了村民的抗旱排涝。

2014年，利用上级部门的资助，在本村小学旧址修建幸福院一处，占地面积2850平方米，建筑面积700平方米，使全村孤寡老人老有所依，老有所养。幸福院现已入住7名老人，有工作人员4名。

2016年1月，怀云义、怀务海等人发起成立本村第一个合作社——济南市天桥区沛霖果蔬合作社，该社以“农业增效，农民增收”为宗旨，一次性投资130万元，占地33.3公顷，分期建设集生产、销售及休闲观光于一体的高标准绿色、有机蔬菜园区。合作社种植园地处308国道以南，齐济河以东，交通便利，气候温和，土壤肥沃，水资源丰富，适宜大农业的发展。

2016年，85%以上农户购买了四轮小汽车，村民生活水平显著提高。全村有大小型货车54辆，装载机4辆，挖掘机8台，吊车6台，面包车79辆，轿车207辆。全村有60户建有2

怀庄村幸福院（2015年摄）

层楼房。但村里无企业，集体经济收入主要靠3.3公顷土地每年5000元的租赁费和原屠宰场每年2000元的租赁费。

八、附　记

（一）新中国成立前有两条官道从村中经过：一条西北通北董、表白寺方向，东南向泺口、济南方向；另一条东北通往临邑夏口，西南通老齐河县城。

（二）据传，村内曾建有一座土地庙，因年久失修倒塌。至今村里人去世，家人仍到原址去上庙叩拜土地神。每逢春节人们都拿着神纸去祭祀，以祈求家人平安、五谷丰登。

（三）据传，村内还建有一怀氏祠堂，早已无踪迹。

（四）怀善国现存《怀氏族谱》。

1. 桑梓店怀庄《怀氏族谱原序》

人之有祖也，犹木之有根、水之有源也。木无根则枯，水无源则竭，人而不知有祖是无根源之人，安得而不枯且竭哉。然而吾祖远矣，不可得而见。而吾祖一人之身之所分者尚可得而见也，乃其始为期功缌服之亲，及其后有见面不相识且不知其所从来者，夫之见面不相识而不知其所从来是无祖矣。呜呼，此祖谱之所以重也。

吾始祖子忠由枣邑迁于齐邑，迨七世东梓公由齐邑迁于历邑垂三百八十余年，凡名代之可考者赖伯父迁久公之作谱也，迄今又近六十年矣，宗支日繁，析居异地或亦有渐见面不相识者。古者三世不修谱谓之不孝，是谱之修何能已哉？读是谱者，俾知所见面不识之人，其所从来皆本一人之身也。知其所本，而不生尊祖敬宗睦祖之心者尚可为人哉？尚可为人哉？

嘉庆元年正月　谷旦

克信敬序

2. 桑梓店怀庄《怀氏第二次修族谱序》

尝闻人以父母之心为心无不友之，兄弟以祖宗之心为心无不睦之。族人善哉，斯言也。

吾始祖之来齐邑四百余年，凡名代之可考者，固赖吾族祖中孚公之续修族谱也，迄今又三十年，宗支日蕃，徙居异域者甚多，又渐至有见面不相识者，是谱之修刻不容缓，故于乙酉春逐处查询，胪列明确，三年而成，暂录是谱，以俟族间丰裕，刊之于本族人周知，庶俾后世之人皆知敬宗睦族云尔。

道光七年岁次丁亥五月　吉日

族派十五世　崇魁　敬序

3. 桑梓店怀庄《怀氏第三次修族谱序》

自古帝王以孝弟治天下，故曰：立爱惟亲，立敬惟长。由是推之，笃九族，睦宗亲，蔼然成仁让之风。有子所谓孝弟者，张公艺九世同居，范文正公置义田千亩，遍膳族人，皆自孝友推之也。即吾十世族祖凤占公当日，上台大人各题扁以旌表之，《历邑县志》特立传以宣扬之。孝德之见重如此，非为吾世世所当法，人人所当务乎？盖尊祖睦族之道，基于此耳。吾父于嘉庆元年修族谱作序文以传后，愿人人笃睦族之心，世世绵族谱之续也，志念深矣，由是历三十年，吾族侄崇魁、崇登踵而续之，更为广询远访，复加添注，凡三历寒暑，至道光七年而成编。其有功族人者大矣。迄今又五十七年矣，生齿日番，不可不续修也，只以身世匆匆，有志而未逮焉。今值光绪八年六月，吾焦集宅舍全被黄水淹没，因归老庄，依宗茂而家焉。宗茂笃于族情者，与吾商修族谱，苦于才力之不及，则谓一二人续全族甚难，人各续本支较易，暂且续五世祖讳秀之后一支，迨族人各续本支，合而成编则庶乎其可也。于是，取旧谱而重续之，试思吾始祖自枣强以来，以一人之厚德，笃生瓜瓞之绵衍。凡吾族人戴发含齿者，皆始祖之血脉所流遗也。可不念哉？可不念哉？！原族人各存木本水源之孝，思莫怀分门异户之私意，立爱立敬相保相周。熙然成孝友之族，雍然称仁厚之乡，振家声而有望，绵世泽于无穷矣。

愿族人共免之，永守圣皇敦孝弟，笃宗族之宝训哉。

光绪八年岁次壬午一阳月（十一月）中浣（中旬）谷旦

族派十四世翰林院待诏衔文庠生永化，字龙泉，是年八十二岁，

敬序

（五）村中现有300年树龄的槐树两株，一株直径0.92米，树干高20米，树冠15平方米；另一株直径1.2米，树干高22米，树冠17平方米。

（六）关于怀晋，流传了几个美丽的传说。

1. 怀晋成仙

钋村村西有一个三义庙，怀晋先生在此庙的北屋里教书、写文章、研究《易经》，每天都到很晚才回家。

有一天晚上，怀晋先生正聚精会神地读《易经》，读着读着，听见屋门轻轻地响了一下，他也没有在意，而是继续埋头读书。过了一会儿，一抬头，忽然看见眼前站着一位白胡子老头。正要问话，那老头儿却咕咚一下跪在了他的面前，苦苦哀求救他一命。这一突如其来的举动让怀先生不知所措，稍稍镇静了一会儿，怀先生让那白胡子老头站起来说话，但说什么他也不起，嘴里还不停地叨念：“你不答应，我就不起来”。怀先生无奈就先答应了他，此时那老人才说：“后面有人在追我，要杀死我。只因我在从前破坏了他的家庭，现在我也后悔当初……先生你、你一定要救我呀！你要是救了我，我什么时候也不会忘记你的救命之恩。”见那老人浑身哆嗦得可怜，而且也已经悔过认错，怀先生就答应帮忙，但又不知道怎么来帮助他。老头就说：“你就在此看《易经》，反复地念，反复地背，过一会儿外面就是有天大的事情你也不要动，千万不要离开你这把椅子，也别开门，到时候我自然而然就会得救了。”怀先生欣然应允，正将信将疑，那白胡子老头转眼间却不见了。不一会儿，狂风大作，电闪雷鸣，怀先生依计坐在椅子上一动也不动地背诵经书。不一会儿，三义庙上空的巨雷一个劲地轰隆轰隆直响，过了很长一段时间才停息，又雨过天晴。怀先生这才忐忑不安地站起身，回头一看，原来是一只老狐狸正在椅子下面发抖。这时，老狐狸慢慢地从椅子下面爬出来，千恩万谢，送给先生一粒仙丹，之后忽然一溜火光不见了。怀晋踌躇再三，最后试着吞下仙丹，不想果然成仙。

2. 神笔救火

怀晋先生隐居于矿村，以学高为师，以身正为范，成就斐然，深受弟子及其家长和社会各界的敬重。有一年秋后，农忙刚刚过去，但天气还是有些闷热，他约了几位好友、弟子到五圣堂的树下下棋（五圣堂拔地而起，高30米，共有三十八级台阶，上面面积约15平方米，供奉东西南北中五位神仙，“文化大革命”期间被拆除）。正下着棋，怀晋先生忽然发现西南天空奇特，似有不祥之兆，便把手中棋子交给他人，急匆匆地走下五圣堂。大家很是纳闷，纷纷议论。不一会儿先生拿来了笔、墨、砚三宝，让弟子研了满满一砚墨，手握毛笔指向西南方向，让众人观看。这时，人们才发现西南天空红彤彤一片，像大火在烧，众人不解。先生解释道：“西南方向大火冲天，无法熄灭。”他边讲边饱蘸笔墨用力向西南方向连甩了三笔，不一会儿，只见西南天空风起云涌，乌云如墨，白天竟变成了黑夜。不一会儿，电闪雷鸣，瓢泼大雨从天而降，足足下了一个多时辰。

过了几年，他的弟子学业期满，其中有一位考中功名，被分配到河南某县任职。在阅览当地大事记时，那弟子对大雨救火一事谜惑不解，因为上面记载了一段奇事：

某年某月某日，某乡发生了一场可怕的大火。当时大火又遇大风，烧个不停，房见火苗房烧，树见火苗树着，就是把物品丢进水里也不停地燃烧，无人敢靠近救火。大火烧死了无数的牲畜，烧毁了很多粮食，百姓呼天天不应，

喊地地不灵。正束手无策，忽见从东北方向飞来漆黑漆黑的三大片乌云，顿时乌云翻滚，电闪雷鸣，倾盆大雨从天而降，哗哗地下了一个多时辰，大火才熄灭了。这大雨来的这么急又这么巧，下得又这么大，人们都认为这神来之雨是天意，特地载入史册。

看到这些，那位弟子顿时想起了几年前在矿村五圣堂上为老师研墨的那件事：两件事发生在同一年同一天，方位吻合，时辰吻和，难道仅仅是偶然的巧合？莫非二者有因果联系？他把那年的情形一说，当地百姓居然深信高人有神力，一致认为这是贵人相助。后来有当地贤达带着厚礼到矿村对怀晋先生千恩万谢。

3. 一对瓷猫枕

怀晋与张吉乐是多年的结拜兄弟，张吉乐原是明朝官员，清进中原后为寻找怀晋辞去官职来到矿村，隐居在矿村以修鞋为生。弟兄两个一个帮百姓教子，一个为百姓修鞋，闲暇时饮酒下棋，虽然不免清苦，但也逍遥自在，二人甘之若饴。有一年夏天，天气特别炎热，怀晋找人专门烧制了一对瓷猫枕头，送给了张吉乐。一天晚上张吉乐妻子正枕着瓷猫枕睡觉，这时瓷猫枕里钻进一只老鼠。她立即起来，点上油灯，叫起张吉乐，夫妻二人想把那只老鼠从瓷猫枕里赶出来。可折腾了老半天，那只老鼠就是不出来。他们又再三敲打瓷猫枕，情急之下，那只瓷猫枕被敲破了，老鼠立即逃掉。张吉乐深情地端起破碎的瓷猫枕，无限惋惜。他仔细把玩，忽然看到瓷猫枕里面有“因鼠而破”四个字。张吉乐觉得太不可思议了，就拿起另一只瓷猫枕，借着油灯的光亮顺着一个不大的小圆孔往里看，但什么也看不到。他十分好奇，为了弄个水落石出，又小心翼翼地把这只完好无损的瓷猫枕轻轻敲破，里面又有四个清晰的字映入他的眼帘——“因破而破”。张吉乐不由得啧啧称奇：“怀晋真乃神人也！”

4. 一门节孝

怀晋到了晚年，想提前为自己准备后事，他找来了好友张吉乐一起为墓穴选址。张吉乐说：“我给你选一块好风水的墓地，保证让你怀氏后代升官发财，后继有人。”怀晋听到“升官发财”四个字却摇起了头：“我的后代不需要升官发财，后继有人就足矣。”他继续说：“你看，自清政府入中原以来，官员贪污腐败屡见不鲜，官场勾心斗角，尔虞我诈，我不能让我的后代走上不归之路。”于是他和张吉乐二人走出家门，来到村东南拉蹋岭下的一块空地，他环顾四周，思索了片刻说：“就选这里了。我死后就葬在这块地方，既让怀氏后继有人，又不让后代为官腐败。”张吉乐对怀晋的选址也非常赞同，两人一拍即合。

怀晋墓址选好后，次子怀世昌开始为父亲修墓。他和妻子商议，修墓中他不能见妻儿老小，须吃住在墓地。他让妻子准备两套食具，只准妻子把饭菜送到离墓地较远的地方，在那里取回上次吃完的碗筷等，这样两套食具交替使用，夫妻不能见面。

为了修墓，怀世昌四处寻找厚度、大小基本一样的石料，足迹踏遍周围所有山岭、沟壑。只要有合适的石头，不管有多远也要搬来。即使在地堰上，也要抽出来，再用别的石头把人家的地堰垒起来。这样日复一日手搬肩扛到坟上，再一块块、一层层地垒砌起来，三年乃成。垒好后，坟长、宽各 6 米，高出地面约 1.7 米。

这天近中午时分，他的妻子又来送饭，正想拿着另一套食具回家，这时怀世昌喊住了妻子说：“我把父亲的坟修好了，你先不要回去，过来看看修的怎么样。”他妻子听到后，立即来到墓地，她围着修好的坟转了一圈说：“坟修得倒是挺好的，可人家垒墙都有石垫，使墙更加牢固，这坟怎么没有石垫呢？”怀世昌听后，很是后悔。于是，他把自己用了三年心血垒砌好的石坟全部拆掉，又重新踏遍周围山岭寻找石垫，使每块石头下面都加上了一层石垫

（现在石头上下层之间的石垫仍清晰可见，完好如初）。这样又修了三年，终于把坟修好。怀世昌再让妻子去看坟时，妻子一句话也不敢说了。

坟修好了，怀世昌和妻子一块下山回到家中，这时他的父亲已重病在身，他站在父亲床前对父亲问：“爹，你想吃什么，我去给你买，不管是地上飞的，水里游的，你就是想要天上的星星，我如果能摘下来，我也一定要去摘。”父亲摆了摆手，用微弱地声音说：“不用了…我只想吃咱家小黑驴的心。”怀世昌听后对父亲说：“我去把小黑驴杀了。”刚刚把小黑驴杀掉，割出心，拿着去叫父亲看看，这时怀晋先生已停止了呼吸。怀晋先生去世后，怀世昌夫妻二人守墓三年。

5. 脱穴而走

怀晋对《易经》颇有研究，他一面忙于教学，一面经常外出为人们排忧解难。虽已年老体迈，但仍然有求必应。

有一年的夏天，怀晋先生的邻居王先生去济南买了几样生活用品，因为天热又想买把折扇，挑来挑去没有挑到有中意字画的，只好买了一把空白的折扇，准备回去请怀晋先生题上字画。走着走着到了石庙子，离矿村已不足三里路了，就坐下休息。正在休息，只见怀先生骑着一头黑毛驴，脚上穿着一只靴子，带着文房四宝，缓缓而来。王先生连忙起身打招呼：“怀先生，您要去哪里？怎么只穿了一只靴子呢？”怀先生答：“我有急事，走得匆忙忘穿了，请你回去后一定给我捎到济南来！我有要紧的事可能很长时间回不来。”王先生唯恐时间一长弄脏纸扇影响书画，便把怀晋从毛驴上请下来，由王先生研好墨，请怀晋先生在纸扇上画了一幅山水画并题写了几个字，之后才分道扬镳。王先生害怕时间长了忘事，一到家放下东西就要去怀晋家找那另一只靴子，却被妻子拦住了，她说：“怀先生刚刚故去，靴子还没来的及穿上就没气了，我刚从他家吊孝回来。”王先生诧异地掏出折扇看了又看，心想这怎么可能呢，执意非要去看。到那里一看就傻了眼：怀先生和他的黑毛驴都在：死的。王先生这才如梦初醒——怀老先生已经得道成仙了。

6. 攀柏永怀

怀晋墓距今约有 340 年历史。墓为正方形，长宽各 6 米，高 1.7 米，坐南向北形成一个立方体。墓上柏树 6 株，树高约十几米，两三人才能合抱过来。六木成林，根连根，枝连枝，枝枝叉叉非常茂盛，远看就像一片绿色的云。苍松翠柏象征着怀晋先生生前的伟大功德将千秋万代代代相传，又象征着怀氏后继有人蓬勃发展。

怀晋墓上的 6 株柏树，现在仍枝繁叶茂，尽管也曾被人破坏过。那是在 60 多年前，生活困难时，墓上生长的 5 棵树的主要树干被怀晋先生的十二代孙怀居才砍伐过，卖与兴隆村李某。其中最粗的一棵直径约 65 厘米，还有三棵直径约 55 厘米，另外最小的一棵直径也有 45 厘米。结果在李某向家运树的时候，人和牲口走到白土岗村西，不知什么原因得了急症相继歪倒死去。怀居才不久也双目失明，无妻无子无后人。虽然树干被破坏，但五棵柏树又都从树墩侧面冒出新芽，长成今天的参天大树，枝繁叶茂，郁郁葱葱，生机勃勃。从远处看上去，大树就象麒麟送子。据老人们说，柏树被砍伐后基本没有成活的，怀晋墓上的六株柏树，真是太神奇了！历城区人民政府于 1983 年 12 月立卧碑，题“明遗民怀晋墓”，是历城的县级文保单位。人们经常在炎热的夏天到墓旁乘凉，此处是人们游览观光的美景之一。

（七）历史上怀庄村唱京剧和吕剧等，唱过的剧目有《打龙袍》《打渔杀家》《姊妹易嫁》《小姑贤》等。

20 世纪 80 年代末 90 年代初，怀庄村兴起了屠宰业，成为远近闻名的屠宰大村。几乎家家户户都加入了这一行业，大的屠宰户就有 100

多家，他们每户每天平均能杀10头猪，销往济南等大中城市。村民们先是购买了农用三轮车，后来又买了四轮汽车，起早贪黑，多拉快跑。村民买猪能买到禹城、平原、高唐、夏津甚至河北省。随着屠宰业的发展，猪肉、猪下货、猪皮、猪毛等呈现了专业化规模化经营的特点，村中仅专卖猪下货的就有15家，外地的批发客商纷至沓来。每到夜晚，家家户户灯火通明，男女老少齐上阵。人们的欢笑声，猪的嚎叫声，各种音响里的流行歌曲声，买卖猪肉的交易声，远近的汽车喇叭声，此起彼伏，蔚为壮观。屠宰业给怀庄村村民带来丰厚的回报，家家有存款，户户盖新房，经济实力突飞猛进。

怀庄村村民世代以务农为生，新中国成立前以种植小麦、玉米、谷子、高粱、大豆、地瓜、花生等农作物为主，兼种其他小杂粮。桃树、杏树、梨树、山楂树、枣树等经济树木，遍布村的周围及各个闲散角落，是当时村民的主要经济来源。党的十一届三中全会后，实行土地联产承包责任制，分田到户，村民以种植小麦、玉米、棉花为主，其中棉花是主要经济收入来源。2016年全村粮食总产量达到3000余吨，亩产1000千克。

白事一律火化。村中红白事理事会规定从2005年起文明办丧事，一律改披麻戴孝为佩戴黑纱，酒席一律改为大锅汤，禁止吹拉弹唱之类，深受群众欢迎。

2010年后，村民大多以去济南等大中城市打工为主要收入来源。也有人从事建筑、养殖、手工、运输、餐饮服务等行业，涌现出一批青年创业带头人，如济南海菁商贸有限公司、济南市天桥区沛霖果蔬合作社总经理怀云义，山东鲁建工程集团分公司总经理怀素，桑梓名吃——怀庄熟肉店怀保峰，怀府名店——春园酒楼怀文等。历史上怀务亭经营的镇北饭店和现在他的子女经营的镇北家具、镇北电器也很有名。

2016年元旦前夕，怀庄熟肉店老板怀保峰给村幸福院送去价值2000元的煤，春园酒楼的老板怀文给村幸福院送去了价值1500元的鱼虾牛肉等食品。

村史座谈人员名单（2015年12月24日）

怀心昌，男，80岁

怀曰明，男，77岁

怀心祥，男，73岁

怀保玉，男，70岁

怀保全，男，61岁

怀善国，男，60岁

怀善强，男，52岁

怀其鑫，男，49岁

怀务海，男，47岁

怀云义，男，38岁

韩　甜，女，29岁

怀庄村座谈现场（2015年摄）

第三节　沙李村

沙李村位于桑梓店镇政府西1千米，北隔308国道与济南市新材料产业园和周闫村相望，西接田家村，西南近张王堂村，南靠邯济铁路和小吕村，向东越过梓东大道即小马商业街和小马社区。

1948年有耕地98.7公顷。2015年实有土地74.4公顷，其中耕地44.4公顷，村居占地24公顷，非耕地6公顷。

沙李村办公室（2016 年摄）

居民均为汉族，有李、郑、张、辛、郭、刘、朱、王、闫、史、唐、冯等 12 个姓氏。1948 年有 136 户，520 余人；2015 年有 4 个村民小组 239 户（其中李 193 户、张 12 户、郑 12 户、辛 7 户、朱 4 户、王 3 户、闫 3 户、史 2 户、冯 1 户、郭 1 户、刘 1 户），计 998 人。其中 80 ～ 90 岁的 19 人，90 岁以上的 3 人。

一、村庄来历

1990 年版《齐河县志》记载沙李村的“来源”地是“河北枣强”，“迁来时间”是“明洪武”，“始迁者姓氏”是“李”。

又传明朝永乐六年（1408 年）朝廷移民，李氏先祖李有良与二弟有杰、三弟有年自直隶（今河北省）枣强县集结遣迁，先迁徙青州府诸城县，由于被当地居民和先一步迁居者所不容，受到多方排挤，无奈遂生回乡之念，然而回乡又会被官府所不容，踌躇辗转，信步行来，离原籍渐行渐近。来至济南府西北方向齐河县之桑梓店地方，虑及回乡亦无望，唯求暂以栖身，容谋后计，遂滞留此。因本地沙土地居多，且盐碱涝洼，遂取名“沙洼李庄”。靠天吃饭，干旱年月收成少，雨涝年景耕作难，生活十分艰辛，或曰此地实非发祥之地。未几日二弟有杰迁于历城之徐李庄现今李庄社区而居，三弟有年迁于章丘而居，当初兄弟三人分手时，设定同样铜佛各持一尊，以备嗣后相认及后人联宗合族之信物。先祖有良留此艰苦经营数年，多有起色，渐可立足，子亦生孙，扎根安家。感叹迁徙劳顿之凄苦，安家立业之艰难，更期盼一个稳定、安逸、繁茂、久远之家，遂将其孙分别起名曰：安、全、旺、盛、江、海、源。更村名“沙洼李”为“沙窝李”，寓意“沙洼”变“福窝”。自此，李氏以坚韧忠厚起家、勤奋耕读为业，传至今已 25 代，历世先祖，代有贤人，不包括外迁现有人口 800 余人。后迁入别姓，总计近千人，称之为沙李村。

二、现任村干部

党支部书记：李广才

党支部委员：李光友　张　丽

村委会主任：李广才

村委委员：王淑庭　韩孝霞

沙李村村干部合影（2016 年摄）

沙李村村党支部书记、村委会主任李广才（2016 年摄）

三、共产党员表

表 20-2-7

姓名	性别	出生年月	民族	学历	入党时间
王万明	男	1935.09	汉	初中	1955.05.06
李洪奇	男	1978.12	汉	初中	1969.12.01
李长太	男	1936.02	汉	初中	1970.06.01
李其芬	男	1949.07	汉	初中	1970.06.01
李廷温	男	1947.12	汉	初中	1971.08.01
李久华	男	1947.12	汉	高中	1973.04.20
李吉华	男	1958.11	汉	高中	1982.05.01
刘梅昌	女	1948.04	汉	初中	1982.05.01
李其洪	男	1954.06	汉	高中	1982.05.01
李炳文	男	1940.01	汉	初中	1991.05.01
李光友	男	1961.11	汉	高中	1996.07.01
李忠民	男	1961.06	汉	高中	1996.07.01
郑玉荣	男	1978.03	汉	初中	1998.05.01
辛荣泉	男	1978.10	汉	初中	1999.08.01
张　丽	女	1982.03	汉	大学	2006.05.01
李丰国	男	1990.02	汉	大专	2010.12.01
李广才	男	1965.09	汉	高中	2011.06.01
辛玉柱	男	1958.05	汉	高中	2011.08.01

四、历年参军入伍人员表

表 20-2-8

姓名	性别	入伍时间	立功情况	退伍回村时间	现单位或住址	现任职务
李兴武	男	1951		1957	沙李村	务农
李逢祥	男	1951		1956	沙李村	务农
李逢甲	男	1958		1963	沙李村	务农
李吉森	男	1960.01		1964.02	沙李村	务农
李金海	男	1964.11		1969.04	沙李村	务农
李继才	男	1964.11		1969.04	沙李村	务农
李洪奇	男	1967		1972	沙李村	务农

续表 20-2-8

姓名	性别	入伍时间	立功情况	退伍回村时间	现单位或住址	现任职务
李其芬	男	1968		1973	沙李村	务农
李廷温	男	1969.04		1975.04	沙李村	务农
李继泉	男	1970		1975	沙李村	务农
李宝华	男	1976.03		1979.03	沙李村	务农
李其顺	男	1983		1988	沙李村	务农
李承才	男	1983.01		1984.01	沙李村	务农
李建华	男	1993.12		2004.12	济南玉豪驾校	教练
郑玉荣	男	1996		2001	沙李村	务农
辛荣泉	男	1998.12		2000.12	沙李村	务农
李振华	男	1998.12	优秀士兵	2000.12	珠海	
李吉涛	男	1998.12	优秀士兵	2000.12	沙李村	务农
李志雷	男	2003.06		2008.12	济南裕兴化工公司	工人
李　彤	男	2013.09		2015.09	济南高易祥公司	

五、历年考入高校人员表

表 20-2-9

姓名	性别	出生年月	考取院校	考学年份	所学专业	毕业去向	最高学历	现任职位	现任职务	家长姓名
李新民	男	1970.05	齐河师范学校	1986		靳家中学	本科	靳家中学	教师	李其义
李吉华	男	1972.07	历城师范学校	1990		济南52中	本科	济南52中	教师	李其义
李中华	男	1985.02	中央财经大学	2004	财经		研究生	建设银行		李付云
李逢跃	男	1990.03	历城三职专	2005	机电一体化		中专			李继生
李　昕	女		济宁学院	2007	生物工程		本科	桑梓店镇计生办		李逢昌
李　朋	男		济南市劳动技校	2007	数控机床		大专	章丘吉利汽车有限公司		李其奎
李　敏	女	1989.03	菏泽医学中等专业学校	2007	检验		大专	山东疾病预防控制中心	检验师药师	李广才
李婷婷	女		山东协和医学院	2008	护理		大专	山东和谐妇科医院	护士	李现军
李　翠	女	1989.12	山东技师学院	2008	印刷设计		大专	嘉印标签有限公司		李其才
李春晓	女	1991.03	山东协和医学院	2009	护理	济南	本科	济南精神病医院	护士	李志刚

续表 20-2-9

姓名	性别	出生年月	考取院校	考学年份	所学专业	毕业去向	最高学历	现任职位	现任职务	家长姓名
李　雪	女	1991.05	中国药科大学	2009	药物化学		研究生	南京海辰药业股份有限公司		李其才
李春红	女	1990.10	山东师范大学	2010	英语		本科	山大附小	教师	李其顺
李　冲	男	1990.07	山东建筑大学	2010	设计策划		大专	超凡广告策划公司		李新民
李全民	男		济南大学	2011			本科	通达货运公司	经理	李吉湖
李晓	男	1994.10	聊城大学	2013	汉语言文学					李华军
郑如月	女	1998.03	济南信息工程学校	2013	计算机应用		大专			郑小东
李　媛	女	1995.01	武汉大学	2014	土木工程					李逢水
李文娟	女	1996.10	菏泽家政职业学院	2015	护理					李广才
李　璇	女	1997.10	曲阜师范大学	2015	统计学		本科			李吉华
李　悦	女	1997	聊城大学	2016	生物工程		本科			李广福

六、四世同堂家庭名单

李继森　怀俊兰　姚玉美　李文刚
李其付　段秀英　李逢祥　董芝英
李炳云　李其德　聂司春　赵桂英
张承芳　贾延贵　王万明　李长太
李兴武

七、发展概览

1948 年，沙李村成立农会。

1953 年，成立互助组。

1955 年，成立初级社。

1955—1957 年，成立高级社——“红星社”，几个村成立联合大队，沙李村是其七队、八队。

1958 年，成立人民公社，各村从联合大队独立出来。但不再称“× 村”而是改称“× 生产大队”，沙李自然村称“沙李生产大队”。

1960 年，建立党支部，李兴尧是沙李村首任党支部书记。

1970 年，在村南建村小学。先用小围窑烧的砖建了 8 间砖房；后建了 9 间土屋，但砖石墙基高 1 米，土墙厚 60 厘米。王学禹任教师。

1971 年，村里通电。但仅有动力电，能供机井、电磨用电。

1976 年，山东省驻齐河县“农业学大寨工作团”副团长王吉福率领 10 人的工作团进驻沙李村并常住，成员有南振中、闫正国、刘明昌、刘钊、刘明可、徐雨等。工作团帮助沙李村建立“山东省黄河塑料厂”（厂房 10 间，由懂技术的村副书记王万明任厂长，生产管子、电线等塑料制品，有 10 名工作人员，年产值 10 万元左右），为村里购 ,4 台拖拉机，为发展集体经济，推进农业机械化奠定了良好基础。后来王吉福升为烟台市委领导，闫正国成为大众日报编辑，南振中成为新华社山东分社社长、新华社副社长、总编辑、党组副书记。

1977 年，中共山东省委书记白如冰来沙李村检查麦收工作，亲自拿扬锨扬场。插上稻秧之后又来过一次。

1980年，实现联产承包责任制。

1981年，实行家庭联产承包责任制。

1983年，村民用上了电灯。村里利用黄河塑料厂生产漆包线的优势，大大降低了安装成本。

1985年，镇上请来曹县的技术员帮助改碱种棉花：把原来平整的大片棉花地耕作成一个个小棉花沟畦，盐碱往畦背上爬，有利于棉花的生长。

1987年，建果园16公顷，种植果树7760棵，70%是优良品种红富士。为挖掘果园生产潜力，村民大搞立体种植，树下种草莓、大蒜、花生、大豆等。村党支部、村委会于1991年抽调本村技术能手15人，组成了专业技术队，投资2600元购买了4台机动喷雾器，对全村果树统一修剪，统一喷药，提高了工作效率和管理质量。

1992年，搞起大棚6个，种植黄瓜、西红柿等。

1993年，建村北的沙李中心小学。北董、小张、张王堂、田庄、小马、邓营6个村的孩子都来此上小学，朱希河任校长。

2000年，响应上级号召调整种植结构，建120个大棚种植西红柿和黄瓜，每个大棚平均年产西红柿1.5万千克、黄瓜1.5万千克。

2002年，村内道路硬化。修建水泥路1300多米，宽5～6米不等。

修建村两委办公室12间和一个院。

2006年，修建村东400米长、5米宽的水泥路。

2008年，成立华盛无公害蔬菜生产合作社和采摘园，李广才任社长，带领全社按无公害绿色食品的要求实行标准化、规范化生产，供济南市区超市或市民采摘。

2016年5月，兴建1070平方米二层楼的沙李村幸福院。

2016年，沙李村生产粮食78万千克，大棚产优质蔬菜40万千克，农业产值320万元。工副业以酒厂、预制厂、服装加工厂、运输物流以及村民外出经商或打工等为主，全村年收入620余万元。有轿车、面包车140辆，货车18辆，挖掘机、铲车8台。有29户建起2层楼房，1户建起3层楼房。

沙李村荣誉（2016年摄）

八、附 记

过去村庄北部——现在村两委办公室所在的位置坐北朝南建有一座“关帝庙”，据说始建于明嘉靖三十九年（1560年），毁于“文化大革命”。新中国成立后把庙后的5间房子（属于庙产）改为学校。其中西头的一间是厕所；东头的一间是厨房；中间的三间是教室，有4个年级，进行复式教学，王训德任教师。

庄西李氏祖茔近3.3公顷，有500多株大松树，已毁于“文化大革命”。当时分三期分到李姓各家，每人一棵——多数解板给老人做了寿材，也有的卖给了齐河船厂。剩下的都卖给了齐河造船厂（老齐河县城东门外）。

李氏信物铜佛一尊于“文化大革命”时期流失。现存李氏两部支派谱系，记载比较完备。祠堂即家庙，早年已毁。

沙李村李氏族谱（2016年摄）

过去逢年过节村里都唱戏，剧种是河北梆子。演员有张玉林、李玉英、李丙武等。到了1979年左右，沙李西北方向15里外的孙耿公社（今表白寺镇）南谢村正月十五前晚上唱戏，张玉林每天步行前去演唱。

过去沙李玩云彩灯，玩灯的有李廷相、李兴尧、李丙武等，其中李廷相演“傻小子”。

存《李氏族谱》。

有上百年的国槐1株，树冠直径5米。

1993年桑梓店镇种子站曾经在沙李村培养玉米良种，亩产一二百千克，运转了3年。

2006至2015年，济南新材料产业园和济南传化物流先后占用沙李村土地40公顷，村两委按照国家政策，经民主商议，把相关补偿款都分给了村民。

沙李村办白事新旧结合，从“文化大革命”之后就不戴白孝改戴黑纱，不摆酒席，无吹拉弹唱之类。2002年在村北占地1公顷建公墓；之后因园区建设迁往村南，占地0.67公顷。修建学校和汶川地震及“慈心一日捐”活动，村民都纷纷捐款奉献爱心。

村史座谈人员名单（2016年1月11日）

王万明，男，81岁

李久华，男，69岁

李其恩，男，64岁

李逢昌，男，64岁

李广才，男，49岁

沙李村座谈现场（2016年摄）

第四节　张王堂村

张王堂村位于桑梓店镇政府西南2千米，东北为沙李村，西侧为邓营村，南隔邯济铁路与左庄相望，东边是桑梓店村。向北直通308国道，由村北向东直通梓东大道，交通便利。

张王堂村大街（2015年摄）

1948年耕地75.2公顷。现有土地62.8公顷，其中耕地44.3公顷，非耕地6公顷，村居占地12.5公顷。

居民均为汉族，有张、王、李、赵、丁、刘共六姓。

张王堂村办公室（2016年摄）

1950年101户，400人。2015年4个村民小组，153户（其中张姓29户，王姓77户，李姓15户，赵姓8户，丁姓8户，刘姓6户），计655人。80～90岁的有16人，90岁以上1人。

一、村庄来历

清光绪三十年（1904年）由济南鲁雅斋印

刷局承印的《齐河县旧里图》标注该村为“王堂庄”，中华民国二十年（1931 年）七月制《齐河县八大区乡镇总图》标注该村为“张王”。

据传，张王堂村原来是南张、王唐两个自然村。明永乐年间张姓始祖张洪弼从河北枣强迁来立村，称“洪弼张”，后称张庄、南张。后迁来王姓人家逐渐形成王堂村。早年以现在村办公室南的东西道为界，道南为南张，有观音庙，人少而富裕，向朝廷缴钱粮多；道北为王堂，有三皇庙，人多而相对贫穷，向朝廷缴钱粮少。新中国成立后的农业合作化时期合并为张王堂村。

二、现任村干部

党支部书记：王敬峰

党支部委员：张其涛　王卫强

村委会主任：王寿龙

村委委员：辛荣香　刘庚福

张王堂村村干部合影（2016 年摄）

张王堂村党支部书记王敬峰（2016 年摄）

张王堂村村委会主任王寿龙（2016 年摄）

三、共产党员表

表 20-2-10

姓名	性别	出生年月	民族	学历	入党时间
张丰功	男	1930.08	汉	小学	1965.04.01
王从臣	男	1931.04	汉	小学	1953.03.01
徐桂英	女	1936.07	汉	小学	1953.03.01
张丰乐	男	1937.09	汉	小学	1961.01.01
丁继臣	男	1944.12	汉	初中	1966.06.01
李廷华	男	1946.12	汉	初中	1968.11.01
王敬祯	男	1949.06	汉	高中	1995.11.28
王敬华	男	1950.03	汉	高中	1976.06.01

续表 20-2-10

姓名	性别	出生年月	民族	学历	入党时间
张其杰	男	1950.12	汉	初中	1969.08.01
张曰合	男	1951.09	汉	小学	1975.06.01
王敬训	男	1953.06	汉	高中	1974.06.01
王寿龙	男	1954.10	汉	初中	2008.07.01
张曰秀	男	1956.09	汉	小学	1980.09.01
赵丰武	男	1964.12	汉	初中	2006.07.01
张曰军	男	1965.03	汉	初中	1984.07.01
王敬海	男	1965.10	汉	初中	2008.07.01
王敬峰	男	1967.02	汉	高中	1994.03.01
辛荣香	女	1968.05	汉	初中	2005.12.19
王敬强	男	1970.05	汉	高中	2005.12.19
王广水	男	1976.07	汉	初中	1996.12.01
李吉友	男	1978.03	汉	初中	1997.06.01
张其涛	男	1979.08	汉	初中	1999.10.01
王　涛	男	1982.10	汉	初中	2000.08.01
刘　强	男	1984.08	汉	中专	2007.11.01
赵吉亭	男	1986.08	汉	大专	2008.05.28
王卫强	男	1987.11	汉	中专	2008.07.01

四、历年参军入伍人员表

表 20-2-11

姓名	性别	入伍时间	立功情况	退伍回村时间	现单位或住址	现任职务
丁吉臣	男	1960.06	五好战士 2 次	1968.08	张王堂村	村民
王敬训	男	1970.11		1976.12	张王堂村	村民
王寿和	男	1971.11		1975.02	张王堂村	村民
张曰和	男	1973		1977	张王堂村	村民
王敬告	男	1976.11	三等功 1 次	1982.11	齐河县城	
李玉忠	男	1983.11		1987.12	张王堂村	村民
张曰军	男	1983.11	三等功 1 次	1990.12	张王堂村	村民
刘更华	男	1984.11		1987.10	张王堂村	村民

续表 20-2-11

姓名	性别	入伍时间	立功情况	退伍回村时间	现单位或住址	现任职务
刘更田	男	1985.11		1989.02	张王堂村	村民
王光水	男	1994.12		1997.12	张王堂村	村民
李　峰	男	1996.11	优秀士兵	1999.12	张王堂村	村民
张其涛	男	1997.12	优秀士兵	2001.12	张王堂村	村民
刘　强	男	2002.12	三等功1次	2007.12	张王堂村	村民
李继东	男	2006.10	三等功3次	现役	潍坊市	
张　强	男	2007.12	三等功1次	2015.12	张王堂村	村民

五、历年考入高校人员表

表 20-2-12

姓名	性别	出生年月	考取院校	考学年份	所学专业	毕业去向	最高学历	现任职单位	家长姓名
张曰武	男	1940.07	上海同济大学	1963	建筑	枣庄	大学		
王卫超	男	1986.11	山东建工学院	2006	建筑设计	济南	大学		王敬峰
张其龙	男	1986.02	山东理工大学		热物理		博士	省电力公司	张曰浩
刘　双	女	1991.10	泰山学院	2010	化工	济南	大学		张曰东
王寿斌	男	1992.01	济南大学	2012	电气		研究生		王敬武
刘晓玉	女	1993.04	泰山学院	2012	土木工程		大学		刘更来

六、四世同堂家庭名单

张逢乐　张丰功　付树英　丁茂兰
王敬东　石小平　李廷荣　孙爱兰
李廷付　王存千

七、发展概览

1954年，张王堂村建立党支部。

1964年，成立学前班，时称“育红班”，王哲美任教师。

1981年，全村通电。

1983年，实行家庭联产承包责任制，属全公社（后称“镇”）最晚。

1995年，历城区环保局驻村帮扶，利用钢渣修建村里通308国道的公路。路全长850米，宽4.5米，南北两端和中间各建桥一座。

张王堂村老屋（2016年摄）

2005年，修建水泥公路总长2700米——长度为全镇第二，均宽4.5米。通过招标，每个平方计价 39.5 元，为全镇最低价。其中张王堂通 308 国道 1 条，张王堂通邓营村 1 条，村中东西路 4 条、南北路 1 条。

2006 年，天桥区区长王建军包张王堂村，黄台居委会帮扶修建村办公室，占地 400 平方米，有 6 间房和一个院，有电视、电脑、监控、桌椅、图书等。安装路灯 56 盏。安装自来水。

2010 年，修建 960 平方米的广场，铺上花砖。

2015 年，修建传化泉胜物流占用张王堂村土地 3.6 公顷。更换路灯 58 盏。

2016 年，全村粮食年单产 962 千克，总产 13.8 吨，村集体总收入 53 万元。全村有大货车 5 辆，大型推土机 2 台，300 吨打桩机 1 台，小麦联合收割机 2 台，面包、轿车 100 多辆。有 11 户建有 2 层楼房。

张王堂村新居（2016 年摄）

八、附　记

历史上张王堂村曾经唱过戏、玩过灯。

张王堂村有锣鼓队，农闲尤其是春节都高兴地敲锣打鼓。

村民晚上跳广场舞。

白事都是各小组分开办，尸体都火化。用白孝还是黑纱、棺材还是骨灰盒、酒席还是大锅菜、是否请人吹拉弹唱，办事的人都与主家协商。

村史座谈人员名单（2016 年 1 月 14 日）

李廷龙，男，75 岁

王寿龙，男，63 岁

王振永，男，60 岁

张曰军，男，50 岁

张王堂村座谈现场（2016 年摄）

第五节　邓营村

邓营村位于桑梓店镇政府西 3.1 千米，东靠张王堂村，西临济南市北郊林场，南隔邯济铁路与袁贾村、姚吕村相望，北经田家村即 308 国道。

1949 年，全村土地总面积为 226.7 公顷，其中耕地 173.3 公顷，以白沙土为主。2015 年有土地 149.2 公顷，其中耕地 96.7 公顷，村居占地 51.9 公顷，非耕地 0.67 公顷。

全村均为汉族，以邓、贾、李、宋四姓为主，另有王、刘、张、杨、石、司、许、邢等姓。

1949 年约 500 人，2015 年 1012 人。其中 80 ～ 89 岁的 23 人，90 岁以上的 2 人。

邓营村办公室（2016 年摄）

一、村庄来历

1990年版《齐河县志》记载邓营村的“来源”地是“河北枣强”，“迁来时间”是“明永乐”，“始迁者姓氏”是“邓”。

传说三国时期曹操在此赫家洼屯兵，有营房；本村邓姓来得最早，因名。也有人说，古时候闹瘟疫——红头苍蝇，大批百姓悲惨地死去，大片土地荒芜，以致“白骨露于野，千里无鸡鸣”。据说红头苍蝇来到北边临邑县的夏口势头减弱，止于南边的泺口。瘟疫过后朝廷组织迁民，先民才来此地。据民国二十年（1931年）成书的《邓氏族谱》记载，本村邓姓“始祖自大明永乐元年（1403年）三月三日由枣强迁至济南府齐河县城东北距城二十五里邓家营庄，一世二世三世四世只因年远日迈谱牒散失，不惟祖宗之讳失传，即祖宗之墓亦无所考”。民国二十年成书的《李氏族谱》记载，本村李姓的始祖一世有李万和、李志和与李守和弟兄三个。“一世万和，（排）行（老）一。前明永乐五年（1407年）五月二十日，昆弟三人自枣强迁至山东济南府。有居章丘县丰家庄一支，相传或守和后也；志和居齐河县田家庄地方邓家营庄；万和居齐河县孙耿地方草庙王庄”。

二、现任村干部

党支部书记：李训玉　　党支部委员：贾延森（副书记）　贾延太

村委会主任：李训玉　村委委员：李训广　剪振华

邓营村党支部书记、村委会主任李训玉（2016年摄）

邓营村村干部合影（2016年摄）

三、共产党员表

表20-2-13

姓名	性别	出生年月	民族	学历	入党时间
李金文	男	1928.05	汉	小学	1955.10.01
贾延平	男	1934.09	汉	小学	1964.07.01
贾延宝	男	1936.04	汉	初中	1960.03.01
张全一	男	1936.06	汉	小学	1968.07.01
张玉兰	女	1940.05	汉	小学	1967.07.01
王子祯	男	1943.10	汉	小学	1968.10.01
段松英	女	1944.07	汉	小学	1996.03.01
李训才	男	1944.10	汉	初中	1976.03.01

续表 20-2-13

姓名	性别	出生年月	民族	学历	入党时间
贾延孝	男	1946.01	汉	初中	1964.07.01
许树清	男	1948.01	汉	小学	1978.10.10
李洪河	男	1948.07	汉	初中	1969.07.01
贾延太	男	1949.11	汉	初中	1976.07.01
李训刚	男	1952.02	汉	初中	1980.03.01
贾祥诒	男	1953.11	汉	初中	1979.07.01
李训友	男	1954.05	汉	高中	1976.07.01
贾文诒	男	1956.12	汉	高中	2004.07.01
李青山	男	1957.07	汉	初中	1979.05.01
邓吉武	男	1957.10	汉	初中	1994.03.01
李训玉	男	1963.05	汉	高中	2011.12.01
贾延森	男	1963.09	汉	初中	2004.10.01
贾延桥	男	1965.10	汉	初中	1986.07.01
李训峰	男	1965.10	汉	高中	2013.07.24
剪振华	男	1967.08	汉	初中	2004.07.01
贾延村	男	1970.10	汉	高中	2013.07.24
邓青祯	男	1973.10	汉	初中	1995.10.01
李允东	男	1975.01	汉	初中	1998.03.01
邓青刚	男	1977.08	汉	初中	1996.07.01
贾玉宝	男	1977.09	汉	高中	2011.12.01
贾延杰	男	1977.11	汉	高中	1999.07.01
邓清涛	男	1979.05	汉	高中	2013.07.24
李允柱	男	1981.01	汉	初中	2000.03.01
杨　鹏	男	1983.03	汉	高中	2004.03.18
李运道	男	1984.10	汉	高中	2008.07.02
贾凯凯	男	1987.04	汉	初中	2008.06.18
张　超	男	1988.01	汉	大学	2010.06.23
贾　萍	女	1988.02	汉	大学	2013.04.24

四、历年参军入伍人员表

表 20-2-14

姓名	性别	入伍时间	立功情况	退伍回村时间	转业时间、地点	现单位或住址	现任职务
贾相俊	男	1950		1952			去世
李金文	男	1950	二等功 2 次		1957 年桑梓园林场	邓营村	村民
李洪祥	男	1953	三等功 2 次		1978. 12	北京	退休
贾延乐	男	1953			1961 年桑梓渔场	北京	退休
贾延平	男	1953				邓营村	村民
宋新昌	男	1953		1959. 12		邓营村	去世
邓建平	男	1953			1960 齐河	齐河造纸厂	村民
邓吉西	男	1955. 12			1980 济南	济南自来水公司	退休
贾延安	男	1961				黑龙江汤原农场	村民
邓吉忠	男	1961			1982 济南槐荫区法院	济南	退休
宋长春	男	1963				邓营村	去世
宋化堂	男	1964		1968	齐河县机械厂	邓营村	村民
宋化刚	男	1964				邓营村	村民
李训美	男	1964			2006. 12 济南军区总医院	济南	村民
李洪美	男	1964			齐河磷肥厂	晏城	退休
李训凯	男	1966			1993 齐河县民政局		村民
李洪河	男	1969	嘉奖	1973. 12		邓营村	村民
李训刚	男	1970		1977. 04		邓营村	村民
贾祥诒	男	1972				邓营村	村民
李洪村	男	1972		1976. 12			去世
李清山	男	1973	三等功 1 次		1982. 10 桑梓棉厂	邓营村	村民
宋振水	男	1976				邓营村	村民
李训香	男	1979			1980. 12 济南木器加工厂	济南	退休
贾延桥	男	1983		1987. 12		邓营村	村民
李云良	男	1983		1986. 12		邓营村	村民
李允东	男	1992		1995. 12		邓营村	村民

续表 20-2-14

姓名	性别	入伍时间	立功情况	退伍回村时间	转业时间、地点	现单位或住址	现任职务
邓青祯	男	1993		1997.12		邓营村	村民
李云国	男	1994		1998.12			去世
贾延杰	男	1995	三等功1次	1998.12		邓营村	村民
邓青刚	男	1996		1999.12		邓营村	村民
李云柱	男	1998		2000.12		邓营村	村民
宋宝泉	男	2001	三等功2次		2013.4河南新乡	河南省三市县	村民
李云道	男	2003		2011.12		邓营村	村民
宋二磊	男	2003				内蒙古驻军	现役
李云涛	男	2003				齐河县驻军	现役

五、历年考入高校人员表

表 20-2-15

姓名	性别	出生年月	考取院校	考学年份	所学专业	最高学历	现任职单位	现任职务	家长姓名
张金城	男	1965	德州师专	1982		大专	省建设厅	城建处长	张全一
李桂芹	女	1968	齐河师范	1987		中专	桑梓小学	教师	李清元
李桂芳	女	1970	平原师范	1988		中专	大桥中学	教师	李清元
李　莉	女	1971	山东银行学校齐职专分校	1989	财会	大专	桑梓中心小学	教师	李洪河
李云华	女	1970	山东银行学校齐河职专分校	1989	财会	中专	齐河县农委		李训廷
张金华		1971	济南联合大学	1991	地理	大专	济阳	教师	张全一
王义忠	男		济南第二师范	1991			邱岸小学	教师	王子云
宋静静	女	1973	山东省烟台粮食学校	1992		中专	桑梓小学	教师	宋化刚
邓清祥	男		山东省劳改警官学校	1994	劳改管理	大专	王舍人派出所		邓吉荣
李国庆	男	1973	河南省洛阳铁路学校	1995		中专	济南铁路		李训刚
宋振法	男	1976	山东农业大学	1995	农机	大学	济南市中区	公务员	宋承华
李允波	男	1975	合肥铁路工程学校	1996		中专	中铁十局	财务总监	李训友
李　芹	女	1977	山东大学	1998	法律	大专	齐河		李洪美
贾刚治	男	1978	淄博万杰高等专科学校	1998	放射	大专	章丘眼科医院	医生	贾延文
贾芝华	女	1978	山东建筑学院	1998	会计	大专	桑梓店邮政银行	业务主任	贾延太

续表 20-2-15

姓名	性别	出生年月	考取院校	考学年份	所学专业	最高学历	现任职单位	现任职务	家长姓名
李训勇	男	1978.2	重庆石油高等专科学校	1999	机电一体化	大专	法国施耐德电气中国有限公司（济南）	部门经理	李洪村
贾　伟	女	1981	山东青年干部理学院	1999	会计	大专		会计师	贾文诒
宋振友	男	1981	对外经济贸易大学	2000		大学	北京		宋承贵
宋振慧	女	1982	济南大学	2001		大学	济南 27 中	教师	宋承华
宋　杰	女	1983	山东财政学院	2002		大学	济南	会计	宋化成
邓绪义	男		山东卫校	2003		大专	齐鲁医院		邓庆禄
贾　磊	男	1983	山东省商业技术学院	2003		大专	莱钢公司		贾文诒
邓吉辉	男	1982	山东经济干部学院	2004					邓建亭
宋承艳	女	1986	山东圣翰财贸学院	2004		大学	济南	会计	宋化成
李　娟	女	1984	山东科技大学	2006		大专	青岛		李训水
贾　丽	女	1988	淄博科技医学院	2006	护理	大专	淄博张店医院	护士长	贾延彬
张　超	男	1988	枣庄学院	2006	高等数学	本科	济南		张文河
李　敏	女	1987	山东女子学院	2008		大专			
宋成宝	女	1989	山东农业大学	2008		研究生	曲阜	教师	宋化成
李振萍	女	1989	济宁学院	2008		大学	济南		李清富
王　浩	男		山东财经大学	2009					王庆华
邓卫卫	女	1984	山东劳动技术学院	2009					邓建亭
李云鹏	男	1991	山东滨州飞行学校	2010		本科	山东航空公司		李训民
贾　萍	女	1988	南京林业大学	2011	规划	研究生	外企	部门主任	贾宝义
宋　欢	女	1990	山东酒店管理技术学院	2011	酒店理	大专	济南		宋化成
宋丹丹	女	1993	烟台南山学院	2012	物流管理	本科	济南外贸公司		宋宏昌
李晨旭	男	1994	山东圣翰财贸职业学院	2013	企业管理	大专			李训玉
李晨雨	男	1994	山东协和学院	2014	医护	大专			李训玉
贾　旭	男	1996	天津工业大学	2015		大学			贾学治

六、四世同堂家庭名单

李金文	贾延恭	李洪新	李金才
王子祯	王东珍	姜连英	王秀兰
李训才	李存兰	李洪枢	闫吉英
董曰英	张桂兰	李洪文	贾延平
李金丰	王自平	邓建河	邓吉昌
秦长兰	宋秀英	张全一	李洪如

七、发展概览

1956 年，德州地区修建园林场，占用邓营村土地 14 公顷。

1958—1959 年，修建京沪（原津浦，今邯济）铁路北边复线，占用本村土地 1500 米 ×100 米。

1964 年，村里有了胶皮——橡胶轮胎大车。

1964 年，受园林场的影响，邓营村 5 个生产队都种植果树，约 20 多公顷。当时邓营村在桑梓店人民公社是比较富裕的大队。

邓营村老屋（2015 年摄）

1965 年，统一规划全村宅基地。

1971—1973 年，因修建黄河北展大堤，邓营村提供土地 1500 米 ×120 米给袁贾村和姚吕村作房台。

1972 年，村中兴起手工条编，最多时有 200 多人参与。先是给山东化工厂编盛放导火线的包装筐，编好后用人力地排车拉着在泺口坐船过河送过去，1 车能装 120 个筐，1 年能送 2 万个筐，1 个筐 2 元钱左右。后来村民又给园林场和供销社的采购站编苹果筐，给济南的蔬菜公司编方筐，编自行车后架上的驮篓（坐篓）。为了购买编筐的原料——条子，村民能跑到齐河县宣章屯乡的甘隅头和徒骇河北边临邑县的田家口子。这项副业大致止于 1982 年。

1976 年，大队有了 24 马力拖拉机，5 个生产队每队一辆 12 马力拖拉机。

1980 年，实行家庭联产承包责任制；村民用上电灯，而过去只能点豆油灯、煤油灯照明。

1992 年，为发展集体经济，村里购买了吸泥泵，用于挖鱼塘、垫宅基或路基等建设项目。开始效益较好，后来经营不善资不抵债，最后靠全体村民均摊还清债务。

1995 年，为改善村小学办学条件，在原学校后面建房 8 间。

2000 年前，地势低洼、长期积水或品种落后、树龄长等导致大批果树烂根，整片消失。改为种植粮食作物，以小麦、玉米为主。

2000 年前，邓营村种植果瓜蔬菜较多，基本户户种植。当时销售以自行车驮坐篓为主，土路上好天坑洼不平，雨雪天泥泞打滑，一个人不用说骑，就是推着带货的自行车也走不动。每天凌晨的 3 点至 5 点，各家进城卖菜的自行车都是靠家人推着才能到 308 国道。

2005 年，修建第一条柏油路，北起田家村，南至济邯铁路南袁贾、姚吕村，长 1000 米，宽 4.5 米。

2006 年，通上自来水，年底安上路灯。

2006 年，建设龙湖工程占用袁贾、姚吕、小吕、仓上、刘庙子、南郑、东秦、西秦、邱岸、小屯、铁匠等村的土地，桑梓店镇在邓营村征用土地 4.88 公顷作为其公共墓地。

2008 年，修建京沪高速铁占用邓营村土地 2.07 公顷。

2008 年，村里通过制定村规民约来依法治村，从此没有了乱栽树和乱搭乱建现象。

2009 年，村里帮助第四、第五村民小组重新调地。自从 1980 年分地以来，这两个小组 30

年没有调过地，有些家庭的孩子已经上初中了还一直没有土地。调地必然招致既得利益者的阻挠，但为了大多数村民的利益，村干部勇于担当，公平合理地调整了土地。

2009年，修建村中心东西路，东与张王堂连接，西至村西头，三组一段与村南北路对接。路全长1500米，宽4.5米。

2009年，垫平了村里2公顷多的地面，用土数万立方米，每立方米土的市场价格是20多元。

2010年，对旧学校进行了整修，扒掉危房12间，对后排8间进行修缮和装修，建起1000余平方米的大广场，安装了健身器材、篮球架，村民四组修建水簸箕4个，公厕4处、小广场1处。

2011年，修建80平方米老年活动中心1处，公厕2处，小广场3处，共500平方米。

2012年，村里重新调整了第三村民小组的土地，村里更稳定更和谐了。

2014年，修建济石客专高铁占用本村土地2.07公顷。

2015年，村里依法把村民宅基地之外的土地全部收归集体所有，统筹使用，村里的路更宽了更直了。

2015年，村集体修建了一座2层楼房。一楼360平方米，做幸福院；二层360平方米，作村两委办公室。

邓营村共产党员家庭都有标志牌（2015年摄）

八、附　记

新中国成立前村里有瓦匠、木匠等各种工匠，有烧木炭的、造纸的、造酒的、织布的、蒸馒头的、打锅饼的、打棺材的等各种店铺。当时邓营村有40盘木炭窑，有的家庭有3盘窑，共30来户。每盘窑有一间屋大小，占地十来个平方，有窑门和烟囱。先把枣木、榆木、花果树等杂木锯成段，在窑里排1米来高，呈拱形；再点着木头在窑下烧1夜；接下来闷5天——木炭就烧好了。这样每盘窑每次能烧250千克木炭。木炭烧好后送到济南去卖给制糕点和各种食品的店铺——据说那时候的汽车也烧木炭——汽车后面有个炭包，里边就有木炭。

集体经济时期村里搞过熏坊，熏枣远销上海等江南地区。

自新中国成立至1960年前，邓营村每年正月唱大戏——河北梆子，用两个碌碡（农具名。圆柱形，用石头做成，用来轧脱谷粒或轧平场院）摞起来做台柱，上面铺木头门板做戏台，扎上苇席、松枝等作屏风，为此村里当时的八大木匠（李维成、李维运、李维平、李维宗、李洪德、李洪武、李洪智、李洪章）昼夜忙活。绘画是李维泉，司鼓打板的是李维孝，敲锣吹笛的是邓建华，二胡伴奏是邓建道、邓长荣，负责汽灯照明的是李洪臣。演员中青衣有王自平，黑头有宋青昌，跑龙套的有李维忠、刘允杰、贾连德等，外聘杨四廷、小胡等人。

新中国成立前后村里主要是土屋，矮小黑暗，屋顶上没有瓦，每年麦前都是几家合伙泥屋顶防雨。只有两户例外，一是国民党时期安庄镇镇长贾庭文家有5间大瓦房，二是富裕户邓长银有5间瓦房。改革开放后邓营村的村民先后兴建了砖瓦房、出厦房、锁皮房和楼房，屋里先后经历了土地面、水泥地面、地板砖和木地板几个阶段。现在家家都进行吊顶子、铺地板、刮墙刷墙等装饰。原来睡土炕，现在睡席梦思。2015年村里3户有三层楼房，5户有两层楼房。

新中国成立前后邓营村西部紧靠赫家洼，秋播小麦一般是“正月青，二月黄，三月不耽误种高粱”。农具主要以锄、镰、锨、镢、步犁等为主，运输以担挑为主，富裕家庭才有木制花轱辘大车。当时荒地较多，靠天吃饭，小麦亩产在50千克左右，还要交公粮。现在公粮、农业税全免，政府还给小麦、玉米等粮食补贴和良种等各种补贴。耕有旋耕犁，种有播种机，灌溉、施肥都有专用机械，收有联合收割机，粮食晒干后不再进家而是直接出售。机械化提高了劳动效率，节省了劳动力，解放了农民，推动了农业发展。邓营村早已没有了荒地，土地都成了吨粮田，2014年小麦亩产有的达到650千克，2015年玉米亩产有的达700多千克。

新中国成立前后，村民基本吃糠菜。冬季有的家庭孩子多，就只给大孩做棉衣——白天大孩能出去，小孩只能在家里的炕上取暖；夜里被子不够盖，小孩又穿上大孩子的棉衣当被子。补丁衣服更是常见。现在大人、孩子的穿戴与市里的人没有什么两样，家家有沙发、冰箱、电视、洗衣机、空调、电脑、手机等，多数家庭有汽车，户户有存款，还有百万富翁。

1965年前结婚坐轿，后骑马，1970年后骑自行车，1990年后坐汽车，2000年后坐轿车。1990年前在家摆席，结婚前三天要贴对联、扎棚、垒灶、准备桌、椅、凳子和盘、碗、勺、筷等，还要请厨师；现在都上酒店举行婚礼宴请宾朋。

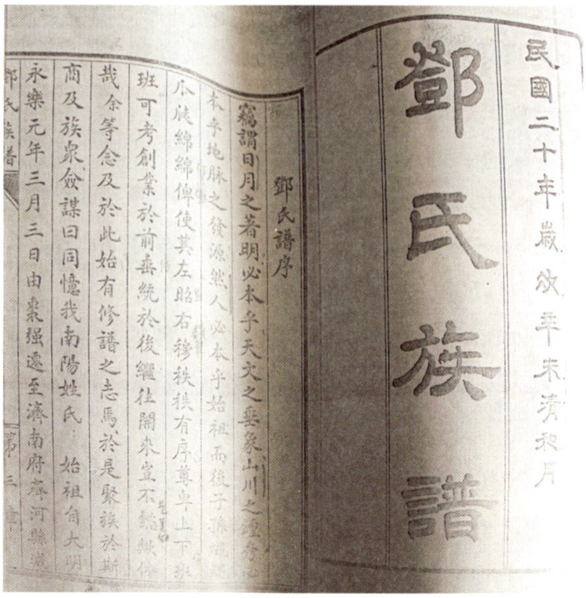

邓营村邓氏族谱（2015年摄）

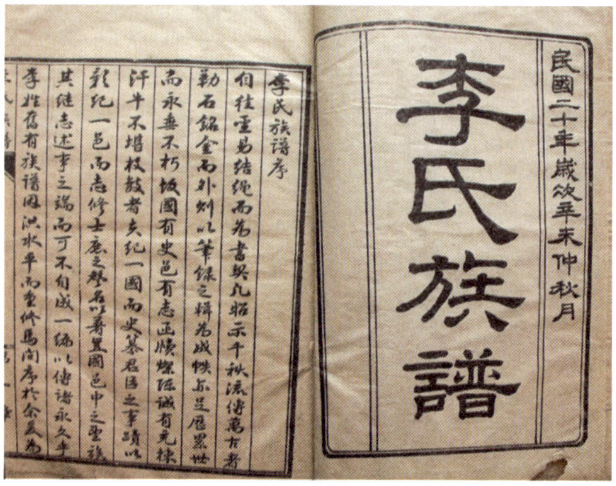

邓营村李氏族谱（2015年摄）

新中国成立初期，邓营村只有一个完小生，文盲占百分之九十以上。现在50岁以下的基本是初中生，有很多的高中生，大学生有十几个，研究生有2个。

新中国成立初期，邓营村种植的粮食作物有小麦、谷子、大豆、花生、高粱、地瓜、玉米等，种植的经济作物主要是花果树。邓营的桃、梨、杏、枣、桑椹、山楂、石榴成林，当时在外看不见村庄。大批的水果从桑梓店火车站通过铁路向外运。

原先主要是步行，有车也是木轮的手推车、地排车或花轱辘大车，到20世纪60年代才有了橡胶轮胎的各种车辆；现有汽车已经普及，有轿车60余辆，面包车30余辆，货运汽车5辆。

丧事原来披麻戴孝用白布，现在改为佩戴黑袖章。原来用吹鼓手现在改为用音响放哀乐。

20世纪90年代，贾忠诒家遭遇不幸连续四人死亡，全村为其捐款；贾延宏之子大病，全村为其捐款；李训东房屋失火，全村为其捐款；2008年汶川大地震，全村捐款。

村里每年举行慈心一日捐活动。

没有修建津浦铁路北线和黄河北展大堤之

前，由于邓营村的形状像一只凤凰，村民曾经自豪地称邓营是凤凰村。

邓营村向南的必经之路——邯济铁路北线原先预留的铁道洞子，现在已经成了制约邓营村发展的瓶颈。由于铁道洞子限高限宽，只要稍大一些的车辆就无法通过，连消防车也过不去还得绕道。村里在铁道南有 26.7 公顷多地，联合收割机要向东绕道桑梓店村才能过去。

邓营村人勤劳善良，淳朴厚道，团结和谐，尊老爱幼，重养轻葬，宁愿饿死也不做贼，宁可冤死也不告状，是一个和谐文明的小康村。

村史座谈人员名单（2015 年 12 月 21 日）

李洪枢，男，82 岁

宋化曾，男，78 岁

李维才，男，78 岁

贾延太，男，67 岁

李训玉，男，53 岁

邓营村座谈现场（2015 年摄）

第六节　田家村

田家村位于桑梓店镇政府西 2.5 千米，南临邓营村，东近沙李村，向北隔 308 国道与大马村相望，向西接济南北郊林场和济南新材料交易中心。

1948 年总面积约 213.3 公顷。2015 年全村土地 34.9 公顷，其中耕地 18.67 公顷，村居面积 15.3 公顷，非耕地 0.87 公顷。

全村均为汉族，以田、剪、张、王四姓为主，另有蔡、丁、赵、韩、段、贾、郭、安、

田家村办公室（2016 年摄）

朱、李等姓。1948 年约 300 人。截至 2015 年年底，田家村有 4 个村民小组，210 户，计 741 人。80 ～ 90 岁的 13 人，90 岁以上的 1 人。

一、村庄来历

据《齐河县志》记载，“田家”村的人口“来源”地是“河北枣强”，迁来时间是“明初”，始迁者是“田”姓，因此而得名。

2015 年 84 岁依然身体健康、头脑清楚的田光伍老人讲，据传田姓到来之前这里已经有村落，由于闹红头苍蝇之瘟疫，只剩下 2 户以卖豆腐为生的赵姓人家。

二、现任村干部

党支部副书记：张文军（镇下派）

　　　　　　　张延华

党支部委员：张延华　朱凤珍

村委会主任：田振友，主持村全面工作

村委委员：田庆付　剪万玲

田家村村委会主任田振友（2016年摄）

田家村村干部合影（2016年摄）

三、共产党员表

表 20-2-16

姓名	性别	出生年月	民族	学历	入党时间
田光云	男	1930.09	汉	初中	1949.10.01
赵加木	男	1946.04	汉	初中	1975.10.01
田长明	男	1946.09	汉	初中	1970.01.01
田连伍	男	1949.01	汉	初中	1975.03.01
张延付	男	1950.04	汉	初中	1974.03.22
朱凤珍	女	1950.05	汉	初中	1971.02.01
张长珠	男	1951.10	汉	高中	1986.04.01
田长财	男	1953.10	汉	初中	1979.05.01
张延水	男	1954.11	汉	初中	2000.03.01
剪万奎	男	1955.04	汉	初中	1980.12.01
田庆如	男	1965.11	汉	初中	2009.12.13
剪允秋	男	1969.10	汉	初中	1988.08.01
王　锁	男	1976.06	汉	大学	1999.03.02
张延华	男	1977.02	汉	高中	2009.12.13
田长江	男	1977.02	汉	高中	1999.05.08
张华建	男	1979.06	汉	高中	1999.04.28
张华刚	男	1979.10	汉	高中	2002.10.01
安军波	男	1982.09	汉	初中	2008.05.04
田春明	男	1982.09	汉	大专	2004.03.25
冯自萍	女	1983.03	汉	高中	2007.05.14

四、历年参军入伍人员表

表 20-2-17

姓名	性别	入伍时间	立功情况	退伍时间	转业时间、地点	现单位或住址	现任职务
田光云	男	1945.12	五好战士	1948.01		田家村	村民
段连成	男	1963.10	五好战士	1968.03		田家村	村民
田连伍	男	1970.01	五好战士	1976.01		田家村	村民
田长才	男	1975.01	五好战士	1980.12		田家村	村民
剪万奎	男	1976.12	五好战士	1981.01		田家村	村民
田　祥	男	1984.10		1988.01		田家村	村民
丁士祥	男	1984.10	五好战士	1987.10	1987.10 德州	德州市水泥厂	职工
剪万宝	男	1984.10		1988.01		田家村	村民
剪允秋	男	1986.10	五好战士	1990.10		镇计生办	村民
剪振东	男	1990.12	三等功	2012.04	2013 济南	天桥区泺口办事处	职工
剪京强	男	1992.12	五好战士	1996.01		田家村	村民
田庆国	男	1993.12	五好战士	2005.01		济南市粮食局	职工
田长江	男	1995.12	五好战士	2005.01		田家村	村民
田春明	男	2000.12	三等功	2013.06	2013.06 济南	田家村	村民
剪振峰	男	2001.12	三等功	现役		山东省高密市	军官
安军波	男	2001.12	三等功	2013.01		田家村	村民
田春岭	男	2005.12	三等功	现役		威海市文登区	连长
王　磊	男	2008.12	五好战士	现役			战士

五、历年考入高校人员表

表 20-2-18

姓名	性别	出生年月	考取院校	考学年份	所学专业	毕业去向	最高学历	现任职单位	现任职务	家长姓名
田庆峰	男	1979.12	河南省纺织学院	1999	高分子	济南	大专	济南炼油厂	车间主任	田光仁
剪京如	男	1980.01	河南平原大学	1998	计算机	济南	大专	田家村	村民	剪京如
剪振燕	女	1986.02	滨州学院	2004	英语	滨州博兴	大专	滨州市博兴县幼儿园	院长	剪士才
骆春燕	女	1988.04	山东省经济管理干部学院	2007	物流管理	济南	大专	济南市仓储公司	职员	剪京奎
田春兰	女	1988.11	滨州学院	2012	化工	济南市	大专	济南市化工厂	车间主任	田庆新

续表 20-2-18

姓名	性别	出生年月	考取院校	考学年份	所学专业	毕业去向	最高学历	现任职单位	现任职务	家长姓名
田萌萌	女	1994.03	山东省商业职业技术学院	2013	会计	济南	大专	大华润滑油公司	会计	田强
张营月	女	1994.12	德州职业技术学院	2012	会计	济南市	大专	田家村	村民	张华成

六、四世同堂家庭名单

田连珠　田光在　王玉英　田玉兰

田连元　唐秀英　王桂兰　田光云

田光尧　李桂兰　丁吉才　剪振付

张延山　张长发

七、发展概览

1953年，成立田家村小学。

成立互助组，有13户参加。实行“统购统销”，家里粮食多的必须交出来，由村里分给无粮户度过饥荒。

1954年，成立初级社。

1956年，省林业厅建设园林场占用田庄土地133.3公顷（此前村中每人平均0.33公顷），包括当时的“老东西地”“小东西地”“张家湾”“蔡家溜”“桥上”（当时村西北有一座桥，后遭黄（河）水被淤平，村民就称那一带的地为“桥上”）等处。

1957年，成立高级社，下辖小张、桑梓店、沙李、田庄、邓营、张王堂、小吕、左庄、小马9个村。吕长征任社长。吕长征曾经出席过山东省农业积极分子代表大会。高级社受沙李乡领导，乡长是张金和（小张村人）。

田家村老屋（2016年摄）

1958年，成立人民公社，那时候公社包括现在齐河县的焦斌一带，村干部都在一起开会。到“一大二公”时才把焦斌划为另外一个人民公社。

1966年，成立田家联中。

1967年，修建毛泽东主席台，村会议及群众演出都在此处举行。三队老队长剪立全带领群众治理丁家岗子，使沙丘变良田。

1981年，全村通电，村民全部用上电灯。

修建308国道占用田家村土地65亩。

1986年，填平村中心两处洼坑，拆除两处房屋，冲直村中心大街。

1992年，全村建蔬菜大棚4个，种植西红柿。

1999年，全村建蔬菜大棚300余个，主要种植西红柿。

2003—2004年，新材料产业园区道路拓宽占用田家村土地7.93公顷。

2005年，村民出资，政府补贴，修建村内柏油路，安装路灯，绿化村庄道路两旁。

2006年，修建村办公室，全村通上自来水。

2007年，建邦集团占用田家村土地3.25公顷。

2008年，修建京沪高铁征用田家村土地0.67公顷。

2012年，村后街修建水泥路。

2013年，济南新材料交易中心占用田家村土地5.47公顷。

2013年，村修建健身广场，安装健身器材、篮球场，成立群众广场舞秧歌队。

2014年，济南新材料交易中心一、二期落

田家村村民新居（2016 年摄）

地田家村。一期在 308 国道北占地 6 公顷，二期在 308 国道南占地 17.3 公顷。

2014 年 9 月，传化物流港落户田家村，一期占地 15.87 公顷。济石高铁客运专线占地 0.59 公顷。公墓占地 0.3 公顷。

2015 年，全村综合整治利用村集体闲置土地。传化物流港二期占地 7.4 公顷，济南新材料交易中心三期占地 2.73 公顷。

2016 年，全村有大型挖掘机 3 台、小型挖掘机 2 台，吊车 2 台，铲车 4 台，大型货车 5 辆，中型货车 10 辆，翻斗工程车 1 辆，面包车、轿车 150 余辆。

八、附 记

新中国成立后，土改时期，为了发展党员，驻村干部往往在前一天晚上召集入党积极分子开会，约定到第二天早晨谁家大门口的门枕石上放有瓦片，谁就准备填写入党申请书。

20 世纪 50 年代初，村中有十来人去治理徒骇河。那时候还没有小推车，长大坝全靠人用筐抬，一筐得重 100 多千克，吃的是玉米面窝头。田光伍得了奖状，还有一块毛巾、一把铁锨的奖品。后来为了抗旱排涝全区挖沟，其中一条就是现在梓东大道西侧的大沟，当时向北一直通到表白寺。那时候李自强任区长，田光伍当通信员。为了能及时下通知，区里给田光伍提供了一辆自行车，那时候自行车还是个稀罕物，田光伍不会骑，有好几次把自行车骑到沟里。

从新中国成立前到 1961 年，田家村村里村外全是果树。由于土地严重沙化，村民主要靠林果吃饭。

集体经济时期村里建窑烧过木炭；熏过枣，到南京、上海等南方城市去卖熏枣。村里有些擅长熏枣的都到外村去当熏枣的师傅。

过去村里玩过高跷、龙灯。那时候各村的龙灯队伍都相互串村交流表演，当时的交际圈里没有草庙王村，但因为田家村的龙灯耍得好，草庙王村单独下来请帖。到了那里，跟大漠刘的龙灯队不期而遇，两队合演。蔡家龙演算命先生，给大漠刘的木匠李春山算命逗乐，说他“一岁扎根，二岁记事，三岁是帝王之命。八仙桌子盖井口，随得方就得圆。南方有事到南方去，北乡有事到北方走。东西南北都走遍，最后办事办得不利索，露出一个小尾巴（成了王八了）。一开始李春山听得很受用，听到这里就不高兴了，想恼。这边有人解劝，那边锣鼓一起——继续演出——也就烟消云散。1948 年、1949 年春节，村里组织人到当时的齐河县政府驻地——孙耿“送灯”，王道玉当“傻小子”，韩孟水、田连福当猴，安曰友当“傻老婆”。剪长祥、张长友等 4 人戴着草帽、扛着锄头演唱过“穷人悲”的小曲，在县里很叫好。另有“黑瞎子”不认勺很有趣。哑巴田长华演黑瞎子，王寿福拿着勺子一个劲地摇摆，来耍弄“黑瞎子”逗乐。

田家村田氏族谱（2016 年摄）

新中国成立前住房都是土坯结构，房屋矮小黑暗。改革开放后，都建起砖房。现在30%以上已成二层楼房，宽敞、明亮、舒适。

新中国成立前后以种植果树为主，桃树、梨树、杏树等连片成林。之后以种植粮食作物为主。1992—2000年响应政府产业化结构调整的号召，全村搞起大棚，最多时300余个，户均1.5个。棚前后种植优良梨树，村民人均收入8000余元。2015年有大棚20多个。

田家村一半以上的村户种植黄金梨，种植面积13公顷，亩产果实5000余千克。

结婚迎娶1965年前用轿子抬，后用马车，1970年后用自行车，2000年后用轿车车队。

婚宴1990年前在家摆宴。结婚前三天贴对联，搭棚垒灶、准备桌凳、餐具，请厨师。前一天晚上招待街坊，每户出1人去吃喜馍馍喝喜酒。现在都在酒店举办婚礼，招待宾朋。

丧事用白布，三天丧期，早先用吹鼓手，现用音响放哀乐。街坊不吃饭，无吹拉弹唱和乐队。一、二组与三、四组各为一部分，分工明确，交互抬棺出殡，早已形成习惯。

村史座谈人员名单（2016年1月7日）

田光伍，男，84岁

田连元，男，81岁

段连生，男，76岁

田光林，男，76岁

张延山，男，73岁

朱凤珍，女，65岁

田光宝，男，54岁

田庆如，男，51岁

田家村座谈现场（2016年摄）

田振友，男，44岁

剪兴荣，男，34岁

第七节　小张村

小张村位于镇政府北1.3千米，南靠308国道，西接梓东大道，西北靠鑫茂科技城，北依北董村，东临怀庄村。

1958年，有耕地80公顷。2011年耕地53.3公顷，村址23.7公顷。2015年有土地70.4公顷，其中耕地46.7公顷，村居占地17.1公顷，非耕地6.7公顷。

居民全为汉族，有张、李、怀、满、苏、郑、冯、刘、颜9姓。1956年有157户，620人；2015年有4个村民小组，198户（其中张姓115户、李姓47户、怀姓15户、满姓9户、苏姓3户、郑姓3户、冯姓2户、刘姓1户、颜姓3户），计876人。其中80～90岁的16人，90岁以上的1人。

小张村办公室（2016年摄）

一、村庄来历

1990年版《齐河县志》记载小张村的“来源”地是“河北枣强”，“迁来时间”是“明永乐”，“始迁者姓氏”是“张”。

据传，村西现在棉站一带曾降过一块大的陨石（后沉入地下），曾叫过石星张庄，历史上还曾叫过北张。清朝宣统元年印制的齐河县地图上标注“张庄”，民国二十七年印制的齐河县地图上标注为“小张”。

二、现任村干部

党支部书记：张文军（镇派驻第一书记）

党支部副书记：张忠林

党支部委员：张东江　张宜国

村委会主任：张宜新，主持村全面工作

村委委员：高洪云　李增山

小张村村委会主任张宜新（2016 年摄）

小张村村干部合影（2016 年摄）

三、共产党员表

表 20-2-19

姓名	性别	出生年月	民族	学历	入党时间
张广林	男	1930.01	汉	小学	1949.07.01
怀务河	男	1931.11	汉	初中	1954.07.01
吴桂英	女	1944.02	汉	小学	1970.05.01
李合金	男	1945.01	汉	小学	1966.07.01
苏广麒	男	1945.06	汉	初中	1976.05.01
张东祥	男	1946.11	汉	初中	1968.07.01
张宜如	男	1948.05	汉	小学	1969.07.01
王新英	女	1949.08	汉	高中	1978.07.01
张宜亮	男	1950.02	汉	小学	1972.07.01
张忠林	男	1953.06	汉	高中	1987.01.01
张宜华	男	1953.06	汉	高中	1987.01.01
张文军	男	1954.07	汉	高中	1985.12.01
张宜武	男	1954.12	汉	高中	1975.07.01
张玉保	男	1957.10	汉	小学	1977.07.01
李振华	男	1959.12	汉	高中	2005.07.01
张东青	男	1960.09	汉	初中	1991.07.01

续表 20-2-19

姓名	性别	出生年月	民族	学历	入党时间
张宜国	男	1964.11	汉	初中	2004.07.01
张东江	男	1969.01	汉	初中	2004.07.01
张宜滨	男	1973.04	汉	初中	1996.12.01
满洪刚	男	1975.08	汉	初中	1998.07.01
冯　涛	男	1976.03	汉	初中	1997.07.01
李　虎	男	1979.10	汉	初中	1998.07.01
满红卫	男	1983.09	汉	高中	2008.03.27
张传国	男	1985.05	汉	高中	2009.10.01
张　真	女	1986.01	汉	大学	2007.01.20
李文远	男	1986.02	汉	高中	2007.05.01
张一达	男	1988.09	汉	大学	2008.04.12

四、历年参军入伍人员表

表 20-2-20

姓名	性别	入伍时间	立功情况	退伍回村时间	转业时间、地点	现单位或住址	现任职务
李增亮	男	1954.10		1958.01		小张村	村民
张东祥	男	1964.10		1974.10	1975 济钢	小张村	退休
李和金	男	1966.10		1973.01		小张村	村民
张宜如	男	1968.01		1974.01		小张村	村民
张宜亮	男	1970.01		1975.01	黄河河务局	小张村	退休
张宜华	男	1973.01		1977.01		小张村	村民
张东河	男	1974.10		1982.10		小张村	村民
张玉宝	男	1976.03		1984.11		小张村	村民
张东青	男	1978.03	三等功	1989.06	齐河县粮局	小张村	村民
李　虎	男	1978.12	优秀士兵	2000.12		小张村	村民
怀宝忠	男	1978.12		1981.12		小张村	村民
张东刚	男	1980.11		1984.11		小张村	村民
张宜斌	男	1986.10	优秀士兵	1999.11		小张村	村民
冯　涛	男	1994.12		1997.11		小张村	村民
满红刚	男	1995.10		2000.10		小张村	村民
满红卫	男	2002.12	优秀士兵	2010.12		小张村	村民

续表 20-2-20

姓名	性别	入伍时间	立功情况	退伍回村时间	转业时间、地点	现单位或住址	现任职务
张传国	男	2003.12	优秀士兵	2011.12		小张村	村民
张加龙	男	2010.10		2012.11		小张村	村民

五、历年考入高校人员表

表 20-2-21

姓名	性别	出生年月	考取学校	考学份	所学专业	毕业去向	最高学历	现任职单位	现任职务	家长姓名
怀务河	男	1931.11	济南铁路学校	1951	电路	铁路局	高中		退休	
张洪森	男	1931.12	济南高中	1950			高中	济南 52 中	退休	
张东泉	男	1943.04	德州医学院	1964	医生	德州	高中	表白寺医院	退休	
满洪祥	男	1964.09	山东电大	1986	中文	焦斌	专科	焦斌中学		满金荣
张　峰	男	1973.11	东营农业学校	1993	政治	天桥区	本科	天桥区制锦市	副书记	张一爱
张　建	男	1975.12	山东对外经贸学校	1995	外贸	青岛	本科	青岛银行	职员	张一东
张一拾	男	1977.11	泰山医学院	1998	计生	历城区	专科	历城区计生委	主任	张东泉
张富全	男	1977.11	山东对外经贸学校	2000	中介	济南	本科	领域不动产	经理	张守银
张　旺	男	1981.04	济南大学	2001	电力	天津	本科	天津电厂	科长	张一武
李增喜	男	1982.01	济南大学	2004	教师	商河	本科	商河一中	教师	李和安
李文成	男	1982.02	上海医学院	2003	医疗器械	上海	专科	上海医学器材	医疗器械技师	李振华
张　明	男	1986.09	山东政法学院	2010	法律	天桥区	公务员	天桥区政府	办公室秘书	张一海

六、四世同堂家庭名单

张光林　李增亮　张会林　怀务河

张红新

七、发展概览

1949 年，张保海在小张村第一个加入中国共产党。

1952 年，小张村成立第一个互助组，有 10 户参加。

1954 年，互助组发展成初级社。

1955 年，初级社转为高级社，张丰喜任社长。

1958 年，小张村建立养猪场。养猪场座落在庄北，占地 0.83 公顷，有猪舍约 60 间，养生猪约 200 头。有繁殖母猪 20 余头并养有种猪，其规模在桑梓店人民公社首屈一指，是齐河县

小张村老屋（2015年摄）

百面红旗之一。

1980年，村里通电。

1981年，分产到户。

1990年，翻新改建本村小学。

1992年，修建村南308国道以北、棉厂供销社以东的商业街。

2003年，上级号召建设“村村通”工程，市委工作组资助修建了村内3条街的柏油路。全长1000多米，宽均为5米。

2015年，修建文化活动广场。该地原来是一个湾，村里组织人拉来3万立方米土垫平、夯实、铺上花砖。整个广场有800平方米，其东侧的护坡有250平方米。

同年，修建幸福院。占地约2000平方米，建筑面积767平方米，有厨房、餐厅、男女居室、室内健身器材等设施。村里投入10万余元配置食宿等日常生活用具，现在已经有4人签订合同入住。

小张村文化广场（2015年摄）

2015年，修建村中、村北通梓东大道的水泥路。全长660米，宽4.5米。

是年，全村有2辆半挂车，主要运输粮食。有10余辆4.2米厢货跑物流运输。有小型轿车106辆。粮食年总产105.49吨，单产984千克；村集体每年总收入10万余元，主要来源为土地出租。

张东福经营的冷库有400平方米，储存水果或蒜薹、香菜、土豆等蔬菜以反季节销售。其东富面条加工厂有QS（英文QualitySafety质量安全）食品质量安全生产许可证，有厂房600平方米，雇用工人15人，月产面条5万千克，都是电力烘干，产品销往济南市区各大超市。

张东臣的树鲲粮食收购站在308国道北，每年主要收购玉米，小麦，主要销往邹平。

小张村幸福院（2015年摄）

八、附　记

新中国成立前后，村东有土地庙一座，已毁。村内有石碑存，但字迹已经模糊。

本村张姓与齐河县表白寺镇谭庄张姓是一家人。据传历史上小张的张姓几近绝嗣，通过从谭庄过继才延续了下来。一直到新中国成立后谭庄人还来小张村西的祖坟祭祖。后来在“破四旧”和“文化大革命”时期，人们扒掉张家祖坟，用坟上的石碑修建了当时的村小学——现在村委会的西墙。

小张村民兵连在桑梓店人民公社、齐河县

乃至德州地区榜上有名。新中国成立前张丰喜是民兵连长；20 世纪 60 年代成立民兵连后，两委成员李玉泽担任民兵连长，妇女主任李增英任副连长。当时有基干民兵 30 余人，普通民兵上百人。配备轻机枪 1 挺，冲锋枪 2 支，半自动步枪 20 支。副连长李增福做教官，军事训练过硬。1964 年大比武，小张村民兵连代表桑梓公社到齐河县、德州地区参加比赛，成绩优异：机枪手张宜明受到表彰，冲锋枪手张玉全参加山东省比武大会骑自行车射击获得第二名。

20 世纪 80 年代，小张村村北的果园有桃树 1000 多棵，其他果树 800 多棵。

20 世纪 90 年代，小张村在村委领导下，搞起食用菌养殖，全村有养殖户 90 余家，蘑菇棚 100 多个。他们引进新品种，自造菌种，主要销往济南和周边集市，取得可观的经济效益。村民说前些年村里建设得好与养蘑菇分不开。

小张村蘑菇菌种（2015 年摄）

20 世纪 70 年代，小张村基本全是小土房屋。到 90 年代，村里没有小土房了，全是砖瓦高房，街道整齐。2010 年左右村里出现二层楼房，截止现在村里二层楼房已有 23 座。

村委会办公室有十多间房屋，有党员活动室、图书室、办公室、社会保障室、会议室。

村史座谈人员名单（2015 年 12 月 30 日）

李增平，男，65 岁

李玉仁，男，64 岁

怀保成，男，53 岁

张宜新，男，46 岁

李增山，男，41 岁

小张村座谈现场（2015 年摄）

第八节　小马村

小马村位于桑梓店镇政府西侧，西依梓东大道与沙李村相望，北接 308 国道与小张村相对，东南与桑梓店村接壤，南靠镇卫生院、草庙王新村与邯济铁路。

小马村村居（2016 年摄）

2016 年全村土地面积 36.7 公顷，其中耕地 28.7 公顷，宅基地 8 公顷。

居民均为汉族，有王、朱、徐、孔、卞、马、刘、张 8 个姓氏。其中王姓 40 户、朱姓 31 户、徐姓 24 户、孔姓 13 户、马姓 1 户、刘姓 3 户、张姓 5 户、卞姓 7 户，共 124 户，430 人。2016 年该村 80 ～ 90 岁的人员有 8 人。

小马村办公室（2016 年摄）

一、村庄来历

1990 年版《齐河县志》记载小马村的“来源”地是“河北枣强”，“迁来时间”是“明中期”，“始迁者姓氏”是“马”。

明朝中期，朝廷为了恢复山东一带的农业生产，发展经济，巩固明朝统治，实施了移民政策，当时一马姓移民从河北枣强迁徙至此，故起名小马庄。

2009 年，小马村实施旧村改造，旧村全部拆迁，在原村址西部占地 1.2 公顷建立了小马村新社区。新社区建有四栋楼房，共 16 个单元 160 套住房，总建筑面积 18600 平米，绿化面积 6000 平米。

二、现任村干部

党支部书记：孔祥方

党支部委员：王德忠　徐万平　王明明

村委会主任：临时空缺

村委委员：徐万平　刘兆梅　王德成

小马村党支部书记孔祥芳（2016 年摄）

小马村村干部合影（2016 年摄）

三、共产党员表

表 20-2-22

姓名	性别	出生年月	民族	学历	入党时间
徐连法	男	1936.10	汉	初中	1968.11.01
王学财	男	1942.03	汉	初中	1964.10.01
朱友德	男	1949.12	汉	初中	1975.04.01
王德臣	男	1950.12	汉	初中	1997.06.01
王德福	男	1952.07	汉	初中	1974.06.01
王德成	男	1953.09	汉	初中	1999.10.01
王德忠	男	1955.12	汉	初中	1996.07.01
徐万平	男	1956.12	汉	初中	1978.03.01
徐万安	男	1961.01	汉	高中	1985.03.01

续表 20-2-22

姓名	性别	出生年月	民族	学历	入党时间
徐万勇	男	1961.07	汉	初中	1995.06.01
刘兆美	女	1961.10	汉	初中	1991.06.01
徐金贵	男	1964.02	汉	初中	1989.07.01
孔祥芳	男	1965.01	汉	高中	2008.02.24
朱子林	男	1965.04	汉	初中	1989.06.01
卞胜利	男	1966.11	汉	初中	1988.12.02
朱友卫	男	1967.02	汉	初中	1989.07.01
朱　民	男	1971.10	汉	初中	1999.07.01
徐金全	男	1972.05	汉	初中	2005.06.01
王　峰	男	1972.05	汉	中专	2005.06.01
王盈盈	女	1975.01	汉	初中	2009.07.01
王　昆	男	1977.06	汉	初中	1996.11.01
王　雷	男	1977.10	汉	初中	2012.04.01
王玉峰	女	1978.07	汉	高中	2008.02.24
王　柱	男	1979.08	汉	高中	2008.02.24
王　鹏	男	1979.12	汉	初中	2012.04.01
王　凯	男	1981.01	汉	高中	2011.01.16
王　超	男	1981.03	汉	初中	2011.01.16
王明明	女	1985.05	汉	大学	2005.10.20
孔凡泉	男	1987.10	汉	大学	2014.11.18
潘燕燕	女	1988.09	汉	大学	2011.06.21
王　娇	女	1990.10	汉	中专	2013.03.08
张萍萍	女	1991.04	汉	大学	2013.11.20
徐金晖	男	1991.10	汉	大专	2014.11.18

四、历年参军入伍人员表

表 20-2-23

姓名	性别	入伍时间	立功情况	退伍回村时间	现单位或住址
王学田	男	1949	烈士		
徐连财	男	1949			小马村
王德才	男	1950		1965	济南设备安装公司

续表 20-2-23

姓名	性别	入伍时间	立功情况	退伍回村时间	现单位或住址
王德元	男	1960		1965	济南建筑公司
朱友德	男	1971		1976	小马村
王德付	男	1972		1977	小马村
徐万平	男	1973		1981	小马村
徐万安	男	1979		1989	小马村
朱友水	男	1980		1994	济南中建八局污泥土有限公司
徐万勇	男	1981		1984	小马村
朱子祥	男	1982		1985	小马村
朱丰河	男	1982		1985	小马村
王圣军	男	1983	二等功	1985 牺牲	小马村
王圣仓	男	1984		1985	小马村
卞胜利	男	1985		1990	小马村
徐万强	男	1990		1993	小马村
朱子良	男	1990		1993	小马村
王　昆	男	1994		1997	小马村

五、历年考入高校人员表

表 20-2-24

姓名	性别	出生年月	考取院校	考学年份	所学专业	毕业去向	最高学历	现任职单位	现任职务	家长姓名
王　浩	男	1978.02	山东省邮电学校	1994	邮电光缆通讯	济南	本科	联通邮电公司	职工	王德臣 王振风
王　卫	男	1980.02	中国海洋大学	1998	法律	青岛	本科	青岛贸易公司	职工	王德臣 王振风
王明明	女	1985.05	山东轻工业学院	2003	印刷工程	济南	本科	桑梓店镇小马村	会计	王德万
朱　杰	女	1985.06	德州学院	2003	生物工程	德州	本科	德州市第二中学	生物老师	朱子仁 郑玉荣
徐金丛	男	1985.06	吉林建筑工程学院	2004	室内设计	济南	本科	济南宏煊节能科技有限公司	设计师	徐万勇 王宝芬
孔婷婷	女	1985.09	山东省商业职业技术学院	2004	应用英语	济南	本科	长清区崮云湖小学	教师	孔祥东 刘兆美
徐美玲	女	1986.10	山东劳动职业技术学院	2004	机械制造与工艺	济南	大专	山东派克诺尔机械有限公司	机械设计师	徐万勇 王宝芬

续表 20-2-24

姓名	性别	出生年月	考取院校	考学年份	所学专业	毕业去向	最高学历	现任职单位	现任职务	家长姓名
朱 辉	男	1986.11	山东中医药大学	2007	中医药学	济南	研究生	北京鑫仁堂		朱子林 钱振芳
王 然	男	1987.05	山东大学	2010	电子自动化	济南	研究生	济南神思电子有限公司		王胜华 高浩明
王 鑫	女	1988.10	济南师范学校	2004	小学教育	济南	本科	桑梓店中心幼儿园	园长	王圣勇 刘福兰
王 彪	男	1989.04	山东经济管理干部学院	2007	国际贸易	济南	大专	济南裕兴化工有限责任公司	职工	王德仓 刘兆玉
王 楠	女	1990.03	济南市卫生学校	2006	护理	济南	大专			王圣勇 刘福兰
徐圆圆	女	1990.09	山东青年政治学院		会计	济南	大专	山东林茵达生态工程有限公司	财务	徐金泉 王华
朱苗苗	女	1990.12	潍坊医学院	2009	护理	济南	本科	济南军区总医院	护士	朱民 徐琴
卞甜甜	女	1991.02	济南市历城二职专	2007	数控专业技术	济南	中专			卞胜利 李吉云

六、五世、四世同堂名单

五世同堂：李兴芳

四世同堂：

王圣富　滕桂岭　王圣才　徐万斗

徐万顺　朱桂兰　李保芝　张玉英

卞胜亮　王德顺　王德平

七、发展概览

1960 年，建立小马村党支部，孔宪亭任第一任党支部书记。

1980 年，孔庆友主持施行生产责任制（分产到户）。

1982 年，小马村通电。

2008—2009 年，进行旧村改造。

为了落实中央新农村建设工作会议精神，小马村对旧村全部进行拆迁，建设了小马村新社区，村民免费入住新居。新社区建设了 4 栋楼房，共 16 个单元 160 套住房，总建筑面积 18600 平米，绿化面积 6000 平米，占地 1.2 公顷，水电暖设施齐全。村里免费为村民安装了天然气、太阳能，免费为村民供暖。

小马村老屋（2009 年摄）

小马村大会议室（2016 年摄）

小马村居民楼（2016 年摄）

2007—2014 年，党支部书记王昆带领两委会成员，利用旧村改造腾出来的宅基地，开始鼎新嘉梓苑园区的开发和建设工作。至 2014 年，历时 7 年，开发建设 5 层楼房 14 栋，49 个单元，567 套商品房，建筑面积 59290 平方米，建设储藏室和车库 570 个，为集体创收 1800 万元人民币；小区内修建活动广场 3500 平方米，安装健身器材 20 件，小区绿化面积 12000 平方米。到 2014 年年底，一个占地 4 公顷、配套设施完备、环境优雅的小区建设完成，95% 的业主入住小区。

2009—2011 年，开工建设小马村商业街东西街，街全长 800 米，路南、路北同时施工，建设商铺 120 户，建筑面积 10000 平米。2011 年商铺开始运营。

2009 年，小马村村民开始享受免费供暖，享受村集体为村民代缴养老保险、合作医疗费用，60 岁以上村民每年享受 200 元的生日礼物和 600 元的春节慰问品等待遇。

2011 年，村委会在园林场购买 0.4 公顷荒地，建立了小马村公墓，建造墓穴 120 个。

2014 年，小马村新建村办公室两层，建筑面积 400 平方米。有书记办公室、主任办公室、接待室、小会议室、大会议室等，还有便民服务窗口。小马村的办公环境在桑梓店镇是一流的。

2016 年，全村有基本粮田 28.7 公顷，年亩产小麦玉米 1 吨，年总产 430 吨，基本粮田产值约 172 万元。有私营汽车修理企业 4 家，年收入约 40 万元。商业户年经营收入约 10 万元。集体商铺等租赁年收入约 20 万元。全村年国民生产总值约 452 万元，人均年收入 10511.62 元。小马村共有轿车 80 余量。有养殖户共 5 户，养殖业收入约 30 万元。中青年村民打工的约 100 人，人均年收入 1.8 万元，年打工总收入约 180 万元。

荣誉证书

被授予“全市民主法治示范村”荣誉称号。

二〇一六年一月

八、附　记

牌坊：村西可耕地中有一座牌坊，据传是清代名人为本村王姓夫人而立。1970 年左右被毁。

村史座谈人员名单（2016 年 1 月 18 日）

朱丰泉，男，72 岁

王德成，男，62 岁

小马村座谈现场（2016 年摄）

王胜华，男，61 岁

王德忠，男，60 岁

孔祥芳，男，50 岁

第三章　周北办事处

第一节　草庙王村

草庙王村位于桑梓店镇政府西北方向 3000 米处，北临周闫村，东近北董村，南隔 308 国道与沙李村相望，西接安庄村。

草庙王新村（2016 年摄）

济南新材料产业园入驻桑梓镇以后，草庙王村位于国道 308 北侧，村东是鑫茂科技园，村南是裕兴化工厂，村西是产业管委会和天诺光电材料厂，村东北是污水处理厂。

草庙王新村位于梓东大道以东、桑梓店镇卫生院西 200 米路南，有七栋楼房。

全村原来土地总面积 155.3 公顷，其中宅基地占地 26.7 公顷，墓地 4 公顷，济南新材料产业园征用 111.3 公顷，全村现有土地 13.3 公顷。

全村村民均为汉族，有王、张、李、刘、崔、武、朱 7 个姓氏。2010 年有 4 个村民小组 164 户（其中王姓 137 户、张姓 11 户、李姓 8 户、刘姓 1 户、崔姓 1 户、武姓 5 户、朱姓 1 户），650 人。2016 年有 280 户，702 人。80 ～ 90 岁的 8 人，90 岁以上的 1 人。

草庙王村村干部合影（2016 年摄）

一、村庄来历

明朝朱元璋死后，其长孙朱允炆登基。朱元璋第四子燕王朱棣两次以讨伐主张削藩的大臣为借口，从北京发兵南下“靖难”，与侄子朱允炆争夺皇位，终于攻下南京，自立为明成祖，改元永乐。因为此间屡遭战乱兵燹，大片土地成为无人区。据传后来明朝安定，永乐年间王氏祖先兄弟三人一路南来，老大迁至章丘相公庄，老二迁至槐荫吴家堡，老三迁至草庙王村。当时由于经济困难，土地庙的房顶用黄草苫盖——一说搭草棚做庙——起名为草庙王村。

二、现任村干部

党支部书记：张子国

党支部委员：王传忠　张超

村委会主任：张子国

村委委员：王传忠　张秀兰

草庙王村村党支部书记、村委会主任张子国（2016 年摄）

三、共产党员表

表 20-3-1

姓名	性别	出生年月	民族	学历	入党时间
武吉成	男	1942.05	汉	初中	1964.05.02
王庆才	男	1950.11	汉	高中	1971.01.01
王家菊	女	1951.11	汉	高中	1971.03.01
王宝海	男	1949.02	汉	小学	1973.08.01
武吉亮	男	1952.05	汉	初中	1973.10.01
李维发	男	1945.08	汉	小学	1974.10.01
李维春	女	1951.11	汉	高中	1975.04.18
张逢文	男	1935.09	汉	初中	1984.07.01
王建华	男	1958.01	汉	初中	1991.03.01
李维江	男	1944.03	汉	初中	1992.06.21
张子忠	男	1961.08	汉	高中	1992.06.21
王　宏	男	1963.06	汉	中专	1993.06.01
张子良	男	1963.12	汉	大专	1993.06.01
王宝荣	男	1973.12	汉	初中	1994.05.01
张子国	男	1968.05	汉	中专	1997.10.01
张秀兰	女	1966.09	汉	初中	1998.03.01
王传忠	男	1957.06	汉	初中	2001.06.21
李洪忠	男	1964.01	汉	高中	2001.06.21
王　涛	男	1970.11	汉	高中	2007.06.23
张　超	男	1984.06	汉	中专	2007.06.23
王　朋	男	1982.08	汉	初中	2010.05.08
张胜杰	男	1991.12	汉	本科	2010.06.02
王　甜	女	1990.03	汉	大学	2010.12.20

四、历年参军入伍人员表

表 20-3-2

姓名	性别	入伍时间	立功情况	退伍回村时间	现单位或住址	现任职务
张逢文	男	1952.03		1958.10	草庙王村	村民
王宝忠	男	1958.10		1964.10	草庙王村	村民

续表 20-3-2

姓名	性别	入伍时间	立功情况	退伍回村时间	现单位或住址	现任职务
王家武	男	1964.10		1969.10	草庙王村	村民
王庆义	男	1965.12		1970	济钢	退休
王传荣	男	1965.12		1974	光明日报社	退休
王宝海	男	1969.04	三次连嘉奖	1975.03	草庙王村	村民
王向法	男	1970.01		1975.05	草庙王村	村民
武继亮	男	1970.11		1976.06	草庙王村	村民
刘秋先	男	1972.11		1977.04	草庙王村	村民
王庆才	男	1973.01		1978.04	草庙王村	村民
王宝成	男	1974.12		1978.03	草庙王村	村民
张子良	男	1980.10	集体三等功一次	1984.10	草庙王村	村民
王　宏	男	1980.10	三等功一次、嘉奖两次	1984.10	草庙王村	村民
王向圣	男	1984.12		1988.01	草庙王村	村民
王向柱	男	1986.11		1989.03	草庙王村	村民
王宝国	男	1991.12		1994.12	草庙王村	村民
王宝荣	男	1992.12	94 年被评为优秀士兵	1997.01	草庙王村	村民
王家富	男	1993.12		1997.12	草庙王村	村民
王荣鑫	男	1994.12		1997.12	草庙王村	村民
王程泉	男	1998.12		2003.12	草庙王村	村民
王　强	男	2002.12		2004.12	草庙王村	村民
王　东	男	2004.10	三等功一次	2007.01	草庙王村	村民
王家良	男	2004.10	两次优秀士兵奖	2006.10	草庙王村	村民
王宝功	男	2014.10			云南大理服役	村民

五、历年考入高校人员表

表 20-3-3

姓名	性别	出生年月	考取院校	考学年份	所学专业	毕业去向	最高学历	现任职单位	现任职务	家长姓名
王宝铮	男	1948.03	山东齐河师范	1982	师范	回乡	中专	退休		王家庆
王宝安	男	1964.12	山东工业大学	1981	内燃机	山东内燃机研究所	硕士研究生	山东商业职业技术学院		王李兰
王红卫	男	1967.03	上海同济大学	1986	建筑工程	山东建筑大学设计院	双学士	山东建筑设计院	设计院院长兼总工程师	李凤春

续表 20-3-3

姓名	性别	出生年月	考取院校	考学年份	所学专业	毕业去向	最高学历	现任职单位	现任职务	家长姓名
张子国	男	1968.06	邯郸行政管理学院	2007	行政管理	回村	大专	草庙王村	村支书、主任	张逢文
王学陈	男	1974.07	山东中医药大学	1992	中医专业	表白寺卫生所	本科	齐河安头乡卫生所		王李兰
王　昆	男	1976.05	泰山医学院	1996	临床医学	禹城市人民医院	本科	禹城市人民医院	主治医师	王宝禄
王丙辰	男	1977.01	聊城建设学校	1994	电气化	回村	中专	合营企业		王秋英
王家龙	男	1979.02	黄石工业学校	1998	经贸英语	回村	中专	打工		王传利
王中华	男	1979.04	山东中医药大学	2012	生物医学工程	济军总医院	硕士研究生	济军总医院		聂连春
王向河	男	1979.05	兰州理工大学	1999	机电	山东力诺	本科	山东力诺集团	副总经理	王宝恩
王建强	男	1985.12	济南石化医院	2001	化工工艺	明水化肥厂	专科	明水化肥厂		王宝成
王　迪	女	1985.09	山东师范大学	2004	工商管理	回村	本科	北京曼可公司		王传孝
王向松	男	1986.10	山东建筑大学	2005	法律	历城区检察院	本科	历城区检察院		王宝柱
王倩倩	女	1986.11	济南大学	2005	汉语言文学	回村	本科	济南重庆办事处		王传华
王荣华	男	1986.05	日照水利学院	2005	水利	蒙阴	专科	蒙阴		周文芹
王克敌	男	1988.10	日照学院	2006	机电一体化	东营	大专	东营		赵桂英
王　斌	男	1988.11	济南铁道技术学院	2006	计算机应用	珠海网络科技公司	大专	珠海网络科技有限公司		王国华
王　欢	女	1988.06	山东师范大学	2007	汉语言文学	回村	本科	北京人教		王传孝
张天龙	男	1988.07	山东省财贸学院	2006	汽车检测维修	回村	大专	打工		张振宝
王宝霞	女	1989.10	济南凯文学院	2008	建筑管理	潍坊	大专	潍坊诸城		王家勇
王　坤	男	1989.03	日照水利学院	2007	机电一体化	回村	大专	济南华浦公司		王传华
王大鹏	男	1990.11	山东中医药大学	2009	针灸		硕士研究生	在读		王宝安
王甜甜	女	1990.03	山东财经大学	2012	市场营销	山东力诺	大专	山东力诺公司		王向新
张胜杰	男	1991.12	山东工艺美术学院	2011	摄影	省卫生厅	本科	山东省卫生厅		张子强

续表 20-3-3

姓名	性别	出生年月	考取院校	考学年份	所学专业	毕业去向	最高学历	现任职单位	现任职务	家长姓名
王亚男	男	1992.02	济南交通学院	2011	船舶电气	烟台航道局	本科	烟台航道局		王涛
张天津	女	1993.07	山东中医药大学	2012	中医专业		本科	在读		张振宝
王晓苒	女	1995.06	泰山学院	2014	数学师范		本科	在读		王涛
王鲁齐	女	1996.09	山东工艺美术学院	2015	公共艺术		本科	在读		王滨

六、四世同堂名单

张逢文　王家兰　李维江　王浙英
王家义　侯曰菊　王家生　聂俊英
吴延英　王传阵　李凤春　徐延芳
张宝春　赵俊英　徐红俊　王向文
聂培凤　王道兰　潘上兰

七、发展概览

1952 年，以张逢文为首的 8 户成立全村第一个互助组。

1954 年，互助组发展成初级社，王玉祥为第一任社长。

1955 年，草庙王村初级社升级为高级社。

1964 年，草庙王村建立党支部。

1981 年，实行家庭联产承包责任制。

1991 年，草庙王村通电。

1996 年，村民集资、捐资修建了 2000 米长的钢渣路，仅李文忠就捐资 2 万元。

2001 年，把钢渣路改建成水泥路。

2002 年，建村办公室。

2003 年，村里把原来 5 米宽的水泥路拓宽到 10 米，硬化了全部胡同，结束了村民晴天一身土，雨天两脚泥的历史。

2004 年，全村修建了 2000 米长一明一暗两条排污管道。

2006 年，群众不交一分钱全村安装自来水。

2006 年，全村规划建立公墓。

2007 年，济南新材料产业园区的裕兴化工厂、园区管委会、国家胶体材料研究中心、园区污水处理厂、华润燃气、美克新材料、天诺光电等项目先后征占草庙王村土地。

2007 年，全村家家户户安装太阳能热水器。

2008 年，全村修建水冲厕所，群众不交一分钱。

2009 年，村里出台优惠政策为全体村民安装有线电视，给全体村民交纳了 2009 年至今的合作医疗费、养老保险费等。

2012 年，经济南市发改委批准，征用桑梓店镇桑梓店村土地 195 公顷，开始建设草庙王新村。总建筑面积约 2.87 万平方米，总投资 5570 万元。其中地上建筑面积 1.79 万平方米，地下建筑面积 0.28 万平方米，其他用于绿地、停车及道路建设。

2012 起，每年为全村每名村民发放 1 万元

草庙王村荣誉（2015 年摄）

现金福利。

2013年，鑫茂齐鲁科技城一期征用草庙王村土地8.7公顷，二期征用35.93公顷。

2014年，科嘉新材料公司征用草庙王村土地8公顷。

2014年4月，草庙王新村七幢安置楼全部封顶。

2016年7月9日，草庙王村举行草庙王新居1、2号楼搬迁仪式，第一批共70户村民乔迁新居。桑梓店镇党委副书记、镇长杨鹏致辞，人大主席李慧，党委副书记、政协联络室主任解承静，武装部部长聂岭，副镇长房安清以及村两委成员参加活动。草庙王新村可容纳280户，总面积2.7万平方米，绿化面积5500余平方米。村两委为村民做到了“七个统一”——墙面、地板砖、内门（窗台门套）、燃气炉、橱柜、油烟机、净水器全部免费提供并统一安装。

天桥区委书记毕筱奇察看草庙王新社区建设情况（2015年摄）

八、附 记

早年村里建有三座庙，村东土地庙、村西小庙早毁，唯独村中偏西观音庙在新中国成立初期尚存。庙前有功德石碑，院墙完整。走进庙门是影壁，影壁两侧各有一棵合抱的大柏树，影壁前有一对舂米的石臼。庙的北殿为5间，东配殿是1间钟楼，西配殿2间。20世纪50年代初庙毁，但石碑、石臼、石香炉尚存。

历史上有村中王姓迁徙到本镇的丁口村、铁匠村，长清区的炒米店村，齐河县祝阿镇的十二里阁村。

有一年石香炉被盗，但过了一段时间又回到原处。村民传香炉乃公众所用，为神圣器物，盗之不吉，藏之不祥，那人或良心未泯或受人点拨或怕引祸上身才偷偷送回。不管是何种原因，草庙王村——大家伙儿的东西失而复得，皆大欢喜！

村西头曾经有王家祠堂，建筑年代不可考。祠堂有北屋3间，东屋3间，南屋3间，西屋3间，大门1间。北屋东面有一间小屋供做饭用，西屋北边有一棵直径40厘米左右的柏树。新中国成立后祠堂成为村小学，教师是张曰杰。一直到20世纪70年代，草庙王村小学都在那里。

王家明院内的大国槐也有200多年的历史，也是枝繁叶茂。这两棵树都一搂多粗，但上了岁数的人都说“过了四五十年了怎么就好像没长似的还是那么粗”。

在村西观音庙遗址有一通石碑，碑高166厘米、宽68厘米、厚20厘米。碑双面刻字，一面刻清嘉庆六年《重修九圣堂碑记》，“兹有草庙王都建址……缘故址而事重修焉……嘉庆六年（1802年）辛酉七月十九日立”，背面刻清道光十三年《九圣堂义学碑记》在石碑旁

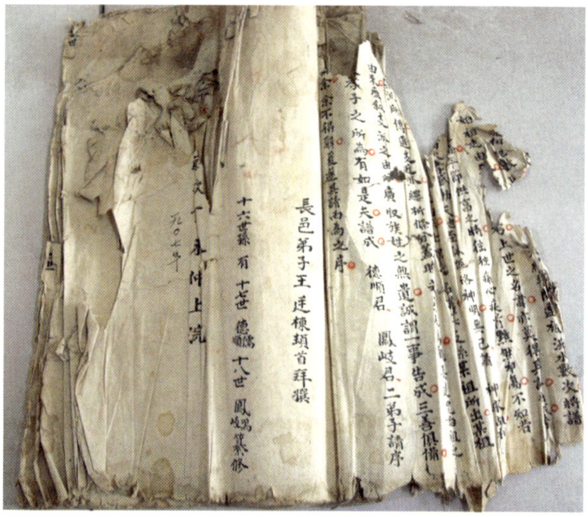

草庙王村王氏族谱（2015年摄）

边有两只舂米石臼，一个缺半，一个完好。据传先有舂米之石臼，随后才出现石碾、石磨之类。

1958年，响应上级号召，村里曾占用王庆禄等人的民房办“共产主义小学”，整个周闫区的其他12个村——周闫、大郑、小郑、北王堂、前房、后房、耿庄、大马、康辛、安庄、大漠刘、北董各村适龄儿童都来此读书。学校设6个年级，管学生食宿，魏传仓、滕丕祯先后担任校长。该校存在了两三年，到60年代初的自然灾害时期解散。

村西庙前曾经有2棵大柏树，都笔直，十几米高，一搂多粗——比故宫里的柏树还要粗。大家觉得树龄都在200年以上。曾经卖过几次，人家都嫌大，没有卖成。等到后来树死了，又过了几年才卖掉，卖给济南的造船厂——柏树坚硬耐水浸泡，据说做了船底。村里用卖柏树的钱买了9间房的梁和檩条。

李维江祖上有大车门，门下有个“虫”——蛇。有一天早上，家人吃惊地发现在大门下的耙上有一条大蛇，被耙齿——耙上的铁橛刮住，已经死亡。蛇弯曲在耙上，有一耙长——直着就2耙长——耙有2米来长，2耙就4米来长！在夜里，不知道发生了什么或是出于什么原因，好像是那条蛇受了惊慌不择路才绊在耙齿上丧命。

村史座谈人员名单（2015年9月24日）

李维江，男，71岁

王宝铮，男，63岁

王传忠，男，58岁

草庙王村座谈现场（2015年摄）

张子国，男，48岁

王涛，男，46岁

第二节　周闫村

周闫村位于桑梓店镇政府北偏西3千米，308国道北2千米，梓东大道（桑表路）西200米，是济南市新材料产业园鑫茂科技城北邻。村北1千米是小郑村、大郑村、北王堂村，村西北1千米是耿家村，村西南0.5千米是草庙王村，村东南隔梓东大道与北董村相望。

2015年全村土地213.1公顷，其中耕地159.76公顷，村居和非耕地53.3公顷。

居民均为汉族，全村有岳、刘、聂、楚、高、丁、于、李、赵、林10个姓氏。2015年全村共380户，1236人。全村80～90岁的18人；90岁以上的1人。

周闫村办公室（2015年摄）

一、村庄来历

清光绪三十年（1904年）《齐河县旧里图》标注该村为“周庄”，宣统元年（1909年）《齐河县旧乡区全图》标注该村为“周阎庄”，中华民国二十年（1931年）七月制《齐河县八大区乡镇总图》标注该村为“周闫”。

1990年版《齐河县志》记载周阎村的“来源”地是“山西”，“迁来时间”是“明永乐”，“始迁者姓氏”是“周、阎”。

据祖人传，明朝末年，山西连年大旱，蝗虫灾害严重，庄稼被损，老百姓把树叶、树皮都吃光，无法生存。宫廷官员带领灾民分路东移，寻求生路。当时周姓、阎姓两大姓氏来此定居，形成两个村落，一个在西，叫大周庄；一个在东，叫小阎庄：两村仅一路之隔。后因两姓无后或远走他乡，逃难者不断涌入，逐渐形成多姓人群居集地。据光绪八年即1882年修的《刘氏族谱》记载，“刘氏由大明成化年间自直省枣强县迁居山东青州，后由青州复迁居济南府齐河县城东北三十里周家庄，居住有年”。1949年新中国成立后在农业合作化时期两村合并，通称“周阎村”。

二、现任村干部

党支部书记：赵吉泉

党支部委员：丁祥玉　温连英　刘加柱　刘京岭

村委会主任：岳长洪

村委委员：温连英　丁祥玉

周闫村村干部合影（2016年摄）

周闫村党支部书记赵吉泉（2016年摄）

周闫村村委会主任岳长洪（2016年摄）

三、共产党员表

表20-3-4

姓名	性别	出生年月	民族	学历	入党时间
楚长富	男	1928.03	汉	小学	1952.07.01
聂振生	男	1937.09	汉	小学	1955.10.01
房庆兰	女	1935.11	汉	小学	1958.10.01
刘东友	男	1944.06	汉	初中	1965.07.01
王淑美	女	1946.03	汉	小学	1967.09.01
刘其顺	男	1947.01	汉	高中	1968.07.01

续表 20-3-4

姓名	性别	出生年月	民族	学历	入党时间
聂司祥	男	1949.12	汉	初中	1971.03.01
楚辛宝	男	1950.08	汉	小学	1971.07.01
聂司平	男	1951.05	汉	小学	1972.12.01
丁祥玉	男	1955.05	汉	高中	1977.07.01
丁林贤	男	1944.12	汉	初中	1977.07.01
聂司琪	男	1946.10	汉	初中	1977.08.01
赵吉泉	男	1960.02	汉	高中	1981.07.01
刘志强	男	1970.04	汉	初中	1991.07.01
温连英	女	1951.10	汉	初中	1993.07.01
刘东存	男	1958.09	汉	高中	1993.07.01
刘东贵	男	1954.11	汉	高中	1994.07.26
林玉齐	男	1974.11	汉	初中	1995.07.01
岳　民	男	1976.08	汉	初中	1997.07.01
刘京岭	男	1977.05	汉	初中	1998.12.01
刘加柱	男	1981.02	汉	初中	2001.07.01
楚立杰	男	1980.05	汉	初中	2003.06.01
楚志新	男	1973.08	汉	高中	2003.07.01
刘东军	男	1970.06	汉	初中	2003.07.01
赵洪生	男	1962.12	汉	高中	2004.07.01
高洪山	男	1970.06	汉	初中	2004.07.01
赵永志	男	1984.05	汉	中专	2005.10.01
苏丽华	女	1986.04	汉	高中	2008.04.03
王　艳	女	1987.01	汉	大专	2012.04.13
刘志文	男	1978.01	汉	初中	2012.09.07
楚廷刚	男	1990.05	汉	初中	2012.11.09
魏士杰	男	1990.02	汉	中专	2012.11.10
丁莹莹	女	1990.07	汉	大学	2014.01.06

四、历年参军入伍人员表

表 20-3-5

姓名	性别	入伍时间	立功情况	退伍回村时间	现单位或住址	现任职务
聂振明	男	1964.01		1969.12	周闫村	农民
刘东友	男	1965.01		1969.02	周闫村	农民
刘其顺	男	1968.03		1975.03	周闫村	农民
楚长城	男	1968.04		1973.02	周闫村	农民
聂司祥	男	1969.11		1975.03	周闫村	农民
楚新安	男	1969.03		1974.03	周闫村	农民
楚新宝	男	1969.03		1975.03	周闫村	农民
聂司平	男	1970.12		1976.03	周闫村	农民
岳长更	男	1972.12		1977.03	周闫村	农民
聂振平	男	1972.12		1977.04	济南市	
刘京仁	男	1973.01		1976.04	周闫村	农民
丁祥德	男	1975.01		1980	周闫村	农民
丁祥玉	男	1976.03	三等功 1 次	1983.12	周闫村	农民
赵吉泉	男	1978.12	三等功 1 次	1983.01	周闫村	农民
刘志刚	男	1989.3		1994.05	周闫村	农民
岳　民	男	1994.12	三等功 1 次	1998.12	济南市	
刘京岭	男	1996.01		1999.12	周闫村	农民
林玉齐	男	1996.01		1998.12	济南市	
赵洪军	男	1997.12		2000	周闫村	农民
刘加柱	男	1998.01		2000.12	桑梓邮局	农民
楚立杰	男	1998.12		2006.12	新疆	
赵永志	男	2002	三等功 1 次	2007	皇冠油墨公司	
聂克敏	男	2006	优秀士兵	2008	济南市	
楚廷刚	男	2008.12		2013.12	济南市	

五、历年考入高校人员表

表 20-3-6

姓名	性别	出生年月	考取院校	考学年份	所学专业	最高学历	现任职单位	家长姓名
刘付利	男	1973.10	山东政治学院	1993	法律	大学	山东天航律师事务所	刘其顺

续表 20-3-6

姓名	性别	出生年月	考取院校	考学年份	所学专业	最高学历	现任职单位	家长姓名
楚　晶	女	1993.01	哈尔滨工业大学	2012	锻造	研究生		楚新栋
聂丹丹	女	1993.01	山东农干学院	2012	食品检测	大专		聂培生
刘冬荣	女	1993.12	山东女子学院	2012	会计	大专	怀庄民办幼儿园	刘兆明
刘建豪	男	1995.04	烟台职业学院	2013	会计	大专	山东中钞集团	刘志刚
楚新雨	女	1996	烟台南山学院	2014	工程设计	大专		楚志军
刘　毅	男	1998.03	德州职业技术学院	2015	机电一体化	大专		刘京刚

六、四世同堂家庭表

刘京宝　岳长公　郑文英　聂培文
聂振生　聂司琪　王庆兰　聂世文
楚长富　聂司莲　聂司玉　刘付新
刘光兰　杜久兰　刘继刚　刘振华
赵金生　赵吉胜　刘桂兰　刘京文
王司英　林启祥

七、发展概览

1912 年，集资建校。周闫村的祖辈非常重视文化教育，新中国成立前周闫村是当地闻名的文化村，邻村如遇买卖土地书写地契、兄弟分家写分单、收养继承、婚丧嫁娶等都到周闫来聘请文人。那时候比较有名气的文人有聂武昌、刘丙森、刘东元、刘加祯、聂司利、楚学亮等。那时候村内有一条北通大郑、孙耿、表白寺，南达泺口的官道。民国二年（1912 年）在乡村绅士名人的组织下，富家出钱出料，穷家出力，在官道以东修建了一座学校。学校有 8 间房屋，大门朝南，校门上方挂有一横匾。匾长约 2 米，宽约 1 米，木板厚约 3 厘米。正中刻“初等学校”，右下方刻“民国贰年癸丑巧月上浣　穀旦”（七月七日是古代我国妇女向天上的织女星“乞巧”的月份，乞求织女使她们心灵手巧，所以农历七月称“巧月”；“上浣”即上旬；“穀旦”指良辰吉日），左下方刻有“阎庄公立”。此匾现存周闫小学。附近 11 个村的孩子都来这里上学。早期的教师有聂武昌、聂司利、刘兆禄、聂书昌、刘加祯等，新中国初期的教师有寇明德、程好美、任长金等。由于周闫有重视文化的传统，所以不管是历史上还是现在，村里当教师的比较多。

1945 年 12 月，随着附近聂团被击溃，周闫村获得解放。在此之前，刘安禄就加入中国共产党，组织先进青年成立小分队，维持治安，抗击地方民团反动势力，为上级党组织传递情报，为解放事业作出了贡献。

1949—1952 年，周村、阎村合并为周阎村，进行土地改革。进行土地改革并不是给村民平均分配土地，而是先让没有土地的穷苦农民分到土地；再划出部分土地分给军人家属，或者给军属宅基地以便让军人在部队安心保家卫国。

1951 年，政府号召治理黄河，把黄河由害河变为有利于人民的利河。治理黄河是关系百姓生存的大事，周闫人民积极响应，主动组织起来拆除 2 座寺庙，搜集百姓废弃石料，用大车为黄河加固堤坝捐送石料上百车，受到上级政府表扬。

1953 年，正式成立周闫村党支部，刘安禄任党支部书记，刘家忠、聂宜香任委员。从这一年起施行统购统销。

1954年，周闫村成立识字班和初中夜校，聘请文化人教村民识字，为农村青少年讲授文化、道德、历史等。扫盲班由聂司贤、聂世忠负责教识字；初中夜校由聂武昌教语文，刘加祯教数学。通过培训，全村青少年的文化知识水平有了很大提高。

1955年，全村成立4个互助组，参加户数达80户。在互助组内互相帮助互通有无，解决了当时刚分得土地农户的农具、牲畜不足的困难，但农具、牲畜等的权属不变。

1955—1956年，由互助组升级为初级社，全村成立了周闫东社、周闫西社2个初级社，刘加忠、高春玲分别任社长。这时候在社内农具集中使用，耕牛集中使用，农具、牲畜等的权属仍未改变。

1957年，周闫村的初级社又升级为高级社。这时候村民的农具、牲畜等不仅统一使用，而且作为财产全部归村庄这个大集体所有，由各生产队统一管理使用，但是也都分类进行了登记。

1958年，黄河发大水，百姓深知黄河水灾关系民生大计，黄河的安危直接危害人民的生命安全，自发捐送树枝、秸秆60余车，为抗洪抢险做了贡献。

1958—1959年，周闫村与大郑、小郑、北王堂成立联合大队。大队兴办木匠组，把几个村的二三十个木匠聚集在一起经营木业，给济南盛昌食品厂打制包装箱。木匠组还打制了大量的木轮小推车，村民们称“小木疙瘩车”，供妇女和十二三岁的小孩（那时候十二三岁的小孩就开始干农活了）推粪等用。这样的小车光周闫村就有好几百辆。木匠组存在了二三年。

20世纪六七十年代周闫村还开过油坊。三队油坊的碾盘直径有2米半，碾砣有1米半高。碾砣的中间凸起，主要用中间的部分碾压花生仁、大豆等出油。碾盘、碾砣都是花岗岩做的，不掉渣末。油坊靠牛拉动碾砣榨油，因为碾砣巨大沉重，牛绕碾盘一圈得较长时间。

1980年，周闫村实行土地联产承包责任制，农具、牲畜作价到户，部分土地分配到户。

1981年，土地全部分到户。

1982年，周闫村利用变电站占地的补偿款，在齐河县供电局的大力扶持下，架设高压电路25千米，让全村通了电。这在周北是第一个村。在施工中，农民出义务工200余个。通电后村里建了两处电磨，结束了村民到外村加工粮食的历史。春节前户户通电，高德华第一个买电视机，黑白的，14英寸。以后又有7户购买黑白电视机。聂振亮、于德平又买了彩电。

1988年，土木结构的老学校门窗小、室内暗，部分教室已成危房。而且生源不断扩大，房少人多，一个学校被迫在村东、老学校、老油坊三个地方安排教学，从管理到教学都很不方便，改善教学条件迫在眉睫。在党支部一班人的带领下，学校确定了迁址改建方案：拆除旧学校，能用的料物重新利用；各小组抽调木工，义务为建校安装房架。村干部到大王乡（今大桥镇）找刘兆太贷款1.6万元，各生产小组捐献木料，党支部成员不计报酬参加劳动。两个月内建教室、办公室共31间。大郑、小郑、北王堂各提供2套写字台和椅子，周闫村提供4套，配齐了办公用品，调动了教师的积极性，提高了教学质量。

2000年，响应政府号召建造冬暖式大棚，发展蔬菜种植，增加村民收入，一个月内建大

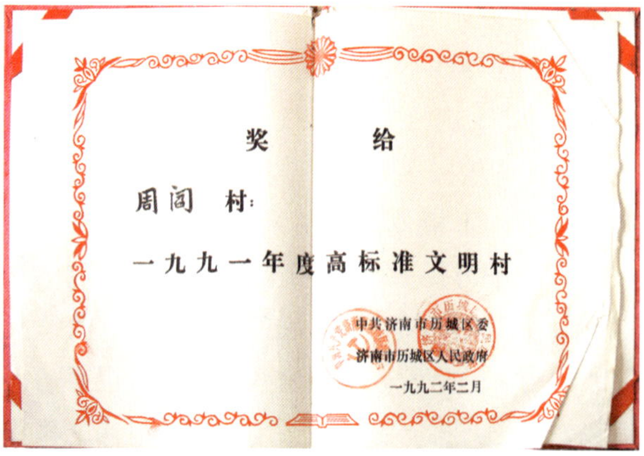

棚19个，由于那年西红柿价格贵，当季收回建棚成本。

2001年，为解决村民出行难的问题，从历城钢厂拉来废料铺设村内东西钢渣沙石路1.5千米。

2002年，在沙石路的基础上铺设水泥路1.8千米。村民自发组织起来在村南、村东北、村西北、村西南等地联合打井。由于一口井出水量相对较少，参与的户数不太多。

2004年，村内修4米宽水泥路。

2005年，全村统一安装来自鹊山水库经自来水公司统一净化的自来水，结束了祖祖辈辈喝井水的历史。

2006年，天桥区教育局在周闫村选址修建标准化教学楼一座，周闫村无偿提供了2公顷土地。

是年，建村办公室1处，2层楼房，共10间，改善了办公条件。农家书屋、桑梓店镇服务园区指挥部也设在这里。

2012年，铺设村东向北的400米水泥路。

2014年，村民集资注册济南市千锤商贸有限公司。

2015年周闫村土地面积159.73公顷，平均亩产1000千克。有冬暖大棚8个，面积0.8公顷，年收入约30万元；深水藕池面积0.67公顷，年收入约8万元。全村有400多人外出打工或经商。全村总收入959.6万元。

周闫村有1家环保水净化设备有限公司，制造水净化器，年收入约80万元。

周闫村有2家加工铝合金门窗，承建钢结构厂房、仓库、临时住房；有1家经营电气焊，承接焊接工程，制作农用大门；有1家安装自来水，承接水安装、水管道维修等业务；有2家经营广告设计、广告牌设计加工安装业务。年收入共约90万元。

全村有吊车2台，铲车2台，小型挖掘机2台，渣土运输车5辆，轿车、面包车200多辆。有20户建起2层楼房。

八、附 记

民国《齐河县志》记载："闫、阎氏，望太原。姬姓。周昭王少子封于阎城。又唐叔虞之后，食采于阎，子孙以邑为氏。阎闫本一字，今分为二。"

村内曾有两座寺庙。村东头为土地庙，人称阎家庙，在现在岳长让大门的东边。官道以西、村中东西路以北是关帝庙，在现在丁祥海门前，有3间屋，前面出厦。关帝庙前挂有一个大铁钟，足有100多千克重，撞钟时发出的声音在1千米之外都能听到，大钟当时为集中民众、抵抗外侵、防盗防火、紧急救援等起到了重要作用。1951年，两座庙被拆除去加固了黄河大坝。

现在村东岳长洪养藕的湾就是历史上的阎家湾。阎家湾是由两个小湾组成的，中间有一条东西向的道路。道南湾里的鱼很多，一大片一大片的，奇怪的是那些鱼都是红色的；而道北的湾里有大片的苇子，湾里的鱼也很多，但都是青色的，像黑鱼、鲶鱼等。那时候的鱼很大，半米长的鱼就很多，有的村民扎起筏子下去捞鱼。1961年天降大雨，道南道北的湾联在了一起，但是红鱼一个也没有了，苇子也没有了——大概让黑鱼、鲶鱼之类给吃光了。

村中存《楚氏族谱》《刘氏族谱》。存1913年村办小学木制匾额。

20世纪50—60年代，周闫村的民间艺人唱吕剧、四平调，演出的剧目有《夺印》《姊妹易嫁》《墙头记》《挑女婿》《龙凤面》《小姑贤》《箭杆河边》《李二嫂改嫁》《社长的女儿》等，1964年演出的《三世仇》在齐河县获奖。当时的演员有赵金梁、赵金美、赵金明、刘家营、赵金生、李长贵等。李长贵没有文化，但是演反面角色很出色。林其常演奏二胡的水平很高。1970年以前村里有高跷队，刘德功扮演孙猴。2016年村里有3处健身广场，村民经常在那里

周闫村楚氏族谱（2015 年摄）

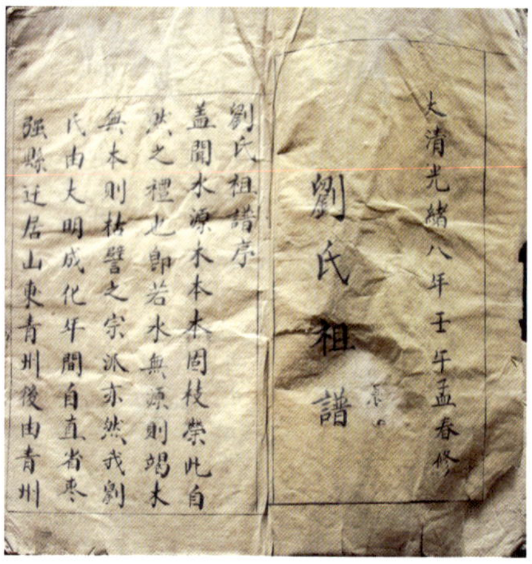
大清光緒八年壬午孟春修

劉氏祖譜

劉氏祖譜序
蓋聞水源木本固枝榮此自
然之理也即若水無源則竭木
無木則枯譬之宗派亦然我劉
氏由大明成化年間自直省棗
强縣遷居山東青州後由青州

周闫村刘氏族谱（2015 年摄）

开展文娱活动，每晚都有村民跳广场舞。

1965—1970年在上级大搞水利建设号召下，把土地规划成方，每 50 米就有 1 条田沟，形成排灌网络。1980—2014年，村集资修建桥涵13处，充分利用黄河水改善灌溉条件，为农民增收奠定了良好的基础。

2000 年前，村与村之间全部是土路。2004 年村内修水泥路，为百姓出行提供了很大方便。同年村南工业园修了柏油路。2012 年原桑表路提升为水泥路。2013 年村南工业园路提升为双向 6 车道，济南公交车在周闫村范围内设有两个停车站点，大大方便了货物运输和村民出行。

村史座谈人员名单（2015 年 10 月 21 日）

楚学亮，男，71 岁

聂思琪，男，70 岁

岳长让，男，69 岁

刘吉安，男，61 岁

丁祥玉，男，61 岁

岳长洪，男，35 岁

周闫村座谈现场（2015 年摄）

第三节　后房村

后房村位于桑梓店镇政府西北 5 千米，308 国道以北，南依耿家村，东靠北王堂村，北接齐河县表白寺镇老聂村，西近齐河县经济开发区狮子刘管区陈庄。

2015 年全村土地 131.3 公顷，其中耕地面积为 98 公顷，村居占地 19.3 公顷，非耕地（包

后房村办公室（2015 年摄）

括生产路、排水沟、湾坑和无法耕种的土地等）14 公顷。

村民均为汉族，有郝、聂、韩、罗、李、房、温、刘、郑、华、任、陈、张 13 姓氏。1949 年有 95 户，421 人。2015 年有 3 个村小组，共 136 户（其中房姓 39 户、韩姓 19 户、郝姓 18 户、李姓 16 户、陈姓 11 户、聂姓 10 户、罗姓 8 户、张姓 7 户、刘姓 3 户、温姓两户、郑姓 1 户、华姓 1 户、任姓 1 户），计 570 人。其中男性 274 人，女性 296 人。80～90 岁的 11 人，90 岁以上的 1 人。

一、村庄来历

房姓祖先于明初洪武年间自青州府益都县迁来，原叫北房庄，后改为后房庄。新中国成立后曾划为齐河县第六区耿家乡后房村。

清道光十七年（1937 年）的《房氏二次续修谱序》记载："自明初洪武年间自青州府益都县徙居齐邑北后房庄繁繁衍衍"。

清同治十二年（1873 年）的《房氏三次续修谱序》记载："北房庄系老庄，为第一支，从此迁出者皆附其后；西房庄为第二支，从此迁出者皆附其后；顾家沟（今齐河县祝阿镇城关管区谷坊村），《齐河县农村简志》载"1965 年，顾家沟和小房庄重新合成一个大队，改名顾坊村。后'顾'写成'谷'为第三支，从此迁出者亦皆附其后。"

中华民国二十九年（1940 年）的《房氏四次续修谱序》记载："吾房氏占籍于齐河已七百余岁矣……世祖　讳　正　在明洪武间自青州府益都县迁于齐河县东北乡四十里居焉，即今之后房庄也。至五世兄弟三人长云凤、次云霄、三云汉，云凤又自后房庄迁于城西八里居之，名西房庄；其次子机再自西房庄迁于顾家沟。"

《房氏族谱》记载："一世始祖　讳　正　明洪武间自青州府益都县迁居齐河县城东北四十里今房家庄，配蒲氏、亓氏、李氏，子四人。"

二、现任村干部

党支部副书记：罗吉河　党支部委员：郑艳红

村委会主任：房庆利，主持村全面工作

村委委员：郑艳红　罗吉河

后房村村委会主任房庆利（2016 年摄）

后房村村干部合影（2016 年摄）

三、共产党员表

表 20-3-7

姓名	性别	出生年月	民族	学历	入党时间
陈玉德	男	1934.12	汉	小学	1963.04.01
郝祥之	男	1947.11	汉	初中	1964.03.01

续表 20-3-7

姓名	性别	出生年月	民族	学历	入党时间
陈金河	男	1947.07	汉	小学	1968.09.01
郝如之	男	1936.01	汉	中专	1971.08.01
房永芳	男	1952.12	汉	初中	1974.02.01
崔光秀	女	1957.08	汉	初中	1977.01.01
房安平	男	1955.06	汉	初中	1978.06.18
韩孝金	男	1956.08	汉	初中	1978.08.01
韩孝增	男	1966.10	汉	初中	1984.10.01
房安智	男	1971.01	汉	初中	1991.03.01
李长安	男	1955.08	汉	初中	1993.04.01
李永祥	男	1973.10	汉	初中	1993.10.01
张振华	男	1952.07	汉	初中	1994.07.01
韩孝良	男	1967.04	汉	初中	1994.07.01
李永波	男	1979.01	汉	初中	1997.09.01
李永刚	男	1978.06	汉	高中	1999.10.01
聂培胜	男	1982.09	汉	高中	2004.11.01
罗　震	男	1984.08	汉	大学	2004.11.10
罗吉河	男	1953.12	汉	初中	2005.11.01
罗吉生	男	1962.09	汉	高中	2005.11.24
房安新	男	1967.12	汉	初中	2005.11.24
房庆利	男	1975.08	汉	中专	2006.11.23
房庆河	男	1964.06	汉	初中	2006.11.23
郝向贵	男	1977.11	汉	中专	2006.11.23
郑艳红	女	1976.09	汉	初中	2008.12.20
房安勇	男	1964.10	汉	高中	2008.12.20
聂培义	男	1978.12	汉	大专	2010.12.11
房建华	男	1986.11	汉	中专	2010.12.11
房芳芳	女	1989.08	汉	大专	2012.12.27

四、历年参军入伍人员表

表 20-3-8

姓名	性别	入伍时间	立功情况	退伍回村时间	现单位或住址	现任职务
陈玉德	男	1953	三等功 1 次	1957	后房村	
陈金河	男	1969		1970.01	后房村	
韩孝良	男	1985		1988	后房村	
罗殿明	男	1989.12	三等功 2 次 武警总队优秀干部		天津武警指挥学院	正营
李永祥	男	1990		1998	后房村	
房庆涛	男	1992.12	三等功 1 次	2015.01	济南交警	
李永刚	男	1998.12		2000	后房村	
任春华	男	1999			云南大理空军后勤医院	院长
房洪廷	男	2002.12			吉林白城森林武警	

五、历年考入高校人员表

表 20-3-9

姓名	性别	出生年月	考取院校	考学年份	所学专业	毕业去向	最高学历	现任职单位	现任职务	家长姓名
郝向柱	男	1970.05	上海旅游学校	1992	餐饮	济南	本科	山东科文信息公司		郝祥之
房庆山	男	1977.08	华东政法学院	1996		济南	本科	槐荫公安分局	副处	房永之
韩杰涛	男	1979	山东大学威海分校	1997	政法	济南	大专	市卫生局	科长	韩孝芹
韩杰民	男	1981	山东大学	2001		济南	本科	济南山水水泥厂		韩孝华
罗　震	男	1983.08	山东财政学院	2002	国际商务	上海	本科	上海科技集团	经理	罗吉生
韩　旭	男	1986	滨州医学院	2004	临床	济南	大专			韩孝良

六、四世同堂家庭名单

郝禄之　罗　勇　聂司祯　韩孝文
王吉美　李树振　房庆祥　房庆森
房庆兴　郭君元　华西良　房永忠
张明德　张士英

七、发展概览

1949 年，温希贵加入中国共产党，是后房村第一名共产党员。

1954 年，成立互助组。

1955 年，成立农业初级社。

1956 年，与耿家村、前房村组成高级社。

1958 年，加入人民公社。

后房村老屋（2015 年摄）

1962 年，建立了后房村党支部，当时只有韩忠谦、房庆岭、温希贵 3 名共产党员。

1980 年，实行实行家庭联产承包责任制，农民逐步富了起来。

1986 年，村里通上电，家家户户照上明，看上了电视节目。

1988 年，村西淤地 80 公顷。当时韩忠谦、房庆岭二人多次跑德州水利局、齐河县水利局、表白寺镇政府、老聂村党支部等部门和单位，终于得到上级和各部门的支持，利用 5 年的时间用黄河水将村西 80 公顷十年九淹的不毛之地淤高一米半变成吨粮田。

2006 年，把村小学改为村办公室，有 6 间屋，各种设施齐全。

2016 年，有一个村民小组人均 0.2 公顷地，有两个组人均 0.13 公顷地。粮食平均亩产 1000 千克。2015 年玉米高产，有的亩产 700 多千克。年产粮食 1470 吨、经济作物 60 吨，养殖、加工制造、经商、外出打工等年总收入 400 万元。全村有收小麦的联合收割机 2 台，收玉米的联合收割机 1 台，旋耕地的大型拖拉机 5 台，大小型货车 9 辆，大型挖掘机 2 台，小型挖掘机 4 台，轿车 66 辆，面包车 17 辆。有 1 户建起 2 层小楼。

八、附　记

后房村民风淳朴善良。村委会是原先的学校，临街的窗户从来没有破过。即使不锁大门也不丢失东西。

历届村领导都尊重知识，尊重人才，尊师重教，村里的孩子几乎年年有考上大学的。

各小组自己安排红白事。白事街坊吃大锅菜，给客人安排酒席。

2006 年修通往耿庄的路，村民房安永捐款 1000 元。

《房氏族谱》摘要：

族规二十条

按时讲明祖训，正朔礼拜祖庙。世议公明族长，立社积财公用。珍爱祖宗器，速完国家租赋。子弟禀命父兄，新贵虔祭族祖。新贵施资修庙，同族奖助新贵。婚丧同力相周，盗火同力相救。严谨闺门，禁绝邪匪，专务耕读。富贵振恤孤贫，贫困勿流下贱。戒子弟私积分居，戒儿孙出继他族。婚娶切忌僭侈，祭葬贵称有无。同族不得构讼，同姓不得结婚。敬听族长处断。

十　法

一要端正心术，二要谨慎言行，三要敦重人伦，四要教训儿孙，五要礼殡父母，六要婚配子女，七要苦读诗书，八要勤劳耕织，九要节俭财用，十要和睦家党。

后房村房氏族谱（2015 年摄）

十 戒

一不可置身污贱，二不可听信邪教，三不可逞凶打架，四不可气忿告状，五不可轻入博场，六不可乱行奸淫，七不可贪财窃盗，八不可酗酒败德，九不可习学子弟，十不可损人利己。

治家格言要略

传家要传耕读家，教子要教孝弟子。立心要立无我心，为人要为得数人。处事要处光明事，作谋要做埋法谋。交友要交强吾友，托人要托知心人。做官要做清廉官，应差要应体段差。取财要取应得财，济众要济无倚众。居里要居仁厚里，种地要种有粮地。学术要学尊重术，使仆要使老诚仆。

富贵休骄傲，贫穷休谄媚。亲厚休情短，闲谈休论非。危难休加恨，仇冤休种心。婚姻休破离，集市休久恋。衙门休轻入，美酒休醉甚。女色休妄贪，知过休惮改。怀善休夸伐，旧恶休重念。亲老休远游，居丧休乐歌。持家休妄费，见面休折端。祀事休替代，动静休轻躁。

村史座谈人员名单（2015 年 10 月 14 日）

陈玉德，男，82 岁

房庆祥，男，80 岁

郝禄之，男，80 岁

房庆元，男，75 岁

韩孝文，男，74 岁

张振华，男，64 岁

罗吉河，男，61 岁

房庆利，男，40 岁

后房村座谈现场（2015 年摄）

第四节 大郑村

大郑村位于镇政府北偏西 4.3 千米，308 国道北 3 千米。庄西与济聊高速相邻，庄南 1 千米是鑫茂齐鲁科技城，庄东是桑表路，庄北是北王堂村。

大郑村大街（2015 年摄）

2015 年，全村土地 44 公顷，其中村址占地 6.7 公顷，耕地 37.3 公顷。居民均为汉族，有刘、芦、郑 3 个姓氏。1981 年分 2 个村民小组。全村共 73 户（其中刘 68 户、芦 4 户、郑 1 户），计 280 人。80～90 岁的 8 人，90 岁以上的 1 人。

大郑村办公室（2015 年摄）

一、村庄来历

1990 年版《齐河县志》记载大郑来源于河北枣强，迁来时间是明朝永乐年间，始迁者姓氏是郑姓。

据传在 300 年前，有郑氏祖先从河北枣强迁来，来了兄弟两个，在此立村繁衍。后来兄弟俩分成两家，分居两处。因为没传下名字，便根据长幼分别称作大郑、小郑，因此就有了现在的大郑村、小郑村。

新中国成立前郑氏家族大都外出逃难流落他乡，现只剩一户。

据刘书先讲，刘家有家谱，但在“破四旧，立四新”（“破四旧”指的是破除旧思想、旧文化、旧风俗、旧习惯。“立四新”就是立新思想、新文化、新风俗、新习惯）时多遭破坏，目前只有安庄还保存着刘氏族谱。他根据自己的记忆说刘氏族谱记载刘氏祖先最早从河北枣强的万家庄来到本村和大漠刘，之后又有人迁徙到德州市齐河县表白寺镇的孙耿村、禹城市的昝坊村和本镇的北王堂、安庄、袁贾等村。刘氏的祖坟在村西北，在刁庄以西，距大郑村2里多地。那里曾经有四五棵大松柏，都一搂多粗。在清明和阴历的“十月一”两个重要的祭祖日，孙耿的刘姓和本村的刘姓一天在此祭祀，另一天到孙耿祭祀。新中国成立前曾经处理老坟地的松柏，往往分给各家一段树，供制作木筲用。20世纪60年代初，为了帮助族人度过灾荒，村里的刘姓又处理坟地的松柏，根据宗族的支股和家庭的人数按照比例分钱，刘书先家分了40多元。

二、现任村干部

党支部书记：刘学刚

党支部委员：刘岗先　刘学庆

村委会主任：刘　勇

村委委员：刘学海　刘从姗

大郑村村干部合影（2016年摄）

大郑村村党支部书记刘学刚（2016年摄）

大郑村村委会主任刘勇（2016年摄）

三、共产党员表

表20-3-10

姓名	性别	出生年月	民族	学历	入党时间
刘岗先	男	1965.12	汉	高中	1995.08.01
刘　勇	男	1964.07	汉	初中	1995.08.01

续表 20-3-10

姓名	性别	出生年月	民族	学历	入党时间
刘学刚	男	1965.08	汉	中专	1995.08.16
郝胜男	女	1964.07	汉	高中	2006.07.01
刘文明	男	1987.10	汉	初中	2008.06.30
刘文广	男	1987.08	汉	初中	2010.04.02
刘学庆	男	1974.09	汉	初中	2010.04.03

四、历年参军入伍人员表

表 20-3-11

姓名	性别	入伍时间	退伍回村时间	现单位或住址	现任职务
刘学连	男	1974	1979	大郑村	务农
刘付先	男	1970	1980	大郑村	去世
刘美先	男	1972	1976	大郑村	去世
刘春权	男	1980	1985	辽宁	
刘学海	男	1981	1983	大郑村	务农
刘志亮	男	2002		军校	现役
刘 宇	男	2015			现役

五、历年考入高校人员表

表 20-3-12

姓名	性别	出生年月	考取院校	考学年份	所学专业	毕业去向	最高学历	现任职单位	现任职务	家长姓名
刘 生	男	1974	湖南株洲铁路电机学校	1992	电机	济南	大专	中车山东公司		刘学连
刘志华	男	1981	重庆大学	2000	进排水	济南	大学	天桥区北村办事处	办事处主任	刘付先
郑元富	男	1983	济南大学	1999	铁路	济南	大专	济南铁路大厂		郑书平
刘文玉	女	1985	德州学院	2003	新闻	济南	大专	山东青年报社	记者编辑	刘学虎
刘传忠	男	1989	德州学院	2008	机电	唐山	大专	京唐钢铁公司		刘 强
刘俊河	男	1989	吉林大学	2008	计算机与科学技术	北京	大学	北京国家信息安全研究中心		刘同先

六、四世同堂家庭名单

刘书先　刘顺先　刘春英　王庆兰　张志兰　聂司荣　刘希山　刘泽先　姚万俊

七、发展概览

1949年新中国成立后成立互助组，全村由刘学礼任互助组组长。后来又有集体合作社，在大郑村成立了一个大的代销社，建立了村党支部。刘学礼任第一届党支部书记。

大郑村老屋（2015年摄）

1960年，遭遇自然灾害。

1981年，实行家庭联产承包责任制。

1987年，村里通电，安装了村里第一部电话。

2005年，在上级的扶助下修建了村中水泥路，长1200米，宽4.5米。

大郑村房顶晒玉米（2015年摄）

2006年，建村两委办公室，占地350平方米，有7间房，会议桌1套，办公桌1套，学习桌10张，电脑1台。

2008年，每家出200元其余政府补助搞沼气，新建沼气池50个；统一安装太阳能热水器；旱厕改成水冲厕所，改厕率达到100%。

2014年，结合政府的美丽乡村建设，在各个部门的支持下修建了广场、公厕，硬化了胡同，成为全镇前6名的先进村。

2014年12月29日，大郑村成为新增省级文明村。

2016年，全村有载重10吨以上的物流货车6辆，轿车20辆，面包车10辆。小麦和玉米单产950千克。有100人外出打工，平均每人每月收入3000元。有4户住上2层的楼房。

大郑村新居（2015年摄）

八、附　记

庄东有一处大湾，南北长200米，东西宽50米，取名河沟湾，现在村委会在里面养鱼。湾南曾经有一块石碑，现在不知去向。

刘希静曾经是聂团聂胡子的管家，负责其内政外交。大郑学校的教师赵志昌——地下共产党员和另一个共产党员白子英被聂团逮捕，刘希静设法救了他们，并请到家中款待。新中国成立后赵志昌成为齐河县领导，刘希静归案入狱。赵志昌向有关部门讲明情况，刘希静受到宽大处理。

新中国成立前大郑、小郑、北王堂三个村都建了学校，但是师资缺乏，只有北王堂有个教师——杨玉之。经过协商，最后学生都到大郑的学校读书，杨玉之到大郑教学。学校有4间北屋，后来三个村凑钱凑物又接了一间房，有4个年级。大约在1994年学校并入周闫小学，后来一度成为村办公室。现在校址犹存。

大郑村开展了平安大郑创建活动，治保调解组织制度健全，社会秩序和谐稳定，无影响恶劣的村民纠纷，无黑恶势力，无邪教和非法宗教活动。农民养老和医疗保障达到先进水平，全村工作有序开展，新农村建设展现出良好局面。新中国成立以来一直没有刑事犯罪。连续24年没有计划外生育。

白事大家都吃大锅菜，十几年一直禁止吹拉弹唱等铺张浪费现象，不披麻戴孝一律戴黑纱。

村史座谈人员名单（2015年9月28日）

刘金先，男，84岁

刘书先，男，77岁

刘　勇，男，52岁

刘学刚，男，51岁

刘学海，男，51岁

大郑村座谈现场（2015年摄）

第五节　北王堂村

北王堂村位于镇政府北4.6千米，建邦大道以西。聚落呈长方形，有东西主街一条。

北王堂村紧靠公路（2015年摄）

2015年全村土地37.3公顷，其中耕地32公顷，非耕地和村落占地5.33公顷。

村民均为汉族，有杨、张、刘、聂4个姓氏。全村共70户，计260人。80岁以上的6人。

北王堂村办公室（2015年摄）

一、村庄来历

1990年版《齐河县志》记载，明朝末期王氏最早从河北枣强迁此建村定居。修有祠堂，故名王家堂。因南有张王堂村，在“文化大革命”期间前加方位以区分，现名逐渐被叫开。

二、现任村干部

党支部书记：杨金旺

党支部委员：杨学强　张玉福

村委会主任：杨金旺

村委委员：王双玲　杨金山

北王堂村村干部合影（2016 年摄）

北王堂村村党支部书记、村委会主任杨金旺（2016 年摄）

三、共产党员表

表 20-3-13

姓名	性别	出生年月	民族	学历	入党时间
刘希宝	男	1946.08	汉	小学	1973.04.01
杨德海	男	1946.05	汉	小学	1973.10.01
杨金和	男	1955.04	汉	初中	1975.07.01
杨金旺	男	1953.12	汉	大专	1986.07.01
张玉福	男	1948.07	汉	初中	1986.07.01
杨学国	男	1977.02	汉	大专	1996.07.01
韩长春	女	1951.01	汉	初中	1997.07.01
杨学强	男	1978.07	汉	高中	2005.12.10
杨　杰	男	1981.02	汉	高中	2005.12.10
杨学波	男	1980.07	汉	高中	2008.10.08

四、历年参军入伍人员表

表 20-3-14

姓名	性别	入伍时间	退伍回村时间	现单位或住址	现任职务
杨德贵	男	1964	1968	北王堂村	村民
杨希孔	男	1964	1970	北王堂村	村民
杨德成	男	1964			退休
张务元	男	1964		历城党校	

续表 20-3-14

姓名	性别	入伍时间	退伍回村时间	现单位或住址	现任职务
张中明	男	1965	1972	北王堂村	村民
杨金河	男	1970	1975	北王堂村	村民
杨学明	男	1990	1994	辽宁盘锦市	
张金国	男	1994	2000	重汽济南分公司	工人
杨学国	男	1994	1996	北王堂村	村民
杨金庆	男	1995	1998	北王堂村	村民
杨学强	男	1996	1998	北王堂村	村民
杨学智	男	1996	1998	北王堂村	村民
张玉喜	男	2015			现役

五、历年考入高校人员表

表 20-3-15

姓名	性别	出生年月	考取院校	考学年份	所学专业	最高学历	现任职单位	现任职务	家长姓名
杨学锋	男	1978	济南师范学校	1995		大专	周闫小学		杨金平
杨学祥	男	1985	德州学院	2007	哲学	博士			杨金海 聂丕英
杨学云	女	1985	滕州学院	2003	教育技术	大专	桑梓小学		杨金宝
聂盟盟	女	1989		2007		大专	周闫小学	教师	聂丕银
杨　凯	男	1989		2011	建筑	大专	济南三建公司		杨金友
刘培培	女	1991	济南大学	2013	财经	研究生		律师	刘海先
聂明明	女	1992	聊城大学	2009		研究生		教师	聂丕银
杨学秀	女	1993		2009	财经	大专			杨金泉
杨冬冬	女	1993		2014	财经	大专			杨金科
杨娜娜	女	1993		2014	财经	大学			杨金峰
刘文文	女	1993		2014	财经	大专			刘付先
张玉楠	女	1995	济南大学	2010	财经	大学			聂　军
杨学鹏	男	1996	德州科技学院	2015	汽车	大学			杨金山

六、四世同堂家庭名单

刘桂兰　高金兰　刘文平　刘相珍

荆吉俊

七、发展概览

1988 年，北王堂村输电。当时周围各村都已经用上了电灯，但北王堂是全镇有名的烂摊子，各项工作都在全镇倒数第一，人称“北大荒”“烂王堂”，村里到银行贷款都贷不出来。银行主任开玩笑说“我不贷给你款，你就输不上电”。时任文书杨金旺勇于担当，先组织村民集资近2万元，又坐着别人的嘉陵摩托四处借钱。由于冬天路远，有时候到了那里冻得几近下不了车，终于借到了2万多元。没有电线杆，就派村民二人一辆地排车到晏城拉来11根。修建配电室，杨金旺亲自上去垒墙，由于抱杆倾倒楼板砸倒砖墙差点被砸死。在腊月二十八安电完工各家亮灯的那天，杨金旺特意请银行主任来家里喝酒，银行主任以油灯不亮为由拒绝。杨金旺坚称是在电灯下喝酒，银行主任好奇地骑自行车前来，发现确实通了电亮了灯，肃然起敬，承诺年后第一批贷款就给北王堂。

1993年，北王堂村通公路。原先村里村外都是弯而窄的蛐蜒路，就连村中心道也是一条坑坑洼洼的土路，一到雨天，人们的出行就是个很大的问题。为解决这一难题，杨金旺决定集资修路。他多方筹措资金，组织村民出义务工，带领群众齐心协力把村中心道修成了了一条平整的钢渣路，并直通桑表路（今梓东大道）。既方便了村民出行，也改变了村庄的形象，成为一条名副其实的“民心路”。

1999年，北王堂村全村户户通自来水，是全镇第一个。村里井水苦咸，村民四处找水打井。最后在村东1里发现一口旧井，村民称挖不上土来无人下井。支书杨金旺亲自下井，挖了1天才淘好井。那天镇上干部有事进村找支书，找到井边看到支书正在井下淘井，回去向镇领导汇报，镇领导在大会上予以表扬。为让北王堂的村民吃上放心的自来水，他先去其他乡镇学习研究，又找来专业人员设计自来水管道，那些日子，他和村民日夜挖管道。时任镇党委书记、镇长亲自带记者来采访，《济南日报》《济南时报》曾予以报道。

2005年，修水泥路。钢渣路年久破旧，杨金旺经全体村民同意，利用高速公路占地的补偿款，投资10万元把通往建邦大道的土路改建成6米宽的水泥路。同时，在中心路两旁栽种树木搞绿化，铺设花砖搞硬化，供村民在闲暇时间散步，成为一道新风景。同年，在村中心修建健身广场，供村民强身健体。

2006年，北王堂村与全镇其他村一起用上鹊山水库的自来水。

2007年，北王堂村整修硬化美化约有0.67公顷水面的村中心大湾北岸。

2013年11月，北王堂村被山东省人口和计划生育委员会、山东省计划生育协会评为计划生育群众自治示范村居。

2013年12月，北王堂村被山东省精神文明建设委员会办公室评定为省级文明村。

2014年，硬化美化村中心大湾东、西、南岸；硬化各条胡同；沿中心路铺设新花砖，新栽绿化树；改造村内中心湾健身广场。

联合大郑、小郑两村修建通往大郑、小郑的水泥路。

2016年，进行“连片治理”。

村办公室占地380平方米，有会议室、图书室，电脑、电视及远程教育设备。

全村有大型收割机3台，大型货车5辆，轿车30辆，小型面包车2辆，大型面包车1辆。

画中画——北王堂（2015年摄）

八、附 记

农民住宅过去都是土房，现在都是砖瓦房，全村布局合理，规划整齐。2016 年村内没有人建楼房，但有不少人家在济南市区或桑梓店镇政府驻地购买了楼房。

北王堂村连续 30 年无刑事案件。连续 33 年未出现计划外违法生育，多次被市委、市政府嘉奖。

村史座谈人员名单（2015 年 9 月 16 日）

张玉福，男，67 岁

杨金旺，男，62 岁

杨金良，男，59 岁

杨金山，男，43 岁

北王堂村座谈现场（2015 年摄）

第六节　耿家村

耿家村位于桑梓店镇政府西北 6 千米，南靠青银绕城高速公路，西边以一条小河与前房村为界，向北 400 米处是后房村，村东北 1 千米是大郑村。

原先耿家村的土地很多，刚解放时有 133.3 公顷。1958 年农业生产搞“大兵团作战”，土地都归集体，刮共产风，吃大锅饭，说不定哪一天就搬家并村，各村和村民都不重视土地的所有权。于是本来耿家村的土地离附近哪个村近就任由哪个村耕种，当年前房村就种了耿家村的一些地。1959 年又划给齐河县孙耿林场一些地。因高速公路、高速铁路等国家项目占用土地，村中 2015 年有土地 78.7 公顷，其中宅基占地 8 公顷，非耕地 8 公顷，耕地 62.73 公顷。

耿家村村中大街（2015 年摄）

村民皆为汉族，有耿、王、赵、张共 4 姓。1948 年有 60 户（其中耿姓 29 户、王姓 28 户、赵姓 2 户、张姓 1 户），400 人。2016 年有 180 户，640 人。80～90 岁的 16 人，90 岁以上的 3 人。

耿家村办公室（2015 年摄）

一、村庄来历

《齐河县志》记载，耿家村人明初来自河北枣强，始迁者姓氏是“耿”。清光绪三十年（1904 年）由济南鲁雅斋印刷局承印的《齐河县旧里图》标注该村为“耿庄”，宣统元年（1909 年）《齐河县旧乡区全图》标注该村为“耿鼎庄”（“鼎”该是“丁”之笔误），中华民国二十七年七月制《齐河县八大区乡镇总图》标注该村为“耿丁”庄，中华民国二十七年七月制《齐河县最近学区图》亦标注该村为“耿丁”庄。村民称丁姓、耿姓祖先由河北枣强迁来，取名耿丁庄。后来村中渐渐没有丁姓人家，逐渐演变成耿家村。

现在村委会西边的健身广场曾经是新中国成立前的老学校，占地约300平方米，有3间北屋2间西屋，1名老师。聂武昌、张伍昌曾经是学校的教师。现在70多岁的人当年在那里读过书，读的当然都是《三字经》《百家姓》等私塾。老人们都记得那时候学校大门上方的匾额上写着“耿丁庄小学”。

新中国成立前村西头有座1间屋大的庙，庙的功德碑上也刻着“耿丁庄”。

而作于光绪二十年（1894年）的《王氏族谱·序》记载：“余族溯厥伊始原籍枣强，大明时迁于齐邑丁耿庄。国朝初因遭兵火族谱失迷，故余族自真、宪二祖以前皆无可考，嗣后复各散处。二世叔祖　讳　定邦、振邦者迁于蔡家庄，三世叔祖　讳　举者迁于孙耿镇，迄今二百余年……李家岸赵家庄连次决口，平地水深丈余，沙与水平，田舍树木一扫而空。呜呼，水劫之余，复继以瘟疫，当此之时已人伤大半矣！……”《王氏族谱》成书于民国三十三年（1944年），其开篇即为：“一世始祖　讳　真，字复初，行一，配马氏，子三人——尚儒、尚功、尚德。先世自枣强县迁齐河县东北孙耿镇南丁耿庄居焉。清初遭于兵燹，谱牒迷失，故失传数世，仅就真、宪两祖兄弟为始云。”

二、现任村干部

党支部书记：王恩胜

党支部委员：耿希亮（副书记）　王朝才　耿希美

村委会主任：王恩胜

村委委员：王银芳　谢红霞

耿家村党支部书记、村委会主任王恩胜（2016年摄）

耿家村村干部合影（2016年摄）

三、共产党员表

表20-3-16

姓名	性别	出生年月	民族	学历	入党时间
王朝才	男	1940.10	汉	小学	1963.04.01
耿书友	男	1938.10	汉	小学	1964.05.01
耿书香	男	1938.06	汉	小学	1965.03.01
王朝群	男	1946.04	汉	初中	1966.05.01
耿希亮	男	1940.11	汉	小学	1967.03.01
耿兴之	男	1950.12	汉	初中	1970.05.01
耿希美	男	1948.11	汉	初中	1972.03.01

续表 20-3-16

姓名	性别	出生年月	民族	学历	入党时间
耿荣之	男	1948.05	汉	小学	1972.03.01
王京顺	男	1952.05	汉	高中	1973.06.01
王京奎	男	1954.03	汉	初中	1973.10.01
王若勇	男	1966.09	汉	初中	1985.03.01
王恩胜	男	1969.01	汉	初中	2003.03.01
王京刚	男	1979.11	汉	初中	2003.03.01
王顺天	男	1978.08	汉	初中	2003.03.01
王若胜	男	1976.06	汉	高中	2006.06.20
王洪芳	男	1969.09	汉	初中	2007.11.15
王恩宝	男	1973.06	汉	初中	2007.11.15
王　超	男	1986.01	汉	初中	2010.01.01
耿世杰	男	1990.12	汉	大学	2010.04.02
耿萌萌	女	1992.03	汉	大学	2013.12.20
耿　猛	男	1991.01	汉	大学	2013.12.26

四、历年参军入伍人员表

表 20-3-17

姓名	性别	入伍时间	立功情况	退伍转业时间	现单位或住址	现任职务
耿书香	男	1955		1958	耿家村	村民
王朝财	男	1960	三等功 1 次	1966	耿家村	村民
耿希美	男	1970		1975	耿家村	村民
耿兴之	男	1969		1976	耿家村	村民
耿书生	男	1976		1980	耿家村	村民
王若勇	男	1983		1990	耿家村	村民
王恩永	男	1991		1995.12	耿家村	村民
王　强	男	1992		1996	耿家村	村民
王若胜	男	1995		2008	耿家村	村民
王先胜	男	1995		1998	耿家村	村民
王京财	男	1996	三等功 3 次	2013	济南军区装备部直属工作部	
耿书强	男	1984		1988	耿家村	村民
耿书文	男	1972	二等功 1 次	1980	齐河县石油公司	退休

续表 20-3-17

姓名	性别	入伍时间	立功情况	退伍转业时间	现单位或住址	现任职务
耿立忠	男	1984	三等功 1 次	1988	济南西市场	
耿书群	男	1985		1989	耿家村	村民
王先鹤	男	2013			耿家村	村民
王若猛	男	1992		2009	海南海口	
耿海滨	男	1998		2000	耿家村	村民
耿桂之	男	1996		1999	耿家村	村民

五、历年考入高校人员表

表 20-3-18

姓名	性别	出生年月	考取院校	考学年份	所学专业	毕业去向	最高学历	现任职单位	现任职务	家长姓名
耿世杰	男	1990.12	济南大学	2010	计算机	浪潮集团	大专	电子科		耿明之
耿　猛	男	1991.01	山东建工学院	2011	机械设计	济南棉麻机械厂	大专			耿书强
耿文秀	女	1991.12	济南大学	2010	计算机	浪潮集团	大专	电子科		耿芳之
耿萌萌	女	1992.03	济南大学	2010	文学		大专	市中区文庄小学	教师	耿永健
王　辉	女	1994.04	齐鲁师范学院	2012	学前教育			周闫幼儿园		王京昆
王乐忠	男	1997.02	齐鲁工业大学	2015	软件工程					王先高

六、四世同堂家庭名单

刘玉英　聂惠兰

七、发展概览

1949 年，王殿祥第一个加入中国共产党，同年建立村政权。

1953 年，成立互助组，有 15 户参加。

1954 年，互助组发展成 1 个初级社。

1955 年，初级社升级转为高级社。

1959 年，建立耿家村党支部。

1980 年，实行家庭联产承包责任制。

1988 年，村里通电。

1999 年，村铺钢渣路。东西路加南北路总长 1500 米，均宽 5 米。

耿家村不同时期的房屋（2015 年摄）

2004 年，鉴于钢渣路常常扎破轮胎，在上级补贴下把钢渣路升级为水泥路。

2005 年，重新调整全村村民的土地，分为

4 个组。

2005 年，修建绕城高速公路占用耿家村土地 8 公顷，每亩补偿 1.5 万元。

2005 年，重新修建村办公室。

2005 年，在全镇第一个买收小麦的联合收割机 2 台，每台 20 万元，免费 3 年给村民割麦、旋地。

2005 年，耿家村在全镇第一个修通水泥路，实现“村村通”，时任镇党委书记张兴洲、镇长李大春带领党委、政府领导前来剪彩。

2006 年，硬化胡同，安装 16 个监控摄像头，户户安装自来水、安装太阳能热水器、安装有线电视、旱厕改水冲厕所，这些在全镇都是最早的。

2007 年，天桥区委书记张辉带领全区干部来观摩耿家村的改厕情况。

2014 年，工业园修建公交车车站，占用耿家村土地 2.47 公顷，每亩补偿 6.3 万元。

2015 年，修建石济高铁占用耿家村土地 4.73 公顷，每亩补偿 8.4 万元。连续几次占地的补偿款都分给了村民。

2015 年，修建高铁济南新东站和济南西客站的连接线占用耿家村土地 2.07 公顷。

2016 年，耿家村有 200 多人外出经商打工，活跃了本村经济。全村有铲车 4 台，物流大车 1 辆，物流中小型车 8 辆，吊车 1 辆，运土大车 2 辆，专收小麦的大型联合收割机 2 台，专收玉米的大型联合收割机 1 台，面包车、轿车 70 辆。

全村有 9 户建起 2 层楼房，有 60 多户在济南市的制锦市、顺河街、太平洋小区、小鲁庄、赵家庄等地购置了楼房，每套住房平均约 70 万元。

八、附 记

民国年间在村西头有一座庙，有一间屋大。庙里有一个大铁钟，得有 250 多千克重。新中国成立后村里扒了庙在其址用其砖打井供村民使用，大钟也在“大炼钢铁”中被毁。

过去家里的碾根据石头的颜色称为“青龙”“白龙”。青龙就是青石做的，不是黑色青石的通称白龙。碾盘和碾砣须是同一颜色，否则据说容易招祸。

新中国成立前耿家村的地主多，有 6 个地主。其中王玉珠是耿家村最大的地主，他家里有 13.3 公顷多地，开过粉坊，但主要靠酿酒为生——他实际是个商人。他有 3 处宅院，路北 1 处，路南 2 处，有 50 间左右的房子。他在路南的西院酿酒，5 间北屋，4 间东屋，5 间南屋，3 间西屋；有 5 间敞棚；有 4 间碾棚。长年雇着七八个长工。他的大酒池里有 6 口大缸，每一个都得直径 1.5 米、高 1.2 米左右。酒池外面这样的大酒缸得 30 多个。他酿制的酒在当时齐河县的整个六区很有名，行销方圆三四十里地。附近的整个聂团——实际上就是当时这一带的地方政府上上下下都喝他家的酒。作为商人，王玉珠处世圆滑，他也想找个靠山，就主动跟聂团、跟聂胡子聂宜增搞好关系。聂团的小米发霉了，王玉珠就运过来酿酒，也不给聂团压价。聂胡子聂宜增经常光顾他家，来时坐着人拉的洋车，前呼后拥，有专门给他扇扇子的。那时候不让老百姓近前，村民都偷着看聂胡子。由于都知道王玉珠跟聂胡子关系好，其他几个地主或街坊甚至亲戚朋友有什么事都去找王玉珠去帮助疏通关系。王玉珠在聂团里有一定的影响力，确实为乡亲们办了很多好事，为此大家都戏称他是“二团长”。因为酒厂的规模大，需要的粮食多，王玉珠经常派人四处购买高粱、小米等原料，他的手下能赶着大车到徒骇河以北去籴高粱。那时候兵荒马乱的，很不太平，路上劫匪较多，但只要高喊“这是王玉珠的车”就会化险为夷。如果碰上的确吃不上饭的，王玉珠的粮车也会周济一些粮食。王玉珠是个开明商人，顾客去买酒，往往都多给点；街坊穷得过不起年去借钱借粮，不管还不还都借给。他还救过一个负伤的八路军——也可能是解放军战士，那位战士后来升了大官，在新中国成立以后要报答他曾经来信请他去，但王玉珠不图报答没有去。他的儿子王传方受其影响也厚道实在，思想进步，在济南机床二厂任技师，在新中国成立后带头购买公债。大概在 1965 年，村里唱戏的时候，王传方曾经回来过，还表演了一段相声，说的是老农民进城洗澡的事。

人民公社时期耿家村多是盐碱涝洼地，在“三房”（当地对前房、后房、耿庄之通称）最穷，最差的年份每人才分几千克小麦，村民都吃不上饭，2016 年粮食年平均亩产 1000 千克。

新中国成立后，村里玩过灯。王东山、王朝俊、王朝县、王金连等饰演九天仙女，耿元山演孙猴子，张志友演傻小子，耿长成扮演傻老婆扑蛾子。

1965 年，村里唱过吕剧。演出的剧目有《三世仇》《王定保借当》《箭杆河边》《刘四姐》《两垄地》等。还自编过一些小戏，如慰问军属的《光荣花》，直到今日村民王朝财还能随口唱起“红红光荣花，戴在你胸下。你笑我也笑，大家乐哈哈”。那时候的演员有耿书元、耿荣之、耿书满、耿希贵、耿凤兰、耿英兰、耿书香、耿元山、耿华山、王朝英、耿玉兰等。

耿家村历史上没有发生过刑事案件，连续 26 年无计划外生育。白事街坊亲友一律吃大锅汤菜。

当年耿家村的夯能过头顶，别村的人都很服气。为了响应毛泽东主席视察黄河时发出的“要把黄河的事情办好”的伟大号召，保障黄河沿岸人民群众生命财产的安全，1963—1965 年全公社甚至全齐河县的人即使远离黄河几十里地也都到黄河边去治理黄河，简称“治黄”。那时候加高黄河大坝，运土全靠人力小推车和肩挑土筐。运上 30 厘米的一层土之后，必须再按照每 1 米落 4 次夯的标准打夯压实到 20 厘米。夯落不平就是“落马蹄”，属于不合格，要求每一夯都要落平。只有这一层夯实后才能再继续加高。夯用石头、木棒、铁丝和绳子制成：底下用一个 50 多千克的小碌碡，顺着用铁丝绑上一支锨把粗、人数高的木棒作夯把，在石头周遭均匀地拴上八九股粗长绳。打夯的时候一个人手握夯把奋力向上提，另外八九个人每人一股绳大概使绳与地面成 40 度角用力往怀里猛拽。大家必须一起用力，只有一起用力夯才能整齐地落在地上。如果用力不齐，不但“落马蹄”，而且会使整个夯猛地偏向一方极容易伤人。那么重的夯，打起来容易疲劳。何况那时候人们的伙食很差，最早的时候刘庙子没有伙房，耿庄的人都是自己带着干粮去，砸开厚冰喝地里冒出来的水。为了战胜这种种困难把夯打整齐，就必须统一喊号子来鼓舞士气，一般手扶夯把的人担任指挥负责起头，俗称“叫号”。当年只有一只左手的王信芳是打夯英雄，他扶夯叫号远近闻名，能随口编词指出打夯存在的问题，既指挥人们打好夯，又能提振士气。最令人叫绝的是，在手扶夯把指挥本班人马用力把夯提高至头顶高度的时候，王信芳能瞅准机会突然“穿夯”——撒开夯把，任由夯继续向上，自己躬下身子像流星一样从夯下穿过闪到对面，再迅速转身接住下落的夯把——没有任何闪失。把夯扶好指挥大家叫齐号子用齐力量本身就已经不容易了，从撒开夯把到跑到对面到转过身来到再接住夯把，一连串的 4 个动作，都在只有比“瞬间”还要短的一小刹那间完成——何况打夯一般每组 10 人，一周遭是 360°，每人占了 36° 的扇形，每相邻两个人之间的距离是很小的：其难度可想而知！但是为了活跃气氛鼓舞士气，王信芳却勇敢地发扬革命乐观主义精神和革命英雄主义精神屡屡以此夸能，而且屡试不爽。人们都敬佩他的艺高人胆大，王信芳那种登高山如履平地的英雄气概，他从容不迫、滴水不漏、游刃有余的潇洒利落被传为美谈，成为美好的回忆。一直到 1968 年修北展大堤（俗称“二道坝”或“大金堤”）才告别人力打夯，改用东方红履带式拖拉机牵引大石滚子。大石滚子有 1 人来高，直径约 1.5 米。大约在 1973 年，大漠刘南边的水闸被冲毁，桑梓公社水利站站长李金忠等领导组织抢修，耿家村去了四五十口人。为了把地基打实，王信芳又带领他的打夯队披挂上阵，他们又梅开二度玩起“穿夯”，再次在全公社名噪一时。那时候耿家村打夯叫号好的还有王东山、王朝明、耿元山，还有一位巾帼英豪——赵书英。

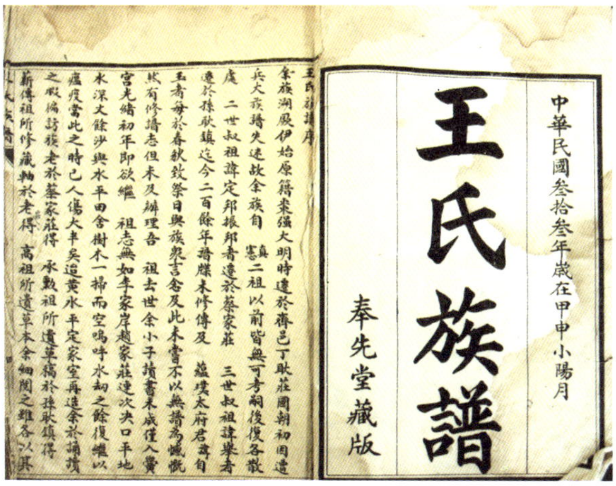
王氏族譜

中華民國叁拾叁年歲在甲申小陽月

奉先堂藏版

耿家村王氏族谱（2015 年摄）

村史座谈人员名单（2015 年 10 月 29 日）

耿书香，男，79 岁

耿希亮，男，76 岁

王信芳，男，76 岁

王朝才，男，75 岁

王银芳，男，63 岁

王京兆，男，63 岁

王恩胜，男，47 岁

耿家村座谈现场（2015 年摄）

第七节 北董村

北董村位于桑梓店镇政府北偏东 1.5 千米处，在国道 308 线以北，梓东大道以东。村南是小张村，村东南是怀庄村，村西北为周闫村，村西原来是草庙王村，济南市新材料产业园建成后村西成了齐鲁鑫茂科技城。

北董村的良田（2015 年摄）

1948 年耕地面积 133.3 余公顷。2015 年土地 131.3 公顷，其中耕地面积 96 公顷，非耕地 3.3 公顷，村居占地 32 公顷。

居民均为汉族，村中有董、周、高、刘、丁等 5 个姓氏，有崔、温、胡、谢、李、陈、张、孙、郝、怀、赵、邓、肖、姜、盛等小姓。1948年有96户，380人；2015年有3个村民小组，201户，756人。其中80～90岁的有13人。

一、村庄来历

1990年版《齐河县志》记载北董村的“来源”地是“山西”，“迁来时间”是“清初”，“始迁者姓氏”是“董”。清光绪三十年（1904年）由济南鲁雅斋印刷局承印的《齐河县旧里图》、宣统元年（1909年）《齐河县旧乡区全图》、中华民国二十七年（1938年）七月制《齐河县八大区乡镇总图》均标注该村为“董庄”。

据传明万历年间，也有人说是清朝初年，还有人说是清乾隆年间先民从山西洪洞县迁来，董氏一家在此立村，取名董家庄。因为没有相关证据佐证，所以都无法考证。也有人传说此地原名李千户村，李姓和陈姓来得最早。大兵团作战（人民公社初期的劳动组织，是按部队建制组编的。一般以一个公社为一个兵团，兵团下为营。一般一至三个村为一个营；营下为连，一般一个村为一个连；连以下为排，多为生产队。人民公社统一使用人力物力安排农业生产，实行“大兵团作战”）时期，大概在1958年，村民在现在村东北300米处一条从余家井去高王村的小路旁挖出了过去人们舂米用的大石臼，还有碾盘和碾砣，应当是过去黄河突然决口整个村庄乃至周围一带遭遇黄水被淹没的遗存——部分村民侥幸逃出来来此居住生存、繁衍生息，才有了北董村。后来因为邻近的焦斌乡有个村叫南董村，为了区分，根据方位董家村改名为北董村。

二、现任村干部

党支部副书记：高振锋

党支部委员：董桂海　董学法

村委会主任：董桂海，主持村全面工作

村委会委员：丁连增　王寿香

北董村村委会主任董桂海（2016年摄）

北董村村干部合影（2016年摄）

三、共产党员表

表20-3-19

姓名	性别	出生年月	民族	学历	入党时间
刘家兴	男	1944.06	汉	小学	1966.10.01
郝孝民	男	1951.10	汉	初中	1971.03.01
董兆如	男	1948.04	汉	初中	1971.04.01
董增法	男	1955.11	汉	初中	1982.03.01

续表 20-3-19

姓名	性别	出生年月	民族	学历	入党时间
怀宝君	男	1965.04	汉	初中	1984.09.01
王　东	女	1965.06	汉	高中	1986.08.01
姜怀明	男	1964.05	汉	中专	1987.10.01
周建东	男	1952.05	汉	中专	1992.04.20
董广才	男	1981.05	汉	初中	2002.12.01
盛晓凤	女	1982.10	汉	高中	2004.05.07
胡桂明	男	1965.05	汉	初中	2005.08.04
郝卫国	男	1976.05	汉	高中	2005.08.04
高家荣	男	1985.04	汉	初中	2005.08.04
高家广	男	1981.11	汉	初中	2005.08.04
董桂海	男	1977.08	汉	初中	2007.07.01
高振锋	男	1966.10	汉	初中	2007.07.01
董　军	男	1972.08	汉	初中	2007.07.01
郝卫英	女	1986.10	汉	高中	2008.05.10
董学法	男	1973.10	汉	初中	2010.03.24
丁连增	男	1977.05	汉	高中	2010.03.24
董玉福	男	1977.02	汉	初中	2010.03.24
董玉祥	男	1972.02	汉	初中	2010.03.24
高振河	男	1966.11	汉	初中	2011.02.01
董　超	男	1969.12	汉	高中	2011.04.08
刘继峰	男	1979.12	汉	初中	2011.11.07
温磊磊	男	1986.08	汉	高中	2011.11.07

四、历年参军入伍人员表

表 20-3-20

姓名	性别	入伍时间	退伍回村时间	现单位或住址	现任职务
刘加兴	男	1966	1970	北董村	村民
董兆路	男	1970	1975	北董村	村民
怀保军	男	1980.9	1983	北董村	村民
郝卫东	男	1990	1995	北董村	村民
高加光	男	1999	2002	北董村	村民

续表 20-3-20

姓名	性别	入伍时间	退伍回村时间	现单位或住址	现任职务
高加龙	男	2003.12	2005.12	北董村	村民
丁连鑫	男	2014.09		现役	
董传鹏	男	2015.09		现役	

五、历年考入高校人员表

表 20-3-21

姓名	性别	出生年月	考取院校	考学年份	所学专业	最高学历	家长姓名
周建欣	女	1995.08	聊城大学	2014	管理	本科	周中兴
周恩全	男	1996.10	西安长安大学	2015	土木工程	本科	周建伦

六、四世同堂家庭名单

董光泰　周福海　丁茂祥　丁茂琪　丁茂春　怀务孝　董阳文　张庆芳　李金成

温兆荣　董会法　刘庚芳　李凤兰　高振峰　周丙三　陈桂兰　赵居海

七、发展概览

1952 年，北董村成立第一个互助组，由 10 户参加，1954 年发展成初级社，朱庆林任社长。

1960 年，北董村建立党支部。

1980 年，村中通电，在周北管区最早。

1981 年，实现村内户户通电。

1981 年，实行家庭联产承包责任制。

1982 年，修建桑梓店人民公社农中占用本村土地 2.36 公顷，补偿 5300 元整。

2000 年，村内铺设石子路。

2001 年，把原来村小学改建成村两委办公室。

2004 年，铺设长 1000 米宽 4 米的水泥路。

2005 年，成为国家农业综合开发济南市天桥区土地治理项目区。

2005 年，修建通往济南新材料产业园的入园铁路占用本村土地 2 公顷。

2013 年，天桥区委书记毕筱奇到北董村调研。

2014 年，修建高速铁路占用北董村 4 公顷土地。

北董村老屋（2015 年摄）

北董村健身广场（2015 年摄）

2016 年粮食平均亩产 1000 多千克，有 200 人外出打工或经商等。村中有小麦联合收割机 3 台，大型旋耕拖拉机 3 台，吊车 1 辆，装载机 2 台，物流厢式货车 2 辆，轿车、面包车 60 余辆。有 15 户建起 2 层的楼房。

八、附 记

20 世纪 50 年代曾经从地下挖出舂米用的大石臼，还有碾盘和碾砣。

从前董兆庆吹奏唢呐的水平很好。

20 世纪 50 年代怀务孝等在村里唱过吕剧。

北董村曾经是桑梓店人民公社的四个“知青”（“知识青年”的简称）点之一，另外 3 个是怀庄、高王和石门孙村。大约在 1975 年，济南市机关党委、政府诸如副市长、秘书长等的子女 20 多人积极响应毛主席“知识青年上山下乡”的号召，乘坐带斗的大汽车来到北董村接受劳动锻炼。村里给他们建起了 24 间房子。来的第一批很能吃苦，他们撬开冰挖河，手上都磨出了泡。1978 年，为了照顾“知青”点，上级给了北董村一台拖拉机。为了帮助北董村脱贫，有关部门曾经给村里培养了红炉打铁和用蒸汽火补轮胎的技术工。“知青”们在 1979 年全部返城。

北董村土地较多土质较好，在集体经济时期一个村所交公粮比本管区（今称办事处）另外 11 个村交的还多。

1981 年实行家庭联产承包责任制之后，北董村喂大牛的很多。别的村多是靠饲养母牛繁殖小牛取利，而北董村则认准买小公牛养成大肥牛赚钱。一头小牛经过精心饲养，经过一年多就成大牛，能卖两三千元。刘加福的一头大牛曾经卖过 8000 元，这在当时是个很大的数字。有的家庭一户养两三头肥牛，大街上一路都是拴牛桩。村民们每天都把牛牵出来，全村能有几百头牛，形成一道亮丽的风景线。俨然每天都在举办牛的博览会，引得西至晏城西、东至

北董村的养鸡专业户（2015 年摄）

大桥镇、北至临邑、南至黄河的客商纷至沓来。当时的历城区政府为了支持北董村养牛曾经发补助鼓励村民建青储饲料池。后来随着农村机械化水平的不断提高，牛渐渐被淘汰，现在在村里已经很难看到牛的踪影了。

不喂肥牛之后，北董村借助离济南市区较近的优势发展起了生猪屠宰。人们不仅在附近收猪，而且足迹远至茌平、禹城、平原、济宁甚至河北省。猪肉到济南市场去批发，也有客商来村进货。连下货、猪皮等都分门别类，形成了一定的规模。

过去曾经有三四户养鸡，现在还有一户，有 4000 只蛋鸡，每天产鲜蛋 200 千克。

白事尸体都火化，帮忙的街坊都吃大锅汤。从 2013 年起改戴白孝为佩戴黑纱。

村史座谈人员名单（2015 年 10 月 23 日）

刘加兴，男，72 岁

郝孝民，男，65 岁

北董村座谈现场（2015 年摄）

周建东，男，64 岁
董增发，男，60 岁
董学法，男，40 岁
董桂海，男，36 岁

第八节　前房村

前房村位于桑梓店镇政府西北 4.7 千米，西隔李家岸干渠与齐河县晏北街道的陈庄相望，南临安庄村，北近后房村，东接耿家村。向东出村就进入耿家村，从耿庄东头南行 2500 米即至 308 国道线。

前房村健身广场（2015 年摄）

2015 年全村土地总面积 80 公顷，其中耕地 68.7 公顷，宅基地 6.67 公顷。

村民均为汉族，有张、王两姓氏。2015 年有 90 户，278 人。其中 80 ～ 90 岁的 5 人，90 岁的 1 人。

前房村办公室（2015 年摄）

一、村庄来历

1990 年版《齐河县志》记载前房村的“来源”地是“山西”，“迁来时间”是“明永乐”，“始迁者姓氏”是“房”。

据《张氏家谱》记载，张姓“始祖自枣强迁于东昌府堂邑县梁家浅，故名张家庄……洪祖又迁于济南府齐河县城东北孙耿地方前房庄居住”。洪祖即张姓的五世祖先张洪，明朝“嘉靖年间洪祖自东昌府迁居济南府齐河县孙耿地方前房庄，葬于庄南，为祖茔”。据此，张姓祖先到来之时就已经有了前房村。现在村中的王姓已经到了 21 世。

2015 年 10 月 26 日镇志编纂人员下村实地调查时，75 岁的王洪顺老人说该村王姓来自齐河县晏北街道的蔡王村，他还记得 1955 年去蔡王村祭祖的情景：从前前房庄单独有一块地，是王姓的坟社，为王姓家族的祖产，交给王姓中地少的人家耕种收取地租，所收地租用于祭祀等族中公共事务。每年清明时节，前房的王氏家族就组织起来抬着食盒等祭品到蔡王村东南角的祖坟去祭祖，每户去 1 人，每人给 2 个馍馍一碗汤菜。根据 1990 年版的《齐河县志》记载，蔡王的始迁者姓氏是蔡，迁来时间是明万历年间，其来源是山东诸城。据此，蔡王的王姓应当略晚于蔡姓——也可能是与蔡姓同时到来但因为人少势寡未引起足够的重视——蔡王并称本身就说明了一定的问题。

在前房村老人们的记忆里“前房没有姓房的，后房没有姓王的”，这一点与后房村老人们表述的一致。

至于王姓从何时迁到前房村，因缺少证据尚待考证。

二、现任村干部

党支部副书记：王长才

党支部委员：王述生　王吉江

村委会主任：王金文，主持村全面工作

村委委员：许文玉　王述新

前房村村委会主任王金文（2016 年摄）

前房村村干部合影（2016 年摄）

三、共产党员表

表 20-3-22

姓名	性别	出生年月	民族	学历	入党时间
蔺传芳	女	1936.10	汉	小学	1965.03.01
王吉孟	男	1947.03	汉	小学	1972.06.01
王继法	男	1952.12	汉	初中	1974.11.01
王长明	男	1957.11	汉	初中	1988.05.01
王金太	男	1962.01	汉	初中	1988.06.01
王长才	男	1974.08	汉	初中	1992.07.01
王述生	男	1974.07	汉	初中	1996.06.01
王长东	男	1974.12	汉	初中	1998.12.01
王长仁	男	1964.12	汉	高中	2001.02.01
王吉江	男	1963.10	汉	初中	2003.05.01
王承凤	女	1990.03	汉	大学	2013.12.12

四、历年参军入伍人员表

表 20-3-23

姓名	性别	入伍时间	立功情况	退伍回村时间	现单位或住址	现任职务
王长星	男	1966.03		1968.03	前房村	务农
王吉孟	男	1969.03	三等功	1977.03	前房村	务农
王吉法	男	1970.12	三等功	1976.03	前房村	务农

续表 20-3-23

姓名	性别	入伍时间	立功情况	退伍回村时间	现单位或住址	现任职务
王金太	男	1979.12		1984.12	前房村	务农
王金勇	男	1986.12		1991.12	前房村	务农
王金平	男	1987.10	三等功	2004	桑梓店镇工商所	副所长
王述生	男	1993.12	三等功	1997.12	前房村	务农
王长东	男	1994.12		1997.12	前房村	务农
王保健	男	2004.12	集体三等功	2006.02	前房村	务农
王壮壮	男	2015.10			现役	

五、历年考入高校人员表

表 20-3-24

姓名	性别	出生年月	考取院校	考学年份	最高学历	现任职单位	家长姓名
王述宝	男	1980.08	长春大学	1980	大学	青岛国瑞	王吉成
王吉霞	女	1989.09	山东青年政治学院	2008	大专	太平洋保险公司	王金利
王承风	女	1990.03	济宁学院	2010	本科		王述新

六、四世同堂家庭名单

王丙芹　房水兰　王朝英　王丙友　林传芳

七、发展概览

1956 年，前房村把原来的 3 个生产队合并为 2 个生产队。

1964 年，成立前房村党支部。

1968 年，把 2 个生产队合并为 1 个队。

1999 年，村里整理 700 米长的东西大街，修成了钢渣路。

2006 年，村里铺设了 2300 多平方米的水泥路，为全村出行提供了便利。

2007 年，建 5 间北屋的村办公室和文化活动中心。

2007 年，全村安装、开通了自来水，改善了全体村民生活用水的质量。

2009 年，政府补贴每户 1650 元，农户自投

前房村老屋（2015 年摄）

前房村新民居（2015 年摄）

300元，村集体再补贴一点，给每户安装了1套太阳能热水器，把各家的旱厕都改成了水冲厕所，给每户修建了1个沼气池。沼气池共61个，整齐地分布于大街两旁。沼气的原料是牛粪、杂草等，所产沼气主要用于烧水做饭，经济又环保。后来由于外出打工的越来越多，沼气多得用不了，沼气池里的废液常常外溢，又脏又臭；养牛的越来越少牛粪稀少；加上村民重视秸秆还田肥田等原因，最多的用了3年，沼气池渐渐被废弃。

2009年，修建两处村民健身广场，提高村民的健康水平。

2009年，在进村的地方修建了一面影壁墙。

2014年，修建高速铁路占用前房村土地5.4公顷。

2015年初，安装了9只监控摄像头，提高全村治安防范和交通安全水平。

2016年，粮食平均亩产超过1000千克。全村有80多人外出打工或经商，他们平均每月收入2000元。全村有挖掘机1台，货运大车2辆，轿车6辆，面包车6辆。有3户住上了2层楼房。

八、附　记

本村“张氏家祖高中大明壬午举人文科”。

1949年新中国成立后前房村玩灯、唱戏。唱的都是京剧，每年能从正月十五唱到二月二。演出的剧目有《大登殿》《张金宝》《花子拜杆》等，演员有王其昌、王其聪、王其明、王其泰、王丙春等。其中王其泰最爱唱，甚至到了痴迷的地步，连走着路干着活都唱。他对艺术非常执着，为了演唱好《怕婆子顶灯》，他一个人在家里顶着饭碗反复练习，有时候不注意就摔了碗。

实行土地承包前后，前房村种过10年水稻。

已经建成和将要建设的共5条铁路经过前房村。

村里有1.33公顷地向村民招标，现在的承包费是每亩每年360元，收入归村集体统一使用。种小麦、玉米的国家补贴归种地的村民所有。

过去由于地势较洼，多盐碱涝洼地，有十年九不收之说。经过多年改良，已成为吨粮县。

村里的白事都是村干部安排，尸体都火化，无吹拉弹唱现象，来的亲友不管官民亲疏远近，与忙丧的街坊一样都吃大锅汤。

村中从来没有刑事犯罪。曾经连续15年没有计划外生育。

村史座谈人员名单（2015年10月26日）

王洪顺，男，75岁

王金太，男，54岁

王长仁，男，52岁

王述新，男，52岁

王金文，男，51岁

王长才，男，42岁

张孝涛，男，34岁

前房村座谈现场（2015年摄）

第九节　康辛村

康辛村位于桑梓店镇政府西偏北4千米，在济南市新材料产业园区内，北依安庄村，西靠济南市北郊林场和济南军区农场，南临308国道，东接大马村。村西、北临近京沪高铁和青银高速公路。

康辛村健身广场（2015年摄）

新中国成立初期有耕地133.3公顷多，1957年，响应国家“防风固沙、植树造林”号召，无偿提供土地62.5公顷，多村出土地组建山东省德州地区桑梓店园林场（现济南市北郊林场），为防风固沙和绿化祖国做出了贡献。2006—2015年，随着济南市天桥区化工产业园的成立和发展，有39公顷土地被征用于开发和建设。至2016年，全村土地16.7公顷，其中耕地6.7公顷，人均0.013公顷；村居占地约10公顷。

村民均为汉族，有康、辛、王3个姓氏。全

康辛村办公室（2015年摄）

村分两个村民小组，2015年7月全村共有190户，575人。其中康姓119户、360人，辛姓66户、190人，王姓5户、15人。80～90岁的9人，90岁以上的2人。

一、村庄来历

民国版《齐河县志》记载，清光绪三十年（1904年）由济南鲁雅斋印刷局制《齐河县旧里图》标注该村为“康辛庄”，中华民国二十年（1931年）七月制《齐河县八大区乡镇总图》标注该村为“康辛”。1990年版《齐河县志》记载康辛庄的“来源”地是“河北枣强”，“迁来时间”是“清嘉庆”，“始迁者姓氏”是“康、辛”。

但据光绪八年创修的《康氏族谱》记载，“我康氏于明嘉靖年间由北直金乡县同静兄弟偕行来游齐邑，追而数之已三百余年矣。伯祖讳　盈，仲祖　讳　政卜居于此，立名曰‘康家庄’，叔祖　讳　宣　落居张孟杨庄迄于今又十有二世焉”。其《祖茔长支碑文》记载，“康公　讳　盈，字满堂，北直金乡县同静人也，自明嘉靖年偕弟政公迁于齐邑城东北三十里许治田庐、立家业，康家庄之名以此为始。”其《祖茔次支碑文》记载：“明处士康二分（当为“公”，应为当时印刷族谱时排版有误）讳　政，字安邦，世居北直金乡县同静人也，自嘉靖季间同大公讳　盈伯仲偕游来此山东济南府齐邑县城东北三十五里创基立业，卜居于此，名曰康家庄。”

由于“嘉靖”与“嘉庆”声音极似，在人们口耳相传的过程中极易搞混。但前者属于明朝（1522—1567年），后者属于清朝（1796—1822年）。综合《康氏族谱》明确提及的“明嘉靖年间”、至“光绪八年”“已三百余年”及“明处士”等可以推断：1990年版《齐河县志》康辛庄“迁来时间”是“清嘉庆”之说有误，应为“明嘉靖”。

据传辛氏祖先辛思高与康氏祖先康盈是表

亲兄弟，也同期来到此地，相邻立村辛庄。

辛庄在西，康庄在东。由于二庄紧临，两姓世代友好，历经时代变迁合为一村，故取名康辛村。济南市历城区史志办公室编的内部刊物《济南市历城区村庄名考略》载“‘康庄’‘辛庄’于1950年连村合并，通称康辛至今”，这些得到了村中老年人的认可。

二、现任村干部

党支部书记：康吉平

党支部委员：康吉忠　康承刚

村委会主任：康泽军

村委委员：辛玉远　郝玉春

康辛村村干部合影（2016年摄）

康辛村党支部书记康吉平（2016年摄）

康辛村村委会主任康泽军（2016年摄）

三、共产党员表

表20-3-25

姓名	性别	出生年月	民族	学历	入党时间
康吉元	男	1935.03	汉	初中	1960.03.01
辛殿宝	男	1948.07	汉	高中	1970.03.01
康吉祯	男	1950.10	汉	初中	1970.12.01
康吉良	男	1952.10	汉	小学	1973.06.01
康吉河	男	1950.01	汉	初中	1973.09.01
康吉忠	男	1950.04	汉	高中	1974.03.01
康吉孟	男	1930.04	汉	小学	1975.11.01
康吉亮	男	1955.12	汉	大专	1993.06.01
康吉友	男	1945.09	汉	中专	1994.01.01
康吉平	男	1965.06	汉	高中	1998.06.01
康吉明	男	1952.11	汉	初中	1998.09.01

续表 20-3-25

姓名	性别	出生年月	民族	学历	入党时间
康承迁	男	1977.11	汉	中专	1999.03.01
吕爱丽	女	1983.06	汉	高中	2006.06.16
王俊成	男	1980.03	汉	大学	2007.07.01
康承刚	男	1977.03	汉	高中	2009.10.23
康承方	男	1980.06	汉	中专	2009.10.23
康沄溪	女	1989.09	汉	大学	2013.12.24

四、历年参军入伍人员表

表 20-3-26

姓名	性别	入伍时间	立功情况	退伍转业时间	现单位或住址
康玉杰	男	1949.01		1956	齐河县百货公司
康吉财	男	1951.01	三等功	1961	康辛村
康吉贞	男	1969.01	五好战士	1975	康辛村
康吉良	男	1969.01	五好战士	1975	康辛村
康吉河	男	1969.01	五好战士	1975	康辛村
辛殿亮	男	1973.12		1977	康辛村
康吉银	男	1978.11		1985	康辛村
辛　勇	男	1986.01	优秀士兵	1990	康辛村
康承建	男	1995.12	优秀士兵	2008	济南天瑞化工有限公司
康承迁	男	1996.12	优秀士兵	2001	康辛村
康泽海	南	1996.12	优秀士兵	2001	康辛村
辛玉强	男	1998.12	三等功	2008	中共山东省委办公厅
辛玉山	男	2004.12	优秀士兵	2006	康辛村
康洋洋	男	2005.12	优秀士兵	现役	
康泽华	男	2011.12	优秀士兵	现役	

五、历年考入高校人员名表

表 20-3-27

姓名	性别	出生年月	考取院校	考学年份	所学专业	毕业去向	最高学历	现任职单位	现任职务	家长姓名
康吉斌	男	1965.09	济南师范学校	1992	普师	济南	大专	桑梓中心小学	教师	康玉坤

续表 20-3-27

姓名	性别	出生年月	考取院校	考学年份	所学专业	毕业去向	最高学历	现任职单位	现任职务	家长姓名
康　梅	女	1966.12	德州师专	1986	化学	桑梓店镇一中		济南第52中学	教师	康玉章
康　庆	男	1969.05	德州师范学院	1989	历史教育	济南	本科	济南市52中学	教师	康玉章
康承青	女	1980.02	河南大学	1999	政法系	济南	本科	自主创业		王秀英
康成涛	男	1980.01	山东万杰医学院	2000	临床医学	济南	大专	桑梓店卫生院	职工	康吉仁
康强龙	男	1981.09	济南铁道职业技术学院	2002	应用电子	济南	大专	山东莱钢永锋钢铁	职工	康吉亮
辛百霞	女	1983.09	枣庄学院	2003	旅游英语	济南	大专	自主创业		辛荣芳
康承仁	男	1981.04	济南铁道职业技术学院	2003	机械设计制造及其自动化	济南	大专	济南鑫达泵业有限公司		康吉明
康苹苹	女	1986.08	山东经济学院	2004	外事英语	济南	本科	自主创业		康吉银
辛百军	男	1985.06	山东理工大学	2004	采矿工程	济南	本科	河南洛钼集团	公司主任	辛荣芳
王俊成	男	1980.03	山东大学	2006	MBA	济南	硕士	济南金石信	职工	王茂林
康泽旺	男	1989.10	齐鲁师范学院	2008	会计学	济南	本科	齐汇有限公司	业务经理	康承河
康承建	男	1977.01	山东理工大学	2000	信息科技	济南	本科	长园深瑞公司	经理	康吉功
康承羿	男	1989.08	山东城市职业学院	2011	建筑设计	济南	大专	邮政速递公司		康吉斌
康沄溪	女	1989.09	山东建筑大学	2011	工商管理、法学		本科	齐河县第一小学	教师	康承祥
康金辉	女	1995.07	齐鲁工业大学	2013	国际商务		本科			康　庆
康安宁	女	1990.10	上海师范大学	2013	心理学	上海	研究生			康吉银
康煜晨	女	1993.10	山东财经大学	2013	金融					
康　雷	男	1994.08	重庆大学	2013	机械工程	重庆	本科			康吉江
康红叶	女		石家庄师范大学	2016	电子信息	河北石家庄	本科			康吉顺
辛荣宇	男	1998.08	青岛大学	2016	建筑		本科			辛玉云

六、四世同堂家庭名单

王学香　赵吉青　辛逢杰　辛玉宝
康玉杰　辛玉德　康吉孔　辛玉汤
康吉孟　康吉财　康玉让

七、发展概览

1956年，康辛村无偿出地66.7公顷，助建山东省德州地区桑梓店园林场——今济南市北郊林场。

康辛村老屋（2015年摄）

1957年齐河县为方便农业灌溉从黄河豆腐窝闸往下修建了一条地上渠，沿途经过园林场、康辛村、沙李村、耿家村、大郑村、石门孙等村。现在村南的308国道一带就曾经是当年的地上渠。1959年秋天，地瓜快要成熟的时候，园林场因为浇地开了口子，大水冲进了康辛村，村里一片汪洋。村干部号召全村男女老少齐上阵抢险堵口子，众村民不惜毁家纾难，把家里能用来堵口子的木头、秫秸等统统用上，终于堵住口子，转危为安。

1968年，采用人工方式打机井，由县里和公社投资。在地上支起三脚架，安上绞磨，磨杆呈十字状，每端2人，十来个人同时推动绞磨，一罐一罐地从地下往上捞泥，大约一个月打成一眼机井。有打33米的，有打38米的，共12眼，是全公社最多的。康辛村曾经打出一眼全镇最好的机井，每小时出水60立方，而且水质很好，甘甜可口。

康辛村新居（2015年摄）

1980—1981年，实行家庭联产承包责任制。

1988年，老党员康玉水积极带头，全体村民自筹资金，添置10千伏安变压器，历时两年，实现全村户户通电，结束煤油灯时代。之后电工康吉平与康吉友、康吉亮积极协调供电局，更换为50千伏安变压器。之后村里才有了加工磨、油坊、面粉厂等，才能用动力电抽机井的水浇地。

1989年，村属小学撤销，与大马小学合并。

1999年，发展蔬菜种植业，建成蔬菜大棚8个，大型蔬菜拱棚6个。

2000年，修建村村通沥青路。

2007年，村内户户通自来水并于同年集体安装太阳能热水器。

2008年，村秧歌队成立，丰富了群众的业余文化生活。

2010年后，康辛村多数土地被园区征用，已无粮食作物种植，剩余土地种植各类树木。多数村民靠上班、打工或个体经营为生，计200多人。全村人均年收入9000余元。

2011年，天桥区政府应急办副主任张明超到村任第一书记，栾习国任副书记，任期3年。他们积极协调有关部门帮助康辛村筹措资金13万元，安装20盏路灯，装修办公室，添置空调、打印机等办公设备，慰问困难家庭，资助困难学生……村中的面貌焕然一新。

2012年，天桥区委书记毕筱奇到康辛村调研。

2013年，天桥区委组织部长韩伟到康辛村调研党建工作。

2014年，修建村健身娱乐广场。现在的健身娱乐广场曾经是一个大湾，最深处达4米，附近的村民都往里面倒垃圾，很碍观瞻。卫星照片显示得很清楚，屡屡遭到上级领导的批评。2014年，村党支部积极协调有关单位，利用工业园修路的2000多立方米土填平了1300平方米的大湾，节省资金约5万元。同时得到区帮扶3万元。

2014年，迁移村公墓。工业园的舜兴路拓宽，正好挤占了本村的公墓。村党支部耐心做群众工作，并给予一定的补贴，村民积极支持，100多个坟头不到3天就迁完了——为支持工业园建设有的村民是第四次迁坟。这项工作得到镇党委、政府的高度评价。

2016年，全村有大汽车6辆，小汽车45辆。

八、附　记

村中原有两座庙宇，分别位于村中、村西，均早已毁。

清朝末年，黄河决口在辛庄和康庄之间形成了一条约200米宽的大溜，深约3米。

此处原先为黑土地，土壤肥沃。后来黄河改道，水利部黄河水利委员会黄河网资料显示“1855年黄河在铜瓦厢决口后，数股漫流，其中一支出东明北经濮阳、范县，至张秋穿运入大清河，于利津牡蛎嘴入海，后逐渐形成今黄河河道”。新中国成立前黄河常常决口、泛滥，淹没过村庄。此地因为距离黄河较近，水流较快，所以黄河水中的沙土多沉积在此地，形成沙土层。20世纪50年代，村民在地下1米多掘出过碾盘，应为此前先民所用。那时候为了改良土壤搞大翻地，往下掘2～3米就是好土，还经常发现螺蛳等贝类。由于本地地表是沙土，无法垛墙，村民就往地下深挖掘出好土垛墙。1972年村民建房向地下挖土约挖到1.5米处时发现环村有一道围堰，因为这一带上都是好土，而其两旁都是往下掘2米多才是好土——大概是防止黄河水进村的。

1949年前，村居房屋多为土木结构，房屋墙体为土坯或土、泥掺麦秸垒垛而成，房顶以圆木为梁，檩木上铺芦苇或秸秆编织的箔，上用泥土盖之。每年春天屋顶上需要再抹一层泥以防屋漏水，只有极少数富裕户以砖石为基，房顶盖小青瓦。随着时间推移，改革开放后，村民才住进瓦房或楼房，住房条件得以改善。

1949年后，受黄河决口影响，大风刮起时，沙土迷漫、黄沙盖天，十米之外看不清东西。风大时，一夜之间，沙土就会把屋门埋住。有“一月青、二月黄、三月不误种高粱”之说，指正月麦苗还是青色，二月经过风吹沙埋，麦苗已经发黄枯萎，三月不得不再种高粱。此问题经过20世纪六七十年代的植树造林，逐渐得以解决。

2013年中国人民解放军71939部队在村旁拉练，当时正值端午节，村党支部给每个战士们送去了粽子，每人一个。看到子弟兵挥汗如雨，村里又买了一车西瓜去慰问。到即将离开时，部队领导给村里赠送了一面“军民共建创和谐，鱼水情深谱新篇”的锦旗，并带领战士们给村里打扫了街道。

王茂松家有一棵国槐，直径约40厘米。死亡三年后居然又长出新枝，如今枝繁叶茂。

全村设红白事理事会。为了减轻群众负担，

康辛村康氏族谱（2015年摄）

理事由村干部兼任，理事会及其成员不要村民任何报酬，也无其他报酬。

村史座谈人员名单（2015 年 10 月 9 日）

康玉杰，男，85 岁

康吉财，男，80 岁

王茂松，男，70 岁

康承业，男，66 岁

康吉忠，男，65 岁

辛殿明，男，63 岁

康吉亮，男，60 岁

康吉平，男，50 岁

第十节　安庄村

安庄村位于桑梓店镇政府西北 4.1 千米处，东临草庙王村，西北近德州市齐河县大漠刘村，南依康辛村，北靠前房村。村东南是济南市新材料产业园。村东有德兴路，村西有舜兴路，都通向 308 国道；村南为安康路，连接德兴路和舜兴路；村北是鑫源大道，向东直通梓东大道、桑表路（建邦大道）一线。

2015 年全村土地 66.7 公顷，其中耕地 46.7 公顷，村居占地 20 公顷。

村民均为汉族，有任、宗、徐、姚、刘、袁、张等姓，任姓居多。全村共 141 户，510 人。其中 80 ～ 90 岁的 9 人。

安庄村办公室（2016 年摄）

一、村庄来历

1990 年版《齐河县志》记载安庄村的“来源”地是“河北枣强”，“迁来时间”是“明末”，“始迁者姓氏”是“安”。

安庄村是一个古老的小村，据传村史至少有 500 年，村址古今未有变迁。从前这里为黑土地，千里沃野，后来因为黄河改道入境齐河县并多次决口河流屡屡泛滥才成为沙土地、盐碱地，现在往地下挖三四米能挖到先人的房基。村边曾有大土丘，形似山岗，据传就是村民当年环村筑坝抵御洪水逐渐加高慢慢形成的。

二、现任村干部

党支部副书记：宗京强　党支部委员：宗京强　徐世豹

村委会主任：任金宝，主持村全面工作

村委委员：宗京强　刘文香

安庄村村委会主任任金宝（2016年摄）

安庄村村干部合影（2016年摄）

三、共产党员表

表20-3-28

姓名	性别	出生年月	民族	学历	入党时间
宗会邦	男	1935.12	汉	初中	1963.10.01
宗义邦	男	1945.09	汉	初中	1965.02
刘春茂	男	1953.07	汉	小学	1971.09
任连友	男	1947.06	汉	初中	1971.10.01
任连华	男	1953.12	汉	初中	1976.11.01
刘学生	男	1957.10	汉	初中	1978.07.01
任登文	男	1975.12	汉	初中	1996.05.01
任金贞	男	1977.10	汉	初中	1997.09.01
秦海华	男	1981.09	汉	初中	2003.09
刘　明	男	1986.05	汉	高中	2006.07.01
任登香	女	1975.02	汉	高中	2010.02.03
刘建国	男	1965.10	汉	高中	2010.02.09
宗京强	男	1966.03	汉	高中	2010.02.09
徐世豹	男	1974.07	汉	高中	2010.02.09
姚学义	男	1965.09	汉	高中	2010.02.09
徐茂松	男	1989.02	汉	高中	2010.12.29
刘春付	男	1980.02	汉	高中	2011.09.08
任义义	男	1991.02	汉	高中	2013.10.10

四、历年参军入伍人员表

表 20-3-29

姓名	性别	入伍时间	立功情况	退伍回村时间	现单位或住址
宗会邦	男	1953	三等功 2 次	1957	安庄村
徐士杰	男	1953		1957	安庄村
袁秀明	男	1955		1958	安庄村
刘连奎	男	1959		1964	安庄村
任连友	男	1964		1969	安庄村
任连宝	男	1969		1973	安庄村
刘春茂	男	1970		1976	安庄村
任连华	男	1973		1977	安庄村
刘春和	男	1975		1981	安庄村
刘　强	男	1975		1982	安庄村
刘学生	男	1976		1981	安庄村
任金贞	男	1994		1997	安庄村
任登文	男	1994		2006	安庄村
姚学刚	男	1999		2001	安庄村
刘　明	男	2005		2010	安庄村
徐茂松	男	2007		2009	安庄村
任义义	男	2008		2013	安庄村

五、历年考入高校人员表

表 20-3-30

姓名	性别	出生年月	考取院校	考学年份	所学专业	最高学历	现任职单位	家长姓名
宗义涛	男	1984	山东财政学院	2005	工商管理	本科		宗京贵
任登强	男	1990	山东电子职业技术学院	2009	汽车营销	大专		任连孟
宗义东	男	1991	济南工程学院	2010	汽车维修	大专	济南一汽丰田 4S 店	宗京强
宗斌超	男	1991	山东青干院	2011	人事管理	本科		宗京臣
徐玉婷	女	1994	青岛大学	2014	医学	本科		徐世国

六、四世同堂家庭名单

刘春茂　宗秀英　任连贵　姚寿增
姚学义　刘连奎　徐世忠　宗来邦
宗兰邦　任登兰　任登才

七、发展概览

1946年4月25日，时任齐河县人民政府县长兼县大队长李聚伍牺牲在安庄村北的桃树林。为解放当地的老百姓，李聚伍经常到这一带活动，他还常常带着张逢山、郝宽之。由于人生地不熟，他们到安庄村后往往依靠村里，让村保长给准备食宿。李聚伍多住在安庄村的老学校里。保长提着篮子送来干粮，上面盖着毛巾，李聚伍看也不看伸进手去摸到什么就吃什么，跟那两个手下的兵完全一样，根本看不出他是县长来。李聚伍不怕聂团，根本不把聂团放在眼里，那一天他大概是来侦察敌情，与一支借换防来搜刮民财的国民党军队在草庙王村偶然遭遇。听到枪声聂团也来增援敌军，李聚伍边打边退，不幸牺牲在安庄村北的桃树林。

1948年，本地解放，村民分得了土地，生活有了保障。

1953年，全村有5名热血青年积极参加中国人民志愿军去抗美援朝。他们是宗会邦、徐世杰、刘连山、姚万厚和郝春来。宗会邦曾2次立三等功，他和徐世杰都健在。刘连山、姚万厚已经去世。

1956年安庄村成立互助组，1957年成立合作社高级社，1958年改为人民公社，本村分为东西两个生产队。

1957年以前，本村原有耕地100公顷以上，之后建园林场占了安庄村三四十公顷。

三年自然灾害期间，村民生活异常困难，以糠菜树叶充饥。青壮年男子都外流，村里如果死了人，只好靠女人抬棺。

1961年3月，中央颁布农业60条，之后村里给村民分了自留地。

1971年，政府在村西修建沉沙池，引黄河水淤地13.3公顷，把盐碱涝洼地淤平。之后又淤成耕地，并且用黄河水实现了自流灌溉。

1983年，安庄村实行联产承包责任制，村民彻底解决了温饱问题。

1986年，安庄村全村通电，结束了煤油灯照明的历史，村民开始买家用电器。

2003年，安庄村被规划进济南市化工产业园（后改为新材料产业园），不少村民对房子进行升级换代，土房变砖房、平房变楼房。

2004年，修建北绕城高速公路征用安庄村土地5.49公顷。

2005年，工业园修路征用安庄村土地1.47公顷。

2006年，借“村村通”公路工程通了公路，通上自来水；修建了5间教堂；村旁的青银高

安庄村不同时期的村民住房（2015年摄）

安庄村村民庭院（2015年摄）

速通车。

2007年，新材料产业园征用安庄村土地2.53公顷。

2008年，安庄村在村东南角修建了6间平房的村办公室，另有传达室2间、厕所1间。整个院南北长28米，东西宽22.5米，有专人管理。

2008年，全村为各家各户安装太阳能热水器。

2009年及以后修建安康变电站等征用本村土地8公顷。

2010年，安庄村发展刘建国、宗景强、姚学义、徐世豹四名新党员，是全村有史以来发展党员最多的一次。

2012年，新材料产业园征用本村土地17.1公顷，到2016年实际利用4.66公顷。

2013年，修建高铁征用安庄村土地0.33公顷。

2014年，园内公路提升改造，鑫源大道拓宽为双向六车道，德兴、舜兴两路改为双向四车道。年底通了公交车，路灯亮了，村两头设有公交站点，老年人享受免费乘车。

2015年春，修建安刘路。

2015年，村委会成立了为工业园提供劳务的股份组织，有38股，下半年每户分红5000元。

2016年安庄村粮食亩产在1000千克以上，村民生活有了很大提高。村内有大型玉米联合收割机1台，大型小麦联合收割机2台，大型旋耕拖拉机2台，吊车1台，铲车2台，挖掘机5台，大型物流货车13辆，轿车面包车86辆。有17户住上了2层楼，徐茂美已经住上了3层楼。有3处健身广场。

天桥区政协主席刘建忠到安庄村调研(2015年摄)

八、附 记

据传安庄村名因安姓人最早到此而得，但现在村中已经没有安姓人家。安庄历史上曾经有过闫、潘、朱等姓，现在也已经没有了。

民国《齐河县志·市集志》记载“添设集场：安庄，县东北四十里”，其《盐法志》记载“跨集地名：……安庄……”。

新中国成立前安庄地处交通要道，从大黄、宣章到泺口的官道（也称盐道，运盐之路）经过这里，挑八股绳的、推木轮车的、拉货的大马车等络绎不绝。安庄赶农历四、九大集，在方圆百里名气很大。来赶集的东北至济阳县，西至禹城县，南至泺口，北至大黄、徒骇河一带。整个村庄的四周都是集，长约四里地。尽管如此，西北方大黄一带赶着大车来卖花生的，也得提前一天来到，否则就找不到摊位。集上店铺林立，摊位密集，繁华热闹。有猪市、牛市、布匹市、鞭炮市等，有说书场，有拉洋片的……

村里有一座盐屋，是当时的地方当局设定的盐点——别处没有，方圆二三十里地都来此购盐。

据民国《齐河县志》记载，1931年起齐河“全境为八大区”，第六区“安集镇：安庄、田庄、大马庄、草庙王庄、阎庄、周庄、邓营、康辛庄”。地方势力聂团环安庄村用泥土和树枝等修起围子墙，设立安集镇局子负责这一带的社会治安，挎双枪外号“镇中”的任长明任局长。虽然也保一方平安，但是他们往往目无法纪为所欲为，甚至不择手段草菅人命。由于北部徒骇河和西北安头一带已经解放，聂团及其局子惶惶不可终日。他们风声鹤唳草木皆兵，看到头包白毛市的——西北一带的人习惯于包白头巾，听到外地口音，便怀疑是“八路的探子”，严加盘问。对于一般的民事纠纷或简单的治安案件，聂团也往往不分青红皂白动辄给定个莫须有的罪名。对于他们认为有罪的人，聂团及其局子或者挖个土坑逐渐填土活埋人，或者绑了放到铡刀下在人上面放两根秫秸残忍地铡死。为了达到其杀鸡骇猴的目的，他们竟丧心病狂地在大集上行刑，现在村办公室西边就曾是铡人较多的刑场。现在七十多岁的姚万中记得那时候自己才三四岁，跟着一个大点的小孩从看铡人的大人们的裤裆下爬过去，看到两个包白毛巾的男人已经身首异处。孩子毕竟不懂事，也不知道害怕——那个大点的孩子能提着耳朵提起死者的头，姚万中还提不动。老百姓私下里都骂聂团及其局子是“聂家宰坊”。据说曾经有一个西北乡的妇女抱着孩子来赶集，局子的人怀疑她是八路的探子，那妇女不承认，局子的人就硬说她是，而且马上就挖坑活埋。在被埋的过程中，那孩子还不知道是怎么回事，说“妈，俺眯得眼上”，那位母亲只好以“好孩子，一会儿就不眯眼了”来安慰。好不可怜！村民姚金满开旅馆，保长姚金章与其不睦。有一天店里住进一个卖鸡的，姚金章声称是八路的探子，给姚金满索要200件毛巾肥皂。姚金满没买他的账，姚金章就向聂团局子诬告姚金满通敌。结果聂团的局子仅凭一面之词在没有任何证据的情况下就把姚金满残忍地铡死了。

安庄村的高跷属于祖传，源远流长。新中国成立前每年都在春节后到省城济南演出。新中国成立后，安庄村人开展文艺活动的热情高涨，姚万中记得那时候六十多岁的任长明手把手地教二十多岁的年轻人，人们借助秫秸垛练习高跷，在玉米秸垛上练习翻跟头，一冬天能磨烂两个棉裤。功夫不负有心人，安庄村高跷队人才辈出。任长财演“傻孩子”全省有名，著名的还有张德明、宗延荣、任吉元、宗延祯等。在滴水成冰的冬春时节，人们故意在大街上泼水形成冰，往冰面上放上一盒香烟或者一根蜡烛，高手能踩着高跷弯腰捡起来，而且这样的高手有十来个。有的能踩着高跷劈叉，还有的高跷高手能够来个“蝎子爬”——两脚朝天，用两只手撑着地走路——开场之前往往围绕广大观众来一圈的“蝎子爬”。在现在村中老年人的记忆中第一代高跷队的组织者是任长明，第二代是姚万中，第三代是姚万和，第四代是刘强、刘建国。当前高跷队里有男青年任登强、刘振、徐关忠等，青年妇女杨玉娟踩高跷很有名，连任登强的儿子——十来岁的娃娃都会踩高跷了。

新中国成立前后村里以徐世祯、姚万德为首的京剧票友，每年春节都排练演出，他们演出的剧目有《起解》《捉放曹》《打渔杀家》等。后来到了20世纪六七十年代，他们又与时俱进排演革命现代京剧《智取威虎山》。虽然非专业演员，但他们演出的水平很高，邓营村的邓长荣虽然腿脚不好但也跛脚前来观看。四邻八村纷纷邀请，曾经受邀到焦斌乡的杨庄、狮子刘演出，深受好评。

改革开放之前，安庄的供销社在附近是最大的。现在刘联合经营了2家超市。

对于济南市新材料产业园征用本村土地的补偿款，村集体留下10%之后全部分给了村民。

安庄村有50多人信仰基督教，该村的基督教教堂在附近是第二大教堂，有5间。草庙王、大漠刘、康辛、大马4个村的教徒都来此礼拜，聚会的教徒有一百五六十个。

村史座谈人员名单（2015年10月16日）

姚万中，男，72岁

宗义邦，男，70岁

任连友，男，69岁

刘春茂，男，62岁

宗京强，男，49岁

任金宝，男，45岁

刘文香，男，44 岁

安庄村座谈现场（2015 年摄）

第十一节　小郑村

小郑村位于桑梓店镇政府北偏西 4.3 千米，在梓东大道（桑表路）路西。南临周闫村，西接大郑村，西北近北王堂村。

全村耕地 34.5 公顷，村居占地 10 公顷，

小郑村大街（2015 年摄）

非耕地 0.33 公顷。

居民均为汉族，有郑、张、马、朱 4 个姓氏。有 2 个村民小组，共 45 户（其中郑姓 28 户、张姓 4 户、马姓 2 户、朱姓 1 户），计 175 人。

80 ～ 90 岁的 4 人，90 岁的 1 人。

一、村庄来历

1990 年版《齐河县志》记载郑氏祖先于明朝永乐年间从河北枣强来此立村。据传先祖郑洪明、郑洪亮弟兄二人背负碾砣带领不到 11 户大约 30 多人逃荒而来，他们筚路蓝缕，繁衍生息，才渐渐人丁兴旺。在小郑村西南 1.5 千米，大郑村的正南方有郑姓的祖坟。大概在 1965 年曾经开挖过此处的一个大坟。墓穴的前边有石门，整个墓穴用青砖砌成，砖分长砖方砖，有的砖上还刻有花纹。墓穴中有 3 口棺椁，应当是 1 夫 2 妻。棺材上面的盖板完好，是松柏木料。棺椁里面有陪葬的首饰等物品。坟墓掘开后，附近的周闫、大郑和小郑都声称拥有主权，三个村产生争执，最终以坟下石碑上的碑文归属小郑村。那时候物资匮乏，小郑村用砌坟的砖修建了仓库、牲口棚等房屋，用棺材板作了屋门上面墙上的过木。

二、现任村干部

党支部书记：郑元利

党支部委员：郑荣贵　郑长水

村委会主任：郑书勇

村委委员：郑元峰　秦　华

小郑村村干部合影（2016 年摄）

小郑村党支部书记郑元利（2016年摄）

小郑村村委会主任郑书勇（2016年摄）

三、共产党员表

表 20-3-31

姓名	性别	出生年月	民族	学历	入党时间
郑元成	男	1945.08	汉	高中	1980.03.01
郑书财	男	1950.10	汉	高中	1981.02.01
郑书友	男	1958.12	汉	高中	1990.05.01
郑元利	男	1968.08	汉	高中	1991.02.01
郑元银	男	1960.07	汉	高中	1993.04.01
郑书军	男	1967.09	汉	高中	1998.05.01
郑书平	男	1979.01	汉	初中	2001.06.01
郑荣贵	男	1969.06	汉	初中	2002.03.01
郑元森	男	1973.10	汉	初中	2007.04.01
郑长水	男	1961.08	汉	高中	2007.06.01
李肇红	女	1973.10	汉	初中	2007.08.15
郑书勇	男	1972.07	汉	高中	2010.04.20
郑长江	男	1969.08	汉	初中	2010.04.20

四、历年参军入伍人员表

表 20-3-32

姓名	性别	入伍时间	退伍回村时间	现单位或住址	现任职务
郑书友	男	1979.10	1983.10	小郑村	务农
郑学生	男	1976.10	1988.04	济南铁路系统	工人
郑元银	男	1978.12	1983.01	小郑村	务农
郑旭德	男	2014.09		四川甘孜	现役

续表 20-3-32

姓名	性别	入伍时间	退伍回村时间	现单位或住址	现任职务
郑荣华	男	2015.09		北京	现役
郑海洋	男	2014.09		西藏拉萨	现役
郑书平	男	1997.10	2000.10	小郑村	经商

五、历年考入高校人员表

表 20-3-33

姓名	性别	出生年月	考取院校	考学年份	所学专业	毕业去向	最高学历	现任职单位	现任职务	家长姓名
郑蓉蓉	女	1997.06	聊城职业技术学院	2015	会计电算化	在读				郑元森
郑斌斌	男	1986.01	南京铁路学院	2000	铁路信号	铁路系统	本科	济南铁路局	科长	郑学生
郑荣华	男	1993.08	曲阜师范大学	2012	心理	参军		现役		郑元锋
郑荣腾	女	1988.09	淄博师专	2008		乐陵	本科		教师	郑元利
郑元涛	男	1982.12	中国人民大学	2002	法学		研究生	华通证券	副总经理	郑书奎
郑元静	女	1980.08	山东政法学院	1999	法律		本科	山东元序律师事务所	律师	郑书奎
郑荣凯	男	1990.03	山东职业学院	2010	会计		大专		销售主管	郑元利

六、五世、四世同堂家庭名单

五世同堂 1 户：郑学明

四世同堂 4 户：郑德海　岳丙兰　张林先　刘京花

七、发展概览

1987 年，接通照明电。当时郑德海任村党支部书记，郑书财任村委会主任。村里分给每户一根电线杆，村民自己用牛车——没有牛或车的自己去借，从齐河县电业局拉回来。

1990 年，修建连接桑表路的村东大桥，桥宽 10 米，长 20 米，修桥时村民出义务工 200 多个，连续奋战 20 多天。村民为大桥起名曰“德合桥”。

1993 年，小郑村种植棉花 2 公顷，是历城区的棉花种植基地。1993 年，桑梓店镇党委、政府曾经在小郑村开现场会，全镇各村领导前来观摩学习。镇上奖励了塑料薄膜和铺薄膜的机器。之后历城区副区长和济南市农业局局长曾经来视察指导。

小郑村老屋（2015 年摄）

1993 年，全村统一调整土地。此前每户有十来块地，耕种起来很不方便。调整前村里做了详细的调研，召开村民代表会征求意见，最终调整为每户 4 块地。

1996年，村里出资加贷款修路，路长300米，宽5米，用石子加石灰修成混凝土的路，连通了村中大街和桑表路。原小郑村民，时任桑梓店电信局局长郑元成为此捐款1000元。

1998年，把石子路升级为钢渣路。

2002年，村里安装无塔压力泵，村民吃上了自来水，这在周北办事处是最早的。小郑村水质差，村民都到桑表路以东去挑水吃。为了解决村民吃水难的问题，村里组织每户出资100元，村集体再补贴一部分，在村东北300米处的一个小河边打了一眼井，修建了一处高7米、长宽各2米的方形水塔，把自来水送到了各家各户。

2005年，小郑村又把钢渣路升级为宽5米长350米的水泥路。

2005年，北园镇的水屯村帮扶小郑村4万元，村里用这笔钱建了村办公室。有临街的5间房子，电脑、办公桌、文件橱等齐全。

2007年，修村内健身广场、排水沟。

2009年，适应大型农业机械不断推广的现实，全村又一次调整土地，改为每家2块地。

2015年，随着农业机械化程度的提高，根据村民的要求，又把土地统一调整为各家都1块地。村民积极响应，对原先土地上的树木等都按期做了妥善处理，全村的土地交接都很平稳。周北办事处的领导给予了充分肯定和大力支持。1980年以前村民住土房，之后陆续建砖房。

2016年，小郑村有70人经商打工，平均月收入3000元。全村粮食单产985千克，有小麦联合收割机2台，玉米联合收割机1台，大型旋耕拖拉机1台，轿车20辆，面包车6辆，货车5辆。有7家建有2层楼房，有4户在桑梓店镇政府附近购买了楼房。

八、附　记

小郑村从来没出现过村民上访。近30年没有发生过刑事案件。近30年无计划外生育。

小郑村很重视良好村风的教化，多年来小郑村没有因为弟兄姐妹多而不赡养老人的，没有一个因为赡养老人找村干部处理的。

村两委会人员兼红白事理事会理事。小郑村有一个传统，有红白事时不管自己经营什么生意，不管在济南市里还是市外，再远都自觉地回来帮忙，根本不用理事会单独通知。有红事的时候，在结婚前一天晚上，一般每家出1个男性去帮忙兼贺喜，主家安排饭菜。过去条件不好，说是去“吃喜馍馍”，现在是喝喜酒，都沾点喜气。原先小郑村有白事都安排酒席招待亲友街坊，从1999年起，为了厉行节约，村中规定街坊亲友都吃大锅菜。一开始的时候村民不太适应，比如提出自己有还没结婚的新亲戚，让人家吃大锅菜显得太不尊重，理事会就网开一面。过了两三年大家都觉得新办法好，以后有新亲戚的也不再给理事会提要求，都吃大锅菜了。

村史座谈人员名单（2015年11月2日）

郑书友，男，58岁

郑长水，男，58岁

小郑村村民的楼房（2015年摄）

小郑村座谈现场（2015年摄）

郑元利，男，48 岁

郑元锋，男，46 岁

第十二节　大马村

大马村位于桑梓店镇政府西北 2.5 千米处，村东是裕兴化工厂，村西是山东建邦胶体材料有限公司，村南临近 308 国道，村北是康辛村，交通十分方便。

大马村办公室（2015 年摄）

2015 年全村总面积 140 公顷，其中耕地面积 116.7 公顷，村址面积 23.3 公顷。因济南新材料产业基地征用土地 93.3 公顷。村里耕地仅 26.7 公顷。

村民均为汉族，有马、张、田、王、李、颜、姜 7 个姓氏。共有 146 户，计 625 人。80 ～ 90 岁的 12 人，90 岁以上的 1 人。

大马村村干部合影（2016 年摄）

一、村庄来历

1990 年版《齐河县志》记载大马村的“来源”地是“山东历城”，“迁来时间”是“明初”，对“始迁者姓氏”未做记录。

村民马传德保存的成型于清道光二年（1822 年）的《马氏族谱》记载：“余家原籍世居山西平阳府洪洞县金佛马家庄，前明　世祖　讳植　贸易山左，即卜居于济南府历城县东偏明贤十三里一甲三官庙嗣。世祖　讳　世荣又由历下迁于齐河县迤北之康家庄居。凡居三世，生齿渐繁，户口日增，因复聚族斯土，得名为大马家庄，子孙世守焉。”“山左”是山东省旧时的别称，其中的“山”指太行山。中国古代，坐北朝南，坐在太行山上，则太行山左侧为山东省，所以将山东称为山左。明朝的时候，大马村马姓的祖先马植来山东省经商，通过占卜选择在济南府历城县偏明贤十三里一甲三官庙居住，繁衍后代。之后，马植的后代——大马村马姓的又一个祖先马世荣从历下迁往齐河县以北的康家庄定居。总共在这里生活了三代以后，因为人口日增，于是就又聚集族人来到这个新的地方立村，取名为大马家庄。

二、现任村干部

党支部副书记：马金钟

党支部委员：马传友　张向河

村委会主任：马东方，主持村全面工作

村委委员：马德新　张爱荣

大马村村委会主任马东方（2016 年摄）

三、共产党员表

表 20-3-34

姓名	性别	出生年月	民族	学历	入党时间
刘玉美	女	1941.03	汉	初中	1962.05.01
马传友	男	1953.06	汉	高中	1974.06.01
马传明	男	1949.03	汉	小学	1982.07.01
马传田	男	1952.04	汉	初中	1984.04.01
李华东	男	1961.07	汉	初中	1985.06.01
张向河	男	1958.08	汉	高中	1994.05.01
马吉亮	男	1965.12	汉	高中	1994.05.01
马　兵	男	1976.10	汉	初中	1996.06.01
高　梅	女	1964.07	汉	高中	1996.06.01
马学平	男	1955.03	汉	初中	1998.10.01
马金钟	男	1973.03	汉	高中	2005.04.01
李亚东	男	1986.12	汉	高中	2006.10.11
马先锋	男	1974.04	汉	初中	2007.07.01
马　利	男	1989.09	汉	高中	2010.08.16
马　滕	男	1988.07	汉	高中	2010.09.15
马　昆	男	1988.09	汉	初中	2013.05.05

四、历年参军入伍人员表

表 20-3-35

姓名	性别	入伍时间	立功情况	退伍回村时间	转业时间、地点	现单位或住址	现任职务
张向仁	男	1964		1968			去世
马学森	男	1964		1970		大马村	村民
马吉家	男	1964			1971 北京某铁厂	北京朝阳区	
马吉利	男	1964		1968		大马村	村民
马学忠	男	1971		1975			
马传明	男	1972			1973 长庆油田	山东省交通集团公司	退休
马传友	男	1973		1977		大马村	村民
马吉炼	男	1976			1984	济南市天桥去工商局	正科级退休
马建国	男	1976			1987 济南市园林管理局	槐荫区经六路富园小区	正科级退休
马吉付	男	1977		1981		大马村	村民

续表 20-3-35

姓名	性别	入伍时间	立功情况	退伍回村时间	转业时间、地点	现单位或住址	现任职务
马学荣	男	1978		1982		大马村	村民
李华东	男	1980		1984		大马村	村民
马传虎	男	1980		1983		大马村	村民
马传勇	男	1983		1986		大马村	村民
马传志	男	1985			1989	大马村	村民
马吉顺	男	1987			1990	齐河县晏城镇政府	副科
马先锋	男	1991		1996		大马村	村民
马洪海	男	1993	三等功3次			徐州机场场站	副团长
马东波	男	1996		1999		大马村	村民
马　岩	男	1997				山东消防总队财务审计科	正营级
马延辉	男	2002		2004		大马村	村民
马　腾	男	2005		2012		大马村	村民
马宁宁	男	2008		2010		大马村	村民
马　坤	男	2009	优秀士官	2014		大马村	村民
马新龙	男	2015				现役	

五、历年考入高校人员表

表 20-3-36

姓名	性别	出生年月	考取院校	考学年份	所学专业	最高学历	现任职单位	家长姓名
马传海	男	1957.05	山东新华印刷学校	1978	印刷	中专	山东新华印刷厂	马学尧
马传江	男	1965.05	南京工学院	1984	电力	本科	南京长航审计科	马学尧
马学军	男	1970.04	山东交通学校	1991	路桥建设	中专	山东路桥公司	马殿良
马洪燕	女	1973.07	滕州学院	1994				马学栋
马德英	女	1977.02	枣庄卫校	2002	妇幼卫生	本科	市中区七贤卫生服务中心	马传林
张　芹	女	1979.06	烟台建材工业学校	1995	工业自动化	大专	百富特公司	张向合
马传武	男	1980.02	山东大学	1998	市场营销	硕士	北方电厂	马学成
张　华	男	1981.08	石家庄经济学院	2000	土木工程	本科	山东诚信监理公司	张向合

续表 20-3-36

姓名	性别	出生年月	考取院校	考学年份	所学专业	最高学历	现任职单位	家长姓名
马冠勇	男	1982.05	胜利油田职业学院	2002	计算机		联通公司	马传林
马德柱	男	1982.08	济南电大	2002	计算机	本科	济南信合信贷公司	马吉才
马颖颖	女	1983.02	济南纺织工业学校	1999	服装工艺	中专		马传茂
马海龙	男	1984.01	山东大学	2002	市场营销		百度公司	马传田
马勇振	男	1985.06	吉林航空工业学校	2002	汽车修理	中专	山东一汽转运库	马传茂
张　静	女	1985.09	山东女子学院	2003	法律	大专		张向芝
田　磊	男	1986.04	山东英才学院	2005	市场营销	大专		田顺梦
马慧芳	女	1987.11	山东电力高等专科学校	2006	物流管理		高新区和远公司	马传田
马　凯	男	1987.12	日照水利学院	2006	土木工程	大专		马学华
马　凯	男	1988	山东协和职业学院	2007	市场营销		齐河县永锋钢厂	马宝全
马延美	女	1988.01	山东政法学院	2006	法律	本科	商河县检察院	马德禄
马方明	男	1988.11	山东高级职业技术学院	2007	数控	大专	济南修正药业公司	高玉岭
田　超	男	1988.08	山东师范大学	2006	电子商务	本科	普连软件公司	田顺贤
马先美	女	1989.06	山东黎明职业学院	2007	护理	大专	山东交运集团	马传明
马先霞	男	1989.06	山东劳技职业学院	2007	数控机床	大专	裕兴化工厂	马传明
马翠翠	女	1989.07	山东劳技职业学院	2008	电子商务	大专	北京恒昌惠成有限公司	马吉成
马云龙	男	1989.09	济南机床二厂技校	2008	数控			马传勇
马若男	女	1990.07	山东女子学院	2011	旅游	大专	济南旅游局	马长城
田　园	女	1990.08	山东农业经济管理学院	2008	食品营养与检测	大专	利蒙制药公司	田顺贤
田　峰	男	1990.08	山东商业职业技术学院	2010	汽车检测与维修	大专		田顺梦
马建平	男	1992.07	山东协和医学院	2011	电气自动化		青岛黄岛	马传智
马义邦	男	1993.11	德州学院	2014	会计	本科	在读	马长城
马瑞雪	女	1995.04	德州学院	2014	生物科学		在读	

六、四世同堂家庭名单

马新昌　马学禄　张玉兰　马学杰

张福田　张相义　聂司英

七、发展概览

1981 年，大马村通电。村西有 2 公顷的树林，因为是盐碱地所以树木长势欠佳。但是这些树是国家拨款并提供树苗用来防风固沙的，并且与村里约定利益分配的比例是 3 ∶ 7。村干部汲取附近村庄因破坏林木被绳之以法的教训，先到主管部门——齐河县林业局办理了采伐证，之后变卖林木给村里输电。卖树款不够，村里又通过其他渠道筹款，终于圆了村民的电灯梦。

大马村老屋（2015 年摄）

1981 年，大马村全村实行家庭联产承包责任制。

1990 年，大马村建大队办公室，占地 163 平方米。有 9 间房，其中 3 间做村办公室，有空调、监控、桌椅等用具；3 间做老年人活动中心；3 间空闲。

1994 年，全村开始利用附近苹果树多的优势加工制作菜板到济南市区销售，达到了一定的规模，有一定的影响力。2006 年，大马村村民吃上了自来水。

2006 年，大马村修建公墓并美化绿化，是全镇用公墓的第一个村。

2007 年，大马村修村中心路水泥路面，长

大马村新貌（2015 年摄）

600 米，宽 4.5 米。

2008 年，大马村被济南新材料产业园占地 66.7 公顷，每亩地补偿 1.5 万元。

2009 年，村里投资 1.8 万多元成立十几人的秧歌队。

2014 年 2 月，大马村文艺队参加齐鲁民间艺术展演获市级二等奖。

2015 年，大马村第二次被济南新材料产业园占地 2 公顷多，每亩地补偿 6.5 万元。村里经过 90% 以上的村民同意，留下 10% 做公积金，余下的按每人 3 万元的标准分给村民。

2016 年，全村有 200 多人打工、经商。全村有轿车 89 辆，面包车 17 辆，货车 11 辆，铲车 5 辆，吊车 2 辆。1 户建有 3 层楼房，48 户建有 2 层楼房。

田和租卖旧、新家具，有两家店。马振打包装箱，有 2 辆大车搞物流。张健有 2 辆大车搞物流。马晓东有大车搞物流。

八、附 记

早年间村东有一座寺庙名为“弥陀寺”，有3大间北屋，屋前有2根粗大的红柱子，房梁有3层，梁和檩条上绘画精美。寺庙有前后两重大殿，店里有十八罗汉。前殿东有一块近2米高的大石碑，镌刻了寺庙的来源和捐献者姓名及捐献的数额，下面有方形底座。北大殿前有烧纸楼，很美观。寺里有一个大铁钟，2人搂不过来，得有5公分厚，据传为黄河开河报警之用。寺庙有西屋和西南门，整个院占地有0.133公顷多。旧址尚存。

炕上没席，脸上没皮。20世纪50年代，田富友看到巨大商机，第一个在村里编席，之后带动全村编席。大马村的席行销各地，远近闻名。编席很费工，先把高粱杆从中间劈开，喷上水，用碌碡轧，再刮出瓤子，只留下席篾。编席全靠双手，没有人采取防止席篾划破手的防护措施。大马村编席一直持续到改革开放以后，后来村民发现编席很辛苦且利薄，就改为贩席。村民骑自行车到齐河县的赵官镇贩席，一辆自行车能驮13令席。

村里设红白事理事会，无偿为村民服务。

“文化大革命”之前村里的文艺工作者唱过《小姑贤》等传统戏曲，大概有2年。

马殿诚家有几棵梨枣树，结的梨枣比起一般的枣来格外大，格外甜，格外脆。

村史座谈人员名单（2015年10月12日）

马殿诚，男，76岁

马传德，男，73岁

张向义，男，70岁

马传田，男，63岁

马卫明，男，48岁

马东方，男，39岁

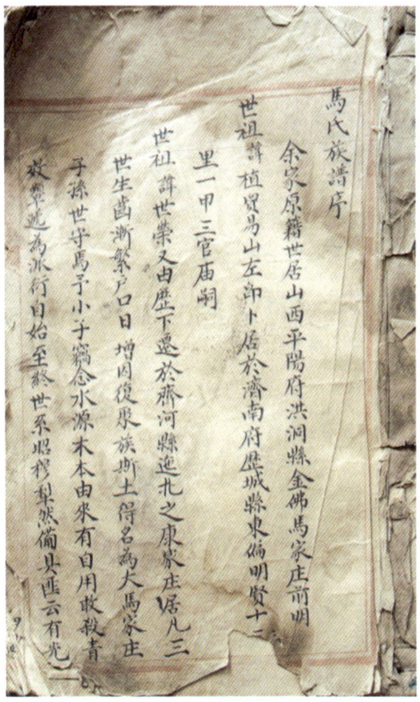
馬氏族譜序
余家原籍世居山西平陽府洪洞縣金佛馬家庄前明
世祖諱植貿易山左卸卜居於濟南府歷城縣東偏明賢十二
里一甲三官廟峒
世祖諱世榮又由歷下遷於齊河縣迤北之康家庄居凡三
世生齒漸繁户口日增因從衆族斯土得名為大馬家庄
子孫世守馬子小子竊念水源木本由來有自用敢殺青
攻[illegible]遊為派衍自始至終世系昭穆梨然備具匪云有光

大马村《马氏族谱》（2015年摄）

大马村座谈现场（2015年摄）

第四章　赵左办事处

第一节　街后村

街后村位于桑梓店镇政府西南 4.5 千米，建邦大桥以西黄河大坝房台。南濒黄河，北与袁贾村、西秦村相连，东与邱岸村为邻，西隔京沪高铁与齐河县祝阿镇油坊赵村相望。村北有 309 国道横贯东西，济齐公交 K906 路设有“街后庄”站点。村南有黄河大坝的柏油路通往沿黄各地。

街后村概貌（2016 年摄）

1991 年全村总面积为 71.7 公顷，其中耕地 21.3 公顷。2005 年 309 国道以南 56 公顷土地被鹊山龙湖项目征用，现有耕地 15.3 公顷。村庄占地有 2 部分，大部分位于黄河淤备区的房台上，约 2.7 公顷；小部分位于 309 国道北侧，逾 0.7 公顷。

村民均为汉族，以王姓为主，还有李、展 2 个姓氏。1999 年，有 69 户，394 人。2015 年 141 户，其中王姓 117 户、李姓 23 户、展姓 1 户，共 461 人。80 ～ 90 岁的有 14 人。

一、村庄来历

明初燕王朱棣扫北以后，山东地广人稀，明朝组织大批河北人迁居山东。始祖王士中由河北枣强迁至邱岸村以北，因那里以李姓为主，邱岸村又称邱岸街，故名“街后李家庄”。后来又有人迁到了齐河北关、杨珍、焦斌的刘王庄等村。1966 年左右曾有人见过王士中的墓碑，碑高 2 米、宽 1 米、厚 40 公分左右，现在埋在村东房台下与邱岸村交界处。1978 年，由“街后李大队”变更为“街后村”。还有一种说法是邱岸和街后以前分别称为前街、后街，后来本村就名为街后村。村里有王氏族谱复印本，目前已到第二十二世。

1980 年以前街后村在黄河大坝以北、309 国道以南。由于治理黄河的原因，1980 年全村搬到现址。

二、现任村干部

党支部书记：王学利

党支部委员：王学刚　王志明

村委会主任：王学利

村委委员：王学刚　田春华

街后村村干部合影（2016 年摄）

街后村党支部书记、村委会主任王学利（2016 年摄）

三、共产党员表

表 20-4-1

姓名	性别	出生年月	民族	学历	入党时间
李允功	男	1945.03	汉	小学	1967.07.01
王学生	男	1947.07	汉	小学	1988.01.01
王景申	男	1950.11	汉	初中	1978.07.01
王志广	男	1951.09	汉	初中	1970.10.01
李允生	男	1954.08	汉	小学	1974.07.01
王玉泉	男	1954.11	汉	高中	2000.06.01
王志勇	男	1957.04	汉	初中	1999.07.01
王洪礼	男	1958.08	汉	高中	1999.07.01
王圣元	男	1963.12	汉	初中	2010.01.01
王学军	男	1965.08	汉	高中	1986.08.01
王圣勇	男	1965.09	汉	初中	2008.09.01
李如美	女	1968.03	汉	初中	2011.05.04
王学刚	男	1971.08	汉	高中	1999.07.01
王学利	男	1973.05	汉	初中	2005.07.01
王志军	男	1974.06	汉	初中	2008.09.01
王建建	男	1975.02	汉	初中	1994.07.01
王志才	男	1975.05	汉	初中	1995.07.01
陈尚成	男	1977.03	汉	初中	1999.07.01
王志文	男	1977.11	汉	初中	1997.08.01
王志明	男	1980.09	汉	初中	2011.05.04

续表 20-4-1

姓名	性别	出生年月	民族	学历	入党时间
王广鑫	男	1982.12	汉	初中	2008.09.01
王　朋	男	1985.10	汉	中专	2005.11.01

四、历年参军入伍人员表

表 20-4-2

姓名	性别	入伍时间	退伍回村时间	转业时间地点	现单位或住址	现任职务
李允功	男	1964	1969		街后村	村民
王志广	男	1969.11	1975.11		街后村	村民
李允生	男	1973.01	1977.04		街后村	村民
王洪中	男	1973.11	1977.03		街后村	村民
李允清	男	1976.03	1980.01		街后村	村民
李允洪	男	1978	1981		街后村	村民
王学军	男	1984.10	1987.11		街后村	村民
王志峰	男	1987.10	1991.12		街后村	村民
王志民	男	1990.12	1994.12		街后村	村民
王学庆	男	1992.12	1996.12		街后村	村民
王建建	男	1993.11	1997.11		街后村	村民
王志才	男	1994.11	1997.11		街后村	村民
王志文	男	1995.12	1998.10		街后村	村民
王　朋	男	2003.12	2005.12		街后村	村民
王志昌	男	2013.09			街后村	村民

五、历年考入高校人员表

表 20-4-3

姓名	性别	出生年月	考取院校	考学年份	所学专业	最高学历	家长姓名
王志永	男	1981.02	山东建筑大学	2000	工程管理	本科	王学清
王　正	男	1997	山东建筑大学	2015	新能源科学与工程	本科	王圣伟

六、五世、四世同堂名单

王志恩　王平泉　王圣勇　李杰之　李允生

七、发展概览

1949 年，全村出现第一个小卖部，店主是王武泉，主营酱油等副食调料。

1958年前，黄河还是地下河，黄河大坝很小，只有六七米高，四五米宽。夏天有不少村民能在黄河里来回地游泳，王学莲就是其中之一。1958年黄河发大水，险情严峻，北面村的一些村民纷纷跑上黄河大堤来避险。因为水位已经上升到大坝顶，人们又在大坝上挡小堰防止漫堤。为了防汛，上级给各村下任务征调树头、柴垛等。那时候在大树上刮开一块树皮，在白底上写上75千克、100千克等，就是到时候得从这棵树上砍这么多的树头、树枝来防汛。

1958年，街后村与油坊赵村合资办窑厂。

1964年，时任齐河县主要领导董毅民号召种植水稻，村里开始在当年修黄河大坝形成的盐碱洼地种植水稻，改碱效果好，最高亩产二三百千克。那时候粮食亩产达到300千克叫“过黄河”，达到400千克叫“过长江”，街后村的粮食产量是过了黄河的。最初种水稻几十亩，后来推广到二三百亩，把高粱地都改种了水稻。不但壮大了集体的力量，而且每人每年可分100千克大米，比种旱田的村强多了。0.5千克大米可以到济南换1千克黑面，可以到南山里换1.5千克地瓜干，解决了群众的温饱问题，为老百姓办了件大好事。当时村民交公粮都交大米，一直交到2002年。到2005年不再种植水稻。

1970年，建立街后村党支部。

1980年，全村集体搬迁到房台。

1981年，全村通电。实行包产到户，比高王村晚1年。

1989年秋后，开挖盲肠河，在李家岸大闸旁边有盲肠闸。

1992年，街后村办公室首先安装全村第一部固定电话，安装费用3200元，全镇首批电话号码以8079开头，共七位数。

1992年，因居住拥挤，13户居民搬迁到309国道北侧。

1993年，本村独自在原来的窑旁边办窑厂，2005年拆除。

2003年，在北园白鹤居委会扶持下硬化东西向中心街。

2005年，309国道南56公顷土地被鹊山龙湖征用。

2006年7月，北园沃家村资助3万元，帮助建立健身广场和健身器材。

2008年，修建高铁占用本村土地0.8公顷，国家按照每亩68000元的标准进行补偿。

2008年，在镇政府资助下翻建村委办公室。

2009年，全村户户安装太阳能热水器，政府按照每人300元的标准进行补贴。

2013年，硬化村西坡道、大坝坡道及胡同。

2014年，被列为市级“乡村连片治理”试点村，总投资约100万元，修建了公厕，铺设了下水道，重新整修大街及胡同，安装了30盏

街后村酱菜作坊（2015年摄）

街后村街道（2015年摄）

太阳能路灯，修建通往309国道5米宽的高标准水泥路。

2015年，建村级幸福院。

2015年，济南市委副书记雷杰、区委书记毕筱奇、区委副书记朱玉明、桑梓店镇镇党委书记董学山、镇长杨鹏等领导曾来村里调研。

2015年，建设幸福院，镇上拨款24万元。

2016年，街后村的粮食作物主要为小麦、玉米，粮食年总产16万千克。村集体年收入8200元，村民的主要收入依靠外出打工。家家有汽车，全村有轿车58辆。耕种都租用大型农用机械。全村共有两家小超市。最初村民赶集去邱岸村，那里每逢农历三、八有集；后来赶集去桑梓店村（一、六大集，三、八小集）。

八、附　记

当初村民种地翻地用铁锨和镢头；也用牛耕地，但一个队里只有2.5头牛；有一台小拖拉机。1961年、1962年左右播种等农活多用人力，但村民干劲十足，他们乐观地说“人拉耧人拉耙，早晚盼到机械化”。1960—1962年自然灾害期间很多劳力外出谋生。1972年省工作队来扶贫给村里带来一部24马力的拖拉机和一些粮食。当时有人工打稻机，用氨水耧施肥。

人民公社时期，街后村群众收入主要靠卖苇子和烧砖。街后村的大片洼地渐渐成了苇塘，约有20公顷左右。当时每0.5千克苇子卖到1毛多，销往禹城、高唐、临清等地。有些来买苇子的人头上包着白毛巾。秋后割苇子的时候，苇子下面水少了，往往鱼多成堆，都是野生的，一个个都张着嘴。村民都停下来抓鱼，有的用筛子一下子端很多。抓的大鱼放到小推车的长篓里能露头露尾，得一二十千克。但那时候人们不知道吃鱼，也没有那么多油做鱼吃，都运到济南去卖，也不值钱。村里也养了3年的鱼，效益一般。1958年街后村与油坊赵村共建红旗窑厂，位于油坊赵村北面，属于马蹄窑（形似马蹄，中间空处放砖，周围烧火），烧秫秸、麦秸、豆秸等，1993年拆除。1993年是桑梓店镇的企业年，为响应政府号召，村里又独资兴办窑厂，改成烧煤，属于隧道窑（形似隧道，中间放砖，隧道上下有孔烧火，比马蹄窑先进），2006年拆除。

人民公社时期，社员积公分。劳动力分为三等，一等（耕地、耙地、双手晃耧播种、扬场、打垛等都得会）每天10分，二等（普通劳力）每天8分，三等（一般指妇女）每天6分。分配按人（口）七劳（力）三进行，村民形容每年的口粮分配是“够不够，三百六（斤）”，以致劳力往往余钱而缺粮。

那时候街后村的经济在桑梓店公社是一流的，全村一年能给村民分三四万元钱，银行的工作人员跟着来。大队长王洪显家劳力多，年终能分280元，是最好的户。因为村集体比较富裕，所以后来分责任田的时候村民都不愿意分地。

大片的芦苇荡因后来的淤地而消失，逐渐成为良田。

分地之后因为有砖瓦窑等的收入，村里打机井、建配电室等从未向村民收过钱。村民浇地都用3.5马力的俗称“二人抬”的柴油机。后来拖拉机、农用三轮车较普遍了。

街后村重视精神文明建设。1983年之后连续30年没有计划外生育，1990年之后全村火化率为100%，2008年之后无刑事案件。村干部在红白喜事中提倡“俭”（勤俭节约）、“免”（免去旧风旧俗），积极为群众服务，力求都办圆满。王洪胜、王景申在主政时期定下规矩，白事时，忙丧的干部、街坊和亲友一律吃大锅菜，一律不准喝酒。至今已经推行20多年。

村里评选过一次“好婆婆好媳妇”。有10人左右的文化队伍，经常跳广场舞。

2015年村民饮水全靠自行打井。

村史座谈人员名单（2015 月 7 月 23 日）
王学莲，71 岁
王景申，65 岁
王志广，64 岁
王学刚，44 岁

第二节 邱岸村

邱岸村位于桑梓店镇政府西南方 4 千米处，北距 309 国道 1.5 千米，南傍黄河，东接东秦村，西近街后村。

1948 年，全村耕地 73.3 公顷。2015 年土地 76.27 公顷，其中耕地 54.9 公顷，村居占地 8 公顷，被房台占压 13.3 公顷。

邱岸村概貌（2015 年摄）

村民均为汉族。新中国成立前有张、王、李、陈、马、刘、邱、周、郑、狄、杨姓，新中国成立后邱岸村有王、李、陈、刘、郑、朱、杨姓，2015 年有李、陈、王、郑、刘 5 个姓氏。1948 年有 123 户，460 人。1960—1962 年自然灾害期间，30 多人去了内蒙古包头。后来国家安置移民，迁到黑龙江省北安市近 200 人。2015 年，全村有 184 户（其中李 105 户、陈 35 户、王 28 户、郑 13 户、刘 3 户），计 569 人。

邱岸村办公室（2015 年摄）

一、村庄来历

这一方是黄河冲积平原，早年没有人烟，据传明朝万历年间，邱姓祖先从山西洪洞县迁到河北枣强，然后从河北枣强迁到此处。（据老人说这一路先人们都是被朝廷军吏背手捆绑着来的，以致现在还有人喜欢倒背着手走路）

当时桑梓店一带有官家的驿站，即皇帝及高官南巡或上泰山烧香居住的地方，从该渡口过黄河再到济南官驿街歇息。曾有皇帝路过此处，将该渡口起名“驿渡岸”。相传明清一位皇帝到过此处，曾留下了“黄伞”。因村里最早有邱姓人家落户，约在清朝期间，改名为邱岸村。邱姓的祖坟在黄河南岸姜村正北大坝下的河滩上。后来邱姓人家分为三支，一支去了青岛，一支去了肥城，一支去了东北，村里不再有邱姓人家，但是邱岸村的名称延续了下来。

清康熙《齐河县志·桥梁志》记载：“丘家岸渡，在县东北二十里。”

清康熙《齐河县志·衢市志》记载：“丘家岸集，县东北十八里。”

二、现任村干部

党支部书记：李良彦
党支部委员：李存恩（副书记） 王 波
村委会主任：李良彦
村委委员：王圣勤 李存铭

邱岸村村党支部书记、村委会主任李良彦（2016 年摄）

邱岸村村干部合影（2016 年摄）

三、共产党员表

表 20-4-4

姓名	性别	出生年月	民族	学历	入党时间
陈延禄	男	1950.06	汉	初中	1973.11.01
李存信	男	1957.09	汉	初中	1978.12.01
李存恩	男	1955.10	汉	高中	1999.03.01
王　波	男	1979.06	汉	高中	2000.03.01
李海水	男	1964.04	汉	高中	2000.03.01
刘　涛	男	1979.10	汉	高中	2000.03.01
王　凯	男	1977.11	汉	初中	2001.05
王洪涛	男	1975.07	汉	大专	2002.07.01
李良彦	男	1969.03	汉	初中	2003.10.01
李良柱	男	1964.06	汉	高中	2007.10.01
李海波	男	1981.07	汉	高中	2007.10.01
陈勇庆	男	1967.05	汉	初中	2008.11.01
李月辉	男	1987.08	汉	初中	2008.11.01
李双双	女	1987.01	汉	大学	2009.09.01
陈克荣	男	1980.11	汉	初中	2010.03.05
陈克永	男	1967.09	汉	高中	2010.03.05
李良元	男	1974.10	汉	高中	2010.03.12
王圣勤	女	1963.12	汉	初中	2011.05.24
李月明	男	1985.02	汉	高中	2011.05.24

四、历年参军入伍人员表

表 20-4-5

姓名	性别	入伍时间	立功情况	退伍转业时间	现单位或住址	现任职务
李良善	男	1948	三等功 1 次	1953	邱岸村	村民
李存连	男	1953		1957	邱岸村	村民
陈克贵	男	1965		1969	邱岸村	村民
陈延禄	男	1970	嘉奖 7 次		邱岸村	村民
王凤奎	男	1971		1977	卫生院	书记退职
李存信	男	1977	受连嘉奖 5 次	1981	邱岸村	村民
李　强	男	1984		1987	邱岸村	村民
王　勇	男	1989	三等功 4 次	2005	乌鲁木齐执法局	执法队长
李良孝	男	1994		1997	邱岸村	村民
王　凯	男	1995		2001	邱岸村	村民
刘　涛	男	1997		2002	邱岸村	村民
王　波	男	1997	优秀士兵	2000	邱岸村	村民
陈延良	男	1998		2001	邱岸村	村民
陈　波	男	1999		2001	邱岸村	村民
李明杰	男	1999			济南市无影山干休所	村民
郑洪才	男	2001	优秀士兵		驻上海空军地勤	村民
郑洪彬	男	2003		2005	邱岸村	村民
郑洪涛	男	2003		2005	邱岸村	村民
李明辉	男	2008	三等功 1 次	2010	邱岸村	村民
李　华	男	2009		2012	济南市长途汽运有限公司	村民

五、历年考入高校人员表

表 20-4-6

姓名	性别	出生年月	考取院校	考学年份	所学专业	毕业去向	最高学历	现任职单位	现任职务	家长姓名
王洪涛	男	1975.07	山东商校	1990	工商管理	济南市	大学	山东泰山集团	副总裁	李存鸾
李月红	女	1978	吉林大学外国语学院	1997	英语	上海	研究生	上海方达律师事务所	翻译	李良厚
李廷海	男	1981.04	济南大学	2001	理科	济南市	大学	商河县孙集中学	教师	李俊全

续表 20-4-6

姓名	性别	出生年月	考取院校	考学年份	所学专业	毕业去向	最高学历	现任职单位	现任职务	家长姓名
李良瑞	男	1982.04	第二军医大学	1999	医科	济南军区总医院	博士在读		副团军医	李存河
李延会	女	1985	山东轻工业学院	2006	财会	武警医院	大学			李良柱
李　鹏	男	1986.01	山东中西医大学	2009	中西医	济南市	大学	天桥医院	牙科医生	李曰武
李双双	女	1987.01	聊城大学	2006		济南	大学			李中华
王　鹏	男	1987.07	山东大学	2005	工程信息		大学	山东泰山集团	副总裁	王洪海
李曰海	男	1988.04	青岛农业大学	2006	电子信息工程	北京	大学	北京游导易科技公司	工程师	李良新
李海峰	男	1989.12	济南大学	2010	电气工程自动化	山东电力公司	大学	山东电力公司送变电		李良柱
李月平	女	1991	南开大学外国语学院	2014	英语		研究生在读			李良厚
李婷婷	女	1996.10	山东女子学院	2014	工商管理	在读				李廷厚
李月锋	男	1996.08	山东大学	2014	工商管理	在读				李良太

六、四世同堂家庭名单

陈克宽　王庆云　姜汝香　李化轩　李良善　李存连

怀心兰　李洪桂　朱吉英　李良温　李存鸾　郑长睦

七、发展概览

1947 年冬季，齐河（铁路北）县大队在邱岸村一带将被国民党收编的伪顽军聂宜庆部 400 余人全部歼灭，聂宜庆当场被击毙。至此，抗战以来，横行于齐河、齐禹地区的李连祥、张德新、赵芙亭、聂宜增等国民党土顽势力被彻底消灭。

1948 年，共产党员郑德昌任新中国成立后第一任村长。

1954 年，成立第一个互助组，有 8 户参加，王庆云任组长。

1955 年，成立初级社，王庆云任筹备委员会主任、社长。

1956 年，成立高级社，8 个村参加，王庆云任妇女社长包本村。

1960 年，邱岸村成立党支部。

1979 年，第一批村民迁往大坝房台。

1972 年，村里通动力电，不用于照明。

1972 年，在大田搞水稻种植，根治盐碱地，搞稻麦轮作。

1982 年，邱岸村在桑梓店人民公社最后一

邱岸村花果农家院（2016 年摄）

批实行家庭联产承包责任制。

1983年，第二批村民迁往大坝房台。

1983年，建起正房10间做小学教室，西屋5间做村办公室。

1987年，将芦苇地承包给村民开垦。

1993年，镇上搞企业年，村里建立了砖窑。砖窑一直运营到2002年，村里基本未受益。

2001年，村里将最低洼的2.67公顷春种地（只能种一季，年年被淹）和一个水面八九亩大的湾及周围的洼地开发成4.67公顷水面的鱼池，承包给村民养鱼、种庄稼、植树。

2002年麦收，村里每亩地多补贴5元钱，并且由干部轮流盯了一天两夜，直到收割机把全村小麦收完。

2003年，在区镇两级政府扶持下自筹资金在房台下占地1.33公顷建起小学教学楼。

2005年，把村东西大街和南北大街建成高标准水泥路。

2005年，村里选出7位德高望重的老人组成红白理事会，只要村里群众有需要，24小时随叫随到，真真正正为群众服务。理事会要求取消中午晚上8个硬菜喝酒的做法，勤俭办丧事，干部、亲友、街坊一律吃大锅菜、喝汤，深受群众好评。

2007年，全村土地被纳入土地整平工程。

2007年，村里建起了文体活动中心、健身广场。

2008年，所有土地被国家征用，全村的劳动力全部被解放出来，到城里打工经商。

2010年，硬化背街小巷。

2013年，硬化南大街，扩建文娱活动室。

2014年，进行“乡村连片治理”；投资50万元，建起村级幸福院。

新安装太阳能节能灯40盏。

全村修下水道，硬化剩余路面。

拆除各家各户所有露天厕所、小车库、影壁墙，建起水冲式公厕6座。

村南环路增设上大坝的坡道，增加停车位、停车场、健身广场。

7月重修309国道到村里的道路，建起宽5米的高标准水泥路。

2015年，在房台北坡搞背坡整治，结合该工程搞安置房，建设2间为一户能容纳28户的2层小楼，解决部分群众的住房困难。

2015年有10位老人入住幸福院。

天桥区政协主席刘建忠实地察看邱岸村幸福院（2015年摄）

2015年5月14日，省民政厅副厅长周云平、省民政厅社会福利与慈善事业促进处处长尹绍强、省老年产业协会会长裴建华、山东广电网络有限公司总经理郝克远、区委副书记朱玉明、副区长李正友、区民政局局长刘仁东等领导到邱岸村调研，给予高度评价。

2016年春天，整合学校，原村小学改建成桑梓店镇第二所公办幼儿园。

2016年5月，村建安置房交付使用，村民

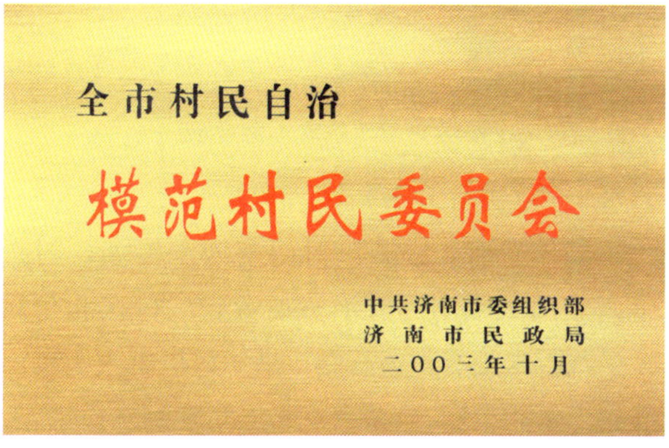

乔迁新居。

2016 年，全村有大型客货车 6 辆，小型货车 15 辆，大型运输车 3 辆，挖掘机 5 台，轿车、面包车 90 辆。

济南市委副书记雷杰曾来视察，天桥区委书记毕筱奇、区委副书记朱明玉曾来指导，镇党委书记董学山、镇长杨鹏经常来指导工作。邱岸村曾经上过报纸，上过电视。

邱岸村一直无重大刑事案件发生。1991 年起，连续 20 年无计划外生育。2010 年起，火化率达到 100%，村里设有公墓（政府为龙湖占地的几个村集体设置）。

邱岸村文艺队到济南新材料产业园演出场（2015 年摄）

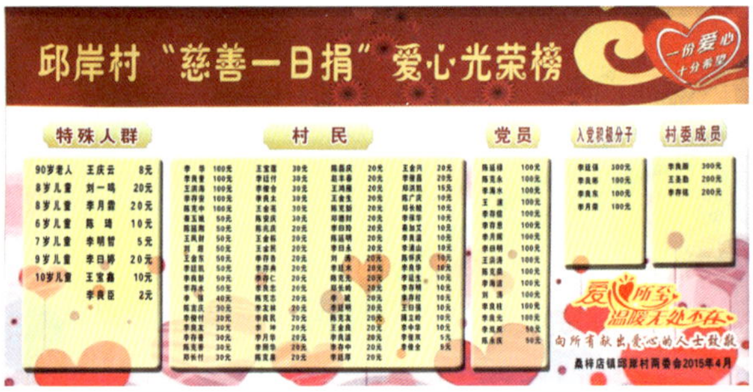

邱岸村光荣榜（2015 年摄）

八、附 记

（一）庙宇

早年建有 3 座庙，村西南为土帝庙，村东南离黄河大坝不远有 1 座关帝庙，村东北角离村子几百米处有 1 座石庙。早年村里有人去世，都到土帝庙上庙。1953 年，庙里几座铜佛被销毁，后来土帝庙、关帝庙被毁。村北的石庙周围有不少庙地，新中国成立前周围几个村的人每年 1 次赶庙会，各村轮流主持赶会。新中国成立后庙会取消。1957 年庙前的两棵大柳树因各村间起争执被县政府没收，到老齐河县城戏曲礼堂铺了舞台。后来石庙被毁掉。

（二）治黄

邱岸村位于黄河北岸，据传邱岸村老村址在现在黄河的中心地带。新中国成立前黄河频频泛滥成灾，在新中国成立前的 100 年间，黄河下游就决口 108 次。河床多次改道，邱岸村的村址被迫逐渐向北延伸。新中国成立后，党和政府加大对黄河的治理力度，毛泽东主席曾经题词“一定要把黄河的事情办好”。当时桑梓店镇为齐河县第六区，时任区长李子强，头包白毛巾，和人民群众同甘共苦，带领所辖各村群众，用木制的“花轱轮”大车，从各村运来石料，加固加高大坝。

1953 前后，黄河大坝长过一次高，当时用的小推车是木制大轱轮的“响车子”（因无轴承又无轴碗、滚珠之类的东西，走起来经常发出声响），用的地排子车最先进的也是实疙瘩（无内胎）胶轮车。当时黄河是地下河，黄河大坝只有四五米高，和村里的房顶差不多高，人在村内便能看到黄河里来往船只的船帆。由于每年大量泥沙沉淀，黄河河床底逐渐增高。1958 年黄河发大水，河南花园口的流量超过 2 万多立方米每秒，黄河洛口水文站的流量是 18000 立方米每秒，邱岸村南的黄河水涨到与大坝持平，十分危急。当时所有成年人全部参加抗洪，老师都停了课，全民动员连夜用抬筐抬土筑成 1 米高 1 米宽的拦水小坝。李存铭亲眼看到小坝以南堤面已被洪水淹没。当时实行的人海战术，有临河、背坡和底坡脚三道防线，都是 1 米 1 个人，目不转睛地观察每一个角落。经过几个昼夜的奋战，黄河水安全通过，村庄转危为安。

1962—1963 年，黄河大坝大幅度加宽长高，村西南角大坝以南和坝头之间的“三角湾”被填平。当时用上了手推胶轮车，人称“推不够”；也有了人力胶轮地排车。1963年长大坝，住在坡脚下的王凤财、王凤泉兄弟二人迁到街里村西头大道以北居住。

1976年夏天，黄河发大水，河水流量为7000立方米每秒，比1958年小的多，但因黄河河底不断增高变成悬河，丁口村底坡脚包括老村居周围发现大面积渗水现象，令人惊恐，上级紧急组织各村青壮年用手推车，从空闲的老宅子取土，堵管涌（俗称“压洇”）。后来黄河水利委员会作出决定，用泥浆船搅动、抽取浑浊的黄河水到黄河大坝北侧淤积房台，既能清除河道泥沙又能加固堤防。从1976年到1983年黄河两岸村全部积淤成宽120米的房台。从1979年到1983年，邱岸村全部搬到房台上。当时为加固堤防淤房台，邱岸村失去土地13.3公顷，包括东秦村房台，南郑村一半的房台和另外的部分树林。

（三）经济

1. 邱岸集

邱岸集有农历三、八大集，一、六小集，是方圆25公里最大的集市。

集市主要交易粮食、副食、布匹、牲口、水果、蔬菜等，由于市场规模很大，又形成了粮食市、牲口市、菜市等。因当时附近村全是桃、杏、山楂等果树，众人挑“八股绳”（即挑扁担，因前后筐各有四股绳系住而得名）从这里买了水果往济南市里贩卖。西边齐河县的的焦斌、西北的安头及临邑夏口一带很多人赶着大车来卖西瓜、花生，黄河南边药山安乐镇也有不少人来贩水果、花生。长清万德人推车来卖瓦盆。光卖包子的、卖馒头的、卖锅饼的棚就有好几户，还有本村的好几个饭铺子。集市上还有杂耍、变戏法（魔术的俗称）、皮影戏、拉洋片等文娱活动。

1948—1955年邱岸村的集市相当繁华。1960—1962年发生自然灾害，邱岸集逐渐消失。

2. 供销社门市部

1953年，建起3间前出厦的房子，有2根3米多高的粗圆大木柱，相当气派。公家经营，相当于现在的商店，第一任店长是姜春荣。刚刚开始的时候有一包香烟、一包火柴、一匹布就可以开张售卖。逐渐发展，供销社周边很是繁华，是村里的活动中心，说书的、杂耍的等都在那里。在国庆节、春节等节日队里杀了猪把整片猪悬挂在那里分肉，很热闹。后集市消失，1966年供销社撤出，改为代销店。

3. 农村建筑队

鼎盛时期全村有3支建筑队，一支10多人。

4. 副业

集体经济时期，村集体收入来源为苇子和编草苫子。

（四）交通

新中国成立前邱岸村有黄河渡口，是水旱码头，从此渡口到济南最近，有木船摆渡来往客人。渡船全是木船，有桅杆和帆。船大约有10艘，南北相向开。1956年左右，渡口消失，不再摆渡。

此外还有顺河船，一般为货船，运载石料、水果、蒲黄等，东到泺口、西到出石头的望口山。一般的船装10方石头，大的能装30方。这种船1985年绝迹。

孙耿道：从邱岸村东往北，通过沙李村、周闫村、北王堂村，直到德州市齐河县表白寺镇的孙耿村，是一条大道。相传明朝年间，孙耿村镇守山海关的金头盔郝勇将此道买下来，专门用来遛马。

现在村南黄河大坝上柏油路贯通东西，村东北有水泥路直通309国道。

（五）文艺

2007年，邱岸村组建文艺队伍，建起了健身广场、活动室，为群众提供充足的健身空间。文艺队2008年春节首次到镇政府参加贺新春文艺汇演，受到领导和群众的一致好评；2013年到天桥东街办事处、龙湖指挥部、建邦总部慰问演出；2014年3月7日，获全镇文艺汇演一等奖。

村史座谈人员名单（2015年7月24日）

郑长睦，男，80岁

王凤财，男，78岁

李存仁，男，70岁

李存铭，男，65岁

王圣勤，女，52岁

李良彦，男，46岁

邱岸村座谈现场（2015年摄）

第三节 左庄村

左庄村位于桑梓店镇政府西南3.5千米，东临小吕村，西接袁贾村，南依北展大堤，北隔邯济铁路与张王堂村相望。

1949年总耕地面积134.5公顷，村址（宅基地）26.7公顷；2015年土地总面积180.67公顷，其中耕地129.4公顷，非耕地43.8公顷，村址面积7.47公顷。

村民均为汉族，有张、王、孙、姜、左、刘、李、贾、朱、冯、聂、耿、周、景、韩、顾、乔、蒋18个姓氏，其中姜姓和左姓人口最多。1949年全村有187户，850余人。2015年分六个村民小组，有242户，915人。其中80～90岁的23人，90岁以上的5人。

左庄村全貌（2016年摄）

一、村庄来历

据传公元1200年先民从河北省枣强迁来。当时村南边有座庙，庙内有棵槐树，村名当时叫庙里槐树。后来遭遇黄河决口，村民搬到村南大堰，大堰是长方形的，村名又叫长庄，但时间不长。洪水退后，村民又搬回旧址。因左氏家族比较兴旺，故取名左庄。

原村址位于桑梓店村西2.5千米，济邯公路（后改称309国道）以北1.5千米，以南是东秦村，以北是小吕村，以东是仓上村，以西是赫家洼。1976年左庄村开始向黄河北展大堤北侧房台搬迁，1984年基本搬完。

左庄村村干部合影（2016年摄）

二、现任村干部

党支部书记：姜连如

党支部委员：姜荣涛　刘不义

村委会主任：刘丕新

委委员：左友萍　刘忠梅

左庄村党支部书记姜连如（2016 年摄）

左庄村村委会主任刘丕新（2016 年摄）

三、共产党员表

表 20-4-7

姓名	性别	出生年月	民族	学历	入党时间
刘玉森	男	1930.05	汉	初中	1954.07.01
刘更宝	男	1934.03	汉	初中	1955.06.01
王士有	男	1941.02	汉	初中	1964.07.01
张逢胜	男	1947.11	汉	大专	1971.09.27
李廷贵	男	1948.07	汉	初中	1973.07.01
姜丰新	男	1954.02	汉	初中	1975.03.01
姜连如	男	1954.10	汉	初中	1975.07.01
李久平	男	1952.05	汉	小学	1975.07.01
姜汝广	男	1960.02	汉	高中	1982.03.01
韩素平	男	1954.08	汉	初中	1985.03.01
孙广新	男	1954.09	汉	小学	1986.07.01
刘更祥	男	1965.11	汉	高中	1986.07.01
刘丕义	男	1971.02	汉	初中	1991.07.01
刘丕喜	男	1973.07	汉	初中	1996.08.01
姜荣涛	男	1979.03	汉	高中	1997.07.01
姜　辛	男	1984.02	汉	高中	2008.05.16
刘丕新	男	1977.07	汉	初中	2014.12.19

四、历年参军入伍人员表

表 20-4-8

姓名	性别	入伍时间	立功情况	退伍转业时间	现单位或住址	现任职务
刘玉森	男	1954		1957	左庄村	村民
张曰浩	男	1954		1957	左庄村	村民
李久平	男	1970	嘉奖 1 次	1976	左庄村	村民
李廷贵	男	1971	嘉奖 5 次	1976	左庄村	村民
张逢胜	男	1973		1980	园林场派出所	退休
姜逢新	男	1973		1978	左庄村	村民
姜汝山	男	1976	嘉奖 3 次	1976	左庄村	村民
王长亭	男	1978	嘉奖 5 次	1981	左庄村	村民
张逢和	男	1978	嘉奖 1 次 立三等功 1 次	1983	左庄村	村民
姜汝广	男	1979	嘉奖 5 次	1984	左庄村	村民
张逢平	男	1983		1986	左庄村	村民
刘更祥	男	1983		1987	左庄村	村民
刘丕义	男	1989	嘉奖 2 次	1991	左庄村	村民
左友东	男	1991	受奖 2 次	1994	左庄村	村民
刘丕喜	男	1994		1997	左庄村	村民
姜荣涛	男	1995		2015	左庄村	村民
姜铁牛	男	2000	优秀士官 2 次		左庄村	现役
姜　辛	男	2001		2013	左庄村	村民
姜逢敏	男	2010	优秀班长		左庄村	现役
左　凯	男	2010	优秀士兵	2012	左庄村	村民
赵　栋	男	2010		2016	左庄村	村民
姜　瑞	男	2013		2015	左庄村	村民
刘建伟	男	2014			左庄村	现役
张其松	男	2015			左庄村	现役
左恩虎	男	2015.09			左庄村	现役

五、历年考入高校人员表

表 20-4-9

姓名	性别	出生年月	考取院校	考学年份	所学专业	毕业去向	最高学历	现任职单位	现任职务	家长姓名
刘　晋	男	1982.04	泰山医学院	2000	医学	山东省警官医院				刘培友
李保朋	女	1982.04	泰医省中医	2000	医学	山东省中医院	研究生	山东省中医院	医生	刘培友
刘　成	男	1983	泰山医学院	2001	英语	蓬莱	本科	蓬莱汽配公司	经理	刘培富
王　震	男	1984	山东理工大学	2012	无线网	平安保险	研究生	平安网		王茂胜
孙晓凡	女	1992.01	济南大学	2011	城乡规划管理	在读	本科			孙荣海
王晓涵	女	1996	烟台大学	2015	物联网		本科在读			王长峰
李　皓	男	1997.05	华中农业大学	2015	应用化学	在读				李吉海

六、四世同堂家庭名单

刘更宝　李其顺　姜逢周　孙广新

刘培荣　张其龙　张曰明　李廷栋

左保圣　左保有　左保春　左延明

七、发展概览

1954 年，成立第一个农村互助组

1955 年，成立第一个初级农业合作社，由 19 户组成，刘更宝任社长兼村主任。

1955 年，刘更宝第一个加入中国共产党，由县工作组成员李永江、乡总支书记李伦科为介绍人。

左庄村老屋（2015 年摄）

1956 年，左庄村初级社和 9 个村合并为高级农业合作社（本村、张王堂村、小吕村、邓营村、田家村、沙李村、小张村、小马村、桑梓店村），办公地点设在沙李村。

1958 年，转为人民公社，恢复左家大队。

1959 年，建立党支部，刘更宝任党支部书记。

1960 年，由齐河县副县长孟庆彬带队，刘更宝代表原高级社出席山东省农业社会主义建设代表大会，聆听省委书记舒同的报告。

1975 年，第一次购买泰山 25 型拖拉机。

1976 年，第一次种水稻 71.3 公顷，山东省委书记白如冰、齐河县委书记李明贞、桑梓店公社书记王宝山在水稻抽穗后来参观千亩稻田并接见刘更宝。那时候全村水稻总产 50 万千克以上，交公粮能交 5 万千克稻子。

村西建立扬水站，配 50 型抽水机，灌溉方便。

1976 年，第一次大搬迁，从旧村址搬向坝北新址。当时国家补助每间房 135 元，入不敷出。那时候都是土坯房，人们都是从老村打好土坯运过来，即使用一把土也得从坝南老村运来。人们白天干集体的农活，晚上拉运土坯，历尽艰辛。

1977 年，孙敬东参加高考考上大学。

1979 年，在新房台建学校，新建 33 米长 23 米宽房屋 10 间，共 760 平方米。

1980 年，在新房台建 33 米长、11.5 米宽村办公用房 10 间，计 380 平方米。

1981 年，开始实行家庭联产承包责任制。

1985 年，建配电室。

1992 年，在坝南建配电室 1 座。

2002 年，修建村中东西砂石路。

2005 年，天桥区委书记杨庆林到左庄村慰问老党员刘更宝。

2007 年，实现公路村村通，村中东西路和村两头都建成水泥路。

2010 年，全村安装自来水管，户户用上自来水。

2011 年，新一届党支部书记姜连如、村委会主任刘丕新下大决心以超强魄力在 30 年后重新调整全村的土地。村委会主任刘丕新当选天桥区人大代表。

2012 年，实行旧村改造。修建广场 3 处，新建村南边东西马路 1 条，安装健身器材 26 件，购置文艺器材多件，新安装节能路灯 15 盏，改装路灯 13 处，新建公厕 6 处。

2013 年，在村西南角修建村办公室会议室 1 处，占地 24 米长、19.5 米宽，共 7 间，桌凳、空调、微机、监控等设备齐全。

在办公室南建幼儿园 1 处，配全桌凳等办公用品和儿童玩具。

左庄村新貌（2016 年摄）

为村五保户建房 2 间，修院 1 处，配备家具、灯具和其他各种生活用具。

2014 年，投资 3.2 万元安装 24 个摄像头，覆盖全村。

投资近 100 万进行自来水改造，实现 1 户 1 表。全村改造胡同 10 条，为各家各户统一埋设 2 万米自来水管和 150 米长 0.5 米粗的下水道，上面全部用水泥硬化。实现全村路面的全部硬化，四通八达。

运土 10 万立方米把村北 500 米长 1.5～2 米深的湾沟垫平，建成北外环水泥马路，安装路灯 15 盏，建公共厕所 6 处。

2015 年，统一规划，修建农具储藏室（车库）140 间，统一安装卷帘门。

在村北外环路南边修建幸福院 8 间，建老年活动中心 5 间，建村卫生室 5 间。

2016 年，全村低洼地较多，平均亩产 750 千克。有 400 多人外出打工，月收入平均 2000 元。全村有轿车、面包车 101 辆，大型联合收割机 4 台，95 马力、10 马力大型旋地拖拉机 6 台。

八、附 记

在村东六组地角桥下埋一石碑，为 20 世纪 80 年代所埋。是一整碑，高约 1.8 米，宽约 1 米，厚约 0.2 米，有底座，上面有关于张氏家族历史的记载。

历史上左庄村建有 5 座庙宇。村西南有土地庙 1 座；其东有三官庙 1 座，有后院；村东头路北有玉皇庙 1 座，有北屋 3 间、西屋 3 间、南屋 3 间，当学校用；村东头南北道路东有关帝庙 1 座。另外村南部姜泽南家南边有小庙楼一座，叫镇武庙。以上庙宇均早已毁。

1990 年 6 月 30 日出版的内部刊物《济南市历城区村庄名考略》记载，历史上左庄“因村里有棵大槐树，故叫百里槐树”。

据 1990 年 7 月 14 日历城区地名委员会工

作人员调查当时77岁的左庄村民姜如林和李付业等人的材料，该村曾别名槐包榆，因村南有棵大槐树包着一棵榆树而得名。

1949年前村里果树较多，一直持续到1960年遭大雨水淹。

集体经济时村里有粉坊、磨坊、铁匠铺等副业。集体收入较丰厚，足够村集体买化肥用。村里用副业的收入置办胶皮大车1辆，柴油机1台，大牛2头。年底还给村民分钱，一般人均20元，最多的时候一个五口之家分了180元。

左庄村曾经以宰鸡闻名，最多时60多家宰鸡。

2012年韩勇捐款1万元，组建锣鼓队、街舞队，购置锣鼓乐器及队服。

2014年，村党支部书记姜连如、村委会主任刘丕新、村文书刘更亮把镇政府奖励他们的3600元奖金用做了全村公益。

村内的红白事都是各组自办，届时在外打工的都赶回来帮忙。白事大家都吃大锅汤，一律平等。

村史座谈人员名单（2015年8月14日）

刘更宝，男，82岁

孙广新，男，61岁

姜连如，男，61岁

左庄村座谈现场（2015年摄）

第四节　东秦村

东秦村位于黄河北岸房台，南临黄河，北傍309国道，东靠南郑村，西近邱岸村。

全村土地总面积为67.6公顷。从新中国成立耕地一直是53.3公顷；后来由于修路、挖河等减为46.7公顷，其中一组有26.7公顷亩，二组有20公顷；2007年和2009年根据区镇要求对村民原来的宅基地、鱼塘等进行土地整理，耕地面积有所增加。土地多在309国道以北，占三分之二。

村民均为汉族，有秦、怀、张、王、姜、5个姓氏。2015年有121户，其中秦姓62户、怀姓51户、张姓4户、王姓3户、姜姓1户，计437人。80～90岁的10人，90岁以上的2人。

一、村庄来历

1990年版《齐河县志》记载东秦村的“来源”地是“河北枣强”，“迁来时间”是“明末”，“始迁者姓氏”是“秦”。

据秦氏家谱记载，明末，秦氏先人自河北枣强迁到齐河城东北二十余里之秦家庄落户，为秦氏一世。后来一世生长子西苗、次子西第。清初兄弟二人分家，兄留老庄居住，弟搬到村西约200米居住，是为老秦村和小秦村。2015年村中年龄最大的人称自己开始记事时两个村称老小秦，过春节时两村村民都相互串门拜年。后根据方位改称东秦村和西秦村。

十一世怀希洛最早从怀庄迁到东秦村，后生二子，长子国礼，次子国明，有家谱为证。

张、王两户家谱遗失多年，无据可查。姜户原籍左庄村，1969年迁来外落户。

清光绪三十年制《齐河县旧里图》在东、西两个村之间只标注“秦庄”，清宣统元年制《齐河县旧乡区全图》在一个村上标注“大小秦庄”，中华民国二十年七月制《齐河县八大区乡镇总图》亦标注“大小秦庄”。

二、现任村干部

党支部书记：怀保全

党支部委员：秦玉军　怀吉诚

村委会主任：怀保全

村委委员：秦玉军　陈延玲

东秦村党支部书记、村委会主任怀保全（2016年摄）

东秦村村干部合影（2016年摄）

三、共产党员表

表 20-4-10

姓名	性别	出生年月	民族	学历	入党时间
怀易明	男	1930.12	汉	小学	1959.02.01
秦家美	女	1933.01	汉	小学	1968.10.01
秦吉忠	男	1943.10	汉	初中	1965.04.01
怀居明	男	1944.04	汉	小学	1992.03.01
王吉兰	女	1945.03	汉	初中	1966.09.01
秦少贵	男	1949.03	汉	初中	1970.12.01
秦少珠	男	1951.10	汉	初中	1972.01.01
怀心贵	男	1953.06	汉	初中	1976.04.01
怀吉诚	男	1959.10	汉	高中	1992.03.01
怀吉利	男	1963.01	汉	高中	1982.05.01
王玉福	男	1970.04	汉	初中	2006.04.07
怀保全	男	1971.08	汉	初中	1993.10.01
秦海龙	男	1974.08	汉	初中	1994.11.01
秦玉军	男	1976.02	汉	初中	1997.12.01
张培友	男	1976.03	汉	初中	1997.12.01
秦玉辉	男	1976.11	汉	初中	1999.12.01
怀宝伟	男	1979.06	汉	初中	1999.12.01

续表 20-4-10

姓名	性别	出生年月	民族	学历	入党时间
怀 楠	男	1985.02	汉	初中	2006.06.23
秦 敏	女	1986.11	汉	大专	2008.04.01

四、历年参军入伍人员表

表 20-4-11

姓名	性别	入伍时间	退伍回村时间	现单位或住址	现任职务
秦吉强	男	1953.3	1957.7	东秦村	村民
秦加安	男	1957.10	1961.10	东秦村	村民
秦吉忠	男	1965	1971	东秦村	村民
秦少贵	男	1969	1973	东秦村	村民
怀吉平	男	1970.12	1973.12	东秦村	村民
怀心贵	男	1975	1980	东秦村	村民
怀吉利	男	1981.10	1985.10	东秦村	村民
怀保全	男	1990.11	1993.11	东秦村	党支部书记
秦玉军	男	1993.11	1997.11	东秦村	党支部委员
张培友	男	1993.11	1997.11	东秦村	村民
秦海龙	男	1993.11	1997.11	东秦村	村民
怀宝卫	男	1994.11	1997.11	东秦村	村民

五、历年考入高校人员表

表 20-4-12

姓 名	性别	出生年月	考取院校	考学年份	所学专业	最高学历	现任职单位	现任职务	家长姓名
怀宝贵	男	1962.05	菏泽师范专科学校	1993	物理教育	大专	镇中心小学	教师	怀务商
秦少刚	男	1963.07	山东大学	1987		大专			秦家兴
秦少久	男	1966.11	临沂医专	1982	临床	本科			赵吉兰
怀心强	男	1981.11	山东大学	2002		硕士			怀居广
怀 磊	男	1982.05	山东科技大学	2000	机电工程	本科			怀吉武
秦 威	男	1989.12	德州学院	2008	汽车检测与维修	大专			秦少东
秦士峰	男	1990.09	山东交通学院	2010	土木工程	本科			秦玉森
秦 盼	男	1991.01	济南职业学院	2010	汽修	大专			王金玉

续表 20-4-12

姓　名	性别	出生年月	考取院校	考学年份	所学专业	最高学历	现任职单位	现任职务	家长姓名
秦　浩	男	1995.05	西安交通大学	2013	核技术与和能源	本科			秦海峰
秦　毅	男	1997.05	烟台南山学院	2015	市场营销	大专			秦少新
怀备备	男	1997.05	山东管理学院	2015	计算机网络	大专			怀吉豹
怀　安	男	1997.09	山东交通学院	2015	地理信息科学	本科			怀保全
秦士旭	男	1999.09	山东联合大学	2014	电气自动化	大专			秦玉辉

六、四世同堂家庭名单

秦少杰　秦吉顺　张学明　杨登兰　张芳兰　秦家安　怀吉富

秦吉强　秦家学　怀心全　怀吉才　怀宝忠　怀宝柱　秦少勇　姜连荣　怀吉友

七、发展概览

1952 年，成立互助组，怀心相任组长。

1965 年，怀易明加入中国共产党。建立村党支部，怀易明任书记。

1968 年，老村通电，打机井，安装电磨。怀新庆管 8 个村的电。

1981—1983 年，实行家庭联产承包责任制。

1982 年，全村开始种植水稻。

1985 年，按照上级要求整村开始向大坝房台搬迁，1993 年完成。

1986 年，建立村小学。

1988 年，房台新村全村通电。

1997 年，村民开始搞钢结构加工施工，属于高空作业。

2005 年，天桥区委牵头利用安乐镇出资的 5 万元整修 5 间村办公室。

2006 年，进行土地整理。涉及给村民的土地补偿，极易生乱。为防患于未然，经过反复思考，村党支部书记怀保全决定年底给每家每户发一份关于全村财务收支的小册子，有发票，有明细，实现了账目清清楚楚，群众明明白白，干部清清白白，全村和和睦睦。之后每年都是这样。通过这样真正的财务公开，村里一直安定和谐，从来没有出现过上访，连续 11 年无刑事案件，连续 10 年无计划外超生。通过这样实实在在的财务公开，村干部从不用担心选票，每次换届选举，村干部不请客不送礼不拉小集团，群众抽不到村干部的一颗烟，喝不到村干部的一杯酒，但村干部的得票率一直在 80% 以上。心底无私，真心实意地向群众公开账目，这在全镇乃至全国都是不多见的，值得推广。

2007 年下半年，清点本村 309 公路以南地上物并补偿。

2011 年东秦村收支公开表
2011 年东秦村合作医疗支出表
2011 年东秦村水费、清淤费支出表
2011 年东秦村小麦补助面积对比表
2011 年东秦村社会养老保险支出表
2011 年东秦村新建水泥路收支说明表
2011 年东秦村团体 50--80 岁个人保险支出表
2011 年 309 公路南蓝莓基地土地租金收支表
东秦村党支部
东秦村村委会

东秦村的财务公开（2015 年摄）

2008年，政府开始土地整理，将一块土地出租给建邦集团，把另一块租给北京一家蓝莓公司。

是年，村里村外还都是土路。村党支部书记怀保全发现高铁搅拌站修完高铁之后剩下些水泥等建筑材料，他就主动给搅拌站多次联系。最终搅拌站同意优惠，本来四五万元钱的东西东秦村仅花了2.8万元钱。由于男劳力都外出打工，为了省钱并让本村村民得实惠，村里到人才市场以180元1天的待遇招聘了2名技术人员，其余以1人1天60元的标准全用村里的妇女老人修建通往村里的水泥路。村内约2700米的硬化路面多是靠本村村民修建完成。

2009年，为解决种水稻无法发展，搞大棚又搞不起之制约全村发展等问题，党支部书记怀保全把全村2个生产小组整合为一个大组，重新分配了土地。

是年，开始水稻改旱田，村民劳动的负担大大减轻。粮食年亩产达1吨，辐射带动了附近村庄都改种旱田。

2010年，镇、村集资修建村东西大街、中间南北街，共1000米。

2011年，村委会建农家书屋3间。

2012年，由市财政局拨款修村四周东、南、西、北水泥路各一条，约600米。

2013年，向外承包土地46.7公顷，租金平均每亩1000元，期限20年，每5年增加100元。

东秦村的种植基地（2016年摄）

是全镇第一个流转较多土地的村。把土地承包出去收取土地承包费，不但省去了村民劳作的艰辛，而且可以腾出时间外出打工赚钱。党支部书记怀保全号召并带领大家外出打工，全村外出打工的有200多人，仅这一项全村年总收入就达四五百万元。部分打工好的已经升级为老板，全村在济南市区批发服装鞋帽的就有好几家。

2014年，济南市进行连片治理，村里硬化胡同7条，修建村西的水泥路800米。

2014年，怀保全在全镇注册成立第一家合作社性质的秦园种植养殖家庭农场。

2015年春，针对全村无自来水和家家户户靠三四十米深的手压井用水的实际情况，为清洁全村水源，村里租用“四不像”拉土车5辆、斯太尔卡车2辆、吊车1台、挖掘机1台、铲车1台把全村从1985年搬入新址以来堆放的垃圾山全部清完，在房台下修建排污管道600多米。全部资金都由村里承担，没让村民拿一分钱。由于深得人心，尽管垃圾堆上全是村民栽的树，但村民没提一分钱的赔偿要求。

2016年7月26日，东秦村幸福院建成。村里本着“因地制宜、方便实用”的原则，在原有建筑的基础上进行改造、扩建，设有医疗室、棋牌室、阅览室、日间照料室、卫生间、便民食堂等功能用房，配套设施齐全，能够满足本村老年群体吃饭、住宿、娱乐等基本生活需求。

2016年全村有4个高空钢结构加工施工作业队，每个队有10人以上，工人日工资都在200元以上，他们的业务已经出省。村里有黄河大米加工合作社。村里有双宏实木家具厂，供不应求。有32户在村里建起2层楼房，25户在市镇购买了楼房。全村有轿车、面包车64辆，平均每家1辆。有货车4辆。

八、附　记

民国《齐河县志·古迹志·碑碣》记载：“旌

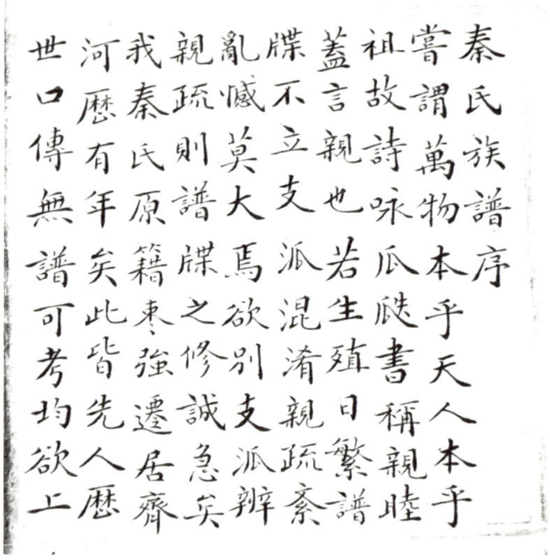

秦氏族譜序

嘗謂萬物本乎天人本乎祖故詩咏瓜瓞書稱親睦蓋言親也若生殖日繁譜牒不立支派混淆親疏紊亂惑莫大焉欲別支派辨親疏則譜牒之修誠急矣我秦氏原籍東強遷居齊河歷有年矣此皆先人歷世口傳無譜可考均欲上

东秦村秦氏族谱（2015 年摄）

义碑，在邑东北秦庄。明正统十一年奉旨为秦著立。”民国《齐河县志·孝义志·孝行》记载：“秦著，邑顺和乡人。岁饥，尝捐粟千石，以振贫民。有司奉旨立石纪其事。”

东秦村原址位于桑梓店镇西南约 3 千米，309 国道北侧约 150 米，东北是仓上村，北边是左庄村，西边是西秦村，东南是南郑村。本村原来有三个小队；1965 年搞“四清”时一队和二队合并，全村变成两个小队。由于原村位置在黄河分洪区之内，1985 年全村迁到黄河大坝房台的现址。

村中有蛟龙碑的传说。碑高 1 米六七，宽六七十厘米。有户人家抬轿迎亲遇雨，停轿避雨。旁边大车辙较深积水，两条小蛇游到前。善良的新娘惊恐，默念：你们要伤害我，就随便你；要是不伤害我，就到轿里来，我捧着你。结果两条小蛇很温顺地来到轿子里。新娘不再害怕，用罗裙兜着包起来。雨过之后，继续前行。到家拜过天地进入洞房之后，新娘把婆婆叫到房中，让婆婆把两条小蛇放到盛米面的罐子里。过了一段时间，婆婆忽然发现罐子里的米面用过之后没有减少。婆婆认为小蛇有仙气，自己悄悄试验，屡试不爽。婆婆非常高兴，又把小蛇放到粮囤里，用了粮食后囤里又不见减少。后来婆婆把小蛇放到了粮仓里，用粮后仓库里的粮食依然不见减少。一传十，十传百，消息不胫而走。后来朝廷知道了这件事，奸臣撺掇皇帝给这户人家下了缴万担粮的任务。附近四县的运粮车每天都来这里运粮，车水马龙，络绎不绝，小蛇累得精疲力竭。婆婆看在眼里疼在心里，于是恳求缓交，奸臣不许。于是家人、小蛇和村民等继续苦苦支撑，虽然如期完成了任务，但是一条蛇累死，另一条蛇逃走。因为缴万担粮有功，皇帝龙颜大悦，下旨表彰，要求到此须文官下轿武官下马。后人为之立碑纪念，人称蛟龙碑。

从前在村西北角有一座明末建的观音庙，1966 年“文化大革命”时拆除。

20 世纪 70 年代本片（相当于镇设办事处）片长张永择说，当时解放军从徒骇河往南进军，为了让广大官兵熟悉沿途的交通，他们把沿途村庄变成合辙押韵、通俗易懂的歌谣：老小聂，张官杨。大小郑，北王堂。前房后房，过了耿庄草庙王。沙窝李，张王堂，火车站南是仓上。过了左秦二庄，就到了黄河上。

20 世纪 60 年代以前，村里果树茂密，人称“花果山”，1960—1962 年三年自然灾害期间，村民很受益。

村干部只服务，不收群众一分钱。根据国家规定，村里可以从每亩 1000 元的土地承包费中提取部分作为集体收入供村内开支。但村里为了不加重村民负担并未提取，而是利用沟头

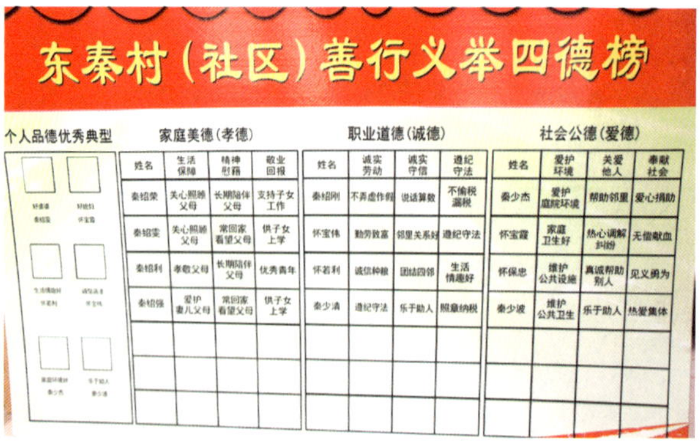

东秦村四德榜（2015 年摄）

河沿的收入解决。为了节省开支，村里进行了机构精简，把民兵连长、小组长、妇女小组长、电工、治保主任、团支书等职位一律改为村干部无偿兼职。村干部研究全国先进地方的做法，号召村民利用靠近309国道和海洋极地世界、欧乐堡的优势积极发展马路经济。积极借力财政局发展农业开发项目。

村内的红事由各姓（俗称“院”）各自办理，白事全村都参与。

全村有2支广场舞队伍，共20多人，每晚都活动。每年春节都有锣鼓队、秧歌队活动。

2009年以前秦绍青家的碾米厂最大，能解决附近几个村的稻谷加工问题。

村史座谈人员名单（2015年7月31日）

秦吉强，男，84岁

怀心全，男，75岁

怀吉亮，男，70岁

怀心友，男，58岁

怀保全，男，44岁

东秦村座谈现场（2015年摄）

第五节　西秦村

西秦村位于桑梓店镇政府西南4千米，309国道以北100米，北临袁贾村，南近街后村。

2015年土地46.7公顷，其中耕地44.2公顷，宅基地2.5公顷。

居民均为汉族，以秦姓为主，有1户姓郝。

西秦村居民楼（2015年摄）

1950年，全村有51户，计241人。1960—1962年三年自然灾害期间，部分村民随国家迁民去东北；1965年全村180多人去东北；1970年，有十几户去东北。1980年，全村不到200人。2015年有62户，289人。

一、村庄来历

1990年版《齐河县志》记载东秦村的“来源”地是“河北枣强”，“迁来时间”是“明末”，“始迁者姓氏”是“秦”。清光绪三十年制《齐河县旧里图》在东、西两个村之间只标注“秦庄”，清宣统元年制《齐河县旧乡区全图》在一个村上标注“大小秦庄”，中华民国二十年七月制《齐河县八大区乡镇总图》亦标注“大小秦庄”。

据村中老人回忆，秦氏家谱记载明朝末年始祖秦哲自原籍河北枣强迁到齐河城东北二十余里之秦家庄落户，为秦氏一世。后来一世生长子西苗、次子西第。清朝初年兄弟二人分家，

兄留老庄居住，弟搬到村西约200米居住，是为老秦村和小秦村。2015年村中年龄最大的人称自己开始记事时两个村称老小秦，过春节时两村全体村民相互拜年。新中国成立后根据方位改称东秦村和西秦村。

村民秦长久称在自己的孩提时代秦氏家族都到东秦的老坟祭祖。他说秦氏家谱共四本，自己读小学时看过家谱，拿到学校一本。当时正“破四旧”，老师担心惹祸，就拆开给同学们订了练习本。少了一本家谱，家人和同族居然没发现，他们就认为是三本家谱。再后来那三本家谱也失传。

二、现任村干部

党支部书记：秦绍利

党支部委员：秦玉林　秦玉峰

村委委员：秦绍利　李彩霞

西秦村党支部书记秦绍利（2016年摄）

西秦村村干部合影（2016年摄）

三、共产党员表

表20-4-13

姓名	性别	出生年月	民族	学历	入党时间
郝富芝	男	1942.12	汉	初中	1973.07.01
秦长欣	男	1943.06	汉	初中	1986.07.01
秦绍德	男	1945.09	汉	初中	1967.07.01
秦长征	男	1948.01	汉	初中	1979.03.01
李廷娥	女	1950.05	汉	初中	1972.07.01
秦绍安	男	1951.09	汉	初中	1975.02.01
秦绍山	男	1954.07	汉	初中	1976.07.01
秦绍利	男	1958.06	汉	初中	1988.08.01
秦少祥	男	1959.09	汉	高中	1986.07.01
秦绍伟	男	1973.12	汉	高中	2002.07.01
于代平	女	1974.06	汉	高中	2008.09.10

续表 20-4-13

姓名	性别	出生年月	民族	学历	入党时间
秦玉峰	男	1976.07	汉	初中	1997.07.01
秦玉林	男	1981.10	汉	初中	2008.09.10
秦玉义	男	1988.10	汉	高中	2011.01.17
秦婷婷	女	1990.02	汉	中专	2009.07.01
秦亚男	女	1991.02	汉	高中	2010.12.10

四、历年参军入伍人员表

表 20-4-14

姓名	性别	入伍时间	立功情况	退伍回村时间	现单位或住址	现任职务
郝复之	男	1960.08		1968.08	桑梓店镇西秦村	村民
秦少德	男	1964.12		1973.02	桑梓店镇西秦村	村民
秦少安	男	1970.12	三等功 1 次	1976.03	桑梓店镇西秦村	村民
秦长岭	男	1972.12		1977.04	桑梓店镇西秦村	村民
秦绍录	男	1977.12		1982.08	桑梓店镇西秦村	村民
秦绍柱	男	1978.04		1984.01	桑梓店镇西秦村	村民
秦玉文	男	1984.11		1987.10	桑梓店镇西秦村	村民
秦玉峰	男	1993.12		1997.12	桑梓店镇西秦村	支部委员

五、历年考学人员名单

表 20-4-15

姓名	性别	出生年月	考取院校	考学年份	所学专业	最高学历	现任职单位	现任职务	家长姓名
秦利利	女	1981.04	西安铁路学校	1996	铁道通信	大专	济南铁路局	办公室副主任	刘希霞
秦玉香	女	1981.08	山东外贸学院	1998	国际贸易	大专		销售总监	秦绍青
秦明明	女	1983	济南电大	2001	外语	大专			秦绍利
秦志强	男	1983.12	山东力帆科技职业学院	2001	计算机应用	大专	山东龙伟新能源有限公司	业务经理	秦长胜
秦燕燕	女	1986.06	山东商校	2003	外语会计				秦绍利
秦玉森	男	1988.10	青岛恒星科技学院	2006	机电一体化	大专		售后服务主管	秦绍进
秦亚男	女	1989	山东女子学院	2010	工商管理	大专	机电设备有限公司		秦士忠

续表 20-4-15

姓名	性别	出生年月	考取院校	考学年份	所学专业	最高学历	现任职单位	现任职务	家长姓名
秦婷婷	女	1990.02	兰州商学院长青学院	2009	审计学	本科	济南美轮美奂轮胎有限公司		秦士华

六、四世同堂家庭名单

董兰芳　孙振爱　王其英　张曰英　刘文英　徐士英　秦绍青

七、发展概览

1960—1962 年，自然灾害严重。

1961 年，秦继胜第一个加入中国共产党。

1964 年，建立党支部。

1964 年 6 月 13 日，农历五月初四，下冰雹。

1979 年，全村开始第一次搬迁，至 1982 年搬完，全部搬迁至黄河大坝房台。

1981 年，分产到户。粮食亩产先是 100 多千克，后是 150 多千克，再后来二三百千克。

1982 年，村里通电；开始种植棉花，1986 年之后因棉花收购情况不好不再种植。

1990 年，粮食亩产 300 ～ 350 千克。

1995 年，秦绍山购买全村第一辆桑塔纳轿车。

1997 年大旱，水稻近绝产。

2000 年，因推广优良品种、化肥充足、浇灌及时、秸秆还田、机械化程度提高等原因小麦、玉米亩产过 500 千克。

2008 年，全村开始第二次搬迁，迁到 309 国道北，即现在的位置。

2009 年，高铁占地，全村拆 64 处。全村修建 3 栋楼房共 12000 平米。全村按照实分地人数进行分配，每人 40 平方米，全部搬上新楼。

2012 年，粮食亩产 1000 千克，总产 40 万千克，村集体收入 11460 元。

2013 年，对外承包土地 10.7 公顷，期限 15 年，价位分别是 600 元 / 亩、650 元 / 亩、1000 元 / 亩。

2014 年，对外承包土地 32.9 公顷，期限 20 年，价格为 1400 元 / 亩。至此，全村耕地全部承包出去。据此，全村每人每年收入 2510 元。

2015 年，全村有大型拖拉机 3 台，大型玉米联合收割机 1 台，大型小麦联合收割机 1 台，轿车 40 辆。村民收入主要依靠外出打工。

西秦村蔬菜大棚（2015 年摄）

西秦村鸡鸭养殖（2015 年摄）

八、附 记

据传，十九世纪以前，村北有一棵大槐树。后来槐树衰老，树心干枯腐朽。风刮进榆钱，经过风吹雨淋，居然在槐树树干上长出一棵榆树。所以历史上曾有人形象地称该村为槐抱榆。

新中国成立后，西秦村家家户户都各自单干，由于生产力水平较低，党和政府为帮助农民解决实际困难，先后提倡和组织了互助组——初级社——高级社——人民公社。其间全村分成两个大队，先是全村在一起吃饭，后来两大队各自吃饭。到1965年左右全村合为一个大队。

人民公社期间的歌谣：（一）好地弄碱了，勤快人变懒了，近道走远了；（二）天工戳，包工磨，自留地里干好活；（三）地成方，树成网，条条大路多宽广。

1950年出生的村民秦长胜称西秦村从秦家老庄（现为禹城市中街道办事处秦老庄）搬来。20世纪80年代他曾经到过彼地。秦家老庄位于禹城火车站北约200米，有3000多口人，全部姓秦。庄内有碑，碑上介绍最早因发大水从山西洪洞县迁到河北枣强，后因闹瘟疫从河北枣强迁到禹城，秦氏兄弟又从禹城迁到此处，后又有老秦村、小秦村，之后改称东秦村、西秦村。据查，彼处石碑早已被埋在地下，亦无家谱传世。

西秦村原村址位于现址以北1千米，东是东秦村，西是袁贾村，北是左庄村。1979年，西秦村搬迁到黄河大坝房台上，西是油坊赵村，东是街后村，南是黄河，北是油坊赵耕地。

据说1964年之前全镇百分之八十以上的村无支部，1964年搞社教之后才开始发展党员，逐渐有支部。

历史上西秦村曾种植水稻，1990年划归历城后，因水闸（1965年建成，名叫李家岸大闸）在德州市齐河县油坊赵村，对方控制水闸，本镇各村用水被动，到2008年几乎不再种植水稻。

目前自行打井饮水，无自来水（黄河北展堤以南均没有自来水），无天然气。

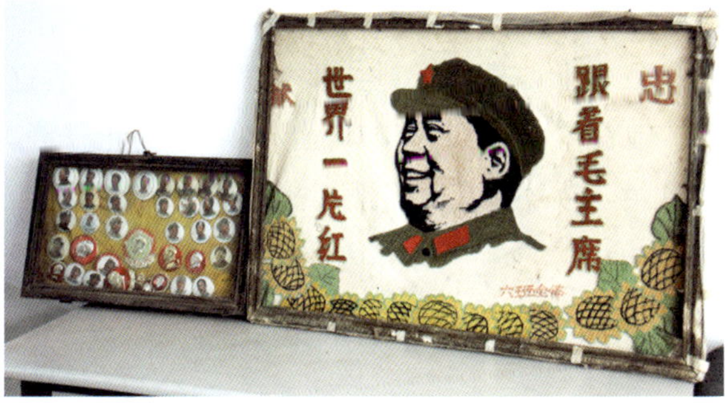

西秦村储存的毛主席像（2015年摄）

以前每逢农历三、八去邱岸村赶集，后来去桑梓店村赶集。

每年七月（阴历六月）黄河开始进入防汛期，约10天左右。沿黄包括西秦在内的各村都进行防汛，分抢险班、基干班和加强班。1976年，站在大坝顶上脚下能出水，防汛形势特别严峻。全村群众几乎全部参与防汛，连妇女都上。黄河坝顶上1米1个人，打埂子挡水。因村在黄河北岸，培训并要求抢险班和加强班人员砍大坝南侧岸边的柳树时，要在树的北面砍，约砍到三分之二处，必须保证树头倒向北，以减少黄河水对大坝的冲刷。

每年开春黄河冰融化的时候，容易形成凌汛，需要防凌。约在1972年，凌汛严重，冰一块接一块不断堆积着向上叠加，达到一定高度就会冲开堤坝。防凌就是要把这些冰逐步破除，使用的工具有铁棍，炸药。人在腰部绑起横木，以防漏到冰凌之间掉到水中。有一年防凌防到除夕才回家。后来，因黄河小浪底大型水利工

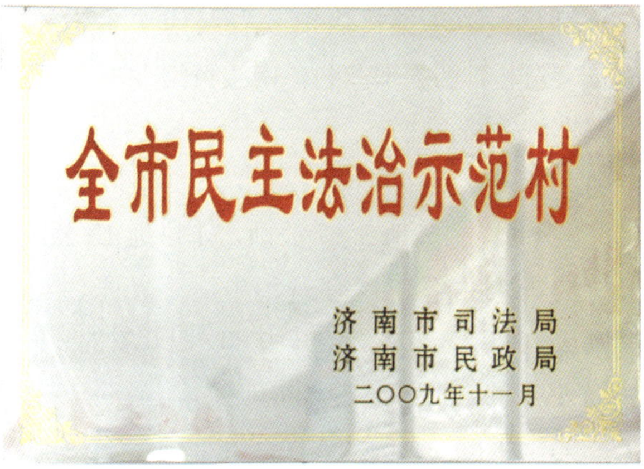

程的修建，防汛防凌的压力大大减轻。

历史上西秦村土地主要是盐碱地，不适宜种植粮食作物。当时有顺口溜形容小麦：正月青，二月黄，误不了三月再种高粱。小麦亩产低的仅25千克，一年下来每人才分得二三千克。

20世纪60年代末70年代初，冬春大地上的盐碱白茫茫一片，就像下了一层大雪。村民靠碱吃碱：扫起大地上的盐碱，倒入大锅加水熬，沉淀下土，制成硝盐到长清一带换地瓜干充饥。

村史座谈人员名单（2015.7.22）

秦绍明，男，79岁

秦长欣，男，73岁

秦绍德，男，71岁

秦长胜，男，65岁

秦长久，男，63岁

秦绍利，男，58岁

西秦村座谈现场（2015年摄）

第六节　姚吕村

姚吕村位于桑梓店镇政府西南4.5千米，东依袁贾村，西靠邓营村，南接黄河北展大堤，北临邯济铁路。

2015年土地总面积125.3公顷，其中耕地106.7公顷，宅基地5.67公顷，非耕地13公顷。

居民均为汉族，有吕、牛、王、张、马5个姓氏。130户，530人。其中80～90岁的9人，90岁以上的1人。

姚吕村牌坊（2015年摄）

姚吕村办公室（2015年摄）

一、村庄来历

1990年版《齐河县志》记载姚吕村的“来源”地是“北京”，“迁来时间”是“元末”，“始迁者姓氏”是“姚”。

一说南宋年间先民从河北省枣强迁来，因姚姓、吕姓多，故名姚吕村。

另据79岁的吕元才老人讲，他在幼年读私塾时听吕世茂、吕元祥老人讲，明朝万历年间，京城一吕姓绸缎商乘坐轿子带领仆人押运货物到南方贩卖，来到赫家洼（因赫庄而得名，赫庄今属齐河县晏城街道城东社区，原属齐河县焦斌屯乡），不幸身患疟疾（俗称发疟子），一姚姓夫妇收留了他。姚家育有一女，全家熬中药一个多月救了绸商。绸商愈后登程，比平时迟到一个多月，老掌柜问是何故，仆人具答之。老掌柜视姚家人为恩人，下次办绸缎亲自登门致谢，住了两天。姚家热情招待。老掌柜认定姚家人淳朴善良，便向姚家求婚，姚家允婚，两家定亲。之后绸商从京城来隆重迎娶，夫妻恩爱，家庭和美。后来绸商家不幸遭遇火灾，家中片瓦不留。无奈全家投亲来此，人口渐多，是为姚吕村。

姚吕村村干部合影（2016年摄）

二、现任村干部

党支部书记：李卫（办事处主任兼）

党支部委员：牛爱民　史灵芝　王玉喜

村委会主任：吕沛财　　村委委员：吕保庆　景四头

姚吕村村委会主任吕沛财（2016年摄）

三、共产党员表

表 20-4-16

姓名	性别	出生年月	民族	学历	入党时间
牛洪昌	男	1945.01	汉	初中	1974.01.01
王连荣	男	1946.07	汉	中专	1969.10.01
吕兴华	男	1951.07	汉	高中	1975.12.01
王文生	男	1952.03	汉	高中	1995.10.01
史灵芝	女	1963.04	汉	中专	2009.08.06
吕元保	男	1964.04	汉	初中	2008.12.10
牛长德	男	1964.09	汉	高中	2005.10.01
牛长付	男	1967.01	汉	高中	2008.12.10
王连河	男	1968.04	汉	高中	2009.08.06
吕保庆	男	1969.09	汉	初中	2005.10.01
吕保印	男	1970.03	汉	初中	2000.10.01
吕保勇	男	1971.03	汉	高中	2000.10.01
吕其刚	男	1971.11	汉	初中	2008.12.10
吕宝亭	男	1971.11	汉	初中	2012.07.03
王宝军	男	1972.02	汉	初中	2008.12.10

续表 20-4-16

姓名	性别	出生年月	民族	学历	入党时间
吕保坤	男	1973.10	汉	初中	2001.10.01
王玉喜	男	1975.01	汉	初中	1996.10.01
牛秀芹	女	1976.07	汉	大专	1999.10.01
李　卫	男	1977.05	汉	大学	2005.05.01
王立新	男	1977.10	汉	初中	1995.10.01
吕元勇	男	1978.09	汉	高中	2009.08.06
牛田田	女	1988.08	汉	大学	2013.04.02
牛爱民	男	1990.05	汉	高中	2009.08.06
吕其昆	男	1990.12	汉	高中	2013.11.24

四、历年参军入伍人员表

表 20-4-17

姓名	性别	入伍时间	立功情况	退伍回村时间	现单位或住址	现任职务
吕兴伍	男	1956.11		1960.11	姚吕村	村民
王连荣	男	1965.11		1974.02	姚吕村	村民
吕保石	男	1978.12		1983.12	姚吕村	村民
吕元保	男	1981.10		1981.01	姚吕村	村民
吕宝亭	男	1990.03		2001.10	姚吕村	村民
王玉喜	男	1994.12		1997.12	姚吕村	村支部委员
王立新	男	1994.12		1997.12	姚吕村	村民
吕　琳	男	1995.11		1998.11	姚吕村	村民
王玉柱	男	1996.12		1998.12	姚吕村	村民
张　勇	男	2004.12	集体三等功	2006.12	姚吕村	村民
吕其昆	男	2009.12	集体三等功 2 次	2014.12	姚吕村	村民
吕其凯	男	2009.12		现役		村民

五、历年考入高校人员表

表 20-4-18

姓名	性别	出生年月	考取院校	考学年份	所学专业	毕业去向	最高学历	现任职单位	现任职务	家长姓名
吕兴会	女	1984	济南大学	2003	计算机科学与技术	上海	研究生	花旗金融信息服务（中国）有限公司		吕士义

续表 20-4-18

姓名	性别	出生年月	考取院校	考学年份	所学专业	毕业去向	最高学历	现任职单位	现任职务	家长姓名
吕珊珊	女	1984.11	泰山医学院	2004	高护	省立医院	研究生	山东省立医院	护师	吕保荣
张亭亭	女	1988.04	山东科技大学	2009	电子计算	济南联通公司	本科	联通系统集团有限公司	工程师	张连群
张田田	女	1989	山东大学	2007	企业管理	中国重汽橡塑件有限公司	研究生	济南重汽	管理人员	张连重
吕茜茜	女	1992	山东财经大学	2004	工程管理	山东益通安装有限公司	大学			吕保福

六、四世同堂家庭名单

吕兴诗　牛洪昌　吕兴五　肖殿美

吕元财　董兆平　吕本三　左保兰

牛保全　张京兰

七、发展概览

1947 年，姚吕村遭遇蝗灾，遮天蔽日。如果不吃，所有的蝗虫都不吃，庄稼完好无损；如果吃，抽一棵烟的时间大片的庄稼就全被吃光。村民为了灭蝗，在地头掘上半米深的沟，到另一头用树枝扫帚等驱赶过来，蝗虫能把沟填平。

1968 年，村里通电。

1969 年，姚吕村建立党支部。

1969 年，齐河县副县长赵竹修为种植水稻到村指导。

姚吕村村民住宅（2015 年摄）

1980 年，分产到户。

2008 年，修建 10 间房的村办公大院和中心路北健身广场。

2009 年，全村进行土地整理，土地整平成方，河路四通八达。把原来 3 个村小组合为 1 个，统一划分土地，每人 0.13 公顷。修建村南广场、村南外环路，拉土垫广场，垫路基。

2010 年，用砖修建广场。修建村东铁牌坊、中心路西头影壁墙。

2013 年，修建村外环路，各胡同铺水泥花砖。

2013 年 12 月，姚吕村被山东省精神文明建设委员会办公室评为省级文明村。

2014 年，修建村南东西地下排水沟，修建村南停车场。

2016 年，粮食单产 900 千克；村民外出打工经商等收入 720 万元。有轿车 43 辆，面包车 19 辆。有大型拖拉机 3 台，主要用于耕地和粉碎秸秆还田。有 2 吨和 5 吨吊车各 1 台，群众吊装东西很方便。有 3 台联合收割机，其中张

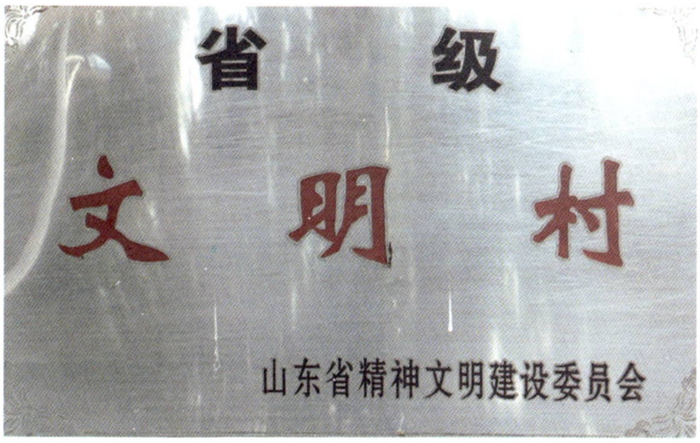

连奎有2台并从事农机维修，村民去焊锨、磨刀等基本是免费服务。

八、附 记

据说史上黄河在徐州一带，几经改道才经过这里。清朝时，村西南的黄河北坝决口，水流甚急。村民在豁口东西的两棵大柳树上拴上粗绳，先向水流中央抛树枝树头，再往上填石填土才堵住口子。巡抚盛赞大树有功，封其为大将军二将军，村民为其修庙纪念，人称将军庙。庙高二三米，有1间屋大小。后来柳树大到一搂粗，人们视为神树，不敢刨。后来有胆大的人刨这两棵树，结果不是腿疼就是胳膊疼，不知道是累得还是神树显灵。去掉大柳树之后又冒出新柳，世人认为是神树显灵。上了岁数的人还记得当年的庙和将军树。

村民的以上陈述在民国《齐河县志·艺文志·杂录志·城池志》得到了印证："清光绪十年，河决李家岸。自秋徂冬，费工需料，卒未能堵。适堤次有杨树（实是柳树。古代尚无现代植物学分类之杨树、柳树，文人惯以'杨'或'杨柳'指代柳树）二株，大可数围。当事者用缆索絷维，藉以植桩施料，竟得合龙。时，中丞张勤果公以树有功河防，具实题奏。旋奉旨，锡（通'赐'）于'大将军''二将军'之号……今犹扶疏（枝叶繁茂四布的样子）如故。"

山东齐河网《齐河县志》载：1884年即清光绪十年6月10日，黄河在李家岸决口，赫庄以下绵亘数十里，纵横11.07万公顷良田，被洪水吞没。当年秋至1885年2月堵合后，桃汛又决，当年5月堵复，连续两年两次决口，千倾良田尽被沙压。洪水泄去，一片谷陵起伏，地干风起，沙尘无际，道途迷漫，溜沙似水动。飞沙肆虐，堆成大小不同的沙丘。沙丘一般高3～4米，甚者10米以上。有时几个沙丘连在一起，成为沙丘链。青苗被拔根而飞，禾稼被摧折掩没，妇女常年裹巾，劳动时时中断。正所谓"正月青，二月黄，三月误不了种高粱，四、五月间飞沙扬，家家户户把门上"。更有甚者，大风一夜，沙堵户门不得开；白天风起，天昏地暗，闭户挑灯，乡人迷踪……赫家洼人民顽强地与自然斗争，穿透沙层，翻沃土压沙造田，并植树种草，防风固沙。1897—1899年即光绪二十三年至光绪二十五年间，桑梓店镇周围曾营造果林1.3万公顷。

吕家老坟在老村正南偏西，那里曾有多处石碑。石碑砌有砖座，碑身左右砌砖镶起，上挂小瓦。砖外抹上带麻捣的石灰，石灰外再抹黑色的烟子，最后划出整齐的线缝，就像现在贴的瓷砖一样，非常漂亮。

旧时候有祠堂，祠堂旁有地，称庙地或官地。吕本善种庙地，收入先用来维修祠堂，之后用于生活。

20世纪六七十年代由于大片的盐碱地，冬春大地上白花花的一大片。村民一家一个冬春能扫2500克盐碱。把盐碱熬成硝盐卖给药材公司或皮革厂，每0.5千克卖1角6分钱，当时是一笔不小的收入。

农业机械化从双铧犁和喷雾器开始。

姚吕村原址位于今309国道北1.5千米、北展堤南2千米处。1973年搬迁至现址。

村里有红白事理事会，都是全村帮忙，都能妥善办好。

姚吕村座谈现场（2015年摄）

村史座谈人员名单（2015 年 8 月 13 日）

吕元才，男，79 岁

牛洪昌，男，70 岁

王连荣，男，70 岁

王文生，男，63 岁

吕保庆，男，47 岁

吕沛财，男，40 岁

第七节　小吕村

小吕村位于镇政府西南 1.8 千米，北依邯济铁路，南傍北展大堤，东接仓上村，西近左庄村。

1950 年全村有耕地 88.67 公顷。1970 年修建大坝，占用小吕村土地 26.7 公顷，全村土地面积 68.7 公顷，其中鱼塘 4.3 公顷，耕地 58.5 公顷，宅基地 5.87 公顷。

居民有汉族、满族。有吕、赵、孙、王、魏 5 个姓氏。1950 年有 380 人，2015 年有 142 户，

小吕村全景（2016 年摄）

475 人。

一、村庄来历

1990 年版《齐河县志》记载小吕村的“来源”地是“河北”，“迁来时间”是“清初”，“始迁者姓氏”是“吕”。

世传吕姓由河北枣强迁来，同时迁来三兄弟。其中兄弟两个在姚吕村安家；另外一人名叫吕仲宽，落户于小吕村，原村西南有其墓碑。原村未搬迁之前，小吕村与姚吕村相距不到 1.5 公里。村里以吕姓和赵姓为主，吕姓先迁来。一说 1815 年建村。

二、现任村干部

党支部书记：赵逢利

党支部委员：吕洪义　赵付刚

村委会主任：赵逢利

村委委员：吕洪义　王洪云

小吕村党支部书记、村委会主任赵逢利（2016 年摄）

小吕村村干部合影（2016 年摄）

三、共产党员表

表 20-4-19

姓名	性别	出生年月	民族	学历	入党时间
孙久城	男	1933.10	汉	小学	1972.08.01
刘玉英	男	1940.11	汉	小学	1960.07.01
赵丰岭	男	1940.12	汉	小学	1967.07.01
吕曰泉	男	1946.04	汉	小学	1969.07.01
吕曰忠	男	1946.08	汉	小学	1967.07.01
赵丰臣	男	1948.11	汉	小学	1968.07.01
吕曰全	男	1953.07	汉	小学	1974.07.01
赵逢利	男	1955.02	汉	高中	1990.07.01
吕克兴	男	1955.03	汉	初中	1992.07.01
吕克连	男	1955.09	汉	初中	1992.07.01
吕洪义	男	1955.11	汉	高中	1990.07.01
赵逢平	男	1960.06	汉	初中	2009.04.06
赵付刚	男	1965.04	汉	初中	2003.07.01
吕连军	男	1966.03	汉	初中	1995.07.01
赵付军	男	1972.08	汉	初中	2003.07.01
吕克祥	男	1975.09	汉	初中	1996.07.01
赵付新	男	1976.05	汉	初中	2003.07.01
吕　锋	男	1980.08	汉	初中	2007.01.02
吕继明	男	1981.04	汉	初中	2006.03.01
赵付宝	男	1981.07	汉	初中	2007.01.02
赵　伟	男	1981.08	汉	初中	2004.07.01
赵　波	男	1981.12	汉	大学	2011.08.15
杨宏钰	女	1982.11	汉	大专	2009.04.06

四、历年参军入伍人员表

表 20-4-20

姓名	性别	入伍时间	退伍转业时间	现单位或住址	现任职务
赵　华	男	1950	1955	泰安食品厂	
吕廷义	男	1951		中央气象局	退休
吕洪臣	男	1963	1967	小吕村	村民

续表 20-4-20

姓名	性别	入伍时间	退伍转业时间	现单位或住址	现任职务
吕曰忠	男	1967	1972	小吕村	村民
吕廷付	男	1968	1970	小吕村	村民
赵风臣	男	1969	1974	小吕村	村民
吕洪伟	男	1970	1975	小吕村	村民
赵风有	男	1971	1975	小吕村	村民
吕曰金	男	1972	1977	小吕村	村民
吕洪良	男	1977	1980	小吕村	村民
赵逢平	男	1980	1984	小吕村	村民
吕洪达	男	1986	1989	齐河县交通局	
吕吉祥	男	1987	1990	小吕村	村民
吕继成	男	1991	2001	辽宁葫芦岛电业局	
吕吉强	男	1993	2002	济南重汽公司	
赵　磊	男	1993	2005	济南交警	
吕继平	男	1995	2007	济南北郊林场	
赵逢海	男	1995	2000	小吕村	村民
赵付城	男	1995	1998	小吕村	村民
吕继明	男	2000	2008	小吕村	村民
赵　伟	男	2001	2005		
赵付宝	男	2001	2004	小吕村	村民

五、历年考入高校人员表

表 20-4-21

姓名	性别	考取院校	考学年份	毕业去向	最高学历	现任职单位	现任职务	家长姓名
刘更新	男	德州农校	1962			成武县农业局	局长退休	刘玉书
吕曰会	男	平原师范学校	1982	齐河县安头乡张阳中学	大专	济南 52 中	教师	吕大成
吕连明	男	滨州医学院	1989			齐河县卫生院		吕洪福
吕　东	男	平原师范学校	1993	桑梓店镇一中	大学	天桥区司法局	局长	吕洪兴
赵　怀	男	曲阜师范大学	2003		本科	历城二中	教师	赵凤岐
吕连孝	男	曲阜师范大学	2004	历城二中	本科	北京		吕洪伟
赵　波	男	济南大学	2004	济南	研究生			赵逢元

续表 20-4-21

姓名	性别	考取院校	考学年份	毕业去向	最高学历	现任职单位	现任职务	家长姓名
吕连超	男	滨州医学院	2009	济南	本科	千佛山医院		吕洪柱
吕吉利	男	山东师范大学	2014	济南	研究生			吕克勇

六、五世、四世同堂家庭名单

五世同堂：吕洪福

四世同堂：吕廷宝　赵风收　孙久城　刘清玉　马俊兰　吕洪亮　赵风金　赵金銮　吕洪才　吕廷美　吕曰聪

七、发展概览

1970 年，修建黄河大坝。

1976 年，两个生产队合为一个队。

1975—1978 年，全村搬迁。

1981 年，通照明电。

赵富刚购买全村第一辆夏利牌轿车。

2005 年，通自来水；修建“村村通”公路；用标山村资助的 5 万元建设办公室。

2006 年，投资修建 900 平方米的健身广场，安装健身器材，下大力气对村庄进行环境整治，硬化道路 1200 余米，村内主要道路绿化、美化、净化、亮化，村内外环境清洁整齐，无脏、乱、差现象。将全村 110 座旱厕全部改造为水冲厕所。协调供电部门对村内电网进行改造，更换 100 安的大容量变压器，使村民用上放心电。全村家家户户安装太阳能热水器。

2013 年 12 月，小吕村被山东省精神文明建设委员会办公室评为省级文明村。

2015 年，纳入连片治理范围，投资 194 万元。

2015 年，村集体承包出 7.59 公顷土地。

2016 年，小吕村粮食亩产 800 千克，一年总产约 2000 吨。村里 200 余人在外面打工。夫妻俩均打工的，一年收入五六万元。村里有 80 辆轿车、面包车，有 4 辆轻型货车，不少人在城里购买了楼房。

八、附　记

小吕村原址在北展堤以南，东依仓上村，西临邓营村，南靠左庄村，北接张王堂村。1975 年搬到北展堤北。

小吕村农业收入属于上流，主要种植玉米、小麦，曾种过水稻。

村里设有专门的红白理事会，理事会成员主要是两委干部和德高望重的老人，对村里的红白事有专门的安排。办白事的时候，党支部书记亲自到位，只服务不吃饭。三天丧，书记基本上天天都在主家服务。村里办白事很节俭，统一吃大锅菜，不搞特别宴请，没有吹拉弹唱，没有音响。这种风气已经形成近 30 年了。

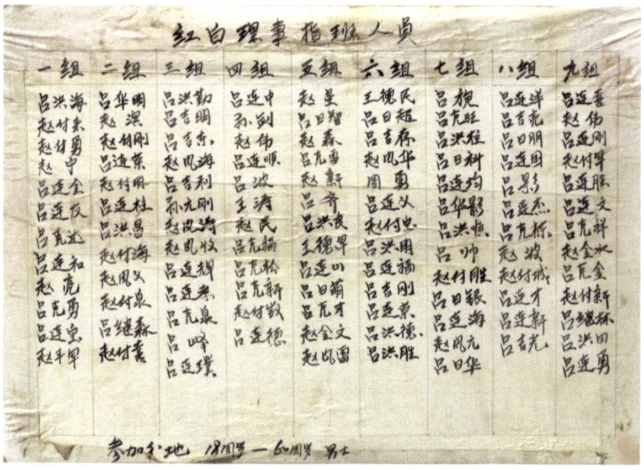

小吕村红白理事值班人员井井有条（2015 年摄）

村史座谈人员名单（2015 年 8 月 6 日）

吕洪亮，男，81 岁

孙久成，男，80 岁

赵风金，男，78 岁

吕洪福，男，76 岁

魏建孝，男，68 岁

赵逢利，男，60 岁

吕洪义，男，60 岁

小吕村座谈现场（2015 年摄）

第八节 袁贾村

袁贾村位于桑梓店镇政府西南 3 千米，邯济铁路以南，黄河北展堤以北，西靠姚吕村，东近左庄村。全村土地 51.3 公顷，其中耕地 46.7 公顷，宅基地 4.6 公顷。

居民均为汉族，有袁、贾 2 大姓氏和刘、魏、张、赵、王等小的姓氏。新中国成立初期有 64 户，336 人；1964 年社教时期 300 人；2015 年有 91 户，425 人。其中 80～90 岁的 13 人，90 岁以上的 3 人。

一、村庄来历

据传明末建村，原名青石店，位于北展堤以南 1.5 千米，村里姓袁和姓贾的人最多，中心路路东多姓袁，道西多姓贾。当初袁姓从油坊赵村搬来；齐河县表白寺镇孙耿村有姓贾的大财主，去齐河县路过此处，看到这里果树很多，生活富裕，就带着他的两个儿子在此落户，从此村里有了贾姓。后来洪水泛滥成灾，村庄被淹，变成两个小村，一个叫袁庄，一个叫贾庄。新中国成立后成立人民公社时需要刻公章，从那时候起改名为袁贾村。

1975 年，袁贾村从北展堤以南的原址迁至现址。

二、现任村干部

党支部书记：贾延木　党支部委员：魏书才　吕其荣

村委会主任：贾延木　村委委员：吕其荣　贾义泉

袁贾村村干部合影（2016 年摄）

袁贾村党支部书记、村委会主任贾延木（2016 年摄）

三、共产党员表

表 20-4-22

姓名	性别	出生年月	民族	学历	入党时间
王洪录	男	1934.06	汉	初中	1959.10.01
王丰泉	男	1948.02	汉	初中	1987.10.01
贾延木	男	1958.11	汉	初中	1999.11.01

续表 20-4-22

姓名	性别	出生年月	民族	学历	入党时间
魏书才	男	1963.04	汉	初中	1984.10.01
贾延利	男	1963.04	汉	初中	2012.07.03
魏书海	男	1964.04	汉	初中	1999.11.01
贾义泉	男	1966.01	汉	初中	2006.06.02
魏书俊	男	1968.03	汉	初中	2012.07.03
吕其荣	女	1970.05	汉	初中	2007.08.22
魏书亮	男	1970.07	汉	初中	1990.10.01
贾义强	男	1976.01	汉	初中	2007.08.22
贾义生	男	1978.11	汉	初中	2002.10.01
魏　铃	女	1983.10	汉	大专	2006.06.01

四、历年参军入伍人员表

表 20-4-23

姓名	性别	入伍时间	退伍回村时间	现单位或住址	现任职务
袁吉东	男			袁贾村	村民
魏建祥	男	1955	1958	袁贾村	村民
刘成兴	男	1956	1959	袁贾村	村民
袁吉友	男	1960	1964	袁贾村	村民
王丰友	男	1976	1982	袁贾村	村民
贾延安	男	1978	1980	袁贾村	村民
魏书财	男	1982	1984	袁贾村	村民
刘希春	男	1983	1985	袁贾村	村民
魏书俊	男	1986	1988	袁贾村	村民
魏书亮	男	1988	1990	袁贾村	村民
贾义生	男	1996	1999	袁贾村	村民
贾义强	男	1996	1998	袁贾村	村民

五、历年考入高校人员表

表 20-4-24

姓名	性别	考取院校	所学专业	家长姓名
赵鹏超	男			

续表 20-4-2 4

姓名	性别	考取院校	所学专业	家长姓名
魏　玲	女	曲阜师范学院日照分校		魏书刚
袁立鹏	男			袁兆海
刘　凯	男			刘希宏
石　娜	女			
魏　慧	女	山东职业学院	电子商务	魏书俊
魏莎莎	女	山东潍坊学院		魏书兴

六、四世同堂家庭名单

贾向温　魏建忠　王如秋　贾相宝　朱成兰　刘希勇　袁奎银　赵希兰　赵加英　刘成庆　贾义泉

七、发展概览

2001 年，修建村中心街 180 米长、6 米宽水泥路。

2005 年，修村南 300 米长、3 米宽水泥路。

2009 年，全村整平北展堤以南土地 5.33 公顷，统一挖沟，做到了旱能浇涝能排。

2014 年，依托 9 间北屋的村委会办公室建起幸福院，增加南屋 6 间，东屋 3 间，西屋 3 间。村里提供半亩地种菜，14 名老年人常年在此吃中午餐。

2014 年，修建村中 200 米长、4 米宽水泥路。修建 1500 平方米的大广场，安装路灯 6 盏。

2015 年，修建 600 平方米小广场 1 个，修村中水泥路 900 米，硬化 170 米长、2.3 米宽的胡同 5 条，修建公共厕所 6 个，修建 10 米长 6 米宽 60 厘米高的文化大舞台 1 座，安装太阳能路灯 8 盏，栽植银杏、百日红、冬青、大叶女贞、苹果树等 430 棵，绿化街道 1 条，铺设下水道 270 米，实现了自来水一户一表集中管理，在 3 条街安装监控摄像头 12 个。

袁贾村幸福院（2015 年摄）

袁贾村硬化胡同，一户一（水）表（2015 年摄）

2016 年，全村有大型货车 1 辆，中型货车 2 辆，面包车、轿车辆 60 多辆，已基本普及。

八、附　记

新中国成立初期袁贾村的踩高跷、划旱船等在附近一带有名，贾向森当过兵练过武，他演孙悟空干净利落，相当精彩。1964 年村民演过歌剧《三世仇》。

袁贾村的红白事由村两委（村党支部委员会、村民委员会）操办，村干部不在村民家吃饭。

新中国成立前，袁贾村以种植果树售卖水

送戏下乡到袁贯村（2015 年摄）

果为主要经济来源比较富裕，家家户户有果树，全村面积 46.7 公顷地，33.3 公顷为果树林。有桃树、杏树、山楂树等，每一种水果都有不同的品种。果子成熟运到桑梓店火车站卖了直接让火车拉走。刘仁远被齐河县评为果园模范，出席过齐河县劳动模范大会。到 1966 年，基本不再种植果树。

不种果树之后开始大面积种粮食作物，由于村里土地少，多薄碱涝洼地，人民公社时期，村里年年贷款购买返销粮吃。有时候也将种的粮食换粗粮吃，0.5 千克大米可以换一二千克地瓜干。20 世纪 80 年代初，收成最好的一年全村收小麦约有 4000 千克。后来讲究科学种田，产量一年比一年高。

20 世纪 80 年代，大部分村民从事草编副业，草绳、草帘远销附近各县市，为建筑、预制、砖瓦厂等提供了便利。

由于占尽地利，当地从明清时期便开始大面积种植水稻。黄河大米不仅是本村的一大特色和亮点，而且是桑梓店镇乃至天桥区的特产。这里不但地处黄河下游冲积平原，日照充足，昼夜温差较大，而且靠近黄河，能利用黄河水灌溉。由本村 10 个农民组建的济南市天桥区湖源水稻专业合作社于 2013 年通过杭州万泰认证有限公司认证，天桥区科技特派员贾延木负责指导该合作社的种植。合作社的种植总面积为 15.3 公顷，全用铁丝网隔离，平均亩产 400 千克。该基地严格按照有机标准，选用优质稻种。不用化学药剂浸种，不以杀菌剂、除草剂防治病虫害，不施用化肥。在水稻的生长过程中，施用有机肥，采用通过有机认证的生物叶面肥，全部采用人工除草，采用生物及物理方法防治病虫害，并辅以人工除虫。湖源黄河有机大米富含钙、镁、铁等矿物质，富含人体所必须的多种维生素和氨基酸，对调节人体免疫功能、减肥、预防高血压、降血脂有明显的效果。湖源黄河有机大米米质瓷实、汤稠透明、香甜耐品。坊间一直有“一家煮米，十里闻香”之誉。由于不施化肥不打农药，种植和管理水稻的劳动量和成本增加，而有机水稻的产量较低，但是“有机水稻”品牌硬且货真价实，销售价格每千克比市场价贵 3 元，供不应求。

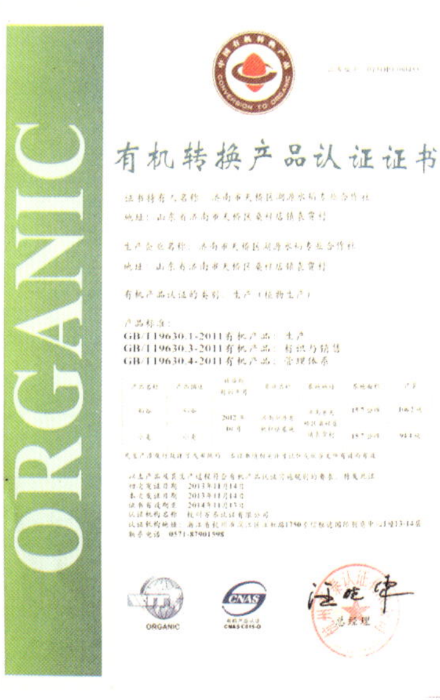
ORGANIC

有机转换产品认证证书

袁贯村座谈现场（2015 年摄）

村史座谈人员名单（2015 年 8 月 4 日）

贾向温，男，90 岁

袁奎银，男，83 岁

王洪禄，男，80 岁

袁吉友，男，75 岁

魏建义，男，70 岁

魏书庆，男，65 岁

第五章　冯高办事处

第一节　老寨村

老寨村位于镇政府东北 2.5 千米，南北跨 308 国道。村北是冯家堂村，东北是三教堂村，村南是小寨村，村西是怀庄村，村西北是三官庙村。

老寨村居民小区（2015 年摄）

全村土地面积 260.7 公顷，其中耕地 180 公顷，非耕地 40 公顷，村居占地 40.7 公顷。

村民多为回族，有米、马、丁、满、杨、左、刘 7 个姓氏。全村共 8 个村民小组，347 户，计 1750 人。其中 80 ～ 90 岁的 28 人，90 岁以上的 5 人。

一、村庄来历

据 1990 年出版的《齐河县志》记载："金末元初，元世祖忽必烈为进行统一全中国的战争，将大批阿拉伯人迁徙到东方来，其军士被编入'探马赤军'。1273 年（元至元十年），世祖下令：'探马赤军，随地入社，与编民等'。1281 年又令散居各地的回族炮手，到河南、山东一带，'列人府以屯之'，县境始有回族定居下来。""十三世纪初叶，成吉思汗西征时，被迫东迁的中亚细亚人被编为探马赤军，元世祖于 1281 年（至元十八年）下令探马赤军进行农垦，取得农民身份。老寨子回族村落即为当时屯垦定居之地。"

据称老寨村原名米家老寨村。清乾隆三十九年（1774 年）《河图》标注这一带为"米家洼"；光绪三十年（1904 年）由济南鲁雅斋印刷局承印的《齐河县旧里图》标注为"老米寨"；清宣统元年（1909 年）齐河县政府第四科制作、由济南鲁雅斋印刷局承印的《齐河县旧乡区全图》标注为"老寨"；中华民国二十年七月由

老寨村村干部合影（2016 年摄）

济南鲁雅斋印刷局承印的《齐河县八大区乡镇总图》也标注为“老寨”。

二、现任村干部

党支部书记：米广业

党支部副书记：米丰宝

支部委员：米双杰　米逢杰　米寿营

村委会主任：米守桥

村委委员：米丰宝　米双杰　米逢杰　米广秀

老寨村党支部书记米广业（2016年摄）

老寨村村委会主任米守桥（2016年摄）

三、共产党员表

表 20-5-1

姓名	性别	出生年月	民族	学历	入党时间
米寿林	男	1929.10	回	小学	1970.03.20
丁德明	男	1932.01	回	小学	1961.07.30
米双坡	男	1932.11	回	小学	1970.03.16
米寿信	男	1935.01	回	小学	1954.05.20
米双功	男	1945.02	回	初中	2003.06.30
米学良	男	1948.04	回	初中	1970.03.16
米丰仁	男	1948.04	回	初中	1996.11.01
米寿奎	男	1948.09	回	初中	1972.05.20
白成兰	女	1949.12	回	小学	1976.06.30
米丰连	男	1951.03	回	初中	1974.10.02
米逢杰	男	1963.12	回	初中	1983.11.26
米寿波	男	1964.03	回	高中	2007.03.18
米丰宝	男	1964.05	回	初中	1999.03.18
米广波	男	1964.09	回	初中	2007.03.18
米广业	男	1966.01	回	初中	1999.03.18
米寿营	男	1967.11	回	高中	2000.03.18

续表 20-5-1

姓名	性别	出生年月	民族	学历	入党时间
米双杰	男	1970.08	回	高中	2003.06.30
米丰彬	男	1970.09	回	初中	2003.06.30
米守桥	男	1977.07	回	初中	2007.03.18
马光英	女	1983.12	回	大专	2005.05.01
马　川	男	1985.11	回	高中	2007.07.01
米　帅	男	1986.09	回	高中	2006.07.01
张　敏	女	1987.07	回	大专	2011.07.01
米广芬	女	1988.10	回	大学	2010.05.23
米吉斌	男	1988.11	回	大专	2011.07.01
马虎奇	男	1989.12	回	高中	2009.07.01
米　晴	女	1989.12	回	大学	2010.01.01

四、历年参军入伍人员表

表 20-5-2

姓名	性别	入伍时间	立功情况	退伍回村时间	转业时间、地点	现单位或住址	现任职务
刘德贵	男	1957		1960		老寨村	村民
米双木	男	1968.02		1969.04		老寨村	村民
米长贵	男	1970.12		1976.03		老寨村	村民
米寿奎	男	1970.12		1975.03		老寨村	村民
米丰营	男	1976.12	受奖 2 次	1980.12		老寨村	村民
米逢杰	男	1981.01	受嘉奖 2 次	1985.10		老寨村	村民
米广海	男	1992.12		1995.12		老寨村	村民
米丰真	男	1998.12	优秀士兵，入党	2000.12		老寨村	村民
米吉东	男	2002.12	优秀士兵	2004.12		老寨村	村民
马　川	男	2005.11	优秀士兵 3 次	2010.12		老寨村	村民
马虎奇	男	2007.11	优秀士兵	2009.12		老寨村	村民
马会城	男	2007.12	优秀士兵	2010.12			
米寿荣	男	2008.12	优秀士兵三等功	2010.12		老寨村	村民
米广阔	男	2010.12	优秀士兵	2015.12		老寨村	村民
米国庆	男	2013.09	二等功	2015.09		老寨村	村民
米丰喜	男	2013.09	受奖 2 次	2015.09			

五、历年考入高校人员表

表 20-5-3

姓名	性别	出生年月	考取院校	考学年份	所学专业	最高学历	现任职单位	现任职务	家长姓名
米双全	男	1975	山东经济学院	1993	会计		潍坊润华集团	会计	米常友
米云峰	男	1980.09	济南大学	2003	历史教育	大专	泺口实验小学	教师	米寿尧
米丰岗	男	1981.01	泰山医学院	2002	放射化验	本科	上海联影科技有限公司	经理	米寿俊
米丰千	女	1981.08	兰州民族学院	2003	计算机	本科	镇回民小学	教师	米寿海
米艳红	女	1983.06	山东理工大学	2004	国际经济与贸易	本科	镇回民小学	教师	米寿利
米　言	女	1997.02	兰州民族大学	2015	经济管理				米广永

六、五世、四世同堂家庭名单

全村五世同堂的有米丰甫、米寿荣

四世同堂：

马广勇　马广辉　马玉格　马光泉
米寿俊　米长来　米长生　米长来
米学营　米丰宝　米长良　米守信
米守岐　米广业　米寿宝　米双云
米广辉　米长宝　米学利　米寿银
米丰华

七、发展概览

1907年，黄河在老寨村西南的王家窑决口，河水漫流，黄河以北的村庄变成一片汪洋，多处水深1～2.5米，老百姓搭上架子爬到树上过活。洪水带来大量沙土，土地变得贫瘠。

老寨村老屋（2015年摄）

1908年，津浦铁路设计从老寨村西部斜向西北到禹城，以省去鹊山那个弯。到打标桩时，老寨村的人才发现，阻止施工。村里选了3个代表去省里据理力争。最终铁路改线村南，即今邯济铁路。

1940年，基本没有下雨，颗粒未收，蝗虫成灾。

1942年，大半年没下雨，土地起飞沙，庄稼甚至树木旱死，蝗虫满天，很多人外出逃荒。之后闹瘟疫，很多人悲惨地死去。

1953年初秋，连续下了三四天的雨，沟满河平，房屋倒塌很多，出门就得蹚水。村民乘坐簸箩或门板划水去收庄稼穗，大家都戏称这“剜穗”为“万岁”。

是年，老寨村成立了互助组，2～5户为一组，互相帮助干活。

1955年成立了初级社，土地和生产资料归公，为集体所有：归公的土地有几千亩；木轮大车38辆，大牲畜120多头；还有其他各种农具等。村民每天干活挣工分，年中预分，年底决算、分红。

1958年，成立人民公社，分配办法和初级社基本一样：一年下来一个家庭劳动的工分达到要求，就分到基本口粮，多余的工分再“分红”；反之，只有向生产队里交钱，才能拿到应分的粮食。

1959 年，全村把 4 个生产队改为 8 个生产队（后来叫村民小组）。

1960—1962 年，连续 3 年遭遇水灾。村民吃酒糟、野菜、树叶等充饥，多出现肝病、浮肿等。

1972—1973 年，山东省煤炭地质局在老寨村东南原四队（组）地里、现在 308 公路北侧、村东头南北公路南头向东 50 米左右，打出一眼井，深度 400 米，水质清冽甘甜，水压很大，据说可以把一块石头顶起来。

1979 年 5 月 18 日，早晨晴好，10 点来钟天气突变，气温骤降。人们正在赶路或在地里劳动，突遭寒雨，生病的很多。

1985 年，村民解决了温饱，开始全吃细粮，时常吃牛羊肉。

1990 年，村内开始搞汽车运输，主要给济南市建筑工地运输沙石和建筑垃圾。

1994 年，全村有三轮车 50 辆、汽车 2 辆、摩托车 82 辆。

1995 年，修成村中间 1 条南北砂石路。

2002 年，把砂石路升级为柏油路，一直通到清真寺，全长约 400 米。把村里两条东西土路修成 8 米宽的柏油路。平均每户收入 1.5 万元。

2003 年，全村平均每户收入 2.5 万元，基本实现农业机械化，走亲访友发展到以车代步。

2005 年有三轮车 75 辆、摩托车 120 辆、汽车 105 辆。

2013 年，有三轮车 40 辆、摩托车 85 辆，汽车 135 辆、其中高级轿车 28 辆。还有挖掘机和拖车、装载机等大型机械。

2016 年 2 月 22 日下午，在村文艺广场以“五十六个民族大团结”为主题举办 2016 年庆元宵民族团结文艺汇演。小寨、冯家堂、高王、小吴、三官庙、三教堂等村积极参与活动。

老寨村民新居（2015 年摄）

2016 年，与牛羊有关的生意在村内占 95% 以上，有时每日宰牛达到 200 头、羊 500 只，为济南市民提供了大量的牛羊肉。牛皮、羊皮、油和下货等被运往广州、温州、四川等地。村民逐渐重视室内外装饰，甚至建起了别墅。村内有住宅楼群。人均住房面积超过 60 平方米。

老寨村有华杰和仲华 2 个大的面粉厂，一家日加工量就达 150 吨，面粉直销东北三省，麸皮等副产品销往江苏徐州、铜山一带。有济南登峰清真肉类有限公司，在 308 公路边有 2 个加油站，有伊保和波利 2 家汽车修理厂，有 5 家煤炭店，有登峰肥牛酒店等 10 家饭店，村内村外有 3 家商店。全村有小汽车 150 多辆，其中 40 万元以上的高档轿车有 35 多辆。家家用上了冰箱、空调，洗衣机、电视机、电脑等，家电不断更新换代。洗澡用上了太阳能热水器，

济南市委常委、政法委书记李占国在老寨村视察（2016 年摄）

烧水做饭全部用电和天然气。村两委会有办公用房18间，电视、电脑、图书、空调、扩音器等设施设备齐全。

八、附 记

（一）文献记载

清康熙《齐河县志·山川志》记载："刁强河：在节妇乡二图，离县四十里。"

民国《齐河县志·河道志》记载："刁强河，米家洼泄水处也。在节妇乡二图，离县四十里。面宽一丈二尺，底宽一丈，深六尺。"清乾隆三十九年（1774年）《河图》载：刁强河泄怀家洼坡水，南距米家洼六百丈，疏浚并入。过蒋家岭北，匝受公益（河）、姚治（河）二河水。公益（河）泄赫家洼水，姚治（河）泄康、邓诸洼水，越卫地三里北，过刁家庄，经孙耿街，合丁聪（河），会倪伦（河），至三岔口，入于赵牛（河）。丁聪河自孙耿镇南，上合刁强（河），下经吴现屯，会倪伦（河），至三岔口，入于赵牛。（赵牛河入徒骇河）

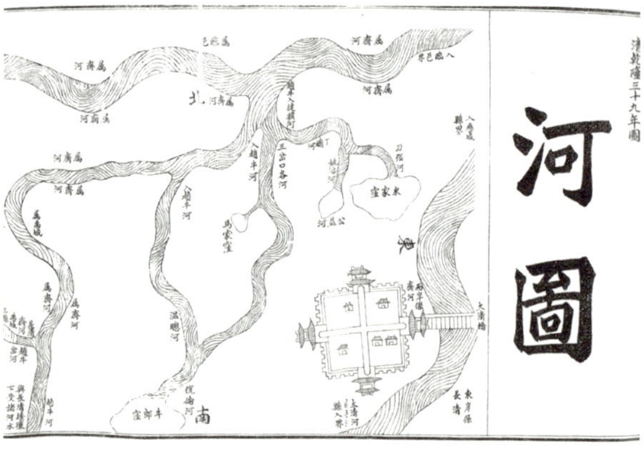

1774年水系图

"1837年，米氏由老寨子村迁"到齐河县祝阿镇茂盛管区米三里村"定居"，"村距旧县城北门3里，米姓又是大族，所以取名米三里村"（2011年10月中华书局《齐河县农村简志》）。

（二）米姓的历史渊源

当初米姓祖先在上马台附近居住生活。上马台原来是一对小的，在车道北胡同口两侧放置。后来换成两个大的，放置在原处。上马台呈"凸"形，每个约重三四百千克，四个侧面分别雕有"富""贵""康""寿"四个大字。老人们记得，在上马台东南侧、车道南边有一眼井，是全村最古老的吃水井，用厚大的青砖砌成。该井早已填平。

当时村南边的东西大道是以上马石为基点向村两头延长的。大的上马台是在全村米氏分枝后设立的，是米家老寨村的象征——有些早年迁居别处的米姓后裔不知道老寨村，但知道自己的故乡是上马台。

老寨村流传的先有五大枝后有四大枝都是指上马台枝脉。米氏先民曾对自其历史渊源曾自行做过考证，刻于石碑正面（南面）——《米氏五支三世祖碑记》：

"闻之米姓自古多矣，但无确据者。虽有

老寨村上马台（2015年摄）

大家世族，不敢妄录，即有官宦绅士也不得冒认。惟宋有米芾，字元章，世居太原，后徙襄阳。其高曾以上多以武干官显。父光辅，讳佐，始亲儒嗜学，为佐武将军，赠中散大夫。母阎氏，赠丹阳县太君，尝梦双角人手携一轴物自空下，因生芾。及长，才学书画兼优。元祐末年，知雍丘县，所得俸禄系分族人，后贫不侮。性好洁，置水其旁，数颒（huì，䫋䫋洗面）而不帨（shuì，不用佩巾——手帕之类擦干）。未尝与人同器服，冠服用唐人规制。所至人聚观之，视眉宇轩然，进趋襜如，虽不识者，亦知为米元章也。平生最喜书画，好览山川，所至之处恒自书碑石，后人不忍废也。入读古人书，出交天下士。独眉州苏轼，蜀刘泾，长安薛绍彭，结为忘形交。即苏子瞻自海外归来，曾遗（wèi，给）书（信）云：'元章迈往凌云之气，清雄绝俗之文，超妙入神之字，何时见之…以洗我积年瘴毒也耶'。东坡亦尝戏拍其肩曰'贤哉回也'，然不第，友于当代。而且尚（倘若）有古人、遇古迹，极力购取之时，至亲授以首饰使购之。元丰年间，过润州，爱其江山，遂定居焉。官至礼部员外郎。生于皇祐三年辛卯，元丰初，以诗文贽见荆国王文公于金陵，文公摘取佳句书之便面（扇面）。尝至长安清教寺书'道法参天地'五字勒之碑石。卒于大观元年丁卯，五十七岁。娶许氏，封宁公县君，有贤行，生五男。长男友仁，字元晖，补将士郎，辞艺能世其家。元章山水学董源，天真发露，怪怪奇奇，子元晖略变父法，自成一家，烘锁点缀，草草而成，不失天真也。八十有余，神明不衰。其父子所长，不可胜记，但志其大概云尔。至其后裔散居江浙邹滕境地界。世守清真教规，犹有大小米（书画史上尊称米芾和其长子米友仁为"大米、小米"）之分焉。今济南府齐河县东北三十五里有米家老寨，相传自邹邑迁来，可知我米氏为芾之真传不误矣。虽米家小寨前有碑记，多数约料之词，今始得其确据，故又将我始祖自邹邑迁于齐邑老寨之根源，族人共愿立碑以志之，庶永流百代，同宗而不乱，继传千秋，共族而不紊，因此将始祖茔之南壁，三世祖之茔墓序于文内，上马台之脉传五大枝之苗裔列于碑后，以令后裔知远近之别焉，是为序。

裔孙洪恩撰文

五枝裔孙鸿银、鸿宽，侄克兴、克长，孙俭等奉祀

经理人鸿亮　孙信、松　叩

大清光绪十一年岁次乙酉清和月穀旦

公元二〇〇五乙酉年十月开斋节重立。"

碑的背面（北面）镌刻着五大枝的分布情况："此枝住西头"，"此枝住东头"，"此枝住东西两头"，"此枝住小寨"，"此枝住历城泺口镇"。

此碑为上马台枝脉所立，由上马台泺口支脉后裔——米鸿恩撰文，上马台村西枝脉米鸿亮组织筹建，小寨枝米克长、泺口支米鸿俊、米鸿俭、米鸿松等人参与此事。

另据米广业组织、伊牧之撰文、2012年斋月族人共立的米氏祖茔碑碑记记载：

"吾老寨村米氏系山东回族之大姓也，其根系北宋书画大家米芾之嫡裔。米芾祖系山西太原，后迁湖北襄樊，又历江苏镇江，其一支后裔于元明际辗转经山东邹县转入济南（原齐邑城东北三十五里）米家老寨，立村建寺，垦荒种田，养牛宰羊，惨淡经营。历数百年，遂成山东回族之大姓。米氏先祖迁来老寨距今约五百年矣！先祖米芾事有光绪十一年米氏五枝三世祖碑记之。

吾老寨村毗邻黄河，其西有钓枪河（亦称刁强河），为河浒滩头，地势低洼，世有'米家洼'之称。满目荒芜，几乎不毛，地广人稀，丛丛荆榛，苇芦浩荡，茅根遍地。茫茫盐碱，有'鹅毛三尺厚，鹅蛋用耙搂'之说。若遇天灾人祸，战乱兵燹，民不聊生，流离频仍。百余年来，经吾米氏先祖开荒创业不几世，村中田园蔚然，百业盛兴，

老寨村遂趋鼎盛。米氏族人人丁兴旺，村庄也不断阔延。由西而东逐步分为三支而扩展形成俗称为‘上马台’‘铁灶火门’和‘土楼子’三处。螽斯振振，子孙奕奕，有为官经商务农做工者，有外出谋职、漂泊经商、异地为官、流落关外者，如乾隆年间老寨族人米继章外出为官，定居于枣庄米山顶，后此处为鲁南米氏大村。有清乾隆五十八年《米继章墓碑记》存……今吾族人因种种缘由散居于全国各地，今知者除济南市区、小寨、泺口、孟王、米三里、草寺等处外，还有章丘各村、枣庄米山顶村、临沂费县梁丘镇、新泰天宝镇、邹城朱家村（和睦村），河北青县、鹤岗，辽宁彰武、丹东，台湾台东等。”

现在老寨村米姓的辈份没有按上马台枝脉五大枝碑上所记的往下排，而是用了小寨枝米姓的排法往下排的。

据推算，老寨村米姓祖先是米芾的第17代孙，村内米氏辈行中前20辈“岐世文宗（鸿）清（克），成（大）长双寿丰，广积德智荣，忠孝传如松”已经排到了“德”字辈，“德”字辈最大的人已经20多岁了，是米芾的第30代孙。

20世纪80年代族人商定，把辈份又向后续20辈：“杰义美名扬，才能超群英，建功立基业，富贵永天祥”。此20辈已刻碑铭记。

（三）文化卫生体育

当初由于条件差，几乎没有读书。人们不会写自己的名字，更不会写信。写信、地契、文书、借条等都是请人写。赶集上店买东西赊账，拿一块瓦掰开，一方拿一片。之后对瓦片，能对上茬才认账。

据传在清乾隆末年，本村有一专治皮肤病和各种疮的中医，传继四代，远近闻名。

历史上老寨村的文体生活一直丰富多彩。每年过节经常玩龙灯、花灯或举办摔跤等活动，从春节到正月十五还经常被外村请去表演或捧场。老寨村在春节时唱京剧也小有名气，直到20世纪70年代还在演出。孩子们经常玩的游戏有“二郎担山”“磕拐”“打窑弹”“跳房”“打瓦”“踢毽子”“打顺”“打鞋排”和“捉迷藏”等。村里的人喜欢武术，甚至女子都能练几路拳，既强身健体又能防身。据传20世纪初上马台五枝之东枝的米双捷曾得到过全国摔跤第三名。米双志曾是国民党保安旅的武术教练。五大枝之北泺口和村东中间枝的米双勇在1950—1955年代表齐河县和德州地区参加全省比赛受过奖励。老寨村民俗艺术团组建于2005年，在桑梓店镇、天桥区乃至济南市小有名气，多次受邀参加在舜耕山庄会展中心、高新区国际会展中心及泉城广场举办的各种庆典活动，连续4届参加“齐鲁民间艺术展演”并获得银奖和“山东省优秀团队”荣誉。

为药山街道送上新春祝福（2015年摄）

（四）宗教与清真寺

历史上伊斯兰教国家特别是阿拉伯国家分做了两派：逊尼派和信奉伊玛目教义的什叶派。一位大阿訇说这里一直是“伊玛目”派，一些事情是“伊玛目”集体研究决定后由阿訇去执行。当然只限宗教事务，现在村内行政等大事由村党支部和村委会处理。

祖先刚刚来到此地初建村庄时，根本没有条件建筑像样的清真寺。先民就在上马台胡同或自己家中，弄间草房，几个人或一个人做礼拜和祈祷活动。有大事就到外边回民村请阿訇。

1800年，开始有人到伊斯兰教气氛浓厚的北京、沧州等地学习阿文。后来有十几个较有名气的阿訇学习结业，“穿衣”“挂幛”（对回族伊斯兰教经堂学校学生毕业仪式即授予阿訇资格的称谓。穿上阿訇的绿袍，称之为“穿衣”；悬挂长方形绿布奖旗，称之为“挂幛”。“穿衣”源于伊斯兰教，传说穆罕默德曾经为赴也门传教的圣门弟子墨阿子送行，并将自己穿的绿袍赐给他，如同自己亲自去传教一样，以示重任。后来把此举列为“圣行”留传下来，所以现在回族给经堂学生“穿衣”，有“替穆圣传教”的含义），有的还在北京市牛街当过大阿訇。村内也有不少人学习阿文，对伊斯兰教和《古兰经》有了更多更深刻的理解，礼拜沐浴都能自己做。后来一些人被各地穆斯林村庄聘去当了阿訇。据说北京牛街清真寺有一“邋遢李”阿訇，很有才学，在阿文上和宗教上很有造诣。他教了很多徒弟，其中老寨村米清文阿訇是他的关门弟子，他们师徒二人很受欢迎和好评，时间大致在公元1910年。东枝米长富阿訇把自己的土地赠送给寺里（寺内有石碑记载），自己在京学习期间，把《古兰经》全部抄写下来，拿回放在村清真寺。在没有精装印刷的《古兰经》之前，老寨村清真寺用的就是这本手抄的经书。到民国时期，学习阿文成了每个穆斯林的必修课，村中人人都能背诵几段古兰经。这热潮一直延续到1955年。据说村里清真寺第一任阿訇是禹城姓白的阿訇，而后是姓沙的阿訇，基本上是3年换一次阿訇。自18世纪末以来在外地做阿訇的有米恩、米长茂、米清文、米长富、米成岐、米长仁、米双毕、米守仙、米双忠、米双亮等。

改革开放后，经济条件好了，百姓手中有钱了，人们对宗教的认识更高了，认为好的生活是真主赐给的。不少穆民向寺里“拿乜（nie）贴”（伊斯兰教用语，阿拉伯语音译，意为“心愿”“意图”“决心”等，经堂语为“举意”），捐赠沙发、椅子、垫子、热水锅炉等。开斋节和小节送钱和食品的很多。每年开斋节收“份塔钱”两万至六万元，春节敛“主麻”“拿乜贴”近三千元。村内有红白大事，不分男女老少，只要能抽出空来的都去。特别是年轻人，都积极跑前跑后帮忙。清真寺里一般有一个阿訇，一个寺师傅，几个“亥里发”。寺师傅为清真寺阿訇服务，干一些寺里的体力活。亥里发是学习进修的，可以晋升阿訇和大阿訇。阿訇的生活用自古至今传下来办法解决：村里给清真寺的地，可以往外租，也可自己种；村子每年给阿訇拿出钱粮；穆民们“拿乜贴”，平时“吃请”，有时也“派饭”。清真寺里的开销由穆民每星期五“主麻”日交点“乜贴”和每年开斋节拿的“亥里”来支出。

村史座谈人员名单（2015年11月23日）

米双恩，男，74岁

米双杨，男，70岁

米双功，男，69岁

米长贵，男，64岁

米广业，男，49岁

米双杰，男，45岁

米守桥，男，38岁

老寨村座谈现场（2015年摄）

第二节　小寨村

小寨村位于桑梓店镇政府以东3千米，邯济铁路以北，308国道以南，北临老寨村，东接大桥镇坡西村，南依老屯村，西靠怀庄村、小韩庄和桑梓店村。

2015年土地面积153.3公顷，其中耕地66.7公顷，村居占地46.7公顷，非耕地40公顷。

村民大多为回族，有米、彭、左、杨、丁、张、马、孙、薛、王、白、董、金、周、石、韩16个姓氏。2015年有4个村民小组，311户，其中米姓180户、彭姓85户、左姓10户、杨姓10户、丁姓6户、张姓6户、马姓7户、孙姓1户、薛姓1户、王姓1户、白姓1户、董姓1户、金姓2户，计1100人。其中80～90岁的14人，90岁以上的5人。

小寨村办公室（2015年摄）

一、村庄来历

据1990年出版的《齐河县志》记载："金末元初，元世祖忽必烈为进行统一全中国的战争，将大批阿拉伯人迁徙到东方来，其军士被编入'探马赤军'。1273年（元至元十年），世祖下令：'探马赤军，随地入社，与编民等'。1281年又令散居各地的回族炮手，到河南、山东一带，'列人府以屯之'，县境始有回族定居下来。""十三世纪初叶，成吉思汗西征时，被迫东迁的中亚细亚人被编为探马赤军，元世祖于1281年（至元十八年）下令探马赤军进行农垦，取得农民身份。县境内老寨子、小寨子等回族村落即为当时屯垦定居之地。县内信奉伊斯兰教者唯回族，伊斯兰教何时由何地传入县内不详。1904年（清光绪三十年），全县有教徒1795人，分布于今小周乡米三里、左三里、北关、三王城，桑梓店镇老寨子、小寨子和南北乡马杜屯等村。"

《百度百科·小寨子清真寺》载："小寨村为元至元十八年（1281年）由探马赤军中彭姓回回炮手所建军屯……以米姓、彭姓居多……米姓为清嘉（庆）道（光）年间（1796—1850年）由老寨迁来。（伊牧之《济南清真寺图志》）

据村中老年人讲，元朝末年天下大乱，大片土地荒芜，地广人稀，有大军在此驻扎。为了解决连年战，造成的军队给养匮乏问题，军队一边打仗，一边开荒种地。军中有一名回族军官，姓彭，是个技术过硬的炮手。当时中国正处于冷兵器时代，火炮属于先进武器，炮手就显得凤毛麟角，上级给了他优厚的待遇。他就在此安家落户，繁衍生息，形成村落，人称彭新村。后来一部分米姓迁到该地，他们自称小米寨村。之后又有从泰安来的姓"弥"的人家，时间一长就从众写作姓"米"。后来两个小村可能为了少缴一个村的各种捐税，合称小寨村。

米姓人口占全村的一半还多，据说一部分

小寨村村干部合影（2016年摄）

是老寨村米姓铁灶火门一支的后裔，他们一直都到老寨村上坟祭祖；另一部分来自泰安，本来姓“弥”，天长日久被同化就写做“米”了。

二、现任村干部

党支部书记：米丰武

党支部委员：米居方　左寿华

村委会主任：彭辛豹

村委委员：米丰波　石法红

小寨村党支部书记米丰武（2016 年摄）

小寨村村委会主任彭辛豹（2016 年摄）

三、共产党员表

表 20-5-4

姓名	性别	出生年月	民族	学历	入党时间
米寿俊	女	1941.01	回	初中	1960.07.01
米居美	男	1941.01	回	高中	1965.03.01
米居宝	男	1945.08	回	初中	1973.03.01
左寿斗	男	1950.06	回	初中	1972.12.01
孙国防	男	1951.02	回	高中	1995.05.01
左寿升	男	1951.07	回	初中	1972.07.01
彭寿华	男	1953.09	回	初中	1978.10.01
杨松华	男	1959.05	回	初中	1980.04.01
左寿华	男	1959.07	回	高中	1997.07.01
米居方	男	1963.05	回	高中	1997.07.01
彭寿信	男	1963.06	回	小学	2007.10.01
米丰武	男	1965.03	回	大专	1997.07.01
石法红	女	1966.02	回	初中	1998.07.01
米丰明	男	1967.04	回	初中	2007.10.01
米广平	男	1967.09	回	初中	2011.07.01
米丰才	男	1969.05	回	初中	2014.11.26

续表 20-5-4

姓名	性别	出生年月	民族	学历	入党时间
杨松军	男	1969.09	回	初中	2011.07.01
彭辛豹	男	1974.04	回	高中	2014.11.26
米居柱	男	1974.08	回	初中	2007.10.01
彭新虎	男	1978.05	回	初中	2007.10.01
彭辛磊	男	1982.04	回	高中	2011.07.01
米广亮	男	1983.06	回	初中	2007.10.01
米丰波	男	1983.09	回	大专	2014.11.26
马光东	男	1985.04	回	大学	2007.10.01
杨兆南	男	1986.05	回	初中	2009.10.02
米宏泽	男	1989.09	回	高中	2009.09.28
米德康	男	1990.12	回	初中	2012.06.01
米丰晨	男	1992.12	回	高中	2013.10.30
彭寿涛	男	1992.12	回	初中	2013.06.26
张恩豪	男	1993.06	回	高中	2014.11.22
米广胜	男	1994.09	回	初中	2013.11.27

四、历年参军入伍人员表

表 20-5-5

姓名	性别	入伍时间	退伍回村时间	现单位或住址	现任职务
米寿森	男	1960	1966	小寨村	村民
米寿林	男	1960	1966	小寨村	村民
左寿斗	男	1970	1976	小寨村	村民
左寿升	男	1970	1976	小寨村	村民
米大元	男	1970	1976	小寨村	村民
彭寿华	男	1971	1980	小寨村	村民
杨松华	男	1978	1985	小寨村	村民

五、历年考入高校人员表

表 20-5-6

姓名	性别	出生年月	考取院校	考学年份	所学专业	最高学历	现任职单位	现任职务	家长姓名
左丰岐（庆）	男	1977.10	中南民族学院	1998	新闻	本科	大众日报社	能源记者站副站长	左寿斗

续表 20-5-6

姓名	性别	出生年月	考取院校	考学年份	所学专业	最高学历	现任职单位	现任职务	家长姓名
马丰成	男	1981.02	济南大学	2000	会计	本科	堤口办事处	会计	马居才
米丰波	男	1983.09	山东协和医学院	2000	西医临床	专科	小寨村委会	文书	米居国
米丰超	男	1985	西南民族学院	2002		本科			米居华
米丰会	女	1984.12	临沂师范	2005		本科	老寨回民小学	教师	米居连
米吉文	男	1986.01	西北民族学院	2007	阿语	本科	阿联酋	翻译	米广泉
米丰丛	女	1986.09	山东师范大学	2007	生物科学	本科	大桥中学	教师	米居海
米吉庆	女	1987.07	西北民族学院	2009	法律	本科	商河检察院	法官	米广泉
米　雪	女	1992.07	中南民族学院	2009		本科			米丰卫
米　静	女	1995.09	临沂师范学院	2014		本科			米丰生
米　潇	女	1995.11	德州学院	2014		本科			米居田
米　娜	女	1996.10	山东艺术学院	2014		本科			米广平
米　晨	女	1994.08	北京舞蹈学院	2014		本科			米丰进
米淳华	女	1994.10	北京外国语大学	2014		本科			米居彪
米田艺	女	1997.11	山东艺术学院	2016		本科			米丰武
彭元雪	女	1998.01	山东艺术学院	2016		本科			彭辛豹

六、四世同堂家庭名单

丁德生　彭寿柏　丁依花　杨建英　逯克兰　彭新仁　杨代兰　丁依兰　丁俊英　米双英　杨法美　彭辛连　杨法杰　杨法贵　马秀琴　米居亮　米寿英　米丰秀　崔明英　窦庆兰　周庆兰　韩同英　米广存　杨振兰

七、发展概览

1949 年，米成兴、石玉英、左双林、彭寿元光荣地加入中国共产党，成为小寨村第一批共产党员。

1957 年，小寨村成立供销社，是桑梓店人民公社供销社的分支，彭林照任社长。

1958—1962 年，成立大食堂。先是两个食堂，村民在哪里下地劳动就在哪里支锅做饭；后来合成一个大食堂。三年自然灾害时期，粮食奇缺。村民 0.5 千克粮食得吃 4 天。后来每人每天只能吃 4 两豆饼，再后来每人每天只能吃 4 两棉籽饼。有时候柴禾不够做不熟饭，有人曾经分到 3 熟 3 生 6 个小窝窝头。村民只好挖野菜或捡拾菜帮

小寨村老屋（2015 年摄）

子充饥，有的外出逃荒要饭，有的拿着家里的东西到济南南边的山区（三年自然灾害是水灾，山区地高没有被淹）去换粮食。

1959年，在村南修建铁路和桑梓店铁路中转站。该线路是津浦铁路（今邯济铁路）。

1970年，村南修建黄河北展大堤，俗称“二道金堤”或“二道坝”。那是全省的工程，全是靠人力肩挑车推，连陵县、商河、济阳等地的民工都来参加大会战。

1975年，村内通电。

1978年，村北开始修建308国道，当时称晏（城）（大）吴公路。

1980年，分产到户。

1996年，修建村东大道。此前小寨没有出村的大道，雨雪天村民得先用牛车把盛放牛羊肉的坐篓拉到308国道，然后再用摩托车驮到济南市区市场上去卖。随着经济的发展，村民的生意越来越多越来越大，道路交通成为制约经济发展的瓶颈。村里积极争取，镇政府最后批准村里留下一部分提留款，村干部又发动村民捐款，组织村民修了2座桥，把高洼不平的路垫平，终于修成1000米长、10米宽的村东土公路。

1997年，小寨小学建成。

1998年，硬化公路。村里组织人拉来石子、石灰等混合后垫在土公路上，解决了雨雪天泥泞打滑的问题。

2003年，针对部分村民法制观念淡薄，青少年文化水平低、道德观念弱辨别是非能力差，基层组织薄弱作用发挥不够等问题，天桥区委、区政府和桑梓店镇党委、政府按照“先急后缓，先重点后一般，先易后难”的原则，法德并举、立体帮扶，大力推进小寨村社会稳定和经济发展。首先从提高凝聚力和战斗力入手，抓班子队伍建设。其次从普法教育入手，抓法制建设。第三，从建章立制入手，抓制度化、规范化管理。第四，从提高整体素质入手，抓精神文明建设。第五，从强村富民入手，抓经济发展。成效显著。

2004年，在镇党委书记李大春的建议下，村里组织德高望重的四个人成立了的处理日常事务、解决疑难问题的常设办事机构，兼有红白事理事会、调解委员会和寺管会的职能。镇志办人员下村调查时谓之“执行委员会”。

2005年，开始新农村建设。

2006年，拆迁1户人家修建村中东西大街，把村东、村西通308国道的公路改造成水泥路。

2007年，集资修建小寨花园第一座居民楼。到年底村里没钱付承建方施工费，党支部书记米丰武垫资60万元，村委会主任米居方垫资40万元。前后共修建11栋楼，计4万多平方米，220户村民已经住上了楼房，占全部村民的三分之二。

2008年，修建2.67公顷地的公墓。那里与大桥镇坡西村搭界，地势高，浇不上水，是不毛之地。

2009年，村党支部书记米丰武参加山东省优秀党组织书记考录乡镇公务员，被招录为桑梓店镇公务员。

2010年，修建清真寺门口400米的水泥路。

2010年，建幼儿园。借助原来村小学8间北屋、2间东屋、2间西屋建成，老寨村的幼儿也来这里上学，有110多个孩子。幼儿园一方面实行封闭式管理，另一方面实行开放式办园——

省委书记姜异康参加小寨村党员民主生活会（2014年摄）

村干部和村民可以随时进去听课，提出意见或建议。

2010 年，组建小寨村文艺队伍，丰富了群众的精神文化生活。群众自编自演的民族特色舞《塔里木河》在天桥区广场舞大赛中荣获三等奖。

2011 年，伊顺渣土公司成立，有十几部大车。修建清真寺向南、向东 1500 米长、4 米宽水泥路。

2013 年，小寨篮球队获得济南市天桥区第一届农民 3 人制篮球赛一等奖。米丰波任领队，米广勇任队长，队员有孙士清、米广亮、彭永乐、米丰强、米吉柯等。

2014 年，把村中水泥路升级为柏油路。

2014 年 6 月，中共中央组织部副部长陈向群，山东省委组织部部长高晓兵等领导到村调研。

2014 年 9 月 2 日，山东省委书记姜异康到村召开党员民主生活研讨会。

2015 年 6 月 23 日，小寨村清真寺被批准为省级文物单位。

2015 年 7 月 11 日，山东省委常委、济南市委书记王文涛来小寨村考察。

2015 年 10 月 16 日，天桥区首家公立民族幼儿园——小寨民族幼儿园开工建设。该园占地 0.27 公顷，设计 3 层，建筑面积 1104 平方米，总投资 300 余万元，可接收 200 余名学生同时就读。

市委书记王文涛在小寨村调研（2015 年摄）

2015 年 10 月 16 日，米广燕、米广山赴麦加朝觐归来，被尊为“哈吉”。

2016 年 8 月 12 日，小寨民族幼儿园开园仪式在小寨村东广场隆重举行。市伊协副会长马杰，市民族宗教局副局长彭林堂，区委副书记朱玉明，副区长王睿，区民宗局局长于连亮，桑梓店镇党委书记董学山，桑梓店镇党委副书记、政协联络室主任解承静，小寨村两委会成员出席仪式。米丹丹任小寨民族幼儿园第一任园长。

2016 年，小寨村的粮食单产 1000 千克。全村拥有大型运输车 288 辆，轿车 430 辆。

小寨村一是严格落实“一报四议两公开”工作制度，选举成立村民代表议事会、民主理财小组等群众组织，自觉接受群众监督。二是制定《小寨村法德治村章程》，内容涵盖土地

小寨花园小区（2015 年摄）

小寨村文化墙（2016 年摄）

管理、计划生育、文明户评选等内容；建立村民档案，实现对村民的动态化管理。三是发展大型车辆运输产业，村党支部牵头成立伊顺运输协会，并成立协会党小组，定期组织驾驶员学习，统一管理运输车辆，有效维护运营秩序。四是分别实施道路畅通工程、旧村改造工程、文明提升工程和平安创建工程等。五是重视精神文明和文化建设，每逢重大节假日，小寨村文艺队伍都与其他村文艺队伍联合演出。于是，小寨村成为小有名气的和谐村、小康村。

八、附　记

小寨村过去玩龙灯、云彩灯。玩灯之前先由武术队打场子，其中有米广仁、米丰禄、米居福、米寿法等。

村中存有1951年山东省土地房产所有证存根。

2011年10月中华书局出版的《齐河县农村简志》记载："清末，左氏从小寨村迁过此定居，因这里离齐河城北门3里路，起名左三里村。"左三里村今属齐河县祝阿镇石门高管区。

过去为了生计不少小寨村村民外出谋生。有一批人挑着担子外出逃荒，到滕州买牛住一段时间后一路放牛到米山顶定居下来，繁衍生息。也有人闯关东到牡丹江、哈尔滨、黑山、宜春；还有人到临沂、南京、乌鲁木齐等地。

老寨村座谈现场（2015年摄）

村史座谈人员名单（2015年12月16日）

丁德生，男，76岁

彭寿柏，男，68岁

米丰武，男，50岁

彭辛豹，男，41岁

米丰波，男，32岁

第三节　三教堂村

三教堂村位于桑梓店镇政府东北5千米，308国道北1.5千米，处在桑梓店镇的最东边。东与大桥镇大庄村接壤，南与小寨村相邻，西与冯家堂村相接，北临高王村、石庙村、彭家村。村庄由门刘、三教堂、楼房和李堂四个自然村组成，楼房村是三教堂村办公室所在地。

全村总面积184.4公顷，其中耕地147.7公顷，四个自然村村址面积36.7公顷。

三教堂村办公室（2015年摄）

居民皆为汉族，有张、李、王、董、朱、苏、刘、门、吴、史、南、杨、阚13个姓氏，95%是张姓。共320户，1364人。其中80～90岁的21人，90岁以上的3人。

一、村庄来历

据传明朝天启七年春，张氏始祖张志年携子从河北清河县迁来，在济南府齐河县节妇乡定居。始祖张志年有五子即仁、义、礼、智、信，后仁、义、礼迁往鹊山村，做碾米生意。兄弟三人分家，张义分到碾子上的木寨子，携家眷来到韩家石庙岳父韩氏家定居。时称东彭、西刘、南韦、北韩，后来四村合为张家寨子。后曾改称双佛寺，再后来双佛寺遭黄水被埋在地下。

由于始祖勤俭持家，精打细算，家业兴旺。后买刘庄（今门刘村）土地一块，做储藏粮草和养殖畜牧之用。由于兄弟轮流看管不便，就让兄弟多人在此定居，盖有楼房，后以此为村名，即今楼房村。以后张氏后人繁衍到韦庄（今李堂村），双佛寺村，因寺内供有佛教、道教、儒教的仙位，后改为三教堂村。

新中国成立后划分行政村，门刘、三教堂、楼房、李堂四村张姓达95%，都是一个始祖，不宜分开，经族人商议，以三教堂的名字为整个行政村的村名。

据张宜连保存的《张氏总谱》中，明朝天启七年（1627年）“赐进士第礼部主事张九贤撰”写的《济南府齐河县节妇乡二图一甲十八里寨张氏先茔序》记载：“张之姓从来远矣。降至春秋，移居燕代；及夫战国，韩魏居多。自兹以还，历数汉唐，沿袭宋元，籍隶枣强寄迹。迨我明兴，定鼎之初，有始祖讳义者，僦（jiù租赁）居于汉之耿齐（东汉时齐河之名称）、元之齐州（隋朝时齐河之名称）。无几何，诏改州为县，吾祖已占籍斯邑，入赘于十八里之韩氏家里，寓节妇而甲居首。是奕代相承为齐河人，历义至今十代余矣。支分派衍，绵绵繁育几五百余丁……”

二、现任村干部

党支部书记：张师元

党支部委员：张玉成　张建国　张义泉　许秀琴

村委会主任：张玉堂

村委委员：张连群　张宜珍

三教堂村村干部合影（2016年摄）

三教堂村党支部书记张师元（2016年摄）

三教堂村村委会主任张玉堂（2016年摄）

三、共产党员表

表 20-5-7

姓名	性别	出生年月	民族	学历	入党时间
滕曰英	女	1921.02	汉	小学	1962.10.05
滕桂岑	女	1940.04	汉	小学	1956.07.19
张师元	男	1940.10	汉	小学	1965.04.07
张开栋	男	1941.11	汉	小学	1967.04.08
张孝忠	男	1942.12	汉	小学	1960.08.10
张宜茂	男	1945.02	汉	初中	1965.10.07
张献义	男	1946.08	汉	初中	1981.06.07
董义明	男	1947.05	汉	高中	1970.04.03
李庆祥	男	1947.12	汉	小学	1971.08.10
张玉伦	男	1948.03	汉	小学	1987.10.01
张玉坤	男	1949.05	汉	小学	1970.07.18
张师永	男	1949.06	汉	小学	1972.10.01
张宜生	男	1949.08	汉	初中	1967.09.08
张开国	男	1949.11	汉	初中	1975.10.01
张开成	男	1950.01	汉	小学	1970.07.18
董永亮	男	1950.06	汉	初中	1970.05.09
张宜新	男	1950.09	汉	小学	1973.08.06
张师礼	男	1950.09	汉	小学	1971.10.14
张师泉	男	1954.04	汉	小学	1973.06.07
张宜奎	男	1954.07	汉	初中	1976.10.09
张师元	男	1955.08	汉	小学	1983.04.07
张宜泉	男	1956.01	汉	高中	1986.10.01
史金水	男	1956.09	汉	初中	2006.03.01
张师利	男	1956.11	汉	初中	1999.09.10
张玉峰	男	1965.05	汉	初中	2002.07.17
许秀琴	女	1966.03	汉	初中	1996.08.10
张建国	男	1966.06	汉	高中	1987.10.01
张九忠	男	1967.10	汉	初中	2006.03.01
张开民	男	1970.01	汉	高中	2010.04.01

续表 20-5-7

姓名	性别	出生年月	民族	学历	入党时间
张开元	男	1970.07	汉	初中	2006.03.01
张宜胜	男	1971.11	汉	初中	2006.03.01
张玉成	男	1974.08	汉	高中	1996.07.10
张开军	男	1975.08	汉	初中	1994.10.01
张玉江	男	1976.08	汉	初中	1998.08.08
张　杰	男	1977.10	汉	初中	2010.04.01
张师勇	男	1978.01	汉	初中	1998.08.08
张付强	男	1978.08	汉	初中	2010.04.01
阚建胜	男	1980.02	汉	大专	1995.06.01
张宜山	男	1980.05	汉	初中	2006.03.01
张义泉	男	1981.01	汉	高中	1987.01.01
刘宗荣	男	1982.04	汉	高中	2010.04.01
张宜海	男	1983.03	汉	高中	2010.04.01
张　娜	女	1985.09	汉	大学	2005.05.01
张　华	男	1986.03	汉	中专	2009.11.25
张　进	男	1987.05	汉	大专	2010.12.01
张　群	男	1987.06	汉	大专	2009.07.01
张　肖	男	1988.08	汉	大学	2011.07.01
张海涛	男	1989.12	汉	大专	2010.09.08
苏子竣	男	1990.05	汉	大学	2010.07.01
洪　斌	男	1990.07	汉	高中	2010.01.01

四、历年参军入伍人员表

表 20-5-8

姓名	性别	入伍时间	立功情况	退伍回村时间	转业时间、地点	现单位或住址	现任职务
苏连臣	男	1948.04		1952		三教堂村	村民
张开亭	男	1948.08		1980	德州丝绸公司	德州市	退休
张师成	男	1948.10	三等功	1954	肥城煤矿局	三教堂村	已故
董永亮	男	1969.01	营嘉奖 1 次	1977		三教堂村	村民
张宜国	男	1969.12		1970		三教堂村	村民
张师泉	男	1970.12		1975		三教堂村	村民

续表 20-5-8

姓名	性别	入伍时间	立功情况	退伍回村时间	转业时间、地点	现单位或住址	现任职务
张玉华	男	1972.10		1978	齐河县公安局	三教堂村	退休
张宜华	男	1974.12		1984	新汶矿务局	新泰	工人
张宜奎	男	1976.03		1980		三教堂村	村民
张宜利	男	1979.10		1984		三教堂村	村民
苏建亮	男	1985.08		1991		三教堂村	村民
张玉军	男	1990.03		1992		三教堂村	村民
朱永福	男	1991.11		1994		三教堂村	村民
张玉海	男	1992.12		1996		三教堂村	村民
张开军	男	1993.10		1999		三教堂村	村民
张玉江	男	1996.10		1999		三教堂村	村民
张师勇	男	1996.10		1999		三教堂村	村民
张　阳	男	2003.10	三等功	2008	天桥制锦市街办	济南	事业编
张　岩	男	2008.10					现役
张　华	男	2009.08		2014		三教堂村	村民
张　宾	男	2010.12		2015		三教堂村	村民
张　鹏	男	2015.08					现役

五、历年考入高校人员表

表 20-5-9

姓名	性别	出生年月	考取学校	考学年份	所学专业	毕业去向	最高学历	现任职单位	现任职务	家长姓名
张志玉	女	1977.10	齐鲁理工	2015	土木工程				教师	张玉成
张玉亮	男	1979.10	济南建筑	1997	建筑工程	济南	专科			张开东
张建平	男	1979.12	南京铁路	1995	铁路	济南	本科	济南铁路	职员	张宜生
张　娜	女	1985.09	交通学院	2007	市场营销	济南	本科			张宜珠
张　秀	女	1986.05	德州学院	2006	护士	天桥区	大专	保健公司	经理	张宜新
张　群	男	1987.06	德州学院	2009	电子商务	济南	专科			张宜珠
张真真	男	1988.05	山东经贸	2006	市场营销	济南	大专	济南传化	客户经理	彭金美
张　旭	男	1989.05	济宁学院	2008	市场营销	济南	专科			张宜祯
张　强	男	1989.12	杏林学院	2008	医学	槐荫区	本科	市立五院	职员	张宜新

续表 20-5-9

姓名	性别	出生年月	考取学校	考学年份	所学专业	毕业去向	最高学历	现任职单位	现任职务	家长姓名
张　霞	女	1990.08	青岛大学	2010	教师	青岛	本科	青岛家具公司	管理员	张师孟
张　月	女	1990.12	青岛大学	2011	环保	济南	本科	大桥环保	科员	张开军
张　柯	男	1991.06	吉林大学	2012	信息管理	济南	本科	浪潮集体	职员	吴俊芝
张媛媛	女	1991.10	济南建筑	2010	工程	济南	本科	济南房产	职员	张开林
张开斌	男	1991.10	青岛理工	2013	土木工程		本科			王长美
张　硕	男	1992.01	济宁学院	2011	生物工程				在校	张志弘
张　慧	女	1992.01	山师	2010	应用数学		博士	山大	在读	张玉峰
张　宾	男	1992.04	山东医科大	2012	医疗器械	济南	本科	济南医学器材	职员	张玉东
张宗芹	女	1993.01	齐鲁师范	2014	教师				在校	张志和
张开强	男	1993.06	山东师范	2011	教师	济南	本科	启动食品	科员	张宜喜
张　婷	女	1993.08	淄博师范	2011	教师	历城区	专科	仲宫	教师	张宜兴
张倩男	女	1996.12	旅游学院	2015	旅游					张宜勇

六、五世、四世同堂名单

五世同堂：

张玉俊　张玉才　滕曰英　李树珍

四世同堂：

路秀英　张宜振　刘吉英　郭长芳

彭秀英　胡玉香　张成美　张氏滕

滕吉芳　张师珠　滕丕英　苏连臣

七、发展概览

1951 年，三教堂村实行土地改革，为老百姓发放土地证。

1954 年，三教堂村成立高级社。

1960 年，三教堂村建立村党支部，张师江任书记。

1963 年，在党支部书记张师江倡导和主持下建立三教堂村第一所小学。当时村集体贫穷，无偿租用张开国家西屋 3 间为教室，以门板为课桌，老师是丁口村人滕玉华，张义泉、张玉水、张玉华等是第一批学生。

1967 年，三教堂村第五生产组在组长张义荣带领下打第一眼机井，购置莱阳产 12 马力柴油机和水泵，结束人工浇田的历史。

1977 年，三教堂村在省委工作团的支持下，

三教堂村老屋（2015 年摄）

三教堂村村民的楼房（2015 年摄）

在村党支部书记张开峰领导下购置 24 马力拖拉机 2 台和配套机具，结束耕种的历史。

1983 年，三教堂村为李堂村架线并购买变压器，终结该自然村不通电的历史。

1993 年，张师元、张玉成成立群星包装箱厂。

1999 年，在党支部书记张师学和副书记张师元带领下，经上级领导批准，用桑梓店车站废弃石子修老寨到门刘、三教堂至楼房至李堂至 308 国道的环村石子路。

2005 年，在党支部委员张义泉及四组组长张宜杰的努力下，借款修 308 国道至李堂的柏油路，结束村里没有柏油路的历史。

2006 年，全村在党支部书记张师元领导下安装自来水，结束了本村没有自来水的历史。

2007 年，在党支部书记张师元和村委会主任张开玉领导下安装路灯，结束村内没有路灯照明的历史。

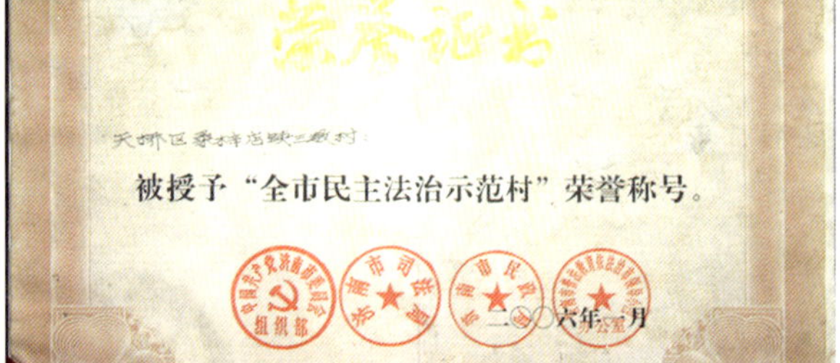

2009 年，三教堂村被评为省级林业示范单位。

2016 年，三教堂村有轿车 66 辆，面包车 21 辆，大型货车 16 辆，小型货车 12 辆。建起有 2 层楼房的有 20 多户。

八、附　记

张家祖坟在村北，占地 2.67 公顷。坟上有石板，石板上有始祖张义的碑楼。据《张氏总谱》之《济南府齐河县节妇乡二图一甲十八里寨张氏先茔序》记载：“先茔旧坟碑楼系康熙四十七年（1708 年）岁次戊子仲春至乾隆三十五年（1770 年）岁次庚寅仲春重修，张氏合族仝修”。在碑楼的两侧，有 2 排共三四十块约高 1.5 米、宽 2 米、厚 20 厘米的家族石碑。《济南府齐河县节妇乡二图一甲十八里寨张氏先茔序》记载：“老坟头次碑楼并卧碑二统系天启七年岁次丁卯八世祖张初等，二次卧碑一统系康熙二十七年（1688 年）十世祖大水等……三次卧碑二统系乾隆二年（1737 年）岁次丁巳十二世祖国忠等”。张氏族人定期祭祖，都是定好时日，提前通知从本村迁往杨圈、姚家店、周家庄、张龙图、王经屯、焦家集、吴家庄、梯门、东纸坊、范家庄、马家店、毛家庄、鹊山、房家庄、辛法屯、桃园、小王家庄、李家屯、高官屯、刘家堂、楼房堂、李家堂、双佛寺、彭家庄、石庙、铁匠、窑头、东葛麻、西康家庄、十甲王庄（离五龙寺三里许）、济南府东南殷家小庄、泺口河南兴隆街南头道西等地的张姓族人。祭祖的仪式非常庄重。每次祭祖之后，都把新添的张姓男子的姓名镌刻到石碑上。坟地有百十棵大松树，有的大松树被锯成板后呈现凤凰图案。聂胡子闻讯后掠去一棵大松树，让人掏空做成棺材，后被其大太太占用。为了防火，张家族人在祖坟东南角和西南角各淘出一眼井。

张姓族人最后一次祭祖大概在 1946 年。新中国成立后，祖坟的大松树被卖掉建了冯家堂村的初级中学，小点的树做了学校房顶的檩条，该校早期的初中是2年学制，张义泉曾经在那里就读。1975年称“冯家中学”，张玉堂在那里读初中，有三个年级八九个班，达到了鼎盛时期。在“破四旧”和“文化大革命”中，石碑多被破坏，有的被村民拿去砌墙。

三教堂村张氏族谱（2015年摄）

李堂村村东曾经有座关帝庙，庙墙宽1.5米，用大青砖和石灰砌成。庙里有口大铜钟，直径约50厘米，高约1.2米，声音洪亮，方圆10千米都能听到。大钟在“文化大革命”时期毁损。

1949年前，村中木匠规模加工“三寸金莲”绣鞋的木头底子，到河东（黄河在华山一带变成南北走向）去卖，再从那里籴回粮食。从1949年前一直到集体经济时期村民专业制作、销售新式“洋椅子”，赶集能到段店。

集体经济时期三教堂村曾经搞过多种副业，年收入1万多元：家家户户糊火柴盒，一个工3角钱，每周给济南火柴厂送一地排子车；十几个人成立木工组，1977年左右制作刷子把、黑板擦板子，用马车、拖拉机进料送货；全村5个生产队有4个队用毛驴拉磨制作小磨香油，行销齐河全县和济南；搞过铁编，主要加工筛子底，向邹县电厂供货；开过熏坊熏枣。

门刘村张玉厚的豆腐在全镇独占鳌头。张玉厚原先给济南一家有名的豆腐店打工，其间通过用心观察和逐渐摸索掌握了制作工艺。其豆腐使用传统做法，炖炒不碎，很有豆腐味儿。

张师元、张玉成的群星包装箱厂一开始有工人10人，年产值200万元。后来工人达到70多人，年产值达到1000万元。由于厂子场地狭小，工人们就把木料搬到家中加工。群星包装厂成立后，年年被桑梓店镇评为优秀企业及纳税大户，后被区、市两级工商联评为优秀企业，2008年被天桥区评为重点龙头企业。在其带动下，东图木器厂、芙蓉木器厂、金穗木器厂等相继出现。2000年，法人代表张玉成被评为天桥区非公有制十大杰出青年。包装箱产业带动了林业的发展和环境的改善，三教堂村及周边村种植速生杨70多万株，为本村及桑梓店镇其他村带来了显著的经济效益和生态效益。

村史座谈人员名单（2015年11月18日）

张师元，男，60岁

张义泉，男，59岁

张师生，男，52岁

张宜庆，男，50岁

许秀琴，女，50岁

张志弘，男，49岁

张玉堂，男，49岁

张立海，男，45岁

张玉成，男，40岁

三教堂村座谈现场（2015年摄）

第四节 冯家堂村

冯家堂村址位于镇政府北偏东 2.7 千米，308 国道以北，高冯路以东。南依老寨村，西靠三官庙村，北隔石济高速铁路与高王村相望，东北靠近门刘村，东接三教堂村。

1948 年耕地面积 176 公顷。2015 年土地 133.3 公顷，其中耕地面积 105.3 公顷，非耕地 6.7 公顷，村居占地 21.3 公顷。

冯家堂村办公室（2015 年摄）

村民均为汉族，有滕、王、冯、蒋、徐、吕、芦、怀 8 个姓氏。1948 年 102 户，403 人。2015 年有 4 个村民小组，滕姓 87 户、王姓 53 户、徐姓 26 户、冯姓 11 户、芦姓 9 户、怀姓 10 户、蒋姓 2 户、吕姓 2 户，共 200 户，800 人。其中 80 ～ 90 岁的 22 人，90 岁以上的 5 人。

一、村庄来历

1990 年版《齐河县志》记载该村先人于明朝末年从河北枣强迁来，始迁者为冯姓。

据传蒋姓来得也很早，但不如冯姓人多。由于村中建有庙堂，故取名冯家堂。也有人说过去该村曾叫“祠云寺”，后改为冯家堂村。

据光绪二十一年（1895 年）滕氏十七世遇昌撰写并刻在石碑上的《滕氏碑记》记载：“我滕氏择茔兹土业已有年……积蓄资财，议买祭田，栽植树株，并刻石以记支派，修楼以护摧残。后人沐其德泽，莫不曰积德累仁、祖之栽培者厚也……光绪十三年（1887）年五月间由朱河圈决口，黄水漫溢，祭田尽被沙盖，林树大半凋残。睹此情形，不觉心伤矣。幸有十六世孙彩祥等慷慨有志，会议族间复整族社。其于树之枯者，留之以存古迹。已枯者一百零三株，共卖京钱一千一百五十千文。因此公议栽树，广增祭田，筑室看守……特为立石以志其始末云尔”。滕氏人才辈出，“十七世龙春，监生……十八世方正，六品衔；十八世嘉才，监生；十八世安邦，武生；十九世曰和，八品衔；二十世培元，武生，四品衔”。

二、现任村干部

党支部书记：王 志

党支部委员：滕长和 滕光辉

村委会主任：王德海

村委委员：芦继红 王爱云

冯家堂村村干部合影（2016 年摄）

冯家堂村党支部书记王志（2016 年摄）

冯家堂村村委会主任王德海（2016 年摄）

三、共产党员表

表 20-5-10

姓名	性别	出生年月	民族	学历	入党时间
滕丕贞	男	1930.12	汉	初中	1956.02.01
滕丕福	男	1942.03	汉	初中	1975.10.01
王学勤	男	1944.10	汉	初中	1964.04.22
滕长孝	男	1947.11	汉	初中	1971.07.01
徐振生	男	1950.05	汉	高中	1976.02.03
滕丕安	男	1950.09	汉	初中	1975.05.01
滕丕平	男	1955.01	汉	高中	1995.07.01
滕长江	男	1955.03	汉	初中	1977.02.04
滕长杰	男	1955.12	汉	高中	1976.10.01
徐吉福	男	1956.06	汉	初中	1977.07.01
滕长和	男	1961.11	汉	高中	1995.07.01
王德林	男	1963.11	汉	高中	1983.03.01
芦吉坤	男	1964.09	汉	高中	1984.07.01
王德海	男	1966.10	汉	高中	2013.12.15
滕长凯	男	1970.01	汉	大专	2003.10.15
滕长春	男	1972.02	汉	高中	1991.02.01
滕光辉	男	1972.08	汉	高中	2002.07.21
王　志	男	1979.11	汉	初中	2005.07.20
冯　文	男	1981.05	汉	初中	2004.09.01
王　浩	男	1987.07	汉	高中	2007.08.09
滕吉宝	男	1988.06	汉	高中	2013.12.15

四、历年参军入伍人员表

表 20-5-11

姓名	性别	入伍时间	立功情况	退伍转业时间	现单位或住址	现任职务
冯吉发	男	1965		1968	冯家堂村	村民
怀务东	男	1965		1968	冯家堂村	村民
滕丕祯	男	1965		1978	历城区民政局	局长
王乃义	男	1968		1970	冯家堂村	村民
滕丕安	男	1969		1975	冯家堂村	村民
徐吉贵	男	1970		1973	冯家堂村	村民
滕长江	男	1973.12		1980.01	冯家堂村	村民
滕安岭	男	1973.12		1985	大桥镇政府	副区级
滕长杰	男	1974		1980	冯家堂村	村民
徐吉付	男	1978		1983	冯家堂村	村民
滕文岭	男	1980		1984	冯家堂村	村民
滕银岭	男	1980		1983	冯家堂村	村民
滕长海	男	1982		1989	太原市公安局	科长
徐吉勇	男	1983		1987	冯家堂村	村民
王其祥	男	1983		1986	冯家堂村	村民
王得林	男	1983		1986	冯家堂村	村民
滕　勇	男	1990		1993	济南钢铁厂	
滕　心	男	1990		1993	济南化肥厂	
冯　文	男	1998		2002	冯家堂村	村民
滕长春	男	1998		2002	冯家堂村	村民
王乃宝	男	2003		2015	冯家堂村	村民
滕　亮	男	2006		现役	冯家堂村	村民
王　浩	男	2008		2010	冯家堂村	村民
滕　正	男	2013			现役	

五、历年考入高校人员表

表 20-5-12

姓名	性别	出生年月	考取院校	考学年份	所学专业	毕业去向	最高学历	现任职单位	现任职务	家长姓名
滕　颖	女	1985.10	潍坊医学院	2013	肿瘤	北京	博士	北京协和医院		滕丕平

续表 20-5-12

姓名	性别	出生年月	考取院校	考学年份	所学专业	毕业去向	最高学历	现任职单位	现任职务	家长姓名
冯 珍	女	1997.05	河北理工学院	2015	建筑预算	河北	本科	唐山理工大学		冯宾
滕 叶	女	1985.01	青岛科技大学	2005	环境工程	济南	本科	济南再生资源公司		滕军岭
滕 茜	女	1989.04	济南大学	2008	酒店管理	济南	本科	济南劳动保障中心		滕春岭
王 楠	女	1992.08	曲阜师范大学		思想政治		研究生			王寿贵
怀 奇	女	1984.03	泰山学院	2003	思想政治教育	济南52中	本科	济南52中	教师	怀宝林

六、五世、四世同堂家庭名单

五世同堂：滕丕学 丁永会 李维兰 杨金英

四世同堂：滕丕福 董玉全

七、发展概览

1950年，滕丕海第一个加入中国共产党，同年建立村政权。

1952年，成立第一个互助组，各户都参加。

1954年，互助组发展到高级社，韦林生为第一任社长。

1960年，建立党支部。

1973年，全村统一调整土地。全村由2个生产队分为4个生产队，新旧单位之间的土地边界、归属错综复杂。为了便于各单位耕种、浇水、收获等生产活动，村里统一整合、划分土地。经过大量艰苦细致的工作，历时三四年的时间才理顺。

1976年，村里成立调解委员会和红白事理事会，属全镇最早。其成员有滕丕福、徐振生、王学勤、王乃忠、怀务东、滕长杰、滕丕温、王寿荣等。作为村干部，滕丕福、徐振生约定并向全村承诺：村民有事一定到场，一定参与，但绝不在村民家吃饭。有了调解委员会之后，诸如邻里不和、赡养抚育、兄弟分家等在村里就能解决，促进了整个村庄的稳定、和谐与长治久安。

1979年，实行家庭联产承包责任制。

1984年，村里通电。

1986年，修建学校。

1994年，在历城区环保局资助下修建环村

冯家堂村老屋（2015年摄）

冯家堂村村民住宅（2015年摄）

的柏油马路和村中公路，为全镇第一家。其中700米长的2条，330米长的3条，都是4.1米宽。当时靳家乡（现在已经并入大桥镇）的刘光照村给予大力支持，无偿提供旋耕机、沥青摊铺机、压路机和技术人员，在村里干了12天。

同年，冯家堂村在全镇第一个安装路灯。

1996年，村里打井机17眼抗旱，属全镇最多。

1997年，全村又一次调整土地。当初承包土地时，村里根据公平原则，按照长短、正斜、肥贫、离村远近等分为几类，每类都平均分到各户，得到群众支持和拥护。但是天长日久，各家的土地都七零八落，有的家庭总共0.33～0.4公顷，地竟被分割成12块，很不利于耕种和管理，更不利于农业机械发挥作用。为此村里顺应民意，集中全村村民的智慧，多次召开村民代表会，做了大量的分析和调查研究。经过一个半月的时间，终于拿出合理方案，把各家的土地整合到2～3大块。

2015年10月15日上午，济南市副市长李宽端在市政府副秘书长张海灵、市畜牧兽医局局长高辅卿、副局长孙世平、总畜牧师袁传溪的陪同下，到冯家堂村寿华公司调研畜禽粪污综合利用工作。天桥区委副书记朱玉明、区农发局局长吕东、桑梓店镇党委书记董学山等有关领导同志陪同。李宽端一行调研有机肥原料来源和生产流程、工艺、产品销售及经济效益等情况，实地查看生产运行情况。李宽端对将畜禽粪污有效转化为有机肥的做法给予充分肯定，并就下一步有效解决畜禽粪污综合利用、实现农业良性循环提出重要意见。

2016年，全村有主河道4条，桥涵19座，旱能浇涝能排。有养殖大户2家。有酱菜厂4家。其中一家酱菜厂仅一次就购进芥菜疙瘩100吨。他们另外还腌制黄瓜、豆角、辣椒等。60岁以下的都出去打工，全村有300人。粮食单产1000千克，村集体收入312万元。全村有拉土大车2辆，轿车、面包150辆。建起2层楼房15户。

八、附 记

据传王家的祖上曾任过山东省盐务总督，老年人都见过这位总督大人的像，戴着红顶花翎。该像在“破四旧”中被毁坏。

村里保存有四品官墓碑。

过去冯家堂村土地多，新中国成立前有8家地主。

新中国成立前，冯家堂村小学相当于今中心校。冯家堂村的文化人多，先后涌现了滕胜岭、滕丕谦、滕丕祯、滕丕泉、徐铁磊、王德美、王志芳、徐亭等优秀教师。

20世纪80年代，村党支部统一规划，带领全体村民用铁锹掘土，把路修直，在春冬两闲挖河引水。挖小河3条：一条长1780米，上口宽15米，底宽2.5米；另一条长750米，上口宽11米，下口宽1米；还有一条长380米，上口宽9米，下口宽1.5米。全村在这些河上修建桥梁19座，在全镇最多。全村所有的土地都能浇上水，都能排涝。村里还在道路、沟渠两旁搞绿化，冯家堂村面貌有很大改观。

冯家堂村是多年的先进党支部、计划生育先进单位，完成“三提五统”等任务从来不打折扣，都是按期完成。冯家堂村从来没有难住的事，从来没有完不成任务，从来不逾期完成任务，从来不欠外债。

当初输电时需要打通一条路，前面有树木

也有房屋，其主人都服从大局，积极配合，没有一家讲条件，没有一个人阻挡。村干部很为自己村民的深明大义而骄傲。当初各村收提留款是老大难，有一年全村需要收提留款十八九万元。冯家堂村如期如数上交，镇长赞叹。之后区里派人下来暗访，认可冯家堂村工作得法、账目清楚。

2008年，冯家堂村的一个困难户刚再婚，其继子不幸遭遇车祸。该村民没有近亲。党支部书记知道后通过大喇叭向村民倡议捐款救助。有些村民光知道有这么个孩子，没有见过面。但是大家积极捐款，当天晚上捐款2万元。

村里有舞蹈队，统一服装。冯家堂村舞蹈队每年都在镇、区比赛中获奖。每天晚上健身广场上都有五六十人跳广场舞，还有不少村民围观欣赏。

冯家堂村从来没有发生刑事犯罪。连续近30年无计划外生育。

村史座谈人员名单（2015年11月11日）

滕丕福，男，74岁

王学勤，男，72岁

徐振生，男，65岁

滕长河，男，53岁

王　志，男，36岁

冯家堂村座谈现场（2015年摄）

第五节　彭家村

彭家村位于桑梓店镇政府东北部5.5千米，北依大桥镇宅胡村，南靠三教堂村，东临大桥镇杨庄村，西接石庙村。

2015年土地面积54.8公顷，其中耕地44.5公顷，村居占地6.67公顷，非耕地3.67公顷。

村民均为汉族，有彭、张、王、朱、刘、李6个姓氏。有2个村民小组，112户（彭姓64户、张姓23户、朱姓10户、王姓8户、刘姓6户、李姓1户），总人口410人。其中80～90岁的6人，90岁以上的3人。

一、村庄来历

1990年版《齐河县志》记载“彭家”村“明朝”“来源”于“山东历城遥墙”，“始迁者姓氏”是“彭”。也有人说明朝永乐年间先人从河北枣强迁来，因当时一起到的是彭氏四兄弟，遂取名彭庄。

二、现任村干部

党支部书记：彭天强

党支部委员：彭金銮　彭立江

村委会主任：张玉祥

村委委员：张华城　郝相芹

彭家村村干部合影（2016年摄）

彭家村党支部书记彭天强（2016年摄）

彭家村村委会主任张玉祥（2016年摄）

三、共产党员表

表 20-5-13

姓名	性别	出生年月	民族	学历	入党时间
张乃恭	男	1933.09	汉	小学	1956.03.01
张乃宽	男	1938.10	汉	初中	1971.03.01
胡秀兰	女	1943.09	汉	小学	1963.03.01
彭金荣	男	1943.11	汉	初中	1984.03.01
彭金銮	男	1947.04	汉	初中	1984.03.01
彭金生	男	1947.10	汉	初中	1971.10.01
彭立江	男	1965.10	汉	初中	1989.07.01
王登泉	男	1966.03	汉	初中	2008.10.10
彭天刚	男	1974.09	汉	初中	1994.03.01
王　华	男	1976.04	汉	初中	1997.03.01
彭天强	男	1977.08	汉	初中	1997.03.01
张建军	男	1977.08	汉	大学	2006.12.21
彭天来	男	1989.01	汉	大专	2010.12.01
王　奇	男	1991.04	汉	高中	2014.03.20

四、历年参军入伍人员表

表 20-5-14

姓名	性别	入伍时间	立功情况	退伍转业时间	现单位或住址	现任职务
张乃恭	男	1953.10		1957.10	彭家村	村民
王希道	男	1968.10		1970.12	彭家村	村民
王希德	男	1973.11		1978.11	彭家村	村民

续表 20-5-14

姓名	性别	入伍时间	立功情况	退伍转业时间	现单位或住址	现任职务
彭立河	男	1974.12	嘉奖多次	1994.08	济南市历城法院	
张开文	男	1978.06		1991.01	济南黄台电厂	
彭立江	男	1987.10		1993.11	彭家村	村民
彭天佐	男	1987.11		1992.12	彭家村	村民
王殿才	男	1989.12		1992.12	彭家村	村民
彭天右	男	1990.03		1993.12	彭家村	村民
彭天刚	男	1992.12		1995.10	彭家村	村民
王　华	男	1994.10		1997.11	彭家村	村民
彭天强	男	1995.12	三等功 1 次	1998.12	彭家村	村民
张　宁	男	2002.12		2004.12	济南电建一公司	村民
王　奇	男	2009.11		2014.11	彭家村	村民

五、历年考入高校人员表

表 20-5-15

姓名	性别	出生年月	考取院校	考学年份	所学专业	毕业去向	最高学历	现任职单位	现任职务	家长姓名
彭天志	男	1972.11	山东大学	1992	中文	济南市	研究生		律师	彭金荣
彭天来	男	1989.11	山东财经大学	2008	财经	济南市	本科			彭金斗
彭金玉	女	1990	山东管理学院	2012	学前教育		大专			彭立江
彭金云	女	1991.04	山东大学	2012	法律				律师	彭立岭
彭　伟	女	1994	山东职业学院	2013	会计			济南东关企业管理有限公司	会计	彭立水
彭田田	女	1997	济南特殊教育学院	2013	舞蹈		大专	济南职业学院		彭立岭
彭　慧	女	1997.02	济南大学	2015	土木工程					彭金柱

六、五世、四世同堂户数名单

五世同堂：张宪英

四世同堂：

彭立富　韦兰生　张氏佟　张乃公

彭金坤　彭金銮　彭金荣　彭立胜

于学贞　王春兰　胡秀兰

七、发展概览

1958 年，大炼钢铁，实行人民公社。村里只留下 4 口大铁锅，其余各家各户的铁锅甚至铁钉等铁器都一律被拿去炼铁炼钢。村民们自家没了锅，都去集体食堂吃饭。一开始较好，后来较差。那时候搞“大兵团作战”，全村劳力都被集中到高王、石门孙两个村，按照上级要求住在地里吃在地里。干活好的给插上红旗，

彭家村老屋（2015年摄）

干活不好的给插上白旗。

1959年，粮食大丰收，冯高办事处各个村收获的地瓜都被集中到冯家堂村去切成片晒地瓜干，但是赶上连阴雨地瓜干都发霉。

1960年，遭遇水淹，粮食匮乏，大批人员外流，村中仅余150多人。

1964年，彭传礼、胡秀兰第一批加入中国共产党。

1972年，建立彭家村党支部。

1981年，实行土地承包。

1988年，村里通电。

2005年，镇上把水送到村头，村民每户集资300元，各家都用上自来水。

2008年，修建村办公室5间。

2009年，在镇政府全力支持下铺设长300米、宽4米水泥路。

2011年，安装路灯33盏。

2013年，修建村东、村西长1000米、宽4米砂石路

彭家村新居（2015年摄）

2015年，硬化胡同路面4000多平方米。

2016年，村民主要种植小麦、玉米，粮食单产1000千克。全村有玉米联合收割机1台、小麦联合收割机3台、旋地拖拉机4台、6轮货车1辆、轿车、面包车70多辆。8户住上2层楼房。

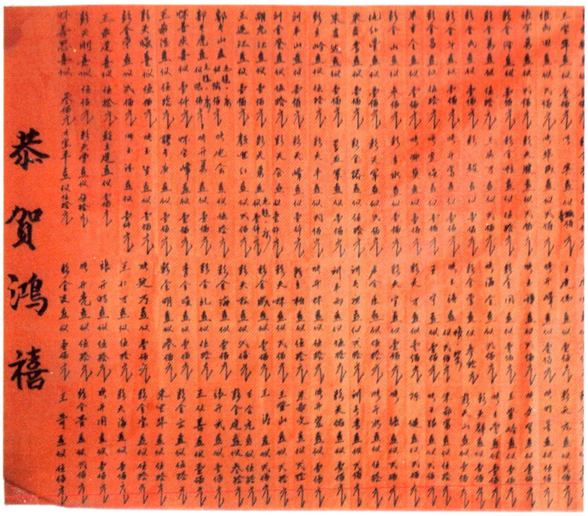
恭贺鸿禧

彭家村贴在堂屋的“红账”（2015年摄）

八、附 记

史上曾有“前韦后韩坐地彭”之说。新中国成立前后村东有一条官道，宽3米多，能错开大马车，北通徒骇河边临邑县的夏口，南通黄河边的泺口。

日军侵略中国时烧杀奸淫无恶不作，他们甚至故意到老寨村清真寺去杀猪，但是没有在彭家村驻军。一说当时日军地图上没有标注该村，一说日军嫌该村名字不好。

“破四旧”时铲平村外坟头。

清光绪三十年（1904年）济南鲁雅斋印刷局承印的《齐河县旧里图》未标注彭庄。宣统元年（1909年）《齐河县旧乡区全图》与中华民国二十年（1931年）七月制《齐河县八大区乡镇总图》标注“彭庄”。

1964年左右，彭家村玩过“云彩灯”，全村参与。有人踩约50厘米高的楞子，有人踩近1米的高跷。彭传庚饰演王母娘娘，有7个人分

别饰演七天仙女。

1964—1968 年，彭家村唱过吕剧、歌剧等，演出的剧目有《借年》《两垄地》《二世仇》《王小赶脚》等。演员有彭立山、彭传义、彭立志、彭立金、朱永乐等，彭立奇从部队上回来义务当导演。

村史座谈人员名单（2015 年 11 月 25 日）

彭立基，男，84 岁

彭金荣，男，72 岁

彭立胜，男，71 岁

彭金銮，男，69 岁

彭金怀，男，64 岁

彭家村座谈现场（2015 年摄）

第六节　小辛村

小辛村位于桑梓店镇政府东北 7.5 千米，308 国道至小吴村靠乡村公路 5 千米路东，西临高王村，北偏西接小吴村，东接大桥镇高庄、卢庄，南近石庙村。村内有 3 条水泥路贯通东西。

小辛村村干部合影（2016 年摄）

小辛村办公室（2015 年摄）

小辛村土地面积 95.73 公顷，其中耕地 70.4 公顷，非耕地 4 公顷，村居占地 20.67 公顷。

皆为汉族，有张、陈、肖 3 个姓氏。1948 年 65 户，360 人。2010 年，有 145 户，575 人。2015 年，有 4 个村民小组，176 户，630 人。其中 80 ～ 90 岁的 10 人，90 岁以上的 1 人。

一、村庄来历

据说明朝永乐年间辛氏始祖迁来立村，名辛店村，后简称辛庄。1958 年成立人民公社时，因辛庄在整个高王管区最小，习惯上呼做小辛庄。沿用至今。

二、现任村干部

党支部书记：张红亮

党支部委员：张华安（副书记）　张华臣

村委会主任：张红亮

村委委员：张华祯　张文华

小辛村党支部书记、村委会主任张洪亮（2016 年摄）

三、共产党员表

表 20-5-16

姓名	性别	出生年月	民族	学历	入党时间
陈云德	男	1940.05	汉	小学	1964.09.01
张忠修	男	1944.09	汉	小学	1966.03.01
张华丁	男	1945.01	汉	初中	1986.03.01
张承泉	男	1946.12	汉	高中	1973.03.01
陈书广	男	1947.10	汉	初中	1969.05.01
肖义岭	男	1948.04	汉	初中	1975.06.01
陈书胜	男	1949.03	汉	初中	1966.06.01
张学禄	男	1949.07	汉	初中	1971.01.01
张华安	男	1955.06	汉	高中	1980.04.01
张学志	男	1956.11	汉	初中	1978.09.01
肖殿臣	男	1960.11	汉	高中	1986.03.01
张华金	男	1963.02	汉	高中	2014.12.18
陈吉水	男	1964.02	汉	初中	1986.04.01
张红亮	男	1965.04	汉	初中	2004.06.08
张立岗	男	1965.06	汉	高中	1986.12.16
张华忠	男	1967.09	汉	初中	1999.10.01
张华勇	男	1968.07	汉	初中	1994.08.01
陈吉强	男	1968.11	汉	小学	2012.12.14
张文水	男	1969.03	汉	初中	2004.06.01
张华臣	男	1969.04	汉	高中	1991.10.01
张华山	男	1974.07	汉	初中	1993.04.01
张秀奎	男	1975.01	汉	高中	1998.07.01
张文秋	男	1976.09	汉	高中	2000.07.01
张华刚	男	1978.03	汉	高中	2002.10.01
陈贵阳	男	1979.03	汉	初中	2000.12.01
肖义河	男	1981.12	汉	初中	2001.08.01
张文轩	男	1982.07	汉	大学	2005.12.15
张秀武	男	1982.09	汉	大专	2004.06.03
徐忠燕	女	1983.02	汉	高中	2004.06.17

续表 20-5-16

姓名	性别	出生年月	民族	学历	入党时间
赵维兰	女	1983.10	汉	大学	2006.04.01

四、历年参军入伍人员表

表 20-5-17

姓名	性别	入伍时间	立功情况	退伍回村时间	转业时间、地点
张忠明	男	1949		1951	
张忠喜	男	1950	嘉奖 2 次	1958	
张忠顺	男	1953		1956	
肖殿龙	男	1955			1969 年转业云南昆明
陈书忠	男	1955		1959	
陈书华	男	1955			1972 年转业
张忠刚	男	1960		1968	
张忠袖	男	1965	嘉奖 2 次		1971 年转业
张华禄	男	1962			郑州制线厂
陈吉彬	男	1964		1968	
陈书胜	男	1968		1975	
张学如	男	1969	连续 5 年被评为五好战士，嘉奖 1 次		
陈书广	男	1970		1976	
肖义岭	男	1970		1976	
张华波	男	1970	嘉奖 2 次	1977	
张秀成	男	1973		1980	
张文如	男	1975		1980	
张学志	男	1976	嘉奖 2 次	1980	
张忠开	男	1976		1981	
张华祯	男	1978	嘉奖 6 次，三等功 1 次	1982	
张华安	男	1978	嘉奖 2 次	1984	
肖殿臣	男	1979	嘉奖 1 次	1983	
张华金	男	1981	嘉奖 2 次	1984	
张华山	男	1982		1985	
陈吉水	男	1984		1987	
张华海	男	1984	获嘉奖 2 次	1989	

续表 20-5-17

姓名	性别	入伍时间	立功情况	退伍回村时间	转业时间、地点
张华忠	男	1985		1989	
张华臣	男	1987	嘉奖 2 次，被评为优秀党员 1 次	1991	
张华山	男	1991	被评为优秀士兵 3 次，嘉奖 4 次	1995 年	
肖殿森	男	1991		1994	
张文山	男	1992		2004	
张秀奎	男	1993	连续 4 年被评为优秀士兵	2004	
张文秋	男	1995	被评为优秀士兵 2 次，嘉奖 3 次，立三等功 1 次	2009	
张明波	男	1995		1997	
张宏立	男	1995		1998	
陈　勇	男	1995		1998	
陈贵阳	男	1997	被评为优秀士兵 2 次，嘉奖 5 次，立三等功 2 次	2002	
张　健	男	1998		2000	
张文河	男	1998		2000	
张华强	男	1999		2001	
张华刚	男	1999	被评为优秀士兵 6 次	2015	
肖义河	男	2002	被评为优秀士兵 2 次、优秀司务长 1 次，嘉奖 3 次	2007	
张文旭	男	2003	被评为优秀士兵 1 次	2005	
张文垒	男	2010		现役	
张秀鑫	男	2012		现役	
张　涛	男	2013		2015	
陈光齐	男	2013		2015	
肖伟伟	男	2013		2015	

五、历年考入高校人员表

表 20-5-18

姓名	性别	出生年月	考取院校	考学年份	所学专业	最高学历	现任职单位	现任职务	家长姓名
肖电芬	女		淄博师范高等专科学校		幼教	本科	济阳中学		肖希田 王善娥
滕冬花	女	1981.10	山东圣翰财贸职业学院	2001	会计	大专	济南信和包装制品有限公司		滕吉祥 吕秀荣
张秀武	男	1982.09	湖南商业学院	2001	国际经济与贸易	本科	顺丰速运集团公司	销售经理	张学礼 王耐莲

续表 20-5-18

姓名	性别	出生年月	考取院校	考学年份	所学专业	最高学历	现任职单位	现任职务	家长姓名
张文沚	男	1983.10	山东建筑大学	2001	建筑监理	本科	上海鲁研电力设备建立有限公司		张华广 胡大美
秦玉杰	女	1983.11	山东大学	2002	会计学	本科	山东隆鑫商业运营管理有限公司		秦少平 李建华
徐忠燕	女	1983.02	济南大学	2002	幼教	本科	济南龙观网络技术有限公司		徐永好 郭玉美
张文轩	男	1983.08	青岛科技大学	2002	信息与计算机专业经济学	研究生	北京爱农驿站科技服务有限公司综合管理部	副经理	张华祯 夏学华
陈广菊	女	1984.03	山东经济学院	2002	财会		北京禧天龙塑料制品公司	业务经理	陈吉河 张长英
周　敏	女		菏泽学院	2003	信息化管理	大专	中国移动通信集团山东移动客服中心		周仁江 纪利华
张文帅	男		山东教育学院	2003	计算机	大专	济南市公共交通总公司		张华翠 王若凤
张文升	男	1982.08	山东理工大学	2003	石油	本科	东营市胜利油田第三公司下属奥凯隆公司		张华福 李桂英
陈　良	男	1985	齐鲁师范学院	2003		本科	山东天海新材料工程有限公司		陈吉玉 孟翠云
刘兆娜	女	1986	山东职业学院	2004		本科	山东北城庆合置业有限公司		刘景芬 袁秀兰
赵青青	女	1988.03	山东师范大学	2004	艺术	研究生	回乡创业 2014 年创办济南春文翼艺术培训学校		赵永慧 刘金华
赵维兰	女	1983.06	聊城大学历史文化学院	2005	经济管理	本科	大桥二中	教师	赵洪君 王善兰
陈珍珍	女	1987.08	西北工业大学	2005	会计学		山东圣翰财贸职业学院		陈吉强 吕爱芳
肖义建	男	1987.11	山东财经大学	2006 2013		研究生	在读		肖电泉 孙长兰
张　虎	男	1991.07	济南市铁路高级技工学校	2006	数控技术	大专	科沃斯电气有限公司山东分公司	济南业务主管	张红亮 张现玉
张国瑞	男	1987.06	德州学院	2007	光伏发电	本科	汉能控股集团		张华祯 夏学华
张　涛	男	1988.01	潍坊医学院	2007	法律专业	本科			张学志 王玉英
陈吉涛	男	1988.11	山东青年政治学院	2007	专业艺术设计	大专			陈书祥 张红芳
赵　伟	女	1988.02	德州学院	2007	财会学	本科	桑梓工商所		赵德东 杜建英
陈盼云	女	1989.10	山东农业管理干部学院	2007	企业管理	本科			陈士泉 陈凤
张文垒	男	1989.12	中国石油大学	2007	石油	本科			张华海 高红娥
闫　慧		1990	济南铁路高级技工学院	2007		大专			闫振东 吴爱莲

续表 20-5-18

姓名	性别	出生年月	考取院校	考学年份	所学专业	最高学历	现任职单位	现任职务	家长姓名
张　雪	女	1990.02	山东协和职业学院	2007	经济管理	大专	三星公司济南分公司	业务经理	张红亮 张现玉
傅佑杰	女	1990.05	济南大学	2007	幼教	大专	小寨村幼儿园		傅启林 邵绪莲
张林林		1986	西安理工学院	2008		研究生			张学祥 张梅芳
张明凯	男	1989.05	山东农业大学	2008	企业管理	本科	济南北龙科技发展有限公司	销售经理	张文强 张兴云
张　冠	男	1990.03	乌克兰文尼察国立大学	2008	工程学	本科	成立基础工程公司	经理	张华金 陈萍
张秀鑫	男	1990.08	山东司法警官学院	2009	法律	本科	威海机场		张学齐 高华云
陈广云	女	1988.06	山东职业学院	2010	建筑装饰工程技术				陈吉河 张长英
张琳琳	女	1989.11	齐鲁工业大学	2010	计算机	本科	中国平安公司		张文付
张　磊	男	1992.05	青岛大学	2010	信息化管理	大专			张秀勇 张慧萍
张秀峰	男	1992.03	山东职业学院	2011	机车	本科	山东铁路局石家庄电力机务段		张学刚 张文华
张明荻	女	1993.12	山东建筑大学	2011	工程管理	本科			张文刚 张金芝
张文豪	男	1993	济宁医学院	2012	外科		在读		张华利 钱文春
陈楠楠	女	1993.05	齐鲁师范学院	2012	财会学				陈吉华 王中秋
陈广梅	女	1989.02	西南科技大学	2013	经济管理		金碧物业有限公司		陈吉强 吕爱芳
陈吉峰	男	1994.02	齐鲁工业大学	2013	法律		在读		陈书军 王秀芳
张文珍	女	1995.09	山东传媒学院	2013	信息化管理	大专	在读		张华刚 窦芳英
张文珠	女	1995.09	南昌师范学院	2013	计算机	本科	在读		张华刚 窦芳英
张秀哲	男	1996.02	山东大学	2014	经济管理	本科	在读		张学强 荆玉红

六、五世、四世同堂名单

五世同堂：王庆芳

四世同堂：康玉美　张宜芳　丁玉英　吴义英　陈树林　张秀福　张华丁　张华宾　聂司俊

七、发展概览

1948 年，肖友田第一个加入中国共产党。

1952 年，成立互助组，13 户参加。

1954 年，互助组发展为初级社，简称高王联社，肖心田任副社长。

1962 年，成立小辛村党支部，肖友田任书记。

1981 年，实行土地承包。

1981 年秋季，全村通电，装上路灯。

1991 年，打夯队解散，打夯队队员各自购置夯机成立的打桩公司，四处创业。

1994 年，村里建酒厂。张绍奎是齐河县酒

小辛村老屋（2015年摄）

厂技术员，酿酒技术高。齐河酒厂倒闭后，他和妻子回到小辛村兴办酒坊。其酒很有名气，行销附近几个乡镇，前来买酒的络绎不绝，一直到1999年。

2008年，全村通自来水。

2009年，硬化村内3条主要干道1480米。村民纷纷捐资。

2011年，建660平方米健身广场，安装多种健身器材。

2016年，小辛村粮食年单产1100千克。全村有各类面包车18辆、轿车66辆、货车8辆。11个建有2层楼房，48户在济南市区购买楼房。村办公室占地410平方米，5间房有120平方米，内有电视机1台、电脑1台、文件橱2个、办公桌14张、椅子26把。

“铁锤一响，黄金万两”，小辛村是济南市周边夯机数量较多的村，拥有大型夯机8台，中型夯机12台。其中张华金有100吨打夯机2台，50吨打夯机4台；张华虎3台；肖连春2台；张明辉2台，张文广2台；张华印1台；张华振1台；张磊1台；陈吉革1台，张文水1台；张华利1台。他们对外承揽码头、港口、机场、高速公路、楼群基础、填海造陆等各种大型基础工程。其足迹遍布大江南北，四面八方。南到海南三亚、广东梅州，北到大连曹妃甸，东到青岛、烟台，西到陕西、内蒙鄂尔多斯等地。

小辛村村民新居（2015年摄）

八、附 记

20世纪50—60年代，小辛庄有个美称——“宰把子辛庄”，南到泺口、北到夏口，一提宰把子辛庄都知道。也有人把小辛庄与擅长宰牛杀羊的老寨、小寨两个回民村并称为“三寨子”。这都是因为过去经济不发达，小辛村大部分人靠宰牛、宰驴、宰羊、宰猪养家糊口。新中国成立前后，小辛庄主要宰牛，比老寨、小寨两个回民村杀的牛都多，那时候回民主要宰羊。张元贞常年宰牛，干得最早最大，宰了牛赶着大车到济南市区卖牛肉。集体经济时期实行计划经济，农民养的猪都必须卖到公家收购、屠宰生猪销售生肉的食品公司，每个公社只有一家这样的食品公司，附近好几个公社食品公司的当家人都是小辛庄人——张利俊在济阳的孙耿，张华西在表白寺，张忠芳在焦集。

小辛村村民的驴厩（2015年摄）

1978年改革开放以后，老寨、小寨村宰牛的越来越多，小辛村人急流勇退，另辟蹊径——在回族人基于宗教信仰不宰杀的驴的身上大做文章。其中有张忠刚、陈运德、陈吉成、张忠美等。秋收之后，村民开始买下一定数量的驴。春节前，一家能宰杀40头驴。2015年11月9日镇志办人员下村考察时，亲眼看到陈书宝的驴厩里有12头驴。

小辛村的井水都是甜水，而周围的小吴、高王、石庙、高卢等村都没有甜水井。全镇没有通自来水之前，每年除夕各村都到小辛村打水，能把村里的4眼井打干。2005年，大桥和桑梓店两个乡镇想联合上自来水工程，为了选好水源，曾对各地的好井进行化验，结果是小辛村的水水质最好。后来这项工程因鹊山水库的出现而作罢。

新中国成立前后，小辛村唱过京剧。先是与石门孙等几个村一起唱传统戏，诸如《空城计》《长坂坡》《三气周瑜》《老少换》《铁弓缘》《捉放曹》《击鼓骂曹》等。其中张忠祥饰演的青衣、肖殿文饰演的关公和肖井田打的鼓板（打鼓板的为京戏的总指挥，“叫板”叫的就是鼓板）最有名。后来小辛村自己又演过革命样板戏——现代京剧，诸如《沙家浜》《红灯记》等。那些现代戏就是当时的流行歌曲，男女老少都唱戏，都能唱几句，都能随口说出几句台词。那时候张忠刚饰演胡传奎，张华龙饰演刁德一，张华宝饰演阿庆嫂和铁梅，张成全饰演李玉和，张华桂饰演李奶奶，彭金怀饰演鸠山，村民们感觉他们比电影演员演得都好。那时候全镇只有小辛村能唱起现代京剧来，曾在全桑梓店人民公社汇演中取得第一名的好成绩。每逢春节唱戏，四外八村的都来看，观众有上千人。

小辛村有很强的艺术氛围。张华波善操京胡、二胡，张华翠擅长拉小提琴、手风琴等，张华祥爱吹笛，陈吉凤喜欢唱京剧、吕剧。他们都五六十岁，经常聚在一起自演自唱、自娱自乐。

小辛村有红白事理事会，各小组自己办理。五年来白事都不发报丧帖，都是用电话等通知亲友。尸体都火化，都用大理石的小棺材装殓，都无吹拉弹唱之类。白事全部花费一般不超过4000元，在周围一带是最节俭的。

村史座谈人员名单（2015年11月9日）

张忠袖，男，71岁

张学禄，男，67岁

张华安，男，61岁

张红亮，男，49岁

张华丁，男，70岁

张华祯，男，59岁

陈云德，男，77岁

张成泉，男，70岁

小辛村座谈现场（2015年摄）

2009年9月修路村民捐资表

表20-5-19

姓名	金额	姓名	金额	姓名	金额
张华金	20000元	张红亮	2000元	张文刚	200元
张明辉	5000元	张文水	2000元	张学如	200元

续表 20-5-19

姓名	金额	姓名	金额	姓名	金额
陈吉华	5000 元	张学志	1000 元	陈书华	200 元
张文军	4000 元	张华臣	1000 元	张忠袖	200 元
张华安	2000 元	陈云德	500 元	张　建	200 元
张华祯	2000 元	陈书祥	500 元	陈书林	200 元
张　民	2000 元	张秀勇	500 元	陈吉强	200 元
张　冰	2000 元	陈吉亭	500 元	陈吉革	200 元
肖连春	200 元	张华军	100 元	陈吉德	50 元
张华丁	200 元	陈吉利	100 元	张华平	50 元
张华海	200 元	张华庆	100 元	张秀武	50 元
张华广	100 元	陈贵阳	100 元	张秀奎	50 元
张成泉	100 元	张忠刚	100 元	张华林	50 元
张文华	100 元	张　垒	100 元	张华翠	50 元
张华北	100 元	张文建	50 元	陈书伦	50 元
张学岐	100 元	张忠来	50 元	张华奎	50 元
张华新	100 元	张忠宝	50 元	肖义河	50 元
肖殿凤	100 元	张忠山	50 元	陈　垒	50 元
张学全	100 元	张忠涛	50 元	张成义	50 元
陈书广	100 元	陈吉顺	50 元	张忠泉	50 元
张忠泉	50 元	张华泉	50 元	张书军	100 元
陈吉彬	20 元	张秀成	20 元	张学祥	20 元
张文臣	20 元	张文斌	20 元	张华金（小）	20 元
张忠明	20 元	张文升	20 元		

第七节　石庙村

石庙村位于桑梓店镇政府东北 5 千米，308 国道至小吴公路 2 千米路东，济石客专高铁北侧，东临彭家村，西接北董村，南依三教堂村，北靠小辛村。

2015 年土地面积 92.02 公顷，其中耕地 72.05 公顷，非耕地 4.67 公顷，村居占地 15.3

石庙村办公室（2015 年摄）

公顷。

村民皆为汉族，有张、王、乔、陈、赵、滕、丁7个姓氏。2015年有3个村民小组，178户（其中张姓148户、丁姓2户、滕姓5户、赵姓2户、陈姓3户、乔姓6户、王姓12户），631人。80～90岁7人，90岁以上2人。

一、村庄来历

据传，明朝年间，张氏祖先张仪从河北枣强迁来，因发现村西有一石头庙，故取名石庙村。

新中国成立前石庙村有座大庙，庙有北屋3间，西屋2间，有南屋，开西南门；还有钟楼1间，大钟2人搂不过来。北屋为县大殿，里面有神像。庙的北边有屋2间，供看庙人居住。看庙人负责打扫庙里的卫生和维修等。庙的附近有庙地，看庙人种庙地，其收入充抵其劳务费。大门西边有一座小型的石庙，约1.5米见方，四面全用石板建成。石庙分上下2层，下层高约40厘米，上层约高1米。

石庙村附近有一条通往泺口的官道。道旁有滕龙文的旅店，店比较大，有3个约60米长20米宽的大院，人、车、马分开，北边孙耿、表白寺等地的客商途中多停下车马在此住宿。

二、现任村干部

党支部书记：张宜金

党支部委员：张玉国　张开业

村委会主任：张玉国

村委委员：张玉成　张玉华

石庙村村干部合影（2016年摄）

石庙村党支部书记张宜金（2016年摄）

石庙村村委会主任张玉国（2016年摄）

三、共产党员表

表20-5-20

姓名	性别	出生年月	民族	学历	入党时间
张开先	男	1934.04	汉	小学	1953.06.01
张宜海	男	1942.01	汉	初中	1963.03.01
张开进	男	1946.04	汉	初中	1970.06.09
张宜江	男	1946.07	汉	小学	1967.03.01

续表 20-5-20

姓名	性别	出生年月	民族	学历	入党时间
张宜山	男	1947.05	汉	小学	1971.03.01
张宜河	男	1947.11	汉	初中	1968.02.01
张开臣	男	1948.11	汉	小学	1969.06.01
张开禄	男	1949.02	汉	小学	1973.06.01
张宜贵	男	1949.03	汉	小学	1973.06.01
张开祯	男	1953.04	汉	初中	1973.07.01
张开厚	男	1953.05	汉	初中	1975.03.01
张宜金	男	1963.05	汉	中专	2005.03.01
张玉国	男	1965.04	汉	初中	2008.05.28
张开福	男	1966.06	汉	初中	2005.02.01
张开泉	男	1968.04	汉	初中	1990.10.01
张玉兴	男	1971.01	汉	中专	1992.07.01
张开业	男	1973.06	汉	初中	2008.05.28
张志勇	男	1973.08	汉	高中	1997.08.01
张海明	男	1974.08	汉	大专	1994.06.01
张开建	男	1984.09	汉	高中	2008.05.28

四、历年参军入伍人员表

表 20-5-21

姓名	性别	入伍时间	立功情况	退伍回村时间	现单位或住址	现任职务
张开先	男	1953.02		1956.02	石庙村	村民
张宜海	男	1960.08	五好战士	1969.02	石庙村	村民
张宜山	男	1963.03		1968.02	石庙村	村民
张开文	男	1964.07		1981.10		
张开进	男	1965.11		1971.11		
张开臣	男	1968.04	嘉奖 3 次	1973.02	石庙村	村民
张宜和	男	1968.05		1975.02	石庙村	村民
张开贞	男	1969.10	五好战士	1976.03	石庙村	村民
张开厚	男	1972.12	嘉奖 4 次	1976.03	石庙村	村民
张开忠	男	1972.03			哈尔滨	
张开营	男	1982	嘉奖 1 次	1985.10	石庙村	村民

续表 20-5-21

姓名	性别	入伍时间	立功情况	退伍回村时间	现单位或住址	现任职务
张开军	男	1983.09		1986.09	石庙村	村民
张玉杰	男	1984.10	红旗车手	1997.10	石庙村	村民
张开双	男	1989.12		1992.12		
张玉民	男	1990.11		1993.12	石庙村	村民
张开全	男	1990.12		1993.12		
张玉星	男	1990.03	优秀士兵	1995.12	石庙村	村民
张海明	男	1993.03		1997.10		
张志勇	男	1994.12		1997.12	石庙村	村民
张志强	男	1998.12		2000.12	石庙村	村民
张志桐	男	2006		2008.10	石庙村	村民
张强	男	2009.12		现役	东海舰队	
张志铭	男	2014.10		现役	北部军区	

五、历年考入高校学人员表

表 20-5-22

姓名	性别	出生年月	考取院校	考学年份	所学专业	最高学历	现任职单位	现任职务	家长姓名
张玉强	男	1978.05	武汉警官学院	1999	法律	研究生	北京中银律师事务所	律师	张开合
张玉海	男	1980.03	济南第二师范学校	1995		本科	大桥镇司家小学	教师	张开厚

六、四世同堂家庭名单

李友芳　胡云英　聂丕莲　张孝英　张士丕　肖友兰　张开先　张士孟　张士富　张宜江　张士亮　王学礼　穆秀莲

七、发展概览

1960年，建立石庙村党支部，张师木任书记。

20世纪70年代，兴办高王窑占用石庙村20土地公顷，按每亩40元的标准补偿并拨给村里24马力拖拉机1台。

1981年，实行土地承包。

1987年，石庙村的一个组从三教堂村扯过电线借电用上电灯。

1988年，村里通电。

1989年，建起配电室。

1999年，修通村中大街。由于七歪八斜没有正路，村里通过规划设计1条450米长4.5米宽的中心大街。对涉及的村民树木房屋等，村干部做耐心细致的工作，终于解决问题。村里疏通关系从废弃的铁路拉来石子，只花运费。村民全靠人力，奋战十来天修成大街。

2005年，镇上修建石庙村通向彭家村的柏油公路，路宽4.5米。这条路成为石庙村的中心大街。

2006年，石庙村通上了自来水。

2008年，垫平村中44米长22米宽的湾建起健身广场，安装各种健身器材。为对于2户村民的财产损失，村里答应各给付2000元钱补偿。由于村中没有收入，一直没能还清，仅以过麦过秋准许其优先在广场上晒粮来弥补。又修建房子7间建起村两委办公室。这两大项共支出14万元，一直未能还清。

2009年，在天桥区农发局的支持下，村里修建沼气池80多个，给村民安上太阳能热水器，把旱厕改成水冲厕所。后来由于村中无人养牛，发酵沼气的牛粪得到别处去买，沼气池逐渐被废弃。

2014年，镇党委政府投资110万元，村里出资20万元，硬化村里的路面和胡同，修建公厕3个，修建250米长2明1暗排水沟3条，栽植绿化树300株，安装路灯34盏。

2015年，在充分调查研究的基础上，村两委调整第一村民小组的土地。

2016年，全村粮食两季亩产950千克；有200人外出打工。全村有打夯机6台，大拖挂汽车1辆，吊车1台，小麦联合收割机2台，玉米联合收割机1台，55马力旋耕拖拉机2台，叉车1台，轿车、面包车100多辆。有10户建有楼房，其中9户是2层楼，1户是3层楼。

八、附 记

早年间石庙村人到外头都说自己是“张家寨子后石庙”的。“张家寨子”是过去对三教堂村、楼房村、门刘村、李堂村和石庙村的合称。过去在石庙村的东南角有张家的祖坟，占地约2.67公顷。地下有墓道，墓穴用砖砌成，放进棺材后上面再用砖砌成拱形的穹顶，其上埋土成丘，俗称“鸡窝子坟”。墓地有百十棵松树，大的3个人才能搂过来。新中国成立前，聂团的“聂胡子”聂宜增看准了这里的大松树，派人来伐树，把一颗大松树掏空制成一口棺材作自己的寿材。补料他的大老婆死的早，就让她占用了。大约是1956年，在1958年“大跃进”之前，楼房村的张宜岭当信贷社主任的时候，把另外的大松树卖给了泺口造船厂，用所得款项在冯家堂村修建1所学校——黎明中学。这是一所初中学校，有4个班，教师有高王村的王莹，有门刘村的女婿傅如鼎，名誉校长是滕丕海。张宜海是第一级学生，其同学还有彭家村的彭金荣、彭金坤，大庄村的王道岭、王道仁，张王堂村的王存千、张丰乐，还有王学诗等。在“大跃进”中中学垮掉以后成为小学。

石庙村曾有唱戏的传统。早年间唱河北梆子，演出的剧目有《武家坡》《大登殿》《三进宫》《四郎探》《老少换》等，骨干演员有张宜珠、张宜庆、张宜宽、陈向仁、张士生等。后来唱过现代戏《三世仇》《三回船》等。张开河擅长吹唢呐。

白事原先比较铺张，从1999年起，村里一律禁止吹拉弹唱等，尸体都火化，亲友都佩戴黑纱，亲友街坊一律吃大锅菜。

从2011年起，村中没有报销过吃喝招待费。

村史座谈人员名单（2015年11月16日）

石庙村座谈现场（2015年摄）

张宜海，男，74 岁

张开玉，男，58 岁

张宜金，男，52 岁

张玉成，男，42 岁

第八节　高王村

高王村位于桑梓店镇政府北偏东 6.4 千米，308 国道北 4 千米，齐济河东 200 米。北临石门孙村，南近冯家堂村，东依小辛村，西靠小郑村。

全村土地面积 274.7 公顷，其中耕地 224 公顷，村居占地 44 公顷，非耕地 6.67 公顷。

高王村办公室（2015 年摄）

全村有 8 个村民小组，村民均为汉族，有高、王、李、郭、张、刘、闫、翟、孙、聂、怀、仇 12 个姓氏。其中高姓 16 户、王姓 171 户、李姓 34 户、郭姓 98 户、张姓 12 户、刘姓 12 户、闫姓 5 户、翟姓 1 户、孙姓 29 户、聂姓 5 户、怀姓 9 户、仇姓 6 户，计 1710 人。全村 80 ～ 90 岁的 39 人，90 岁以上的 3 人。

一、村庄来历

1990 年版《齐河县志》记载高王村的“来源”地是“河北枣强”，“迁来时间”是“明永乐”，对“始迁者姓氏”无记载。

相传明朝永乐年间，河北枣强的高氏一家与王氏一家在外出逃荒的路上相遇，为了克服困难战胜风险，两家相互照应，不远几百里来到此地并且定居下来。日后，两家决定用姓氏给村庄取名——高王。

二、现任村干部

党支部书记：李曰军

党支部委员：仇俊星　李春忠　郭　强　郭　建

村委会主任：仇俊星

村委委员：怀保金　刘卫卫

高王村村干部合影（2016 年摄）

高王村党支部书记李曰军（2016 年摄）

高王村村委会主任仇俊星（2016 年摄）

三、共产党员表

表20 5-23

姓名	性别	出生年月	民族	学历	入党时间
李曰军	男	1963.11	汉	高中	1984.05.01
仇俊星	男	1963.01	汉	高中	2006.09.01
李春忠	男	1963.07	汉	高中	1999.07.01
郭　强	男	1962.10	汉	高中	1999.07.01
郭　建	男	1975.07	汉	中专	1995.07.01
怀宝金	男	1965.07	汉	初中	2011.01.02
刘卫卫	女	1975.03	汉	中专	2006.09.01
李现文	男	1959.10	汉	高中	1981.10.01
李曰华	男	1953.02	汉	高中	1976.07.01
李卫信	男	1948.07	汉	大专	1974.07.01
李明德	男	1930.05	汉	小学	1964.07.01
李现斌	男	1978.07	汉	中专	1999.07.01
郭庆斗	男	1957.11	汉	初中	1982.07.01
郭长尊	男	1949.07	汉	小学	1971.07.01
王明海	男	1952.07	汉	初中	1976.07.01
郭永山	男	1950.01	汉	小学	1972.07.01
刘玉太	男	1949.08	汉	初中	1966.07.01
孙爱林	男	1983.06	汉	初中	2004.02.17
郭长岭	男	1928.02	汉	小学	1968.03.01
王兆林	男	1952.07	汉	初中	1974.04.01
郭其生	男	1958.12	汉	高中	1978.01.01
张孝萍	女	1951.07	汉	高中	1976.07.01
王兆新	男	1952.01	汉	初中	1976.07.01
王思奎	男	1950.08	汉	高中	1976.03.01
郭　杰	男	1969.10	汉	初中	1991.07.01
刘光太	男	1946.03	汉	小学	1967.07.01
王立香	女	1946.05	汉	初中	1965.07.01
王思臣	男	1946.04	汉	小学	1966.07.01
王思友	男	1946.01	汉	小学	1966.07.01

续表 20-5-23

姓名	性别	出生年月	民族	学历	入党时间
王连江	男	1947.03	汉	初中	1970.07.01
孙学礼	男	1956.05	汉	初中	1978.07.01
王子波	男	1984.09	汉	初中	2005.12.12
郭　亮	男	1979.07	汉	初中	2011.01.02
高莹莹	女	1984.12	汉	高中	2011.01.02
李培培	女	1985.08	汉	高中	2011.01.02
张宜伦	男	1974.02	汉	高中	1999.07.01
李平平	女	1976.05	汉	高中	1999.07.01
仇德山	男	1991.02	汉	初中	2013.10.12
王　智	女	1997.05	汉	中专	2010.01.01
王子孝	男	1977.12	汉	中专	1998.04.01
郭永辉	男	1974.09	汉	高中	1995.11.02

四、历年参军入伍人员表

表 20-5-24

姓名	性别	入伍时间	立功情况	退伍回村时间	现单位或住址	现任职务
王思祥	男	1953		1958	高王村	村民
王思友	男	1964		1969	高王村	村民
刘光太	男	1964		1968	高王村	村民
王思宽	男	1968		1971	高王村	村民
王思新	男	1969		1971	高王村	村民
郭长尊	男	1969		1973	高王村	村民
郭永山	男	1969		1975	高王村	村民
王连江	男	1969		1973	高王村	村民
王明海	男	1972		1980	高王村	村民
王兆林	男	1973		1978	高王村	村民
李曰华	男	1973		1978	高王村	村民
郭其生	男	1974		1978	高王村	村民
孙学礼	男	1976		1980	高王村	村民
郭庆斗	男	1976		1980	高王村	村民
王兆勤	男	1978		1982	高王村	村民

续表 20-5-24

姓名	性别	入伍时间	立功情况	退伍回村时间	现单位或住址	现任职务
王祖强	男	1978		1981	高王村	村民
李现文	男	1978		1982	高王村	村民
孙学水	男	1979		1985	高王村	村民
李曰军	男	1980		1985	高王村	党支部书记 村委会主任
孙学明	男	1981		1984	高王村	村民
王兆强	男	1982		1984	高王村	村民
王思东	男	1983		1986	高王村	村民
王　文	男	1984		1989	高王村	村民
王兆进	男	1986		1990	高王村	村民
王连臣	男	1990		1993	高王村	村民
张宜伦	男	1992		2002	高王村	村民
郭永辉	男	1993		1997	高王村	村民
郭　建	男	1993		1997	高王村	村民
李平平	男	1994	三等功 1 次	2006	高王村	村民
王子孝	男	1996		1999	高王村	村民
李现禄	男	2000		2012	高王村	村民
孙爱林	男	2001	三等功 1 次	2006	高王村	村民
王子波	男	2003		2009	高王村	村民
李希安	男	2004		现役	济南消防队	
郭永行	男	2004		2006	高王村	村民
郭永才	男	2004		2006	高王村	村民
张加帅	男	2011	三等功 1 次		四川武警	现役
仇德山	男	2011		2015	高王村	村民
王　文	男	2013		2015	高王村	村民
干　成	男	2013		辽宁武警	现役	
王　亮	男	2014			现役	
王　群	男	2014			现役	战士
王　武	男	2014		2016	高王村	村民
李士达	男	2014		现役		

五、历年考入高校人员表

表 20-5-25

姓名	性别	考取院校	考学年份	所学专业	毕业去向	最高学历	现任职单位	家长姓名
李现振	男	烟台南山学院	1996	期货	济南	大专		李维刚
郭红星	男	潍坊兽医学院	1998	兽医	济南	大专		郭长付
王海霞	女	济南大学	1999				济南金娃娃物流	王照廷
郭　凯	男	济南石油化工学院	2000	管理	济南	大专		郭长虎
李现峰	男	济南石油化工学院	2000	化学		大专	山东农药厂	李维华
怀立群	男	济南石油化工学院	2000	化工		大专		怀保金
郭　鹏	男	潍坊兽医学院	2003	防疫		大专		郭其洪
李海平	女	山东劳动技术学院	2004	艺术设计	济南	大专		李春忠
李月月	女	菏泽学院	2005	护理	济南			李现富
李海璐	女	聊城技术学院	2005	商务英语	济南	大专	济南大厦	李春忠
王子静	女	淄博学院	2005		青岛			王连朋
张振光	男	潍坊学院	2008	财经	上海			张德勤
王　敏	女	成都美术学院	2010	艺术设计	济南	大专	广告公司	王文
刘成恭	男	山东政法学院	2011	政法				刘云峰
孙英芯	女	济南大学	2012	财会			在读	孙学生
李世龙	男	潍坊学院	2014	农机			在读	李现君
郭　雪	女	济南大学	2014	财会			在读	郭其凤
翟宪伟	男	济南经济学院	2014	财经			在读	翟河
郭　霞	女	德州学院	2015	财经	德州	大专		郭君
王　康	男	济南大学	2015	管理			在读	王照义
王国豪	男	德州学院	2015	农机			现役军人	王祖本
毛益辉	男	济南大学	2015	财务管理			在读	张友花
王　倩	女	山东经济学院	2015	财经	包头市			王思青
王　智	女	济南大学	2016	财务管理			在读	王照进

六、四世同堂家庭名单

高保温　藤月英　吴志美　王思祥

李月甲　王宝荣　郭长金　郭其才

郭长信　郭长明　郭长茂　高保英

朱继花　怀保军　李维孝　谭孝美

七、发展概览

明朝永乐年间，高、王两家定居高王村。

1950年，高王村利用村中心庙建立高王小学，有6个年级，属于“高小”。王连仲、李同和、郭长胜等在此就读。

1951年，高王村成立互助组。

1954年，高王村成立初级社。

1955年，高王村初级社升为高级社。

1956年，高王村成立村党支部。

1968年，高王村组建高王联中，小学初中并存。小学有5个年级，初中有2个年级。20世纪80年代，初中并入桑梓农中。

1969年，高王村组建村级卫生室及日用百货商店——代销社。李维信、郭长山、仇俊英当医生，刘春太经营代销社。

1971年，全公社第一辆“东方红”链轨车开进高王村，郭庆山是司机。

1974年，济南市革命委员会派知青（“知识青年”的简称）来高王村接受贫下中农再教育，多是干部子弟，有副市长的孩子。共来知青3批，每批20多人。他们最早在农户家居住，后来住进村里为其建的10间土坯房。

1975年，高王村建砖瓦窑厂。窑厂占地19.87公顷，有24个窑洞，2套制砖机，1套制瓦机，六七十个工人，半机械化生产，赵长峰任厂长。那时候砖瓦紧俏——买砖瓦得到桑梓店人民公社开介绍信。

1978年，高王村通电。

1979年，高王村成立铁编厂。有2000平方米的院子，有8米宽30米长和20米长的厂房2排，本村三四十个工人——多是妇女，手工编织建筑用的防护网。先是用马车，后是用拖拉机送货，在济南八里桥、馆驿街有销售点。产品参加过广交会。

1980年，建立桑梓供销社高王门市部。门市部占地1.4公顷，有门头房6间，房屋共20多间，主要销售化肥、农药等，郑长睦是负责人。

1981年，高王村实行家庭联产承包责任制。

1982年，高王村设农贸集市。修建桑梓公社农中，占用高王村土地1.73公顷。

2000年，全镇第一条村间公路“高冯路”通车。

2003年，高王村“敬老院”修建完工，有房18间。

安装路灯38盏。

3个队200多户集资打井安装自来水，有3个井口，1间水房，用大压力罐，使用3年。

2006年，高王村通自来水。

2007年，高王村修建村内公路和健身广场，公路南北600米长、6米宽，东西700米长8米宽，水泥厚18厘米。广场有400多平方米，全部硬化。

2008年，高王村村民王兆亭捐资3万元建村南第铁牌坊。

2009年，高王小学教学楼开工建设。

2010年，高王村小学从村内搬迁至村南新址。

2011年，高王小学教学楼投入使用。

2016年，高王村粮食亩产1050千克，村集

高王村荣誉（2015年摄）

体总收入 4.2 万元。全村有物流大汽车 20 多辆，推土机 4 台，挖掘机 1 台，吊车 3 台，小麦联合收割机 9 台，玉米联合收割机 10 台，旋地拖拉机 12 台，轿车、面包车 300 多辆。有 15 户建有 2 层楼房。

八、附 记

清朝末年，高王村有中心庙、高小庙、三官庙、村西庙等，均在 1950 年前后拆除。

60 年前有高王乡，下辖小辛、小吴、石门、石庙、彭庄和高王 6 个村。现在的老卫生室就是当年的乡公所，所里有一部电话机，肖友田在那里办公。

1949 年前后，桑梓店镇属于齐河县六区，李自强是六区首长，他带领人民群众开展镇压地主和“三反”“五反”等活动，建立并巩固共产党新政权。

历史上高王村、小辛村曾经是一个大队。

高王村人们群众吃苦耐劳，他们在镇、村等各级领导带领下，艰苦奋斗，各项工作一直走在全镇前列，被誉为“桑梓店人民公社的大寨”“第二大寨”（当时毛泽东主席号召“工业学大庆”“农业学大寨”），是齐河县的百面红旗之一。村党支部书记王林珏同时兼任公社党委副书记。村民整地挖渠，修桥栽树，住在地里，吃在地里。大家“大干快上，力争上游”“干到腊月二十九，吃了包子再下手”，不但把高王村建设得“地成方，沟成网，树成行”，而且粮食产量一步一个台阶地不断提高：先是“上纲要”——亩产超过 200 千克，后是“过黄河”——亩产超过 250 千克，之后是“过长江”——亩产超过 400 千克。为此高王村被誉为桑梓店人民公社的“粮食囤”，一年能交 20 万千克公粮，公社粮所单独准备一个仓库盛放高王村的公粮。高王村民每年每人分小麦 170 千克，是全公社最高的。村民全年每人分粮食 275 千克，也是全公社最高的。

高王村连续 40 多年没有刑事犯罪。

高王村曾成功演出过《三世仇》《小姑贤》等历史名剧，还有现代京剧《红灯记》《沙家浜》《智取威虎山》及歌剧《刘四姐》等，并在齐河县汇演中多次获奖。演员有王连元、王照林、郭长胜等。王连元擅长唱河北梆子；王照林饰演孔明和《王定宝借档》的县官；郭长胜饰演《沙家浜》中的郭建光、《智取威虎山》中的杨子荣……高洪山吹奏唢呐在 2001 年获济南市二等奖。

高王村文艺演出（2016 年摄）

村史座谈人员名单（2015 年 12 月 2 日）

郭长胜，男，74 岁

高宝良，男，70 岁

王照林，男，63 岁

李维刚，男，60 岁

李春忠，男，52 岁

仇俊星，男，52 岁

高王村座谈现场（2015 年摄）

李曰军，男，52 岁

郭　建，男，40 岁

第九节　石门孙村

石门孙村位于桑梓店镇最北端，距镇政府约 6 千米。北临齐河县表白寺镇李贝村，西近齐河县表白寺镇前杨、后杨村，东依小吴村，南靠高王村。

2015 年有土地 250.67 公顷，其中耕地面积 226.7 公顷，宅基地 14 公顷，非耕地 10 公顷。

石门孙村办公室（2015 年摄）

村民均为汉族，有孙、张、丁、毛、陈、贾、苗、荆、赵、徐、曹、刘、范、李 14 个姓氏，390 户，1490 人。其中 80 ～ 90 岁的有 31 人，90 岁以上的 3 人。

石门孙村的街道（2015 年摄）

一、村庄来历

据村中老人讲，原先为抵御黄河决口水流，环村有围墙，建有石门，故名。

二、现任村干部

党支部书记：孙学金

党支部委员：毛迎年　孙学海　张玉国　孙万征

村委会主任：毛迎年

村委委员：丁宝刚　陈书美

石门孙村干部合影（2016 年摄）

石门孙村党支部书记孙学金（2016 年摄）

石门孙村委会主任毛迎年（2016 年摄）

三、共产党员表

表 20-5-26

姓名	性别	出生年月	民族	学历	入党时间
孙友山	男	1937.04	汉	高中	1972.03.01
丁连峰	男	1938.05	汉	小学	1972.03.01
孙友华	男	1939.06	汉	小学	1972.03.01
孙　才	男	1940.04	汉	初中	1977.10.01
陈庆玉	男	1948.11	汉	高中	1969.03.01
张连武	男	1949.05	汉	小学	1972.04.01
张友福	男	1950.09	汉	初中	1972.04.01
贾延明	男	1952.08	汉	高中	1998.10.01
孙学金	男	1953.04	汉	高中	1972.04.01
孙学银	男	1953.06	汉	高中	1998.10.01
孙洪达	男	1953.08	汉	高中	1990.10.01
毛玉年	男	1954.07	汉	初中	1988.10.01
孙万华	男	1957.05	汉	小学	2005.12.15
毛延德	男	1958.01	汉	初中	1994.03.01
陈书美	男	1958.02	汉	小学	1995.10.01
孙友亮	男	1958.12	汉	初中	1990.07.01
孙学海	男	1961.07	汉	初中	1996.10.01
张连宝	男	1963.03	汉	初中	2010.07.01
孙友军	男	1963.07	汉	高中	2010.01.01
丁宝刚	男	1963.12	汉	高中	2008.07.10
孙吉军	男	1964.03	汉	高中	2005.12.15
赵连君	男	1965.04	汉	初中	1997.10.01
陈延坤	男	1965.06	汉	初中	2010.09.17
孙万征	男	1966.02	汉	初中	2008.07.10
张玉国	男	1967.05	汉	高中	2010.01.01
张友军	男	1968.09	汉	初中	2014.11.06
丁德顺	男	1968.11	汉	初中	2010.09.17
毛迎年	男	1974.11	汉	初中	2010.01.01
赵　兵	男	1977.01	汉	大学	1994.10.10

续表 20-5-26

姓名	性别	出生年月	民族	学历	入党时间
孙友民	男	1978.09	汉	高中	2008.07.10
陈　涛	男	1984.09	汉	高中	2010.07.01
丁铁山	男	1986.05	汉	大专	2012.06.01

四、历年参军入伍人员表

表 20-5-27

姓名	性别	入伍时间	立功情况	退伍转业时间	现单位或住址	现任职务
张洪臣	男	1952		1955	石门孙村	村民
张连甲	男	1952		1955	石门孙村	村民
苗德荣	男	1952		1955	石门孙村	村民
孙友道	男	1952		1955	石门孙村	村民
孙友山	男	1957		1963	石门孙村	村民
孙万才	男	1959		1965	石门孙村	村民
孙万付	男	1964		1967	石门孙村	村民
孙延才	男	1964		1970	石门孙村	村民
陈庆玉	男	1969		1976	石门孙村	文书
张连武	男	1969		1972	石门孙村	村民
孙友柱	男	1969		1972	石门孙村	村民
张庆忠	男	1970		1972	石门孙村	村民
孙洪如	男	1970		1973	石门孙村	村民
张友付	男	1971		1973	石门孙村	村民
孙学金	男	1971		1976	石门孙村	党支部书记
苗连升	男	1971		1974	石门孙村	村民
孙友平	男	1973	三等功	1978	齐河县交通局	退休
孙书亮	男	1973		1976	石门孙村	村民
张玉东	男	1973		1976	石门孙村	村民
毛玉年	男	1974		1976	石门孙村	村民
丁保林	男	1976		1980	石门孙村	村民
孙万征	男	1977		1980	石门孙村	村民
毛延德	男	1978		1984	石门孙村	村民
孙友亮	男	1978		1983	石门孙村	村民

续表 20-5-27

姓名	性别	入伍时间	立功情况	退伍转业时间	现单位或住址	现任职务
孙学海	男	1980		1984	石门孙村	村民
孙吉军	男	1981		1984	石门孙村	村民
丁宝刚	男	1982		1985	石门孙村	村民
吴乐安	男	1982		1984	石门孙村	村民
张连云	男	1983		1986	石门孙村	村民
孙吉宝	男	1983		1986	石门孙村	村民
孙学永	男	1986		1992	石门孙村	村民
孙万波	男	1987		1990	石门孙村	村民
丁　冲	男	2008			现役	消防士官
孙振国	男	2008		2010	石门孙村	村民
孙宝方	男	2009		2011	石门孙村	村民
王振华	男	2010			现役	
丁铁山	男	2010		2012	石门孙村	村民

五、历年考入高校人员表

表 20-5-28

姓名	性别	出生年月	考取院校	考学年份	所学专业	最高学历	现任职单位	现任职务	家长姓名
毛瑞年	男	1969.08	南京林业大学	1988	林业	大学	济南大汉建设机械有限公司	研发部经理	毛延恩
孙学香	女	1982.01	山东师范大学	2000	数学		济南		孙吉海
张明明	女	1984	潍坊学院	2003	国际经济与贸易	大学	济南红日家具公司		张庆成
张德萍	女	1988.10	中国科技大学	2011	化学物理	博士	在读		张庆才
张士琳	女	1990.09	山东师范大学	2009	食品安全	大学	章丘食药监局		张德祥
孙学铭	男	1992.12	山东建筑大学	2016	土木工程	研究生	在读		孙吉强
毛义娜	女	1994.03	青岛大学	2014		大学	在读		毛亮年
毛鑫超	女	1996.01	泰安医学院	2014	医学	大学	在读		毛祝年
丁　锋	男	1996.12	合肥工业大学	2015	金属材料	大学	在读		丁保生

六、五世、四世同堂家庭名单

五世同堂：陈庆荣

四世同堂，

丁连峰　孙延平　毛延福　刘英三
吴光达　丁保重　康玉英　孙学贵
孙学友　赵庆海　孙友山　孙友华
楚之美　左明风　董兰芳　朱元香
孙李芬　张先英

七、发展概览

1964年，在村西齐济河两岸栽植树木形成80公顷林场。政府出钱，村里出地、出劳力，约定收益分成。1980年后林场逐渐被粮田代替。

1974年，成立铁丝编织厂。在当时计划经济体制下，石门孙村党支部书记兼铁编厂厂长孙公坚持原则性与灵活性相结合，创造性地冠以齐河县拔丝厂的名义对外经营，产品不仅畅销省内，而且远销东北三省。铁编厂盈利上交桑梓店人民公社的利润占公社财政收入的一半以上，也为村里带来丰厚的回报——给全村的9个生产队提供化（氮）肥、磷肥、农药，提供骡、马、牛、车，提供柴油机；添置12马力拖拉机6台，24马力拖拉机2台，50马力拖拉机1台，东风牌大汽车2辆。

1978年，村里通电，为全镇最早。

1989年，兴建石门孙村新学校，学校占地80米长50米宽，共3排24间房。

1990年，建村“两委”办公室6间。

2000年，全村搞大棚。种植豆角、黄瓜、以色列柿子、美国金太阳杏等。由于全是土路，村里又多是粘质红土，雨天稀泥粘住车轮，常常是自行车骑人，农用三轮车根本没法用。菜农每天只能靠肩挑把蔬菜运到2公里外的桑表路。

2003年，村里安装自来水设备。石门孙村没有甜水井，村民吃水全靠村西北2公里外地里的一口井。家家备下一个盛七八担水的大缸，力气大、技术高的村民骑着自行车用扁担挑水，多数村民赶着牛车用150千克的大铁桶去拉水。打水的人成群结队。雨天泥泞，冬天路滑，历尽艰辛。鳏寡孤独，老弱病残吃水就更困难了。为此村里西边5个小组300多户村民组织起来，每户出资200元，建水房，拉电线，装上4台自控压力泵，终于吃上自来水。后来全村都用上自来水。那套设备一直用到全镇统一供自来水。

2004年，修建高冯路到石门孙村的柏油公路，是全镇“村村通”的第一条。

2005年，村内硬化路面，修三横两纵5条水泥路，长3千米，宽都是4.5米。

2007年，村中通自来水。

是年，在村中2个湾130米、长50米宽的水面中间架设跨径4米的石拱桥——新和桥，全部用大理石材料。在桥西的湾里种植荷花养藕；在桥东的湾里养鱼，三面坡都用水泥花砖硬化，周围栽植垂柳、法桐：成为村中一景。在湾东修建、硬化150米长、50米宽的健身广场，安装各种健身器材。村民在此既欣赏美景，又呼吸新鲜空气；既娱乐健身，又增进邻里情意：成为村中又一道风景。

2010年石门孙小学被并入高王小学。

2015年，石门孙村代表队获得镇“三·八”妇女节广场舞比赛二等奖。

石门孙村新和桥（2015年摄）

2016年，粮食单产1100千克，村集体年总收入4.5万元，440人常年打工。全村有物流大汽车6辆，物流中型货车20多辆，挖掘机4台，吊车3台，玉米联合收割机15台，小麦联合收割机20台，旋地拖拉机20台，轿车、面包车300多辆，最好的是宝马。30户建起2层楼房。

天桥区委书记毕筱奇到石门孙村调研（2015年摄）

八、附　记

历史上石门孙村的武术比较有名，武术高手有毛秀才、荆国梁、孙文昌等。健在的有孙延平、丁连祥。

20世纪50年代，石门孙村与小吴、小辛村合演京剧，以《失街亭》《空城计》《斩马谡》等三国题材的居多。不但在本村演，还受邀到其他村去演出，最远的到过（黄）河东。孙文平演旦角，孙学良演武生，徐逢全演诸葛亮，苗北林演花旦，刘子功演张飞。

1949年前后，村里曾经有过踩高跷、玩龙灯、打花棍等。高跷多以《西游记》的人物为主。

"文化大革命"刚开始的时候，济南第十四中学的学生最早来村里"接受贫下中农的再教育"，一个生产队能有十几个学生。他们一般同农民共同劳动15～20天，之后回去。后来济南市委机关的知青来石门孙村，到每个生产队至少有三四个，约40人。为此村里单独修建知青院2个，房屋共40多间，都是土坯房。

村里成立过木匠所，有20多个工人，主要为铁编厂服务，生产模具、椅子、沙发等。

集体经济时期，石门孙村一年交过14.5万千克的公粮，跟高王村合在一起占了全镇公粮的一半。

石门孙村连续20年无计划外生育。

每晚有上百人在村中广场跳舞娱乐。

村史座谈人员名单（2015年11月30日）

张连平，男，67岁

张连生，男，67岁

陈庆玉，男，67岁

孙学金，男，63岁

陈书美，女，57岁

张连宝，男，52岁

石门孙村座谈现场（2015年摄）

第十节　小吴村

小吴村位于镇政府东北7.5千米，308国道以北7千米，104国道以西4千米，青银高速公路南2千米，北接德州市齐河县表白寺镇赵席村，西临石门孙村，南依小辛村，东靠大桥镇卢庄村。

2015年土地面积81.14公顷，其中耕地63.8公顷，非耕地10.67公顷，村居占地6.67公顷。

居民均为汉族，有吴、崔、宋3个姓氏。

2015年有2个村民小组，97户。其中吴姓47户、崔姓49户、宋姓1户，计331人。80～90岁的12人，90岁以上的1人。

小吴村办公室（2016年摄）

一、村庄来历

据传，明朝洪武年间，吴氏祖先从河北枣强县迁来，为了跟东南边的另一个吴庄相区分，取名小吴村。

2015年11月26日，据84岁仍身体健康，头脑清楚还常吸烟的吴昌老人回忆，他小时候清明时节跟大人到大桥镇大吴村的祖坟祭祖，去的大约有十来个人，抬着食盒等祭品。大吴村有一位看病的先生，父亲喊那人叔叔，自己喊那人爷爷。小吴村与大吴村的吴姓是一家人。本村的崔姓从高卢村迁来，过去都到高卢村祭祖，一直到20世纪50年代。

二、现任村干部

党支部书记：吴俊海

党支部委员：崔宝祯　吴俊忠

村委会主任：崔宝祯

村委委员：吴俊海　孙学红

村干部合影（2016年摄）

村党支部书记吴俊海（2016年摄）

小吴村委会主任崔保祯（2016年摄）

三、共产党员表

表 20-5-29

姓名	性别	出生年月	民族	学历	入党时间
崔保安	男	1933.12	汉	初中	1971.03.01
崔振峰	男	1936.10	汉	小学	1955.10.01
吴禄亭	男	1947.11	汉	小学	1963.03.01
崔保华	男	1949.02	汉	初中	1971.03.01
崔保仁	男	1951.05	汉	小学	1970.07.01
苗学兰	女	1955.05	汉	高中	1976.03.01
崔保祯	男	1964.04	汉	高中	2006.01.01
吴俊海	男	1967.01	汉	高中	2006.01.01
吴俊忠	男	1967.11	汉	高中	2009.11.01
吴俊岭	男	1975.09	汉	初中	1996.03.01
吴俊涛	男	1979.11	汉	中专	2002.09.01
崔善东	男	1983.12	汉	大专	2014.12.18

四、历年参军入伍人员表

表 20-5-30

姓名	性别	入伍时间	立功情况	退伍时间	现单位住址	现任职务
崔宝安	男	1951		1957	小吴村	村民
崔宝仁	男	1969	三等功	1973	小吴村	村民
吴志明	男	1970		1983	齐河县钢材公司	退休
崔宝禄	男	1972		1977	小吴村	村民
吴俊宝	男	1975		1980	小吴村	村民
吴俊贵	男	1976		1981	小吴村	教师
吴俊河	男	1984	三等功	1988	齐河县城管局	副局长
吴俊华	男	1990		1992	小吴村	村民
崔善刚	男	1994		2002	历下区房管局	公务员
吴俊岭	男	1994		1996	小吴村	村民
吴俊涛	男	1999		2004	小吴村	村民
吴友鑫	男	2014			现役	

五、历年考入高校人员表

表 20-5-31

姓名	性别	出生年月	考取院校	考学年份	所学专业	最高学历	现任职单位	现任职务	家长姓名
吴俊征	男男	1975.01	郑州铁路学院	1991		本科	济南铁路人厂	职工	吴芬亭 孙宝香
吴　超	男男	1987.06	山东警察学院	2006	刑事科学技术	本科	天桥制锦市派出所	民警	吴俊宝 苗学兰
吴晓斌	男男	1992.09	山东财经大学	2012	金融	本科	在读		吴友杰 高连美
吴　奇	男男	1994.04	泰安医学院	2014	临床医学	本科	在读		吴俊忠 尹玉秀

六、四世同堂家庭名单

聂思英　芦永娥　崔振峰　崔振芳

吴　昌　谢荣兰　毛延英　张忠兰

芦庆玉　谢荣英

七、发展概览

1955 年，崔振峰在小吴村第一个加入中国共产党。

1971 年，建立小吴村党支部。

1980 年，实行土地承包。

1986 年，村里通电，结束油灯照明的历史。

1999 年，安装变压器。

2000 年，天桥区北园镇杨庄结队帮扶小吴村，支援小吴村 7 万元，帮助修建小吴村西到石门孙村东 130 米长的柏油路。

2005 年，修建小吴村到小辛村、小吴村到高卢村及小吴村内的柏油路，全长 1600 米，宽 4.5 米。

2006 年，村里通自来水，家家户户喝上自来水。

2007 年，修建村两委会办公室，占地面积 350 平方米，建筑面积 120 平方米，北屋 5 间。办公室内有电脑、桌椅、扩音器、文件橱等。

2008 年，村里修建沼气池 61 个；与之配套给 61 户安装太阳能热水器；把旱厕都改造成水冲厕所；修建健身广场，安装健身器材。

2009 年，在主要街道安装路灯 18 盏。

2014 年，修建小辛村到小吴村的柏油路——三芦路。

2015 年，区财政出资 50%、镇财政出资 25%、村里承担 25% 共投资 75.8 万元，硬化村内道路和胡同，修水泥路接到各家的大门口，硬化广场，修建公厕 2 座，改造自来水管道，

小吴村老屋废墟（2015 年摄）

小吴村村民的楼房（2015 年摄）

把水表移到户外集中管理，修建 400 米长的下水道。

2015 年，天桥区委组织部长韩伟包小吴村，区工商局办公室主任毕鹏到村里担任“第一书记”。

2015 年，药山办事处小鲁庄村跟小吴村结对帮扶。

2015 年 9 月 22 日，天桥区委副书记朱玉明到小吴村实地察看街巷硬化、村庄亮化、绿化、美化、保洁长效化“五化提升”和城乡环卫一体化进展情况。

2016 年，粮食单产 1000 千克，100 多人外出打工。村里有小麦联合收割机 1 台，旋地拖拉机 3 台，厢式货车 3 辆，轿车、面包车 45 辆，2 户建起 2 层楼房。

八、附　记

1978 年改革开放后，小吴村大规模地养过蘑菇，做过豆腐，贩过黑面，杀过猪。1981—1983 年，村民到济南市区买了大米再到黄台电厂附近换成出过富强粉的黑面，弄回来再加工成白面赶集去卖。由于缺少资金，村民往往几家合伙买猪杀猪卖肉。买猪能买到临邑县的夏口，多是到济南的市场去卖肉：都是是用自行车驮着坐篓运输。

村里有基督教会教堂 5 间。高王、小辛、大桥镇的高卢和老鸹陈（陈家村）、齐河县表白寺镇的赵席等村的信教群众前来礼拜。本村的吴全任教主。圣诞节、感恩节等节日，天桥区的有关领导来参加活动。

本村的吴志来任大桥镇大庄村教堂长老，管理大桥和桑梓店两个乡镇的基督教事务。

村里白事尸体都火化，亲友街坊都吃大锅菜。历来没有刑事犯罪。

村史座谈人员名单（2015 年 11 月 26 日）

吴　昌，男，84 岁

崔宝安，男，83 岁

崔振峰，男，81 岁

吴禄亭，男，69 岁

崔宝祯，男，52 岁

吴俊海，男，49 岁

吴友军，男，43 岁

小吴村座谈现场（2015 年摄）

第十一节　三官庙村

三官庙村位于桑梓店镇政府北偏东2.6千米，在308国道以北，村西是怀庄村，村东南是老寨村，村东北是冯家堂村。

全村土地面积100.48公顷，其中耕地80.48公顷，非耕地8公顷，村居占地12公顷。

三官庙村办公室（2015年摄）

居民均为汉族，有韦、张、滕、蒋4个姓氏。民国《齐河县志·氏族志》记载“韦氏，颛顼孙大彭为夏诸侯，少康封其别孙元哲于豕韦，因以国为氏。居城东三官庙，姓甚著。两世科第进士韦凤甲”。1948年前有83户，320人。2015年有156户，602人。其中80～90岁的8人。

一、村庄来历

据说先人从河北枣强迁来，因张姓人较少而蒋姓、韦姓人较多，有的叫蒋庄，有的叫韦庄，后来滕姓的人渐多想改称滕庄。为了给村庄正名，经过友好协商，最终借用村中明成祖朱棣年间修建供奉尧、舜、禹增福、增寿、祛除厄运的三官庙命名，沿用至今。

二、现任村干部

党支部书记：张孝安

党支部委员：滕敢岭（副书记）　蒋顺明

村委会主任：张孝安

村委委员：蒋顺明　王　琴

三官庙村党支部书记、村委会主任张孝安（2016年摄）

三官庙村村干部合影（2016年摄）

三、共产党员表

表20-5-32

姓名	性别	出生年月	民族	学历	入党时间
蒋长华	男	1935.12	汉	初中	1958.12.01
蒋长瑜	男	1947.09	汉	初中	1972.01.01
韦德禹	男	1949.06	汉	初中	1972.01.01

续表 20-5-32

姓名	性别	出生年月	民族	学历	入党时间
蒋长胜	男	1951.01	汉	初中	1970.07.01
韦德珠	男	1956.10	汉	初中	1980.10.01
韦德水	男	1964.07	汉	初中	2008.07.20
张孝安	男	1964.11	汉	高中	2005.12.01
韦修福	男	1966.03	汉	初中	1988.10.01
蒋顺明	男	1966.09	汉	高中	2000.07.01
王德兰	女	1966.09	汉	初中	2010.01.01
滕敢岭	男	1967.01	汉	初中	2006.02.01
韦德红	男	1968.05	汉	初中	2010.01.01
张孝东	男	1971.02	汉	初中	2008.07.20
韦志法	男	1972.08	汉	初中	1992.10.01
张　杰	男	1989.06	汉	大学	2011.07.01

四、历年参军入伍人员表

表 20-5-33

姓名	性别	入伍时间	退伍回村时间	现单位或住址	现任职务
蒋长胜	男	1969	1975	三官庙村	村民
滕曰祯	男	1970	1975	三官庙村	村民
韦德善	男	1974	1979	三官庙村	村民
韦德珠	男	1976	1983	三官庙村	村民
韦德忠	男	1977	1981	三官庙村	村民
张合顺	男	1979	1983	三官庙村	村民
张明水	男	1980	1983	三官庙村	村民
韦修富	男	1986	1989	三官庙村	村民
韦志法	男	1992	1995	三官庙村	村民
张连恩	男	1995	1998	三官庙村	村民
张连峰	男	1999	2001	三官庙村	村民
张　杰	男	2007	2012	三官庙村	村民
滕　新	男	2012	2014	三官庙村	村民

五、历年考入高校人员表

表 20-5-34

姓名	性别	出生年月	考取院校	考学年份	所学专业	最高学历	家长姓名
张　振	男	1988	山东中医药大学	2009	临床	研究生	张孝礼
韦志崎	男	1989.10	成都电子科技大学	2014		研究生	韦修泉
滕吉萍	女	1989.12	山东财经学院	2010		本科	滕长文
蒋德民	男	1990.10	青岛科技大学	2012	电工	本科	蒋顺强
蒋　齐	男	1991.01	济南大学	2010		本科	蒋顺勇
滕长心	女	1994.05	德州学院	2012		本科	滕根岭
韦倩云	女	1995.03	曲阜师范大学	2010	幼师	本科	韦志强
韦志振	男	1996.04	山东中医药大学	2014	高护	本科	韦修贵
张　蕊	女	1997.03	山东建筑大学	2015		本科	张连平

六、四世同堂家庭名单

蒋长贵　蒋长忠　王秀萍　滕培均　韦德安　张孝义　张学思　张士英　滕丕芬　怀务英　李和香

七、发展概览

1948 年，建三官庙小学。

1950 年，扒倒村西土地庙、村中三官庙。

1955 年，村中初级社转为高级社，韦林生任社长。

1981 年，实行土地承包。

1986 年秋，全村通电。

2007 年，建 1600 米长，4.5 米宽第一条水泥路。

2008 年，建 50 米长 30 米宽篮球场，70 米长 15 米宽文化广场，安装路灯 45 盏。

2008 年，为全村安装太阳能热水器 110 户，旱厕改水冲厕所 115 个。

2008 年，村里争取上级政策和资金扶持，修建沼气池 105 个，每户 1 个。与之相配套，给每户安装了厨具一套。

2009 年，天桥区委张辉书记到三官庙村考察，全镇在三官庙村召开现场会，推广三官庙

三官庙村老屋（2015 年摄）

三官庙村村民新居（2015 年摄）

村建沼气池的经验。

2016年，村集体有大棚5个，占地0.47公顷。天桥区财政局和桑梓店镇政府帮助修建，种植菜椒、黄瓜、西红柿等有机蔬菜，不施化肥农药，实行人工捉虫、除草。但是由于种植有机蔬菜成本高，缺少后续资金和技术指导，生产存在困难。

全村粮食年单产950千克，有吊车2台、小麦联合收割机2台、玉米联合收割机2台、大型旋耕拖拉机4台、物流大型汽车5辆、厢式货车1辆、轿车、面包车100多辆，5家建有2层楼房。

村办公室院落占地35米长22米宽，有北屋5间、西屋5间。办公室配电视机1台、电脑1台、书橱6个、大会议桌1张、办公桌16张、椅子40把，存图书近万册。

八、附 记

明朝时期建有村庙，虽多次遭遇黄水（黄河决口冲泻过来的洪水）但都完好无损。而村民家往往房倒屋塌——据说先人有先见之明，庙底下建有较高的坚固的石基，石基上有台阶。庙挺大，大人孩子都常进去玩。庙前有粗大的木柱3根，经过上百年的风吹雨打，都干缩成茶杯来粗。清道光年间翻修时，村民又重新换上大粗木柱——先把粗木柱掏空，把原来的木柱塞进去。为了纪念那次翻修庙宇，村名刻碑纪念，石碑存于村办公室前，因年久风化碑文多已经模糊不清。新中国成立后，毁庙在原址建小学，后又改建为村办公室。

民国《齐河县志·古迹志·茔墓志》记载：“忠烈韦逢甲墓，在城东北三十五里三官庙庄。”韦逢甲墓在三官庙村西北，墓碑早已断裂，被族人运回村内置于大门外胡同西侧，仅存坟丘。

抗英民族英雄韦逢甲墓碑（2015年摄）

1947年前，三官庙村有私塾学堂。

过去在三官庙村东北、冯家堂村以南有片树林，林中多“大杨”木。这种树被誉为“木中之缎”，极耐浸泡，适合建造船底。很多树有一搂多粗，枝上多鸟窝。其中有一种水鸟，头顶红色，后脑勺亦红色，喙长20厘米许，脖细长，腿更细长，村民称“丹顶鹤”。那时候在丁口村一带有一片黄河决口形成的大溜，水面有好几公里宽，深不见底。大溜向北逐渐变窄，又在三官庙村村西向北流去。“丹顶鹤”常常从大溜中啄鱼，脖子变粗，飞回树上喂养窝中小鸟。“丹顶鹤”不是嘴对嘴地喂雏，而是用力猛回头把喙中小鱼甩给窝里的幼雏。它们自然不是百发百中，有些小鱼就掉到树下，引来很多绿头苍蝇。有大胆的孩子爬树去掏鸟蛋，其蛋有鹅蛋大小，绿皮。王恩富曾经上树掏鸟蛋，因为雨后树滑摔下来，幸好落到粗树枝上，掉下胳膊——肩关节关节脱臼。当时周围没有人，他只好忍疼爬下来，到家找人接上胳膊。后来他参军落在安徽，之后又上了东北。大约在1946年，国民党军第111师为抵挡解放军解放济南，沿南边的津浦铁路两侧挖了战壕。听说“丹顶鹤”，鹤肉好吃、鹤腿能做高级筷子之类，他们就带着机枪过来，先把鸟从窝中惊飞，再对空扫射，打了好几篮子鸟。

1949 年前后，一直到 20 世纪 50 年代，三官庙村唱过戏。剧种是东路梆子（山东梆子），剧目有《个武山》《高平关》《赵匡胤打枣》《老少换》《还闺女》《辕门斩子》《胡笛骂阎》等。20 世纪 50 年代，齐河县京剧团扶持三官庙村，村民从那里运回好几毛驴的古装。那时候文化生活单调，从过了年初四五就开始唱戏，一直唱到正月十五之后。由于演员少和文化程度相对不高等原因，村里唱的戏翻来覆去老是那几出，有时候村民厌倦离开，舞台下没有一个人，但演员们还是自得其乐地在台上唱。“文化大革命”时期唱过《智取威虎山》《奇袭白虎团》等现代京剧和歌剧《刘三姐》等。那时候的演员有韦德安、蒋长忠、蒋长瑜、韦修兴、蒋传孝、张明德等。张明新操琴伴奏——唱现代戏的时候还请过附近学校的教师史绍成、周绍之等伴奏。1967 年，三官庙村的剧团到桑梓店公社演出，获一等奖。

村里有红白事理事会。白事村民一般都吃大锅菜，韦、张、滕、蒋四大家族各自办理。

村里有近 20 人的文艺宣传队，张合凤任队长。

村史座谈人员名单（2015 年 11 月 5 日）

蒋长忠，男，75 岁

韦德安，男，70 岁

蒋长瑜，男，69 岁

张明河，男，61 岁

张孝安，男，51 岁

滕敢岭，男，49 岁

蒋顺明，男，47 岁

第二十一编

济南新材料产业园区

第一章　概　况

2003年6月26日，中共山东省委召开常委扩大会议，对济南市提出“东拓、西进、南控、北跨、中疏”的城市空间发展总体布局。为贯彻落实“北跨”和“中疏”的战略构想，拓宽济南市的发展空间，加快黄河北部地区城市化步伐，改善北部地区居民群众的生产生活条件，中共天桥区委、区政府在充分论证研究的基础上，提出“以工业园区建设为突破口和切入点，加快建设北部新城区”的工作思路，确定在黄河北部地区开发建设占地面积21.8平方千米的工业园区，重点承接城区需搬迁的传统工业企业，功能定位是以一、二类工业为主，兼顾新材料和高新技术产业。

2003年，中共天桥区委、区政府成立济南市天桥工业园；济南市人民政府办公厅在原天桥工业园的基础上批准成立济南化工工业园（济政办字〔2003〕144号）。

2005年6月，济南化工工业园通过国土资源部、建设部等五部委治理整顿土地市场秩序联合检查组的检查验收和国土资源部的审核验收（国土资函〔2005〕214号），批复起步区内全部土地为建设用地。2005年11月，园区通过国家发改委的设立审核，并更名为济南化工产业园区。

2006年3月6日，济南化工产业园区被山东省人民政府批准为省级工业园区（鲁政字〔2006〕71号）。

2010年6月，济南市人民政府决定在济南化工产业园区的基础上加挂“济南新材料产业基地”的牌子。

2013年8月29日，山东省人民政府以鲁政字〔2013〕168号文件正式批复同意济南化工产业园区更名为济南新材料产业园区。

济南新材料产业园区管委会主任赵新生（2016年摄）

济南新材料产业园区位于济南市天桥区桑梓店镇域内，国道308线北侧，密集路网贯穿南北，京沪、京福、济聊、济青、青银、北绕城六条高速公路纵横交错，308国道、309国道、104国道、220国道环绕园区构成密集路网，高速站口距园区仅2公里，北接京津、南连沪宁，并与天津、青岛、烟台、日照等重要港口相通。

黄河一桥、二桥、三桥、建邦黄河公路大

济南新材料产业园区碑石（2016年摄）

桥和拟建设的济泺路穿黄隧道，5条跨黄通道直达中心城区。距长途客运站、火车站、国际机场、京沪高铁济南西客站仅25分钟车程，与济南中心城区无缝隙对接。

园区总规划面积21.8平方千米，西起京沪高速铁路，东至石庙、三教和冯家堂村，南起国道308线，北至桑梓店镇大郑村、北王堂村约20平方千米。其中起步区4.7平方千米，东起桑表路，西至桑梓店镇安庄村西侧引水灌渠，南起国道308线，北至桑梓店镇周闫村南侧规划道路。2010年，土地利用规划修编新增用地5.3平方千米，园区目前可用地面积10平方千米。

第二章 机 构

2003年8月，天桥区机构编制委员会印发济天编发〔2003〕10号文件，确定天桥工业园管理委员会为正处级单位，管委会设综合办公室、招商办公室、财务办公室和规划办公室4个内设机构和东区工业园管理办公室和西区工业园管理办公室2个直属工作机构，均为正科级。

2006年10月，济南市机构编制委员会下发〔2006〕34号文件，济南化工产业园区管委会被确定为正区级单位。2007年1月，天桥区机构编制委员会下发济天编发〔2007〕1号文件，确定济南化工产业园区管理委员会建制级别为正区级，内设机构为正处级，按天桥区政府派出机构进行管理。内设机构包括综合办公室、经济发展局、建设管理局、财政局4个行政单位和综合管理服务中心1个全额拨款事业单位。

2013年8月，山东省人民政府以鲁政字〔2013〕168号文件正式批复同意济南化工产业园区更名为济南新材料产业园区，济南化工产业园区管委会随之改名为济新材料产业园区管委会，仍为正区级单位，内设机构级别不变。

2015年12月，济南新材料产业园区内设机构增设投资促进中心，为全额拨款正处级事业单位。

济南市天桥工业园管理委员会

主　任

田庆盈（副区）（兼）　2003.08—2006.12

常务副主任

张　军　2003.08—2004.09
张林忠　2005.03—2007.02

副主任

刘世浒（兼）　2003.08—2007.02
张兴洲（兼）　2003.08—2005.06
李炳华（兼）　2003.08—2007.02
张林忠　2003.08—2005.03
田春华　2003.08—2007.02
李大春　2003.08—2007.02
韩云红　2006.01—2007.02
李大秋　2006.01—2007.02
吕连德　2006.09—2007.02

济南化工产业园区管理委员会

党工委书记

张　辉（兼）　2007.01—2011.12
毕筱奇（兼）　2011.12—2013.08

副 书 记

田庆盈　2007.01—2009.07
赵新生　2009.07—2013.08

委　员

张林忠　2007.01—2008.03
刘世浒（兼）　2007.01—2007.12
李大春（兼）　2007.01—2009.04
李炳华（兼）　2007.01—2010.05

田春华　2007.01—2010.12
王法清（兼）　2007.12—2012.02
吕宏胜　2008.03—2013.04
彭恒信　2008.03—2013.04
侯庆水　2008.04—2010.12
吕　东　2009.04—2013.08
李保建（兼）　2010.06—2013.04
袁培林　2010.10—2013.08
张学勇　2010.10—2012.02
任庆生　2010.12—2013.08
杨　鹏　2012.02—2013.04
袁礼正　2012.02—2013.08
李正友（兼）　2012.02—2013.08
王法清　2013.04—2013.08
刘传利　2013.04—2013.08
陈佩友　2013.04—2013.08
刘玉华　2013.04—2013.08

纪工委书记

杨　鹏　2010.10—2012.02
袁礼正　2012.02—2013.08

主　任

田庆盈　2006.12—2009.07
赵新生　2009.07—2013.08

副主任

吕宏胜　2008.03—2013.04
彭恒信　2008.03—2013.04
侯庆水　2008.04—2011.01
任庆生　2011.01—2013.08
王法清　2013.04—2013.08
刘传利　2013.04—2013.08

主任助理

袁培林　2010.12—2013.08

综合办公室（正处级行政单位）

主　任

张林忠　2007.02—2008.03
田春华　2008.03—2010.12
陈佩友　2010.12—2013.08

副主任

陈佩友　2007.02　2010.12
张海梁　2010.05—2013.04
赵加栋　2013.04—2013.08

财政局（正处级行政单位）

局　长

韩云红　2007.02—2013.04
高振淼　2013.04—2013.08

副局长

张　鹏　2015.09—

经济发展局（正处级行政单位）

局　长

李大秋　2007.02—2012.02
张海梁　2013.04—2013.08

副局长

袁礼正　2009.05—2012.02
李向峰　2010.09—2013.04
梁卫防　2012.02—2013.04

建设管理局（正处级行政单位）

局　长

张学勇　2007.02—2012.02
杨　鹏　2012.02—2013.04
梁卫防　2013.04—2013.08

副局长

李云轶（兼）　2007.02—2011.10
杨　鹏　2008.03—2010.10
靳广忠　2012.02—2013.04
焦长起（兼）　2013.04—2013.08

综合管理服务中心（正处级事业单位）

主　任

于振才　2008.03—2012.02
高振淼　2012.04—2013.04

李向峰　　2013.04—2013.08

副主任

赵加栋　　2012.04—2013.04

渠广彦　　2013.04—2013.08

徐熙勇　　2013.04—2013.08

济南新材料产业园区管理委员会

党工委书记

毕筱奇（兼）　2013.08—

副　书　记

赵新生　　2013.08—

委　　员

吕　东　　2013.08—2013.12

袁培林　　2013.08—2014.11

任庆生　　2013.08—

袁礼正　　2013.08—

李正友（兼）　2013.08—2013.12

王法清　　2013.08—

刘传利　　2013.08—

董学山　　2013.12—

李　雷　　2013.12—

陈佩友　　2013.08—

刘玉华　　2013.08—

纪工委书记

袁礼正　　2013.08—

主　任

赵新生　　2013.08—

副主任

任庆生　　2013.08—

王法清　　2013.08—

刘传利　　2013.08—

主任助理

袁培林　　2013.08—2014.11

综合办公室（正处级行政单位）

主　任

陈佩友　　2013.08—

副主任

赵加栋　　2013.08—

财政局（正处级行政单位）

局　长

高振淼　　2013.08—

副局长

张　鹏　　2015.09—

经济发展局（正处级行政单位）

局　长

张海梁　　2013.08—

副局长

艾　蓬　　2014.11—

建设管理局（正处级行政单位）

局　长

梁卫防　　2013.08—

副局长

焦长起（兼）　2013.08—

陈云龙　　2014.11—

综合管理服务中心（正处级事业单位）

主　任

李向峰　　2013.08—2015.11

徐　达　　2015.11—

副主任

渠广彦　　2013.08—

徐熙勇　　2013.08—

投资促进中心（正处级事业单位）

副主任

丁　涛　　2015.12—

第三章　园区规划与建设

园区规划以《济南市城市总体规划（2005年－2020年）》和《济南市北跨与北部新城区发展战略研究》为依据，作为济南市区北跨发展的起跳点和推进器以及济南市对接京津、辐射鲁西北的经济走廊，济南新材料产业园区在北跨战略中所具有的得天独厚的地理和交通优势，对于构建以省会济南为中心、与周边的淄博、莱芜、泰安、聊城、德州、滨州6个城市共同组成的济南都市圈，突出增强省会城市的集聚辐射能力，提升济南区域性中心城市的地位都具有重要作用。园区规划充分考虑济南市产业布局结构和产业发展方向，在科学策划、深入研究的基础上，编制《黄河北部地区概念规划》，完成园区总体空间布局规划和4.7平方千米起步区的控制性详细规划，正在编制新增5.3平方千米的空间布局规划和控制性详细规划。

园区自开发建设起，征用桑梓店镇部分行政村土地共计439.41公顷，涉及桑梓店镇田庄、大马、康辛、安庄、草庙王、沙李、周闫、小张、耿庄、北董、桑梓店、小马、小屯、小寨、仓上、怀庄、老寨等17个行政村。其中，田庄村原有土地面积约34.87公顷，征用土地面积27.88公顷。大马村原有土地面积约140公顷，征用土地面积109.34公顷。康辛村原有土地面积约55.67公顷，征用土地面积40.86公顷。安庄村原有土地面积约80公顷，征用土地面积27.49公顷。草庙王村原有土地面积约155.33公顷，征用土地面积109.59公顷。沙李村原有土地面积约66.67公顷，征用土地面积24.96公顷。周闫村原有土地面积约213.09公顷，征用土地面积32.64公顷。小张村原有土地面积约70.4公顷，征用土地面积18.72公顷。耿庄村原有土地面积约86.67公顷，征用土地面积10.49公顷。北董村原有土地面积约131.33公顷，征用土地面积8.94公顷（其中包括入园铁路占地面积2.01公顷）。桑梓店村原有土地面积约77.4公顷，征用土地6.12公顷（其中包括入园铁路占地面积0.91公顷）。小马村原有土地面积约40公顷，征用土地面积7.39公顷。小屯村原有土地面积约130公顷，征用土地面积0.32公顷。小寨村原有土地面积153.33公顷，征用土地面积0.92公顷。仓上村原有土地面积约223.73公顷，征用土地面积5.97公顷。怀庄村原有土地面积约286.67公顷，征用土地面积6.37公顷。老寨村原有土地面积约260.67公顷，征用土地面积1.39公顷。

园区严格按照环境保护的相关法规，在制定产业发展规划时，将环境保护放在第一位。要求所有入园项目符合园区环评要求，制定项目环境影响报告书，并通过环保部门的审核，在规划、建设、生产过程中严格执行“三同时”制度，园区所有建设项目中的安全设施设备必须与主体工程同时设计、同时施工、同时投入使用，以确保相关生产经营场所安全设施设备的合理配置和及时到位，为安全生产提供保障。

园区产业发展总的原则是符合国家和行业环境保护标准，符合清洁生产标准，符合新材料产业园区的功能定位，禁止严重危及安全生产、环境污染严重、产品质量不符合国家标准、原材料和能源消耗高及国家法律法规都禁止投资的项目入园；限制生产能力严重过剩、新上项目对产业结构没有改善、工艺技术落后（已有先进成熟工艺技术代替）、不利于节约资源和保护生态环境及法律法规都限制投资的项目入园；倡导企业以促进技术进步和调整产业结构为目标，用清洁生产工艺替代落后工艺，污染物排放总量最少。

园区为承接大型化工项目落地，相继投资12亿元，高起点规划、高标准建设铁路专用线、供热、供电、排水、天然气、建邦黄河大桥北岸接线工程等基础配套设施，达“十四通一平”，成为济南市基础设施最完善的省级开发区之一。建设五纵五横主次干道路网总长25千米，均达承载50吨重型卡车行驶标准；2010年12月31日，市政府下发济政字〔2010〕64号文件，对位于济南化工产业园区内的十条道路进行命名，分别为鑫源大道、梓东大道、鸿兴路、裕兴路、德兴路、舜兴路、华盛路、华丰路、华泰路和安康路。投资1亿元启动建设“建邦黄河大桥北岸接线工程”，已建成通车，与西外环高架连成一体，实现园区和中心城区的零距离对接。10条道路和308国道——309国道连接线两侧已全部安装路灯1000余盏。对园区起步区所有道路及重要节点进行无缝隙绿化，栽植大乔木、花冠木等苗木，绿化面积达26万平方米，形成以大乔木、花冠木、模纹、草皮为主的立体绿化景观。依据“清污分流”原则，起步区内已建排水、污水管道长16千米，实现园区工业、生活污水和雨水分别收集的目标，为建设环保园区创造有利条件。全国程控电话、移动电话、图文传真、计算机互联网等现代化通讯系统健全，起步区已铺设电信管道长14千米，能够满足企业生产经营需要。铁路专用线全长9.3千米，总投资3.2亿元，接轨于邯济铁路，分为区间线路（含跨308国道特大桥）、接轨站及企业货场站三部分。具有35千伏、110千伏、220千伏变电站各1座，已铺设电力管道长10千米，为企业提供双回路供电服务。其中110千伏变电站接回孟线，变压器容量3.15×2万千伏安；220千伏变电站接闻韶500千伏变电站，设计变压器容量18×3万千伏安。园区现有高压气门站1座，次高压、中压输气管线各1条；双气源供气，一路管线来自西气东输济禹支线，另一路来自中济青输气干线，年供气指标2.3亿立方米，日供气能力达60万标准立方米。投资9300万元建设污水外排管道工程及提升泵站，污水外排管线起于园区途径天桥、齐河、济阳三个区县的四个乡镇、30余个村庄至徒骇河排放，全长25.6千米，全线使用耐腐、抗压的DN1200玻璃纤维增强塑料夹砂管，日排水能力达10万立方米，2010年5月份竣工投用。建有计划日供水能力11万立方米，现日供自来水7万立方米的自来水厂，并铺设自来水干管长30余千米、原水输水干管长10千米和覆盖整个起步区的输水管网。建有3台75吨锅炉，提供封闭式热源，每小时供热能力400吨，可覆盖整个园区，满足所有企业生产、生活需求。园区内设消防站，总用地面积约0.87公顷，项目总投资3000万元。规划建设用地面积约0.33公顷，建筑面积2400平方米，配备消防车6辆。2012年8月份开工建设。

园区远期规划范围南起308国道，北到天桥区界，东起桑梓店镇环社东路，西到京沪高速铁路，总用地面积21.8平方公里。按照“分期实施、滚动发展”的原则，园区设立起步区，东起桑表路，西至桑梓店镇安庄村西侧引水灌渠，南起国道308线，北至桑梓店镇周闫村南侧规划道路。起步区规划总用地面积约4.7平方千米，已全部调整为建设用地，符合济南市土地利用总体规划、济南市城市建设总体规划和产业布局规划。

第四章　招商引资

第一节　招商制度

园区招商引资工作实行项目分工责任制和专项团队责任制相结合的工作推进机制。项目分工责任制是指明确项目总负责人和责任人，项目总负责人对项目引进落地、进度管理、协调服务负总责；项目责任人负责具体推进工作，及时掌握企业投资动向，负责从项目洽谈、开工建设到投产的全过程协调、推进和服务工作。专项团队责任制是指根据行政审批程序，结合园区实际，设立四个专项服务团队，各负其责、相互配合。①招商和专业技术服务团队，负责招商宣传，招商渠道建设和招商推介资料汇编；负责项目洽谈，向管委会办公会议汇报拟推介项目及拟入园项目，签订入园协议；负责按国家规定以招投标方式选择编制项目可研、环评、安评等报告书的中介机构，并签订合作协议；初步筛选项目招商的投资人并向管委会办公会议汇报；负责向项目招商的投资人提供专业技术服务。②项目行政审批服务团队，负责为入园企业及项目招商方式选定的投资项目办理立项、规划、环保、安监、地震、土地、建设等全部行政审批手续。③村庄协调和项目基础配套设施建设服务团队，负责入园项目征地拆迁、清表，协调桑梓店镇及入园项目涉及的村庄为项目施工建设提供保障；负责项目建设及投产后的治安管理；负责为入园项目及项目招商引进的企业提供水、电、气等全部基础配套设施。④资金管理和后勤保障服务团队，负责协调区直部门，积极争取省市扶持园区、企业发展的专项资金和优惠政策；负责项目招商资金的运作、监管和审计；负责为园区各专项团队提供后勤保障。

第二节　优惠政策

中共天桥区委、区政府下发《中共天桥区委和天桥区人民政府关于加快济南新材料产业基地（济南化工产业园区）发展的实施意见》（济天发〔2012〕25号）和《济南市天桥区人民政府关于印发加快济南新材料产业基地（济南化工产业园区）发展支持政策的通知》（济天政发〔2012〕26号）。从科技创新、市场培育、财税政策、金融政策、人才引进、企业上市、土地和环境资源及体制创新等方面对符合条件的入园企业和科研机构提供全方位扶持。

第三节　招商服务

园区致力于为招商或入园项目提供优质服务，使企业能够“来得了、建得成、运转好、收益高”。增强服务意识，加强领导班子建设和干部队伍建设，树立科学的发展观和正确的政绩观，树立和增强服务意识，打造一支富有战斗力和创造力的干部队伍，练就一支服务意识强、服务观念牢和服务水平高的招商和服务队伍。细化服务措施，细致到位、阳光透明。对入园项目实行封闭式管理；对相关手续的办理，实行“一站式”服务，由管委会和区招商大厅具体负责办理；园区协调办理入园项目车辆通行黄河大桥的相关优惠手续；积极协助入园项目办理相关用地手续，费用由入园项目方承担；协调周边关系，确保入园项目施工及今后生产经营活动的顺利进行。

第五章　重点企业及项目

第一节　创新创业载体平台

园区采取多种方式建设平台，“筑巢引凤、为凤筑巢”相结合，建设鑫茂齐鲁科技城、济南新材料产业科技园、新材料交易中心、传化泉胜物流智能公路港等多个产业平台。各类企业和创业者，可直接在这些平台租赁或购买创业发展空间。

一、鑫茂齐鲁科技城

由济南市天桥区和天津鑫茂集团合作开发建设，是以科技孵化器为起点、发展高新技术产业和实体经济为目标的新材料产业“园中园”项目。项目占地面积66.67公顷，设计布局为“一心两轴三区”，即孵化中心、创业服务轴、景观生态轴和孵化器区、加速器区、产业化基地三个功能区，全面覆盖不同成长期的科技型中小企业的研发、生产、经营需求，搭建5+科技空间，包括鑫茂国家级孵化器、国家专利技术（济南）展示交易中心、创客空间、科技创新与知识产权服务工作站和鑫茂工业科技电商平台。项目土地集约节约利用水平高，建筑形式多样化、标准化、智能化，功能齐全，布局合理，可以做到“一个企业一幢楼，一个企业一个院，一个企业一单元”。自2013年3月开工以来，一期工程总建筑面积27万平方米、28幢楼全部竣工且并通过验收，招商入驻企业150余家；二期工程建筑面积60万平方米厂房主体已全部封顶，正在招商引资， 已签约企业148家、商铺96家。2016年8月获批国家级海峡两岸青年创业基地。现入驻科技城中小微科技型企业400家。

鑫茂齐鲁科技城（2016年摄）

二、济南新材料产业科技园

作为园区自主建设的新材料、新能源、高新技术中小企业成果孵化、转化、产业化的平台，建设有标准化厂房，根据企业实际需求，提供常规或定制式办公、生产场所或场地，协助企业建设办公、研发及生产所需的基础设施，总占地面积8公顷，总建筑面积10万平方米。主要承接国家胶体中心、山东大学材料学院、山东省科学院等科研院所的成果产业化项目，以及为新材料产业领域内的产业化项目提供创业空间。现有美高制药，山师大实验厂等众多

济南新材料产业科技园（2016年摄）

创业创新型企业入驻或投产。

三、济南新材料交易中心

山东省规模最大、环境最优、功能最全、标准最高的新材料交易场所，主要承担济南及周边地市新材料的集中交易、经营、仓储功能，可为新材料销售企业提供贸易平台。交易中心的建设可提供近200个就业岗位，并且企业每年对员工进行多次教育培训进一步提高管理水平和操作技能，带动一批自主创新创业者。

济南新材料交易中心（2016年摄）

四、山东传化泉胜智能公路港

济南传化泉胜公路港是由传化集团投资建设的。总占地面积65.33公顷，是融互联网与物流业一体的第四方物流平台，包括信息交易中心、智能车源中心、货运班车总站、车辆服务中心、物流企业总部与生活功能配套区。项目建成后，将整合济南市中小物流企业1500余家，扩充就业岗位1万余个，每天将吸引5000辆以上车次进场交易，配货时间从平均72小时缩减到6小时，对缓解城市交通压力、降低污染物排放具有重要作用。投入运营后，将辐射整个华东、华北地区，预计年营业额约50亿元，年利税约3亿元。

山东传化泉胜智能公路港（2016年摄）

五、中德新材料科技园

由济南新材料产业园区与德国巴伐利亚州化学产业集群有限公司合作建设，德方负责产业规划、设计和招商引资，园区负责工程建设，双方共同负责运营管理。项目总用地面积66.67公顷，总建筑面积80万平方米，主要建设研发楼、标准化生产车间、仓库及配套设施，建筑均为德式风格。重点引进德国新材料领域内的高新技术企业以及其他优质项目入驻，为入驻科技型企业科技成果孵化、转化、产业化提供公用技术设施、公共技术服务及孵化场地等配套服务的平台，推动科研成果快速转化、产业化，促进中德企业之间的技术合作和产品推广。

第二节　已投产重点项目

园区现已引进裕兴化工、皇冠油墨、山东建邦、国家胶体中心、山科新材料产业示范园等项目。引进项目涉及新材料、化工、印刷油墨、工程机械、制冷设备等多个领域，具有规模大、投资强度高、综合效益好的特点，对优化全市产业布局、加速“北跨”进程具有重要的意义和作用。

一、济南裕兴化工有限责任公司

公司新厂区于2010年6月建成，占地面积78公顷，现有员工1600余人，拥有10万吨/年金红石钛白粉生产装置、30万吨/年硫磺制酸装置、3×75吨/时中温中压锅炉供热装置以及水处理、废酸浓缩、110千伏变电站、工业水站、循环水站、铁路专用线等26项子装置。采用ISO9001:2000质量管理体系，发展循环经济，采用先进工艺和设备处置生产过程中的废弃物，达到“零排放”。产品销售市场涵盖全国各地，并远销东南亚、欧美、非洲等二十多个国家和地区。

济南裕兴化工有限责任公司（2010年摄）

二、济南皇冠油墨有限公司

该公司是韩国东洋油墨有限公司在济南投资的外商独资企业，成立于2004年7月，主要生产中高档胶印油墨、树脂、树脂油及助剂产品。占地面积4.33公顷，一期工程总投资4700万元，建筑面积10500平方米，2005年经市发改委批准落户园区，2008年3月竣工投产，年设计生产能力6000吨胶印油墨，产值1.6亿元。

济南皇冠油墨有限公司（2011年摄）

三、济南银丰化工有限公司

创始于1995年，是工业硅粉、金属硅、硅溶胶等硅制品的研制、开发、生产和销售服务的专业公司。公司拥有自营进出口权，占地面积5.33公顷。2009年初，在园区的新厂区正式投入生产，设6条全封闭硅粉生产线，工业硅粉年生产能力达10万吨以上，硅溶胶年生产能力提高至5万吨以上。公司先后与济南大学、山东大学等科研院所密切合作。2011年11月，山东大学研究生社会实践基地在该公司揭牌。

济南银丰化工有限公司（2014年摄）

四、山东建邦新材料产业基地项目

该项目是山东建邦集团与山东大学国家胶体材料工程技术研究中心建立战略性产学研合作关系共同建设。项目总占地面积20.67公顷，总投资超过12亿元。主要完成年产150吨太阳能用银粉及银浆项目的产业化，该产品打破太阳能正面电极银浆被国外垄断的现状，填补国内市场空白，项目达产后预计销售收入12亿元，利税超过1.5亿元。

五、山东大学国家胶体工程研究中心项目

该项目于2011年8月16日正式开工建设，项目总占地面积3公顷，总投资6700余万元，总建筑面积18800平方米，包含2座中试车间、3座研发楼和高标准绿化景观、公用设施，其中实验楼为砼框架结构，高五层，建筑面积6075.12平方米。中心自成立以来，积极推动科研成果的研发、中试及产业化，将在园区内实现16个科研成果的产业化。项目一期研发楼

国家胶体材料工程技术研究中心全貌（2013年摄）

内24个实验室已全部投入使用、中试车间设备安装完毕并投入使用。项目二期建筑面积10800平方米的产业化车间于2013年3月1日开工建设，2016年已全部建成，部分产业化项目已经投产。

六、山东省科学院新材料产业示范园项目

由山东省科学院新材料研究所投资建设。项目位于济南化工产业园鑫源大道南侧，占地面积2.67公顷，总投资2.5亿元。新材料产业示范园计划建设山东省粘接材料重点实验室高新技术研发中心、山东省科学院新材料研究所与美国SGI公司联合实验室等研发机构，主要从事工程化研究和成果产业化示范工作。

七、济南美高生物制药有限公司

济南美高制药项目的发起人、公司总经理徐晓东博士为中共济南市委组织部第二批5150高层次引进人才，医学博士、药物学专家，在美国强生公司独立承担抗生素项目的开发及研究，主要从事乙肝及肝癌小分子药物开发。项目包括国家鼓励发展的新药、特药研发平台、年产20吨医药中间体生产项目，其中已进入中试阶段的两类新药具有自主知识产权，另外还有20余项产品正在研发。总投资3000万元，年销售收入2亿元，利税9400万元。

八、山东师范大学工程研究中心项目

该项目托山东师范大学建设，副校长唐波教授担任工程中心主任，中国科学院佟振合院士担任工程中心技术委员会主任，研发团队超过百人。项目总建筑面积7000平方米，包括工程中心和KAA新兴含氟织物材料项目产业化初期。“KAA”新型含氟织物材料产业化项目是国内首创，具有自主知识产权，投产后将在短时间内完全替代进口产品，预计年销售收入5000万元，利税1000万元，量产后年销售收入3亿元。

位于园区内的高校科研集群（2016年摄）

九、山东美克新材料有限公司

山东美克新材料公司是以矿物复合材料的研发与制造为主营业务的高科技型企业，2011年获6项国家发明专利。项目占地面积3.33公顷，总投资1.1亿元，年销售收入2亿元，利税8000万元。年产15000吨矿物复合材料项目是在国外专利技术的基础上，结合“济南青”天然花岗石独特的理化特性，研究开发的具有自有知识产权的新一代复合材料。

十、山东鸿民轧辊模具有限公司

山东鸿民轧辊模具有限公司在高频焊管及不锈钢成型等技术方面具有领先优势，自主研发的多项技术、工艺在同行业名列榜首，项目占地面积2公顷，总建筑面积16000平方米，总投资1.6亿元，建设省内一流水平的轧辊模具加工生产线2条，形成年产轧辊模具3000吨的生产能力，产品品质均达国内先进水平。

十一、济南玉晶玻璃有限公司

济南玉晶玻璃有限公司主要从事节能玻璃及特种玻璃的研发及销售，公司投资3500万元引进德国两条世界先进水平全自动生产线及芬兰一条具备世界领先水平的TAMGLASS钢化炉风机加变频器节能钢化炉，研发生产的高性能节能门窗，不但可以有效密封，防止污染和噪音，更能有效节能30%～40%。项目总投资1.4亿元，

占地面积 1.47 公顷，总建筑面积 10120 平方米，年销售收入 1 亿元，利税 2300 万元。

十二、济南市塑料油墨厂

济南市塑料油墨厂主要生产“麒麟牌”塑料薄膜油墨，产品类型为醇溶型油墨，涵盖凹版塑料薄膜油墨、复合塑料薄膜油墨等数十个产品，与巴斯夫、汉高等国际化工集团保持长年稳定需求关系，是山东地区油墨行业知名企业。项目总投资 1 亿元，占地面积 1 公顷，总建筑面积 5500 平方米，年产塑料薄膜油墨可达 3000 吨，年销售收入可达 1.2 亿元，利税 2000 余万元。

十三、济南大华德系润滑油

济南大华德系车用油品有限公司年产 30 万吨润滑油生产项目，总投资 1.5 亿元，占地面积 3.33 公顷，总建筑面积近 20000 平方米，主要是汽车、摩托车润滑油及养护用品的研发生产和销售。本项目按照国际先进润滑油生产工艺标准设计建设，力求建成国际润滑油样板工厂，包含建设“产品开发和应用研究中心”及“国家实验室”。

十四、天诺光电材料股份有限公司

天诺光电材料公司是一家专业从事膜功能复合材料研发并致力于产业化发展的高新技术企业，是国内最大的软体电磁屏蔽材料生产制造商，公司在园区投资的项目是 2012 年“加快科学发展、建设美丽泉城”推进大会确定的济南市重点推进实体经济项目。项目总用地面积 5.93 公顷，一期占地面积 3.33 公顷，建筑面积 17000 平方米，用于科研、中试及生产，投资 2.5 亿元，其中固定资产投资 1.8 亿元，主导产品为电磁屏蔽材料和等离子显示器背光模组等高新技术产品，年可实现销售收入 4 亿元，利税 9000 万元。

十五、卫嘉德清创水凝胶项目

该项目属于中美合资项目，采用美国专利技术，主要生产清创水凝胶，产品具有提供自溶性无痛清创、减轻疼痛、快速消炎、加快伤口愈合、吸收后少扩散、易于清除等特点，广泛应用于划伤、擦伤、跌伤、烧伤等。该项目建筑面积仅 60 平方米，年销售收入可达 2 亿元，利税不低于 2000 万元。

十六、科佳复合材料基地项目

该项目是由山东科佳集团投资建设的环保新型复合材料基地，将具有产业上下游关联关系的 6 家企业进行整合，形成复合材料产业链。项目总占地面积 10.67 公顷，总建筑面积 10 万平方米，厂房及办公研发楼已全部建成，基地内 6 家企业全面投产，可实现年产值 10 亿元，利税过亿元。

十七、济南隆凯能源科技有限公司

主要致力于能源节约技术和清洁能源技术的研发推广应用。项目总占地面积 3.33 公顷，规划建筑面积 2.5 万平方米，总投资近 1 亿元，项目投产后预计年销售收入达 1.5 亿元，利税 2000 万元。该项目的投产达效将架起能源产业与材料产业、煤炭产业和石油产业、传统能源产业和未来可再生清洁能源的桥梁。

十八、山东蓝奥海洋生物深加工园

该项目属于海洋生物医药产业项目，是国家鼓励推广的战略新兴产业项目，用地约 56 亩，总投资 2 亿元，项目计划分两期完成。一期计划投资 5000 万元，年产生物保健品、药品原料、油脂胶囊加工合计约 5000 吨，年可实现销售收入 2.5 亿元人民币，利税 3000 万元。

第三节　在建重点项目

一、鑫茂·齐鲁科技城项目二期

天桥区和天津鑫茂集团合作开发建设，以科技孵化器为起点、发展高新技术产业和实体经济为目标的新材料产业“园中园”项目。包括三大功能区即孵化器、加速器、产业化基地。采取房屋租赁、产权出售、产权投资合作、以租代售和异地产权置换五种灵活的招商方式。项目二期总占地面积 76 公顷、总建筑面积 100 万平方米、总投资 100 亿，主要建设孵化器区、加速器区、产业化基地等。于 2014 年初正式启动，2016 年 60 万平方米厂房主体已全部封顶，已有100余家企业签订意向，20家企业正式签约，2016 年计划新增招商入驻面积 15 万平方米。

在建中的鑫茂·齐鲁科技城项目二期(2016 年摄)

二、济南新材料交易中心项目二期

该项目是山东省规模最大的新材料集中交易中心，承担以省会济南为中心、辐射“6+1 济南都市圈”的化工新材料、纳米新材料、新型复合材料等多种新材料的集中交易职能，集经营、仓储、货运配送为一体。项目一期总占地面积 12 公顷，总投资 6.5 亿元，总建筑面积 16 万平方米，自 2013 年 3 月 1 日开工建设，2016 年已全部建成。项目二期占地面积 13.47 公顷，建筑面积 23.1 万平方米，主要建设化工新材料仓库、物流材料配送仓库、办公及辅助设施等。

三、济南传化泉胜智能公路港一期

该项目是山东省和济南市重点项目，由传化集团投资建设，项目计划总占地面积 65.33 公顷，总投资 30 亿元，实现营业额 50 亿元，年纳税 3 亿元。项目一期一批次于 2015 年 10 月 19 日正式开工建设，预计 2018 年 10 月将全面建成使用；一期二批次土地已经摘牌，于 2016 年 9 月开工建设；一期三批次正在进行方案设计。现已有 700 余家物流企业签订入驻意向， 5000 多辆社会车辆车主成为会员，集聚效应初步显现。

四、新奇世界国际度假区·济南鹊山项目

该项目由北京中弘集团投资建设，项目总投资 200 亿元，总占地面积 400 公顷 ，建筑面积 410 万平方米，建设周期为四年，是目前我市投资和建设规模最大的旅游产业项目，将建设成集休闲度假、时尚创意、大型游乐、健康颐养于一体，以旅游度假、养老养生、文化创意三大产业为支撑的综合型旅游区。预计项目建成后可接待游客 30000 人 / 日，实现年旅游收入 72 亿元，年税收 10.8 亿元。

五、鑫茂光纤套管及光纤预制棒项目

山东鑫茂光通讯科技有限公司光纤预制棒项目占地面积 9.2 公顷，规划总建筑面积约 10 万平方米，拟采用 ACD+OVD 工艺技术路线。项目总投资 116990 万元，建成后具备年产光纤预

鑫茂科技光纤预制棒项目举行开工仪式(2016 年摄)

制棒500吨的生产能力，预计达产后年均实现营业收入13.8亿元、利税3.14亿元。

六、犀牛高分子材料项目

该项目由山东科技大学教授牵头投资建设并研发，该项目包括中法合资企业—生产高分子材料特种轮胎等产品；生产矿用高分子材料密封圈，替代进口产品，填补国内空白。项目占地面积3.33公顷，开工建筑面积1万平方米，总投资2亿元，可实现年销售收入3亿元，利税3000万元。

山东犀牛高分子材料有限公司厂房建设项目开工仪式（2015年摄）

第二十二编

鹊山龙湖

第一章 概 况

2003年6月26日，中共山东省委常委召开扩大会议，确定了济南市“东拓、西进、南控、北跨、中疏”的城市建设发展战略，为加快天桥区经济和社会各项事业的发展，提供千载难逢的机遇。天桥区委、区政府经过研究，决定利用黄河北展宽区内荒滩荒水多的自然条件和地下水位高的优势，建设黄河水景园，积极实施经济发展重心战略“北跨”。

北展区管委会党组书记任庆生（2016年摄）

黄河北展区工程建于1971年，主要功能为防止黄河冬夏季节凌汛，总占地面积106平方公里，其中山东省德州地区63平方公里。济南市天桥区北展区规划范围南起黄河北大堤，北至黄河北展大堤，西靠德州地区齐河县李家岸引黄干渠，东至国道104，总面积43平方公里。该区域涉及天桥区所辖桑梓店镇、大桥镇、泺口办事处三个办镇。北展区（天桥段）涉及村居35个，总人口约25100人。辖区在1991年1月至1999年12月，所属桑梓店镇和大桥镇部分，行政归属济南市历城区。2000年1月后，所属桑梓店镇和大桥镇部分，行政归属济南市天桥区。该工程从建设至今，从未启用。随着黄河上游防汛工程及设施的不断完善，特别是小浪底水库建成后，黄河北展区的运用机率大大减小，根据济黄水政〔2004〕31号文件、办规计函〔2008〕48号文件的规定，已明确提出取消黄河南北展宽工程分凌分洪运用任务。

鹊山龙湖湿地（2016年摄）

2004年10月，国家黄河水利委员会专题召开专家论证会，一致认为按照“防洪与兴利相结合”合理开发北展区是可行的。2004年11月1日，国家黄河水利委员会下达《黄河流域河道管理范围内建设项目审查同意书》，项目建设

北展区管委会党组副书记、主任李敏杰（2016年摄）

获得黄河部门的审批。2005 年 5 月，济南市人民政府成立市长任组长，市政府秘书长、天桥区委书记任副组长，市发改委、财政局、规划局、国土局、交通局、农业局、林业局、水利局、黄河河务局为成员单位的黄河北展宽区综合开发领导小组。根据历史遗存、地理优势和发展愿景，将黄河水景园更名为鹊山龙湖。

鹊山龙湖项目位于济南市天桥区黄河以北，黄河北大堤和黄河北展大堤之间，东到鹊山水库，西至建邦黄河大桥延长线。规划面积约 17.5 平方公里（约 2.6 万亩）。2007 年 9 月 29 日，省委常委扩大会议确定创建鹊山龙湖国家级旅游度假区，并将其纳入全省重点旅游招商项目。2012 年 2 月 27 日，市第十五届人大第一次会议把推进和加快济南市“北跨”战略、拓展济南发展空间的意见建议确定为大会的唯一一件议案，作为“北跨”战略支点的鹊山龙湖项目已成为济南市北跨战略实施的重要载体之一。鹊山龙湖规划定位为国内知名的生态旅游休闲文化度假区、省内首屈一指都市游聚集区、济南都市绿色休闲新名片。引入高端商务度假；创造本地休闲娱乐；根植水生态及多元文化。形象定位为齐鲁水乡、鹊华天堂、济南鹊洲渡、齐鲁欢乐海。项目按照功能划分为商务休闲、运动娱乐、健康养生、文化教育、黄河体验、生态居住六个板块。项目规划城市建设用地约 8.55 平方公里，其中居住用地 214 公顷；公共管理与公共服务用地 42 公顷；商业服务业设施用地 265 公顷；混合用地 43 公顷；交通设施用地 156 公顷；公用设施用地 16 公顷；绿地 119 公顷。其他用地 8.95 平方公里，其中公园用地 131 公顷；水域水系 230 公顷；区域交通设施用地 56 公顷：农林用地 478 公顷。预计总投资 700 亿元。承载人口约 9 万人，其中旅游就业 6 万人，居住人口约 3 万人。项目区内现有村庄 14 个，人口约 1.6 万人。

项目优势条件：项目区具有厚重的黄河文化、传统中医药文化、丰富的水资源和周边地热资源，且项目距济南市主城区仅 2 公里，周边路网发达，交通便利。

经济效益分析：预计项目建成后可接待游客 30000 人 / 日，实现年旅游收入 72 亿元，年税收 10.8 亿元。通过黄河龙湖新区的开发与建设，科学、集约利用北展区土地资源，有利于促进区内群众生产发展和生活改善，有利于创造良好的生态环境，有利于城乡统筹，有利于城市空间均衡与和谐，实现济南市的跨越式发展。

在镇域内占地情况：该项目主要涉及桑梓店镇 16 个村：小吕村、左庄村、袁贾村、姚吕村、东秦村、西秦村、邱岸村、街后村、朱河圈村、仓上村、刘庙子村、铁匠村、丁庄村、老屯村、小屯村、丁口村。鹊山龙湖项目在桑梓店镇占地情况为：朱河圈村 0.891 亩，仓上村 7.189 亩，刘庙子村 8.1465 亩，铁匠村 92.826 亩，丁庄村 220.828 亩，老屯村 180.5835 亩，小屯村 378.389 亩，丁口村 430.128 亩。合计占地总共面积为 1879.981 亩，除丁口村占地中弘集团暂未开发，其他村庄的占地都已开发或已规划。这些土地主要用来修建鹊山龙湖北路、修建花园洋房和商业社区、建设美猴王主题公园等。

第二章 机 构

2005年6月，成立天桥区“北展区”开发建设管理委员会。为加快龙湖工程建设，经区委、区政府研究，2006年8月，下发济天编发〔2006〕17号文，同意设立天桥区北展区综合开发管理委员会。管委会办公地址起初设在泺口办事处二楼西侧，2014年10月，搬到黄河北龙湖桥西200米，桑梓店镇老屯村东200米，G309路南。管委会主要负责北展区（天桥段）综合开发工作，按照规划建设鹊山龙湖项目。主要业务包括土地开发整理，挖湖及其他工程建设管理。管委会为正处级全额拨款单位，事业编制26人，设主任1人，副主任4人。下设综合办公室、规划办公室、施工办公室、财务办公室、纪检执法办公室、基础办公室、土地办公室七个内设机构，均为正科级建制，各办公室均设主任1人，副主任1人。

历任党组书记：

张光格（兼） 2008.08—2010.08
赵新生（兼） 2010.09—2015.08
任庆生 2015.08—

历任党组副书记：

侯庆水 2008.04—2012.02
王法清 2012.02—2013.04
李兴初 2012.02—2013.04
刘金虎 2013.04—2014.11
田春华 2013.08—2015.08
靳广忠 2014.11—
李敏杰 2015.08—

主 任：

张兴洲 2005.06—2008.03
侯庆水 2008.04—2012.02
王法清 2012.02—2013.08
田春华 2013.08—2015.08
李敏杰 2015.09—

副主任：

田春华 2005.06—2010.12
于振才（兼） 2005.06—2012.02
聂甲芳（兼） 2005.06—
董学山（兼） 2005.06—2008.03
孙宗宝（兼） 2005.06—2012.02
郑学诗（兼） 2005.06—2008.03
李兴初 2008.04—2012.02
张 峰 2009.05—2012.02
王 涛 2010.04—
刘金虎 2012.02—2013.04
李运杰 2012.02—2014.11
李加锐 2012.02—2013.03
于东宁 2013.04—
崔 鹏 2013.04—2015.08
张 鹏（兼） 2013.08—
李剑波（兼） 2013.08—

目前北展区管委会党组书记：任庆生

党组副书记：靳广忠 李敏杰

主 任：李敏杰

副主任：王 涛 于东宁 张鹏 李剑波

各部门负责人：

综合办公室 张林志
规划办公室 窦 锋
施工办公室 马 涛
财务办公室 扈 明
纪检执法办公室 姜东升
基础办公室 李兆刚
土地办公室 孙修俭

第三章　项目建设

第一节　项目定位

鹊山龙湖项目是按照“原生态、纯自然”的原则进行综合整治，合理开发，通过挖土成湖，堆土成岛，形成水水相连，岛岛相通的景观效果，构建“河湖辉映、山岛龙形、旷野阡陌、城水交融”的城市新区。

河湖辉映：

河——指黄河，结合黄河文化遗存，发掘黄河溯源、摆渡、长堤等胜景，塑造一条黄河文化风貌带，体验黄河文化。

湖——指龙湖，利用北展区丰富水资源，依托既有的鹊山水库、沉沙池，加以人工整合，开辟新湖面，重现历史上的鹊山龙湖美景。

山岛龙形：

山——指鹊山，相传先秦名医扁鹊曾在此炼丹，后葬于此地，现古墓尤存。利用炼丹典故及扁鹊墓遗址，形成鹊山景区。在鹊山上建设黄河楼，形成区内观光揽胜制高点。

岛——指龙脊岛，在区内通过挖湖成岛，在湖中形成群岛序列，呈龙脊状，以鹊山为龙头，构筑龙形，体现龙湖主题，岛屿序列按照不同旅游需求划分功能区。

旷野阡陌：指生态湿地、林地和都市高效农业区。结合现状优质农田和既有湿地、林地，在区内北部、西部构筑新区的旷野基调背景，为游客认识自然、体验自然，创造原生态佳境。

城水交融：指依河傍湖发展新城区，建设生态社区。

鹊山龙湖分为黄河观光区、湖岛旅游区、开发建设区、生态湿地区和都市农业区五个功能区，黄河观光区位于龙湖南部，是体验黄河文化的中心舞台；湖岛旅游区位于龙湖东部，包括鹊山水库、龙脊岛、湖面及河道，总面积 20.15 平方公里，是龙湖旅游开发和景观塑造的主体；开发建设区位于鹊山龙湖北岸和西部半岛，总面积 7.95 平方公里，分为旅游服务中心区、中国风情社区、异国风情社区和居民安置区四个片区；生态湿地区位于龙湖北部，面积 2.72 平方公里，体验回归自然，欣赏生态湿地、河道丛林的美丽景观；都市农业区位于龙湖西部，二环西路北延长线以西，总面积 12.9 平方公里，通过整合农田，改良土壤，发展现代旅游观光农业。

鹊山龙湖策划图（2016 年摄）

第二节　规划与建设

取得水利部黄委、济南市人民政府、市发改委、市环保局有关批文。（黄水政字〔2004〕16 号《黄河流域河道管理范围内建设项目审查同意书》；济政字〔2004〕65 号《济南市人民政府关于同意开发利用黄河北展宽区建设黄河水景园的批复》；济发改投资〔2005〕 595 号《关于黄河龙湖新区基础设施建设项目可行性研究

报告的批复》；济环函〔2006〕34号《济南市环保局关于黄河龙湖新区基础设施建设项目环境影响报告书的批复》）

第三节 基础设施建设

市政基础设施建设是推进城市化进程必不可少的物质保证，是实现项目区经济效益、社会效益、环境效益的重要条件，对鹊山龙湖开发建设具有重要作用。

市政道路建设。为满足项目区基础设施配套，2006年3月，11.5公里的309国道改线工程正式开工，西至齐河交界处，东与老省道101顺接，道路断面30米宽，其中15米快车道，两侧各3米人行道、4.5米绿化带。结合龙湖项目规划及道路定位，道路标高按原设计下调0.6米，该工程于2007年全部竣工，并实现全线通车。309国道改线工程竣工不仅缩短过往车辆进出济南城区的时间，而且对龙湖工程综合开发起到推动作用。

2014年9月底，启动鹊山北路（二环西北延线至铁匠村）的前期立项工作，于2015年8月中旬完成符合土地利用规划部分（约1.1公里）的可研批复、环评批复、地质灾害与压覆矿产调查等手续的办理，同年9月15日，根据市规划局用地规划意见，向市发改委提出立项范围变更申请，于10月9日取得变更批复，开始勘察、设计等招投标工作。

市政配套建设。积极与供电、供水、排水、热力、燃气等管线单位对接项目需求，确定配套源头，结合项目建设计划，与各单位逐一对接配套计划及配套费交纳事宜。鉴于后期市政基础设施投资较大，为节约政府投资，合理利用社会资金展开建设，通过采用PPP模式推进市政基础设施建设工作，与多家意向单位接洽，就合作建设事宜进行探讨交流并达成初步意向。

第四节 土地征收整理工作

土地征收工作事关当前，更事关长远，是鹊山龙湖项目推进快慢的关键。管委会抓住机遇，乘势而上，加快推动项目区土地征收工作。

2005年12月22日，鹊山龙湖项目一期工程正式开工建设，总占地面积6500亩，工程内容主要包括填筑异国风情社区建设用地、塑造生态湿地区东段地形、开挖周围湖区。累计总投资2.4亿元，开挖土方446万立方米，填筑土石方467万立方米，填筑建设用地约3000亩，形成水面约2000亩，塑造生态湿地约1500亩，完成绿化30多万平方米。

自2007年12月10日至2009年年底，分三期工程，根据济国土资字〔2005〕572号文件规定，按照土地利用总体规划、土地开发复垦整理年度计划及市政府的要求，依照“田成方、路成网、沟渠路桥涵闸综合配套”的标准，前两期3828余亩和第三期姚吕等11村10058余亩在辖区西部完成土地整理面积达14000亩，为发展高效旅游观光农业打下坚实基础。

2015年，协调桑梓店镇、大桥镇、区国土局等单位处理解决土地权属争议22宗，为鹊山龙湖征地及国有土地收储做好前期准备工作。取得市国土局拟征地公告后，管委会立即组织区国土局、大桥镇政府、桑梓店镇政府、北郊林场等相关单位召开鹊山龙湖征地地上物清点工作会议，安排部署地上物清点工作。经过两个月艰苦奋战，共征收桑梓店、大桥两镇丁庄村、门口村、刘庙子村、小市村、朱河圈村、铁匠村、老屯村、仓上村、桃园村九个行政村共1502亩集体土地，其中涉及的集体建设用地丁口砖厂亦单独签订地上物补偿协议，同时与各村签订征收补偿协议并组卷上报市国土局，征地补偿款9796.334万元已支付到位；土地收储工作共收储鱼鹰公司、历城淡水养殖场两宗国有农用地414亩，并与两公司签订收储协议，同时兑付2008年已征地194亩土地1241.4026补偿款并收回土地。2个月内总共完成征地2300余亩。

同年3月21日，鹊山龙湖片区市政专项规划方案设计评审会议在鹊山龙湖展示中心召开。济南市规划局、山东建筑大学、济南市市政设计院（集团）有限公司、山东清正自来水公司、山东省城乡规划设计研究院、山东省城乡规划设计研究院、济南市规划设计院等单位专家和北展区管委会有关人员参加会议。济南市规划设计院就市政专项规划方案进行了汇报。专家们听取方案汇报，认为规划内容详实完整，符合国家有关法律法规要求，达到规划设计深度要求，能有效指导鹊山龙湖片区下一步建设。针对具体内容，专家们建议方案应对区域交通及区内交通关系、雨水排放标准、污水处理方式及水源保护、输水管线改造方案、市政管线管材选取、管线综合等方面进行优化完善。区城市规划协调中心主任李圣坤总结本次评审会议，要求方案设计部门尽快完善规划方案，并尽快报规划部门审查备案。

第五节　招商引资

根据山东省、济南市相关部署，自2007年至2009年年底，天桥区先后与香港世茂集团和马来西亚亚发林集团谈判合作开发鹊山龙湖项目，因种种原因未能达成合作协议。2010年初，鹊山龙湖开发建设按照“政府主导，企业运作”的路子，分别与山东黄金集团、鲁能集团、山东高速集团等企业进行竞争性谈判。经过综合考察，黄金集团在企业自身实力、开发理念、合作兴趣、合作诚意等方面均表现突出。2010年6月26日，济南市政府召月第53次常务会议，同意天桥区与黄金集团合作开发鹊山龙湖项目，并出台相关配套政策。经过与山东黄金集团多次反复协商，于2010年7月26日，双方在山东大厦举行《鹊山龙湖项目合作开发框架协议》签约仪式。合作范围以建邦黄河大桥北延长线为界，建邦大桥以西为基本农田区，以东为合作开发区，面积约16平方公里（24000亩）。历时三年的鹊山龙湖项目市场化运作取得实质性进展。由于各种原因与黄金集团合作三年后于2014年，终止与山东黄金集团的合作。

2014年1月16日，北展区管委会约见中弘控股山东分公司副总王余棘、中弘控股投资中心副总范庆涛、美国EDSA设计公司董事斯考特先生等一行10余人，中弘设计团队实地察看小游园、码头、航道、鹊山等区域。下午，北展区管委会召开专题会议与中弘控股项目设计团队进行对接，就项目策划定位、下一步工作重点与设计团队进行沟通交流，管委会希望中弘控股项目设计团队加快工作节奏，进一步完善策划方案。管委会党组副书记、主任田春华同志主持会议并作动员讲话。2014年2月27日，天桥区政府与中弘公司签订《鹊山龙湖合作开发协议》。2014年4月25日，天桥区政府与中弘公司签订《鹊山龙湖项目合作实施协议》。

第六节　重点项目

（一）规划展示中心建设

鹊山龙湖规划展示中心沙盘（2016年摄）

规划展示中心由山东黄金集团出资建设，

该项目位于天桥区大桥镇桃园村309国道南侧，建设8000平方米展示场馆，总投资1.2亿元。项目于2011年6月开工建设，2012年年底竣工。

（二）“新奇世界国际度假区·济南鹊山”文化旅游综合体项目

“新奇世界国际度假区·济南鹊山”文化旅游综合体项目由北京中弘控股股份有限公司投资建设，以主题公园为核心，形成“1-3-3-3”立体业态体系。一个旅游小镇，项目整体将呈现为旅游小镇的形态，涵盖各种功能和要素，宜游宜乐、宜静宜动、宜居宜养；三大主题游乐由美猴王世界、地域文化特色主题、人鱼帝国组成；三大产业配套包括酒店群、养老社区、文化创意产业园；三大休闲公园指奥特莱斯购物公园、龙湖湿地公园、鹊山森林公园。项目计划总投资约200亿元，占地约6000亩，分两期开发建设，其中一期占地约3000亩，拟投资150亿元建设美猴王世界主题公园、酒店式公寓、企业会所、地域文化特色主题公园、酒店、购物乐园；二期占地约3000亩，拟投资90亿元，建设人鱼帝国主题公园、养老社区、湿地公园、森林公园、文化创意产业园、酒店式公寓。项目建成后将树立旅游行业标杆，全面提升济南旅游形象，促进济南旅游产业结构升级，同时将新增就业至少15000人。

中弘集团委托美国EDSA景观设计公司完成项目规划设计，2014年9月17日，市规划局对项目街区控规进行公示。项目区完成土地出让净地356亩，出让地块的修建性详规正在报批中，近期将开工建设，建筑面积约3000平方米的中弘规划展示中心项目已于2015年3月底竣工。该项目总建筑面积约300万平方米。

天桥区与中弘公司签订《鹊山龙湖合作开发协议》《鹊山龙湖项目合作实施协议》及《鹊山龙湖项目补充协议》。按照合同约定，中弘公司在天桥区注册成立济南中弘旅游开发有限公司和济南中弘弘庆房地产开发有限公司，中弘部分开发资金已经到位。为加快项目推进，天桥区成立鹊山龙湖项目建设指挥部，在指挥部第一次会议上，天桥区区委书记毕筱奇要求指挥部各成员单位坚持高标准、高水平、高档次、高效率加快推进项目建设，确保中弘项目尽快具备先行开工条件。中弘项目建设，已完成项目区街区控制性详规外，完成征地700余亩及2800亩地上物清点、补偿款兑付工作；中弘先期完成项目区外围广告围挡和建邦大桥道路建设，建筑面积约3000平方米的中弘规划展示中心项目于2014年7月开工建设，于2015年3月底竣工，4月份投入使用，累计接待省市区各级领导和投资客商50余批次，450余人次。经过不懈努力，中弘首期356亩土地顺利摘牌，标志着沉寂多年的鹊山龙湖开发建设取得实质性突破，标志着鹊山龙湖开发建设大幕已经拉开。管委会加强与中弘公司沟通，积极协调桑梓店镇和驻区单位，化解各类矛盾，为项目推进创造良好的施工环境。首期356亩施工现场塔吊林立，火热施工，已初具雏形。地块五：1-3#、20#楼二次结构施工完成80%，4#楼二次结构完成50%，6-11#、21#楼楼十层结构完成，12-19#楼7层结构完成。地块二：11#、13#，16#楼结构封顶，1#、5#、6社、14#、15#楼六层结构完成，12#楼结构封顶；10#楼三层结构完成；7社、8社、3#、9#、4#地下室钢筋完成50%；车库地下室结构完成60%。

正在修建中的新奇世界·鹊山龙湖住房（2016年摄）

第七节　荣　誉

2015 年被评为济南市文明单位

2015 年被评为天桥区 2015 年度科学发展二等奖

人　物

一、人物传略

房应魁，男，后方村人。"四世应魁，字天章，岁贡生，任直隶永平县丞，擢荐升山西代州知府，又升直隶广平府知府，诰授朝议大夫，晋中宪大夫。""公讳应魁，字天章，齐河节妇乡二图茂族也…任直隶广平府永年丞，负性刚果，持守清操卓著，贤声几载。疾卒于官，闻者皆悼，有天夺斯人、未终其志之叹…公生于成化二年正月二十三日，卒于嘉靖元年二月十五日，享年五十七…葬于庄南祖茔…"（后房村《房氏族谱》《明故迪功郎房公墓表》）

张其昌，男，后房村人，新中国成立前在上海一带任盐务局长。

韩孟福，男，后房村人，新中国成立前打入聂团做地下工作，为共产党搜集情报。1950年任村长，后任耿家乡乡长，后又在齐河县民政局工作，升至局长退休。

韩孟祥，男，后房村人，曾任济南五里牌坊建筑公司党支部书记，为官公正无私，"私事不办，谁也不行"。

刘志先，男，大郑村人，曾任桑梓店镇建委主任，2007年去世。

刘付先，男，大郑村人，曾在齐河县公安局治安股工作，后任大桥镇土管所副所长。

韦逢甲（1796—1842），男，抗英民族英雄。民国《齐河县志·忠烈志》记载："韦逢甲，字毓春。东北乡三官庙人。少为文，英气勃勃，识者早目为大器。由廪生中道光戊子科举人，丙申成进士，即用知县。分省浙江，旋署馀杭、浦江等县。政清行卓，见重上宪，升署乍浦同知。鸦片之役，英兵登岸，力御敌人，奋不顾身，中伏亡，时道光二十二年也。事闻，追封朝议大夫入祀昭忠祠，世袭云骑尉职，赐一匾额曰'永垂为鉴'"。一说道光皇帝特赐"守土为法""永垂为鉴"匾额，命归葬故里。民国《齐河县志·选举志》记载"进士…道光丙申…韦逢甲，字毓春，邑东北乡三官庙人。官至浙江乍浦同知，殉难"，"举人…道光…韦逢甲…戊子科举人"。台湾中央国家图书馆保存的《鸦片战争史》第98页载："英军陷乍浦……英军遂由东门入城，水师副都统长喜、同知（明清时期官名，为知府的副职，正五品，因事而设，每府设一二人，无定员，负责地方盐、粮、捕盗、江防、海疆、河工、水利以及清理军籍、抚绥民夷等事务。康熙后，一些派驻在外分管某一事务的同知逐渐成为主持当地政务的实际长官）韦逢甲等尽抗战以死"。

韦云奎，字六峯，邑东北乡三官庙人。朝议大夫逢甲之孙，举人予之子。武庠生承袭云骑尉世职，归本省抚标左营，期满考绩，以守备候补效力河防，袁巡抚保仅先都司。（民国《齐河县志·选举志》）

周霖川，民国《齐河县志·选举志》记载，清朝光绪年间"周霖川，邑东北仓上人，戊子恩贡生（指明清两朝秀才成绩优异者，可入京师的国子监读书，称为贡生。意谓以人才贡献给皇帝）"。

王树田，男，仓上村人，1885年生，习武练鞭，方圆百里闻名，弟子甚多。

高连桂，男，仓上村人，1889年生，私塾先生，学生很多并且很有影响力。

赵凤珠（1901—1974），体育工作者。青年时期就读于北京师范大学体育系，擅长篮球运动，是校篮球队主力队员之一。毕业后至清华大学任教。1945年抗日战争胜利后到青岛，任青岛市教育局体育督学、青岛体育场场长。1949年任青岛人民体育场（今第一体育场）场长。1954年6月至1963年12月任青岛市体育运动委员会副主任。1955年5月至1963年10月任中国人民政治协商会议青岛市第一、二届委员会常委。1963年10月后任青岛市人民委员会委员。其学生黄华、乔冠华（均曾担任外交部长）曾给他来信问候。民国《齐河县志》“齐河县中等以上学校毕业生一览表”对其有记载。

刘玉栋，男，仓上村人，曾获武汉军区夜间机枪点射第三名，参加过抗美援朝。自任庄稼医院院长，能让西红柿长出第二茬，累累果实像小枣。他生前立下遗嘱，将逝世后遗体捐献给医学事业。

刘玉盛，男，仓上村人，1925年生，革命烈士，在解放战争兰州宜山战役中牺牲。

高逢明，男，仓上村人，1945—1948年任仓上乡乡长，为共产党做地下工作。

李自强（1921—1992），曾用名李子强，男，济阳县孙耿镇油坊村人。1939年参加革命，1940年任武工队长，在齐河、济阳、临邑三县交界地带活动，建立抗日民主政权和抗日民族统一战线。没有武器，李自强就在腰间别上一个笤帚疙瘩，有意用上衣盖住，给人以“有枪”的感觉；其他人则拿起木棒、大刀、长矛、猎枪。后在庙廊村以南的周姑寺村缴获了3个土匪的1支“单打一”折枪——每次只能装1颗子弹，从此才有了真正的武器。伙食是从各家各户敛来的黑、白、黄各种干粮，放到一个篮子里，上面盖一块布。不分官兵，都不掀起盖布，把手伸进篮子摸到什么就吃什么。为了应急，武工队往往约定好第一集合点、第二集合点、第三集合点等。武工队在齐河县安头乡王京屯村的一次战斗中，消灭一股抢粮的土匪，打死3人，缴获三八大盖步枪3支。十六团和齐河县大队攻打聂团时，他一方面用攻心战术分化瓦解敌军，一方面带领武工队用胳膊夹着从北边五六里外的孙耿村往前线运送迫击炮弹。李自强后任齐河县第六区（桑梓店）副区长、代区长。新中国成立后他了解到刘庙子村有一户赤贫，特批救济款为其建房，为其提供口粮，连刷锅的炊帚都给他准备下。1954年夏季收公粮，沙李村迟迟不缴。经过调查，了解到该村多种葡萄，没有小麦可缴，他就跟其他领导研究，决定该村变通方式缓缴。1964年退休，后来根据国家政策享受离休待遇，1992年在原籍去世。

肖嘉玉，男，铁匠村人，人称“三傻子”。有一天日军从他家中搜出一捆粗铁丝，怀疑他偷走吊铁桥的铁链。肖嘉玉毫不畏惧，大骂日军。日军恼羞成怒气急败坏，竟残忍地用铁条横穿其嘴。肖嘉玉仍大骂不止，日军竟丧心病狂地割掉肖嘉玉的生殖器，在仓上村西的老火车站枪杀他。众人都竖大拇指赞其“有种”。

王玉成，男，铁匠村人，汉族，1950—1955年任仓上乡乡长。

杨桂兰，肖居忠之母，一双大脚，东北抗联战士，新中国成立前参加齐河区小队。那时候共产党领导的齐河县政府驻表白寺镇孙耿村，杨桂兰在那边工作1年多。

刘丕显，男，丁庄村人，中医，擅长医治伤寒病、神经病，有起死回生之术。曾经有一个患神经病的济南妇女，发作时赤身裸体跳到桌子上，来此治愈。对于因病等原因不能亲自前来就诊的，他不是非要病人前来，而是善解人意地详细询问来人开出药方，往往奏效。他开方写的正楷毛笔字很漂亮。20世纪70年代经常有外地人慕名来求医。

袁德富，男，丁庄村人，经营面粉厂很有名，生意兴隆。东到大桥镇，西到园林场，都来换面、买面、买麸子，排的队伍很长。所产面粉多次远销东北，与东北客户合作良好。后来赊销一次，货发出之后没有找到买方收回货款，承受巨大损失。

刘兆华，男，丁庄村人，擅长公路设计。据传村北309国道最早修建于日占时期，每1里地设一口井，分布在公路两侧。本来计划公路从村内穿过，刘兆华爱乡报恩，把图纸改为走村北。

刘兆庭，男，丁庄村人，新中国成立前在北大槐树一带开洋行。他在村里建的房子犹存：墙用两块并排的大土坯垒起，约八九十厘米宽，不但坚固，而且冬暖夏凉。山墙上有窗，打开后是中空的夹墙，可以存放物品。

刘元茂，男，丁庄村人，20世纪50年代考入济南师范学校，后入山东财经学院，1964年大学毕业后积极要求支边，到宁夏工作，后任宁夏财政厅厅长，2000年去世。

赵允和、赵孟金父子，祖籍山东莘县，小屯村人，桑梓店镇一带知名中医，医术高明，医德高尚。他们救死扶伤，不论贫富，造福一方，救人无数。

张振明，男，小屯村人，1951—1955年参军，参加抗美援朝战斗，光荣负伤。

宋元昌，男，小屯村人，1956—1957年参加抗美援朝。

王传刚，男，小屯村人，1925年出生，8岁在本村于家私塾读书，15岁外出学习铸造，3年后到原渤海兵工厂工作，后转到济南柴油机厂。1948年入党，任柴油机厂机关工委书记，后调济南市委工作，离休，享受正厅级待遇，2015年91岁。

于大勋，男，邑东北于屯人，投四川马边寿字营。随陈总戎克复沙匡，夷匪肃清。以功奖给六品衔，尽先拔补把总。后在马边协效力，署理某某三汛。卒于屏山汛任所。（民国《齐河县志·选举志》）

滕长存，男，丁口村人，优秀共产党员，当时在齐河县是有名的“铁队长”。在担任生产队长期间，勤勤恳恳，任劳任怨，带领社员开垦荒地，拔草清淤，无论刮风下雨，还是烈日炎炎，都冲锋在前。在他的带动下社员们干劲十足，粮食产量不断提高，其生产队的粮食单产量和社员收入为全大队之首。为人善良耿直，无论生产队或邻居之间的事情，他都公正无私地去处理。他思想进步，勇于担当，深受村民好评，加入中国共产党。于2010年去世，享年73岁。

孙伯令，男，丁口村人。抗日时期在济南泺口任共产党地下秘密联络员，以渡口保安队长身份周旋于日本侵略者和国民党反动派之间搜集情报，后为解放济南作出重要贡献。新中国成立后在德州火车站工作。

孙香令（1882—1959），男，丁口村人，民间老中医，悬壶济世，医术高明，经常给穷苦人减免药费。

滕长荣，男，丁口村人，在新中国成立前挑着扁担到济南谋生，后创办生产纯碱、肥皂、纽扣等的化工厂，后成为济南化工厂（济南长途汽车站东邻，泉兴小区前身）。滕长荣实际是济南化工厂的创始人。

滕长贵，男，丁口村人，新中国成立前玩云彩灯当猴儿，身体矫健，力大无穷，据说一下子能扛起12袋洋面粉。好抱打不平，曾打死过日本人。他在济南三大马路兴办磨坊，虽是石磨，但用电力。后来兴办橡胶厂，生产轮胎。

孙振泉、孙久东，男，丁口村人，新中国成立前在济南经营东昇油漆生产合作社，有员工80多人，承接过国民党省政府的装饰工程。孙久东结识共产党的一名地下党员，受到积极影响。新中国成立后，孙久东听从那位共产党人的建议，把公司资产缴公。孙久东曾出席过济南市第一届先进手工业者代表大会。

孙振山，男，丁口村人，新中国成立前在济南干木匠活很有名，“从东关到西关，无人不识孙振山”。

韩守德，男，丁口村人，早年在东北参加抗联，后参加志愿军赴朝参战，屡立战功，退役后任村党支部书记。

朱老太太、孙老太太，丁口村朱长利的妻子、孙振东的妻子，两人均身怀祖传绝技，会接骨拿踝。谁家孩子腿或胳膊脱臼（俗称掉腿掉胳腆），无论何时何地，纵使半夜三更或刮风下雨，只要有人敲门，她们都积极主动治疗。

滕培元，男，丁口村人，清朝末年武秀才，武功极高，性情豪爽，为人正直，从不以势压人，深为人们敬仰。

吕长存，男，丁口村人，东北抗联战士，属赵一曼领导，曾多次参与抗日战斗并受到表彰，战功赫赫，但相关资料于“文化大革命”期间丢失。退役后曾任村第二生产队队长，于1994年6月逝世，享年75岁。

韩守亮、王传德，男，丁口村人，在解放金门的战争中英勇作战，冲锋在前，不幸中弹牺牲，都时年二十几岁，被人民政府追认为革命烈士。

滕长伦，男，丁口村人，参加中国人民志愿军，在抗美援朝作战中中弹负伤，后又被突如其来的大雪掩埋，活活冻死，长眠在异国他乡，时年20多岁，被人民政府追认为革命烈士。

王茂堂，男，南郑村人，曾任国民革命军营长。

董兆祥，男，南郑村人，曾赴朝参战。

代恒友，男，南郑村人，曾参加云南剿匪，后来在渔场退休。

董兆元，男，南郑村人，参加过解放战争，立过功。

周树春，男，南郑村人，1930年生，曾任高清县水利局助理工程师。

王连录，男，南郑村人，1936年生，中共党员，曾任大庆市让湖路区政法委主任。

孙佩锦，男，南郑村人，1937年生，山东大学中文系毕业，曾在北京某报社任编辑，后落户青岛。

朱老太君，朱占鳌的夫人，朱河圈村人，曾经告御状惊动三个县的县官，为朱河圈村争得黄河中心线南80多亩土地。

田德旺，男，朱河圈村人，曾是黄河水运漕帮的首领。

王家俊，男，草庙王村人，1934出生，参加过抗美援朝，回国后参加农业生产，2006年去逝。

任化一，清朝同治年间人，字贞甫，邑北安庄人。乙丑科副榜，任郯城县教谕，升陕西延安县知县，调署府谷县知县”。（民国《齐河县志·选举志》）

宗延禄，男，安庄村第一名共产党员，在部队入党。他是陈毅部队的士兵，曾经参加淮海战役，眼睛在战场上受伤，视力仅有十来米。1957—1960年负责全村的工作。

岳连增，男，字益堂，邑东北周闫庄人。曾充察哈尔蔚县暖泉正巡官。（民国《齐河县志·选举志》）

刘东全，男，周闫村人，1947年参加地方武装，后参加八路军，淮海战役中英勇牺牲，是全村最早的革命烈士。新中国成立后每年清明节学校都组织学生为其扫墓。

聂司安，男，周闫村人，1950年参加抗美援朝，在上甘岭战役中英勇战斗，但战斗结束后未发现其踪迹——大概已被敌人的炮火炸得粉身碎骨。聂司安被追认为革命烈士。

刘东诚，男，周闫村人，1950年参加抗美援朝，在突围中身负重伤，英勇牺牲。

李茂东，男，周闫村人，1946年从地方武装参加八路军，参加过淮海、辽沈两大战役，历任部队长、团长职务。他在战斗中身负重伤，国家安排他在北京治疗。他要求民政部门协调转回山东齐河县疗养，病故时齐河县副县长为其致悼词，被安葬于齐河县烈士陵园。

刘家山，男，周闫村人，1947年由地方武装参加解放军任司号兵，在孟良崮战斗发起冲锋时上肢受伤致残，治疗后回村务农，享受荣誉军人待遇，直至病故。

高树仁，男，周闫村人，曾任齐河县办公室主任、副县长。

聂涛，男，周闫村人，1949年入伍，1950

年参加抗美援朝。在坚守阵地时被敌人的炮弹炸掉一条腿，后转至大连后方医院手术治疗。因伤残无法回战场，山东省民政部门于1955年将其接回济南，安排在山东省中药材总公司，负责财务工作。

高金忠，男，周闫村人，曾任齐河县电业局副局长。

岳其俊，男，周闫村人，曾任孙耿公社革委会主任、表白寺镇党委书记、园林场党委书记、齐河县人大常委会主任。

刘兆太，男，周闫村人，曾任大桥镇副书记、政协主席。

刘兆贵，男，周闫村人，毕业于山东工业大学，分配到济南柴油机总厂，任高级工程师。

刘廷申，男，周闫村人，1949年入伍，参加抗美援朝，在战斗中表现突出，荣立一等功1次、三等功5次。

刘廷申

华廷贞，男，后房村人，曾任淄博市博山区武装部长，去世后归葬故里。

韩忠谦，男，后房村人，后房村党支部书记，桑梓店镇党委委员，历城区人大代表。童年曾任儿童团团长，后在齐河县广播站工作。1962年回村任干部，勇于开拓，正直清廉，招待领导同事吃饭都是自己掏钱，深受村民乃至全镇的尊敬。去世后全镇及各村干部参加葬礼。

杨金旺，男，1953年12月生，北王堂村人，连续任村支书执政35年，德高望重。任职期间，“山东省省级文明村”“山东省计划生育模范村居”“省级农村产业化调整先进单位”“济南市计划生育模范村居”“济南市计划生育和人口管理先进党支部书记”“济南市法制示范村”等奖牌挂满村办公室。他被评为济南市人口和计划生育工作优秀村（居）党支部书记，天桥区平安工作先进个人，天桥区农业和农村工作先进个人，在周北办事处、镇社会稳定办公室和镇志办发挥着不可替代的重要作用，成为北王堂村的骄傲。2016年12月去世。

王朝斌，男，耿家村人，会武术，据说在日占时期曾经在泺口跟日本人打赌，认赌服输倒爬城墙——倒立着身子用手在济南的城墙上行走。新中国成立后曾任郑州造纸厂党委书记。

耿长银，男，耿家村人，曾经当过济南聚丰德饭庄厨师长，据说毛泽东主席视察北园时曾经吃过他亲手制作的油旋，周恩来总理也吃过他做的油旋。

耿同山，精通红案白案，能做中餐西餐，会武术。

耿长武、王京孟、耿长在，男，耿家村人，都是厨师。耿长在在一个早晨能把一头猪的肉切成肉丝肉片等备用，他能一只手骑自行车另一只手端传盘给食客上菜不洒菜汤。

辛殿卿（1886—1923），男，康辛村人，民国时期晋系阎锡山部下，时任阎锡山警卫营营长，逝于山西太原。

康玉升（1918—2003），又名康耀辉，男，康辛村人。据族谱记载，其于民国三十七年（1938年）为抗日毅然参军，拼命作战，身受轻重伤20多次且功绩卓著，被提拔为团长。民国三十七年（1948年）升任华东区铁路警备司令部参谋处处长，20世纪50年代被齐河县人民政府授予“光宗耀祖”匾额。送匾的场面十分隆重，前面有12名吹鼓手奏乐，后面有秧歌队表演，有专人抬着匾，附近7个村的村民、学生参加活动。

康吉武，与康玉升一起参军抗日，曾经夺得日军机枪1挺，升任排长。在又一次夺日军机枪时不幸中弹，为国捐躯。

康玉章，男，康辛村人，1929年1月出生，共产党员，离休干部，两次担任村党支部书记18年，卒于2011年10月。1948年受解放军解放家乡的鼓舞，参加地方支援济南战役的工作并积极报名参军，1949年入伍，同年加入中国共产党。后转业到济阳县委任干部，之后到济阳县垛石桥人民公社挂职。后来因为健康原因回到康辛村担任党支部书记。1973年办完退休手续后，退休不退岗，继续为村民服务到1996年。晚年投靠儿子生活，在知道村党支部和村委会没有办公地点后，从2000年起把自己闲置的宅院无偿提供给村里使用。后来因房屋年久失修，2005年翻建房屋，在众村民依托附近济南新材料产业园区纷纷建房出租收取租金的大环境下，他又把自己新建的宅院无偿提供给村两委会使用，体现了一名共产党员的高风亮节。

马良成，男，大马村人，生于1925年，任空军师长。

马学尧，男，大马村人，曾任海军舰艇大副，江苏省劳动模范，回老家时有警卫员跟随。

董光武，男，北董村人，1948年前任忠孝乡乡长，根据1931年齐河县的行政区划，齐河县第六区忠孝乡下辖“冯堂、铁匠庄、三官庙、董庄、楼堂、肖庄、彭庄、双佛寺、老于屯、怀庄、石庙、韩庄、李堂、小寨、老寨、老屯”。

董玉泉、董永法、丁茂盛，男，北董村人，1950年任中小学教师。

王学山，男，街后村人，1924年12月27日生，1948年参加淮海战役致残。

刘子良，男，邱岸村人，1950年左右被选拔给刘伯承元帅当英语翻译，后来任山东医科大学外语教研室副教授。

李振方，男，邱岸村人，自幼学习中医，17岁开始行医，远近闻名的“小李先生”。他对中草药很有研究，在村内开设“天兴堂”药房，自己炮制各种丸、散、膏、丹，擅长诊治小儿科、妇科、外伤、疮、水肿等症。1956年公私合营，到地方门诊所任所长，后来到镇卫生院工作，带领青年医护人员种植中草药，自制中成药，研制多种中草药针剂。他自幼亦喜爱书画文艺，工柳体，爱唱地方戏。1956年以前，每年自制道具布景等，带领戏曲爱好者排练多台地方戏，在本村和附近村庄演出《李二嫂改嫁》《小姑贤》《龙凤面》《拾玉镯》等。

李产，原名李成祥，男，邱岸村人，1949年前后的大学生，大学没毕业就参军，后调往北京。

王付文，男，邱岸村人，原济南市电报局工程师。

王聘之，男，邱岸村人，曾任大黄卫生院院长。

李曰奎，男，邱岸村人，1961年出生，1985年参加对越自卫反击战，荣立二等功，后转业到济南市公安局，副团级干部。

秦长安，男，西秦村人，1950年参加抗美援朝，荣获十几枚奖章，1990年左右去世。

姚广孝，字斯道。以僧佐永乐取天下，封荣国公。史称长洲人，或言在邑西关剃度，或言原籍邑北姚吕庄。故吕得从为徒，今大寺僧皆其支派。藏广孝小照，疑当日名手所写，然

不见袁洪所谓目有三角影白，形如病虎者。（民国《齐河县志·艺文志·杂录志·齐志拾遗》）

吕万轩，男，姚吕村人，生于清末民初，秀才，民国时任县参议员，经常参与县里案件的审判。当时乡间流传“姚吕的官司案了，（油坊）赵庄的香油担子，东秦的馍馍筢子（器皿，柳条编制，长圆形），袁贾的豆腐担子”。

吕奎文，男，姚吕村人，清朝时的祖上从章丘弓箭铺学习造箭技艺后回家自己经营，用铜胎、牛筋、竹竿粗加工后供应章丘弓箭铺。弓分 6 担、12 担、24 担三种，分别至少需要 30 千克、60 千克、120 千克的力量才能拉开。生意兴隆，拥有土地 8 公顷。1979 年，有村民到章丘走亲戚还听当地老人称赞姚吕村的弓箭铺。

牛洪义，男，姚吕村人，1953 年生，济南市人大代表、政协委员，在全镇第一个买吉普车，第一个买上海牌轿车，第一个买蓝鸟轿车，第一个买奥迪轿车。成立过注册资金 1000 万元的俊豪机械工程有限公司，经营过 2 家加油站，承建过大量道路工程，拥有 1 座大楼，曾是桑梓店镇的首富，在当地有很高的知名度和影响力。牛洪义最早是赶着驴车到各村走街串巷收粮食，给本村的电磨加工赚取运费；后在村草编厂任推销员，把姚吕村的草绳草苫推销到甘肃兰州的建筑商和河北省的砖瓦厂。因成绩突出，被调到公社（现在的镇）供销公司，经营草绳草苫化肥等。1984 年，一军官带领警卫到赫庄闸钓鱼遇雨，因大坝上都是黏土泥泞路滑车不能行，在园林场小坝附近遇阻。前不着村后不着店，而且那时候交通通讯条件太差，即使联系上部队因路滑车辆也无法到达。恰好吕元才、牛洪义等人经过此处，予以热情帮助。牛洪义把军官等人领到家中招待酒饭、留宿，次日又帮助把车弄走。其间知道那人叫任思忠，时任济南军区顾问，曾任济南军区副政治委员、军区党委常委。任思忠等人千恩万谢，表示日后必定报答。但之后牛洪义一直没与之联系。后来牛洪义卖过化肥，在齐河七中（今济南第五十二中学）搞过五金厂。后来上级派到桑梓店镇一个扶贫工作团，工作团王团长提议牛洪义去求助任思忠。牛洪义抱着试试看的心理找到那里，任思忠热情接待并予以大量扶持。牛洪义从此发达。牛洪义从不小看人，即使村中最贫穷的去求助，他也热情帮助。借给村民的钱，他从不追索。2000 年，牛洪义牵头历城公路局为村里修建一条 200 米长、6 米宽的柏油路，为全镇第一。牛洪义为全村、全镇甚至更多的人做过很多好事，是桑梓店镇的一代枭雄。2008 年去世。

孙洪彬，男，左庄村人，1955 年参加工作，1970 年在本公社任办公室主任，后调齐河县马集公社任副书记，又调任安头公社任第一书记、县林场书记，1995 年退休。

怀心茂，男，东秦村人，1953 年任济南火柴厂厂长。

秦家顺，男，东秦村人，新中国成立前在齐河县安头乡里仁庄当长工时加入中国共产党。

姜汝波，男，东秦村人，1952 年参加抗美援朝，任 5478 部队通讯连连长，1954 年返回北京，后因病去世。

吕长祯，男，小吕村党支部书记，1950 年组织成立互助组，带领村民种棉花发展集体经济，被评为华东六省一市劳动模范，当选齐河县人大代表，受到毛泽东主席和山东省委书记舒同的接见。

吕洪发，男，小吕村人，曾任沂源县农业局局长。

赵逢臣，男，小吕村人，1969 年参加过珍宝岛战斗。

贾向海，男，袁贾村人，1949 年前参加革命，逐步升至连指导员，新中国成立后复员回村任村大队长。之后响应国家开发北大荒的号召到东北开垦荒地，1953 年回村。

贾向延，男，袁贾村人，1948 年在潍坊参加革命工作，后调往青岛粮食局，是离休干部。

袁兆强，男，袁贾村人，1966年参军，复员回村后任党支部书记，后到齐河县供销社工作，之后调往靳家乡政府，曾任靳家乡政府办公室主任。

“张鸿翼，字鹏飞，邑东北桑梓店人。由行伍充甘肃陆军营长，后在邑充警备队队长。”（民国《齐河县志·选举志》）据张鸿翼的儿子张成祥介绍，张鸿翼生于1882年，1898年因黄河大决口被迫南下，后加入蔡锷的部队，任蔡锷警卫官。曾在一次战斗中负伤，被坐骑红色战马叼着武装带走出很远，后战马趴下让主人爬上去又驮着他来到德州刘志庙（音）村，赵员外为其治伤。1903—1925年，张鸿翼任齐禹县警备大队队长，曾得到过群众赠送的“万民旗”“万民伞”。1926年，张鸿翼回乡，装束、生活、谈吐等与村民无异。1928年，创立“义泉酱园”商店，1947年关闭。1959年，张鸿翼因病去世，享年77岁。村西头刘丰成（2016年104岁）老人回忆，当年是张鸿翼救了自己一命。刘丰成是外地人，不是当地口音，聂团的人据此怀疑他是八路的探子，要挖坑活埋。快要埋到胸口的时候，张鸿翼飞马赶到，高呼“刀下留人”。聂胡子一向敬重张鸿翼，曾经多次登门聘请张鸿翼到聂团当教官，都被婉言谢绝。这次自然要给张鸿翼面子，刘丰成才得活。1991年桑梓店镇党委副书记崔德才、科委主任张成祥、林业站长张长珠一起到西秦村收提留款，他们在村支书秦长征家的大喇叭上喊了一天也没有一个人来缴。下午他们几个人出来，在秦长征大门口的街上碰到三个老头儿，其中一个胡子都白了，很长。闲聊间听说张成祥是桑梓店村人，那老人问“知道鹏飞先生吧”，张成祥知道那是父亲的“字”，就说是其父亲。不料那老人肃然起敬，慌忙整衣作揖，尊称“张公子”，说鹏飞先生是自己的救命恩人，说催提留款的事不用管了。党支部书记秦长征说：这位老人很有威望，这下子交提留不用发愁了。在那老人的帮助下，不到一个小时的时间，全村的提留款交齐。从那时起，张长珠一高兴就戏称张成祥为“张公子”。张成祥回家后问母亲，母亲说那是秦六。原来早在新中国成立以前，秦六家是财主，在济南府有买卖，不想树大招风，被鹊山的小组子（音）——土匪绑架去，用尽各种办法都无法救出。后来家里派人到禹城找到张鸿翼。张鸿翼让来人拿上自己的腰牌之类回去赎人。绑匪见后敬畏，派马把秦六送回直到村头。

怀相庆，男，桑梓店村人，参加抗美援朝，在上甘岭战斗中受重伤，双膝四指以下全被截肢，被评为一等残疾。

滕曰林，男，桑梓店村人，参加抗美援朝上甘岭战役负伤。

管廷芳，男，桑梓店村人，参加抗美援朝任卫生员。

怀居俭，男，桑梓店村人，1948年参加人民解放军，任炊事班班长，荣立三等功。

王玉河，男，桑梓店村人，任解放军西南军区某部连长。

段文清，新中国成立初期开明人士，齐河县政协委员，焦斌卫生院副院长。

王学富，男，桑梓店村人，先后任淄博市制酸厂、炼铁厂、玻璃厂党支部副书记。

张培明，男，桑梓店村人，曾任烟台钟表厂高级技师。

怀相财，男，桑梓店村人，曾任济南汽车制造总厂（简称“汽总”，中国重汽集团有限公司的前身）二厂供销科科长。

怀相义，男，桑梓店村人，曾任解放军某部排长。

张家祯，男，桑梓店村人，任济南金钟衡器厂党委秘书，办公室主任。

李兴湖，男，沙李村人，1941年参加新四军，任某部印刷厂主要负责人。新中国成立后，任成都市新华印刷厂党委书记，高级干部。

李廷玉，男，沙李村人，1951年参加中国人民解放军，1952年加入中国共产党，在部队荣立二等功。1966年任沙李村党支部书记，带领全村挖沟渠、打机井、治沙丘、改盐碱，平整土地1200多亩，种植果树，发展工副业，不仅解决群众的温饱问题，壮大集体经济，而且每年上缴爱国粮5万余千克，多次受桑梓店公社、齐河县和德州地区表彰。

“怀晋，字丽明，明季廪生。其先世为邑东北怀庄人，后隶籍历城。晋幼读即博雅有名，学成品望为诸生冠。年四十八，明亡，哭辞孔子庙，隐山中。初居钋村（原字‘鑛’，读gong）村，群盗猝来，互语曰：‘长者在此，恐为吾辈所惊，明日当送静地供饮馔。’晋不答，至夜，遁去。晚居堰头镇，执经受业者甚多，有郑子铉者相从最久，尝曰：‘自从怀先生游，凡邪念之萌皆知自遏。’其德感人如此。布政使张某数延（邀请），至终不至。茌平王曰高巡抚直隶延之，教子弟半载即辞归。设教几五十年，门下士如洛阳艾元徵、王盛唐，显贵后，旋里（返归故乡）时必来遏（应为‘谒’，拜见）晋，遇（对待）之一如受业时。继母改适（出嫁），其子来争产，晋不与较，更为买田，友爱终身。时有陈某者号莫逆交，兵燹（xiǎn，战火）后，家属尽死，仅存一子，晋抚之子至于成立。年八旬，预知死期至期，沐浴而卒。后十四年，布政使卫既齐为作《怀高士传》。晋所著有《周易训蒙辑要》已行世，《四书易解》及文集藏于家，其易训辑要序、漫兴诗二则并门人李天舜书，后均载《艺文志》。事亦见《历城志》。”怀晋《〈周易〉训蒙辑要》自序：

“略曰，圣人立言以教天下万世，原非示人艰深繁难也，故《易》之为书六十四卦。伏羲仅以象告；文周虑人之弗明，而系辞以明之；孔子又作十传以反复申明之，既详且尽。盖欲学者于此居安乐玩，以为日用饮食之书，至于因理测数教人卦筮，则又示人进退存亡之道，而未尝有趋吉避凶之方也。术数者流专言吉凶，既失圣人立教之旨，谈理之家深刻其说，复启后学喜新厌常之目，遂使吾党学者非日为艰深，则厌其繁难，渐至训诂无人，而治《易》者寡，即究心举业，亦不过选题集义以为捷径，而明经之说竟成迂腐。呜呼！四圣人犹世觉民之意不几熄乎？余不敏，欲引人以乐从也，故合朱注及诸家解义采而辑之，以求读者之《易》晓，间亦附以己意，虽于理未尽明，聊为童蒙指南云尔。”并“附门人李天赐书后”。

怀先生结庐钋村之阳，怡情泉石，绝口不言仕进，惟以穷经为事，而治《易》尤精。因执《易》来学者，多探索之劳乏、会心之乐，先生曰：“‘夫《易》之道乾坤而已。乾坤之理，仍以《易》简求之，则广大精微自有合也。’因就《周易》集注笔削而增减之，求发明朱子本义而止。其书简而赅，明且尽，凡我同学诸子已各缮写一帙，而终未能广其传，因共谋捐资以登诸梨枣（旧时刻书多用梨木或枣木，因以‘梨枣’为书版的代称）。呜呼！先生往矣，广衍经学同期寡过，或亦先生当年之志也夫。天赐官至某省布政使。”据查，怀晋生于明万历年间，卒于清康熙十五年，享年八十岁。经查阅怀氏祖谱，怀晋系怀庄怀姓始祖怀子忠第九世孙。“钅广”村现属济南市市中区兴隆办事处。从古至今，每年春节这一天，怀庄村都有村民驱车前往钋村怀晋墓、祠堂祭拜。（民国版《齐河县志》）

怀世昌，至孝，人称“孝子爷”。他用了六年时间修父母庐墓，故人称怀晋墓为“孝子墓”。民国《齐河县志》记载：“怀世昌，字凤占，儒行晋之仲子。晋于明亡后，焚衣冠，入山授徒。其妻房氏自经（上吊自杀），世昌痛母惨烈，事父不离侧。父殁，葬钋村庐。于墓日惟负土筑塚，历三年，高如阜。复以母死节甚哀，又居三年。六年中，枕石卧棘，蔬水必跪焉。哭泣之哀，路不忍闻，巡抚以下皆题绰楔表之。布政使卫既齐序其父母节烈行实略曰：‘甲戌十月，余自黑龙江还里。十二日，而山左怀孝子来视，留居半月。每晨必洁扫其室，焚香，陈父遗书而拜叩之。问答间不溢一语，惟谈定性之学，述其父所注《易》及《阴符经》，辄以抱玄守一，有为无为相。示将归，以手纪父母事实，索余为之序。其辞明，其义晰，哀慕之情溢于楮墨外，诚孝子也。’据本书及卫布政使之序略，可想见世昌之为人。”清康熙帝于乙巳年（1665年）三月赐“龙凤碑”一通，题为“惟孝能格”；山东承宣布政使司卫既齐赐卧碑一通，题为“攀柏永怀”；历城知县王道隆赐卧碑一通，题为“一门节孝”。

怀恩沅，清咸丰举人。民国《齐河县志》记载：“怀恩沅，字余山，邑东北怀庄人。己未科经魁（明清科举有以五经取士，每经各取一名为首，名为经魁，任国子监（jiàn，国子监是我国元、明、清三代国家管理教育的最高行政机关和国家设立的最高学府）助教，候选知县。后寄居泺口北镇。”

怀书绅，字廷干，邑东北怀庄人，咸丰乙未恩科武举。（民国《齐河县志》。文称“文举”，武称“武举”）。

怀腾跃，怀庄人，顺治年间岁贡（科举制度中由地方贡入国子监的生员之一种。明清两代，一般每年或两三年，现从府、州、县学中选送资深的廪生升国子监肄业——有规定名额，因称岁贡），任寿光县训导。（民国《齐河县志》）

怀清澳，道光举人。民国《齐河县志》记载：“怀清澳，字竹菴，邑东北乡怀庄人，戊子科优贡，任汶上县教谕，加内阁中书衔，后徙居长清县殷庄。”

怀国捷，监生，桑梓店怀庄人。（民国《齐河县志》）

怀景榜，邑东北怀庄人，幼从戎荐升至参将。（民国《齐河县志》）

怀国政，训导（怀）腾跃从孙。赋性慷慨，乐善好施。尝出赀倡修桥梁义塚，遇贫不能婚葬者罔弗周济。乾隆十八年，建义学，捐地十二亩，延师训蒙，里党称之，邑令陶公给以匾曰‘果行育德’。”（民国《齐河县志》）

吕逢午（1872—1944），晚清秀才，原名吕思渭，字子骏，怀庄村人。光绪二十一年秀才，是闻名乡里的教师、善人。据历史记载，吕逢午仅读过五年私熟，因勤奋自学而知识渊博。二十岁被济南某商家聘为家庭教师，专教两个学生。两年后，这两个学生于同年同月同考场考取秀才。他也因此而声名鹊起，被人争相聘请。在教学之际，他发奋读书，也于1896年考中秀才。因其文才俱佳，监考官张之洞赠其国画4轴。吕逢午一生如春蚕吐丝，兢兢业业，培育大批有用之才，附近的教师、律师、记者等多是他的学生。吕逢午还是闻名乡里的善人，看到穷人的孩子上不起学，就准予旁听；听到谁家遇上特殊困难，就慷慨解囊。

怀心元（1908—1967），字甫田，怀庄村人，自幼聪慧，勤奋好学，儿时曾跟随本村秀才吕逢午读私塾。成年后，他因一手精美的蝇头小楷而名扬四方，被誉为“齐河一支笔”，是当时的“齐河三杰”之一，被招入民国的齐河县政府撰写公文。抗日战争爆发后，看到日寇占领齐河，他愤而辞职，回乡与好友在济南经商开煤栈、办报社，兼任《国民晚报》经理，宣传抗日活动。他乐善好施。当时他从齐河县城骑自行车（那时候的自行车尚属凤毛麟角，不亚于今“宝马”“奔驰”等名车）回家，每次都是进村之前就下车，总是推着自行车进村，逢人就热情的嘘寒问暖打招呼，一直被传为佳话。

怀曰达，男，1919年生，怀庄村人。出生在贫苦人家，在弟兄七个中排行老六，从十四五岁就给一户大地主扛活长工。1945年，为了躲避聂团抓丁，他只身一人来到泺口海源居饭馆当伙计。1947年，被共产党秘密发展为地下交通员。他借饭馆伙计的身份作掩护，经常配合地下党给部队传递情报。由于经常出入敌人防线，引起特务注意。一天深夜，敌人的特务队埋伏在饭馆门外，准备实施抓捕。他乔装打扮脱离虎口，趁夜色一路北上到达解放区，正式参加解放军。在部队里，他积极学习，作战勇敢，很快成为一名优秀战士。1948 年秋，他随部队消灭鼓胡子民团和省城外围的国民党部队，然后跟随部队解放济南。后接到命令奔赴更大战场，天亮就要出发。自从参军他一直没有机会和家中老母见面，这一走不知何时再回来，经部队领导批准，他半夜赶到村子，从低矮的土墙翻到院里，伏在窗口轻轻呼唤“妈，妈，我是六子”。睡梦中的母亲听到儿子的声音，急忙起身要下床开门，他说：“妈，您就别起来了，告诉您一个好消息，咱们济南解放了。我们部队有任务，明天我们就要走了，您老多保重身体。”说完跪在地上向屋里磕了个响头，就连夜返回部队。他和战友们参加淮海战役，又参加渡江战役。1949 年 5 月，攻克上海，为保护这座现代化的东方大都市，攻城部队没有使用炮火和爆破，面对敌军凶狠的火力，看着身边战士一个个倒下，身为连级指挥员的怀曰达挺身跃起，带领部队勇敢冲锋。身中数弹，壮烈牺牲，年仅 29 岁。1949 年 5 月下旬，怀曰达的灵柩从上海运回。2011 年 9 月，济南市民政局寻找散葬在乡下的革命烈士坟墓，把怀曰达的遗骨迁葬到英雄山革命烈士陵园。

怀保合，男，怀庄村人，1929 年 8 月生，1949 年 2 月报名参军，同年加入中国共产党。1950 年 12 月随中国人民解放军第 27 军入朝作战，参加过柳泉战役。曾在雪地里趴了 3 天 3 夜，后发现双脚脚趾全被冻掉。回国后在黑龙江疗养，后又到章丘荣军学校学习。1952 年 2 月回家务农。2014 年 8 月去世。

怀务丰，男，1918 年生，怀庄村人。当时因生活所迫，年仅 16 岁的他就背井离乡，闯关东，下矿井。因忍受不了矿主非人的折磨，在一天夜里，他逃离了虎口。而后逃荒要饭，于 1935 秋来到河北省保定找到红军，参加革命队伍，在石家庄、保定一带打游击。游击队在一山村宿营，不幸被敌人发现、包围。为掩护战友们突围，他自告奋勇留下来阻击敌人。后他被一老夫妇冒着生命危险藏于柴草垛中，幸运地躲过敌人的搜索。两年后，他又回到山里找到那老夫妇报恩，娶其盲女为妻（据说此女是当时为掩护怀务丰而被敌人打瞎了一只眼睛），许下诺言为二老养老送终。婚后不久，他又随部队南下，参加淮海战役。1950 年赴朝作战，升任正营级干部，参加上甘岭战役。抗美援朝结束后，他回到张家口，并被选拔到速成中学学习。学业结束后，转业到山西省榆次市一军用电缆厂任厂长、书记（副团级）。1978 年离休，2001 年病逝于山西榆次，享年 83 岁。

怀务甲，男，1936 年生，怀庄村人。他从济南老一中毕业，后考入铁路设计院学习 5 年。大学毕业后，被分配到济南铁路局设计院工作。他爱岗敬业，善于钻研，发明铁路远程自动控制信号系统，结束铁路系统用升降“扬旗”（设在车站两头的铁路信号，在立柱上装着活动的板，板横着时表示不准火车进站，板向下斜时表示准许进站）发信号的历史，荣获济南铁路局先进工作者称号，晋升为济南铁路局设计院助理工程师。由于积劳成疾，身患重病，于 1978 年不幸英年早逝，享年 42 岁。

怀保孝，男，1936 年 3 月生，中共党员，怀庄村人。1956 年 8 月考入山东师范大学化学系，1959 年 8 月在曲阜师范大学任教，后任教授，1997 年退休。2014 年因病在曲阜师范大学逝世，享年 78 岁。

王存贤、王振华、张逢岐、丁吉中、丁长奎，男，张王堂村人，1950 年积极报名参军，参加抗美援朝。

王系孔，男，张王堂村人，解放潍县时获得“民族英雄”光荣匾。

贾子元，男，邓营村人，清朝末年任长清县盐官，其官服官帽保留到1960年，因遭涝灾而损坏。

邓建刚，男，邓营村人，中共党员，曾任济南市百货大楼二楼党支部书记。

邓敏，原名邓吉新，男，邓营村人，中共党员，曾任泰安市水利局局长，济南市水利局副局长。

李维师，男，邓营村人，在日本侵略中国后，被迫给日本当劳工，被日本兵残忍地用蜡灌双耳，终身残疾。

宋化春，男，邓营村人，新中国成立前夕，他参加中共游击队，多次扒铁路，破坏津浦铁路交通线，后来被国民党部队逮捕杀害。

李玉成，男，邓营村人，原名李维兰，新中国成立前加入中国人民解放军四野部队，南下任排长，后定居广西南宁市。

贾建国，男，邓营村人，1912年出生，“九一八”事变前夕，参加青年学生抗敌义勇队，1937年12月加入中国共产党，1938年入伍。历任东进纵队独立营教导员，一二九师独立旅侦察科长、作战科长、敌工科长，新四旅七七一团副团长、团长，冀南军区情报处副处长等职。1943年5月调十八集团军前方总司令部情报处，被派往敌伪心脏平津地区做地下工作，建立并扩大地下情报网，搜集大量军事情报。解放战争期间，担任十四纵队四十一旅参谋长和二〇九师参谋长，参加豫北战役和淮海战役。全国解放后历任华北炮兵司令部副参谋长、军委高炮处处长，高射炮校第一副校长，炮兵学院训练部副部长。1988年9月15日在京逝世，安葬于北京八宝山革命公墓。

王洪友，男，邓营村人，中共党员，1942年参加中国人民解放军第四野战军，从东北南下至湖北。新中国成立前无音信，新中国成立后家人得知时已任营长，回家后于1974年去世。

邓建栋，男，邓营村人，中共党员，1942年入伍，东北抗联战士，在东北受伤，时任连长，新中国成立后回乡任党村支部书记，1982年去世。

贾相美，男，邓营村人，中共党员，新中国成立初期任大马乡乡长，后任晏城供销社采购站站长，1991年去世。

邓吉云，男，邓营村人，新中国成立前参加中国人民解放军，在103兵工厂，后定居南京。

宋化新，男，邓营村人，中共党员，参加过解放战争，后奔赴抗美援朝前线，多次立功，有勋章多枚，回乡后任第一任村党支部书记。1958年全国上下大刮浮夸风，他却在人民公社的干部会议上大声疾呼：“我们是让老百姓吃粮食，还是让老百姓吃数字？”为此在油坊赵村召开的全公社会议上他被插上白旗。1958—1959年邓营村老百姓家中缸满囤满，他只是客观公正、实事求是而已。

贾连城，男，邓营村人，新中国成立初期任桑梓店镇卫生协会会长，任期近20年，后落户于桑梓店村。

邓建珍，男，邓营村人，农民，不识字，但他是有识之士，积极支持子女上学、当兵。他的名言“不买地、不修房，供着子女上学堂”常受人称道。他培养邓氏三杰：新中国成立前，支持长子邓吉东读完小学，又支持16岁的邓吉东参加中共齐河县县大队；1955年，送完小毕业的次子邓吉西参加抗美援朝志愿军；1961年，送三子邓吉忠入伍。

邓吉东，男，邓营村人，中共党员，1948年入伍，参加中共齐河县大队，后在齐河县水利局离休，定居齐河县城，1994年离世。

韩丰水，男，田家村人，建起木炭窑，带领村民致富。

李增明，男，小张村人，1931年生，1948年参加第三野战军94师280团1营3连，1949年加入中国共产党，1950年参加抗美援朝，在柳潭战役立三等功。

李和祥，男，小张村人，小张村第一任党

支部书记，是桑梓店供销社创始人。

张丰喜，男，小张村人，村老干部，新中国成立前担任民兵队长，齐河县人大代表。1956年带领群众建红星社，是齐河县百面红旗之一。

张宝玉，男，小张村人，1955—1964年任村长，重视农业生产，故三年自然灾害对村里影响较小。

米恩，字锡三，男，老寨村人，生于1879年，18岁考入燕京牛街伊斯兰教学府，受教于马阿訇。米恩天资聪颖，学习勤奋，深得师长赏识。1900年卒业，“穿衣”“挂幛”，当即被请至河北省圣房镇清真寺任阿訇。八国联军由塘沽港窜陆，直扑北京，清廷惶惶，慈禧和满朝文武外逃。一位顶冠羽翎、项佩朝珠的一品官员在外国侵略军追逐下，逃至圣房镇清真寺前，有幸遇米恩阿訇，乞求清真寺内藏身。英军一名军官骑马追至清真寺，气势汹汹地。米恩阿訇头扎教巾，身披教服，从容地同敌寇周旋：“本人以教规作保，若在寺内搜出人，甘愿受惩”。军官闯入寺中，到处搜查也没找到，只好悻悻地离开。圣房镇一带黎民百姓免遭蹂躏，人民群众对米恩阿訇临危不惧、御侮救民的正义之举由衷敬佩，汉、回各界贤达纷纷前去表答谢意。后来清廷恢复秩序，论功行赏：赐米恩济卿大夫，授米铜顶红缨靴帽蓝衫，赠二百银洋；准其自由出入宫廷，经常请他入朝参议国事；修缮圣房镇清真寺，赐“异域同袍”匾额。1943年，米恩阿訇返故里探望高堂，不幸染病身亡，享年63岁。

米双永，男，老寨村人，1946年参加全省武术比赛。在决赛中，一个胶东大汉，身高一米八多，膀大腰圆，根本没有把瘦弱的米双永放在眼里。在最后一个项目——空手对打中，经过几次过招，那人没有得到便宜，飞起一脚向米双永胸前踢来。米双永一闪身，单手抓住对方脚腕。由于对手身高体大，没能把他扳倒，但是也没有把他放下。这时在台下看热闹的济南西关穆斯林们高喊：“高进一！”米双永顿时明白，两手一个高掀，向前一个进步，一下子把胶东壮汉掀下台去，获得冠军。

米冀，男，老寨村人，清朝乾隆年间在北京前门外开客栈，由于武功好，被乾隆看中并在下江南时册封为贴身保镖。回来后他用皇帝赏赐给的银子在上马台盖起瓦房，人称南瓦房，后来被黄河冲倒。邻近的三官庙村有一位秀才进京赶考没有考中，就在米冀的客栈复习功课，住了一年；第二年才考中，被分到浙江省当了五品官。为表答谢，每逢回家探亲，那人都在上马台枝脉老坟南下轿或下马步行走回家。

彭寿茂，男，小寨村人，1952年在齐河县武术比赛中获得一等奖。

彭林柏，男，小寨村人，参加解放济南战役，任解放军回民支队政委。

米丰玉、米寿俭，男，小寨村人，参加过抗美援朝。

左双林，男，小寨村人，曾任齐河县民委主任。

孙维忠，男，祖籍章丘，1949年新中国成立时为小寨村阿訇，有2子1女，其中一子名国防。三年生活困难时期，孙维忠组织村里的老人四处拾粪，种起小菜园。人们称他们为小五队、老年班，但全村只有他们这些人才能吃上饱饭。后来孙维忠曾任青岛市伊斯兰教协会会长。

米长元，男，小寨村人，曾任齐河县电信局局长。

米双俭，男，小寨村人，曾任齐河县特级教师。

米双文，男，小寨村人，懂中医，会针灸，救人无数。无论黑白，他都随叫随到。对一些急难病症，下针就好，人称“神医”。有些得羊癫疯、半身不遂的，都长期在这里住着看病。

彭林茂，男，小寨村人，曾任本溪市煤矿工会主席。

米丰连，男，小寨村人，在部队服过役，

曾任村党支部书记。

米双和，男，小寨村人，曾任济南酿造厂厂长。

肖友田（1921—1999），男，小辛村人，1948年入党，1948—1952年任高王乡（下辖小辛、小吴、石门孙、高王等村）乡长，后任齐河县焦斌公社副书记、历城县郭店劳改队教导员。因当时村中建设需要能人，村里通过组织手续把他调回来担任小辛村第一任党支部书记。肖友田不负众望，带领小辛庄步步登高。从1973年，肖友田以集体的名义组织村内富余劳力到济南国棉三厂去干零活，逐渐包揽该厂的基建和维修工作。村里利用这笔收入在1981年给全村输上电，给每个生产队配上电机浇地，给每个生产队安装电磨。国棉三厂把退下来的直径近1米的140大甩轮柴油机送给小辛村。在当时小辛村周围一带是很先进的。

张连山，男，小辛村人，新中国成立前以宰牛为生，有很高的知名度。他身无分文就能从河北沧州买回一群牛来，在那边还好吃好喝好招待。这当然得益于他天长日久在业界形成的极高的信誉。

张学义，男，小辛村人，1943年生，1962年参加工作任教师。1973年任齐河县第七中学后勤主任，1990—2003年任济南第五十二中学后勤校长。

王允炳，男，民国《齐河县志·选举志》记载，清朝光绪年间“王允炳，邑东北乡高王庄人，岁贡生”（每一年或两三年由地方选送年资长久的廪生入国子监读书的，称为岁贡）。

王思刚，男，高王村人，1939年生，曾任湖北省高级人民法院副院长，因公殉职。

孙正先，男，石门孙村人，通《周易》，远近闻名。前来求卦的不乏达官贵人，许多人都佩服得五体投地。孙正先早年说过评书，后来不幸得天花双目失明。但是他记忆力超强，在不能看书的情况下请人给自己读书，听上最多3遍就不但能记住而且能记牢。为了专心学习《周易》，他特意挖1个地窖下到里面独自苦学。他把万年历烂熟于心，每年哪天是二十四节气中的什么节气，他张口就来，从无差错。虽然看不见东西，但是他走出屋外看看天空就能知道是几点钟。孙正先的太太也是盲人，二人育有1子1女。孙太太一手拿针，一手拿线，一下子就能把线认到针鼻儿里去。两个孩子的衣服都是她自己做的。

张学颜（1925.1—1997.2），男，三官庙村人。少年时期曾于本镇怀家庄吕氏（清末秀才）私塾读书，后入公立小学学习。敏而好学，15岁以全省第三名的成绩考取山东省立农业中学（现山东农科院旧址）。毕业后在附近村庄教书。1948年参加革命工作，在齐河县六区（今桑梓店镇一带）区政府从事征粮、税收等工作。后在仓上完全小学任教师。1952年调齐河县大夫营完全小学任副校长、校长。1954年调新成立的齐河一中任教师，先后教授语文、生物、音乐等课程并担任多届班主任。曾兼任校招生办副主任、工会主席等，并曾被临时抽调去筹建齐河二中。张学颜兢兢业业教书育人，毕生致力于党和人民的教育事业，桃李满齐河、德州甚至济南，深受各界爱戴。精毛笔、硬笔书法，楷整行秀，齐河县文化馆有收藏。其用风琴独奏的《中华人民共和国国歌》《国际歌》曾多年为齐河一中的升旗仪式、运动会及重要的党的会议所用。张学颜于1958年和1964年分别取得山东师范学院、山东大学函授大学毕业证书。1961年3月、1963年5月和1966年1月被选为齐河县第四、五、六届人民代表大会代表，连续三届被选为县人民委员会委员。1978年5月被选为县革命委员会委员。1978年8月在齐河一中离休。1997年2月病逝。

张开文，男，三教堂村人，1936年9月13日出生，1952年参加教育工作，历任周闫学校、冯堂联中、仓上联中、桑梓农中以及桑梓小学校长，后调入镇教委工作，直至退休。

滕全岭，男，冯家堂村人，1951年参加抗美援朝，后任博兴县县委委员。

滕胙岭，男，冯家堂村人，新中国成立初期在齐河县委党校担任识字补习班教员，县里的领导很多是他的学生。

滕丕谦，男，冯家堂村人，20世纪50年代任省立二院寄生虫科教授。

彭立成，男，彭家村人，原先从省建设厅工作，后调入莱芜钢铁集团任总工程师。

彭立奇，男，彭家村人，在南方某军区话剧团任导演。

张忠振，男，小辛村人，1938年生，1956年参加中国共产党，1970—1974年任齐河县农业生产指挥部副主任。

张师玉，男，石庙村人，在部队从战士成长为干部。后为纪念参军部队改名为张洪涛，在国务院第三办公厅工作。

仇克疑，男，高王村人，1908年生，曾任乌鲁木齐铁路局局长。

李涛，又名李官兰，1909年生，男，高王村人，曾在国务院第二办公室工作，后来任全国政协委员。

郭长鑫，男，1934年生，高王村人，历任中小学教师、齐河县文化馆馆长。

丁连三，男，石门孙村人。1950年，石门孙村成立党支部，丁连三任书记至1960年。1965年再次任书记至1967年。

孙公，男，1930年生，石门孙村人，1964年“四清”运动后任大队长3年，1967年起任村党支部书记至1985年。

二、人物简介

米丰武，男，小寨村人，济南市人大代表，桑梓店镇维稳办副主任。2008年为修建小区第一座居民楼为村里垫付承建方施工费60万元，2013年春节之前为村里垫付承建方施工费50万元。米丰武是山东省优秀共产党员，齐鲁明星村书记，山东省民族团结进步奔小康先进个人，山东省民族团结进步模范个人；济南市劳动模范，济南市民族团结进步先进个人；天桥区民族团结进步先进个人，优秀党务工作者，统筹城乡发展工作先进个人。

康承华，男，康辛村人，1964年4月出生，1988年成立园林预制厂，1993年成立济南市天桥区鸿鹏通风设备厂，2009年改为济南市鸿鹏通风设备有限公司。系桑梓店镇党的群众路线教育实践活动社会监督员，天桥区党风廉政建设监督员，“平安天桥”建设监督员，济南市个体·私营企业协会理事，曾获共青团山东省委“全省农村青年创业致富带头人”称号。1997年当选为历城区第五届政协委员；2000—2001年连续两年度被天桥区政协评为“优秀政

康承华（2015年摄）

协委员”；2002 年被推选为济南市第十三届人大代表；2003 年被聘为天桥工商分局特邀监察员和天桥公安分局监督员，被选为天桥区政协常委；2006 年度被评为济南市“优秀人大代表”；2011 年被评为济南市第十五届优秀人大代表；2012 年被选为天桥区工商联第九届副主席。

张新刚，男，汉族，祖籍山东莘县，中共党员，高级编辑，现任山东广播电视台广播经济频道总监。1963 年 6 月，张新刚出生于济南市天桥区桑梓店镇小张村，先后在小张小学、桑梓店小学、桑梓店联中、齐河七中（现济南第五十二中学）读书，1979 年考入德州师范专科学校政治系。1981 年 7 月被分配到齐河七中，先后任教师、教导处副主任，获“德州地区教学能手”称号；1987 年 3 月调入齐河三中；1991 年 9 月调入齐河县广播局，先后任记者编辑、编辑部主任；1993 年 1 月考入山东人民广播电台（现山东广播电视台），历任记者、编辑、时政采访组组长、新闻部副主任、乡村频道总监、经济频道总监。担任记者期间，多次参与全国两会、全省两会及山东省重大党政军活动报道；多次参与江泽民、李鹏、朱镕基、温家宝、李瑞环、李岚清、吴官正等中央领导活动报道；多次在全国广播高层论坛发表演讲，在《中国广播电视学刊》《中国广播》《山东视听》《视听界》等省级以上专刊发表论文 30 多篇，其中 12 篇论文在全国和山东省论文评比中获奖。先后有 91 件新闻作品 148 次获得省级以上好新闻奖，其中《朱镕基倡导择业新观念》等 4 件作品获得中国新闻奖。2015 年 1 月，由中国传媒大学出版社出版个人专著《前后左右说新闻》。多年来，2 次荣立山东省二等功，先后获得“山东省十佳新闻工作者”“全国优秀新闻工作者”“全国广播电视百优理论工作者”等称号。2010 年，被山东省人民政府授予“山东省有突出贡献的中青年专家”称号，享受省政府特殊津贴。

张新刚与朱镕基合影

刘元富（2015 年摄）

刘元富，男，1965 年 1 月出生，桑梓店镇丁庄村人，1984 年从齐河县第七中学（今济南第五十二中学）参加高考，以优异成绩考入石油大学（华东）机械系，1988 年 7 月至 1996 年 9 月在胜利石油管理局钻井工艺研究院工作，1996 年 9 月至 1999 年 7 月在山东科技大学机电学院攻读硕士学位，1999 年 9 月至 2002 年 9 月在北京航空航天大学材料学院攻读博士学位，2002 年 10 月至 2004 年 7 月在中科院物理研究所博士后工作站工作，2004 年 7 月起在北京交通大学机械与电子控制工程学院从事教学研究工作，任材料科学与工程研究中心教授，研究生导师。多次以第一作者及通讯作者的身份在《物理学报》《稀有金属材料与工程》《摩擦学学报》《材料研究学报》《材料科学与工艺》《中国激光》《材料热处理学报》等学术期刊发表学术论文，学术著作多次被《Journal of Alloysand Compounds591》

《Materials Science and EngineeringA》《Surface&Coatings Technology》《Applied Surface Science》《Chinese Physics Letters》《RSCAdvances》等收录。主要科研工作成就：

1. 利用激光熔敷技术合成出多种金属间化合物耐磨、耐蚀、抗氧化复合材料涂层，并就涂层合成过程中的物理冶金问题及涂层的摩擦磨损、腐蚀、高温氧化等性能做深入研究。

2. 研制出新型高效真空等离子熔敷装用设备，合成出多种先进金属基复合材料涂层，成功用于在强冲击及剧烈磨损工况下工作的矿山机械和采煤机械管件零部件的表面强化处理。

3. 作为主要设计者参与研制脉冲高能量密度等离子体薄(Pulsedhighenergydensityplasma，简称PHEDP)膜生长装置，制备出类金刚石、氮化钛、立方氮化硼等超硬薄膜，并将其用于刀具的表面改性处理；在PHEDP陶瓷表面金属化方面取得进展。

4. 参与开发将等离子体源离子注入(PSII)应用于细长管类零件内表面改性处理的新技术，并对其特性进行系统的实验研究。

刘元富主持过中国博士后科学基金1项，北京交通大学校基金1项，横向课题1项；作为主要完成人先后参加过“863”高科技项目2项，国家自然科学基金项目3项，航空基础科学基金2项，北京市科委资助课题2项，山东省自然科学基金项目1项。主持过“高强高导析出强化型三元铜合金接触线研究与开发”“高强高导铜合金接触线及承力索研究”“国防武器装备预研基金9140A18030111JW3302”“清华大学摩擦学国家重点实验室开放基金M12K00020”“国家自然科学基金重点项目子课题10735090”等科研项目的课题研究。

毛延亮，男，桑梓店镇石门孙村人，酷爱文学，为著名文学家、原山东大学副校长陆侃如唯一入室弟子。主要精力用于研究中国古典文学，家庭藏书10000多册，造诣颇深。在山东大学、中国人民大学、中国政法大学等高校教学数十年，桃李满天下。擅长法律，任中国政法大学系统法学疑难案件研究中心副主任，创办“海淀区优秀律师事务所”——北京杰睿律师事务所和“全国优秀律师事务所”——山东环周律师事务所北京分所。

李月珊，1987年5月出生，祖籍桑梓店镇邱岸村，教师李良杰之女。2004年以优异成绩从济南第五十二中学考入山东大学外国语学院，在山大读硕士后留学日本东北大学文学研究科攻读博士学位，其间获得国家奖学金、国家留学基金委（csc）建设高水平大学公派留学生项目奖学金等奖励，2016年8月任山东大学教师。

辛荣爵，男，康辛村人，新中国成立前刚结婚后不久被国民党带到中国台湾，其妻一直寡居。1985年在他60多岁的时候回乡探亲，自称退休前在台湾的公安派出所搞治安，那时候村里还没通电。1988年又回家一次，村里已经通电，他从台湾带回一台落地电扇。

康玉杰，男，康辛村人，1950年南下浙江、福建，同年10月赴朝鲜参战。

康吉财，男，康辛村人，参加海军高炮部队。1959年参加炮击金门。是测飞机目标方位远近高低的技术能手，担任文化教员，2次立三等功，部队上4次把其立功的喜报寄到康辛村。

康承仁，男，1981年4月出生，康辛村人，济南鑫达泵业有限公司（2011年注册成立，注册地址是天桥区桑梓店镇康辛村，法人代表为吕爱丽）经理。公司成立初期，康承仁主要为在印度尼西亚的华人矿主提供抽沙船、海沙矿开发整体方案，年营业额达700万元。之后逐渐将业务拓展到菲律宾、越南、马来西亚、俄罗斯、朝鲜、非洲等国家和地区。2013年起改产工矿企业所需的渣浆泵、脱硫泵等产品，成功将业务拓展到铁矿、洗煤、氧化铝、电厂、钢厂烟气脱硫领域。2015年，他组织设计研发等“抽沙引水装置”获得国家专利。2016年他主持在原有潜水抽沙泵基础上研发“大颗粒潜水抽沙泵”，产品逐渐系列化以后可部分替代进口产品，打破进口产品在这一领域的垄断。

宗义邦，男，安庄村第一个农民党员，曾任村团支书，1965—1966年赴平原县搞“社教”，1966—1968年在桑梓店公社粮所工作，1968—1973年任村革委会主任，1973—1984年任队长、会计。

徐茂顺，男，1964年出生，安庄村第一个大学生，山东省齐河县教育局教研室书记，山东省特级教师，高级教师，山东省作家协会会员，中国报刊协会课堂教学分会学术委员会副主任，《星星》《语文周报》采编记者，德州市第四批有突出贡献专家，第四届德州市青年科技奖获得者，德州市优秀教师、教学能手。先后在《星星》《山东文学》《时代文学》《中国教育报》《新世纪文学选刊》等报刊发表散文、诗歌、杂文、小说计70余万字，合著《教师口才学》《当代散文11家》《敲门的诗人》。有散文集《夏夜桐风》《在遥远处》。出版作品集《那些岁月》《雪落平原》。

徐茂民，男，安庄村人，在建筑业打拼十几年，智慧经营，勤劳致富。他招聘十几个工人加工盒子板，搞现浇，业务辐射到济南、济阳和齐河，为安庄村首富。

任登刚，男，安庄村人，团级干部，曾在青岛任人武部长、民政局长。

任登香，安庄村第一个女共产党员，村妇女主任，为村获得多块人口计生奖牌。

赵永成，男，仓上村人，1926年3月生，中共党员，1948年入伍，1951年参加抗美援朝立三等功，后转业至高密县，1982年离休返乡。

魏向宏，男，仓上村人，1934年生，中共党员，山东医学院毕业，曾任齐河县内科主任医师。

魏建星，男，仓上村人，1934年生，中共党员，曾任德州地区生资公司总经理。

于德海，男，仓上村人，1934年生，曾为山东电视台记者，后任青岛外贸公司经理。

赵丰瑶，男，仓上村人，1920年生，曾任滨州市交通局科长。

王绥三，男，仓上村人，1936年生，青岛轧钢学院毕业，曾任东营油田钢管厂工程师、党委书记。

高家玉，男，仓上村人，1939年生，高中学历，发明醒脑通窍、驱虫防蛀中药香包，专利号：zl200510109490X。

王长河，男，仓上村人，1954年生，1992年4月被山东省供销合作社联合社授予“安全行车五十万千米标兵”，1995年5月被中华全国供销合作社授予“安全行车百万千米标兵”。

王广安，男，仓上村人，1942年8月生，高级农艺师。

怀洪财，男，铁匠村人，汉族，1936年7月13日生，1956年参加抗美援朝在朝鲜作战，1958年回国后在北京服役一年。1962年任村大队长。

肖付庆，男，铁匠村人，汉族，铁匠村第一个大学生，1982—1990年任齐河县焦斌乡税务所所长，1990年后任大桥镇税务所所长，1997年退休。

王家芹，曾用名王利军、王加宽，男，铁匠村人，与兄王勇从贩鸡起步，常骑自行车到二三千米外收鸡，之后换成摩托车，2015年，有运鸡汽车4辆。当选村委会主任主持全村工作之后，他带领全村抓住2015年省级一事一议财政奖补“乡村连片治理”项目的机会，使铁匠村发生翻天覆地的变化。其间，共投入180万元，修建村内主路538米、东西坡道290米、文化广场3200平方米、胡同14条、后街道路540米，安装太阳能路灯7盏。

刘云庆，男，刘庙子村人，1940年11月17日出生，曾任核工业部某厂厂长兼书记。后任济钢副董事长，已退休。

刘玉香，女，刘庙子村人，1955 年 10 月出生，齐河县副县长。

刘建军，男，刘庙子村人，1963 年 4 月出生，高级教师，济南第五十二中学副校长。

刘兆信，男，丁庄村人，1937 年生，一级教师，1974 年任刘庙小学校长，1982 年在丁庄小学获“山东省劳动模范”称号。

刘钟华，男，丁庄村人，曾任江苏太仓水利局局长，离休。

赵和平，男，丁庄村人，1954 年 3 月生，参加海军提干后转业，任济南市中级人民法院审判员，高级法官。

高云喜（锡），男，丁庄村人，1951 年生，一级教师，1996—2011 年任刘庙小学校长。

李山茂，男，丁庄村人，1961 年生，1983 年毕业于长春空军机务专科学校，在部队升至正团级，后转省监狱管理局，正处级干部。

刘丕东，男，丁庄村人，1963 年 10 月生，1982 年齐河师范学校毕业，在齐河八中任团委书记、主任、副校长，2006 年任大桥二中校长，2009—2014 年在济南第五十二中学主持全面工作。

刘忠奎，男，丁庄村人，1970 年 6 月出生。1990 年入伍，历任副班长、班长、技术员等。1995 年 7 月在执行任务中因救人受伤，被评为“因公一等革命伤残军人”并荣立二等功。2000 年 1 月从部队转业，2004 年通过国家司法考试，后在山东名泉律师事务所执业，为山东名泉律师事务所执行合伙人，济南律师协会婚姻家庭委员会委员。

朱凯，男，1987 年生，小屯村人，上海交大毕业，中共党员，在澳大利亚读博士。

王殿生，男，1946 年生，小屯村人，乐观开朗，酷爱唱、扭、敲击乐器等文娱活动。当时没有敲击乐器，他就敲打塑料桶、矿泉水瓶子，后来自己用枣木制作梆子自娱自乐。村民戏称其“文化站长”。

韩孟昌，男，老屯村人，1939 年 10 月生，1969 年 7 月入党，连续 43 年任村党支部书记，多次被评为优秀共产党员、优秀农村党支部书记。

于代滨，男，1980 年 10 月生，老屯村人，多年从事建筑防水工程。2013 年 12 月 7 日参加“联盟杯”全国建筑防水行业职业技能大赛荣获亚军，国家质检总局和中国建筑防水协会领导为其颁奖。

朱永林，男，丁口村人，曾参加抗美援朝作战。退役后，任黄河航运局泺口渡口党支部书记、队长。

朱士明，男，丁口村人，参加对越自卫反击，在猫耳洞与敌人英勇作战，不怕牺牲，多次击退敌人进攻，荣立战功。

朱永荣，男，丁口村人，共产党员，在对越自卫反击战中不怕牺牲，积极补军需物资，退役后曾任第二生产队队长。

吕长祥，男，1927 年生，丁口村人，原济南国棉三厂退休工人。曾受省中医骨科专家专业指导。擅长治疗跌打损伤、腰痛腿痛及小孩脱臼等骨科疾病。1978 年退休后，他为本村和周边几个乡村群众无偿服务，甚至垫付医疗费。

孙兴孝，男，丁口村人，得祖父孙香令医术真传，1958 年参军，在北京军区服役。后来把祖传药匣及医书全部捐献给部队。

韩正昆，男，丁口村人，齐河县旗舰建筑公司副总经理，业务遍及德州、济南等大中城市。

刘磊，男，丁口村人，历城一建公司总经理，在桑梓店镇建起一座座高楼大厦。

滕吉录，男，丁口村人，在桑梓大街北头经营飞达家电公司，任经理。

朱永亭，男，丁口村人，年轻的医务工作者。无论刮风下雨、天寒地冻还是半夜三更，接到电话他就直接上门医治。

滕淑兰，女，丁口村人，村文书、妇女主任，中共党员，天桥区党代表。在发展经济、妇女工作、村民调解、公共设施建设等各项工作中积极主动，忠于职守，任劳任怨。无论是上级下达的任务，还是村里家庭矛盾、邻里纠纷等，她都耐心说服，秉公处理。

韩正伦，男，丁口村人，村党支部书记兼村委会主任，天桥区人大代表。1992年，他从修理摩托车干起，在济南三孔桥一带很有名，附近各单位的摩托车都到那里修。后来经营汽车修理厂。为服务村民，他放弃大把挣钱的机会，在基层党建、新农村建设、发展经济、密切干群关系等工作中真抓实干，成绩显著，多次荣获优秀村干部、优秀村党支部书记等荣誉。

周兴池，男，南郑村人，1931年生，中共党员，曾任聊城市交通局副处长。

董颖，女，南郑村人，1974年生，中共党员，北师大硕士研究生，任国家专利局处长。

魏贤甲，男，南郑村人，2013年4月创办天桥桑梓泊菲特口腔诊所，填补桑梓店镇没有正规口腔门诊的空白。2014年4月，门诊迁到在小马商业街。

王传荣，男，草庙王村人，1945年生，1962年入党，1964年参军。后转业到光明日报社工作，曾任光明日报社机关党委书记。

张逢文，男，草庙王村人，1935年生，1952年参军，1958年退役，1982年入党。1964—1992年任草庙王村大队长、村委会主任，1992—1999年任村党支部书记。1979—1988年任齐河县人大代表，1981—1996年获上级奖励12次。

王家富，男，草庙王村人，1934年生，1946年参军，升至团级干部，转业至德州建筑公司任党委书记，已离休。

张子国，男，草庙王村人，1968年生，1997年入党，大专文化程度，村党支部书记、村委会主任。2000—2016年被评为济南市模范村委会主任、天桥区农业和农村工作先进个人、天桥区优秀共产党员、天桥区村居“三个代表重要思想学习教育活动先进个人”、天桥区农业和农村先进个人、天桥区爱国卫生工作先进个人、天桥区远程教育优秀管理员、天桥区优秀村居党组织书记等。

赵金栋，男，周闫村人，曾任合肥市地震局局长。

楚长富，男，周闫村人，曾任历下区团委书记、靳家乡党委委员，离休干部。

聂司友，男，周闫村人，德州市公安局安全处处长。

丁林宏，男，周闫村人，济南市人社局副局长。

聂司续，男，周闫村人，考入山东工业大学，北京内燃机总厂高级工程师。

聂司德，男，周闫村人，山东交通大学毕业，分配到省交通厅，历任总工程师、副厅长。

聂司俭，男，周闫村人，山东工业大学毕业，分配到北京轻工业机械厂，任高级工程师。

楚长廷，男，周闫村人，山东师范大学毕业，分配到益都，后调到齐河三中任高级教师。

聂司统，男，周闫村人，毕业于山东建工学院，分配到宝鸡市建筑三局，后转任齐河县建筑公司工程师。

赵吉泉，男，周闫村人，担任村党支部书记12年，曾任2届村委会主任，2次被评为济南市治安保卫先进个人，3次受区级奖励，多次受镇级奖励。

岳长洪，男，周闫村村委会主任。他自己经商，积极主动带领村民致富。2014年3月，他联合28户每户出资5万元成立济南市千锺商贸有限公司，注册资金101万元。公司主要经营砂石料、土建、劳务输出等。成立当年向国家缴税38万元，29股每股分红4.75万元，中秋节给全村60岁以上的老年人每人价值80元的茶叶1斤。2015年公司已经发展到40股。

丁祥玉，男，周闫村文书。在注册济南市千锤商贸有限公司资金缺口60万元的情况下，文书丁祥玉拿出自己60万元不到期的存款单，损失巨额利息，没要公司一分钱的回报。

房安永，男，后房村人，历城区市政公司经理，从事路桥工程建设。

郝芳之，男，后房村人，1939年出生，全村第一个大学生。升入山东医学院，毕业后留山东省立二院（齐鲁医院）小儿科当医生，后任小儿科副主任、主任，硕士生导师，曾到美国进修，已退休。

房庆山，男，后房村人，济南市公安局槐荫分局副局长。

房庆坤，男，后房村人，曾任德州物资局副局长。

张玉福，男，1948年7月生，北王堂村人，艺名“小方”。1963—1982年，一直在齐河县农村文化工作队和齐河县民间曲艺队，学新唱新，自己编创和集体编创相结合，积极配合时代形势宣传学习雷锋、计划生育等党和国家方针政策。擅长说《平原枪声》《烈火金刚》等现当代小说，后来说过《穆桂英打破天门阵》《三侠剑》等评书，也不时表演快板、山东快书等，1957年成立的齐河县民间曲艺队最多时有六七十人，张玉福曾任副队长。民间曲艺队对全县艺人登记造册，定期组织学习，颁发演员证。他与济南著名评书艺术家刘延广是师兄弟，老师是德州名艺人——安头乡小彭寺村宋祥林。张玉福带骑一辆旧自行车带着被褥到各村说书，各村提供食宿，每晚给1.5～3元不等的劳务费。张玉福响应“民间艺术进课堂”活动，积极发挥余热，每周到周闫小学传授快板、山东快书、评书等曲艺。每年桑梓店镇举办迎新春文艺汇演，张玉福都登台献艺，歌颂家乡新变化，给全镇人民送上祝福。

张玉福（2015年摄）

杨学祥，男，北王堂村人，山东大学博士研究生。

王信芳，男，耿家村人，只有一只左手，却是著名的打夯英雄。他唱起打夯号子能指挥本班人马把石头夯提高至头顶，突然撒开夯把从夯下穿过闪到对面，再转身接住下落的夯把继续打夯。

刘加兴，男，北董村人，1944年出生，1967年入党，1975年任党支部书记25年，多次被评为优秀党支部书记。

刘吉喜，男，北董村人，1966年出生，曾任齐河县表白寺镇干部、晏城镇镇长、晏城街道党工委书记、齐河县黄河国际生态城党工委书记、管委会主任、齐河县委常委。

王信芳（2015年摄）

周建东，男，北董村人，济南市优秀乡村

医生，天桥区农业和农村工作先进个人。

王长征，男，前房村人，中学时代是长跑名将，当过村委会主任，之后在黄台、药山经营装饰公司。

郑元利，男，小郑村人，全区农业农村工作先进个人、科学发展先进个人。

郑元成，男，小郑村人，1945 年出生，曾任桑梓电信局局长。

张长仁，男，大马村人，生于 1930 年，1951 年牺牲在朝鲜战场。

马吉炼，男，大马村人，生于 1958 年，1976 年高中毕业，在校被招为飞行员，1987 年转业。1988—2014 年在济南市天桥区工商局任科长。

马洪海，男，大马村人，1975 年生，1993 年入伍，任徐州空军地勤、副团长。

马岩，男，大马村人，1980 年生，1997 年入伍，2015 年在山东省公安厅消防总队财务审计科，任正营级职务。

王学成，男，街后村人，曾任济阳某煤矿党支部副书记。

李良彦，男，邱岸村党支部书记兼村委会主任，天桥区社会主义新农村建设先进个人、“省级文明区”创建工作优秀志愿者、先进民兵干部。

李存鸾，邱岸村人，李振方之女，自幼深爱文艺和中医。在生产队时期一边参加集体生产，一边担任保健员。农闲时节动员青年排练戏曲，春节前后为乡亲们演出。2007 年村里建起文体活动室和健身广场后，她自发组织 30 多人的业余文艺队。她用心学习，与大家一起研究练习，自编自演，自娱自乐。2008 年首次参加桑梓店镇与南村街道办事处朝霞艺术团联演，一举成名。后带领文艺队多次代表桑梓店镇到天桥区参加各种演出，多次获奖。

王付臣，男，邱岸村人，原济南市供销合作社主任。

李良杰，男，邱岸村人，济南第五十二中学高级教师。

李存河，男，邱岸村人，桑梓店镇卫生院副院长。

李良瑞，男，邱岸村人，上海军医大学研究生，中国人民解放军总后勤医院骨创手术科军医。

郑长海，男，邱岸村人，在济南大学工作。

李良善，男，邱岸村人，在解放战争多次参战，荣立战功。

王勇，男，邱岸村人，新疆建设兵团副团级预备役军官。

郑明，男，邱岸村人，齐河县住房和城乡建设局局长。

张曰贤，男，左庄村人，1951 年参军，1954 年保送上海复旦大学进修，毕业后分配到济南铁路局工作。后任济南铁路局党校校长，1993 年退休。

乔德润，男，左庄村人，先在宁夏任铁路段工程师，又调西宁任西宁铁路段任段长，1996 年退休。

刘丕友，男，左庄村人，1974 年在北京军区某部服役，1977 年提干，历任炮团指挥连排长、副连长、连长，1978 年入党后升任炮团司令部军务股长（营级），1986 年转业齐河县教育局工作，历任局人事科长、职专书记、三中党支部书记，2014 年退休。

左友昇，男，左庄村人，1976 年参军，1979 年转到济南部队后勤部工作，后转业到东方航空公司任人事科长。

姜汝茂，男，左庄村人，曾任济南市市委书记姜春云司机，正处级，退休。

姜涛，男，左庄村人，任济南军区综合训练基地副司令。

韩勇，男，左庄村人，独资经营鸡肉加工储运，运输车辆 10 部以上，荣获“优秀青年星火带头人”“全市农业产业化经营先进个人”“济南市优秀农村实用人才”“天桥才俊”等称号。

韩勇

怀心强，男，东秦村人，2000年入党，任山东省政法委党委秘书。

秦绍利，男，西秦村人，村党支部书记，曾从事农机修理20余年，技术过硬，沿国道309线东至鹊山、西至焦斌方圆10千米范围内小有名气。2016年6月被评为天桥区优秀共产党员。

秦绍德，男，西秦村人，有当兵时期团里制作的成套并夜光的毛主席像章，有被评为五好战士得的毛主席像章，还有自己当班长与全班战士一起亲手绣的一张毛主席像。

吕元才，男，姚吕村人，从15岁起连续64年不分春夏秋冬、不分白天黑夜、不分刮风下雨下雪，随叫随到、不辞辛苦、不拿任何报酬地为村民办理红白事。白事，他帮人写完帖后总是回家吃饭；红事，他把请帖拿回家，写完后送过去。他已经为有些家庭写了三四辈的贴，为全村做出了特殊的贡献，德高望重。

刘更新，男，1937年生，小吕村人，毕业于德州农业学校，曾任成武县农业局局长。

吕廷义，男，小吕村人，参加过抗美援朝，曾任中央军事气象局局长（副师级）。

王洪章，男，小吕村人，参加过抗美援朝。

赵华，男，小吕村人，新中国成立后第一个正式应征入伍的村民。后转业到泰安市食品公司，离休。

吕洪达，男，小吕村人，1977年入伍，参加过对越自卫反击战，后转业到历城区交通局。

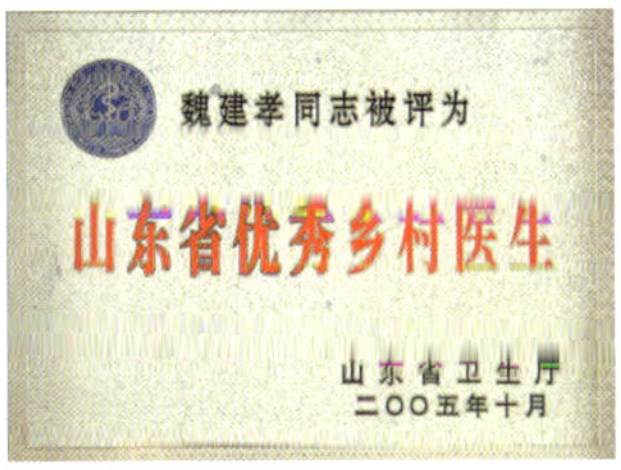

魏建孝，男，小吕村人，乡村医生，2005年荣获“山东省模范乡村医生”称号。

吕东，男，小吕村人，曾任桑梓店镇中学教师，后到桑梓店镇政府工作，先后任桑梓店镇组织科科长、党委委员、镇长、党委书记，天桥区农发局局长，2015年任天桥区司法局局长。

张家和，男，桑梓店村人，1941年生，1970年入党，曾任东营胜利油田钻井农副业公司高级农技师、党委书记。

张成联，男，桑梓店村人，1945年生，1973年入党，曾任新疆哈巴河县团委书记，后任新疆劳改农场法律顾问。

张成祥，男，桑梓店村人，2005年入党，1986年考取助理工程师资格，1989年考取建筑工程师资格——当年齐河县共有4个。

管春林，男，桑梓店村人，任齐河县开发区管理委员会副主任。

张克敏，男，桑梓店村人，山东农业大学毕业，桑梓店镇纪委副书记、监察室主任。

张宪林，男，桑梓店村人，通信电子信息专业博士研究生。

怀保明，男，1929年8月24日（农历七月二十日）出生，怀庄村人，1948年10月参加革命工作，1949年加入中国共产党，后在齐河县税务局、组织人事部门工作。1954年被组织选送到山东省济南速成中学（校址济南洪楼）上学，1958年又被选送到山东农学院（校址泰安，今山东农业大学）畜牧兽医专业学习。1962年毕业后被分配到山东省六一农场（今山东省齐州监狱，历史上曾称山东省六一农场、山东省五七干校、济南军区山东生产建设兵团二师九团、山东省六一劳改支队）工作，历任税务员、干事、畜牧兽医技术员、畜牧医师、连长、指导员、正科级中队长，1991年离休，享受副处级待遇。

怀曰连，男，1934年4月生，怀庄村人。新中国成立前在本村读私塾，1949—1950年在仓上村读完全小学并参加新民主主义青年团。1950参加中国人民解放军，1951年4月调入海军学校学习海军作战战术，1954年毕业到青岛海军基地104驱逐舰服役。1956年6月因战训身体受伤转业到大连机床厂从事理化实验工作。1959年被错化为右派，1962年回原籍务农。后学医，在家里成立村卫生室，成为怀庄村第一位“赤脚医生”。1979年被调到齐河县轻工业局工作。同年5月，大连机床厂为他彻底平反，恢复名誉，并把他调回原单位。经过奋力拼搏，他成为工程师，多次被表彰，1994年退休。

怀务同，男，怀庄村人，1936年8月出生。1956年中专毕业后，被分配到沈阳皇姑屯机车车辆厂工作。在技术科工作3年，1959年9月响应党的号召支援大西北，到甘肃工作，全程参与铁道部兰州机车工厂的设计、土建、安装、调配工作，是兰州机车工厂的主要创建者。

怀保林，男，1938年11月生，中专文化程度，原籍怀庄村。1948—1954年读小学；1957年年底入伍，至1961年3月一直在204师（驻临沂），历任战士、班长、副排长；1961年3月至8月，为驻山东胶县济南军区第二文化学校学员；1961年8月至1962年10月，为沈阳炮兵学校学员；1962年10月至1964年6月为重庆炮兵学校学员；1964年7月至1965年1月，在68军炮兵团二连任指挥排长；1965年1月至1969年6月，在68军炮兵团三连任指导员；1969年6月复员回家。1969年8月至1970年4月，任大队党支部书记。1970年4月到济南钢铁厂，曾任济钢修建部党支部书记、政工科长。1999年10月退休。

怀善峰，男，1942年农历12月生，怀庄村人，中医推拿专家、主任医师、教授。1959年进入山东省立医院中医科，师承全国著名老中医张洪九学习中医、针灸、推拿知识。1967年，主持国家针刺麻醉科研课题项目，针刺麻醉下开胸、开腹等重大手术的成功，为针刺麻醉临床应用奠定坚实基础。1970年，与省著名中医、推拿专家张安教授一起创建山东省第一个临床推拿科室——山东省立医院推拿科，该科成为全省推拿专业龙头科室。曾任山东省立医院推拿科主任、山东省胸科医院中医科主任、山东省按摩技术职务评审委员会委员。

怀其德，男，1954年8月生，中共党员，山东大学经济管理系函授本科毕业，怀庄村人。1971年10月参军，先后任战士、副排长；1975年6月调山东省德州监狱（时称山东省德州劳动改造管教支队）从事监狱管理工作。1978年、1987年2次被山东省司法厅、山东省监狱工作管理局（时称山东省劳动改造工作管理局）表彰为先进工作者和劳模。1987年被司法部记二等功1次，2002—2006年先后被山东省司法厅、山东省监狱工作管理局及山东省人事厅记三等功2次。2003—2007年2次被授予山东省司法行政系统优秀纪检监察干部荣誉称号。1988年其《青春，在这里闪光》人物传记被收入新华出版社出版的《齐鲁之光》丛书，并被编入山东政法名人录。2013年撰写的《迁犯赴疆》被德州监狱纪念建狱65周年的《奋斗之歌》一书收录，并被新疆生产建设兵团监狱管理局约稿。另有《穿越时空隧道，寻找故人踪迹》和《一张照片，一串记忆》2篇文章被上传于监狱内部局域网。2014年8月退休。

怀善青，男，1964年1月生，怀庄村人。1982年8月至1990年8月任齐河县广播站记者编播股股长；1996年起任齐河县广播电视局副局长、副书记。2000年10月被山东省新闻专业职务高级评审委员会评为主任记者。多次被评为德州市优秀新闻工作者，2次被齐河县委授予优秀共产党员称号，新闻作品多次获得省市奖励。

怀心昌，男，怀庄村老村干部，曾立个人二等功，获防止民间纠纷激化省一等奖、济南市人民调解优秀个人、历城区人民调解先进工作者、土管工作先进个人、社会治安综合治理先进工作者。

怀保立，男，怀庄村人，1945年生，1998—2008年任桑梓店镇民政办主任，2009—2014年任桑梓店镇农委副主任兼科技主任。2014年12月退休。

怀保全，男，汉族，1954年9月生，怀庄村人。1974年6月参加工作，1990年3月加入中国共产党，大专文化程度，一级教师。1988年被评为德州地区优秀教师，1990年被评为历城区教书育人先进工作者，1996年被评为历城区“两基”先进工作者。1998年8月至2011年3月任桑梓店镇中心小学校长。2014年9月退休。

怀保旺，男，1955年2月出生，怀庄村人。1999年3月至2005年11月任村党支部书记，1998年1月被济南市文明办表彰为见义勇为先进个人，1998年4月被济南市委、市政府表彰为精神文明建设积极分子，1999年10月被历城区委、区政府表彰为尊老、敬老、养老、助老的好儿女，2002年3月被天桥区人大聘为人民调解员，2004年5月被评为济南市计划生育先进工作者。

怀其来，1980年2月出生，怀庄村人，中共党员。2000年起在桑梓店镇政府帮助工作，历任镇党委秘书、组织科副科长。2005年5月调入天桥区北展区开发指挥部，参与鹊山龙湖项目的前期策划、招商和建设。2011年5月，调入天桥区委组织部，主要负责全区基层党组织和党员队伍建设，多次荣获天桥区科学发展先进个人称号。2015年任天桥区委组织部办公室副主任。

怀保光，男，1980年1月生，怀庄村人，北京大学研究生毕业。2004年6月至2007年3月任国土资源部信息中心主任科员。2007年3月辞职“下海”，任和冠矿业投资有限公司（香港）副总裁。2010年1月起为北京绿矿联合工程技术研究院合伙人。2016年1月任北京古珊瑚科技有限公司董事、总经理。

怀其鹏，男，1980年2月生，怀庄村人。1999—2005年任济南金创建科技服务有限公司计算机工程师。参加自学考试2005年在山东大学英语语言文学本科毕业，2006年获得文学学士学位。2005年起为北京戴尔（中国）有限公司工程师、架构师。

怀其滨，曾用名怀其政，男，1979年7月生，怀庄村人。2001年6月至2008年6月在济南网通无线分局从事phs网优建设及战备通信工作，其间参加五·一二汶川大地震应急通信保障工作，被山东省政府、省委组织部评为山东省抗震救灾优秀党员，被省人事厅、省通信管理局评为山东省通信行业抗震救灾先进个人等荣誉称号。2008年7月至2009年12月在济南联通网络建设部从事移动网络建设工作；2009年12月至2013年1月在济南联通办公室从事综合秘书工作，担任企业团委副书记；2013年2月至2015年10月任济南联通槐荫区客户响应中心总经理；2015年11月任山东长途传输局局长。

怀云义，男，汉族，1977年11月出生，怀庄人，济南海菁商贸有限公司总经理。怀云义从小就助人为乐，成年后乐善好施，热心公益事业。他先后加入济南泉城义工、济南慈善义工和济南爱心义工团，努力从身边的小事做起，主动为相识或不相识的人送去爱心和温暖，积极践行“奉献、

怀云义（2015年摄）

友爱、互助、进步”的志愿服务精神。不仅经常默默资助村里日子不宽裕的老年人，而且听说哪里有困难就到哪里去援助。从智障残疾儿童到身患重病的老师，他都给予力所能及的帮助。2015年10月，向济南市残疾人福利基金会捐款1000元。他平时利用周末积极参加泉城义工活动，到公园、景区等公共场所捡拾垃圾，擦洗坐凳，到敬老院打扫卫生，给老人剪指甲。2015年10月，怀云义被评为济南市第五届优秀泉城义工，12月被推举为济南爱心义工团副团长。

怀素，男，怀庄村人，山东鲁建工程集团分公司总经理，先后承建天桥区李庄社区、泉胜物流桑梓田庄大型仓储基地等工程。

怀冰冰，男，怀庄村人，2004年入伍，2次被评为优秀士兵，1次被评为优秀共产党员，1次被评为优秀指挥士官，参加2008年“五•一二”汶川大地震抢险救灾立二等功。

李久立，男，沙李村人，山东大学机械学院教研室副主任、党组书记、教授。

李现利，男，沙李村人，山东农业大学园林学院党总支部书记、教授。

李廷华，男，沙李村人，曾任齐河县农业局副局长、靳家乡党委书记。

李广平，男，沙李村人，曾任十六里河镇党委书记、王官庄街道工委书记。

李奇，男，沙李村人，先购置注塑机加工瓶子盖供应齐河酒厂，后自己经营贵和酒厂，产品行销东北、内蒙、江苏等地。

大、小李吉华，“沙李出了帮吉华子”，沙李村名叫李吉华的有四五个人，都是男性。其中从1987年起联合经营沙李预制厂的大李吉华和小李吉华，先在村里经营，后搬至308国道南桑表路延长段，最后迁到308国道南、村东北角的位置，制作经营诸如楼板、模板、过梁、花砖、路沿石等各种建筑构件。预制厂占地6亩，生产车间3360平方米，职工6人（最多时20人），年销售额10万多元（最多时27万元）。2009年3月被天桥区消费者协会评为“济南市天桥区消费者满意单位”。俗话说“买卖好干，伙计难搭”， 但是身为叔兄弟的大、小李吉华合伙经商却胜似亲弟兄。他们原则上一个主内一个跑外，互相信任，互不提防，互利互惠，合作愉快。“久在河边走，就是没湿鞋”，其诚信、合作、豁达乃商家典范。

徐桂英，张王堂村人，1937年生，齐河县第一位村女党支部书记，曾任齐河县、历城区党代表、人大代表。

张曰武，男，张王堂村人，同济大学土木工程系毕业，山东省九三学社学部委员，曾任枣庄建委主任、枣庄市政协副主席。

张曰洪，男，1930年出生，张王堂村人，曾任青岛海军部队副团级干部。

张曰星，男，张王堂村人，曾在北京部队服役，后任处级干部，在北京定居。

张逢武，男，张王堂村人，参加过抗美援朝。

贾延祥，男，邓营村人，中共党员，1946年被国民党部队抓壮丁入伍，在国民党部队36师当号兵，当时15岁。莱芜战役被俘，加入解放军。曾参加过淮海战役，渡江解放上海。上海市解放后，进入中国人民解放军军乐团，后转入上海市工会，离休后定居上海市。

李洪祥，男，邓营村人，中共党员，1953年入伍，赴朝参战，曾任中国人民解放军某部营政治部主任，退休后定居北京。

贾延乐，男，邓营村人，中共党员，1953年入伍，赴朝参战，曾任中国人民解放军工程兵某部连长，退休后定居北京。

李训美，中共党员，1964年入伍，曾任济南军区总医院麻醉科主任，正师级干部，退休后定居济南。

李训凯，男，邓营村人，中共党员，1966年入伍，转业后任齐河县民政局副局长，2008年退休，定居齐河县城。

邓吉西，曾用名邓继西，男，邓营村人，中共党员，高级政工师，1936年出生，1955年赴朝参战，后在沈阳军区某部任营副教导员。1978年转业，后任济南市自来水总公司水厂党委书记、党校副校长。退休后定居济南市。

邓吉忠，男，邓营村人，中共党员，1962年入伍，升至副营长。1982年转业，在济南市槐荫区法院任庭长，退休后定居济南市。

王子贵，男，邓营村人，1949年入伍，后转业到齐河县粮食局，离休。

李青海，男，邓营村人，中共党员，济南市天桥区饮食公司党委书记，退休后定居济南市。

李训德，男，邓营村人，中共党员，1976年入伍，1981年转业，先后任齐河县表白寺派出所所长，齐河县公安局户籍科长、信访科长。定居晏城。

李刚，男，邓营村人，齐河县民政局优抚科科长。

李维珠，男，邓营村人，黄埔军校第17届毕业生，后任国民革命军军官，定居中国台湾。改革开放后多次回乡探亲。

李训发，男，邓营村人，曾任桑梓店镇第一中学党支部书记兼校长，2005年任桑梓店镇成人教育常务校长。

宋立新，男，邓营村人，济南市北郊林场办公室主任。

李晓杰，男，邓营村人，中共党员，沈阳军区某部团政委。

宋振法，男，邓营村第一个大学生，在济南市市中区组织部工作。

李维顺，男，邓营村人，改革开放后带头经商，为全村致富第一人。后在济南段店搞淀粉批发。

李洪河，男，邓营村人，中共党员，1976—1980年任第五生产队队长，带领全队科学种植，巧施化肥，粮食产量显著提高。全队增产增收，社员年分配粮食450斤，超过全公社各村400斤的最高水平。

贾延太，男，邓营村人，中共党员，1976—1980年任第一生产队队长。村东路南43亩、村南铁路南32亩都是盐碱地，为治理盐碱，他大胆改种水稻，经与铁路领导协调，越过铁路灌溉水稻。经过几年的努力，不毛之地变为良田，在上交公粮之后，不但社员的口粮提高到450斤，超过全公社各村400斤的最高水平，而且每年有4000千克的储备粮。

曲文英，女，邓营村人，1911年10月1日生，健在。

韩长翠，邓营村人，曲文英的孙媳妇，长期细心照顾曲文英，2016年4月当选“济南十大孝子（女）”。

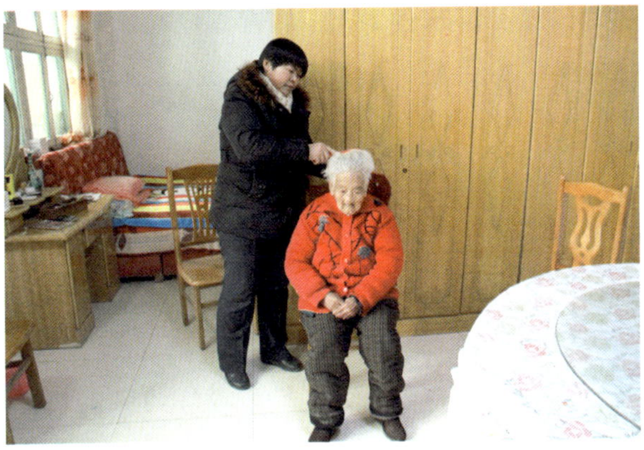

曲文英、韩长翠（2015年摄）

李训玉，男，邓营村党支部书记兼村委会主任。曾在枣庄修理轿车9年，后在济南市北郊林场承包土地500亩种植速生杨，经营10年。主要经营建筑机械与材料的租赁业务，连续2届被天桥区人民法院聘为人民调解员。

李增平，男，小张村人，1950年生，一级教师。

张先月，男，小张村人，1937年生，高级教师。

满洪祥，男，小张村人，1964年生，高级教师，2004—2012年任齐河县焦斌中学校长。

张宜华，男，小张村人，中共党员，1972年参军，在云南平息暴乱中负伤致残，1977年复员回村。曾担任村文书10年，一直热心为村民服务。

徐连财，男，小马村人，1949年参军，曾任贵州空军后勤副团长。

王然，男，小马村人，1987年5月30日出生，2012年山东大学电子自动化硕士研究生毕业，为小马村第一位硕士研究生。

朱辉，男，小马村人，1986年11月生，2012年毕业于山东中医药大学中医药学系，硕士研究生学历。

王昆，男，小马村人，1977年生，1994年参军，1996年入党，2004年任小马村党支部书记，2009年主持旧村整体搬迁，开发小马商业街，是带领全村群众致富奔小康的领头雁，获第十九届“泉城十大杰出青年”提名奖，是“2008年度全省农村青年创业致富带头人”、全区农业和农村工作先进个人、“青春建功新农村”优秀青年、爱国卫生工作先进个人、新农村建设先进个人、科学发展先进个人、天桥区优秀农村实用人才、优秀共产党员、天桥才俊、天桥青年形象大使、优秀村居党支部书记、优秀青年群众工作者。

王昆荣誉（2015年摄）

米广业，男，老寨村党支部书记，山东省民族团结进步奔小康先进个人，济南市交通治安秩序整治先进个人，天桥区社会主义新农村建设先进个人。

米登峰，男，老寨村人，济南登峰清真肉类有限公司总经理，被授予“天桥区优秀政协委员”“济南市优秀农村实用人才”“天桥才俊”。

米登峰（2015年摄）

张士让，男，小寨村人，参加过抗美援朝。

杨法贵，男，小寨村人，曾参加抗日战争，获中国人民抗日战争胜利70周年纪念章。

彭元超，男，小寨村人，在济南市区有肉食厂，在内蒙古有牛羊基地。又在村里占地0.47公顷建肉食厂。

杨松军，男，小寨村人，占地1公顷经营济德建材厂生产水泥。

彭辛豹，男，小寨村村委会主任，天桥区政协委员，经营混凝土搅拌站。

彭元庆，男，小寨村人，占地0.3公顷经营饭店，能同时开80桌宴席。镇上曾在这里召开千人大会。

彭寿柏，男，小寨村人，任清真寺寺管会主任。

丁德生、彭寿柏、左寿华、彭寿楼，小寨村执行委员会四老。2004年，执行委员会成立时村里承诺每个工作日给每人10元劳务费，但是由于村里没有收入，一直没给大家一分钱。尽管如此，他们依然积极配合村干部处理，调地、去树、修路桥、建公墓、整平土地等涉及村民重大利益的棘手事情，默默无闻地为村民服务。

苏连臣，男，三教堂村人，1928年8月27日出生，1948年入伍，参加淮海战役和抗美援朝，1952年光荣负伤，回到家。

张开亭，男，三教堂村人，1935年12月19日出生，1948年8月参军，曾任28军高炮团政委，随后转业到德州丝绸公司任主任。

阚建华，男，三教堂村人，1957年从济南师范学校毕业，到长清张夏中学任教，1年后调入县教育局，“文化大革命”期间任县委秘书和县委办公室主任。

张宜平，男，三教堂村人，1945年6月出生，1964年11月参加工作，曾任镇教委成员兼桑梓小学校长。

张玉华，男，三教堂村人，1952年出生，1972年参军，在陆军某师侦察连服役，1978年转业，曾任齐河县政法委办公室主任，桑梓店镇经委主任、司法所所长。

张玉三，男，三教堂村人，1958年3月出生，1975年10月参加工作，曾任桑梓店镇财政所副所长、天桥区农发局副局长，2010年4月任天桥区教育局党委副书记。

张玉国，男，三教堂村人，1971年出生，1994年考入上海轻工业学院，分配到历城区王舍人镇任王舍人管区党总支书记。

苏连生，男，三教堂村人，1976年10月出生，1995年考入山东建筑工程学院，1999年分配到济宁规划设计院任总规划师。

张师忠，男，三教堂村人，1936年出生，山大毕业，任贵州煤矿局机电科科长，高级工程师，已退休。

张宜生，男，三教堂村人，1940年出生，原在内蒙古林业局工作，后调到牙克石任城建局局长，已退休。

张宜孝，男，三教堂村人，1933年出生，原在济宁电力部门工作，后任邹城供电局局长。

张宜德，男，三教堂村人，1940年出生，高级教师，多次被评为优秀党员和先进工作者，曾任桑梓二中校长，已退休。

滕丕祯，男，冯家堂村人，1930年生，曾在桑梓店、焦斌、小周等地任教师、校长、教育组组长（后称教委主任）。

滕丕祯，男，冯家堂村人，曾任靳家乡党委书记，后任历城区组织部副部长、民政局局长。

滕红岭，男，冯家堂村人，1993年入伍，原沈阳军区正师级干部。

滕丕泉，男，冯家堂村人，曾任怀庄中心小学校长。

滕志刚，男，冯家堂村人，齐河县潘店镇党委书记。

滕杰，男，冯家堂村人，齐河县委秘书。

徐铁磊，男，冯家堂村人，桑梓店镇中心小学副校长。

滕长海，男，冯家堂村人，1981年入伍，2015年任太原市万柏林区刑侦大队大队长。

滕丕福、徐振生，男，冯家堂村人，分别担任村党支部书记和村委会主任（大队长）三十年，分工明确，配合默契，亲如兄弟。

滕铜岭、滕长峰、滕长利、冯涛，男，冯家堂村人，经营酱菜厂。滕长峰、滕长利是亲兄弟，与滕铜岭是亲侄叔关系。从滕铜岭的父亲起，滕家经营酱菜已经3代。冯涛经营酱菜厂，已经有20年的历史。

王志，曾用名王斌，男，生于1979年11月，冯家堂村党支部书记、山东寿华农业科技开发有限公司董事长。2003年，王志自筹资金200万元建立济南佳华畜牧科技开发有限公司，发展奶牛养殖。2008年，王志当选村党支部书记。为带动村民共同致富，他与80余名养殖户共同

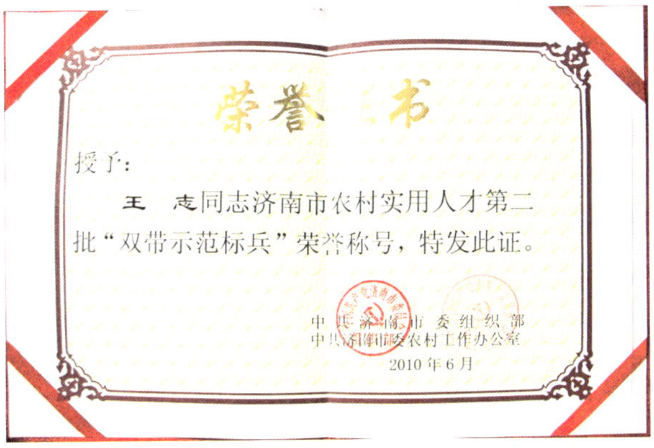
荣誉　书

授予：

王　志同志济南市农村实用人才第二批“双带示范标兵”荣誉称号，特发此证。

中共济南市委组织部
中共济南市委农村工作办公室
2010年6月

成立富民奶牛养殖专业合作社。2012年10月注册成立山东寿华农业科技开发有限公司，集饲养、销售、科技服务于一体。建设大型无菌自动式挤奶厅10间共450平方米，投资36万元安装现代化自动挤奶设备，投资16万元购买两台8吨鲜奶制冷罐，日产鲜奶3.5吨。为让济南市民喝上放心鲜奶，也为提高自产牛奶的附加值，王志在济南市区建有28家佳华鲜奶吧，连锁销售。鲜奶吧总部设在南郊宾馆，直接供应省领导。2012年，王志成立佳华全托式沼气服务站，采取专业化人员、合同化服务、实体化经营、市场化运作、高效化管理，不但为周边11个村800余农户免费提供牛粪存放处，而且把整个天桥区已经注册的规模养殖场的粪便收集过来，甚至还延伸到济阳县的养殖场。生产沼气之后把沼渣、沼液统一收回，加工成有机肥，满负荷运行每年能生产有机肥3万吨，所产有机肥用于种植有机蔬菜。2012年8月，王志成立济南民康蔬菜种植专业合作社，注册资金100万元，拥有社员11户。又注册成立民康土地流转合作社，共流转土地30公顷，建成济南民康蔬菜种植基地，种植土豆、白萝卜、西兰花等有机蔬菜，主要销往寿光、安丘、日本和俄罗斯等地，为农村剩余妇女劳动力提供就业岗位300余个。王志在309国道旁东秦村承包土地2.67公顷进行1年种植4茬蔬菜的试验。2015年王志流转土地133公顷，修建钢架大棚150个，2016年2月15日（正月初八）种植土豆，平均亩产2250千克，销售平均每千克4.30元，亩产值近1万元。其间养育菜花苗；之后栽植露天菜花，45天后收获——其间又养育西兰花苗；栽植西兰花，养育芹菜苗；种植芹菜。这样1年种植4茬蔬菜，预计亩产值1.4万元。王志是全国农村致富带头人；济南市劳动模范、农村实用人才；天桥区优秀村党支部书记、乡村创富好青年。

彭立河，男，彭家村人，1955年生，在部队期间任军需科长，后转业至历城区人民法院工作。

彭立春，男，彭家村人，参军升至团级，曾经参与制造核武器。

彭金岭，男，彭家村人，1938年出生，毕业于曲阜师范学院，曾任蒙阴县委秘书。

彭立基，男，1931年出生，彭家村人，耳不聋，眼不花，头脑清楚，感冒不吃药就能痊愈。放牧二三十只山羊，能跟着羊跑。他自尊自重，在小麦出苗后就把羊聚在羊圈圈养。村里有人离世，一直都是他去穿寿衣，不要任何报酬。

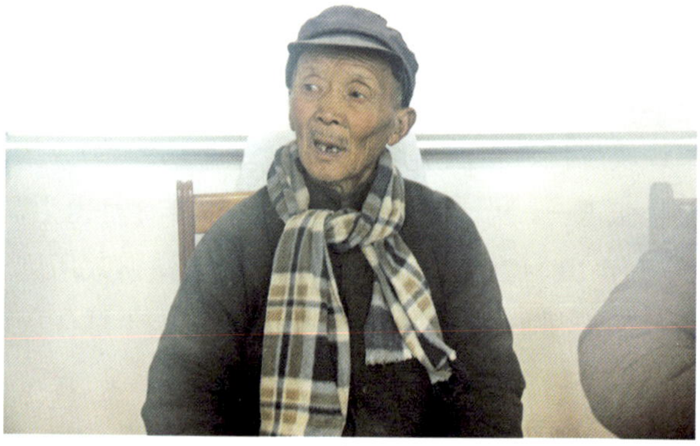

彭立基（2015年摄）

张忠明，男，小辛村人，1930年出生，1948年参军，参加解放战争。1951年参加抗美援朝，在战斗中负伤，致三等残疾。

张华禄，男，小辛村人，中共党员，1962年参军，任排长，后转业到郑州市“二七”制线厂任党委书记、厂长。

张华桂，女，小辛村人，中共党员，1949年生，1970年参加工作，曾任齐河县刘桥公社党委副书记。1980年调胜利油田仙河油厂任党委副书记。

张华安，男，小辛村人，牙医，全国优秀乡村医生曾任村支部书记、村委会主任。1978年入伍，任卫生员学习镶牙，掌握镶牙医术。复员回村后任乡村医生，赶桑梓店、表白寺、济阳孙耿等大集镶牙，渐渐声名鹊起，患者缤至沓来，又改为坐诊镶牙。

张青，男，1978年生，小辛村第一个中专生，

1999年参加工作，2015年任德州市平原县气象局局长。

张文轩，男，小辛村人，1983年6月27日生，2001年考入青岛科技大学读本科，2006年考入中国海洋大学经济管理系读硕士，是小辛村第一个大学生、第一个研究生。

张琳琳，女，小辛村人，1987年生，2008年考入西安理工大学读研究生，是小辛村第二个硕士。

肖义健，男，小辛村人，1987年生，2013年考入北京邮电大学读研究生，是小辛村第三个硕士。

张学贞，男，小辛村人，一家有4位教师，均一直在桑梓店镇工作。张学贞是桑梓农中的建校者，见证桑梓店镇教育近50年的发展历程。退休前，张学贞和长子张秀峰、儿媳杨秀霞均在高王小学工作；次子张冰在桑梓店镇回民小学工作。1973年2月，凭借优异成绩，张学贞刚从高中毕业就走进初中，教授物理、化学。1975年春，在公社党委的统一部署下，张学贞带领部分学生进驻新址建桑梓农中，成为桑梓农中建校七元老之一。张学贞带领学生参加市县各类理化竞赛，先后50多人次获奖。张学贞先后被评为齐河县优秀教师、德州地区优秀教师、济南市优秀班主任等。

张开忠，男，石庙村人，参军入伍，升至师级，退休后在哈尔滨定居。

张开文，男，石庙村人，曾任桑梓店镇武装部长、副镇长、纪委书记和天桥区天东办事处纪委书记、济南北郊林场党支部副书记，2016年在天桥区政府工作。

刘长莲，女，石庙村人，王庆文的妻子，全村公认的好媳妇。王庆文本是肖友兰的侄子，从小被其收养成养子。刘长莲对待肖友兰一向十分孝顺，2015年肖友兰已经85岁高龄，一家人其乐融融。

张择兰，女，石庙村人，张宜兴的妻子，30多年来对老人非常孝顺。

怀桂兰，女，石庙村人，张玉成的母亲，把2个成为孤儿的侄子养大成人，给2个侄子建房娶妻，其间没向村里提任何要求。

王思新，男，高王村人，1951年生，1969年入伍，因公受伤致残。

王林珏，男，高王村人，1934年生，曾任村党支部书记、齐河县大黄乡党委书记。

李春孝，男，高王村人，1955年11月生，1975年1月入伍，大学本科毕业，曾任山东省公安消防总队高级工程师，技术五级，大校警衔。被誉为影响当代中国消防事业一百人之一。山东省书法家协会会员、省科委人才库专家、文化部艺术人才中心书画学会专业委员会委员。

郭风明，男，高王村人，在济南市区开设凌讯电梯安装有限公司，有百十名员工，专业安装7层以上楼房的电梯，业务遍及全省。

王照林，男，高王村人，连续20多年记录家庭的每一笔收入和支出，成为研究经济、社会发展变迁的典型资料。他爱好文学，喜欢创作等。

高宝良，男，高王村人，连续30多年担任村妇女主任和村计生办专职主任。

王兆亭，男，高王村人，先做服装生意，后经营泉胜金娃娃物流，有六七部大车，长年跑广州。捐资在村南建铁牌坊1座。

王兆峰，男，高王村人，男，1946年出生，1964年参军，历任班长、排长、连后勤助理，1978年转业到靳家乡任水利助理，1979年任齐河县公安局预审科副科长，1983年任靳家派出所所长，2006年退休。

郭长山，男，高王村人，1945年出生，曾任焦斌乡副乡长，靳家乡党委副书记、人大主席等职，2004年退休。

王长珍，男，高王村人，1928年出生，曾任齐河县供销社业务科长，1986年退休。

郭长河，男，高王村人，1939年出生，

1958年入伍，历任班长、排长、连长、团参谋长，参加抗美援越；后转业到历下区任拆迁办主任，房管局局长、书记，2000年退休。

李维信，男，高王村人，1947年出生，曾任桑梓店人民公社卫生院副院长、公社农具厂厂医，1982年回村卫生室工作。

李维刚，男，高王村人，1955年3月出生，一级教师，曾任高王中心小学校长、桑梓店镇第二中学后勤主任等职，2015年退休。

李曰军，男，高王村党支部书记，济南市见义勇为先进个人；历城区优秀共产党员，社会治安综合治理先进个人；天桥区农业和农村工作先进个人、优秀共产党员、普法依法治理先进个人、信访工作先进个人、爱国卫生工作先进个人、优秀党务工作者、社会主义新农村建设先进个人、优秀人大代表。

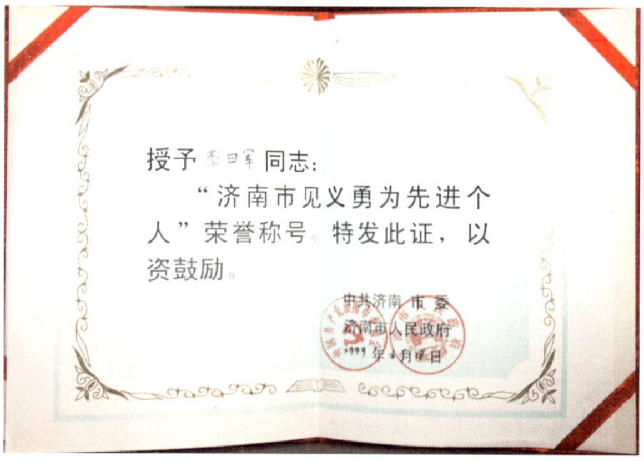

陈庆玉，男，石门孙村人，1948年生，1969年4月入伍，1970年3月入党，1976年3月退伍任村党支部委员，担任铁丝编织厂会计至1982年。1985年10月起一直任村文书。

孙学金，男，石门孙村人，1953年生，1971年参军，1976年3月退伍。1985年10月起任村党支部书记，任期31年，是全镇年龄最大任职时间最长的村党支部书记。孙学金是山东省农村图书先进工作者，齐河县劳动模范，历城区农业劳动模范、优秀共产党员、优秀人大代表，天桥区优秀共产党员、优秀人大代表，第十、十一和十二届济南市人大代表。

孙有亮，男，石门孙村人，共产党员，1958年生，1982年入伍，1986年1月至2004年10月任村委会主任。

吴俊河，男，小吴村人，曾任齐河县焦斌乡副镇长、晏城镇副书记，2015年任齐河县城管执法局局长。

吴友胜，男，小吴村人，成立济南赛克机器有限公司，生产制造塑钢门窗和中空玻璃的设备，产品远销俄罗斯和东南亚。

张明河，男，三官庙村人，1954年生，大专学历，在齐河机械厂工作。1982年调县计划生育委员会工作。1991年山东省被评为全国第四次人口普查先进工作者。1992年被省委宣传部、省计生委表彰为计生工作先进个人。2006年被省人口和计划生育协会表彰为先进工作者。

蒋顺明，男，三官庙村人，2012年被济南市卫生局评为“百名文明乡医”。

附　录

在全镇党风廉政建设暨信访维稳工作会议上的讲话

（2014年2月25日）

董学山

同志们：

这次全镇党风廉政建设暨信访维稳工作会议是一次非常重要的会议，主要任务是认真学习贯彻全区党风廉政建设工作会议和全区信访维稳工作会议精神，总结工作、分析形势，动员全镇上下进一步提高认识，强化措施，狠抓落实，不断深化我镇党风廉政建设、反腐败和信访维稳工作，为全面建成更高水平小康社会创造良好的政治社会环境。刚才，承静同志传达了区委毕筱奇书记在全区党风廉政建设工作会议和全区信访维稳工作会议上的讲话精神，李晓同志和聂岭同志分别总结了2013年全镇党风廉政建设和反腐败工作、2013年全镇信访维稳工作，并分别对今年工作作了安排部署；赵军同志宣读了《桑梓店镇重点工作联动及应急处置机制实施方案》。各部门各单位要认真学习领会，抓好贯彻落实。下面，我讲三点意见。

一、深入学习贯彻区委会议精神，认清当前形势任务，进一步增强党风廉政建设、反腐败斗争和信访维稳工作的责任感紧迫感

全区党风廉政建设工作会议和信访维稳工作会议，是在全面深化改革、推动天桥科学发展、加快发展的关键时期召开的十分重要的会议。毕筱奇书记在会上发表的重要讲话，简要传达了中央和省市纪委全会精神，全面总结了一年来全区党风廉政建设、反腐败及信访维稳工作成绩，深入分析了当前党风廉政建设、反腐败斗争和信访维稳工作面临的严峻形势，明确提出了当前和今后一个时期的总体思路和主要任务，充分体现了区委改进作风、惩治腐败、维护和谐稳定大局的坚定决心。全镇各级党组织和广大党员干部要把学习贯彻毕书记重要讲话和相关会议精神作为当前的一项重大政治任务，进一步提高思想认识、树立忧患意识、增强责任意识，为“园区发展、桑梓振兴、造福人民、勇于担当”创造风清气正、和谐稳定的社会环境。

过去的一年，全镇各部门各单位认真贯彻落实党的十八大、十八届三中全会和习近平总书记系列讲话精神，紧紧围绕“园区发展、桑梓振兴、造福人民、勇于担当”各项工作任务，积极推动党风廉政建设、反腐败和信访维稳工作取得新进展。坚持不懈抓作风，严格落实中央八项规定，开展“庸懒散”专项治理，整治“四风”突出问题，党员干部工作作风明显转变；坚持不懈抓宣教，广泛开展廉政文化广场示范建设，全力构筑惩治预防体系，党员干部勤政廉政意识明显增强；坚持不懈抓监督，认真落实党风廉政建设目标责任制，深入推进廉洁村居工程，广泛推行村级“三务公开”，实行村级公章集中监管，有效保障了权力规范运行；坚持不懈抓维稳，严格落实领导包案分工，深入排查化解矛盾纠纷，变被动上访为主动下访，完善突发事件应急处置机制，有力确保了重要会议和重大事项期间全镇社会稳定。一年来，全镇公安、纪检监察、信访、司法、综治等各部门的同志们围绕大局、密切配合、认真履职、

连续奋战，做了大量扎实具体的工作，为维护全镇改革发展稳定大局、推动经济社会发展作出了重要贡献。

机遇是把“双刃剑”。当前，我镇正肩负北跨主战场和济北新城规划建设核心城区两大重要任务，处于加快发展的关键期、开发开放的重要机遇期、思想观念变化的碰撞期，大开发、大改造、大建设、大发展的战斗已经拉开帷幕。在把握机遇、乘势北跨的同时，我们要清醒地认识到，深化改革、跨越发展的大背景也为滋生腐败提供了肥沃的土壤，我们面临的党风廉政建设和反腐败斗争的形势愈加严峻复杂，一些随之而来的不正之风和腐败问题影响恶劣，急待解决。当前信访维稳工作面临的形势也不容乐观，从全国来看，随着经济体制深刻变革、社会结构深刻变动、利益格局深刻调整、思想观念深刻变化，我国已经进入对敌斗争的复杂期、社会治安案件的高发期、各类社会矛盾的凸显期，经济社会发展面临的矛盾和问题更复杂、更突出；从全镇来看，园区征地、地上物清理补偿、旧村改造、拆迁安置等工作任务繁重、复杂，一些深层次的社会矛盾愈发显现，在解决这些矛盾和问题的过程中，一些群众的法制观念相对淡薄，使有些信访维稳问题呈现出主体广泛化、内容复杂化、方式多样化、活动规律化、秩序无序化等特点，择机访、越级访、集体访、重复访等问题突出；从各村来看，今年即将开展的村“两委”换届任务，可能会诱发一些新的不稳定因素，维护社会稳定的压力陡增，信访维稳工作的任务更重、责任更大、要求更高。另外，全国“两会”召开在即，近日中央和省市区维稳办相继下发通知，对做好全国“两会”期间维护稳定工作提出明确要求。我们要把做好全国“两会”期间的维稳工作作为当前一项重要政治任务来抓，克服麻痹松懈思想，保持清醒头脑，增强工作责任感和主动性，周密部署、精心组织、狠抓落实，严密防范大规模群体性事件及进京非正常上访事件，严密防范重大治安灾害事故，全力以赴做好全国“两会”期间及3月1日园区“三个一”开工仪式和5月底全市上半年园区工作现场会期间的各项维护稳定工作。

党的十八大以来，党中央对推进党风廉政建设和反腐败斗争提出了一系列新思想、新举措，充分体现了我们党改进作风、惩治腐败的坚强意志；对深入推进信访维稳工作提出了一系列新思路、新要求，充分体现了我们党维护群众合法权益、推进社会和谐稳定的坚定决心。全镇党员干部要深刻认识反腐败斗争的长期性、复杂性、艰巨性，以猛药去疴、重典治乱的决心，以刮骨疗毒、壮士断腕的勇气，坚决把党风廉政建设和反腐败斗争进行到底；各有关部门单位要深刻认识维护社会稳定对优化发展环境、深化改革发展的重要性、关键性、紧迫性，从提高党的执政能力、巩固党的执政基础的高度，从全面落实科学发展观、践行党的群众路线的高度，以最高标准、最严要求、最大努力，确保维稳工作万无一失，不断巩固全镇加快发展、安定团结的良好局面。

二、加强组织领导，强化重点工作，努力推进党风廉政建设和反腐败斗争取得新成效

关于今年的反腐倡廉工作，中央和省、市、区纪委提出了明确要求，镇纪委结合我镇实际已做出安排部署。各部门各单位要统一思想、提高认识，坚持党要管党、从严治党，统筹抓好责任落实、警示教育、惩防体系、作风建设、严明纪律等重点工作，不断开创党风廉政建设和反腐败斗争的新局面。

1、认真落实党风廉政建设责任制，切实增强责任意识。落实党风廉政建设责任制的核心，在于领导班子和领导干部特别是主要负责人要明确责任主体、抓好责任分解、增强责任意识、切实履职尽责，确保反腐倡廉各项工作任务落到实处。镇党委担负党风廉政建设的主体责任，

把党风廉政建设和反腐败工作纳入工作总体规划，与经济社会发展各项工作通盘考虑、协调推进。我作为镇党委书记将认真履行第一责任人的职责，在当好廉洁从政表率的同时，做到重要工作亲自部署、重大问题亲自过问、重点环节亲自协调、重要案件亲自督办，管好班子、带好队伍。党政领导班子其他成员要各司其职、各尽其责，既紧密结合本部门工作实际、认真履行职责范围内的党风廉政建设领导责任，又要按照党风廉政建设责任制的要求，积极落实所承担的反腐倡廉牵头任务和配合任务，切实履行“一岗双责”。镇纪委要在镇党委的坚强领导下，突出主业主责，加强党风廉政建设和反腐败工作，切实抓好组织协调、督促检查和分类指导，加大执纪办案工作力度，严肃查处腐败问题。广大纪检监察干部要牢记使命、认真履职，敢抓善管、勇于碰硬，刚正不阿、恪尽职守，以铁的纪律秉公执纪，以坚守责任树立形象，以实际行动服务群众。

2、广泛开展反腐倡廉宣传教育，切实筑牢思想防线。警钟长鸣、防微杜渐是筑牢党员干部拒腐防变思想防线的关键。要重点抓好理想信念和党纪国法主题教育。深入开展以“中国梦”和廉政法规、从政道德为主题的教育活动，引导党员干部坚定理想信念、夯实思想根基，树立正确的世界观、人生观、价值观、从政观、权力观。要广泛开展廉政文化广场示范建设。把握目标要求，通过抓典型、树标杆、带全面，在各行政村全面开展争创廉政文化广场示范点活动；严格争创标准，制定争创计划，明确争创目标、进度、时限和责任，认真申报考评，按照村申报、镇初评、区审核的考评程序，坚持“高标准、高质量、创品牌、有特色、出实效”的总体要求，创建一批在全区乃至全市叫得响的廉政文化示范平台。要大力实施党员干部教育培训和考核。在纪检干部和农村基层党员干部中广泛开展“学法规、树正气、促廉政”主题教育活动，实行镇、村主要负责人廉政承诺制度，开展村干部勤廉双述、村民询问质询活动，将“勤廉指数”纳入年终考核并将考核结果作为评价干部、选拔任用、实施奖惩的重要依据。要健全完善警示教育长效机制。紧紧围绕反腐倡廉中心工作，广泛宣传党风廉政建设和反腐败斗争取得的新成效、新经验，大力宣传关于反腐倡廉建设的新要求、新举措，及时宣传发生在身边的违纪违法典型案例，有针对性地开展警示教育，促进警示教育和反腐倡廉宣传教育的常态化、长效化、科学化。

3、深入推进作风建设，切实纠正“四风”及不正之风。今年，我镇将按照上级统一部署开展第二批党的群众路线教育实践活动，这是我们聚焦“四风”、纠正不正之风、转变工作作风的良好契机。前期，通过开展“庸懒散”专项治理，我们广大党员干部作风转变成效明显，今年，我们要结合开展党的群众路线教育实践活动，继续坚定不移地推进作风建设，以“钉钉子”精神一抓到底，坚决防止反弹。一是抓重要节点，要注重落实。要继续抓住春节、中秋、黄金周等重要时间节点，强化监督检查，将全面检查与重点检查、党内监督与社会监督结合起来，加大明察暗访力度，及时发现问题，坚决予以纠正，严肃责任追究。二是抓突出问题，要注重解决。要结合开展党的群众路线教育实践活动，畅通群众诉求渠道，虚心听取群众意见，找准和解决好群众反映强烈的突出问题，坚决纠正发生在群众身边的不正之风，切实维护群众切身利益。三是抓专项治理，要注重问责。继续开展“庸懒散”专项治理，切实解决个别部门单位特别是窗口单位、服务行业作风不实、执行不力、服务不优、效率不高等问题；加强对农业补贴发放管理、耕地保护和农村土地利用管理、新农合、新农保等中央强农惠农富农政策落实情况的监督检查；坚决整治征地拆迁和教育医疗中乱收费、基层干部吃拿卡要、作风粗暴、欺压群众、执法不公、奢侈浪费等损害群众利益的问题，对不正之风和违纪违法现象加大惩戒问责力度。四是抓长效机制，要注重坚持。严格执行中央《党政机关厉行节约反对浪费条例》及省市区相关实施办法，继续落实《桑梓店镇机关工作规章制度》要求，长期坚持以制度管人管事，推动完善作风建设长效化机制。今天，会议下发了《中共桑梓店镇委员会关于进一步加强农村党员干部管理的十项规定》，会后村干部还要签订《廉洁承诺书》，这是我镇制度管人的一项重要举措，目的就是要通过建立惩罚、退出、承诺机制，强化制度约束，加强对党员干部队伍的管理，从而全面提升党员干部队伍整体素质和形象。

4、建立健全惩防体系，切实抓好源头预防。要以中央印发的《建立健全惩治和预防腐败体系2013—2017年工作规划》文件精神为指导，全力推进惩防体系建设。要着眼于关口前移，增强源头预防。以“千村（社区）提升工程”为抓手，以村“两委”换届为契机，集中力量整治一批“难点村”，发掘一批“亮点村”，下马一批存在问题的基层干部，提拔一批德才兼备的干事人才，一并彻底解决一批影响农村社会和谐稳定的突出问题，把矛盾消灭在萌芽状态。要着眼于有效预防，把握关键环节。要抓好领导干部这个关键群体和关键对象，抓好管人、钱、物、事的关键部门和关键岗位，抓好项目建设、选人用人等关键领域和关键事项，搭建预警平台、制定防控措施、强化动态监控，最大限度降低腐败案件的发生。要着眼于规范权力，依法接受监督。在机关开展廉政风险防控，通过量化岗位风险、明晰岗位职责、规范工作流程，把源头防治腐败的要求贯穿到权力配置和运行的各个环节，达到堵塞漏洞、源头治理、科学防腐的目的；全面推行村务、党务、财务“三务”公开，在公开中接受群众监督。要着眼于严肃法纪，零容忍惩治腐败。对党员干部要严管厚爱、防微杜渐，坚持有案必查、有腐必反、有贪必肃，对腐败现象绝不姑息迁就，以零容忍态度惩治腐败。

5、严明党的组织纪律，切实增强组织纪律性。要严明党的组织纪律，坚决防止和克服组织涣散、纪律松弛和无组织、无纪律、自由主义等现象。广大党员干部要自觉增强组织纪律性，讲党性、守规矩，始终服从组织；勤请示、勤报告，始终忠于组织；讲民主、善集中，始终正确对待组织；严纪律、强执行，始终敬畏组织；善管理、敢碰硬，始终对组织负责；严执纪、严问责，始终维护组织威严，使党的组织纪律真正成为不可触碰的“高压线”。镇纪委在执法监察过程中，要严格按照中央及省、市、区委的部署要求，切实抓好对组织纪律执行情况的监督检查。

三、夯实领导责任，强化工作措施，全面确保信访维稳各项工作任务落到实处

安全稳定与廉政建设紧密相联。没有稳定的社会环境，全镇经济社会各项事业发展将举步维艰；没有起码的公平公正，全镇的和谐稳定将如履薄冰。对全镇各项事业而言，安全稳定与党风廉政建设如车之两轮、鸟之双翼，缺一不可、不可偏废。相对于党风廉政建设和反腐败工作，信访维稳工作涉及面更广、关联性更强、任务更加繁重，必须从畅通信访渠道、深化源头治理、创新工作方法、加强分析研判、夯实领导责任五个方面强化措施、确保实效，逐步建立畅通、规范、有序、务实、高效的信访维稳工作新秩序，确保全国“两会”顺利召开。

1、畅通信访渠道，切实保障群众依法信访诉求权利。信访渠道畅通与否是依法维护人民群众合理诉求权利的重要保障。要逐步完善领导干部定期接访、下访长效机制。变“上访”为“下访”是探索新时期信访维稳工作新机制的重要内容，要结合党的群众路线教育实践活动，完善领导干部及“两代表一委员”联系信访群

众制度，深入基层、深入群众，畅通诉求渠道，倾听群众呼声，做到“小事不出村、大事不出镇”，争取把问题解决在基层，最大限度减少信访上行，切实为群众排忧解难。要加强信访信息载体建设。吸取“12345”市民服务热线、区长信箱等有效做法的经验成果，探索开展群众来信“绿色通道”、群众建议征集采纳、社情民意调查研究等平台的建设工作，并不断扩展信息平台的政策咨询、投诉受理、转送督办等功能，鼓励和引导群众选择合理、合法、便捷的方式表达利益诉求、寻求政策帮助。要严格落实首问负责、一次性办结制。强化依法及时就地解决问题的意识，提高初信初访一次性办结率，防止“初转重”“信转访”，最大限度减少问题积累和矛盾上行。

2、深化源头治理，有效提高基层矛盾纠纷排查化解能力。加强源头治理是确保信访维稳工作事半功倍的有力法宝。要把信访维稳工作重心从事后处理转移到事前排查化解上来，将排查出来的各个层面、不同类别的矛盾纠纷分门别类、梳理清楚，彻底进行一次清理，有效解决一批群众合理诉求。要坚持经常性排查和定期排查相结合。充分发挥各办事处、行政村、重点行业信访维稳“第一道防线”的作用，通过一层抓一层、层层抓排查，构筑上下联动的矛盾排查机制，广泛开展常态化、定期化排查。要坚持全面排查和专项排查相结合。探索推行“信访代理”工作机制，确定专人负责征地拆迁、涉法涉诉、劳动社保、教育医疗等重点领域和失地农民、心理失衡者等重点人员的信访代理跟踪服务工作，不断提高基层化解矛盾和解决问题的能力。要坚持社会管理重心下移。认真落实“三主动、三及时”工作方法深化源头治理，即：主动深入一线、项目、工地，及时了解群众和企业的所思所想；主动开门接访，及时解答群众诉求；主动解决问题，及时将矛盾化解至最小，努力从源头上预防和减少社会矛盾。

3、创新工作方法，依法规范和分类处理信访行为。推动信访工作改革创新是依法、规范、有效处理信访行为的有益探索。要结合我镇实际，找准薄弱环节，深入研究和准确把握新形势下群众工作的新特点新规律，研究创新举措，创新群众工作方法，依法规范处理信访突出问题。要规范解决历史遗留信访问题。按照“属地管理、分级负责”“谁主管、谁负责”的原则，对影响我镇和谐稳定的历史遗留问题、信访维稳积案全面排查、认真梳理、分类排队，探索实行联合会商机制、社会力量参与信访工作机制等新方法，创新思维，寻求解决问题突破点。要因案制宜、依法处置信访个案。强化领导包案和“一岗双责”，综合运用政策解决、人文关怀、社会救助、法制教育、思想疏导、依法处置等手段分类化解个案；探索制定依法处置非正常上访的规范性文件，依法严厉打击和惩处利用信访行为干扰破坏公共秩序、民族团结、社会稳定的不法行为。

4、加强分析研判，探索建立重点工作联动及应急处置机制。做好分析研判工作是抓好源头治理和应急处置的有效途径，要把社会稳定风险评估作为定政策、作决策、建机制的前置程序和必备条件。要建立重点工作联动机制。建立健全派出所接处警工作、农村警务工作与综治维稳工作中心、各办事处镇驻园区重点工程建设指挥部的联动工作机制和考核机制，为辖区群众提供力所能及的救助服务。要建立应急处置机制。以重点工作联动机制为基础，建立统一高效、协调有力的应急处置机制，检查修订工作预案，细化充实处置措施，形成处置合力，一旦发生重大集体上访或群体性事件，责任单位主要领导、分管领导要立即赶到现场，直接指挥处置，确保人员迅速带离，事件迅速化解，及时妥善处置各种突发事件和敏感问题。

5、夯实领导责任，健全完善信访维稳工作责任制。做好信访维稳工作，关键在组织领导，关键在责任落实。要继续强化信访维稳工作领导责任。严格实行领导包案和“一岗双责”制度，对职能范围内的信访维稳工作勤调度、勤督促；明确各办事处、各村党支部书记为信访维稳工作第一责任人，对辖区所有信访事件负主要领导责任，强化责任担当，坚持守土有责、守土负责、守土尽责。要继续强化职能部门信访维稳工作责任。镇信访办、综治办要强化统筹协调，严格值班备勤，掌握最新信息，加强信息报送，争取工作主动。要继续强化绩效考评和责任追究。加大信访维稳工作督促检查和考核力度，把信访维稳工作的成效与政绩评定挂钩、与表彰奖励挂钩、与提拔晋升挂钩，与责任追究挂钩，对信访问题突出、长期不能扭转被动局面、导致发生影响社会稳定重大问题的单位责任人要严格问责，形成奖优罚劣、奖罚分明的激励问责机制。

同志们，做好新形势下的党风廉政建设、反腐败和信访维稳工作，确保全国“两会”顺利召开，任务艰巨、意义重大，我们要继续保持攻坚克难、奋发有为的精神状态，坚定信心、统筹协调、强化措施、落实责任，不断取得党风廉政建设、反腐败斗争和信访维稳工作新成效，为全国“两会”胜利召开和推动全镇经济社会和谐稳定、跨越发展作出新的更大贡献。

在全镇党的群众路线教育实践活动动员大会上的讲话

(2014 年 4 月 4 日)

董学山

同志们：

现在开始开会！首先介绍一下出席今天会议的领导，他们是，区委副书记、区长李洪海同志，省市联合督导组副组长、省民政厅厅机关党委专职副书记段朝英同志，区委教育实践活动第二督导组组长张建明同志。让我们对领导的到来表示热烈的欢迎。

参加今天会议的还有，区第二督导组全体成员、党政班子成员、派驻村“第一书记”、办事处书记主任、党建指导员、各村党支部书记、村级教育实践活动联络员。

这次会议的主要任务是按照区委的部署要求，动员和组织全镇广大党员干部，迅速统一思想和行动，以饱满的精神、坚定的信心、有力的举措，扎实开展好党的群众路线教育实践活动。

这次群众路线教育实践活动，李区长联系我们桑梓，这体现了区委、区政府对我们的重视，也对我们的活动、对我们的各项工作提出了更高的要求，我们要坚持高起点、高标准、严要求，全力开展好教育实践活动。区委向我镇派出了强有力的督导组，加强对教育实践活动的督导。一会儿，督导组组长张建明同志要提出具体督导意见。稍后，李区长作重要讲话，对教育实践活动作指示、提要求，我们一定要认真学习领会、抓好贯彻落实。下面，我先讲几点意见。

一、深刻认识开展教育实践活动的重要性和紧迫性，切实增强思想自觉和行动自觉

党的十八大作出了在全党深入开展党的群众路线教育实践活动的重大部署，第一批教育实践活动自去年下半年启动开展，取得了重要阶段性成果。一月份以来，中央、省、市先后

召开党的群众路线教育实践活动第一批总结暨第二批部署会议。分别阐述了第一批学习教育实践活动取得的重要成果和宝贵经验，对开展第二批教育实践活动作出部署。3月3日，我区第二批教育实践活动全面启动，毕书记在动员大会上作了重要讲话，就全区开展教育实践活动的重大意义、目标要求和重点任务作出了明确安排。全镇各级党组织和广大党员干部要认真学习，深刻领会，准确把握，抓好贯彻落实。

（一）开展群众路线教育实践活动，是推进党的建设的重大实践

群众路线是党的生命线和根本工作路线。在中央党的群众路线教育实践活动第一批总结暨第二批部署会议上，习总书记强调指出，搞好第二批教育实践活动，直接关系贯彻落实全面深化改革各项任务，直接关系夯实基层基础、提高服务群众能力和水平，直接关系有效解决群众反映强烈的突出问题，直接关系推动整个教育实践活动健康有序发展。省委姜异康书记来济督导教育实践活动时强调，要明确任务要求，坚持主题不变、镜头不换，严格标准、严格纪律，工作要实、效果要好，高起点、高标准、高质量地推进第二批教育实践活动。市委主要领导在调研第二批教育实践活动时，围绕牢牢把握活动正确方向，提出“十个防止”的具体要求。毕书记在全区组织工作会议上就开展好教育实践活动提出“十个始终坚持、十个坚决防止”的具体要求。我们一定要把思想和行动统一到中央和省、市、区委领导对开展教育实践活动意义的重要论述上来，切实增强开展活动的思想自觉和行动自觉，做到任何情况下，与人民同呼吸共命运的立场不能变，全心全意为人民服务的宗旨不能忘，群众是真正英雄的历史唯物主义观点不能丢。把教育实践活动融入到桑梓改革发展稳定各项事业之中，作为一项严肃而重大的政治任务，抓紧抓好、抓出成效。

（二）开展群众路线教育实践活动，是凝聚桑梓发展力量的内在需求

2012年以来，伴随北跨战略的加快实施，我镇经济社会各项事业发展驶入了快车道。去年年底，我们确定了“园区发展、桑梓振兴、造福人民、勇于担当”的总体思路，全镇干部群众思想空前统一、热情空前高涨，全镇经济社会各项事业呈现出蓬勃发展的良好局面。造福人民是责任，更是担当，能否团结带领全镇人民投身济北新城建设的伟大事业，是对全镇各级党组织凝聚力、领导力、执行力的考验，更是对党员领导干部工作作风的检验。我们要推动桑梓在北跨发展中作贡献、打头阵，在济北新城建设中体现“桑梓作为”“桑梓责任”和“桑梓担当”，就必须教育引导全镇广大党员干部坚定群众观点，从群众中汲取智慧、获得力量，坚持群众路线，与人民心心相印，与人民同甘共苦，与人民团结奋斗，增强桑梓发展的动力和活力，共同绘就济北新城建设的美好蓝图。

（三）开展群众路线教育实践活动，是夯实基层基础、提高服务群众能力和水平的迫切要求

党的基层组织是党的全部工作和战斗力的基础。目前，我镇有61个党支部，1237名党员，这是一支强大的骨干力量，在各条战线发挥了战斗堡垒和模范带头作用，为全镇经济社会发展做出了重大贡献。目前，从我镇党员干部队伍现状看，总体上是好的，是有战斗力的，但是区委列举党员干部“四风”方面存在的突出问题，在我镇各级党组织和党员干部中都有不同程度地存在，决不能自我感觉良好，高估自己、低估问题、轻描淡写，要认真开展自查自纠，切实增强忧患意识、危机意识，发扬成绩、改正不足，切实解决突出问题，把党组织和党员队伍建设的更具凝聚力和战斗力，为全镇经济社会科学发展提供坚强保障。

二、深刻领会群众路线教育实践活动精神

实质，全面落实活动部署和要求

这次开展的教育实践活动覆盖全镇所有党组织和全体党员，参与活动对象点多、面广、线长，需要解决的实际问题更具体、更复杂，群众期望值更高，社会关注度更广，任务更加艰巨。我们一定要保持清醒头脑，准确把握特点，增强使命意识，发扬勇于担当的精神，高标准、高质量的推进教育实践活动。

（一）要牢牢把握目标和总要求。这次教育实践活动要以贯彻落实中央八项规定为切入点，牢牢把握“照镜子、正衣冠、洗洗澡、治治病”的总要求，把重点任务聚焦到作风建设上，着力解决形式主义、官僚主义、享乐主义和奢靡之风“四风”问题，切实解决群众切身利益的问题，切实解决联系服务群众“最后一公里”的问题，落实为民务实清廉要求，教育引导党员、干部树立群众观点，弘扬优良作风，解决突出问题，保持清廉本色。通过教育实践活动，努力实现“五个进一步”的基本目标，即：党员干部思想认识进一步提高、作风进一步转变、党群干群关系进一步密切、为民务实清廉形象进一步树立、基层基础进一步夯实。

（二）要牢牢把握聚焦“四风”问题。党政领导班子和领导干部要对照习近平总书记提出的好干部“20字”标准和中组部《关于改进地方党政领导班子和领导干部政绩考核工作的通知》精神，深入查找和解决学风不浓、知行不一、把学习当口号、不能正确处理工学矛盾，认为学不学无所谓，装装样子，拍胸脯做决策、凭想象办事，不求甚解等学风不扎实、研究不深入的问题；深入查找和解决脱离群众、脱离实际，调研总是躲避问题、提前预演，检查就像走马观花、只看材料，奉承之词百听不厌、逆耳之言一听就炸，高高在上、唯我独尊，心浮气躁、搞“一言堂”等狂妄自大、权力观扭曲的问题；深入查找和解决有令不行、有禁不止，不求有功但求无过，事业心、责任感缺失，求稳怕乱、得过且过，不敢担当、不善攻坚，遇到问题困难绕着走、不敢正视矛盾、不敢同不良风气作斗争，只当官、不做事，只讲话、不督查，守摊子、混日子，思想保守僵化，办事拖沓，效率低下，推一推动一动，精神懈怠、缺乏进取意识和“钉钉子”精神等政绩观错位、责任心缺失的问题；深入查找和解决思想观念陈旧、机遇意识淡薄，不能站在全局的高度认识北跨发展机遇，不能与时俱进解决问题、推进工作等改革力度不强、转型作为不大的问题；深入查找和解决在助老关爱、医疗卫生、就业创业、公共文体、美丽乡村建设、社会治理创新等方面工作力度不大、效率不高等宗旨意识淡化、群众观念淡薄的问题；深入查找和解决世界观、人生观、价值观不正确，信仰缺失、信念动摇，精神懈怠、不思进取，追名逐利、贪图享受，不计成本、吃喝玩乐，超标准接待、用车太勤、排场太大、挥霍无度、劳民伤财等铺张浪费、低俗奢靡的问题。

镇机关要深入查找和解决庸懒散拖、串岗、空岗、在岗不尽责、不守纪律、不讲规矩、我行我素、迟到早退等作风不实的问题；深入查找和解决对工作执行不力，在部门合作中存在“添麻烦意识”“怕麻烦意识”，推诿扯皮，落实不到位等不作为的问题；深入查找和解决报喜不报忧、好大喜功，不组织活动、只上报材料，不宣传思想、只张贴画报，热衷搞形象工程等责任心不强的问题；深入查找眼睛向上不向下，对群众诉求敏感度低，身在基层不了解基层、把基层当跳板、对群众没感情，不懂、不会、不愿做群众工作等基层观念淡薄的问题；深入查找和解决在办公、就餐等方面多用多占、多吃多占等奢侈浪费的问题；窗口单位要深入查找和解决态度“冷、横、硬”，“门难进、脸难看、话难说、事难办”问题，群众办理业务不一次性告知，使办事群众跑冤枉路、“衙门作风”等作风不正、责任缺失的问题；深入查找和解决吃拿卡要、乱收费、以罚代管等权力寻租、滥用职权等问题；深入查找和解决利用工作时间从事上网聊天、购物、炒股、玩游戏、做与工作无关事情等纪律松弛、精神萎靡的问题；深入查找和解决被动等待、打不开工作局面，当一天和尚撞一天钟等创新意识不强、工作标准不高的问题。

各村要深入查找和解决党组织软弱涣散，思想观念落后，大局意识、创新意识不强，目标不明确，刚愎自用，消极怠工，“等、靠、要”思想严重，组织生活不经常、不认真，“党员积分制管理”落实不到位，党员队伍作用发挥不到位等工作基础不牢固的问题；深入查找和解决拉帮结派、拉票贿选、公私不分、搞宗族宗派，“一报四议两公开”落实不力，党务、村务混乱，财务不公开、不透明，落实惠民政策、发展党员、扶贫救济等方面优亲厚友，民主意识不高、请群众监督少，搞“家长制”等议事决策不民主的问题；深入查找和解决工作方法和手段滞后，干劲不足、怕担风险、碌碌无为，守摊子、混日子，小富即安、小成即满，对群众诉求不能积极回应，不敢打击歪风邪气，群众合理诉求长期得不到解决等推动发展不作为的问题；深入查找和解决讲排场、比阔气，红白喜事大操大办、会议活动大吃大喝，盲目攀比、铺张浪费，强揽工程、阻挠项目落地，乱搭、乱建、乱占、乱栽、乱种，参与封建迷信，侵害群众利益等遵规守纪不坚决的问题。

非公有制经济组织和社会组织（以下简称“两新”组织），要深入查找和解决组织不健全、工作不扎实、活动不经常等党组织活力不足的问题；深入查找和解决党员不愿亮身份、不愿尽义务、发挥作用不明显等党性意识不强的问题；深入查找和解决片面追求经济效益，职工合法权益得不到有效保障，对公益事业不热心、不支持、不参与等履行社会责任不够的问题。

三、牢牢把握重点领域和环节，确保活动取得群众满意的成效

我们将把开展好教育实践活动作为当前和今后一段时期的重大政治任务，为确保教育实践活动善始善终、善做善成，取得明显成效，按照区委的统一要求和部署，镇党委研究确定了“一二六九九”活动思路。即活动围绕“聚焦‘四风’，动真碰硬，立说立行，惠及民生”；做到“标本兼治、教育实践并重、边学边查边改”三个坚持；达到“学习教育、群众参与、整风精神、整改落实、建章立制、领导带头”六个贯彻始终；确保“组织、学习、时间、人员、程序、查摆、结合、整改、总结”九个到位；同时，开展好九个自选动作：一是以解决“四风”问题为目标，出台一系列制度，实现以制度管人管事，督促党员干部切实转变作风；二是以让群众满意为目标，实施十项民生工程；三是以传递正能量为目标，借助《桑梓》杂志、优秀事迹报告会、党员宣誓等载体，充分发挥优秀党员的模范带头作用；四是以激发活力为目标，完善村级干部考核机制，分设一二三等奖进行表彰奖励，激发村干部干事创业的热情。五是以优化发展环境为目标，建立联席会议制度和应急处置机制，整合各方力量，全力服务项目建设；六是以“不虚、不偏、不空”为目标，开展进村入户、谈心谈话活动。党委书记与班子成员、中层正职、全部支部书记进行谈心谈话，与党员群众见面50人次以上；其他班子成员与10名以上中层正职、村干部进行谈心谈话，与党员群众见面20人次以上，做好笔记。七是以“两结合两促进”为目标，指导开展好重点工作。特别是与换届工作相结合，每个班子成员包两个以上困难村，确保不出问题。八是以“富民强村”为目标，大力发展村级集体经济。九是以“为民清廉”为目标，加强党风廉政建设，借助园区监察室平台，打造农村干部教育警示基地，组织党员干部参观学习，建立党员退出机制，对三次无故不参加活动，半年不交党费的劝其退党，保

持队伍的纯洁性。

要重点把握好以下环节：

（一）学习教育要入脑入心、启发自觉

思想是行动的先导，理论是实践的指南。要把学习教育贯彻活动始终，做到自觉学习、带头学习、扎实学习、全面学习，将群众路线的观点、政策、理论内化于心；做到学而深思、学而有得、学以致用，将教育实践活动的各项要求外化于行。

要科学制定学习教育计划。采取多种形式，组织党员、干部认真学习中国特色社会主义理论体系，学习党章和党的十八大、十八届三中全会精神，学习习近平总书记系列讲话和视察山东重要讲话精神，逐字逐句研读《论群众路线——重要论述摘编》《党的群众路线教育实践活动学习文件选编》《厉行节约、反对浪费——重要论述摘编》《各地联系服务群众经验做法选编》《损害群众利益典型案例剖析》等指定学习材料，集体观看《力量》等8部专题教育片，加强革命传统教育、党性党风党纪教育和道德品行教育。坚持原汁原味、原原本本，集体讨论、相互交流，系统研读、理论提升，保证学习质量。要丰富学习形式，采取领导带学、小组研学、个人自学、专家讲学、现场观学、短信送学、《桑梓》杂志刊学多种有效方式，深化学习效果，真正入脑入心，并采取知识测试的形式检验学习效果。

镇党政领导班子要先学一步、学得深入。集中学习时间不少于五天，做到“落在纸”“印在脑”“讲出口”，记学习笔记不少于2万字，写心得体会不少于5000字。要建立集体学习日制度，制定学教活动时间表，丰富学教形式。通过实地参观党性教育和警示教育基地、现场收听专家辅导报告、党委书记带头公开上党课、带头重温入党誓词、带头参加知识测试等形式，对党员进行集中轮训，做到学用结合、知行合一。

各党组织要分情况开展学习讨论。在镇领导班子中围绕政绩观问题，开展“为事业负责，为人民担当，我该怎么办”大讨论；围绕责任担当问题，开展“履行主体责任、落实属地责任，我该怎么办”大讨论；围绕群众工作问题，开展“服务群众，我该怎么办”大讨论。在镇直部门、窗口单位开展“履行主体责任、落实属地责任，我该怎么办”大讨论和“提高服务能力、助推社会发展，我该怎么办”大讨论。在村级党组织中开展“提高发展能力，我该怎么办”大讨论，重点探讨解决有人办事、有钱办事的问题。在非公企业中开展“助推发展、奉献社会，我该怎么办”大讨论，重点解决社会责任感问题。对因身体、工作等原因不能参加集中学习的党员及流动党员，采取结对帮学、送学上门等形式开展学习；对长期在外务工人员采取寄学、动员就近参学等形式开展学习，确保整个活动全覆盖、无死角。

（二）听取意见要真心实意、畅通渠道

坚持开门搞活动，通过开展民主评议、发放调查问卷、设置意见箱、召开座谈会、蹲点调研、开通热线电话、下派党建指导员等方式，广泛征求党员群众的意见建议。

“到群众中去”要真心实意，要请群众给我们挑刺，要听原生态的声音，防止用上网代替上门，用电话代替见面，用机关内部意见代替群众意见。要亮出态度、做出样子，广开言路，开门纳谏，广泛听取群众意见。会议一并下发了《桑梓店镇领导班子成员党的群众路线教育实践活动联系点一览表》和《桑梓店镇党的群众路线教育实践活动党建指导员包村名单》，明确班子成员包办事处、包村制度，每人联系2～3个村，对联系点的教育实践活动负全责，活动开展要体现示范作用，各个环节要先行完成，推进措施要脚踏实地，整改落实要取得实效。每村下派一名党建工作暨教育实践活动指导员，对群众意见进行收集反馈，对活动开展进行全程指导。对各联系点和指导员的工作要一周一调度，确保活动开展方向清、目的明、定位准、衔接好、出实效。通过指导员下村发现意见、领导班子成员带头走访寻找意见、统一安装意见箱收集意见、召开不同层面座谈会面对面征求意见等多种途径，针对“两代表一委员”、镇直部门和双管单位、老党员和离退休老干部，信访维稳重点村、辖区企业等不同对象设计征求意见表和调查问卷，确保征求意见的广泛性和真实性。

各村党支部要普遍建立党员联户制度，村干部要做到村民必访，村干部分工包片上门走访听取群众意见；在各村设置征求意见箱，开通专线电话，实行专人值守，全天候听取意见建议。发挥“12345”服务热线作用，及时反馈意见建议。通过召开班子成员座谈会、干部职工座谈会等，深入征求本单位干部职工的意见。镇党政领导班子成员要采取包办事处制度，包村分片到所辖办事处各村征求意见，做到村村必到、村民必见、村干部必谈。期间，党委书记及其他党政班子成员要主持召开各种征求意见座谈会不少于10次。要注重调动好、发挥好、引导好、保护好群众积极性，每个环节、每项工作都让群众参与、受群众监督、请群众评判。

（三）查摆问题、开展批评要查实找准，触及灵魂

区委反复强调，整风精神要贯穿活动始终。在这个环节，我们要以整风精神开展批评和自我批评，既深刻地剖析自己，又诚恳地相互批评，触及思想和灵魂。

要围绕为民务实清廉要求，学习和对照党章、廉政准则、改进作风要求，对照群众期盼和先进典型，采取群众提、自己找、上级点、互相帮、集体议等方式，认真查摆“四风”问题具体表现。对照《党政机关厉行节约反对浪费条例》以及《农村基层干部廉洁履行职责若干规定（试行）》进行检查。领导班子及成员要主动查摆，对征求到的意见建议对号入座。班子存在的问题，班子成员要摆进去；下级存在的问题，上级要摆进去；面上存在的问题，单位及个人要摆进去。注重从关系群众切身利益的问题中查找“四风”问题，实行党员领导干部牵头化解信访积案，扎实开展党员干部联系帮扶困难家庭工作，以下看上，反思和查找不足。领导班子成员之间、班子成员与分管单位负责同志之间要相互帮助提醒、交换意见，主动接受干部群众约谈，切实把问题找准、找具体。

要认真撰写对照检查材料。镇领导班子及其成员，各党支部及其成员，要在广泛征求意见和自我剖析的基础上撰写对照检查材料。领导班子对照检查材料，由党委书记主持撰写，领导班子集体研究，并在一定范围内征求意见；班子成员对照检查材料，要自己动手撰写；各党支部书记要全程主持、亲自参与本单位对照检查材料的起草工作。对照检查材料要逐项列出“四风”问题具体表现、典型事例；对职务消费、人情消费、公务用车、办公用房和住房、家属子女从业等情况要作出说明；从理想信念、宗旨意识、党性修养、政治纪律等方面剖析根源；明确努力方向和整改措施。镇领导班子及班子成员的对照检查材料要由党委书记审核签字后，报区委督导组及区委群众路线教育实践活动办公室审核把关；机关党员的对照检查材料要由分管负责同志严格审核把关；村党支部及成员的对照检查材料要由镇教育实践活动领导小组办公室审核把关。

开展批评和自我批评要去伪存真、实事求是。要开好专题民主生活会，在批评和自我批评上好好下一番功夫，让这个武器更加锋利起来，敢于深挖根源、触及灵魂。会前，要广泛开展谈心谈话，做到“五个谈透”，即：班子的问题谈透、个人的问题谈透、对方的问题谈透、拟在会上批评的问题谈透、改进的措施谈透。通过谈心谈话真正实现思想见面、问题见面、建议见面，进而查找出我们在“四风”方

面存在的突出问题和具体表现。会上，我将带头查摆问题，带头开展批评和自我批评，并代表班子进行剖析，每名班子成员都要对其他成员提至少2条批评意见，既揭短亮丑、动真碰硬，又实事求是、出以公心，不发泄私愤，不搞无原则纠纷。会后，要在一定范围通报专题民主生活会情况，通报材料报区委督导组审阅，同时组织全体党员对班子和党员进行民主评议。各党支部也要稳妥组织好专题组织生活会，镇领导班子成员要参加联系点党组织班子的组织生活会，党建指导员要全程参加专题组织生活会，对个别班子软弱涣散或矛盾突出、情况复杂的，要加强指导和引导，既要充分调动党员的积极性，又要注意尺度和节奏，保证组织生活会不失控，不出偏差。

（四）整改落实要贯穿始终、一抓到底

中央明确要求，要把解决“四风”问题作为本次教育实践活动的主要任务。全镇党组织和广大党员聚焦作风建设，在教育实践活动方式和各个环节上分类要求、分类指导，对同病同源的共性问题进行“统一问诊”，对不同病灶、不同病症的个性问题进行“专家会诊”，辨症施治、对症下药，确保将不良作风祛除病根、药到病除，确保作风建设领域的建章立制迅速完成、有效长效。对于“四风”问题的具体表现，镇领导班子及其成员、各村党支部及其成员要列出典型事例、作出情况说明、剖析问题根源、制定整改措施，采取“一人谈、众人帮、逐人进行”的方式开展严肃认真的批评和自我批评。对于群众反映强烈的突出问题，我们经过认真梳理汇总，按照区委“十大行动”要求，与当前工作紧密结合，在活动前期就确定了一批整改事项，决定实施全镇民生工作“十件实事”，以求先、求合、求快、求广、求新、求实、求全、求稳、求深、求活的“十求”要求，实行项目化管理，制定整改措施，与教育实践活动同部署、共推进，真正让群众见到实效、得到实惠。各党支部在活动一开始，就要研究确定一批整改事项，即知即改、立行立改，建立好整改工作台账，实行项目化管理，扎扎实实按进度有序推进整改落实工作，确保作出的承诺、整改的事项落到实处、见到实效。

（五）建章立制要有效管用、立足长远

作风建设是一项长期任务，我们既要立足当前，下大气力解决突出问题，又要着眼长远， 以法治思维和法治方法抓制度建设，要把权力关进制度的笼子里，让权力在阳光下运行。

这次活动中，要紧紧抓住制度建设这个关键环节，严格以制度规范为标尺，检验各种违规行为。前期在征求意见的过程中，针对暴露出来的一些问题，我们已经制定了机关内部管理、村章镇管、农村党员干部管理等方面的一系列制度。下一步，要根据情况的变化，及时制定各种新制度，完善固有的制度体系，实现用制度管人管事，从而保障将教育实践活动的成果巩固下来、坚持下去。

四、全面加强督导指导和组织保障，凝聚推动活动开展的强大合力

教育实践活动是全镇当前的一项重大政治任务，时间紧、任务重、要求高，必须周密部署安排，精心组织实施。各单位党组织是抓好本单位教育实践活动的责任主体，务必把活动摆上重要议事日程，落实责任，加强指导，坚持标准，严格把关，从严要求，确保教育实践活动取得实实在在的成效。

（一）加强组织领导。其身正，不令而行；其身不正，虽令不从。坚持领导带头，是中央规定的开展党的群众路线教育实践活动的重要指导原则，也是确保活动取得成效的关键。在此，我代表党政班子成员，向全镇党员干部群众做出郑重承诺，坚决贯彻区委要求，认真参加教育实践活动，带头开展学习、带头听取意见、带头查摆问题、带头开展批评、带头整改落实、要求别人做到的自己首先做到，要求别

人不做的自己坚决不做，自觉做到狠刹公车私用、公款消费、公费接待旧“三公”，大兴公开、公平、公正新“三公”，切实发挥好示范表率作用，请全镇广大党员干部群众进行监督。各村支部书记也要认真履行第一责任人职责，坚持以身作则、率先垂范，做到带头作出承诺，一级带着一级干，一级做给一级看，上下联动、前后衔接、相互配合、层层落实，将活动逐步扩大范围、有序引向深入。教育实践活动领导小组办公室要充分发挥工作枢纽作用，加强调查研究、提出工作建议，畅通信息渠道、搞好上传下达。

（二）加强检查督促。党建指导员要切实履行好自身职责，主要精力放在重点对象、重点要求、重点环节的督促上，督促各单位既把“规定动作”做到位，又把“自选动作”做扎实。对有不足之处的，要明确指出，帮助弥补；对问题较多、工作不力的，要责其纠正、加大工作力度；对走过场的，要严肃批评，令其重新进行，充分发挥好监督、指导作用。

（三）加强宣传引导。在此次动员大会召开之后，全镇立即以办事处为单位召开动员大会，让动员会覆盖到每一名党员。我将参加分片动员会，并向大家传达中央和省、市、区委关于开展教育实践活动的基本要求，宣讲习近平总书记的重要指示。各党组织要大力宣传教育实践活动的重要意义和部署要求，把教育实践活动作为一项重大政治任务，精心组织，统筹安排，从严要求，扎实推进。要充分运用传统媒体和新兴媒体，宣传中央精神和省、市、区委要求，宣传教育实践活动进展情况和取得的成效。利用《桑梓》杂志平台，及时总结推广活动中的好经验好做法，广泛宣传为民务实清廉的先进典型，特别是注意挖掘群众身边的典型，及时通报曝光反面典型。及时编报信息，反映主题教育实践活动进展情况、典型做法和活动成果。要把握好舆论引导的时机、力度和效果，发挥好言论、评论的导向作用，为开展教育实践活动营造良好舆论氛围。

（四）切实抓好统筹协调。要把教育实践活动当作重要机遇和强大动力，把开展教育实践活动与贯彻落实党的十八届三中全会和省市区重要会议精神有机结合起来；要将群众路线教育实践活动与全年工作相结合，以教育实践活动的成果推动各项工作顺利开展。将项目建设、美丽乡村行动、村“两委”换届工作开展情况作为检验群众路线教育实践活动成果的重要内容，与活动同调度、同推进；要把党员干部在教育实践活动中激发出来的巨大热情和进取精神，转化为推进改革发展的强大力量，为全镇改革发展作出新的更大贡献。

同志们，搞好这次教育实践活动，责任重大、任务艰巨。我们要在区委的正确领导下，在区委督导组的有力指导下，以高度的政治责任感、良好的精神状态和扎实的工作作风，把教育实践活动组织好、开展好，为全面贯彻落实党的十八大、十八届三中全会精神、推进桑梓经济社会科学发展提供有力保障。

同志们，今天的动员大会，标志着我镇党的群众路线教育实践活动已经全面启动。刚才，洪海区长的重要讲话，深刻阐述了开展教育实践活动的重大意义，并对我镇教育实践活动进行了全面部署，是我镇教育实践活动的具体遵循和行动指南。全镇各部门、各单位要以高度的政治自觉深入学习领会，切实把本次会议精神吃透，把思想和行动统一到中央和省、市、区委的重大决策部署上来。

一要强化责任意识。党政班子成员及镇直各部门、各办事处、各行政村主要负责同志要担负起教育实践活动第一责任人的责任，紧紧围绕三个基本环节，亲自组织推进并全程指导各联系点的活动开展，做到“规定动作不走样、自选动作有创新”，确保活动高起点开局、高标准开展、高质量推进。

二要加强衔接带动。镇包村领导、党建指导员要首当其冲，带头查摆问题，带头开展批评与自我批评，带头整改落实，切实起到示范带动作用；广大党员干部要积极融入活动，对照活动目标要求，对作风之弊、行为之垢来一次大排查、大检修、大扫除，彻底清一清、洗一洗思想和行为上的灰尘。

三要坚持统筹兼顾。要坚持三个基本环节不能少、不变通，把“规定动作”做到位，又要结合本部门、本单位工作实际，灵活安排各个环节的工作，把“自选动作”做精彩；同时，要把开展活动同当前各项中心工作有机结合、统筹兼顾、狠抓落实，以园区的发展、环境的优化、新城的建设、村貌的提升、民生的改善、群众的满意检验教育实践活动新成效。

今天的大会到此结束，散会！

政府工作报告

——2015年3月21日在桑梓店镇第十四届人民代表大会第四次会议上

天桥区桑梓店镇镇长 杨鹏

各位代表：

现在，我代表桑梓店镇人民政府向大会报告工作，请予审议，并请列席会议的同志提出意见。

一、2014年政府工作回顾

2014年是深入贯彻落实党的十八届三中、四中全会精神、全面深化改革的一年，是全区“实现新跨越、再造新天桥”的攻坚之年，也是建设“美丽新桑梓”的关键一年。一年来，在区委、区政府和镇党委的坚强领导下，在镇人大的监督支持下，全镇干部群众，紧紧围绕“园区发展、桑梓振兴、造福人民、勇于担当”的工作总体思路，强力推进“抓项目、促发展、惠民生、保稳定”各项工作，全镇经济社会各项事业呈现出稳定健康发展的良好局面。

2014年，我镇实现地方性财政收入9142万元，完成全年计划的120.72%；固定资产投资4.3358亿元，完成全年计划的433.6%；招商引资23.3514亿元，完成全年计划的123%。

（一）北跨发展取得新突破，重点项目建设成效显著

倾全镇之力服从服务于新材料产业园区和鹊山龙湖两大项目平台建设，大力优化项目发展环境。认真做好鑫茂齐鲁科技城二期工程、新材料交易中心二期工程、北跨发展规划展示中心、传化泉胜智能物流公路港一期、鹊山龙湖新奇世界等项目的服务工作。扎实开展地上物清点、补偿及群众教育引导工作，全年地上物普查面积达4500余亩，兑付征地款及地上物补偿款1亿余元。为保证项目建设顺利实施，建立执法联动机制和汇报处置机制，严厉打击在项目占地区内乱栽乱种、乱搭乱建现象；盯靠现场，及时协调处理好施工过程中的各项困难，全力保障重点项目的工程进度。新材料交易中心二期24栋楼实现当年开工，当年主体竣工；鑫茂齐鲁科技城项目二期144栋楼全面开工。项目二期招商工作已全面展开，签约企业达150余家，新材料、新能源产业集群正在加快形成。传化泉胜智能物流港项目已开工建设。中弘项目实现突破，2014年完成地上物普查面积3600亩，完成征地617亩，完成挂牌出让土地356亩，中弘一期工程规划总建筑面积13.8万余平方米，

地上面积 10.2 万余平方米，地下面积 3.5 万余平方米。

（二）农业基础设施提档升级，农业综合生产能力显著增强

顺利完成 8000 亩中低产土地改造工程。全力推进农业综合开发中低产田改造项目，涉及第一期 11 个村的 8000 亩土地改造已全部完成，并顺利通过市区农业开发办公室验收。启动齐济河综合整治工程。完成齐济河勘查设计工作，将镇域范围内齐济河河段打造成既能防洪排涝又具有生态景观效能的多功能河道。认真开展河道清淤疏浚。投入 84 万余元对全镇 36 条主要沟渠进行测量施工，动用机械 5 台次，清淤长度 36 千米，清挖土方 28 万立方米，为全镇抗旱排涝打下坚实基础。积极做好引黄灌溉工作。与李家岸、大王庙、齐河水利局等有关单位积极协调，引黄放水，引水 1200 多万 m³，为全镇夏秋两季作物丰收创造了条件。全力完成桥涵修整工作。新修生产桥 3 座，新建生产涵洞 4 座，维修桥涵闸 3 座，共动用土石方 2000 多 m³，保证了全镇河道排灌畅通。完成 22 个村的农村集体土地确权登记颁证工作，保障农民土地承包经营权。

（三）发展环境明显改善，乡镇面貌日新月异

1、全力完成美丽乡村建设及连片治理工作。在“百日清洁”行动的基础上打造生态宜居的 11 个“四无村居”。以点带面，典型示范，确定北王堂、大郑、石庙等 6 个村为“美丽乡村”试点，全年共修建公路 1720 米，硬化胡同 2.4 万平方米，修建健身广场 525 平方米，其中老屯、朱河圈、北王堂、大郑、石庙五个村的胡同硬化及排水系统工程已完成计划指标的 100%。丁口村公路修建、路灯安装等工程已完成，健身广场修建、公厕设置等项目也正有序开展；确定邱岸、街后、东秦、南郑、刘庙 5 个村为连片治理项目建设村，全年共完成胡同硬化 1.6 万余 m²，道路硬化 1.5 万余 m²，健身广场 6765m²，绿化植株 2615 棵，修建公厕 20 座，安装节能路灯 126 盏，沿路粉刷墙体 9000m²，前街挡土墙 1159 米，项目总投资 780 余万元。通过项目实施，村内环境面貌得到极大改善，黄河岸边的美丽乡村效果凸显。

2、成功开通城市公交车。成立开通公交车工作领导小组，广泛整合资源，动员各方力量，积极与济南市公交总公司协商，将市内公交延伸到桑梓店镇。2014 年 11 月 13 日新材料产业园区至动物园的 K143 路，新材料产业园至大桥镇政府的 K13 5 路公交车已全面开通并顺畅运行，极大方便了辖区内群众出行，圆了桑梓人的公交梦。

3、圆满完成村村通公路建设。2014 年，我镇多方筹资 850 余万元对 G309 至邱岸、防汛路至建邦、小辛至小吴等八条村级道路进行新建、重修。建设总长度为 7.21 公里，路面结构为 15 厘米灰土层，18 厘米水泥砼，村村通公路的建成大大改善了村内交通状况。

4、敬老院扩建提升和农村幸福院建设工程顺利完成。扩建敬老院 1100 平方米，提供床位 70 张；怀庄、邱岸、袁贾 3 处农村幸福院建成并投入使用。为辖区内五保老人、留守老人老有所养、老有所乐提供了保障。

5、济北新城规划建设初见成效。一是协助完善以济南新材料产业园区为基础、以大桥——桑梓店镇片区控制性规划为依托，辐射周边 70 平方公里的济北新城规划建设。以“产业兴城、城市北进”为主题，科学规划产业布局、功能分区。二是积极做好草庙王等村的搬迁安置工作。草庙王安置房项目主体工程全部竣工，完成总建筑面积 3.4 万平方米，周边配套设施、基础绿化、电力给水等部分室外工程已开工建设，并计划于 2015 年 6 月份完成。三是完成“三纵一横”道路的拓宽改造及绿化。总投资 2.7 亿的“三纵一横”道路包括梓东大道、裕兴路、

舜兴路、鑫源大道四条主干道，总长度为7804米，“三纵一横”道路提升改造完成后，完善了园区基础配套设施、提高了项目承载能力。

（四）社会民生事业繁荣发展，人民生活水平显著提高

1、社会保障水平不断提高。联合省人社厅服务技校、济南市开心大姐家政公司，开展农村劳动力技能培训，培训农村富余劳动力达1700余人。顺利举办第八届农民工招聘会和天桥区失地农民专场夜市招聘会，到会企业260余家，提供就业岗位1万余个，达成就业意向3900余人。完成2014年度城乡居民基本养老保险征缴和养老金发放工作，参保人数达1.4万余人，人均参保额为329.52元，参保率达100%。圆满完成2015年度桑梓店镇居民医疗保险征缴工作，全镇48个行政村以及国有北郊林场、镇直居民完成参保缴费，共计2万余人参保，征缴保费近225万元。小额贷款等其他工作进展顺利。

2、社会救助力度全面加强。积极开展“慈心一日捐”活动，共筹集善款71万元。依照“百年大计、教育为本”的理念，设立“爱民奖学金”“贫困生救助金”，全年共发放爱民奖学金12.9万元，贫困生救助金6万元。关心城乡低保、农村特困对象等群体的基本生活待遇问题，累计发放基本养老金、低保金、临时性救助款260余万元。为了激励青年入伍保家卫国，奖励新兵入伍家庭，共向15户新兵家庭发放义务兵优抚金3万元，激发了优秀青年保家卫国的热情。

3、科教文卫事业常抓不懈。大力扶持教育事业。提升教育设施建设水平，全力保障济南第五十二中学行政教学楼、桑梓中心小学综合楼、桑梓中心幼儿园建设，现均已正式投入使用；其中，桑梓中心幼儿园成为我区黄河北第一所公办幼儿园；积极落实324位民办教师的待遇问题。紧抓文体惠民工程。改造、新建健身广场16处，面积1.6万余平米，更换体育器材300余件。道德讲堂、文化书屋实现全覆盖，全年共向各村发放图书3000余册，下发文艺器材30余件。开展“一村一年一场戏”活动，为群众送戏48场次。支持乡村文艺队伍发展，举办迎新春文艺汇演、迎“三·八”广场舞比赛等活动，辖区内文体事业蓬勃发展。严格食品药品监管。加强对辖区内小卖部、火锅餐饮单位的监管，定期组织开展食品药品抽检工作，保障我镇居民食品药品安全。扎实做好人口性别比例综合治理工作，稳定适度降低生育水平。

4、少数民族事业持续发展。高度重视民族工作，营造回汉一家的良好氛围。积极争取上级政府对老、小寨两个民族村的政策资金支持，支持老、小寨村旧村改造，提升村民居住环境；支持老、小寨村文艺队伍建设，满足村民文化生活需求；支持老、小寨村牛羊养殖业，提高村民生活水平。通过以上努力，达到了维护民族团结，实现共同发展的目的。

（五）社会管理不断创新，发展环境不断优化

加强民主建设，严格按照换届程序，在全镇机关干部的共同努力下，第十一届村民委员会换届选举工作圆满完成。民主法制建设显著增强，“六五”普法以来，共举办各类学习班10次，对3500多人进行了法律宣传，提高了群众的法律素质。实行村级公章集中监管，实行“三把钥匙”和“三人在场”情况下方能开柜盖章的管理机制。信访维稳工作扎实开展，全年共接待群众来访104次，受理信访案件28起，结案率达到92.86%。全年共受理“12345”热线865件，回访率实现100%，满意率达到90%以上。

（六）扎实开展群众路线教育实践活动，政府作风明显转变

我镇作为第二批活动单位，在上级党委的统一部署下，在上级督导组的具体指导帮助下，按照“照镜子、正衣冠、洗洗澡、治治病”的总要求，紧密围绕为民务实清廉的主要内容，

聚焦"四风"突出问题，认真开展专项整治工作，并对照专项整治工作重点任务逐项进行自查自纠，自群众路线教育实践活动开展后，政府作风明显改变，为民服务水平显著提高。与2013年相比，全年发文数降低10%，"三公经费"支出下降41%。

此外，安全生产、双拥、审计、监察、档案、统计、武装兵役等工作也取得了显著成绩。

以上成绩的取得，是区委、区政府和镇党委正确领导的结果，是人大代表、政协委员认真监督、积极建言的结果，是全镇各部门齐心协力、团结拼搏的结果，更是全镇广大干部群众共同奋斗的结果。在此，我谨代表桑梓店镇人民政府向给予政府工作大力支持的各位人大代表、全镇人民及社会各界关心支持桑梓店镇经济社会发展的朋友们表示崇高的敬意和衷心的感谢！

在肯定成绩的同时，我们也清醒的认识到，发展中还存在不少困难和问题。主要表现在：园区发展环境有待进一步优化；经济稳中向好基础还不牢固，经济结构仍需调整，增长的内生动力尚待增强；农业产业化水平还不高，农业增产农民增收还不够快；教育、医疗、社会保障等各项事业发展水平还不够高，民生保障水平有待提高；安全生产、信访维稳等工作任务依然繁重和艰巨；政府职能仍需完善、自身建设还有待加强。对此，我们一定高度重视，采取有力措施，认真加以解决。

二、2015年工作的总体思路和目标任务

2015年是全面深化改革的关键之年，是全面推进依法治国的开局之年，是我们在新的历史起点上全力起跳、奋力前行的头十之年，是服务项目建设、持续保障和改善民生的接续之年。做好今年的工作，对于保持全镇经济社会发展的良好势头，关系重大，意义深远。我们必须立足当前，着眼长远，凝聚共识，攻坚克难，始终扭住发展这个解决所有问题的关键，更加坚定加快发展的信心，努力开创桑梓店镇科学发展、跨越发展的新局面。

今年政府工作的总体思路是：全面贯彻落实党的十八大和十八届三中、四中全会精神，坚持稳中求进的工作基调，紧紧围绕"园区发展、桑梓振兴、造福人民、勇于担当"的中心任务，以"讲政治、树正气、善服务、重落实"为核心总抓手，全力以赴促发展，真心实意惠民生，奋力开创全镇改革发展新局面。

今年经济社会发展的预期目标是：地方性财政预算收入1.1亿元，社会消费品零售总额增张12%，固定资产投资增长16.27%，招商引资完成28亿元。农民人均纯收入增长8%，人口自然增长率控制在5‰以内，完成节能减排等约束性指标。

围绕上述目标，必须强化四种意识：

（一）强化改革意识，打好全面深化改革攻坚战，增强科学发展的内生动力。牢牢把握发展第一要务，聚精会神搞建设，一心一意谋发展。正确认识两大平台发展的极端重要性，通过济北新城规划加快产业结构调整，提升第一产业，壮大第三产业，实现三大产业的平稳发展。真正把保持经济平稳较快发展与加快经济发展方式转变有机统一起来。

（二）强化大局意识，不遗余力服务于园区发展，营造"筑巢引凤"的良好氛围。始终把园区发展作为全镇发展的重中之重，把加快项目建设作为拉动固定资产投资、做大做强实体经济、保障和改善民生的重要抓手。与区委、区政府、镇党委保持高度一致，不讲条件、不计代价、坚定不移地支持好、配合好项目建设，全力以赴做好济南新材料产业园区、鹊山龙湖项目的协调服务工作，确保项目落地、建设和投产，营造良好的发展环境。

（三）强化机遇意识，增强把握机遇的能力，实现富民强镇。要牢牢把握上级城镇化建设的各项优惠政策、资金扶持政策，顺时而动、

因机而发，不断增强捕捉机遇的敏锐性，提高把握机遇的自觉性，增强抢抓政策机遇、发展机遇的意识，保证项目落地，以时不我待的精神抓好各项工作，切实改变我镇落后的务工方式和居住条件，实现产业向园区集中，生活方式向城市转变。

（四）强化服务意识，创新社会管理，提高民生保障水平，促进社会公平正义，维护社会和谐稳定。牢固树立以人为本的理念，坚持科学发展观的基本要求，把改善民生作为工作的出发点和落脚点，全面推进经济、政治、文化、社会、生态建设协调发展，继续加大对教育、医疗、卫生、就业、保障、计生等各项工作的投入力度，让广大人民群众共享改革发展成果，促进社会和谐进步。

三、2015年工作安排

（一）谋发展，以园区建设和重点项目为依托，增强经济发展活力

举全镇之力服务服从于园区发展。园区发展是桑梓振兴之魂，北跨发展之基，全镇上下必须统一思想，全力服务服从于园区发展，增强全镇经济发展活力。因为只有园区发展，项目落地，才能改变我们面朝黄土背朝天的生活状况；只有园区发展，项目落地，才能解决我镇农村剩余劳动力问题；只有园区发展，项目落地，才能提升我镇基础设施落后的现状；只有园区发展，项目落地，才能促进产业北进，实现新城镇规划向新型城市社区规划过渡。全镇机关干部必须要全力服务园区内各项目建设，做好项目占地村的地上物清点、清除、土地补偿款的发放等工作，加强辖区内的巡查和管控，严防发生私搭乱建、乱栽乱种等行为，为项目建设营造良好环境。

（二）强基础，以“连片治理”“美丽乡村建设”为抓手，打造生态宜居乡镇

扎实做好农村道路建设和G308环境综合整治工作。加大农村公路建设力度，年内计划筹资修建镇政府驻地规划路、扶贫解困项目村村内道路、村村通道路等9条道路，使村内道路与镇域主干道实现无缝衔接，方便群众出行。同时，下大力气对G308进行环境综合整治，清理道旁垃圾，加强道路两旁绿化，达到绿化、美化、整洁的目标。

深入实施5000亩农业综合开发提质改造项目。姚吕、小吕、左庄、袁贾、西秦、街后6村通过实施农业综合开发中低产田提质改造项目，完善项目区内沟涵桥闸等基础设施，建设优质粮食生产基地，实现粮食丰产增收，达到明显提高农民人均收入的目的。

加大黄河岸边美丽乡村建设力度。开展省级一事一议连片治理、区级美丽乡村建设、扶贫解困工作。扎实开展姚吕、小吕、袁贾、左庄、仓上、小屯、铁匠、老屯、小寨9个村“一事一议”连片治理项目和区级美丽乡村建设，积极争取政策资金支持，以“投资少、见效快”的方式，对村内街道硬化、亮化，对村庄进行绿化、美化，使街巷清洁长效化，打造“富裕、宜居、秀美、和谐、活力”乡村。通过扶贫解困给予政策和资金支持，解决贫困村的经济破壳问题，达到增加集体经济收入、贫困户脱贫致富的目的。

（三）惠民生，以群众利益需求为导向，着力提高群众生活质量

启动村级人力资源和社会保障服务站建设。为进一步推进农村人力资源社会保障平台建设，促进城乡统筹就业，我镇将对条件成熟的行政村，统一配备相应设备，完善设施，有计划、有步骤地将人力资源和社会保障公共服务的相关业务下放到村居，不断完善以公共就业、社会保险、劳动关系协调、劳动争议调解和劳动监察等为重点的服务功能，年内建成小马、怀庄、周闫、前房、小寨、高王、南郑、刘庙、街后、邱岸十处服务站，为广大人民群众在家门口提供规范、便捷、高效的人力资源社会保障公共服务。

推进敬老院提升及幸福院建设。推进“暖心工程”建设，改造提升敬老院老楼、建设娱乐活动室、建设农村幸福院，着力破解农村老人无人照料等难题，提升五保老人集中供养服务水平，拓展居家养老服务网络，满足老人的基本生活需求和精神文化需求。年内计划建成邓营、三教、小张、左庄、街后、周闫等六处幸福院。

着力打造“尚善桑梓”。弘扬社会正能量，加大慈善工作力度，继续举办“慈心一日捐”活动，集聚善心、广募善款，争取年内筹集善款突破百万元，用于更多的弱势群体救助。推进爱民奖学金发放、贫困学生救助、义务兵优抚金发放等工作常态化。加大宣传力度，设计张贴桑梓好人榜，发挥正能量的辐射带动作用，在全镇范围内营造人人关心慈善，人人参与慈善的良好氛围。

大力发展乡村文化教育事业。进一步提高农村居民的文化生活水平，切实维护好、落实好广大农村群众参与公共文化服务等基本文化权益。年内规划建设一批档次较高、功能完善的文化服务设施，实现文化广场全覆盖；丰富农村文化生活，提高群众文明指数，充分挖掘民俗文化，鼓励创作文艺精品，实现文艺队伍全覆盖，带动和推动农村文化事业健康发展。真正做到文化惠民、文化乐民、文化富民，让农民群众共享文化发展成果。加强教育资源优化配置，配合区教育局整合建好刘庙小学，高标准建设三处公办幼儿园，切实提高教育教学管理和办学质量，促进优质教育均衡发展。

（四）抓管理，以严格执行“三务”公开制度、坚持重大事项一报四议两公开为手段，促进农村社会事务发展

加强村级管理，规范“三务”公开制度。一是完善村级公章集中监管机制，加大“三务”公开力度，将权力公开透明规范化运作，使“三务”公开面及公开规范率均达到100%，给群众一个明白、还干部一个清白，夯实村内各项工作开展的基础。坚持重大事项执行一报四议两公开、民主议事公开，完善各项制度，将权力关在笼子里。二是加大对两委干部不作为、乱作为、失职、渎职行为的查处力度，发现一起处理一起，督促各村干部在干净中干事、在守法中担当、在实干中赢政绩。

因地制宜发展壮大村级集体经济。全镇按照因地制宜、统筹兼顾、改革创新、可持续发展的原则，采取“一村一策”，依托自身优势，把握好各村发展村级集体经济的切入点，通过土地流转、利用闲散宅基地成立股民公司上交管理费等形式发展壮大村级集体经济，实现集体收入破壳，达到村级有钱办事的目的。

四、全面加强政府自身建设

各位代表，服务园区发展，促进桑梓振兴，改善人民生活，是我们工作的最高目标。我们将在镇党委的正确领导下，认真贯彻落实中央、省、市、区的各项政策，自觉树立正确的政绩观，始终坚持牢固的群众观，努力建设法制型、责任型、创新型、担当型、廉洁型政府。

*（一）依法行政守权限，建设法治型政府。*一要严格按照法定权限和程序行使职权，履行职责，既不失职不作为，又不越权乱作为。二要把依法行政贯穿到工作的全过程，坚持依法治镇，依法治村。发挥执法联动机制和汇报处置机制的作用，联合公安系统，加大对项目建设区内土地征用、房屋拆迁、“双违”建设、乱植乱种、劳动纠纷等突出问题的依法治理力度，特别是对项目区内乱搭乱建、私栽乱种等行为持零容忍态度。三要打造一支政治合格、纪律严明、作风过硬的执法队伍，加强对执法人员的培训，增强依法行政的能力，坚决杜绝在执法过程中出现以权谋私等不正之风。四要完善行政监督机制，加强对行政权力的监督制约。其中包括人大监督、政协的民主监督、司法监督和新闻舆论监督、群众监督以及政府内

部的监督，做到有权必有责、用权受监督、侵权须赔偿、违法要追究。

（二）尽职尽责干事业，建设责任型政府。全镇干部要牢固树立“视责如山、守责如城、履责如冰”的意识，落实政府责任、部门责任、领导责任，围绕增长目标、实际任务、具体项目，狠抓各项决策和工作部署的检查落实。盯紧影响全镇和群众关心的大事和难题，一项一项抓落实，一件一件求突破，一步一个脚印向前推进。

（三）与时俱进善学习，建设创新型政府。全镇干部要始终把学习作为工作之基、能量之源，主动学习新知识，树立新观念，把握新形势，适应新变化，不断解放思想，转变观念，大力发扬创新精神，把上级决策和桑梓的实际结合好，在实践中实现思想创新、制度创新、管理创新。克服发展困难、破解发展难题、扫除发展障碍，努力开创各项工作的新局面。

（四）敢于承担干成事，建设担当型政府。在服务园区建设和北跨发展中，全镇干部要敢于直面矛盾，敢于动真碰硬，敢于承担责任。面对困难不回避、不推诿、不拖延，在各自岗位上，精心谋事、潜心干事、尽职办事。对不愿尽责、不敢担责、疏于落实的干部，将加大问责力度，既坚持开展“有错问责”，又要强化“无为问责”，在全镇形成公平公正的干事创业环境。

（五）清正严明强自律，建设廉洁型政府。坚持标本兼治、综合治理、惩防并举，既要严查腐败案例，又要通过深化改革铲除滋生腐败的土壤。深入推进反腐倡廉制度建设，用制度管权、管人、管钱，严禁镇机关干部向村里吃拿卡要，做到干部清正、政府清廉、政治清明。

各位代表，风正海阔，自当扬帆破浪；任重道远，更需策马扬鞭。新的发展蓝图已经绘就，让我们在区委、区政府和镇党委的坚强领导下，在镇人大及社会各界的监督支持下，团结依靠全镇人民，以更加昂扬的斗志、更加扎实的工作、更加过硬的作风，凝心聚力，开拓创新，为“实现新跨越，再造新天桥”和济北新城建设作出新的更大的贡献！

政 府 工 作 报 告

——2016年3月10日在桑梓店镇第十四届人民代表大会第五次会议上

天桥区桑梓店镇镇长 杨 鹏

各位代表：

现在，我代表桑梓店镇人民政府向大会报告工作，请予审议，并请列席会议的同志提出意见。

一、“十二五”时期政府工作回顾

“十二五”时期，全镇上下紧紧围绕“园区发展、桑梓振兴、造福人民、勇于担当”工作总体思路，以“讲政治、树正气、善服务、重落实”为抓手，狠抓重点项目建设、产业结构调整、基础设施强化、农村社会治理、美丽乡村建设和公益事业发展，经济社会各个领域取得阶段性成就，胜利完成“十二五”规划确定的主要目标任务，美丽幸福宜居宜业新桑梓建设迈出新的步伐，为推进北跨发展、加快产城融合做出有益铺垫。

2015年，全镇完成地方财政收入7996万元，是2010年的4.4倍；固定资产投资74846万元，是2010年的27.5倍；社会消费品零售总额为50441万元，是2010年的1.75倍；全镇农民人均纯收入达到20688元，比2010年增长 52.5%。

——过去的五年，是发展环境持续优化、服务效能显著提升、重点项目建设取得新成效的五年。

倾全镇之力服务服从于新材料产业园区和鹊山龙湖两大项目平台建设，通过开展土地征迁、基础设施配套建设、工商注册及完税手续办理、人力资源和社会保障服务、打击歪风邪气净化社会风气等措施，为重点项目落地、建设、发展提供良好环境。五年来，新材料产业园区共征用出让土地 4500 余亩，发放各类补偿款项 3 亿余元，落地大中型企业项目达 30 余家，配合园区打造总长度为 7804 米的三纵一横四条主干道。中弘项目总计征地 1920 亩，通过招、拍、挂手续实际出让土地 356 亩，项目区内清点、去除地上物 2800 亩，共拨付各村地上物、青苗及征地补偿款近 0.65 亿元。石济客专于 2013 年 11 月开工建设，项目共占我镇 19 个村 600 余亩土地，临时用地 700 余亩，预计 2017 年 10 月通车。

——过去的五年，是农业结构不断优化、产业结构深度调整、产业融合进程取得新进展的五年。

农业生产条件极大改善。五年来，投入 310 万余元对全镇 36 条主要沟渠进行开挖疏浚，清淤长度 160.4 千米，清挖土方 98 万立方米，每年引黄放水 1200 多万立方米；连续三年开展高标准农田建设，修建生产桥 42 座，生产涵洞 119 座，节制闸两座，维修桥涵闸 120 余座，动用土石方 1.9 万立方米，总投入达 1916 万元；全镇共发放粮食、农机补贴 3156 余万元。产业融合进程步伐加快。一产方面，积极探索通过土地流转、成立农民专业合作社等方式发展集约高效现代农业、壮大集体经济，西秦、东秦、冯堂、怀庄等村共实现土地流转 2796 亩；推动农产品向高端高质转变，形成以田庄、三官庙、冯堂为主的蔬菜种植专业村，以西秦、东秦为主的特色蔬菜采摘园；重点扶持引导华杰面粉、男盛冷藏、登峰肥牛等农业龙头企业做大做强，全镇农业龙头企业和专业合作组织达到 60 余家。二产方面，辖区内工业增长方式由投资驱动向创新驱动转变，产业结构从化工单一结构向与新材料关联度强的多样性结构转变，产业层次从传统工业向完整产业链体系延伸。三产方面，新奇世界国际度假区·济南鹊山项目、传化物流智能公路港等休闲娱乐、高端住宅、现代物流等项目顺利落地，城镇功能分区规划日趋完善，服务业发展将带来更多期待。三产结构持续优化，为助力全区打造区域性经济、物流和科技创新中心，推动集群经济发展，建设国家级产城融合示范区提供了优沃土壤。

——过去的五年，是镇村面貌日新月异、服务功能日趋完善、城镇化建设拓展新空间的五年。

扎实开展村级公益事业一事一议财政奖补“乡村连片治理”省、市试点项目，投资 2363 万元，在 14 个村开展“三清”“五化”工作，实现项目村道路硬化率、胡同硬化率、主干道路灯覆盖率 100%，文体广场和休闲绿地村村有，排水管道修建方式成为范本，新建水冲式厕所 71 个，彻底革除了项目村环境卫生积弊和群众生活陋习；投资 628 万元，打造区级美丽乡村示范村 6 个，实现了人居环境大变样；深化城乡环卫一体化工作，建成日容纳垃圾 200 吨垃圾中转站一座，“统一收集、统一运输、统一处理”的垃圾处理一体化模式日趋完善；小城镇、农村社区建设扎实推进，建成小马、小寨、老寨、西秦、草庙王 5 个农村社区；建邦黄河大桥北延长线高标准建设，顺利开通 K135、K143 城市公交，提升了跨河公共交通服务水平；建设 32 条村村通公路，总长度 32 公里，编织出镇村便利交通网。

——过去的五年，是城镇管理力度空前加强、社会治理实现创新、“平安桑梓”建设取得新突破的五年。

城市管理水平显著提升。加强执法队伍建设管理，组建起一支政治素质优、业务技能强、执法水平高的城管执法队伍，通过深入宣传、巡查、联合执法等方式扎实开展工作，严厉打击“双违”和乱栽乱种现象，发展环境进一步优化。社会治理体系日趋完善。创新“互联网+社会治理”工作模式，建立“平安桑梓”镇村微信联动平台、“桑梓”微信公众号，积极构建“党政主导、部门参与、三级联动、法治保障”的网格化社会治理新体系；严格落实村级“三务公开”“一报四议两公开”制度，完善村章、村帐、村级合同集中监管机制，确保权力公开透明规范化运作。“平安桑梓”建设取得新成绩。积极做好“12345”热线办理工作，回访率实现100%，满意率达到90%以上；构建“大信访”工作格局，共办理信访案件742件，化解信访积案58件，2015年年底基本实现信访零积案；扎实推进“法治六进”工作，举办普法宣传活动200余次，发放宣传材料10万余份，解答群众疑难问题2000多条。

——过去的五年，是民生工作全面开花、社会保障不断加强、社会各项事业取得新进步的五年。

精准扶贫顺利起步。开展贫困户建档立卡工作，建立机关干部“一对一”结对帮扶困难户工作机制，搭建起机关干部沟通联系群众的贴心“桥梁”；依托区委“六位一体”帮扶机制和“第一书记”驻村帮扶，实现石门孙、高王、小吴、彭庄四个贫困村环境面貌和基础设施大提升。“暖心工程”温暖民心。开展敬老院扩建改造工程，新增建筑面积1100平方米，新增床位46个，基础设施配套不断完善；建成邱岸、小张等9处幸福院并投入使用，全面构建居家养老服务网络。人社服务力度加大。着力提升就业竞争力和就业服务水平，累计培训农村富余劳动力5000余人，提供就业岗位2.7万余个，为60家园区企业搭建人才和劳动力输送桥梁；居民基本养老保险和医疗保险参保率、征收保费总额创历史新高，2015年参保人数分别达到1.2万、2万余人；建成小马、怀庄等10处村级人社服务站；在全区范围内率先完成全镇360家法人单位人才资源统计调查任务。社会救助体系不断完善。“尚善桑梓”建设普惠民生，累计筹集善款近280万元，为271名桑梓学子发放“爱民奖学金”27.8万元、“贫困学生救助金”9.6万元，向39户新兵家庭发放义务兵优抚金7.8万元；开辟快速救助通道，累计向优抚、低保、五保对象发放资金3149.15万元。科教文卫事业成效显著。建成镇活动中心1处、村级文化活动中心29处、文体广场59个；文艺队伍不断壮大，基层宣传思想文化“六大员”、善行义举四德榜实现全覆盖，各类文体活动密集开展；济南第五十二中学行政教学楼、桑梓中心小学综合楼、桑梓中心幼儿园均已建成并投入使用，小寨幼儿园主体完工，邱岸幼儿园开工建设；不断加大计生政策宣传力度，认真开展“透查”、优生查体及农村计生奖励、扶助、计生困难家庭走访等工作；加强辖区商超、餐饮、药店等领域监管，定期开展食品药品抽查，保障居民食品药品安全。少数民族事业持续发展。积极争取上级政府对老、小寨两个民族村的政策资金扶持，在民族幼儿园建设、旧村改造、文艺队伍建设、牛羊养殖业、清真寺建设等方面给予大力支持；召开少数民族村“法治六进”推进会，推动民族村治理能力法治化，不遗余力维护民族团结、实现共同发展。

此外，安全生产、双拥、审计、监察、档案、统计、武装兵役等工作也取得了显著成绩。

以上成绩的取得，是区委、区政府和镇党委正确领导的结果，是人大代表、政协委员认真监督、积极建言的结果，是全镇各部门齐心协力、团结拼搏的结果，更是全镇广大干部群众共同奋斗的结果。在此，我谨代表桑梓店镇人民政府向给予政府工作大力支持的各位人大代表、全镇人民及社会各界关心支持桑梓店镇经济社会发展的朋友们表示崇高的敬意和衷心的感谢！

在肯定成绩的同时，我们也清醒的认识到，发展中还存在不少困难和问题。主要表现在：园区发展环境有待进一步优化，经济稳中向好基础还不牢固，经济结构仍需调整，增长的内生动力尚待增强；农业产业化水平还不高，农业增产农民增收还不够快；教育、医疗、社会保障等各项事业发展尚处于中低水平；安全生产、信访维稳等工作任务依然繁重艰巨；政府职能仍需完善、自身建设还有待加强。对此，我们一定要高度重视，采取有力措施，认真加以解决。

二、“十三五”期间经济社会发展的奋斗目标和重点任务

各位代表，从今年起到2020年，是全面建成小康社会的决胜阶段，我国经济发展方式加快转变，改革红利加速释放，新的增长动力正在孕育形成。站在新起点，面对新挑战，我们只有科学分析当前形势，牢牢把握工作重心，才能保持工作的正确航道，才能打开新的发展局面。

“十三五”时期全镇经济社会发展的指导思想是：全面贯彻党的十八大和十八届三中、四中、五中全会精神，按照中央“四个全面”战略布局和市委、市政府“打造四个中心，建设现代泉城”的部署要求，围绕“建设富裕文明和谐幸福新天桥”奋斗目标，以“园区发展、桑梓振兴、造福人民、勇于担当”为统领，准确把握辖区实际和经济社会发展阶段性特征，立足科学发展，着力深化改革，强化全局意识，树立战略思维，全力推进扶贫开发、促进产城融合、做好连片文章、打造桑梓模式、建设幸福家园，迈出全面建成小康社会坚实步伐。

“十三五”时期的主要目标是：加大扶贫开发力度，从解决教育、卫生、就业、养老、文体、公共安全等群众最关心最直接最现实的问题入手，保障公平发展权利，维护群众合法权益，让发展成果更好地惠及群众；服务“一湖一区”发展，优化发展环境，加快北跨进程，协同推进新型工业化、信息化、城镇化、农业现代化，促进产业融合、产城融合；加强和创新社会管理，以人民安居乐业、社会安定有序为目标，最大限度发挥政府职能、释放社会活力、维护法律尊严，推进社会治理体系和治理能力现代化。

“十三五”时期经济社会发展的主要任务是：

（一）全力做好精准扶贫和精准帮困工作，打赢扶贫开发攻坚战。把扶贫开发作为重大政治任务，健全扶贫开发工作长效机制，确保到2018年年底前全面实现市定标准下贫困人口脱贫，2019—2020年巩固提升脱贫攻坚成果；牢固树立“守土有责、守土尽责”意识，不断深化和创新扶贫思路办法，加大扶贫开发财政投入，制定脱贫攻坚规划和年度减贫计划，逐级分解，落实到村到户到人；注重产业扶贫与政策保障兜底相结合，分类扶贫与结对帮扶相结合，建设蔬菜种植和畜牧养殖基地，加强道路、沟渠、广场等生产生活设施建设，实施房屋改造，整治村容村貌，咬定目标、担当作为，完善机制、形成合力，确保把扶贫攻坚各项任务落到实处。

（二）主动对标“四个中心”建设和“一区一湖”发展，营造“筑巢引凤”良好氛围。把服务服从新材料产业园区、中弘新奇世界国际度假区·济南鹊山项目及传化泉胜智能公路港项目发展作为全镇发展的重中之重，把加快新材料、现代物流、和文化休闲旅游三大产业发展作为投资拉动和经济增长的重要支撑，完善执法联动和应急处置机制，提升土地征迁、建设手续办理、地上物清点清表、人力资源供给等“一条龙”跟踪服务质效水平，按时足量供地，不讲条件、不计代价、坚定不移地支持好、配合好项目落地、建设和投产，形成服务项目

建设的强大合力，全力助力天桥打造区域性物流中心主战场、区域性科技创新中心重要阵地、区域性经济中心重要一极、区域性金融中心重要组成部分。

（三）全面完善民生服务载体和共享机制，打造沿黄幸福宜居家园。加大“尚善桑梓”建设力度，健全完善阳光民生救助体系，为困难群众生活提供保障；全面提高教育、医疗基础设施建设水平，提升基础教育、医疗卫生服务水平；积极构建严密高效、社会共治的食品药品安全治理体系，保障人民群众饮食用药安全；依托鹊山龙湖国家级休闲旅游度假区建设，打造集生态建设、文化休闲旅游等功能于一体的黄河生态景观带；加快建设美丽乡村，完善基础设施，延伸公共服务，创新管理体制，改善农村人居环境，努力让发展成果更多更好地惠及群众，把桑梓建设成群众期待向往的美好家园。

（四）加快构建现代产业体系和“桑梓品牌”，绘就桑梓跨越发展新篇章。立足产业转型，坚持聚焦融合，增创产业发展新优势，加快构建三次产业相互融合、协同带动、互促发展的现代产业体系。依托“一区一湖”和传统优势农业区，合理调整产业结构，实现资本、劳动力、技术等生产要素在现代农业、产业园区、现代服务业“三产”融合、合理配置，快速形成支柱产业；依托土地流转、高标准农田建设和集体经济发展优势村，大力推进传统农业提档升级，加快构建新型农业特色产业体系；依托新奇世界国际度假区·济南鹊山、传化泉胜智能公路港项目，加快发展“互联网＋休闲旅游”“互联网＋物流”等现代服务业集群；协同推进产业集聚化、服务化、特色化、现代化，打造“桑梓品牌”，促进产业融合、产城融合。

（五）着力提升社会治理能力和“法治桑梓”建设水平，营造规范有序、安定和谐的法治环境。加强和创新社会治理，完善人民调解、“12345”市民服务热线办理、“法治六进”联动体系，充分发挥新媒体平台作用，构建以信息化为支撑的社会治安立体防控体系。以“法治六进”工作为重要契机，深入开展普法教育，引导广大群众学法懂法、靠法用法、依法守法；督导党员干部严格按照法定权限和程序行使职权、履行职责，以坚定的政治信仰增强法治意识，以有序的法治环境深化法治运用，在清廉守正中维护法治运用环境，在维护社会稳定中增强法治运用效果，在提升文明程度中夯实法治运用基础，为北跨建设及桑梓转型发展打造稳定后方。

三、全力开创“十三五”开局之年工作新局面

2016年是实施“十三五”规划的第一年。做好今年各项工作对“十三五”开好局、起好步具有重要意义。当前，新一轮发展大幕已经开启，我们发展的任务更加艰巨，改革的责任更加重大，人民的期盼更加热切。今年，我们将工作目标设定为“定位、创新、担当、跨越”。定位，即在全市全面“打造四个中心，建设现代泉城”、全区“实现新跨越、再造新天桥”及“一区一湖”发展中当好主阵地、建好主战场、吹响冲锋号、抢占发展高地；创新，即在经济社会发展的新常态中坚持与时俱进的思想理念、思路举措和管理机制；担当，即在民生工作新需求中直面现实、压力、矛盾和责任，攻坚克难、勇挑重担；跨越，即在携河发展新蓝图中把握机遇、直面挑战，绘就桑梓经济社会发展新篇章。

今年经济社会发展主要预期目标是：实现地方性财政预算收入1.21亿元，社会消费品零售总额增长10.8%，固定资产投资增长30%，招商引资完成24.25亿元。完成节能减排等约束性指标。

实现上述目标，主要抓好以下工作：

（一）因地制宜、因村施策、因户而异，提高脱贫攻坚的针对性和实效性，做好扶贫开

发文章

统筹谋划扶贫开发总部署。在工作谋划上，制定各部门具体的脱贫攻坚年度计划，建立完善精准的信息体系，加快建立各项工作的监测、评估、督导、考核制度，定期跟踪问效。在标准把握上，立足贫困群众的收入是否真正增加、贫困村的面貌是否真正改变、群众的满意度是否真正提升。在工作推进上，制定脱贫攻坚时间表、路线图、任务书，切实做到人员到岗、精准到户、标准到位、责任到人，做到脱贫进度和质量的有机统一。在资金投入上，建立专项资金稳定增长机制，筹足用好财政、金融、社会资金，着力探索金融扶贫的新路子，搞好涉农资金整合，发挥资金最大效益。

探索创新扶贫开发新思路。通过发展集体经济、培植特色产业、培育农村电商、发展旅游观光农业、搞好技能培训和就业创业服务、吸引外出农民工返乡创业、鼓励企业和社会各界开展慈善活动等方式，进一步增强贫困村的“造血”功能和贫困群众的自我发展能力。提升社会保障兜底水平，对没有劳动能力的贫困群众，通过医疗救助、落实低保、集中供养等措施实现脱贫，把做好脱贫攻坚工作与推进型新型城镇化结合起来，确保完成脱贫攻坚任务，稳定实现全镇人口不愁吃、不愁穿，义务教育、基本医疗和住房安全有保障。

（二）服务“一区一湖”发展及重点项目建设，做好产城融合文章

强化服务意识，落实工作责任。分管领导对服务重点项目建设问题亲自检查部署，相关各办事处具体抓落实，主动协调、密切配合，杜绝推诿扯皮、失职误事的现象发生。创新工作思路，全力保障用地。确保“一区一湖”重点项目及镇域内重点民生项目不因土地问题受影响，进一步拓展土地出让思路，加快土地出让速度，不断提高土地利用率。加强督查指导，确保项目进展。及时跟踪了解项目进展情况并靠上服务、督促指导。加大违法用地治理力度，积极营造管地用地的良好环境。进一步加大巡查工作力度，做到及时发现、及时制止、及时处罚，坚决遏制违法用地的势头。

（二）积极开展乡村连片治理、连片土地整理工作，做好“连片”文章

开展市级连片治理及镇驻地规划、安置工作。抢抓一事一议财政奖补“乡村连片治理”工作机遇，积极争取政策资金支持，扎实开展小郑、北王堂等5村连片治理工作，对项目村街道进行硬化、亮化，对村庄进行绿化、美化，对街巷卫生实行长效化整治，同时要做到因文化制宜，合理配置乡土绿化、乡俗场所，注重延续乡土文化，保持传统村落的自然和地域特色，让美丽乡村留住自己的特色和“灵魂”。完成镇东、南商业街的土地和城市规划及建设前期的准备工作。加快草庙王村搬迁及后续安置保障工作。

多举措做好连片土地整理工作。通过实施农业综合开发高标准农田建设，提升完善农业基础设施，建设优质粮食生产基地。引进占地4000亩的中台美农业项目，大力发展现代高效农业。加大对冯堂、怀庄土豆，西秦蔬菜等一批特色基地和绿色品牌的政策扶持力度。通过土地流转、成立股份制合作社等形式调整完善现阶段农村生产关系，加速东秦、怀庄等村土地流转进程和项目引进，引导农业生产向规模化方向发展，努力构建现代农业产业体系，力争年底各村全部实现集体收入达到5万元以上，达到村级有钱办事的目的。

（四）促进民生事业全面发展，做好幸福桑梓文章

推进镇域内公路建设、农村公路生命安全防护工程。做好G308改造提升工作，清理沿线两侧堵塞的排水沟，加大对沿线乱堆、乱放、乱排、乱倒等行为的查处力度，对乱搭乱建建筑物及时拆除，对破旧广告牌及时拆除和更换，

力争把镇域内G308、G309、梓东大道等公路沿线及济邯铁路、京沪铁路沿线打造成一条条靓丽风景线。加大村村通道路修建力度，实现农村公路网与镇域内公共交通网的有效衔接，为群众生产生活和日常出行提供便利。做好创新大道拓宽改造工作，划设标志线、人行道，设立路灯、安保标志，对道路两侧进行绿化，将创新大道打造成高标准致富大道。

大力发展养老、教育、医疗和文化事业。对敬老院北楼及西侧小平房进行改造提升，新建厨房一处。按照1：1配套政策新建田庄、沙李等5处幸福院，满足更多老人的基本生活需求和精神文化需求。扎实开展刘庙小学扩建，济南第五十二中学教学大门改造及教学楼内外装修、民族幼儿园、邱岸幼儿园、桑梓中心小学少年宫及卫生院医用综合楼建设。大力发展文化事业。继续开展慈心一日捐活动。

进一步扩大职业技能培训规模。积极适应转型发展新常态，做到全镇就业培训“广覆盖、强落实”，形成“大抓培训、抓大培训”的工作格局。通过摸底调查，了解我镇群众就业需求，按照“合理布局、方便群众”原则，精心选择培训时间、地点，开办家政服务、市场营销、餐饮服务、酒店管理、计算机维修等方面的培训，在课时安排、学员签到等方面加强培训活动监管，与各培训学校做好协调配合，规范培训程序，提高培训质量，提升劳动者技能水平，增强就业竞争力。

（五）大力弘扬法治精神，做好法治桑梓文章

全面建设法治政府。严格执行中央“八项规定”，巩固党的群众路线教育实践活动和“三严三实”专题教育成果。始终坚持依法行政，加快政府职能转变，努力以新作为推动经济社会新发展。坚持科学理政。优化目标定位，善于运用改革的思路、创新的办法、开放的视野谋发展、解难题、闯新路。坚持依法行政。秉持“法定职责必须为、法无授权不可为”，深入推进权力清单、责任清单和负面清单制度落实，增强行政执法透明度。自觉接受人大、政协监督，强化审计、监察等内部监督，将权力置于人民监督下阳光运行。坚持高效施政。加快政府职能转变，强化机关效能建设，打造担当有为队伍，营造勇于担当氛围，充分激发基层创新活力。坚持清廉治政。切实加强党风廉政建设，认真履行党风廉政建设责任制，规范行政权力运行。

依法处理村级事务。积极推进“法治六进”工作。加大普法力度，提高乡村治理法治化水平，重点解决部分村盗窃、偷电等治安问题，个别村越级上访问题，以法治理念依法依规排查化解全镇范围内土地征用矛盾、违法建筑、违法用地、非法上访等问题，增强法治运用效果。坚持并完善民主管理制度。通过严格执行“三务公开”“一报四议两公开”等制度，不断加大镇村事务公开透明力度，将加强法制宣传教育服务同发展村级集体经济和公益事业同步进行，把解决各种利益矛盾纠纷纳入法治的框架之内，夯实群众安居乐业的素质基础、经济基础和环境基础，真正让村级管理水平在法治的引领和推动下阔步提升。

各位代表，美好明天属于勤劳智慧的桑梓人民，幸福生活需要我们用双手来创造。让我们在区委、区政府和镇党委的坚强领导下，在镇人大及社会各界的监督支持下，团结依靠全镇人民，务实创新、担当作为，以更加昂扬的斗志、更加扎实的工作、更加过硬的作风，奋力挥写“定位、担当、创新、跨越”的改革发展新篇章。

桑梓店镇机关工作规章制度

（2013年12月20日起执行）

桑梓店镇学习制度

（一）党委中心组的学习

学习形式：自学与集体学习相结合，学原文与听辅导相结合，讨论与交流实践相结合。

学习内容：根据工作实际和省、市、区文件精神，确定学习课题。

学习要求：集中学习时间原则上要求每月一次，每次一至两天，如果党政班子成员因公不能参加，须向党委书记请假，事后必须补课。每个成员自学时间要求每周不少于一个晚上。每年每人学习笔记不少于2万字，调研文章不少于3篇。

（二）机关干部的学习

学习形式：制定学习计划，采取集中辅导、听报告、看录像、党政成员授课、交流心得体会、演讲等灵活多样的形式。

学习内容：根据形势和市、区委的工作安排及镇中心工作的实际需要灵活安排。

学习要求：每周五下午为机关学习日，全体机关干部必须按时参加，并认真做好笔记，联系思想和工作实际，写出心得体会。每年每人学习笔记不少于1万字，心得体会不少于10篇。不能参加学习要向分管学习的领导请假，并将假条交党政办公室。一月一汇总，每月一公示，接受监督。

（三）部门单位的学习

分管领导和部门负责人可根据业务情况和部门人员状况每月至少组织一次理论学习、业务培训、工作点评，一并总结本月工作，研究部署下月工作。

（四）学习领导小组

组　长：解承静

副组长：李　晓

成　员：朱子利　王春素　韩　洁　朱芬芬

学习领导小组负责召集学习、制定学习计划、学习点名、纪律监督、每月月底对每人的学习笔记和心得体会进行检查通报。

桑梓店镇办公制度

1、机关干部要严格遵守作息时间，上班后，没有外出任务要坚守工作岗位，不早退。

2、机关干部要切实转变工作作风，坚决杜绝机关单位门难进、脸难看、事难办的衙门作风，工作要做到不推诿、不扯皮、坚持原则、公道正派、勤政为民。对来办事的群众，工作人员不能说不、不能冷漠，要微笑服务、有迎有送，提高对外服务质量和办事效率。

3、机关干部上班时衣着得体大方，不串岗、不喧哗。不准在办公时间打扑克、玩网络游戏等。如有以上不良现象发生，经单位检查发现的，第一次给予警告，第二次或外来人员举报查实的，写书面检查，在机关大会上检讨，情况严重的予以严肃处理。对外来人员违反上述规定的，机关干部有义务制止，维护机关良好的办公秩序。

4、全体机关干部在工作中要自觉爱护办公设施及公共财物，如因违规操作等个人原因造成办公设施丢失或损坏的，一经查实，由责任人负责赔偿损失，并给予严肃批评。每天下班前关好门窗、关闭电源。遇节假日，离开办公室前要注意做好防火、防盗等安全检查。

5、机关干部要自觉维护公共卫生，维持好办公室的卫生。严禁乱倒垃圾、剩饭，乱扔纸屑、一次性纸杯、烟头，乱贴、乱画、随地吐痰等不良现象。机关车辆、机关干部的交通工具都要放到指定位置，并摆放整齐，有违反者将作出相应处罚。对外来车辆，由办公室负责划定位置，机关大院内中心路上不准停放车辆。

6、非因工作需要，严禁中午饮酒。因酒后打架斗殴而致伤致残的、造成公共财产损失的，依据相关规定，对当事人严肃处理，损失均由个人负责；凡因饮酒而贻误工作的，将视情节严肃处理，情节严重的，机关干部大会通报。

桑梓店镇考勤管理制度

（一）签到、签离制度

适用人员：镇机关所有人员。

地点、时间：在信访办公室门口设有指纹机，签到时间为每天上午 8：00—8：20；下午 12：40—1：00，签离时间为上午 11：20—11：40；下午 4：50—5：10，超时不再签到、签离。

要求：如有因公开会和下村工作等情况不能按时签到、签离的，要向党政办公室说明情况，由办公室登记并注明原因，无故不签者依据相关规定严肃处理。

（二）请销假制度

要求：因特殊情况需请假者，要做到提前分级请假，如实向领导讲明请假事由，请假 1 天以上的（包括 1 天），请假人必须使用请假条。如遇特殊情况不能见面请假的，使用电话请示相关领导批准，但事后必须补假条，签字后交党政办公室留存。

分级请假：党政班子成员、部门负责人 1 天以上离开济南的要向书记请假；其他机关干部请假 1 天以内的由部门负责人签字；1 天以上的由镇长签字，所有准假条交党政办备案。假满后，应及时回单位上班并向审批领导销假。

（三）奖惩措施

出勤情况要与年终评优表彰挂钩。迟到或早退的、无故不参加集体大活动的、无故不请假的追究当事人责任，年终不能被评为优秀。

（四）考勤工作领导小组

组　长：解承静

副组长：李　晓　杨　帆　张克敏

成　员：朱子利　田洪军　朱芬芬

考勤领导小组成员将配合镇主要领导不定期抽查机关人员在岗情况，每月底由负责考勤工作的领导小组对照个人签到、签离和抽查的情况进行汇总、留存，每月一公示，年终张榜公布。

桑梓店镇招待管理制度

一、对来我镇检查指导工作，参加会议的各级领导和工作人员，确需安排就餐的，经镇长批准后由办公室统一安排。

二、招待就餐应厉行节约，严格控制接待标准，严禁一客多陪，实行对口接待。根据工作分工，由分管领导和相关人员 1～2 人参加。分管领导不在时，由镇长安排他人作陪。

三、对上级来人及外宾需机关招待的，一律在机关食堂，先向镇长汇报，批准后由党政办公室持派饭单通知机关食堂，根据派餐标准安排就餐。用餐后，主办人注明招待事由并签字，机关食堂做好登记，按月结算和报销。如遇特殊情况需到其他地点用餐的要请示镇长批准同意，招待费一周一结。

四、机关干部调整工作或召开会议，不得用公款互相吃请，不准以会议等作为借口巧立名目公款吃喝。

五、为方便机关干部开会、下村工作，镇机关食堂为机关干部安排自助餐，就餐者持卡就餐，餐卡由办公室按相关规定办理。早、晚餐标准每人4元，午餐标准每人10元，必须在指定餐厅就餐。提倡光盘行动，不准带出餐厅。参加集中活动的人员，由办公室安排免费就餐。党政办督导机关食堂人员搞好卫生，提高饭菜质量。

桑梓店镇值班制度

一、值班制度

非办公时间，为了保证机关安全，完成上传下达和处理一些应急性的工作，实行值班制度，每班由一名副处级以上领导带领两名同志值班。值班地点：信访办公室。

二、值班要求

1、值班人员要按值班表上规定的时间交接班，确保24小时有人接听值班电话。

2、值班人员要坚守岗位，认真履行职责，特别是防汛期间、敏感节点、节假日等。当班期间，要负责机关事务的处理，包括电话转接、接待来信来访、紧急文件处理等，值班期间发生的一般问题原则上由带班领导安排处理。出现紧急情况及时向主要领导汇报。

3、值班人员要搞好值班室的卫生，爱护办公设施，做好夜间巡查工作，确保安全。

4、当班期间带班领导负责考勤，因特殊情况不能值班者，须向带班领导请假并自己找人代替值班，若无故不值班或擅离职守而造成工作失误或机关财产损失的，追究带班领导和值班人员责任。

桑梓店镇办公室工作办事流程

（一）公文办理

1、各级来文

主要流程：各级来文——登记（每天登记、每天送阅）——镇主要领导批示——承办部门执行。

要求：及时登记，及时送阅，及时归档。

2、公文制发

主要流程：职能科室起草——分管领导核稿——镇主要领导签发或党政联席会会议讨论——编写文号——文件打印——拟稿人校对——文件印制——拟稿人复核——盖章——发文——文件归档。

要求：镇级所有公文均需经分管领导核稿后再呈镇主要领导签发，办公室负责文件存档。

（二）印章管理

主要流程：经办人申请——分管领导签字同意——镇主要领导审批——登记——盖章。

要求：镇党委、政府的公章必须经镇主要领导签字或认可才能使用，使用时必须做好登记。镇属部门的公章使用办法和责任由部门负责人承担。

（三）会议室使用

主要流程：分管领导提出——办公室安排——组织开会——会议结束——办公室清理会场——关闭门窗、电源。

要求：会议室布置及会务工作，由办公室负责。

（四）办公物品采购及管理

主要流程：科室申请——办公室汇总——镇主要领导批示或班子会议通过——办公室采购——财产登记——物品分发到科室使用。

要求：1、办公室物品的采购，按照先批准后购买的原则，由各科室将拟购物品清单报办公室登记，经镇领导审批同意后由办公室负责采购。一次性办公室物品采购金额在200～2000元的由两人共同购买；一次性办公室物品采购金额在2000元以上的由三人共同购买（政府采购按规定程序进行）。2、所购物品实行入库报领制度。按照收支两条线的原则，由办公室指派专人分别对物品入库和领用进行登记，领用人员需注明领用日期、用途、数量等内容。3、办公室购买的各种物品只能用于办公室工作和服务，不得私自使用或送、借他人使用。4、各科室因工作需要，需使用公用物品的，必须履行领用手续。一次性办公用品的领用直接向办公室领取，并由领用人签字确认。5、办公室要按照“日清、月结”的要求，及时清点办公室公用物品，做好登记，定时向办公室负责人报告使用情况。6、未经申报同意，私自采购，费用自付。

（五）档案管理

主要流程：收集归档材料——整理——立卷——编目——上架——保管——提供利用——移交或销毁。

要求：各科室及时收集文件材料，及时整理，定期向办公室移交档案，并做好移交记录。

（六）打印、复印

要求：与业务工作相关的文件如需打印或复印，由各部门工作人员负责。镇党委政府文件及镇主要领导安排的文件由办公室负责打印或复印。

（七）接发通知

1、接收通知

主要流程：接到通知——登记——镇主要领导批示——承办部门执行。

要求：及时登记，及时送阅，做好记录。

2、下发通知

主要流程：起草通知——分管领导审核——镇主要领导同意后下发——登记。

要求：与业务工作相关的通知由各部门工作人员负责起草下发，办公室做好登记。镇主要领导安排的通知由办公室负责起草下发。

桑梓店镇信息宣传、报送制度

（一）信息宣传

主要流程：搜集素材——撰写初稿——分管领导审核——宣传科编采——向政府网（新闻媒体、上级相关单位）提供稿件进行宣传——存档。

要求：围绕镇党委政府中心工作，各部门要加大宣传力度，及时撰写宣传通讯稿件，并经宣传科审核后向各级新闻单位提供搞件；宣传科做好信息采用统计，每月在党政联席会上通报各部门发稿情况。

（二）信息材料报送

主要流程：搜集素材——形成初稿——分管领导审核——镇主要领导同意——报送——存档。

要求：各部门及时搜集重要信息，进行编写，上报区委办、区政府办有关部门，信息上报、发布各部门负责。

（三）奖惩措施

信息的宣传报送工作部门负责人要具体抓、分管领导要靠上抓，各部门要明确一名素质高的信息报送员，负责本部门宣传及政务工作信息撰写上报。部门报送信息实行月通报制，年底对信息报送好的部门进行表彰，对优秀信息报道员进行物质奖励；信息报送工作不力及档案工作不规范的部门及部门负责人不能参加评优。

桑梓店镇车辆管理制度

一、明确车辆配置

具备国家车辆驾驶资格的指定驾驶人员，允许驾驶统一调配的车辆。班子成员、车辆配备的部门原则上办公室不再安排车辆为其服务，其他部门需因公用车应提前通知办公室，由办公室统筹安排调度车辆。机关全体人员办公未经允许一概不准打的或租车，否则费用自理。

集体活动、外出长途以及其他特殊情况，由办公室统一调配车辆和驾驶人员。

二、驾驶员及车辆管理

（1）部门所配备车辆不再招聘驾驶员，由本部门有驾驶证的工作人员驾驶；严禁将车辆交给无证人员驾驶。

（2）不允许将车辆借出供外单位或外单位个人使用。

（3）驾驶员要遵守交通法规，严禁酒后驾驶和违章驾驶，因酒后驾驶、违章行驶或非公务用车造成的损失和后果自负。

（4）因事需驾驶车辆离开济南的需向镇长汇报。

（5）因出差请假等原因不使用车辆时，车辆须交回办公室保管使用。

（6）所有驾驶人员都要爱护车辆，精心驾驶，及时告知办公室车辆的保养、年检、保险等事宜。如出现车辆丢失、损坏、脱险、脱检等情况，视情况追究相应责任。

（7）严格执行区政府公务用车的相关规定，镇机关所有的公务用车节假日除值班车辆外，一律实行封存，封存地点镇政府院内，将车钥匙交办公室。非节假日公务完毕收车后，必须将车辆停放在机关大院内，否则造成损失，后果自负。

（8）办公室要建立车辆管理档案，按照有关规定加强车辆管理。

三、车辆维修及油料管理

办公室管理车辆：（1）车辆需维修养护需由驾驶人员填写《车辆报修单》，由办公室审核，报主要领导批准后由党政办公室派人持报修单到指定地点维修，实行一修一单，对更换的零件、价格、维修费由维修单位写明签字，然后维修单交办公室存档，作为综合平衡车辆维护使用情况的依据，维修费由办公室统一结账，随车采取一账一结。未经报批，私自或在非指定维修点维修，费用自付。

（2）油料供应，统一使用中国石化加油卡，所有车辆由办公室根据行驶里程核定油量，办好加油卡。特殊情况，须经镇长同意后加油。

部门车辆：1、所配车辆根据行车里程由办公室统一核定每月油量，办理中国石化加油卡，费用在部门经费中列支，超出用油计划的费用自理。2、所配车辆的一切维修费用部门自行负责，维修费用报主要领导审批。

（3）定向于包办事处分管领导的车辆，由分管领导协调好车辆调度，燃修费用从办事处经费中列支。特殊重大维修费用报请镇长审批处理。

执行上级关于公务用车管理的有关规定，若与上级规定相抵触，以上级规定为准。

桑梓店镇财务管理制度

为切实加强财务管理，建立健全财务管理机制，规范财务收支行为，降低行政成本，提高财政资金效率，《中华人民共和国会计法》和有关财务管理规定，结合我镇实际情况，制定本制度。

一、资金管理制度

1、备用金制度：备用金必须严格按《现金管理条例》执行，对备用金实行限额限范围使用。库存备用金一般不超过单位3～5天的日常零星开支，不得因私借支备用金。

2、借款制度：借款主要包括司机备用金、日常业务活动支出等临时借款；借款人借支款项时，到财政所领取并填写借款单，注明借款事由、还款时间，经镇长签字批准后，由出纳向借款人支付借款；借款人须在公务完毕后3个工作日到财政所办理结算，前款不清不准再借，不允许跨年度借支款项。

3、支票领用制度：购置办公用品等公务支出超过2000元的金额，使用银行支票支付；用支票结算时领款人须在支票存根、领用登记簿上签字；领用人需在3个工作日内将款项划转结清。

二、资金支出管理制度

1、人员工资福利支出。按区人事部门核定标准，由组织科提供标准并审核，财政所统一制表，经组织科长、镇长审批后，由银行统一发放。专项奖励发放，必须附上级相应补助文件原件或复印件。

2、公用经费支出：严格按“必需、节约”的原则，合理购置，节约使用。

办公费：办公用品购置，由党政办公室人员负责采购，各部门需用时到党政办公室领取。办公室指定专人管理，登记好购置和领用台账。

交通费：根据年初预算实行总量控制，按照有关规定执行，实行定额管理，即每车每年2万元。

招待费：根据年初预算实行总量控制，上级来人就餐以机关食堂为主，如确需在外就餐，需由领导批准同意，按照报批程序执行，陪客应从紧控制。

三、费用报销依据和审报程序

1、报销依据：所有部门（包括个人）报销的费用必须是实际支出费用，且在年初预算范围之内。单位预算如遇特殊情况确须追加必须经党政联席会集体讨论审批后执行。

2、审报程序：费用报销实行镇长签批“一支笔”制度。各种费用报销需汇总后填写报销单，由经办人签字、分管领导审核签字后，再由镇长签字，由经办人或收款人到财政所报销。

3、报销发票要求：发票必须符合《中华人民共和国发票管理办法》的有关规定，内容真实、全面。经办人员必须确认发票内容是否齐全，包括付款单位、时间、单价、大小写金额、发票用途，填写日期应不超过两个月，相同类型发票日期为同一天填写的只报销一张。重大开支须经书记办公会或党政联席会研究决定审批，报销时附会议纪要。对不符合《中华人民共和国发票管理办法》的发票，坚决不予报销。

四、固定资产购置管理

各部门需购置资产时，先提出申请，经分管领导同意，报镇长批准后，把购置申请送财政所，由财政所人员通过网上上报购置申请指标，财政局批准后，办理政府采购手续，并及时核增固定资产，做好财产登记，并定期进行盘点、核实帐实相符；核销固定资产时，必须经区国资局审批后核销，任何人不得随意核销。

五、附则

1、本制度由财政所负责解释。

2、各部门负责人要加强对部门收支管理，自觉接受财政所人员的监督，财政所将定期对各部门财务工作进行审计和检查，对检查和审计中发现的问题，应责成部门限期整改。

3、本制度自2014年1月1日起执行。本制度如与上级财务制度有关规定相抵触，按上级规定执行。

为规范我镇行政事业单位财务行为，加强财务管理，建立健全财务管理机制，规范财务收支行为，降低行政成本，提高财政资金效率，根据《预算法》《会计法》等法律法规和有关财务管理制度规定，结合我镇实际情况，制定本制度。

桑梓店镇重大事项报告制度

为进一步加强和规范镇机关工作，及时准确地掌握并妥善处置紧急重大事项，避免工作失误，特建立重大事项报告制度。

一、报告内容

1、上级部门、领导，区委、区政府交办的重要事项及完成情况；

2、镇主要领导交办的重要工作任务完成情况；

3、项目立项、申报、评定及项目资金分配情况；

4、大额经费（1000元以上）开支情况；

5、下级请示、报告的重要事项；

6、突发性事件、事故、问题；

7、每周主要工作安排及完成情况；

8、参加区委区政府或上级业务部门等组织的会议；

9、党政班子成员、部门负责人及工作人员外出考察、学习以及因事离开济南市情况；

10、需要报告的其他重大事项；

二、重大事项报告程序和要求

1、镇机关全体人员要认真执行工作报告制度，做到事前有请示，事后有报告，确保领导对工作进展情况做到心中有数；

2、实行逐级报告制度。报告要坚持分级负责，逐级报告的原则，凡属职权范围的工作，要各负其责，认真落实。凡重大问题本级无权决定的，要逐级报告，不得超越权限；

3、凡需要报告的重大事项由报告部门或个人用书面、口头或其他形式报告，能事前报告的事要事前报告，事前无法报告的，事后应及时补报；

4、凡重大突发事件或事故应急报告，必须在第一时间报告镇主要领导，一般事故要及时报告；可先用电话口头报告，然后再补报文字报告。来不及报送详细情况的，可先进行初报，然后根据事态进展和处理情况，随时进行续报；

5、凡领导交办的事情，都必须坚决执行，认真落实，不打折扣，确实遇到困难无法办理的应及时报告，不能有抵触行为；

6、报告事项由责任部门承办或请示有关领导后承办。特殊情况或按规定需要上报上级部门的事项由党政联席会研究确定。

三、纪律与监督

1、上级负责人对下级报告的重要事项，属自身职责范围的要及时答复或处理，自身难以处理的，要及时上报。因自身答复不及时或处理不当或应上报而未上报的，造成后果的要追究当事人责任。

2、对一些影响发展的突发事件，因本部门或当事人原因导致未及时上报而造成严重后果的，要追究当事人和部门负责人的责任。

3、重大事项报告情况，由办公室负责督办。需要上报的按有关要求及时上报。定时在党政联席会上通报报告情况。

桑梓店镇信访维稳工作制度

1、强化信访工作领导责任制，畅通信访渠道，规范信访秩序，切实推进“事要解决”，努力把矛盾化解在基层，解决在当地。

2、实行矛盾排查制。定期进行矛盾纠纷、不安定因素的排查，建立台账，实行动态管理和台账销号制。

3、实行领导包案制。包办事处的党政班子成员一岗双责。中层以上领导干部保持24小时信息畅通。坚持属地管理、分级负责，谁主管，谁负责，依法及时就地解决问题。重大信访事件报请党政联席会集体决议。

4、严格落实接访制度。20人以内的集体访，包案领导及办事处书记、主任、村干部必须到现场接访，20人以上的，分管领导或党政主要领导到现场接访。接访人员必须在接到通知后50分钟内赶到现场，不得以任何理由故意推诿拖延，避免发生重大滋事丢丑现象。

5、实行按期办结制。各相关单位在接到12345时，必须在3天内回复并落实办结；信访事件在接访后，对信访人提出的信访事项，15个工作日内做出处理并出具书面报告。

6、各单位信访情况一月一汇总，定期进行反馈。对处理信访工作不利的单位或个人采取批评教育、领导督办、约谈等措施。

桑梓店镇廉洁勤政制度

1、全体机关干部要自觉学习党的路线、方针、政策，在思想上、政治上同党中央保持一致；把思想和行动切实统一到党委、政府的具体要求上来，做到有令必行，令行禁止。

2、全体机关干部必须解放思想，实事求是，与时俱进，开拓创新。做到工作有计划、有检查、有总结、甘奉献、勇担当、创一流。

3、机关干部要经常深入基层，服务群众，加强联系沟通，党政主要领导每月到村了解情况及工作的时间不少于一天，副处级干部不少于两天，包村机关干部不少于三天。

4、机关干部不得以权谋私、行贿、受贿或利用职权和工作之便为自己、亲友或他人谋取私利。

5、在编机关干部不得利用职务之便从事营利性活动或从事第二职业，不准借工作之机收取回扣或好处费。

6、机关干部要尽量减少不必要的宴请，对必须招待和宴请的要按镇政府招待费管理制度的规定，严格派餐程序，减少陪餐人数；机关干部到基层安排工作，一律不得在基层就餐，不得以任何理由到基层报销部门和个人费用，坚决杜绝到基层吃、拿、卡、要现象。凡有违犯此规定的，经基层干部群众举报，一经查实，不但退还财、物，还要给予党纪和行政处分。

7、机关干部必须严格遵守财经纪律，厉行节约，杜绝奢侈浪费。不准在社会经济活动和公务活动中，以任何名义和变相方式接受现金、贵重实物礼品和有价证券等。

8、机关干部要时刻注意在群众中的形象，严格禁止从事黄、赌、毒等非法活动，发现或被举报经落实后给予严肃纪律处分。机关干部之间打架斗殴，影响较坏的一律从严从重处理，临时工予以辞退；合同制解除合同；在编干部停发工资，写检查，等候组织处理。

9、涉及廉洁勤政未作详细规定的，以《中国共产党党员领导干部廉洁从政若干准则》为准。

桑梓店镇考核评议制度

1、年初根据区委下达的年度目标任务，参照科学发展观考核的指标，结合本部门实际把全年的工作任务量化分解到每位机关干部，进行设岗定责。

2、全体机关干部结合设岗定责情况开展“承诺践诺评诺”活动。年初做出履职承诺，履职事项、完成实限具体到每个月。与机关事业人员日常考核的周记录、月小结、季考核相结合。遵循有责必诺、有诺必践、有践必果的原则，年底进行评诺。

3、年底所有的机关干部都要结合践诺履职情况写出述职报告并在大会上进行述职，对每位同志的工作在德、能、勤、绩、廉五个方面实行百分制考核评议。考核评议票分A、B、C三类，党政班子成员填A类；部门正职负责人填B类；其他人员填C类，按各类平均分30%、40%、30%的比例计入总分，在全镇机关干部中排名，排名前20位的作为区、镇科学观发展先进个人的推荐人选；对排名后5位、履职不到位的，党委进行批评教育或戒免谈话；对造成重大失误、镇村干部或群众反映强烈的及时进行岗位调整。

其他规定

1、镇机关干部达到光荣退休年龄的，组织科按程序按时办理退休，并以镇党委、政府的名义送礼品镜一块表示祝贺。

2、机关干部、离退休干部、村支部书记和村主任的直系亲属（主要包括父母、家属）有病，视其情况由办事处或机关部门负责人在权限内自主安排，需以组织名义看望的由党政主要领导负责，或亲自看望或委派有关领导看望；机关干部的直系亲属去世，以党委、政府和机关全体人员的名义送花圈两架；离退休干部去世，以党委、政府的名义送花圈一架；村支部书记和村主任的直系亲属、村级退休干部病故后，由所在办事处负责，以党委、政府和办事处的名义送花圈两架。

本制度自下发之日起执行。

济南市天桥区桑梓店镇村级集体经济组织财务管理规章制度

（自 2014 年 6 月 26 日起执行）

第一章　总则

第一条　为进一步加强村级财务管理和监督，规范财务收支行为，保障农村集体经济组织及其成员的合法权益，促进农村经济发展，根据《中华人民共和国会计法》《村集体经济组织会计制度》《济南市村集体财务管理条例》等相关法律、法规，结合桑梓店镇实际，特制定本规章制度。

第二条　实行村级财务集中记账管理体制，桑梓店镇政府所属村集体所有财务均委托桑梓店镇记账中心集中核算、管理。

第三条　本规章制度适用于纳入桑梓店镇村级委托镇记账中心集中管理的所有村。

第二章　制度管理

第四条　村要建立健全各项管理制度。主要包括货币资金管理制度、集体资产管理制度、基建投资管理制度、财务公开制度、经济承包合同管理制度、会计档案管理制度、村财务审计制度等。

第五条　镇记账中心要协助各村完善财务管理制度，并以此为依据，实施各村的监督。

第三章　货币资金管理

第六条　坚持“收支两条线”的原则，各村所有集体收入资金，必须缴存镇记账中心所开设的村集体专用账户，不得坐收坐支。

第七条　村集体收入都要由报账员收取，并及时报账，收取的现金必须在 3 日内交镇记账中心村集体专户存储，不得瞒报、私设小金库。否则，一经查实，按有关规定严肃处理并追究主要负责人和直接责任人责任。

第八条　各村至少每季度报账一次，报账时间为每季度第三个月的 15 日之前。主管会计发现逾期未入账或不足额入账的，镇记账中心将督促其限期办理相关业务。对于在规定期限内仍未入账的村，镇纪委约谈村书记、主任，要求其限期改正。

第九条　各村日常开支实行备用金制度，最多不得高于 2000 元，由村书记、主任签字，村务监督委员会（民主财小组）审核盖章到镇记帐中心提款。办公费、交通费、招待费、电话费、报刊费、福利费、其他支出等非生产性开支须进行年初开支预算，报镇记账中心备案。每年开支一万元以上的须通过“一报四议两公开”程序；低于一万元的须经两委班子、村务监督委员会（民主理财小组）、村民代表会议民主程序（以下简称简易民主程序）审核通过，方可报账。如因重点工程及新农村建设、引进项目或资金等原因，确需增加开支的，一万元以上的须通过“一报四议两公开”程序，低于一万元的须通过简易民主程序，方可报账。

第十条　报销支出费用时，各种原始单据除与个人之间的经济事项可使用自制原始单据以外，原则上其他支出单据必须是财政、税务统一印制的各种单据。

第十一条 对工业园、鹊山龙湖及其他工程建设占地、地上物补偿款的发放，须通过“一报四议两公开”程序，无异议后村书记、主任、村务监督委员会（民主理财小组）、办事处须在村提款申请上签字盖章，镇记账中心依据分配方案的金额办理提款手续，直接打入村民小麦直补一卡通账号。

第十二条 严禁私设账外账、小金库，各村如因发展需要，经镇主要领导批准可设立一般账户，接受镇记账中心监督和管理。对于私设账外账、小金库的村，依据《会计法》《济南市村集体财务管理条例》规定，对责任村处以违法金额10%～30%，总额5000元以下罚款，并视情节轻重依法严肃追究单位负责人及直接责任人的责任，限期整改。

第十三条 镇记账中心要将每天发生的各村存取款业务，按村设专户核算；村报账员要将每天发生的收支款项，按原始单据逐笔记入银行存款账、现金日记账和明细账；每季度村报账员与镇记账中心会计核对货币资金余额，要做到账款相符。

第四章　集体资产管理

第十四条 村集体资产包括属于集体所有的土地、山林等自然资源，村集体组织投资构建的水利、电力、房产、机械设备以及依法属于村集体所有的其他财产。

第十五条 村集体资产属于全体村民所有，严禁任何组织和个人以任何方式侵占，非法使用或利用集体资产进行担保。

第十六条 村集体资产的经营、管理和使用要严格按照民主决策程序，并依法签订经营合同，合同交镇记账中心统一管理。

第十七条 未经“一报四议两公开”程序通过的，任何人不得以集体的固定资产和产品物资作担保、抵押。

第十八条 变卖、报废处理固定资产、产品物资，数额较大的除法律、法规另有规定外，须经“一报四议两公开”程序通过处置方案，无异议后报镇记账中心核销。

第五章　基建投资管理

第十九条 村集体基建项目须按照法律法规的规定，村两委会形成集体决议，拟定项目建设投资实施方案。实施方案必须经村民代表大会讨论通过后，按“一报四议两公开”程序实施。

第二十条 各村根据确定的实施方案，拟定基建项目投资预算方案。预算方案经村两委会、村民代表、村务监督委员会（民主理财小组）通过，无异议后报镇记账中心备案。

第二十一条 基建项目要实行公开招标，招标时两委会成员、村民代表、村务监督委员会（民主理财小组）参加，对招标过程进行监督。

第二十二条 工程完工后各村要及时向镇记账中心报送工程决算方案，该方案须经简易民主程序通过。镇记账中心根据决算方案和会计准则结转固定资产。

第六章　财务公开

第二十三条 村委会要制定理财制度，村务监督委员会（民主理财小组）要以制定的各项财务制度为依据进行民主理财，对发现的问题要及时向村委会反映，并做好本村民主理财记录。

第二十四条 村财务公开的内容：村集体本期收支情况，农村机动地和“四荒地”发包情况；土地征用补偿及分配情况；村办公经费、招待等开支情况；水、电费的收缴情况；村公益事业“一事一议”筹资筹劳情况，村集体债权债务等情况。

第二十五条　每年度结账后，镇记账中心要编制出各村的本年度财务收支明细表，有关人员签字盖章，在村的显著位置张榜公布，接受群众监督，并留取相关的公布资料。

第二十六条　村两委要广泛听取群众意见，群众对公开榜提出的疑问，可直接向村务监督委员会（民主理财小组）或村干部反映询问，村务监督委员会（民主理财小组）或村干部作出解答。

第七章　经济承包合同的管理

第二十七条　村级所有承包合同由镇记账中心和村分别管理。镇记账中心要按国家合同管理的各项要求分类归档，并及时登记村级经济事项登记薄。

第二十八条　村报账员负责村经济承包合同各种款项的收取并及时上报镇记账中心，其他村干部不得经手收取承包费的各项款项。

第八章　会计档案管理和工作交接

第二十九条　镇记账中心在记账后对各种会计凭证加以分类管理、装订成册。

第三十条　报账员因工作改选或调整需要离职时，村两委会必须及时配备新的报账员。离职的报账员必须在办理交接手续后方可离任、离职，并进行审计。

第三十一条　原任报账员在办理交接前，必须全面做好清帐和财产清查工作，需先把应处理的账目全部入帐，结出余额，并且清点存款。原报账员对管理的其他资料，认真做好全面清点工作，根据移交内容填制“移交清册”。

第三十二条　交接时新任报账员对科目余额表的内容以及移交清册的内容认真逐项加以核对，查点无误后，交村书记、主任及监交、移交人签字。移交后的账簿在一个年度内，新任记账员要连续记载，不得更换新帐。报账员办理工作移交时，所属办事处、村两委、记账中心人员派人参加监督移交。

第三十三条　村级的账簿、凭证及有关资料，由镇记账中心管理。未经镇主要领导批准，严禁任何单位和个人查阅会计资料。

第九章　村财务审计

第三十四条　镇政府会同有关审计部门，对全镇各村的财务收支每年审计一次。包括村级集体经营收入，农民承包收入及其他收入，集体事业的生产性开支与非经营性开支等内容。

第三十五条　对村级的重点建设项目进行专项审计。

第三十六条　由于换届等原因，村书记、主任离职，镇政府会同有关部门及时进行离任审计，审计结果张榜公示。

第十章　附则

第三十七条　本制度自 2014 年 7 月 1 日起施行。

桑梓店镇“爱民奖学金”实施意见

（自 2014 年 3 月 28 日起执行）

近年来，在区委、区政府的坚强领导下，在上级教育部门的大力支持下，桑梓店镇党委、政府本着“百年大计、教育为本”的宗旨，积极实施“科教兴镇、人才强镇”战略和教育优先发展战略，不断提高我镇教育综合实力水平。为进一步鼓励我镇在校学生勤奋学习、开拓钻研，奖励品学兼优的优秀学子再创佳绩，经镇党委、政府研究决定，在全镇范围内颁发优秀学生“爱民奖学金”，具体实施意见如下：

一、指导思想

全面贯彻落实党的十八大和十八届三中全会精神，以邓小平理论、“三个代表”重要思想和科学发展观为指导，紧紧围绕“园区发展、桑梓振兴、造福人民、勇于担当”的工作总体思路，以提高全镇教育事业水平、增强学生学习主动意识、竞争意识和综合素质为目标，努力实现桑梓店镇教育事业的跨越式发展。

二、基本原则

坚持“公平、公正、公开”的原则，体现关注民生、关爱人才，鼓励先进、鞭策后进，传递正能量，激励我镇优秀学子努力拼搏、奋发有为，让品学兼优的学生成为全镇学子的优秀典范，积极营造争创教育强镇的良好氛围。

三、奖励范围及等次

（一）奖励范围

1、当年中考考上济南市重点高中、户籍长期在桑梓店镇的学生。（济南市重点高中：以当年教育部门文件为准）

2、当年高考达到本科一批录取分数线、户籍长期在桑梓店镇的学生。（本科一批录取分数线：以当年全国统一高考教育部门公布的本科一批分数线为准）

3、当年通过国家统一考试考上研究生（全日制学校）或博士生的，户籍长期在桑梓店镇的学生。

（二）奖励等次

1、中考考上济南市重点高中学生每人一次性奖励 1000 元。

2、高考达到第一批本科录取分数线学生每人一次性奖励 2000 元。

3、通过国家统一考试考上研究生（全日制学校）或博士生，每人一次性奖励 2000 元。

奖励资金列入镇财政预算，由镇政府统一筹集、发放。

四、申报审核程序

每年 8 月份为本奖学金申报审核期。具体步骤如下：

（一）凡符合奖励条件的学生于 8 月上旬持本人身份证、户口簿、入学通知书、考试成绩单等证明材料（原件、复印件）向户口所属镇办事处提出申报。

（二）镇属办事处对报送材料进行核实后，将材料报镇团委审核无误后，在户籍所在村公示 3 天（公示现场拍照，留档备查）。

（三）公示无异议后，上报镇党委、政府研究确定名额。

五、颁发时间

每年 8 月下旬召开“爱民奖学金”奖励大会，向取得优异成绩的学生颁发奖学金。

六、工作要求

（一）高度重视、严格程序。镇直相关部门、各办事处要高度重视此项工作，切实按照工作程序和规定时限作好奖学金申报、评审、公示工作，镇团委负责对已获奖学金的学生建立专门档案，保留其相关资料，实现此项工作的系统长效管理。

（二）广泛宣传，营造氛围。各办事处、村通过多种形式开展宣传，使镇党委、政府的这项惠民政策家喻户晓、深入人心，使广大学生知晓活动内容，营造良好的社会氛围。

（三）加强监督，确保公正。“爱民奖学金”实施全过程要防止不正之风，杜绝弄虚作假，为保证此项工作的公正性、严肃性，镇纪委将对“爱民奖学金”工作进行全面监督，对弄虚作假、伪造证件的人员，一经查实，视情节轻重给予责任追究，取消其申报资格，对已发奖学金的予以追回。

桑梓店镇关于奖励入伍新兵家庭的实施意见

（自 2014 年 3 月 28 日起执行）

为鼓励广大适龄青年积极参军入伍、保家卫国、献身国防、弘扬正气。经党委、政府研究决定对每年入伍新兵家庭及在部队荣立三等功以上优秀现役军人家庭给予适当奖励。

一、奖励对象：

1、当年入伍新兵家庭（以新兵入伍通知书为准）；

2、荣立三等功以上优秀现役军人家庭（以所在部队立功喜报和政治部文件为准）。

二、奖励标准：

当年入伍新兵家庭奖励 2000 元（一次性）；荣立三等功优秀现役军人家庭奖励 1000 元 / 年次；荣立二等功优秀现役军人家庭奖励 3000 元 / 年次；荣立一等功优秀现役军人家庭奖励 5000 元 / 年次（凭立功喜报和政治部文件为准）。

三、奖励时间：

新兵入伍第二年八月份建军节期间对去年入伍新兵家庭和去年在部队荣立三等功以上优秀现役军人家庭进行表彰奖励。

四、奖励方式：

政府下文精神表彰奖励和发放奖金经济表彰奖励相结合，进行奖励。

五、奖励范围：

2013 年起入伍新兵家庭和荣立三等功以上优秀现役军人家庭适用本方案。

六、申报程序

符合以上条件的入伍新兵家庭和荣立三等功以上优秀现役军人家庭每年六月份带齐相关证件（入伍通知书、立功喜报和政治部文件）到镇民政办公室登记申报，审核无误后报请镇党委、政府研究批准。

七、执行部门

本方案由镇民政办公室解释执行。

1993—2016 年桑梓店镇历年获区级以上先进集体荣誉录

表附 -1

单位	荣誉名称	授奖机关或级别	年度
桑梓店镇	电影工作先进乡镇	历城区委宣传部、历城区文化局	1993

续表附 -1

单位	荣誉名称	授奖机关或级别	年度
桑梓店镇	区级文明乡镇	历城区委、区政府	1994
桑梓店镇党委、政府	尊师重教先进单位	历城区委、区政府	1994
桑梓店镇党委	区党委系统信息工作先进单位	历城区委办公室	1995
桑梓店镇	执行人口与计划生育目标管理责任一等奖	历城区委、区政府	1995
桑梓店镇	社会治安综合治理先进单位	市委市政府	1996
桑梓店镇党委	先进党委	历城区委区政府	1996
桑梓店镇	粮棉生产先进单位	历城区委区政府	1996
桑梓店镇	信访工作目标管理一等奖	历城区委区政府	1996
桑梓店镇	民兵工作先进单位	济南军分区	1996
桑梓店镇	济南市计划生育工作“三为主”先进乡镇	济南市委市政府	1996
桑梓店镇党委	先进党委	市委	1996
桑梓店镇中心小学	教书育人先进单位	区级	1996
桑梓店镇	社会治安综合治理先进单位	济南市委市政府	1996
桑梓店镇	区级文明乡镇	历城区委区政府	1997
桑梓店镇	按市政府规定财源建设提前达标单位	历城区委区政府	1997
桑梓店镇	社会治安综合治理模范乡镇	历城区委区政府	1997
桑梓店镇	信访工作目标管理一等奖单位	历城区委区政府	1997
桑梓店镇	党管武装先进单位	济南市委、市政府、济南军分区	1997
桑梓店镇	社会治安综合治理先进单位	市委市政府	1998
桑梓店镇	卫生工作先进单位	历城区委区政府	1998
桑梓店镇	区级文明乡镇	历城区委区政府	1998
桑梓店镇	社会治安综合治理模范乡镇	历城区委区政府	1998
桑梓店镇	信访工作目标管理一等奖单位	历城区委区政府	1998
桑梓店镇党委办公室	先进单位	历城区委保密委员会	1999
桑梓店镇	文明镇	历城区委区政府	2000
桑梓店镇	民政工作先进单位	天桥区民政局	2001
桑梓店镇	全方位目标管理工作先进单位	天桥区委、区政府	2001
桑梓店镇	经济工作先进单位	天桥区委、区政府	2001
桑梓店镇	小城镇建设先进镇	天桥区委、区政府	2001
桑梓店镇	农业结构调整先进乡镇	天桥区委、区政府	2001
桑梓店镇	党管武装工作先进单位	天桥区委、区政府	2001
桑梓店镇	人口与计划生育目标管理一等奖达标单位	天桥区委、区政府	2001
桑梓店镇党委	统战工作先进单位	天桥区委、区政府	2001
桑梓店镇政府	征兵工作先进单位	天桥区政府征兵办	2001

续表附 -1

单位	荣誉名称	授奖机关或级别	年度
桑梓店镇	广场文化活动优秀组织奖	天桥区委办、区政府办	2001
桑梓店镇党委	廉洁勤政十佳先进集体	天桥区委区政府	2002
桑梓店镇	全方位目标管理工作先进单位	天桥区委区政府	2002
桑梓店镇	信访工作先进单位	天桥区委区政府	2002
桑梓店镇	民兵工作先进单位	天桥区委区政府	2002
桑梓店镇	人口与计划生育目标一等奖	天桥区委区政府	2002
桑梓店镇	经济工作先进单位	天桥区委区政府	2002
桑梓店镇	土地执法模范镇	天桥区委区政府	2002
桑梓店镇	小城镇建设先进单位	天桥区委区政府	2002
桑梓店镇	实验教学普及县工程先进单位	天桥区委区政府	2002
桑梓店镇	群众文化先进单位	天桥区委区政府	2002
桑梓店镇	新闻报道工作先进单位	天桥区委宣传部	2002
桑梓店镇	“济南五年大变样”成就展二等奖单位	天桥区委宣传部、区文化局	2003
桑梓店镇	新闻报道工作先进集体	天桥区委宣传部	2003
桑梓店镇	区级文明单位	天桥区委、区政府	2003
桑梓店镇	全方位目标管理工作先进单位	天桥区委、区政府	2003
桑梓店镇	社会治安综合治理先进单位	天桥区委、区政府	2003
桑梓店镇	民兵工作先进单位	天桥区委、区政府	2003
桑梓店镇	人口与计划生育目标管一等奖	天桥区委、区政府	2003
桑梓店镇	安全生产先进单位	天桥区委、区政府	2003
桑梓店镇	小城镇建设先进单位	天桥区委、区政府	2003
桑梓店镇	青少年工作先进单位	天桥区委、区政府	2003
桑梓店镇	土地执法模范镇	天桥区委、区政府	2003
桑梓店镇	处“法”工作先进集体	天桥区委、区政府	2003
镇卫生院	社会治安综合治理先进单位	天桥区委、区政府	2003
石门孙村		天桥区委、区政府	2003
桑梓店镇	两个文明建设先进单位	天桥区委、区政府	2004
桑梓店镇	“老城提升、新区开发”先进单位	天桥区委、区政府	2004
桑梓店镇	外经贸工作先进单位	天桥区委、区政府	2004
桑梓店镇党委	廉洁勤政十佳先进集体	天桥区委、区政府	2004
桑梓店镇党委	开展农村党建“三级联创活动先进单位”	天桥区委、区政府	2004
桑梓店镇党委	处“法”工作先进单位	天桥区委、区政府	2004
桑梓店镇党委	新闻报道工作先进集体	天桥区委宣传部	2004
桑梓店镇党委	群众文化活动先进单位	天桥区委宣传部	2004
桑梓店镇	社会治安综合治理先进镇	天桥区委、区政府	2004
桑梓店镇	信访工作先进单位	天桥区委、区政府	2004

续表附 -1

单位	荣誉名称	授奖机关或级别	年度
桑梓店镇	民兵工作先进单位	天桥区委、区政府	2004
桑梓店镇	青少年工作先进单位	天桥区委、区政府	2004
桑梓店镇	人口与计划生育目标管理一等奖	天桥区委、区政府	2004
桑梓店镇	安全生产先进单位	天桥区委、区政府	2004
桑梓店镇	爱国卫生先进单位	天桥区委、区政府	2004
桑梓店镇政府	两个文明建设先进单位	天桥区区委、区政府	2005
桑梓店镇政府	外经贸工作先进单位	天桥区区委、区政府	2005
桑梓店镇政府	人口与计划生育目标管理一等奖	天桥区区委、区政府	2005
桑梓店镇政府	民兵工作先进单位	天桥区区委、区政府	2005
桑梓店镇政府	计划生育优质服务先进镇	天桥区区委、区政府	2005
桑梓店镇政府	档案工作先进单位	天桥区区委、区政府	2005
桑梓店镇政府	区级文明单位	天桥区区委、区政府	2005
桑梓店镇政府	新闻报道工作先进集体	天桥区委宣传部	2005
桑梓店镇政府	群众文化工作先进单位	天桥区委宣传部	2005
桑梓店镇政府	全民健身活动先进单位	天桥区体育局	2005
桑梓店镇	计划生育优质服务先进镇	市委、市政府	2005
桑梓店镇	人口与计划生育目标管理一等奖	天桥区委、区政府	2005
桑梓店镇	计划生育优质服务先进镇		
桑梓店镇	科学发展先进单位	天桥区委、区政府	2006
桑梓店镇政府	平安天桥建设先进单位	天桥区委、区政府	2006
桑梓店镇	法德并举、立体帮扶先进单位	天桥区委、区政府	2006
桑梓店镇党委	信访工作先进单位	天桥区委、区政府	2006
桑梓店镇	民族宗教工作先进单位	天桥区委、区政府	2006
桑梓店镇党委	防范和处理邪教工作先进单位	天桥区委、区政府	2006
桑梓店镇	民兵工作先进单位	天桥区委、区政府	2006
桑梓店镇	青少年工作先进单位	天桥区委、区政府	2006
桑梓店镇	人口与计划生育目标管理一等奖	天桥区委、区政府	2006
桑梓店镇	安全生产先进单位	天桥区委、区政府	2006
桑梓店镇	老龄工作先进单位	天桥区委、区政府	2006
桑梓店镇	统计工作先进单位	天桥区委、区政府	2006
桑梓店镇政府	爱国卫生先进单位	天桥区委、区政府	2006
桑梓店镇	人口与计划生育一等奖	天桥区委、区政府	2006
桑梓店镇	科学发展先进单位	天桥区委、区政府	2007
桑梓店镇	外经贸工作先进单位	天桥区委、区政府	2007
桑梓店镇	招商引资工作先进单位	天桥区委、区政府	2007
桑梓店镇	人口和计划生育目标管理一等奖	天桥区委、区政府	2007

续表附 1

单位	荣誉名称	授奖机关或级别	年度
桑梓店镇	新农村建设工作先进单位	天桥区委、区政府	2007
桑梓店镇	档案工作先进单位	天桥区委、区政府	2007
桑梓店镇	信息工作先进单位	天桥区委、区政府	2007
桑梓店镇	科学发展先进单位	天桥区委、区政府	2008
桑梓店镇	廉洁勤政模范集体	天桥区委、区政府	2008
桑梓店	稳定安全工作先进单位	天桥区委、区政府	2008
桑梓店镇	新农村建设工作先进单位	天桥区委、区政府	2008
桑梓店镇	村居“两委”换届选举工作先进单位	天桥区委、区政府	2008
桑梓店镇	外经贸工作先进单位	天桥区委、区政府	2008
桑梓店镇	履行人口计划生育目标管理责任达标单位	天桥区委、区政府	2008
桑梓店镇	信访工作先进单位	天桥区委、区政府	2008
桑梓店镇	复退役军人工作先进集体	天桥区委、区政府	2008
桑梓店镇	平安济南建设先进基层单位	济南市社会自治综合治理委员会、市人事局	2008
桑梓店镇	招商引资工作先进单位	天桥区委、区政府	2009
桑梓店镇	民生工作先进单位	天桥区委、区政府	2009
桑梓店镇	安全生产工作先进单位	天桥区委、区政府	2009
桑梓店镇	履行人口与计划生育目标管理责任达标单位	天桥区委、区政府	2009
桑梓店镇	新农村建设工作先进单位	天桥区委、区政府	2009
桑梓店镇	档案工作先进单位	天桥区委办、区府办	2009
桑梓店镇党委	理论教育工作先进单位	天桥区委宣传部	2010
桑梓店镇	新闻报道工作先进集体	天桥区委宣传部	2010
桑梓店镇	科学发展先进单位	天桥区委、区政府	2010
桑梓店镇	综合治税工作先进单位	天桥区委、区政府	2010
桑梓店镇	党风廉政建设工作先进单位	天桥区委、区政府	2010
桑梓店镇	安全生产工作先进单位	天桥区委、区政府	2010
桑梓店镇	节能工作先进单位	天桥区委、区政府	2010
桑梓店镇	履行人口与计划生育目标管理责任达标单位	天桥区委、区政府	2010
桑梓店镇	社会治安综合治理暨平安天桥建设工作先进单位	天桥区委、区政府	2010
桑梓店镇	依法行政先进单位	天桥区委、区政府	2010
桑梓店镇	省级文明镇	省级	2010
桑梓店镇党委、政府	信访工作先进街镇	天桥区委、区政府	2010
桑梓店镇政府	老干部工作先进集体	天桥区委组织部、区老干部局	2011
桑梓店镇政府	就业先进单位	天桥区残联	2011

续表附 -1

单位	荣誉名称	授奖机关或级别	年度
桑梓店镇政府	康复先进单位	天桥区残联	2011
桑梓店镇政府	政务信息工作先进单位	天桥区政府办公室	2011
桑梓店镇政府	档案工作先进单位	天桥区委办公室、区政府办公室	2011
桑梓店镇政府	民生工作先进单位	天桥区委、区政府	2011
桑梓店镇政府	党风廉政建设、工作先进单位	天桥区委、区政府	2011
桑梓店镇政府	安全生产工作先进单位	天桥区委、区政府	2011
桑梓店镇政府	群众文化工作先进单位	天桥区委、区政府	2011
桑梓店镇政府	履行人口与计划生育目标管理责任达标单位	天桥区委、区政府	2011
桑梓店镇政府	社会治安综合治理暨平安天桥建设工作先进单位	天桥区委、区政府	2011
桑梓店镇政府	依法行政先进单位	天桥区委、区政府	2011
桑梓店镇政府	全省农村经管系统先进单位	山东省农村经管系统	2011
桑梓店镇政府	防治美国白蛾先进单位	天桥区委、区政府	2011
桑梓店镇政府	履行人口和计划生育责任目标管理一等奖	天桥区委、区政府	2011
桑梓店镇政府	“全国计划生育优质服务先进区”先进镇	天桥区人口和计划生育委员会	2011
桑梓店镇政府	五一劳动奖状先进集体“争先创优、争做天桥先锋”活动先进单位	天桥区总工会	2011
桑梓店镇政府	实施村居党建 “A 级管理先进党组织”	天桥区总工会	2011
桑梓店镇政府	实施村居党建 “A 级管理先进党组织”	天桥区委	2011
桑梓店镇政府	党建 A 级管理先进党组织	天桥区委	2011
桑梓店镇党委	济南市民族团结进步模范集体	济南市政府	2011
桑梓店镇政府	2011 年度“创先争优、争做天桥先锋”先进单位	天桥区委	2012
桑梓店镇政府	2011 年度实施村居党建“A 级管理法”先进单位	天桥区委	2012
桑梓店镇政府	2011 年度村、社区“两委”换届工作先进单位	天桥区委	2012
桑梓店镇政府	2011 年度城市建设管理工作先进单位	天桥区委	2012
桑梓店镇政府	2011 年度党风廉政建设工作先进单位	天桥区委	2012
桑梓店镇政府	2011 年度安全生产工作先进单位	天桥区委	2012
桑梓店镇政府	2011 年度省级文明区创建工作先进单位	天桥区委	2012
桑梓店镇政府	2011 年度依法行政先进单位	天桥区委	2012
桑梓店镇政府	2011 年度群众文化工作先进单位	天桥区委	2012
桑梓店镇政府	第六次人口普查先进集体	山东省第六次人口普查领导小组办公室	2012

续表附 1

单位	荣誉名称	授奖机关或级别	年度
桑梓店镇政府	2011 年度固定资产投资统计工作先进单位	市统计局	2012
桑梓店镇政府	2011 年度先进价格工作站	市物价局	2012
桑梓店镇政府	12345 市民服务热线先进单位	天桥区政府办公室	2012
桑梓店镇政府	档案工作先进单位	天桥区委办	2012
桑梓店镇政府	档案工作先进单位	天桥区政府	2012
桑梓店镇党委	理论武装工作先进集体、新闻报道工作先进集体、调研工作先进单位	天桥区委宣传部	2012
桑梓店镇人民政府	履行人口和计划生育责任目标管理一等奖单位	天桥区委区政府	2013
桑梓店镇人民政府	2012 年度城乡建设工作先进单位	天桥区委区政府	2013
桑梓店镇人民政府	2012 年度城市管理工作先进单位	天桥区委区政府	2013
桑梓店镇人民政府	2012 年度支持园区建设先进单位	天桥区委区政府	2013
桑梓店镇人民政府	2012 年度安全生产工作先进单位	天桥区委区政府	2013
桑梓店镇人民政府	2012 年度精神文明创建工作先进单位	天桥区委区政府	2013
桑梓店镇人民政府	妇女儿童工作先进集体	天桥区委区政府	2013
桑梓店镇人民政府	天桥慈善募捐活动组织奖	天桥区委区政府	2013
桑梓店镇人民政府	天桥区“十一五”环境保护工作先进单位	天桥区委区政府	2013
桑梓店镇人民政府	山东省粮食直补工作先进镇	山东省财政厅	2013
桑梓店镇人民政府	山东省粮食直补工作先进镇	山东省农业厅	2013
桑梓店镇人民政府	2012 年度县级粮食产量抽样调查工作先进单位	山东调查总队	2013
桑梓店镇人民政府	全市老龄工作先进单位	济南市老龄委	2013
桑梓店镇统计站	2012 年度劳动工资统计工作先进单位	济南市统计局	2013
桑梓店镇	统筹城乡发展工作先进单位	天桥区委区政府	2013
桑梓店镇	创建国家级森林城市工作先进单位	天桥区委区政府	2013
桑梓店镇党委	理论教育工作先进单位	天桥区委宣传部	2014
桑梓店镇党委	新闻报道工作先进单位	天桥区委宣传部	2014
桑梓店镇党委	精神文明建设先进单位	天桥区委宣传部	2014
桑梓店镇党委	舆情信息工作先进单位	天桥区委宣传部	2014
桑梓店镇政府	农业农村工作先进单位	天桥区委区政府	2014
桑梓店镇政府	创建国家级森林城市工作先进单位	天桥区委区政府	2014
桑梓店镇政府	水生态文明建设先进单位	天桥区委区政府	2014
桑梓店镇政府	水资源管理工作先进单位	天桥区委区政府	2014
桑梓店镇	复查合格省级文明镇	山东省精神文明建设委员会	2014
桑梓店镇党委	2014 年度全区党建信息调研工作先进单位	天桥区委组织部	2014
桑梓店镇	科学发展一等奖	天桥区委区政府	2015

续表附 -1

单位	荣誉名称	授奖机关或级别	年度
桑梓店镇党委	理论武装工作先进单位	天桥区委宣传部	2015
桑梓店镇党委	新闻报道工作先进单位	天桥区委宣传部	2015
桑梓店镇党委	精神文明建设先进单位	天桥区委宣传部	2015
桑梓店镇党委	舆情信息工作先进单位	天桥区委宣传部	2015
桑梓店镇政府	群众文化工作先进单位	天桥区委宣传部	2015
桑梓店镇	科学发展一等奖	天桥区委、区政府	2016

主要参考书目：

《清康熙 民国〈齐河县志〉校注汇编》（2010 年版）

《乾隆历城县志》（1722 年版）

《〔道光〕济南金石志》（2015 年版）

《齐河县志》（1990 年版）

《齐河县农村简志》（2011 年版）

《中共济南天桥历史大事记》（2015 年版）

《1921—1949 中共齐河县党史大事记》（1990 年版）

《中共天桥历史大事记》（2005 年版）

《济南市历城区志》（2014 年版）

《天桥年鉴（2011—2013）》（2014 年版）

《济南市历城区村庄名考略》（1990 年版）

《天桥区民族宗教概览》

《大桥镇志》（2015 年版）

《香磨李居志》（2003 年版）

《杨庄社区年鉴（2005—2011）》（2014 年版）

《侯镇志》（2013 年版）

《丹阳志》（2013 年版）

《牛旺庄志》（2014 年版）

《义和镇志》（2014 年版）

镇志编纂工作掠影

召开《桑梓店镇志》编纂动员大会

举办《桑梓店镇志》编纂业务培训班

市、区史志办领导莅临指导镇志编纂工作

召开镇属各办事处负责人专题工作会议

镇党政联席会对《桑梓店镇志》初稿进行审核

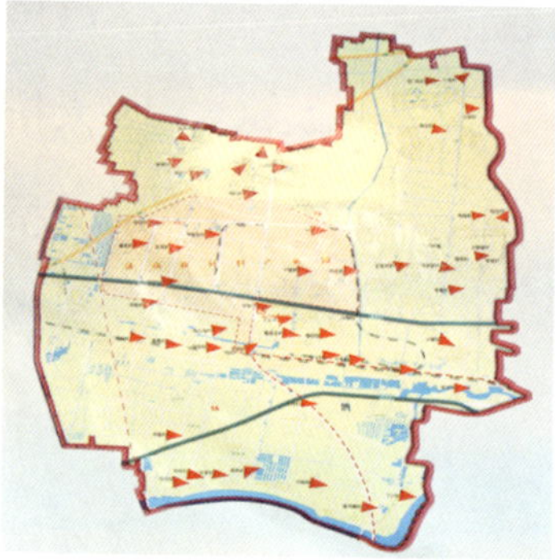
采访的脚步走遍全镇48个行政村

实地采访过程中察看文物古迹

在小吴村实地采访

市、区专家审稿

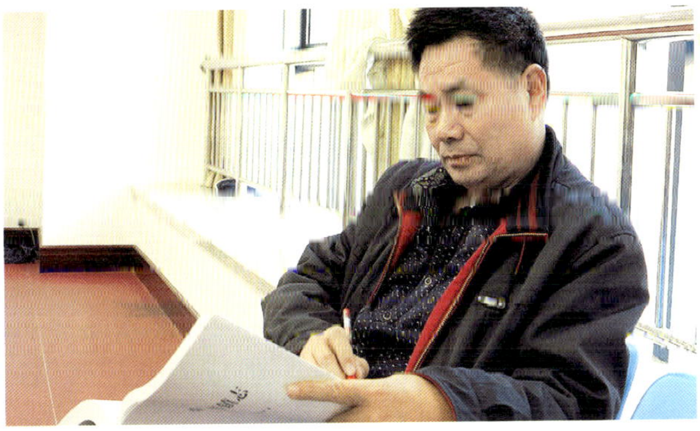

编后记

《桑梓店镇志》是在天桥区委、区政府与桑梓店镇党委、政府的的直接领导下，为发掘历史遗产弘扬传统文化振兴桑梓店镇提供依据和历史借鉴，促进社会主义物质文明、精神文明、政治文明和生态文明建设编写而成的桑梓店镇有史以来的第一部志书。

2013年新一届桑梓店镇党委、政府成立以来，全镇上下紧紧围绕“园区发展、桑梓振兴，造福人民、勇于担当”的工作思路，攻坚克难，拼搏进取，各项工作都取得了新的进展、新的突破、新的成效。为挖掘桑梓店镇历史文化遗产，抢救历史资料，把新中国成立67年来走过的战斗历程载入史册，把前辈的功绩、当代创业者的奉献特别是改革开放30多年的辉煌业绩载入史册，桑梓店镇党委、政府果断作出了撰写首部《桑梓店镇志》的决定。

桑梓店镇党委、政府高度重视，成立了镇志编纂工作领导小组。镇党委书记董学山亲自挂帅出任领导小组组长；镇长杨鹏任常务副组长；人大主席李慧，党委副书记、政协联络室主任解承静，纪委书记李晓，桑梓店派出所所长焦长起，党委委员、副镇长赵军，党委委员、人武部长聂岭，副镇长张心海，副镇长房安清，党委委员杨帆任副组长；镇机关各部门负责人、各村党支部书记等92人为领导小组成员。

根据“党委领导、政府主持、部门配合、专家修志、地方志编纂组织实施”的编纂工作体制，按照镇党委提出的领导、机构、经费、队伍、条件“五到位”的编纂要求，领导小组下设镇志编纂办公室。镇党委副书记、政协工作室主任解承静同志兼任办公室主任。聘请有多年修志经验的原天桥区委宣传部副部长、区文联党组书记张崇元同志主持《桑梓店镇志》编纂工作。抽调了政治素质强、理论水平高、文字功底深的宗兆忠、王顺、张庆同志承担镇志编辑工作。并抽调老党员、老村官、对镇情、村情非常熟悉，号称“桑梓通、杨万能”的北王堂村党支部书记杨金旺同志为编采团的向导和参谋。确定镇机关、驻地单位及各村都设一名联络员负责联络和资料的搜集、报送工作。

2015年6月26日，召开了镇机关各部门、镇直与驻镇各单位负责人、全镇各行政村党政一把手参加的镇志编纂动员大会。镇党委书记董学山做了重要讲话，明确提出了“统一组织、统一步调、整体推进、全面完成，要在2016年12月31日之前完成桑梓店镇镇志编纂工作，举办镇志发行仪式”，并列入“桑梓店镇2016年十项民生实事”。

从2015年6月25日桑梓店镇党委下文启动镇志编纂工作，到2016年12月《桑梓店镇志》付梓面世，不足18个月。除去送审和制版印刷，编纂的时间只有16个月。镇志编纂工作办公室根据时间紧、任务重、面广、量大等特点，实行倒排工期，制定了一套分六大步骤的全面、有序、严密、严谨、科学高效的编纂工作方案，有条不紊地开展工作。具体工作主要经过了以下几个阶段：

第一阶段，用两个月（2015年6—7月）的时间做好一切前期准备工作。镇志编纂工作办公室于2015年7月3日召开了由镇机关、驻镇单位、各村参加的联络、编写人员培训会，镇志办公室主任解承静同志主持会议并对参训人员提出了具体的要求。镇志办常务副主任张崇元同志就与会人员的职责、任务、意义进行了具体的讲述。镇志办公室副主任宗兆忠同志对与会人员进行了具体的业务指导和培训。

为了赶时间、抢进度，提高工作效率，镇志办根据每个人的实际情况，对镇志编纂工作进行了具体分工，兵分三路：张庆负责前8编和龙湖部分，王顺负责序言、大事记、中间7编和新材料产业园部分，宗兆忠撰写包括48个村、7所学校等在内的5编、人物、先进集体荣誉和凡例、编后记；杨金旺负责带领采访人员深入各村实地考察座谈；张崇元负责整个桑梓店镇志工作的策划安排、上下协调、图片拍摄工作及概述部分。

第二阶段，先是限期要求各单位各村上报材料，各单位、各村的材料由其自行提供，并由领导人签字、加盖公章以示负责。之后兵分两路，一部分人利用4个月（2015年8—12月）的时间下到各村深入采访、广泛收集资料，多方比对、研判，撰写初稿；另一路留在镇政府查阅档案室资料并进行整理。先后前往齐河县档案局、史志办、县委组织部以及历城区档案局、区委组织部等相关部门查阅资料四次。

第三阶段，利用7个月（2016年1—7月）的时间对资料进行补充、整理、加工，编出通稿，送编纂工作领导小组审核。

第四阶段，利用3个月（2016年8—10月）的时间对各编反复进行修改完善，形成全面、详实、系统的镇志通稿。先是自行核查。之后一是把各村的材料都发布到“平安桑梓”信息平台，利用微信在全镇机关和48个行政村进行公示，以相互观摩取长补短；二是打印出来发到各部门各单位，建议其张贴公布公开征求群众意见和建议。限期要求各部门反馈材料并让领导签字确认。为确保《桑梓店镇志》资料的真实准确，做到万无一失，加大审核把关力度，镇党委又要求全镇48个村的“两委”成员党员代表、群众代表利用一天的时间审查各村材料，签字确认，务求资料准、实、真。

第五阶段，利用2个月（2016年11—12月）的时间校稿、印刷、出版发行。其间反复完善打磨、整合文稿，精心筛选、插入图片。

第六阶段，在出版之后还将要对桑梓店镇志编纂工作进行全面总结，表彰先进。

蓦然回首，无限感慨。

首先是感谢。感谢桑梓店镇党委、政府。都说“盛世修史”，其实这只是其一。因为“盛世”只是修史的必要条件，而真正有文化、有魄力、有远见卓识的领导才是关键。以董学山同志为核心的桑梓店镇党委不但作出了编纂桑梓店镇志的决定，而且定为“一把手工程”，倾全镇之力做好镇志工作。2015年7月7日，桑梓店镇党委书记董学山、镇长杨鹏亲自到镇志办公室视察指导。9月15日，董学山书记再度莅临镇志办指导工作，并在之后多次过问工作情况。镇人大主席李慧多次到镇志办指导。桑梓店镇党委副书记、政协联络室主任解承静不但经常过来视察指导，而且还积极协调各部门各单位，帮助镇志办解决了许多实际问题。2016年国庆期间，她利用放假休息时间认真审核了桑梓店镇志第一遍统稿，指出了统稿中的问题，提出了十分中肯的意见。

感谢镇直与驻镇各级、各单位、各村。各办事处对镇志工作大力支持，周北办事处党总支书记周立将本办情况整理后亲自书写并第一个上交，丁仓办事处党总支书记魏圣全陪同镇志办工作人员走访了大部分村庄，冯高办事处党总支书记郭金放下手头的工作陪同采编人员走遍了办事处的每一个村庄。感谢《桑梓》刊物的大力支持。公安、土管、地税、邮政、电力、黄河、食药监等驻镇单位给予了大力协助。全镇48个村的党政一把手大力支持镇志工作，他们提前布置座谈场地、召集座谈人员、提供相关资料。怀庄村、丁口村成立了单独的领导小组和专门的编写班子，资料详实，都装订成册。

感谢此前所有为桑梓店镇整理、保留历史

材料的人，感谢所有为镇志工作提供帮助的热心人士。邱岸村老文书李存铭、邓营村老文书贾延太亲自操刀上阵，提供了非常丰富的资料；2015年11月26日，小吴村84岁的吴昌、83岁的崔宝安、81岁的崔振峰3位老人在零下十几度的严寒天气里踏着积雪按时到村委会参加座谈；怀庄村的退休教师怀保全、仓上村退休教师高振静、丁口村退休教师孙元更和老寨村的退休工人米双恩积极提供各种资料；镇民政办公室主任李海利把个人收藏的《齐河县志》贡献出来……

感谢上级主管部门和有关专家。2015年11月20日，天桥区史志办公室主任王封军偕章丘史志办主任高长海前来指导，高主任对镇志的体例编写提出了宝贵的意见。2016年7月28日，区史志办王主任请来济南市史志办副主任杜加臣，杜主任对《桑梓店镇志》的编纂工作提出了非常重要的指导意见。2016年11月3日和12月21日，济南市及天桥、章丘、平阴史志办的领导、专家2次评审，提出了宝贵意见。

二是感动。当初先民们筚路蓝缕，披荆斩棘，一代代献了青春献终身，为桑梓店镇各项事业的发展奠定了雄厚坚实的基础。勤劳、智慧的三万八千桑梓店镇人民艰苦奋斗，干事创业，奋发有为，才有了桑梓店镇今天的繁荣与辉煌。那些处在社会最基层一直默默奉献几近被历史湮没的普通人，他们平凡而伟大，是桑梓店镇历史的创造者。他们之中涌现出来的英雄豪杰，像经常提着鞋蹚水进村与农民同甘共苦的公社党委书记吕兴奎，第一个跳进冰冷的水里抢修水闸的公社党委委员李金忠，组织人开荒、输电的韩孟昌，打夯英雄王信芳，共同经营企业多年合作愉快的大小李吉华……他们像一颗颗恒星，在历史的夜空里闪耀光辉。让人民群众中的英雄彪炳史册，万古流芳，才是真正的历史。

三是感佩。《桑梓店镇志》编委的同志们深感责任重大，始终以严谨、科学的态度，不辞辛苦，埋头苦干，潜心钻研。他们搜集资料广而宽，整理资料严而细，使用资料真而实。全镇48个行政村、29个镇直部门以及30余家驻镇企事业单位，均留下了镇志编纂人员上下求索的足迹。对镇党委、政府负责，对人民负责，对历史负责，镇志编纂人员以实际行动诠释了对党、人民和桑梓大地的热爱与忠诚。

四是感奋。编纂桑梓店镇志，可谓千年等一回，称其空前绝后恐怕也不为过。因为此前很多材料仅靠口耳相传，或已失传或行将湮没，而且2016年8月15日济南市人民政府已下发济政字〔2016〕42号文件，根据（鲁政函民字〔2016〕8号）《山东省人民政府关于同意调整济南市天桥区部分行政区划的批复》同意“撤销桑梓店镇。以其原行政区域设立桑梓店街道办事处，办事处机关驻原桑梓店镇政府驻地”（牌子、公章尚未更换），桑梓店镇将退出历史舞台。既然领导已经下定决心，全体编纂人员就只有排除万难去争取胜利。纵使一路困难重重，但镇志办全体人员马不停蹄，星夜兼程，互相支持、互相帮助、互相学习、互相鼓励，一路高歌猛进，向前，向前，向前！

镇志办一班人扎扎实实、全心全意、不遗余力地编纂《桑梓店镇志》，不但尽心尽力，而且加班加点甚至放弃节假日，用了十二分的力，自认为对得起各级领导，对得起桑梓店镇的人民群众，对得起在这片土地上开疆拓土建功立业的先人。

根据《中华人民共和国著作权法》第十一条的规定，《桑梓店镇志》的著作权属于桑梓店镇人民政府。

由于水平有限和时间太紧，瑕疵、缺憾等不尽如人意肯定在所难免，恳请方家和各界人士批评指正。

天桥区桑梓店镇志编纂委员会

二〇一六年十二月